中国社会科学年鉴

中国民族研究年鉴

2015—2016

ALMANAC OF CHINESE ETHNIC RESEARCH

中国社会科学院民族学与人类学研究所 编

中国社会科学出版社

图书在版编目（CIP）数据

中国民族研究年鉴．2015－2016／中国社会科学院民族学与人类学研究所编．—北京：中国社会科学出版社，2023.5
ISBN 978－7－5227－1953－5

Ⅰ．①中…　Ⅱ．①中…　Ⅲ．①民族工作—中国—2015－2016—年鉴　Ⅳ．①D633－54

中国国家版本馆CIP数据核字(2023)第096196号

出 版 人　赵剑英
责任编辑　张昊鹏
责任校对　李　惠
责任印制　张雪娇

出　　版　中国社会科学出版社
社　　址　北京鼓楼西大街甲158号
邮　　编　100720
网　　址　http://www.csspw.cn
发 行 部　010－84083685
门 市 部　010－84029450
经　　销　新华书店及其他书店

印刷装订　三河市东方印刷有限公司
版　　次　2023年5月第1版
印　　次　2023年5月第1次印刷

开　　本　787×1092　1/16
印　　张　36.5
插　　页　2
字　　数　1030千字
定　　价　298.00元

《中国民族研究年鉴》编辑委员会

《中国民族研究年鉴》编辑部

编辑说明

《中国民族研究年鉴》是由中国社会科学院民族学与人类学研究所编写，反映有关民族问题研究年度进展情况的资料性著述。其集学科发展状况、前沿动态、学术评价、资料介绍、大事记于一体，是了解掌握中国民族问题研究现状的权威工具书。

《中国民族研究年鉴 2015—2016》在年鉴编委会的指导下，在各位撰写者、审稿专家以及年鉴编辑部编辑的共同努力下，即将付梓出版。本卷年鉴编辑出版因故多有延迟，在此特向广大读者表示由衷的歉意。

《中国民族研究年鉴 2015—2016》由 8 个栏目组成："学科进展"反映了民族理论、民族经济、民族文化、民族社会、民族史、生态人类学、民族语言文字、民族教育、影视人类学、实验语音学，以及藏学研究、新疆研究、世界民族研究、民族古文字文献研究的学科研究概况与评价；"特约稿件"展示了民族研究领域的重大学术项目和学术成果；"学者学人"推介和追忆了民族学与人类学名家的治学之道和学术积淀；"网络开发与发展"介绍了中国民族地区互联网与网络舆情的发展情况；"科研项目与管理"呈现了民族学项目的研究动向以及发展态势；"学术活动"汇集了国内外民族学与人类学相关会议的基本情况；"大事记"记录了与民族事项有关的事件；"新书·学术论文索引"收录了民族研究领域出版的著述资料。

需要说明的是，鉴于目前论文类资源平台能够提供比较便捷的检索服务，自本卷年鉴起，"新书·学术论文索引"将不再设立"汉文论文索引"栏目；同时，在保留"蒙古文学术论文索引"的基础上，择机增加其他民族语文论文索引。

本卷年鉴立足于民族研究的学科现状和前沿动态，较为系统和完整地综述了民族学相关研究领域的学科进展和研究动态，并归纳分析了学科发展的热点和趋势。

本卷年鉴由陈建樾和呼和两位专家担任特约审稿专家对稿件的政治、理论导向和学术水准进行把关。此外，张育瑄和刘泓两位同志承担了本卷年鉴中有关英文事项的翻译和校对工作。

本卷书稿由乌云格日勒、吴凤玲、张姗、李耕、张少春、龙国贻编辑，吴家多统编，方勇主编审定。

目　录

学科进展

特约稿件

学者学人

网络开发与发展

科研项目与管理

学术活动

大事记

新书·学术论文索引

Contents

Discipline Progress of Chinese Ethnic Studies

Special Manuscript

Interviews with Experts

Internet Construction and Development

Research Projects and Management

Academic Activities

Chronicle of Events

New Books and Indexes of Research Papers

学科进展

2015—2016 年民族理论研究综述

刘　玲

2014 年中央民族工作会议发布一系列关于中国解决民族问题的新观点、新提法和新认知，为在中国特色社会主义建设中正确处理民族问题提供了全新的理论视野，也对中国民族理论研究提出了全新的目标要求。① 在中央民族工作会议精神指导下，2015—2016 年民族理论研究围绕马克思主义民族理论和中国特色社会主义民族理论体系的中心环节展开了广泛研究，特别是在民族区域自治、民族关系、民族法制、民族团结教育与民族团结进步创建、民族认同、国家认同、中华民族共有精神家园、城市少数民族流动人口、各民族交往交流交融、民族发展等方面，有大量成果面世。

2015—2016 年民族理论研究成果较显著的特征有：基础理论研究不仅关注经典著作，而且更加切合中国实际，与中国发展战略布局的社会现实目标联系更加紧密；对解决民族问题的基本制度、政策等研究更为深入，与不同民族地区和社会生活实际的联系更加紧密；对民族研究范式与民族工作方法论的研究持续推进。总之，面对"四个全面""一带一路"等的实施，2015—2016 年民族理论研究因应全新的社会需求和社会环境，研究热点频现，成果丰硕。相关研究较为突出的有如下几个方面。

一　关于中央民族工作会议精神的全面解读

2014 年中央民族工作会议基于广泛的调查和多方面的研究成果对我国民族问题的特点和规律以及当前民族工作的特征和方向作出了准确的研判，深刻阐述了民族工作领域的重大理论与实践问题，提出了加快民族地区发展的重要举措，进一步明确了民族工作的未来方向。郝时远、金炳镐、王希恩等学者分别围绕我国多民族国家基本国情、民族工作新的阶段性特征、中华民族多元一体的格局与观念、中国特色解决民族问题的正确道路、构筑各民族共有精神家园、各民族交往交流交融等问题阐述学习体会。作为长期从事民族理论研究的知名学者，他们的理论观点很多被中央民族工作会议文件所吸收，他们的解读对人们深入领会中央民族工作会议的精神实质具有重要的推动作用。② 王正伟、丹珠昂奔等民族事务实务部门领导也从民族工

① 为全面了解学界对会议精神的理论阐释，本文对文献的引用适当上溯至 2014 年 10 月，特此说明。

② 郝时远：《坚定不移走中国特色解决民族问题的正确道路——学习中央民族工作会议精神的几点体会》，《民族研究》2014 年第 6 期；张丽红、金炳镐：《新时期民族工作的根本遵循——学习习近平总书记在中央民族工作会议上的重要讲话》，《贵州民族研究》2014 年第 11 期；王希恩：《民族理论大发展：有补白，更有深化》，《中国民族报》2015 年 3 月 13 日。

作的实际出发，在不同场合阐述了对会议精神的理解，既有理论阐释，又有工作部署。[①] 国家民委专门编撰出版《中央民族工作会议精神学习辅导读本》[②]，为广大民族理论研究工作者和实务工作者学习领会和贯彻落实会议精神，提供了诸多指导。

有研究者梳理了2005年第三次中央民族工作会议以来中国特色民族理论政策的发展，认为第三次中央民族工作会议出台的“十二条”标志着中国特色民族理论政策体系的形成，而第四次中央民族工作会议则呈现了由现阶段民族工作总目标统辖的民族政策大框架和大幅度的理论发展，其展示的民族理论政策内容之丰富、应对问题之明确、话语特色之鲜明、对现实民族工作指导之积极都将在中国民族理论政策史上留下精彩的一笔。[③] 对中国特色社会主义民族理论政策的系统梳理有助于我们了解理论政策形成的历史脉络和逻辑递进关系，进而对明确未来研究方向有着重要的指导作用。

二 关于以中华民族共同体建设为核心的基础理论研究

在当代中国，实现中华民族伟大复兴的中国梦，是我国改革开放事业的时代最强音，学者们围绕中华民族共同体建设展开了深入的讨论。郝时远认为，从中国的历史进程去认识中华民族形成的内源动力，从中国的现实去体会中华民族发展的整合机制，是深化研究中华民族作为中国人民命运共同体的根本立足点。他从多元一体的中华民族、中华民族不等同于汉族、中国共产党对中华民族的诠释、中华民族大家庭及其建设五个方面，立足于中国特色解决民族问题的正确道路论述了实现中华民族伟大复兴的必由之路。[④] 纳日碧力戈、哈建军撰文探讨了我国各民族关键符号及其对中华民族共同体建设的重要意义。中国是多民族共同建设起来的国民共同体，各民族在具体活动中，围绕彼此的关键符号，采取积极行动，正面理解，包容差异，并在此基础上追求重叠共识。该文是纳日碧力戈主持的国家社会科学基金重点项目“我国各民族关键符号及其对民族关系的影响研究”的阶段性成果，对于中华民族共有精神家园建设具有借鉴意义。[⑤] 曹为、赵明撰文讨论了中华民族建构的理论渊源与建设路径，认为，近代中国国家民族的构建进程使得国内各民族在继承历史形成的广阔幅员的基础上凝聚为牢固的政治共同体，这就使得中华民族兼具文化和政治的二重属性。新时期的中华民族建设应是政治本位和文化本位两种路径的辩证统一，使中华民族既有权利保障和公正分配的制度框架，又是一个有历史文化传统的伦理实体。[⑥] 陈玉屏认为，我国国族建构的根本任务是增强文化认同，即56个民族文化之精萃打造中华民族的大文化，是一项必须“绵绵用力、久久为功”的伟大战略任务。[⑦]

---

① 王正伟：《做好新时期民族工作的纲领性文献——深入学习贯彻习近平总书记在中央民族工作会议上的重要讲话》，《求是》2014年第20期；丹珠昂奔：《沿着中国特色解决民族问题的道路前进——中央民族工作会议精神学习体会》，《中国民族报》2014年11月7日。

② 国家民族事务委员会编：《中央民族工作会议精神学习辅导读本》，民族出版社2015年版。

③ 王希恩：《中国特色民族理论政策十年发展观》，《中南民族大学学报（人文社会科学版）》2015年第3期。

④ 郝时远：《中华民族：从中央民族工作会议的论述展开》，《黑龙江民族丛刊》2016年第1期。

⑤ 纳日碧力戈、哈建军：《守望尊严的必由之路及民族经验的认同理性》，《探索与争鸣》2016年第2期。

⑥ 曹为、赵明：《政治本位抑或文化本位：中华民族的理论源流与建设进路》，《上海行政学院学报》2016年第3期。

⑦ 陈玉屏：《对“民族国家”和“国族”问题的理论思考》，《西南民族大学学报（人文社会科学版）》2016年第1期。

于春洋的《现代民族国家建构：理论、历史与现实》（中国社会科学出版社2016年版）一书从理论、历史和现实三个维度对现代民族国家建构问题进行了较为系统的考察。相关著述还有：郑永年的《中国民族主义的复兴：民族国家向何处去》（东方出版社2016年版）、杨鹍飞的《中华民族共同体认同的理论与实践》（《新疆师范大学学报（哲学社会科学版）》2016年第1期）等。

在民族基础理论研究中，马克思主义经典作家著作、马克思主义民族理论的时代化与本土化、民族平等理念和国族建构理论等问题获得了学者们持久的关注。在马克思主义民族理论研究方面，2015—2016年主要著述为《马克思主义经典作家民族问题文选》，全套五卷，共260万字，由社会科学文献出版社于2016年7月出版。该《文选》是《马克思恩格斯列宁斯大林论民族问题》（五卷本）的修订版本，原版本因其所收录经典作家有关论述的全面性和代表性，长期以来成为我国理论界学习和研究马克思主义经典作家民族理论的必读书目，有着广泛的社会影响，此次修订出版更是受到了学界的广泛关注。杨虎得所著《马克思主义民族理论研究》（民族出版社2015年版）以中国共产党关于民族问题的理论与政策基本观点"十二条"为指导，聚焦中国特色社会主义的民族理论创新体系，较为系统地阐述了民族理论学科中关于民族、民族发展、民族问题、民族关系等基本内容，以及中国共产党民族区域自治制度、中国共产党关于少数民族和民族地区经济发展政策等。该书突出新时期关于民族工作的主题，对近年来广泛交锋的各种学术观点进行比较分析，具有较强的理论价值。赵健君的《马克思主义民族理论中国化问题研究》（中国社会科学出版社2015年版）梳理了马克思主义民族理论中国化的发展脉络，并用全新的理论视角审视和解读中国特色社会主义民族理论这一中国化的创新成果。我国现代著名的民族问题理论家、宗教学者和藏学家，中国马克思主义民族宗教理论的主要奠基人之一，曾任中国社会科学院民族学与人类学研究所所长的牙含章先生的文集由社会科学文献出版社于2016年10月出版，全书50万字。该书比较全面地收录了牙含章先生的学术论文60余篇，较为完整地再现了牙先生在不同时期的学术思想。

郎维伟、文晓波的《中国民族理论本土化与费孝通研究民族的思想维度》（《北方民族大学学报（哲学社会科学版）》2016年第3期）一文对中国民族理论的内涵进行解读，认为其包含三个层次：一是经典著作中认识和解决民族问题的基本立场和方法；二是中国共产党历代中央领导集体解决民族问题的民族理论体系；三是解决中国民族问题的学术话语体系。这三个层次共同组成中国民族理论的基本内容。在这一框架下，作者从历史维度、社会维度、文化维度介绍了费孝通的民族理论观点。马晨的《马克思主义民族理论的时代化》（社会科学文献出版社2016年版）和李贽的《中国特色社会主义民族理论的体系建构及发展创新》（中国社会科学出版社2016年版）围绕马克思主义民族理论和中国特色社会主义民族理论体系进行了一系列研究。

周少青讨论了马克思主义的民族平等价值理念，认为，马克思主义的各民族一律平等价值理念既具有阶级性、历史性，又具有发展性和连续性，同时又具有价值理念上的整体性和全方位性，体现为超越民族主义的阶级利害观、基于解放全人类目标的（权利）正义观、消灭阶级压迫的人权观和承认多元文化的文化观。马克思主义的民族平等观念是人类社会的普遍主义价值理念，是人类社会共有的宝贵的精神财富。[①] 兰青松在《马克思主义民族平等思想研究》（中国社会科学出版社2016年版）一书中对中国特色的民族平等理论体系、运用实践和创新成果进行了阐述。

---

① 周少青：《论马克思主义的各民族一律平等的价值理念》，《世界民族》2015年第5期。

三 关于民族工作的实证研究

随着我国改革开放的深化、社会转型的加剧以及信息技术的迅猛发展，民族工作的现实环境和技术环境发生了很大的变化，民族工作“进城”“下海”“入世”“上网”的新局势，对创新民族事务管理手段和模式提出必然要求。石亚洲撰文探讨了大数据对民族工作的影响。他认为，在大数据时代下，民族治理主体多元化、结构扁平化、方式数据化以及治理能力现代化等对民族事务治理创新提出必然要求；运用大数据技术可以使民族工作决策更加科学，有利于提升民族工作管理和服务能力，有利于提升民族工作危机管理能力，有利于促进民族平等团结，从而提升积极应对民族工作的复杂性和特殊性局面的能力；要通过健全民族数据资源体系和大数据发展保障机制等具体手段实现民族工作方式的转变和民族事务治理体系的创新。① 在我国进入全面深化改革的新的历史时期，民族工作及民族问题正面临着新的阶段性特征与复杂变化的形势。杨建新撰文分析了新形势下少数民族成员群体社会结构和社会身份的变化，以及由此导致的思想观念和心理变化。他认为，尽管客观存在着诸多的社会变化，但就更深层次来讲，与我国少数民族问题有密切联系的条件、环境和某些实质性因素的相对不变仍然存在。这些“不变”因素主要有：我国是统一的多民族国家，我国处于并将长期处于社会主义社会的初级阶段，民族地区的经济发展和社会稳定与我国的国家安全密切相关。因此，我们要研究和重视变化引发的问题，要“全面正确贯彻落实”党的民族政策，坚持“民主”“法治”一齐抓，正确对待“一体”和“多样”，坚持发展是第一要务，方能找到解决民族问题的有效途径。②

关于民族工作、民族问题与民族政策等方面的理论与实证研究持续深入。郝时远的《中国特色解决民族问题之路》（中国社会科学出版社 2016 年版）一书以 2014 年中央民族工作会议的精神为主线，力图以宏观的视野，围绕民族问题这一全球性的话题，论述中国特色解决民族问题正确道路的理论与实践；在国际比较的视域中，实证分析了中国解决民族问题的当代主题，即中国各民族人民在物质生活层面缩小差距、共享发展，在精神生活层面尊重差异、认同一体。张丽红、金炳镐撰文分析了习近平关于民族工作的根本依据、根本方向和根本任务、根本原则和根本方法的论述，认为习近平关于民族工作的重要论述形成了完整的理论体系，是对中国特色社会主义民族理论的丰富和发展。③ 由王延中主编的《民族发展蓝皮书：中国民族发展（2016）》（社会科学文献出版社 2016 年版）全书 42 万字，包括总报告，民族地区五位一体发展分报告，扶贫开发、民族立法、社会管理、城镇化建设等专题报告和附录（中国以及世界民族问题大事记）四部分，其中《民族地区政治发展报告》（周竞红执笔）、《城市民族工作报告》（郑信哲执笔）、《民族立法发展报告》（刘玲执笔）作为分报告和专题报告列入皮书，该书以 2014—2015 年为时间跨度，全方位反映了民族地区五位一体建设过程中的成就与问题。熊芳亮的《从大清到民国——中国民族理论政策的历史变迁（1644—1949）》（社会科学文献出版社 2016 年版）一书对“五族共和”“国民党一大宣言”“民族自决”“国族主义”“国族—宗族论”“中华民族是一个”等引领和影响清代和民国时期民族政治基本走向的主要理论政策和

① 石亚洲：《大数据时代民族事务治理创新研究》，《中央民族大学学报（哲学社会科学版）》2015 年第 6 期。

② 杨建新：《论我国民族问题的“变”与“不变”》，《青海民族大学学报（社会科学版）》2016 年第 1 期。

③ 张丽红、金炳镐：《全面系统地研究把握和阐释习近平民族工作思想——习近平民族工作思想研究系列论文之一》，《黑龙江民族丛刊》2016 年第 3 期。

重大历史事件，做了解读和阐述。朱玉福的《中国扶持人口较少民族发展的理论与政策实践研究》（民族出版社 2015 年版）一书围绕扶持人口较少民族发展政策进行了专项研究。其他论述还围绕民族政策的理论和法律依据及其社会变迁、政策评价展开，相关代表性著述有：王希恩的《问题、视野及道路——关于当前中国民族问题的几点认识》（《西北师大学报（社会科学版）》2016 年第 5 期），雷振扬的《中国特色民族政策与民族发展问题探究》（中国社会科学出版社 2016 年版），程春华、青觉的《当代少数人群体特殊政策：理论依据与法律来源》（《黑龙江民族丛刊》2015 年第 5 期），马戎的《民族平等与群体优惠政策》（《中南民族大学学报（人文社会科学版）》2015 年第 6 期），田烨的《"一带一路"战略对我国民族关系的影响——基于马克思主义民族交往理论的分析》（《青海社会科学》2015 年第 6 期）。

2016 年，围绕 2014 年中央民族工作会议基本理论观点的阐释仍在深化，全国城市民族工作会议的召开更使得少数民族流动人口城市融入成为研究热点。王希恩撰文阐释了民族融合、交融及互嵌的内在逻辑关系，认为"交融"不同于"融合"，它强调的是互相接纳、吸收、包容和认同，是"融合"的进行时态或过程。他提出要准确、全面理解"互嵌"，居住结构的互嵌应当在分层结构和从业机构互嵌的基础上得以推进，互嵌不是全部的民族聚居和杂居，而是要着重打破妨碍民族交往、对现代生活进步和发展形成障碍的社区环境，因此要特别注重相互接纳和包容的软环境建设。该文从政策分析到理论阐释，深入浅出，深化了人们对民族融合、交融及互嵌的基本概念和逻辑关系的认识。① 来仪撰文对城市多民族居住模式和我国城市民族互嵌式居住模式进行了学理思考，阐释了多民族互嵌式社区居民模式的价值，及其与其他的民族居住模式的关系。她认为，民族互嵌式社区建设需要注重形式与内容、手段与目的的一致性，重视机制建设，既要重视经验借鉴，更要从本土实际出发考虑相关问题。② 其他代表性文章还有：唐志君、覃小林的《民族交往与相互嵌入式社会结构的生成路径研究》（《内蒙古社会科学（汉文版）》2015 年第 5 期），王军的《"相互嵌入式民族关系"政策评析》（《中国民族报》2015 年 11 月 13 日），蒋连华的《新型城镇化视野下各民族相互嵌入式城市社区建设的实践路径研究》（《江苏省社会主义学院学报》2016 年第 3 期）等。

李吉和等著的《流动、调适与融入：城市少数民族流动人口调查》（华中科技大学出版社 2016 年版）立足于城市少数民族流动人口的基本特点，探讨少数民族流动人口流动的功能，从经济、制度、社会关系、文化、心理等方面研究少数民族流动人口在中东部地区城市的适应、融入状况，以及少数民族流动人口服务管理面临的挑战。青觉的《市民化：城市少数民族流动人口治理的关键》（《中国民族报》2016 年 5 月 13 日第 7 版）一文着眼于城市少数民族流动人口治理的实践，认为当前组织体系、城乡二元制度改革滞后、意愿与能力等因素制约着少数民族流动人口的市民化过程。城市少数民族流动人口市民化工作系统是由相互联系和互相作用的制度系统、组织系统、文化系统和信息系统及其诸要素构成的具有新功能的有机整体。我们应当对少数民族进入城市的趋势和形势有客观清晰的认识，各地要因地制宜实施市民化政策，积极探索实施分区域分阶段分层次落户，让真正有能力并乐于在城市生活的人留在城市，要结合我国农业人口、城市发展水平和工业现代化水平的实际，坚持中国特色的少数民族流动人口市民化模式。徐欣顺、姜术容在《当前我国少数民族流动人口的嵌入问题探究——基于流动性嵌入的分析框架》（《黑龙江民族丛刊》2016 年第 3 期）一文中提出了流动性嵌入的分析框架，并将少数民族流动人口嵌入的内在机理和外在表现归纳为四个主要环节和四类现实状态，即内在机理呈现故地环节、机械嵌入环节、有机嵌入环节和代际环节四个主要环节；外在表现呈现

① 王希恩：《民族的融合、交融及互嵌》，《学术界》2016 年第 4 期。

② 来仪：《城市民族互嵌式社区建设研究》，《学术界》2015 年第 10 期。

外来优势型、外来弱势型、潜在优势型和潜在弱势型四类现实状态。该文以流动性嵌入为分析框架，针对少数民族跨区域流动存在的潜在风险和张力，进行问题剖析及对策化解。陈纪、李论撰文阐述了社会资本对少数民族人口融入的影响。①

四　关于民族事务治理与民族区域自治制度建设

民族区域自治是集基本政策、制度框架和法律规范于一体的制度设计，是保障各民族在法律层面的平等地位、治理层面的平等参与和发展层面的平等共享的制度平台，先进的治理理念和价值取向赋予其巨大的政治优势。制度运行离不开特定时空，在社会转型的历史背景下，不断变换的发展形势会产生差异性利益诉求，既对先进理念和制度优势的实现程度产生了更多的期盼，也对民族事务治理能力提出了更高的要求。坚持和完善民族区域自治制度就要积极回应社会期待和挑战，深入探索实现民族区域自治制度化、常态化和规范化的运行路径，在具体政治实践中探索民族区域自治制度与现代社会治理理念和治理方式的契合。

（一）厘清模糊认识，深化对民族区域自治制度科学性与先进性的社会认知

理论研究需要不断地去伪存真，不断地在与模糊认识和错误认知的辨析与对比中坚持正确的方向。民族区域自治制度不是对任何已有模式的简单搬用和仿造，而是根植于我国的历史传统、现实国情和国家现代化追求，在民族平等基础上，对统一多民族现代国家建构的理性选择和制度创新。必须厘清模糊认识，深刻领会民族区域自治制度在基本理念、制度构建、立法实践、政策措施和实践效果等方面所具有的科学性和先进性。②

没有一个国家可以一劳永逸地解决民族问题，应对民族问题的理论与实践处于动态的探索之中。制度的自我完善和发展必须立足于中国的社会环境，也受到地方政治意识和执政能力等多方面的影响。鉴于中国所处的社会发展阶段，民族多样、人口规模、分布特点和经济社会发展程度的差别等因素，特别是面对着西藏、新疆地区存在的特殊斗争，先进理念和制度优势的实现程度还不充分。③ 应当坚持解决民族问题的制度自信、理论自信和道路自信，通过进一步完善民族区域自治制度，加快具体民族政策调整，全面、坚决、不折不扣地执行民族区域自治法，实现中国民族工作事务在全面深化改革中的自我完善，使民族区域自治成为充分体现中国特色社会主义制度优越性的制度成果。④

（二）加强民族自治地方协商民主机制建设，深入挖掘民族区域自治制度的民主蕴涵

随着制度运行的深入发展，民族区域自治制度本身所蕴含的民主协商优势在政治实践中日益显现。有研究成果已指出，民族区域自治与协商民主在价值追求，基本要素，运行的政治、法律和体制环境以及面临问题和发展趋势等方面有深刻的内在关联性。⑤ 民族区域自治制度完善与协商民主的衔接配合理应提到政治实践日程。有学者将建构民族自治地方协商民主机制视

① 陈纪、李论：《论社会资本对少数民族流动人口融入城市的影响》，《广西民族研究》2016 年第 3 期。

② 彭庆军：《民族区域自治制度对传统政治的超越》，《中国民族报》2015 年 4 月 24 日；马俊毅：《论族际政治文明与我国民族区域自治制度的政治优势》，《兰州学刊》2015 年第 4 期。

③ 郝时远：《中国民族政策并非“技不如人”》，《贵州民族报》2015 年 4 月 10 日。

④ 杨须爱：《解决民族问题的道路自信——基于对中国民族区域自治制度与西方多元文化主义民族政策的几点比较》，《西南民族大学学报（人文社会科学版）》2015 年第 6 期。

⑤ 孙岿：《做好协商民主与民族区域自治制度的无缝衔接》，《中国民族报》2015 年 5 月 15 日。

为完善民族区域自治制度的关键环节，认为民族区域自治的法律条款和制度设计均与协商民主精神高度契合，初步形成了民族自治地方协商民主的制度框架。该学者进而提出民族自治地方协商民主的实现路径，即推进协商民主法治化、制度化与规范化，增强少数民族群众参与协商民主的积极性与有效性，重视自治立法协商与重大公共政策决策协商，以协商民主预防和化解民族群体性事件。[①]

（三）贯彻实施民族区域自治制度，实现民族事务治理体系与治理能力现代化

民族事务治理现代化是国家治理现代化的重要组成部分。一项制度的选择与设计受到特定环境的影响，制度运行与功效的发挥也依赖于所处的社会环境。在中国经济社会转型过程中生成的各种民族问题，在某些领域可能会引发治理危机，考验着各级政府的民族事务治理能力。面对当前民族问题与社会转型叠加的状态，在坚持基本制度、理念和原则不动摇的前提下，需完善民族事务治理体系的体制机制、政策法规，提升民族事务治理的文化渗透能力、资源再分配能力、多元治理能力，将局部性危机纳入体制内解决，实现社会稳定与经济社会发展的同时，推动民族事务治理体系与治理能力的现代化。[②] 自治区自治条例立法是实施民族区域自治制度的重要形式。有学者研究了自治区自治条例立法权的性质和特点，提出“报请批准的自治区立法权是一种共有立法权”，认为自治区自治条例的制定应实行自上而下和自下而上相结合的“三位一体”的立法工作机制，即由全国人大常委会主导形成制定自治区自治条例的工作机制；由国务院成立专门工作小组，推动1—2个自治区自治条例的制定工作；由条件成熟的自治区根据国家法制建设总体要求和本自治地方实际情况出台自治区自治条例草案（报批准稿），并对反馈意见进行修改完善，以形成三位一体的联动机制。[③]

民族整合是多民族国家基于民族群体权利承认而实施的民族治理方略。有学者对民族整合的理念、格局与举措进行研究，认为民族整合作为一种有机的共同体整合，以维护多民族国家的统一为价值诉求，在承认族类群体集体权利的同时，也为各民族成员自主实现交往交流交融提供了空间和路径。[④] 有研究者提出应从培育多元治理主体、拓展治理绩效范围、改革传统治理方式等方面探索多元治理、和谐治理的新格局，促进民族区域自治制度的善治化发展。[⑤] 在国家治理和民族自治地方社会治理中，要坚持民族事务治理与其他社会治理方式的契合，坚持从国家治理的全局高度，在社会总问题处理的过程中，顾及民族自治地方治理的特殊性与一般性。

（四）在新的历史条件下坚持和完善民族区域自治制度

在全面深化改革和小康社会建设进程中，要充分认识影响民族区域自治运行的非制度因素[⑥]及民族区域自治制度和政策本身的尚待完善之处，加强民族区域自治制度在政治实践中的落实，特别是厘清少数民族的权利范畴，强化制度供给和法制保障，让民族区域自治制度充满活力，从制度上确保民族地区长治久安。正如有研究成果指出的，民族区域自治的危机实际是

---

① 张殿军：《发挥民族区域自治制度优势 积极推进协商民主》，《中国民族报》2015年3月13日。

② 朱军：《中国经济社会转型中的民族问题与民族事务治理——以国家治理能力为分析视角》，《民族研究》2015年第1期。

③ 彭建军：《自治区自治条例所涉自治立法权问题研究》，《民族研究》2015年第2期。

④ 严庆：《民族整合的理念、格局与举措》，《政治学研究》2015年第1期。

⑤ 哈正利、黄兆雪：《民族区域自治制度的善治化》，《民族论坛》2014年第12期。

⑥ 王传发：《民族区域自治运行的非制度因素探究》，《云南行政学院学报》2014年第6期。

在现实中的实施危机，应该从正义的角度寻找政策调整的途径，主要包括用公共讨论的理智保障民族自治地区最终实现结果的公正、保障少数民族选择生活方式的自由、培养各民族之间宽容的价值观等内容。①

伴随新时期民族工作新变化，民族工作领域日益扩宽，也对民族区域自治制度进一步完善提出了新的要求。城镇化影响着中国社会政策的投入方式，对民族区域自治制度运行和完善提出了新的挑战，对进一步完善对民族自治地方自治权的实现形式和权利保障方式产生直接重大影响；制度完善需要充分注意和探索面临的问题，通过顶层设计与制度实践的有机结合，来扩展民族区域自治的制度空间。②

总之，在中国社会现代化发展进程中，必须使全社会提升对解决民族问题基本制度认知。正如郝时远先生所指出的，坚持和完善民族区域自治制度就是坚持宪法原则，党和政府必须在坚持宪法原则的基础上，在全面深化改革中积极回应社会治理现实提出的种种诉求，在坚持民族平等、团结、互助、和谐中积极开展政治实践，以期坚持中国特色解决民族问题的正确道路，确保各民族共同团结奋斗，共同繁荣发展。

五　关于各民族相互嵌入式社会结构和社区环境

自 2014 年中央提出“推动建立各民族相互嵌入式的社会结构和社区环境”以来，学界围绕民族互嵌式社会结构和社区环境的理论内涵、功能定位、实践路径等展开深入的讨论，成果颇丰。

（一）关于“民族互嵌”的概念与理论内涵解析

当前，学者们从不同角度对“民族互嵌”概念进行解析，虽未形成一致认识，但基本围绕“衔接、交互和嵌合”的内涵展开。有学者从民族关系角度进行解读，强调“互嵌”是“不同民族成员在心理、现实生活等层面相互交接、相互理解、相互认可的和谐关系”③；而且这种关系“绝非仅仅指代不同民族之间的相互影响和相互渗透的空间关系，更多是指不同民族之间形成自由交往、相互包容的精神关系”④；“相互嵌入”是“民族交融的微观注解，是我国各民族分布上交错杂居、文化上兼收并蓄、经济上相互依存、情感上相互亲近的直观体现”⑤，是“不同社会主体（包括个体和群体）在社会互动中的相互接纳、吸收和依赖并形成共同体的过程”⑥。也有学者从居住格局角度进行解读，认为“民族互嵌式社区”是指建立于一定的地域基础上，由不同民族成员组成的，多元文化之间平等相处、彼此尊重的社会利益共同体⑦；是“由两个以上（包括两个）民族共同居住并形成空间相错的同一区域内的共同体，这一共同体中的具有不同民族身份的成员之间形成自由交往交流并相互包容的关系”⑧。也有学者将民族互

① 李京桦：《从正义角度看民族区域自治制度的合理性及政策调整》，《云南社会科学》2014 年第 6 期。

② 刘玲：《城镇化进程中民族区域自治制度面临的挑战》，《学术界》2015 年第 10 期。

③ 严庆：《“互嵌”的机理与路径》，《民族论坛》2015 年第 11 期。

④ 杨鹍飞：《民族互嵌型社区：涵义、分类与研究展望》，《广西民族研究》2014 年第 5 期。

⑤ 裴圣愚、唐胡浩：《武陵山片区民族社区互嵌式建设研究———以湖南省靖州苗族侗族自治县为例》，《中南民族大学学报（人文社会科学版）》2015 年第 2 期。

⑥ 裴圣愚：《相互嵌入：民族社区环境建设的新方向》，《黑龙江民族丛刊》2015 年第 1 期。

⑦ 张会龙：《论各民族相互嵌入式社区建设：基本概念、国际经验与建设构想》，《西南民族大学学报（人文社科版）》2015 年第 1 期。

⑧ 杨鹍飞：《民族互嵌型社区：涵义、分类与研究展望》，《广西民族研究》2014 年第 5 期。

嵌式社会结构作为一种新型、多向、平等的社会结构模式，其目的在于创造有机的民族团结，并强调其路径创新意义。① 这些定义既重视互嵌式社区建设的物质形式，又强调民族互嵌的精神文化内涵，同时将民族互嵌社会结构作为促进民族团结的有效手段，值得借鉴。

（二）关于民族互嵌式社区环境和社会结构的实践路径

研究指出，城镇化进程中民族居住区隔现象的存在表明城镇化并不会自动推进各民族的接触交往，应当反思城镇化战略及推动机制，要通过柔性的、群众喜闻乐见的文化、社会手段，以“润物细无声”的方式，推动各民族深度交往，以提升社区民族关系的和谐程度。② 积极促进少数民族社会融合是建立各民族相互嵌入式社会结构的重要路径，也是中国多民族国家建设必不可少的基础性环节。③

有研究考察了新型城镇化对民族互嵌型社会的影响和促进作用，认为新型城镇化战略带来的社会结构变迁有利于民族互嵌型社会的生成。通过城镇化超结构化的“动力总成”模式和空间重组、家园重塑、生产重构、文化互尊、社会融合等机制，可以提升民族互嵌地区各民族群众的生活水平和生活质量，建立全新的现代人格，并推动民族互嵌型社会建设健康、稳定、可持续发展，最终促进边疆多民族地区的社会发展与社会安定。④ 民族互嵌式社区建设需要形式与内容、手段与目的相一致，必须尊重市场规律，合理合法地运用行政手段，科学合理地推进。同时要注重机制建设，以社区居民委员会、社团、个人等为主体，通过各种法律的、行政的、经济的、文化的、人际关系等手段进行常态的、规范化的、科学而合理的外在干预的行为和过程的制度性设计。⑤

关于互嵌式社区建设国际经验的借鉴，学者们深入分析了新加坡、马来西亚、美国、英国等国家可资借鉴的理念和做法，一致认为由于国情不同，这些经验和模式都不可直接复制和移植，必须要从本土实际出发，探索符合我国国情的互嵌式社区建设路径。⑥

六　关于族际人口流动与城市民族工作

中央民族工作会议指出，我国进入了各民族跨区域大流动的活跃期，民族工作的方式、对象、内容发生了深刻的变化，城市民族工作在我国民族工作全局中地位日益突出，做好城市民族工作才能赢得民族工作的未来。要不断提高处理城市民族问题的能力和水平，做好少数民族流动人口的管理与服务工作，既不能采取“关门主义”的态度，也不能采取放任自流的态度，需要改进工作方式方法，让各族群众交得了知心朋友、做得了和睦邻居、结得成美妙姻缘，让城市更好地接纳少数民族群众，让少数民族群众更好融入城市。2015—2016 年关于城市民族工作的研究在少数民族流动人口特征的基础上，结合当前城市民族工作现状，分析问题，提出

---

① 郝亚明：《民族互嵌式社会结构：现实背景、理论内涵与实践路径分析》，《西南民族大学学报（人文社科版）》2015 年第 3 期。

② 杨鹍飞：《准确定位民族互嵌型社区建设》，《中国民族报》2015 年 6 月 19 日。

③ 郝亚明：《民族互嵌式社会结构：现实背景、理论内涵与实践路径分析》，《西南民族大学学报（人文社科版）》2015 年第 3 期。

④ 胡小武：《民族互嵌型社会的动力结构及优化模式》，《新疆师范大学学报（哲学社会科学版）》2015 年第 5 期。

⑤ 来仪：《城市民族互嵌式社区建设研究》，《学术界》2015 年第 10 期。

⑥ 张会龙：《论各民族相互嵌入式社区建设：基本概念、国际经验与建设构想》，《西南民族大学学报（人文社科版）》2015 年第 1 期；来仪：《城市民族互嵌式社区建设研究》，《学术界》2015 年第 10 期。

建议。

当前，少数民族人口流动日益凸显其地域的广泛性和民族的多样性，也呈现少数民族人口向城市流动的不可逆转性和常态化。[①] 一方面，少数民族流动人口基本特征与一般流动人口类似，如大多来自农村地区，受教育水平较低，主要集中于低端行业，从事的职业大多具有民族经济文化特点，从业同质性较高，平均收入明显偏低，绝大多数人未签订劳动合同、未参加社会保险，游离于流入地劳动力市场制度的保护之外，等等。[②] 另一方面，各民族流动人口也呈现民族和地域的结构性特征，有研究指出，少数民族流动人口的民族构成差别较大，其中比例最大的是回族（约占23.6%），壮族、藏族、苗族、土家族和满族占比也较高；主要流出地为西南和西北地区，如广西、贵州、西藏、青海、宁夏、甘肃等地，其中来自广西的占比最高。[③] 少数民族流动人口的民族与地域特点与我国少数民族的地理分布基本契合。

语言和文化环境的变化、城市功能的不足、保障和救济机制缺失、城市管理与小市场经营秩序失衡等问题加重了少数民族流动人口的社会融入与社会适应问题，少数民族流动人口仍然存在“对城市生活和管理方式不适应，城市居民对少数民族群众某些生活和行为方式不适应，以及我们的工作方式和管理机制不适应”即“三个不适应”的问题。[④] 与此同时，输出地域输入地对接的少数民族流动人口动态管理问题、对少数民族流动人口的就业规划与指导问题、部分社区民族相对聚居可能产生“社会区隔”问题、民族意识复杂化问题、现代文化一体性与多元文化诉求矛盾问题等加大了城市民族工作的复杂性。[⑤] 基于此，实现城市社会治理与城市民族工作的有效契合，是当前民族工作的重要方向。已有研究提出了以下政策建议。

第一，健全法律法规，实现城市民族工作法制化。少数民族流动人口最初进入城市并在城市立足主要基于亲缘与族缘关系，但就业地和从事职业的多元化要求人们之间的信任关系从基于个人交往和相同的血缘地缘提升到基于法律制度，依法保障少数民族流动人口权益的层面，要创新和完善具体政策举措，细化民族法律法规，推动有关部门出台针对性和操作性更强的配套规章。

第二，完善对接机制，促进少数民族流动人口更好地融入城市。随着城市民族工作重心向少数民族流动人口服务管理的转移，应发挥政府在少数民族流动人口服务管理方面的主导作用，完善流入地与流出地政府之间的对接机制，加强对少数民族流动人口的劳务输出和职业培训，进一步完善社会保障机制和民族工作机制，着力解决少数民族流动人口就业难、子女就学难、看病难甚至住店难等问题。

第三，探索“嵌入式治理”模式，构建民族工作社会化的新格局。城市民族工作与民族互嵌式社会结构与社区建设密切相关。沈桂萍倡导民族工作的“嵌入式治理”模式，即以中华民族多元一体理论为指导，以各民族共同团结奋斗、共同繁荣发展为目标，以法治为基础，破解民族相对聚居造成的社会区隔和发展不平衡，推动各民族相互嵌入式的就业、就学、居住、政治参与、社会交往等，保障各民族公民合法权益的民族工作战略。她提出了构建城市民族工作“嵌入式管理”的具体路径，即完善多部门联动的嵌入式民族工作体系；构建各民族互相嵌入

---

① 郑信哲：《论少数民族流动人口的城市适应问题》，《兰州学刊》2015年第7期。

② 苏丽锋：《少数民族人口流动特征与就业质量研究》，《民族研究》2015年第5期；李吉和、卢时秀：《城市少数民族流动人口服务管理体制机制的建构与完善》，《行政科学论坛》2015年第2期。

③ 肖昕茹：《我国少数民族流动人口社会融合现状研究》，《云南民族大学学报（哲学社会科学版）》2015年第1期。

④ 陈永亮、龙晔生：《探索解决城市民族工作“三个不适应”的新路径》，《民族论坛》2015年第6期。

⑤ 沈桂萍：《当前城市民族工作需要特别关注的几个问题》，《四川省社会主义学院学报》2015年第1期。

的从业结构、社区混合居住模式、文化建设模式、民族团结教育格局等。[①] 有学者探索建立社区民族工作机制，通过以社区为本的社会工作方法，提出从服务提供者的组织模式、服务对象的求助模式、资源获取模式和服务提供模式四个向度转变原有城市少数民族流动人口的服务管理。[②] 郑信哲研究员多年从事城市少数民族和民族问题相关领域的研究，2016 年发表的论文有：《略论新时期城市少数民族民间社团问题——以城市朝鲜族民间社团为例》（《中南民族大学学报（人文社会科学版）》2016 年第 1 期）、《略论少数民族流动人口与城市社会稳定》（《学术界》2016 年第 8 期）、《试析我国当前城市民族工作发展的理论与实践》（《兰州学刊》2016 年第 5 期）、《关于城市少数民族流动人口子女的民族教育问题》（《中国的韩国学与韩国语教育》民族出版社 2016 年版）等。

七　关于加强中华民族大团结

2014 年中央民族工作会议指出，民族团结是我国各族人民的生命线。做好民族工作，最关键的是搞好民族团结，最管用的是争取人心。要正确认识我国民族关系的主流，多看民族团结的光明面；善于团结群众、争取人心，全社会一起做交流、培养、融洽感情的工作；加强各民族交往交流交融，尊重差异、包容多样，让各民族在中华民族大家庭中手足相亲、守望相助；创新载体和方式，引导各族群众牢固树立正确的祖国观、历史观、民族观；用法律来保障民族团结，增强各族群众法律意识；坚决反对大汉族主义和狭隘民族主义，自觉维护国家最高利益和民族团结大局。会议强调，加强中华民族大团结，长远和根本的是增强文化认同，建设各民族共有精神家园，积极培养中华民族共同体意识。学者们围绕民族交往交流交融、民族团结的载体和方式、构筑各民族共有精神家园等问题进行研究和探讨，产出颇丰。

（一）关于各民族交往交流交融

在中央民族工作会议提出“加强各民族交往交流交融”的倡导之后，“三交”成为理论研究和媒体讨论的热词。各方面的观点都得到了充分表达，有学者主张“顺应民族交融的大势”，“力促”“大力推进”各民族交往交流交融[③]，反映了学界和社会各界推动各民族交往交流交融的迫切愿望。更多的研究者对“三交”持审慎态度，主张“尊重民族发展的客观规律”，反对用行政手段强力推进民族交往交流交融。代表性的观点有：全国统一市场的形成、地区封闭的打破、民族交往交流增多，会极大地促进交融，这是历史趋势；各民族交往交流交融是一个自然和历史的过程，要尊重规律，正确处理差异性和共同性，把握好民族交往交流交融的历史方向，既不能无视民族共性放弃引导，也不能超越历史阶段、忽视民族差异，用行政手段强行推进；民族间的差别和多样是客观的和长期的存在，要坚持尊重民族差异而不强化差异，保持民族特性而不强化特性，营造尊重少数民族文化、风俗习惯的社会氛围；要逐步缩小差距，这是

① 沈桂萍：《构建城市民族工作的“嵌入式治理”模式》，《湖南省社会主义学院学报》2015 年第 1 期；郝雨凡、沈桂萍：《“嵌入式治理”：中国城市民族工作的新思维》，（澳门）《南国学术》2015 年第 3 期。

② 卢时秀、李吉和、张微：《专业社会工作嵌入城市少数民族流动人口服务管理：领域与路径探索》，《广西民族研究》2015 年第 4 期。

③ 朱维群、阿来：《顺应民族交融的大势——由历史纪实文学〈瞻对〉引起的对话》，凤凰网，http://news.ifeng.com/a/20150531/43876620_0.shtml；本报评论员《力促各民族交往交流交融》，《新疆日报》2015 年 5 月 12 日第 1 版；李晓霞：《大力推进各民族的交往交流交融》，《中国民族》2015 年第 3 期。

增进各民族共同性，促进民族团结的重要保证。①

关于“三交”的理论探讨也呈持续深入之势。代表性的观点有：民族间交往交流交融过程是各民族在发展中对本民族逐渐认识，产生文化自觉，并且在发展目的的促使下逐渐增强交往交流的频率，最后达到民族交融的状态；民族交往交流交融是民族关系层次递进的发展态势，是民族发展的大趋势。② 有研究者认为民族交往、交流和交融在理论上有不同的内涵，分别表征着不同程度的民族交往状态，三者应是递进关系，呈现不同阶段的不同目标，忽视彼此之间的差别和递进关系，盲目地将民族交往交流交融进行“捆绑”和“合体”，容易导致民族工作出现误区。③ 有研究发现，民族交往交流交融政策与西方群际接触理论的逻辑预设基本一致，群际接触的相关研究对于我国促进族际交往的实践工作具有重要的启示意义。④

与各民族交往交流交融相关，“守望相助”作为民族关系的历史总结和特征提炼被学者们视为民族理论新视野。有研究者指出，“守望相助”是习近平总书记关于民族工作的重要论断，既是我国民族关系的历史总结和精辟概括，也是中国特色民族理论的发展创新。它体现了传统文化精髓在民族关系中的传承与发展，将成为实现中华民族伟大复兴的精神动力。⑤ 有学者分析了“守望相助”的思想蕴意，认为“守望相助”体现了中华民族一家亲的团结梦，体现了中国各民族共同走向现代化的发展梦，体现了中华民族伟大复兴的中国梦，是促进各民族和睦相处，和衷共济、和睦发展的新指引，是实现“两个共同”的新要求，是“三个离不开”思想的新展示，是增强“四个认同”的新动力，是民族关系理论的新拓展。⑥

（二）关于民族团结进步创建的载体与方式

民族团结研究以民族团结宣传教育和民族团结进步创建活动为中心展开。从民族团结宣传教育来看，研究重点为教育资源整合和高校民族团结教育。我国的民族教育资源内容丰富，不仅包括文字记载的教育资料，还有口授相传的民族团结故事。有研究分析了建立民族团结教育资源共建共享机制的意义，认为以国家认同为目标导向，遵循协同性原则、公益性原则与发展性原则，将政策支持、制度保障、主体优化及平台建设作为关键路径，促进民族团结教育资源共建共享机制的构建。⑦ 有学者将研究视角聚焦于口授相传的资源，认为这些资源蕴藏在现实和鲜活的生活细节之中，具有地域性、分散性、传承性、通俗性等特点。在资源整合过程中存在对民族团结教育资源缺乏认同感和保护意识、教育实践活动缺乏针对性等问题。要从以下几个方面着手加强资源整合：提升资源意识，促使民族认同感与归属感形成的各种因素得到有效激发；要尊重民族差异，找准整合工作的关键点；要多方位探索，建立有序管理、高效整合的体制机制，以期使口授相传、无文字记载地区的民族团结教育资源得到最大限度的开发和利用。⑧

---

① 闫言平：《促进各民族交往交流交融》，《中国民族报》2014年12月26日；王冬丽：《从民族走廊看各民族的交往交流交融》，《中国民族报》2015年8月7日；陈永亮：《关于“加强民族交往交流交融”理论的思考——中央民族工作会议精神学习体会》，《民族论坛》2014年第12期。

② 彭谦、李晓婉：《刍议民族间交往交流交融》，《中国民族报》2015年7月17日。

③ 陈丽明：《厘清概念分异，正确引导民族交往交流交融》，《中国民族报》2015年7月31日。

④ 郝亚明：《西方群际接触理论研究及启示》，《民族研究》2015年第3期。

⑤ 朱朝晖：《守望相助：中国特色民族理论的发展创新》，《民族论坛》2014年第10期。

⑥ 刘吉昌、李昭勇：《论习近平“守望相助”的思想蕴意》，《贵州民族研究》2014年第12期。

⑦ 赵宜凯、肖祥：《国家认同视域下民族团结教育资源的共建共享机制研究》，《南方论刊》2015年第4期。

⑧ 雷娜：《加强民族团结教育资源的整合——以口授相传、无文字记载地区为例》，《中共山西省委党校学报》2015年第6期。

在民族团结进步创建方面，陈乐齐、李俊杰等编著的《民族团结进步创建活动理论与实践创新研究》（民族出版社2015年版）是国家民委民族问题重点研究项目的阶段性成果。该书对于民族团结进步创建活动的现实意义、科学内涵、总体目标及测评指标体系、主要特点和有效做法、成效与经验、不足与挑战、创新与发展等进行了系统分析，对民族团结进步创建活动的发展研究有一定的参考价值。此外，学者们围绕新疆、西藏、贵州、青海多民族省区民族团结进步创建的经验做法开展研究，总结经验、分析问题、提出对策。有研究认为，新疆民族团结工作要建立在民族平等的基础上，坚决反对两种民族主义，全面正确地贯彻落实党的民族政策，搞好民族干部队伍建设，弘扬和发展少数民族文化，并以改善民生为抓手创新民族团结工作。① 有研究指出，青海省民族团结先进区建设以“民族团结进步”为主线与核心内容，以寺院稳定、宗教和睦为重点，坚持正确处理两类不同性质的矛盾，以社会治理体制创新维护社会稳定，其经验值得进一步挖掘。在未来工作中，建立稳妥处理影响稳定的各类社会矛盾的法治思维，建立“依法行政、依法治藏”的体制机制，全面贯彻党的民族宗教政策，引导各民族群众正确处理个人利益、群体利益和国家利益的关系，探索建立符合时代要求和社会主义原则的民族关系，切实维护各民族群众的合法权益，是民族团结工作走向深入的重要保障。②

与民族团结进步创建有关的理论探讨也在持续推进。有研究指出，多民族社会的民族团结是一个有组织的动员、协调并达成有机团结的过程。民族团结创建活动的实际效果以创建活动与本区域社会关系调节情况的贴合度为基础，需要建构一套支撑正确历史观、国家观、民族观培育的知识体系；应在宣传手段和动员方式等方面有所创新，并采取灵活多样的社会政策进行引导，方能增强民族团结创建活动的实效。③ 针对不同区域人口民族构成的创建活动在宣传手段和动员方式等方面的创新，开展好民族团结进步创建工作，需要在发掘民族历史文化内涵、促进民族经济社会发展、推动民族文化大发展大繁荣、提高民族人才干部队伍素质等方面进一步有所作为。④

（三）关于构筑各民族共有精神家园

与之前的研究集中于论证建设共有精神家园的必要性、目标定位和战略意义不同，学界对构筑各民族共有精神家园的意义和必要性高度认可，相关研究主要围绕共有精神家园的建设路径展开，理论研究进一步深入。

研究指出，建设各民族共有精神家园就是要从文化的内里通过解决文化认同的深层次问题而从根本上解决民族问题，更重要的是通过建设各民族共有精神家园而进一步夯实中华民族伟大复兴的文化基础。经济的发展和物质文化的建设必须要有精神文化的内在支撑，制度建设同样需要民族精神的涵养和文化自信。面对全球化的机遇和挑战，建设各民族共有精神家园不仅要提升中国文化软实力的国际竞争力，而且要筑牢中华民族能够立足于世界民族之林的精神根基。⑤ 构建中华民族共有精神家园，当以弘扬中华民族优秀传统文化为关键，尤以伦理道德为

---

① 葛丰交：《对新疆民族团结创建工作综合施策的几点思考》，《中国民族报》2014年11月28日。

② 阴海燕、韩利君：《西藏民族团结进步创建工作经验与对策》，《西藏民族大学学报（哲学社会科学版）》2015年第3期；王延中：《创建民族团结进步先进区 促进民族地区社会稳定的青海模式》，《青海民族研究》2015年第1期；詹全友：《贵州从江占里民族团结进步活动创建现状及对策研究》，《贵州民族研究》2015年第6期。

③ 周竞红：《实效之求：民族团结创建活动与载体》，《齐齐哈尔大学学报（哲学社会科学版）》2015年第10期。

④ 阴海燕、韩利君：《关于新时期民族团结进步创建的理论思考》，《广西民族研究》2015年第1期。

⑤ 杨文炯：《建设各民族共有精神家园 夯实中华民族伟大复兴的文化基础》，《中国民族》2015年第3期。

核心。[①] 中华民族共有精神家园的建设需要厘清多元与一致、“叙旧”与创新、“力推”和稳进之间的关系，要兼顾民族性和共享性，在“多元”基础上发展“一致”，提炼升华共同的文化、认同和价值，用共同体意识沟通团结“多元”。[②] 王换芳、郑信哲认为中华民族共有精神家园需要不断汲取中华民族优秀传统文化精髓，传承与保护少数民族文化，弘扬特定历史节点的民族精神和践行社会主义核心价值观，以便形成涵盖历史基点、多样性基础、典范作用、时代性“四维一体”的中华民族共有精神家园模式。[③]

建设各民族共有精神家园，培养中华民族共同体意识与增强文化认同密不可分。有研究强调增强中华文化认同的重要性，提出应科学理解中华文化的内涵，明确“中华文化是各民族文化之集大成”；应科学梳理“民族”表述的话语系统，认为宪法确立56个民族就是中华民族；应切实增强中华文化认同，通心同心，通情同力，守望相助，共存共荣。[④] 沈桂萍撰文对“将中华民族等同于炎黄子孙”“将中华民族的范围从中国境内公民扩展到海外华人”“将中华民族概念虚化”“主张废除中华民族概念，以公民共同体认同替代中华民族认同”等关于中华民族共同体的诸多误读进行批驳，认为中华民族包括作为人的共同体和作为文化的共同体的两层含义，即中华民族是拥有中国国籍的中国公民共同体，中华民族共同体是以中华文化为核心的文化共同体；与此相对应，培育中华民族共同体意识的主要任务是以公民身份认同为核心，以共有历史文化为精神支撑或文化纽带进行中华民族共同体认同建设。[⑤] 青觉、吴春宝就当前我国民族工作中的“人心政治”建设阐述观点，认为“人心政治”是关乎国家政治发展的正当性与合理性的根本问题。新时期“人心政治”建设的基本经验是在教育宣传中争取人心、在经济发展中赢得人心、在制度保障中稳定人心。加强“人心政治”建设必须坚持民族区域自治制度，做到“两个结合”，需要构筑各民族共有精神家园，增强各民族的“四个认同”，必须不断深化改革，加强民族地区的民生建设，必须依法建设，推进民族工作法制化进程。[⑥]

（四）与民族团结相关的协同创新中心和智库建设发展情况

在国家倡导新型智库建设、研究体制创新、搭建协同科研平台的背景下，新型智库与协同创新中心建设将成为增强高校在国家（区域）发展中贡献度的重要抓手。调适民族关系与解决民族问题的长期性与复杂性，更决定了加强多区域、多学科之间协同合作的必要性与紧迫性。2015年4月，云南省高等学校民族团结进步理论与实践协同创新中心在云南民族大学揭牌，这是中国首个民族团结进步协同创新中心，旨在通过政府、高等院校与科研机构的资源整合与协同创新，对新常态下的民族工作提出新思维、新理论与新总结，成为服务国家发展的新型智库。2016年10月，马克思主义与民族团结教育协同创新中心正式启动，该中心由中央民族大学牵头，协同中国社会科学院民族学与人类学研究所、河北民族师范学院、中国戏曲学院和德国马克斯·普朗克宗教与族群多样性研究所开展工作，旨在倾力打造马克思主义与民族团结教育理论与实践研究高地、决策咨询智库、社会服务平台、学科建设与人才培养基地。除此之

① 熊坤新：《传统道德与中华民族共有精神家园》，《中国民族报》2015年6月19日。

② 陈丽明：《建设中华民族共有精神家园“三问”》，《中国民族报》2015年6月12日。

③ 王换芳、郑信哲：《构筑“四维一体”的中华民族共有精神家园模式》，《满族研究》2015年第3期。

④ 丹珠昂奔：《切实增强中华文化认同——学习习近平总书记在中央民族工作会议上讲话的体会》，《中国民族报》2015年2月6日。

⑤ 沈桂萍：《准确认识和把握中华民族共同体认同》，《中国民族报》2015年3月27日。

⑥ 青觉、吴春宝：《当前我国民族工作中的“人心政治”建设：意义、经验与路径》，《中央民族大学学报（哲学社会科学版）》2015年第3期。

外，各省在参照中共中央办公厅、国务院办公厅《关于加强中国特色新型智库建设的意见》的基础上，结合本省实际，确立新型智库建设的总体目标与思路。协同创新中心与新型智库的建设为进一步提升高等院校人文社会科学学科围绕国家（区域）发展争论中的热点难点问题开展决策咨询研究、服务政府和社会需要的能力提供重要支撑。

八　关于民族研究范式与民族工作方法论

学者们关注民族理论研究的现状与发展，从不同视角反思了民族研究范式对中国民族研究的影响。周明甫介绍了民族研究的社会研究范式、民族问题研究范式以及人类学民族学学科范式，并对民族问题的内涵、领域和治理方式进行了探讨，中国特色的民族发展以及研究范式的转换应当始终关注以下几个方面：一是尊重历史、尊重少数民族；二是坚持平等、注重协商；三是坚持统一团结，提倡各民族和睦相处，同舟共济，和谐发展。何明从民族学的学科认同、社会信任、体制机制三个角度阐述了民族研究的危机，认为破解民族研究范式危机应从重构“民族”概念、探索研究方法、构建广开言路、平等对话、共同协同的体制机制等方面入手。范可通过“族群范式”和“边疆范式”对民族研究范式进行了反思，认为边疆范式忽视了地方和族群的多样性，因此是狭隘的，是对学术和政治治理无所帮助的视角与思维方式。①

随着“一带一路”建设的深入发展，边疆治理的理论与实践成为研究热点。马成俊、王含章将国内的民族走廊研究与国际丝绸之路研究的整合纳入全球经济一体化与国际政治经济新制度构建的大背景下，提出了丝绸之路研究的新的研究思路，值得借鉴。② 周平撰文认为，随着陆地边疆及其治理地位的凸显，陆地边疆治理的“族际主义”取向与国家治理及发展的不适应性更加突出，建议将陆地边疆治理的价值取向由“族际主义”转向“区域主义”。③ 方盛举、吕朝辉将我国陆地边疆治理归结为“软治理”模式，这种模式的特点是综合运用情感治理方式和文化治理方式对边疆各民族群众在经济上实施倾斜、帮助和照顾政策，在政治上坚持平等、团结、互助准则，在文化上遵循尊重、关心和爱护态度，以此争取边疆各民族群众的高度政治认同，并以此为基础展开对边疆公共事务的治理。在边疆软治理实践中，要实现“输血式”的物质帮扶与“造血式”的全面支援相结合，实现情感认同与文化认同的有机结合，实现边疆治理理性化与规范化的有机结合。④ 冯建勇认为“一带一路”建设为我们展现了一个重新思考边疆传统发展模式的新视域，提出应以边疆为本位，将地域视角与边缘视角视为理解中国性的一个端口，用以观察中国的历史建构过程。⑤ 周建新提出，在边疆中心视角下，我们可以将传统上视为边缘的边疆地区看作“中心”区域来讨论许多问题，其中，跨国移民问题、跨国民族问题以及跨国经济区或边境经济合作区的建设等，都是在“边疆中心”视角下进行的理论和实践探索。⑥ 在这种思路的引导下，陈怡在《社会中的国家与国家认同悖论——当代壮族边民的国

---

① 周明甫：《“民族问题”何谓？何在？何治？——民族研究范式概议》；何明：《民族研究的危机及其破解——学科认同、学者信任和学术体制的视角》；范可：《族群范式与边疆范式——关于民族研究范式转换的一些思考》。

② 马成俊、王含章：《范式转换：中国民族走廊与国际民族通道——丝绸之路研究的方法论刍议》，《西北民族研究》2016 年第 3 期。

③ 周平：《陆疆治理：从“族际主义”转向“区域主义”》，《国家行政学院学报》2015 年第 6 期。

④ 方盛举、吕朝辉：《论中国陆地边疆的软治理模式》，《云南行政学院学报》2016 年第 1 期。

⑤ 冯建勇：《“一带一路”的中国边疆研究新视角》，《新疆师范大学学报（哲学社会科学版）》2016 年第 1 期。

⑥ 周建新：《边疆中心视角下的理论与实践探索》，《广西民族研究》2015 年第 6 期。

家意识及行为逻辑研究》一文中通过调查发现，当代壮族边民的“国家意识”及“行为逻辑”形成了典型的“社会中的国家”图式，当代壮族边民所显现的对于国家“情”与“理”的认同悖论，使得我们不得不反思国家认同研究的学术价值与意义。①

关于民族工作方法论，有两本书值得关注。这两本书都出自民族宗教工作实务部门的领导同志。其中，丹珠昂奔在《关于民族工作方法论的思考——中央民族工作会议精神学习体会》（民族出版社 2016 年版）一书中认为，“方法，也是当前民族工作之必须”，习近平总书记在中央民族工作会议上的讲话中，通篇贯穿着马克思主义科学的方法论。他围绕方法论、道路论、文化认同论、精神家园论、命运共同体论等问题阐述了学习体会，并辑录成册，是贯彻学习中央民族工作会议精神的重要的参考资料。朱维群的《民族宗教工作的坚持与探索》（四川人民出版社 2016 年版）一书收录了作者自 2002 年以来有关坚持和完善对中国共产党民族工作理论政策、加快民族地区经济社会发展、深入开展反分裂斗争，以及全面贯彻党的宗教工作基本方针、反对宗教极端主义、坚持党的辩证唯物主义世界观等重大问题，发表的文章、所作的报告及答外国政要、记者问等文稿。

总之，民族理论研究在 2015—2016 年仍然是哲学社会科学研究的热点领域之一，在基本理论、基本方法和热点问题研究等多个方面取得丰富成果，为本学科进一步拓展，以及在民族理论研究中确立中国特色、中国风格和中国话语奠定了重要的基础。

（刘玲，副研究员，中国社会科学院民族学与人类学研究所民族理论研究室）

① 陈怡：《社会中的国家与国家认同悖论——当代壮族边民的国家意识及行为逻辑研究》，《黑龙江民族丛刊》2015 年第 6 期。

2015—2016 年民族经济研究综述

丁　赛

民族经济研究作为我国民族研究领域内的交叉学科，着重于我国少数民族及民族地区经济社会发展的重大理论与现实问题的应用性研究。从国际上看，民族经济的相关研究成果越来越显现交叉学科的蓬勃生命力和广阔空间。虽然在学科划分上，民族经济是隶属于民族学下的分支学科，但它同时也是经济学与民族学、人类学、社会学的交叉学科，研究理论和研究方法上的倾向可由学者自行选择，从而在研究成果上有百花齐放的独特优势。从2015—2016年的研究成果分布情况看，经济学理论和研究方法的运用在数量上占有绝对优势。

根据中国社会科学院2014年院务会审议通过的《中国社会科学院科研评价指标体系权威期刊与核心期刊名录》，涉及民族学的权威期刊为：《民族研究》；核心期刊有15种，分别是《广西民族研究》《世界民族》《广西民族大学学报（哲学社会科学版）》《黑龙江民族丛刊》《中南民族大学学报》《中国藏学》《西南民族大学学报》《贵州民族研究》《西藏研究》《西北民族研究》《中央民族大学学报》《云南民族大学学报》《回族研究》《青海民族研究》《西北民族大学学报（哲学社会科学版）》。本文将以上述16种学术杂志为主，同时兼顾人大报刊复印资料《民族问题研究》中收录的民族经济论文，以及经济学和农业经济学的权威及核心刊物，具体有《中国社会科学》《经济研究》《中国农村》《中国农村观察》《西部论坛》《中国农业大学学报》《新疆社会科学》《新疆师范大学学报》等10余种综合类、经济类权威与核心期刊所涉及民族经济的研究论文，着重分析民族经济学科在2015年和2016年的学科动态和研究热点。

一　2015—2016 年民族经济研究论文内容的具体分布

国内经济学界目前对研究热点的整理和分析主要采用共词分析和聚类分析方法，通过CiteSpace软件构建余弦指数、关注度等指标。从CSSCI来源期刊的经济学文献数据中计量分析我国经济学的研究现状和研究热点，并排列出关注度前十的热点领域的具体研究方向及其相互联系。① 民族经济的研究作为我国民族研究领域内的交叉学科，在研究论文的总量上不是很多，但近年呈不断上升趋势。民族学上述16种权威及核心期刊在2015年共发表民族经济类论文203篇；2016年已发表的民族经济研究论文数量为225篇，加上其他经济类核心杂志中的相关研究论文共249篇。因篇目不是很多，故没有采用共词分析和聚类分析方法，而是直接分类并和2015年进行对比。

和2015年民族经济研究成果相比，2016年在权威及核心杂志上发表的民族经济研究论文的总量为249篇，其中发表在民族学的权威及核心杂志中的民族经济研究论文共225篇，较之

---

① 罗润东、李超：《2015年中国经济学研究热点分析》，《经济学动态》2016年第4期。

2015年的203篇，增加了22篇，增幅达到了10.8%。但研究内容上和2015年相比则更加分散。

将2015年研究论文和2016年进行比较后发现，2015年和2016年民族经济研究的关注热点仍集中在民族地区的旅游、经济发展、精准扶贫、产业经济四个方面，只是比例有所增减。民族旅游是2015年和2016年共同的研究热点，2015年民族旅游论文数量占比为16.00%，2016年占比为19.30%，跃居第一位。关于民族地区经济发展的研究在2016年的研究论文数量位居第二，比例也达到了18.88%；2015年民族地区经济发展的研究论文数量占比是23.00%，位居第一。民族地区精准扶贫在2015年和2016年发表的研究论文数量估居第三，这也是与2015—2016年国家精准扶贫工作不断加强，成为民族地区重要工作这一大背景相呼应。民族地区产业经济在2015年发表的研究论文占比是12.00%，2016年下降至10.84%。

除了上述四个方面，民族地区或少数民族的人口流动、民族地区社会保障与公共服务、民族地区城镇化建设也是2015年比较集中的研究内容。在2016年，贸易经济的研究成果比例位居第五，这也是推进我国"一带一路"建设下民族研究学术界的具体跟进。相应的，民族地区或少数民族的人口流动、民族地区社会保障与公共服务和民族地区城镇化建设2016年发表的研究论文数量和2015年相比，略有下降。

这一现象也表现出目前民族经济研究队伍具有不稳定的特点。从积极的角度看，主要从事经济学、民族学或人类学研究的学者中关注民族地区和少数民族经济社会发展问题的人越来越多；从消极的角度上看，民族经济研究的门槛并不高，也就是说专业且长期从事这一领域的学者总量并不多，研究水平上还没有达到一定的深度。

二 2015—2016年民族经济研究的热点概况

（一）重点关注民族地区全面建成小康社会进程和地区经济发展

作为目前世界第二大经济体的中国，在改革开放的30余年里创造了经济快速发展的"中国奇迹"。更进一步的，许多经济学家预测，中国在经济总量上很快会超过美国。2015年，经济发展新常态下的中国经济，正面临增长速度换挡、发展方式转变、经济结构调整、增长动力转换的新形势。① 因此，认识把握引领新常态，是当前和今后一个时期我国经济发展的大逻辑。同时，西部地区尤其是各民族省区之间的资源条件、生态环境、民族文化、经济结构等，与全国平均水平和东部地区差距比较大，全面建成小康社会的任务很艰巨、难度更大，也是全国全面建成小康社会的难点所在。民族地区的经济发展成为民族研究热点之一的状况在2016年继续延续。长期以来，民族经济研究领域致力于跟踪民族地区整体或局部地区的小康社会建设进程、经济发展政策演进、立足西部民族地区整体或特定地区的经济发展实际发现现实问题，探讨更加有效的发展措施。

中国社会科学院院长王伟光高度评价了由中国社会科学院民族学与人类学研究所承担的国家社会科学基金特别委托项目暨中国社会科学院重大创新工程项目"21世纪初中国少数民族地区经济社会发展综合调查"。② 该项目在充分利用自20世纪50年代以来开展的少数民族社会历

---

① 中国人民大学国家发展与战略研究院：《中国宏观经济步入新常态攻坚期——2014至2015年中国宏观经济分析与预测》，《经济日报》2014年12月8日。

② 王伟光：《加强民族地区发展稳定调查研究，为全面建成小康社会献计献策》，《民族研究》2015年第5期。

史与语言调查相关研究成果的基础上，在2013—2017年，选择60—70个民族区域自治地方（包括城市、县旗或民族乡）作为调查点，围绕民族地区政治、经济、社会、文化、生态五大文明建设而展开，突出调查研究的时代性、民族性和区域性。在经济快速发展和社会剧烈转型，民族地区全面建成小康社会，进而实现中华民族伟大复兴的过程中，亟待推进民族经济研究适应时代要求，实现理论创新，服务发展需要。因此，上述大调查项目将会发挥重要作用。

中国社会科学院民族学与人类学研究所课题组在王延中所长的带领下开展了我国少数民族和民族地区小康社会建设进程的评估研究。① 研究中对中国少数民族与民族地区小康社会建设进程总体评价包括：第一，如果按照“全面建设小康社会建设指标体系”评估则完成目标难度大；第二，如果按照“地区发展与民生指数”评估则民族地区发展差距缩小，但总体建成小康社会难度增大；第三，绝大多数民族地区干部群众对于全面建成小康社会总体充满信心，但部分心存担忧。具体到衡量小康社会进程的指标体系，即国家统计局制定的《全面建设小康社会统计监测指标体系》和《地区发展与民生指数》。《全面建设小康社会统计监测指标体系》是为了衡量小康社会建设的进程，与小康社会目标相互对应，《地区发展与民生指数》则更侧重于展示不同地区的更广泛的发展领域和民生状况。课题组对这两类指数体系进行比较分析后认为，即使地区发展与民生指数已经拓展了全面小康建设指标的内容，更加适应当前的发展要求，但从占全国31个省区市1/4的民族八省区出发依然有值得商榷和完善的内容，并从生态环境保护、扶贫工作及效果、少数民族发展和民族关系方面进行了具体论述。

郑长德、钟海燕从国家发展战略和国内外视角分析了民族地区“十三五”时期全面建设小康社会的机遇与挑战，研究得出“十三五”时期民族地区全面建成小康社会的总体思路，即围绕民族地区跨越式发展和长治久安两大重要任务，全面深化经济体制改革，着眼于保障和改善民生，实现发展成果共享和减贫，加快经济发展方式改变，走包容性绿色发展之路。提出民族地区包容性绿色发展需要构建扩大经济机会、使经济机会均等分布、提供最低经济福利、环境质量稳定与提升四大政策支柱，以全面深化经济体制改革为制度支撑。②

王立华基于国家统计局2010年公布的东、中和西部全面小康社会实现程度数据，重点分析了民族地区全面建成小康社会面临的四大挑战，具体为贫困面大，扶贫任务艰巨；经济基础薄弱，发展水平整体较低；社会发育程度偏低，基础设施建设滞后；生态环境保护治理难度大任务重。并结合上述分析给出了相应的对策建议。③

文进磊通过具体构建的经济发展水平评价指标和增长活力指数详细分析了内蒙古自治区扎兰屯县级市的经济发展水平和活力，并划分了区域发展类型和工业发展阶段，进而从区位、机遇、区域发展格局、产业结构、城镇化发展、自主增长能力等方面分析了县域经济发展的影响因素，以期对民族地区县域经济发展提供一定的借鉴。④

耿新、李俊杰构建了人口较少民族聚居区发展水平评价指标体系，具体包括了经济发展、社会发展和生态环境3个一级指标、10个二级指标、28个三级指标。通过黑龙江同江市街津

---

① 王延中、龙远蔚：《加快民族地区小康社会建设的挑战、问题及对策（上）》，《广西民族研究》2015年第4期。

② 郑长德、钟海燕：《“十三五”时期推进民族地区实现全面小康的基本思路与政策建议》，《西南民族大学学报（人文社会科学版）》2015年第1期。

③ 王立华：《民族地区全面建成小康社会的挑战与应对》，《内蒙古民族大学学报（社会科学版）》2015年第2期。

④ 文进磊：《中国民族地区县域经济发展实证研究——以扎兰屯为例》，《中央民族大学学报（哲学社会科学版）》2015年第5期。

口赫哲族乡、广西柳城县古砦仫佬族乡、新疆奇台县大泉塔塔尔族乡、云南梁河县九保阿昌族乡4种不同类型、不同发展水平的人口较少民族乡的研究，他们提出了支持人口较少民族聚居区发展的差别化政策。①

王德强、王峰以对西双版纳州和德宏州的人口较少民族聚集区所开展的问卷调查为基础，围绕产业发展、基础设施、教育和社会发育程度、民族文化传承等方面客观呈现了云南人口较少民族地区发展的现实状态，揭示了云南人口较少民族发展面临的深层问题，进而以自主发展能力建设为核心，探索了云南人口较少民族发展转型的具体路径。②

李忠斌、李军选取了长江经济带中西部五省（四川、云南、贵州、湖北、湖南）的13个少数民族自治州的10个经济发展指标，通过主成分分析方法对13个民族自治州的发展程度进行了排序，因子分析结果显示长江经济带各少数民族自治州经济发展不平衡，经济总体发展程度低；对外贸易，对外经济，利用外资状况都影响到了当地的经济发展水平；旅游综合开发空间大，需要进一步提升民族文化旅游质量，大力发展与特色文化旅游业关联度大的服务产业，以增加旅游综合收入，促使民族地区旅游转型升级。③

顾华详立足自身长期在中共新疆维吾尔自治区委员会全面深化改革领导小组办公室的工作实践，撰文认为实现新疆南北疆区域经济协调共享发展，特别是促进南疆跨越式发展，首先要主动融入丝绸之路经济带核心区和重点开发区建设，深入推进南北疆全方位对外开放；其次是深化供给侧改革，扩大国际经贸合作，促进南北疆外向型经济发展，这是贯彻落实五大发展理念的重要任务之一；再次要积极推动科学构建PPP与丝绸之路经济带核心区建设高度契合的发展模式，创新南疆加快发展的机制，助力企业“走出去”；最后要坚持聚焦全面建成小康社会的短板，深入推进南北疆发展体制改革。同时还要完善产业政策，大力延伸产业链，促进南北疆产业结构均衡协调发展，具体而言，也就是加速推进新型工业化、产业化发展，全面推进南北疆城镇化、现代化建设进程；重视加快科教文卫社会事业发展，夯实全疆协调快速发展的支撑性基础；坚持以能力为导向，全面提升党组织领导经济社会发展的能力，着力优化丝绸之路经济带核心区建设的发展环境。④ 和一般的研究相比，该文对政府发展理念和相关政策的解读更加到位，时效性和实用性较为突出。

胡洁、陈建明以四川贫困地区凉山州为研究对象，采用人均GDP的极差、标准差、静态不平衡差、离散系数等指标分析县域间经济发展差距，对差距形成的原因和影响进行了分析，并就县域间的协调发展提出了三点对策思考：一是构建“点—轴”开发模式，二是建立区域带动型重点县，三是加大对欠发达地区的扶持。⑤

尹秀英、邱玉臣针对内蒙古自治区呼伦贝尔市特殊的生态区域地位和脆弱的生态环境及经济、社会发展落后的态势，以呼伦贝尔13个旗市区为研究对象，利用1999年、2004年、2009年、2013年的相关数据，构建了区域协调发展指标体系，运用客观赋权法和相关测度模型，从经济、社会、生态系统分析区域系统的协调发展状态及其区域间的时空差异。研究结果表明呼

---

① 耿新、李俊杰：《人口较少民族聚居区发展水平评价指标体系研究——以赫哲族、仫佬族、塔塔尔族和阿昌族为例》，《西南民族大学学报（人文社会科学版）》2015年第10期。

② 王德强、王峰：《云南人口较少民族发展转型研究：特征、影响因素及实证分析》，《西南民族大学学报（人文社会科学版）》2015年第9期。

③ 李忠斌、李军：《长江经济带少数民族地区经济发展战略选择——基于13个自治州的主因子分析》，《云南民族大学学报（人文社会科学版）》2015年第2期。

④ 顾华详：《丝绸之路经济带视域下新疆区域经济协调发展之探讨》，《西北民族大学学报（哲学社会科学版）》2016年第5期。

⑤ 胡洁、陈建明：《基于县域经济差异的凉山州经济协调发展研究》，《贵州民族研究》2016年第6期。

伦贝尔市各旗市区发展总体较平稳，呈趋同态势，但空间差异较大，弱协调区域数量多，面积广。①

陈文烈、刘畅根据中央第六次西藏工作座谈会所指出的必须牢牢把握西藏社会的主要矛盾和特殊矛盾，把改善民生、凝聚人心作为经济社会发展的出发点和落脚点的治藏方略，结合当前西藏的实际情况，认为藏区的现代化不可能只是规模经营基础上的现代化，而必须是以农牧民为主的现代化，也就是需要长期保持小规模经营格局。在“十三五”期间，藏区必须同时完成三大基本任务，一是保证畜牧业安全，二是为藏区牧民提供更多的就业机会，三是社会稳定是藏区现代化的前提条件；国家政策若能回应牧民的需要，解决牧区经济中存在的牧户与社会化大生产之间的矛盾，藏区就可以同时完成以上三大任务，从而为藏区整体的现代化提供可靠的畜牧业基础。②

多庆通过对西藏“十二五”时期农牧区经济社会发展状况的梳理，认为在西藏全面建成小康社会的决定性阶段——“十三五”时期，必须解放思想，开拓进取，主动适应经济新常态，同时要加大基础设施建设力度，牢牢锁定贫困人口和贫困村镇，大力推进精准扶贫，促进经济社会持续健康发展和长治久安。③

张世均分析认为，西南民族地区参与“孟中印缅经济走廊”建设过程中，将获得升级扩大对外开放与合作、成为国际区域性综合枢纽、加速产业发展等有利机遇，同时也将遇到对外通道建设比较滞后、产业结构性矛盾突出、走出去的准备不足、相互之间竞争激烈、交流与合作不够等挑战，并提出水陆通道与空中通道相结合的两条路径策略以及相应的观念、机制和基础设施等方面的政策建议。④

黄健英以民族经济史的研究方法，系统梳理了中华人民共和国成立至今，不同阶段民族地区的经济发展方针、政策和特征。⑤ 王文长、盛叶撰文认为，兴边富民行动在国家实施“一带一路”建设，扩大开放，支持沿边重点地区开发开放的新时代背景下，应与沿边双向开放的态势相适应，深化兴边富民行动内涵，体现出系统性、协调性、稳定性、灵活性；改善支撑方式，转变战略内涵低估的消极状态、封闭思维状态、市场孤立状态，建构凸显边境县域比较优势；发挥边境地区地州发展中心聚集辐射功能，形成由地州中心城市面向边境县域与面向内地市场双向拓展与聚集的扇形支撑结构。在具体的实践过程中需要推进有助于完善扇形结构功能的制度创新，从机制、理念、自主选择和家园建设等方面为扇形结构注入活力。⑥

还有一些学者针对不同地域和发展模式在经济发展的路径、模式、面临的困境等方面存在的问题进行了探讨。

---

① 尹秀英、邱玉臣：《少数民族地区区域协调发展水平评价与分析——以呼伦贝尔市调查数据为例》，《黑龙江民族丛刊》2016年第5期。

② 陈文烈、刘畅：《藏区现代化的演进轨迹：理论、经验与当下实践》，《青海民族研究》2016年第1期。

③ 多庆：《浅析“十三五”期间西藏农牧区全面建成小康社会的挑战与机遇》，《西藏研究》2016年第3期。

④ 张世均：《新常态下西南民族地区参与孟中印缅经济走廊建设的路径与对策研究》，《西南民族大学学报（人文社会科学版）》2016年第2期。

⑤ 黄健英：《当代少数民族地区经济发展简要回顾及几点思考》，《中央民族大学学报（哲学社会科学版）》2016年第2期。

⑥ 王文长、盛叶：《推进兴边富民行动的扇形支撑结构研究》，《中央民族大学学报（哲学社会科学版）》2016年第4期。

（二）精准扶贫、精准脱贫再次成为研究焦点

改革开放以来，扶贫开发作为国家重大战略，始终是我国政府积极谋划、努力推进的一项重大工作，同时也是学界关注和研究的热点问题。我国目前已经进入全面建成小康社会的决定性阶段，习近平总书记指出："脱贫攻坚是一场必须打赢打好的硬仗，是我们党向全国人民作出的庄严承诺。一诺千金。"① 到2020年，7017万贫困人口要全部脱贫，意味着平均每年需要减贫1170万人，时间十分紧迫，任务相当繁重。民族地区由于其独特的自然条件和文化传统，一直是我国扶贫开发的重点和难点。民族地区的脱贫，不仅直接决定民族地区实现经济社会持续发展以及各民族的共同繁荣、共同进步和社会政治秩序的稳定，而且在很大程度上影响、制约着全国2020年实现全面建成小康社会的宏伟目标。因此，对民族地区尤其是贫困的少数民族群体，从经济、社会、文化等多视角就脱贫问题进行深入研究，具有重要意义。

刘小珉基于西部民族地区经济社会发展问卷调查（CHES，2011）农村数据，探讨了中国民族地区农村最低生活保障制度对缩小农村收入分配差距，尤其是反贫困的影响。分析结果表明，以农村最低收入家庭为对象的农村最低生活保障制度的实施基本上达到制度设计的初衷，在绝大多数情况下瞄准了需要救助的贫困群体，具有一定的反贫困效应，从而在一定程度上缩小了这些地区农村的收入差距；同时，还存在诸如保障水平偏低以及"人情保""腐败保"等问题。适当提高中央财政对民族地区低保资金支持力度，加大对低保制度实施过程的监督力度，将低保救助与就业援助相结合等，应当成为完善民族地区农村低保制度、提高低保制度运行效率、更好地发挥其反贫困效应的重要政策选项。②

张丽君、董益铭、韩石从地理资本结构入手，继而以空间作用机制为研究维度，结合广西龙州案例，分析了民族地区贫困发生的"空间陷阱"，探讨了空间维度下西部民族地区贫困成因理论分析框架，具体分析了民族地区的致贫原因，并提出民族地区空间反贫困的新思路。③

谢婷婷、郭艳芳根据新疆1988—2013年农村统计数据，计算了FGT指数、非正规金融发展指数并构建了VAR模型，运用脉冲响应函数和方差分解，对新疆农村地区非正规金融与贫困减缓之间的关系进行了实证分析。结果表明，非正规金融的发展对减缓贫困有显著的影响，且对贫困减缓的贡献率超过正规金融，但是存在时滞性。有鉴于此，作者认为应正视非正规金融在反贫困中不可替代的作用，适时放开金融市场对非正规金融机构的接纳，创新金融扶贫模式。④

张琦、陈伟伟通过构建连片特困地区扶贫成效多维综合评价指标体系，对13个连片特困地区扶贫开发成效进行了动态的综合评价分析后发现，四省藏区、秦巴山、燕山—太行山和滇西边境4个片区在三种评价模式下的扶贫成效排名均靠前；但是秦巴山、罗霄山、大兴安岭南麓、南疆三地州、大别山等片区的发展现状排名高于增长排名，未来综合排名可能会下降；乌蒙山、滇桂黔石漠化地区、武陵山、吕梁山等片区的发展现状排名低于增长排名，未来综合排名将有进一步提升的空间；另外，作为区域发展与扶贫攻坚试点的武陵山片区，其扶贫开发成效相对来说较差。⑤

---

① 《习近平谈治国理政（第三卷）》，外文出版社2020年版，第154页。

② 刘小珉：《民族地区农村最低生活保障制度的反贫困效应研究》，《民族研究》2015年第2期。

③ 张丽君、董益铭、韩石：《西部民族地区空间贫困陷阱分析》，《民族研究》2015年第1期。

④ 谢婷婷、郭艳芳：《西部少数民族地区非正规金融减贫效应研究——以新疆为例》，《中央民族大学学报（哲学社会科学版）》2015年第5期。

⑤ 张琦、陈伟伟：《连片特困地区扶贫开发成效多维动态评价分析研究——基于灰色关联分析法角度》，《西南民族大学学报（人文社会科学版）》2015年第2期。

贫困的代际间传递已经在当前中国农村特别是中西部贫困山区显现，贫困的逐渐固化使得有效的脱贫方法和途径选择越发困难，并成为国家扶贫攻坚工作的真正难点所在。陈功全、程蹊从这一视角出发运用 q3 方法，汇总和编译了 18 户贫困农户的家族史和个体生活史，深入分析了贫困代际传递的时点特征，以及生命历程中关键事件对贫困代际变化的影响。研究发现，贫困代际传递一般发生在孩子出生时期，代际阻断一般发生在父母或孩子能够进行农业生产或打工、获得稳定收入时期；土地、户籍、教育等具体领域的制度变革是改变家庭世代贫困的宏观大事件，出生、就业是影响贫困代际传递的个体关键事件。①

受资源禀赋、地理环境、区位条件和历史文化等因素的制约，民族地区大多是经济、社会欠发达地区，贫困问题严峻。吴秀敏、毛林妹、孟致毅运用“双临界值”法对 S 省土家族聚居的国家级贫困县 163 个村 3260 个建档立卡贫困户的多维贫困进行了测量。结果表明：单维贫困测量中，民族地区贫困户在住房、燃料、教育、劳动能力等指标上反映出较为严重的贫困状态；从多维测量来看，存在 3 个及以上指标被剥夺的人口所占比重达 81.3%，随着贫困维度的增加，贫困程度不断加深；从维度分解结果来看，燃料、住房和教育对多维贫困指数的贡献最大，而新农保和饮水情况的贡献率最低。②

丁赛、佐藤宏、别雍·古斯塔夫森基于西部民族地区经济社会状况家庭调查数据（2011 年），对新疆、内蒙古、宁夏、青海、广西、贵州和湖南的汉族和少数民族城乡贫困分布状况以及贫困发生的影响因素进行了分析研究。在绝对贫困标准和相对贫困标准下，西部民族地区农村少数民族的贫困发生率高于汉族，但城市表现出汉族贫困发生率和少数民族贫困发生率在不同地区各有高低的情况；在不同年龄组中，民族地区农村 16—60 岁劳动人口的贫困发生率最低，儿童贫困发生率和老年贫困发生率因不同地区和民族表现出了差异性；城市汉族和少数民族均是老年贫困发生率最低，城市劳动人口贫困发生率居中，城市儿童贫困发生率相对最高；人力资本、社会资本的提高以及农村家庭人均耕地面积和城市就业都会减少城乡贫困发生的概率。③

少数民族村寨生态资源因其自然生态和文化生态方面的独特性、稀缺性而在扶贫开发过程中扮演着重要的角色，也日益引起学者的重视。伊漪、李益长通过增权理论的内涵和实践分析，以福建宁德畲族聚居的“中国扶贫第一村”赤溪村为例，探讨如何将增权理论应用于民族村寨生态扶贫开发之中，通过促进村寨民众在个体、人际、经济、政治等层面的全面“增权”，以期更好地实现民族村寨生态资源扶贫开发的目标。④

孙光慧认为特色产业发展与金融服务精准耦合不仅是新时期我国精准扶贫的题中应有之义，也是促进民族地区脱贫致富，实现精准脱贫的有效途径。由于民族地区金融服务相对缺乏，企业及个人获取发展的资金途径单一，大部分政府扶贫资金用于改善贫困地区基本的生产生活条件，对民族地区特色产业发展的扶持作用有限。因此，根据民族地区特色产业的多元化资金需求，从融资渠道、融资模式、担保机制、风险控制等方面探索金融服务于特色产业发展

---

① 陈功全、程蹊：《生命历程视角下的贫困代际传递及阻断对策分析》，《中南民族大学学报（人文社会科学版）》2015 年第 4 期。

② 吴秀敏、毛林妹、孟致毅：《民族地区建档立卡贫困户多维贫困程度测量研究——来自 163 个村 3260 个贫困户的证据》，《西南民族大学学报（人文社会科学版）》2016 年第 11 期。

③ 丁赛、佐藤宏、别雍·古斯塔夫森：《西部民族地区汉族与少数民族城乡贫困的比较》，《西南民族大学学报（人文社会科学版）》2016 年第 11 期。

④ 伊漪、李益长：《增权理论在民族村寨生态资源扶贫开发中的应用研究——以“中国扶贫第一村”赤溪村为例》，《广西民族研究》2016 年第 3 期。

的新模式，对于民族地区精准扶贫和精准脱贫具有重要的现实意义。①

扶贫政策或项目执行效果的评估一致是国内外精准扶贫和精准脱贫的最大难点，也是学界研究的重要内容。刘小珉基于2014年“民族地区大调查数据”，采用路径分析方法，从农户满意度的角度，对民族地区农村扶贫开发绩效进行了实证研究。以被调查者的主要人口和社会经济特征建构为自变量，把被调查者对六大类扶贫工程和项目的满意度建构为中间变量，探究它们对总体满意度的影响程度和方向。结果表明，各主要自变量直接并通过部分中间变量间接对被调查者的扶贫工作总体满意度的分布差异产生了统计上显著但方向各不相同的重要影响。因此，具有不同人口和社会经济特征的农村居民人群对扶贫开发工程的满意度是不同的，作为中间变量的移民搬迁工程满意度、扶贫培训工程满意度以及产业扶贫工程满意度也是造成总体满意度分布差异的重要因素。按照精准扶贫原则在民族地区农村进一步实施扶贫工程，提高扶贫开发工作绩效，需要特别关照那些最需要国家扶贫工程实质帮助的贫困群体的态度。②

庄天慧、陈光燕、蓝红星根据34个国家扶贫工作重点县数据，通过构建扶贫工作重点县贫困对象瞄准缺口指标、扶贫项目贫困人口瞄准精度指标和扶贫资金瞄准时序指标，对西部A省农村扶贫瞄准精准度问题进行了研究。研究表明：A省民族和非民族地区扶贫工作重点县贫困人口识别存在一定程度的漏出和渗入；扶贫项目贫困农户瞄准精度逐年降低，贫困人口瞄准精度较低且漏出比例高；扶贫资金投放时序存在错位，但民族地区扶贫资金投放时序优于非民族地区。缺乏有效的扶贫瞄准机制是县级扶贫瞄准效率低下的关键。基于此，该论文构建了扶贫主体与贫困对象有效互动的参与式县级扶贫瞄准机制，以期能够厘清扶贫瞄准规律，提高扶贫瞄准精准度。③

除了上述代表性的研究成果外，还有不少学者根据不同的地域地理特点探讨了扶贫开发的有效方法，不同贫困地区的宏观、微观致贫原因，针对不同贫困人群的扶贫效率分析，等等。

同之前的研究相比，2015—2016年民族经济学界对民族地区和少数民族的贫困研究更加深入，研究方法更加多样，研究成果数量成倍增加；这也证实了民族经济研究的应用性特征。具体而言，基于大样本的调查数据和公布的统计数据对贫困进行计量分析研究的成果数量比例显著上升。

（三）民族地区旅游经济发展持续成为热点

近年来，民族地区以其原生态的优美环境和浓郁的民族风情而吸引人们前往，旅游业在诸多民族地区以支柱产业的形式有力推动了其经济的发展。《贵州民族研究》在2016年发表了民族旅游方面的研究论文23篇，占民族旅游研究论文总量的近一半；其他相对集中的杂志分别是：《西南民族大学学报（人文社会科学版）》发表了6篇民族旅游的论文，《黑龙江民族论丛》有5篇相关论文。总体来说，2016年民族旅游的相关研究论文涵盖了旅游业整体发展、旅游业与文化保护、旅游业资源开发、旅游业发展的制度建设、旅游产品营销等方面。

旅游业是一个关联性较强的产业，它的行业带动性比较强，以旅游业为龙头的第三产业是民族地区地方财政的重要来源。内蒙古、广西、海南、贵州、云南、西藏六省区的旅游业已成

---

① 孙光慧：《民族地区金融服务与特色产业精准扶贫耦合模式探索》，《西北民族大学学报（哲学社会科学版）》2016年第3期。

② 刘小珉：《农户满意度视角的民族地区农村扶贫开发绩效评价研究——基于2014年民族地区大调查数据的分析》，《民族研究》2016年第2期。

③ 庄天慧、陈光燕、蓝红星：《农村扶贫瞄准精准度评估与机制设计——以西部A省34个国家扶贫工作重点县为例》，《青海民族研究》2016年第1期。

为各省区内新的经济增长点和促进各省区经济增长的动力产业。刘晓春认为，民族地区旅游业是边疆民族地区社会经济发展的“脊梁”，是社会经济成长中的和谐“动力产业”，是中国少数民族传统文化可持续发展的重要“基地”，是打造具有丝绸之路特色的国际精品旅游线路和旅游产品的“前沿窗口”，是中国56个民族守望相助、互守尊严的一面“旗帜”。基于此，论文较为详细地论述了民族地区旅游业的发展现状和战略格局、发展民族地区旅游业的重要意义，阐述了民族地区旅游业的功能定位，并针对民族旅游与民族地区旅游业发展中存在的问题，提出了相应的政策及建议。①

王谦通过基于转型期我国旅游业发展的整体态势分析，总结出目前我国的旅游业发展的区域集聚型模式、网络在线型发展模式、专业复合型发展模式，以及存在的问题；提出通过物联网管理模式在旅游业中的应用来打造真正的智慧旅游。②

宋河有从蒙古族“男儿三艺”这一典型的草原非物质文化资源入手，认为在当前草原旅游业中对“男儿三艺”的开发利用还处于初级水平，对相关产业的拉动效应并不明显，存在旅游功能单一、产业链条短、产业链本地化不足等问题。③

旅游产业转型升级是民族地区适应当前旅游消费日益多样化的形势，提高旅游产业竞争力、实现产业可持续发展的必由之路。潘冬南、唐奇展通过对行业结构、客源市场结构、产品结构以及地域结构对广西旅游产业结构的现状分析，提出了产业结构合理化和高度化的目标以及具体对策。④

除了沿袭之前的民族旅游案例分析和经验分析，2015—2016年在民族旅游研究论文中采用定量分析方法的成果数量有所增加，研究视角也更广泛。

宗刚、李婧从交通运输的视角分析了西藏交通运输与旅游的互动关系。该文通过2003—2012年交通运输统计数据着重探讨了西藏交通运输对旅游的响应系数，选取相关指标采用耦合度模型，得出西藏交通运输与旅游经济耦合协调度整体呈波动上升趋势的结论，并给出了相应的解释。⑤

李建宏、吴泗宗认为应将众筹模式纳入民族地区旅游业的发展中，这样不仅可以满足资金的供给，也是对民族地区旅游业进行宣传的有效途径。⑥

由于旅游属于体验型产品，游客在决定旅游消费前往往会利用外部信息来降低决策风险，而口碑在众多信息渠道中被认为具有较高的可信度从而成为消费者旅游决策的重要依据。邵长武和杨晶通过模拟消费者接收一次关于民族地区某旅游地的正面口碑，并以问卷的形式对其口碑再传播评估决策过程进行测量后发现，旅游地正面口碑再传播评估过程存在内隐与外显双态度协作关系，并受到旅游地知名度的调节作用，知名旅游地正面口碑相对更倾向于被接受。⑦

唐鸿、麻学锋以湖南省湘西民族地区的张家界为实证研究对象，在对张家界旅游发展史实梳理的基础上，从旅游政治法律环境、旅游经济环境、旅游社会环境、旅游科技环境和旅游信

---

① 刘晓春：《民族旅游与民族地区旅游业发展问题探讨》，《黑龙江民族丛刊》2016年第4期。

② 王谦：《智慧旅游公共服务平台搭建与管理研究——基于物联网模式下的分析》，《西南民族大学学报（人文社会科学版）》2015年第1期。

③ 宋河有：《创意旅游开发视角下草原非物质文化产业链延伸研究——以蒙古族“男儿三艺”为例》，《西南民族大学学报（人文社会科学版）》2015年第9期。

④ 潘冬南、唐奇展：《民族地区旅游产业结构分析与优化对策——以广西为例》，《广西民族研究》2015年第4期。

⑤ 宗刚、李婧：《西藏交通运输与旅游经济协调发展研究》，《中国藏学》2015年第1期。

⑥ 李建宏、吴泗宗：《民族地区旅游众筹模式发展现状与对策研究》，《贵州民族研究》2016年第8期。

⑦ 邵长斌、杨晶：《民族地区旅游地口碑再传播研究》，《贵州民族研究》2016年第6期。

用体系五个层面，构建了世界自然遗产地旅游产业生成的宏观评价指标体系。该文通过专家咨询法并结合层次分析法（AHP）确立了各评价指标的权重，在此基础上，运用模糊综合评价方法，对世界自然遗产地旅游产业生成的水平进行了综合评价。①

文连阳、吕勇以湖南湘西州为案例，采用旅行费用法（TCM）、条件价值法（CVM）、市场价值法对湘西州文化旅游资源社会效益进行了估算，得到2014年文化旅游资源社会效益货币量价值为1545.67亿元，等于本地区GDP总量的3.38倍，其中，休闲游憩效益为765.19亿元；旅游就业效益为582.53亿元；脱贫致富效益为23.45亿元；民族旅游文化价值为174.5亿元。②

将民族地区扶贫纳入民族旅游的研究视野，体现为民族旅游与地区扶贫具体内容的交融是2016年民族旅游研究的另一个亮点。

陈燕从民生视角探讨了民族地区旅游发展的思路、模式与对策。③ 赖斌、杨丽娟通过问卷调研，并应用因子分析方法开展实证研究，从而构建以旅游惠民投入效应为导向，将公共性民生效应和个体性民生效应作为一级指标的民族地区旅游惠民绩效评价指标体系，同时，以旅游惠民产出效应为导向，将原有旅游对社会、经济、环境的民生效应作为一级指标的评价指标体系相结合，进而共同构建出基于“投入—产出”的整体性绩效评价机制。④

马斌斌、鲁小波选取了于2015年7月被列入世界文化遗产名录的我国土司遗产（TUSI SITES）作为研究对象，分析了三处土司遗产的文化内涵和旅游价值，论述了土司遗产开展旅游的价值和现实意义，就其资源概况和开发与保护现状进行了梳理。文章针对土司遗产跨省分布的特殊情况，结合遗址的特点和现实发展需要，构建了“遗产资源+政府部门+社区居民+社会企业=可持续发展+旅游扶贫+科学保护+互利互共赢”的土司遗产旅游发展模式，将遗产旅游开发和地区扶贫相结合，以真正实现遗产所在地经济、社会、文化、环境的综合协调发展和遗址原真性与完整性的保护。⑤

除了上述研究，还有很多学者从生态旅游⑥、旅游业发展与文化变迁⑦、旅游业发展的民生关注⑧、旅游产品的创新与开发⑨等方面展开分析研究。旅游经济的研究长期以来都对民族文化和民族特性予以重点关注，研究视角越来越多元，研究内容也越来越深入，交叉学科的特点也

---

① 唐鸿、麻学锋：《世界自然遗产地旅游产业生成的宏观机制分析——以湖南张家界为例》，《中央民族大学学报（哲学社会科学版）》2016年第3期。

② 文连阳、吕勇：《民族地区文化旅游资源社会效益估算：湖南湘西州的案例》，《西南民族大学学报（人文社会科学版）》2016年第6期。

③ 陈燕：《民生视角下民族地区旅游发展：思路、模式与对策》，《云南民族大学学报（哲学社会科学版）》2016年第4期。

④ 赖斌、杨丽娟：《民族地区旅游开发惠及民生的绩效评价实证研究——以丽江、九寨沟等地为例》，《云南民族大学学报（哲学社会科学版）》2016年第6期。

⑤ 马斌斌、鲁小波：《基于扶贫视角的中国土司遗产可持续旅游开发与保护研究》，《广西民族研究》2016年第3期。

⑥ 刘华：《宁夏自治区生态旅游发展初探》，《黑龙江民族丛刊》2015年第5期；宋加山：《民族地区生态旅游开发条件及策略研究》，《西南民族大学学报（人文社会科学版）》2015年第5期。

⑦ 刘海洋：《文化变迁视角下的民族旅游产品开发研究——以吉林省伊通满族自治县为例》，《满族研究》2015年第2期。

⑧ 赖斌：《基于民生视角的民族地区旅游资源开发模式研究》，《西南民族大学学报（人文社会科学版）》2015年第1期。

⑨ 洪毅：《民族地区旅游商品创新开发研究》，《中南民族大学学报（人文社会科学版）》2015年第4期。

最为突出。

（四）民族地区的产业经济

产业经济学作为应用经济学中的重要分支，长期以来在经济学界占有重要地位，研究内容也很广泛，涉及产权界定、产业结构、产业组织、产业发展、产业布局和产业政策等。在民族经济研究领域，研究内容相对集中在产业发展、产业布局、产业结构三个方面。

张英豪以湖北宜昌市民族地区为例，分析研究了家庭农场的适度规模问题。实证分析的结论验证了作者的观点，即应当对家庭农场的土地经营规模设置下限，同时也应当依据市场经济自身发展规律设置上限。政府应当谨慎使用以流入地面积作为财政补贴的标准，因为其可能导致为获取更多的财政补贴而盲目追求家庭农场“越大越好”行为的发生。①

在国家提出绿色发展理念的大背景下，民族地区节能环保产业成为统筹经济发展和生态环境建设的重要途径，受到国家的高度重视。节能环保产业可分为生活型节能环保产业、生产型节能环保产业和准节能环保产业。刘安凤和邓玲②在研究中认为民族地区节能环保产业发展的本质要求不是创造物质财富，而是以自身的绿色化产品、技术、装备和服务，通过提升、渗透、净化功能，实现自然生态系统和经济系统的绿色化转型。根据民族地区节能环保产业分类，准节能环保产业以生产生态产品为主要目标，直接对自然生态环境进行绿色化改造，复合型民族地区节能环保产业通过技术、装备等改造和更新，提高经济系统的运行效率，减少对自然环境的破坏。二者共同作用，实现自然生态系统的可持续发展。

韩生贵同样也是从生态保护的视角分析了民族地区环境污染对地区工业增长模式的约束，解析少数民族地区工业增长的源泉，为少数民族地区转变工业增长方式寻找依据，最后以青海省为个案探讨环境约束下地区工业增长模式的总体特征。③

常倩、王士权、李秉龙采用内蒙古自治区巴彦淖尔市肉羊生产的调研数据，对养羊户精饲料采购和活羊出售环节纵向协作的影响因素进行计量分析，以了解畜牧业纵向协作的基本特征与制约因素。结果表明：养羊户外购精饲料主要为满足数量需求，同时受到资金、配比饲料能力、生产惯性和外部服务环境的影响；养羊户选择大型饲料企业合作社购买精饲料，一定程度上是为满足质量需求，并受到交易费用和家庭特征的影响；养羊户活羊销售渠道选择受家庭特征、生产经营特征和交易费用的影响，且加入合作社对不同种类活羊的纵向协作影响不同。对此，作者建言，可以通过加大贴息贷款与服务水平、对养殖户饲料使用进行技术培训、饲料企业提高和改善服务水平、鼓励规模经营等路径以提高畜牧业纵向协作效率。④

孔德帅、胡振通、靳乐山基于内蒙古自治区34个嘎查294个牧民的实地调查数据，描述了牧民草原畜牧业经营代际传递意愿现状，并运用二元Logistic模型分析了有关影响因素。研究表明，牧民草原畜牧业经营代际传递意愿总体较弱，仅有34%的牧民明确表示愿意子女继续从事草原畜牧业经营；少数民族、家中有村干部的样本牧民具有较强的草原畜牧业经营代际传递意愿；年龄越大的牧民草原畜牧业经营代际传递意愿越强；天然草场和劳动力是草原畜牧业的两种主要生产要素，与两者相关的家庭人均草场面积、草场质量状况、家庭人口数和家庭畜牧

---

① 张英豪：《家庭农场“适度规模经营”主体资格要件之判定——以宜昌市民族地区为例》，《贵州民族研究》2016年第5期。

② 刘安凤、邓玲：《民族地区节能环保产业发展机理研究》，《贵州民族研究》2016年第7期。

③ 韩生贵：《环境约束下少数民族地区工业增长源泉分析》，《青海民族研究》2016年第1期。

④ 常倩、王士权、李秉龙：《畜牧业纵向协作特征及其影响因素分析——来自内蒙古养羊户的经验证据》，《中国农业大学学报》2016年第7期。

业从业人数都对牧民草原畜牧业经营代际传递意愿有显著的正向影响。因此，通过引导牧区人口合理、有序地向外流动，鼓励天然草场和劳动力要素禀赋较好的牧户承租草场进行规模化经营，可以在有效缓解草场人口承载压力的同时促进牧区可持续发展。①

西藏矿产资源丰富，矿业发展对于实现西藏跨越式发展和长治久安具有重要意义。李国政认为，经济发展新常态和特殊的西藏自治区区情要求西藏矿业发展要有新理念、新模式，“精准开发、参与式开发和共享型发展”是其必然选择。精准开发可以避免西藏矿产资源的无序盲目开发和资源浪费；参与式开发可以很好地反映农牧民的需求偏好，利于科学合理决策；共享型发展可以使相关利益方都享受到应有的利益，实现矿区乃至西藏全域的和谐稳定。②

2016 年民族经济研究领域除了上述四个热点研究较为集中，2016 年在全国全面推开的“营改增”税制改革后，研究民族地区营改增的税制改革及具体税种的研究论文共计 6 篇；国家民委出台的《少数民族特色村寨保护与发展规划纲要（2011—2015 年）》在 2016 年也得到了民族经济研究领域的关注，这一专题的研究论文共 3 篇。此外，贸易经济、城镇化建设、人口流动与劳动力转移、收入分配等内容都有相关研究论文涉及。

三　民族经济的学科发展与总体评述

（一）民族经济学科的研究进展

民族学人类学中对民族经济研究由来已久。人类学家摩尔根在 1877 年写成的《古代社会》，就是以经济分析为聚焦中心而展开的对财富和政治关系的分析。威廉·科珀斯在 1915—1916 年的《人类学》杂志发表的《文化人类学的经济研究》、马克斯·乔治·施密特在 1920—1921 年所贡献的《文化人类学的国民经济学大纲》等，都可以找到民族经济学的理论渊源。20 世纪 50 年代，不仅苏联学者提出了“经济文化类型”的概念③，而且也产生了以 Ethno-Economic 为表达的民族经济学，如波尔·博汉南（P. Bohannan）发表的《提夫人的交换与投资原理》。自民族学在中国兴起后，少数民族的经济生活就是民族学研究的一个方面。

经济学自产生之日起，对其界定就不是唯一的，其中马歇尔的定义是“经济学是一门研究人类一般生活事务的学问；它研究个人和社会活动中与获取和使用物质福利必需品最密切相关的那一部分”；罗宾斯则认为“经济学是研究人类行为的一个侧面，即目的和具有多种用途的稀缺的手段之间的关系的科学”。④ 迄今，经济学发展的主流趋势是如自然科学般地对社会领域进行研究，呈现“多元化”的竞争推动与不断变化的“新经济”特点，经济学理论和方法提供了关于个人及社会行为的独到见解。

“民族经济学”介于民族学与经济学之间，在研究方法上结合了经济学与民族学原理与方法。但是，“民族经济学”绝不是民族学与经济学两个学科一般原理的简单拼凑，而是两个学科理论有机结合形成的独立学科，具有学科本身的特殊性。⑤

---

① 孔德帅、胡振通、靳乐山：《牧民草原畜牧业经营代际传递意愿及其影响因素分析——基于内蒙古自治区 34 个嘎查的调查》，《中国农村观察》2016 年第 1 期。

② 李国政：《精准开发、参与式开发与共享型发展——西藏矿业发展的新模式及其推广价值》，《西部论坛》2016 年第 1 期。

③ 林耀华主编：《民族学通论》，中央民族大学出版社 1997 年版，第 79 页。

④ ［美］保罗·萨缪尔森、威廉·诺德豪斯：《经济学》，萧琛译，人民邮电出版社 2004 年版，第 6 页。

⑤ 张丽君、杨秀明：《基于学科发展史视角的“民族经济学”学科评述与展望》，《中央民族大学学报（哲学社会科学版）》2016 年第 4 期。

长期以来，我国民族经济在研究范式上依然体现着民族学、人类学与经济学的明显分割。备受民族学家、人类学家诟病的经济学理性人假说，即经济学假定人们都是从自身利益出发，全面考虑所有成本和受益，之后做出理性决定的前提，的确存在明显缺陷。这一假说忽略了心理、文化和社会因素对经济决策和经济行为的影响。[①] 伴随着经济学分析方法特别是实证分析方法的进步和数据可得性的改善，越来越多的经济学研究开始关注心理、文化和社会因素所起到的作用。行为经济学、文化经济学、语言经济学等新兴学科的发展壮大，可以更细微地认知人及人所在的不同群体的行为，从而开发新的经济发展政策的干预工具。因此，经济学的分支才越来越多，专业化分工下的持续深入研究才会将发展应包括的多重目的均纳入研究视野。

和国内的经济学研究相比，民族经济研究对经济学新工具、新方法的学习、借鉴和实际应用的速度还较慢。民族经济学是一个大学科，其发展的根本取决于学界的学者尤其是年轻学者。作为交叉学科，其研究方法的选择上本就没有孰优孰劣之分，重要的在于深度和研究结果的科学性、可信度。

（二）总体研究述评

本综述以中国社会科学评价研究中心发布的《中国人文社会科学期刊评价报告（2014）》内民族学与文化学所收录的27种期刊（顶级期刊1种，权威期刊2种，核心期刊15种，扩展期刊9种）为基础，通过收集2015年和2016年在上述期刊中发表的涉及民族地区和少数民族经济研究的论文，从中选取了研究较为集中的关于民族地区全面建成小康社会和经济发展、贫困、旅游经济及产业经济四个方面进行了相关评述。其他方面诸如劳动力流动、收入差距、社会保障与公共服务、城镇化建设等，虽然也有很多精彩之作，但限于篇幅未能逐一进行评述。总体上呈现了研究视角多元、研究水平提升、研究内容拓展的趋势。尤其值得一提的是，在民族学与文化学领域的期刊之外的经济类期刊中涉及民族地区和少数民族的研究论文数量也达到了数十篇。同之前历年相比，数量明显增加。

综观2015年和2016年民族经济研究，其在研究内容上更加集中于当前民族地区经济社会发展的重大问题，应用性、对策性研究依然占据主导；在研究视角上继续彰显交叉学科的特点，分析经济问题的同时关注不同民族和不同文化；在研究方法上，以大样本调查数据和统计数据为基础的经济计量分析成果比例继续上升，田野访谈的案例分析更强调代表性和时间累积性，从而其研究成果更具说服力。无论是定性分析还是定量分析都是民族经济研究领域不可或缺的研究方法，以小见大的田野调查案例分析可以深层次解释被访地区的经济运行规律或状态，做到扎实和详细。当今社会，大数据已经深刻地影响了包括政治、经济、文化、教育和医疗在内的多个领域，在一定程度上促进了产业转型升级、管理方式的创新和生产效率的提升。但对少数民族和民族地区进行一定规模的经济社会发展调查不仅耗资巨大，而且还要克服许多难以想象的困难。所以迄今为止，有关民族地区和少数民族的大样本调查还不多。由于缺乏数据，以分析数据为主的微观经济分析方法的运用就受到局限。

虽然民族经济研究和学科建设在2015年和2016年继续推进，但必须面对的是，经济学研究的发展相对于民族经济研究的发展要更快。越来越多的经济学家致力于经济理论在实践中的运用以及对制定经济政策的影响，使得经济学研究的内容与现实经济社会具有同步性的同时兼具前瞻性。

---

① 世界银行：《2015年世界发展报告：思维、社会与行为》，清华大学出版社2015年版，第3页。

民族经济领域目前的研究远没有经济学开疆辟土的气势和成就，这既是挑战和危机，也是机遇。如何发挥民族经济研究的特长，不断学习、运用经济学最新的研究方法，提升整体研究水平是所有民族经济研究同人共同面临的任务。

（丁赛，研究员，中国社会科学院民族学与人类学研究所民族经济研究室）

2015—2016 年民族文化研究综述

色 音

2015 年

2015 年，文化人类学及民族文化研究领域中除继续开展有关学科基本理论方法和学科建设的讨论之外，民族志理论范式创新、“互联网 +”背景下的文化人类学学科发展、非物质文化遗产的艺术人类学研究、民间信仰与宗教人类学研究等已成为人类学民族学界普遍关注的焦点。相关成果具体表现在如下几个方面。

（一）民族志理论范式创新

王铭铭在《当代民族志形态的形成：从知识论的转向到新本体论的回归》（《民族研究》2015 年第 3 期）一文中指出：本体论（旨在辨析存在的本相与“真实”的要素）与知识论（旨在辨析认识者的知识之本质）是相对而言的；人类学史上，两类求索，是民族志一贯兼有的两面。然而，在不同历史阶段，民族志却表现出不同形态，个中因由，与研究旨趣向二者中的一方倾斜有关。20 世纪 70 年代之前，民族志书写者侧重于辨析被研究的“土著”的存在与价值，致力于从中引申出思想；之后，在政治经济学、知识—权力思想及文艺批评理论的影响下，则侧重于处理外在于民族志对象世界的知识论问题；20 世纪 90 年代以来，民族志领域则涌现出致力于整理“民族志书写的区域传统”、深化宇宙论研究及哲学化“土著观念”的研究者，他们将重点重新放在“对象世界”（此时已作为认识主体存在）的本体论阐述上。民族志形态史，是由两种并存面向之间关系结构的先后两次“反转”（alternations）构成的。近期提出的“本体论转向”（ontological turn）指的是第二次反转，这一转向意味着现代主义民族志形态的重建和更新，而这又进而意味着，民族志对于“对象世界”的客观化（本体化）既不可避免又有其价值。

涂炯的《多点民族志：全球化时代的人类学研究方法》（《中国社会科学报》2015 年 12 月 2 日）一文认为，多点民族志（Multi-Sited Ethnography）字面上理解是在不止一个地点进行田野调查。早期人类学家的一些研究就在不止一个地方进行，比如马林诺夫斯基的《西太平洋的航海者》描述其跟随当地人航行去不同的地方进行“库拉”交易。乔治·马库斯（George E. Marcus）在 20 世纪 90 年代中期进一步发展多点民族志，他把多点民族志作为一种方法来推动人类学成为一个适应当代社会的学科。多点民族志的出现与 20 世纪 70 年代后世界体系宏大视角的变化及后现代理论的影响有关，更与现实的变化有关。随着世界的紧密联系和流动性增强，新的社会过程（比如全球化等）不能被之前的资本主义世界体系的宏观模式所解释。研究主体的生活世界与世界体系变得不能分离。当前的社会条件要求研究者把地理流动、跨文化接触、变动的身份作为人类经验的组成部分，而质疑任何关于文化真实性和静态身份的幼稚观念。在“Ethnography in/of the World System：the Emergence of Multi-Sited Ethnography”一文中，马库斯指出民族志开始从传统上的单一地点研究向多点研究转移，在这个过程中开始超越单一地点研究中“地方”对“全球”、“生活世界”对“世界系统”的二分法。多点研究或许是更好的方法以理解人们在一个日益全球化的世界的跨境经验。中国社会科学研究要“走出去”，也需要探讨研究方法上的“走出去”，让研究者走出国门，走向世界，而多点民族志是一个可以联结国内外研究的方法。

（二）“互联网+”背景下的文化人类学学科发展

赵旭东在《世界之中的中国与互联互通的人类学》（《中国社会科学报》）2015年12月30日）一文中指出：近年来，中国人类学日益显露出其独具特色的影响力，逐渐形成一种富含差异性和多样性的文本写作。这显然是与人类学在中国的本土实践以及中国在世界的影响力紧密联系的。虽然在20世纪80—90年代，中国人类学主要以介绍并引入西方人类学为其核心目标，但到了21世纪，我们开始重新发现自己的人类学传统，且这一传统从一开始便极为自觉地与中国意识的主体性紧密联系在一起。我们开始重新研究并发掘中国人类学既有传统，重新注意到费孝通等学者的著作中对于今日人类学的启发，新一代的人类学学者极为自觉地在把这些人物重新放回到他们应有的学科位置上去。很显然，此时我们不再是凭借一种“遥远的目光”去单纯地敬仰西方的人类学，而是开始以一种“近距离的聚焦”去审视我们自己的人类学传统和发现。中国人类学学者大概都不会否认这样一种努力，那就是在人类学传统的断裂之处找寻到一种可以重新联结的机会。确实这些机会曾经是有过的，但却因为各种因素使得我们与其失之交臂。直到今天，我们还需要重谈人类学的学科建设，重谈人类学和其他学科之间的区别与联系。很显然，这样的知识生存的背景说明，一方面人类学在打破不同学科之间的日益狭窄的专门化上所起的作用被人们所忽视；而另一方面，人类学曾经有很长一段时间作为体质人类学或考古学的片面形象未曾从文化与社会的人类学意义上与其他学科产生交汇发展，未曾向其他学科推广自己真正对人及其文化与社会生活的种种独特的主张和认识，固守于一个自认为是封闭起来的田野之中而孤芳自赏，自陷于囹圄之中而不自知。

但是，2015年中国人类学研究在这方面显然大有改观，人类学研究者各自在寻找切入点，尝试运用田野研究的方法推动人类学进入其他的人类活动覆盖的诸多领域之中去，包括经济、法律、政治、宗教、历史、文学、艺术等领域，甚至科学学科本身。所有这些都借助互联网技术，使人类学重新找寻到了可以表达自我的新平台。各种形式的、极为零散但却生动活泼的微信民族志写作，表现出差异性文化的表达。人们不仅通过对人类学家撰写的民族志的阅读了解人类学，而且更多通过某一朋友圈人类学学者的微信公众号中图文并茂且短小精悍的民族志文本潜移默化地接受着人类学观念和方法的熏陶。在这个意义上，人类学自身也在面临着一种全新的“写文化”模式的改变。瞬间的、在田野之中富含体验性的灵感或对于生活与文化的洞见，成为分处不同区域或地方的人类学学者之间彼此分享的、真实的虚拟现实。人类学因为这种智能手机技术的普及而变得更加具有大众意义上的感染力，其所积累和创造出来的知识因此得到迅速传播。

与此同时，人类学的研究视野也得到超乎所有时代的拓展。中国海外人类学的研究从悄无声息转变成大家渐聚渐众的努力方向。曾经由费孝通最先提出的“藏彝走廊”的概念不仅得到扩展，而且延伸出在中国人类学中独具特色的“民族走廊学”关怀。当人们在试图用“路学”的概念去拓展民族走廊学研究时，“一带一路”的国家举措又成为未来中国发展的一个重要引导方向，人类学学者因此找寻到了一个新的关联性，即人类学与“一带一路”之间的关联。这种超越地方性民族志关怀的体现新的宏观文明的“路学”研究，必然会给中国人类学的未来发展提供强力支持。这种支持引导着人类学从新的视角看待自己以及整个世界，中国人类学因此真正走进了世界。也许这种努力才刚刚开始，但却很快显露出蓬勃发展的趋势。中国人类学民族学研究会2015年年会、海外文化研究专业委员会2015年年会以及“第十四届人类学高级论坛”等都聚焦在“一带一路”这一主题，学者们围绕这一主题开展了一些全新的探讨。

此外，随着现代世界社会复杂性的增加，人类学的视角也越来越多地进入公共领域中。伴随着人口大量而频繁的跨国跨界流动，人类学也越来越关注移民问题。随着世界性风险和灾难的增加，人类学也越来越关注那些承受各种灾难的人群，研究他们究竟是怎样渡过灾难并有怎样的文化表达。随着食品越来越多地受到工业化、生物转基因技术以及各种环境污染的影响，人类学研究进入食品安全领域。不同于一般食品安全的技术性理解，人类学从文化的角度理解和剖析食品问题。贫困与发展是人类学一直关注的研究领域，新形势下的扶贫开发与脱贫成为了人类学家关注的另一个焦点。另外，包括乡村艺术重建、非物质文化遗产、乡村旅游以及古村落的文化保护等都越来越多地进入人类学学者的研究视野。

很显然，在今日世界之中，人类学自身所具有的文化差异的沟通性在互联网发达的时代里会表现得越来越突出。所有的文化差异，不论你是否喜欢，都不可能通过武力的方式而加以消灭，它需要有最为基础性的文化理解，借助一种纽带性的柔性的力量在其文化断裂之处做一种强有力的文化弥合。这既是人类学家的新使命，同时也必然是未来所有国际性争端解决的必然要求。

（三）非物质文化遗产的艺术人类学研究

方李莉的《论“非遗”传承与当代社会的多样性发展——以景德镇传统手工艺复兴为例》（《民族艺术》2015年第1期）一文认为，在当今的社会发展中，作为传统文化的非物质文化遗产，并没有离我们远去，相反，其在帮助我们建构着我们今天的社会的同时，还在帮助我们看到通往人类社会未来之路。作者认为，如果人类能很好地利用自己的传统文化或非物质文化遗产，就可以发展出一条属于自己地方性的现代文化之路，和地方性的独特的现代社会运行模式。也就是说，现代化的道路也可以有多种模式，文化的多样性不仅存在于传统文化之中，也存在于现代文化之中。该文研究的有关景德镇的手工艺复兴的案例就说明了这一问题。另外，在全球化发展的今天，不再存在封闭的文化系统，所以，每个地方性的非物质文化遗产的传承人和传播者未必只是当地民众，更可以是来自不同地区不同国家的人们共同传承与传播。在人类的知识系统已经世界化了的今天，不同国家和不同地域文化的交融与互动，将会是人类世界未来发展的大趋势。

汪欣所著《中国非物质文化遗产保护十年（2003—2013）》（知识产权出版社2015年版）一书全面系统地梳理了2003—2013年中国非物质文化遗产保护的十年实践和经验，在综述2003—2013年十年间我国非物质文化遗产保护事业的基础上，探讨了我国非物质文化遗产保护工作的理论和实践问题。该书根据从实践到理论的发展思路，分为上、下编。上编为实践篇，按照中国非物质文化遗产保护事业发展的历史线索，以分专题的形式，梳理了2003—2013年中国非物质文化遗产保护事业的发展历程，分别分析前非遗时代、非物质文化遗产保护名录体系的构建、非物质文化遗产保护机构建设、非物质文化遗产保护法制化、非物质文化遗产宣传与文化盛宴、非物质文化遗产保护与社会参与、非物质文化遗产保护与国际合作和非物质文化遗产学科建设。下编为理论篇，重点论述了非物质文化遗产保护工作开展以来有关的理论问题，主要涉及非物质文化遗产概论之探，申报、保护与利用之辩，非物质文化遗产保护方式、文化生态保护理论与实践探析，非物质文化遗产与博物馆，非物质文化遗产与文化产业，非物质文化遗产与遗产旅游，非物质文化遗产与传统村落以及非物质文化遗产与城镇化。这些专题是当前学术界探讨的热门话题，也是我国非物质文化遗产保护实践中遇到的现实问题。

黄龙光在《谁的非遗——非遗传承如何创新》（《中原文化研究》2015年第4期）一文中指出：自从2004年中国政府签署加入《保护非物质文化遗产公约》以来，中国非物质文化遗产保护启动已十年有余。十年的时间，不论是学术界对非遗概念的阐释和对非遗的调研，还是各级政府对非物质文化遗产保护实践的推动，我们基本上完成了非物质文化遗产保护从国际化到中国化的调适和过渡，在这个过程中，无论是非物质文化遗产的相关研究，还是非物质文化遗产的实际保护，均取得了颇丰的成果，获得了显著的成效。非物质文化遗产传承是非物质文化遗产保护的核心和宗旨。非物质文化遗产是一种富含生命气息的活态文化，对其的传承和保护也必须随着新的历史条件、新的社会语境的出现而给予不断创新和发展。当中国非物质文化遗产保护进入第二个十年时，已经到了立足以往非遗保护的基础，冷静地总结经验和教训，理性地思考非物质文化遗产传承如何创新问题的时刻了。一方面，对于非物质文化遗产这个客体而言，主导的政府、主脑的学界与主资的商家等多方外在主体，均实现了主体间的分工合作，并最终都获得了各自相应的收益。另一方面，作为非物质文化遗产真正的主人、以传承人为核心的公众，则逐渐被客体化而导致其非遗主体权益的让渡。作者认为，中国非物质文化遗产的公共展演实践，往往大部分是政府行政主导型模式，还有就是“文化搭台经济唱戏”的商业化模式，而富有专业学术背景的非遗学专家，有时也可能面临被行政同化的结果。作为非物质文化遗产主体的传承人，在具体展演语境的设置、展演的模式等实施环节上，无疑不具有平等的协商和对话权，他们更是经历着不断被客体化的结果。长此以往，不仅将导致非物质文化遗产的传承严重依赖行政动员和商业驱动，也无助于培养和激发非遗传承人的文化自信。同时，作为中间协调者的非物质文化遗产研究团体，更难以充分施展专业知识。

（四）民间信仰与宗教人类学研究

2015年9月8—11日，由中国社会科学院世界宗教研究所、中国宗教学会、湖南吉首大学等联合主办的“第四届中国宗教人类学学术论坛——茶马古道上的文明与宗教”在湖南省湘西土家族苗族自治州召开。该论坛汇集了国务院发展研究中心、中国社会科学院、香港中文大学、香港科技大学、台湾慈济大学、武汉大学、四川大学、华东师范大学、兰州大学、云南大学等机构的四十余位专家学者，围绕“茶马古道”的地理空间概念，多学科角度深入探讨宗教与地理环境、人文环境的关系，以及各族群、民族宗教文化间的共生及相互影响。2015年10月23—25日“林耀华先生故居修缮落成与乡村社会发展研讨会”于福建省古田县召开，中国人类学民族学研究会宗教人类学专委会2015年年会同时举行。与会者分享、交流了有关宗教和民俗信仰的研究成果。中国社会科学院世界宗教研究所陈进国教授介绍了福建“少林寺”（禅林）与“南少林”（武林）的起源、传承、变迁等叠合记忆过程，探讨了南少林寺背后的文化记忆和情结。中国社会科学院民族学与人类学研究所的色音研究员作《萨满教与中国少数民族家族制度》主题发言，并呼吁对北方少数民族家族制度的研究应当加强。中国人民大学人类学研究所所长赵旭东教授从《义序的宗族研究》谈起，围绕“宗教与文化实践”这一主题，对比中外多方学者对宗族的观点，并回归现实进行讨论。福州大学社会学系主任、当代闽台文化研究所所长甘满堂教授《福建宗祠文化传承现状调查》的主题发言和福州大学人文学院魏德毓教授《多重脉络下的福州近代佛教》的主题发言也围绕这一主题展开。浙江大学人类学研究所阮云星教授以与会论文《宗族风土的地域与心性——近世福建义序黄氏的历史人类学考察》分享他提出的“宗族风土论”等。在专题探讨中，中央财经大学杜靖教授、首都师范大学樊秀丽教授、清华大学张小军教授等也给出精彩点评。与会学者积极的讨论碰撞出了许多的思想火花，不仅传播了宗教人类学的研究成果，还为宗教人类学的进一步发展奠定了坚实的基础。此外，庄孔韶教授于2015年11月17日，在上海华东师范大学“吴泽霖纪念讲座”作题为《虎日回访研究——2002年彝族盟誓戒毒仪式的多视角诠释》的学术演讲；色音研究员于2015年11月13日，在中央民族大学民族学社会学学院作题为《跨学科视野中的萨满教研究》的学术讲座，受到好评。

宗教人类学学术实践活动越加丰富的同时，相关学者的著述成果也熠熠生辉：中国社会科学院世界宗教研究所陈进国主编《宗教人类学》第6辑出版；金泽、李华伟主编《宗教社会学》第3辑出版；色音研究员发表《中国萨满教现状与发展态势》（《西北民族研究》2015年第1期）、《中国萨满教报告》（《中国宗教报告》2015年5月）、《论蒙古族图腾信仰》（《身边科学》2015年第4期）和《中国萨满教研究专著文献计量学分析》（《宗教人类学》2015年第六辑）等多篇论文；并有黄剑波的《乡村基督教的象征表现与信仰传统的发明性》《基督徒见证的事实、阐释与意义》以及胡梦茵、黄剑波的《社会科学可以研究祈祷吗？——从莫斯〈论祈祷〉》谈起（《宗教社会学》2015年第1期）等中英文期刊作品公开发表。

2016年

回眸2016年国内民族文化研究，在文化人类学学科建设和民族文化专题研究中，人们关注的焦点是文化生态问题、非物质文化遗产研究、民俗文化及民间信仰研究。

（一）研究方法与热点问题研究

近年来，民族志方法的创新与发展问题成为民族学、人类学界讨论的热点。2016年仍有相关的论文发表。马腾嶽在《论现代与后现代民族志的客观性、主观性与反身性》① 一文中指出：追求更合理的民族志方法论与知识论，是西方人类学界半个世纪以来持续努力的目标，詹姆士·克利福德（James Clifford）于1988年发表《论民族志权威》一文，认为既有的各种民族志理论无法摆脱作者个人主观性，主张应倡导一种更为多声与众声喧哗型的新民族志。2014年，北京大学人类学者蔡华教授为文，从客观论立场撰文对克利福德的观点进行批评。然而，就当代社会科学而言，对科学的理解不应再框限于实证主义对于客观性的要求，而应包容对不同形态的知识追求。从单声走向多声民族志，展现后现代研究者面对不同形态知识表现出的更大的反身性、包容与谦卑。过往半个世纪，人类学常重复上演自我否定的戏码，新的理论每每尝试否定超越之前的理论，这种自我否定并未让人类学弱化，反而总在浴火重生后飞翔得更高。

李银兵、甘代军的《危机、建构与反思：民族志科学性探析》② 一文认为，当前人类学界出现的民族志书写危机和民族志实验，从一个侧面印证了民族志科学性在整个人类学中的地位和作用。在民族志书写危机表象和危机产生缘由的背后，民族志危机的实质得以彰显，那就是来自文化描述和文化批评上的危机，也是民族志在求真至善上出现的危机。而实验民族志对于消除民族志危机所做的种种实践，则呈现结构与反结构两种矛盾态势。针对这种情形，一个以实践民族志为核心的求真范式和以公共人类学为主旨的求善体系就呼之欲出。该文主要从民族志表述危机的三种表象入手，看到了产生民族志危机的缘由，并在此基础上认为民族志危机是文化描述和文化批评上的危机。而在人类学界试图解决民族志危机的种种“幻象”中，呈现结构和反结构两种民族志书写态势。在对以上两方面分析的基础上，作者认为要真正地把握民族志书写的科学性，则应从文化描述的真实性和文化批评的至善性入手。只有这样，民族志书写危机和实验民族志的种种实践才能被充分认识，民族志书写才能达至求真至善的目标，人类学

① 马腾嶽：《论现代与后现代民族志的客观性、主观性与反身性》，《思想战线》2016年第3期。

② 李银兵、甘代军：《危机、建构与反思：民族志科学性探析》，《云南社会科学》2016年第3期。

才会是真正关于人类，进而为人类服务的学问！从这个意义上说，民族志危机是民族志科学性探寻的引爆点，实验民族志的种种探索是民族志科学性建立的基础和出发点，而民族志科学性则是解决民族志危机和理解实验民族志的最好途径和目标诉求。

（二）专题研究与年度热点

2016 年适逢费孝通教授江村调查 80 周年，学界对费孝通教授的学术贡献以及《江村经济——中国农民的生活》等代表性著作的评述文章明显增多。1936 年夏，因前一年在广西大瑶山调查而致妻亡己伤的费孝通，应姐姐费达生之邀，前往家乡附近的吴江县庙港乡开弦弓村修养，后为费达生帮助农民建立的生丝精制运销合作社所吸引，在开弦弓村（“江村”）进行了一个多月的调查，随后前往英国伦敦经济学院攻读人类学博士学位。两年后，据此调查撰写的博士学位论文《开弦弓：一个中国农村的经济生活》获得通过，并于翌年以“Peasant Life in China”（中文名《江村经济——中国农民的生活》）为标题由罗特利奇出版公司出版。

《江村经济》一书获得了人类学家马林诺夫斯基教授的高度评价：“我敢预言，费孝通博士的这本书将是人类学实地调查和理论发展上的一个里程碑。它让我们注意的并不是一个小小的微不足道的部落，而是世界上一个最伟大的国家。”由此，《江村经济》一书成为欧洲人类学学生的必读参考书，费孝通教授也因此于 1981 年获得英国皇家人类学会授予的人类学最高奖——赫胥黎奖。尤为重要的是，费孝通教授在 1978 年后中国社会学的重建过程中居功至伟，成为重建后的中国社会学最负盛名的代表人物。而“江村”（开弦弓村）连同他一生所倾力的乡土中国研究，也因此在几代学人所致力推动的社会科学中国化的艰难历程中彪炳青史。

适逢费孝通教授江村调查 80 周年之际，北京大学社会学系、南京大学社会学院、中共吴江区委宣传部于 2016 年 10 月 22—23 日，假座苏州市吴江区七都镇（2003 年庙港镇并入七都镇）太湖大讲堂暨群学书院，联袂举办“纪念费孝通教授‘江村调查’80 周年学术纪念会”，纪念“江村调查”这一中国社会学暨人类学学科的历史性事件 80 周年。

奂平清在《大瑶山调查与费孝通民族研究的理论自觉》[①] 一文中指出，大瑶山调查在费孝通的民族研究中有着重要的地位。1935 年第一次大瑶山调查时，费孝通主要以体质人类学为视角，从体质、文化、语言等方面研究特定民族。以这次调查及对民族的认识为基础，费孝通曾对顾颉刚的“中华民族是一个”理论提出质疑。新中国成立后，费孝通在思考中华民族“多”与“一”的关系过程中，逐步认识到必须要从历史的视角、从整体研究和微型研究的结合中探讨中国各民族和中华民族的形成以及各民族交往融合等问题，并提出了“中华民族多元一体格局”这一重要理论。费孝通对大瑶山的历次调查，深刻地反映出其民族研究的理论自觉的历程。在民族文化研究上，我们更需要有费孝通那种高度的理论自觉意识，要以促进民族平等、民族发展和民族融合为核心的马克思主义民族理论体系为指导，以促进民族关系的良性运行与协调发展为宗旨和立场。在价值观念多元化的时代，我们既要防止文化的强制性同化，更要警惕那种将文化差异绝对化并作为追求目标，从而人为地扩大民族差异、制造民族矛盾和纷争的意识形态及其对民族关系实践的破坏作用。

孟凡行、色音的《立体结构和行动实践——费孝通“差序格局”理论新解》[②] 一文认为，费孝通先生早年提出的“差序格局”是一个极富学术创造力和生命力的本土学术概念和理论。

---

① 奂平清：《大瑶山调查与费孝通民族研究的理论自觉》，《西北师大学报（社会科学版）》2016 年第 3 期。

② 孟凡行、色音：《立体结构和行动实践——费孝通“差序格局”理论新解》，《中央民族大学学报（哲学社会科学版）》2016 年第 1 期。

后来的学者对这个理论进行了大量研究，取得了可观的成果。但不少学者把“差序格局”理解为平面结构的、表述社会关系和人际关系的理论，降低了这一表述社会结构的概念和理论的格调，也大大缩小了其内涵。“差序格局”可能是一个由横向的“差”和纵向的“序”交叉构成的立体多维的理论分析框架，这个框架大体包括“差序格局”的立体结构和人的行动实践两个方面，具有丰富的理论内涵，有待进一步挖掘和深入研究。

在“一带一路”建设背景下，丝绸之路研究已成为人文社会科学领域的关注热点。麻国庆在《跨区域社会体系：以环南中国海区域为中心的丝绸之路研究》① 一文中指出，作为“海上丝绸之路”的核心辐射区，从我国华南、西南到东南亚的环南中国海区域经过历史上复杂的族群交流和社会交往，形成了“你中有我，我中有你”的文化格局。在环南中国海区域社会发生的所有人文交流的时空过程，不仅形塑了区域的文化生态，同时还具有社会整合的功能。网络化的跨区域社会体系构成了讨论环南中国海区域社会整体性的方法论基础。跨区域社会体系是跨越了家族、社区、民族、国家与跨国家区域等不同层次的社会单位，是全球社会的重要组成部分，为解读“人类命运共同体”和“一带一路”建设提供了新的研究路径。跨区域社会体系的概念，本身跨越了家族、社区、族群、民族、国家与跨国家区域等不同层次的社会单位。而如何进一步提升跨区域社会体系中的文化自觉，如何建立不同文化与族群之间的“心态秩序”和“道义秩序”的问题，对于我们今天“一带一路”建设的发展有重要的参考价值。我们希望通过共同建设“21 世纪海上丝绸之路”的契机，把中国思想中“和而不同”的文化理念推向东南亚社会甚至全球其他国家和地区，建立人类文化共生的心态观，进而创造“和而不同”的跨区域社会体系。

新型城镇化背景下如何保护非物质文化遗产等问题也是近年学界讨论的热点问题之一。高丙中、宋红娟的《文化生态保护区建设与城镇化进程中的非遗保护：机制梳理与政策思考》② 一文，认为我国当前的新型城镇化与非遗保护实践在目标和理念上具有一种内在的契合，由此反思以往城镇化中的文化否定以及非遗保护中的博物馆式保护的局限，能够提供新的思路导向、新的选择。在认识论层面，文化生态保护区建设“留住文化”的理念能够为新型城镇化提供文化支撑，新型城镇化的理念则为文化生态保护区建设提供与社会经济的历史趋势相结合的机会，从而为非物质文化遗产的有效传承注入活力。该文从文化生态保护区和新型城镇化的统筹与整合角度做了一些具有政策意涵的思考，认为文化生态保护区的理念具有多方面的创新价值，是整体性保护非物质文化遗产的有效措施。不过，在如何有效实施的问题上，我们遇到各种困难，关键是缺少容易使力的抓手。新型城镇化战略的提出，既为全国的发展模式转型提出了实践性强的指南，也为文化生态保护区的切实推进提供了具有现实性的路径。要达到利用文化生态保护区和新型城镇化的统筹与整合来传承非遗的目标，我们可以做如下方面的努力。我国近年来快速兴起的广场舞体现了人们对于文娱生活的渴望以及争取娱乐空间的努力，同时也反映出我们长期对于文化广场的忽略。一些合适的非遗项目与广场活动的结合将会产生两方面的影响。首先，让非遗进入广场，比如传统舞蹈、传统戏曲等，可以将稳定的广场人群发展成为鲜活的非遗传承人群。其次，基于非遗对于城市文化的意义，非遗与广场的结合能够促进社区文化、城市公共文化的形成。

---

① 麻国庆：《跨区域社会体系：以环南中国海区域为中心的丝绸之路研究》，《民族研究》2016 年第 3 期。

② 高丙中、宋红娟：《文化生态保护区建设与城镇化进程中的非遗保护：机制梳理与政策思考》，《西北民族研究》2016 年第 2 期。

安德明在《非物质文化遗产保护中的社区：涵义、多样性及其与政府力量的关系》① 一文中指出，作为联合国教科文组织（UNESCO）所发起的非物质文化遗产保护运动中的核心概念之一，"社区"是被理解为可以与"传承人"相互置换的一个概念来加以强调的，对社区在非遗保护中的参与、知情乃至引领权利的强调，体现了 UNESCO 力图通过对文化的保护来保护普通人的权益的根本目标。每个社区都具有非均质的、多样性的特点，社区成员在传承和实践非遗项目的过程中，往往存在着"作为非遗知识保存者的实践者"同"单纯实践者"之间的不同和相互协作，他们通过不同的分工，共同促成了相关非遗项目的延续与实施。社区内部的差异性，加上不同国家文化传统、政治形态和经济条件等方面的不同，使得具体的非遗保护实践可能很难避免被政府力量主导的情况，但这并不应该成为参与非遗保护的任何国家或地区忽视社区参与和引领的理由，相反，政府力量应该以一种"文化对话"的态度，尽量克服具体实践过程中强势干预的立场，最终促成非遗保护中社区主导的局面，并为普通人的全面发展作出切实的贡献。

2016 年还出版了《中国非物质文化遗产保护发展报告（2016）》② 一书。2016 年 11 月 29 日，由中山大学中国非物质文化遗产研究中心、社会科学文献出版社共同主办的《非物质文化遗产蓝皮书：中国非物质文化遗产保护发展报告（2016）》新书发布暨非遗保护研讨会在北京举办。该书中指出，我国非遗保护的九个新趋势值得关注。

其一，国际公约精神宣传更加广泛，履约能力显著提升。中国民俗学会作为非政府组织参加联合国教科文组织的非遗保护事务，对提升我国学者参与国际非遗保护事务、提高对国际公约精神的认识有帮助，而且也会对我国履约能力提升起到推动作用。

其二，非遗保护与国家战略的结合更加密切，中国特色更加鲜明。国家发展战略的提出，在非遗保护领域都有相应的呼应，如非遗传承人群培训计划、扶持戏曲政策、"一带一路"的非遗交流、公共文化服务体系建设中的非遗保护、新型城镇化建设中的"留住乡愁"等。

其三，非遗保护实践趋于务实、具体，注重与非遗传承人、现代科技、现代生活的结合。

其四，非遗保护研究趋于体系化、学理化，国际经验、理论的借鉴和中国经验、理论的归纳以及总结更加主动，非遗学科体系正在建立，学科反思的力度不断加大。

其五，非遗宣传活动更加多样，方式不断创新，品牌性的非遗展示、展演、展览活动已经形成，并产生了广泛影响。中国体制的优势得到充分发挥。

其六，非遗国际交流更加频繁、主动，文化走出去、请进来的力度不断加大，文化自信不断加强。

其七，非遗保护技术不断提升，互联网、智能技术、数字化技术的运用更加广泛，非遗科技发展迅速。

其八，非遗经济发展加快，作为国家文化产业的资源优势正在不断显现，非遗企业正在不断增加，水平不断提升，非遗企业上市融资能力大大增强。

其九，非遗传承体系正在建立，社会传承、学校教育的分工合作模式正在形成。

该书作者还认为，我国非遗保护发展中存在的如下六个方面的问题需引起注意。

其一，如何正确理解和贯彻联合国教科文组织《保护非物质文化遗产公约》精神，确保非遗保护不离题、不走样，仍然任重道远。

其二，如何理解国家战略与非遗保护的关系，做到既能够适应国家战略，又能够保持非遗

① 安德明：《非物质文化遗产保护中的社区：涵义、多样性及其与政府力量的关系》，《西北民族研究》2016 年第 4 期。

② 宋俊华主编：《中国非物质文化遗产保护发展报告（2016）》，社会科学文献出版社 2016 年版。

保护工作的独立性，使二者协调发展，仍然需要努力。

其三，如何在实践中真正克服“重申报轻保护”“重开发轻传承”“重技术轻文化”“重形式轻内容”的顽疾，依然是非遗保护实践面临的主要障碍。

其四，在非遗研究上，如何既能摆脱本本主义，又能避免拘泥于经验主义，能从实践中概括出既有中国特色又有普遍价值的非遗理论，是目前非遗研究最大的挑战。

其五，非遗保护的规范化工作发展仍然缓慢，《中华人民共和国非物质文化遗产法》的实施细则仍未出台，非遗行政法实施缺乏操作性。非遗保护的知识产权建设，仍然处于讨论阶段，未获得实质性进展。

其六，非遗保护技术提升仍待加强，非遗生产的低水平、低效率、低附加值现象依然存在，科技手段介入非遗生产性保护的力度有待加强。

2016 年，色音、乌云格日勒的《中国萨满教研究百年回眸》①（《世界宗教文化》2016 年第 1 期）一文的主要内容如下。

从善之民国三年（1914 年）发表在《地学杂志》第 6 期上的《萨满教》一文算起，中国的萨满教研究已走过了百年的历程。萨满文化研究具有多学科性，这是由萨满文化的特点决定的，和它诞生的背景密不可分。萨满文化是民间文化的综合体，是一个综合性的研究对象，涉及诸多学科。近些年来，萨满文化吸引着越来越多的来自不同学科学者的倾心投入，研究的内容涉及历史学、民族学、人类学、宗教学、民间文学、神话学、民俗学、音乐学、舞蹈学、美术学、哲学、自然科学、心理学、生理学、医学、考古学、社会学、语言学、法学、政治学、预测学、人体科学等诸多学科或研究领域。不仅如此，有学者还将萨满文化研究拓展到人类文明史的广阔领域，将萨满文化资料与文献学、考古学、神话学资料相结合，探索人类文明起源的轨迹及其模式。萨满文化的实证资料和研究成果还广为其他学科所用，成为其他学科探索相关问题的佐证。萨满教的研究一向是在国际人文学科理论发展的大背景下不断开展的，由于这个学科资源丰厚，现象形态复杂，来自不同方面的研究始终不断。近年来中国学界兴起了一股萨满教研究热。具体表现在以下三个方面。

一是在国内召开了几次规格较高的萨满文化研究论坛和国际学术研讨会。其中“第二届萨满文化研究论坛”“中国（吉林）国际萨满文化论坛”“第 11 届国际萨满文化研讨会暨世界仪式人类学高级论坛”很有学术影响力。

2011 年 9 月 5 日，作为“第二届中国长春 · 东北亚文化艺术周”文化论坛板块重要活动之一，“中国 · 吉林第二届萨满文化研究论坛”在吉林省长春市举行，共邀请到国内外著名萨满文化及民俗文化专家 40 余位。该届论坛的主题是对萨满文化研究的意义和方向以及萨满文化的保护和传承等问题进行探讨。论坛上，与会专家围绕如何挖掘、传承、保护萨满文化进行了深入的学术交流和研讨。专家们一致认为，吉林省是世界公认的萨满文化的重要发源地之一，是萨满文化遗存保留最完整、内容最丰富的地区之一。吉林省至今仍保留着较完整的萨满器物、神谕、活态萨满祭祀仪式等。这既是吉林省宝贵的文化遗产，也是世界非物质文化的精华。论坛结束后，与会专家学者现场观摩了吉林省萨满文化遗存及萨满原生态祭祀展演，全方位了解了吉林省萨满文化的发展历程。

2012 年 9 月 2 日，作为第三届中国长春 · 东北亚艺术周的重要活动之一，“第三届中国（吉林）国际萨满文化论坛”在吉林省长春市开幕。来自国内外的 30 余位萨满文化及民俗文化专家齐聚一堂，畅所欲言，针对此届论坛的主题“南方民族民间信仰、北方萨满文化的特色以及南北方民间信仰的比较研究”进行了深入探讨和学术交流。中国（吉林）国际萨满文化论

① 色音、乌云格日勒：《中国萨满教研究百年回眸》，《世界宗教文化》2016 年第 1 期。

坛，由中国民间文艺家协会、吉林省萨满文化协会联合主办。论坛旨在搭建萨满文化学术交流平台，进一步加强国内外萨满文化的学术交流，不断提升萨满文化的理论研究水平，挖掘、保护和传承萨满文化遗存，彰显吉林地域文化，促进吉林文化产业的发展。此届论坛除邀请了国内著名专家学者外，还吸引了国际萨满学会主席霍柏尔以及奥地利医学人类学会会长达格玛艾格尼等国际萨满文化界知名专家学者。这些专家也分别从不同角度发表了有关萨满文化研究方面的主题发言。论坛上，与会专家们一致认为，萨满文化研究是为了文化的传承。当前，保护和传承萨满文化已经成为一个世界性课题。吉林省是萨满文化的重要发源地之一，也是目前世界上萨满文化遗存比较丰富和完整的区域，至今仍保留着较完整的萨满器物和活态萨满祭祀仪式等，这既是吉林省宝贵的文化遗产，也是世界非物质文化的精华。近年来，吉林省的萨满文化研究一直受到国内外萨满文化专家、学者的欣赏与注目。9 月 3 日，各国与会专家还参观了萨满文化研究基地，观摩吉林省萨满文化遗存及萨满原生态祭祀展演，进一步了解了吉林省萨满文化的发展历程，以期形成一系列新的萨满文化学术研究成果。

2013 年 9 月 7 日，“第 11 届国际萨满文化研讨会暨世界仪式人类学高级论坛”，在贵州师范学院开幕。来自匈牙利、蒙古、美国、瑞典、英国、德国、俄罗斯、意大利、希腊、奥地利、丹麦等国家和地区的 134 名专家学者参会。此届研讨会暨论坛以“全球化世界变迁中的传统仪式与心灵和谐”为主题，设置了 4 个分会场、18 场专题分论坛。研讨会期间，国际萨满学会中国南方研究中心在贵州师范学院挂牌。在贵州这个萨满文化丰富的区域召开此次国际学术研讨会，具有重要意义，它将极大地推动贵州以萨满文化为代表的人类学的深入研究，推动贵州多民族文化的国际性交流。

二是研究队伍不断壮大、培养了大批青年学者。据统计分析，截至 2014 年底，国内公开出版的萨满教研究署名著作 160 部，署名作者共 239 人次，其中署名集体作者的有 6 部，共 150 位作者是较稳定的研究萨满教专家。其中作者独立撰写专著 90 部，专著独立完成率达到 56.25%，合作专著 69 部，合著率达到 43.12%。说明在萨满教研究中，学者个人独立研究稍多，合作研究偏少。其中，孟慧英、王宏刚、郭淑云、富育光、色音、赵志忠、刘厚生、吴凤玲、黄任远、苑杰、乌丙安、宋和平、关小云、傅英仁、迪木拉提·奥迈尔 15 位学者，每人独立或参与撰写有关专著 3 部或 3 部以上，共撰写 91 部有关萨满教的研究专著，占专著总数的 56.87%。他们在各自专门研究领域进行深入系统的研究，研究成果颇丰，除专著外，绝大多数作者著有大量的有关萨满教的学术论文，是长期从事该研究领域的专家。以上高产作者已成为我国萨满教研究领域的核心著者。通过关注这些著者的研究方向和研究重点，我们可以把握该领域的研究现状和未来发展前景。

通过统计分析发现，核心著者大多都属于民族学和人类学研究领域的研究者，少部分作者是艺术研究领域的学者。这些核心著者几乎都工作在民族学与人类学研究单位和民族院校或民族地区高等学校，他们能够专心致力于萨满教研究领域，不断开创着萨满教研究的新局面。

三是萨满教研究成果逐年增多，研究水平明显提高。期刊文献的数量在很大程度上反映了该学科领域的研究水平和发展程度。以 1914—2012 年公开发表的有关萨满教研究中文期刊论文为数据源，据不完全统计，共有 1603 篇（其中 41 篇是年鉴论文）有关萨满教研究的论文在中国 386 种期刊上发表。尤其，2000—2010 年的 10 年之内共有 717 篇有关萨满教研究论文在全国各地的学术杂志上发表，这表明萨满教研究进入空前活跃的崭新阶段。2010—2012 年共 201 篇关于萨满教研究论文在各学术期刊上发表。有关萨满教研究综述等综合研究类型较多。

在有关萨满教研究的学术论文中，博士、硕士学位论文占一定比例，据不完全统计共有 114 所高校的 480 名博士、硕士完成 376 篇学位论文。从 1991—2016 年研究萨满教的学位论文具有逐年上升的态势，详见 1991—2016 年有关萨满教研究学位论文年度统计情况（见表 1）。

表1　1991—2016年有关萨满教研究学位论文年度统计情况

序号	年份	学位论文数量	比例（共376篇）
1	1991	1	0.2%
2	1992	1	0.2%
3	1997	1	0.2%
4	1998	2	0.5%
5	2000	3	0.7%
6	2001	2	0.5%
7	2002	7	1.8%
8	2003	6	1.5%
9	2004	6	1.5%
10	2005	14	3.7%
11	2006	16	4.2%
12	2007	27	8.1%
13	2008	24	6.3%
14	2009	34	9.0%
15	2010	38	10.1%
16	2011	46	12.2%
17	2012	43	11.4%
18	2013	40	10.6%
19	2014	23	6.1%
20	2015	22	5.8%
21	2016	20	5.3%

基于1934—2014年公开出版的有关萨满教研究专著为数据源，采用文献计量学方法对国内萨满教研究专著的出版年份进行统计分析得知，1934—2014年共出版160部有关萨满教研究专著。详见1934—2014年萨满教研究专著出版年份分布情况（见图1）。

从专著出版年份分布情况可看出，我国萨满教研究专著总体上呈波浪式上升趋势。2009—2014年是萨满教研究的丰收年。我国萨满教研究进入迅速发展期，与相关丛书的出版有很大关系，各种系列丛书的策划推动了有关萨满教研究成果的陆续出版。其中，北方民族丛书、当代中国宗教研究精选丛书、满学与清史研究书系、满族文化研究丛书、民族调查研究丛书、萨满文化研究丛书、新疆少数民族民间信仰与民族社会研究丛书、中国民间口头与非物质文化遗产推介丛书、中国少数民族非物质文化遗产研究系列萨满文化丛书、中国少数民族宗教与文化丛书、中央音乐学院现代远程音乐教育丛书、科尔沁文化丛书等系列丛书的推出，给萨满教研究出版物的涌现创造了很好的机遇。

20世纪90年代中期以来，中国萨满教研究在学科知识的综合、研究方法的多样和理论探索的开放等方面进入了一个新的发展阶段。进入这一阶段以后，研究者越来越意识到，萨满教

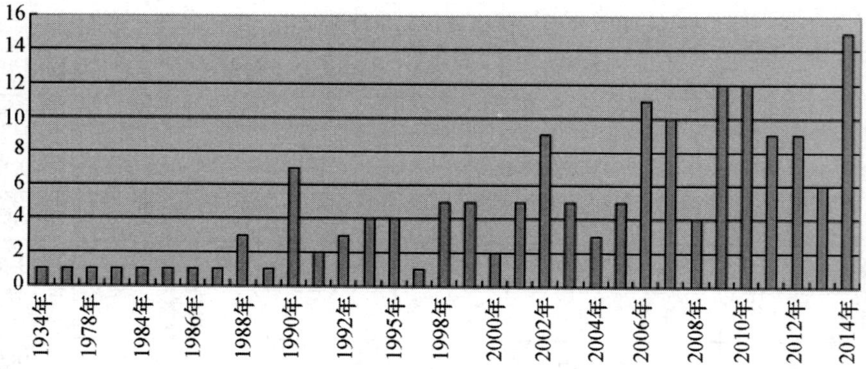

图1 1934—2014年萨满教研究专著出版年份分布情况

作为人类社会的一种古老现象，它不仅在世界各地的现实生活中仍有程度不同的保留，而且它所展示的神秘世界并没有被现代人所全面深刻理解。所以，中国民族学界从事萨满教研究的学者虽然已经在很多方面取得了成绩，但是在构建一种解读萨满教这样神秘而普通的民间信仰现象的普适性理论框架方面却正在起步，而与此相关的一系列难题仍摆在他们面前。

如上所述，中国的萨满教文化资源是十分丰富的。对这一资源的保护、发掘和研究，已经成为民族学、人类学、宗教学、民俗学和艺术学等相关学科十分重视的热门领域。今后，中国的萨满教研究在吸收和借鉴国外学术界理论、方法等方面成果的同时，需要立足于中国的萨满教历史与现状，通过多学科的协同创新，构建自己的理论体系，从而为国际萨满教研究作出应有的贡献。

刘正爱研究员2016年发表的代表性成果《在田野中遭遇“非遗”》① 一文的主要观点如下。

在当今中国，非物质文化遗产（以下简称“非遗”）保护运动如火如荼。一方面，人类学家在田野中司空见惯的各种仪式以及生活实践常被冠以“非遗”之名，正在成为地方精英和政府创造业绩的有利资源。另一方面，“非遗”的承担者们围绕着传承人的认定以及各种利益而反目不和。在旅游开发中常见的类似“文化的客体化”的现象同样发生于非物质文化遗产保护的现场。生活实践者响应相关部门的号召，或者依然坚持日常生活中的“非遗”实践，或者不断变换形式与内容，被动或主动走向各种展演的舞台。“非遗”正在离开其所赖以生存的文化土壤，由生活走向舞台，走进校园，走入商业街、庙会，成为夺人眼球的展品。面对在调查对象身上所发生的这一切，人类学家不能因“非遗”所招致的种种质疑，对其视而不见，绕道而行，也不可简单地为其歌功颂德。人类学家在进行孰好孰坏的价值判断之前，首先应该将非物质文化遗产保护运动视为当下的一个重要的社会现象而加以审视，对其进行学理上的分析，必要时对其所面临的种种问题与困境做理论上的阐释，并寻找脱离困境的途径。中国的非物质文化遗产保护运动尚有各种问题需要解决，如在众多的文化实践中，哪些是文化遗产，哪些不是？由谁来决定？标准是什么？生活实践者们的主体性如何得以表达？人类学家作为政府与生活者之间的中介能做些什么？文化正在成为被操作的对象，人类学又该如何去重构新的理论？上述种种对于中国学者来说是无法逃避的问题。

除此之外，廖旸研究员的《白伞盖经译传三题》（《世界宗教研究》2015年第6期）、《西藏西部擦擦铭文探索》（载熊文彬、李逸之主编《西藏古格擦擦艺术》，中国藏学出版社2016

① 刘正爱：《在田野中遭遇“非遗”》，《石河子大学学报（哲学社会科学版）》2016年第3期。

年版)、《11—15 世纪佛教艺术中的神系重构（二）——以白伞盖佛母为中心》（《故宫博物院院刊》2016 年第 5 期》，彭雪芳研究员的《民族地区留守儿童状况分析与对策——以贵州省台江县为例》（《贵州社会科学》2016 年第 10 期)，韩成艳助理研究员的《非物质文化遗产保护的“整体性”理念与实践：基于宁波案例的讨论》(《西北民族研究》2016 年第 3 期)，宋小飞助理研究员的《满族萨满教艺术的存续性与民族文化产业融合发展研究》（《世界宗教文化》2016 年第 2 期）等论文都具有较高的学术价值。

（三）主要学术活动及动态

2016 年召开的学术会议较多，影响较大的学术研讨会如下。

1. 2016 中国艺术人类学年会暨国际学术研讨会

2016 年 9 月 23—25 日，由中国艺术研究院、中国艺术人类学学会主办，长沙理工大学承办的“2016 中国艺术人类学年会暨国际学术研讨会”在长沙理工大学举行。来自国内外部分高校与研究机构的 263 位会员参与了此次艺术人类学的学术盛会。会议收到正式论文 120 余篇。长沙理工大学设计艺术学院院长何辉教授主持了开幕式，长沙理工大学副校长刘扬，中国艺术人类学学会会长方李莉，湖南省社科联副主席郑升以及《民族艺术》主编、学会常务理事（协办单位代表）许晓明致开幕辞。

此次会议讨论的主题是“艺术人类学视野下的当代社会建构”，主要议题有：艺术民族志的书写范式研究、艺术人类学的历史与理论研究、艺术人类学的田野个案研究、设计与日常生活。围绕讨论的主题，会议第一天有 9 位学者作了主题发言，分别是：英国杜伦大学人类学系教授、英国皇家科学院院士、学会特邀专家罗伯特·莱顿教授，发言题目是“门神与灶神：我们能从故事讲述方式的变化中学到什么?”；中国艺术研究院艺术人类学研究所所长方李莉研究员，发言题目是“‘遗产资源论’观点的提出——一个与艺术人类学理论相关的思考”；山东大学文化遗产研究院院长、学会副会长张士闪教授，发言题目是“非物质文化遗产保护与当代乡村社区发展——以鲁中地区‘惠民泥塑’‘昌邑烧大牛’为实例”；日本关西学院大学社会学系系主任获野昌弘教授，发言题目是“艺术与城市：以景德镇为例”；中国艺术研究院音乐研究所所长、学会特邀学者项阳研究员，发言题目是“艺术人类学中国话语与艺术传统深层内涵”；中国人民大学人类学研究所所长、学会常务理事赵旭东教授，发言题目是“中国山水画中的意义线索与民族志书写”；中央音乐学院教授、三峡大学楚天学者，学会常务理事杨民康，发言题目是“从跨界族群音乐研究到学科方法论跨界研究——兼涉中国民族音乐学从对象学科向思维学科转型的几点思考”；荷兰阿姆斯特丹自由大学人类学系（学会特邀专家）马里安·赫罗特教授，发言题目是“日常设计、历史和人类学：基于女性作家观察资料的历史学研究方法”；南京大学艺术学院教授、学会常务理事李立新，发言题目是“日用作为设计的‘原道’——兼谈‘小道致远论’”。

23 日上午的主题发言由广西民族大学民族学学科带头人、学会副会长廖明君教授主持，云南大学民族研究院院长、学会副会长何明教授评议，下午的主题发言由《民族艺术研究》杂志社主编、学会常务理事马云华教授主持，复旦大学民族研究中心主任、长江学者、学会副会长纳日碧力戈教授评议。

24—25 日会议分为“艺术人类学与非物质文化遗产研究”“民俗与表演艺术研究”“造型艺术研究”三个组展开了热烈的讨论。25 日下午，进行会议总结和闭幕式。在会议总结期间，中国社会科学院民族学与人类学研究所民族文化研究室主任、学会副会长色音研究员总结了“艺术人类学与非物质文化遗产研究”组的讨论内容；复旦大学民族研究中心主任、长江学者，学会副会长纳日碧力戈教授总结了“造型艺术研究”组的讨论内容；山东大学文化遗产研究院院长、学会副会长张士闪教授总结了“民俗与表演艺术研究”组的讨论内容。最后由中国艺术研究院艺术人类学研究所所长、学会会长方李莉研究员作大会总结发言。学会自成立以来，广大学会会员秉持费孝通先生从实求知的理念，在方李莉会长的倡导下，坚持从田野中获得一手资料，使研究紧扣时代发展的脉搏，成果能为国家发展所用。学会的另一个特点是，会长副会长和常务理事都是学术界的著名学者和学科带头人，他们是引领学会发展的灵魂式人物，在会议期间他们承担着大会主题发言，会议的主持、评议与总结等方面的工作。他们的出色工作使许多年轻的学者受益匪浅（学会成立十年，现已有会员950人，基本上是大学老师和国家研究机构的学者）。

在会议的主题发言中，方李莉研究员提出的“遗产资源论”受到了大家的关注，她在发言中提出：“在人类社会转型的过程中，非物质文化遗产不会消失，但前提是：它要被融入当代的生活中，成为活的文化，成为当代社会的政治文化经济及艺术的一部分。如何做到？首先就是让这些‘遗产’成为建造未来政治文化经济和艺术的资源，成为新的文化生长的种子和基因。”她还认为：“文化生态的平衡是动态的，就像生态系统的演替性过程是一个不断打破旧的平衡，建立新的平衡的过程一样。”她强调：“所有的文化遗产就好像是上一轮文化生态系统留下的基因和种子，成为新的一轮文化生态产生的基础。”在演讲的过程中，她还通过大量田野的案例谈到了在当代乡村文化和城市文化再生产的过程中，作为文化母体的历史遗产在其中所起的作用，并且还以屠呦呦、莫言、谭盾、蔡国强等人的科学发现及艺术创作为例子讨论了这一问题。这样的理论对于如何在传统的基础上创建出具有原生性的中国现代文化、现代艺术，包括现代的科学技术具有普遍性的指导意义。她还认为，“艺术是社会的感知系统，具有一定的先锋性，故能最早体现出这一规律，这也是艺术人类学研究的魅力所在”。

项阳研究员、赵旭东教授、杨民康教授三位学者的发言都与如何撰写中国本土人类学艺术民族志有关，这也是所有会员都非常关注的内容。其中项阳研究员提出了如何从艺术的角度切入撰写艺术民族志，在撰写的过程中与普通的文化人类学民族志有什么样的区别等问题。他认为，我们要学习西方的理论，但也要关注到中国文化和艺术的特点。他还认为，人类学的田野民族志的撰写不仅要进行“深描”，还要进行深挖，要发掘其背后的历史构成以及有其意义世界构成的完整体系，这是由中国的文化历史的形成过程所决定的。另外，赵旭东教授从中国的山水画入手讨论中国本土民族志的写作范式。他以中国的山水画为范例，从而提出是否可以让我们看到中国人以“景造意”，人与自然与景融为一体的特殊思维模式。这种追求思想情境和宏阔的人与自然境像的书写模式，是否可以给中国式人类学民族志的写作带来启发？这样的观点具有创新性，引起了与会学者们的广泛关注。杨民康教授则从跨界族群的音乐研究，讨论了中国艺术民族志的写作问题。他认为，传统的西方民族志往往是在静态的封闭的社区中进行的，而中国历史悠久，民族边界复杂，有许多的民族是跨国家的，如蒙古族、朝鲜族、泰族、苗族等，像这种跨国界的民族的音乐我们应该如何研究，如果将其固定在某一个地区是很难统观其全貌的。因此，有关这样的研究不仅是动态的，可能还是游走式的。在发言中他借用了赵旭东教授提出的“线索民族志”的观点，认为这样的方法也许可以解决跨界族群的音乐研究问题。他们的发言让我们看到了民族志中国化发展的可能性和必要性，是这次会议所取得的重要成果之一。张士闪教授在他的发言中讨论了“非物质文化遗产保护与当代乡村社区发展”的问题，认为应该把非物质文化遗产放到具体的社区中来保护和发展，只要国家政策得当，民众的传统文化会有很强的适应与更新的能力，一定要用发展和整体的眼光来看待“非遗”的保护问题。李立新教授从“日用作为设计的‘原道’”的角度讨论了日用设计和日用审美的问题，提出要同时关注到日用设计的审美价值、社会价值和生命价值。最朴素的用具往往是最美和最实用的。以上两位学者从民众的生活出发，讨论了文化的价值与意义，给予参会的学者们以深刻的启发。

除作大会主题发言的学者们的观点外，在小组讨论中也产生了许多重要的观点，如：有的学者从艺术史与人类学的互动历程中，看到彼此是如何从分流到合流的趋势；有的学者从格尔兹的理论来探讨艺术学和人类学研究艺术的不同视角；有的学者用艺术人类学民族志的方式来研究当代艺术，将当代艺术中的审美价值、社会价值与政治价值合为一个整体，寻找到其中的动态性和复杂性的互动方式；等等。以前这一类的讨论并不多见，因此，这也是会议所取得的重要成果之一。另外，以国家非遗保护为界限的“后民族文化”“后民间文化”的讨论，这也是会议的主要内容之一。

总的来说，会议围绕“艺术人类学视野下的当代社会建构”这一主题，进行了为期三天的讨论，取得了丰硕的学术研究成果。在会议期间还召开了常务理事会，通过了2017年中国艺术人类学国际学术研讨会在大连大学举办的决定，并定于2017年举行“费孝通艺术人类学奖”的评审活动。

2. 第二届民间信仰研究高端论坛暨宁安萨满文化学术考察活动

2016年12月10日，由中国社会科学院世界宗教研究所、中国宗教学会主办，由中国民俗学会中国地域民俗文化研究中心、牡丹江市民间文艺家学会、牡丹江海东青文化传播发展有限公司承办的“第二届民间信仰研究高端论坛暨宁安萨满文化学术考察活动”在黑龙江省牡丹江市召开。出席此届论坛的专家学者40余人，涵盖宗教学、历史学、人类学、民俗学、社会学、哲学、民族学、建筑学、民间文学等学科，分别来自中国社会科学院、国家宗教事务局、复旦大学、华东师范大学、中央民族大学、大连民族大学、青海民族大学、西藏民族大学、吉林师范大学、牡丹江师范学院、牡丹江大学、河北大学、台湾东华大学、台湾“中央研究院”近代史研究所、台湾兰阳博物馆、台湾新北市文化基金会以及牡丹江市相关的社科人文机构。牡丹江市宁古塔部分满洲宗族的族人及萨满文化传承人也应邀与会。

中国社会科学院世界宗教研究所党委书记赵文洪在致辞中指出：第二届民间信仰研究高端论坛是对2016年12月5日在福建泉州召开的“全国民间信仰工作座谈会”精神的最好的学术呼应，充分体现了中国社会科学院作为我国哲学社会科学研究的最高殿堂、党中央国务院重要的思想库和智囊团的积极作用。国家宗教事务局业务四司副调研员王勇在论坛上向与会的海峡两岸的专家学者简要地介绍了中国民间信仰工作的最新政策意见，以及“全国民间信仰工作座谈会”的有关精神，指出做好民间信仰工作，对于团结广大群众、促进社会和谐稳定，对于维护国家利益和社会公共利益，对于弘扬中华优秀传统文化、培养良好社会风尚，对于密切联系海外华侨华人、促进祖国统一等都具有重要意义。

该届高端论坛以“比较视野与跨界研究”为研讨主题，强调历时与共时研究相结合、定量与定性研究相结合，以期深入开展民间信仰事项的多向度、跨学科研究。与会论文议题涉及民间信仰的合法性、民间信仰与非物质文化遗产关系、丧葬习俗与日常生活、汉满藏民间信仰习俗、中国台湾地区的汉人民间信仰，以及日本和琉球的民间信仰习俗等内容，其中最大的特色是集中探讨了清代至当代的东北地区的萨满教文化的特点及其传承情况。论坛现场还集中展示了牡丹江市宁古塔地区的满汉双语族谱原件及各类萨满教祭祀文本。12月11日，与会专家学者还实地考察宁安县活态的萨满祭祖习俗。

民间信仰研究高端论坛是中国社会科学院世界宗教研究所打造的学术品牌之一，也是该所当代宗教研究室的创新工程项目——“当代宗教发展态势”的重要组成部分，由叶涛、陈进国两位民间信仰研究专家来具体推动。首届民间信仰研究高端论坛于2014年11月在北京召开，以“中国民间信仰的当代处境与发展前瞻”为研讨主题。民间信仰研究高端论坛对于中国民间信仰的调查与研究起到了很好的促进作用。

3. 2016 年中国人类学学会学术年会

2016 年 11 月 4—6 日，“2016 年中国人类学学会学术年会”（以下简称“大会”）、“2016 年上海人类学学会学术年会暨第六届复旦人类学日”在复旦大学举行。美国哥伦比亚大学东亚系和人类学系教授、哥伦比亚大学魏德海，美国哥伦比亚大学东亚研究院原院长孔迈隆（Myron L. Cohen），中国社会科学院学部委员、中国社会科学院考古研究所原所长刘庆柱获“人类学终身成就奖”。

大会以“多彩共生的人类学”为主题，由中国人类学学会和上海市社会科学界联合会主办，复旦大学现代人类学教育部重点实验室、复旦大学人类学民族学研究所、遗传与发育协同创新中心、遗传工程国家重点实验室、复旦大学民族研究中心、上海人类学学会承办。来自国内外多所高校、研究所的近 400 名专家学者和青年学子参会，有 100 余名专家学者作主题报告。中国人类学学会副会长兼秘书长、厦门大学教授邓晓华主持开幕式暨首场报告。中国科学院院士、复旦大学副校长金力，中国人类学学会会长、中国社会科学院学部委员郝时远分别致辞。

台湾“中央研究院”院士、香港理工大学讲座教授、香港中文大学文学院荣誉教授王士元以《语言演化与扩展适应》为题，台湾“中央研究院”院士、历史语言研究所特聘研究员王明珂以《网络社群：当代“村寨”反思》为题，中国社会科学院学部委员、中国人类学学会会长郝时远以《西方多元文化主义实践的政治悖论》为题，中科院院士、复旦大学副校长、中国人类学学会副会长、上海人类学学会会长金力以《人类体质特征与表型组研究》为题作学术报告。

大会为期 3 天，设置大会报告和“体质人类学”“文化人类学”“语言人类学”“教育人类学”“考古人类学”“历史人类学”“2016 年上海人类学学会学术年会暨第六届复旦人类学日”7 个分会报告，与会专家学者围绕目前人类学领域的诸多前沿热点问题进行交流和探讨，贯彻“共生”与“多彩”理念。

作为目前健在并还活跃于学术界的美国人类学中国研究专家之一，孔迈隆在中国开展过深入的田野调查研究，对于中国社会和文化有独到见解。他在美国哥伦比亚大学等学术机构求学、教学和研究的学术生涯，以及他在中国的丰富田野调查，都以其亲身经历见证了全球学术语境中人类学中国研究领域的成长。

刘庆柱的学术贡献主要反映在古代都城与帝陵考古发现与研究方面，他在秦代都城咸阳城遗址、秦阿房宫遗址、汉长安城遗址、唐长安城遗址及汉唐帝陵、曹操墓等考古发现与研究方面均取得重大科研成果与学术突破，在古代都城与帝陵考古学方法与理论方面有着诸多创新，并且为“安阳殷墟”“丝绸之路”“中国大运河”等成功申报世界文化遗产作出了积极贡献。

人类学的研究关注着人类的命运，而人类学研究者首先要关注人类学的命运。鉴于人类群体的复杂多面特性，人类学研究也有诸多分支领域，包括研究人类身体生物学性质的体质人类学、研究人类群体社会文化特征的文化人类学、研究人类语言发展演变规律的语言人类学，研究人类发展中留下的痕迹的考古人类学等。各具特色的分支包含众多细分支，通过融会贯通可以更全面与准确地观察人类群体演变的规律。

4. 中国民族学学会 2016 年学术年会暨“‘一带一路’视域中的民族、文化、国家”学术研讨会

2016 年 11 月 6—7 日，中国民族学学会 2016 年学术年会暨“‘一带一路’视域中的民族、文化、国家”学术研讨会在云南省临沧市双江拉祜族佤族布朗族傣族自治县召开，会议由中国民族学学会、滇西科技师范学院、云南民族大学民族团结进步理论与实践协同创新中心、临沧市双江县共同举办。近 200 名来自全国各地的代表参加了此次年会。开幕式上，滇西科技师范学院与双江拉祜族佤族布朗族傣族自治县签订了战略性合作协议。滇西科技师范学院院长王德

强主持开幕式，中国民族学学会会长、中央民族大学少数民族事业发展协同中心主任杨圣敏致开幕词。随后，王德强、兰州大学历史文化学院教授王希隆、云南社会科学院副院长杨正权、中央民族大学民族学与社会学学院副院长苏发祥分别作主旨演讲。中国民族学学会执行会长、中国社会科学院民族学与人类学研究所所长王延中作闭幕式发言。

王延中在题为“关于中国民族研究若干重要问题的思考”的发言中认为，新时期的民族研究涉及多个重大命题：新时期中华民族的建构、民族区域自治制度发展与完善、多元民族文化与中华民族共有精神家园建设、民族地区经济社会发展与现代化转型、边疆民族地区治理体系与治理能力现代化、民族事务治理新思路与国家民族工作新战略等。民族学研究人员需要在贯彻落实繁荣发展哲学社会科学过程中发挥更大的作用，在搞好调查的基础上更好地发挥服务社会、资政参谋的功能，在中华民族共同体和人类命运共同体建设中发挥学科的独特作用。

大会共收到论文 122 篇，较多论文主题聚焦于“一带一路”视野下的民族、宗教以及文化多样性等议题。此外，文化遗产与旅游开发，以及民族地区的教育问题也是此次会议讨论的热点话题。

迈入 21 世纪，汉语海外民族志成为中国人类学发展的一个新的前沿。随着中国学者开展的海外田野工作日益频繁，田野方法正在经受更严格的考验。汉语海外民族志实践中的学科跨界现象的新颖之处，就在于它预示着中国学术界的触角真正伸向了全世界，是对中国学术议题的一次真正更新，将汉语学术界的胸襟真正扩展到了“天下”。

（色音，研究员，中国社会科学院民族学与人类学研究所民族文化研究室）

2015—2016年民族社会研究综述

杜倩萍

2013年9月和10月，习近平主席出访中亚和东南亚国家期间，先行提出了建设“丝绸之路经济带”和“21世纪海上丝绸之路”建设构想。同年11月12日党的十八届三中全会通过的《中共中央关于全面深化改革若干重大问题的决定》中明确规定“推进丝绸之路经济带、海上丝绸之路建设，形成全方位开放新格局”，标志着“一带一路”建设成为国家发展的重要举措。2015年3月底，《推动共建丝绸之路经济带和21世纪海上丝绸之路的愿景与行动》发布，提出要通过“一带一路”建设打造政治互信、经济融合、文化包容的利益共同体、命运共同体和责任共同体。“一带一路”倡议作为我国经济社会发展的重大举措，通过民族地区经济发展，各国政治上的互信，不同文明对话交流，以及各民族的交往、交流、交融，大力宣传中华文化和民族政策，抵御国外不良势力的渗透，有效提高我国国家认同，对我国各方面建设和发展起到积极促进作用。①

2015年和2016年，包括民族社会研究在内的人文社会工作者都在思考的主要问题就是：如何用学科理论解决好“一带一路”建设下国家的区域、社会问题，从而完成时代赋予的学术使命。

一 2015—2016年民族社会研究热点及进展

如上所述，在国家“一带一路”建设方针背景下，2015年和2016年民族社会研究集中在以下几个热点：一是新型城镇化的核心价值和发展路径；二是民族地区社会治理、社会服务、社会保障及社会组织；三是国家认同和民族认同；四是民族地区家庭婚姻；五是民族地区教育问题。

（一）民族地区城镇化核心价值和发展路径

我国民族地区已进入了工业化中期阶段，新型城镇化是当前民族地区研究的热点。为缩小东西部差距，国家加大对西北民族地区城镇化政策支持，“安居富民”“定居兴牧”“撤乡建镇”“村改居”“旧城改造”等系列城镇化的制度安排，改善了落后的发展条件、投资环境和生活状况，使西北民族地区发生了涉及经济和社会文化等多个领域剧烈的社会变迁，但推进中也面临着制度缺失、制度失信、制度偏好、路径依赖、正式制度与非正式制度引起的制度冲突等困境。白燕、青觉等学者均指出，应纠正“为城镇化而城镇化”的错误政绩观，净化官场生态，改变土地财政格局，切断地方官员与房地产开发之间的利益纽带，减少和杜绝寻租腐败、道德风险的发生。改革户籍制度，放宽落户条件，让转移就业的农牧民落户城镇，逐步纳入城

---

① 左岫仙、周辉：《“一带一路”对我国国家认同建构影响研究》，《满族研究》2015年第4期。

镇住房、医疗、养老等公共服务保障范畴，享有与城镇居民同等权益。更加注重城镇化的可持续性，走包容性绿色城镇化之路。①

此外，城镇化与生态环境之间存在耦合机理：城镇化通过人口聚集、社会经济发展、能耗增加和交通扩张等对生态环境产生胁迫；生态环境的保护又通过人口限制、资本排斥和政策干预对城镇化的发展产生约束。因此，评价区域城镇化与生态环境的耦合关系，了解二者的协调程度，对于保障城镇化良性发展，避免降低环境承载力具有重要意义。雷梅、靳永翥以贵州少数民族地区市县为研究区域，以耦合度模型评价城镇化与生态环境发展的耦合协调度。结果表明，贵州省少数民族地区46个市县城镇化与生态环境耦合度值介于0.2777和0.5667之间，跨越耦合度低、拮抗时期、磨合时期三个阶段，区县之间差异性很大；协调度值介于0.2082和0.5647之间，处于低度、中度协调阶段，说明两系统间相互影响处于中低程度。从而进一步论述，贵州少数民族地区市县城镇化率滞后于全省、全国平均水平，未来城镇化建设更需进一步发展。②

在民族地区，农业土地资源集约利用是实现新型城镇化的物质保证。高新才、张冀民以我国民族地区为研究对象，在阐述新型城镇化与农业土地资源集约利用耦合作用机理的基础上，构建了基于复合指标的新型城镇化与农业土地资源集约利用耦合体系，采用实证研究方法，对民族地区新型城镇化与农业土地资源集约利用耦合协调关系，进行了定量分析，并根据实证研究结果提出了相应的对策与建议。两位学者指出，2008年以来，耦合度和耦合协调度均获得了大幅度增长，这与政府注重新型城镇化建设，又强调提高土地资源集约利用密不可分。西方实践经验告诉我们，长期来看，城镇化与土地集约利用是正相关的，因此，采取长期策略，而不是权宜之计，以制定新型城镇化发展规划基础上的土地综合利用、集约开发规划是十分重要的。③

随着国家新型城镇化战略的实施，西部民族地区成为新一轮城镇化发展的热点地区，在城镇化发展模式的选择上，许多地区基于自然和文化资源的优势，将旅游业作为新型城镇化发展的主导产业。如何充分利用和发挥民族地区自然资源和文化资源的相对优势，促进旅游产业在与上下游关联产业和地区特色农业的有机融合中，发挥驱动作用，将本地资源禀赋的比较优势转化为城镇化发展的综合竞争优势，推动西部民族地区从传统的追求规模扩张的城镇化向追求产业结构提升的新型城镇化转变，对于缩小东西部差距，消除城乡二元结构，全面建成小康社会意义重大。④

在民族地区城镇化过程中，如何保护当地的环境和保留传统文化，也是众多学者关心的问题。张军、陈朵苹指出，从文化学的角度理解，民族地区“乡愁”实际上就是从文脉、地脉和人脉三个角度解构了无形文化、有形文化、自然生态环境和当地居民四个要素之间的相互关系之总和。他们基于民族地区城镇化过程中“乡愁”保留的各种困境，从旅游业发展的本质需求、旅游开发、旅游经济和旅游产品特性四个维度分析指出民族地区旅游业的发展与城镇化建

---

① 白燕：《后发地区城镇化制度变迁中的困境与取向探析——以西北民族地区为例》，《西北人口》2016年第3期；郑长德：《基于包容性绿色发展视角的民族地区新型城镇化研究》，《区域经济评论》2016年第1期；青觉：《我国民族地区新型城镇化建设的思考》，《黑龙江民族丛刊》2015年第2期。

② 雷梅、靳永翥：《贵州少数民族地区城镇化与生态环境耦合关系评价——以46个市县为例》，《贵州民族研究》2016年第10期。

③ 高新才、张冀民：《民族地区新型城镇化与农业土地资源集约利用耦合关系研究》，《贵州民族研究》2016年第4期。

④ 蒋志勇：《西部民族地区旅游驱动型城镇化发展研究——基于区域比较优势和竞争优势理论的分析》，《广西民族研究》2015年第5期。

设中“乡愁”的保留之间存在着良性互动关系，两者之间良性互动关系的维持是实现城镇化建设中“乡愁”保留的关键。[①] 学者王兆峰、龙丽羽也认为，民族地区进行旅游城镇化建设，应当依据民族地区的旅游资源禀赋和独特的发展规律，科学合理地对城镇建设进行定位和规划，如依托文化旅游资源打造文化名城、民族风情古镇；依托自然旅游资源将城镇建设与自然景色相融合，打造自然风光城镇等。而不应该过度商业化，否则最终将导致当地传统文化的逐步流失，甚至造成游客对当地文化的误解。[②]

学者王平指出，民族地区新型城镇化建设和大力发展民族特色文化产业是促进民族地区发展的两大动力，两者之间存在着互动互补的关系。民族特色文化产业的发展，必须以我国新型城镇化建设和大力发展文化产业的战略为依托，将其置于国家新型城镇化和文化产业发展的大环境之中，一方面在打造具有少数民族特色城镇过程中，通过大力发展民族特色文化产业，调整民族地区传统经济结构，转变传统民族地区经济增长模式，在加强民族特色经济建设的基础上，加强民族地区文化建设、社会建设、政治建设和生态文明建设，促进民族地区新型城镇化建设和小康社会建设，改善和提高少数民族物质生活水平和精神文化生活需求；另一方面，遵循文化产业发展的一般规律和民族地区文化产业所需的特殊原则，采取一切有利于产业发展的措施和路径，使民族地区文化产业这一新兴特色民族经济产业在民族地区新型城镇化过程中获得持续健康的发展，以促进民族地区新型特色经济产业发展和具有少数民族文化特色城镇的建设。[③]

民族地区城镇化建设不能毁损传统村落和特色村寨，城镇经济增长应当与传统村落文化保护相适应，吴江新型城镇化建设的实践探索具有典型的示范意义。民族地区新型城镇化建设在维护传统村落方面存在的主要问题：一是对传统村落民居建筑结构的非科学性改造；二是对传统村落民居建筑文化景观的不合理利用；三是对传统村落文化传承的忽略导致乡土文化空心化。保护传统村落的主要对策是：必须把文化治镇作为保护传统村落文化的新理念，把保护传统村落文化的责任回归到村民的身上，尽快制定出台传统村落保护与发展条例。[④]

目前对西部民族地区城镇化的研究，主要集中在城镇化的概念界定、城镇化制约因素和动力机制、城镇化发展模式、城镇化与地区经济、城镇化与民族传统文化等方面，这些成果对于我国西部民族地区城镇化研究具有重大的理论及实践意义。但是，不可否认，目前的相关研究还存在局限性与诸多不足，未来研究中应注意以下四个方面：一是探索出以当地文化为主体的自主的发展模式，把城镇化定义为广义上的城市化多种发展形态之一；二是应当摆脱西方霸权话语和思维定式的“枷锁”；三是慎用“欠发达”“不发达”等术语来形容西部民族地区的现状；四是避免以超越发展数据为目标的城镇化。西部民族地区城镇化的关键不是城镇人口数量或城镇规模达到一种数据上的标准，而是城镇化的价值取向问题。对于后发展的民族而言，他们不是一个个经济动物，而是拥有骄傲的历史记忆和丰富的精神生活的鲜活的文化生命，族群文化生命的延续比个体经济生活的富足更重要。所以，以超越发展数据为目标的城镇化是不能

---

① 张军、陈朵苹：《民族地区城镇化“乡愁”的保留与旅游业的良性互动》，《西北民族大学学报（哲学社会科学版）》2016 年第 1 期。

② 王兆峰、龙丽羽：《民族地区旅游业发展驱动城镇化建设的动力机制研究——以湖南凤凰县为例》，《中央民族大学学报（哲学社会科学版）》2016 年第 5 期。

③ 王平：《民族地区新型城镇化建设进程中民族文化产业发展的原则及路径探析》，《青海民族大学学报（社会科学版）》2015 年第 2 期。

④ 宋才发：《民族地区新型城镇化建设进程中传统村落保护的法治思考》，《湖北民族学院学报（哲学社会科学版）》2015 年第 5 期。

反映和满足一个民族的发展诉求的。①

（二）民族地区社会治理、社会服务、社会保障及社会组织

新型城镇化带来经济结构、社会生产生活、生态环境的巨大变化，对社会治理、公共服务和社会保障等提出了新的要求，民族地区公共服务和社会保障供给的“量”与“质”的提高不仅有利于区域经济发展，而且有利于促进民族地区的社会和谐发展。在宏观方面，青觉、闫力指出，“共建、共治、共享”的民族自治地方社会治理模式，是在引入社会主义协商机制和充分兼顾民族自治地方的复杂治理环境下提出的，其核心是多主体共治和多渠道治理，多主体共治具体表现在民族自治地方“党的执政能力和执政水平的提升、政府机关履职能力的提升、市场机制的合理发挥、市场主体积极参与以及社会力量的有效激活”；多渠道治理是指“转变单纯的自上而下命令、自下而上回报格局，形成自上而下、自下而上、中间铺展、水平交错的全新治理格局，为信息的有效传输和资源的高效匹配创造条件”。共治的主体是政府权力机关、社会组织、市场组织和公民四个主体；共治的维度有各主体内部的垂直方向上和水平方向上的协同，主体之间的协同和前两者的交错三个维度；共治的机制是社会主义协商民主；共治的环境是我国的民族政策、法律和制度；共治的目的是社会共享。社会的治理体系是内嵌于一个国家的历史沿袭、文化传统、民族特质、经济水平和社会基础的。因此，要想实现民族自治地方的社会共治，必须做到以下几点：首先，深刻了解和准确判断民族自治地方的社会实际；其次，要建立健全各种民族政策、法律和制度；再次，要发挥社会主义协商民主机制的作用；复次，政府要转变单一治理的理念，具备协同治理的思想和实践能力；最后，公民及其自组织、社会组织和市场组织要有主体意识，发挥主体作用。由此，民族自治地方的社会治理方可实现各民族广泛、有序参与的多主体和多渠道的社会共治。②

在微观方面，王坤③阐述了新型城镇化背景下民族地区公共服务供给的内在要求，包括公共文化需求、教育服务需求、公共医疗服务和社会保障需求等，以及民族地区公共服务供给存在的问题及发展趋势，并提出了完善民族地区公共服务供给机制的思路，包括：加快实现民族地区的公共服务均等化、创新民族地区的公共服务多元供给机制、完善公共服务供给的保障机制、建立健全相关的法律制度。一方面，尽快落实民族地区的财政自治法。相对于中央财政而言的民族地区财政自治是建立在民族区域自治法的框架下，依据民族地区的政治、经济、文化和风俗等少数民族特点而制定的区域自主管理财政收支及财政事务的制度。通过对民族地区财政立法，地方政府加大公共服务的资金投入，有利于提高民族地区的公共服务供给水平。另一方面，要进一步完善监督机制。民族地区的公共服务供给具有少数民族特色，应设立专门的机构对政府、企业和民间组织提供的公共服务进行全过程监督，同时还应建立畅通的反馈渠道以及有效的奖惩措施，在政府和社会的双监督机制下确保公共服务提供的针对性、时效性以及有效性。

此外，社会保障具有“稳定器”和“安全网”作用，对于国家的社会稳定和可持续发展有重要意义，随着社会保障在社会实践中价值意义的突出，社会保障问题已经成为公众持续关注的热点问题。学者郑长德提出民族地区城镇化与经济机会的平等获得问题。城镇化应能够给各

---

① 冯雪红、王玉强：《西部民族地区城镇化研究现状与走向述评》，《中南民族大学学报（人文社会科学版）》2016 年第 3 期。

② 青觉、闫力：《共建共治共享：民族自治地方社会治理的新模式——社会主义协商民主的视角》，《黑龙江民族丛刊》2016 年第 3 期。

③ 王坤：《新型城镇化背景下民族地区公共服务供给研究》，《中国行政管理》2015 年第 2 期。

族人民提供分享城镇化红利的制度安排。要确保城镇中低收入阶层和穷人获得基本公共服务；把城镇化的推进与新农村、美丽乡村建设相结合，努力实现城乡福利水平均等化；在城镇化推进过程中，最低生活保障制度、最低工资制度、社会保障制度等要实现全覆盖，覆盖城镇的全部人群，保障标准要根据发展水平和通货膨胀进行调整，避免贫困的城镇化（穷人的集聚）。同时，社会保障制度的设计应激励相容，避免懒人的集聚。在城镇基础设施建设中注重可持续性；加强环境治理，在注重法律与行政手段的同时更多地引入市场化手段。另外，改革地方官员的绩效评估体系。城镇化主要是农村劳动力基于城乡报酬差异而产生的劳动力由农村向城镇转移，并由此引起的受抚养人口的随迁过程，这其实是一个自发过程。在我国城镇化过程中，由于各种城乡隔离的制度安排导致了劳动力职业的转移而居住地和身份不变、劳动力转移而受抚养人口不转移、劳动力逆向转移（进城务工的农民由于年老而回到农村）等。近年来，各地在城镇化推进过程中，过度相信政府的作用，而轻视了城镇化主体的作用，产生了许多“异象”，如“被进城”“被上楼”“土地城镇化”盲目造城而形成“空城”，还有大量的行政区划“城镇化”等。因此，在城镇化推进过程中，要改善地方政府治理，特别是改革地方官员的绩效评估体系，以激励更高效、包容和可持续的城镇化进程。①

龙玉其、张珉等学者②指出，社会保障的目标容易出现两种倾向：保守或过犹不及。从保守上来说，由于民族地区经济基础薄弱，保障面比较广，需要保障的人数多，这对于地方财政来说，显然是不小的压力，出于对当地社会发展的保守估计，社会保障目标的设定很可能会出现较为保守的结果，而这和民族地区亟须通过社会保障来提高民众生活水平及生存权利保障的需求显然是不一致的。虽然社会保障的意义显而易见，但是对于民族区域而言，社会保障体系的构建和完善意味着要投入大量的人力和物力，因此，对于区域来说，区域经济发展的指标并无明显改善。从过犹不及来看，由于民族地区在社会保障方面存在很大的缺口，根据木桶短板理论，民族地区社会保障的短板对于整个社会保障体系的发展水平都有影响，为了使民族地区社会保障和其他区域达成同步，很容易形成社会保障的过高要求，从而使得民族地区社会保障体制的构建和民族地区的实际发展水平不一致，造成地方发展的压力，也容易使社会保障脱离社会基础而难以得到有效实施。追求长期、稳定、协调、和谐发展是社会保障体系构建的基本原则，民族地区的社会保障目标必须合理设定，才能对实践执行发挥良好的导向作用。社会保障是民族地区社会发展的组成部分，也是民族地区物质文明和精神文明建设成果的共同体现，民族地区的社会保障目标设定需要和民族地区的发展目标相一致，才能避免以上两种结果的出现，从而使民族地区的社会保障良性平稳推进。

社会治理的重要主体和依托是社会组织。民族地区生计方式的区域性、民族性以及居民需求的多样性，决定了民族地区社会工作的创新发展，需要按照“三社联动”的思路，强化政府在民族地区社会工作发展中的主导和推动作用，培育扶持民族地区社会组织，分类推进民族地区社会工作人才队伍建设，构建社区、社会组织、社会工作之间资源共享、相互促进的机制。③但目前中国民族地区的社会组织出现以下几种消极因素：1. 社会组织发展所依赖的公民社会发育程度低；2. 社会组织发展受多元文化中的消极内容影响；3. 社会组织成员参与意识中具有非常强的民族性、宗教性特征；4. 社会组织发展的沃土立足于生态、民族的多样性。因此，应

① 郑长德：《基于包容性绿色发展视角的民族地区新型城镇化研究》，《区域经济评论》2016 年第 1 期。

② 龙玉其：《民族地区社会保障的发展及其反贫困作用》，《云南民族大学学报（哲学社会科学版）》2015 年第 6 期；张珉：《整体视角下民族地区社会保障体系的适应性诠释》，《贵州民族研究》2015 年第 10 期。

③ 李有发、鲁雪峰：《“三社联动”视阈下西北民族地区社会工作创新发展的路径》，《开发研究》2015 年第 5 期。

采取如下激发边疆民族地区社会组织活力的具体举措：健全社会组织的法律体系，民族区域自治地方要充分行使好自治权；完善边疆民族地区社会组织登记制度，营造良好外部环境；促进资金来源多元化，鼓励地方政府购买社会组织服务；继续转变政府角色，扩大边疆民族地区社会组织的社会服务覆盖面；创新边疆民族地区社会组织的党建工作；加强对边疆民族地区社会组织的监管；强化公民意识，明确社会组织使命；加大对社会组织人才的输入与培养力度。①

（三）国家认同和民族认同

边疆民族地区是中国的窗口，也是国家稳定的关键性、战略性区位之一。新中国成立以来，国家高度重视民族地区和少数民族群众的发展。通过西部大开发、兴边富民等经济发展战略，民族地区的经济社会获得了较大的发展。少数民族同胞的收入水平和生活水平获得了很大提升。但边疆多民族地区的政治文化具有政治性、民族性和地缘性等多元复合特质，它深远地影响着民族政治的价值取向和行为模式，与国家主流政治文化相比，边疆多民族地区政治文化的内容、结构、形式、表征都具有其内在的独特性。随着我国社会的转型和体制的转轨，再加上全球化浪潮的冲击和地缘政治的变迁，我国边疆多民族地区出现了一系列的政治文化失谐现象，很大程度上影响到了边疆多民族地区的安全与稳定。② 与此同时，民族地区与内陆地区特别是沿海发达地区的经济发展水平差距处于不断扩大的趋势，经济发展差距不断拉大，意味着经济不发达地区的民族始终处于经济发展的边缘地带，与经济发达地区的民族在衣食住行、医疗、教育等基本民生方面有天壤之别。在这种情况下，国家如果不能有效地平衡这种发展的不平衡性。长此以往，就会造成经济不发达地区民族心理上的不平衡，并可能围绕经济发展差别而引发一系列分歧和矛盾，从而影响当地的国家认同和民族认同。③

国家认同是人的一种最重要的集体认同，表现为公民对国家的归属感、政治效忠、责任意识、自豪感，以及爱国主义情怀。民族认同与国家认同的整合关系到国家统一、民族团结和社会稳定。④ 刘艳萍以马克思主义民族理论中国化为视角，论述了民族认同与国家认同在国家建设、社会发展中的重要性，分析了民族认同与国家认同关系的现实困境和原因。指出应以和谐统一的视角来看待民族认同与国家认同之间的关系，用一种包容性的思维观念来分析两种认同的关系，实现民族“异质性”与国家“同质性”的和谐共生。概言之，就是“一体化”。所谓“一体化”，是指在维护国家统一、主权完整、民族团结的前提下，保持各个民族的独特民族属性并使各民族获得长期发展，使“民族认同”与“国家认同”从对立走向统一，从而构建两种认同之间和谐共生的良好关系。因此，“一体化”成为破解“民族认同”与“国家认同”困境的重要思路，同时也成为少数民族地区在新的历史条件下推进马克思主义民族理论中国化的实现路径。⑤

推进以“法治”为中心的边疆治理体系革新，搭建边疆社会国家认同的规范空间，是增强民族地区“国家认同”的必要前提之一。这里的“法治”，既包含着国家法制体系的完备与有效运行，更体现着边疆民族社会的现代法治信仰与法治认同。首先，从国家制度与政策供给角

---

① 马国芳：《社会治理进程中云南边疆民族地区社会组织活力研究》，《云南社会科学》2015 年第 6 期。

② 左岫仙、周辉：《“一带一路”对我国国家认同建构影响研究》，《满族研究》2015 年第 4 期。

③ 杨顺清：《边疆多民族地区政治文化的失谐与治理》，《思想战线》2015 年第 4 期。

④ 赵菁、廖健太、宋秉武：《甘南藏族自治州农牧村青年的国家认同现状研究——以合作市、夏河县为例》，《中国青年研究》2015 年第 7 期。

⑤ 刘艳萍：《论少数民族地区的“民族认同”与“国家认同”———以马克思主义民族理论中国化为视角》，《贵州民族研究》2015 年第 6 期。

度来看，须在现代“法治”体系与框架下，实现疆域内各族各群以国家认同与国家忠诚为目标的政治一体化过程。其次，从边疆社会的视角来看，依据法治原则规范并引导边疆居民的国民权益与利益诉求，有利于规范市场行为，有效限制市场原则对非经济领域，尤其是政治、文化、宗教的渗透与侵蚀。通过体制内正常的沟通协商途径，以法律为准绳来协调，整合利益分歧与冲突，进而形成中国新型的族际关系。①

少数民族青年是民族地区发展的中坚力量，其思想政治状况关系着民族地区的发展和社会稳定。教育在边疆民族国家观念的培育过程中无疑是发挥重要作用的，因此有学者将边疆民族地区的教育称为“国门教育”。许多学者在这些方面做了调研。学者李智环、陈旭通过对作为滇西北边境地区主体民族傈僳族的观察，发现教育状况影响傈僳族国家认同的问题主要体现在以下两方面。其一，双语教育实施的不尽如人意，或导致傈僳人的国家认同感有所降低。其二，部分傈僳族家庭受宗教影响较大，这在很大程度上对下一代国家认同感的培养是不利的。怒江地区的许多傈僳族群众（主要集中在福贡和贡山）信仰基督教，部分信教家庭的父母宁愿将孩子送进教会学校学习，也不愿让孩子接受正规的学校教育，甚至在少部分信徒的观念中，孩子能够学习到宗教的知识和文化，要比接受国家主流教育更为重要，因此当地的教会学校每年都能招收到一定数量的适龄儿童。②

而在甘南藏族自治州，长期以来，由于实行民族优惠政策、大力推进西部大开发战略、民族地区发展战略，甘南州农牧村经济、政治、文化、教育、医疗卫生和生态文明建设均取得了较大发展，为农牧村青年国家认同的达成奠定了基础。但影响甘南藏族自治州农牧村青年国家认同的问题仍然不少，例如传统的贫困问题、宗教问题和部落意识等因素并未得到根本性的转变，广大农牧村青年国家认同的基础还十分薄弱。这方面重点是宗教因素。甘南州是以藏族为主的多民族社会，我国两大民族性宗教藏传佛教和伊斯兰教都比较发达，尤其是藏传佛教十分发达，全州有藏传佛教寺院 120 多处，平均 3.7 个村就有一个宗教活动场所。拉卜楞镇就有寺庙 5 座，为拉卜楞寺、红教寺、尼姑寺、关帝庙、清真寺，僧侣及神职人员 1998 人。广大的信众不会因为经济的发展而减弱其信仰。从历史和现实看，发达的宗教除了辐射当地群众的世界观、价值观、伦理观以及意志力，甚至还主导和左右一定地域的社会生产生活、文化生活和人们思想道德观念。近年来，在各级党政组织和村社干部、爱国宗教人士、广大农牧民的共同努力下，民族团结、共同发展、相互协作的意识不断增强，社会各阶层的政治认同的理性化程度逐步提升，较好的政治沟通有效地消除了民族之间、政府与民众之间、民族社会与外界之间的心理隔阂。但这一地区历史上遗留的不稳定因素多，现实中随着民族意识、公民权利意识的增强，影响社会政治稳定的因素也增多。③

此外，李慧、李向阳采用问卷调查方式了解内蒙古地区大学生民族认同和社会主义核心价值观的认知认同状况，掌握蒙古族大学和汉族大学生民族认同和国家认同的关系，以期构建以社会主义核心价值观引领民族地区大学生对民族和国家的认同，增强大学生的民族和国家归属感。作者采用问卷调查方式，按区域分散随机选择内蒙古师范大学、内蒙古工业大学、内蒙古民族大学、赤峰学院、包头师范大学、包头医学院、内蒙古商贸职业学院、内蒙古电子信息职业学院 8 所高校发放问卷 1800 份，结果显示蒙古族大学生和汉族大学生对社会主义核心价值观

① 刘永刚：《边疆民族地区国家认同的多维空间与空间构设》，《思想战线》2016 年第 5 期。

② 李智环、陈旭：《滇西北边境地区跨境民族的国家认同历程及其建构——以傈僳族为例》，《青海民族大学学报（社会科学版）》2015 年第 4 期。

③ 赵菁、廖健太、宋秉武：《甘南藏族自治州农牧村青年的国家认同现状研究——以合作市、夏河县为例》，《中国青年研究》2015 年第 7 期。

的具体实现的评价并无明显差别，蒙古族大学生因其民族文化的存在表现出具有民族特色的价值需求和认知表现，但在现实操作过程中不同民族有可以共同实现的目标及共同的价值追求。①

如何对以学生群体为代表的广大民族地区的青年进行国家认同的教育，许多学者发表了他们的真知灼见。刘玉杰、刘健认为，民族地区的双语教育理应具有促进民族认同和国家认同的功能。并最终走向社会主义核心价值观之路，最终进入双语构筑的民族团结的和谐世界。确保语言学习与国家认同关联。双语课堂绝非一座与世隔绝的孤岛，在具体的课堂情境中，民族文化、政治、宗教、经济、家庭等诸多因素都会被卷入其中。为了使双语教育与国家认同联系起来，我们需要清楚认识到，影响学习者和教师生活的各类社会、政治、历史和经济文化类型同样影响着双语教学的目标与活动。双语教师面临的最大挑战是如何帮助学生取得母语和目的语的平衡问题：一方面，是学生维护自己母语的意愿，另一方面，是帮助学生掌握一种主流语言（或者国语），以应对政治和经济的要求。语言特性和文化特性紧密相连，既要确保学习者的文化特性，又要拓展他们的文化视野，促进国家认同。② 最终，培养民族地区青年的公民精神和参与意识，发挥理念认同和社会整合的功效。

另外，边境学校特殊的地理和文化属性，导致边境民族地区教师在民族与国家间的文化认同方面存在差异；民族文化在学校教育变革过程中的作用方式受到学校领导和教师对民族文化认同状况的制约。教师年龄不同，其文化认同内涵表现也不同。根据王彦、唐荣德③的调研，边境地区的学校特殊的地理和文化属性，导致教师文化认同的具体内容存在明显的差异。广西边境地区教师的民族认同等同于国家认同，而云南部分边境地区教师的民族认同优先于国家认同。例如，瑞丽以傣族为主，陇川以景颇族为主，傣族是从百越族分化出来，瑞丽地区的傣族和缅甸的傣族是同宗同源的，景颇族与缅甸的克钦邦又属同一族系，因此历史的血缘无法分离，而且缅甸人与中国人通婚也很正常，许多中国人到缅甸“娶媳妇”，所以在瑞丽地区出现了“一寨两国”的现象，在寨子里甚至出现一口水井两个国家的人民同时使用的情景。在民族意识与国家意识上，两国的人民更加注重的是民族意识，在他们的眼里，他们不是缅甸人与中国人，他们都是傣族人，或者都是景颇族人。在很多缅甸人看来，来中国读书本身就是把孩子放在自己的民族环境中成长，并不存在陌生感。因此，加强对边境民族地区教师的文化认同的研究，可以更好地促进民族地区的教育变革，充分发挥教育的正功能，进而推动边境民族地区国民意识的培养，促进民族认同和国家认同。

总之，深入地厘清边疆多民族地区政治文化失谐的现象，剖析失谐原因，推动政治文化的和谐建构，就成为当前我国筑就边疆安全、维护民族团结和国家稳定必须直面的重大问题。

边疆和谐政治文化的建构，必须在推动边疆发展的基础上，调整民族政策的价值取向，强化国家认同；重塑政府，实行民族事务法制化，强化民众的政治认同；推动民族政治协商，建设公民文化，为和谐政治文化奠定基础。④

（四）民族地区家庭婚姻

近年来，少数民族地区婚姻家庭问题研究主要集中在以下几个热点。

---

① 李慧、李向阳：《民族认同与大学生社会主义核心价值观认同研究》，《前沿》2016 年第 11 期。

② 刘玉杰、刘健：《试析我国民族地区双语教育的国家认同功能》，《理论月刊》2016 年第 5 期。

③ 王彦、唐荣德：《在民族与国家之间——边境民族地区教师的文化认同与教育变革关系之研究》，《广西师范大学学报（哲学社会科学版）》2016 年第 5 期。

④ 杨顺清：《边疆多民族地区政治文化的失谐与治理》，《思想战线》2015 年第 4 期。

1. 民族地区跨族通婚

随着时代的发展与进步，少数民族地区不再是与世隔绝的存在，少数民族的婚姻日渐成为人们关注的焦点，民族间通婚现象也日益普遍。学者杨元丽、王顺松①通过对贵州月亮河地区跨民族通婚现状的调研，阐释了跨民族通婚本身是对文化的接受，组成家庭的成员来自不同的民族，而每个民族的文化都好似每个民族的灵魂，都是为了本民族的生活需要与延续而独立创造的，是在传播中不断发展的，因此跨民族通婚不可避免地延伸为文化的冲突与相互协调。同时，跨民族通婚也是一种心理认同，族际通婚可以反映族群关系深层次的状况，这是由于族群之间的基本差异深植于人们的群体认同观念之中，从而使人们把周围人群区分为“同族”与“异族”两类。在通婚过程中，越来越多的民族在继承原有民族传统习俗的同时，也因为经济发展和社会流动的变化而“适应性”地改变了一些原有的民族传统习惯。族际通婚家庭中，子女的民族归属选择、家庭成员的生活与文化的适应融合、冲突等，都需要我们去思考。其在强调了民族传统习俗，强化了民族认同的同时，也使得各族群间的民族融合得到了深化，为和谐社会的构建奠定了坚实的基础。

2. 民族传统婚姻习俗与国家法律的冲突

由于少数民族各自拥有独特的婚姻风俗习惯，使得少数民族地区在适用《婚姻法》时产生了一系列的问题。处理不好这些问题，将造成少数民族地区的婚姻法律秩序混乱，甚至影响民族团结，造成社会动荡。② 李春彬通过对西藏藏族婚姻法律文化的个案研究，尤其是“一妻多夫”特殊婚姻形态习惯个案的研究，指出西藏藏族的婚姻具有其自己的形态习惯，这种婚姻形态习惯的产生有着深刻的地理、伦理、经济等原因，其兼具特殊性与合理性，尊重并实施宪法关于保护少数民族风俗习惯权利的规定，加强对民族地区婚姻形态习惯的调查、研究和评估，考量少数民族深层文化对其婚姻习惯生成的影响，通过判例指导制度对某些婚姻习惯予以确认，并对其规则予以合理维系，是促进西藏藏族婚姻形态习惯与国家法会通的有效途径，也是促进族际和谐有序及良性互动的重要方面。③

3. 民族地区男女青年婚恋面临的困境等

近年来，民族地区的青年男女在婚恋方面都遇到各种困境。年轻男性主要是成婚困难，这也是全国农村都存在的问题。学者李致江④通过对贵州民族地区 288 名男性青年农民工的实证调查表明，青年农民工所面临的婚姻挤压较为严重，并且受经济因素的显著影响。在该群体寻找配偶过程中，对自我感知择偶困难度有显著影响的是收入、存款和住房因素；对遭受歧视程度有显著影响的分别是住房、消费与交通工具因素；对遭受挫折程度有显著影响的是收入、住房和工作状况因素。而其他外在主因还包括受人口出生性别比失调的影响，贵州民族地区处于适婚年龄段的男女比例出现了一定程度上的失衡、适婚女性外流；经济收入较低、缺少城市商品房与职业状况差。因此，健全职业技能培训机制，保障青年农民工合法权益，解决他们的城市住房需求是解决该群体婚姻挤压的关键。

---

① 杨元丽、王顺松：《从族际通婚看少数民族关系——以月亮河流域布依族为例》，《民族论坛》2015 年第 6 期。

② 钟娜：《议〈婚姻法〉在少数民族地区的适用问题》，《湖北经济学院学报（人文社会科学版）》2016 年第 2 期。

③ 李春斌：《论西藏藏族婚姻形态习惯与国家法的会通》，《中央民族大学学报（哲学社会科学版）》2015 年第 4 期。

④ 李致江：《贵州民族地区青年农民工婚姻挤压的经济影响因素分析》，《贵州大学学报（社会科学版）》2016 年第 4 期。

此外，数量庞大的留守妇女群体的产生是随着大量青壮年男性外出务工、妇女为照顾家庭选择留守农村而出现的。留守妇女是一个特殊的弱势群体。她们用自己的留守行为承担了沉重的生活责任，也面临着巨大的生活压力。留守妇女群体的受教育水平、个人健康情况、家庭经济状况、婚姻家庭状况，以及在农业生产过程中存在的问题等因素都会影响家庭的稳定。更为重要的是，“留守妇女群体”发展状况作为边境民族地区社会发展的一个重要组成部分，直接关系到民族地区的稳定与发展。[①] 这些也需要学界和社会管理部门今后投入更多的关注。

（五）民族地区教育问题

受历史和现实因素的双重影响，中国少数民族聚居区教育水平实际低于全国平均水平，这实际有违社会正义与教育公平发展的国家治理理念。何立华、成艾华[②]基于最近三次人口普查资料数据，较为全面系统地从教育发展的相对滞后和教育不平等两个方面分析了民族地区教育发展存在的主要问题，指出民族地区的教育发展具有显著的不均衡特征，这一特征主要体现为民族地区的教育发展相对滞后、民族地区教育发展的省区差异明显以及民族地区教育不平等现象更为突出。此外，民族地区的农村不仅教育发展落后于城镇，而且不平等程度更高，城乡教育发展差异是影响民族地区教育不平等最为关键的因素。

改善这些现象，各级教育部门和地方政府应从多方面多角度思考研究，并采取有效措施。首先，基本公共教育服务均等化被纳入国家民族教育工作的发展目标，既体现了国家平等发展教育的宪法义务、消除教育资源不平等的宪法平等原则，也是实现我国义务教育均等化、保障民族平等的时代要求。实现西部民族地区义务教育均等化，既要采取特殊措施缩小西部民族地区和全国义务教育资源配置的差距，也要努力实现西部民族地区之间及区域内城乡之间、各民族之间、同一民族性别之间的均等化，还要明确中央与各省、区、市，各省、区、市与辖区内各级人民政府的保障职责，完善财政转移支付制度和教育投资增长机制，建立西部民族地区与各省、区、市之间，西部民族地区大中城市与农村，发达地区与不发达地区的教师交流与激励长效机制，完善民族地区教育均衡发展的统筹制度。[③]

其次，民族地区教育优先发展基本内涵可以概括为“一个中心三个表现”，即以民族地区教育发展权利为中心，表现出空间视角的地区教育发展优先、要素视角的教育子系统发展优先、内容视角的民族文化教育优先三种具体形态。民族地区教育优先发展战略转型升级的根本出路在于健全法律保障机制：一方面要运用法治方式推进民族地区教育优先发展战略方案的具体实施；另一方面则需要以教育发展权利为逻辑起点，在教育优先发展中承认地区教育差异性，充分利用外部教育资源，推动民族地区教育事业的健康快速发展。[④]

此外，长期以来，我们主要采取财政转移支付和调整教育资源的分配格局来缩小少数民族地区与主体民族地区日益加大的教育差距，而甚少把研究的眼光聚焦到对教育模式本身的变革上。随着互联互通技术特别是移动客户平台技术的纵深发展、日益成熟和广泛运用，在线教育技术水平和管理能力的日益精进，民族地区教育模式由传统向依靠现代信息技术的 MOOC 模式

---

① 许典利：《农村留守妇女发展现状及其对家庭稳定的影响——以桂越边境民族地区为例》，《广西师范学院学报（哲学社会科学版）》2015 年第 9 期。

② 何立华、成艾华：《民族地区的教育发展与教育平等——基于最近三次人口普查资料的实证研究》，《民族研究》2015 年第 4 期。

③ 钟慧：《宪法平等原则下实现西部民族地区义务教育均等化的路径》，《西北师大学报（社会科学版）》2016 年第 3 期。

④ 李祥：《论民族地区教育优先发展的基本内涵及其法律保障》，《民族教育研究》2016 年第 3 期。

（Massive open online courses，大规模开放式在线课程）的嬗变有了可能。厘清 MOOC 教育模式并分析和探索其取代传统教育模式的有利因素及发展前景，有利于增进对少数民族教育的认识，并指导实践。MOOC 教学模式具有免费、开放、优质和大规模特征，这是其具有旺盛生命力的最佳体现。除此之外，由上述特征推延而出的 MOOC 教育资源民主化，势必对传统教育模式产生巨大的挑战。在教育资源严重短缺的民族地区，借助新兴互联网技术，整合现有优质的课程资源，建立健全 MOOC 准入和评估体系，以先进的教育技术和教育理念为指导，构建适宜本土学习者学习心理和学习需求的 MOOC 模式，促进教育质量的跨越式发展，这将是极有希望也是极有意义的教育变革尝试。①

李振秋、王敦建议推广“App 学习”（即移动学习），认为这是具有“高便携性、高可用性、微型化”的本质特征，是一种智能化、微型化和创新型学习模式。

教育信息化的整体发展必然包含少数民族地区教育信息化的发展，提高少数民族地区教育信息化是大数据时代的应然，也是改变少数民族地区职业教育现状的必然。民族地区高职院校的信息化建设应从自身的特色和优势出发，探索适合自己的信息化建设路径，实现校本教学资源建设与应用的转型升级。除了具备数字化学习的所有特征，教育信息化独一无二的特性就是“移动”。学习环境是移动的，学习的主体与客体也都是移动的。它打破了传统教育中的时空界限与教育内容的呆板性，使学习与交流不再局限于传统的时空模式，可随时随地实现一对一、一对多的线上线下的发问、请教、交流，而丰富的多维呈现形式的资讯更能激发学习者的兴趣与热情。这种“书本 + 移动终端”的学习模式，自然成为学习者的首选。而且，移动终端丰富的教育资源还可以填补民族地区教学资源的匮乏，交互式、协作式学习还能弥补民族地区师资的不足。②

最后，民族地区双语教育研究是我国民族教育中的一项重要内容。冯建新、贾文梅③通过 Bicomb 软件和 SPSS 软件，对 2000—2015 年以来在 CNKI 数据库且来源为核心期刊的 280 篇文献进行关键词词频分析、聚类分析和多维尺度分析，得出近 15 年来我国民族地区双语教育研究的两大热点：一是民族地区双语教育现状、问题与对策研究，主要集中在双语教学实践以及新疆双语教育的发展；二是母语教育与第二语言的学习研究，集中在民族语言与汉语的使用方面。为加强我国民族地区双语教育的发展，他们提出了以下思考和建议：（1）在研究路径上，要深入学校和课堂中，关注双语教育现实中的问题，研究教与学的客观规律，总结、提炼和推广不同学校在各自的语言生态环境中取得的先进经验；（2）在研究领域上，注意双语教育研究的深度与广度，重视双语教育理论与实践的结合，注重汉语与民族语言学习迁移规律的研究以及双语教育中的双文化教育研究。

总之，民族教育是中国教育事业的重要组成部分，兼有教育工作和民族工作的双重属性。作为一种特殊的教育现象，民族教育除了具有与一般教育相同的规律和特点外，还具有自身的特殊规律和特殊性。发展民族教育，既要遵循教育的一般规律，也要充分考虑民族教育的特殊规律和特殊性。④ 应该坚持从少数民族的特点和民族地区的实际出发，根据当地的特点和特殊

---

① 林坤、李雁翎：《MOOC 视域下少数民族地区教育模式的嬗变与前景分析》，《贵州民族研究》2016 年第 6 期；林坤、黄真金：《“互联网 +”视域下西南少数民族地区教育机会公平研究》，《贵州民族研究》2016 年第 1 期。

② 李振秋、王敦：《教育信息化下教学资源建设与应用研究——以少数民族地区职业高校为例》，《中国高校科技》2015 年第 11 期。

③ 冯建新、贾文梅：《我国民族地区双语教育研究热点知识图谱分析》，《广西师范学院学报（哲学社会科学版）》2016 年第 4 期。

④ 钟海青：《民族地区县域教育规划：特点、问题及制定》，《广西民族大学学报（哲学社会科学版）》2015 年第 4 期。

情况确定民族教育发展的目标和任务要求，形成教育规划方案，推动民族教育改革，逐步探索出符合本民族和本地区实际的教育方针、教育路径和教育手段。

二 学术活动综述

2015—2016 年，民族社会学界举办了各种各样的学术交流活动，从理论研究和田野调研等不同角度，对“一带一路”、学科建设、经济转型、社会治理等热点问题进行了探讨和交流。

（一）“一带一路”中的学术担当与学科发展

由中国人类学民族学研究会主办，西藏民族大学民族研究院与国家民族事务委员会“西藏社会经济与文化发展研究”基地承办的第六届中国人类学民族学学科负责人联席会议，于 2015 年 10 月 31 日在西藏民族大学举办。在这次会上，围绕“人类学民族学在‘一带一路’中的担当与使命”这一会议主题，与会专家学者从不同维度做了深入研讨。

贵州民族大学副校长杨昌儒教授以“精神—价值—使命”为题，阐述了“一带一路”建设背景下人类学民族学的责任与担当。他认为，当前背景下，无论是在国家层面、区域层面还是社会层面，都越来越彰显人类学民族学的重要性，如何用学科理论解决好“一带一路”建设中国家的区域、社会问题，便是时代赋予民族学学科的学术使命。针对当前用 GDP 衡量贫困与否的做法，杨昌儒教授认为：“人们的消费有物质消费，也有精神消费，而精神层面的消费是无法用 GDP 衡量的。我们要根据各民族的实际情况来推动其经济发展。”

中山大学张应强教授结合中山大学研究特点和海上丝绸之路研究，重点讨论了人类学在“一带一路”中的使命，认为人类学民族学理所当然要拓展研究视野，注重国家重大举措的需求，要上升到国家，上升到治国安邦的高度，为连路、连带的文化交流贡献自己的学术智慧。兰州大学徐黎丽教授通过对历史文献的梳理阐述了丝绸之路对西北边疆发展的影响。她认为，丝绸之路至今仍是中国西北内部交流主干道和向西发展的必经之地，丝绸之路对西北区域发展的影响不能因为历史上国家政权对其重视程度减弱而被忽视，并提出“中心在则西北盛”“中心移则变边道”“丝路通，西北兴，丝路断，边疆乱”等重要观点。

中南民族大学许宪隆教授列举了“一带一路”建设中面临的问题，并在此基础上提出人类学民族学所应该展开的研究内容。他指出，恶劣天气、自然压力高悬、偷盗抢劫猖獗、民族纷争不断、宗教派别林立是丝绸之路的负面清单，除了这些传统问题还有一些现实风险。面对这些问题，人类学民族学应该从以下方面研究：一是梳理边疆、民族、宗教及文化发展的演变历史；二是厘清各利益对立群体的复杂关系；三是运用放眼世界、扎根现实的研究方法，找出问题根源；四是把民族学的应用性研究做到最大发挥，并为经济与社会平稳发展进行理论上的构建。

此外，围绕人类学民族学学科定位、人类学民族学在“一带一路”中的构想与愿景、如何更好地发挥人类学民族学在国家和社会精细化治理中的作用等问题的分组讨论中，学者们提出了命运共同体、文化共识等真知灼见；部分学者还提出加强民族文献研究、将古代文献翻译作为学术研究成果，人类学、民族学、社会学三科并立等重要观点。[①]

（二）学科建设

由内蒙古民族大学、复旦大学民族研究中心主办，内蒙古民族大学民族研究院、复旦大学

---

① 王思亓、王航：《“一带一路”中的学术担当与学科发展——第六届中国人类学民族学学科负责人联席会议综述》，《西藏民族大学学报（哲学社会科学版）》2015 年第 6 期。

民族研究中心内蒙古民族大学研究基地、内蒙古民族大学蒙古学学院承办的“首届全国民族学人类学高端论坛”于2016年12月18—19日在内蒙古民族大学召开。多位学者就推动我国民族学人类学学科的繁荣发展与创新，服务区域经济社会发展，为学科建设搭建平台，促进中国民族学人类学创新平台的建设等议题发表了真知灼见。

中国社会科学院学部委员郝时远研究员以“‘一带一路’建设与文化力量”为题作了主旨报告。郝时远研究员结合我国是统一的多民族国家的基本国情和当前国际国内发展形势，通过大量事件和统计数据，从历史、文化、经济、政治等多角度深层次地讲述了中华文化多样性源远流长，在国际比较中坚定民族政策的自信，构建“一带一路”大棋局中的政策优势等内容。郝时远指出，民心相通是“一带一路”建设的社会根基。我国是多元一体的大家庭，面对不同民族的不同文化，必须始终坚持尊重差异、缩小差距的和谐观，提高自身文化认同，共同构筑平等、团结、互助、和谐关系的精神纽带，坚定不移地走中国特色解决民族问题的正确道路。

中央民族大学民族学与社会学学院王建民教授作的“人类学民族学的学科分类与学术困境”报告，通过对中国民族学史的梳理回顾，讨论中国民族学学科在追求世界性学科规范与倡导本土学术发展之间的复杂关系及人们的思考。他认为，20世纪前半期，从学科规范的确立开始，中国民族学家创建了符合国际学理的学科体系；此后与应用政治实践相关，学术规范出现了向苏联模式的转型；至今中国人类学民族学界的相关争论依然不断，并使两种对立倾向蕴含其中，在应当相辅相成的学术规范和本土发展之间却出现了种种对立的认识和实践。面对着一方面学科建设并不完善，另一方面又要与国际学术界对话的中国人类学民族学界学术发展的实际情况，在共通性和相对性两方面应当有通盘的考虑。

南开大学民族研究中心陈巴特尔教授在以“历史与文化视野中的中国人类学与民族研究之关系”为题的报告中，从人类学、民族学与社会人类学之学科史溯源；1949年之前：异名同科的人类学与民族学；1950—1979年：民族研究取代人类学与民族学；1980年至今：人类学与民族学或民族研究趋于双轨；蒙古学属于民族学又超越民族学五个方面阐述了历史与文化视野中的中国人类学与民族研究之关系。

华东师范大学人类学研究所黄剑波教授在以“重返经典人类学的关怀”为题的报告中认为，与经典人类学时代相比，人类学日益失去提供有冲击力的知识和思考的能力。这一危机远不是争取学科地位所能触及和解决的。经典人类学固然有其本身的重大局限，但其实在论的立场和对人的核心关怀使得其视角始终能与人及其现实的人文、自然状态紧密结合，从而也使得其讨论有的放矢。作为在后现代主义、批判理论、阐释学、反理性主义等思想下被训练出来的这一代学者，其深知那种还原主义的理性主义，或实证主义的问题和局限，但这种对知识的不确定性、建构性、历史性、偶然性、语境性的理解不可避免地导致了实在的相对化，怀疑实在的可知性，甚至进一步消解掉了实在的“实在性”。因此，人们有必要带着批判意识重返经典人类学的关怀，研究文化之差异和多样性，力图探求人之为人的一些共性的机制和性质。

通过此次高端论坛创新平台，我国民族学人类学领域的高端专家和知名学者得以齐聚一堂，共同对国内外民族学人类学领域学术前沿问题进行研究、探讨，不仅加强了我国民族学人类学领域专家学者的沟通与联系，而且大大拓展了民族学人类学学术界的国际视野和研究空间。①

---

① 特日乐、白萨日娜：《创建一流　打造高端　互守尊严　重叠共识——首届全国民族学人类学高端论坛综述》，《内蒙古民族大学学报（社会科学版）》2017年第1期。

（三）经济转型新概念

2015年10月9—11日，由中国人类学民族学研究会主办，贵州民族大学承办的“中国人类学民族学研究会2015年年会”在贵州民族大学召开。该次年会的主题为“‘一带一路’与民族文化的交融与发展”。专题会议包括“经济社会转型：多学科的探讨”“民族传统文化与现代化建设研究”“我国西部民族问题治理体系和治理能力现代化”“少数民族农牧区减贫与民族经济发展”“民族文化交融发展与跨境民族教育”等16个专题。

其中，在经济转型专题中，有些学者提出了一些民族社会研究的新概念。例如中国社会科学院民族学与人类学研究所张继焦研究员在提交的论文《“蜂窝式社会”——观察中国经济社会转型的另一个新概念》中，提出的“蜂窝式社会”的新概念。张继焦研究员认为平民老百姓的经济社会生活是一种“蜂窝式社会”。它是指在从计划经济向市场经济过渡的进程中，权力和特权都将会出现转移，即从拥有权力和特权的管理者手中转移到普通的直接生产者手中，平民老百姓的获利机会和对剩余产品的支配权会增加，他们的劳动积极性会提高，于是，个体工商户、小商小贩、私营老板、蓝领工人、办公室白领人士、职业经理人、自由职业者等不断增多。对这种老百姓参与度较高的市场发展情况，可以将之比喻为“蜂窝式社会”，即每个平民百姓都像辛勤的蜜蜂那样，通过个人或家庭的努力，编织自己的关系网络，构筑属于自己的蜂窝。这与官方主导的“伞式社会”自上而下进行资源配置和推动制度变迁不同，民间社会自下而上的行为，如果试图参与资源配置和推动制度变迁，必须要形成群体性或民族性“蜂窝”式社会结构，才能形成影响力或发挥作用。

其他学者也就经济转型如何与经济、政治、文化、社会、生态建设等相适应提出了自己的看法。贵州省社会科学院民族研究所邢启顺副研究员的《西南民族文化产业与旅游融合发展模式及其社会文化影响》一文指出，西南民族文化产业发展有特殊的区域经济发展道路、独特的地域环境、多样化的民族文化产业资源基础。这种特征是内部诸多因素集聚而致，也具有明显的区域经济发展特征。旅游带动民族文化产业的发展，民族文化产业赋予旅游多元内涵，“文旅互动融合”发展模式的经济转型带动了民族地区的社会转型和文化重构。贵州民族大学民族学与社会学学院梅军教授在《苗族传统生态消费文化对现代生态文明建设的启示》一文中基于“我者”的立场，对苗族民众的传统消费理念予以分析，以期对现代消费观念有所启迪。苗族传统生态消费文化以尊重自然、尊重生命、尊重他人为前提，以节约消费、适度消费、持续消费为内容，在人类社会文明的历史进程中发挥了极其重要的作用，是人类宝贵的文化资源和精神财富。文章按苗族传统生态消费文化形成的伦理基础；苗族传统生态消费文化的实践表现及苗族传统生态消费文化的现代启示予以展开。① 目前来看，中国的社会发展滞后于经济发展，社会转型滞后于经济转型。经济转型过程中实际上政府主要起了一个指导性的作用，主要是依靠市场主体来转型。今后，民间社会如何更多地参与到这一进程中，是相关学者要思考的问题。

（四）人类学民族学研究与社会治理

由中国人类学民族学研究会主办，烟台大学承办的“中国人类学民族学2016年年会”于2016年10月13—14日在烟台大学召开。此次年会主题是“新型城镇化背景下的人类学

① 张继焦：《“蜂窝式社会”——观察中国经济社会转型的另一个新概念》，《思想战线》2015年第3期；李乔杨、陆龙群、程太霞：《观察中国社会经济转型的新概念——2015年民族学/人类学年会“经济社会转型：多学科的探讨”专题综述》，《陕西学前师范学院学报》2016年第9期。

民族学研究”。与会的370多名专家学者在“新型城镇化背景下的人类学民族学研究”主题下，以“城市少数民族流动人口服务管理”等18个专题会议为分论坛，展开广泛的研讨与交流。

中山大学的周大鸣教授在“珠三角的城市民族流动人口”的主旨发言中，以广州的调查结果为例总结了珠三角地区少数民族人口流动的特点，从理论和操作层面提出看法。他认为，在理论层面，既不能用城乡二元结构的讨论涵盖事实存在的族群差异问题，又不能简单地用西方城市族群关系理论来解释中国城市的族群与族群关系问题；在操作层面，还存在民族人口迁移的信息系统不健全、民族迁移人口的服务与管理思路的转变和民族工作体制构建不完全等问题。

景军教授主旨发言的题目为“民族医学面临的现代化和城市化挑战”，他提出了现代化和城市化对民族医学挑战的定义，介绍了新中国的民族医药政策、民族医药的文献整理和经验整理、民族医药方剂、民族药物资源、民族医学高等教育等情况，指出民族医药科研上所面临的危机，并以统计数据分析了民族医院的未来命运。

段超教授的主旨发言以“当代文化场域建构与民族文化传承”为题，首先从传者、受者、传承内容、传承方式、传承场域等多个维度分析了文化场域在文化传承体系中的地位，进而对文化场域的来源、类别、核心、自然场及社会场这五个重要构成要素进行了说明，并围绕着文化场域要义、当前民族文化场域建构的成效与完善民族文化场域建构的对策三个方面进行了详细的阐述。

纳日碧力戈教授的发言以“生存交互性”为切入点探讨“边疆”“中国”等核心概念，并以“生存交互性与边疆中国”为题展开。他通过对“多义”的“中国”、建构国民国家、拉铁摩尔的“过渡地带”等所作的讨论，提出何谓“中国”、何处是边疆这一核心问题。在发言中，他从“‘生存交互性’：民族志启示”“回溯‘地天通’：民族新政治的新理念”“心旌摇动与‘边疆’想象”三个方面展开论证，并对民族关系的发展进行了展望。

“从渐变到巨变——人类学遭遇文化转型”是赵旭东教授主旨发言的题目，他的发言围绕文化转型背景下人类学向何处去而展开。他认为，人类学面临人口移动、生活选择、价值重构带来的体现在移动性与新人类上的渐变，也面临互联互通、媒介文化、颠覆转型带来的体现在联通性与新技术上的巨变。从文化转型的视角看，必须去面对当下的文化转变，这种转变无疑是技术空间的不断扩张造成的。①

2015—2016年，面对上述问题，民族社会研究学界在梳理边疆、民族、宗教及文化发展演变历史的基础上，厘清各利益不同群体的复杂关系，扎根现实的研究方法，把民族社会的应用性研究做到最大发挥，并为经济与社会平稳发展进行理论上的构建。② 同时，对民族地区的实证研究越发深入，集中体现在城镇化发展、国家认同、民族地区教育、社会治理研究等对我国西部民族地区具有重大理论及实践意义的方面。总之，整个学界拓展研究视野，注重国家重大战略的需求，把科研上升到治国安邦的高度，为连路、连带的文化交流贡献了学界智慧。

（杜倩萍，副研究员，中国社会科学院民族学与人类学研究所民族社会研究室）

① 曹鲁超：《新型城镇化与人类学民族学研究展望———中国人类学民族学2016年年会综述》，《烟台大学学报（哲学社会科学版）》2016年第6期。

② 王思亓、王航：《“一带一路”中的学术担当与学科发展——第六届中国人类学民族学学科负责人联席会议综述》，《西藏民族大学学报（哲学社会科学版）》2015年第6期。

2015—2016 年民族史研究综述

彭丰文

2015—2016 年民族史学科平稳发展，学术交流活跃，科研成果丰富，研究重点突出，各个研究方向持续深入推进，并形成了若干研究热点，带动了民族史的整体发展。

一　学术活动

2015—2016 年民族史学科领域积极开展各项学术交流活动，各学术团体和科研、教学机构通过举办研讨会、座谈会、学术讲座等活动，交流、分享科研成果和科研工作体会。下面选择其中较为重要的学术活动进行简要介绍。

中国民族史学会在民族史研究领域发挥了重要的组织、引领作用。一年一度的中国民族史学会学术年会是民族史学界的盛会，汇聚了学界重要研究成果，集中展现了学界研究动态。2015 年 10 月 30 日—11 月 1 日，中国民族史学会与中南民族大学在武汉市中南民族大学学术交流中心联合举办了中国民族史学会第十八次学术研讨会暨“交融与认同：中华民族共同体的历史演进”学术研讨会。会议收到论文 100 余篇，与会代表共 95 人，分别来自全国 40 余家高校与科研院所。与会专家学者从多层面、多视角、多领域探讨了我国“大一统”思想的形成与实践、“一带一路”建设构想的历史依据和前景展望、民族国家认同、民族史理论构建、中国民族关系史、民族历史文献、民族历史地理等重要问题。既有从宏观上进行论述、侧重于理论思辨的全面探讨，也有从个案上发微阐幽、结合具体实践的深入研究，是一次大规模、高水准、主题鲜明的学术研讨会。2016 年 10 月 21—23 日，中国民族史学会第十九次学术研讨会暨 2016 年学术年会在四川省成都市西南民族大学举行。会议由中国民族史学会和西南民族大学联合主办，会议主题为“中华民族共同体的凝聚与发展”。来自全国 24 个省市自治区、53 个科研机构和大专院校的民族史专家 110 多人参加了会议，收到论文 109 篇。此次会议注重研讨回答重大理论和现实问题，为做好新形势下的民族工作提供了智慧和思想，产生了良好的学术影响和社会影响。同时，中国民族史学会以 2016 年度学术年会为契机，组织专家对民族史学科体系的发展等重大问题进行讨论，并在 2016 年 11 月 25 日《中国社会科学报》上组织发表了题为《多学科、多语种、多视角，开拓中国民族史研究的广度和深度》的报道，该文总结了罗贤佑、刘正寅、徐杰舜等学者对民族史学科发展的思考，为民族史学科的未来发展提供了思路。中国民族史学会与全国各地民族史学者团结一致，共同努力构建中国特色的民族史研究话语体系，推动民族史学科发展。

民族史学科各相关科研、教学机构和学术团体也十分活跃，开展了形式多样的学术活动。2015 年 4 月 24 日，中国社会科学院民族学与人类学研究所举办了“刘凤翥先生《契丹文字研究类编》出版座谈会”，来自中国社会科学院、中华书局、北京大学、清华大学、中央民族大学等单位的 60 余名学者出席了会议。《契丹文字研究类编》（共四册）涵盖了迄今为止最新的契丹语文研究成果和最全的契丹文研究资料，对推动契丹文字研究以及契丹学研究的进一步发展具有重大意义。2015 年 5 月 16 日，中国元史研究会和泸州市委、市政府在四川省泸州市国际会议中心共同主办了“宋元四川战争中的神臂城”高峰学术交流会，来自国际、国内的专家学者共 80 余人参加了会议。会议共同研讨了宋元交替的蒙宋战争在四川和泸州的进程、泸州在历史上的战略地位等问题。2015 年 8 月 16 日，第四届西夏学国际学术论坛暨“河西历史文化研讨会”在甘肃省张掖市河西学院举行，会议由中国社会科学院西夏文化研究中心、宁夏大学西夏学研究院、河西学院主办，来自国际、国内的 120 多位专家学者出席了会议。会议对西夏历史文化、西夏语言文字、西夏文物遗址、西夏文献数据库建设、河西历史与文化等方面进行了热烈的讨论。2016 年 7 月 16—17 日，由中国社会科学院民族学与人类学研究所《民族研究》编辑部、云南大学历史与档案学院、中共寻甸回族彝族自治县委宣传部联合举办的“纪念红军长征胜利 80 周年”学术研讨会在昆明召开，会议主题为“红军长征与少数民族”。2016 年 8 月 2—3 日，契丹辽文化暨第三届契丹学国际学术研讨会在赤峰市巴林左旗举行。该次研讨会由内蒙古自治区文化厅、文物局和赤峰市人民政府、中国社会科学院历史研究所、赤峰学院、内蒙古契丹辽文化研究会联合主办，会议主题为“世界历史中的契丹辽文化”。来自澳大利亚、韩国、日本等国以及中国 30 余所高校和科研院所的 80 余名专家学者参加了研讨会。2016 年 8 月 9—13 日，中国民族史学会辽金暨契丹女真史分会在黑龙江省绥滨县举办了第十三届代表大会暨“中国·绥滨首届完颜家族起源”学术研讨会，来自全国各地的 100 余名学者参加了会议。会议围绕女真完颜家族起源及相关问题进行了充分研讨。2016 年 9 月 10—11 日，第九届中国民族研究西南论坛暨“区域社会、民族走廊与国家认同”学术研讨会在湖南吉首大学举行，会议由《民族研究》编辑部、西南民族大学与吉首大学联合主办。2016 年 9 月 21 日，中国社会科学院民族学与人类学研究所民族历史研究室举办了“中国历史上的民族交融与认同”学术研讨会。2016 年 9 月 24—25 日，复旦大学历史系举办“十至十三世纪东亚史的新可能性”首届中日青年学者宋辽西夏金元史研讨会。2016 年 12 月 3 日，中国人民大学清史研究所在河北承德市举办了“清代边政与边疆民族”国际学术研讨会。

2015—2016 年民族史学科领域的学术活动具有以下三个特点：一是对中华民族形成历史进程和历史上各民族的交往交流交融等问题予以高度关注，有关这一问题的探讨既是民族史具体研究的重要内容，也是民族史理论探讨的组成部分；二是十分重视丝绸之路与民族史研究的关系，各学会、团体与地方政府联合举办的学术研讨会往往以丝绸之路为会议主题；三是青年学者在学术舞台上崭露头角，表现较为活跃。各高校、科研机构涌现了一批功底扎实、成果丰富、掌握多种民族语言和外语的青年学者，显示民族史研究事业后继有人。

丰富多样的学术活动加强了民族史研究的交流与合作，推动了民族史学科进一步发展。科研、教学机构和学术团体、地方政府等多方力量的积极参与，反映了民族史学科的蓬勃发展，体现了民族史研究在维护国家统一、民族团结和地方历史文化资源的保护与开发等方面的重要现实意义。

二 研究成果述评

2015—2016 年，民族史研究取得了丰硕的成果，出版、发表了一批学术专著和学术论文，内容广泛，涉及民族史各个研究方向。

（一）2015 年研究成果述评

民族史理论探讨是民族史的研究重点之一。2015 年产生了一批民族史理论研究成果，形成了一系列有创见的观点。代表性专著方面：赵永春的《中国古代东北民族的“中国”认同》（黑龙江人民出版社2015年版）对兴起于东北地区的慕容鲜卑、拓跋鲜卑、契丹、女真、蒙古和满族的“中国”认同问题进行探讨，认为这些兴起于东北地区的民族及其建立的政权均认同“中国”，是中国各个民族凝聚到一起的重要因素；李大龙的《从“天下”到“中国”：多民族国家疆域理论解构》（人民出版社2015年版）一书的不少内容涉及中国传统夷夏观的变化与中华民族的形成，丰富了民族史理论的探讨与研究。代表性论文方面：滕绍箴的《论中华民族间的文化认同》（《满语研究》2015年第2期）以女真为代表的北方打牲民族的经济文化发展历程为例，论证了文化认同、和衷共济是中华民族文化主流态势的观点；何星亮的《中国历史上的民族分类与民族认同》（《云南民族大学学报（哲学社会科学版）》2015年第4期）指出，中国之所以能够保持2000多年统一和完整，与古代中国的民族分类和认同方式具有密切的关系；郭建民的《多元化一：从五方四裔到中华民族》（《中央民族大学学报（哲学社会科学版）》2015年第2期）对费孝通先生的“中华民族的多元一体格局”理论进行了深入阐释，提出“中华民族的多元化一模式”的理论构想；刘正寅的《多语种民族志文献与西域民族研究》（《西域研究》2015年第4期）指出民族史研究领域目前存在的突出问题，阐述了多语种民族志在西域民族史研究乃至整个民族史研究领域的重要意义；华涛的《民族史与民族学（人类学）的对话互动及其对西域研究的意义》（《西域研究》2015年第4期）探讨了历史学特别是民族史学与民族学（人类学）的交流与互动，以及这样的互动对民族史研究的重要意义；王希隆、孟宪实等学者也在同期《西域研究》上发表文章，从不同角度探讨了对西域史研究的理论思考；石硕的《关于区域民族史书写中若干问题的思考》（《西藏民族学院学报（哲学社会科学版）》2015年第1期）对区域民族史书写中如何创新等问题进行了探讨；李克建的《“天下”与“一统”：认识中国古代国家观的基本维度》（《广西民族大学学报（哲学社会科学版）》2015年第4期）认为，人们应该摆脱西方国家观念话语霸权的影响，建构符合中华传统国家观的话语体系；管彦波的《中国古代和亲的类型、特点及历史作用》（《历史教学》2015年第4期）对中国古代和亲现象进行了理论性总结；王明珂的《从中原到边疆：对典范中国史的反思》（《文化纵横》2015年第4期）对中国传统民族史撰述与研究的范式进行了反思，对中国典范历史与民族知识中的古代华夏、中原帝国与汉人认同进行了解构与批判，主张建立一种反思性的历史与人类学知识。

近年来，“新清史”学派和内亚史研究理论在国际学术界产生了较大影响，民族史学者对此予以密切关注并积极参与探讨。姚大力、汪荣祖围绕“新清史”学派的基本观点展开激烈论战，将有关“新清史”的讨论推向高潮，其学术观点集中刊发于汪荣祖主编《清帝国性质的再商榷：回应新清史》（台北：远流出版社2014年版）一书和《东方早报·上海书评》（2015年4月5日、5月17日、5月31日、6月21日等）。钟焓的《“新清史”学派的着力点在于话语构建》（《中国社会科学报》2015年5月6日）对“新清史”的基本学术体系进行了评述，指出其民族主义语境下关于民族认同论述的不足。此外，还有学者尝试用生态史、环境史等新视角研究中国民族史，如袁剑的《新疆史地研究的生态视野——环境、历史与社会的一种解释路径》（《新疆师范大学学报（哲学社会科学版）》2015年第1期），王海、王群的《生态环境变迁与秦汉王朝辽西经营》（《广西民族大学学报（哲学社会科学版）》2015年第3期）。

关于各个历史阶段民族问题的研究，是民族史研究的主要内容，2015—2016年的相关成果非常丰富。以下分为先秦至隋唐民族史研究、宋辽金元民族史研究、明清民族史研究、近代民族史研究、民族史文献资料研究五个方面作简要介绍，重点介绍近两年研究热点。

2015年先秦至隋唐民族史领域的研究热点有民族关系、民族政策、民族文化、丝绸之路等方面。代表性专著方面：段渝等的《西南酋邦社会与中国早期文明》（商务印书馆2015年版）

探讨了先秦时期巴蜀地区的早期民族与国家状况；李海叶的《慕容鲜卑的汉化与五燕政权：十六国少数民族发展史的个案研究》（中国社会科学出版社 2015 年版）从一个较长时段考察了慕容氏民族国家的建立、发展过程；苗霖霖、杨昕沬的《鲜卑部落联盟研究》（黑龙江人民出版 2015 年版）探讨了鲜卑的源流与兴衰、鲜卑部落联盟政权体制与国家的发展演变等内容；郭素美、梁玉多的《渤海靺鞨民族源流研究》（社会科学文献出版社 2015 年版）梳理了渤海国的来龙去脉，为进一步研究渤海民族源流问题提供了有益的参考。代表性论文有：陈志刚的《先秦时期的华夷观念及其演变》（《学术研究》2015 年第 11 期），彭丰文的《从边缘到中心：秦人认同华夏民族的心理历程及其历史意义》（《河北学刊》2015 年第 4 期），赵红梅的《两汉时期北方与西北边疆民族地区郡县统辖模式研究》（《北方文物》2015 年第 4 期），王绍东的《秦汉史籍记述游牧民族时充满误解与偏见的原因探析》（《内蒙古大学学报（哲学社会科学版）》2015 年第 5 期），黎小龙的《〈汉书·西南夷两粤朝鲜传〉三传合一体例与两汉边疆民族思想》（《中国边疆史地研究》2015 年第 2 期），石明园的《肃慎与中原关系中断原因试析》（《社会科学战线》2015 年第 5 期），程尼娜的《东部乌桓从朝贡成员到编户齐民的演变》（《民族研究》2015 年第 5 期），周伟洲的《魏晋南北朝时期北方民族与民族关系研究（上）》（《北方民族大学学报（哲学社会科学版）》2015 年第 6 期），胡克森的《北魏的正统与汉化》（《史林》2015 年第 5 期），孙玉荣的《论少数民族文化对唐代婚俗的影响》（《河南科技大学学报（社会科学版）》2015 年第 5 期），王文光、李艳峰的《唐代的僚人述论》（《云南民族大学学报（哲学社会科学版）》2015 年第 6 期），李鸿宾的《唐初弃修长城之检讨》（《民族研究》2015 年第 3 期），赵心愚的《八世纪中期南诏与吐蕃的结盟及其关系的发展——以〈南诏德化碑〉相关记载为线索》（《民族研究》2015 年第 3 期）。

宋辽金元时期是中华民族多元一体格局形成的重要历史时期，各民族政治活动十分活跃，契丹、女真等北方少数民族纷纷建立了政权。在宋元民族史研究领域，涌现了一批学术名家，汇聚了大量研究成果，形成民族史研究的一大特色。代表性著作方面：高福顺的《科举与辽代社会》（中国社会科学出版社 2015 年版）探析了科举与辽代教育、政治、文化等社会生活领域之间的互动关系；杨志玖先生遗著《元代回族史稿》（中华书局 2015 年版）叙述了元代回族的形成发展历程；王红梅的《元代畏兀儿历史文化与文献研究》（甘肃教育出版社 2015 年版）在吸收前贤研究成果的基础上，充分利用汉文史籍、回鹘文文献等，系统分析了畏兀儿各区域不同的文化类型，清晰地反映出畏兀儿文化嬗变的过程以及汉地佛教与藏传佛教对畏兀儿佛教形成所产生的重要影响。代表性论文有：刘迎胜的《〈元朝秘史〉中两则谚语与相关史料的可靠性问题》（《民族研究》2015 年第 5 期），乌云毕力格的《察哈尔扎萨克旗游牧地考补证》（《中央民族大学学报（哲学社会科学版）》2015 年第 2 期），陈玮的《中古时期党项与粟特关系论考》（《中国史研究》2015 年第 4 期），黄维忠的《西藏分治割据时期的文化并未割裂——从新发现的 9—13 世纪藏文文献谈起》（《中国藏学》2015 年第 3 期），周峰的《元代西夏遗民买住的两通德政碑》（《西夏学》第十一辑，上海古籍出版社 2015 年版），陈晓伟的《释"答兰不剌"》（《历史研究》2015 年第 1 期）。此外，苏航的《回鹘卜古可汗传说新论》（《民族研究》2015 年第 6 期）结合多种文字材料，对著名的回鹘卜古可汗传说进行分析，探讨了卜古可汗传说从仆固部传说变为回鹘始祖传说的可能性。

明清时期是中国历史上统一多民族国家格局进一步发展稳固的历史时期，各民族交融互动得到进一步发展，为民族史研究提供了丰富的历史素材和重要的历史课题，形成诸多研究热点，如土司制度的形成与改土归流问题，明清统治者的民族观念与民族政策，统一多民族国家疆域的定型，明清时期的民族迁徙与民族融合，明清时期蒙古、满族等少数民族风俗文化、法律、清王朝政权性质等。代表性专著方面：杜家骥的《清代八旗官制与行政》（中国社会科学出版社 2016 年版）认为，八旗制度是清朝的特有制度，它与汉族王朝传统制度相结合，形成清代的特色统治，与绿营制度迥然不同，八旗制度下形成的内务府三旗包衣，取代了以往宦官职掌的很多事务，形成清代颇具特色的宫廷制度；宋瞳的《清初理藩院研究——以顺治朝理藩院满文题本为中心》（上海古籍出版社 2015 年版）以顺治朝理藩院满文题本为中心，探究清朝初年理藩院机构的政治职能与运行机制，对清初民族政策研究与民族观念研究具有一定推动作用。代表性论文有：李宏坤的《从永宣佛像谈起——探析明初的治藏策略》（《贵州民族研究》2015 年第 11 期），王希隆、黄祥深的《哈密改土归流述论》（《中国边疆史地研究》2015 年第 3 期），刘小萌的《清代东北流民与满汉关系》（《清史研究》2015 年第 4 期），张姗的《“包容”与“局限”——论雍正帝民族观念的双重性》（《云南民族大学学报（哲学社会科学版）》2015 年第 5 期），王秀玲的《清朝历代帝王祭祀与民族国家认同》（《前沿》2015 年第 5 期），万红的《清前期“奠茶酒”礼仪的演变》（《黑龙江民族丛刊》2015 年第 5 期）。

近代民族问题的研究热点包括近代的传统民族国家观念转型、中华民族的形成发展、边疆危机及各民族抵抗外敌入侵的历史事件、各民族自身在近代的发展及民族关系等。代表性著作方面：王柯的《民族主义与近代中日关系：“民族国家”、“边疆”与历史认识》（香港中文大学出版社 2015 年版）论述了近代中国民族主义思潮的形成与近代日本政治、学术思潮的关系；吐娜的《近现代新疆蒙古族社会史》（新疆美术摄影出版社 2015 年版）探讨了新疆蒙古族自清中期至近现代的社会变迁、社会制度更迭、社会经济状况等内容；洪云的《基督教在近代贵州少数民族地区的传播及影响研究》（贵州大学出版社 2015 年版）对基督教在近代贵州少数民族地区的传播和影响进行了考察。代表性论文有：俞祖华的《民族精神提振与中华民族复兴》（《河北学刊》2015 年第 4 期），郑大华的《论九一八事变后“中华民族复兴”思潮的形成》（《史学月刊》2015 年第 5 期），李帆的《再谈辛亥革命前后的中华民族认同》（《河北学刊》2015 年第 4 期），杜华君的《觉醒与阵痛：抗战时期少数民族的国家认同构建——中华民族从自在走向自觉的缩影》（《宁夏社会科学》2015 年第 5 期），马勇的《抗战与民族国家重构》（《社会科学战线》2015 年第 7 期）。近代新疆、西藏问题也得到关注。关于近代新疆问题的代表性论文有赵曼的《简述近代以来新疆哈密地区的“改土归流”》（《和田师范专科学校学报》2015 年第 4 期）。此外还有论文探讨了近代新疆的汉人商帮、教育、城市化等问题。关于近代西藏问题研究广泛涉及军阀统治、汉藏关系、铁路建设、外国势力的渗透等方面。代表性论文有：裴儒弟的《民国时期西藏地方两次“驱汉”事件的比较分析》（《中国藏学》2015 年第 3 期），张皓的《威尔入藏“访问”与第三次康藏冲突的爆发》（《史学集刊》2015 年第 5 期），朱昭华的《民国时期英国驻锡金政务官的使藏研究》（《中国藏学》2015 年第 1 期）。关于近代蒙古族、满族的研究也取得了一定的进展。贾益的《近代中国民族主义对雾社事件的解说》（《民族研究》2015 年第 4 期）论述了 1930 年台湾雾社起义与反日民族主义思潮之间的互动关系。

历史民族语言文献在民族史研究中具有独特的意义，对多语种民族历史文献的整理与研究一直是民族史研究的重要工作。2015 年民族史文献整理、研究工作得到进一步发展，取得了系列成果。代表性著作成果方面：史金波、魏同贤、克恰诺夫主编《俄藏黑水城文献》（第 24 册）（上海古籍出版社 2015 年版）是中国社会科学院民族学与人类学研究所与俄罗斯科学院东方研究所圣彼得堡分所关于俄藏黑水城文献整理与研究合作项目的重要阶段性成果之一；刘凤翥主编《契丹文字研究类编》（共四册）（中华书局 2015 年版）涵盖了迄今为止最新的契丹语文研究成果和最全的契丹文研究资料，对推动契丹文字研究以及契丹学研究的进一步发展具有重大意义；孙继民主编《英藏及俄藏黑水城汉文文献整理》（天津古籍出版社 2015 年版）的出版，也是 2015 年度西夏历史文献资料整理工作的重要成果；刘凤强的《清代藏学历史文献研究》（人民出版社 2015 年版）对清代藏学历史文献的形式、种类、内容、发展状况、编纂理论与实践等问题进行了较为系统的分析研究；祁美琴、强光美编译《满文〈满洲实录〉译编》（中国人民大学出版社 2015 年版）对《满洲实录》的满文部分进行重译，在此基础上将满文（转写方式）、原存汉文、新译汉文对照排印，有利于充分发掘和利用《满洲实录》的史料价值。此外还有一批学术价值较高的学术论文，如史金波的《西夏文〈大白伞盖陀罗尼经〉及发愿文考释》（《世界宗教研究》2015 年第 5 期）、何星亮的《清代勘分中俄科塔边界大臣的第一件察合台文文书及其相关问题研究》（《西域研究》2015 年第 4 期）、扎雅・洛桑普赤的《藏文长卷历史档案〈水羊清册〉的内容、特点及其价值》（《中国藏学》2015 年第 3 期）、乌云高娃的《元明清蒙汉合璧辞典及其对朝鲜"类解书"的影响》（《民族研究》2015 年第 4 期）、苏航的《波斯文〈史集〉部族志唐古特部分阅读札记二则》（《中国社会科学院民族学与人类学研究所青年学术论坛（2012）》，社会科学文献出版社 2015 年版）、陈晓伟的《〈辽史・太祖纪〉征渤海事献疑》（《中国史研究》2015 年第 3 期）等。

（二）2016 年研究成果述评

2016 年民族史理论研究取得了一定进展，出版了系列专著和论文。代表性学术专著方面：汪高鑫的《二十四史的民族史撰述研究》（黄山书社 2016 年版）探讨了二十四史中的民族史撰述以及相关问题并重点具体阐述了二十四史民族史撰述的主要特点、蕴含的史学思想、政治动因与史学动因；李克建的《儒家民族观的形成与发展》（民族出版社 2016 年版）运用民族学、历史学和社会学的研究方法对儒家民族观的形成和发展进行了系统梳理与整体研究。另外一些地域性民族史研究专著也具有一定理论贡献。如成臻铭的《土司制度与西南边疆治理研究》（社会科学文献出版社 2016 年版）在区域总体史视野下考察了西南边疆治理的特点及其成因，对土司制度推行后中央政府对西南边疆的治理进行了重点研究；程妮娜的《古代东北民族朝贡制度史》（中华书局 2016 年版）探讨了古代东北民族朝贡制度形成发展过程，揭示了边疆朝贡制度的重要历史作用。民族史理论研究的代表性论文有：陈志刚的《秦汉至明清时期北部中国华夷观念演变的几个特点——兼论华夷观在华夷族群封贡体系中的地位》（《学习与探索》2016 年第 7 期），史金波、关志国的《中国近现代民族史学史刍议》（《云南社会科学》2016 年第 1 期），孔含鑫、吴丹妮的《论土司治理边疆中西南少数民族宗教文化的作用》（《青海民族研究》2016 年第 3 期），刘迎胜的《丝绸之路的缘起与中国视角》（《江海学刊》2016 年第 2 期），荣新江的《出土文献所见丝绸之路概说》（《北京大学学报（哲学社会科学版）》2016 年第 1 期），王子今的《草原民族对丝绸之路交通的贡献》（《山西大学学报（哲学社会科学版）》2016 年第 1 期）。

该年度一些学术团体与学术刊物联合组织了系列专题论文，对民族史理论进行深入探讨。《中国民族报》2016 年 1 月 8 日、1 月 15 日、1 月 22 日分别刊载的钟焓《北美"新清史"研究的学术误区》、《学术与政治的交集：简析"新清史"学者的意识形态倾向》（上）、《学术与政治的交集：简析"新清史"学者的意识形态倾向》（下）三篇论文，从学术、政治意识形态两方面对"新清史"进行了较为深入的评析。《陕西师范大学学报（哲学社会科学版）》2016 年第 3 期刊发陈其泰主持的"民族史理论研究"专题笔谈，王东平、程妮娜、王万志、赵永春、马溢澳、黄达远等学者从边疆史的角度探讨了中国古代的边疆民族理论问题以及中华民族形成问题。

民族关系、民族政策、民族源流与民族的迁徙与融合等问题，是民族史学科长期关注的重要内容。2016 年，围绕上述问题开展的研究成果十分丰富。下面按照历史时段先后顺序，分为先秦至隋唐民族史研究、宋辽金元民族史研究、明清民族史研究、近代民族史研究四个方面作简要介绍。有关民族史文献资料整理与研究的成果，将合并在以上四个历史时段成果中进行介绍。

2016 年先秦至隋唐时期民族史研究平稳发展，出版、发表了一批学术专著和论文，内容丰富多彩，广泛涉及族别史、政治史、经济史、文化史、民族关系史等各个方面。代表性专著方面：姚磊的《先秦戎族研究》（武汉大学出版社 2016 年版）对先秦戎族留下的历史信息进行了比较全面、系统的探究。曾文芳的《商周至汉初民族文化区域互动研究》（人民出版社 2016 年版）以历史文献、考古发掘为基础全面梳理了商周至秦代 1500 多年间各族文化交流互动的情况。彭丰文的《先秦两汉时期民族观念与国家认同研究》（中国社会科学出版社 2016 年版）围绕“中国古代统一多民族国家的形成发展”的中心议题，考察了先秦两汉时期民族观念与国家认同的形成发展历程及其历史意义。张宏斌的《国家建构与文化认同——以北魏的兴废进行的考查》（人民出版社 2016 年版）探讨了北魏国家体制的建构与国家文化认同的塑造及其与北魏政权兴废之间的关系。杨学跃的《十六国北朝权力嬗代新探》（中国社会科学出版社 2016 年版）探讨了两晋南北朝时期北方政权嬗代与农耕社会资源的争夺及民族融合的关系。王睿的《唐代粟特人华化问题述论》（社会科学文献出版社 2016 年版）以唐代入华粟特人的礼俗变迁为背景，对粟特人的华化问题展开研究。

该年度先秦至隋唐时期民族史研究论文数量众多，其中创新性、论辩性较强的代表性论文有：萧功秦的《华夏国家起源新论——从“猴山结构”到中央集权国家》（《文史哲》2016 年第 5 期），齐丹丹、王友梅的《肃慎族起源及居住地再论》（《边疆经济与文化》2016 年第 7 期），苗普生的《匈奴统治西域述论》（《西域研究》2016 年第 2 期），吴飞的《再论匈奴“休屠王祭天金人”》（《哈尔滨学院学报》2016 年第 5 期），袁步昌的《〈公羊传〉的少数民族思想》（《贵州民族研究》2016 年第 7 期），彭丰文的《西汉“大一统”政治与多民族交融认同》（《民族研究》2016 年第 2 期），孙俊等的《两汉魏晋时期的西南族群地理观念及其格局》（《云南师范大学学报（哲学社会科学版）》2016 年第 4 期），胡鸿的《郭钦“徙戎论”发覆》（《中华文史论丛》2016 年第 3 期），李凭的《〈北史〉中的宗族与北朝历史系统——兼论中华文明长存不衰的历史原因》（《中国社会科学》2016 年第 5 期），李荣华的《汉魏六朝南方环境的改造与华夏社会的地域认同》（《广西社会科学》2016 年第 7 期），杨懿、王瀚尧的《黄帝系谱与鲜卑正宗：五胡时代下北魏立国的合法性诉求》（《宁夏社会科学》2016 年第 4 期），林冠群的《唐代吐蕃建构天下秩序初探》（《中央民族大学学报（哲学社会科学版）》2016 年第 4 期），李鸿宾的《唐朝前期的南北兼跨及其限域》（《中国边疆史地研究》2016 年第 2 期）。

2016 年宋辽金夏民族史研究成果丰富，内容广泛深入，专著和论文数量众多。以下简要介绍代表性成果。符海朝的《辽金元时期北方汉人上层民族心理研究》（中国社会科学出版社 2016 年版）运用心态史学的研究方法，探讨了辽、金、元时期北方汉人上层复杂的民族心理。李玉君的《金代宗室研究》（科学出版社 2016 年版）对金代宗室的发展历史、管理机构、教育科举等方面进行了探讨。周峰的《西夏文〈亥年新法·第三〉译释与研究》（花木兰文化出版社 2016 年版）以 1999 年刊布的《俄藏黑水城文献》第九册《亥年新法·第三》乙种本为底本进行译释，并与唐、宋、辽、金法律文本进行了比较研究。另外还有毕德广的《奚族文化研究》（科学出版社 2016 年版）、周峰的《奚族史略》（花木兰文化出版社 2016 年版）、萨·巴特尔的《〈蒙古秘史〉的德性与教化思想研究》（华夏出版社 2016 年版）等。文献整理方面，史金波、魏同贤、克恰诺夫主编《俄藏黑水城文献》第 25 册（西夏文佛教部分）由上海古籍出版社于 2016 年 7 月出版，共 40 万字。

2016 年宋辽金夏元民族史研究论文数量众多，佳作迭出。代表性论文有：史金波的《凉州会盟与西夏藏传佛教——兼释新见西夏文〈大白伞盖陀罗尼经〉发愿文残叶》（《中国藏学》

2016年第2期），李晓红、刘培的《“中国”观念的重塑——论宋初的谨辨华夷与诋佛尊经》（《理论学刊》2016年第1期），廖寅、王晓龙的《宋朝应对羁縻州变乱若干措施新探》（《求索》2016年第4期），刘坤新、丁建军的《论穆斯林与南宋政权》（《兰州学刊》2016年第6期），李凯的《南宋士人关于“蛮”的文化心态之转变——以周去非〈岭外代答〉为中心的考察》（《中央民族大学学报（哲学社会科学版）》2016年第3期），康鹏的《〈马卫集书〉中的契丹语词“Sh. rghūr（汉人）”》（《西域研究》2016年第3期），王淑琴的《论辽代契丹国儒学传播中的民族思想》（《贵州民族研究》2016年第2期），李玉君、张新朝的《从民族融合视角看儒家文化对契丹族墓葬壁画的影响》（《渤海大学学报（哲学社会科学版）》2016年第1期），赵宇的《金朝前期的“南北选”问题——兼论金代汉地统治方略及北族政治文化之赓衍》（《中国社会科学》2016年第4期），宁波的《浅析金代对北京路契丹、奚族的民族政策》（《北方文物》2016年第2期），史金波的《黑水城出土西夏文雇工契研究》（《中国经济史研究》2016年第4期），陈晓伟的《捺钵与行国政治中心论——辽初“四楼”问题真相发覆》（《历史研究》2016年第6期），姜海军的《蒙古汗国宗教文化政策及其对儒学的态度》（《内蒙古社会科学（汉文版）》2016年第2期），李治安的《元代“内蒙外汉”二元政策简论》（《史学集刊》2016年第3期），尚衍斌的《元代于阗人哈八石事迹考述》（《民族研究》2016年第1期），刘迎胜的《“拔都西征”决策讨论及相关问题》（《历史研究》2016年第2期），荣新江的《真实还是传说：马可·波罗笔下的于阗》（《西域研究》2016年第2期），任红敏的《忽必烈藩府儒士群体的圣贤气象》（《晋阳学刊》2016年第2期）。

明清民族史一直是民族史研究领域的重点和热点。2016年明清民族史研究保持平稳发展的态势。代表性专著方面：哈斯巴根的《清初满蒙关系演变研究》（北京大学出版社2016年版）从满洲的角度出发，梳理早期满蒙关系的演变；雷炳炎的《清代社会八旗贵族世家势力研究》（中国社会科学出版社2016年版）分析了八旗贵族世家的特权及其前后变化，多方面揭示了清王朝统治“首崇满洲”的政治本质。代表性论文有：方铁的《论元明清三朝的蛮夷观》（《社会科学辑刊》2016年第1期），李大龙的《多民族国家建构视野下的游牧与农耕族群互动——以明代游牧行国与王朝藩属的对峙为中心》（《云南师范大学学报（哲学社会科学版）》2016年第3期），次旦扎西的《论明朝管理西藏宗教事务的基本经验》（《西藏大学学报（社会科学版）》2016年第2期），张屹、周润年的《藏文史籍〈贤者喜宴·噶玛岗仓史〉的内容及其史学价值》（《民族研究》2016年第1期），沈卫荣的《论〈大乘要道密集〉的成书》（《中国藏学》2016年第3期），张森、杜常顺的《清代中前期国家认同建构探析》（《民族论坛》2016年第8期），杜家骥的《清代满族与八旗的关系及民族融合问题》（《社会科学战线》2016年第6期），焦若水的《社会网络视野下的乾隆治疆方略——兼评“新清史”研究》（《暨南学报（哲学社会科学版）》2016年第6期），邹怡的《游牧、农耕两大生态区整合背景中的清代多民族治理》（《复旦学报（社会科学版）》2016年第3期），李晨升的《工珠·云丹嘉措的早期生活与教育——兼论藏文高僧传记的文献价值》（《西藏民族大学学报（哲学社会科学版）》2016年第5期），李治亭的《清代满汉民族认同与“互化”的历史考察》（《云南师范大学学报（哲学社会科学版）》2016年第3期），张志强的《超越民族主义：“多元一体”的清代中国——对“新清史”的回应》（《文化纵横》2016年第2期），赵海霞的《论清代新疆民族迁徙及其对民族关系的影响》（《西域研究》2016年第1期），曾现江的《明清藏区大乘司徒与守善体梵灌顶大国师考》（《民族研究》2016年第4期）。

2016年近代民族史研究取得了较大的发展。近代民族史包括近代各民族发展史、民族关系史和中华民族形成发展史。代表性学术专著方面：陈征平的《近代西南边疆民族地区内地化进程研究》（人民出版社2016年版）认为，近代西南边疆民族地区日趋与内地融为一体，展示出近代西南边疆民族地区与内地在各层面日渐均质化的鲜明特性；熊芳亮的《从大清到民国：中国民族理论政策的历史变迁（1644—1949）》（社会科学文献出版社2016年版）围绕“中国民族理论政策是由何处来”这一中心线索，对近代民族理论和重大历史事件，做了深入、系统的解读和阐述。代表性论文有：李良品的《土司制度终结的三个标志》（《吉首大学学报（社会科学版）》2016年第5期）、余仕麟的《晚清藏区“藏俗改良”运动述评》（《西南民族大学学报（人文社会科学版）》2016年第10期）、秦和平的《从清末巴塘官话教育认识藏汉民众交往》（《福建师范大学学报（哲学社会科学版）》2016年第1期）、乌云的《由民国档案看土默特地区的文化变迁》（《内蒙古社会科学（汉文版）》2016年第5期）、何洁的《长征时期汉藏民族关系的深化发展及其对藏区社会的影响研究——以四川藏区为例》（《中国藏学》2016年第3期）、王新立的《近代“中华民族”观念的阶段性嬗变及其理论建构》（《江西社会科学》2016年第3期）、郑大华的《抗战时期有关“中华民族复兴”的讨论及其意义》（《民族研究》2016年第3期）、张太原的《抗日战争与中共的中华民族观的形成》（《中共党史研究》2016年第3期）、黄克武的《民族主义的再发现：抗战时期中国朝野对“中华民族”的讨论》（《近代史研究》2016年第4期）。

三　研究特点、不足与展望

总的来说，2015—2016年民族史学科领域研究重点突出，研究热点显著，对各个历史时期民族问题的关注既保持全面均衡状态又重点突出，在传统民族史研究领域呈现不断拓宽、拓深的趋势。

在民族史理论研究方面，传统民族史研究理论与方法得到发展，同时对国际民族史学界新理论、新方法的关注有所提高，国际国内学术交流加强，出现了对国际学术界新理论、新方法的回应。特别是出现了一批回应“新清史”的学术活动和学术论文，反映了民族史学界对国际学术动态的重视、对民族史理论研究的重视。

在民族史基础实证研究方面，2015—2016年取得了可喜的成绩，各个历史时段的民族史研究得到均衡发展，族别史、区域民族史、民族政策与民族关系史等领域的研究不断深入，同时研究重点突出，热点集中，形成了点面兼顾、重点突出、稳步发展、全面推进的态势。例如北方民族史和中华民族整体发展史得到重点关注，形成焦点和热点，涌现了诸多成果。关于土司制度、长征时期中国共产党的民族政策、抗战时期中华民族意识的加强等问题成为研究热点，显示出民族史学界“立足学术，关怀现实”的学术情怀。

但是目前民族史学科研究中也存在一些不足。具体表现为以下方面。1. 目前中国民族史学界对以“新清史”为代表的国际学术界的理论观点回应力度还有待加强，民族史研究理论体系还需进一步完善。2. 理论研究仍显不足，新理论、新思路运用较少，理论探索与实证研究的结合亟待加强。3. 一些重大问题尚未得到足够关注。目前的研究成果突出集中于中国历史后半段，即宋元明清时期，对先秦至隋唐时期民族史的关注还有待加强，对中国古代民族认同与国家认同等问题的研究总体力量仍然不够，从而影响到中华民族共同体的理论建构。4. 研究成果存在质量参差不齐的问题，部分成果缺乏创新，粗制滥造。以上不足，有待民族史学界专家学者一起努力，共同逐步解决。

展望未来，民族史学科将会沿着多学科、多语种、多视角的趋势蓬勃发展。近年来，民族史学科逐步借鉴历史人类学的研究视野和研究思路，吸收民族考古和民族历史语言学研究成果，在多学科、多语种、多视角的综合研究的道路上取得了显著成绩。今后，多学科交叉、综合发展和相互借鉴、相互影响的趋势将会更加明显，并以此带动民族史研究的持续发展与创新。随着民族史学界对“新清史”的关注程度的提升，相信在今后一段时间内，围绕“新清史”及相关民族史理论问题的争鸣将继续成为学术热点，带动民族史理论研究的深入发展。

（彭丰文，研究员，中国社会科学院民族学与人类学研究所民族历史研究室）

2015—2016年藏学研究综述

于明潇

2015年是西藏自治区成立五十周年，也是中央第六次西藏工作座谈会召开的一年；2016年是“十三五”时期全面建成小康社会进入决胜阶段的第一年。藏学界围绕促进西藏及四省藏区长久稳定和持续发展积极开展研究，取得大量学术成果。

2015—2016年藏学界的研究热点可以通过国家社会科学基金立项以及核心期刊成果发表予以体现。2015年和2016年国家社会科学基金设立的重点和一般项目中，明确与藏学有关的为96项，明确与西藏及四省涉藏州县有关的项目共43项，其中56项为扶贫、城镇化、依法治藏、藏区青少年发展等现实问题，其余40项为历史、宗教、文化、语言等方面的问题。后40项中又以清朝治藏方略、清朝以来的文献和藏传佛教的研究为主。截至2016年12月底，在《民族研究》《中国藏学》《西南民族大学学报（人文社会科学版）》《西藏大学学报（社会科学版）》等杂志发表的学术论文中，经过粗略统计，涉及西藏和四省藏区稳定和发展现实问题的约占45%，基础问题研究占55%；其中历史研究占20%，文献研究约占13%，藏传佛教研究大概为10%，其余的为语言、艺术、文字等方面的研究。

一　现实问题研究综述

（一）党和国家的治藏方略

以2015年纪念西藏自治区成立五十周年、2016年落实中央第六次西藏工作座谈会为契机，藏学界出现了大量研究党和国家治藏方略的学术成果。主要是中国共产党治理西藏的方针政策，既包括中国共产党治理西藏的宏观战略方针，也包括民族区域自治、人民代表大会制度、边境政策等各个领域的具体政策。

朱晓明、王小彬的《当代西藏地方历史发展的回顾与总结——纪念西藏自治区成立50周年》（《中国藏学》2015年第3期）从政治发展的视角论述了西藏和平解放以来中央政府治理西藏的大政方针。文章将西藏从和平解放以来的政治史分为两个阶段：第一阶段从和平解放到西藏自治区成立，西藏人民在党的领导下，经过16年的艰苦努力完成了驱逐帝国主义、推翻封建农奴制度两大新民主主义革命任务，从此走上社会主义建设道路；第二阶段是党的十一届三中全会至今，西藏进入了以经济建设为中心、实行改革开放的现代化建设新时期，西藏各族人民在党和国家正确的方针政策指导下，在全国人民支持下，团结奋斗、坚决反对分裂，经济社会从加快发展走向跨越式发展，社会局势持续稳定，积累了大量宝贵历史经验。

孙宏年的《“治国必治边、治边先稳藏”重要战略思想的理论内涵与时代意义——基于中国边疆治理研究的学术思考》（《中国边疆史地研究》2016年第3期）对党的治藏方略中“民族团结”和“治国必治边，治边先稳藏”进行研究。文章指出“治国必治边，治边先稳藏”

是对中国治理边疆经验的高度概括和总结，是基于当代中国西藏治理的经验、西藏的特殊重要地位，以及新时期西藏工作的精辟概括。这一概括统筹了国内、国际两个大局，为西藏在全面开放新格局中发挥作用指明了方向。

陈建樾的《民族团结：习近平治国理政思想的核心理念》（《中国边疆史地研究》2016年第3期）指出，从团结各民族为一体到民族团结第一，再到最大的民心政治，习近平总书记在民族问题上治国理政思考的核心就是坚持在制度和法治的轨道上安抚民心、安置民族、安定边疆、安心发展。

边巴拉姆的《民族区域自治地方立法评析——以五十年来西藏自治区立法为例》（《中央民族大学学报（哲学社会科学版）》2015年第5期）分析了当前西藏法制建设的现状和特点，认为西藏的地方立法具有以坚定反对破坏民族团结、反对制造民族分裂以维护祖国统一为立法原则，注重对自治区立法主体及其机制的建设，充分保障少数民族宪法权利，重视加强地方经济建设领域立法，重视保护生态环境、自然环境的立法的特点。文章对西藏自治区地方立法需要提升的空间进行了探讨，认为存在立法滞后不能满足需求、立法的程序有待完善、立法队伍建设亟须加强的问题，提出要进一步提高立法自治理念，积极开展民族自治立法理论的研究，加强自治地方立法队伍建设。

宋月红的《人民代表大会制度在西藏的确立与组织机构建设》（《中国藏学》2016年第3期）认为，西藏和平解放以来，作为西藏实行民族区域自治的政治前提和制度基础，人民代表大会制度在西藏的确立与西藏民主改革和自治区成立互为条件、密不可分。其在改革开放历史新时期的发展主要表现为：率先在全国省级人大中成立常委会，并根据西藏实际开展了会议制度、组织机构设置和县级人大常委会的设立等自身建设，在推进西藏改革开放和现代化建设事业中发挥了地方性国家权力机关的重要历史作用。

孙宏年的《当代中国的西藏边境政策与成效初探》（《中国边疆史地研究》2015年第3期）对中华人民共和国成立以来的西藏边境政策进行了论述，认为中央政府在西藏边境地区实施了一系列特殊优惠政策，西藏各级党委、政府因地制宜制定了相关政策举措，包括和平解放过程中的“控边稳藏”政策，改革开放以来特殊的经济社会文化发展帮扶政策，“兴边富民”政策，与邻国发展睦邻友好关系政策等。文章认为，这些政策有力地捍卫了国家统一与领土完整，促进了边境地区发展，改善了人民生活。60多年来，西藏边境地区各族人民努力发展经济，维护边疆稳定，为守卫西南边疆作出了贡献。

阴海燕、韩利君的《西藏民族团结进步创建工作经验与对策》（《西藏民族学院学报（哲学社会科学版）》2015年第3期）对西藏民族团结进步创建工作的历史、经验和对策进行了总结和阐述。文章回顾了西藏民族团结进步工作的历史和发展进程，对民族团结进步工作的实践经验进行了总结，即大力开展民族团结进步表彰活动、积极推进民族团结进步共创共建、努力创建民族团结进步示范点、持续开展民族团结月和民族团结进步节宣传教育活动。文章对进一步发展和完善西藏民族团结进步工作提出建议，如充分挖掘和大力宣传民族团结进步创建典型、利用特色民族节日文化推动民族团结进步创建、充分发挥爱国主义教育基地和民族团结进步基地的示范带动作用、建立健全民族团结进步创建活动的工作机制等。

（二）藏区治理体系和治理能力现代化研究

党的十八届三中全会提出，我国改革开放的总目标是发展和完善社会主义制度，推进国家治理体系与治理能力现代化。推进国家治理体系与治理能力现代化要适应世情、党情、国情，目的是解放和发展生产力，逐步缩小收入差距，最终实现共同富裕。中国是一个大国，区域发展不平衡是显著特点。很多学者对西藏及四省涉藏州县如何推进区域治理体系与治理能力的现代化，如何在依法治藏、基层治理、社会治理、寺庙治理等方面加以创造性地开拓进行了深入研究。

杜永彬的《关于推进藏区治理体系和治理能力现代化的思考》（《中国藏学》2015 年第 3 期）从经济、社会、文化、政治、宗教、生态六个治理领域出发，总结新中国成立以来对藏区治理的成就和经验，阐明推进藏区治理能力现代化的历史依据，并分析了当前推进藏区治理现代化面临的问题和挑战，阐明推进藏区治理能力现代化的现实依据。文章还从治理环境、治理主体、治理方式三个角度探讨推进藏区治理能力现代化要处理好三个关系：藏区治理和国家治理等关系、民族治理和区域治理等关系、藏区治理共性和个性等关系。

陈井安、刘福敏的《藏区治理体系现代化若干问题研究》（《中国藏学》2016 年第 2 期）指出，藏区治理体系现代化，是一个崭新的研究命题；藏区治理关乎国家治理的成败，没有藏区治理体系的现代化就没有国家治理体系的现代化；治理理念的现代化、治理主体的多元化、治理结构的民主化、治理手段的综合化，是藏区治理体系现代化所追求的一般性目标；因特殊的经济社会发展阶段、特殊的宗教历史文化传统、特殊的地理位置和生态环境，导致藏区治理体系现代化具有一定的特殊性。通过对影响藏区治理最为关键、最亟待解决的五个方面的突破，即藏区治理中的宗教作用，藏区基层政权建设，藏区干部能力建设，藏区社会组织的孵化、增能和有效管理，藏区依法治理面临的突出难题与解决路径等，可为构建藏区治理新的政治制度体系夯实基础，进而推进藏区治理体系的民主化、法治化、科学化，提升藏区治理的有效性，实现藏区治理体系现代化的长远目标。

边巴拉姆的《依法治藏：西藏现代化治理转型的法治保障》（《中国藏学》2016 年第 4 期）认为，实现依法治藏，促进西藏现代化治理转型的实现，不仅有旧西藏与自治区提供的法治基因，也有自治区成立至今从维护祖国统一与保障民族团结、保障和维护少数民族各项权益、引领与推动经济发展、加强生态屏障安全的保障、立法主体立法权的规范行使等方面的一系列法治实践。西藏的法治实践促进了西藏现代化治理建设，但仍面临部分领域的立法相对滞后、一些法律的实施需要进一步加强、法律法规的普及宣传教育效果有待提高、法治氛围营造需要加强、有关民族和宗教等特殊领域法治水平需要提升等方面的困境。文章提出，依法治藏需要继续在坚持党的领导、提升决策水平、提高立法理念、完善立法工作、严格公正执法、有效普法等方面开展工作，以有效化解困境，强化法治保障作用。

孙勇的《国家政治实体统一下的西藏 50 年历程——跨政治经济学视域下西藏地方自治的实践意义》（《西藏民族大学学报（哲学社会科学版）》2016 年第 3 期）认为，1965 年西藏自治区的成立，标志着西藏的历史从此进入一个在中国统一国家政治实体之下实现发展的进程。西藏在政治、经济与社会等方面的整体变革与发展进步上与国家的施政息息相关。西藏的特殊性决定了国家在西藏的施政不单单是政治或者经济上的，而是政治经济相结合甚至政治具有先导地位的。文章在统一国家政治实体的前提下，在跨政治经济学的视域下来认识西藏 50 年以来地方自治的实践意义。文章提出，西藏区域自治的充要条件是通过国家在西藏的多方面的举措而形成的，西藏与内地之间在政治地理、经济地理与文化地理三大领域的贯通也是在国家总体供给模式下通过对西藏的援助与支持而实现的。文章最后讨论了国家政治先导下的西藏社会变迁与发展愿景，其中着重分析了政治实体如何在制度的范畴内对西藏地方提供导向。

韩宏亮、陈玮的《青海藏区基层政权建设问题探析》（《青海社会科学》2015 年第 6 期）从基层治理的角度，对影响青海藏区基层组织和政权建设的主要问题进行探讨。文章指出，影响和制约青海藏区基层政权建设的问题主要可以归结为党员信教问题、宗族干预问题、境外渗透问题、消极腐败问题等层面。文章认为，一些基层党员信教现象弱化了对理想信念的坚守，少数宗教与家族势力侵蚀了基层组织的纯洁性，境外敌对势力的渗透动摇了少数基层党员干部的政治立场，部分消极腐败现象影响了基层党员干部的政治威信。这些问题的形成都有复杂的历史和现实原因，对青海藏区基层政权建设的影响要引起高度重视。

王彦智的《强化西藏基层民众政治信任的一项地方实践——“强基惠民”活动的政治学分析》（《西藏大学学报（社会科学版）》2015年第3期）以政治信任为视角，分析了“强基惠民”活动的背景、政策目标、制度安排和功能，认为“强基惠民”是西藏自治区成立50年来在践行党的群众路线和推动西藏稳定发展方面，组织规模巨大、持续时间最久、下派干部最多的一项活动，影响深远。文章指出，“强基惠民”活动所蕴含的政治逻辑是实现西藏稳定发展、加强基层政权建设的需要，是走群众路线构建基层民众的政治信任的需要。做好西藏工作，只要紧紧依靠广大人民群众，在服务群众中获得高度的信任和支持，推进稳定发展和转型进程，西藏就一定能够最终实现经济社会持续健康发展和长治久安的战略目标。

薛红焰的《藏区公民基层政治参与的特征、趋势和理性目标——以青海等省区的藏族聚居区公民基层的政治参与为例》（《青海民族研究》2015年第2期）一文认为，藏区公民基层政治参与的理性目标是使藏区公民基层政治参与积极健康的主流特征和趋势得以加强，体现人的理性，合乎客观规律，彰显参与活力，体现行为自律，保护个体诉求，增强相互合作和整体利益。政治参与总体上处于合法有序、理性协调、稳步推进、水平不断提升的动态平衡状态。

扎洛的《增加福利递送、缩小管理单元：西藏的村庄治理创新——洛扎县案例分析》（《西藏民族大学学报（哲学社会科学版）》2016年第3期）一文，就近年来西藏创新村级治理推出的“强基惠民”工程驻村工作组制度及“先进双联户”创建两项措施进行了考察，认为政策虽意在加强基层管控，但实际操作中，前者体现出一种面向基层的以需求为导向的福利递送意涵，而后者的实质是缩小社会管理单元，实现精细化管理。作者认为坚持和完善上述措施还需要考虑福利递送中的公平性问题、维护村“两委”的权威问题以及增加“双联户”的激励问题。

赵会、陈旭清的《境外非政府组织（NGO）与西藏治理关系研究》（《理论月刊》2015年第4期）认为，境外非政府组织通过实施公益项目，对当地经济社会及文化发展产生了积极影响，但也有一些怀有敌意的境外非政府组织在西藏开展违反中国法律、破坏中国民族团结、危害国家安全的活动。如何对这些组织进行有效识别和监督，利用这些组织的力量推动西藏的稳定和发展，维护国家的安全，是实现西藏治理现代化的重要内容。

王少明等的《新形势下加强和改进藏传佛教寺庙管理的思考》（《西藏研究》2016年第1期）认为，广大僧尼的公民本质，是加强和改进藏传佛教管理的法理依据和逻辑起点。深刻把握藏传佛教的本质及其发展变化，对于提高藏传佛教寺庙的教育、管理和服务水平具有重大的现实意义。进行积极的社会管理、公共政策制定和有效执行、适应社会发展、维护藏区发展和国家稳定、加强宗教生态建设都必然要求加强和改进藏传佛教寺庙管理。

侯明的《西藏社会稳定发展的法治路径初探》（《黑龙江民族丛刊》2016年第2期）指出，明确“治国必治边，治边先稳藏”重要战略思想，强调“依法治藏、富民兴藏、长期建藏、凝聚人心、夯实基础”的重要原则，为实施西藏经济社会发展和依法治藏方略注入了强大动力。从依法治藏和全面发展的角度分析，西藏社会稳定与发展的法治路径是：完善西藏地方立法是前提，严格西藏地方行政执法是关键，推进西藏地方司法改革是保障，引导西藏社会全民守法是基础。

（三）藏区社会稳定、意识形态与反分裂斗争

随着西藏和四省藏区社会稳定和反分裂斗争问题的不断深化，2015年和2016年藏学界在西藏与四省藏区稳定、影响藏区社会稳定深层次矛盾和因素、国家和民族认同、藏区各群体的思想观念等方面的研究取得了很大的突破。

孙勇的《西藏与邻省藏区稳定研究视域与思路》（《四川大学学报（哲学社会科学版）》2015 年第 1 期）一文，结合边疆理论和地缘政治理论，对藏区社会稳定研究创新地提出新思路。作者认为，藏区社会稳定研究应该进行整体深度的研究，并提出西藏与邻省藏区社会稳定的多视角决定了研究问题的多方面；对社会控制机理的解读是研究西藏与邻省藏区社会稳定问题等重要方面；边疆宗教领域的诸多问题是影响国家安全和社会稳定的热点因素。文章还提出需要在边疆战略理论指导下，进行多学科的思辨性研究；从系统论和结构分析的角度，把握西藏和邻省藏区社会稳定等对策理论；在走向现代国家命题的指引下，重新审视边境地区的民族问题；开展特殊区域民族深层文化的研究，构建新的群体心理意识。

肖莉的《新形势下青海藏区发展稳定探析》（《青海社会科学》2015 年第 6 期）一文对青海藏区发展稳定现状和面临的挑战进行了分析，认为青海藏区基础设施、民生保障水平、各项社会事业加快发展，综合治理、寺院管理、基层基础工作扎实推进，成效显著。但是也面临改善民生和维稳压力大，基层工作力量和干部群众法律意识薄弱等问题。该文对青海藏区发展稳定提出了建议：加大力度改善民生，提高公共服务水平；因地制宜实施重点建设工程，突破发展稳定瓶颈；从财力和人力上给予倾斜，加强基层组织和政权建设；筑牢沟通思想基础，强化日常社会事务的依法治理；大力排查社会风险点，重点做好防管控工作；加强社会综合治理，全面提高安全防控水平；主动适应对敌斗争的新形势；等等。

卢建军的《甘南藏区社会不稳定问题的实质及其对策》（《四川警察学院学报》2015 年第 2 期）认为，影响甘南藏区社会稳定的因素十分复杂，其实质是政治问题和文化问题。影响甘南藏区社会稳定的因素主要可以归纳为宗教相关的影响、境外反华势力的破坏、复杂的民族关系、经济发展和教育文化的落后、现代信息技术的发展和通信方式的便捷化多样化。文章提出，维护甘南藏区社会稳定应当做好社会稳定状况评估和社会安全形势研判，有针对性地制定工作策略和应对措施；依法严厉打击破坏甘南藏区社会稳定的组织者、策划者和参与者；坚持教育和惩罚相结合的工作方针；建立起甘南藏区社会治安整体防控体系；加强甘南藏区维稳工作的理论研究。

谢伟民、扎西俊美等的《民族认同与国家认同关系及影响机制研究——以西藏林芝市米林县、墨脱县珞巴族为实证对象》（《西藏大学学报（社会科学版）》2016 年第 2 期）一文以人口较少民族珞巴族为对象，对民族认同和国家认同关系进行实证调查。文章认为：珞巴族民族认同和国家认同关系并不排斥，而是良好的“双高”认同；民族认同和国家认同有不同的影响机制，前者主要受本民族历史记忆、社会互动、积极自我肯定和交往空间的影响，后者主要受语言多样性、对主体民族的肯定、本民族自豪感和工作中自身融入更大群体的状况所影响；社会基本属性变量和国家政策变量对民族认同和国家认同的影响缺乏显著性；对本民族认同的积极肯定以及与其他民族进行积极社会互动是国家认同和民族认同关系的重要纽带。文章提出，国家优惠政策推行与强化民族认同之间没有必然关系，受教育程度、国家优惠政策和国家认同之间的关系仍需进一步检验。

崔海亮、肖玲聪的《藏民族心理认同机制探析》（《西藏民族学院学报（哲学社会科学版）》2015 年第 1 期）认为地理环境、历史记忆、语言文字、宗教习俗和价值观念都会影响藏民族的心理认同。制定正确的民族政策，应当充分认识到藏民族心理认同机制的复杂性、作用的双重性。在当今经济全球化和文化多元化的背景下，必须妥善处理好藏区群众的政治信仰、宗教信仰与民族心理认同的关系。

马永孝的《藏区青年僧侣思想状况调查——以青海省 T 寺和 L 寺为样本》（《攀登》2015 年第 1 期）通过对青海省两个寺庙的调查，发现青海部分藏传佛教寺院青年僧侣在思想意识方面呈现多样化、多元化的现象，提出要加强藏族青年僧侣公民意识培养、注重人文关怀、创新宣传教育工作机制、重视现代传媒的作用等政策建议。

（四）民族交往、交流、交融与民族关系

2014 年，中央召开的民族工作会议强调要加强各民族交往、交流、交融。2015 年和 2016 年，藏学界也在藏区民族关系、汉藏关系、藏族流动人口等方面进行了深入研究。

王启龙的《百年来汉藏关系史研究及相关问题》（《西南民族大学学报（人文社会科学版）》2016 年第 2 期）在大量相关文献材料的基础上，对 1911—2010 年百年来的汉藏关系史研究主要成果作了一系统介绍和总结。汉藏关系或藏汉关系，于唐代而言亦称唐蕃关系。这与之后内地与西藏地方关系或者说藏区与中原各民族关系是一脉相承的。因此，这里所谓汉藏关系或藏汉关系并不是狭义的汉族与藏族的关系，而是广义的表达，指以藏族为主体的藏文化民族与以汉族为主体的中原多元文化各民族之间的关系。其内容包括政治、经济、宗教、文化等诸方面的关系史。在藏学领域甚至在中国史研究领域，汉藏关系史都是非常重要的组成部分，也是边疆史地研究的重要话题。

刘中一、张莉的《藏汉通婚十年间的变迁（2000—2010）》（《贵州民族研究》2015 年第 12 期）基于“五普”和“六普”中有关藏汉通婚的数据，对藏汉通婚进行了分析。发现 10 年间，藏汉通婚人数不断增加；藏汉通婚结构上，以藏族女性嫁给汉族男性为主，而且通婚提高了藏族女性的家庭地位。藏汉通婚的变迁趋势，与藏汉人口流动、城镇化等因素有关，且藏汉通婚不断增长的趋势将持续下去。

何洁的《长征时期汉藏民族关系的深化发展及其对藏区社会的影响研究——以四川藏区为例》（《中国藏学》2016 年第 3 期）一文研究的四川藏区是红军长征途经地域最广、聚集人数最多、停留时间最长、所处环境最艰险、最早建立少数民族革命政权的地区。文章通过对大量档案材料的研究发现，红军在四川藏区期间，积极、妥善处理与藏区广大群众、上层人士的关系，使得汉藏民族交往进一步加强；积极帮助藏区群众建立自己的革命武装、民族自治政权，努力建构民族平等的新型政治关系；四川藏区人民群众给予红军巨大的支援和帮助，对保存红军实力、支援红军北上作出了巨大贡献。长征进一步加强了四川藏区汉藏民族的密切交往，深化了汉藏两族的友好关系，对四川藏区社会的政治、社会、血缘等方面产生了深远影响。

张军的《社会宏观因素对西藏自治区民族关系中的内隐偏见影响研究》（《西北民族研究》2015 年第 1 期）认为，偏见不同程度地存在于不同民族、宗教、人类群体之间，这种内隐的偏见会对人们的认知和行为产生负面影响。研究这种内隐偏见产生的原因，进而加以调节、控制，减少内隐偏见及其影响，能够为构建良好的民族关系打下坚实的基础。

孟亚伟的《藏族干部配备与当地民族关系的分析——以十六大以来西藏自治区党政领导干部为例》（《民族论坛》2015 年第 5 期）认为，西藏自治区政协、人大领导机构中藏族干部占多数，政协比人大所占比重更大，汉族干部所占比例呈上升趋势；自治区党委、政府、纪委领导机构中藏族、汉族干部所占比例基本上保持平衡，且没有其他少数民族干部；自治区藏族领导干部有岗位、有实权；自治区领导干部历练平台集中，输入途径广泛。

宗喀·漾正冈布、王万平的《藏边社会的族群互动：空间、路径及结果——基于迪庆藏区的调查研究》（《西南民族大学学报（人文社会科学版）》2016 年第 12 期）在田野调查的基础上，对迪庆藏区的族群互动进行了民族志研究。在地理、社会、文化上都具有边缘性特点的迪庆藏区，除了有讲汉藏语系藏缅语族语言的藏、傈僳、纳西、普米、彝、白、怒等民族，还有讲汉藏语系苗瑶语族语言的苗族和讲汉藏语系汉语的汉族等。族群通过语言、婚姻、宗教等路径不断地“越界”，实现着族群互动和文化创造，使这一地区的文化呈现“杂合性”和“混生化”的特征。族群互动的结果是经济、文化、社会等方面“共生”。文章认为，迪庆藏区通过族群互动，构建了和谐、多元、发展的社会，为我们提供了民族国家建设边疆秩序的一种可贵经验，也为我们研究藏边社会提供了一套地方性知识。

李灿松、周智生等的《国内藏族流动人口的生存现状及其社会融入调查分析——基于国际卫计委全国流动人口动态监测数据的探讨》（《西南边疆民族研究》2015 年第 1 期）认为，藏族人口向内地流动的情况比较频繁，但在流入地社会关系比较单一，族群和地域认同关系比较突出；在社会融入方面，对流入地有强烈的融入意愿，但是受行业、交往范围的限制，对流入地的实际融入存在一定的难度和问题。

徐学书、喇明英等的《藏族流动人口服务管理工作探讨——以四川省成都市为例》（《西南民族大学学报（人文社会科学版）》2015 年第 6 期）从制定专门的少数民族流动人口服务管理机制政策、完善基础信息采集机制措施、加强针对性机制政策建设和服务工作等方面，对提升成都市藏族流动人口服务管理水平的机制政策和措施进行研究，并提出相应的政策建议。

（五）“一带一路”与藏区区域经济研究

“一带一路”是“丝绸之路经济带”和“21 世纪海上丝绸之路”的简称。“一带一路”贯穿欧亚大陆，东边连接亚太经济圈，西边进入欧洲经济圈。无论是发展经济、改善民生，还是应对危机、加快调整，许多沿线国家和地区都同我国有着共同利益。西藏地域与“丝绸之路经济带”相对接，正南方向与“21 世纪海上丝绸之路”在南亚沿海地带相交汇，是对国家对外开放总体战略布局的丰富和完善。中央“一带一路”规划提出后，藏学界就西藏如何抓住历史机遇，对接“一带一路”建设，促进西藏及四省涉藏州县经济发展，实现西藏与周边国家和地区在政治、经济、文化上的交流与合作，促进“环喜马拉雅经济合作带”建设等方面开展研究，藏学的经济与社会研究融入了新的国际视野。

车明怀的《中国边疆西藏段于南亚、印度洋的地缘战略以及在国家大局中的地位》（《西藏研究》2016 年第 5 期）认为，我国边疆西藏段位于喜马拉雅山脉北部，扼南亚进出东亚青藏高原段的重要通道，边界线长达 4000 多千米，具有重要的地缘战略价值。在中国近代史上，西藏也与全国其他边疆地区一样，遭受到帝国主义的入侵，导致部分主权丧失，部分边疆土地被占。西藏和平解放后，我国收回了被帝国主义和有关国家攫取的主权，但被侵占的土地却仍被异国占领。随着国家现代化进程的不断加快，西藏在全国战略地位的重要性日益凸显，而经济全球化和国际战略的需要，使世界性资源争夺的斗争愈演愈烈，位于南亚与东亚地缘、交通、交流要冲的西藏段的地缘战略也愈来愈重要。这一重要性已经引起国家决策者乃至全民的重视，特别是习近平总书记提出“治国必治边，治边先稳藏”以及中央第六次西藏工作座谈会召开之后，将西藏段于南亚、印度洋的地缘战略以及在国家大局中的地位转变为决策思考和顶层设计变得更加迫切。

毛阳海的《西藏对接“一带一路”战略的历史渊源和现实意义》（《西藏民族大学学报（哲学社会科学版）》2015 年第 4 期）回顾了历史上西藏与丝绸之路之间的联系，认为唐朝以前西藏和丝绸之路有所联系，“唐蕃古道”把西藏和内地紧密联系在一起。此后经过宋、元、明、清各个历史时期，丝绸之路成为藏区与内地经济联系的主要通道，也是中央王朝对藏区实行多封众建、经济羁縻政策，实现有效治理的重要载体。文章还提出，当前西藏对接“一带一路”建设具有重要的意义，有利于进一步密切西藏与周边省区的经济关系，有利于扩大西藏的对外开放，有利于优化经济结构、转变经济发展方式，给西藏的生态文明建设、文化经济发展带来巨大的机遇，有利于西藏整体品牌形象的提升。

顾国爱的《西藏地区发展“一带一路”的对策》（《中国流通经济》2015 年第 5 期）认为，西藏地区对接国家“一带一路”建设，要求政府要切实加大引导力度，优化引导措施，加强制度建设和政策完善，大力发展各项与开放相关的重点产业，如净土健康产业，巩固农牧业优势，促进工业转型升级，着力发展服务业，增强品牌效应；健全交通网络体系，加快各大口岸建设，整体提升物流水平。

德吉卓嘎的《“一带一路”背景下拉日铁路在中印铁路外交中的影响》（《中国藏学》2015年第3期）认为，拉日铁路是我国经济社会发展战略向西倾斜的表现，有利于实现与南亚邻国，尤其是印度的交流与合作。在通路的基础上通商，形成和平发展新常态，有利于将政治互信、地缘毗邻、经济互补等优势转化为务实合作，是启动“铁路外交”的目的和意义。

张永攀的《论中国—尼泊尔关系在西藏稳定和发展中的价值、影响与展望》（《南亚研究季刊》2015年第3期）将西藏发展稳定放在中国周边外交，特别是中尼睦邻友好关系的背景下进行研究，认为中尼关系在历史、政治、经济、地理、文化、非传统安全等方面对西藏具有重要影响，但也存在尼泊尔政局复杂、印度美国因素、经贸因素、十四世达赖集团的干扰等不利于中尼关系发展的因素。因此，文章提出中尼关系应该树立相互依存、相互协作的理性策略，营造和平、安宁、友好、合作的两国边界，进一步明晰中国对尼泊尔政策，加大对尼泊尔投资，加强与尼政府在约束流亡藏人非法活动方面的沟通，并加大合作力度。

温文芳的《西藏融入“一带一路”应打好特色牌》（《云南民族大学学报（哲学社会科学版）2016年第1期）指出，“一带一路”涉及“丝绸之路经济带”和“21世纪海上丝绸之路”，是中国基于世界局势和国际背景提出的一项重要举措。这一举措将中国的西部地区和民族地区推向了深化经济发展的前沿，作为“一带一路”建设中的重要区域的西藏应将国家战略和民族特色、区域特色相结合，发展具有藏民族内涵的文化旅游和西藏特色贸易以及与南亚诸国宗教信仰上的认同和互通，通过三大方面的西藏特色牌，把中央关于西藏发展的决策部署和西藏实际紧密结合，共同促进西藏社会的新跨越。

王长鱼的《谈藏传佛教文化与“一带一路”战略》（《西藏民族大学学报（哲学社会科学版)》2016年第1期）通过对古丝绸之路与藏传佛教境外传播的史料分析，主要阐述藏传佛教与古丝绸之路的特殊关系，即藏传佛教的产生依托于古丝绸之路，藏传佛教的传播也依托于古丝绸之路。同时，藏传佛教也为古丝绸之路的拓展作出了贡献，古丝绸之路与藏传佛教文化传播相得益彰。

（六）精准扶贫与全面建成小康社会研究

西藏和四省藏区精准扶贫关系到藏区是否能与全国一起全面建成小康社会。如何在“四个全面”的战略部署下、在中央第六次西藏工作座谈会提出的治藏方略引领下、在全国人民的共同努力下，实现西藏的跨越式发展，确保西藏与全国各族人民同时步入全面小康社会这个主题在藏学界成为研究的热点之一。

1. 反贫困与精准扶贫

反贫困与精准扶贫方面的研究既有对西藏和四省藏区贫困特征、原因的总结，也有对实现脱贫的战略性思考；既有对贫困代际传递的讨论，也提出针对性的政策建议；既有针对某一区域的研究，也有深入的案例研究。

魏后凯的《对西藏实现脱贫致富奔小康的战略思考》（《中国发展观察》2016年第16期）指出，西藏是我国14个集中连片特困地区之一，贫困发生率高，贫困程度深，返贫现象严重，因灾、因病、因债致贫问题突出，实现到2020年全部脱贫和同步小康的难度大，任务十分艰巨。在西藏实现脱贫致富奔小康的征程中，农牧民收入低、公共服务滞后和人居环境差已成为主要短板，而农牧民收入低则是这些短板中的短板。“十三五”期间，西藏要想实现脱贫致富和同步小康目标，必须实行转赶结合，走跨越式绿色发展之路。普布次仁、美朗宗贞的《西藏边境地区全面建成小康社会的基本问题研究》（《西藏大学学报（社会科学版）》2016 年第 2 期）围绕西藏实现全面建成小康社会的重点难点，对西藏的边境地区和农牧区全面建成小康社会的机遇和挑战进行的研究指出，“十二五”期间，西藏经济社会取得了一个又一个发展的奇迹，无论是经济总量、农牧民人均水平，还是社会事业发展情况都得到了大幅度提高，西藏经济综合实力明显增强；“十三五”时期是西藏全面建成小康社会的决定性阶段，必须解放思想，开拓进取，主动适应新常态，加大基础设施建设力度，牢牢锁定贫困人口和贫困村镇，大力推进精准扶贫，促进经济社会持续健康发展和长治久安，确保到 2020 年与全国一道实现全面建成小康社会的宏伟目标。

高星等的《西藏农牧民贫困特征、类型、成因及精准扶贫对策》（《中国科学院院刊》2016 年第 3 期）对藏区和四省藏区贫困的特征、类型、成因等进行了翔实的分析，并对精准扶贫提出对策建议。文章指出，西藏贫困农牧民面临着收入增长慢、生存环境差、占有资源少、健康状况弱、劳动力素质低的困境。贫困人口类型复杂，包括生存环境脆弱型、生产资料贫乏型、经营意识薄弱型、人口压力过大型、人口健康缺陷型、多重因素复合型等。要紧紧把握“精准扶贫、精准脱贫”的总体思路，结合“两项制度衔接”政策，走出一条精准识别、精准扶持、精准管理、精准考核的精准脱贫路径；要不断探索和完善“整村推进”“合作社 +”“龙头企业 +”“科研基地 +”等扶贫开发模式，提高精准扶贫效果。文章提出的重大扶贫措施有：推进民生大力改善，促进公共服务均等化；鼓励龙头企业创新发展，带动贫困农民就业增收；强化劳动力素质培养，增强农民就业能力；构建科技下乡服务体系，提高农牧民科学生产水平；稳妥实施移民搬迁工程；整合配置扶贫资源，提高扶贫开发综合效率。

李继刚的《西藏农牧民脆弱性贫困与减贫政策》（《西藏民族大学学报（哲学社会科学版）》2016 年第 2 期）一文，将脆弱性引入对贫困的研究，大大拓展了贫困和减贫战略的维度和深度。文章认为，同其他省份相比，西藏自治区是生态系统最为脆弱、气候条件最为恶劣的省份之一。自然灾害的频繁发生，易于导致农牧民风险暴露增加；农牧业的弱质性特征，给农牧民在参与市场时带来冲击；农牧民受到流动性约束，难以应对生产生活的不利影响。文章建议，通过提供基础性农牧业服务、提高农牧民应对自然风险能力，发挥政府在市场中的调控作用、化解市场风险，发挥村委会的职能、为村民提供可靠的组织保障等措施降低西藏农牧民的脆弱性，缓解贫困。

陈鹰的《西部民族地区水电开发中的“新贫困”难题破解——基于四川甘孜藏族自治州泸定县水电开发农村移民的实地调查》（《西南民族大学学报（人文社会科学版）》2015 年第 6 期））提出，应建立西部民族地区水电开发生态修复产业化制度、生态产业资源使用制度、资源入股制度、居民劳动就业技能培训制度等，以破解西部民族地区水电开发中的“新贫困”难题。

多庆的《西藏社会保障在反贫困中的作用》（《西藏研究》2015 年第 4 期）认为，农村社会保障制度作为实现可持续扶贫的重要资源，其有效供给和公平分配对西藏经济社会全面发展起着不可替代的作用。西藏应进一步优化反贫困战略，通过完善农牧区社会保障体系来脱贫，使社会保障制度成为新时期农村经济生活中的重要部分。

胡洁的《关于西藏扎实推进精准脱贫的思考》（《中国藏学》2016 年第 3 期）一文，认为西藏扎实推进精准脱贫，必须找准客观和贫困人口自身存在的两方面原因，并且要做到精准。文章认为，针对致贫的原因，不仅要在产业、易地搬迁、政策兜底、劳务输出、生态、交通、水利、教育、健康、金融脱贫上做到精准，还要综合施策，发挥援藏、科技、人才、互联网 +、资产在精准脱贫中的作用，且要加强对脱贫攻坚的领导，在保障措施上精准。

杨阿维、张建伟的《西藏农牧区贫困代际传递问题研究》（《西藏大学学报（社会科学版）》2016 年第 1 期）一文，通过对拉萨市、日喀则市、昌都市、林芝地区、山南地区、那曲地区的部分县区的 600 多户农牧区贫困家庭进行入户调查，发现农牧区贫困代际传递家庭面临着收入分配、城镇化、人口流动、就业、因病致贫等困境。针对上述困境，文章提出解决贫困代际传递问题的可行性建议。

杨涛、郑勇维的《西藏那曲地区牧民能源贫困研究》（《中国藏学》2015 年第 1 期）认为，2012 年那曲地区农牧民生活能源消费中不存在绝对能源贫困，但是相对能源贫困显著，直接体现为牛粪占生活能源能量比重高、牛粪采集运输占能源消费时间比重高、电力占生活能源支出比例低。文章建议应选择符合牧区实际的牛粪能源替代与互补共存的生活能源消费升级模式，实施定居模式差异化等一系列措施解决能源相对贫困问题。

赖斌、杨丽娟等的《精准扶贫视野下的少数民族民宿特色旅游村镇建设研究——基于稻城县香格里拉镇的调研》（《西南民族大学学报（人文社会科学版）》2016 年第 12 期）一文，在对稻城县香格里拉镇在优化精准旅游扶贫环境建设和受益机制方面的做法进行案例分析的基础上，探讨了民宿旅游经济对扶贫的效果。文章指出少数民族地区建设民宿特色旅游村镇是开展旅游精准扶贫的有效途径，提出了基于精准扶贫的少数民族地区民宿特色旅游村镇三条建设路径，即产业路径、组织路径和获益路径。最后，文章强调要发挥政府、社区组织、贫困户和帮扶者四个主体的能动作用。

2. 经济与产业发展

杨明洪的《市场化背景下的央企对口援藏制度研究》（《中国藏学》2015 年第 3 期）在对央企对口援藏制度研究的基础上提出，中央企业援藏模式仍存在一定的缺陷。文章建议应突出央企援藏的特色，加大援助力度，规范援藏干部工作方式方法，延长援藏时间，强化项目监管，科学配置援藏资源。在新一轮央企改革之际，央企援藏的前景并不明朗，央企代表政府职能是否会被企业职能冲淡，央企改革后是否影响之前的援藏结对关系，均有待研究。

杨帆、庄天慧等的《四川藏区县域经济社会发展评价研究》（《贵州民族研究》2015 年第 9 期）认为，四川藏区县域经济社会综合发展指标总体上偏低，绝大多数县区仍然处于发展落后阶段；各县经济社会综合发展指数总体上呈上升趋势，但增幅缓慢；各县经济社会发展存在显著差异。文章指出，汶川地震灾后重建对四川藏区经济社会发展水平指数和综合发展指数均有拉动作用，但是难以迅速激发和提升藏区经济社会的发展活力与发展潜力，因此，提升四川藏区区域自我发展能力十分必要。

王代远的《西藏转变经济发展方式的目标与任务研究》（《西藏研究》2015 年第 5 期）认为，西藏转变发展方式，应培育多元化经济增长机制，促进西藏经济增长从投资拉动依赖型向投资、消费、出口均衡拉动型转变；应更加重视调整优化、协调平衡发展；应更加重视启动民间资本的力量；加大科技投入，壮大科研力量；调节人口合理增长，大力提高劳动者素质，全方位开发人力资源潜力。

张剑雄的《区域优化对西藏畜牧业实现跨越式发展的影响》（《中国藏学》2015 年第 3 期）认为，西藏各地区牲畜的存栏规模优势、产量优势和综合比较优势呈现明显差异，比较优势对畜牧业总产值增长的影响偏低，规模经济效益较小。文章认为，进一步加大力度推动西藏牲畜生产的区域优化对实现西藏畜牧业的跨越式发展具有重要意义。

章杰宽的《21 世纪西藏旅游业发展进程及其展望》（《西藏民族大学学报（哲学社会科学版）》2015 年第 1 期）梳理了西藏旅游总体指标、旅游酒店、旅行社情况、旅游交通、旅游景区建设及产品开发、旅游政策、旅游人才培养等方面的成就，并从旅游产品创新、市场促销、管理模式、学科发展和人才培养、旅游舆情管理等方面对西藏未来旅游业的发展提出建议。

周勇的《人口因素对西藏经济的影响》(《西藏研究》2015年第5期)认为，西藏经济具有明显的人口特征：劳动力大量依赖区外补充；劳动力行业分布具有地方特征、民族特征及演变规律；城市中来自农牧区的藏族劳动力逐年增加；技术型人力资源依赖区外供给；新增常住人口以就业型、工作型人口为主，居住型、消费型少；流动人口以打工、旅游、会务、探亲、度假、求医问药为主；劳动力行业分布的民族差别性逐步减少；劳动力经营分布的民族差异性降低。

宋慧的《四川甘孜藏区农牧民消费结构研究》(《西南民族大学学报(人文社会科学版)》2015年第5期)认为，虽然甘孜藏区牧民的市场参与意识、竞争意识得到加强，农牧民收入增速加快、产业结构逐步改善、民生工程持续推进，但四川甘孜藏区农牧民消费结构呈现消费支出绝对额偏低、以生活消费支出为主、恩格尔系数偏高、消费结构中居住和医疗支出比重上升、文教娱乐与衣着支出比重下降等特点。

3. 社会转型与城镇化

王跃、何成都的《路径依赖理论视野下的西藏社会转型研究》(《西藏民族大学学报(哲学社会科学版)》2015年第6期)认为，西藏正在经历由传统农业社会向现代社会转型，应当从以人为本的科学发展观全面深化改革，全面推进依法治藏，加强公民教育，扩大公民有序参与，建立良性的社会转型依赖路径。

史云峰的《西藏新型城镇化：现状、特征与路径》(《西藏民族大学学报(哲学社会科学版)》2016年第4期)认为，推进新型城镇化是我国全面建成小康社会、加快社会主义现代化进程的必由之路，已经成为国家重要的发展战略和举措。作为边疆民族地区，西藏当前城镇化率仅为25.8%，低于全国平均水平近30个百分点、低于西部地区约20个百分点。文章分析了西藏的城镇化过程中存在的显著特点和特殊性，主要表现为西藏在很大程度上还是传统的农牧社会，地广人稀、生态环境脆弱、城镇发育能力弱、城镇经济欠发达、拉动人口就业并向城镇聚集的能力非常有限。同时，城镇化、人口发展以及与资源、环境的协调发展等问题聚集叠加，对西藏城镇化提出了更加严峻的挑战。文章认为，西藏新型城镇化的内涵具有自身的新意和特征，其发展路径体现在发展目标、动力机制、产业支撑、空间布局、发展核心、发展模式等各个方面。

韦仁忠、唐任伍的《文化调试与社会资本重建：以三江源生态移民为例》(《中国藏学》2015年第2期)以三江源生态移民为研究对象，提出应当发挥社会资本的功能性作用，使牧民的文化失调在信任、恩惠互动的社会网络关系中逐步修补，以利于牧民的文化适应和社会和谐；应建构信任社会资本，为移民文化调适奠定基础；应重建互惠资本在共赢中实现移民的文化转型；应重建社会网络，为移民的文化调适搭建桥梁；应完善共有规范，为移民文化调适建构保障。

周晶、李天的《西藏传统城镇类型与形成机制研究》(《西藏研究》2015年第6期)认为，按照西藏传统城镇的形成机制和主要功能，可以划分为宗堡型城镇、寺院型城镇、边贸型城镇和驿站型城镇四种类型。其中以宗堡型和寺院型为西藏传统城镇的代表模式，这两种类型具有复合型功能，是西藏近现代城镇的发展基础，而其他城镇类型因为所承担的功能较为单一，在社会制度变革、经济发展以及交通环境改善的过程中趋向衰落。

徐爱燕、黄榕等的《产业结构服务化对西藏新型城镇化的推动——基于VAR模型的分析》(《西藏大学学报(社会科学版)》2015年第1期)认为，西藏工业发展式微，旅游业日新月异，逐渐形成“三二一”型产业结构，西藏难以复制传统以工业转移劳动力的城镇化模式。文章经过实证分析提出，西藏第三产业比第二产业更能影响城镇化进程，能够吸纳更多劳动力，促进就业的产业结构服务化是西藏新型城镇化的主要动力。

4. 公共服务均等化

欧阳雪梅的《西藏公共文化服务体系建设的状况及对策研究——基于对西藏自治区五地市的调研分析》（《西藏大学学报（社会科学版）》2016 年第 3 期）认为，“十二五”时期，西藏自治区认真贯彻落实中央有关精神，借助国家实施的文化惠民工程、对口支援省市和企业的支持、帮助，基本形成了区、地市、县、乡、村五级公共文化设施网络，服务条件全面改善，公共文化服务体系建设取得了很大的进步。西藏文化产品数量和服务质量显著增长，群众性文化活动日益丰富。但目前还存在财政困难、投入不足，地区、城乡发展不平衡，社会参与少，政府唱独角戏，公共文化产品和服务的有效供给不足等问题。文章建议，在“十三五”时期，需要积极落实中央相关政策，补齐公共文化建设的短板；充分发挥公共文化服务体系作用，增进“五个认同”的共识；盘活存量、拓展增量，丰富公共文化资源；转变发展理念，实现政府主导与社会多方参与相结合，建设惠及全区群众的现代公共文化服务体系。

郑洲的《西藏自治区政府公共服务能力提升研究——基于公共需求的分析视角》（《西南民族大学学报（人文社会科学版）》2015 年第 2 期）认为，应该从西藏各族人民群众对公共服务的实际需求出发，构建西藏自治区公共服务能力提升的理论分析框架，指导分析政府公共服务能力提升的条件及现实困境。文章最后提出了西藏自治区公共服务能力提升的实践路径和政策建议。

张锦花、齐有伟的《“互联网 +”视域下西藏公共文化服务体系建设新途径》（《西藏艺术研究》2016 年第 3 期）认为，党中央、国务院历来高度重视公共文化服务体系建设，对加快构建公共文化服务体系，全面推进公共文化服务标准化、均等化做出了重要的战略部署。2015 年 7 月 4 日，国务院印发的《关于积极推进“互联网 +”行动的指导意见》为西藏自治区公共文化服务体系建设注入了新的活力，对西藏自治区先进文化理论研究服务体系、文艺精品创作服务体系、文化知识传授服务体系、文化传播服务体系、文化娱乐服务体系、文化传承服务体系、农村文化服务体系等指明了方向。文章建议，要认真思考如何将互联网更广泛地应用于区内公共文化服务建设这一时代问题。

陈东升、杨宗彪等的《西藏自治区城乡居民基本养老保险制度实施情况调查评估报告》（《中国藏学》2015 年第 3 期）认为，应该继续深入持久地做好城乡居民养老保险宣传和征缴扩面工作；解决好高海拔地区低寿居民的待遇领取问题；制定符合西藏区情的被征地农牧民参加城乡居民养老保险的政策；推进城乡居民养老保险制度与其他社会保障制度的有效衔接；建立特殊人群认定制度；审计和监管力度要加大；着力解决人户分离群体的参保问题等。

郑军、朱甜甜的《政府财政补贴与社会效果：新农保制度的绩效评估——以西藏自治区为例》（《西藏大学学报（社会科学版）》2015 年第 1 期）认为，在新农保制度实施过程中，农牧民选择的缴费额和缴费年限对新农保制度的社会效果具有正向的影响作用；政府财政补贴是影响新农保制度社会效果的重要因素，但由于政府财政补贴的力度较弱、地方政府对不同缴费档次的补贴差额较小，对新农保制度的社会效果产生了一定的抑制作用。

王杰、土登贡布的《西藏牧区义务教育财政支出状况的调查——基于拉萨市当雄县的调研》（《西藏教育》2015 年第 7 期）基于 2014 年对西藏拉萨市当雄县的实地调研，对西藏牧区实施义务教育财政支出的现状、问题及原因进行了分析，指出当雄县中小学生均公用经费、“三包”经费等财政支出有了较快增长，同时也存在着“三包”经费区分度不明显、教师绩效工资有待落实、财政支出绩效评价体系不完善等问题，并提出了相应的改进建议。

吴玉珍、梁景之的《西藏边境县基础教育发展现状调查分析——以山南地区洛扎县为例》（《西藏民族学院（哲学社会科学版）》2015 年第 5 期）以洛扎县为个案，以相关文献和田野调查为基础，就县域基础教育发展的现状和问题作了分析考察。文章指出，西藏边境县基础教育目前存在着师资结构性失衡、代课教师待遇偏低、教师职业缺乏社会吸引力、集中办学困难、学前教育滞后等方面的问题，并提出相应的对策建议和发展思路。

朱韶晖的《青海藏区寄宿制学校现状调查》（《西藏民族大学学报（哲学社会科学版）》2016 年第 4 期）一文，通过问卷调查和实地访谈的方法，从青海藏区寄宿制学校总体分配趋势、寄宿生在校比例、寄宿制学校办学条件、藏区寄宿制学校发展等方面入手，分析和讨论了青海藏区寄宿制学校发展的基本特征和趋势。文章为促进青海藏区寄宿制学校的跨越式发展提供了相应的借鉴。方素梅的《西藏农村的医疗卫生服务能力建设——以昌都市卡若区为例》（《西藏民族大学学报（哲学社会科学版）》2016 年第 4 期）认为，进入 21 世纪以来，西藏逐步建立起以县为龙头、乡为枢纽、村为基础的三级卫生服务网络体系。农村医疗卫生条件和服务能力不断得到改善，农牧民健康水平逐步提高。但是西藏的医疗卫生状况与东部地区和城市相比，仍然存在不小的差距，在发展中面临不少困难和问题，由此影响了西藏农村卫生服务能力的进一步提高。通过对昌都市卡若区的调查，文章认为要进一步提升西藏农村医疗卫生服务能力，必须加强乡镇卫生院的建设，加大对乡村医生的培养力度，并将现代医疗体系与藏医药的发展进行有效的结合。

罗绒战堆的《生命路上的难关——从农牧民感受小议西藏的平均期望寿命》（《中国藏学》2016 年第 4 期）一文，以西藏农牧区婴儿死亡率和常见病导致的青壮年死亡率为视角，基于从西藏农牧区得来的第一手资料，特别是农牧民的感受和给予的经验数据，认为，因为西藏医疗卫生条件的巨大改善和西藏农牧区孕产妇住院分娩率的提高，使西藏农牧民有条件顺利渡过生命历程中最艰难的出生关和小病关，人均期望寿命得到较大提升。

二　基础研究综述

藏学领域的基础研究主要包括藏传佛教、西藏及藏区历史、文献、语言、文化、文学艺术等方面。

（一）藏传佛教

陈庆英的《关于元代藏传佛教噶当派的几个问题》（《西藏研究》2016 年第 4 期）一文，研究了元代噶当派的发展。文章认为，由于噶当派支派分散，注重经典修持，参与地方政治不多。因此在元代西藏历史研究中提及噶当派的论著不多。元代近百年中，噶当派起初由于自身态度受到蒙古势力的打击，之后很快得到恢复，对由元王室支持的萨迦派掌管西藏地方政教权力大部分表示支持。随着萨迦派与元朝廷建立了联系，完成了编辑纳塘版大藏经的巨大工程。文章对噶当派在有元一代的延续和发展脉络的梳理，有助于人们进一步研究藏传佛教各个教派的历史。

胡成霞的《论班禅系统在藏传佛教格鲁派中宗教领袖地位的最初确立》（《青藏高原论坛》2015 年第 3 期）对班禅活佛体系进行详细阐述，认为班禅是藏传佛教格鲁派两大活佛转世系统之一。早期几位班禅活佛对格鲁派发展所做的贡献，以及清中央政府治藏政策等调整使得班禅能够成为继达赖活佛系统之后格鲁派又一享有崇高声望的宗教领袖。

扎洛的《青海瞿昙寺大国师、国师、活佛世系考略》（《青海民族研究》2015 年第 4 期）针对瞿昙寺历史上的一些迄今仍未厘清的基本问题，根据《明实录》《清实录》《安多政教史》《塔尔寺志》等藏、汉文史资料，对瞿昙寺历史上的大国师、国师及 5 个活佛转世系统等传承进行考证，并指出了文献记载中存在的分歧和一些需要解决的问题。

刘一南的《试论瓦德尔对藏传佛教活佛转世制度的误读》（《中国藏学》2016 年第 2 期）

一文，指出了19世纪末的英国学者劳伦斯·瓦德尔在《西藏佛教或喇嘛教》一书中对活佛转世制度的误读，既体现了他在佛教知识方面的局限性，更凸显了他在西方中心主义的影响下怀有的妄自尊大态度和宗教歧视心理。

嘎·达哇才仁的《再论甘丹赤巴建立的活佛转世系统》（《中国藏学》2016年第2期）认为甘丹赤巴是甘丹寺创始人宗喀巴大师法座的继承者。从第一任甘丹赤巴宗喀巴大师算起，到1959年在任甘丹赤巴土登贡嘎为止，历史上先后出现过96位甘丹赤巴。但在政教发展过程中，因受西藏政教特定历史背景方面的种种影响，部分甘丹赤巴建立了活佛转世系统，而另一部分没有建立活佛转世系统。该文在大量藏文文献研究基础上，简要介绍和探讨了新发现的10位甘丹赤巴建立的活佛转世系统。

班班多杰的《再论藏传佛教格鲁派创始人宗喀巴的中道观》（《哲学研究》2015年第9期）以翔实丰富的藏、汉文资料为依据，提纲挈领地追溯了印度佛教般若中观的渊源流变，梳理宗喀巴中道观的主旨、特色，并将宗喀巴新中道观的创新总结为以功能有破实体有，以实体无破根本无。文章还将汉族地区受中道观影响的哲学家与宗喀巴进行了比较研究，对比了彼此的中道观和体用观的异同之处。

拉先加的《论藏传佛教主属寺系统及其形成原因——以青海格鲁派寺院为例》（《中国藏学》2015年第4期）以青海省境内的藏传佛教格鲁派寺院为研究对象，探讨藏传佛教组织文化。文章对藏传佛教主寺和属寺的传统称谓、主属寺关系中的模式、主属寺系统形成的内在原因等进行全面的梳理和分析，认为“教”和“人”等因素是内在原因和动力，这种内在因素与政治、经济等外在因素结合在一起，成为格鲁派主属寺关系在青海形成与发展的主要原因。

刘俊哲的《萨迦派中观见管窥》（《西南民族大学学报（人文社会科学版）》2015年第10期）对藏传佛教萨迦派在中观思想方面的建树进行探讨，认为藏传佛教各派都有自己的中观见，而萨迦派的中观见是建立在“成境为心”基础上的，属于如来藏“大中观”等范畴，主张的是本心体性空之空见和明空双运等“离边”之中道见，从而凸显其中观见自身的特点；萨迦派强力回击其他教派对本派中观见的尖锐批评，以此认为自己的中观见是最优的。

仇任前的《2010—2013年国内苯教研究综述》（《青藏高原论坛》2015年第1期）对国内2010—2013年苯教研究状况进行归纳总结，内容涉及苯教教义、佛苯关系、苯教与艺术、苯教与民俗、苯教与西南少数民族文化关系及苯教发展现状等方面，为学者研究苯教提供很好的参考。

沈卫荣的《论〈大乘要道密集〉的成书》（《中国藏学》2016年第3期）一文，通过对《大乘要道密集》的著译者、文本内容及传承的细致分析，将其与黑水城出土的西夏文佛教文献、中国国家图书馆和台北故宫博物院的藏品相比对，发现《大乘要道密集》集中了西夏、元、明三个不同时代翻译的藏传密教文献，其主要内容是一部萨迦派道果修法的仪轨集成，也包括一些其他的仪轨。并提出在《大乘要道密集》中多次出现的莎南屹啰或应为一位明代译师。

［韩国］赵炳活的《藏传佛教的历史分期及其重要特征新探》（《青海师范大学民族师范学院学报》2016年第1期）以“传播”“公认”“发展”的框架来试探藏传佛教的开端，并试图划分已经拥有1300多年历史的藏传佛教，以及概括地梳理藏传佛教之重要特征，从而得出菩提道次第是藏传佛教核心思想的结论。

贡保扎西的《论藏传佛教的慈悲观及其社会作用》（《西南民族大学学报（人文社会科学版）》2016年第8期）讨论了藏传佛教的慈悲观及其作用，认为慈悲观念是藏传佛教重要的思想内容，也是藏族传统文化重要的思想内核，同时也是藏族传统伦理道德的核心内容。它的主要思想内容是使众生离苦得乐，它的收益对象是所有生命体，它的践行者是具有这种信仰和受这种文化思想熏陶的广大民众。文章通过论述藏传佛教慈悲观念的层次类别，归纳藏传佛教慈悲观念的思想内涵，分析藏传佛教慈悲观念的社会作用和现实意义，旨在为藏区社会主义和谐社会建设提供思想文化的支撑。

文厚泓、索南才让的《现代藏传佛教系统初探》（《西藏研究》2016 年第 3 期）对现代藏传佛教系统进行研究，指出在现代化过程中，传统藏传佛教演变为现代藏传佛教：一方面，藏传佛教的外部系统已被瓦解，但它仍具有一定的经济、政治、教育与文化力量；另一方面，现代藏传佛教的内部系统（包括信仰、修炼二类体系）得到了加强，使藏传佛教复归为一种以人生信仰与生命修炼为主的生命文化实践系统。

（二）藏传佛教的演变和传播

游洛屏、洛桑·灵智多杰等的《坚持中国化发展方向，弘扬爱国主义传统——甘肃藏传佛教爱国主义传统调研》（《中国藏学》2015 年第 4 期）一文指出，藏传佛教爱国主义的内涵及其表现形式都具有鲜明的时代特征。从甘肃藏传佛教爱国主义传统的历史事实，可以得出藏传佛教是佛教中国化的结果，爱国爱教是佛教中国化的重要体现，坚持爱国爱教是藏传佛教坚持中国化的内在要求。当前引导藏传佛教与社会主义社会相适应必须坚持佛教中国化发展方向，结合佛教教义阐释，系统宣传藏传佛教爱国主义传统；要把爱国主义传统作为藏传佛教各教派的戒律底线；要把继承爱国主义传统作为宗教人士培养的重要内容，作为衡量宗教人士是否合格的重要标准。

郑堆、李德成的《台湾佛教发展现状及带给藏传佛教的思考》（《中国藏学》2015 年第 1 期）认为，佛教在台湾具有重要影响，已经形成自己的特色。它具有教理教义通俗化、信仰理念务实化、传教方式时代化、修行方式生活化、服务方式社会化、宗教关系和谐化等特点。文章认为，台湾佛教的这些特点值得大陆藏传佛教界进行深入思考和探讨，以推动佛教与社会主义社会相适应。

祁进玉的《藏传佛教传入河湟土族地区的影响及其后果——兼论游牧与农业地域社会的政治、文化与宗教互动》（《中国藏学》2015 年第 4 期）以 1578 年俺答汗在青海湖畔的仰华寺与西藏哲蚌寺法台索南嘉措会晤的历史为研究的出发点，对藏传佛教向青海传播的历史进行探讨。文章主要围绕青海自然成为藏传佛教僧众来往于蒙古各部落与西藏之间的重要交通要道，藏传佛教必然会对青甘地区的土、蒙古等民族产生重要影响，以及藏传佛教传入土族社会并渗入社会的政治、经济、文化等各方面产生的双重影响进行阐述。文章认为，一方面藏传佛教成为束缚人们的精神枷锁阻碍了土族社会的人口繁衍、经济繁荣和社会发展；另一方面却使土族地区的寺院成为文化传播的中心，一些土族的高僧成为当时的知识精英，他们通过著述与宗教实践，对加强土、藏、蒙古、汉等民族之间的有效交流与文化互动，产生了一定的影响。

闫润清、冯天春的《香格里拉藏传佛教之发展现状考究》（《西藏研究》2015 年第 3 期）关注藏传佛教现状问题。文章勾画了香格里拉藏传佛教的基本格局，即以格鲁派松赞林寺、宁玛派云登寺、噶举派龟山大佛寺、迪庆州藏语系佛学院为主要组成部分。文章分析了香格里拉藏传佛教发展的新态势、新元素，主要有寺院经济新思维、传教方式多样化、与周边民众生活一体化、对其他文化民俗的开放性等。同时也面临发展的隐忧，如关于清修本怀的保持、理论的传承与建设、部分藏族信众信仰观念的淡化、宗派间的平衡发展、寺庙生态的承载力等问题。文章认为，深入考察香格里拉藏传佛教的现状、内涵，探讨如何科学地整合、发展其既有资源，是需要深入研究的重要课题。

王佳的《当代东北地区藏传佛教信仰状况调查研究》（《世界宗教文化》2015 年第 1 期）通过田野调查，以问卷调查和大量访谈资料为依据，从信徒的基本情况、信徒组织和联系、宗教观念和宗教态度、宗教仪式和信仰实践、信仰与人生、宗教与社会等方面对当代东北地区藏传佛教信仰进行实地调查、分析和探讨。文章指出，藏传佛教在东北佛教信徒中具有一定影响力，是民族文化的载体之一，也是民族团结、宗教交流等重要纽带。藏传佛教信徒的信仰具有明显的时代性，是党和国家民族宗教政策的反映，也与东北地区经济社会发展水平密切相关。

白玛措的《藏传佛教在美国传播的田野考察》（《中国藏学》2016 年第 3 期）分析了美国人接受藏传佛教的自身原因，由此提出藏传佛教在美国和中国的主要区别，以“网络中心”为轴心，依托藏传佛教喇嘛及其所居住的中心为动力，借助科技的手段缩短空间的地理距离，建构起无形的“寺院”圈，形成有形的会员组织和信仰团体，是藏传佛教在西方的主要特色。藏传佛教在西方既有变迁中的传承又有传承中的变迁，以其特殊的结构和运行方式，在西方的文化中传播佛法的显密要义和修行法则，形成藏传佛教在西方文化中存在和传播的局势，使藏传佛教成为跨民族、跨文化和跨区域的宗教。

黄云静的《海外藏人移居美国与藏传佛教在美国的传播和发展》（《世界宗教研究》2016 年第 3 期）指出藏人移居美国始于 20 世纪 50 年代，藏传佛教也随之传入美国。如今，在美国已经形成一些固定的藏人社区，而藏传佛教在美国发展已经超出了藏人社区，进入了美国的本土主流社会和精英群体，不仅对美国社会产生影响，亦对中美关系产生了影响。

（三）历史上的中央政府与西藏的关系

白玛朗杰、次仁德吉、王春焕的《论藏传佛教活佛转世制度实施中的中央权威性》（《西藏研究》2015 年第 1 期）通过对藏传佛教活佛转世制度形成以来的历史实践进行分析，论证了历代中央政府对活佛转世的巨大影响和权威性。文章认为，藏传佛教活佛转世制度的形成、发展和完善，是元朝以来中央政府管理西藏地方的政权和西藏地方宗教影响社会的教权相结合的产物。藏传佛教活佛转世作为制度被继承下来的原因在于中央政府对藏传佛教有关教派的扶持，体现了历代中央政府管理西藏政治、社会和宗教的权威性。藏传佛教活佛转世制度成为历代中央政府治理西藏体系的重要内容，藏传佛教活佛转世制度的存续、转世活佛的立废权力都在中央政府，表明中国中央政府对西藏地区行使主权。

周燕的《浅谈清政府对达赖喇嘛政教权力的制约》（《西藏大学学报（社会科学版）》2015 年第 2 期）认为，达赖喇嘛是藏传佛教格鲁派的重要首领之一，尤其是清初确立尊崇格鲁派后，其宗教权威凸显。但是，清朝中央政府在扶持格鲁派，赋予达赖喇嘛在西藏政教中的地位不是这一名号与生俱来的，其政教权威的确立来自清朝中央政府。达赖喇嘛的政教权威还是一个发展演变的过程，这一过程总的趋势是被限制和弱化的。

石硕的《从藏文史籍中的四个称谓看吐蕃对唐太宗的认知——兼论吐蕃的中原观》（《中国藏学》2015 年第 3 期）对藏文史籍中关于唐太宗的称呼——“孔子小化身王”“观音菩萨的化身”“经典皇帝”“狮子赞普”等的意义及其体现的中原观进行了分析。

聂传平、侯甬坚的《采造务、堡寨、弓箭手：北宋对西北吐蕃居地的开发与开拓》（《中国边疆史地研究》2015 年第 1 期）将北宋对西北吐蕃居地的开发与开拓分为以采伐森林为主的第一阶段，推行弓箭手屯田与修筑堡寨相结合的屯田进筑政策的第二阶段和施行武力开边、将西北吐蕃居地纳入版图的第三阶段。文章认为这三个阶段是环环相扣、逐步深入的过程。北宋经制西北并非单纯依赖军事征服，而是将自然资源开发与边疆开拓密切结合，自然资源的开发为边疆开拓奠定物质基础，边疆开拓为自然资源开发提供新的空间。开发和开拓相结合的政策取得明显成效，使得安史之乱后长期脱离中原王朝管辖的西北吐蕃居地被重新纳入中原王朝的统治范围。

毛阳海的《论宋代祖国内地和藏区主要经济关系的性质问题》（《西藏大学学报（社会科

学版)》2016年第3期）一文，在重新梳理和审视相关史实的基础上，依据贸易经济学和公共经济学的相关概念，对宋代内地和藏区的茶马经济关系的性质重新予以分类界定。文章认为，宋代的中国内地和藏区的经济关系主要是茶马经济往来。这些茶马经济关系，既有官方的贡赐关系，也有民间自发的商品交换。文章提出，从经济性质上看，贡赐关系不属于贸易或互市，而是属于财税或准财税关系，尤其是自唐末吐蕃政权瓦解以后，祖国内地和青藏高原吐蕃部族政权之间的茶马贡赐关系就更不宜称为“茶马贸易”；官方垄断的不等价茶马交换也不是纯贸易关系，只有民间茶马交换才属于茶马贸易或茶马互市。正是具有准财税性质的贡赐关系为元代中央对西藏实现直接行政管辖奠定了经济基础。

切排、唐传营的《明朝中央与藏区地方权力互动中的藏传佛教高僧》（《世界宗教文化》2015年第4期）从明朝中央集权下的藏传佛教高僧、明代藏区地方权力组织中的藏传佛教高僧两方面梳理了当时的藏传佛教高僧及其主要职能和贡献。文章讨论了明代中央集权与藏区佛教高僧的关系。明英宗时期，明朝中央进一步确立了僧官等级，形成了法王、西天佛子、大国师、国师、禅师、都纲、喇嘛一套完整的僧官敕封制度。藏区高僧大德的敕封使得宗教与政治合为一体，僧侣威信提高，进一步深化、升华了中央与藏区地方的关系。另外，中央王朝推行的僧官制度，在甘、青、川藏区也取得了较好的管理效果。

次旦扎西的《论明朝管理西藏宗教事务的基本经验》（《西藏大学学报（社会科学版)》2016年第2期）一文，总结了明朝中央对西藏宗教事务管理采取的三项重要措施：一是以都司武卫行使西藏地方军政的管理；二是打破元代只倚重萨迦一派，采取“多封众建，尚用僧徒”政策，维持藏区政治分散和教派分立与地方权力相对分散的局面，从而为各种势力、各方教派的竞相发展提供了契机；三是在经济上推行“厚赏羁縻”的政策，使各派首领都得到实惠，受到安抚拥护明朝的统治。

玉珠措姆的《瞻对工布朗结事件对清末汉藏关系的影响》（《中国藏学》2015年第2期）将研究聚焦西藏地方政府把瞻对纳入治理范围后产生的历史影响。文章指出，1865年，西藏地方政府通过任命藏语称为“梁茹基巧”（新龙总管）的驻瞻藏官，将瞻对纳入统治范围，从而将势力范围扩大到康区北部地方。新龙总管的设立，既影响到整个康区地方层面的权力网络，又改变了清朝中央政府与西藏地方政府的关系，是工布朗结扩张事件在国家层面的反映，对西藏地方历史乃至整个中国历史都产生了深刻影响。文章从清朝中央政府赏赐“三瞻”的初衷、对康区地方层面权力互动关系的影响、对清朝中央政府和西藏地方政府关系的影响三个层面讨论了该事件对清末汉藏关系的影响。

周伟洲的《1919—1920年李仲莲、朱綉等奉命入藏事件论析》（《西藏民族大学学报（哲学社会科学版)》2015年第2期）就1919—1920年民国政府命令甘肃督军张广建派李仲莲等进入西藏协商川藏各事务，以释嫌疑、联络感情之事进行分析，认为此次入藏是自1911年辛亥革命以来，西藏地方政府首次接待、欢迎中央政府派出的代表团，改善了民国政府与西藏地方的关系，取得了重要的成就。文章还对当时包括著名藏学家任乃强在内的国人对此次入藏事件的评论批评进行了分析。

邹敏的《国家在场：1943年蒙藏委员会驻藏办事处传昭布施》（《中国边疆史地研究》2015年第3期）依据日记记载，再加上档案文献等历史资料，围绕国家在场的原则，对1943年传昭布施进行个案分析。文章认为，由于时局的原因，国民政府蒙藏委员驻藏办事处虽然按照惯例在1943年新年传昭期间进行传昭布施，并被赋予更重要的政治意义。蒙藏委员会驻藏办事处虽然在非常艰难的处境中，却依然从维护国家利益的角度，克服困难，延续传统进行布施，维护了国家在场的原则，并对缓和政治僵局起到促进作用。

卢本扎西的《论藏传佛教在刘文辉治理西康中的积极作用》（《西藏民族大学学报（哲学

社会科学版)》2015 年第 3 期）对刘文辉主政西康省 21 年的成效进行了深入的分析，认为他因地制宜，以藏传佛教为突破口，推崇宗教人士、授职土司、建立汉藏宗教文化交流平台；以宗教为纽带、文化为桥梁与西康民众实现沟通，保持了社会稳定，促进了经济发展。刘文辉的治康历史经验对当今康区治理、建设和谐社会具有值得借鉴的地方。

（四）考古、文献研究

霍巍的《藏东吐蕃佛教摩崖造像背景初探》（《民族研究》2015 年第 5 期）通过对石刻题记的深入解读，结合吐蕃时期汉藏关系的发展对相关问题进行分析。文章指出，从石刻题记可以看出，这些造像工程的组织者是吐蕃禅宗的继承者益西央，藏东汉藏交界地带发现的这批吐蕃佛教摩崖造像很可能和吐蕃王朝中后期在其新占领区内以树碑、建寺、开凿石窟等"以佛证盟"等方式来表达吐蕃赞普功德的纪念。这种性质的吐蕃人佛教遗存，是为了纪念某次唐蕃会盟的成功，或是为了准备迎接某次较大规模的唐蕃之间的会盟行动而刻写图像和文字。

黄维忠的《西藏分治割据时期的文化并未割裂——从新发现的 9—13 世纪藏文文献谈起》（《中国藏学》2015 年第 3 期）从文献的角度分析了这个时期的文化发展。文章以 20 世纪以来新发现的敦煌藏文文献、菩日文献、当许噶塘文献和塔波寺文献以及藏传佛教宁玛派文献等藏文文献为研究对象，指出在这批新发现的文献中，敦煌藏文文献与其他文献之间有着较为密切的关系，揭示出西藏割据时期的文化并未割裂，而是一个统一的整体。

叶拉太的《敦煌古藏文吐蕃地名所反映的古代民族情况》（《青海师范大学学报（哲学社会科学版)》2015 年第 2 期）从吐蕃地名所反映的河陇西域、藏彝走廊、青藏高原等地区民族分布格局与演变三个方面，讨论吐蕃地名与民族迁徙，以及敦煌古藏文吐蕃地名所反映的古代民族关系。文章指出古代地名的形成和变动反映了当时吐蕃各部落间，以及其与西域、河陇等区域内民族和地区的相互关系。

2015 年，由周润年、韩觉贤翻译的巴卧·祖拉陈瓦的史学名著《贤者喜宴——嘎玛嘎仓》译注二十四到三十继续在《西藏民族大学学报（哲学社会科学版)》2015 年第 1 期至 2016 年第 1 期连载，对了解八世噶玛巴在修习佛法、讲经、建寺、弘扬藏传佛教、参与民间活动等方面的贡献，对弥补明代汉文史料不足，研究中国的民族历史和民族关系具有重要的意义。

2015 年，《西藏民族大学学报（哲学社会科学版)》整理发表了多部珍贵的藏学汉文历史文献，对研究相关历史提供了大量一手资料。由邹敏整理的新民的《西藏政治和西藏人物》，郭学成整理的陈去病的《西藏改建行省议》，陶长雨整理的《班禅来京与西藏关系》，成飞整理的柯象峰的《西康甘孜行记》，朱晓舟整理的谭云山的《西藏的社会现状——对新声社记者谈话》以及钟荣帆整理的柯象峰、符气雄的《西康省边民教育之研究》分别刊登在第 1—6 期。这些资料对研究民国时期西藏地方的政治、宗教，中央政府与西藏地方的关系；研究班禅的地位、影响及作用；研究西康省甘孜的政治、经济、商业、宗教；研究西康省教育状况、教育与当地政治经济关系等具有重要的学术和史料价值。

（五）语言、文化、艺术研究

德吉草的《重读经典——文化视野下的〈萨迦格言〉再阐释》（《西南民族大学学报（人文社会科学版)》2015 年第 10 期）提出了格言诗的开创者就是《萨迦格言》的作者萨班。文章认为，藏族文学中传承千年之久的格言诗是萨班继承吐蕃以来的写作传统，汲取藏族民间文学的营养，借鉴印度作家同类作品，创造性发展出的一种独具风格的文体。文章认为，格言诗的基本格律为四句七音节；这种形式的运用起到表达作者的政治见解，传达作者对社会生活的认识、为人处事的主张和宣传佛教教义等作用。文章还提出，正是因为格言诗的这种特点，13

世纪以后，这类诗歌形式成为藏族文学的新流派。此外，作者认为，《萨迦格言》的一个重要价值在于，萨班通过诗歌塑造了藏族文化中的智者形象，标志着吐蕃时代武力英雄崇拜转向智慧与理性的文化英雄崇拜，并成为文化精神的衡量指标。

益西拉姆的《藏语谚语的语言特色及文化内涵》（《西藏研究》2015 年第 3 期）讨论了藏语谚语的语言特点及其反映的藏族社会文化生活。文章认为，藏语谚语具有结构固定、口语性强以及注重修辞三个特点。藏语谚语在内容上重视反映民众的生产生活方面的内容，体现了民族心理、制度、习俗、地域和社会变迁等方面的深刻文化内涵。

周炜的《西藏藏语新词术语规范工作初创时期的五个重要节点》（《中国藏学》2016 年第 S1 期）对西藏藏语新词术语规范工作初创时期的五个重要节点进行了研究，指出西藏藏语规范初创时期的工作，以语言立法为根本出发点，以全区藏语新词术语工作会议为抓手，以制定出台相关工作规则为工作重心，极大地推动了西藏自治区藏语规范化工作的进程，取得了积极的成效。

石硕的《试论康区的人文特点》（《青海民族研究》2015 年第 3 期）在综合考虑地缘、经济方式、民族交往与互动、历史演变、文化特点等因素的基础上，对康区人文特点进行归纳和探讨，认为康区具有如下人文特点：是农牧混合与农牧过渡地带；地处民族走廊地带，是藏族与西南众多民族互动与交融的地区；是藏、汉民族交流互动及西藏与内地之间连接的通道；是一条历史文化积淀带，积淀着许多历史遗留物；地域文化具有突出的多样性、复合性与兼容性。

林继富的《藏族民间口头叙事传统研究——以西藏为视角》（《青海民族研究》2015 年第 4 期）以西藏地区为例，从讲述传统、故事类型、故事讲述人三个方面论述藏族民间口头叙事传统。文章认为，民间口头叙事传统是藏族民众生活的重要组成部分，以民间故事类型的地方性和多样性丰富世界民间故事。藏族民间口头叙事传统是以讲述人不断讲述而传承下来的。文章建议要进一步肯定讲述人在民间口头叙事传统中的作用，加强对讲述人的保护工作。

觉安拉姆、王冬等的《西藏自治区非物质文化遗产项目代表性传承人现状研究》（《西藏大学学报（社会科学版）》2015 年第 3 期）以西藏自治区公布的非物质文化遗产项目国家级和自治区级代表性传承人数据为依据，通过对 350 位传承人在各批次的分布、年龄结构、性别结构、各项目类别中的比例等数据，指出西藏非物质文化遗产项目代表性传承人在传承实践中存在工作机构人员配备与保护工作的需要不匹配、传承人年龄偏高、生存空间面临危机、非遗保护工作地区差异大等问题，并提出保护传承人的建议。

严学勤的《多元宗教文化共存关系的社会空间视角解读——以对甘肃甘南藏族自治州临潭县的田野考察为例》（《青海民族研究》2016 年第 3 期）通过田野研究，对甘肃临潭县多元宗教文化共存现象进行了特征和原因分析，发现在长期的历史互动中，不同宗教文化之间形成了一种特殊的均衡关系机制。从社会空间视角去审视这种关系机制的形成，发现共同的生活地域、信众类似或互补的生计方式、历史记忆形成的边界以及共同认可的地方准则构成了层级式的社会空间特征。

刘志群的《西藏自治区成立 50 年以来藏戏研究的历史经验及其成就》（《西藏艺术研究》2015 年第 2 期）总结了 1965 年西藏自治区成立以来，特别是 20 世纪 80 年代以来新中国藏戏研究的成就。文章认为，新中国藏戏研究的兴起和取得的成绩，不仅仅是 1983 年全国开始开展“十套文艺集成”活动的结果，也和藏区各地公开的多种藏戏演出有密切的关系，尤其是 1986 年恢复的拉萨雪顿节藏戏表演，不仅带动了藏区各地藏戏表演的积极性，也激发了藏戏研究的兴趣。

三 重要专著

拉巴平措、陈庆英主编，张云执行主编的《西藏通史》（中国藏学出版社 2016 年版）共 8 卷 13 册 900 余万字，历时 13 年完成出版。该多卷本《西藏通史》充分吸收海内外藏学界的研究成果，同时又在早期、宋代、明代和当代几个较为薄弱的研究领域努力填补空白，是目前国内，也是国际学界体系完整、内容全面、系统展现西藏历史研究的重要著作，集中体现了中国西藏历史研究的成就。《西藏通史·早期卷》在考古资料和文献史料的基础上，上编以西藏地方远古时代为起点，以松赞干布正式建立吐蕃王朝为终点，展现了现行藏文创制之前西藏的历史；下编介绍西藏远古时代的社会、经济、宗教、科学技术、文学艺术、军事等内容。《西藏通史·吐蕃卷》讲述吐蕃王朝政治史的发展脉络，吐蕃王朝与唐朝在各个方面的关系以及吐蕃王朝的制度及文化、宗教等各方面的发展。《西藏通史·宋代卷》将西藏这一段历史与宋代历史背景对应起来研究，讨论了从吐蕃王朝统治地域到元代形成包括卫藏、阿里的当今西藏行政区域雏形的过程。《西藏通史·元代卷》突出西藏地方正式纳入中央王朝行政管辖主线，涉及元朝建立前蒙古对西藏的经营，元朝初期对西藏的政策，元朝中央政府管理西藏地方事务的建制、职官制度以及西藏地方经济社会发展、宗教教派、文化交流等内容。《西藏通史·明代卷》主要讨论了明代中央政府对西藏的施政和多封众建制度，西藏地方政权、势力的发展演变，西藏经济社会文化的发展及取得的成就，藏传佛教各教派的演变以及藏传佛教在西藏以外地区的传播。《西藏通史·清代卷》介绍了清代西藏地方政权的建立与巩固，清朝不同时期对西藏的政策，西藏人民反对外国势力入侵以及十三世达赖喇嘛亲政与西藏政局变化等。该卷对清代治理西藏的各项制度，包括政治、经济、军事、宗教等，以及西藏的经济社会发展和中外文化交流进行了详细的论述。《西藏通史·民国卷》通过梳理民国时期中央政府与西藏地方政府的关系，阐述了民国历届中央政府坚决维护对西藏地方的主权，坚持西藏地方为中国的一部分，并以此处理一切与西藏地方有关事务的事实，驳斥了民国时期“西藏事实上是独立的”这种谬论。该卷还论述了民国时期西藏地方的政教制度、社会经济制度、宗教和文化交流等。《西藏通史·当代卷》分为上、下两卷。上卷将改革开放之前的历史进程划分为和平解放、民主改革和西藏自治区成立三个时期，将改革开放之后的社会主义现代化建设阶段分为拨乱反正、起步探索、转折性发展、第一个里程碑、加快发展、第二个里程碑、推进跨越式发展七个阶段，以通史的方式展现了当代西藏地方的发展进程。下卷主要以史志结合的方式梳理新中国成立以来西藏 60 多年各项事业的发展历程与成果。

许建英的《中国西藏的治理》（湖南人民出版社 2015 年版）一书从历史的维度出发，阐述了从古至今中国西藏地区的治理思想、政策和模式，分析了元朝以前的西藏及其与中央王朝的关系，重点研究元、明、清三朝、中华民国以及中华人民共和国各个历史时期中央政府对西藏地方进行有效治理的各项政策，分析了各时期政策所产生的相应影响与作用，总结了西藏治理的经验和教训。

贺新元等的《和平解放以来民族政策西藏实践绩效研究》（社会科学文献出版社 2015 年版）一书，从政策绩效评估角度出发，对西藏和平解放以来中国共产党的民族区域自治政策、立法政策、文化政策、宗教信仰自由政策、经济政策、教育政策等在西藏的实施情况进行了整体回顾、总结和评估，并在评估的基础上对中国共产党民族政策在西藏的进一步实践进行了展望，分析了有利条件和存在的挑战，提出发展和完善的相关建议。

沈开艳等的《西藏经济跨越式发展研究》（社会科学文献出版社 2015 年版）从理论层面对“西藏经济跨越式发展”给出清晰定义，同时为其寻找理论支撑，梳理“西藏经济跨越式发展”

理念的脉络；实证层面，该书通过对西藏经济发展历程与现状的描述，分析了西藏经济跨越式发展的制约因素和主要矛盾；政策层面，在考虑到西藏经济跨越式发展的特殊性基础上，给出了制定西藏经济跨越式发展政策的目标导向和基本原则，并在对现有政策分析研究的基础上，提出实施西藏经济跨越式发展的政策建议。

张志恒、杨西平等的《西藏特色经济发展问题研究》（厦门大学出版社 2015 年版）一书，从西藏特色农牧经济、特色矿业经济、特色旅游经济、上市公司发展战略选择、农牧区消费行为以及拉萨市非公有制经济发展调查研究入手，总结了上述特色经济领域取得的显著成就、存在的主要问题，运用规范与实证相结合的分析方法解析西藏特色经济中的比较优势，并提出进一步促进特色经济领域快速发展的政策建议。

王娜的《西藏藏族人口相关数据分析研究》（社会科学文献出版社 2015 年版）一书，以 2010 年第六次全国人口普查数据为依据，探讨了藏族人口的发展规律和特点，并试图反映整个西藏经济社会的宏观发展。全书主要包括西藏人口基本情况、藏族人口动态与政策分析、藏族人口家庭结构变动趋势分析，藏族人口老龄化和养老保障与政策研究、西藏人口流动迁移与城镇化发展、西藏人口发展战略与可持续发展等内容。

张云的《西藏历代的边事边政与边史》（社会科学文献出版社 2015 年版）一书以专题形式，分重点、系统深入地探讨了自吐蕃时代起到和平解放为止这一历史时期西藏地方发生的重大事件，以及中央政权为应对这些事件所采取的政策和措施、代表性官吏在其中所发挥的作用。该书从唐蕃联姻一直写到和平解放，重视汉藏等多种文字资料的互证互补，通过多视角宽视野深度分析问题，重点从中央王朝或者中央政府与西藏地方之间的互动，对西藏地方历史发展规律的把握和历代治藏经验教训进行总结，对当代西藏经济社会发展和边疆治理具有很高的参考价值。

《红色记忆》（中国藏学出版社 2016 年版），以大量珍贵文字和图片史料为基础，吸收学界最新研究成果，在介绍红军长征经过藏区历史的基础上，就马克思主义民族理论在藏区的探索与实践、藏族各阶层人士对红军长征胜利的贡献、红军长征对藏区的深远影响进行了全方位的讨论，并重点阐述了长征精神、马克思主义民族理论中国化的当代启示。

刘凤强的《清代藏学历史文献研究》（人民出版社 2015 年版）一书对清代汉文、藏文记载的藏学历史文献进行了介绍。该书按照不同题材类别研究了藏文历史文献编撰方法、形式和内容等，并对其史料价值进行论述；对汉文藏学历史文献，分析了不同时期清代汉文藏学历史文献发展的原因、特点，梳理了清代汉文藏学文献发展的脉络，反映了清代内地人对西藏认识的由浅入深的过程。该书还从文献学角度整体上比较分析了汉藏文献编撰的异同，总结汉藏文献发展的共性，透视汉藏文化交流及其时代意义。

沈卫荣、侯浩然的《文本与历史：藏传佛教历史叙事的形成和汉藏佛学研究的建构》（中国藏学出版社 2016 年版）以对藏文文献的介绍和研究入手，通过对各种类型的藏传佛教文献分别在不同时期的出现、形成和发展的描述，来讨论藏传佛教之各种历史叙事的内容，及其建构和变化的过程，从而说明藏传佛教文本的形成与藏传佛教历史的建构之间的紧密关系。同时从对源自西夏、元、明时期的汉译藏传密教文本的研究出发，运用通过多语种佛教文本的对勘和分析来构建历史的学术方法，成功地构建了藏传密教于西夏、元、明三个朝代传播的历史，并为建构汉藏佛学研究这一新学科建立了一个可以效仿的研究模式。此外，该书还对国际藏学界于近二三十年来对藏文文献和藏传佛教历史的研究及其成果，做了全面的介绍和评论，可以为相关从事藏学研究的学者开展研究提供一个翔实的参考和明确的起点。

赵心愚的《清代西藏方志研究》（商务印书馆 2016 年版）为一部系统研究清代西藏方志的著作，共 5 章及 4 篇附录。作者在对清代西藏方志长期关注的前提下，通过查阅史料、对照古籍、分析研究，系统地探讨了清代西藏方志的诸多方面。这些研究涉及《西藏志考》《西藏志》等书著者及成书时间的考证，清代西藏方志的资料来源及几部主要著作间（《西藏记》与《西藏志》、《西藏考》与《西藏志》《西藏志考》）的关系考探，《西藏志》、宣统《盐井乡土志》等方志的特点及其资料价值；此外，还通过对《藏纪概》《西域遗闻》等的研究来探讨清代西藏方志的编撰问题；最后，对清代西藏方志的序、跋、例言及目录著录问题进行分析研究。4篇附录依次为：乾隆《打箭炉志略》著者及资料来源，乾隆《保县志》的特点及史料价值，咸丰《冕宁县志》的资料来源、篇目特点及纳西族史料价值，乾隆初年的丽江纳西族风俗研究。

央珍的《西藏地方摄政制度研究》（中央民族大学出版社2015年版）一书主要从五个方面对西藏历史上的摄政制度做了研究和探讨。作者通过梳理西藏历史上的摄政现象，不仅系统地阐述了西藏地方摄政的起源、发展和变革，而且考察了历任摄政的政治作为和多元权力角逐中历任摄政的处境和应对策略。该书还对摄政在西藏地方历史上的作用进行了评析，深刻解读了摄政制度这一典型制度设计的历史利弊。

四　研究总结和趋势分析

（一）2015年、2016年藏学研究总结

2015年和2016年藏学研究领域呈现落实中央第六次西藏工作座谈会精神，以西藏及四省藏区的长久稳定和持续发展为主要目标，以涉藏重大理论和现实问题为主要研究内容的研究态势，成果丰硕、形式多样。第一，重点关注现实问题研究。两年内发表的主要学术文章、出版的专著涵盖了西藏和四省藏区稳定发展的方方面面，包括藏区治理、“一带一路”、小康社会建设等。研究成果多以实证研究为主，以基层调研数据为基础，发现问题、找出原因、提出有针对性的建议和对策。第二，基础研究成果丰硕。基础藏学研究是以西藏独特的历史、文化、宗教为研究对象的，大量基础研究以历史典籍和文献资料为基础，梳理西藏发展的脉络，认识西藏传统文化、风俗和藏传佛教。第三，现实问题研究和基础研究形成日益良性、相互促进的关系。基础研究为现实问题研究提供史实支撑和认识基础，现实问题研究彰显基础研究的价值和意义。

（二）藏学研究趋势

藏学研究在围绕国家大政方针，坚持政治正确的前提下，坚持马克思主义、坚持唯物史观，将开展更加广泛、深入的研究。第一，继续加大现实问题研究力度。西藏稳定发展是藏学研究始终要坚持的主题，2017年要继续在藏区社会治理现代化、全面建成小康社会、精准扶贫等方面加大研究力度。第二，继续坚持基础领域研究。主要在藏传佛教、活佛转世、涉藏历史文献等方面加大研究力度，取得突破性的成果，为现实问题研究服务。第三，多形式的开展藏学研究。在发表高质量的学术文章、专著之外，要开展学术研讨会、专家咨询会、学术讲座等多形式的藏学研究。第四，创建藏学研究数据库。藏学研究也要适应大数据时代的特点，发挥不同研究机构的协调创新机制，创建藏学研究数据库，实现研究上的数据共享。

（于明潇，副研究员，中国社会科学院民族学与人类学研究所藏学与西藏发展研究室）

2015—2016 年新疆研究综述*

周 弘 马 艳 孙 嫱 王 耀 杜 娟

2015 年是新疆维吾尔自治区成立 60 周年的特殊历史时刻，与此同时，新疆也正处于暴力恐怖活动活跃期、反分裂斗争激烈期、干预治疗阵痛期“三期叠加”的特殊历史时期。对此，习近平总书记作出必须从“战略上审视和谋划新疆工作”的重要指示。有鉴于此，这一年学界对新疆的相关研究更注重围绕着全局战略展开。在此基础上，对新疆维吾尔自治区成立 60 周年以来经历的革命、建设、改革和发展的不同历史时期的历史任务、取得的历史成绩、可资借鉴的历史经验进行了回顾总结。除此之外，围绕着新疆目前的实际情况，有针对性的相关科学决策方面的研究也取得了一定的进展。总体而言，随着“新疆智库”的成立，2015 年成为了一个历史节点，之后的新疆研究将紧紧围绕新疆社会稳定和长治久安的总目标，以贯彻落实习近平总书记重要讲话精神和中央重大决策部署为主线，抓住新疆改革发展稳定中面临的主要矛盾和矛盾的主要方面，坚持突出重点性、对策性、科学性、国际性展开现实和理论问题的研究。

相比 2015 年，2016 年新疆研究涉及内容更为广泛。2016 年新疆社会文化方面的研究比较集中于社会稳定与社会治理，具体涉及互嵌式居住结构、农村基层社会治理，以及社会治理理论研究及其创新与实践。文化研究方面则注重延续社会稳定的脉络，探讨认同、传统文化转型等与和谐社会的建设。经济研究方面，除基础经济学研究之外，围绕新疆区域经济、资源环境、优势资源开发与产业、民族经济以及特色农业等方面涌现出许多新研究方向和成果。相关历史研究，既有从历史人类学角度，结合文献资料和田野调查资料展开的社会历史文化研究，亦有有关新疆历史地理地图、历史档案，及相关历史经济、中外关系方面的研究。对新疆少数民族人口流动和迁移方面的研究，大部分是根据新疆少数民族人口的流向，即新疆内部流动迁徙、向内地发达地区迁徙、向国外迁徙展开的。而对新疆少数民族流动人口在停留地的发展、适应等方面的专题研究仍然非常有限。2016 年中国学术界有关新疆暴力恐怖活动的研究主要涉及事件的成因、特征、影响、发展趋势和对策等方面，以及与之相关的舆情研究、反恐立法和宗教极端主义等热点议题的讨论，这些成果反映出学术界关于涉疆恐怖主义研究的动态及前沿。

一 新疆社会文化研究

2015 年国庆前后，新疆维吾尔自治区各地及内地多个学界机构组织召开了多种形式的庆祝新疆维吾尔自治区成立 60 周年的活动及相关学术研讨会。在这些重要的活动上，国家领导人、地方政要，及学界专家们对新疆历史与现实发展问题都提出了不同的见解。其中，《当代兵团》

---

* 本文由周弘、马艳、孙嫱、王耀、杜娟撰写，马艳统稿。

（2015 年第 24 期）和《兵团工运》（2015 年第 10 期）以特稿形式发表了俞正声、张春贤、韩勇在新疆维吾尔自治区成立 60 周年庆祝大会及刘延东在建设兵团成立 60 周年大会上的讲话。俞正声同志在讲话中总结了自 1955 年 10 月 1 日新疆维吾尔自治区成立以来所取得的辉煌成就，提出这些成就的取得是以毛泽东、邓小平、江泽民同志为核心的党的三代中央领导集体和以胡锦涛同志为总书记的党中央在新疆发展各个历史时期亲切关怀、英明决策的结果，是党的十八大以来以习近平同志为总书记的党中央继往开来、坚强领导的结果，是新疆各族干部群众团结奋斗、顽强拼搏的结果。并指出做好新疆工作，必须毫不动摇地坚持中国共产党的领导、坚持中国特色社会主义道路，坚持民族区域自治制度。而针对目前的新疆工作，应以中央召开的第二次新疆工作座谈会上明确的新形势下的新疆工作的重大方针政策为指导，认真贯彻党的十八大和十八届三中、四中全会精神，围绕"四个全面"战略布局以推动新疆社会稳定和长治久安为着眼点，坚持依法治疆、团结稳疆、长期建疆，努力建设团结和谐、繁荣富裕、文明进步、安居乐业的社会主义新疆。张春贤同志的讲话指出，新疆要坚定不移地走中国特色解决民族问题的正确道路，充分发挥民族区域自治制度的优势，保障各族群众合法权益，促进各民族交往交流交融，推动团结互助和谐的社会主义民族关系不断巩固发展。刘延东的讲话首先总结了兵团 60 年来发展和奋斗的历程，并肯定了兵团在增进民族团结、共同维护新疆稳定方面所作出的贡献，同时指出兵团在新时期应在民族团结、宗教和谐、文化引领、兵地融合等方面积极探索，在维护新疆社会稳定和实现长治久安中进一步体现自身的作用。

与此同时，学界就新疆维吾尔自治区成立 60 周年也开展了主题丰富多样的座谈会和研讨会，并发表了一系列治理新疆与发展新疆的见解和论文。其中，新疆社会科学院社会学研究所的李晓霞和宗教研究所的郭泰山，分别发表了《新疆社会建设 60 年》和《新疆宗教政策 60 年》两篇文章，具有显著的代表性和重大意义。李晓霞在文中指出，社会建设一直是国家发展建设的一个重要内容，新疆维吾尔自治区成立 60 年以来，尤其是进入 21 世纪，社会建设取得了很大成就，主要表现在以民生为主的社会事业发展和以促进社会和谐为目标的社会管理两方面。而站在现今新疆发展的立足点上，加快推进社会建设，将为新疆社会稳定和长治久安提供坚实的社会基础。文章从收入水平及生活状况、就业规模和就业结构、教育水平和教育均衡发展、社会保障制度体系、医疗卫生服务体系及扶贫开发六个方面对以民生改善为主的社会事业建设进行了总结；从基层社会管理和服务、民族宗教事务管理、依法治疆严打暴恐活动、人口管理和公共服务以及社会组织发展五个方面深入分析了以促进社会和谐为目标的社会管理的方方面面。从而为人们展现了 60 年来新疆社会建设方面的全景图。郭泰山的文章对新疆 60 年来的宗教发展情况作了深入的分析和总结，指出由于历史和现实原因，在长期处于社会主义初级阶段的大背景下，新疆宗教问题呈现错综复杂而又十分敏感的局面，常常与民族问题、社会问题、国际问题等交织在一起，又常常被国外敌对势力和某些政治势力所利用，成为他们妄图分裂我国统一、破坏民族团结的一种工具。所以，宗教问题在新疆具有特殊的复杂性和重要性，关系到新疆的社会稳定、和谐和发展，关系到各民族的团结、和睦和国家的安全、统一，宗教问题已成为社会关注的热点之一。针对上述问题，作者指出时下的新疆，从政策上考虑，认同教育仍旧是关键（国法大于教法，公民大于教民），需要多加强公民意识教育，多讲各民族共同的历史回忆、共同的现实利益、共同的美好未来，把增进交往交流交融的制度设计落到实处。

2016 年，新疆社会方面的研究首先是关于互嵌式社会结构的研究，主要成果如下。魏冰的《互嵌式治理：新疆多民族互嵌社区建设的有效选择》（《西北师大学报（社会科学版）》2016 年第 1 期）指出，作为构建新型民族关系重要载体的多民族互嵌社区建设，不仅是物质层面的居住场所的建设，而且是各族群众心灵的精神家园的构筑。张朝霞的《新疆嵌入式社会结构和社区环境的实现路径研究》（《西北师大学报（社会科学版）》2016 年第 1 期）认为，新疆嵌入式社会结构和社区环境建构过程中还存在一些问题，如部分嵌入措施难以落实，南疆地区嵌入难度大，内地各界对“有序扩大新疆少数民族群众到内地接受教育、就业、居住”缺乏应对之策，政策和法律支持体系亟待健全等。有序推进该项工作需要加强对新疆嵌入式社会建设的顶层设计和分类指导，要以南疆地区为重点和突破口，内地政府和社会各界要以更积极、更包容的心态对待新疆少数民族融入内地的现实需要。国家、新疆和内地三个层面要共同做好政策和法律的制度保障。李俊清、卢小平的《城镇化与新疆各民族互嵌式社会结构建设》（《国家行政学院学报》2016 年第 4 期）认为，目前新疆各民族分区聚居集中程度很高，相互嵌入不足，这是导致新疆社会稳定问题的重要原因之一，应通过一系列措施促进各民族互嵌式社会结构的建设，同时转变对口援疆模式，引导更多新疆各民族群众到内地就业居住，融入当地社会。吴良平的《流动人口与新疆嵌入式民族社会结构构建——以新疆石河子市明珠社区汉族流动人口春节族际互动网络为例》（《西南民族大学学报（人文社科版）》2016 年第 2 期）从多民族社区流动人口的社会关系嵌入入手，引入社会网络结构视角，以社区节日互动情境为切入点，测量流动人口在多民族社区中的族际网络结构嵌入程度，分析族际互相嵌入的具体机制，指出人口流动促进了族际互嵌关系途径的增多，但公共文化资源分配、文化共享程度等限制了流动人口的族际嵌入程度。姜禾的《以民族互嵌式社区建设促进民族交融——以新疆和田市为例》（《新西部》2016 年第 4 期），通过和田市构建和谐新村促进民族交融的实践，阐释了在新疆“推动建立各民族相互嵌入式的社会结构和社区环境”“以民族互嵌式社区为抓手促进民族交融”的理念。白燕的《社会变迁视域下的新疆生态移民嵌入研究》（《兵团党校学报》2016 年第 1 期），从生态移民社会变迁的视角，分析了生态移民对新环境嵌入的难易程度、存在的风险，以及加快移民嵌入的思路对策。

其次，关于农村基层社会治理方面的研究，主要成果如下。张少云、赵明的《少数民族地区农村政治文化建设中存在的问题及对策——以新疆南疆地区农村为例》（《新疆社科论坛》2016 年第 4 期）提出加强少数民族地区农村政治文化建设，必须构建政治文化氛围。闫海龙的《加强新疆南疆村级基层党组织建设的思考——以莎车艾力西湖镇吐格曼贝希村为例》（《实事求是》2016 年第 1 期），指出村级基层党组织存在的一些问题已经成为影响新疆农村发展和社会稳定的重要因素，并提出了具体的对策建议。杨富强、万明钢的《新疆南疆农村社会治理面临的困境——基于对 L 村的人类学调查》（《新疆社会科学》2016 年第 2 期），以新疆南疆 L 村社会管理实践调查为基础，对传统乡村基层组织的管理模式进行描述，提出多元参与社会治理是实现南疆农村建设的主要途径。张立哲的《社会稳定视角下新疆农村重点人口防治问题研究》（《河北公安警察职业学院学报》2016 年第 1 期）认为，新疆社会稳定的关键在于农村基层组织建设，而基层组织建设的重心在于农村重点人口的管控预防，用好政策法规改进宗教事务管理方式，进而有效解决新疆农村重点人口问题。白关峰、王鹏的《干部下乡与南疆农村社会治理——对“访惠聚”活动的分析与思考》（《新疆社科论坛》2016 年第 4 期），对新疆维吾尔自治区党委实施的“访民情惠民生聚民心”活动进行了探讨，指出此活动体现了中国共产党对群众路线的一贯坚持，是强化国家主导性、加强农村治理的一种方式。此外，关于社会治理理论及其创新与实践的相关研究，主要成果如下。曹李海的《博弈情景下新疆社会稳定与治理实践问题探讨》（《新疆社会科学》2016 年第 1 期）指出，治理问题在博弈情景下考量新疆社会稳定与治理能力现代化具有重要的价值选择。政府作为治理主体与客体“三股势力”博弈选择与较量，既是政府治理的实践挑战，又是民族地区治理的理论探讨。以中央新疆工作座谈会为重心的中央治疆方略，形成国家层面回应新疆问题的理论路径共识，符合特殊情境下新疆治理实践，是完全正确的。治理实践高度体现在地方政府自身建设，南疆治理实践升华，遏制暴恐和去极端化，干部队伍建设上，治理目标高度体现在稳定第一。治理主体政府的理性选择，公共政策制定，科学施政、依法执政，起到治疆能力现代化的主体作用。张金伟、吴琼的《马克思社会有机体理论视域下新疆社会稳定格局的构建》（《湖北民族学院学报（哲学社会科学版）》2016 年第 2 期），提出维护社会稳定是新疆工作的当务之急。在马克思社会有机体理论视域中，社会稳定是社会整体的良序运行，使构成社会的各个部分协调互动和矛盾可控。于溯阳的《政策过程视角下的中国政府治理创新研究——以新疆克拉玛依市网格化管理为例》（《天津行政学院学报》2016 年第 3 期），提出政府治理创新是加快政府职能转变、推进国家治理体系和治理能力现代化的重要手段。

关于新疆社会文化认同、文化适应方面的研究，主要成果如下。王霞、何欢的《新疆少数民族大学生中华文化认同现状分析》（《中南民族大学学报（人文社会科学版）》2016 年第 1 期）认为，中华文化是千百年来各族人民在长期实践中形成的伟大智慧结晶，良好的文化认同对于加强民族凝聚力、构建和谐社会意义重大。孙嫱的《乡村维吾尔族的民族认同与国家认同关系研究——基于新疆莎车县 T 乡的实地调查》（《西北民族研究》2016 年第 3 期），基于对南疆莎车县维吾尔族村落的实地调查，细致梳理了当地村民的民族认同和国家认同现状，以及他们对两者关系的认知；认为当地人的国家意识受两个重要因素的影响：一个是国家的宣传和教育，另一个是人们在日常生活中感受到的国家政策。在民族区域自治政策的基本框架下，无论是宣传教育，还是落实国家政策，都要充分考虑到当地人的民族身份。当地人在接受这些政策措施的过程中会增强自身的民族认同感，但这并不意味着一定会弱化国家认同。因为民族区域自治制度的具体措施本身就体现了国家意志，所以当地人民族认同感的加强，实际上是其对国家认同增强的体现。多民族国家的国家认同建构于人们对于自身民族认同的基础上，二者并不冲突。郑德顺、罗彬的《新疆维吾尔族日常生活仪式传播中的信仰重塑与文化认同》（《湖南大众传媒职业技术学院学报》2016 年第 1 期），认为日常生活中的仪式传播与共同信仰、文化认同之间存在着密切联系，维吾尔族日常生活仪式传播在增强新疆维吾尔族文化归属感和认同感、维系共同情感、重塑共同信仰、构筑文化认同、谋求本地区社会和谐与稳定等方面具有重要作用。

最后，对新疆传统文化现代转型方面的研究，主要成果如下。张锐的《新疆少数民族文化现代化研究》（《贵州民族研究》2016 年第 7 期）认为，新疆是多民族、多宗教、多元文化地区，因各种复杂的历史和社会成因而形成区隔、封闭，容易产生民族隔阂，阻碍社会和文化的发展。王宝庆等的《社会转型期新疆游牧民族传统体育文化的演进特征》（《新疆社会科学》2016 年第 4 期），对新疆游牧民族产生的背景以及定居后在社会转型期游牧民族传统体育文化的变迁进行了调查研究，并对其特征进行了细致分析。文章认为，游牧民族传统体育文化元素在演进中得到保留，现代游牧民族传统体育文化为多元一体化发展，游牧民族传统体育文化对建构族群认同和国家认同具有促进作用，转型期现代生活方式对游牧民族传统体育文化发展具有重要影响。塔吉姑·吐逊、阿布都肉苏力·阿布都瓦依提的《十二木卡姆构建地方和谐社会价值探讨》（《喀什大学学报》2016 年第 4 期），曹立中、张如蓉的《试析新疆维吾尔族艾德莱斯绸的时代价值》（《喀什大学学报》2016 年第 4 期），王强、艾克拜尔玉素甫的《新疆非物质文化遗产葫芦人绊跤传承人生存现状调查与思考》（《喀什大学学报》2016 年第 4 期）等文，从不同角度对少数民族传统文化的传承、保护与发展进行了讨论。

二 新疆社会经济研究

2016 年，关于新疆社会经济方面的研究成果颇为丰硕，主要成果如下。连旭的《县域农业经济发展评价及空间分异研究——基于新疆83个县面板数据的实证》（《干旱区资源与环境》2016年第12期），通过建立评价新疆县域农业经济发展的指标体系，采用主成分分析法对新疆各县农业经济发展水平进行综合评价，依据所得的农民生活与生产水平、投入产出率、产值、粮食安全与经营多元化、优势产业发展集中度、农业经济结构6个主成分，聚类分析得出新疆农业经济发展水平分为6类，绘制了新疆83个县（市）的发展水平空间分异图，认为新疆县域农业经济空间结构特征为南北两极分化，北高南低，且县域农业经济发展水平在空间上呈现明显的相关性，发展水平相似的县域在空间上相互邻近，呈集聚分布态。张庆红的《综合承载力视角下新疆适度人口研究》（《生态经济》2016年第4期）基于综合承载力构建适度人口模型，测算了新疆2000—2013年的适度人口，结果表明新疆人均生态赤字较高，人地矛盾相对较小，目前的人口规模基本合理，从维护经济、资源和生态环境协调稳定的角度来看，新疆已经没有人口增长的空间。今后需要合理控制人口增长，改变生产和消费模式，注重生态保护，合理利用资源，以提高适度人口规模容载能力。何怡、王江的《开放视角下中国—中亚自由贸易区建设与新疆经济发展研究》（《新疆农垦经济》2016年第6期），基于新疆外向型经济的现状，分析中国—中亚自由贸易区的建立对新疆发展外向型经济的综合影响，最后提出加速推进中国—中亚自由贸易区建立的具体战略举措。李晓玲等的《安全导向的屯垦戍边地区城镇化转型研究——以新疆南疆四地州为例》（《地域研究与开发》2016年第5期），认为南疆四地州正面临经济发展滞后、区域发展不平衡，社会贫困问题严重、城市规模偏小，生态环境脆弱、人口流失严重等问题，城镇化过程正接受经济、社会、生态三个方面的安全挑战。

此外，从南疆四地州的经验来看，屯垦戍边地区可通过城镇化建设成本机制、区域治理方式、城市体系结构、产业发展模式、区域生存环境建设思路五个方面促进城镇化转型，适应区域安全发展需要。李海兵、刘昌龙的《兵团南疆少数民族聚居团场经济社会发展成效、问题及对策思路》（《新疆农垦经济》2016年第2期），指出了南疆少数民族聚居团场经济社会发展过程中尚存在产业发展不平衡、产业结构层次低、产业的科技含量低、产业集聚度不高、产业关联度低等现实问题。在综合研究与调查方面，阿不都热扎克·铁木尔、刘仲康、苏成主编的《2015—2016年新疆经济社会形势分析与预测》（新疆人民出版社2016年版）较为全面地总结分析了新疆2015年经济形势和社会形势，并对新疆2016年的经济形势和社会形势进行了预测，对政府及有关部门的工作计划和制度安排有重要指导意义。

三　新疆历史文化研究

2015年，新疆历史方面的研究相对较少，具有代表性的有王耀的《清代新疆乌什城市形态及格局演变探析》（《昆明学院学报》2015年第4期）和杨发鹏的《试论清代新疆文化的总体特征》（《地方文化研究》2015年第5期）。在《清代新疆乌什城市形态及格局演变探析》一文中，作者拟以乌什城为研究对象，借助文献记载、绘画、古地图等，尽可能复原其在清代不同历史阶段的城市空间形态和内部格局，揭示城市在清代新疆南疆治理与开发中的历史演进与空间变迁，呈现清代新疆南路城市发展的部分特征。该文从乌什镇历史演变的视角，提出了社会文化所具有的内生力对城市文化变迁所发生的重要影响。杨发鹏的《试论清代新疆文化的总体特征》，分析了新疆在清代这一社会历史发展的重要时期，其文化特征所发生的重要变迁。作者从民族构成多元性、语言文字多元性、宗教信仰多元性、管理体制多元性、司法制度多元性及风俗习惯多元性几个方面论证了清代新疆文化的多元性。在此基础上，总结出新疆经济文化的几个突出特点：一是移民屯垦与农牧并重，二是天山南北文化泾渭分明差异显著，三是“东进”与“西渐”，形成了混合中西的文化特色。该文对新疆社会文化发展形成的一个重要脉络进行了梳理，指出中原文化及西方近代文化对新疆的影响及其与新疆原有的游牧文化混合杂糅，共同奠定了现今新疆社会文化的底色。

2016 年，针对新疆社会的现状，学界开始重新关注新疆历史的梳理，尤其是新疆汉人社会历史的研究，其代表性的研究成果主要如下。周泓的《内地汉姓维吾尔翦氏家族源流》（《宗教信仰与民族文化（第 8 辑）》，社会科学文献出版社 2016 年版），以文献资料与主体访谈记录对应，考释常德维吾尔翦氏家族源流；陈明世族政治抱负、经世致用理念的沿袭性。主张边缘研究在承认文化传播、交融接触与融合所生成的文化同质或相似性的重要性时，需避免现代行政边界概念。周泓的《元明都城西畏兀（畏吾）信仰与文化》（《宗教信仰与民族文化（第 8 辑）》，社会科学文献出版社 2016 年版），考述元明都城西御敕寺院与畏兀（畏吾）礼佛庙宇，考证高梁桥至白石桥间大护国仁王寺的历史存在，正觉寺、万寿寺建年之推前，白塔寺、大佛寺与其之关联；考释都城畏吾人在当地的族际婚，庙会中的西域技艺与信仰习俗，庙市中的西域物产，生计居住等与当地的交融。周泓的《西域—新疆汉人研究建构——新疆汉人社会研究之一》（《跨文化传播研究学刊》创刊号，中国社会科学出版社 2016 年版），提出西域汉人社会研究框架，尤其是近代新疆主体研究建构的学术之题。学界关于“新疆汉人社会”的研究相对于“新疆民族研究”极为薄弱，迄今尚未形成专门研究领域。然则，自从有丝绸之路，就有内地汉人到西域经商；然而直至近代，应该说这一商路往来的西域人至内地多于汉人至西域；清朝统一西域后，大批汉人始进驻西域。该文针对边域研究中汉人主体的缺失，接续汉唐、魏晋之西域经营，系统考溯晚近新疆汉人社会的主体构成、清末民国新疆汉人文化、边政学与近代新疆汉人研究。文章据人类学相关理论论说近代新疆权力格局与主体分化、近代新疆汉人源流和其文化认同，补缺边政学和汉学研究。周泓的《“家族神”的村社传统与东正教的国民建构：俄罗斯白俄罗斯的文化根基》（《宗教信仰与民族文化（第 9 辑）》社会科学文献出版社 2016 年版）认为，俄罗斯与白俄罗斯东正教享有兼容民间信仰、教化国民、整合社会、协佐军队、建构民族的历史积淀和政治支撑，因而其东正教具有建构国民、社会、民族—国家的功能。文章结论以利奇平衡论和特纳仪式反结构，质疑涂尔干等宗教表征结构之研究。

此外，丁宏教授继续中亚与新疆穆斯林社会与信仰研究。新疆师范大学刘明副教授，新疆大学刘正江教授继杨圣敏教授做帕米尔高原塔什库尔干塔吉克族社会调查研究。大连民族大学孙岿教授跟踪调查与撰写关于大连市援建新疆石河子市经验和建议，受到大连市政府重视采纳。近年天津市西青区和天津市政协联合新疆“赶大营”历史文化研究会，做晚清民国新疆津帮商人追踪调查，并由天津社会科学院张利民教授执编出版《丝路津商》文集，天津电视台以此名开拍系列专题纪录片。新疆社会科学院承担国家社科基金课题“新疆汉人商帮”。王小霞的《新疆达里雅布依人历史渊源探究浅析》（《文化研究》2016 年第 5 期），在实地调查和相关文献资料的基础上，分析达里雅布依人历史沿革的多种说法，认为达里雅布依人就是克里雅人的一支，他们和其他克里雅人的不同是，生活在塔克拉玛干“沙漠腹地”，以放牧为生，属于游走于大漠深处半游牧半定居的维吾尔族人，在日常生活、习俗等方面，与生活在南疆其他乡镇主要从事农业活动的维吾尔族有所不同。丁俊的《于阗镇守军征税系统初探》（《西域研究》2016 年第 3 期），利用中国人民大学博物馆与中国国家图书馆藏于阗汉文文书，证明于阗镇守军内部存在一个严密且完善的征税官体系。刘超建的《清代南疆维吾尔族的农业特征与社会关系研究》（《昌吉学院学报》2016 年第 1 期），主要针对的是清代维吾尔农业经济社会的研究。

关于新疆历史上的中外关系研究方面，代表成果如下。李强、纪宗安的《清与坎巨提宗藩关系中的几个问题》（《西域研究》2016 年第 3 期），阐述了清朝与中亚坎巨提之间 177 年宗藩关系的变动历史。赵卫宾的《清与哈萨克汗国的首次交往——兼议使臣满泰生平》（《西域研究》2016 年第 1 期），对清朝与中亚哈萨克汗国在雍正九年（1731）的首次交往等进行考证。赵维玺的

《饶应祺主新时期的对俄关系探析》（《新疆大学学报（哲学·人文社会科学版）》2016年第2期）探讨了对俄关系。

关于边疆治理研究方面，张玮、何荣的《清代哈密建制沿革初探》（《昌吉学院学报》2016年第4期），鲁靖康、魏亚儒的《清代边疆政区设置的变通与调适——以塔尔巴哈台为例》（《西域研究》2016年第3期）及苗普生的《匈奴统治西域述论》（《西域研究》2016年第2期）有一定代表性。

关于新疆历史地理研究方面，代表成果如下。张晓东的《明代〈蒙古山水地图〉探微》（《西域研究》2016年第2期）认为，该图绘制时间在弘治之后、嘉靖二十一年（1542年）之前，地图绘制应依据一个文本，这个文本是《西域土地人物略》的来源。靳煜的《乾隆年间三次西域测绘再分析》（《西域研究》2016年第1期），利用满文资料完整梳理了乾隆三十七年（1772）第三次西域测绘过程。陈海龙的《清朝文献中"巴尔楚克"地名考》（《吉昌学院学报》2016年第2期）探讨了相关历史地名问题。吴福环的《清末至民国外国人笔下的喀什噶尔》（《西域研究》2016年第2期），借助外国考察家的记载，部分还原了喀什噶尔的地理环境、城市建筑、居民构成等。周轩的《〈皇清职贡图〉中的西域史实》（《伊犁师范学院学报（社会科学版）》2016年第2期）借助清代图像进行西域史研究。王耀的《清代军府体制下的南疆中心治所城市转移问题探析》（《宗教信仰与民族文化（第8辑）》，社会科学文献出版社2016年版）与《清中期伯克制度下的南疆回城等级问题探析》（《宗教信仰与民族文化（第8辑）》，社会科学文献出版社2016年版）讨论清代不同体制下的中心治所城市转移及城市等级等城市历史地理问题。

关于新疆历史文本、档案研究方面，代表成果如下。杨铭的《英藏敦煌西域古藏文非佛教文献的刊布与研究》（《西域研究》2016年第3期），梳理了英国国家图书馆斯坦因藏品中的敦煌西域古藏文非佛教文献的刊布与研究情况，讨论了这些写本的编号、数量、主要内容等。张铁山的《俄藏回鹘文〈摩尼教徒忏悔词〉译注》（《西域文史（第10辑）》，科学出版社2015年版），探讨了回鹘文书。此外，在《西域研究》2016年第3期中设置了"佉卢文简牍研究"专题，刊出段晴的《萨迦牟云的家园——以尼雅29号遗址出土佉卢文书观鄯善王国的家族与社会》、王臣邑的《和田博物馆藏源于龟兹国的一件佉卢文木牍》、吴赟培的《和田博物馆藏佉卢文尺牍放妻书再释译》、关迪的《古鄯善国佉卢文简牍的形制、功用与辨伪》。孙文杰在和瑛生平及其著述方面发表多篇文章，《和瑛西域著述的价值与意义》（《新疆大学学报（哲学·人文社会科学版）》2016年第4期），介绍清中期和瑛的生平、著述等；《和瑛西域著述的基本特征》，介绍了和瑛著述的特征；《〈回疆通志〉史料来源探究》（《伊犁师范学院学报（社会科学版）》2016年第2期），则探讨了史料来源问题。

四　新疆少数民族人口流动和文化适应的研究

2015年，针对内地新疆少数民族移民所进行的研究数量十分有限，其中曾少聪、吴英杰的《内地城市的新疆少数民族移民与民族交融》（《云南民族大学学报（哲学社会科学版）》2015年第6期）最具代表性。作者从人类学研究的视角和研究方法着手，通过大量田野调查获得的一手资料，结合文献资料，深入探讨了新疆少数民族移居内地后，其真实的生活状况、文化适应与民族交融的情形。作者提出新疆少数民族人口转移是一种重要的劳动力资源配置方式。内地城市是新疆少数民族人口流动的重要目的地，经济型流动人口是主要流动类型，流动方式包括自发的人口流动与有组织的劳动力输出。新疆少数民族人口流入内地有效地扩大了民族交融的内容，整体上是一种和谐的关系，但也存在着局部的冲突与摩擦，而城市社会的排斥与新疆少数民族流动人口的文化差异则是影响民族交融的主要因素。因此，加大对新疆少数民族剩余劳动力的转移力度，构建各民族相互嵌入式社区、形成混合居住模式则是扩大民族交融的有效路径。

2016 年，涉及新疆人口内部流动的相关研究，主要成果如下。李洁的《共性与特性：新疆南疆维吾尔族流动人口分析》（《北方民族大学学报（哲学社会科学版）》2016 年第 5 期），分析了新疆南疆地区维吾尔族流动群体的特点和社会适应过程。王华菊的《从居住隔离到教育隔离：南疆教育问题的考察》（《贵州民族研究》2016 年第 2 期），探讨了南疆"三地州"处于一种居住隔离，并在很大程度上导致了该地区教育的隔离。柳岩的《饮食里的社会：对乌鲁木齐北郊一个哈汉移民村庄的民族学研究》（硕士学位论文，新疆师范大学，2016 年），通过饮食来研究乌鲁木齐北郊一个哈汉移民村庄，对三代人的流动情况及生活状况进行详细调查，分析这个汉族移民群体三代人所呈现的社会文化特征。

关于新疆少数民族移居内地及其适应的研究，主要成果如下。马艳的《学校教育：城市少数民族移民社会发展的进路——以柯桥新疆少数民族移民家庭子女教育的相关调查为基础》（《中南民族大学学报（人文社会科学版）》2016 年第 6 期）认为，城市少数民族移民社会的发展研究是一个复杂而多元化的课题，不同的少数民族移民群体总是寻求不一样的发展路径。总体上，成规模的城市少数民族移民群体的发展都是基于特定的行业经济，其移民社会构建于特定行业经济基础上，同时也因特定的行业经济而脱离当地社会，形成自我封闭的状态。不仅如此，根据母语是汉语还是少数民族语言，城市少数民族移民社会发展的封闭性和内在紧密性亦大相径庭。而这些都阻碍了其移民社会的整体发展。该研究通过对柯桥新疆少数民族移民家庭子女教育的相关调查，发现尽管柯桥新疆少数民族移民家庭未成年学生在当地学校处于弱势的境地，但他们仍通过自己独特的方式重新组织价值体系、构建自我认同，为自我适应学校及当地社会构建出一条进路，同时也为自我的移民群体及移民社会发展谋求了可能的出路。郭正涛、张晓颖的《深圳少数民族人口流动、社会融入与城市管理》（《广东技术师范学院学报》2016 年第 1 期），探讨了深圳的外来少数民族人口流动的驱动因素，从经济活动、文化活动、人际交往、身份认同与心理归属四个方面分析了深圳少数民族人口流动的社会融入现状。欧登草娃的《"内高班"高考制度下部分生源流失现象探究》（《中南民族大学学报（人文社会科学版）》2016 年第 5 期），分析了"内高班"高考制度下部分优秀生源流失的原因。刘军的《族群理论在新疆民族生中的实践探索——以广东高校的新疆民族生为例》，（《民族高等教育研究》2016 年第 4 期），采用族群理论考察了广州的新疆民族生对汉族的认同和民族关系。

关于新疆少数民族移居中亚地区的研究，主要成果如下。李琪的《中亚国家移民类型和相关政策盘点》（《新疆师范大学学报（哲学社会科学版）》2016 年第 2 期），结合中亚国家的历史和发展路径，分析了中亚国家移民的五种类型以及相关政策。努尔巴哈提·吐尔逊的《中国哈萨克族跨国移民研究——以哈萨克斯坦为例》（《西北民族研究》2016 年第 1 期），讨论了哈萨克斯坦独立以后，中国新疆哈萨克族跨国移民的原因，以及目前中国新疆哈萨克族迁居哈萨克斯坦的现状和问题。此外，李晨阳、宋少军的《试析新疆维吾尔人在东南亚的非法流动问题》（《新疆社会科学》2016 年第 1 期），探讨了新疆维吾尔人在东南亚的非法流动情况。

五　新疆暴力恐怖活动的研究

1. 对新疆民族、宗教、意识形态领域反分裂反渗透斗争等重大现实和理论问题展开广泛深入的研究。2015 年，面对新疆的现实，总体上学界的相关新疆研究更加突出对策性，其中有代表性的文章，如曾少聪、吴英杰的《内地城市的新疆少数民族移民与民族的交融》（《云南民族大学学报（哲学社会科学版）》2015 年第 6 期）、胡湘豫的《遏制宗教极端思想渗透的策略研究》(《兵团党校学报》2015 年第 6 期)、纪亚光和马超的《基于文明对话视角解决新疆民族宗教问题探析——以伊犁哈萨克自治州为例》(《西南民族大学学报（人文社会科学版)》2015 年第 1 期)、陈奇彪的《论新疆城镇社区维稳方面存在的问题及对策》(《新疆社科论坛》2015 年第 4 期)、胡中月的《全球化背景下新疆暴恐活动呈现的特点及对策》(《法制博览》2015 年第 1 期)、谢贵平和杨东平的《如何应对本土恐怖主义——以“东突”暴恐活动为例》(《国际展望》2015 年第 1 期)、杨业玲的《新疆少数民族地区基层治理长效机制研究——新疆“访惠聚”活动的探索与思考》(《新疆社科论坛》2015 年第 3 期)、李魁霞的《新疆准东地区遏制宗教极端思想的实践与思考》(《实事求是》2015 年第 5 期)、吴鹏森的《新疆“三股势力”的形成及区分》《探索与争鸣》2015 年第 10 期）等。上述研究成果总体上侧重两个方面的内容：一是从根源上深入分析了新疆极端宗教思想及形成的主要原因和特点，二是从政治制度、法制建设和社会建设等方面研究维稳对策。研究认为，由于受西方敌对势力和周边国家极端宗教思想的影响，南疆与全疆、新疆与内地之间在经济文化发展上存在着显著差距，少数民族劳动力就业率、文化程度偏低，语言交流存在障碍是新疆宗教极端思想产生的主要原因。根据当前新疆维稳实际情况，社区建设应走“大社区小街道”模式；加强反恐能力建设，形成全民反恐格局。为此要建立健全反恐组织领导体系，建立专业化反恐部队，加强国际反恐合作，建立社会反恐防恐体系，加强多维协调与联动的反恐预警预防与应急管理机制建设，加强反恐法制法规建设；大力解决各种社会矛盾，营造良好的反恐社会环境。在政治方面，给予各民族平等的参政议政与畅通利益诉求的渠道。在经济方面，通过切实的“惠民工程”提高少数民族民众的收入，了解区域性、民族性的贫困问题和就业问题，改善民生。在社会方面，要借鉴习近平总书记在“平安浙江”建设中的经验，建立干部“下访、回访、约访、接访”制度，使得下情可以上达。在文化教育方面，要大力发展免费教育与职业技术教育，有效提高各族民众的科学文化素质，有效减少民族地区的“三盲”（文盲、法盲与教盲）群众。

除此之外，李玲和宋新伟的《新疆高校抵御和防范宗教极端主义渗透研究》(《新疆师范大学学报（哲学社会科学版)》2015 年第 2 期)、杨超的《新疆高校加强抵御宗教极端主义渗透的对策思考》(《乌鲁木齐职业大学学报》2014 年第 4 期)、闫科培的《对于抵御宗教向校园和未成年人渗透的几点思考》(《新疆教育学院学报》2015 年第 2 期）等文章，使我们进一步认识到宗教极端主义对新疆高校的渗透在不断加剧，且高校也已经成为境内外各种敌对势力向新疆渗透的突破口，从而要进一步加强相关对策研究。

2016 年，相关研究主要涉及新疆暴恐组织的成因、特点及对策等方面，主要成果如下。范雅宁、戚甫娟的《论反恐视域下新疆女性在维护民族团结中的作用》(《怀化学院学报》2016 年第 4 期)，对新形势下国内外女性参与暴力恐怖活动现状进行了分析，重点剖析新疆女性易受蛊惑而影响民族团结的成因，就其在维护民族团结中的积极作用进行相关对策思考。郭彩星的《论加强南疆农牧区文化民生建设与抵御宗教极端思想渗透》(《喀什大学学报》2016 年第 4 期）指出，在援疆建设中，不仅要加强南疆农牧区的物质文明硬件建设，更要注重精神文明软件建设。王新聪、徐婷的《用现代先进文化对冲宗教极端思想的实践探索——以阿克苏地区沙雅县红旗镇为例》(《新西部》2016 年第 14 期)，叙述了用现代先进文化对冲宗教极端思想的必要性，探讨阿克苏地区沙雅县红旗镇各驻村工作组用现代文化对冲宗教极端思想的实践。李恒、吴良培的《社区反恐怖视阈下的警务工作探究》(《辽宁警察学院学报》2016 年第 4 期)，通过分析当前社区反恐存在的主要问题，构建以社区群众为防范恐怖犯罪的主要力量，以基础信息摸排、情报先行、先发制敌为基本原则；以重点人管控、重点部位管理、风险评估等机制建立。山丹、王定的《情报反恐背景下的新疆社区警务工作研究》(《法制与社会》2016 年第 28 期）指出，社区警务工作应以社区为平台，以社区警务为载体，以群众工作为依托，与恐怖主义犯罪作斗争，必须做实做强基础信息平台，充分发挥社区警务室的情报末梢作用。翁康英的《涉疆恐怖犯罪的实证分析与对策研究》（《法制博览》2016 年第 29 期），通过对 2008—2015 年 8 年间发生的涉疆恐怖犯罪案件进行实证分析，归纳出其特征和发生规律，预测其发展趋势，分析涉疆恐怖犯罪发生的原因有境外恐怖组织的指挥、宗教极端思想和分裂势力对新疆的渗透。张淼的《新疆暴力恐怖活动的社会网络分析》（《新疆社会科学》2016 年第 2 期），对严重暴力恐怖活动社会网络进行要素分解、关系解构与关系锁定的基础上，以新疆乌鲁木齐“5·22”暴力恐怖案为样本，构建了严重暴力恐怖活动多元网络模型，围绕点度中心度、中间中心度、网络密度、网络集中度等指标进行定量分析，针对新疆暴力恐怖活动提出了相应的对策建议。朱亚威的《“伊吉拉特”偷渡活动特点及对策》（《黑龙江省政法管理干部学院学报》2016 年第 4 期）认为，应当在分析新疆籍人员偷渡活动的成因、规律特点的基础上，寻求应对新疆籍“伊吉拉特”人员偷渡的对策。

2. 涉疆暴恐舆情方面的研究。近年来，新疆是我国反恐斗争的主战场，也是中外舆论博弈的焦点。吴锋、季丹的《联合早报网涉疆暴恐案的舆论构建及引导策略——基于 262 篇报道的知识挖掘分析》（《情报杂志》2016 年第 7 期），选取联合早报网自 2009 年新疆“7·5 事件”至 2015 年底发生的所有涉疆暴恐案 262 篇相关报道，依据构建的指标体系，进行了详细的内容分析。王飞的《涉恐报道的政府规制探析》（《青年记者》2016 年第 18 期），主要对我国涉恐报道政府规制的实践进行分析，并对涉恐报道政府规制的学界思考做一些梳理。杨露露、汤先萍的《浅析新媒体环境下抵御宗教极端思想渗透的对策——以新疆医科大学为例》（《黑河学刊》2016 年第 2 期），主要阐释了如何发挥新媒体的正功能，引导新疆高校师生认清宗教极端思想渗透的本质和渗透方式，抵御宗教极端思想向校园渗透。卢晓华、李华的《新媒体对维吾尔族青年的社会影响——以百度 Uyghur 吧调查为例》（《新疆社会科学》2016 年第 1 期），通过对百度 U 吧的社群特征、议题呈现展开描绘，同时采取问卷调查法，从媒介使用的主动视角出发，分析网络社区对于维吾尔族青年网民的社会影响。刘冰的《打好去“极端化”宣传报道攻坚战》（《中国地市报人》2016 年第 10 期），通过介绍《伊犁日报》去极端化的报道方式，认为去“极端化”是少数民族地区党报肩负的义不容辞的职责，是对新闻工作者的极大考验。郜睿的《电视节目如何做好“去极端化”宣传 推进依法治国》（《电视研究》2016 年第 S1 期），论述了新疆电视媒体在“去极端化”宣传中的探索与实践；认为在“去极端化”宣传工作中，创新做活新闻报道，大力发展少数民语语言节目，增强节目传播效果是有力的文化武器。

3. 关于反恐立法方面的主要研究成果如下。王润田的《我国反恐法治化策略分析——以新疆地区反恐法治化为视角》（《法制与社会》2016 年第 25 期），结合法律法规的制定与实施，提出长期有效的新疆反恐法治化策略。买买提·阿克木的《依法治疆视阈下我国新疆地区反恐工作的法制化对策》（《法制博览》2016 年第 21 期），从经济、文化、地缘、历史等方面对我国新疆地区恐怖主义产生的原因进行了深入分析，并指出我国反恐法律机制存在的缺陷和不足。陈彤的《论宗教极端的法律界定和表现形式——以新疆反宗教极端立法为背景》（《新疆社会科学》2016 年第 3 期），阐释了宗教极端的概念界定和表现形式是依法治理宗教极端的基础性问题，应当在新疆反宗教极端立法中予以明确。张立哲的《新疆“去极端化”工作中的法治逻辑及其展开》（《兵团党校学报》2016 年第 5 期）指出应在政治与宗教博弈互动下，结合新疆“去极端化”工作任务，通过法律治理各项措施的逐步深入，有效建立“极端主义”精准施策、识别、处置、定位的制度规范，最终实现“消除宗教极端氛围”，“铲除暴力恐怖生长土壤”。

4. 关于“去极端化”的研究，主要研究成果如下。马大正的《新疆“去极端化”斗争探究》(《新疆师范大学学报(哲学社会科学版)》2016 年第 5 期)指出,新疆的“去极端化”斗争是实现新疆社会和谐稳定的必然之策,应坚持政府主导、严打开路,疏堵结合、综合施策,因地制宜、因时制宜的策略,为新疆社会稳定和长治久安营造一个良好的氛围,把“去极端化”斗争引向深入。孔令全、黄再胜的《试论极端思想的当代表征、成因与应对》(《西安政治学院学报》2016 年第 3 期),认为极端思想的产生和传播受到政治、经济、文化环境等综合要素影响,要想从根源上遏制极端思想的产生,就要辨清极端思想的特点和本质,把握其产生根源,从产生根源入手对症下药,铲除极端思想生长的土壤。韩强、朱江红的《新疆“去极端化”的精准传播路径》(《青年记者》2016 年第 6 期)指出,在新疆多语种的传播环境中,“去极端化”应选择精准传播路径,在正确的时间、正确的地点通过有效的传播渠道,将合适的信息传递给准确分层的受众。刘欣、张岩的《新疆地区科普场馆抵御宗教极端思想的实践》(《科学教育与博物馆》2016 年第 2 期)认为,新疆地区科普场馆以科学普及为抓手,开展鲜明生动的科普教育活动,在各族群众尤其是基层信教群众中广泛传播科学知识、科学思想和科学文化,揭露宗教极端主义的本质,助力社会稳定和长治久安。努力曼·依米提的《新疆高校抵御与防范宗教极端思想渗透的思考》(《新疆社科论坛》2016 年第 1 期)论述了如何找准防范宗教极端思想和非法宗教活动向青少年渗透蔓延的途径,研究对策,坚持不懈地用社会主义核心价值体系引导青少年思想教育。

六 2015—2016 新疆研究的总结

1. 2015 年相关新疆的研究成果以总结和回顾新疆维吾尔自治区成立 60 年以来的发展轨迹和取得的成绩为主要基调。在很大程度上,相关研究不仅是有针对性地对新疆维吾尔自治区成立 60 周年所做的一种历史性的回顾与展望,更重要的在于对新疆当下正处于丝绸之路经济带核心区建设的重大战略机遇进行了理论上的论证、支撑和指导。正如王伟光院长在新疆维吾尔自治区成立 60 周年理论研讨会上的讲话中提到的,不仅国家大型油气生产加工储备基地、国家大型煤炭煤电煤化工基地、国家大型风电和光伏发电基地以及国家能源资源路上大通道建设等大型工程建设要启动实施,且国家要推进面向中亚、西亚、南亚和中国西部的交通枢纽中心、商贸物流中心、金融中心、文化科教中心、医疗服务中心“五大中心”建设,都将发挥新疆地缘和人文等优势,打通东联西出的国际国内大通道,扩大进出口,提升对内对外开放水平,形成新的经济增长极。由此可见,新疆经济社会的发展已经被纳入国家整体的战略发展格局中,而这一重大历史发展机遇也将极大地推动新疆经济社会的快速发展,因此只有依法治疆、团结稳疆、长期建疆才能真正地发挥新疆丝绸之路经济带核心区的重大战略作用。

2. 2015—2016 年新疆相关研究在回顾新疆历史发展的基础上,进一步提高了“新疆未来的发展需要建立在现实的基础之上”这样一个深刻认识。2014 年 5 月,第二次中央新疆工作座谈会上,党中央把“遏制极端”作为新疆实现社会稳定和长治久安的一大重点,并把依法管理宗教事务的要旨上升为处理宗教问题的基本原则,在全国宗教工作会议确立的依法管理宗教事务的要旨“保护合法、制止非法、打击犯罪、抵御渗透”十二字的基础上新增了“遏制极端”,体现了中央对新疆社会稳定形势的正确判断,以及新时期中央对新疆维稳工作提出的新要求。2015 年春,由中央新疆办(中央新疆工作协调小组办公室,简称中央新疆办)、中国社会科学院、新疆自治区党委共同牵头成立了“新疆智库”,其目的也是要将今后的新疆相关研究引向对策性、科学性及国际性的专业化方向,并在国际新疆研究中拥有更大话语权。针对美国的新疆研究的探讨发现,美国的新疆研究历史悠久,且一直是其中亚战略研究的一个重要部分;近年来美国的新疆研究持续升温,并逐渐完善为发布报道、主导项目和建立听证会、圆桌会的会议机制。另外，美国的大学研究机构也多有涉及相关新疆课题的研究，如美国约翰霍普金斯大学有“新疆工程”课题，并发表了《新疆问题》的研究报告；印第安纳大学的中央欧亚研究系在中国边疆研究领域历史悠久、资源丰富、师资完备，有数位专家都开展了涉疆研究；波莫纳学院、堪萨斯大学、耶鲁大学等也都有研究新疆问题的专家机构。美国的新疆研究研究方法和研究视角新颖多样，为美国政府的相关战略决策提供了一定的理论支持，但总体上其研究更侧重于历史研究，对现实问题的研究还有一定的局限性。因此，“新疆智库”的成立不仅要为国家的决策提供咨询，更要充分发挥在国际新疆研究中的话语权作用。

七 展望

对新疆维吾尔自治区内少数民族流动人口的研究和新疆的历史研究在新的历史时期应该得到进一步的重视，使这两方面的研究更加深入细化、鞭辟入里。内地的新疆少数民族人口虽然占比很小，但他们对新疆区内的少数民族的影响却很大。在很大程度上，这部分流动人口在区内区外构成了“窗口效应”，通过他们，区内的少数民族社会文化传播到区外，使内地的汉文化区域对新疆少数民族的状况有了一个比较直观的认识。与此同时，区外的政治法律制度和社会生活文化又通过他们传递回家乡，使家乡的人们对内地汉文化区域有了进一步的了解。因此，对区内少数民族流动人口的研究看似一种单线性的研究，实际上它具有多线性的研究特质，同时也具有更为深远的现实社会意义。此外，学界开展新疆研究，常常因为新疆的社会文化、宗教文化、民族文化与内地相比具有显著独特性，而使得开展新疆现实研究困难重重。因此，相关新疆的历史研究，其目的不仅是以古鉴今，更重大的现实意义是为现实研究和对策研究扫除障碍、铺平道路，并使得对策研究能够从历史的高度厘清其内在的错综复杂的历史文化内涵，从而更好地把握对策研究的准确度和针对性。

（周弘，研究员；马艳，副研究员；孙嫱，副研究员；王耀，副研究员；杜娟，助理研究员，中国社会科学院民族学与人类学研究所新疆历史与发展研究室）

2015—2016年生态人类学研究综述

管彦波

自20世纪80年代以来，随着西方有关生态人类学的作品被译介进来，国内民族学界开始有一些学者在自己的研究实践中注重对民族生态的研究。但客观而言，在生态人类学的本土化过程中，由于其研究内容长期被人类学/民族学所遮蔽，有关学科的概念、对象、方法、科际关系等基本理论体系问题尚处于探索之中，基本的学理基础和学科理念也不是很明晰，甚至连学科的名称也在生态人类学、民族生态学、生态社会学、生态民族学之间摇摆不定，不同学科背景的学者对学科概念的选取各执偏好，这种状态严重地制约了生态人类学的发展。

进入21世纪以来，作为学科意义上的生态人类学探讨才在国内民族学界逐渐展开，零星的有论著对生态人类学的研究对象、研究任务、学科定位与方法论、学科归属等诸多核心问题展开讨论，并在云南大学、中央民族大学、吉首大学、内蒙古大学等相关研究机构形成一定的研究氛围，产生了一定的影响。近几年来，受惠于中国生态文明建设的伟大实践，生态人类学在本土化的过程中获得了较快的发展，尤其是在对现实生态问题的实验研究方面表现得尤为突出。

一　理论视野与综合性的研究

回溯2015—2016年国内生态人类学研究，在理论视野和综合性研究中，基于文化—生态视野的各种理论探讨和实验研究，以及在生态文明建设大背景下，涵括各种要素的综合性研究，是近几年生态人类学研究的重点领域。

（一）基于文化—生态视野的研究

在学科归属与命名上，学界有一种看法，即生态人类学属于文化生态学或者社会文化学的范畴，强调社会文化与生态的关系。或许受这种观点的影响，在生态人类学相关理论的探讨中，有学者习惯以“文化生态学”冠名相关的研究，或者说冠之以文化生态学包括在文化—生态视野下的诸多研究，或多或少都与生态人类学建立了某种关联性。胡贝特·察普夫、赵卿的《作为近期生态批评方向的文化生态学》（《天津社会科学》2015年第1期）认为，“作为文化生态学的文学”是当代生态批评与批评理论领域内的新概念。在人类中心主义的文化研究视角中，自然被剥夺了其物质形态而成为一种人类话语的构建；而在基要主义的生态中心主义视野中，文化过程则被简单地归入自然主义诸多假设之内。文化生态学试图折中二者的立场，它着眼于文化与自然之间的相互作用与相互关系，并非试图将一方还原为另一方。李平的《文化生态学研究进展及理论构建》（《佛山科学技术学院学报（社会科学版）》2015年第2期）指出，文化生态学是一门用生态学方法研究文化的起源、发展、变迁、传播、消费的新学科，与时俱进、潜移默化、包罗万象是学科研究的特点，在全球化和现代化的当下，若将分析单位从“地方”和“区域”扩展到“国家”和“世界”，不仅可避免“一元论”和“决定论”的片面之嫌，还可使学科跳出“环境决定论”和“环境可能论”的争论，为当代人类社会文化的发展作出应有的贡献。吴英杰的《作为方法论的文化生态学》（《西南边疆民族研究》2015 年第 3 期）通过对斯图尔德的文化生态学产生的背景、研究方法，以及对后来人类学理论研究影响的较系统介绍与阐释，认为可以将斯图尔德的文化生态学的科学方法论，即多线进化和文化生态学的理论与方法借鉴到田野调查之中，作为一项方法论上的工具。席婷婷的《文化生态学理论及其实证解读》（《大连民族大学学报》2016 年第 2 期）指出，斯图尔德的文化生态学理论，“分析了文化与生态环境之间的关系，认为不同的文化在不同的生态环境中会产生不同的适应与发展的过程，而在相似的环境中有可能产生相类似的文化发展模式。文化生态学不在于寻求适应所有文化和环境的普遍规律，而在于发现不同地区之间特殊文化与环境适应产生的结构与特征”。刘志成认为，“文化生态思想体系的构建是文化生态的存在体系，生态价值合理性原则是文化生态学价值原则，是人与文化目的性的实现”①。刘湘溶的《文化生态学与生态学思维方式》（《求索》2016 年第 3 期）指出，“文化生态的研究即对文化的生态学研究，这一研究以生态学的成熟为背景，运用生态学之成果，尤其是运用生态学思维方式加以指导。生态学思维方式是辩证思维方式的现代形态，它具有强调整体、关注未来和追求和谐的三大特征”。

当然，更多的学者则是在文化生态学视野下进行相关的文化研究。张燕的《文化生态学语境下的多元文化交融研究》（《理论与改革》2016 年第 2 期）认为，“随着全球化的进一步增强，多元文化交流互动频繁，但矛盾冲突也不可避免。土著民族、少数民族和移民群体三种模式的多元文化为国家多元文化政策带来诸多挑战。文化生态学语境下的多元文化交融不再局限于文化承认，而是要覆盖经济再分配和政治参与的多维度。加拿大、澳大利亚、美国作为典型的多民族国家在多元文化政策方面有值得借鉴之处，而英国、荷兰的公民整合政策所存在的弊端也要引以为戒”。罗昌勤的《文化生态学视野下广西壮汉民族文化融合与认同探析》（《广西民族研究》2016 年第 1 期）一文，“从文化生态学的视角，分析了壮汉民族文化融合的现状，并从壮汉民族文化融合的政治生态、经济生态、文化生态和社会生态等方面阐述了广西壮汉民族文化的融合与共生。同时，还分析了壮汉民族文化融合对民族认同和国家认同的思想文化影响”。

（二）民族地区生态文明建设综合性研究

自党的十八大提出五大文明建设的总体目标以来，民族地区的生态文明建设受到了前所未有的关注，相关的研究成果也不断产出。李建钦、龙春林的《西部民族地区生态文明建设的民族生态学解析》（《中央民族大学学报（自然科学版）》2015 年第 1 期）指出，民族生态学是一门研究不同民族群体与其自然环境中各构成要素之间相互作用和相互关系的科学。民族生态学构建了有用的框架来分析与生态保护、资源可持续管理利用、社区发展等相关的问题，目的在于进一步理解和实践人与环境、民族与环境和谐共生，协调发展的理念。在西部民族地区生态建设过程中，民族生态学视野以生态文明建设为重点，运用生态学的原理和方法来考察生态网络运行中的经济、文化、社会因素。从实践角度而言，民族生态学理论方法能正确认识西部地区存在的各种问题并提出建议，有助于促进西部民族地区的经济、环境可持续发展。陈挺的《五位一体框架下少数民族地区生态文明构建》（《贵州民族研究》2015 年第 9 期）从五位一体建设构想出发，在剖析少数民族地区存在的生态问题的同时，结合少数民族地区生态文明建设的优势，探究了五位一体框架下少数民族地区生态文明建设的策略。周超、罗敏的《边疆民族

① 刘志成：《文化生态学：背景、构建与价值》，《求索》2016 年第 3 期。

地区生态文明建设研究——基于生态哲学的视角》（《中南林业科技大学学报（社会科学版）》2015 年第 6 期）认为，当前边疆民族地区面临自然资源开发利用较低、物种濒临灭绝程度较高、植被土地沙漠化较严重、城市环境质量日趋变差等生态恶化的现象问题，应从生态文明的法治化路径、制度化路径、社会化路径、科学化路径等方面，来加强边疆民族地区的生态文明建设。王明初、韦震的《生态文明建设：民族地区跨越式发展的新契机》（《探索》2015 年第 6 期）指出，党的十八大提出生态文明建设整体规划，为民族地区的跨越式发展提供了新的契机。单晓娅、潘康、滕文的《贵州少数民族地区生态文明发展现状评价与特征研究》（《贵州民族研究》2016 年第 4 期），通过组建的生态文明评价指标体系，并运用改进的熵值法对贵州少数民族地区生态文明发展模式、发展特征进行了探讨。巴雪艳的《云南生态文明建设中社会认知问题的思考》（《保山学院学报》2016 年第 1 期），以云南大学大学生群体作为调查的主要对象，问卷分析结果显示，各社会群体对边疆民族地区生态文明建设的认知度偏低，原因是复杂的，有望从制度、宣传、教育等方面入手，提高全社会对边疆民族地区生态文明建设的认知度。邢国德、陈江的《西部民族地区生态文明建设对策研究》（《求知导刊》2016 年第 9 期）认为，“生态文明建设作为人类文明发展程度的高级状态，以人与自然、人与人和谐共生、人的全面发展为基本目标，中国在现代化建设过程中，人们逐渐认识到建设生态文明是中国特色国情的必然选择，是构建社会主义和谐生态社会的需要，也是树立我国良好的国际形象的需要”。方杰的《四川民族地区生态文明制度建设探讨》（《生产力研究》2016 年第 9 期）指出，“四川民族地区是我国生态屏障建设的前沿阵地，对于长江上游的生态环境保护有着十分重要的影响。加快四川民族地区生态文明建设，必须依靠制度，只有通过制度的保障、约束和监督作用，才能建立该地区生态文明建设的长效机制”。汪磊的《生态文明视域下贵州省生态治理的问题分析及对策》（《贵州社会科学》2016 年第 5 期）指出，贵州在生态治理中面临全面建成小康社会的倒逼压力、生态治理政策碎片化严重、生态治理的主体单一、生态破坏活动频繁等诸多困境与挑战，作为全国生态文明先行示范区，贵州的生态治理应立足于转变治理理念、做好顶层设计、优化制度衔接，并引入市场机制，进一步提升治理能力。

二　基于民族地区生态文明建设的各种专题研究

从第一个部分的介绍来看，2015—2016 年中国学界关于生态人类学基本理论体系的探讨，确实没有太多厚实的研究成果产出，但在生态文明建设的大背景下，以民族地区的传统生态知识、生态安全、生态屏障、生态移民等为主题的研究，确实还产出了不少成果。

（一）传统生态知识的研究

地方性知识作为一种重要的知识体系，作为某一特定族群或地域群体在特定的自然与社会环境中创造并独享的文化，蕴含着人类的生态智慧。在传统与现代、保护与发展之间如何权衡利弊，如何实现环境与人之和谐发展，一直是生态人类学研究中恒久弥新的学术命题，相关的研究成果也甚为丰厚。罗意的《地方性知识及其反思——当代西方生态人类学的新视野》（云南师范大学学报（哲学社会科学版）》2015 年第 5 期）梳理了当代西方生态人类学地方性知识研究的转型及研究进展，对地方性知识进行深度剖析与反思，并联系国内相关研究进行探讨，颇具启示。钟其的《“两山论”：生态现代化建设的中国思想——兼论一种“地方性知识”的普同性发展》（《观察与思考》2015 年第 12 期）指出，习近平同志提出的“绿水青山就是金山银山”理论，简称为“两山论”。“两山论”作为一种思想，契合生态现代化精神，体现着生态现代化建设的中国追求和思考；作为一种“地方性知识”，“两山论”从浙江实践出发实现了普同性发展，是落实科学发展，建设“美丽中国”，实现中国绿色化发展的重要纲领。在中国学者当中，杨庭硕教授作为国内较早从事生态人类学研究的学者之一，他首先在贵州喀斯特山区挖掘当地丰富的民族生态知识，后又立足广大的民族地区，进行广泛的调查，致力于构建“百科全书式”的文化生态信息库。他认为，“生态系统和人类社会是两个不同逻辑的体系，有着各自的运行规律，要协调好二者之间的关系，需要借助于千百年来民族世代积累的地方性生态知识。地方性生态知识犹如中国社会的一道生态安全屏障，具有不容忽视的价值。”① 同时，他在研究农业文化遗产中还指出，优秀农业文化遗产的认证应该对其所包含的本土知识和技术做出科学性和合理性的解读。② 事实上，在今天普同性知识占绝对优势的背景下，对本土知识价值的评估还存在着很多认识上的误区。针对此问题，罗康智等撰文指出，在生态文明建设之中，应该排除社会与文化干扰，脚踏实地做好本土知识和技术的发掘、整理和创新利用，改变思维方式和对本土知识的利用方式。③ 吴合显则强调，“在‘工业文明’核心价值的强势干扰下，这样的本土知识和技术大多都会变得隐而不显，不经系统的发掘和整理，就难以发现其间的科学性和合理性，以及在‘生态文明’中的可利用价值”④。葛燕林以 R 县草原生态保护实践为例进行调查研究后也指出，在现代文明风靡的今天，重拾和利用具有地域特色和民族色彩的地方性知识，才能寻求到一条既能保护草原生态又能发展牧区经济的和谐发展路径。⑤

地方性知识及其相关的生态伦理作为一种区域人群或某一个民族长期积累起来的知识和技能的综合体，一般有一定的根植性和区域性特征，对化解区域性的生态风险有不可或缺的作用。尤小菊的《水族传统生态知识的多样化表达及现代价值》（《广西民族大学学报（哲学社会科学版）》2015 年第 1 期）以水族糯稻种植、水资源管理、植物认知和宗教信仰等文化事象为切入点，对水族多样化的传统生态知识展开研究，认为其中所蕴含的生态智慧具有现代价值和功能，可服务于现代社会。同时，如果将传统生态知识与现代科学方法相结合，对于遏制生态环境恶化、应对生态灾变、推进生态文明建设、维护国家生态安全等也具有重要现实意义。车越川、罗钰坊的《土家族传统生态知识多样性表达及现代价值》（《铜仁学院学报》2015 年第 3 期）指出，在土家族传统知识体系中，宗教信仰型、生产生活型、规约型等土家族传统生态知识类型蕴含的“天人合一”和谐共生的生态观与自然资源适度消费的发展观，对维持生物多样性、维护生态安全、推进生态文明建设有着重要价值。罗康智的《本土性生态知识对水资源利用与维护的价值》（《吉首大学学报（社会科学版）》2015 年第 5 期）认为，在许多民族的传统社会中积累了大量的对水资源的维护与保护的知识，只要认真发掘和利用各民族传统文化中对水资源维护与保护的知识智慧与技能，并使之与现代科技接轨，积极加以推广，那么水资源匮乏的困境可望得到缓解。刘继杰的《藏族本土知识与西藏农村生态风险治理——基于藏族传统生计的分析》（《青藏高原论坛（社会科学版）》2016 年第 2 期），结合 2012 年、2015 年的田野调查资料和文献资料，探讨藏族本土生态知识在当前西藏生态风险治理中的作用。田红、周焰的《苗族本土知识对恢复溶蚀湖的借鉴价值探析》，针对如何封堵地漏斗、恢复溶蚀

① 杨庭硕、王婧：《苗族传统生态知识的演变——杨庭硕教授访谈录》，《鄱阳湖学刊》2016 年第 1 期。

② 杨庭硕：《本土知识的发掘在农业文化遗产认证中的参考价值》，《中国农业大学学报（社会科学版）》2016 年第 3 期。

③ 罗康智、杨庭硕、彭兵：《对本土知识价值评估失实的社会与文化原因剖析》，《自然辩证法研究》2016 年第 7 期。

④ 吴合显：《本土知识与生态维护的关联性研究》，《贵州大学学报（社会科学版）》2016 年第 3 期。

⑤ 葛燕林：《冲突与融合：地方性知识遭遇现代文明何去何从？——以 R 县草原生态保护实践为例》，《生态经济》2016 年第 7 期。

湖这个颇具挑战性的科技难题，通过对麻山苗族本土生态知识的考察，提出了“实施地漏斗封堵的技术走向以及可行的操作路径。即利用生态系统的自组织本能，去实施动态的封堵。只需查清地漏斗开口，引种湿生植物，再引种苔藓类植物，扩大水域面积四个步骤，就能够实现封堵地漏斗，高山现平湖的原有生态景观，并为石漠化灾变带的全面治理奠定基础”[①]。季轩民、喻文德以湘西永顺地区为例，探讨了少数民族与植物、动物、水源、建筑的生态伦理表现，并通过其特征对少数民族中的生态伦理价值进行研究。[②] 曹津永的《生态人类学视域中的藏族垃圾观念与垃圾处理——以云南省德钦县明永村为例》（《云南社会科学》2016 年第 4 期）一文，聚焦于少数民族农村的垃圾观念与处理，即关注传统知识体系中的垃圾观念和处理方式变迁以及垃圾带来的对于当地传统文化体系的冲击和影响，试图在探讨少数民族传统知识重要性与局限性的基础上，提出并探究在变迁中的少数民族社区如何在传统与现代兼顾的背景下解决垃圾问题。

任何一个民族的传统文化都包含着大量的与生态相关的知识，如何在生态文明建设中充分发挥其环境保护作用，也是学者们关注的一个焦点问题。有学者结合对广西各民族朴素的文化生态观的考察后指出，“目前的生态危机与自然本身无关，而是人为的结果，本质上是一种文化危机。现代性在无限生产、工具理性、控制自然等方面对少数民族生态文化观形成了挑战。广西少数民族生态文化观能够为生态立区建设提供指导、参与，纠正生态立区建设中的后果，须从善于学习少数民族的生产生活方式、加强与少数民族双向交往、保存与延续等方面全面吸取少数民族的朴素生态文化观中的优秀品质”[③]。林晓华、邱艳萍[④]则以哈尼族宗教文化为考察重点，指出“哈尼族宗教艺术中蕴含着独特的生态智慧，这种生态智慧实质上是一种文化屏障”，且这种文化屏障“于保护传承本民族优秀文化，排斥强势文化的消极影响，均具有积极的意义”。陈祥军的《本土知识遭遇发展：游牧生态观与环境行为的变迁——新疆阿勒泰哈萨克社会的人类学考察》（《中南民族大学学报（人文社会科学版）》2015 年第 6 期）从对新疆阿勒泰哈萨克“游牧生态观与环境行为知识”的实地调查入手，认为经济发展理念改变了游牧民对待自然的态度和环境行为，使草原牧区固有的人与自然关系发生变化，最终使草原陷入了生态危机之中。在调查基础上归纳提出，任何发展并非是一个简单的同质化过程，而是要结合本土的知识和生态体系，否则既不利于当地人的生存与发展，还会造成原有社会生态的失衡。

（二）生态环境保护与生态安全、生态屏障建设研究

生态安全作为国家安全的一个重要组成部分，它包括国土资源安全、水资源安全、环境安全、生物物种安全等诸多方面，如何提升生态安全意识，推进生态安全制度建设，加强国际生态合作，是建设美丽中国、实现中华民族伟大复兴的中国梦的重要内容。在 2015—2016 年刊发的文章中，有不少的成果以西部民族地区的环境保护、生态安全以及生态屏障建设为论旨，讨论了西部民族地区实现生态安全和生态屏障建设的路径、方法等诸多问题。

在生态环境保护方面，代表性成果如下。周飞的《清代民族地区的环境保护——以楚雄碑

---

① 田红、周焰：《苗族本土知识对恢复溶蚀湖的借鉴价值探析》，《原生态民族文化学刊》2016 年第 3 期。

② 季轩民、喻文德：《武陵山地区少数民族生态伦理研究——以湘西永顺地区为例》，《中南林业科技大学学报（社会科学版）》2016 年第 1 期。

③ 庾虎、王美荣：《少数民族生态文化朴素观与广西生态立区建设》，《今传媒》2016 年第 1 期。

④ 林晓华、邱艳萍：《民族文化屏障与生态建设——以哈尼族宗教文化为例》，《民族学刊》2016 年第 1 期。

刻为中心》（《农业考古》2015 年第 1 期）通过考释楚雄地区的护林碑刻，归纳其主要内容有三：一是描述森林、水资源等与环境有关因素的受损情况；二是倡导植树造林，以期保护涵养区水源；三是刻立封山条规，规范后人行为。文章认为，在资源开发、环境破坏与保护过程中，官民、僧俗等各方均在寻求应急和预防机制，环境保护的主体囊括了社会各个阶层，而云南的民族习惯也对环境施加重要影响。曲婷的《我国少数民族地区的生态环境保护略述》（《中国环境管理》2015 年第 1 期）一文，通过介绍具有代表意义的各少数民族在长时期的生产、生活中积累的丰富经验以及他们在不同生态系统中分别采用的最为经济、有效的生态保护措施，来体现如何合理利用自然资源，以达到人与自然的高度结合，从而对我国当前生态环境保护制度起到借鉴作用。赵欢欢的《我国民族地区生态环境保护再思考》（《中国市场》2015 年第 39 期）一文，聚焦于我国民族地区的生态环境保护，阐述民族地区环境保护的现状和存在的问题，并对环境保护提出了对策建议，以望进一步促进生态文明建设，实现民族地区生态环境的改善。牟雪洁、饶胜的《青藏高原生态屏障区近十年生态环境变化及生态保护对策研究》（《环境科学与管理》2015 年第 8 期）从生态保护与管理的角度出发，综合分析了青藏高原生态屏障区近十年生态系统结构、服务功能、生态胁迫等生态环境变化特征，并提出生态保护对策与建议。张明的《青海湖流域主要生态环境问题成因与发展对策研究》（《青海环境》2016 年第 3 期），“在总结青海湖近年来关于生态环境保护相关研究的基础上，深入分析了青海湖流域生态环境问题产生的原因，为青海湖流域生态环境保护工作提供决策依据”。刘海霞、马立志的《西北地区生态环境问题及其治理路径》（《实事求是》2016 年第 4 期）指出，水资源和土地资源短缺、水土流失和土地荒漠化加剧、环境污染严重、环境冲突激增等生态环境问题，是制约西北地区经济社会进一步发展的瓶颈。以此分析为基础，作者认为，优先节水，合理利用水资源；加强保护和恢复植被，根治水土流失，治理土地荒漠化；加快生态建设，坚持可持续发展战略便成为西北地区治理生态环境问题的必然选择。博雅的《“绿色发展”视阈下呼伦贝尔草原生态保护问题分析》（《呼伦贝尔学院学报》2016 年第 3 期），在分析呼伦贝尔草畜矛盾、矿草矛盾、草原旅游业发展状况基础上，从合理安排畜牧业内部结构、实现草畜平衡、规范矿产开采、强化矿产资源管理、发展生态旅游业等诸多方面，探讨了呼伦贝尔草原生态保护的路径。张海军、张娟的《生态功能区生态价值、主要生态问题及成因分析——以塔里木河荒漠化防治工程为例》（《林业科技情报》2016 年第 2 期）认为，人为因素（诸如过度放牧、土地粗放型开发、樵采、滥挖药材和水资源利用不科学）是导致该区域生态环境恶化的主要原因。李永金的《三江源地区森林资源生态保护中存在的问题及对策——以青海省玉树藏族自治州为例》（《安徽农业科学》2016 年第 4 期）通过调研发现，三江源地区森林资源生态保护面临着技术人才缺乏、旅游污染严重、监督机构不健全、监督工作不到位等诸多问题，并从开发可持续性生态旅游计划、生态移民政策与发展高原特色农业相结合、建立森林资源生态系统服务功能价值评估体系及专门的监督机构等方面，提出了玉树州森林资源保护的建议。

在生态环境保护与生态屏障建设方面，主要成果如下。赵兵的《岷江上游干旱河谷区生态屏障体系建设研究》（《民族学刊》2015 年第 3 期）基于岷江上游地区面临的基本生态问题的考察，提出了岷江上游地区生态屏障体系建设的原则、依据与目标，根据岷江上游区域生态系统的空间特征、生态敏感性和生态系统服务功能，将该区域划分为三个生态功能区并确立了森林牧草、水域湿地、农田作物等生态屏障建设重点内容，切实有效维护该区域的生态经济可持续发展和资源环境的有效保护。张燕、高峰的《甘肃省生态屏障建设的综合评价和影响因素研究》（《干旱区资源与环境》2015 年第 11 期）基于生态屏障建设的内涵以及甘肃省的区域特征，从经济发展、人口结构优化、人民生活质量提升、生态环境改善等生态屏障建设的目标任务出发，构建了甘肃省生态屏障建设评价指标体系，采用因子分析法对甘肃省 14 个市（州）

进行综合评价。张广裕的《西部重点生态区环境保护与生态屏障建设实现路径》（《甘肃社会科学》2016 年第 1 期），以西北草原荒漠化防治区、黄土高原水土保持区、青藏高原江河水源涵养区、西南石漠化防治区和重要森林生态功能区为考察重点，就如何从观念、制度、发展方式等方面实现生态环境保护与生态屏障建设提出了具体的对策建议。赵关维以丝绸之路经济带西部生态安全屏障的战略定位为切入点，通过对甘肃省具体情况的考察，在分析西部生态环境面临的困境之基础上，提出了通过加强西部省际区域协作、转变经济增长方式等措施，为丝绸之路经济带的建设构架良好的生态安全屏障。[①] 孙小丽等的《甘肃国家生态安全屏障制度化保障机制构建研究》（《资源开发与市场》2016 年第 4 期）一文，“在摸清甘肃主要生态功能区在国家生态安全中所承载的本源性屏障功能的前提下，基于国家生态安全屏障视角对甘肃省生态安全屏障建设的制度性障碍及制度化诉求进行实证研究。同时，从制度构建与创新，保障机制构建与完善两方面研究了甘肃省国家生态安全屏障制度化保障机制的构建”。

在如何评估与控制生态风险方面主要成果如下。加拉力丁·比拉力、王晓君、石敏俊的《分析现代绿洲扩张驱动力与绿洲生态风险管理研究——以新疆焉耆绿洲为例》（《管理评论》2016 年第 6 期）一文，通过对现代绿洲扩张驱动力考察发现，“正是由于水资源管理不严格，在农户追求利益最大化的利益驱动下，丰水年上游来水量的增加以及不断增加的地下水开采量，特别是高效灌溉技术推广后节约的灌溉水量，为绿洲过渡带开垦新的耕地提供了水源保障，致使绿洲耕地面积不断扩张，造成绿洲生态风险增大。因此，绿洲生态风险管理应当高度重视水土资源管理”。张钦礼等的《民族贫困地区生态安全评价及影响因素分析——以湘西自治州为例》（《中南大学学报（社会科学版）》2016 年第 3 期）指出，“2005—2014 年，湘西自治州生态安全综合指数整体呈现上升趋势，生态环境压力有所缓解，但生态安全形势仍不容乐观，区域生态系统风险仍然存在。此外，主成分分析表明，湘西自治州生态安全的影响因素可以归纳为环境影响因子、资源影响因子和社会影响因子，其中环境影响因子是最主要的因子，资源影响因子次之，社会影响因子对生态安全的影响最小”。应沛艳的《生态风险与单行道——元阳县箐口村生态入侵“小龙虾”事件的人类学考察》（《原生态民族文化学刊》2016 年第 2 期），以小龙虾为线索，通过对箐口村的田野调查，认识少数民族地区应对外来生物入侵所带来的风险的措施，了解当地哈尼村民对此的认知。“新物种出现打破了此处原有的平衡，传统的地方性生态知识不足以应对，机会和危险的新黎明正在形成之中——这就是风险社会的轮廓。”杜悦悦等的《西南山地滑坡灾害生态风险评价——以大理白族自治州为例》（《地理学报》2016 年第 9 期）一文，以云南省大理白族自治州为例，综合考量生态风险源、受体、暴露响应过程及生态终点，采用信息量模型评估滑坡灾害危险性，基于景观格局指数表征生态脆弱性，并将生态系统服务纳入风险损失的定量表征，定量评估流域滑坡灾害生态风险。

（三）生态移民与生态旅游研究

贫困和生态环境问题，一直是我国民族地区经济社会发展中面临的难题。自 20 世纪 80 年代以来，我国的生态移民人群不断增多，相关的问题也逐渐显现。民族地区作为生态脆弱区，为减少人类活动对环境的影响，国家有计划地把处于自然灾害频发多发、环境条件恶劣地区的分散人群迁出，形成不同批次的环境移民或生态移民，而生态移民问题又往往与贫困、反贫困问题交集在一起，其终极目标是实现资源、环境、人口与经济社会的协调发展。在 2015—2016 年刊发的有关生态人类学的研究成果中，有不少的文章涉及生态移民的社会救助、社会保障、

---

① 赵关维：《构建丝绸之路经济带西部生态安全屏障探析——以甘肃省为例》，《中共银川市委党校学报》2016 年第 5 期。

民族文化适应以及生态移民发展绩效、适应性、生态移民区的民族关系等一系列相关的问题。史俊宏的《少数民族牧区生态移民新村“空心化”生成及治理选择》（《农业经济》2015 年第 3 期）认为，因生态移民较高的生计脆弱性、较低的生计转型能力以及复杂的生计转型困境，往往会造成以“人口空心化”“公共服务利用空心化”“产业空心化”为特征的牧区生态移民新村“空心化”问题。因此，他提出从多方面帮扶生态移民创业、多样化生计策略、创新生计模式、建立非农就业服务机构以及构建适合生态移民的产业体系等治理措施。吴晓秋等的《论贵州生态移民传统节日文化的变迁》（《贵州师范大学学报（社会科学版）》2015 年第 1 期）指出，虽然生态移民的传统节日文化变迁是实施大规模少数民族人口迁移所导致的生产生活方式发生改变的必然结果，但在迁入地的选择与建设过程中，需要特别重视区域传统节日文化的保留、继承和发扬等一系列维系少数民族生态文化可持续发展问题，正确引导移民调节好对新的文化环境的适应度，把各地移民点传统节日文化的演变和变迁程度降低到最小值。杨未的《构建少数民族生态移民社区的“杂糅空间”》（《贵州社会科学》2015 年第 4 期）指出，少数民族生态移民社区文化重建是后移民时期一个重要的实践问题，也是一个亟须关注的理论问题。从生态移民的地理空间看，需要移民的生态脆弱地区大多是少数民族聚居和多民族混居的地区，生态移民社区面临着生态经济与文化生态重建的双重任务。祁进玉的《三江源地区生态移民的社会适应与社区文化重建研究》（《中央民族大学学报（哲学社会科学版）》2015 年第 3 期）一文，基于民族学实地调查与参与式观察，探讨了三江源自然保护区生态移民的“城镇化易地安置”模式及其对移民群体与移入地社区的综合影响。刘银妹的《毛南族生态移民文化变迁研究——以环江县堂八村 S 屯为例》（《广西民族研究》2015 年第 2 期）指出，毛南族 20 多年来大量生态移民使多数传统社区逐渐瓦解，越来越多的移民社区成为毛南族文化传承发展的重要单元。他通过研究 S 屯个案透视其生态移民文化变迁及适应情况，对研究毛南族文化乃至移民文化变迁机制有一定的借鉴意义。史俊宏的《生计转型背景下蒙古族生态移民非农生计策略选择及困境分析》（《中国农业大学学报》2015 年第 3 期）一文，利用内蒙古自治区包头市 7 个牧区生态移民安置区的移民调查数据，采用生态移民认知和统计描述等方法，实证分析牧区生态移民非农生计策略选择及困境问题。张建军的《生态移民与环境治理——基于塔里木河流域的经验考察》（《西南民族大学学报（人文社会科学版）》2015 年第 9 期）基于生态视角探讨环境与移民发展间的关系问题，对塔里木河流域生态、生态移民类型与状况进行梳理，分析了生态移民经济生活的转型及其对塔里木河流域环境治理的积极影响，展现了两个移民社区的发展与生态压力之间的困境，探讨塔里木河流域生态移民的建设路径，以期真正实现环境保护与生态移民可持续发展的良性互动。冯雪红、安宇的《三江源生态移民的“边缘人”处境》（《广西民族研究》2015 年第 4 期）一文，基于三江源生态保护和建设工程不同阶段发展重点和成效的考察，运用国外“边缘人”理论分析三江源生态移民在搬迁后的“边缘人”处境，主要体现为区位上的边缘性、经济上的边缘性、身份上的边缘性和文化上的边缘性。解决之策，有赖于生态移民区的后续产业发展。史俊宏的《少数民族牧区生态移民可持续发展战略研究》（《生态经济》2015 年第 10 期）基于农户可持续生计理论，以内蒙古自治区包头市 7 个牧区生态移民安置区为研究对象，分析了生计转型背景下牧区生态移民生计困境。他认为，为了促进生态移民在生计转型背景下的可持续发展，应该增强生态移民生计资本积累和培育、提高生态移民生计转型能力、建立和完善生态移民社会安全保护体系、倾听生态移民的声音、合理构建旨在促进生态移民实现顺利转型的产业体系。王小川的硕士学位论文以贫困理论、社会支持理论、福利多元理论为指导，通过对甘南藏区生态移民的生产、生活状况的考察，分析生态移民社会救助的特点以及在政策层面、经济发展层面、生态环境层面、风险层面等存在的问题，并就完善甘肃藏区生态移民社会救助提出具体的对策建议。[①] 郭连云立足青海三江源藏民族生态移民群体社会结构变迁的实际，从不同的角度分析目前青海三江源藏民族生态移民群体发展的成效、困境，并对该区域社会发展滞后的制约因素及健康稳定发展的路径进行了较为系统的分析。[②] 郭欢欢在探讨内蒙古自治区通辽市的生态移民时明确指出，制度设计的缺陷、资金投入的制约以及产业扶持的不利削弱了内蒙古生态移民工程的经济、社会效益。[③] 乔军的《对三江源生态移民权利保障的思考》（《攀登（哲学社会科学版）》2006 年第 3 期）主要探讨的是移民的补偿权、居住权、发展权、知情权、参与权、监督权、申诉救济权、再教育权、社会保障权、习惯权等因迁移而派生的权益。李巍关注的是生态移民过程中少数民族传统文化的保护。他认为，需要在生态移民过程中，树立整体的文化保护观念，健全和完善与生态移民有关的法律法规，建立良好的移民参与机制，以便于民族文化的保护与传承。[④] 窦营、邓远建的《西北民族地区生态移民的适应性研究——以疏勒河流域东乡族移民为例》（《现代商贸工业》2016 年第 22 期），以疏勒河流域东乡族生态移民为例，就生态移民满意度进行评价，评价结果表明，疏勒河流域项目区东乡族移民满意度较高，但在医疗条件等方面还需改进。黄立军等在对宁夏 5 个生态移民村共计 228 份有效调研数据进行分析的基础上发现，生态移民村发展绩效优势分布在不同需求层次上，进而提出需要从共性和差异性两方面探讨提升移民发展绩效的思路。[⑤]

随着民族地区旅游业的发展，有关生态旅游、民族文化旅游以及旅游与民族生态保护等相关主题的研究也备受关注。在民族地区，数量多、类型多样、文化多元且生态良好的各种“神山”，具有吸引旅游者的独特优势。沈兴菊、刘韫认为，民族地区的神山在融入旅游的开发过程中，要注重突出神山的文化特色，维护民族地区的自然生态与文化生态的多样性，减少与其他周边山体旅游资源的同质化，保障神山文化的特色与可持续发展。[⑥] 在生态旅游中，省区之间文化生态旅游的融合发展也至关重要。喇明英关注的是川甘青三省交界区区域文化、生态、旅游的融合发展问题。他认为，川甘青交界区作为我国重要的生态主体功能区，其“文化生态旅游融合发展应坚持全域旅游、统筹发展、综合发展、融合发展、生态发展的理念，走整合资源优化结构、区域统筹旅游带动、延伸产业增加效益、丰富内涵创新产品的发展道路，通过科学规划推进一体化发展、实施重点工程构筑项目支撑、加强区域合作实现共建共享，最终实现可持续的发展之路”[⑦]。田富强、刘鸿明的《少数民族地区智慧旅游生态化的生态保护资本化机制耦合》（《开发研究》2016 年第 2 期）指出：“少数民族地区智慧旅游生态化具有比较优势。智慧旅游生态化解决资金与资源的需求问题，通过生态化错位发展，建立智慧旅游生态品牌，通过智慧旅游生态化的生态保护资本化机制耦合，吸纳资源与资金。生态保护资本化是将少数民族地区智慧旅游生态化过程中节省的用地权、用水权、用能权、碳排放权与排污权指标通过相应的资本化交易制度变现，获取智慧旅游发展资金。制度耦合有两个层面：一是智慧旅游生

---

① 王小川：《甘南藏区生态移民社会救助问题研究》，硕士学位论文，甘肃农业大学，2016 年。

② 郭连云：《青海藏区生态移民区域稳定发展面临的突出问题及其成因——以三江源生态移民为例》，《攀登（哲学社会科学版）》2016 年第 2 期。

③ 郭欢欢：《内蒙古生态移民问题研究——以通辽市为例》，《民族论坛》2016 年第 8 期。

④ 李巍：《生态移民中民族传统文化的保护》，《胜利油田党校学报》2016 年第 2 期。

⑤ 黄立军等：《少数民族地区生态移民发展绩效指标体系优化与实证评价——基于因子分析结果与需求层次论契合的视角》，《湖北农业科学》2016 年第 3 期。

⑥ 沈兴菊、刘韫：《生态文明视域下西南少数民族神山旅游开发与保护》，《广西师范学院学报（哲学社会科学版）》2016 年第 2 期。

⑦ 喇明英：《川甘青交界区文化生态旅游融合发展的理念与路径探讨》，《西南民族大学学报（人文社会科学版）》2016 年第 2 期。

态化的用地权、用水权与用能权交易机制耦合，建立资源节约资本化机制，智慧旅游生态化的碳排放权与排污权交易耦合，形成环境保护资本化机制；二是将资源节约资本化机制与环境保护资本化机制耦合，形成生态保护资本化机制。”王泽荣的《民族地区生态农业旅游与经济协同发展的分析》（《现代经济信息》2015 年第 3 期）指出，随着民族地区旅游业的不断发展，生态农业旅游也开始逐渐走向成熟，然而民族地区的生态农业旅游与经济的发展也有着一种相互依存、相互交融、相互作用的互动关系。民族地区的生态农业旅游为当地经济的发展注入了新的活力和动力，而民族经济的发展也同样为生态农业旅游的发展奠定基础，二者只有协同发展，才能在民族地区发挥更大的效应。金晶的《边疆民族地区社区参与生态旅游的法律规制——以普洱市为例》（《旅游纵览（下半月）》2015 年第 6 期）认为，生态旅游的兴起为边疆民族地区社会经济的发展带来了良好的机遇。普洱市作为典型的边疆民族地区，自然生态环境优越、人文生态资源丰富、普洱茶文化源远流长，发展生态旅游极具潜力。社区参与生态旅游是边疆民族地区生态旅游的重要组成部分，但却面临着法律机制欠缺、经济发展与生态保护的矛盾凸显等问题。在民族区域自治制度的框架下加强社区参与生态旅游的立法，研究完善社区参与生态旅游的法律规制是促进边疆民族地区经济发展的有力保障。宋加山的《民族地区生态旅游开发条件及策略研究》（《西南民族大学学报（人文社会科学版）》2015 年第 5 期）以四川省阿坝藏族羌族自治州黑水县为例，对民族地区生态旅游开发的相关问题进行了探讨。李焱的《生态文明视野下民族地区旅游发展路径选择》（《贵州民族研究》2015 年第 9 期）认为，近年来，民族地区旅游经济快速发展带来的“非生态”问题也逐渐显现出来，这从根本上制约了民族地区旅游经济生态化转型的进程。因此，加快民族地区旅游经济的生态化转型具有迫切性和必要性；生态化转型是旅游经济发展方式的根本转变。民族地区旅游经济的生态化转型需要实现以生态经济和谐发展为核心、制度设计为保障、生态经营为支撑，调动各方群体参与生态建设的积极性，满足民族地区生态经济发展的需求，全面建设人、自然与经济和谐的民族地区旅游经济体。颜竹梅、田定湘的《民族地区生态文化旅游的思考》（《湖南社会科学》2015 年第 5 期）对民族地区生态文化旅游资源进行梳理、评价，分析了民族地区开展民族生态文化旅游存在的困境，提出了发展民族地区生态文化旅游的措施。

（四）社会治理与生态立法研究

近年来，在探讨民族地区的社会治理中，生态环境治理作为社会治理不可或缺的一个组成部分，备受人们的关注。高天跃的《西南边疆民族地区生态经济发展与社会治理结构建设研究》（《黑龙江民族丛刊》2015 年第 5 期）一文，提出了西南民族地区生态经济型治理的概念，尝试建构生态经济理念、生态经济机制、生态经济平台及生态经济项目“四位一体”的民族地区群众治理体系，让自治主体在划定自治单元中开展自治事务，快速响应及时处理公共性自治事宜，实现最小层次的自我管理、自我服务、自我发展。黄灵谋等的《试论边疆民族地区乡村治理与法治生态——以广西那坡县为例》（《百色学院学报》2015 年第 1 期）以广西壮族自治区百色市那坡县为例，针对边疆民族农村地区在治理实现法治化的过程中所存在的普遍问题，进行了探讨。卢智增的《西南民族地区农村生态环境治理研究——以广西博白县为例》（《学术论坛》2015 年第 9 期）认为，要想实现西南民族地区农村的环境善治，必须发挥政府治理的主导地位，提高治理水平；必须加强宣传教育，增强生态责任意识；必须建立健全农村生态环境治理制度，加大执法力度；必须践行可持续发展战略，发展农村生态经济；必须借鉴国外先进经验，完善农村生态环境治理。

在社会治理中，如何在充分借鉴民族民间法的基础上，加强民族地区的生态立法，也是学界关注的问题。在这方面，廖华的《民族地区生态红线制度的地方立法研究》（《湖北民族学院学报（哲学社会科学版）》2015 年第 3 期）认为，民族地区应发挥地方立法权的优势，以单行条例的方式对少数民族地区的生态红线制度进行细化，使之更具操作性和针对性。民族地区生态红线制度立法应该在生态学研究的基础上，着重结合当地独有的自然条件、环境容量、经济发展水平、人文环境，厘清生态保护与世居民族生存发展的关系、生态保护与经济发展的关系、公民与政府的关系、不同政府部门之间的关系，明确生态红线的划定主体、划定类型和标准、统一监管制度、责任追究制度和配套的生态补偿制度。尹仑的《中国民族生态法律制定研究》（《云南社会科学》2016 年第 5 期）认为，民族生态法律是在民族区域自治制度的基础上，将现代环保法律与民族习惯法等传统法律相结合，针对民族地区特殊的生态环境及其相关传统知识制定的保护和发展民族地区生态环境的法律。民族生态法律的制定，是中国民族地区开展生态文明建设的必然要求，也是在新的历史时期，从生态文明的视角来加强和完善中国的民族区域自治制度以及民族地区实现可持续发展的需求，是建设中国特色社会主义法治体系的重要组成部分。生态保护优先是制定民族生态法律的指导思想，可持续发展是民族生态法律的着眼点，传统生态法律是民族生态法律的借鉴。刘雁翎的《论西南少数民族的生态法治观价值》（《中国社会科学院研究生院学报》2016 年第 2 期）认为，国家法之效用在少数民族地区不同程度存在着“宏观抽象”“水土不服”“鞭长莫及”等问题，而少数民族多元习惯法在本土实际发挥着或弥补、或延伸、或具体化国家法以维系当地社会秩序的作用。因此，研究少数民族习惯法与国家法间的融洽及合力，构建民族地区社会新秩序，是建立法治国家必须面临和解决的重大课题。王志鑫的《论民族地区生态文明建设的法制路径》（《四川民族学院学报》2016 年第 4 期）认为，生态文明建设是一项重要且复杂的工程，需要法制强有力的保障。在民族地区生态文明建设中，法制有利于生态文明建设理念制度化、长期化和保障少数民族群众生态权益，但也存在着生态文明立法不健全、生态环境执法不力、司法介入存在制度缺失等一系列问题。在总结一些民族地区生态文明建设法制保障经验的基础上，他提出完善民族地区生态文明建设法制路径的构想：建立和完善生态文明法律体系，加强生态文明执法力度，健全司法机制，进而有力保障民族地区生态文明建设的顺利推进。马洪建的《生态文明语境下民族地区生态治理路径探析》（《民族论坛》2016 年第 6 期）认为，我国民族地区经济快速增长的同时生态环境问题也日趋凸显，水土流失加剧、草地退化严重、沙漠化面积加剧、珍稀动植物濒临灭绝等问题严重威胁着我国民族地区经济社会可持续发展。针对民族地区生态环境问题形成的主要原因，他提出了民族地区生态治理的具体路径：转变经济发展方式，走绿色发展道路；加强民族地区生态环境法制建设；积极开展保护生态环境宣传教育活动等。崔刚强的硕士学位论文，通过对西藏那曲草原生态环境保护法律制度的考察，结合那曲地区区情、民情，那曲草原生态环境现状及面临的严峻生态问题，发现那曲地区草原生态保护中存在的问题及法律政策漏洞，并借鉴美国保护草原生态的经验，提出了加强法制建设、强化草原执法及监督、开发利用新能源等一系列建议，以实现西藏那曲草原的可持续发展，保护好国家的生态安全。① 辛庆玲、辛全洲的《青海生态文明先行示范区建设中的立法问题研究——以〈青海省生态文明建设促进条例〉为例》（《攀登（哲学社会科学版）》2016 年第 3 期）指出，近年来，青海提出了建立生态文明先行示范区，作为这一创建活动的直观反映，及时出台了《青海省生态文明建设促进条例》，对这一条例进行深入的分析和思考有助于对在生态文明先行示范区建设中的立法问题进行研究。曹冬媛的《少数民族牧区生态经济的法治目标实现研究》（《贵州民族研究》2016 年第 7 期）指出，依法治国是国家的基本方略，也是经济发展、社会进步的客观要求，牧区生态经济发展自然也需要依法治理。法治目标的实现取决于法制建设和民众法律素养两个要素，

---

① 崔刚强：《西藏那曲地区草原生态保护法律制度问题研究》，硕士学位论文，西藏大学，2016 年。

少数民族牧区以民族民众为主体，有特殊的民族习惯法和民族习俗，其生态经济发展的法治目标实现，一方面需要结合当地情况吸收和融合民族生态习惯法，以法律形式固定民族民众生态经济发展中的正当权益；另一方面，还需要加强当地民族的法律意识，提高民众的法律素养，双方面的共同推动才能使民族牧区生态经济法治目标更好实现。

（五）生态补偿机制研究

在有关民族地区生态文明建设的体制机制研究中，如何建立持续有效的生态补偿机制也是学界关注的一个问题。杨炼的《论民族地区矿产资源生态补偿的法理基础与制度构建》（《理论月刊》2015 年第 6 期）认为，民族地区矿产资源生态补偿应从强化矿产资源立法、以市场机制理念为指导完善矿产资源产权制度和以生态补偿理念为指导改造矿产资源税费制度三个方面来构建矿产资源生态补偿的制度体系。萨础日娜的《生态文明视野下民族地区生态补偿法律机制浅析》（《贵州民族研究》2015 年第 11 期）指出，生态补偿与生态文明有着内在的相关性与紧密联系，生态补偿是生态文明建设的重要内容和制度保障，而生态文明又为生态补偿制度建设指明了方向。在民族地区法制建设过程中，迫切需要生态补偿法律机制的构建，在生态文明视野下，迫切需要重构民族地区生态补偿法律体系。向前的《重庆市民族地区自然保护区的生态损失与补偿策略研究》（《贵州民族研究》2015 年第 3 期）一文，通过对重庆市民族地区自然保护生态损失与补偿的现状、问题以及成因等方面的分析研究，指出生态补偿机制的不健全也正在成为制约重庆市民族地区自然保护区健康发展的瓶颈，并在此基础上提出了相应的政策建议。卢智增、刘启红的《西部民族地区政府主导型森林生态效益补偿机制研究——以广西龙胜各族自治县为例》（《桂海论丛》2015 年第 6 期）指出，为了解决环境利益者和经济利益者之间的扭曲关系，我国应建立森林生态效益补偿机制。针对我国目前森林生态效益补偿实施过程中存在的问题，他认为，要强化政府生态责任，扩大财政生态转移支付，构建森林价值评估体系和补偿标准，实行多元化的补偿形式，建立森林生态补偿的保障体系。李巧茹的《广西少数民族地区生态补偿机制的实践探索》（《桂林航天工业学院学报》2015 年第 1 期）从广西少数民族地区资源与生态的现状出发，论述了广西少数民族地区生态补偿机制的实践探索及在广西少数民族地区构建生态补偿机制的现实意义。冯聪以边疆民族地区矿产资源开发的生态补偿活动为研究内容，借鉴国内外生态补偿的实践研究成果，结合边疆民族地区经济社会发展的特点，研究提出了边疆民族地区矿产资源开发生态补偿模式以及运行机制，具有一定的深度。①马静、姚娟的《世界自然遗产地少数民族牧民生态补偿问题探索——以新疆天山天池为例》（《旅游研究》2016 年第 2 期），以国内外旅游生态补偿内涵、类型、主要研究主题等梳理分析为基础，对新疆天山天池世界自然遗产地旅游生态补偿问题进行了研究。蒋小凤、张新华的《新疆草原生态补偿实施中的问题及对策分析》（《新疆社科论坛》2016 年第 4 期）指出，近些年在新疆，人、草、畜矛盾日益突出，加之新疆极为干旱的客观现实，风化、沙化的草原牧场呈现连年递增的趋势。怎样保护好新疆原有的丰富草原牧场资源，如何对草原牧区为保护草原牧场环境而作出牺牲的各利益主体进行必要的回报及弥补，成为新疆经济社会可持续协调发展过程中不容忽视的一个重要课题。张明的《青海湖流域主要生态环境问题成因与发展对策研究》（《青海环境》2016 年第 3 期），强调建立青海湖流域生态补偿机制的重要性。他指出，青海湖流域作为国内重要的生态敏感区与脆弱区，建立完善的生态补偿体系刻不容缓。青海湖流域已经开展了退耕还林、退牧还草等生态补偿项目，为青海湖流域带来了良好的生态效益。但

① 冯聪：《边疆民族地区矿产资源开发生态补偿模式及运行机制研究》，博士学位论文，中国地质大学（北京），2016 年。

是还存在着诸如补偿标准过低、群众参与热情不高等现实问题。生态补偿项目的实施往往受到资金的限制，无法全面展开。开展流域内的生态补偿体系建设研究，进一步探索流域生态补偿机制，将有助于解决生态补偿政策实施中的现实问题，有利于退牧还草等一系列生态保护工程的顺利实施。朱其忠等的《西南高原湖山生态系统行政补偿方式的几个问题》（《经济研究导刊》2016 年第 21 期）认为，一方面，西南高原湖山生态系统是一种公共产品，需要政府为它产生的生态外部性“埋单”，以提高当地居民生态保护的积极性；另一方面，西南高原湖山生态系统的保护和建设又是一项系统工程，仅依靠行政生态补偿难以达到理想效果，因为行政生态补偿具有补偿标准低、补偿短期化、补偿方式单一、补偿内容简单四个方面的不足。产业共生生态补偿不同于行政生态补偿之处在于，它是利用产业之间的互补性和循环性来促进生态保护和经济发展。西南高原湖山地区应该充分发挥其特有的地理资源、动植物资源、人文资源优势，依据农业、工业、服务业之间的共生关系，建设农田生态系统、农业工业化经营系统、农业服务化经营系统，实现生态效益和经济效益的双丰收。李晓燕的《民族地区农业生态环境补偿及其制度研究》（《青海民族研究》2016 年第 1 期）认为，农业生态环境补偿的实质是建立利益相关者之间的利益分配和协调关系，通过这种稳定的关系来促进农业生态环境保护。其制度的属性是一种稳定的可持续性的利益联结，能够对保护者产生激励作用和协调作用，从而实现农业生产、农牧民增收和农业生态环境保护多重效益。建立健全民族地区的农业生态环境补偿制度，加快农业生产中的“补偿”式发展，守住民族地区农业生态环境底线，同步推动农业生产效率提升与生态环境损害下降，是民族地区经济可持续发展的必需。

（六）生态资本、绿色发展及相关研究

作为我国生态文明建设的前沿阵地，西部地区的绿色发展尤为紧迫，而完善的非技术创新系统则是其必要条件。蒋尉的《西部地区绿色发展的非技术创新系统研究——一个多层治理的视角》（《西南民族大学学报（人文社会科学版）》2016 年第 9 期）一文，引入并扩展了 MLG 模型，通过案例比较，从多层治理的视角探求绿色发展的非技术创新系统。她的研究发现，有效的非技术创新系统可以激发地方政府之间的同级博弈并产生绿色偏好的逐级传导和扩散效应，从而驱动地方政府的战略及政策调整，增加绿色投入和提高效率。因此，构建非技术创新系统、完善其多层治理结构、匹配的干部考核机制、主动进行偏好干涉、实现系统的“绿色”转型，可增强西部地区绿色发展的有效性。陈晓华的《绿色发展视阈下西部民族地区生态经济发展策略》（《当代经济》2016 年第 21 期），主要分析西部民族地区发展生态经济可行性，论述发展生态经济是西部民族地区产业转型升级的必由之路，阐述发展生态经济必须牢固树立可持续发展观、科学发展观和包容性发展观，从发展低碳产业，构建循环型产业体系，优化产业结构，制定发展生态经济的相关政策，建立评价机制，强化科技创新，推广绿色技术，制定与完善生态经济发展的法律法规体系等方面提出西部民族地区生态经济发展的策略。顾文兵的《以绿色发展理念推进代际公平构建河西地区和谐民族关系》（《西北民族大学学报（哲学社会科学版）》2016 年第 5 期）一文认为，从可持续发展到绿色发展理念都强调代际公平的实现，它是在共时性和历时性两个维度上解决当代人和后代人在地球生态环境和能源资源的利用与保护上的权利和义务关系。绿色发展理念中代际公平需要解决的主要问题有：克服人类中心主义的伦理缺陷、代际权利与义务的平衡及本代人生存与发展的伦理边界等。对多民族聚居的河西地区来说，实现代际公平是贯彻绿色发展理念的重要举措，是经济发展和和谐民族关系建构最根本的保障，也是和谐民族关系建构的迫切要求。刘胜良的《广西少数民族地区绿色发展探析》（《广西社会科学》2016 年第 2 期）指出，针对广西少数民族地区绿色发展存在的观念滞后、支撑技术落后、保障制度不健全等阻碍因素，可构建凸显绿色发展战略的环境发展机制、

牢固绿色发展框架的政治发展机制、夯实绿色发展底蕴的经济发展机制、厚植绿色发展动力的文化发展机制等，实现广西少数民族地区绿色发展。杜明义的《生态资本视角下生态脆弱民族地区经济发展模式探讨——以四川甘孜藏族自治州为例》（《理论导刊》2016年第6期）一文指出，“生态资本是促进经济发展最重要的资本。现状表明生态脆弱民族地区生态资本水平低，严重制约经济发展。为此对生态脆弱民族地区应加大生态资本投资，提高生态资本水平和生态资本经营水平，增加生态资本收益，形成生态型经济发展模式，从而促进其经济社会整体发展”。

三 结语：理论困惑与实践动向

上面，我们以生态人类学、生态知识以及民族地区的生态文明建设、生态安全、生态屏障、生态治理、生态移民等词语为检索的线索，并在生态文明建设大背景下对2015—2016年中国生态人类学的发展情况进行了一个大致的梳理。同时，除了各种专题性的论文外，两年中有关生态人类学的专著有《草原生态与人文价值：中国牧区人类学研究三十年》①、《冷水溪畔——八龙村土家族文化生态的人类学考察》②、《遗产·旅游·现代性：黔中布依族生态博物馆的人类学研究》③、《环境人类学》④、《中国生态扶贫战略研究》⑤、《气候人类学》⑥、《沙漠干旱地区的人类文化适应研究》⑦、《献给祖先的猪——新几内亚人生态中的仪式》（第2版）⑧、《侗族传统农耕文化与珠江流域水资源安全》⑨ 等几部。这些著作中，除了翻译引进的2部更多探讨的是与生态人类学的相关理论，大多数的著作讨论的是区域性的生态问题或者是专题性的生态研究。基于与生态人类学相关的学术论文及学术著作的考察，并结合近几年的发展走势，我们认为当下中国生态人类学的发展呈现如下基本态势。

首先，基本的学理基础和学科理论的探讨迟滞于现实问题的研究，学科整合力低，尤其是本土的理论创新还存在严重的不足。众所周知，生态人类学是一门交叉学科，它与民族学/人类学、植物学、生态学、环境科学等学科均有一些交叉重叠的学术园地。在中国近30年的发展历程中，虽然国外新的学术成果、理论动态被不断译介过来，但关于学科理论的探讨，基本上还停留在民族学的讨论范畴之内，如经济文化类型理论、环境人类学、医学人类学等。当然，随着国内民族学/人类学的蓬勃发展、学科分化和分野趋势的加强，部分学者或研究机构，诸如尹绍亭、杨庭硕等学者及他们所依托的平台，也在有意识地朝建立生态人类学基本理论体系方向发展，并产生了明显的示范作用，形成了一定的团队效应。针对这种客观现实，在将来的生态人类学研究中，如何超越学科限阈，打破民族学与地理学或生态学之间的学科壁垒，在既关注民族传统社会中的生态智慧与生态知识，注重揭示具有民族元素的生态价值、呈现族群的生态文化的同时，又能充分分析某个区域范围内自然地理环境要素彼此的关联性，关注区域

---

① 陈祥军主编：《草原生态与人文价值：中国牧区人类学研究三十年》，中国社会科学出版社2015年版。

② 田阡、王欣：《冷水溪畔——八龙村土家族文化生态的人类学考察》，知识产权出版社2015年版。

③ 金露：《遗产·旅游·现代性：黔中布依族生态博物馆的人类学研究》，浙江大学出版社2015年版。

④ ［韩］全京秀：《环境人类学》，崔海洋译，科学出版社2015年版。

⑤ CAI Dianxiong 等主编：《中国生态扶贫战略研究》，李玮译，科学出版社2015年版。

⑥ 尹仑：《气候人类学》，知识产权出版社2015年版。

⑦ 依丽米古丽·阿不力孜：《沙漠干旱地区的人类文化适应研究》，中国社会科学出版社2015年版。

⑧ ［美］罗伊·A. 拉帕波特：《献给祖先的猪——新几内亚人生态中的仪式》（第2版），赵玉燕译，商务印书馆2016年版。

⑨ 崔海洋、李峰：《侗族传统农耕文化与珠江流域水资源安全》，知识产权出版社2015年版。

内人群活动与地理环境的互动关系。开展既见地又见人或者人地互见的研究，可能是将来中国生态人类学研究中应该追寻的一个方向。

其次，本土化的理论创新和如何更好地服务于国家和民族地区经济社会发展的需要，以及民族地区生态治理与环境问题依然是生态人类学持续关注的一个热点问题。中国的民族地区是自然资源比较富集的地区，也是重要的生态功能区和生态环境十分脆弱的地区。在民族地区生态系统对经济社会发展承载能力不断减弱、经济发展与生态建设两难抉择的背景下，大力加强民族地区生态文明建设，不仅关系到该地区的可持续发展，而且关系整个中国的生态安全和永续发展。事实上，生态人类学近年来在对民族地区生态文明建设的响应中，已经全面从生态文明建设与民族社会经济文化互动关系出发，对民族地区生态文明建设的制度路径、资源开发补偿机制、生态立法、经济开发中的环境保护问题、社会转型过程中的生态适应性问题、生态问题与民生问题、生态建设与民族社会稳定及国家安全问题等诸多议题进行了广泛的讨论，产出了不少的研究成果，而且在可以预计的将来，此类研究将持续走强。

最后，基于深度的田野调查，挖掘、整理传统生态知识，作为生态人类学研究中一个传统的专业领域，将伴随着学科的发展持续受到关注。对传统生态知识的研究，民族植物学和民族动物学主要放在关于植物、土壤、林地、水资源等方面的分类系统上，其目的在于考察不同民族对动植物的多种利用与保护技术；传统的民族学和人类学界重点放在不同民族的生产生活技能与自然资源的利用关系上，强调的是与环境相关的地方性知识的技术性。尽管不同的学科有不同的关注点，但如果将之和现实的社会问题联系起来，进行有针对性的问题关联性研究，我们会重新发现传统生态知识的当代价值。如关于石漠化的研究，涉及不同民族地区石漠化的空间分布以及与石漠化治理相关联的生计策略、贫困等现实问题；关于灾害的研究，涉及各民族历史上的灾害记忆、民族地区灾害社会工作实务中的文化问题、灾害中社会救助、自然灾害中的民族学启示、资源开发中引发的灾害考察、民族社会的灾害预警与救灾传统等诸多问题。

总之，作为一门新兴的“朝阳”学科，生态人类学在兼顾基础研究与现实问题的同时，如何秉承传统又超越传统，从区域性整体观念出发，完成从重点关注民族村落社会向全面考察民族区域社会（流域社会、山水社会），从重视理论的思辨转向民族社会的生态实践经验以及从民族学的深度描述转向现实民族地区生态问题的关注，等等，应该是中国生态人类学发展中值得关注的大问题。

（管彦波，研究员，中国社会科学院民族学与人类学研究所民族生态研究室）

2015—2016年南方民族语言基础理论研究综述

李云兵

民族语言基础理论研究是指民族语言的本体共时描写研究、跨语言比较研究、历史比较研究和民族语言学理论研究，即在民族语言纪录基础上的描写语言学、语言类型学、历史语言学、语言关系、语言演变、语言学理论等的研究。

一　民族语言基础理论研究与人才队伍的现状

民族语言基础理论研究始于20世纪30年代，新中国成立后，中央政府于50年代组织了大规模的民族语言调查，并于80年代基于传统语言学的理论方法完成并出版《中国少数民族语言简志丛书》，同期还展开了民族语言方言研究、历史比较研究、词典编纂、语言地图绘制等工作，先后出版《中国语言地图集·少数民族语言地图》《中国少数民族语言方言研究丛书》《中国少数民族语言词典系列丛书》《苗语古音构拟》《苗瑶语古音构拟》《中国孟高棉语族语言与南亚语系》《侗台语族概论》《汉藏语同源词研究》《彝缅语音韵学》等相关语言、语族、语系的历史比较研究。随着专家学者对中国少数民族语言的进一步认识，于1990—2010年展开新认知的少数民族语言的调查研究并出版了《中国新发现语言研究丛书》和《中国语言地图集·少数民族语言卷》（第二版）。近10年来，随着新的语言学理论方法的引进，开展了民族语言参考语法的研究并以《中国少数民族语言参考语法研究系列丛书》命名陆续出版了一批专著。这些重要成果是集体性的、集成性的研究，是由团队合作完成的，代表着新中国成立以来民族语言基础理论研究的成就和水平，对国外的中国少数民族语言研究具有重要的影响力。此外，众多学者的专题性研究论文也不断充实着民族语言基础理论的研究。

民族语言基础理论的研究在一定的历史时期能够取得丰硕的、重要的成果是与人才队伍分不开的。1956年成立的中国科学院少数民族语言研究所在民族语言大调查中会同相关高等院校培养了强大的民族语言基础理论人才队伍，他们成为20世纪后半期民族语言基础理论研究的中坚力量。改革开放以来，尽管不少高等院校、科研院所也培养了一批又一批高学历的民族语言基础理论研究人才，培养了一批中青年学者，但是，目前国内相关研究队伍青黄不接的现象还比较突出，人才队伍也比较分散，有些门类人才奇缺，很难再对民族语言基础理论进行集体性、集成性、原创性的团队协作与合作攻关研究，民族语言基础理论的研究逐渐被边缘化。不过，民族语言基础理论研究在某些方面还是有拓展性、开创性的研究的，如开启民族语言参考语法、民族语言类型学、民族语言空间认知、纪录语言学的研究并使之成为民族语言基础理论研究的核心和前沿，一定程度上保持着民族语言基础理论研究发展的方向。然而，学科要发展，关键在人才，没有人才就没有人才队伍，没有人才队伍，就不能形成团队，没有团队就难以达成以基础性的学术资料库和数据库建设为出发点，完成具有原创性、开拓性、集成性和传世价值的研究成果。民族语言基础理论研究要发展，就必须突破人才和人才队伍瓶颈，高度重视人才的培养，健全人才队伍。没有人才，要拓展民族语言基础理论研究的深度和广度，建立学术地位、学科体系和话语权，只能是空谈。

二 南方民族语言基础理论研究综述

语言的调查和描写是语言研究永恒的话题，是基本语言学理论和普通语言学理论建设的先期条件，是一切语言学研究的基础，国内外学者向来重视语言基础理论的研究，近10年来中国南方语言汉藏语系语言、南亚语系语言、南岛语系语言的基础理论研究有新的发展。但是，国内外语言基础理论研究的发展不平衡，国内不同语系、不同语族、不同语支、不同语言的研究的发展也不平衡。就2015—2016年来看，针对中国南方民族语言、跨境民族语言的基础理论研究，这种不平衡性仍然十分明显，特别是汉藏语系藏缅语族语言的研究，国内外的研究，无论是广度深度，还是理论方法，差异都比较明显。

（一）汉藏语系语言的基础理论研究

汉藏语系一般认为由汉语、藏缅语族语言、侗台语族语言、苗瑶语族语言、仡—央语群语言构成，其中，汉藏语系少数民族语言的研究长期以来分别由从事藏缅语族语言、侗台语族语言、苗瑶语族语言、仡—央语群语言等研究的学者承担，通常是不同的学者有特定的研究领域，而进行较大构架的跨语言研究的则比较少。

就汉藏语系语言来说，2015—2016年，从跨语言研究和较大构架来研究汉藏语系语言的研究成果，据统计有9篇，具有代表性的为《前缀，前置辅音还是二者兼而有之——有关汉藏语系音节结构构拟的讨论》《藏缅语前缀的动态演化：澄清一些误解》《汉藏语并列复合词韵律词序的类型学特征——兼论汉藏语语法类型学研究的一些认识问题》《论汉藏语言塞音的类型与共性》《论鼻音在中国语言中的类型与共性》《论汉藏语言小舌塞音的音变共性》。这些成果主要讨论了汉藏语系语言的语音类型、语序类型、构词形态、构形形态、形态句法的历时演变和共时差异，有一定的理论高度，但主要涉及汉藏语系藏缅语族语言，较少关注侗台语族语言、苗瑶语族语言、仡—央语群语言。

孙宏开的《前缀，前置辅音还是二者兼而有之——有关汉藏语系音节结构构拟的讨论》（《云南师范大学学报（哲学社会科学版）》2015年第2期），首先提出问题：原始汉藏语系语言的音节结构究竟是什么样子的？尤其是音节起首的辅音丛究竟是什么性质的，是前缀还是复辅音的前置辅音？这个讨论涉及原始汉藏语系语言究竟是单音节的词根语，还是多音节的语言，涉及原始汉藏语系语言音节的起头有没有三合、四合的复辅音；涉及现在保留在部分藏缅语族语言里的复辅音的来源问题，究竟是形态成分拼接而成的，还是原始母语本来就有的，它是不是词根的一部分，在构拟原始汉藏语系同源词词根的时候要不要构拟这些前缀；还涉及我们如何解释汉藏语系语言的许多历史音变规则。论文对这些问题与学术界的同行开展讨论，提出区别前缀与复辅音的前置辅音的8条原则。

［美］詹姆斯A. 马提索夫撰，孙天心、田阡子译的《藏缅语前缀的动态演化：澄清一些误解》（《云南师范大学学报（哲学社会科学版）》2015年第2期）指出，前缀对汉藏语/藏缅语历史音韵与共时语法至关重要，并探讨前缀对音节结构的影响、前缀与词根声母的关系及前缀对词义内涵的贡献程度等问题。最后，论文阐述了汉藏语/藏缅语里前缀化与复合词化程序之间的循环性关系。

戴庆厦的《汉藏语并列复合词韵律词序的类型学特征——兼论汉藏语语法类型学研究的一

些认识问题》(《吉林大学社会科学学报》2015年第3期),指出既往的汉藏语类型学研究多集中于句法,构词方面特别是复合词的研究是个薄弱环节。汉藏语并列复合词数量众多、能产性强、词素顺序基本固定,是汉藏语构词的一个重要手段,成为区别于其他语系语言的重要特点。汉藏语控制并列复合词词素的顺序有语音和语义两个因素。其中,语音规则是形态标记,具有韵律和谐的显著特征,是由汉藏语语音结构的类型学特征所规定的。汉语和藏缅语的并列复合词在构造上、语言标记上、演变上都普遍存在相同或相似的特点,通过汉藏语与非汉藏语的比较,能为语言类型关系的研究提供一些旁证材料。

燕海雄的《论汉藏语言塞音的类型与共性》(《云南师范大学学报(哲学社会科学版)》2015年第2期)指出,塞音是人类语言音系中最为重要的音类之一。论文检索了150种汉藏语言或方言中的塞音信息,统计了每一个塞音的语言数据和每一个语言的塞音数据,比较了汉藏语言的塞音系统在不同语言系属中的分布特征与共性,并在此基础上进一步指出汉藏语言中常见的塞音组合类型及其历时来源。

燕海雄、江荻的《论鼻音在中国语言中的类型与共性》(《语言科学》2015年第2期)认为,与世界其他地区的语言比较,鼻音在中国的语言中具有更为重要的音系价值。从调音部位和发声类型的角度看,存在蕴含关系;从鼻音的数量看,3个鼻音、4个鼻音和8个鼻音的类型最为常见;从语言的地理分布看,清化鼻音是中国西南少数民族语言中的一个显著的区域特征。

燕海雄的《论汉藏语言小舌塞音的音变共性》(《中央民族大学学报(哲学社会科学版)》2016年第6期)认为,小舌塞音的软腭音化、喉音化、擦音化在汉藏语言音系演化的过程中起到了重要的维系功能,具有极强的音变共性;于调音部位,小舌塞音在汉藏语言中主要变化为软腭塞音与喉塞音;于调音方法,小舌塞音在汉藏语言中主要变化为小舌擦音、软腭擦音与喉擦音。

汪锋的《从汉藏语言比较看茶马古道的演化——以汉、白、彝语比较为基础》(《思想战线》2016年第6期)认为,茶马古道本质上是一个网络,这个网络是不断演化发展的,在不同的时间阶段有不同的内涵。语言上的关联是文化圈形成的最好证据,同源词体现发生学上的自源关联,借词反映接触传播上的联系。从茶马古道发源的核心地区里分布的藏缅语与汉语的比较,可以发现与茶马古道的演化密切相关的语言证据,在此基础上,根据历史语言学中的年代测定的一些方法,能厘清茶马古道网络演化中的一些时间层次。

1. 藏缅语族语言的基础理论研究

(1) 国内藏缅语族语言的基础理论研究

国内的藏缅语族语言分藏语支、羌语支、景颇语支、彝语支、缅语支,其中,国内外的一些学者把彝语支、缅语支合称彝—缅语支或缅—彝语支。国内的藏缅语族语言主要分布在青藏高原、云贵高原,有50多种语言。2015—2016年国内藏缅语族语言基础理论研究涉及语音、词汇、语法的专题及综合性的语种描写研究,但是从总体上对藏缅语族语言进行研究的成果不多,据可查文献统计有7篇论文,具有代表性的为《藏缅语的基数词——兼与汉语比较》《藏缅语族定中结构的双标记类型及其演变》《同源抑或区域趋同?——基于藏缅语语序类型参项的判断》。

戴庆厦、彭茹的《藏缅语的基数词——兼与汉语比较》(《青海民族研究》2016年第2期),通过比较研究,指出藏缅语基数词系统存在不同类型,不同语言的基数词具有共同的来源,而且与汉语也有共同的来源;论文揭示藏缅语基数词句法功能和语序的多层次特点,同时,从基数词音节的数量、位数词的多少、词源关系、构词功能和文化功能等方面,分析了藏缅语和汉语的类型学共性和差异。

闻静的《藏缅语族定中结构的双标记类型及其演变》（《民族语文》2016 年第 4 期）讨论藏缅语叠合式双标记结构中标记的功能互补，认为标记叠用主要是语言内部助词系统发展的产物，是助词功能发展、扩张的一个阶段性证据。

柳俊的《同源抑或区域趋同？——基于藏缅语语序类型参项的判断》（《语言研究》2016 年第 2 期）指出以系统论的综合性观点来看，“语言联盟”模型更适切地构拟了藏缅语的历史关系。语序上，彝缅语和藏—景颇语相似度较低，以名—数—量（N-Num-CL）语序、动—数—量（V-Num-CL）语序和否定词—形容词（Neg-A）语序为主要分类标准。嘉羌语是过渡语言，相对来说与彝缅语相似度高一些，它们之间以动—数—量（V-Num-CL）语序和否定词—形容词（Neg-A）语序作为主要分类标准。

整体来看，对藏缅语族进行总体研究的成果涉及藏缅语族语言的数词、量词、修饰结构、语序类型的专题研究和藏缅语族语言的分布与研究综述。这些成果对了解藏缅语族语言总体研究的前沿状况和拓展相关专题研究有重要的参考价值。

①藏语支语言的基础理论研究

中国境内的藏语支有藏语、错那门巴语、巴墨脱门巴语、白马语等 5 种语言。从收集到的有关研究成果看，2015—2016 年藏语支语言基础理论研究的成果涉及文字学、语音学、词汇学、语法学、方言学等领域，有 3 部专著和 28 篇论文，但是，主要是藏语文的研究成果，其他语言文字没有研究成果。

a. 文字的研究。2015—2016 年藏语支语言文字研究主要是对藏文的文字学和文字规范问题开展研究，所见成果有 1 部专著和 4 篇论文，具有代表性的为《藏文文字研究》《〈同文韵统〉中的清代藏文音读规范》《清代藏语言文字的发展及其特点》。

郭须·扎巴军乃编著的《藏文文字研究》（中国藏学出版社 2015 年版），指出了在历史上失传的很多能够书写并拼读的藏语书面语音节，确认了更多藏文文字的可用性，对学习藏文、研究藏文文字及在创造藏文新词语的过程中旧词新用等有着很重要的意义和价值。作者通过分析藏文字母的各种组合形式，详细地列出能够书写并拼读的藏语书面语音节 18531 个，从较可靠的古代藏文文献和书籍中征引所列每一个音节的具体例子，并详细地指出征引这些例子的书名、作者、页码、出版时间等有关具体信息。该书为今后的藏文文字研究提供了扎实可靠的文献依据，创造了更多查询对比的便利。更重要的是，该书还对藏语语音及其历史发展等的研究提供了丰富翔实的文献材料和比较研究的基础。

聂鸿音的《〈同文韵统〉中的清代藏文音读规范》（《语言研究》2015 年第 1 期）指出，清乾隆年间编修的字书《同文韵统》里设定了一套藏文的音读规范。书里反映的不都是藏语的实际面貌，其中强调读出浊声母是为了转写梵文，改变个别字母的发音位置是为了适应满语，只有对藏文一些附加字母的处理方式大致遵照了藏人原有的习惯。

周润年、张屹的《清代藏语言文字的发展及其特点》（《中央民族大学学报（哲学社会科学版）》2016 年第 5 期）指出藏语言文字在不同时期都有其不同的特点与发展变化。清代藏语语音简化，声调产生，前置的语法表达系统变为后置系统，并由黏着性质的形态格局经过屈折化的阶段向虚词结构过渡；出现了反映社会变迁的新词、新语、新文法、方言、文字等。清代藏语言文字不仅有很大的发展变化，而且涌现出一大批藏族语言学家、翻译家以及推动藏语言文字发展的人物，创作一批有关藏文双语、多语辞书和藏语言文字著作。

b. 语音的研究。语音的研究涉及语音的发展演变、声调的产生、连读变调、辅音的性质等方面，有 9 篇论文，具有代表性的为《藏语送气擦音的来源》《藏语鼻冠音声母的特点及其来源》《无声调藏语的习惯音高和有声调藏语的连读变调》《藏语久治话的音位系统及其语音的历史演变》《〈西番译语〉中的藏语韵尾成分 - s》。

王双成的《藏语送气擦音的来源》（《语言科学》2015年第5期）指出，藏语安多方言和康方言的擦音有送气和不送气的对立。藏语的送气擦音，有人认为是从不送气的擦音演变来的，也有人认为是早期特征的遗留。论文结合藏文历史文献、方言材料以及缅语、苗语等语言材料详细论证了藏语送气擦音的来源，提出送气擦音的重要来源之一是早期的一部分送气塞擦音在历史演变过程中变为擦音，同时又维持了原有的送气特征所致。

王双成的《藏语鼻冠音声母的特点及其来源》（《语言研究》2016年第3期）认为古藏语有m-、ɦ-两个鼻冠音可以和不同的塞音、塞擦音组合成不同类型的鼻冠音声母，发展到现代藏语方言，鼻冠音声母的分布、演变都有很大的差异，而且其来源也比较复杂。据考察，藏语鼻冠音声母根据基本辅音的清、浊不同来源不同，基本辅音为浊音的鼻冠音声母来自不同前置辅音的"整化"或鼻音，而基本辅音为清音的鼻冠音声母一部分是从其他前置辅音的"整化"来的，还有一部分从前一类鼻冠音声母分化出来的，单纯的鼻音同时也能演变为鼻冠音声母。

徐世梁的《无声调藏语的习惯音高和有声调藏语的连读变调》（《语言研究》2015年第4期），阐述了有声调藏语一般都有连读变调，而且类型比较一致，多音节词一般都符合"前不降后不低"的模式。无声调藏语词汇一般都有一种习惯音高模式，多音节词多为"前低后高"模式。无声调藏语这种多音节词的习惯音高模式很可能是有声调藏语中多音节词连读音高模式的基础。

华侃、多杰东智、南卡多杰的《藏语久治话的音位系统及其语音的历史演变》（《中国藏学》2015年第2期），在归纳久治话声韵母音位系统的基础上探讨了该地区藏语声韵母的历史演变，重点分析了语音演变的方式。作者认为，从纵向的历时比较，即从藏文文字的结构及各类相关的历史文献，以及横向的空间比较，即从方言的差异理出时空的对应规律，分清演变的条件和时间上的发展线索，这应该是研究藏语语音史的一条有效途径。

朗杰扎西的《〈西番译语〉中的藏语韵尾成分-s》（《民族语文》2016年第4期）基于明代乙种本《西番译语》的藏汉对音材料，通过藏文复辅音韵尾成分-s对音为"思"的情况，认为藏语复辅音韵尾成分-s的弱化和脱落存在地域和时间先后的差异，并认为国内藏语诸方言复辅音韵尾成分-s脱落的时间均早于明代。

c. 词汇与语法的研究。词汇与语法的研究涉及词汇的认知语言学解释、词汇的语义以及句法结构、形态句法和异源语言的语法对比，有2部专著和8篇论文，具代表性的成果为《藏语拉萨话语法标注文本》《中古藏语的系动词》《古藏语中连接虚词的语法特征探讨》《藏语时间词源的认知解析》《日语和藏语的助词对比研究——以格助词和接续助词为中心》。

索南才让的《古藏语中连接虚词的语法特征探讨》（《西藏大学学报（藏文版）》2015年第2期），根据古藏文记载的碑文和敦煌古藏文文献以及有关苯教的典籍，探讨古藏语中连接虚词的语法特征。

周加克的《藏语时间词源的认知解析》（《攀登》2015年第2期），将藏语中表达时间意义的词区分为时间段词、时间方位词、时间变化词和时间特征词，在此基础上，从认知语言学的角度对时间和物体、时间和空间、时间和运动的认知特点进行比较，从而分析了藏语时间词源的认知特征。

江荻的《藏语拉萨话语法标注文本》（社会科学文献出版社2016年版）介绍了藏语拉萨话的语音、词汇、语法的基本概貌，并对藏语拉萨话的长篇语料文本进行语法标注。这是用描写语言学的基本语言学理论完成的成果，对进一步用现代语言学描写藏语拉萨话的语法体系奠定了材料基础。

燕海雄、江荻的《藏语甘孜话语法标注文本》（社会科学文献出版社2016年版）介绍了藏语甘孜话的语音、词汇、语法的基本概貌，并对藏语甘孜话的长篇语料文本进行语法标注。这是用描写语言学的基本语言学理论完成的成果，对进一步用现代语言学描写藏语甘孜话的语法体系奠定了材料基础。

邵明园的《中古藏语的系动词》（《民族语文》2016 年第 2 期）指出中古藏语具有 yin、lags 和 red 三个系动词，同时它们还兼做助动词。red 至迟不晚于 14 世纪语法化为系动词，它打破了古藏语 yin 和 lags 表“统称～敬称”的平衡，而使藏语逐步过渡到 yin 和 red 表“向自我～向他者”示证范畴的对立。

邵明园的《藏语组系动词 red 的语法化》（《语言暨语言学》2016 年第 5 期）指出，在 14 世纪之前，藏语中的系动词 red 就逐步取代了终助动词 -o，发展成了用以表达“向他者”的示证和情态意义的系动词。在今天，这个表达“向他者”含义的系动词 red 与另外一个表达“向自我”意义的 yin 形成了较为严格的两个对立系词。

卡毛姐的《日语和藏语的助词对比研究——以格助词和接续助词为中心》（博士学位论文，中央民族大学，2016 年）从语言类型学角度对同属于 SOV 型的日语、藏语的格助词、接续助词进行对比研究，认为助词作为这两种语言中共有的语法手段，在各自语言中所表达的功能又自成系统。如格助词的功能和用法在两种语言中虽有很多相通性，但是也有很多不同之处，比如日语属于宾格语言而藏语属于作格语言。论文主要通过对这两种语言都具有的格助词和接续助词的功能及用法进行对比分析，揭示格助词和接续助词在两种语言中的共性和个性，从而为第二语学习者提供参考。

d. 方言学的研究。藏语支语言的方言研究多年来关注的学者很少，2015—2016 年研究藏语支语言的方言的论文有 7 篇，理论水平不高，而且多数成果不是语言研究者完成的，涉及藏语支语言形成的历史原因及对已有观点的进一步分析，代表性的成果为《初探藏语语支巴尔蒂语》《藏语地理分布格局的形成原因》《藏语方言的分布格局及其形成的历史地理人文背景》《藏语方言学研究与语言地图：如何看待“康方言”?》。

东主才让的《初探藏语语支巴尔蒂话》（《西藏研究》2015 年第 1 期），通过阐述巴尔蒂斯坦的历史起源和语言概况，描述了巴尔蒂方言的语音特点、词汇构成以及句法结构等方面的主要特征。

陈荣泽的《藏语方言的分布格局及其形成的历史地理人文背景》（《中央民族大学学报（哲学社会科学版）》2016 年第 2 期）及《藏语地理分布格局的形成原因》（《西藏研究》2016 年第 5 期）认为藏语方言的形成与社会、历史和自然环境等紧密相关。吐蕃时期藏族的人口迁徙奠定了藏语分布格局的基础，是形成藏语方言的一个不可或缺的前提；青藏高原独特的自然环境是形成藏语方言的必要条件；不同的经济类型使藏语在不同地域中的演变速度也不同，是形成藏语方言的重要原因；由民族接触引起的语言接触是形成藏语方言的重要因素；元朝在藏区的行政区划对藏语方言的形成起到重要作用。藏语方言的形成是藏语在社会、历史和自然环境等多种要素共同作用下逐渐演化的结果。

铃木博之的《藏语方言学研究与语言地图：如何看待“康方言”》（《民族学刊》2016 年第 2 期）介绍了藏语方言学研究中的地理语言学的研究方法，并利用此方法对所谓的藏语“康方言”进行分析，探讨其具体语言现象，并提出在以往藏语研究中常见的“康方言”并不成立，应将其理解为“语言复合体”之见解。

2015—2016 年藏语支语言涉及语音研究的成果较多，词汇、语法、方言方面的研究很薄弱。在研究思路或方法上，既有结合传统藏语文法理论的，也有运用现代语言学理论的，但是受限于传统藏文文法的研究较多，而用现代语言学理论方法研究藏语支语言语法的成果很少，从这个角度看，藏语支语言的研究没有明显的进展。总体而言，藏语的研究一直是藏语支语言研究的重点，综观多年来的研究成果，藏语的基础理论研究不是增强了，而是大大减弱了，一方面是研究藏语的人才队伍没有形成，另一方面是藏语的研究仍未受到足够重视，而十几年来藏语支的一些小语种，如错那门巴语、仓洛门巴语等，无人问津，是非常遗憾的。

②羌语支语言的基础理论研究

藏缅语羌语支主要分布在川西北、川西、川西南及滇西北高原地带，有羌语、嘉戎语、普米语、尔苏语、木雅语、尔龚语、贵琼语、扎巴语、纳木义语、史兴语、却域语、拉坞戎语 12 种语言。已经消亡的西夏语（党项语）也被认为属羌语支。2015—2016 年羌语支语言的基础理论研究涉及语言共时描写、语言历时研究、语言接触与语言濒危、学理综述，在某些研究领域有突破性进展，有的论著讨论了研究的方法论，有的论著从语言人类学视角探讨了语言与文化的关系，据统计，有 4 部专著和 24 篇论文。

a. 语言共时描写研究。语言本体共时描写研究包括单一语种的语音、词汇、语法的单一描写和综合描写，据统计，2015—2016 年有 4 部专著，6 篇学术论文，3 篇博士学位论文，1 篇硕士学位论文，下面分别介绍具代表性论著。

孙宏开的《藏缅语族羌语支研究》（中国社会科学出版社 2016 年版），首先阐述了建立藏缅语族羌语支的依据，然后描写了羌语支 12 种语言的语音系统和羌语支语言名词的人称领属范畴、量词的特征、人称代词的格范畴、反身代词、动词的人称范畴、动词的互动范畴、动词的趋向范畴、动词的命令范畴，比较了羌语支语言的词汇并列举了 400 个同源词。

张四红的《尔苏语参考语法》（德国 LINCOM 出版公司 2016 年版）从类型学框架系统描写了尔苏语包括音系、词类、名词及其形态、名词短语、数词系统、名词与动词的类别、动词与动词短语、体系统、句式与情态、信息源表达、句型与子句的组合、话语分析与话语组织、语言演变与语言濒危、尔苏语叙事与会话语料选编等。

尹蔚彬的《纳木兹语语法标注文本》（社会科学文献出版社 2016 年版）介绍了纳木兹语的语音、词汇、语法的基本概貌，并对纳木兹语的长篇语料文本进行语法标注。该著基于描写语言学的基本语言学理论框架，对进一步用现代语言学描写纳木兹语的语法体系奠定了材料基础，材料翔实，真实可靠。

林幼菁的《嘉戎语卓克基话语法标注文本》（社会科学文献出版社 2016 年版）介绍了嘉戎语卓克基话的语音、词汇、语法的基本概貌，并对嘉戎语卓克基话的长篇语料文本进行语法标注。该著用描写语言学的基本语言学理论框架完成的成果，对进一步用现代语言学描写嘉戎语卓克基话的语法体系奠定了材料基础，材料翔实，真实可靠。

饶敏的《贵琼语描写研究》（博士学位论文，法国东亚语言研究所，2015 年）基于大量的田野调查数据，选择麦崩乡的贵琼语为研究对象，对贵琼语进行详细的语音和语法描述，包括音位系统、声调系统、词法、名词系统、动词系统、句法。

高扬的《木雅语语音与语法描写研究》（博士学位论文，法国东亚语言研究所，2015 年）以四川省康定市朋布西乡的木雅语西部方言为研究对象，对其进行了详细的描述，包括音节结构、元音系统、辅音系统、音调系统、词、词法、动词系统、动词及物性及动词配价、否定及疑问式、句法结构、格匹配及动词形态变化匹配。

郑武曦的《龙溪羌语语法》（博士学位论文，新加坡国立大学，2016 年），描写了羌语南部方言龙溪土语的语法，包括羌族、羌语及龙溪县概观、音位系统、声调系统、名词、动词、副词、名词短语结构及名词形态、名词格标记与语义角色标记及话语标记、谓语结构、语气、示证范畴、认知情态和话语者态度、否定范畴、句子结构、话语特征等。

孙天心的《黑水县沙石多嘉戎语动词人称范畴的特点》（《语言暨语言学》2015 年第 5 期），介绍了四川阿坝州黑水县沙石多乡嘉戎语动词人称范畴“双重人称标记”“主语式对谐”

“与格论元掌控对谐”三项醒目特征，并通过亲属语言比较及语意因素辨析，探索其历史源流与类型意义。认为“双重人称标记”显系古嘉戎语形态遗留，而“主语式对谐”及“与格论元掌控对谐”为朝向“附属语加标记”语法格局之类型递变，应属受黑水主流语言羌语深度接触影响诱发的创新发展。

黄成龙的《羌语的空间范畴》（《语言暨语言学》2015 年第 5 期），以 Levinson 的空间框架来分析荣红羌语所呈现有关空间的认知范畴，论证格助词反映三个范畴（以 - tɑ/ - lɑ，- ʁɑ，- wu 来标记；除了 - wu 的用法有点类似汉语的“由”以外，不等同于汉语所反映的空间范畴）；羌语空间概念中没有“东南西北”这样的绝对参照框架，只有以地理位置（山、水、平台）特征为基础的绝对参照框架；所谓“前”“后”跟汉语不一样，所用的词分别反映内在参照框架和相对参照框架之分。

田阡子、孙天心的《西部霍尔语动词的词干交替》（《民族语文》2016 年第 3 期）通过分析甘孜州新龙县两种西部霍尔语动词词干的音韵交替与分布的语境，并与北部霍尔语进行比较，辨识出西部霍尔语动词词干形态若干存古特征。

田阡子、孙天心的《格西霍尔语动词词干重叠形式数标记》（《云南师范大学学报（哲学社会科学版）》2016 年第 4 期）认为格西霍尔语动词人称与数的对谐形态已十分简化，但也有以重叠动词词干表达复数对谐主控者的代偿性形态。创新形式的产生与互动构造的演变息息相关，适用的语境则受制于表“数”人称后缀的分布。以动词词干重叠形式表达复数论元在汉藏语系中极为罕见，对语言类型学以及本语群的谱系分类与历史构拟都有重要的意义。

b. 语言历时研究。语言历时研究包括历史文献考据和语言历史比较研究，有 6 篇学术论文，具有代表性的为《西夏语中的选择连词 mo^2》《西夏语声母系统拟测》《西夏语声调问题再探》《12 世纪河西方音中的党项式汉语成分》，扼要介绍如下。

段玉泉的《西夏语中的选择连词 mo^2》（《语言研究》2015 年第 1 期），认为西夏语的 mo^2 与传统藏文文法的 gam、ngam、dam 等分合词颇为相似，既可以作语气助词，又可以作连词使用。但也与藏文分合有所不同。

孙宏开的《西夏语声母系统拟测》（《语言科学》2016 年第 1 期）采用内部构拟和外部构拟相结合的方法，重新构拟了西夏语的声母系统。这个系统由于参考了羌语支语言的特点，构拟了小舌部位的塞音系统，构拟了带鼻冠的浊塞音、浊塞擦音以及带鼻冠的送气塞音、送气塞擦音，并与纯浊音加以区别，构拟了 3 套塞擦音，区别了舌上音和正齿音，构拟了带 h -、ɦ - 前置辅音构成的复辅音 16 个。

孙伯君的《西夏语声调问题再探》（《语言科学》2016 年第 1 期）在前人研究的基础上，根据新刊布的音韵学材料，对与西夏语声调相关的几个问题，如西夏语是否有“平”“上”“去”“入”四调，西夏语声调的性质，字形相关、字义相同、声调只有平上之别的几组西夏字是否表记西夏语的变调等问题进行了研究。

孙伯君的《12 世纪河西方音中的党项式汉语成分》（《中国语文》2016 年第 1 期）认为《番汉合时掌中珠》等西夏文献所记录的 12 世纪河西方音是“党项式汉语”，属于汉语西北方音的民族变体。母语为非汉语的人说汉语时，受本族语的影响，他们口中的汉语会发生音素的替代、增加、失落等现象，这种汉语的变读形式与语音的历时演化无关，不能作为真正的方言语音变化形式纳入汉语的历时演化序列。利用番汉对音资料研究古代汉语时，只有仔细分析汉语与这些民族语声韵特点的差异，剥离其中的变读成分，才能更好地还原古代汉语的语音形式。

c. 语言接触与语言濒危研究。青藏高原东部边缘地带的羌语支语言因民族接触与民族交融导致语言接触和语言濒危，这方面的研究有 3 篇学术论文，分述如下。

张桂英的《管窥羌语及其与四川方言的接触》（《语文学刊（教育版）》2016 年第 1 期）指出羌语是世界上最古老的语言之一，不仅是羌族非物质文化遗产的传承媒介，也是珍贵的非物质文化遗产。羌语在与西南官话四川方言接触后，其语音、词汇、语法等方面留下了西南官话四川方言的一些痕迹，诸如羌语南部方言声调的产生及其各类调的调值与四川方言的趋同、羌语中有大量的四川方言借词、羌语没有韵母 an 与 aŋ 的对立。

尹蔚彬的《从拉坞戎语看濒危语言的特点》（《西北民族大学学报（哲学社会科学版）》2016 年第 2 期）以拉坞戎语作为个案，提出语言濒危主要由语言交际功能弱化导致，语言在走向濒危进程中交际功能减弱与结构的变化异常凸显。拉坞戎语的语言系统表现出语音系统变异、词汇系统变异和语法系统简化等特点。濒危语言不仅在功能上经历了使用人数由多到少，使用范围由大到小，在语言结构上也呈现着不稳定多变异的发展趋势。对于濒危语言来说，语言结构系统之外的非语言和言语活动因素，在其发展中起着举足轻重的作用。

袁利的《贵琼语借词认知与文化隐喻性研究》（《民族论坛》2016 年第 8 期）认为贵琼语借词作为语言和文化联系的纽带成为研究文化变迁的“活化石”。借词可以折射出族群文化的变迁，概念的建构以及思想观念的转变，同时也能反映族群的现实认知机制和价值观。

d. 学理综述。学理综述是对羌语支语言或单一语种以往研究的回顾、评价与展望，有 5 篇综述性论文，分别是《2014 年羌语支语言研究前沿》《2015 年羌语支语言研究前沿》《〈西夏文金刚经の研究〉读后》《深入探讨及了解羌语方言》《西夏语词汇研究述论》。

黄成龙的《2014 年羌语支语言研究前沿》（《阿坝师范高等专科学校学报》2015 年第 1 期）和《2015 年羌语支语言研究前沿》（《阿坝师范学院学报》2016 年第 1 期），对 2014—2015 年国内外学者发表的有关羌语支语言前沿研究成果进行了综述和总结。通过对国内外成果的比较，发现中国大陆（内地）与境外和港台学者之间差距不断在拉大，如果今后不改变此现状，中国大陆（内地）羌语支语言研究就会断层，甚至没有任何话语权。

孙伯君的《〈西夏文金刚经の研究〉读后》（《宁夏社会科学》2016 年第 4 期）对日本学者荒川慎太郎著的《西夏文金刚经の研究》进行了详细述评，认为荒川慎太郎的新著分研究、文本、图版三编，汇集了其多年来西夏文献解读、西夏语音和语法研究成果，体大思宏，新见迭出，是迄今为止对存世西夏文《金刚经》汉夏文本梳理最为详尽的著作，在语言学、文献学方面都有重要贡献。

陈德宁的《深入探讨及了解羌语方言》（《语言暨语言学》2016 年第 3 期）对过去羌语研究按照方言类型和特征的方言划分法进行了评论，指出过去的方言划分法未考虑到羌语方言的多样性而不能用于概括解释一些目前尚未研究过的方言。论文以茂县永和羌语为例，提出一套以共同创新为基础的方言划分法供未来研究所需。

徐鹏、韩小忙的《西夏语词汇研究述论》（《西夏研究》2016 年第 3 期）认为一个多世纪的西夏语词汇史研究可以分为三个阶段，首先是萌芽阶段，词汇的整理紧紧依附于文字的识读；其次为初创阶段，中外学者利用有限的资料对词汇作了基础的摘录和归类；最后是繁荣阶段，语料逐步公布，学界对词汇的结构、词类讨论趋于深入，尤其是历史语言学范畴的西夏语借词、同源词研究成果丰硕。进入 21 世纪，西夏文原始文献全面刊布，西夏语词汇研究亟须在理论和方法上进行更新。建设西夏语数字化语料库，实现精确检索是加强西夏语词汇研究的必要手段；新的研究命题的提出是深化词汇研究的关键；西夏文及西夏历史文化素养的训练是提升词汇研究水平的重要途径。

从 2015—2016 年国内外学者发表的有关羌语支语言的研究成果看，语法描写研究、历时比较研究、语言接触与语言濒危研究仍然是研究热点，但羌语支语言研究领域后备人才培养不足的问题没有得到根本性改观，从而出现研究基础好的语言研究深入，研究基础薄弱的语言很少有人关注。

③景颇语支语言的基础理论研究

藏缅语景颇语支主要分布在滇西、滇西北高原的横断山区和喜马拉雅山南麓，有景颇语、独龙语、阿侬语及格曼僜语、达让僜语、义都珞巴语、崩尼—博嘎尔珞巴语、苏龙语等。从事景颇语支语言研究的中国学者少之又少，随着前辈学者的退休，这一领域更显青黄不接，在这样的背景下，2015—2016 年景颇语支语言研究的成果很少，所见仅 1 部论文集和 7 篇论文。

戴庆厦的《戴庆厦文集》（第六卷）（中国社会科学出版社 2015 年版）是他 80 岁华诞的纪念文集，收录论文 52 篇，其中涉及景颇语基础理论研究的论文有 3 篇：《景颇语的韵律与语法结构演变》《景颇语弱化音节语音性质的实验研究》《景颇语弱化音节的历史来源》。

杨将领的《独龙语的施事和工具格标记》（《民族语文》2015 年第 1 期），讨论了独龙语的施事格和工具格标记的关系，并通过与一些亲属语言的比较，从施事格和工具格与其他格标记关系的角度对独龙语的施事格和工具格标记的演变作了探讨。

王莉宁的《独龙语巴坡方言的声调》（《民族语文》2015 年第 1 期），在实地调查的基础之上，对独龙语巴坡方言的单字调、连续调和语法调作了描写，并联系汉语方言声调分化的实例，对独龙语中特殊的声调演变现象作了分析。

戴庆厦、彭茹的《景颇语的基数词——兼与汉语等亲属语言比较》（《民族语文》2015 年第 5 期）指出，景颇语基数词是“十进位”系统的，“一、二”各有两个，二者的用法受数词序列系统及句法韵律的制约，“十”以内的基数词均是固有词，“百”以上的位数词都是借词；与汉语等亲属语言相比，景颇语基数词的构词和文化功能较弱。

戴庆厦、闻静的《景颇语方式范畴的句法形式及其类型学特征》（《语言研究》2016 年第 3 期）指出，景颇语方式范畴分为处所、情状、工具、数量 4 个次范畴，其句法投射主要集中在谓语动词一前一后的状语和补语上，揭示了景颇语前状语与后补语在语义表达功能和句法表现形式上的不同特点及其存在互补的语言事实。

戴庆厦的《景颇语两类句尾词的功能互补》（《云南师范大学学报（哲学社会科学版）》2016 年第 4 期）发现，景颇语句尾词有“尾 1”“尾 2”两类，“尾 1”紧跟在谓语之后，通过形态变化表达谓语的语气以及人称、数、体、方向等语法意义；“尾 2”位于“尾 1”之后，数量少，没有形态变化，表示情态意义，包括信息来源的性质、状态、可靠性、确定性等语法意义，“尾 1”与“尾 2”功能不同，相互补足。

赵小东的《独龙语的兼语句中 N_2 兼属性质的句法体现》（《中央民族大学学报（哲学社会科学版）》2016 年第 5 期）认为，具有丰富形态的独龙语，其兼语句除了用句法组合体现 N_2 的句法属性外，还可以直接用 N_2 的格标记予以体现。具有相同语义的其他句法结构可以间接体现 N_2 具有主语、宾语或兼属主语与宾语的句法属性，兼语句自身也可以体现 N_2 的主语、宾语或兼属主语与宾语的句法属性。

杨将领的《独龙语的向格标记 $-le^{31}$》（《民族语文》2016 年第 5 期）以独龙语独龙江方言中部土语孔目话为代表，对独龙语的 $-le^{31}$ 的分布及其功能作了进一步的描写分析，指出独龙语的 $-le^{31}$ 是个向格标记，并通过方言土语以及与一些亲属语言和有格标记系统的非亲属语言的比较，讨论了藏缅语的“宾格”等相关问题。

④彝—缅语支语言的基础理论研究

彝—缅语，又称缅—彝语，是汉藏语系藏缅语族彝语支、缅语支的合称，主要分布在中国的四川、云南、贵州、广西等省区以及东南亚的缅甸、泰国、越南、老挝等，中国民族语言学界一般认为彝语支、缅语支是藏缅语族的两个独立语支。彝语支包括彝语、白语、哈尼语、傈僳语、纳西语、拉祜语、土家语、基诺语、怒语、柔若语、卡卓语、毕苏语、桑孔语，其中，白语、土家语的系属尚未达成一致意见。中国境内的缅语支语言有载瓦语、阿昌语、浪速语、波拉语、勒期语、仙岛语。国外的一些学者认为彝语支、缅语支关系密切，因此，将彝语支与缅语支语言合称为彝—缅语或缅—彝语。

2015—2016 年彝—缅语支语言的基础理论研究多涉及语音、词汇、语法，但比较零散，缺乏跨语言综合性的描写研究和历史比较研究。据统计，有 3 部专著、4 篇博士学位论文、44 篇学术论文。在学术论文中，非核心期刊论文比例较大。

a. 彝—缅语支语言语音的研究。2015—2016 年彝—缅语支语言语音的研究成果不多，有 6 篇论文，主要涉及历史比较、语音演变和共时平面描写，较具代表性的为《语言和文化的共变——词聚法与白、汉、彝语比较》《仙岛语和阿昌语声母比较》《彝语北部方言语音对应规律研究——以喜德县和米易县为例》《载佤语语音研究》。

汪锋的《语言和文化的共变——词聚法与白、汉、彝语比较》（《云南师范大学学报（哲学社会科学版）》2014 年第 5 期），通过白语各方言的比较以及原始白语和汉语、彝语比较提供的材料来看白语的形成与发展轨迹，应用“词聚”比较方法考察了白语中工具质料、家畜、蔬菜、水果等几个词聚，根据词聚成分在白语方言中的对应情况，在原始白语中的体现，以及与汉语和彝语的对应关系，阐发其中文化与语言的共变以及相应的历史进程。

王朝晖的《仙岛语和阿昌语声母比较》（《语言研究》2015 年第 2 期）通过仙岛语与阿昌语声母的比较，分析了仙岛语和阿昌语声母演变的轨迹及其分化过程。论文主要讨论了仙岛语的清化鼻音、边音及腭化舌根音、舌尖后音等类声母在阿昌语的反映形式，认为可以把仙岛语看作阿昌语中与陇川方言有更相近的亲缘关系的方言。

兰正群、潘正云的《彝语北部方言语音对应规律研究——以喜德县和米易县为例》（《西南民族大学学报（人文社会科学版）》2015 年第 10 期），指出喜德彝语和米易彝语虽同属于彝语北部方言，但是在语音上存在一定的差异，通过对其辅音、元音、声调进行对比，发现彝语土语间的语音对应整齐有规律；论文总结归纳了其对应规律，一方面可以更加科学的认识彝语方言点，另一方面有助于更加便捷地学习和使用《彝文规范方案》。

何勒腊的《载佤语语音研究》（博士学位论文，上海师范大学，2016 年）从共时和历时两个层面对载佤语语音进行了较为详尽的描写和分析。共时层面的研究主要描写芒市五岔路乡志丹村载佤语的声韵调系统，并对其声母、韵母、声调等部分作较深入的分析。历时研究则重在运用历史层次分析法，分析载佤语词汇的本体层和外借层，比较的范围主要限于载佤语同汉语、缅甸语之间，研究旨在揭示语言演变的一些规律。

b. 彝—缅语支语言词汇的研究。2015—2016 年彝—缅语支语言词汇的研究涉及构词法、词汇语义、亲属称谓词语义等领域的研究，有 12 篇论文，并多见于地方高等院校学报，核心期刊论文很少，较具代表性的论文为《丰富多彩的彝语形容词词法》《彝语复合词构词的结构与形类研究》《彝语南部方言纳苏话的词重叠》《彝语重叠词词法研究》《白语四音格词及其构成方式》《拉祜语亲属称谓的语义分析》《论缅语亲属称谓的泛化》。

阿育几坡的《丰富多彩的彝语形容词词法》（《西南民族大学学报（人文社会科学版）》2014 年第 11 期）指出，形容词是主要用来修饰名词、代词，表示人或事物的性质、状态、特征的词，彝语形容词词法有由名词附加形容词词缀构成的派生形容词、由动词附加形容词词缀构成的派生形容词、由形容词与形容词构成复合形容词、彝语单音节颜色形容词词根前都可附加上 a 音节构成双音节形容词，彝语颜色形容词有程度级的形式、彝语中表示事物状态的单音节形容词有 4 个级的形式而多音节有 3 个级的形式。

马辉的《彝语复合词构词的结构与形类研究》（《贵州工程应用技术学院学报》2015 年第 4 期）主要用 Packard 的形类描写法对彝语复合词构词的结构和形类进行描写，借鉴了功能词

（自由的、功能的）、根词（自由的、实义的）、黏着词（黏着的、实义的）、词缀（黏着的、功能的）语素四分法研究彝语复合词构词的结构与形类，认为彝语复合词构词法类型丰富，名词有 5 种构词法类型，形容词有 4 种构词法类型，动词有 2 种构词法类型，从构词语素的自由程度来看，主要呈根词 + 根词、根词语素 + 黏着词根语素、黏着词根语素 + 根词等 4 种形式。

黄龙光、杨晖的《彝语南部方言纳苏话的词重叠》（《贵州工程应用技术学院学报》2015 年第 5 期）指出彝语南部方言纳苏话词重叠用法主要有 AA、AAB、ABB、ABA、AABB、AB-AB、ABAC、ABCB、ABACC 9 种类型，认为彝语南部方言纳苏话词重叠有调量作用，有时量或动量增加，程度加深，表褒义的情况，但也有更多的减量，表贬义。

马辉的《彝语重叠词词法研究》（《贵州工程应用技术学院学报》2016 年第 4 期）认为重叠作为彝语的词法主要集中在形容词，彝语名词重叠重在构词，形容词重叠重在构形，动语素重叠涉及句法，表疑问。有的形态语素重叠也涉及句法问题，表疑问，属格代词重叠后构成重叠反身代词。

赵彦婕的《白语四音格词及其构成方式》（《贵州工程应用技术学院学报》2016 年第 3 期）认为白语有大量颇具特色的四音格词，在结构形式上可归纳为并列式、重叠式、固定式和框架式 4 类。并列式是白语四音格词中占优势的构成方式，重叠和韵律也是构成白语四音格词的重要形式。

杨云燕的《拉祜语亲属称谓的语义分析》（《普洱学院学报》2016 年第 1 期）采用语义层次分析法来分析拉祜语亲属称谓的语义特征，通过拉祜语亲属称谓的义素、义位网络和语义组合等的特点，对丰富拉祜语亲属称谓的研究实践具有一定价值。

王德仙的《论缅语亲属称谓语的泛化》（《保山学院学报》2016 年第 1 期）分析了缅语亲属称谓的表现和特点：缅语亲属称谓的泛化同时发生在长辈、同辈和晚辈 3 个层级；泛化普遍遵循尊敬和亲密两个基本原则；泛化的亲属称谓存在众多变体，结构上虽然带有词缀现象，但不作为严格意义上的泛化标记。

c. 彝—缅语支语言语法的研究。2015—2016 年彝—缅语支语言语法的研究取得丰硕的成果，涉及语法描写、时体态式级语法范畴、语用、语法化、类型学等领域，有 3 部专著、3 篇博士学位论文和 29 篇学术论文，具有代表性的论著为《白语语法标注文本》《土家语语法标注文本》《哈尼语语法标注文本》《哈尼语窝尼话研究》《基于系统功能类型学的白语小句研究》《纳苏彝语语法研究》《白语 no^{33} 的多功能模式及演化路径》《汉彝语助词比较研究兼及彝语支语言的时态问题》《傈僳语系词的语法化》《诺苏彝语话题标记的功能及其话题类型》《彝语形容词的形态及其语法范畴和功能》《土家语存现句焦点——背景语序关系的认知理据》《碧约哈尼语助词 $kɯ^{33}$ 的多功能性》《傈僳语 ma^{33} 的多功能性与语法化》《土家语的被动句及其语法化过程》《土家语静态事件词汇化模式的类型学研究》《纳苏彝语形容词复合构式类型研究》。

王锋的《白语语法标注文本》（社会科学文献出版社 2016 年版）描写了作者母语大理白语的语音、词汇、语法的基本概貌，并对大理白语的长篇语料文本进行语法标注，是用描写语言学的基本语言学理论框架完成的成果，对进一步用现代语言学描写大理白语的语法体系奠定了材料基础。

徐世璇、周纯禄、鲁美艳的《土家语语法标注文本》（社会科学文献出版社 2017 年版）描写了南部土家语的语音、词汇、语法的基本概貌，并对南部土家语的长篇语料文本进行语法标注，是用描写语言学的基本语言学理论框架完成的成果，对进一步用现代语言学描写南部土家语的语法体系奠定了材料基础。

白碧波、许鲜明、邵丹的《哈尼语语法标注文本》（社会科学文献出版社 2016 年版）描写了作者母语哈尼语的语音、词汇、语法的基本概貌，并对哈尼语的长篇语料文本进行语法标注，是用描写语言学的基本语言学理论框架完成的成果，为进一步用现代语言学描写哈尼语的语法体系奠定了材料基础。

李素琴的《基于系统功能类型学的白语小句研究》（博士学位论文，西南大学，2016 年）采用系统功能语法框架描写了白语小句的主位系统、情态系统、及物性系统 3 个元功能，从白语小句分析语篇功能、人际功能、经验功能。

杨艳的《哈尼语窝尼话研究》（博士学位论文，上海师范大学，2016 年）对哈尼语窝尼话的语音、词汇、实词、虚词、语法标记、短语结构、句子成分与句子、窝尼话的语言接触及衰变、哈尼语的分类与窝尼话的地位等进行了深入的描写研究。

普忠良的《纳苏彝语语法研究》（博士学位论文，上海师范大学，2016 年）用描写语言学、功能—类型学的理论方法对纳苏彝语禄劝话的语音、词汇、形态、词类及其语法功能、简单结构、复杂结构、空间概念的语法表征等进行了系统的描写研究。

吴福祥的《白语 no^{33} 的多功能模式及演化路径》（《民族语文》2015 年第 1 期），认为白语剑川话的语法语素 no^{33} 具有方所后置词、指人旁语标记、直接宾语标记、间接宾语标记、属格标记、补语标记、状语标记、属性标记、名词化标记、关系化标记等多种语法功能。论文讨论这些功能的来历，指出 no^{33} 的诸项功能中，多数是白语内部演变而来的，但也有少数功能是语言接触的产物。

胡素华、赵镜的《诺苏彝语话题标记的功能及其话题类型》（《民族语文》2015 年第 2 期），认为诺苏彝语是一种话题优先型语言，句子结构以话题—述题结构来表达，语序和形态标记是话题的主要标示手段。诺苏彝语有专用的话题标记，除标示话题外，还可以兼作焦点的标记或提示。除专用话题标记外，诺苏彝语还有兼用的话题标记，如系词、量词和定指标记。

苏连科的《汉彝语助词比较研究兼及彝语支语言的时态问题》（《西南民族大学学报（人文社会科学版）》2015 年第 3 期），认为汉语和彝语支各语言助词的分类及其数量都不同，要对其作全面的比较研究诚然不是一件容易的事，更不是一篇文章所能完成的。作者认为彝语 ta^{33}/$mu^{33}ta^{33}$ 往往对应于汉语的“着”，通过比较发现它们既有相同点，也有不同点，而且都涉及动作行为存在的“时间”和“情貌”，进而扩展到了整个彝语支语言的时态助词的比较，并提出了自己的见解。

张军的《傈僳语系词的语法化》（《中央民族大学学报（哲学社会科学版）》2015 年第 6 期）指出，傈僳语的 $ŋɑ^{33}$，是系词但有语气词的用法，前者在判断句中强调判断的确定性，后者更广泛地表达说话人的确定口气。这种语法多功能性表明 $ŋɑ^{33}$ 处于从系词到语气词的语法化链条中，其机制是句法结构的重新分析和情态表达功能的扩展。$ŋɑ^{33}$ 代表了系词语法化的一种类型学新路径。

经典的《碧约哈尼语助词 $kɯ^{33}$ 的多功能性》（《民族语文》2016 年第 2 期）认为碧约哈尼语助词 $kɯ^{33}$ 不仅具有较高的使用频率，而且具有丰富的语法功能，既可以作多种结构助词使用，又可以作句末语气词，还能充当引导从句的标记。

张军的《傈僳语 ma^{33} 的多功能性与语法化》（《民族语文》2016 年第 4 期）指出傈僳语的 ma^{33} 具有量词、定指、名词化、关系化标记、定语标记以及话题标记等多种功能，并从共时层面展示了语法化的演变过程，通过与亲属语言的比较揭示出这一语法化的变异性。

邓巧玲、李福印、贾红霞的《土家语存现句焦点——背景语序关系的认知理据》（《中央民族大学学报（哲学社会科学版）》2016 年第 3 期）认为土家语倾向于采用背景先于焦点的语序，与汉语相似，在认知空间关系时，均采用概括扫描的方式，相似的概念化过程体现了认知共性；在表达“里/外”和“上/下”关系时，背景和焦点的某些凸显性特征会影响认知过程和识解方式，当背景具有容器类原型特点和焦点具有生命性特点时，二者分别出现在句首的频率更高；由于受不同视角的影响，在表达“前/后”关系时焦点出现在背景之前的频率明显提高；“人”在意义的建构中具有主观能动性，空间关系的表征是主客观的统一。

鲁美艳的《土家语的被动句及其语法化过程》（《中央民族大学学报（哲学社会科学版）》2016 年第 3 期）认为土家语具有比较典型的被动句。土家语被动句的形成过程包括实词语法化和构式语法化两种现象。实义动词 to^{21} “需要”和 $tɕiɛ^{21}$ “呼喊”的词义抽象化引起句式结构的变化，在从兼语式演变为被动式的构式语法化过程中，表致使义的动词 to^{21} 和 $tɕiɛ^{21}$ 进一步语法化为介引施事者的介词。

苏连科、苏虹的《彝语形容词的形态及其语法范畴和功能》（《中央民族大学学报（哲学社会科学版）》2016 年第 3 期）认为彝语形容词有丰富的形态变化，不同的形态具有不同的语法范畴和句法功能。对彝语形容词的各种形态变化进行深入描写和归纳，发现许多彝语形容词在表达同一性质状态时，通过各种不同的形态变化体现同一词在语法范畴意义上的级差。所以，彝语形容词有“级”范畴，有特定的句法功能、特点和作用。

邓巧玲、李福印的《土家语静态事件词汇化模式的类型学研究》（《湖北民族学院学报（哲学社会科学版）》2016 年第 1 期）基于 Talmy 的词汇化模式理论和遵循词汇化模式研究的方法论要求，即口语化、使用频率高及普遍性强，实证考察了土家语静态事件的词汇化模式。研究结果表明土家语是典型的附加框架语言，但同时具有动词框架语言的特点，与汉语静态事件呈现相似的词汇化模式。

普忠良的《纳苏彝语形容词复合构式类型研究》（《贵州民族研究》2016 年第 11 期）指出纳苏彝语形容词形态变化非常丰富，其形态构式比较复杂，其中，重叠、加词缀和四音格变式是纳苏彝语形容词比较常用的复合构式类型。论文认为纳苏彝语形容词的复合构式是词在语言结构中不同用法的标志，是词的功能和表征，不仅有表示比较程度上量的加强或减弱构形形态，也有表示语法意义“级”的形态范畴。

彝—缅语支语言是藏缅语族语言比较多的一个语组，但与语言数量的丰富性和语言地位的重要性相比，2015—2016 年彝缅语支语言研究仍然相对薄弱，总体看成果数量少，成果质量、语种之间不均衡现象突出。

中国境内的藏缅语族语言有近 50 种，其语言数量的丰富性和语言地位的重要性，于汉藏语系语言研究不言而喻，但 2015—2016 年藏缅语族语言的研究成果不算多，对语种的研究不平衡性突出。藏语、彝语等大语种有较多的研究成果，羌语支语言的研究有一些重要的进展，白语、哈尼语、傈僳语、纳西语、土家语等大语种虽有研究成果，但偏少，而在藏缅语族语言中占有重要地位的景颇语支语言只有极少的研究成果，更为严峻的是藏缅语族语言的极大多数小语种都没有研究成果，未受到关注。可以认为人才队伍萎缩、奇缺和少数民族语言研究逐渐被边缘化，是造成这种现象的最直接原因，值得关注。

（2）国外藏缅语族语言的基础理论研究

国外藏缅语族语言的基础理论研究是指国外学者对中国境内藏缅语族语言的研究，也包括以中国境内藏缅语族语言研究为主涉及国外藏缅语族语言的研究。近几年国外藏缅语族语言研究涉及语言文字与语言文字研究方法论的阐释、语音、历史比较、语法等领域，较具代表性的论文 30 篇。根据研究内容，阐述如下*。

①语言文字和研究方法论阐释

主要介绍藏缅语族语言与相关语言文字的基本概况以及阐释藏缅语族语言相关内容的研究方法，有 5 篇代表性论文，具体如下。

---

* 文献来源见本文索引部分。

无我（van Driem）的《藏缅语言》（Tibeto-Burman），从汉藏语分类的历史出发，检讨了汉藏语分类的问题，进一步推广他所主张的从“汉藏语系”具有种族性质的概念转化到更加中性的“跨喜马拉雅语系”，并列出他对跨喜马拉雅语系下位分类的44个语支。

西蒙、内藤丘（Camille Simon，Nathan W. Hill）的《藏语》（Tibetan），扼要介绍了藏语语法的一些特点，并列出了藏语研究文献目录。

内藤丘（Nathan W. Hill）的《藏语文》（Language：Tibetan）从早期藏文、藏文文献、语法与词典、语言变化等几个方面介绍了藏语文的情况。

罗仁地（Randy J. LaPolla）的《论范畴化：遵循语言事实》（On Categorization：Stick to the Facts of the Languages）强调在做语言描写和语言比较时，应该重归纳，尊重自然语料呈现的语言事实；不诉诸抽象化，否则会导致在做语言和结构归类时忽略语言现有本质。

罗仁地（Randy J. LaPolla）的《再论语言学的方法和论证：将汉藏语系改成“泛喜马拉雅语”系的论据问题》（Once Again on Methodology and Argumentation in Linguistics：Problems With the Arguments for Recasting Sino-Tibetan as “Trans-Himalayan”）谈到一些学者对汉藏语系谱系结构这一公认观点进行质疑，认为我们需要不断地质疑我们的最基础假设。他在文中研究了将汉藏语系改成泛喜马拉雅语系这一提法的论据，指出这些论据因事实和论证的问题而说服力不足。

②语音研究

国外藏缅语语音研究涉及藏缅语族一些语言的元音特征、声调特征及重音问题。具有代表性的论文有6篇，具体如下。

余文生（Jonathan P. Evans）、孙天心的《近似小舌音作为元音的发音特征》（Uvular Approximation as an Articulatory Vowel Feature）探讨了四川省黑水县两个土语中元音系统的小舌化（uvularization）现象。超声成像证实小舌化的元音有两个舌位姿势：先是发音部分向后姿势，接着移动到对应于纯元音的发音部位。以时间顺序排列的声学和发音数据表明发音部分移动到小舌的程度影响声学信号。从小舌化的声学相关关系可以看出最显著的是元音F1升高，F2下降以及F3－F2的差别也在升高。小舌化在音系上反映了元音音位的性质，而元音和谐有助于辨识纯—小舌化元音的对立。该文所报告的材料支持修改国际音标所认可的次要发音部位名目。作者最后提出为了在国际音标里包括小舌化音，在近似的情况下用［ʶ］符号标记，而［χ］用于次要小舌擦音。

范秀玲、斯坦福和杨正宇（Cathryn Yang，James N. Stanford and Zhengyu Yang）的《腊罗彝语声调分化过程中的社会声调学研究》（A Sociotonetic Study of Lalo Tone Split in Progress）认为从拉波夫早期的论著可以看出，社会语言学者已经不断地在检验音段层面的变化过程，然而，一般的研究很少知道声调的变化过程。该文对中国藏缅语族语言彝族腊罗话的声调分化过程提供了证据，而世界上许多有声调的语言显示声调分化的历史证据，据我们所知，能观察到声调分化，这应该是首次。当声调分化出现时，有可能与语音、社会和感知因素密切相关。在腊罗话的社会声调学研究过程中，从38位发音人中提取2938个声调表征，根据年龄、性别以及教育水平来进行分析。多因素分析（Multifactorial analyses）表明，声调1 F0的浊塞音抑制时间范围明显在增加，尤其在妇女中，浊塞音的VOT减少与教育水平提高有关，给发音人与汉语官话进行更多的接触提供机会。给38位发音人一个感知识别任务，把F0进行系统的调整。混合效应模型（Mixed effects modeling）表明，听者能使用多种声学线索（辅音清浊、F0起始、F0的形状）去识别浊音声母。这些发现预示着腊罗话正经历声调分化，沿着贝多尔（Beddo 2009）的语音演变协同发音路径分化。

米可、何丽昆（Alexis Michaud，Likun He）的《纳西语片丁话的音位和声调分析》［Phonemic and Tonal Analysis of the Pianding Dialect of Naxi（Dadong County，Lijiang Municipality）］分析了云南丽江市古城区大东乡白水村委会片丁村何丽昆的母语的音位和声调。分布库存（A distributional inventory）在纳西语方言中显示两对音位在纳西语方言中特别有趣：两个舌尖化的元音（apicalized vowels）和两个卷舌元音（rhotic vowels）。而在迄今为止描写最好、最详细的方言——丽江古城大研镇纳西话中只有一个舌尖化的元音和一个卷舌元音。这些观察到的结果证实和补充了其他方言存在这种现象的事实。这两对元音所保留对立的词语分布信息，丰富了汉藏语言纳西语支（the Naish subgroup）的历史比较研究。

徐多多（Xu Duoduo）的《汉藏语系纳西语支的声调系统分析：文献回顾与 Qiansuo 纳西语个案研究》（A Tonal System Analysis of the Naish Subgroup of Sino-Tibetan Languages：Literature Review and Case Study of Qiansuo Na）认为平调在汉藏语系纳西语支中分布很广，与汉语方言语域声调系统分散分布相比，是对立的。该文回顾了汉藏语系纳西语支语言已有的声调系统的例证，同时，在作者最新的田野调查所记录的纳西语材料基础上进行初步比较。该论文简要介绍了纳西语的背景，提供了纳西语支几种语言平调系统例证，总结了以往学者们所运用的声调系统分析方法，进而把纳西语作为个案，指出平调系统在纳西语支语言中普遍存在，并对 Qiansuo 纳西语声调系统进行初步构拟。

多布斯和喇明清（Dobbs Rossele and La Mingqing）的《Lataddi Narua 话的双调值声调系统》通过调查云南宁蒗县、四川盐源及附近乡镇的 Narua 话（纳西语东部方言或者叫摩梭话），首次发现 Narua 话只有两个声调，其他的纳西语都有三个声调。Narua 话的声调系统以平调为主，声调与词汇有关，与音节关系不大。

卡普娄（Caplow Nancy J.）的《巴尔蒂藏语的重音形式及其声学相关性》对分布在巴基斯坦北部巴尔蒂斯坦地区的巴尔蒂藏语的双音节的重音进行了分析。文章指出，在该语言中非动词双音节（包括名词、形容词和数词）重音均落在第二音节上，并且这种第二音节重音的模式与基频值有紧密联系。元音长度会对其有微弱的影响，但与强度无关。但是动词却恰恰相反，其重音落在第一个音节上，基频值、声音强度和元音音长均对音节重音有影响。这些发现与之前关于巴尔蒂语按词类不同而进行的重音描写是不同的。

③历史比较研究

国外藏缅语族语言的历史比较研究涉及语音演变史、复辅音、语言历史地位、语法史等领域，代表性的论文有 7 篇，具体如下。

仓部庆的（Keita Kurabe）的《Gauri 景颇语的历史语音问题》（Issues in the Historical Phonology of Gauri Jingpho）一方面讨论分布在缅甸北部山区八莫（Bhamo）地区人口较少、未充分描写的景颇南部群体的方言；另一方面提供 Gauri 景颇语语音的发展及其遗存。论文根据不规则的语音发展把 Gauri 景颇语归为南部方言，原始的韵尾 * -k 和原始的前缀 * n - 在一些具体的词语里已经消失。北部方言四个共同的语音创新在南部方言并不都是共同创新。该文还讨论了 Gauri 景颇语语音的发展，认为该方言还很好地保留了原始景颇语的介音 * -r-，如 -r-，根据比较证据，该介音在一些景颇语方言中已不规则地发展成 -y-。

向柏霖（Jacques Guillaume）的《论汉藏语的复辅音》（On the cluster * sr in Sino-Tibetan），评论了过去提出的汉语和其他汉藏语的复辅音 * sr -，提出一个新词源来证实 * sr - 在吉兰提（Kiranti）语言中简化为 s -，而在嘉戎语中 * sr - 仍保留。

马提索夫的（James A. Matisoff）的《重新审视景颇语谱系地位》（Re-examining the genetic position of Jingpho：Putting flesh on the bones of the Jingpho/Luish relationship）首先认为景颇语是藏缅语族语言中研究最好的语言之一，景颇语早已被公认为理解藏缅语族内部关系之关键。论文简要讨论了与景颇语谱系地位相关的藏缅语族其他 5 个语支，包括博多—噶若（Bodo-Garo）、北部那加［Northern（or Northeastern）Naga］、依语支（Nungish）、彝缅语支（Lolo-Burmese）和卢语支（Luish）。由于2种卢语支语言大量新的语料，关注迄今不明的语支比以前更具有准确性。通过对依语支与泰语、依语支与彝缅语、依语支与景颇语、景颇语与泰语、景颇语与彝缅语、景颇语与卢语支语音、词汇和语法方面的比较，作者对自己以前的观点做了修正，不再认为景颇语明显接近于依语支，它们之间词汇的相似性可能是由于借用导致的。作者认为景颇语与卢语支似乎比其他藏缅语更接近，景颇语与北部那噶之间比景颇语与博多—噶诺语支更近似。彝缅语似乎比景颇语更接近依语支。

马吕斯（Zemp Marius）的《原始藏语动词系统的功能构拟》一文中，根据普里克话（Purik）中验证到的最复杂的书面藏语及物动词词形变化的4个词干来构拟原始藏语的动词系统。在他构拟的原始藏语动词系统中，带唇音的清辅音声母（labial-prefixed voiceless onsets）强调一个事件的开始，带鼻冠音的浊辅音声母（nasal-prefixed voiced onsets）强调一个事件的结果，没有前置辅音的声母和送气清辅音声母则强调事件的中间过程。这个构拟系统有助于我们辨识藏语诸多动词形态特征的原始功能。

龚勋（Gong Xun）的《安多藏语韵母的音韵史》（A Phonological History of Amdo Tibetan Rhymes）提出了从古藏语韵母到现代的安多藏语方言韵母的语音演变构拟，按照相应的时间顺序提出了很中肯的音变建议，还追溯了个别特殊音变的年代。最有趣的是，作者发现尽管安多藏语同它的祖先古藏语一样没有音素长度区别，但是该文的研究表明安多藏语如同其他藏语方言一样，是从一个有音素长度区别的阶段演变至今的。

科尼特（Konnerth Linda）的《原始藏缅语的名物化前缀＊gV－》（he Proto-Tibeto-Burman＊gV-nominalizing Prefix）对马提索夫的相关构拟进行了改进。马提索夫曾构拟了原始藏缅语的形容词前缀＊gV－。科尼特基于90种藏缅语的语法调查描写，找到了证据来改进马提索夫的构拟。根据新证据，＊gV－被构拟成了原始藏缅语的名物化前缀，其功能包括形容词前缀。

卡普娄（Caplow，Nancy J.）的《原始藏语的重音构拟》（Reconstructing stress in Proto-Tibetan）描写了不太为人所知的巴尔蒂话（Balti）和同仁话（Rebkong）的重音模式。这两种话位于藏语区边缘地带，从而保留了较多古藏语特征。论文展示了双音节词的重音分配是由词汇类型决定的，然后利用这个新发现重新构拟了古藏语的重音模式。

④语法研究

国外藏缅语族语言语法的研究涉及形态、句法、形态句法等领域，代表性论文有7篇，具体如下。

向柏霖（Guillaume Jacques）的《嘉戎语使动前缀的来源及其对构拟原始汉藏语所蕴含的价值》（The Origin of the Causative Prefix in Rgyalrong Languages and its Implication for Proto-Sino-Tibetan Reconstruction）在自然话语基础上首次较详细地描写了嘉戎语茶堡话的两个使动派生形态，并提出两条语法化的新路径：从去名词化派生到使动以及从使动到能力性，然后，根据这两条语法化所蕴含的信息对汉藏语形态的构拟提出假设。

加勒特、内藤丘（Edward Garrett，Nathan W. Hill）的《藏语名词短语的语序》（Constituent Order in the Tibetan Noun Phrase）根据语料库对藏语名词短语的内在特征做了探讨，并得出一些初步结论：首先所标的［d. plural］词可以跟rnams归入一类范畴，而thams-cad、kun和sna-tshog归入另一类范畴；其次专有名词有其独特性，可以放在中心词前作修饰语；最后，形容词和序数词出现在不同的位置。

罗仁地（Randy J. LaPolla）的《汉藏语句法》（Sino-Tibetan Syntax）指出汉藏语系使用人口仅次于印欧语系，过去对该语系语音和词汇的构拟进行了大量的工作，而没人能说得出汉藏语句法的本质是什么。如果我们要连接汉藏语系不同语支，那么我们得解释汉藏语语系多样，为什么汉语是动词居中，多数藏缅语动词居尾。该文从信息结构角度讨论了汉语与藏缅语语序和构式的差异，认为古汉语比现代官话更依赖于语用，在语序上从古汉语的动词居尾到现代官话动词居中演变。至少部分与焦点位置变化有关，部分与语言接触有关。通过汉语和藏缅语语序和焦点位置的比较，作者认为原始汉藏语的语序是动词居尾，是汉语语序变了，不是藏缅语语序变了。汉语语序变了是由于无标记焦点位置发生了变化。

赖云帆（Lai Yunfan）的《俄热话及其他绰斯甲方言的使动结构》（Causativisation in Wobzi and Other Khroskyabs Dialects）不仅描写了俄热话的使动前缀、反使动、分析型使动结构、易变动词。另外还做了与其他嘉戎语以及汉藏语系其他语言间的比较分析。

刘鸿勇和李晓（Liu Hongyong and Li Xiao）的《彝语诺苏话的示证范畴》（On Evidentiality in Nuosu Yi）指出彝语诺苏话的示证范畴包含引语示证和推测示证。该文首先描写了两种示证范畴的各自的语义，并讨论了在出现双重示证标记时其相互的影响。接着通过引语示证范畴和言语动词以及直接（间接）引语的关系分析了彝语诺苏话的示证范畴，并证明了引语表达如何导致引语示证范畴的出现。

向柏霖（Jacques Guillaume）的《茶堡话的补语句》（Complementation in Japhug Gyalrong）对四川的嘉戎语茶堡方言的补语句及其补语化策略进行了较为全面综合的分析，描写了茶堡话的补语句类型、形态句法特征。最后对茶堡话的带补语动词进行了分类。

向柏霖（Jacques Guillaume）的《论茶堡话的主语、宾语及关系化》（Subjects，objects and relativization in Japhug）描写了茶堡话的作格格局的格标记，及其在动词上有正向/反向类型的人称范畴的特性。论文指出虽然茶堡话在动词和名词形态上没有主格/宾格格局，但通过对关系句的仔细观察可以证明其有非常清楚的主格/宾格格局的句法枢纽，在这些枢纽的基础上，可以对“主语”和“宾语”进行明确的定义。

郝克普、玛丽（Haokip，Mary K）的《塔多语的数词系统》（Numeral System in Thadou）探讨了汉藏语系藏缅语族库基—钦语支中的塔多语（Thadou）的数词系统特点。塔多语，像其他库基—钦语支语言一样，计数也遵循十进制系统。1 到 10 的数字都是一个词汇项并且均为单语素词，1 到 19 的数字均是纯粹的 10 进制方式构成的，20 及以上的数字则是采用不同方式构成的，如加法式、乘法式，等等。该语言像其他 SOV 语言一样，数词可作形容词，置于中心词之前。

⑤语言的跨学科纪录

纪录语言学是新兴交叉学科，通过对相关语言的真实记录来进行诸如植物学、动物学、语言地理学、民俗学、民族志、语言学基础理论等的研究。国外学者一向注重语言田野调查，2015—2016 年涉及语言跨学科纪录的论文有 4 篇，具体如下。

Chirkova、Huber、Weckerle、Daudey、Pincuo 等的《植物名见证中国水洛山谷地区的过去》（Plant Names as Traces of the Past in Shuiluo Valley，China）是在对四川省凉山州木里藏族自治县进行田野调查后，通过对水洛山谷五种藏缅语族语言中的 70 种常见植物名称进行比较分析，重点研究了当地重要的田间作物的名称、两种或多种语言之间共享的植物名称。论文对同源词和借词进行了初步的历史分层，提出了关于借词来源的假设，并且根据被研究语言现有的历史和语言学研究成果对借词的分布情况进行了评估，揭示了水洛山谷地区的两段复杂迁移历史，并确定了一组可能曾经源自（或仍然是）水洛土语言的植物名称。

希斯洛普（Hyslop Gwendolyn）的《不丹中部的知识世界：以黑山门巴语的语言纪录为例》（Worlds of Knowledge in Central Bhutan：Documentation of Olekha）认为过去对不丹黑山门巴语奥勒喀（’Olekha）的调查研究很少，外界对该群体的语言、历史及其社会文化基本上一无所知，而他们的语言文化正处在极度濒危状态。为了记录该群体的知识体系，作者运用语言学、民族志、动植物学等跨学科方法记录了奥勒喀人的语言、亲属称谓、动植物，进而与邻近亲属语言比较，区分哪些称谓是当地固有的，哪些称谓是借自周边族群的。论文最后指出伴随着语言纪录的再次出现，语言学与其他学科合作可发挥巨大贡献。

散德曼和西蒙（Sandman，Erika & Simon，Camille）的《藏语作为安多语言聚合区的模式语言：来自撒拉语和五屯话的证据》（Tibetan as a "model language" in the Amdo Sprachbund：evidence from Salar and Wutun）指出他们发现某些藏语的形态句法特征转移到了突厥语族的撒拉语和汉语的五屯话这两种毫无亲属关系且类型不同的语言里。这两种语言同处于中国西部黄河流域上游的藏语安多话聚合区。由于撒拉语和五屯话与该地区占文化优势地位的安多藏语有着长时期的语言接触，此两种语言有很多与安多藏语并行趋同现象，它们发展出了与安多藏语共享的一些特征。

高恩和锐英（Gawne Lauren and Ring Hiram）的《语言纪录和描写中的语言地图制作》（Mapmaking for Language Documentation and Description）向读者介绍了语言纪录过程中语言地图的制作工作。论文以中印尼泊尔交界地区藏缅语分布为例，讨论了在语言地理学和地理信息系统编制过程中，制作好的语言地图的益处及其伦理挑战性。其后，论文介绍了当下处理语言地图数据有用的工具和经验，尤其是使用现场定位来识别语言区域/边界，除了演示相对较为复杂的涉及 Google Maps 和 TileMill 的使用流程，还介绍了一种基于云的开源地图平台——CartoDB 的基本流程。

近几年来国外藏缅语族语言的基础理论研究，在保持传统研究特色的基础上，开创了一些新的、前沿的研究领域，调查研究的视角和方法论问题越来越受到重视，有的学者倡导语言研究注重语言事实的归纳方法，不太提倡抽象研究方法，认为会忽视语言现象的本质。汉藏语的比较（尤其是藏缅语的比较）颇受争议，有学者认为在进行语言谱系结构分类时，有说服力的方法论和证据至关重要，如在调查研究陌生语言时采用何种方法和手段，使研究者能及时了解发音人所要表达的信息；如何更好地把诱导式调查资料和自然语料有机结合，促进语言学和人类行为的研究。语音的实验研究既属基础理论学科，也属应用学科，基于基础理论学科，国外藏缅语族语言的语音实验分析越来越活跃，过去对语音的分析研究主要以描写为主，语音的实验分析较少，近几年来语音实验研究成果明显，尤其声调、重音、焦点韵律是实验研究的热点。同时，语言田野调查越来越注重对当地知识系统的研究，过去藏缅语研究只注重语言结构的描写和分析，对语言所承载的知识体系关注较少，这几年西方学者在调查研究语言的同时，运用语言去了解当地的仪式、生态、亲属制度，去关注动植物命名系统和当地人的知识系统，那样能更好地保存和发扬当地的传统文化。这些方面，国内藏缅语族语言研究尚未有足够的关注，也是国内外藏缅语族语言研究的差距所在。

（3）小结

综观 2015—2016 年国内藏缅语的研究，藏语支语言的研究以藏语为主，藏语支的小语种无人问津。就藏语研究而言，涉及语音的研究较多，在研究思路或方法上，既有结合传统理论的，也有运用现代语言学理论的，值得一提的是，有一些学者从实际出发，结合田野调查，历史地看问题、分析问题，根据实际材料来把握对相关理论的运用，而不是先理论后材料地进行削足适履式的研究，这种思路和方法，是基于实事求是、理论联系实际的科学的方法，是值得提倡和发扬的。但是，总体而言，藏语的基础理论研究不是增强了，而是大大减弱了。究其原因，一方面是研究藏语的人才队伍没有形成，另一方面是藏语的研究未受到足够重视，缺乏连续持久地研究藏语的专家学者。羌语支语言因其复杂的语言关系和复杂而凸显的语言现象吸引着国内外的一批学者趋之若鹜，10 多年来，羌语支语言的研究无论是理论方法，还是研究成果都得到很大的提升，一定程度上引领着藏缅语研究的发展方向。景颇语支语言的研究如藏语支语言的研究一样不是加强了，而是大大减弱了，这与人才队伍有密切的关系。彝—缅语支语言是藏缅语族中语言比较多的一个语组，但与语言数量的丰富性和语言地位的重要性相比，彝—缅语研究仍然相对薄弱，总体看成果数量少，成果质量、语种之间不均衡现象突出。彝—缅语支语言种类多，方言、土语情况复杂，方言、土语的综合描写研究任务十分艰巨，但多年来彝—缅语支语言缺乏综合描写研究成果。彝—缅语支语言是进行历史比较语言学研究的富矿，但彝—缅语支语言的历史比较研究成果并不多，这种研究状况无助于彝—缅语历史地位和语言关系的认识深化，是值得忧虑的。同时，彝—缅语支语言研究不平衡的现象趋于恶化，彝语、哈尼语、白语、土家语等语言，研究成果相对较多，尤其是彝语，研究成果比较多；而拉祜语、傈僳语、基诺语等一系列语言研究成果偏少，有的语言完全没有研究成果，一些小语种更是如此，说明彝—缅语相关语言的研究严重缺乏人才，更没有稳定的人才队伍，仅靠偶尔的学位论文的研究，无法使相关语言得到持续、深入、全面的研究。

总体来说，中国境内的藏缅语族有近 50 种语言，其语言数量的丰富性和语言地位的重要性，于汉藏语系语言的研究是不言而喻的，但 2015—2016 年藏缅语的研究成果并不算多，对语种的研究不平衡性突出，藏语、彝语等大语种有一些重要的研究成果，羌语支语言的研究有重大的进展，白语、哈尼语、傈僳语、纳西语、土家语等大语种的研究成果偏少，而在藏缅语族中占有重要地位的景颇语支语言只有极少的研究成果，更为严峻的是藏缅语族的极大多数小语种都没有研究成果，未受到关注，可以认为人才队伍萎缩、奇缺和民族语言研究逐渐被边缘化，是造成这种现象的最直接原因，值得关注。

国外的藏缅语主要分布在喜马拉雅山南麓和西沿地带，这一区域内的藏缅语的语言多样性非常丰富，缅甸、泰国、老挝、越南境内的藏缅语主要属景颇语支、缅语支、彝语支的语言。从近 10 年来国外学者对藏缅语的研究来看，无论是广度，还是深度以及理论方法，远超国内学者对藏缅语的研究。

就世界范围而言，藏缅语族有数百种语言，其语言数量的丰富性和语言地位的重要性，于汉藏语系语言研究不言而喻，但国内外的研究侧重点不同，国内学者主要研究中国境内的藏缅语族语言，国外学者主要研究喜马拉雅山脉南侧的藏缅语族语言，当然国外学者也研究中国境内的藏缅语族语言。国内外学者研究中国境内的藏缅语偏好于语言现象丰富而凸显的语言，而对语言现象隐现的语言的关注度不够，甚至没有学者去研究，这是很不正常的现象。从研究水平上看，近 10 年来语言基础理论的研究有新的发展，但是，国内外的发展不平衡，国内不同语系、不同语族、不同语支、不同语言的发展也不平衡，就 2015—2016 年来看，针对中国民族语言和中国跨境民族语言的基础理论研究，这种不平衡性仍然十分明显，藏缅语的研究，国内与国外，无论是研究的广度和深度，还是理论水平，差异明显而且距离逐渐拉大，国外学者对藏缅语的研究具有明显的前沿性和引导性，国内学者的理论水平和研究视野尚需提升。

2. 侗台语族语言的基础理论研究

侗台语族也叫壮侗语族，简称侗台语，分台语支、侗水语支、黎语支，主要分布于中国的中南、华南、西南地区以及东南亚的越南、老挝、泰国、缅甸、印度。2015—2016 年，侗台语族语言的基础理论研究有一定的进展，但是，研究的具体问题论文较多，理论阐述较少，几乎没有重大的研究成果，基于侗台语框架的研究成果较少。从所收集的成果文献看，涉及侗台语族个别语言的语音、词汇、语法和历史比较的研究。从研究成果文献的形式看，既有个别语言的语音、词汇、语法的综合描写研究，也有语音、词汇、语法的专题描写研究或历史比较研究，还有相关教材或读物。

2015—2016 年从综合角度研究侗台语的成果主要是同语支语言或异源语言的对比研究，涉及语音、词汇、语法的对比分析，据统计有 12 种成果，其中，专著 2 部，论文 10 篇，具有代表性的论著为《壮语南北方言比较及与布依语的比较研究》《语言接触的强度与语言演变——语言接触下的现代壮语》《基于〈百夷译语〉的傣语汉语历史语音探讨》《诶话与汉语、壮语语法比较研究》《勾漏粤语与壮语尝试体和尝试貌的比较研究》。

韦星朗的《壮语南北方言及与布依语的比较研究》（中央民族大学出版社 2015 年版），对壮语北部方言和布依语进行对比研究，描写了六个语言点的声母、韵母、声调，对壮语北部方言和布依语的 1500 个词进行了比较并比较壮语北部方言和布依语的语法和虚词的用法。

覃秀红的《语言接触的强度与语言演变——语言接触下的现代壮语》（泰文版）（世界图书出版公司 2015 年版），以 Thomason 的四个语言接触等级为切入点，在收集大量口头语料和书面语料的基础上，分析语言接触引起的音系、词汇、句法上的演变。该书选题独特新颖，内容翔实，实例详尽，既佐证了前人关于语言接触理论研究，又在进一步完善前人研究结果上具有建设作用。

曾晓渝的《基于〈百夷译语〉的傣语汉语历史语音探讨》（《民族语文》2015 年第 1 期），参照明清时期《百夷译语》的傣汉对照材料，结合现代傣语汉语方言，解释 600 年来芒市傣语的几种典型音变现象，并考证了当时的云南官话的音系特点。

高欢的《诶话与汉语、壮语语法比较研究》（《贵州民族研究》2015 年第 7 期），从词类、词组和常见句式三个方面比较分析了诶话与汉语、壮语在语法上的异同，结果表明诶话的语法系统受汉语的影响较大，主要体现的是汉语特征，壮语特征和汉壮语混合特征很少。按照语言类型学的分析，诶话属于汉语侗台语深度接触类型，它既不是侗台语言，也不是汉语，而是一种融合了汉语、壮傣、侗水多种语源色彩的独特语言。

黄美新的《勾漏粤语与壮语尝试体和尝试貌的比较研究》（《黔南民族师范学院学报》2015 年第 3 期），根据勾漏粤语和壮语的特点，从尝试体和尝试貌分别比较勾漏粤语和壮语的异同，分析发现尝试貌在两种语言中的标记数量占绝大多数，因而两种语言属于貌范畴凸显语言。

（1）台语支语言的研究

侗台语族台语支以往称为壮傣语支，包括壮语、布依语、临高语、标语及傣语、泰语、老挝语等。2015—2016 年台语支语言的研究涉及教材、综述以及语音、词汇、语法等领域。

①教材与综述

2015—2016 年台语支语言的研究涉及教材、综述的成果有 4 种，具体如下。

周国炎、王伟编的《布依语基础教程》（2015 修订版）（中央民族大学出版社 2016 年版）作为读物或教材，对布依语的语音、词汇、语法等进行了描写分析。

周国炎的《布依语 366 句会话句：少数民族语汉英日俄对照》（社会科学文献出版社 2016 年版），作为教材式读物，对布依语的语音、词汇、语法等进行了描写分析。

贾淑凤、彭婷婷的《云南壮语研究概况》（《文山学院学报》2016 年第 4 期）对以往云南壮语的语音、词汇、语法等的研究进行了梳理和概括。

杨文学、何亚琼的《新平傣语语音和语法分析》（《玉溪师范学院学报》2016 年第 6 期）对新平傣语的语音、词汇、语法进行了描写和概述。

②语音的研究

台语支语音的研究涉及特殊语音的分布、连读变调、词汇音素，有 5 篇论文，具有代表性的为《语言接触视域下壮语流音 * r 的特征分布》《巴结布依语的连读变调》《巴马壮语前缀的语音表现》。

韦景云的《语言接触视域下壮语流音 * r 的特征分布》（《中央民族大学学报（哲学社会科学版）》2015 年第 4 期）指出壮语流音 * r 共时特征有 r 和 l、hl、j、hj、ɣ、z、θ 等，其特征分布应与壮汉语言密切接触有关。壮语的 r 特征是旧语，而 l、hl、j、hj、z、θ 特征是新语。

蔡吉燕的《巴结布依语的连读变调》（《玉溪师范学院学报》2016 年第 3 期）指出巴结布依语有比较丰富的连读变调现象，其连读变调以双音节变调为主，有前一音节变调或后一音节变调两种模式，而前一音节变调模式是巴结布依语声调变调的主要模式。三音节词及短语遵循双音节词的变调规则，以第一音节变调为主。而在四音节词及短语中，普通四音节词及短语遵循双音节词变调规则，四音格词由于受到语音节律的影响，通常是第四音节变调。

罗聿言的《巴马壮语前缀的语音表现》（《广西民族师范学院学报》2016 年第 5 期）认为巴马壮语前缀总体来说在音长上比词根语素短，在连读变调上，前缀与合成词第一音节的变化相同，但是在语音上，不能将巴马壮语的前缀和词根语素区别开来。

③词汇的研究

台语支词汇研究的成果涉及词汇的构成、词典、词汇语义、颜色词、亲属称谓词汇等领域，有 1 部专著和 13 篇学术论文及 2 篇硕士学位论文，具有代表性的论著为《傣语四音格研究》《论方块壮字文献的壮语辞书编纂价值——以〈壮族麽经布洛陀影印译注〉为例》《从壮侗语看复合名词词义理据与功用角色》《布依语派生名词词缀的分类及功能》《壮语词义研究与词典编纂》《壮语方言医学词汇探析》《德宏傣语颜色词的构词形式》。

吴东海的《傣语四音格研究》（中国社会科学出版社 2016 年版）以西双版纳傣语四音格为研究对象，运用结构语言学、文化语言学以及浑沌学等理论和方法，系统地分析了傣语四音格的特征和功能，论述了傣语四音格的语言性质，探索了傣语四音格与傣族文化的关系。

张显成、高魏的《论方块壮字文献的壮语辞书编纂价值——以〈壮族麽经布洛陀影印译注〉为例》（《中央民族大学学报（哲学社会科学版）》2015 年第 3 期）指出方块壮字文献不仅数量庞大，而且具有很强的语料真实性，是壮语辞书编纂的宝贵材料。其对壮语辞书编纂的价值主要表现在：一是条目增补，丰富壮语辞书的条目；二是释义补充，完善壮语词汇和方块壮字的义项；三是书证补缺，为原有条目提供来源明确、语料真实的书证。

文艳丹的《德宏傣语颜色词的构词形式》（《德宏师范高等专科学校学报》2015 年第 2 期），从基本颜色词、混合颜色词、程度颜色词、情感色彩颜色词和比喻颜色词等看颜色词的构词形式。

张云峰的《从壮侗语看复合名词词义理据与功用角色》（《中央民族大学学报（哲学社会科学版）》2016 年第 3 期）认为功用角色是物性结构的主要特征之一，作为复合名词词义理据非常普遍，往往以显性或隐性形式出现，前者主要表现为功用角色修饰限定名词所指事物，后者主要表现为功用角色转指名词所指事物。功用角色作为复合名词的主要语义理据在壮侗语中既有若干共性，也有些许差异。

蔡吉燕的《布依语派生名词词缀的分类及功能》（《贵州民族研究》2016 年第 5 期）认为布依语派生名词词缀以前缀为主。根据词缀意义与功能的差异，将前缀分为表示人、动物、植物、时间、处所及其他等几类。根据 R. Beard 派生构词分类法，将前缀分为特征值转换派生、功能性派生、转类派生、表达性派生等几类，以表达性派生最丰富。从而总结出派生名词词缀具有名物化功能、分类功能和语用功能。

蒙元耀的《壮语词义研究与词典编纂》（《辞书研究》2016 年第 4 期）指出要编写一部好的词典，需要对词义有深入透彻的研究，对词目的种种用法了然于心，然后才能进行义项分合和设例，才有可能编纂一部质量上乘的语文工具书。

黄雪倪、周祖亮、兰苗青的《壮语方言医学词汇探析》（《广西中医药大学学报》2016 年第 2 期）指出在壮医药文化传承与传播的历史过程中，产生了数量众多的医学词语。论文以壮语方言为对象，通过田野调查方式，对其中的医学词语进行了搜集与整理。

④语法的研究

语法的研究涉及构词法、句法和句法类型，有 1 部专著和 20 篇论文，具有代表性的为《壮语语法标注文本》《布依语副词语序类型学研究》《壮语分类词的类型学性质》《广西汉语“去”和壮语方言 pai^{1} 的两种特殊用法：区域语言学视角下的考察》《布依语述补结构研究》《壮语方言源于使役动词的状语标记》《金平傣语差比句的类型学研究》。

蓝利国的《壮语语法标注文本》（社会科学文献出版社 2016 年版）描写了作者母语壮语的语音、词汇、语法的基本概貌，并对壮语的长篇语料文本进行语法标注，是用描写语言学的基本语言学理论框架完成的成果，对进一步用现代语言学描写壮语的语法体系奠定了材料基础，材料翔实，真实可靠。

陈娥的《布依语副词语序类型学研究》（《中央民族大学学报（哲学社会科学版）》2015 年第 1 期）认为布依语副词的语序类型为：有的副词前置于中心词，有的副词后置于中心词，重叠副词一般后置，有的副词可位于中心词之前，也可位于句末或句末语气词之前。

覃凤余的《壮语分类词的类型学性质》（《中国语文》2015 年第 6 期）指出壮语是名—分类词（N-CL）和数—分类词（NUM-CL）共存的语言。从类型学的角度看，壮语分类词本质上是名—分类词，其数—分类词是不发达的，分类词产生路径为：NUM-CL < N-CL < N。

覃东生、覃凤余的《广西汉语“去”和壮语方言 pai^{1} 的两种特殊用法——区域语言学视角下的考察》（《民族语文》2015 年第 2 期）指出广西汉语“去”和壮语方言 pai^{1} 的表示使成和程度的用法是台语共享的一项区域特征，认为广西汉语方言“去”的两种用法源于壮语。

王一君的《金平傣语差比句的类型学研究》（《百色学院学报》2015 年第 4 期）指出金平傣语差比句有两种语序并存的现象，即金平傣语固有的差比语序“比较结果 + 比较标记 + 比较基准”，借自汉语的“pi + 比较基准 + 比较结果”。与傣语的其他方言相比，金平傣语的差比标记 su^{1} 在否定式或比较结果为数量结构的情况下，可以省略。固有标记 su^{1} 是由动词“跟随”义语法化而来。借自汉语的 pi，在金平傣语中由动词语法化为差比标记，其相应的结构“pi + 基准 + 结果”是由于语言接触引起的结构特征的借用。

朱德康、周国炎的《布依语述补结构研究》（《中央民族大学学报（哲学社会科学版）》2016 年第 5 期）指出布依语述补结构在形式类型上分为黏合式和组合式两种，在语义类型上分为结果、程度、趋向、可能、状态、数量、时间、处所、方式 9 种。布依语述补结构的表义功能主要通过两种手段实现，一是完全依附补语，补语的语义特征直接决定了整个述补结构的语义类型；二是部分依附补语，补语的语义范畴蕴含于整个述补结构的语义范畴内。

覃凤余的《壮语方言源于使役动词的状语标记》（《民族语文》2016 年第 2 期）讨论了壮语方言补语标记 tɯk^{7}、so^{5}、hɯ^{3}/hɔi^{3}/hai^{3}、ku：k^{8}/ko：k^{8}/ku^{6}“做”的用法和来源，认为这些成分都有使役动词用法，有语法化的相同途径。

（2）侗水语支语言的研究

侗水语支有侗语、水语、毛南语、仫佬语、拉珈语、佯僙语、莫语等，2015—2016 年侗水语支语言的研究涉及语音、词汇、语法等领域，相关研究成果有 2 部专著和 10 篇论文，有代表性的论著为《水语 366 句会话句》《水语语法标注文本》《水语比较标记 to^{13} 及差比句的类型特征》《车江侗语量词的基本语法特征和句法功能》《仫佬语声调的声学分析》《贵州毛南语汉语四音格词语音结构类型比较研究》。

韦学纯的《水语 366 句会话句》（社会科学文献出版社 2015 年版），作为教材式读物，对水语的语音、词汇、语法等进行了描写分析并提供了 366 句水语、汉语、英语、日语、俄语对照会话句。

韦学纯的《水语语法标注文本》（社会科学文献出版社 2016 年版）描写了作者母语水语的

语音、词汇、语法的基本概貌，并对水语的长篇语料文本进行语法标注，是用描写语言学的基本语言学理论框架完成的成果，对进一步用现代语言学描写水语的语法体系奠定了材料基础，材料翔实，真实可靠。

黄芳的《水语比较标记“to^{13}”及差比句的类型特征》（《语言科学》2015 年第 1 期），认为 to^{13}“多”字句是水语最普遍使用的差比句，语序类型为 SJ + A + M + ST。to^{13}“多”是来源于表量形容词的比较标记，在差比句中逐渐失去了数量语义特征，虚化为比较标记，是加在形容词上的核心标注，能够凸显被比较事物在量级上的序列关系。

王俊芳的《车江侗语量词的基本语法特征和句法功能》（《黔南民族师范学院学报》2015 年第 5 期），认为车江侗语量词可分为名量词和动量词两类，具有别类的作用，可以重叠，表示“每一”的意思。量词在句子中一般与数词、名词或代词等结合，构成数量、量名或量代结构后才能充当句子成分。在特定语义条件下，量词也可以单独充当主语、谓语或宾语等成分。

冼文婷、吴宇晴、唐七元的《仫佬语声调的声学分析》（《河池学院学报》2015 年第 4 期），利用实验语音学声学分析的方法研究广西罗城仫佬族自治县仫佬语的单音节词声调和双音节词声调，结果表明仫佬语的单音节词声调调值为：1 调 42，2 调 232，3 调 551，4 调 24，5 调 44，6 调 31，7 调 42（长）/44（短），8 调 13（长）/24（短）。单音节词声调在双音节词中存在变调现象，初步归纳了 10 种变调模式和 3 条变调规则。论文结合变调时长材料，推测仫佬语前一音节发生变调受到了前一音节时长缩短的影响。

周旭东的《贵州毛南语汉语四音格词语音结构类型比较研究》（《黔南民族师范学院学报》2015 年第 1 期）指出毛南语汉语四音格词语音结构类型多样，不重叠的 ABCD 型占有相当比例，重叠的 ABAC 型是优势类型，这是共性特征；在具体分布和比例上却存在明显差异，呈现各具特色的个性特征。其共性特征和个性差异是由语言接触和语言类型性质决定，语言的单音节词根、分析型语言特征和有声调是其形成的直接原因。

（3）黎语支语言的研究

黎语支语言主要分布在海南岛，包括黎语、村语、哥隆语、那斗语等语言。从事黎语支语言研究的学者历来都很少，故其研究成果也很少，基础理论的研究更是如此。2015—2016 年的研究成果有 1 部专著，5 篇学术论文和 1 篇硕士学位论文，涉及描写研究、比较研究、语法等领域，有代表性的论著为《哥隆语、那斗语简志》《黎语核心词：“女人”、“男人”、“人”》《黎语核心词“多”、“大”、“长”、“小”比较研究》《黎语核心词“爪子”、“脚”、“手”比较研究》《语言接触下黎语语序类型的变化》。

符昌忠的《哥隆语、那斗语简志》（广西师范大学出版社 2015 年版），指出哥隆语又称村语，是居住在海南省东方市、昌江县的部分汉族居民使用的语言，属汉藏语系壮侗语族黎语支。哥隆语无论在语音、词汇和语法诸方面，都有着壮侗语族诸语言所具有的许多共同的特点。来语，又称那斗话，是 20 世纪 80 年代发现的海南省东方市新龙镇的那斗村和八所镇的月村两个村庄的居民所使用的一种独特的语言。该著作是对《中国少数民族语言简志丛书》的补充。

杨遗旗的《黎语核心词：“女人”、“男人”、“人”》（《海南师范大学学报（社会科学版）》2015 年第 1 期）指出黎语的“女人”是个双音节联合型近义复合词，前音节主要是阴性前加成分 pai 与 ma：n，后音节主要是 khau，三个音节在黎语方言中都有语音变体。pai 与 ma 分别与汉语的“妇”与“母”存在对应关系，khau 则可能来自南岛语的“女人”。黎语的“男人”是个双音节联合型近义复合词，在各方言中存在两个普遍性的音节 pha、ma：n，pha 与汉语的“父”对应，ma：n 是源自南岛语“男人”的侗台语底层词。

杨遗旗、唐元华的《黎语核心词“多”、“大”、“长”、“小”比较研究》（《贵州民族研究》2016 年第 2 期）认为黎语的“多”与台语支的“多”、侗水语支的“大”、部分苗瑶语的“大”同源，可以与汉语的“黎”字或者“多”字对应。黎语的“大”与汉语的“隆”字对应。黎语的“长”与苗瑶语族大部分语言的“长”有着共同来源，可以与汉字“修”对应。黎语的“小”分 A、B、C 三类来源，A 类与汉字“细”对应，B 类与汉字“倪”对应，分布最普遍的 C 类与汉字“小”对应。

杨遗旗、唐元华的《黎语核心词“爪子”、“脚”、“手”比较研究》（《海南师范大学学报（社会科学版）》2016 年第 2 期）认为黎语的 * li：p“爪子”可以表达“指甲”“蹄”概念，与侗台语族的台语支、侗水语支的“爪子”同源。黎语加茂话的 kau^{33}“爪”在侗台语族别的语言中多半转指“搔”“挠”，可能与南岛语的 * kukus“爪”“指甲”存在语源关系。黎语保定型的 $khok^{7}$“脚”与 ha^{1}“腿”是由一个共同的词分化而来的，这个共同的词来自原始汉藏语。保城 din^{3}“脚”是新借自壮语的词。通什 fek^{1}“脚”在部分黎语方言中转指“腿”，与部分侗台语族语言的“脚板”、南岛语的“脚”和古汉语的“蹯”对应。黎语 $meɯ^{1}$“手”在侗台语族中分布广泛，与南岛语的“手”具有同源关系。

吴艳的《语言接触下黎语语序类型的变化》（《百色学院学报》2015 年第 1 期）认为，在当地汉语方言的影响下，黎语的语言系统产生了一定的变化，其中语序的变化是较为突出的，SVO 语言类型的 7 个主要语序参项中，黎语有 6 个语序参项出现了新的语序类型，但固有语序仍占优势，说明语序方面目前黎语受汉语方言影响还不大。

（4）小结

2015—2016 年侗台语族语言的研究，从成果上看没有大的进展，语法的研究仍停留于某种语法现象的描写或跨语言方言的简单比较上，缺少解释性的研究，构词法的研究仍为较传统的方法论，滞后无新意，语音的研究仅是刚拿到学位不久的青年学者，没有突破。从研究范围来看，侗台语族台语支语言的研究仍是主流，特别是壮语的研究较多，侗水语支研究较少，黎语支语言仅有极少数人涉足，而一些小语种更是无人问津。从作者群来看，侗台语以往稳定作者群都没有发表太多成果；从成果的质量上看，核心期刊论文比较少；从理论水平来看，没有新的进展，一些青年学者在研究过程中存在套用模式或仿写的现象，这些方面对侗台语研究的发展是不利的。

3. 苗瑶语族语言的基础理论研究

苗瑶语是苗瑶语族的简称。苗瑶语主要分布在中国的西南、中南地区以及东南亚的越南、老挝、泰国、缅甸，分苗语支和瑶语支。2015—2016 年的苗瑶语研究取得了一些重要进展，研究成果和领域涉及苗瑶语的语音、词汇语义语法、句法、认知语言学。

2015—2016 年从苗瑶语整体角度进行研究的有 3 篇重要的论文，即《论苗瑶语的连读变调》《苗瑶语元音系统的类型学考察》《苗瑶语表动物性别复合名词的语序类型考察》。

李云兵的《论苗瑶语的连读变调》（《民族语文》2015 年第 3 期）认为苗瑶语有左侧音节变调、右侧音节变调、左右侧音节变调、单音节变调，左侧音节变调、右侧音节变调与其名词短语句法结构的语序类型高度一致，左侧连读变调为右重韵律结构，右侧连读变调为左重韵律结构。

谭晓平的《苗瑶语元音系统的类型学考察》（《语言研究》2016 年第 4 期）从语音类型角度，通过苗语支、瑶语支和畲语共计 40 个土语点的材料加以梳理，得出苗瑶语元音系统的一些共性和个性：苗瑶语以五到十元音型为主，其中，7 元音型和 9 元音型最多；元音音位的平均数目为 8 个，与汉语类似；元音类型数目和元音平均数目由北到南、从西往东呈现逐步递减之势；元音系统的构型以三角形为主；出现频率较高的元音音位是/i、a、u、e、o、ɔ、ə、ɛ、ɿ、y、ɯ/；/e、o/与前响二合元音高频出现；/ɿ、y/成为常见音素体现了汉语对苗瑶语元音系统的深刻影响。

吴秀菊的《苗瑶语表动物性别复合名词的语序类型考察》（《民族论坛》2015 年第 6 期），指出苗瑶语表动物性别的复合词中，动物名词与性别名词的语序表现为 N 性别 + N 动物和 N 动物 + N 性别并存的双重语序，认为 N 性别 + N 动物是苗瑶语的固有语序，N 动物 + N 性别语序是语言接触和语言内部结构共同作用的结果。固有语序 N 性别 + N 动物中，N 性别是中心语，N 动物是修饰语。

（1）苗语支语言的研究

苗语支有苗语、布努语、巴哼语、唔奈语、优诺语、炯奈语、坝那语、畲语 8 种语言。从 2015—2016 年的研究成果来看，苗语支语言的研究几乎都是苗语的研究，极个别为苗语支濒危语言的研究，成果的内容有语音、词汇、语法，其中，语音、语法的研究有重大进展，词汇的研究有新的进步。

同一成果涉及语音、词汇、语法研究的有 1 部专著、2 篇博士学位论文和 1 篇期刊论文，分别是《川黔滇苗语 366 句会话句》《苗族 Hmong 支系语言研究》《唔奈语研究》《平岩苗语特点概述》。

石莉芸、李云兵的《川黔滇苗语 366 句会话句》（社会科学文献出版社 2016 年版）是“中国少数民族会话读本丛书”的成果，以苗语川黔滇方言川黔滇次方言第一土语为基础对其语音、词汇、语法、文字以及苗族的风俗习惯进行了研究，并列举供学习苗语的 366 个会话句。

熊玉有的《苗族 Hmong 支系语言研究》（博士学位论文，上海师范大学，2015 年）对苗语 Hmong 支系 12 个点涉及 9 个支系的语言材料进行比较和分析，力图找出不同调查点或支系语言的语音、词汇、语法的异同，揭示其变化原因和规律，对一些语言现象作出解释，同时，通过比较分析，对苗族 Hmong 支系语言文字规范提出意见建议。

杨再彪的《唔奈语研究》（博士学位论文，湖南师范大学，2016 年）详细描写了苗语支濒危语言唔奈语的音系、音节结构、连读变调形式以及词类、短语、句类、句型，并通过与 60 年前记录的语料比较，探讨了唔奈语语音演变规律，同时附有 2000 词语、6 篇长篇语料。

吴正彪的《平岩苗语特点概述》（《广西民族师范学院学报》2016 年第 2 期）以贵州罗甸县平岩苗语作为调查对象，描写了苗语川黔滇方言平塘次方言南部土语的语音、词汇、语法的基本概貌。

①语音的研究

2015—2016 年苗语支语音的研究涉及语音的演变和语音试验，有 2 篇期刊论文和 3 篇硕士学位论文，有代表性的成果为《黔东苗语送气擦音的来源》《从汉借词看几组黔东苗语韵母的构拟》。

谭晓平的《黔东苗语送气擦音的来源》（《中央民族大学学报（哲学社会科学版）》2015 年第 1 期）认为黔东苗语送气擦音是后起的区域性语音创新，是辅音格局经历大变动之后语音内部调节机制的结果，通过苗瑶语方言的对比材料，分析黔东苗语塞音、塞擦音、擦音演变过程中的推链与挤压。

王艳红的《从汉借词看几组黔东苗语韵母的构拟》（《嘉兴学院学报》2016 年第 5 期）以养蒿苗语和开觉苗语假摄等汉借词为例，利用苗语里不同时间层次的汉借词，构拟了几组古黔东苗语韵母。

②词汇的研究

2015—2016 年苗语支词汇的研究涉及词汇语义、苗族古歌词汇、动植物词汇分类、汉语借词、语言底层等内容，有 6 篇期刊论文，1 篇硕士学位论文，代表性成果为《苗语对苗巫称谓的音义辨析》《苗语称谓巫者之“bad deib”音义辨析》《苗族古歌语言研究检讨》《黔东南苗语植物名物探析》。

麻勇斌的《苗语对苗巫称谓的音义辨析》（《贵州大学学报（社会科学版）》2015 年第 6 期）指出苗语对苗巫的称谓，是解读苗巫口传经典和相应仪式的基础概念。弄懂其语音语义以及之间的关系与逻辑，是进入苗巫知识体系，以“行内人”的视角进行研究的关键。有专家学者对其做过些阐释，但几乎没有进入苗巫知识体系里，而且多数弄错了。苗语对苗巫的称谓，最为重要的是 deib、sheub、goud，其音义的生成、沉淀与定型，可能与“火”或“生火技术”有关，与母系社会的巫政礼制有关，或与中国上古文字中的一些祭祀语词有关。

麻勇斌的《苗语称谓巫者之“bad deib”音义辨析》（《中央民族大学学报（哲学社会科学版）》2016 年第 1 期）讨论了苗语中对专业巫者的称谓“bad deib”，认为 bad 表“雄性”或为词前缀，deib 可能是帝，即甲骨文中的禘。

李一如的《苗族古歌语言研究检讨》（《贵州大学学报（社会科学版）》2015 年第 3 期），认为至今有关苗族古歌语言的研究成果极少，且集中在对某一方言苗族古歌中词汇的分析和探讨，没有对苗语各方言古歌的词汇进行整体上的比较和分析，更没有涉及古歌的语法、语音等方面。论文进一步认为，把苗语三大方言的古歌作为一个整体的研究对象来全面考察古歌的语言现象及特点，并从历史语言学与音系学的角度出发，对苗族古歌的语言作系统的分析和深入的研究，这是苗族古歌语言研究将来的走向。

吴才勇、龙宇晓的《黔东南苗语植物名物探析》（《凯里学院学报》2015 年第 2 期），通过对黔东南苗语植物名物探析，认为黔东南苗族民间对植物的命名采用多元化的“通名 + 专名”组合的法则，植物名称的前面部分往往包含了植物的形态类型或用途类型划分（类别名或通名音节），而后面的部分则包含了植物的形态特征等方面的本土知识内涵。

③语法的研究

2015—2016 年苗语支语法的研究涉及语义语法、空间语法、句法结构、语序类型、语用结构等，有 1 部专著，17 篇期刊论文，3 篇硕士学位论文，较具代表性的为《苗语动词的句法语义属性研究》《论苗语空间范畴的认知》《湘西苗语中的大称和小称标记》《类型学视野下的黔东苗语量名结构》《黔东苗语 tiu^{33} 的语法分析：兼与 ɬiə^{11} 对比》《湘西勾良苗语名词短语的语序类型学特征》。

李云兵的《苗语动词的句法语义属性研究》（中国社会科学出版社 2015 年版），基于苗语动词多功能数据库，综合采用词汇语法、语义语法、功能语法、格语法、配价语法的理论，从句法、语义、语用相结合的角度，探索和研究了苗语动词的语义分类、动词的重叠式及其语义特征、动词的体貌及其语义范畴、动词的连动结构及其语义特征、动词的动补结构及其语义特征、动词的句法语义属性，认为苗语的自主动词与非自主是动词的语义分类，体貌范畴是动词的客观时间概念和主观感知印象的语义表达，重叠式是动词形态变化的语法手段，连动结构是动词线性序列的体现，动补结构是动词句法结构语义的补充，句法语义属性是动词动核句法结构的说明。该书对探索和研究分析性较强的民族语言的句法语义属性和推动分析性较强的民族语言的研究，有重要的参考价值、学术价值和理论价值。

李云兵的《论苗语空间范畴的认知》（《民族语文》2016 年第 3 期）认为苗语对空间范畴的认知以人体部位位置为认知原型，以线性参照框架、源点参照框架为认知理据；对空间位移的认知基于位移体在位置、方位、方向、源点、终点等的认知，不同的空间位移有不同的意象图式。

李旭平、刘鸿勇、吴芳的《湘西苗语中的大称和小称标记》（《中国语文》2016 年第 4 期）描写了湘西凤凰勾良苗语中两组表示“大”“小”的语素，分别为 $\text{min}_{\text{大}}^{22}$/$\text{tɛ}_{\text{小}}^{214}$ 和 $\text{ljo}_{\text{大}}^{53}$/$\text{ɕiu}_{\text{小}}^{214}$，通过考察它们的句法分布，发现 $\text{min}_{\text{大}}^{22}$/$\text{tɛ}_{\text{小}}^{214}$ 和 $\text{ljo}_{\text{大}}^{53}$/$\text{ɕiu}_{\text{小}}^{214}$ 无论在句法还是语义方面都是有区别的，

从形态句法角度来看，min$^{22}_{大}$/tɛ$^{214}_{小}$是大称和小称词缀，属于形态单位。ljo$^{53}_{大}$/ɕiu$^{214}_{小}$是表示大小的程度形容词，在句法上和名词构成修饰和被修饰的关系。从意义上看，min$^{22}_{大}$/tɛ$^{214}_{小}$表示量的大小，带有说话者主观的评价，而 ljo$^{53}_{大}$/ɕiu$^{214}_{小}$表示物体客观尺寸的大小。

李一如的《类型学视野下的黔东苗语量名结构》（《中央民族大学学报（哲学社会科学版)》2015 年第 5 期)，探讨了黔东苗语量名结构的类型及其语法、语义，并从语言类型学的蕴含共性比较了苗瑶语、侗台语、藏缅语族的量名结构的语序类型。

李一如、黄树先的《黔东苗语 tiu^{33}的语法分析——兼与 ɬiə^{11}对比》（《语言研究》2016 年第 3 期）认为黔东苗语 tiu^{33}原是一个冠词性质的含有“这/那……范围”意义的特指词，语法化后逐渐变成构词语素以至处所格（地理）标记。

吴秀菊的《湘西勾良苗语名词短语的语序类型学特征》（《怀化学院学报》2015 年第 7 期)，通过对湘西勾良苗语名词短语的语序类型进行考察，发现其基本语序不完全符合语言类型学中的普遍性原则和蕴含性原则，多层定语语序符合“语义靠近原则”和“可别度领前原理”。

从 2015—2016 年苗语支语言的研究成果看，苗语语音、词汇、语法的研究都比其他语言丰富，但苗语支的一些重要语言，如布努语，没有学者关注，濒危语言研究只有唔奈语的一项研究成果，其余巴哼语、优诺语、炯奈语、坝那语、畲语无人问津。从研究的水平看，极大多数青年学者仍把握不了苗语支语言的研究前沿，故其成果比较浅显，甚至一部分中年学者的研究也比较粗放，还有一些青年学者的田野调查能力较弱，语言材料质量不高，这是语言研究的大忌。

（2）瑶语支语言的研究

瑶语支只有勉语一种语言，通常也叫瑶语。从 2015—2016 年学者对瑶语的研究看，仅有 8 种成果，其中，专著 3 部，期刊论文 3 篇，硕士学位论文 2 篇。较具代表性的为《藻敏瑶语语音研究》《瑶语 366 句会话句》《粤北乳源过山瑶勉语研究》《历史比较中历史层次分析法的作用：以瑶语为例》《泰国清莱勉语长短元音的共时特征——兼与中国勉语比较》。

龙国贻的《藻敏瑶语语音研究》（中西书局 2016 年版）在调查 7 个土语点的基础上，对藻敏瑶语的语音进行研究，共时语音描写引入了实验手段和数学方法，概括了藻敏瑶语语音特点，论述了一些特殊语音类型，切分了语素并提取连读变调规则。历时层面，一方面，将藻敏瑶语汉借词的历史层次区分了主借层和非主借层，并分别考证其借源和借入年代；另一方面，将历史比较、历史层次、内部拟测相结合，讨论了一些语音的历史音变。

刘鸿勇的《粤北乳源过山瑶勉语研究》（文化艺术出版社 2016 年版）对广东乳源瑶族自治县的瑶语勉方言的语音、词汇、语法进行了描写研究，并附录乳源瑶语勉方言的施瓦迪士常用百词表、常用词语和长篇语料。

盘金祥的《瑶语 366 句会话句》（社会科学文献出版社 2016 年版）是“中国少数民族会话读本丛书”的成果，以云南金平瑶语勉方言为基础，对其语音、词汇、语法和文字进行了描述，同时，为瑶语学习者提供了 366 句会话。

龙国贻的《历史比较中历史层次分析法的作用——以瑶语为例》（《语言研究》2015 年第 4 期）讨论用历史比较分析法弥补少数民族语言缺乏文献的不足，尝试用民族语汉借词的历史层次分析和经典历史比较法结合起来研究民族语历史音变探索研究方法。

乔翔、刘玉兰的《泰国清莱勉语长短元音的共时特征——兼与中国勉语比较》（《中央民族大学学报（哲学社会科学版)》2015 年第 5 期）认为泰国清莱勉语的长短元音对立只出现于韵母元音 a，而中国勉语的长短对立除了出现于元音 a 外，还出现于元音 e、ɛ、ɔ、o、u 等，并认为中泰两国勉语的长短元音对立是朝着逐渐消失的方向演变。

研究瑶语的学者向来就少，其研究成果少是正常的事情，但是，长此以往，既不利于青年学者的培养，也不利于瑶语学术研究的发展。

（3）小结

从2015—2016年苗瑶语的基础理论研究来看，苗语、瑶语仍是苗瑶语研究的重点，一些小语种仍没引起关注。这与从事苗瑶语研究的队伍有直接的关系。随着一批前辈学者的退休，瑶语的研究人才更加匮乏，除了为数极少的瑶族母语人在从事瑶语的研究外，只有不固定的一两位研究生加入，但研究生毕业后就不一定再做相关研究。同时，研究苗瑶语者，田野调查能力参差不齐，理论素养有限，甚至诸多研究者非常不熟悉苗瑶语的基础理论，套写、仿写情况突出，研究成果水平差异大。所以，培养致力于苗瑶语研究的母语人才，是苗瑶语研究发展的唯一选择。

4. 仡—央语群语言的基础理论研究

仡—央语群语言由仡佬语、拉基语、木佬语、羿语、普标语、布央语组成，其语族归属学界有不同的观点。仡—央语群语言是中国语言中最为濒危的一部分，但是在很长一段时间内对其进行研究的学者寥寥无几，近20年来才引起国内外学者的重视，使得仡—央语群的每一种语言都得到了调查和描写研究。随着调查描写研究的结束，仡—央语群语言诸多专题性问题，诸如仡—央语群语的系属问题、历史比较研究问题却一直没有得到深入的研究。

2015—2016年，仡—央语群语言的基础理论研究成果仅有7种，逐一介绍如下。

李锦芳、阳柳艳、王吉增的《关岭麻洼仡佬语记录研究》（《贵州民族大学学报（社会科学版）》2015年第4期）指出贵州省关岭布依族苗族自治县麻洼村仡佬语属于哈给方言，语音系统趋于简化，浊塞音、小舌音均已消失，有腭化音声母；词汇以单音节为主，有 pu^{31}、mo^{42}、mu^{43}、le^{33}、lie^{42} 等词头，早期汉借词不多；语法方面，名词的修饰成分以后置为常，否定词置于句末，疑问形式较丰富，动词体貌不发达。

蓝卡佳、罗秀琴、付秀英的《仡佬族地区黔西大方方言中的"XAA"式数量短语》（《遵义师范学院学报》2015年第5期）对贵州省黔西大方县仡佬族聚居区的仡佬族语言次方言的"XAA"式数量短语进行分析，指出"XAA"式数量短语表现出独特的类型学特征，语法和语义有别于官话，其中，"A"多为表示容器的名物量词，数量短语"XAA"表示的语义是"整""满"；典型的"XAA"式数量短语中"X"多为基数词；同时，"XAA"式数量短语中"A"重叠后第二个"A"部分有音变现象。

李霞的《仡佬语中的一个泛用量词》（《广西大学学报（哲学社会科学版）》2015年第2期）对仡佬语中使用频率很高、功能多样的泛用量词进行分析，认为这个泛用量词能与多个个体名词搭配，其句法表现与语义特性值得关注。能充当构词语素，与名词结合后构成复合名词，还具有计量性、体词性、定指性等特征；与数词、名词、代词、动词短语等搭配后可充当主语或宾语；其来源可能是表示男性长辈亲属的。

李霞的《比工仡佬语句首语气词初探》（《百色学院学报》2015年第1期）认为，比工仡佬语语气系统的一个突出特点是句首语气词较多，且使用频率高。论文尝试对比工仡佬语句首语气词做较为细致的描写，探析句首语气词对句子语气所起的引发语句、协调音节、衔接、表态和增强语意等语用功能，从语气词与句子的组合情况解析句首语气词的句法特点，并与其他一些方言点句首语气词进行初步对比分析。

韩林林的《黔桂仡佬语哈给方言比较》（《贵州民族大学学报（哲学社会科学版）》2015年第4期）对广西隆林三冲仡佬语和贵州贞丰坡帽仡佬语的语音、词汇和语法进行比较，认为两地仡佬语在语音、词汇、语法上既有相同之处，也有不同之处。

阳柳艳、李锦芳的《贞丰仡佬语语序研究》（《语言研究》2016年第4期）从类型学和语言接触的角度，分析贞丰仡佬语名词短语、量词短语、数词短语、否定句、疑问句、动宾补结构语序的共性及差异，发现6种语序模式都符合SVO型语言语序和谐原则与蕴含共性原则，但同时也存在与 SVO 型语言不和谐的语序模式，这一不和谐现象的出现是语言接触引发的语序演变的产物。

吴雅萍的《比工仡佬语的鼻音声母的发音特征》（《民族语文》2016 年第 2 期）认为比工仡佬语的鼻音声母发音特征带有不同程度的同部位浊塞音（塞擦音）成分，是鼻音塞化的表现。论文结合实验语音和语言比较解释其机制。

近 10 年来，由于濒危语言研究的展开，仡—央语群语言的研究得到新的发展，一些研究生在李锦芳教授的带领下做了不少工作并取得了一批研究成果，但随着相关项目的结束，仡—央语群语言的研究逐渐进入低谷。并且仡—央语群语言研究重点通常是仡佬语，布央语、木佬语、羿语、拉基语、普标语少有人研究，而木佬语、拉基语、普标语恰恰是仡—央语群极度濒危的语言，更需要深度挖掘和研究。希望随着中国语言保护工程的开展，极度濒危的木佬语、拉基语、普标语有新的研究成果问世。

（二）南亚语系语言的基础理论研究

中国南亚语系语言分属孟—高棉语族、越—芒语族，孟—高棉语族主要分布于滇西北、滇西、滇南，越—芒语族主要分布在滇东南、桂西北、桂西南。

南亚语系语言的基础理论研究一直比较弱，从南亚语系角度来研究的成果不多，2015—2016 年所见成果仅有 2 篇，都是学术史梳理。李艳的《南亚语言同源关系研究的新进展》（《当代语言学》2016 年第 1 期）对南亚语言研究历程与主要学派观点进行梳理，认为尽管南亚语言的研究历史不长，但是争议很大：早期研究以词汇比较为主，语言学研究及田野调查资料收集触及南亚语系的大多数支系；现代的研究以 Schmidt 为核心，论述了孟高棉语和蒙达语、尼科巴语的密切关系，此阶段研究者众多，大量成果涌现；当代研究以 Diffloth 和 Sidwell 为主，研究方法不断更新，语言分类更加多样化。陈国庆的《中国境内南亚语系语言研究不平衡：孟高棉语族成果多，越芒语族成果少》（《中国社会科学报》2015 年 1 月 9 日 A06 版）对 100 多年来有关中国境内南亚语系语言的研究脉络及成果进行系统的梳理、分析，主要对中国境内南亚语系语言研究现状进行了综合性的论述，对中国境内南亚语系语言研究方向进行展望，并从研究思路、研究手段等方面作了规划和建议。

1. 孟—高棉语族语言的基础理论研究

中国境内孟—高棉语族有佤语、布朗语、德昂语、克木语、克蔑语、布兴语、莽语、昆格语、布芒语 9 种语言。2015—2016 年从孟—高棉语族层次进行研究的成果有 5 篇论文，主要讨论孟—高棉语族辅音的发展演变和音节结构的发展变化，有代表性的论文为《略论我国孟高棉语言中的 g－、m－对应》《孟高棉语＊Cl－、＊Cr－类复辅音声母》《孟高棉语次要音节结构及其语音演变》《汉语的“风”与孟高棉语的“风”》。

陈国庆的《孟高棉语＊Cl－、＊Cr－类复辅音声母》（《民族语文》2016 年第 3 期）考察了孟—高棉语 Cl－、Cr－类复辅音声母，认为其有 Cl－/Cr－ >l－/r－、Cl－/Cr－ >C－两种演变模式，同时，也对孟高棉语塞擦音等声母形式进行考察，指出它们可能源于原始复辅音声母。结论认为，在孟高棉语言中，既有＊Cr－、＊Cl－型复辅音系统，也有＊C－r－、＊C－l－型复辅音系统，可以确认＊Cr－、＊Cl－型复辅音实为孟高棉语的复辅音系统，而＊C－r－、＊C－l－型复辅音则为孟高棉语特有的音节结构类型“次要音节”。

高永奇的《略论我国孟高棉语言中的 g－、m－对应》（《语言研究》2015 年第 4 期）讨论了孟—高棉语言中辅音声母 g－、m－之间的语音对应，根据 g－与其他辅音之间的对应情况，指出原始孟高棉语言中应该存在一个＊mara－形式的原始音，并由它演变为＊mr－，进而＊mr－演变为＊mɣ－，最终分化出 m－、g－两个系列的声母。

陈国庆的《孟高棉语次要音节结构及其语音演变》（《百色学院学报》2016 年第 3 期）对孟—高棉语次要音节概念的产生缘由、与次要音节相关联的术语、次要音节的语音结构特点及类型等方面进行考察；运用历史比较语言学方法，揭示孟高棉语次要音节具有简化、脱落、与主要音节合并、与主要音节衍变为两个音节的联绵词等由繁到简的语音演变模式。

王育弘、王育珊的《汉语的“风”与孟高棉语的“风”》（《百色学院学报》2015 年第 2 期），按孟高棉语复辅音演变规律和随韵音变规律，结合汉语“风”的语义，指出孟高棉语一组“风”的词族与汉语一组“风”的词族存在音义对应关系，以高棉语 phlom 为代表，原始孟高棉语“风”的语音可合理解释汉语“风”字的多音现象以及与“飇”、“梵”、“岚”、“飞廉”及高丽语“孛缆”等词的同源关系，由此推论汉语关于“风”的词族与孟高棉语“风”的词族是一组同关系词，为汉语与南亚语关系的研究提供参考。

从 2015—2016 年孟—高棉语族语言研究成果看，涉及语音、词汇、语法的描写和实证研究，语种涉及佤语、布朗语、德昂语、克木语、昆格语、柬埔寨语等，有 1 部专著和 20 篇论文。

语音研究的论文有 3 篇，具有代表性的论文为《柬埔寨语次要音节优选论分析》《老挝克木仂话四音格词韵律的实验语音学研究》。

钟楠的《柬埔寨语次要音节优选论分析》（《解放军外国语学院学报》2015 年第 6 期）用优选论对柬埔寨语次要音节的界定标准与原则进行讨论，指出次要音节是柬埔寨语的一个重要语音特征，柬埔寨语次要音节与主要音节的区分不应以“音域”为标准，次要音节与主要音节之间的对立主要体现在重音的分布特征。

刘岩、刘希瑞的《老挝克木仂话四音格词韵律的实验语音学研究》（《当代语言学》2016 年第 2 期）对老挝克木仂话四音格词的音长、音高和音强等声学参数进行提取并进行实验分析，认为四音格词受其“三维韵律模板”的规定性而呈现稳定的韵律特征；声调和韵尾的舒促形式对四音格词的组合配列没有约束力；四音格词呈现“2 +2”的节奏模式，为右重结构。

词汇研究有 5 篇学术论文和 2 篇博士学位论文，涉及佤语、克木语、柬埔寨语等的复音节名词、复合词、四音格词、宗教词的构词法及其结构特征、语义特征、语义语法、文化内涵。具有代表性的论文为《老挝克木仂话四音格词的结构特征》《西盟县代格拉寨佤族祭词研究》《克木语曼蚌索话四音格惯用语研究》。

刘岩、博乔、刘希瑞的《老挝克木仂话四音格词的结构特征》（《中央民族大学学报（哲学社会科学版)》2016 年第 3 期）对老挝克木仂话四音格词的结构特征进行讨论，认为四音格词分为 AABB、ABAB、ABAC、ABCB、ABCC、ABCD 6 类，其音节排列顺序，有的类型遵从语音原则，有的则完全由语义、语法原则决定。

叶黑龙的《西盟县代格拉寨佤族祭词研究》（博士学位论文，中央民族大学，2015 年)，主要以云南省西盟县代格拉寨佤族祭词为研究对象，在搜集、整理祭词文本的基础上，结合佤族社会文化背景分析祭词的语义内涵，归纳其韵律、语义、语用、结构和修辞特点。论文主要内容包括代格拉话的音系，祭词内容解析，祭词特点分析，祭词熟语的理解、掌握及其社会差异调查，代格拉寨祭祀现状的剖析等方面。

刘希瑞的《克木语曼蚌索话四音格惯用语研究》（博士学位论文，中央民族大学，2016 年）对克木语曼蚌索话 1089 个四音格惯用语的语音、语法及语义结构进行描写，并对四音格的韵律特征进行实验分析。

语法研究的著述有 1 部专著、9 篇学术论文和 2 篇硕士学位论文，涉及佤语、德昂语、布朗语的语法体系、词类、语序类型、述补结构和句法结构相似性等的讨论，除《佤语 366 句会话句》为科普读物专著外，有代表性的论文为《岩帅佤语述补结构的时间范畴》《佤语述补结构中的致使范畴》《布朗语拉瓦话的指称代词 i^{55}》《德昂语中指示代词的语用功能》。

陈国庆的《佤语 366 句会话句》（社会科学文献出版社 2015 年版）首先对佤文标准音点的佤语的语音、语法进行概要性描写，然后用佤文记录佤语 366 句日常口语，同时用汉、英、俄、日等语进行意译，所涉及内容涵盖佤族日常生活各个方面的口语交流。书后附有佤语的基本词汇、佤族传统文化节日。该成果对抢救、保护濒危民族语言口语的语言资料、口语历史文献，加大对外宣传佤族语言文化和学习佤语口语有积极的推动作用。

王俊清的《岩帅佤语述补结构的时间范畴》（《民族翻译》2015 年第 1 期）指出佤语述补结构存在黏合式述补结构与组合式述补结构两种形式，每种结构都有时间范畴并表现为时间过程与时间量度。

王俊清、卿雪华的《佤语述补结构中的致使范畴》（《民族论坛》2015 年第 11 期）认为，佤语述补结构具有致使范畴，由致使者、被使者、致使力、致使结果四个要素组成，存在 N1 + 使、叫、让 + N2 + VP（使令句），N2 + （VP/adj） + kah（于/被） + N1（被字句），N1 + V + tɔm（得） + N2 + VP（得字动结句），S + V1V2 + N 四种结构框架。

陶成美的《布朗语拉瓦话的指称代词□i^{55}》（《民族翻译》2016 年第 1 期）从语义、语用、句法功能等方面描写拉瓦话的人称代词□i^{55}，指出□i^{55} 专用于人的量词和代词；在语篇中具有作回指代词之功能，是语法化的结果。

赵云梅的《德昂语中指示代词的语用功能》（《红河学院学报》2016 年第 5 期）指出德昂语的指示代词有 nei、nen、ka 三个，其基本特征为指称代词，具有信息传达、态度标记、语法标示等语用功能，但由于语境的不同，其意义和功能产生了变化。

2. 越—芒语族语言的基础理论研究

一般认为，中国境内的越—芒语族语言有京语、俫语、布赓语，境外主要分布在越南。学界主要关注对越南语的研究。2015—2016 年中国境内的越—芒语族语言仅有 2 篇论文，其他研究成果主要是关于越南语的，这跟越南语作为中国高等教育外语专业有关。相关研究主要是越南语与汉语的对比研究，属应用语言学范畴，但也涉及基础理论研究。

2015—2016 年越—芒语族语言的研究成果共 15 篇论文，包括 1 篇博士学位论文、1 篇硕士学位论文，涉及词汇、构词法、越汉对比、京语越南语对比等，多数论文都是对比研究，具有代表性的论文为《汉越否定对比研究》《越南语中汉源佛词演变类型摭谈》《汉语基础词汇与汉越词的对比研究》《汉越名词短语语序以及认知顺序的差异》。

刘娟的《汉越否定对比研究》（博士学位论文，华东师范大学，2015 年）运用对比语言学、认知语言学、语言类型学和三个平面理论相结合的方法对汉越否定表达进行研究，认为汉语和越南语同属 SVO 型语言，两者的否定优势语序均为"Neg + V/Adj"格式，与语言类型学上的统计一致。

黎明清、陈张黄黎的《越南语中汉源佛词演变类型摭谈》（《重庆师范大学学报（哲学社会科学版）》2015 年第 4 期）认为从越南语佛经中的相关词例着手，对越南语中汉源佛教词语的历时演变诸现象进行分析与论证，可以得到意想不到的研究效果。

廖灵专的《汉语基础词汇与汉越词的对比研究》（《现代语文（语言应用研究）》2015 年第 1 期）通过对《汉语水平词汇与汉字等级大纲》中的 1875 个单音节、6147 个双音节汉语词进行统计分析，并将与汉越词对应的 3029 个汉语词作为对比研究范围，对汉语基础词与汉越词在词义、用法方面的差异进行对比研究。

阮氏萱的《汉越名词短语语序以及认知顺序的差异》（《语文学刊》2016 年第 7 期）指出汉语和越南语偏正结构之间的关系以及功能是一致的，但唯有语序不同，表现为汉语偏正结构的语序是“定语 + 中心语”，越南语偏正结构的规则是“中心语 + 定语”，汉语和越南语偏正结构的差异是认知模式的差异。

3. 小结

综观2015—2016年南亚语系语言的研究成果，无论是成果数量，还是所涉及的语言数量，与往年相比，均有一些进展，表现为：对相关语言进行研究的成果相对增加幅度大，且研究水平及理论素养皆有明显的提升；一些语言的语法研究成果之间具有一定的衔接与关联，学科系统性比较清晰；母语作者的一些语法研究，无论是语言材料描写，还是相关语言学理论的运用，都比较准确且具有完整性；一些成果对国外南亚语系语言研究历史源流与学派、南亚语系语言结构特征进行一定程度的解释。但是，毋庸讳言，基础理论研究的对象多局限于佤语、越南语，偶有涉及德昂语、布朗语、克木语，而绝大多数南亚语系语言没有研究成果。进一步而言，在已有研究成果中，大多以词汇研究为主，语音历史比较研究或语法类型学研究成果极为匮乏，学术专著空缺，核心期刊论文稀少，特别是中国境内使用人口较少且有濒危趋势的南亚语系语言，其研究成果更是匮乏。总之，南亚语系语言的研究现状与人才培养滞后、人才断层等现状有着密切关系，短时间很难突破，必须引起重视。

（三）南岛语系语言的基础理论研究

南岛语系语言简称南岛语，旧称马来—波利尼西亚语，主要分布在太平洋岛屿和东南亚地区，包括中国台湾、马来西亚、印度尼西亚、菲律宾、巴布亚新几内亚、密克罗尼西亚、所罗门、瓦努阿图、新喀里多尼西亚、马绍尔、吉尔伯特、萨摩亚、汤加、夏威夷、新西兰、复活节岛以及印度洋的马达加斯加等地。

中国境内的南岛语系语言主要分布在台湾，分别为台湾少数民族高山族群和平埔族群使用。高山族群使用的南岛语系语言有泰雅语、赛德克语、赛夏语、布农语、邹语、卡那卡那富语、沙阿鲁阿语、鲁凯语、排湾语、卑南语、阿眉斯语、雅美语；平埔族群使用的南岛语系语言有凯达格兰语、噶玛兰语、道卡斯语、巴则海语、巴布拉语、猫雾捒语、安雅语、邵语、西拉雅语、马卡道语。此外，海南岛的回辉话也属南岛语系语言。

中国境内的南岛语系语言主要分布在台湾，对南岛语系语言的研究一直以来主要由台湾本土学者或在台湾的国外学者来作，中国大陆研究台湾南岛语系语言的学者有限。2015—2016年南岛语系语言的研究成果很少，所见仅有5篇论文，其中，基础理论研究3篇，应用研究2篇，发表于中国台湾期刊的论文质量较高。兹介绍于下。

Malcolm Ross的《原始南岛语动词类别之重建》（《语言暨语言学》2015年第3期）认为之前的学者对南岛语的几种语言动词进行初步分类重建，但对南岛语动词的形态分类重建关注较少。论文尝试对原始南岛语系语言动词进行创新性的形态学分类，并对其动词类别进行重建，打破传统研究框架。

Fernando Orphão de Carvalho的《赛考利克泰雅语的音节结构与元音串修补策略》（《语言暨语言学》2015年第3期）对赛考利克泰雅语的音节结构的特殊性与多样性提出了新的观点，并对赛考利克泰雅语的音节结构与元音串修补提出了框架和核心模式。

戴国瑞的《朝鲜语中的南岛语基本成分研究》（《佳木斯职业学院学报》2016年第9期），指出朝鲜语里有一批身体部位和天地日月等名称词，动作词与南岛语词句有相互对应的关系，两者的语法框架较为相似；认为朝鲜语与南岛语具有密切的联系，其语言内部的成分存在着较多的相似性。

黄淑玲、陈丽娟的《翻转族群语言学习模式——台湾沉浸式原住民族语游戏行动学习教材的建构与应用（下）》（《世界教育信息》2015年第2期）指出台湾岛上的南岛语言有20余种，在南岛语族中占有极重要的地位，但台湾原住民语言已从“语言流失”走向“语言濒危”，面对这些濒危语言，作者提出了翻转族群语言学习模式，尝试通过这种学习模式，使这些濒危语言得以保护和传承。

王荷的《通过台湾原住民的语言政策分析原住民语言危机的原因》（《新丝路》2016 年第 8 期）对中国台湾地区的 14 种少数民族支系及其语言的活力进行分类，并对台湾少数民族语言活力重新界定，同时分析台湾语言政策对台湾少数民族语言的影响，进一步解释台湾少数民族语言濒临灭绝危机的原因。

从近 10 年来台湾南岛语系语言的研究成果来看，台湾地区学者的贡献较大而且理论水平较高，这与台湾学者的天时地利有直接的关系。台湾地区除了有一批学者研究南岛语外，还比较注重保存台湾南岛语系语言资源，自 2002 年以来由台湾“中研院”语言学研究所主持逐步建设和完善了台湾南岛语系语言资料的数字化保存，即台湾南岛语数位典藏，这样的工作不仅有利于保存活态语言资料，还有利于发展母语教学，还有利于建立语言地图地理信息系统。台湾南岛语数位典藏的建设是较为前沿的。同时，近几年来，随着台湾南岛语数位典藏的逐渐完成，一些学者正从事台湾南岛语系语言的复兴研究，值得期待。进一步而言，中国南岛语系语言主要分布在台湾地区，台湾学者有责无旁贷的研究责任，中国的学者也曾对台湾南岛语做过较为深入的研究，但是，近五年来，南岛语系语言的研究成果越来越少，这跟海峡两岸的前辈学者相继退休有密切的关系，然而令人遗憾的是，无论是高校还是科研院所培养的研究生并没有完全投入南岛语系语言研究的行列。因此，要实现中国南岛语系语言研究的再辉煌，需要培养新的人才。

三 评论与展望

回顾 2015—2016 年汉藏语、南亚语、南岛语的基础理论研究，不难发现，一直以来较为热门的大语种的研究热情不减，而且成果也较多，而小语种的研究大多缺失，这是值得引起民族语言学界关注的问题。就研究选题而言，语言基础理论都未形成有规模的专题性研究，相关学者各自为战，从而在学科的发展上显得进展不大，没有特色，看上去只是一些零敲碎打，而且没有太多的著名专家学者撰写具有指导性意义的论文。就课题研究来看，可能形成较大影响的是近几年国家社科基金重大招标项目、中国社会科学院创新工程项目取得的成果及科研院所、高等院校以博士研究生为主体的专题研究的成果，以及语言保护工程的濒危语言研究，但这些成果的出版尚需时日和要形成系列才有影响力。同时，随着一些博士生导师的退休或研究方向转变或研究课题结项，高校以博士研究生为主体的专题研究已呈衰退之势，而新的研究领域尚未开启。

展望将来汉藏语、南亚语、南岛语基础理论研究的发展，我们认为国家社科基金重大招标项目、中国社会科学院创新工程项目及科研院所、高等院校以博士研究生为主体的专题仍将是重要的发展方向，其成果必将推进中国民族语言的研究，随之而来的，将会是有声语言多媒体的调查研究、民族语言类型学的研究、认知语言学的研究、实验语音学的研究，在历史比较语言学、语言变异与语言接触研究领域也会出现一批重要的研究成果，而学者各自感兴趣的专题论文也将有新的收获。但是，也可以预期，随着正在进行的国家社科基金重大招标项目、中国社会科学院创新工程项目及科研院所、高等院校以博士研究生为主体的专题研究等一系列课题的先后结束，相关专题的研究会相对沉寂，需要寻求新的增长点和研究领域，相对而言，有声语言多媒体的调查研究、民族语言类型学的研究、认知语言学的研究、实验语音学的研究、语言接触与语言变异研究将是今后民族语言学研究新的增长点，不过这需要一个过程，而且研究队伍的培养是亟须解决的问题，同时，也需要有关部门的大力扶持，否则，汉藏语、南亚语、南岛语的基础理论研究及其理论的发展不会有新的进展，但是，有一点是可以肯定的，那就是多学科的综合研究，特别是基于现代科学技术的民族语言研究，是必然的发展趋势。

文献索引

汉藏语系

1. 戴庆厦：《汉藏语并列复合词韵律词序的类型学特征——兼论汉藏语语法类型学研究的一些认识问题》，《吉林大学社会科学学报》2015 年第 3 期。

2. 吉毛先：《汉藏语数量名结构语序研究》，《才智》2016 年第 11 期。

3. 彭茹：《汉藏语隔位数词结构的标记成分》，《百色学院学报》2016 年第 3 期。

4. 孙宏开：《前缀，前置辅音还是二者兼而有之——有关汉藏语系音节结构构拟的讨论》，《云南师范大学学报（哲学社会科学版）》2015 年第 2 期。

5. 汪锋：《从汉藏语言比较看茶马古道的演化——以汉、白、彝语比较为基础》，《思想战线》2016 年第 6 期。

6. 燕海雄、江荻：《论鼻音在中国语言中的类型与共性》，《语言科学》2015 年第 2 期。

7. 燕海雄：《论汉藏语言塞音的类型与共性》，《云南师范大学学报（哲学社会科学版）》2015 年第 2 期。

8. 燕海雄：《论汉藏语言小舌塞音的音变共性》，《中央民族大学学报（哲学社会科学版）》2016 年第 6 期。

9. ［美］詹姆斯 A. 马提索夫：《藏缅语前缀的动态演化：澄清一些误解》，孙天心、田阡子译，《云南师范大学学报（哲学社会科学版）》2015 年第 2 期。

藏缅语族语言

国内藏缅语族语言研究

1. 戴庆厦、彭茹：《藏缅语的基数词——兼与汉语比较》，《青海民族研究》2016 年第 2 期。

2. 何青霞、尉春艳、刘常飞：《藏缅语族动量词语义特征初探：兼与现代汉语普通话对比》，《齐齐哈尔大学学报（哲学社会科学版）》2016 年第 2 期。

3. 黄成龙：《2014 年境外与港台藏缅语研究前沿》，《西南民族大学学报（人文社会科学版）》2015 年第 4 期。

4. 刘丽媛：《藏缅语族 a 前缀研究》，硕士学位论文，云南师范大学，2016 年。

5. 柳俊：《同源抑或区域趋同？——基于藏缅语语序类型参项的判断》，《语言研究》2016 年第 2 期。

6. 孙宏开：《跨喜马拉雅的藏缅语族语言研究》，《民族学刊》2015 年第 2 期。

7. 闻静：《藏缅语族定中结构的双标记类型及其演变》，《民族语文》2016 年第 4 期。

藏语支语言

1. 陈荣泽：《藏语地理分布格局的形成原因》，《西藏研究》2016 年第 5 期。

2. 陈荣泽：《藏语方言的分布格局及其形成的历史地理人文背景》，《中央民族大学学报（哲学社会科学版）》2016 年第 2 期。

3. 丹珍央金、张小芳、扎托：《藏语与英语动词“时、体”比较初探》，《民族翻译》2015 年第 3 期。

4. 登真翁姆：《从藏文语法角度谈甘孜方言特点》，硕士学位论文，西藏大学，2016 年。

5. 东主才让：《初探藏语语支巴尔蒂语》，《西藏研究》2015 年第 1 期。

6. 尕藏才让：《试论藏文下加字“ལ”的形成及语音演变》，《中国藏学》2015 年第 2 期。

7. 郭须・扎巴军乃编著：《藏文文字研究》，中国藏学出版社 2015 年版。

8. 华侃、多杰东智、南卡多杰：《藏语久治话的音位系统及其语音的历史演变》，《中国藏学》2015 年第 2 期。

9. 江荻：《藏语拉萨话语法标注文本》，社会科学文献出版社 2016 年版。
10. 卡毛姐：《日语和藏语的助词对比研究》，博士学位论文，中央民族大学，2016 年。
11. 朗杰扎西：《〈西番译语〉中的藏语韵尾成分 - s》，《民族语文》2016 年第 4 期。
12. 铃木博之：《藏语方言学研究与语言地图：如何看待“康方言”》，《民族学刊》2016 年第 2 期。
13. 刘沛江：《藏语支判断词“是”与古汉语“也”的比较——词汇的同源和语序类型的接触》，《毕节学院学报（综合版）》2016 年第 3 期。
14. 聂鸿音：《〈同文韵统〉中的清代藏文音读规范》，《语言研究》2015 年第 1 期。
15. 朴奎贞：《对原始藏语 skl - 形式复声母演变的优选论分析》，《沈阳师范大学学报（社会科学版）》2015 年第 1 期。
16. 普片多：《试探卫藏方言中江孜部分土语发音特征》，《西藏研究》2015 年第 1 期。
17. 琼措：《论古代藏语共同语的形成和方言的分化——以历史语言学的视角》，《四川民族学院学报》2015 年第 5 期。
18. 邵明园：《中古藏语的系动词》，《民族语文》2016 年第 2 期。
19. 邵明园：《藏语组系动词 red 的语法化》，《语言暨语言学》2016 年第 5 期。
20. 索南才让：《古藏语中连接虚词的语法特征探讨》，《西藏大学学报（藏文版）》2015 年第 2 期。
21. 王双成：《藏语鼻冠音声母的特点及其来源》，《语言研究》2016 年第 3 期。
22. 王双成：《藏语送气擦音的来源》，《语言科学》2015 年第 5 期。
23. 伍金多吉：《浅论康藏道孚“方言”与古藏文的渊源》，《四川民族学院学报》2015 年第 3 期。
24. 徐世梁：《无声调藏语的习惯音高和有声调藏语的连读变调》，《语言研究》2015 年第 4 期。
25. 燕海雄、江荻：《藏语甘孜话语法标注文本》，社会科学文献出版社 2016 年版。
26. 意西桑布：《〈色多藏文语法〉中的关于ཨ字元辅音属性问题的质疑》，《西藏研究》2015 年第 2 期。
27. 中普琼：《藏文新式标点符号及其规范问题研究》，《西藏大学学报（藏文版）》2015 年第 2 期。
28. 中普琼：《论藏文助词与标点符号的关联》，《西藏研究》2015 年第 2 期。
29. 周加克：《藏语多义词研究》，硕士学位论文，中央民族大学，2016 年。
30. 周加克：《藏语时间词源的认知解析》，《攀登》2015 年第 2 期。
31. 周润年、张屹：《清代藏语言文字的发展及其特点》，《中央民族大学学报（哲学社会科学版）》2016 年第 5 期。

羌语支语言

1. 陈德宁：《深入探讨及了解羌语方言》，《语言暨语言学》2016 年第 3 期。
2. 段玉泉：《西夏语中的选择连词 mo^2》，《语言研究》2015 年第 1 期。
3. 高扬：《木雅语语音与语法描写研究》，博士学位论文，法国东亚语言研究所，2015 年。
4. 胡琛莹：《小金嘉戎语中的名物化》，硕士学位论文，北京大学，2016 年。
5. 黄成龙：《2014 年羌语支语言研究前沿》，《阿坝师范高等专科学校学报》2015 年第 1 期。
6. 黄成龙：《2015 年羌语支语言研究前沿》，《阿坝师范学院学报》2016 年第 1 期。
7. 黄成龙：《羌语的空间范畴》，《语言暨语言学》2015 年第 5 期。
8. 林幼菁：《嘉戎语卓克基话语法标注文本》，社会科学文献出版社 2016 年版。
9. 饶敏：《贵琼语描写研究》，博士学位论文，法国东亚语言研究所，2015 年。
10. 孙伯君：《12 世纪河西方音中的党项式汉语成分》，《中国语文》2016 年第 1 期。
11. 孙伯君：《西夏语声调问题再探》，《语言科学》2016 年第 1 期。
12. 孙伯君：《〈西夏文金刚经の研究〉读后》，《宁夏社会科学》2016 年第 4 期。
13. 孙伯君：《西夏语 - ja - 的用法及与之相关的惯用型》，《宁夏社会科学》2016 年第 1 期。
14. 孙宏开：《藏缅语族羌语支研究》，中国社会科学出版社 2016 年版。
15. 孙宏开：《西夏与羌——兼论西夏语在羌语支中的历史地位》，《阿坝师范学院学报》2016 年第 2 期。
16. 孙宏开：《西夏语声母系统拟测》，《语言科学》2016 年第 1 期。
17. 孙天心：《黑水县沙石多嘉戎语动词人称范畴的特点》，《语言暨语言学》2015 年第 5 期。

18. 田阡子、孙天心：《格西霍尔语动词词干重叠形式数标记》，《云南师范大学学报（哲学社会科学版）》2016年第4期。

19. 田阡子、孙天心：《西部霍尔语动词的词干交替》，《民族语文》2016年第3期。

20. 王保锋：《龙溪羌语的构词法》，《阿坝师范学院学报》2016年第1期。

21. 徐鹏、韩小忙：《西夏语词汇研究述论》，《西夏研究》2016年第3期。

22. 杨晓燕：《贵琼语形容词略要》，《青年文学家》2015年第29期。

23. 尹蔚彬：《从拉坞戎语看濒危语言的特点》，《西北民族大学学报（哲学社会科学版）》2016年第2期。

24. 尹蔚彬：《纳木兹语语法标注文本》，社会科学文献出版社2016年版。

25. 袁利：《贵琼语借词认知与文化隐喻性研究》，《民族论坛》2016年第8期。

26. 张桂英：《管窥羌语及其与四川方言的接触》，《语文学刊（教育版）》2016年第1期。

27. 张四红：《尔苏语参考语法》，德国LINCOM出版公司2016年版。

28. 郑武曦：《龙溪羌语语法》，博士学位论文，新加坡国立大学，2016年。

景颇语支语言

1. 戴庆厦、彭茹：《景颇语的基数词——兼与汉语等亲属语言比较》，《民族语文》2015年第5期。

2. 戴庆厦、闻静：《景颇语方式范畴的句法形式及其类型学特征》，《语言研究》2016年第3期。

3. 戴庆厦：《戴庆厦文集》（第六卷），中国社会科学出版社2015年版。

4. 戴庆厦：《景颇语两类句尾词的功能互补》，《云南师范大学学报（哲学社会科学版）》2016年第4期。

5. 王莉宁：《独龙语巴坡方言的声调》，《民族语文》2015年第1期。

6. 杨将领：《独龙语的施事和工具格标记》，《民族语文》2015年第1期。

7. 杨将领：《独龙语的向格标记 - le^{31}》，《民族语文》2016年第5期。

8. 赵小东：《独龙语的兼语句中 N_2 兼属性质的句法体现》，《中央民族大学学报（哲学社会科学版）》2016年第5期。

彝—缅语支语言

1. 阿育几坡：《丰富多彩的彝语形容词词法》，《西南民族大学学报（人文社会科学版）》2015年第11期。

2. 阿育几坡：《诺苏彝语中缀研究》，《西昌学院学报（社会科学版）》2015年第2期。

3. 阿育几坡：《汉语“不”与彝语“ap”的异同》，《西昌学院学报（社会科学版）》2016年第2期。

4. 白碧波、许鲜明、邵丹：《哈尼语语法标注文本》，社会科学文献出版社2016年版。

5. 邓巧玲、李福印、贾红霞：《土家语存现句焦点——背景语序关系的认知理据》，《中央民族大学学报（哲学社会科学版）》2016年第3期。

6. 邓巧玲、李福印：《土家语静态事件词汇化模式的类型学研究》，《湖北民族学院学报（哲学社会科学版）》2016年第1期。

7. 邓巧玲：《土家语词汇化类型探究》，《边疆经济与文化》2016年第1期。

8. 何勒腊：《载佤语语音研究》，博士学位论文，上海师范大学，2016年。

9. 和智利：《大具纳西语的词头 a -》，《红河学院学报》2015年第2期。

10. 胡素华、赵镜：《诺苏彝语话题标记的功能及其话题类型》，《民族语文》2015年第2期。

11. 黄龙光、杨晖：《彝语南部方言纳苏话的词重叠》，《贵州工程应用技术学院学报》2015年第5期。

12. 经典：《碧约哈尼语助词 $kɯ^{33}$ 的多功能性》，《民族语文》2016年第2期。

13. 兰正群、潘正云：《彝语北部方言语音对应规律研究——以喜德县和米易县为例》，《西南民族大学学报》（人文社科版））2015年第10期。

14. 李浩、刘建波：《哈尼语被动义的表达方式》，《红河学院学报》2016年第1期。

15. 李浩：《哈尼语垤玛话的等比句》，《文山学院学报》2016年第5期。

16. 李浩：《哈尼语垤玛话名词短语语序研究》，《普洱学院学报》2016年第2期。

17. 李娟：《缅甸语常用称谓系统探析》，《语文学刊》2016年第1期。

18. 李素琴：《基于系统功能类型学的白语小句研究》，博士学位论文，西南大学，2016年。

19. 李雪巧：《白语中唇齿音 v 的特征和历史发展》，《中央民族大学学报（哲学社会科学版）》2015 年第 S1 期。

20. 鲁美艳：《土家语的被动句及其语法化过程》，《中央民族大学学报（哲学社会科学版）》2016 年第 3 期。

21. 马辉：《彝语复合词构词的结构与形类研究》，《贵州工程应用技术学院学报》2015 年第 4 期。

22. 马辉：《彝语重叠词词法研究》，《贵州工程应用技术学院学报》2016 年第 3 期。

23. 普忠良、杨翠英：《纳苏彝语的空间位移》，《贵州工程应用技术学院学报》2016 年第 4 期。

24. 普忠良：《纳苏彝语形容词复合构式类型研究》，《贵州民族研究》2016 年第 11 期。

25. 普忠良：《纳苏彝语语法研究》，博士学位论文，上海师范大学，2016 年。

26. 苏连科、苏虹：《彝语形容词的形态及其语法范畴和功能》，《中央民族大学学报（哲学社会科学版）》2016 年第 3 期。

27. 苏连科：《汉彝语助词比较研究兼及彝语支语言的时态问题》，《西南民族大学学报（人文社会科学版）》2015 年第 3 期。

28. 汪锋：《语言和文化的共变——词聚法与白、汉、彝语比较》，《云南师范大学学报（哲学社会科学版）》2015 年第 5 期。

29. 王艳：《拉祜语次级谓语探析》，《民族翻译》2016 年第 2 期。

30. 王朝晖：《仙岛语和阿昌语声母比较》，《语言研究》2015 年第 2 期。

31. 王德仙：《论缅语亲属称谓语的泛化》，《保山学院学报》2016 年第 1 期。

32. 王锋：《白语语语法标注文本》，社会科学文献出版社 2016 年版。

33. 吴福祥：《白语 no[33] 的多功能模式及演化路径》，《民族语文》2015 年第 1 期。

34. 向亮：《土家语 thai[35] 及相关否定词词性与语法功能辨析》，《湖北民族学院学报（哲学社会科学版）》2015 年第 3 期。

35. 熊英：《土家语核心词“手”》，《湖北文理学院学报》2014 年第 10 期。

36. 徐世璇、周纯禄、鲁美艳：《土家语语法标注文本》，社会科学文献出版社 2016 年版。

37. 杨艳、江荻：《彝语支语言差比句的比较标记》，《玉溪师范学院学报》2016 年第 1 期。

38. 杨艳：《哈尼语窝尼话的差比句》，《玉溪师范学院学报》2016 年第 3 期。

39. 杨艳：《哈尼语窝尼话研究》，博士学位论文，上海师范大学，2016 年。

40. 杨维娜：《德宏载瓦语判断句的否定式及疑问式》，《语文学刊》2016 年第 9 期。

41. 杨亦花：《纳西语的内部屈折初探》，《大理大学学报》2016 年第 3 期。

42. 杨云燕：《拉祜语亲属称谓的语义分析》，《普洱学院学报》2016 年第 1 期。

43. 杨云燕：《拉祜语亲属称谓语素组合关系及成因分析》，《楚雄师范学院学报》2016 年第 4 期。

44. 余小强、宋晓莉：《土家语“名形”结构的句法分析》，《凯里学院学报》2016 年第 4 期。

45. 翟会锋：《三官寨彝语形容词修饰语与名词中心语的语序》，《贵州工程应用技术学院学报》2015 年第 5 期。

46. 张军：《傈僳语 ma[33] 的多功能性与语法化》，《民族语文》2016 年第 4 期。

47. 张军：《傈僳语系词的语法化》，《中央民族大学学报（哲学社会科学版）》2015 年第 6 期。

48. 张益家：《毕苏语量词研究》，《贵州民族研究》2016 年第 2 期。

49. 赵海燕：《白语语气词的系统功能语言学探析》，《四川民族学院学报》2016 年第 1 期。

50. 赵彦婕：《白语四音格词及其构成方式》，《贵州工程应用技术学院学报》2016 年第 3 期。

51. 赵义平：《白语四音格的结构形式》，《社会科学论·科教导刊》2015 年第 11 期。

国外藏缅语族语言研究

1. Alexis Michaud, Likun He. Phonemic and Tonal Analysis of the Pianding Dialect of Naxi（Dadong County, Lijiang Municipality）. Cahiers de Linguistique Asie Orientale, 2015（1）：1－35.

2. Camille Simon, Nathan W. Hill. Tibetan. Nicola Grandi and Livia Körtvélyessy（eds）. Edinburgh Handbook of Evaluative Morphology. Edinburgh：Edinburgh University press. 2015：381－388.

3. Caplow Nancy J. Stress Patterns and Acoustic Correlates of Stress in Balti Tibetan. Himalayan Linguistics, 2016, (2): 1 –49.

4. Caplow, Nancy J. Reconstructing Stress in Proto-Tibetan. Linguistics of the Tibeto-Burman Area, 2016, (2): 180 –221.

5. Cathryn Yang, James N. Stanford, Zhengyu Yang. A Sociotonetic Study of Lalo Tone Split in Progress. Asia-Pacific Language Variation, 2015 (1): 52 –77.

6. Chirkova, Katia, et al. Plant Names as Traces of the Past in Shuiluo Valley, China. Journal of Ethnobiology, 2016 (1): 192 –214.

7. Dobbs Rossele and La Mingqing. The two-level Tonal System of Lataddi Narua. Linguistics of the Tibeto-Burman Area, 2016 (1): 67 –104.

8. Edward Garrett, Nathan W. Hill. Constituent Order in the Tibetan Noun Phrase. SOAS Working Papers in Linguistics. 2015 (17): 35 –48.

9. Gawne, Lauren and Ring, Hiram. Mapmaking for Language Documentation and Description. Language Documentation and Conservation, 2016 (10): 188 –242.

10. Gong Xun. A phonological History of Amdo Tibetan Rhymes. Bulletin of the School of Oriental and African Studies, 2016 (2): 347 –374.

11. Guillaume Jacques. The Origin of the Causative Prefix in Rgyalrong Languages and its Implication for Proto-Sino-Tibetan Reconstruction. Folia Linguistica Historica, 2015 (1): 165 –198.

12. Haokip, Mary K. Numeral System in Thadou. Language in India, 2016 (8): 68 –78.

13. Hyslop, Gwendolyn. Worlds of Knowledge in Central Bhutan: Documentation of Olekha. Language Documentation and Conservation, 2016 (10): 77 –106.

14. Jacques Guillaume. Complementation in Japhug Gyalrong. Linguistics of the Tibeto-Burman Area, 2016 (2): 222 –281.

15. Jacques Guillaume. On the cluster* sr in Sino-Tibetan. Journal of Chinese Linguistics. 2015 (1): 215 –223.

16. Jacques Guillaume. Subjects, Objects and Relativization in Japhug. Journal of Chinese Linguistics, 2016 (1): 1 –28.

17. Jonathan P. Evans, Jackson T. –S. Sun. Uvular approximation as an Articulatory Vowel Feature. Journal of the International Phonetic Association, 2015 (3): 1 –30.

18. Keita Kurabe. Issues in the Historical Phonology of Gauri Jingpho. Himalayan Linguistics. 2015 (1): 1 –19.

19. Konnerth, Linda. The Proto-Tibeto-Burman * gV-nominalizing Prefix. Linguistics of the Tibeto-Burman Area, 2016 (1): 3 –32.

20. Lai Yunfan. Causativisation in Wobzi and other Khroskyabs Dialects. Cahiers Linguistiques-Asie Orientale, 2016 (2): 148 –175.

21. LaPolla Randy J. Once Again on Methodology and Argumentation in Linguistics: Problems with the arguments for recasting Sino-Tibetan as "Trans-Himalayan" . Linguistics of the Tibeto-Burman Area, 2016 (2): 282 –297.

22. LaPolla Randy J. Sino-Tibetan Syntax. William S. –Y. , Chaoffen Sun (eds). The Oxford Handbook of Chinese Linguistics. Oxford: Oxford University Press, 2015: 45 –57.

23. LaPolla Randy J. . On Categorization: Stick to the Facts of the Languages. Linguistic Typology, 2016 (2): 365 –375.

24. Liu Hongyong and Li Xiao. On Evidentiality in Nuosu Yi. Language and Linguistics, 2016 (1): 113 –132.

25. Nathan W. Hill. Language: Tibetan. Brill's Encyclopedia of Buddhism: Volume one. Leiden: Brill, 2015: 917 –924.

26. Sandman Erika & Simon Camille. Tibetan as a "model language" in the Amdo Sprachbund: Evidence From Salar and Wutun. Journal of South Asian Languages and Linguistics, 2016 (1): 85 –122.

27. van Driem George. Tibeto-Burman. William S. –Y. , Chaoffen Sun (eds). The Oxford Handbook of Chinese Linguistics. Oxford: Oxford University Press, Oxford: Oxford University Press, 2015: 135 –148.

28. Xu Duoduo. A Tonal System Analysis of the Naish Subgroup of Sino-Tibetan Languages: Literature Review and Case Study of Qiansuo Na. Acta Linguistica. 2015 (1): 71 – 81.

29. Zemp Marius. A functional reconstruction of the Proto-Tibetan verbal system. Himalayan Linguistics, 2016 (2): 88 – 135.

侗台语族语言

1. 曾晓渝:《基于〈百夷译语〉的傣语汉语历史语音探讨》,《民族语文》2015 年第 1 期。

2. 高欢:《诶话与汉语、壮语语法比较研究》,《贵州民族研究》2015 年第 7 期。

3. 高欢:《诶话与土拐话、壮语、仫佬语语音比较分析》,《民族论坛》2015 年第 4 期。

4. 黄美新:《勾漏粤语与壮语尝试体和尝试貌的比较研究》,《黔南民族师范学院学报》2015 年第 3 期。

5. 刘婷婷、周旭东、李筠:《毛南语声母与普通话声母的比较研究》,《黔南民族师范学院学报》2015 年第 3 期。

6. 邵兰珠:《广东地名中的壮侗语底层词》,《广东石油化工学院学报》2015 年第 2 期。

7. 邵兰珠:《粤方言中的壮侗语底层语法》,《安徽文学》2015 年第 8 期。

8. 覃秀红:《语言接触的强度与语言演变——语言接触下的现代壮语》(泰文版),世界图书广东出版公司 2015 年版。

9. 韦述启、王炳江:《水语与苗语的语音对应关系》,《广西民族师范学院学报》2015 年第 2 期。

10. 韦星朗:《壮语南北方言及与布依语的比较研究》,中央民族大学出版社 2015 年版。

台语支语言

1. 蔡吉燕:《巴结布依语的连读变调》,《玉溪师范学院学报》2016 年第 3 期。

2. 蔡吉燕:《布依语派生名词词缀的分类及功能》,《贵州民族研究》2016 年第 5 期。

3. 陈娥:《布依语副词语序类型学研究》,《中央民族大学学报(哲学社会科学版)》2015 年第 1 期。

4. 陈雪妮:《壮语柳江话构词法分析》,《温州职业技术学院学报》2015 年第 3 期。

5. 付苓:《壮语谓倮话指示代词研究》,硕士学位论文,中央民族大学,2016 年。

6. 黄雪梦:《武宣壮语鼻音自成音节现象初探》,《百色学院学报》2016 年第 4 期。

7. 黄雪倪、周祖亮、兰苗青:《壮语方言医学词汇探析》,《广西中医药大学学报》2016 年第 2 期。

8. 贾淑凤、彭婷婷:《云南壮语研究概况》,《文山学院学报》2016 年第 4 期。

9. 蓝利国:《壮语语法标注文本》,社会科学文献出版社 2016 年版。

10. 李金芸:《粤语动物熟语研究:兼与壮语动物熟语对比》,硕士学位论文,中央民族大学,2016 年。

11. 罗聿言:《巴马壮语前缀的语音表现》,《广西民族师范学院学报》2016 年第 5 期。

12. 吕娜:《武鸣壮语亲属称谓研究》,硕士学位论文,中央民族大学,2016 年。

13. 吕嵩崧:《靖西壮语的"一"》,《百色学院学报》2015 年第 2 期。

14. 吕嵩崧:《三个来自汉语的靖西壮语名词词缀》,《广西民族师范学院学报》2015 年第 5 期。

15. 蒙元耀:《壮语词义研究与词典编纂》,《辞书研究》2016 年第 4 期。

16. 孟飞雪、朱婷婷、黄涓:《田阳壮语的语音、词汇》,《百色学院学报》2015 年第 5 期。

17. 农雅琪:《壮语和英语"黄色"的语义联想异同成因分析》,《佳木斯职业学院学报》2016 年第 5 期。

18. 欧文婷:《壮语量词的范畴化分析》,《广西教育》2015 年第 11 期。

19. 潘立慧:《汉语"了"在壮语中的两种特殊用法:作为全称量化词和最高程度标记》,《柳州职业技术学院学报》2016 年第 2 期。

20. 潘立慧:《上林壮语情态动词》,《百色学院学报》2016 年第 3 期。

21. 潘立慧:《源自汉语的壮语已然体标记 kwa^5(过)》,《百色学院学报》2015 年第 3 期。

22. 彭婧:《浅谈侗语动物词的命名理据》,《凯里学院学报》2016 年第 1 期。

23. 齐旺:《从词义变异看壮族稻作文化内涵——兼谈对壮语词汇语义研究之思考》,《民族翻译》2015 年第 3 期。

24. 覃凤余、李冬、孟飞雪:《田阳巴别壮语的人称代词与不定形式》,《百色学院学报》2016 年第 1 期。

25. 覃凤余：《壮语方言源于使役动词的状语标记》，《民族语文》2016 年第 2 期。
26. 覃凤余：《壮语分类词的类型学性质》，《中国语文》2015 年第 6 期。
27. 覃金燕：《论“圩”的壮语解读》，《黔南民族师范学院学报》2015 年第 3 期。
28. 王丽娟：《德宏傣语与泰语颜色词构词对比研究》，《语文学刊》2016 年第 24 期。
29. 王印娟：《贵州镇宁布依语疑问语气词研究》，《现代语文》2016 年第 3 期。
30. 王英远：《论性别区分在汉语壮语亲属称谓词里的表现》，《河池学院学报》2016 年第 1 期。
31. 韦景云：《语言接触视域下壮语流音 * r 的特征分布》，《中央民族大学学报（哲学社会科学版）》2015 年第 4 期。
32. 韦蓝海：《东兰县巴拉壮语语音屈折试析》，硕士学位论文，中央民族大学，2016 年。
33. 韦玉珧：《拉光壮语形容词、动词后附音节研究》，硕士学位论文，中央民族大学，2016 年。
34. 文艳丹：《德宏傣语颜色词的构词形式》，《德宏师范高等专科学校学报》2015 年第 2 期。
35. 吴东海：《傣语四音格研究》，中国社会科学出版社 2016 年版。
36. 杨文学、何亚琼：《新平傣语语音和语法分析》，《玉溪师范学院学报》2016 年第 6 期。
37. 张显成、高魏：《论方块壮字文献的壮语辞书编纂价值——以〈壮族麽经布洛陀影印译注〉为例》，《中央民族大学学报（哲学社会科学版）》2015 年第 3 期。
38. 张云峰：《从壮侗语看复合名词词义理据与功用角色》，《中央民族大学学报（哲学社会科学版）》2016 年第 3 期。
39. 赵卫囡：《壮语比较句的结构类型》，《现代语文（语言研究版）》2016 年第 6 期。
40. 赵卫囡：《壮语名词重叠式浅析》，《青年文学家》2015 年第 29 期。
41. 赵颖会：《浅析壮语动词重叠式》，《红河学院学报》2016 年第 3 期。
42. 植文婷、植美昌：《标话词汇限定成分的后置》，《戏剧之家》2016 年第 9 期。
43. 周国炎：《布依语 366 句会话句》，社会科学文献出版社 2016 年版。
44. 周国炎、王伟编：《布依语基础教程》（2015 修订版），中央民族大学出版社 2016 年版。
45. 朱德康、周国炎：《布依语述补结构研究》，《中央民族大学学报（哲学社会科学版）》2016 年第 5 期。

侗水语支语言

1. 贺福凌：《靖州锹里地区苗语侗语中十二地支的读音》，《桂林航天工业学院学报》2015 年第 3 期。
2. 黄芳：《水语比较标记“to^{13}”及差比句的类型特征》，《语言科学》2015 年第 1 期。
3. 龙景科：《侗语词缀的现状与发展》，《凯里学院学报》2016 年第 2 期。
4. 石修堂：《侗语口语词汇层面汉化趋势——家庭电话会话个案研究》，《湖北民族学院学报（哲学社会科学版）》2016 年第 2 期。
5. 王俊芳：《车江侗语量词的基本语法特征和句法功能》，《黔南民族师范学院学报》2015 年第 5 期。
6. 韦学纯：《水语 366 句会话句》，社会科学文献出版社 2015 年版。
7. 韦学纯：《水语连词研究》，《三峡论坛》2015 年第 1 期。
8. 韦学纯：《水语语法标注文本》，社会科学文献出版社 2016 年版。
9. 文红、刘芳：《湖南侗语地名的语言结构及命名理据探析》，《怀化学院学报》2015 年第 1 期。
10. 冼文婷、吴宇晴、唐七元：《仫佬语声调的声学分析》，《河池学院学报》2015 年第 4 期。
11. 杨昌盛：《水语语音与普通话语音对比研究》，《教育现代化》2016 年第 25 期。
12. 周旭东：《贵州毛南语汉语四音格词语音结构类型比较研究》，《黔南民族师范学院学报》2015 年第 1 期。

黎语支语言

1. 符昌忠：《哥隆语、那斗语简志》，广西师范大学出版社 2015 年版。
2. 康红根：《黎语美孚方言代词研究》，硕士学位论文，广东技术师范学院，2016 年。
3. 南芷萌：《黎语词汇研究》，《青年文学家》2016 年第 9 期。
4. 吴艳：《语言接触下黎语语序类型的变化》，《百色学院学报》2015 年第 1 期。

5. 杨遗旗、唐元华：《黎语核心词“多”、“大”、“长”、“小”比较研究》，《贵州民族研究》2016年第2期。

6. 杨遗旗、唐元华：《黎语核心词“爪子”、“脚”、“手”比较研究》，《海南师范大学学报》2016年第2期。

7. 杨遗旗：《黎语核心词：“女人”、“男人”、“人”》，《海南师范大学学报（社会科学版）》2015年第1期。

苗瑶语族语言

1. 李云兵：《论苗瑶语的连读变调》，《民族语文》2015年第3期。
2. 谭晓平：《苗瑶语元音系统的类型学考察》，《语言研究》2016年第4期。
3. 吴秀菊：《苗瑶语表动物性别复合名词的语序类型考察》，《民族论坛》2015年第6期。

苗语支语言

1. 李国栋、赵敏：《从苗语稻音na看稻作的起源与传播》，《中国农史》2015年第4期。
2. 李旭平、刘鸿勇、吴芳：《湘西苗语中的大称和小称标记》，《中国语文》2016年第4期。
3. 李一如、黄树先：《黔东苗语 tiu^{33} 的语法分析——兼与 $ɬiə^{11}$ 对比》，《语言研究》2016年第3期。
4. 李一如：《类型学视野下的黔东苗语量名结构》，《中央民族大学学报（哲学社会科学版）》2015年第5期。
5. 李一如：《苗族古歌语言研究检讨》，《贵州大学学报（社会科学版）》2015年第3期。
6. 李云兵：《论苗语空间范畴的认知》，《民族语文》2016年第3期。
7. 李云兵：《苗语动词的句法语义属性研究》，中国社会科学出版社2015年版。
8. 龙洁：《湘西苗语的构词前缀与形态前缀》，《语文学刊》2015年第6期。
9. 娄朦朦：《文山苗语话题结构研究》，硕士学位论文，云南民族大学，2015年。
10. 麻秀之：《古苗语声类和韵类在湘西凤凰苗语中的反映》，硕士学位论文，上海师范大学，2015年。
11. 麻勇斌：《苗语对苗巫称谓的音义辨析》，《贵州大学学报（社会科学版）》2015年第6期。
12. 马松：《威信苗语和盘河苗语语音词汇比较及音档建设研究》，硕士学位论文，暨南大学，2015年。
13. 石莉芸、李云兵：《川黔滇苗语366句会话句》，社会科学文献出版社2016年版。
14. 谭晓平：《黔东苗语送气擦音的来源》，《中央民族大学学报（哲学社会科学版）》2015年第1期。
15. 唐巧娟、谢健红：《论黔东苗语谓词性形后名结构》，《凯里学院学报》2015年第4期。
16. 唐巧娟：《黔东苗语存在句及其演变动因考察》，《贺州学院学报》2016年第3期。
17. 唐巧娟：《黔东苗语空间词“niangb”和“diot”》，《怀化学院学报》2016年第1期。
18. 王大江：《大南山苗语动态助词dangt和leuf》，《贵州工程应用技术学院学报》2016年第3期。
19. 王丹、吴文君：《野洞河苗语植物名称探析》，《凯里学院学报》2015年第5期。
20. 王丹：《中部方言苗语状词研究》，硕士学位论文，贵州民族大学，2016年。
21. 王晓清：《鼻音的协同发音研究：以上海话和凤凰苗语为例》，硕士学位论文，上海师范大学，2015年。
22. 王艳红：《从汉借词看几组黔东苗语韵母的构拟》，《嘉兴学院学报》2016年第5期。
23. 吴碧辉：《勾良苗语名量词基本语法特征》，《中国民族博览》2016年第8期。
24. 龙正海：《苗语中的“谓主”结构及其历史流变》，《广西民族师范学院学报》2016年第2期。
25. 吴才勇、龙宇晓：《黔东南苗语植物名物探析》，《凯里学院学报》2015年第2期。
26. 吴秀菊：《汉语和苗语关系从句的语序对比》，《现代语文（语言研究版）》2015年第9期。
27. 吴秀菊：《苗瑶语表动物性别复合名词的语序类型考察》，《民族论坛》2015年第6期。
28. 吴秀菊：《湘西勾良苗语名词短语的语序类型学特征》，《怀化学院学报》2015年第7期。
29. 吴正彪：《平岩苗语特点概述》，《广西民族师范学院学报》2016年第2期。
30. 熊玉有：《苗语判断系词演变探究》，《贵州民族研究》2016年第7期。
31. 熊玉有：《苗族Hmong支系语言研究》，博士学位论文，上海师范大学，2015年。

32. 杨露：《语言接触中的马关苗语量词》，《玉溪师范学院学报》2015 年第 6 期。
33. 杨奕成：《黄平苗汉语的苗语底层研究》，硕士学位论文，贵州民族大学，2016 年。
34. 杨再彪：《姆奈语研究》，博士学位论文，湖南师范大学，2016 年。
35. 余金枝：《中泰苗语的差异分析》，《当代语言学》2016 年第 2 期。
36. 张怡：《苗语中部方言量词研究》，硕士学位论文，贵州民族大学，2015 年。
37. 赵静：《文山苗语同汉语形修名语序的比较》，《文山学院学报》2016 年第 2 期。

瑶语支语言

1. 龙国贻：《藻敏瑶语语音研究》，中西书局 2016 年版。
2. 刘鸿勇：《粤北乳源过山瑶勉语研究》，文化艺术出版社 2016 年版。
3. 盘金祥：《瑶语 366 句会话句》，社会科学文献出版社 2016 年版。
4. 龙国贻：《历史比较中历史层次分析法的作用——以瑶语为例》，《语言研究》2015 年第 4 期。
5. 乔翔、刘玉兰：《泰国清莱勉语长短元音的共时特征——兼与中国勉语比较》，《中央民族大学学报（哲学社会科学版）》2015 年第 5 期。
6. 腾梦如：《标敏方言 $ka^{31}su^{33}$ “上” $ka^{31}ti^{13}$ “下” 的意象图式分析》，《中国民族博览》2016 年第 6 期。
7. 欧阳美玉：《广西恭城县西岭乡瑶语语音初步研究及音档建设》，硕士学位论文，暨南大学，2015 年。
8. 罗梅芳：《平乐瑶语及其汉语借词语音研究》，硕士学位论文，上海师范大学，2016 年。

仡—央语群语言

1. 李锦芳、阳柳艳、王吉增：《关岭麻洼仡佬语记录研究》，《贵州民族大学学报（哲学社会科学版）》2015 年第 4 期。
2. 蓝卡佳、罗秀琴、付秀英：《仡佬族地区黔西大方方言中的“XAA”式数量短语》，《遵义师范学院学报》2015 年第 5 期。
3. 李霞：《仡佬语中的一个泛用量词》，《广西大学学报（哲学社会科学版）》2015 年第 2 期。
4. 李霞：《比工仡佬语句首语气词初探》，《百色学院学报》2015 年第 1 期。
5. 韩林林：《黔桂仡佬语哈给方言比较》，《贵州民族大学学报（哲学社会科学版）》2015 年第 4 期。
6. 阳柳艳、李锦芳：《贞丰仡佬语语序研究》，《语言研究》2016 年第 4 期。
7. 吴雅萍：《比工仡佬语的鼻音声母的发音特征》，《民族语文》2016 年第 2 期。

南亚语系语言

1. 陈国庆：《中国境内南亚语系语言研究不平衡：孟高棉语族成果多，越芒语族成果少》，《中国社会科学报》2015 年 1 月 9 日 A06 版。
2. 李艳：《南亚语言同源关系研究的新进展》，《当代语言学》2016 年第 1 期。

孟—高棉语族

1. 鲍健昌：《佤语否定 ʔaŋ 与 pɔ 的区别》，《语文学刊》2015 年第 7 期。
2. 鲍健昌：《佤语状语研究》，硕士学位论文，云南民族大学，2016 年。
3. 陈彬彬、陈昱：《现代柬埔寨语复合式构词》，《山西青年》2016 年第 18 期。
4. 陈国庆：《孟高棉语 * Cl - 、* Cr - 类复辅音声母》，《民族语文》2016 年第 3 期。
5. 陈国庆：《孟高棉语次要音节》，《中国社会科学院民族学与人类学研究所青年学术论坛论文集》，社会科学文献出版社 2015 年版。
6. 陈国庆：《孟高棉语次要音节结构及其语音演变》，《百色学院学报》2016 年第 3 期。
7. 陈国庆：《佤语 366 句会话句》，社会科学文献出版社 2015 年版。
8. 高永奇：《略论我国孟高棉语言中的 g - 、m - 对应》，《语言研究》2015 年第 4 期。
9. 蒋光友、时建：《昆格话音系》，《重庆理工大学学报》2015 年第 8 期。

10. 李步军、陈秀琴：《佤语语素［kɔn］与越南语语素［kɔn⁴⁴］的比较研究》，《贵州民族研究》2016 年第 3 期。
11. 刘岩、博乔、刘希瑞：《老挝克木仂话四音格词的结构特征》，《中央民族大学学报（哲学社会科学版）》2016 年第 3 期。
12. 刘岩、刘希瑞：《老挝克木仂话四音格词韵律的实验语音学研究》，《当代语言学》2016 年第 2 期。
13. 刘希瑞：《克木语曼蚌索话四音格惯用语研究》，博士学位论文，中央民族大学，2016 年。
14. 陶成美：《布朗语拉瓦话的指称代词 ʔi⁵⁵》，《民族翻译》2016 年第 1 期。
15. 陶成美：《布朗语名词性短语及其语序研究》，硕士学位论文，中央民族大学，2016 年。
16. 王俊清、卿雪华：《佤语述补结构中的致使范畴》，《民族论坛》2015 年第 11 期。
17. 王俊清、卿雪华：《岩帅佤语 VC 与 V 得 C 形式的象似性》，《文山学院学报》2016 年第 1 期。
18. 王俊清：《佤语述补结构的量范畴》，《楚雄师范学院学报》2015 年第 12 期。
19. 王俊清：《岩帅佤语述补结构的时间范畴》，《民族翻译》2015 年第 1 期。
20. 王育弘、王育珊：《汉语的"风"与孟高棉语的"风"》，《百色学院学报》2015 年第 2 期。
21. 许瑞娟、周子力：《柬埔寨语四音格词的结构形式及语义特点》，《语文学刊》2015 年第 1 期。
22. 叶黑龙：《西盟县代格拉寨佤族祭词研究》，博士学位论文，中央民族大学，2015 年。
23. 赵云梅：《德昂语介词的语法化类型特征》，《赤峰学院学报》2016 年第 3 期。
24. 赵云梅：《德昂语名词性短语的词序类型特征》，《安徽职业技术学院学报》2015 年第 4 期。
25. 赵云梅：《德昂语中指示代词的语用功能》，《红河学院学报》2016 年第 5 期。
26. 钟楠：《柬埔寨语次要音节优选论分析》，《解放军外国语学院学报》2015 年第 6 期。
27. 庄卉洁：《佤语动植物复音节名词研究》，《民族论坛》2016 年第 5 期。

越—芒语族

1. 陈海丽：《越语缩略语的读音特点及翻译策略》，《钦州学院学报》2016 年第 3 期。
2. 陈阮俊雨：《汉语和越南语集合量词对比研究》，硕士学位论文，上海师范大学，2015 年。
3. 陈张黄黎：《汉越语言文字研究文献的定量研究》，《文学教育》2015 年第 5 期。
4. 范明芳：《论越语中的变体双音节汉越词》，《外国语文研究》2016 年第 1 期。
5. 黎明清、陈张黄黎：《越南语中汉源佛词演变类型摭谈》，《重庆师范大学学报（哲学社会科学版）》2015 年第 4 期。
6. 廖灵专：《汉语基础词汇与汉越词的对比研究》，《现代语文（语言应用研究）》2015 年第 1 期。
7. 林莉：《汉语与越南语缩略语的构成对比研究》，《南宁职业技术学院学报》2015 年第 3 期。
8. 林莉：《越南语缩略语的构成方法及特点》，《东南亚纵横》2015 年第 1 期。
9. 刘娟：《汉越否定对比研究》，博士学位论文，华东师范大学，2015 年。
10. 潘黄英：《汉语"去"和越南语 đi（去）的语义演变比较研究》，《语文学刊》2015 年第 7 期。
11. 阮氏萱：《汉越名词短语语序以及认知顺序的差异》，《语文学刊》2016 年第 7 期。
12. 唐蕾：《汉越第一人称代词对比研究》，《语文学刊》2015 年第 6 期。
13. 许瑞娟、张玉婷：《越南语四音格词的文化内涵阐释——以动物类、人体部位类、颜色类四音格词为例》，《语文学刊》2015 年第 7 期。
14. 阳琦兰：《从语音层面探讨京语和越南语的差异》，《山西青年》2016 年第 13 期。
15. 郑克晓：《浅析京族语语言的演变》，《科学大众·教师版》2016 年第 3 期。
16. 郑青青、张敏、张吟松：《浅析越南语双音节越创汉越词的形成原因及构词特点》，《云南农业大学学报》2015 年第 1 期。
17. 郑青青：《越南语中的日源汉越词形成研究——从十九世纪末二十世纪初的革命文献看日源汉越词的传播》，《云南农业大学学报（社会科学版）》2015 年第 6 期。

南岛语系语言

1. Fernando Orphão de Carvalho：《赛考利克泰雅语的音节结构与元音串修补策略》，《语言暨语言学》2015

年第3期。

2. Malcolm Ross：《原始南岛语动词类别之重建》，《语言暨语言学》2015年第3期。

3. 戴国瑞：《朝鲜语中的南岛语基本成分研究》，《佳木斯职业学院学报》2016年第9期。

4. 黄淑玲、陈丽娟：《翻转族群语言学习模式——台湾沉浸式原住民族语游戏行动学习教材的建构与应用（下）》，《世界教育信息》2015年第2期。

5. 王荷：《通过台湾原住民的语言政策分析原住民语言危机的原因》，《新丝路》2016年第8期。

（李云兵，研究员，中国社会科学院民族学与人类学研究所民族语言研究室）

2015—2016年北方民族语言基础理论研究综述

哈斯其木格　千玉花

根据语言在地理上的分布特点，中国民族语言学界经常把国内的民族语言研究划分为北方民族语言研究和南方民族语言研究。北方民族语言研究实际上对应于广义上的阿尔泰语系语言的研究，涉及的语言有突厥语族、蒙古语族、满-通古斯语族以及朝鲜语。

国内有21种阿尔泰语系语言在使用，其中包括突厥语族9种、蒙古语族6种、满-通古斯语族5种，还有朝鲜语。在国外，俄罗斯远东地区、蒙古国、哈萨克斯坦、土耳其、卡尔梅克、布里亚特、朝鲜、韩国、日本等国家和地区也有30多种阿尔泰语系语言在使用。本文在重点总结突厥语族、蒙古语族、满-通古斯语族语言和朝鲜语2015—2016年研究新进展的同时，也介绍有关阿尔泰学说的论著以及阿尔泰语言之间的对比或比较研究论著。

2015—2016年，阿尔泰语系语言研究著作较多，学科发展正常，但理论创新少，方法论有所滞后。在国内，黑龙江、吉林、辽宁、内蒙古、宁夏、甘肃、青海、新疆、北京等省、市、自治区的高校以及科研院所建有专门机构，有较为成熟的学术团队和知名学者，正在开展阿尔泰语系语言的教学和研究。《民族语文》《中文信息学报》《满语研究》《语言与翻译》《双语教育研究》，以及部分地方高校学报成为年度刊发阿尔泰语系语言研究论文的主力。除了这些汉文学术刊物外，还有蒙古文、维吾尔文、哈萨克文、朝鲜文的学术刊物在积极发表学术论文。蒙古文刊物有《中国蒙古学》《内蒙古社会科学》《内蒙古大学学报》《内蒙古师范大学学报》《蒙古语文》《蒙古学研究》《西部蒙古论坛》《语言与翻译（蒙古文版）》等，在2015—2016年，这些刊物发表了100多篇用蒙古文撰写的语言本体研究论文，明显多于汉文撰写的论文。有关这些论著，在相应年度的《蒙古学研究年鉴》里已做介绍和总结，本文不再介绍这一部分论著。维吾尔文刊物主要有《新疆大学学报》《新疆师范大学学报》《语言与翻译（维吾尔文版）》《新疆社会科学》等刊物，也发表了不少语言学论文。因多种原因，未能查阅维吾尔文和哈萨克文发表的论著。朝鲜文学术刊物有《中国朝鲜语文》《韩国语教学与研究》等。

在国外，日本、韩国、蒙古国、俄罗斯、土耳其、哈萨克斯坦、德国、匈牙利等国家也建有专门科研机构，开办专门刊物。比如俄罗斯科学院语言研究所主办的《乌拉尔—阿尔泰学》（Ural-Altaic studies）以及在俄国出版的《阿尔泰学》（Altaica）；德国威斯巴登的Harrassowitz-Verlag出版公司主办的《中亚杂志》（Central Asiatic Journal）、《乌拉尔—阿尔泰年鉴》（Ural-AltaischeJahrbücher）、《突厥语族语言》（Turkic Languages）等杂志，该出版公司也出版了很多阿尔泰语系语言研究专著；韩国阿尔泰学会主办的《阿尔泰学会学报（알타이학보）》；日本北海道大学主办的《北方语言研究》、《东京外国语大学学报》、大东文化大学语言教育研究所的《阿尔泰语言研究》（アルタイ語研究）；蒙古国国家科学院语言文学院主办的《蒙古学研究》（*Studia mongolica*）和《阿尔泰学研究》（Altaica）等。上述刊物都刊发了阿尔泰语系语言研究论著。

综观2015—2016年阿尔泰语系语言研究，有以下总体特点。应用语言学研究（社会语言学、言语工程等）和语用研究（翻译、语言教学、修辞等）蓬勃发展，该领域论著多于语言本体或基础理论的研究。与之对比，语言本体或基础理论研究相对萎靡，科研队伍缩减，成果不如往年。本文主旨为总结阿尔泰语系语言本体或基础理论研究概况，将其分语族，从语音、音系、韵律、词法、句法、词汇、语义、方言、总论等多个分支角度进行介绍。

2015—2016 年，阿尔泰语系语言国内研究的特点是，成果较多，但基础理论创新少，语言田野调查和语料收集不足，部分著作吸收了前沿研究方法，但整体上研究方法相对滞后。在语族之间比较，突厥语族语言的研究论著多，学科相对活跃，语音、语义、词法、句法研究蓬勃发展，韵律、篇章语法领域的研究相对较少。蒙古语族语言研究成果也较多，在语音、词汇、方言、词法、语义方面研究成果较突出，在音系理论、句法、信息结构领域研究著作少，新理论和新方法的应用薄弱。满－通古斯语族语言研究阵营远不如突厥语族和蒙古语族语言，机构少，人员有限，研究论著也不多，主要集中在文献、语音、词法方面。音系理论、韵律、句法、方言的研究需要进一步加强。朝鲜语教学、习得和翻译角度的研究论著较多，而本体研究论文相对少，主要集中在词法和句法上，也有少数词汇和语音研究论著。在阿尔泰学说方面，国内已多年未见相关讨论，2015—2016 年虽有几部语族语言之间的对比研究或阿尔泰语言共有特点的讨论，但基本不涉及阿尔泰学说。阿尔泰学说的核心问题是阿尔泰语系诸语言之间具有发生学意义上的同源关系还是语言群层面的接触借用关系。该问题是 20 世纪国内外阿尔泰语系语言研究的焦点。目前，国内少有人关注此问题，但在国外依然有一些研究人员在进行专题讨论。显然，国内的阿尔泰语系语言研究团队需要加强这方面的研究。遗憾的是，国外论著收集不全，多数网页无法登录，或者只看到论著题目而无法下载，本文尽量介绍了能看到的著作，其中相当一部分只看到了摘要。

2015—2016 年，罗比特有关阿尔泰学说的研究、力提甫有关生成语法的研究、阿布都热西提有关信息结构的研究、哈斯有关语义网的研究、魏玉清有关元音和谐的研究均具有一定的前瞻性。

一　阿尔泰学说研究和语族语言之间的对比研究

（一）阿尔泰学说研究

罗蓓茨（Martine Robbeets）的《阿尔泰语言学》（四卷本）（*Transeurasian Linguistics*，4 volumes. Routledges Critical Concepts in Linguistics series. London：Routledge，2016）由伦敦的罗德里奇出版社出版。该著作描写阿尔泰语系语言地理语言学特征以及历史动因，梳理阿尔泰假说支持者和反对者的意见，提出只有在将阿尔泰语系语言结构特征进行比较的基础上才能做出阿尔泰语系语言是否具有发生学关系的结论。Transeurasian 指阿尔泰语系，由 Johanson 和 Robbeets（2010：1－2）根据阿尔泰语系语言地域分布特征以及共同的语言特征创造该名称。

罗蓓茨的《动词形态历时性：日语和阿尔泰语言》（*Diachrony of Verb Morphology*：*Japanese and the Transeurasian Languages*，Edited by Volker Gast，Published by Walter de Gruyter GmbH，Berlin，Germany，2015）以动词形态为对象，使用历时比较方法，分析日语、朝鲜语、蒙古语族、满－通古斯语族、突厥语族的基本动词，试图为分歧较为严重的阿尔泰假说提供新的依据。她认为在阿尔泰语系语言谱系研究中不可忽略日语和朝鲜语。历来，阿尔泰假说的分歧焦点在于各语族语言共有的成分是互相借用的还是继承自某个共同的祖先上。罗蓓茨的方法论出发点是，如果接触机会非常少的两种语言，比如日语和突厥语族语言，在结构上非常相似的话，不可忽视其同源关系。为此，她超越以往阿尔泰假说研究者们所重视的语音对应规律和基础词汇的范围，不受印欧语系历史比较研究方法论限制，以动词形态为分析和比较对象，对阿尔泰语系语言的关系、日语和朝鲜语的历史来源以及普通语言学中的语言分类原则等问题提出了自己的观点。在该书中她还对“Transeurasian”这个术语做出了解释和定义。

罗蓓莰的《原始阿尔泰语言：来源和时间》(Proto-Trans-Eurasian：Where and When? in *Man In India*，2015，Vol. 95（4），pp. 17 – 43）从民族语言学（ethnic linguistics）和地理语言学角度，利用考古和文化证据，分析包括日语和朝鲜语在内的广义阿尔泰语言，论述它们的关系和来源。

罗蓓莰的另一篇论文《阿尔泰语言基本动词：借用还是同源?》（Transeurasian Basic Verbs：Copy or Cognate? In：Csató，Éva；Karakoç，Birsel & Menz，Astrid. The Uppsala Meeting. Proceedings of the 13th International Conference on Turkish Linguistics. Wiesbaden：Harrassowitz，2016，199 – 212）里对比分析日语、韩语、满 – 通古斯语族、蒙古语族、突厥语族 5 种阿尔泰语系语言基本动词，提出它们的同源性，认为“接触说”难以解释这些基本动词的共同特征。

Anna Dybo 的《欧洲有关阿尔泰问题研究的新趋势》(New Trends in European Studies on the Altaic problem，Voprosy Jazykovogo Rodstva，2016，Vol. 14（1 – 2），p. 71）以罗蓓莰 2005 年和 2015 年出的两部有关日本语和阿尔泰语系语言关系方面的著作为参照点，讨论了目前在欧洲的阿尔泰假说历史比较研究概况，该文分析了罗倍莰的方法论原则和词源处理意见，集中论述典型的“反阿尔泰假说”观点。

Aleksey Burykin 的《比较语言学方法：阿尔泰学说和突厥—蒙古语言关系》（Methods of Comparative Linguistics-the Altaic Theory and the Turko-Mongolic Language Relations，Урало-алтайскиеисследования，2015，Vol. 04（19），pp. 93 – 105）批判性地考察了阿尔泰语言同源说反对者的研究方法，指出他们不可能阐明阿尔泰语言之间的关系，以及 V. Kotvich 对阿尔泰问题的错误解释，并认为只有同源说才能区分原始的阿尔泰语系词汇和多向借词。

力提甫·托乎提的《重新认识阿尔泰语功能类的句法属性》(《民族语文》2015 年第 2 期）以维吾尔语为例，探讨从类型学角度重新认识黏着型语言功能类的句法属性问题，提出阿尔泰语作为黏着型语言其句法结构有自己的特殊性，必须在黏着型语言特有的句法框架内得到解释。生成句法理论带来了重新认识这些语言特有的句法属性的机会。

（二）语族之间的对比研究

陈新义的《中国北方阿尔泰语言语序类型研究》(中国社会科学出版社 2015 年版）运用语言类型学和认知语言学理论，从形态、词、短语、句子四个方面分析了中国境内阿尔泰语系语言的语序类型特征。

Selda Karaslar 的《阿尔泰语言被动后缀》[Altaic Languages Passivity Suffix，Idil Sanatve Dil-Dergisi，01 October 2015，Vol. 4（18)] 基于以往对阿尔泰语言被动后缀研究结论，对阿尔泰各语言的被动后缀现状进行分析，试图通过一些实例来证明被动后缀在古今土耳其语中的发展。作者发现古、今土耳其语被动后缀大多是语态后缀，蒙古语族、满 – 通古斯语族和日语中的被动句由不同后缀表达，而韩语中的态标记“I”可以产生被动意义。

Valentin I. Rassadin 的《突厥语族和蒙古语族语言无生命体词汇的密切关系》（Lexicon of Inanimate Nature in the Turko-Mongolic Language Affinity，Урало-алтайскиеисследования，2015 Issue No. 04（19）Page Range：81 – 92）对比分析古蒙古语和突厥语景观词汇，例如土壤名称、水体名称、大气现象、天体名称等，试图说明突厥语和蒙古语之间的亲缘关系，认为多数共有词从突厥语借到蒙古语，表明这两个语言很早就有密切接触。

贾晞儒的《撒拉语和蒙古语关系词探究——读〈撒维汉词典〉有感》（《西北民族研究》2016 年第 3 期）根据韩建业等编著的《撒维汉词典》，对比分析在词义、词形等方面相同或者相近于蒙古语的116条撒拉语词，总结这些词和蒙古语对应词汇之间的语音对应关系和词义关联，力求从它们的词义演变和词形变化轨迹中证明，它们出自同一语源或者是在语言接触过程中形成的音义相同或相近的词。

文化的《论蒙古语mal与aduγun》（《满语研究》2015年第2期）分析阿尔泰语系三个语族里的“mal”以及蒙古语中的“aduγun”一词，提出现代蒙古语mal“牲畜”一词借自古代突厥语mal“牲畜”，该词被借入蒙古语之后对蒙古语家畜称谓语义系统产生了深刻的影响，蒙古语aduγun原始语义为“牲畜”，受突厥语借词mal的影响，其语义演变为“马群”。

帕提曼·比都拉、陶·布力格的《蒙古语—哈萨克语部分词同源关系研究》（《语言与翻译》2015年第1期）探讨现代哈萨克语中的部分词语在古代文献中的形式，然后将它们与现代蒙古语中的相关词语进行比较，分析现代蒙古语与现代哈萨克语中的部分语音对应关系，以此判断蒙古语与哈萨克语部分词语之间的渊源关系。

Vaclav Blazek、Michal Schwarz的《蒙古语族和通古斯语族的数字及其代码转换》（Numerals in Mongolic and Tungusic Languages with Notes to Code-switching，알타이학보，2016，Vol. 26，p. 132）使用词汇层次分析法（分四层，即Substrata、Inherited lexicon、Adstrata、Superstrata），研究蒙古语族语言和通古斯语族语言的数字，分析其词源、代码转换中的应用等情况，区分固有词和外来词。

卡佳的《论满－通古斯语族和蒙古语族语言格词缀－du/－dʉ/－də/－d的共性》（《满语研究》2016年第2期）对比分析满－通古斯语族语言和蒙古语族语言格形态变化语法词缀－du、－dʉ、－də、－d，发现该词缀当作位格形态变化时，出现频率最频繁，表示与格形态变化也较多，表示对格或向格形态变化的频率较低，它们的差异只表现在音变形式上，显示出极强的共有关系。

长山的《满语中蒙古语借词的特点分析》（《满族研究》2015年第1期）从语音、结构和语义角度分析满语中的蒙古语借词，提出满语中的蒙古语借词在语音、语义及结构方面均呈现趋同蒙古语的特征。在蒙古语借词中，满语和蒙古语之间基本实现了一对一的语音输出和输入关系，而满语中的蒙古语借词发生了语义演变，蒙古词语借入满语之后，有些派生词演变为词根词，有些词则与固有词相同，产生了构词功能，能派生新的词语。

二　突厥语族语言研究

（一）语音、音系、韵律研究

陈宗振的《关于维吾尔语言史研究的几个问题》（《双语教育研究》2015年第4期）认为古今维吾尔语历史应分为三个时期，即回鹘语时期（8—15世纪）、喀喇汗王朝突厥语和察合台语时期（10—20世纪初）、现代维吾尔语时期（20世纪二三十年代至今）等，并就古代维吾尔语元音i与ï“合二为一”的时期问题，元音a、ä弱化为e、i在文字上如实反映的原因等进行了探讨。

陈宗振的《关于〈突厥语大词典〉某些词的长元音问题》（《民族语文》2015年第4期）根据《突厥语大词典》编著者在卷首对“多余字母”的解说、某些词条写法和读音的解释以及词典维文译本译者有关注释等，认为以字母表示的是长元音，以动符表示的是短元音，该词典总计有8个长元音，长短元音的区别已经逐渐淡化，词典编著者认为某些带长元音的词写作或读作短元音也是正确的。

Daniel Barry的《突厥语族语言的嗓音特征和元音音长》（Laryngeal Features and Vowel

Length in Turkic, *Turkic Languages* 2016, Vol. 20, pp. 186－204）针对以往著作有关突厥语元音长短对立、词干末尾阻音喉特征（清浊）对立以及原始突厥语和现代语言之间的词汇对应关系方面的争论，提出元音长短对立发生在词干末尾阻音的清浊对立之前。

舍秀存的《撒拉语语音研究》（上海大学出版社 2015 年版）收集了甘肃省循化撒拉族自治县多个点（重点调查 13 个点，一般调查 72 个点）调查材料，研究撒拉语语音，绘制该地区撒拉语的语音地图，反映其分布状况和演变特点，揭示撒拉语语音衰变规律。另外，该书对撒拉语语音与其他突厥语语音、古突厥语文献进行共时和历时比较，揭示了撒拉语语音的共时特点和演变规律。

才甫丁·依沙克的《浅谈柯尔克孜语与维吾尔语语音差异及其成因》（《和田师范专科学校学报》2015 年第 2 期）描写柯尔克孜语和维吾尔语语音系统，对比这两个语言语音系统的异同点，从 6 个方面分析相同点，从 13 个方面分析不同特征，并探讨了柯尔克孜语和维吾尔语语音系统差异形成的成因。

姚云等的《西部裕固语带擦元音的实验研究》（《语言学论丛》2016 年第 2 期）利用声学语音学方法和声门阻抗仪（EGG）分析西部裕固语独具特色的带擦元音，描写其普特性和发音特征。

魏玉清的《维吾尔语元音和谐现象中的中性元音研究》（世界图书出版西安有限公司 2015 年版）根据对立性特征层级理论（contrastive hierarchy）解读了维吾尔语元音系统底层特征赋值，从而揭示了维吾尔语和谐现象的形成机制、实现方法。并在串行优选论（Harmonic Serialism）的理论框架下，分析解释了维吾尔语中性元音以及外来词的不和谐性，尤其是由元音弱化规则所派生的中性元音在和谐过程中的复杂性。

艾则孜·阿不力米提、艾扎木·艾拜都拉的《浅谈现代维吾尔语的音位》（《双语教育研究》2015 年第 4 期）在区别特征理论框架下分析维吾尔语音位区别特征，提出维吾尔语共有 13 对区别特征，前后、清浊是维吾尔语辅音的显著区别特征；送气、不送气是羡余特征；前后、圆唇性以及音节性等特点是维吾尔语元音的区别特征。

吐尔逊·卡得的《维吾尔语词重音的形式判断》（《语言与翻译》2015 年第 4 期）在音节重量理论、节律音系学和语调音系学理论框架内分析维吾尔语重音，发现维吾尔语词重音分为重量重音和词末重音，不是一律落在词末音节上的固定重音，而是能够出现在词任何位置的自由重音，出现位置依照较严格的规则实现。维吾尔语词重音的出现与音节重量密切相关，只有前后音节重量条件完全相同的情况下，词末重音规则才发挥作用。文章还探讨了韵律和词重音之间的关系。

吐尔逊·卡得、吾守尔·斯拉木的《维吾尔语话题的韵律表现》（《新疆大学学报（哲学·人文社会科学版）》2015 年第 5 期）对维吾尔语话题的韵律表现进行语音和韵律结构分析，提出维吾尔语的话题有不同的语音及感知表现；话题是否具有音高表现与其语义和指称类型有关；不管在单独句还是话语内句中，话题和焦点一般都各自形成不同的韵律短语。

范晓婷的《维吾尔语边界前音段延长的声学语音学研究》（《伊犁师范学院学报（社会科学版）》2015 年第 1 期）利用维吾尔语标准语的新闻播音语料，分析维吾尔语韵律层级对边界前音段延长的影响以及边界前音段延长（时长）与无声段之间的关系，并发现韵律短语边界前元音延长，语调短语边界前首辅音延长，段落边界前尾辅音延长；元音延长受韵律层级的影响显著，辅音延长受影响不大。

魏炜、沙宁·伊不拉音的《现代哈萨克语命令语气单句语调对比实验研究》（《语言与翻译》2015 年第 1 期）采用实验方法对比分析哈萨克语愤怒式命令语气与既定式命令语气的句调、时长和强度。实验结果表明两种命令语气全句音高曲线差别不大，各音步与全句时长都短于一般陈述语气，强度都大于一般陈述语气。愤怒式命令语气各音步与全句时长略短，末音节强度略强；既定式命令语气各音步与全句时长略长，末音节强度相比略弱。

（二）词法研究

张定京的《实体语法理论——哈萨克描写语法学方法论》（中央民族大学出版社2015年版）以哈萨克语为例，讨论实体语法理论，阐释了任何语法成分都是表义实体，在语法形式与语法意义之间存在一对一的关系。并提出哈萨克语语法形式系统中只有形态手段研究较充分，语法意义系统中只有词层级的传统范畴研究较充分，整个语法系统的描写研究还任重道远。

王海波、阿力木江·托乎提的《维吾尔语语法标注文本》（社会科学文献出版社2016年版）收录民间故事为主的维吾尔语语料，以《现代维吾尔语参考语法》里的维吾尔语语法体系为参考，对语料进行系统的语法标注，标注时切分到了小词缀（语缀）单元。

胡传成、张琦的《基于语料库的维吾尔语自主和非自主动词探讨》（《喀什大学学报》2016年第1期）通过语料库语言学的方法对维吾尔语自主和非自主动词的语法结构、语义搭配等信息进行了检索和数据分析。

马伟的《撒拉语形态研究》（中国社会科学出版社2015年版）以科姆里的《语法调查研究手册》为基本框架，吸收突厥语族语言传统研究的理论与方法，分析了青海省循化撒拉族自治县街子地区撒拉语名词、代词、动词、形容词、数词、量词、不变化词等词类的形态特征。

马伟的《撒拉语名词（短语）的有定与无定范畴》（《语言研究》2015年第2期）分析撒拉语名词（短语）的有定和无定范畴，总结了撒拉语名词有定、无定范畴的表达方式。

马伟的《撒拉语中的藏语借词čo——一个突厥语与藏语深度接触的实例》（《民族语文》2015年第5期）从接触语言学角度描写藏语 ʨho（们）借入撒拉语后（čo）的特征，发现čo只出现在代词或数词后表示代词的复数，不仅成为形态标记，还可以作为实词使用，并有形态变化。čo 的进入使得撒拉语封闭性的代词系统发生了变化，形成了与其他亲属语言不同的形态特点。

阿依克孜·卡德尔的《维吾尔语名词的有定与无定》（《语言科学》2015年第6期）分析了维吾尔语名词的有定和无定范畴，提出维吾尔语是无冠词的语言，虽然缺少专门的、能够在同一语言层次上形成语法范畴的表达有定、无定意义的形式，但是也用指示代词、数词“一”、名词的格、人称和数、动词的时态等一定的词汇手段和形态手段表示名词的有定和无定。

阿娜尔古丽·马哈提、张定京的《哈萨克语附加成分 - sˇA》（《新疆大学学报（哲学·人文社会科学版）》2015年第5期）分析哈萨克语 - sˇA 附加成分，认为该词缀可表达多种不同意义，总体意义可归纳为受限类意义。根据分布和表义特点，哈萨克语里存在3种不同的 - sˇA，其中两个的普适性不强，分别表达指小类受限和范围受限意义，应是构词词缀；另一种表达方式、界限、状态、信息来源等的受限意义，其普适性强，应考虑归入构形词尾。

赵明鸣的《维吾尔语动词 yat - “躺”的语法化》（《民族语文》2015年第3期）分析维吾尔语动词持续体构形标记 yat - “躺”的语法化过程，提出 yat - 源于古代文献语言的“ - （I）pyat - ”结构。其中，yat - 原为表示“躺”等意义的动词，在“ - （I）pyat - ”结构里由 - （I）p 副动词承担词汇意义，yat - 逐渐语法化。

吐尔逊·尼亚孜的《试论维吾尔语“kør - ”的语法化》（《语言与翻译》2016年第2期）对维吾尔语“kør - ”一词的语义演变和功能扩展的语法化过程做了较为全面的阐述。该作者的另一篇论文《试谈维吾尔语中 bar - “去”的语法化》（《民族语文》2016年第3期）论述了维吾尔语 bar - “去”在不同时期的使用情况及其语法化过程。

（三）句法研究

力提甫·托乎提的《论维吾尔语的连词短语》（《民族语文》2016 年第 1 期）在生成语法理论框架下分析维吾尔语连词短语，提出并列结构可放在句法层面予以解释，归入连词短语，遵循二合原则作结构分析。作者认为这种处理有利于体现自然语言的共同特征。

阿力木江·托乎提的《维吾尔语连词的句法特征》（《民族语文》2015 年第 5 期）在生成语法框架内，从功能语类角度，分析维吾尔语连词，论述其句法特征，提出维吾尔语的连词属于功能语类，可以构成连词短语，但它不能像其他短语语类那样直接参与句法结构，而必须跟后面的成分合并，构成其他短语语类，才能参与句法结构。

ÖzgünKoşaner 的《土耳其语里的数字》（Numerals in Turkish，*Open Journal of Modern Linguistics*，2016（6）：131－147）根据 Booij（2009）的分类法和 Hurford（2007，2010）的句法分析，对土耳其语中的数字表达式进行详尽的解释，并提出一套新的短语结构规则来解释分式数字表达式的句法结构。

阿克里·先木西的《维吾尔语表语系动词结构研究》（民族出版社 2016 年版）在前人有关维吾尔语表语系动词结构研究基础上，提出判断表语系动词的标准，将维吾尔语的系动词分为六大类，有些大类内部又分小类，总共列出了八类系动词，并对维吾尔语表语系动词的结构和类型进行了句法分析。

吾买尔江·库尔班的《维吾尔语放置动词的配价研究》（《语言与翻译》2016 年第 4 期）从论元的角度分析了维吾尔语放置类动词的语义特点和句法表现。

徐春兰的《维吾尔语主谓句 SV 句的语义结构分析》（《语言与翻译》2015 年第 2 期）以三个平面理论为框架，分析了维吾尔语主谓句语义结构，分析的句子包括谓语为动词、形容词和名词性词语的三种句子。

姚家兴的《维吾尔语 NN 结构的依存标注研究》（《喀什大学学报》2016 年第 5 期）在依存语法理论框架内，分析维吾尔语偏正名词短语中的一小类 NN 结构短语，将其标注为领属关系、分类关系、表语关系、定中关系、同位关系及词串关系 6 种。

潘艳兰的《生成语法视角下维吾尔语“S＋V”结构的深层句法分析》（《喀什大学学报》2016 年第 5 期）运用转换生成语法理论分析维吾尔语“S＋V”的深层句法结构，进一步揭示其句法特征及规律。

杨洪建的《试析哈萨克语的否定成分》（《新疆大学学报（哲学·人文社会科学版）》2016 年第 5 期）对哈萨克语否定成分在语义和语法上表现出来的特点进行描写，发现否定成分的存在和变化对词法和句法产生影响。在哈萨克语里，对动词进行否定主要靠在动词后附加否定构形语素来完成，而其否定词的语义和语境等因素要比汉语的否定词简单，其所承担的功能负荷量也相对较小。

阿依克孜·卡德尔和徐春兰的《汉维语名词的话题化及其句法功能》（《中央民族大学学报（哲学社会科学版）》2015 年第 1 期）对比分析汉语和维吾尔语的话题化现象，认为维吾尔语话题化后充当话题的成分往往以原有形式直接移到句首充当话题。

（四）语义和词汇研究

袁蕾的《语言的主观性与维吾尔语的主观量》（《语言与翻译》2015 年第 4 期）采用语言的主观性理论，根据是否带有说话者的主观评价把现代维吾尔语的“量范畴”分为“客观量”和“主观量”，并根据说话者对“量”的大小的主观评价把“主观量”分为“主观大量”和“主观小量”，最后归纳出了现代维吾尔语中表达“主观大量”和“主观小量”语义的语言表现形式。

袁蕾的《维吾尔语 ot“火”的概念隐喻》(《双语教育研究》2016 年第 1 期)运用认知语言学的概念隐喻理论，分析了维吾尔语中较为典型的七类关于 ot“火”的概念隐喻，即愤怒、爱情、战争、灾难、高温、商品销售好、温暖等，提出维吾尔语 ot“火”的概念隐喻带有显著的文化烙印，与维吾尔族的哲学、医学、宗教、仪式等密切相关。

李慧慧的《维吾尔语同义词抉微》(《双语教育研究》2016 年第 3 期)将维吾尔语同义词分为等义词和近义词，分别从情态色彩、语体色彩、形象色彩及时代色彩等几个方面进行辨析，也对维吾尔语近义词的形成以及近义词词汇中的词汇意义和词汇用法意义进行了阐述。

李燕萍的《维吾尔语动词“ʧiqmɑq”多义范畴的语义延伸机制》(《语言与翻译》2015 年第 2 期)从认知语言学的视域出发，借助意象图式理论、隐喻机制理论及转喻机制理论，探析维吾尔语动词“ʧiqmɑq”的多义范畴产生的语义延伸机制，试图揭示“ʧiqmɑq”语义网络的形成过程及其相关义项之间的关联性。

陈宗振的《西部裕固语某些词的文化底蕴》(《青海民族研究》2016 年第 2 期)对西部裕固语“白、黑、上、下……”等 18 条基本词汇进行详细的语义和语用分析，阐述其文化底蕴。

帕提曼·比都拉、阿力肯·阿吾哈力的《古代突厥语词在哈萨克语中的演变》(民族出版社 2015 年版)利用古代突厥语各个历史时期的文献语言材料研究了哈萨克语词源问题。

木再帕尔的《维吾尔语 bayat、ki čik、bala 词源考》(《民族语文》2015 年第 1 期)分析维吾尔语 bayat“木卡姆”、ki čik“小”、bala“孩子”三个词的词源，认为 bayat、ki čik 借自中古波斯语，bala 借自粟特语或吐火罗语。

杨海龙、郭利的《中国维吾尔语、塔吉克语亲属称谓对比研究》(《语言与翻译》2015 年第 3 期)依照美国人类学家 G. P. 默多克和 Kroeber 建立的社会亲属关系结构类型理论体系考察了中国维吾尔族和塔吉克族的亲属称谓系统，发现维吾尔语和塔吉克语的核心亲属称谓词体现了两个民族的传统生活模式特点，也反映了居住在相近地域的两个民族，在生产方式和生活模式上存在或多或少的相似甚至相同点。

乌买尔·达吾提的《维吾尔语借用汉语词的规律》(《双语教育研究》2016 年第 4 期)从接触语言学和描写语言学的角度出发，归纳了现代维吾尔语里借用的汉语词语音、结构和语义规律。

(五)方言研究

图拉普·喀斯木·友里齐、阿力木江·托乎提的《试论现代维吾尔语和田方言的土语划分》(《语言与翻译》2015 年第 2 期)根据维吾尔语和田方言语音和词汇特点，将其划分为三个土语，即皮山土语、伊里齐土语和于田土语。

乃比江·艾比布拉的《维吾尔语和田方言中保留的中古突厥语词法特征——以〈突厥语大辞典〉为例》(《喀什师范学院学报》2015 年第 1 期)以《突厥语大辞典》为依据，对比《突厥语大辞典》和维吾尔语和田方言，分析该方言中保留的中古突厥语词法特征。

木再帕尔、高莲花的《维吾尔语乌什话语音特点》(《满语研究》2015 年第 2 期)调查研究维吾尔语乌什话的语音特点。乌什话属于维吾尔语中心方言，乌什话与维吾尔语书面语之间具有整齐严格的语音对应，该土语清化、脱落、增音等语音演变现象也比较丰富，在维吾尔语共同语和书面语研究中占据非常重要的地位。

努润古丽·马木提的《维吾尔语阿图什方言亲属称谓初探》(《延边教育学院学报》2015 年第 2 期)调查分析维吾尔语阿图什方言亲属称谓，从语音、构词和语用等方面在阿图什方言与维吾尔文学语言和其他维吾尔方言亲属称谓之间进行比较，总结出阿图什方言亲属称谓的特点，并指出亲属称谓词使用方面出现的方言内部差异。

司马义·阿不都热依木的《维吾尔语罗布泊方言中形态多样性的成因分析》（《民族语文》2016 年第 2 期）重点分析了维吾尔语罗布泊方言元音和谐和顺同化等语音特征，从而试图进一步揭示该方言形态多样性形成的原因。

哈尔木拉提·依明的《维吾尔语塔城话及其研究现状》（《伊犁师范学院学报（社会科学版)》2016 年第 3 期）基于从塔城地区多个调查点收集的语言材料，对维吾尔语塔城话的语音、形态、词汇的基本特征作简要的描述，并指出塔城话是在塔城地区特殊的地理、文化环境下，在维吾尔语与哈萨克语等其他突厥诸语长期接触过程中形成的维吾尔语地域变体。

（六）情态和语气研究

方晓华的《维吾尔语情态范畴刍议》（《双语教育研究》2016 年第 3 期）分析维吾尔语情态系统的各种表达形式，包括情态词、名词的主观评价形式、专门表达情态的语法形式和含有情态意义的语法形式、句法形式等。在此基础上，根据维吾尔语中专门用来表达情态意义的动词语法形式，确立维吾尔语动词的情态语法范畴，分析了动词情态语法范畴的主观评价形式和客观评价形式，对各种形式的意义和用法作了区分。

阿米娜木（Aminem Memtimin）的《现代维吾尔语中的祈愿语气》（Volitional Moods in Modern Uyghur，*Turkic Languages*，Vol. 20，2016，pp. 234－245）描写以条件式为基础的维吾尔语祈愿语气的构成和语义功能，包括人称词缀、语气词、系动词、副动词等的祈愿语气和过去形动词与助词的结合而形成的祈愿语气。并对意愿式、命令式、不定过去式以及带否定标记的结构表达祈愿语气的不同形式及各种表达形式之间的细微语义差异作了分析。

李遐的《维吾尔语陈述语气功能语用分析》（《中央民族大学学报（哲学社会科学版)》2016 年第 4 期）分析维吾尔语陈述语气，认为维吾尔语陈述语气的功能语用特点表现为其传达的传信情态和认识情态功能，而传信与非传信、感知型与报道型的易位使用则显示了一定的语用效果。

（七）信息结构研究、语言接触研究

阿布都热西提（Abdurishid Yakup）的《土耳其语和维吾尔语的焦点：基于目前对比调查的初步报告》（Focus in Turkish and Uyghur. A Preliminary Report on an Ongoing contrastive Investigation，*Turkic Languages*，Vol. 20，2016，pp. 113－131）对比考察土耳其语和维吾尔语的焦点，在 Johanson（2014）提出的框架内列出突厥语族语言信息结构，描写了组合焦点、外部焦点和内部焦点，并对土耳其语和维吾尔语信息结构共同的特征作了简短总结。

阿米娜木的《现代维吾尔语中的语言接触现象》（*Language Contact in Modern Uyghur*，published by Harrassowitz Verlag，Wiesbaden，Germany，2016）探讨汉语（汉藏语系）、俄罗斯语、波斯语（印欧语系）、阿拉伯语（闪—含语系）以及蒙古语（阿尔泰语系）等属于不同语系的多种语言和维吾尔语之间的语言接触现象，从历时和共时的角度出发，在语音、词汇、句法、语义等不同层面，对现代维吾尔语里所保留下来的外来因素进行分析，并对维吾尔语和这些语言之间的接触现象进行了平行比较。在此基础上探讨了上述语言对维吾尔语的不同影响，以及各接触语言在不同历史阶段和社会背景下的互相竞争情况。同时，结合现代接触语言学的理论方法，分析语言接触所带来的语言变化的机制。该专著还对目前维吾尔语语言接触研究普遍存在的若干问题提出见解，比如对借词的界限、语码转换、借词的不同来源等问题提出了新的看法和规范建议。

高翔的《维吾尔语中的波斯语、阿拉伯语借词研究》（博士学位论文，中央民族大学，

2016年）首先介绍了维吾尔语、波斯语和阿拉伯语各自音系概况，分析三种语言的相似与不同，从而得到判断借词的简单方法。然后从音系学、语义学和形态学的角度介绍了维吾尔语中波斯语和阿拉伯语借词的概况，并从语言接触角度阐述了中国和伊朗两国友好交往的历史，从文化的角度阐释了借词在文化学中的重要地位。

（八）总论和综述

陈宗振的《维吾尔语史研究》（中国社会科学出版社2016年版）阐述维吾尔语的语音、词汇、词法、句法的发展演变，指出一些重大变化和特殊实例，并探索其产生变化的社会原因或语言原因，从而展现维吾尔语受到阿拉伯语、波斯语和伊斯兰文化的深刻影响，导致其语音、词汇、语法的固有规律发生变化。发展到现代维吾尔语，既保持突厥语主要特点，口语保留着阿拉伯语、波斯语影响的痕迹，又吸收了汉语新借词和俄语借词。

胡传成等编著的《维吾尔语词汇语法大纲》（民族出版社2016年版）包含词汇大纲、构词附加成分分级大纲和语法大纲。该著作基于700多万词次的维吾尔语语料库（内容涵盖新闻、法律、宗教、文学等领域），根据出现频率高低确定了各个词汇和语法点的级别。分两个步骤进行词汇和语法的分级。首先对每一个单词进行剥离，将单词后的语法附加成分清除，然后根据这些词出现的次数确定其级别。第二个步骤是依据剥离的语法附加成分以及以一些语法附加成分为标记构成的句型句式出现的次数确定各个语法点的级别。

袁蕾的《三十年来维吾尔语生成语法研究综述》（《贵州民族研究》2016年第11期）以高莉琴于1986年发表的《维语一些句子的深层结构和转换》一文为起点，总结概括到2016年为止30年间的维吾尔语生成语法研究成果，提出维吾尔语句法结构研究不断深入，研究视角不断开阔，研究的理论与方法日趋多元化，但研究内容分布不均，研究的深度、广度不够。今后，对语类的划分、功能语类、句子及句子中的一致关系等问题的研究可以继续深化。

三　蒙古语族语言研究

（一）语音、音系、韵律研究

金双龙的《新疆东乡语语音研究》（内蒙古科学技术出版社2016年版）分析新疆东乡语的语音，描写其音位系统、语音演变规律，如聚合和组合关系、方向性演变、制约性演变、渐变性演变及分布性演变等特征。

布拉根塔米尔（Sangidkhorloo Bulgantamir）的《现代蒙古语腭化元音声学分析》（Acoustic Analysis on the Palatalized Vowels of Modern Mongolian, *Advances in Language and Literary Studies*, Vol. 6 No. 6; December 2015）用实验方法研究蒙古语喀尔喀方言的腭化元音 a、ɔ、ʊ，将其与不腭化的其他元音对比，试图揭示其声学和生理特征，发现腭化短元音的共振峰、长度、音高不同于不腭化短元音。

哈斯其木格的《蒙古语词内元音音长分布模式》（《民族语文》2015年第4期）分析蒙古语标准音元音的音长特征，提出蒙古语元音音长受音节个数、音节位置、音节类型、前后辅音、词内元音构成、词内音素个数、音质等多个条件的影响，其中音节个数和音节位置对蒙古语元音音长影响显著。总之，短元音音长容易受到语境影响，长元音音长相对稳定。

包桂兰的《蒙古语辅音发音时长问题》（《中央民族大学学报（哲学社会科学版）》2015年第5期）使用声学和生理分析方法研究蒙古语辅音的发音时长，提出蒙古语辅音发音时长的大小同它本身的发音方法密切相关，并与其自身所处位置和它周围音段的发音部位有一定的关系；从辅音发音时长的分布规律看，不同类型的辅音有不同的声学——生理时长对应模式，其对应模式与辅音自身所处位置和同它周围音段的协同发音影响也有一定的关系。

呼和的《蒙古语元音演变的声学语音学线索》（《中央民族大学学报（哲学社会科学版）》2015 年第 4 期）从声学语音学视角看蒙古语元音的演变问题，试图从元音舌位、前后辅音的影响以及元音和谐律角度解释蒙古语元音历时演变动因。

呼和的《蒙古语标准话塞音塞擦音声学分析》（《民族语文》2015 年第 3 期）用声学分析方法研究蒙古语塞音和塞擦音，提出无论是蒙古语塞音和塞擦音的共振峰格局，还是在声学空间中的格局，都具有一定的规律性和稳定性，它们的位置关系不因发音人和词中的位置而改变，具有语言学意义。

宝音的《现代蒙古语喀喇沁土语元音和谐律研究》（《满语研究》2016 年第 1 期）分析蒙古语喀喇沁土语元音和谐特点，认为该土语元音和谐律比较整齐、严格，具有系统性。可根据元音和谐律将该土语元音分为低音组和高音组，高元音后出现高元音，低元音后出现低元音。但该土语中圆唇和谐可能已被破坏。

乌吉斯古冷、敖敏的《蒙古语标准音四类基本句式语调比较研究》（《内蒙古民族大学学报（社会科学版）》2015 年第 1 期）利用“语调格局”思路和语调起伏度的研究方法，对蒙古语标准音自然焦点陈述句、祈使句、疑问句和感叹句的语调及其起伏度进行分析，探讨用语句调域和语句内调群调域起伏度区别蒙古语四类基本句式的方法，提出无论是从语句音高曲线的变化，还是从语调曲线的起伏度以及语句调域和调群调域的宽窄变化，都可以观察到不同语气和不同发音人之间的细微差别。

（二）词法和句法研究

Dolgor Guntsetseg 的《蒙古语区别性格标记》（Differential Case Marking in Mongolian，Harrasowitz Verlag Wiesbaden，Germany，2016）从指称性、生命度和话题性角度分析蒙古语区别性宾格标记（Differential Object Marking，DOM），认为蒙古语 DOC 从这些特性的复杂交互中产生，单独分析某一方面不足以揭示其本质。该著作研究的另一个问题是区别性主语标记（DSM）现象，即嵌入从句（包括状语从句）的主语与宾格共现的一种语法现象。

桥本邦彦的《蒙古语补语的语义：格后缀和谓语的一致性》（モンゴル語の補語の意味論—格と述語との意味役割の一致について，《北海道言语文化研究》，2015，No. 13，pp. 49 - 102）讨论蒙古语五种格词缀，即宾格、与位格、离格、工具格、伴随格，试图证明当谓语和格之间的语义角色存在双向一致时补足语有论元的功能。

阿茹汗的《蒙古语的重叠手段》（《赤峰学院学报（汉文哲学社会科学版）》2016 年第 7 期）分析蒙古语重叠构词和构形手段，从形式角度将其分为完全重叠、谐音重叠和与形态手段相结合的重叠，重点分析了谐音重叠的语音表现和语义特性。

Brosig Benjamin 的《蒙古语族语言的否定》（Negation in Mongolic，Suomalais-Ugrilaisen Seuran Aikakauskirja/Journal de la Société Finno-Ougrienne，2015，Vol. 95，pp. 67 - 136）分析蒙古语族语言 ese、ulu、bu、ugei 等否定助词，讨论了这些词所表达的语义和句法功能、互相之间的区别以及历时演变。

（三）语义和词汇研究

哈斯的《蒙古语名词词汇语义网的构建》（内蒙古人民出版社 2016 年版）借鉴 WordNet 及中文词汇语义网研究的理论与方法，结合蒙古文信息处理的现状，研究蒙古语名词词汇语义网，设计了蒙古语名词词汇概念及语义关系网络的框架，建立了蒙古语词汇语义数据库。

德·萨日娜、呼日乐吐什的《现代蒙古语多义动词意义分化规律的计量分析》(《中央民族大学学报（哲学社会科学版)》2016 年第 4 期）分析蒙古语多义动词，发现以下特征：蒙古语多义动词各义类均包括较大的词汇量，常用动词最容易分化成多义词，动词义在相同、相近义类内更容易分化成多义词，动词远距离义类之间不易产生分化，蒙古语多义动词的意义分化具有独立性，意义分化一般不会跨词类。

德·青格乐图的《关于蒙古语复合词的再认识问题》（《内蒙古师范大学学报（哲学社会科学版)》2016 年第 4 期）从蒙古文信息处理的角度审视蒙古语复合名词的特点和结构实质问题，阐明其结构实质是语义搭配问题，不是纯粹的语法搭配关系，并提出蒙古语复合词的研究应该归属于独立的构词法范畴的观点。

保朝鲁的《新编东部裕固语词汇》(内蒙古大学出版社 2015 年版）收集东部裕固语词汇，将其分为三部分，第一部分为固有词，第二部分为汉语借词，第三部分为藏语借词。

敖斯尔扎玛（Nandin-Erdene Osorjamaa）和尼玛扎布（Nansalmaa Nyamjav）的《蒙古语颜色命名实验》（Color Naming Experiment in Mongolian Language, *International Journal of Applied Linguistics & English Literature*, Vol. 4 No. 6; November 2015）对 16—74 岁的 300 名实验对象进行心理语言学联想实验，根据他们有关颜色词的回答，研究蒙古语颜色词，提出蒙古语有两个颜色命名范畴，基本颜色命名和非基本颜色命名，基本颜色名称有 7 个。

哈斯其木格的《达斡尔语动植物名称发微》（《满语研究》2015 年第 1 期）分析达斡尔语布特哈方言动物名称和植物名称词汇，提出达斡尔语家畜、农作物、蔬菜等与日常生活和经济活动关系密切的动植物名称具有总量少、派生词多、分类细，蒙古语同源词、汉语和满语借词较多等特点；而野兽、飞禽、树木、花草等与大自然的关系更为密切的名称具有总量多，派生词少，蒙古语同源词、汉语和满语借词少，达斡尔语固有词较多等特点。

马如彪的《〈华夷译语〉与东乡语词汇探讨》（《语言与翻译》2016 年第 1 期）以天文、地理、时令等 17 类（门）300 余条词汇为例，对比《华夷译语》中的词条和现代东乡语词汇，发现除少数方隅词外东乡语常用词汇基本上都能在《华夷译语》中找到，这些词汇在现代东乡语中语义有所扩大。

桑加、多杰东智的《青海蒙古语中的藏语借词研究》（《西北民族大学学报（哲学社会科学版)》2016 年第 1 期）以青海海西州乌兰县蒙古话中借用的藏语借词为例，从借词所涉及的语义范围入手，分析青海蒙古语中藏语借词的特点，并进一步揭示藏语借词逐渐被汉语借词取代的原因。

（四）其他

郭玲丽的《达斡尔语的空间范畴》(《中央民族大学学报（哲学社会科学版)》2016 年第 1 期）分析达斡尔语空间范畴，发现达斡尔语的空间范畴涉及空间的拓扑关系、指示系统、参照系统等诸多领域，太阳、房屋、高山、河流是主要空间参照框架，空间关系的变化主要依靠不同的语法形态即方位后置词来体现。存在动词属于“有在”型，是空间范畴中的必要考察对象。达斡尔语的空间范畴也可以通过隐喻映射到不同的概念领域。

包满亮的《东乡语情态词初探》（《中央民族大学学报（哲学社会科学版)》2016 年第 2 期）分析东乡语情态词，将东乡语情态词按其含义分为推断、肯定、显然、必须、强调、允许、可能等几种，认为东乡语情态的表现手段可有多种。

阿拉坦图雅的《蒙古语篇章衔接模式研究》（博士学位论文，内蒙古大学，2016 年）运用文学研究理论和篇章语言学理论，利用文学文本，从意义、语言、言语、语用四个角度，对蒙古语篇章语料的语义连贯（coherence）和形式衔接（cohesion）进行广泛而深入的研究。

马沛霆、佐藤畅治编著的《保安语汉语词典》（民族出版社2016年版），收录了2400余条保安语词条，列出了相应的汉译内容。

2015年公开出版的蒙古语族语言研究专著、词典等还有敖敏的《面向语音合成的蒙古语韵律结构研究》（远方出版社），阿拉坦苏和、套格敦白乙拉的《蒙古语句法结构的认知研究》（蒙古文，辽宁民族出版社），海银花的《面向信息处理的蒙古语名词语义研究》（内蒙古人民出版社），宝音乌力吉的《蒙古语规范词手册》（蒙古文，内蒙古人民出版社），吉仁尼格的《蒙古语词源学原理》（蒙古文，内蒙古教育出版社），文化的《卫拉特方言词汇与地域文化》（蒙古文，内蒙古人民出版社），苏都日·图木热的《达斡尔语四个方言对照》（内蒙古文化出版社），毕力格的《蒙汉满词典》（内蒙古科学技术出版社）。

四　满－通古斯语族语言研究

（一）语音和音系研究

哈斯巴特尔的《鄂温克语敖鲁古雅方言的元音》（《满语研究》2015年第1期）描写鄂温克语敖鲁古雅方言的元音，提出该方言有10个短元音、10个长元音、8个复合元音，长元音正处于向音位发展的过程中，复合元音分布不平衡，性质也不稳定，部分复元音仅出现于借词当中。

赵杰的《论泰来满语口语的语音变化特点——与清代满文音之比较》（《北方语言论丛》2016年第四辑）以清代新满文发音为坐标，对黑龙江省泰来县大兴镇依布气村的满语口语词汇的发音现象进行音变分析，以求得从清代满文到现代满语的音变规律。

尹铁超、张力的《满语元音a音值研究》（《满语研究》2016年第2期）以满语三家子方言为研究对象，使用声学数据分析满语口语a元音的舌位，认为该元音是低、不圆唇元音，比ɑ略靠前。

郑仲桦的《试论满语方言的小舌音》（《语言与翻译》2015年第3期）利用规范满语（满文）、爱辉县大五家子方言、泰来县依布气方言、富裕县三家子方言、京语方言以及锡伯语的二手语料，分析满语小舌音出现的语音环境，探讨了现代满语方言中元音和谐律解体对小舌音分布所产生的影响。

李文欣的《锡伯语“增音”的描述与分析》（《南开语言学刊》2015年第2期）采用生成音系理论对锡伯语“增音”现象进行分析，认为该元音的底层形式是一个空音段，在锡伯语的演变过程中，表层表达式中出现了词末以阻塞音结尾的新形式，但在底层表达式中这种形式的音段排列并未改变，阻塞音仍然位于元音前面。

（二）词法和句法研究

朝克的《敖鲁古雅鄂温克语表示程度的后缀》（《民族语文》2015年第5期）研究鄂温克语敖鲁古雅方言程度后缀，提出man、manna、mangar表示较高级程度的区分，ʧala、kan、falakan、kankanʧala表示较低级程度的区分。

孙明的《锡伯语口语中动词变化的特点》（《民族语文》2015年第1期）以新疆察布查尔锡伯自治县孙扎齐乡调查语料为对象，分析锡伯语口语动词时、态、式的变化特点，提出较之书面语，锡伯口语中动词的构形标记已出现明显的简化趋势。同时，在具体语境中完整的句子表达除使用动词构形标记外，有时还要结合使用分析性的词汇手段。

魏巧燕的《满语虚词研究》（博士学位论文，黑龙江大学，2016 年）依据词汇意义、句法功能和形态变化等标准采用三级分类法，将满语词分为实词和虚词两个大类后，对助动词、后置词、连词、联系动词、语气词等虚词的语法意义、语法功能和使用方法进行了分析研究。

宋菲菲的《满 - 通古斯语言语法关系标记手段考察——以满语和鄂伦春语为例》（《东方论坛》2015 年第 5 期）以满语和鄂伦春语为例考察满 - 通古斯语族语言的语法关系标记手段，提出该语族语言类型特征处在动态的发展中，语法关系的三种标记手段（格、一致关系和语序）都发挥着作用。

贾越的《满语格标记 - i 形态结构语法功能详析》（《满语研究》2015 年第 2 期）以从语言表层观察满语格的句法—语义互动关系为目标，分析研究了满语格标记 - i。满语格标记 - i 可以追加在名词、形容词、数量词、代词和动词上，构成“前接词 + - i”形态结构参与句子，主要表达主格、属格的工具格关系。

娜佳的《论杜拉尔鄂温克语格形态变化现象》（《满语研究》2015 年第 2 期）描写了鄂温克语杜拉尔方言的 13 种格形态，该方言除主格无标记外另外 12 种格均有特定的标记。

陈辰的《满语中的条件句式》（《华西语文学刊》2016 年第 2 期）基于原型理论定义“条件句式”，按照语义与形态句法的标准从清代书面满语中收集条件句式的例句，根据句子的语义、语用来分类，并认定了满语条件句式的原型，分析了各种非原型句式，从多个层次探讨条件关系的展现方式，以及原型句式与非原型句式之间的联系。

Andreas Hölzl 的《通古斯语言否定的类型学研究》（A Typology of Negation in Tungusic, *Studies in Language*, Volume 39, Issue 1, Jan 2015, pp. 118 – 159）从语言类型学的角度对整个满 - 通古斯语族语言的否定形式进行分析，将其分为三种模式：第一种是历史上最古老的模式，使用与乌拉尔语类似的否定动词；第二种是前一种的语法化形式；第三种是借自蒙古语的否定形式。

赵志强的《满语传据范畴初探》（《满语研究》2015 年第 1 期）分析满语的传据表达形式，提出满语依靠词汇手段表达传据意义，可以区分第一手信息（即知信息）、第二手信息（后知信息）和纯粹的风闻。满语属于三元传据的语言，表达方式有零方式和词语方式。

（三）语义研究

赵阿平的《满语词汇语义研究》（《西北民族研究》2015 年第 1 期）运用词汇语义学、文化语义学等理论方法，以清代典籍满语书面语词汇及相关满文文献、历史文化资料为研究对象，并以大量现存满语语音、语义、词汇、语法的语言材料为参考，从词汇学和语义学的角度对满语词汇语义具体问题进行系统深入的探讨，提出满语词汇研究对于揭示满语民族词汇特点和深入研究满族历史文化、民族关系等具有科学价值与参考意义。

江桥的《满语词义变化分析——以 buren 为例》（《满语研究》2015 年第 1 期）通过对《满文老档》《清实录》《清文鉴》《大清全书》《清文汇书》等文献的梳理，以 buren 为例分析满语词义变化，提出 buren 的语义在演变和发展过程中，均有其特定历史时间点的特殊语用形式。

时妍的《满语多义词的共性与个性特征探析》（《黑龙江民族丛刊》2015 年第 1 期）提出满语多义词除具有规律性、经济性、概括性、语境制约性和民族特性外，还具有鲜明的个性特征。例如与狩猎有关的词汇大多具有多义性，且词义的派生力强；人体器官词汇也有多义性，但是其词义所指不明确；美好、祝愿、积极向上的词汇都成为封谥用语；多义词的词义内容广泛，而引申义词性不丰富；满语动词的使动态和被动态与原型相比派生出了新义项等。

时妍的《满语方位词汇文化语义探析》（《满族研究》2015 年第 2 期）研究满语方位词汇

文化语义，提出满语方位词汇的语音和语义很大一部分继承了女真语，其语义演变不仅受词义引申规律的影响，同时也深受汉族文化和蒙古族文化的影响，从而构成满语方位词汇独特的语义演变模式和文化内涵。

崔宝莹的《满语渔猎词汇特点的语义场考察》（《满族研究》2016 年第 4 期）运用语义场理论考察满语渔猎词汇特点的同时，提出满语渔猎词汇在语义场视域下呈现层级细密繁多、民族特色突出、多维交叉等显著特点，并试图综合运用文化语言学的研究方法揭示其深层原因。

吴双的《满语人体词相貌隐喻初探》（《黑龙江民族丛刊》2015 年第 6 期）运用文化语言学和认知语言学理论，结合相关实例，从形象的相似和位置关系的相似两个方面分析满语人体词，并与汉语中的相关词语进行了比较。

（四）词汇研究

王国庆的《满通古斯语族同源词研究》（阳光出版社 2015 年版）对比分析分布在俄罗斯境内的九种通古斯语言（埃文基语、埃文语、涅吉达尔语、满语、乌利奇语、奥罗克语、那乃语、奥罗奇语和乌德盖语）的同源词，比较各语言的异同点，从而将其划分为若干语群，并得出各语言演变的规律及其亲疏关系。

晓春的《满语拟声词刍议》（《满语研究》2015 年第 1 期）提出满语拟声词多数为单音节或双音节的闭音节词，主要以辅音 r、ng、k、s、b 结尾，个别为开音节词。据音节结构特点，满语拟声词可分为单一式、重叠式、谐音式和对偶式 4 种。在句子中，满语拟声词主要作动词或动词短语的状语。

长山的《满语中汉语借词的演变轨迹考察》（《满语研究》2016 年第 1 期）根据“清文鉴”系列辞书收录词语情况，对满语中的汉语借词进行分析，发现清统治者对满语中的汉语借词采取沿用借词、翻译借词、改变借词形式、删除借词和继续借用汉语等措施，认为这一点反映了清代满语中汉语借词的演变轨迹。

（五）总论和综述

时妍的《满语词汇语义研究评述（1978—2015）》（《通化师范学院学报》2016 年第 7 期）对 1978—2015 年满语词汇语义研究论著进行综述，总结其特点，即注重运用满语词汇研究历史和文化；注重对个别词汇和类别词汇的研究；注重满语与满 - 通古斯语族内部诸语言及满语和汉语、蒙古语族、突厥语族等诸语言之间的比较研究；注重满语词汇的应用性研究，如满语文献的翻译、满汉文词典的编纂等。

顾松洁的《锡伯语研究综述》（《满语研究》2016 年第 2 期）总结概括从 1979 年至今近 40 年间的锡伯语研究概况，提出国内外的锡伯语文研究主要围绕锡伯语、锡伯文、锡伯语口语与书面语、锡伯语与满语、锡伯语中的借词、锡伯语文使用情况调查等主题而进行。

史维国、喻二霞的《20 世纪 80 年代以来鄂伦春语研究综述》（《哈尔滨师范大学社会科学学报》2016 年第 4 期）梳理 1986—2015 年的 30 年间国内鄂伦春语研究论著，从语言本体研究、使用现状研究、与其他语言之间的对比研究、语言保护研究、语言研究与教学 5 个角度进行了综述。

五　朝鲜语研究

朝鲜语是未确定系属的语言。学界主张朝鲜语属于阿尔泰语系的观点占优势，但也不是最后的定论。朝鲜语和阿尔泰诸语言比较，有很多共同特征，但它们之间未能确立精确的语音对应规律。中国的朝鲜语主要分布在黑龙江省、吉林省、辽宁省。从已收集到的有关研究成果看，2015—2016 年朝鲜语的研究成果所涉语音学、词汇学、语法学、语言演变与历史比较语言学、实验语音学与计算语言学、对比语言学、社会语言学与语用学等领域。

（一）语音研究

2015—2016 年朝鲜语语音研究主要涉及文献语音特征、标记法等方面，具有代表性的成果为《试论〈翻译老乞大（上）〉的语音特征》《近代朝鲜语标记法研究：以〈译语类解〉和〈华语类抄〉为中心》《哈尔滨地区朝鲜语音韵体系考察》《朝鲜语语音论》。

马元杰的《试论〈翻译老乞大（上）〉的语音特征》（朝鲜文）（《中国朝鲜语文》2016 年第 1 期）阐述《翻译老乞大（上）》是由朝鲜朝著名声韵学者崔世珍（1473—1542）在 16 世纪初对高丽时期书籍《老乞大》进行朝鲜语谚解后出版的一部汉语会话教科书。该文试从语言的三要素之一——语音的角度出发，对《翻译老乞大（上）》中所出现的语音特征进行分析与归纳以便翔实地了解当时语音原貌。

金哲俊的《近代朝鲜语标记法研究：以〈译语类解〉和〈华语类抄〉为中心》（《中国朝鲜语文》2016 年第 2 期）一文对刊行年代相差约 200 年的《译语类解》和《华语类抄》标记法进行了详细的研究。这两本近代朝鲜语时期的文献，给我们提供了长达 200 年的朝鲜语标记法的演变过程。

王美子的《哈尔滨地区朝鲜语音韵体系考察》（《中国朝鲜语文》2016 年第 4 期），主要以哈尔滨及周边地区的朝鲜语为研究对象，调查音系全貌之后推断其方言体系为东南方言，并研究了哈尔滨地区朝鲜语音韵现象和音韵特点。

金哲俊编著的《朝鲜语语音论》（延边大学出版社 2016 年版）是以 20 世纪 70 年代开始到 21 世纪期间，延边大学以内部刊物形式出版的有关朝鲜语语音论著为主编写的，分为 4 个部分：第一部分是延边大学中文系朝鲜语教研室在 1973 年发行的《朝鲜语语音论》，第二部分是延边大学函授部在 1980 年发行的金基钟编写的《朝鲜语语法（语音部分）》，第三部分是延边大学朝文系在 1995 年发行的金东益、姜银国编写的《朝鲜语语法（语音部分）》，第四部分是延边大学出版社出版的金哲俊编的《现代朝鲜语（语音部分）》。

（二）词汇研究

词汇研究涉及词汇的构词法、词汇的语义等，具代表性的成果为《论朝鲜语象征副词的构词方式及文化内涵》《韩国语汉字前缀的兼类现象》《韩国语移动动词“naerida”的语义学分析》《词义的非范畴化特征——以韩国语称谓敬语“两班”为例》《韩国语后缀“ja”（者）系列人物指称语的形态及语义特征分析》《概念整合视域下朝鲜语隐喻性合成名词的语义结构研究》。

崔松虎的《论朝鲜语象征副词的构词方式及文化内涵》（《延边教育学院学报》2015 年第 1 期）认为象征副词通过人们对事物声貌状态的主观诠释和辨别，再由本民族语言的音位系统模拟产生。客观事物的性质或状态可以在象征副词中体现。在朝鲜语中，象征副词以复杂多样的构词方式反映出朝鲜民族独有的构词心理及文化情结。论文重点考察朝鲜语象征副词，研究其构词方式及使用特点，在此基础上试图探寻它所折射出来的民族文化内涵。

赵岩的《韩国语汉字前缀的兼类现象》（《解放军外国语学院学报》2015 年第 3 期）认为韩国语汉字前缀的范畴边界存在模糊性，部分汉字前缀同时具有词根、冠词、副词、后缀、依存名词等兼类功能，这种现象称为汉字前缀的兼类现象。根据兼类功能把兼类汉字前缀划分为

3 个典型性层级。其中兼有词根功能的汉字前缀的数量最多，它是词根功能向前缀功能演变的过程中保留下来形成的。兼有词根、冠词功能的汉字前缀数量较多，它是能产性较强的前缀功能在向冠词功能演变的过程中与词根功能共同保留下来形成的。

柳新生的《韩国语移动动词“naerida”的语义学分析》（《齐齐哈尔大学学报（哲学社会科学版）》2015 年第 3 期）指出韩国语中的移动动词“naerida”是一个多义词，由于其适用范围的转移和比喻表达导致其词汇意义从“向下移动”派生出多种意义。论文通过阐释韩国语移动动词“naerida”如何由基本意义扩大到其他意义的过程，揭示“naerida”的意义派生规则，从而希望能帮助韩国语学习者正确理解韩国语移动动词。

李丹的《词义的非范畴化特征——以韩国语称谓敬语“两班”为例》（《延边大学学报（社会科学版）》2015 年第 6 期）指出称谓词最能反映社会生活、心理状态和人际关系的变化。“两班”是封建身份等级社会文化的折射，某种程度上可以说是封建等级社会不平等的“代名词”。反映儒家礼文化核心“分”思想的称谓敬语“两班”，其语义范畴的扩展经历了一个动态变化的过程，随着社会体制、政治体制的变迁，为适应新情况的需要，实现新的突破，新的语义关系被建立，最终完成了由成词语素向词缀语素的转变。

王克的《韩国语后缀“ja”（者）系列人物指称语的形态及语义特征分析》（《语文学刊·外语教育教学》2015 年第 11 期）认为后缀“ja”（者）系列人物指称语在韩国语词汇中占了很大的比重，后缀“ja”（者）参与构词能力强、词汇量大，且所构成词汇的形态与意义较为复杂。论文对后缀“ja”（者）系列人物指称语的形态、语义进行考察，即对其语源、构词等形态特征、概念意义和感情意义进行探讨，并分析形态与语义之间的关系。

赵岩、金京淑的《现代朝鲜语汉字前缀的标记》（《中国朝鲜语文》2016 年第 1 期），认为汉字前缀是现代朝鲜语中数量多、能产性强的一类汉字语素。该文通过大规模语料库将汉字前缀在实际使用中的标记形式分为汉字音标记、汉字音和汉字并列标记、汉字标记三类，并对汉字前缀标记中出现汉字的情况进行分类研究和具体考察。

孟庆鑫的《概念整合视域下朝鲜语隐喻性合成名词的语义结构研究》（《韩国语教学与研究》2015 年第 1 期），以朝鲜语隐喻性合成名词为研究对象，从认知语言学的概念整合理论的角度解释了“两个在逻辑上无法结合的名词如何通过隐喻构成合成名词”的问题。首先，根据隐喻对构词要素的作用与否，将朝鲜语隐喻性合成名词划分为“隐喻性修饰名词 + 核心名词”“修饰名词 + 隐喻性核心名词”“隐喻性修饰名词 + 隐喻性核心名词”三大类，再以几个典型的朝鲜语隐喻性合成名词为例，基于概念整合理论，试析其语义结构。根据概念整合理论，认知主体首先建立起两个输入空间，各输入空间中的要素通过部分跨空间映射进行对应连接，之后被选择性投射到合成空间中进行整合，产出新的层创结构，进而创造出隐喻性合成名词并赋予其新的语义内涵。

严英爱的《朝鲜语自他动词用法分析》（《语文学刊》2016 年第 3 期）认为，在朝鲜语自他动词的学习中，准确掌握其用法是非常重要的。文章从自他动词的形态上进行说明，减少对自他动词的误用，促进朝鲜语的学习。

（三）语法研究

语法研究涉及句法结构、形态句法、语法化等，具代表性的成果为《朝鲜语对话中关系从句的语义功能》《韩礼德系统功能理论视野下的韩国语主位结构研究》《朝鲜语连接词尾“（eu）ni”的语法化研究》《生命度与格助词省略》《朝鲜语时态语素 ət 语法意义分析》。

李春的《朝鲜语对话中关系从句的语义功能》（《民族语文》2015 年第 1 期）认为，朝鲜语关系从句中心名词的语义类型有人物、事件、事物、时间、处所、样态六类。其中指人和指物类关系从句的篇章功能主要为命名功能，指事类关系从句的篇章功能主要为追踪功能。

李宁、郑杰的《韩礼德系统功能理论视野下的韩国语主位结构研究》（《延边大学学报（社会科学版）》2015 年第 2 期）认为主位（theme）不同于主语（subject）或是主题（topic），主位是韩礼德系统功能语言学中的一个重要概念，是指小句信息的起点，可以识别为小句第一个位置上的成分，主位标记不仅有“－eun/neun”，还有“－ga/i”和“零标记形式”。论文在陈述、疑问和祈使这三种不同语气下，探讨韩国语主位的标记性问题，可以发现，韩国语存在着复项主位，即语篇主位、人际主位和主题主位，而且三者可以同时共现。因此，可以说，韩国语有其特定的主位推进模式。

郑慧的《韩国语否定副词“an”和“mot”的句法分析——兼谈与汉语“不、没”的对比》（《东北亚外语研究》2015 年第 3 期）认为韩国语否定副词“an”“mot”都用来表示否定，但在句法方面存在很多差异。而这些差异也成为韩国语学习者产生偏误的原因之一。论文着重分析“an”和“mot”的句法差异，主要从句法功能、搭配限制等方面对其进行分析，同时和汉语中的否定副词“不”“没”进行对比。

黄仙姬的《朝鲜语连接词尾“（eu）ni”的语法化研究》（《延边大学学报（社会科学版）》2015 年第 6 期）从语义特征和句法结构两个方面入手，对朝鲜语连接词尾“（eu）ni”进行历时比较研究发现：现代朝鲜语连接词尾“（eu）ni”、“（eu）ni-kka”和中世朝鲜语连接词尾“ni”，都可以表示前后半句的因果关系、条件关系、依据关系，现代朝鲜语连接词尾“（eu）ni”“（eu）ni-kka”的句法结构特征与中世朝鲜语连接词尾“ni”相比较，在时制标记和疑问标记的组合使用中呈现出差异，认为现代朝鲜语连接词尾“（eu）ni”“（eu）ni-kka”是从中世朝鲜语连接词尾“ni”演变而来，连接词尾“（eu）ni-kka”是“（eu）ni”的变异形。

李连姬的《关于“jom”的功能研究》（《中国朝鲜语文》2016 年第 1 期），主要考察了程度副词“jom”的句法、语义特点及语用功能。“jom”除了程度副词的修饰功能以外，还具有多种功能。在实际谈话中，其在语义的逐步扩张而成凸显“恭敬、强调、否定、回避”等语用功能的谈话标记。

张晓宇的《连接语尾“ryeogo”和“goja”的研究》（《中国朝鲜语文》2016 年第 3 期）阐述了“ryeogo”和“goja”的语法化成因与语法化路径，在此基础上分析两者句法特征的异同点。

金忠实的《生命度与格助词省略》（《中国朝鲜语文》2016 年第 4 期）认为，朝鲜语格助词的省略都是音韵学、句法学及功能语法中比较关注的主题，以往的研究都是以音韵、句法、功能等语言内部的概念来解释朝鲜语格助词的省略，而该文引入生命度概念，揭示了主格助词、副词格助词和宾格助词的省略现象。论文首先简要介绍了生命度这一理论，提出了格助词省略受生命度和生命度层级的制约现象，揭示了生命度高的第一、第二人称代词当主语时，主格助词省略不受制约，一般名词当状语时，副词格助词省略受制约，而固有名词当状语时，助词省略不受制约；当宾语的名词生命度低于主语的生命度，格助词的省略不受制约，反之，格助词的省略受生命度层级制约。

娆巍的《连接语尾“－daga”的语法意义和用法研究》（《中国朝鲜语文》2016 年第 5 期）认为，朝鲜语连接语尾“－daga”在汉语中没有与其相对应的接词或连词，因此对学习者和教育者来说都是一个比较难的语法现象。论文分析了“－daga”的语法特征和语法意义，并以此为基础对“－daga”前后句的制约条件与语义关系进行了分析。

黄仙姬、金基石的《朝鲜语〈金刚经谚解〉中的因果复句研究》（《东疆学刊》2016 年第 3 期）认为，在《金刚经谚解》中，因果标记“故 ro”和因果连接词尾“r sʌi”“ni”可以自由地组合使用。因果连接词尾“ni”“rssʌi”“rsʌi”，因果标记“故 ro”不受主语同一性的限制，可以与否定词自由地组合使用。因果连接词尾“ni”“rssʌi”“rsʌi”可以与主体尊敬词尾“si”组合使用。在谚解中，因果连接词尾“ni”适用于现在、未来、过去三种时制的词尾，而因果连接词尾“rssʌi”“rsʌi”只和未来时制词尾组合使用。因果连接词尾“ni”在谚解中，可以与疑问词自由地组合使用，而因果连接词尾“rsʌi”“rssʌi”不能直接与疑问词组合使用。

朝鲜语是富于形态变化的语言，主要通过添加不同词尾来表示复杂的语法意义。金香花、崔莲花的《朝鲜语时态语素 ət 语法意义分析》（《延边大学学报（社会科学版）》2016 年第 4 期）认为，朝鲜语时态语速 ət 是附着性较强，出现频率较高的语素。语素 ət 主要出现在动词或形容词后面，它表示的语法意义受这些谓词词义影响。语素 ət 出现在非持续动词后时，表示完结意义；出现在持续动词后时，表示过去意义。

裴金梅的《解放后朝鲜语敬语形态变化研究》（博士学位论文，延边大学，2016 年），对新中国成立后发行的朝鲜语文献中的谈话体进行整理与分析，从而找出朝鲜语敬语形态的变化现象。论文将新中国成立后到 21 世纪初期划分为解放初期和中韩建交之后这两个部分，每个时期的文献资料，都按人际关系、年龄、性别等进行分类整理，并分析不同的人际关系、不同年龄、不同性别的人们之间的对话中敬语形态的具体使用情况。

（四）语言演变与历史比较语言学研究

因朝鲜语的系属问题，朝鲜语历史语言学的研究格外重要，但其研究离不开汉语音韵学的相关知识，多年来研究成果理论水平很难提高。2015—2016 年朝鲜语语言演变与历史比较语言学的研究涉及朝鲜语发展史、汉字音、系属问题等，具代表性的成果为《中国朝鲜语发展历史研究》《15 世纪至 19 世纪朝鲜语敬语法的演变》《韩语汉字的“一字多音”现象》《再论朝鲜汉字音中的 * -t > -l 现象》《韩语字母“·”所表记的音值及其音变路径》《客、粤、闽方言与朝鲜汉字音的［-m］韵尾比较》《中世朝鲜语齿音再考——以中古汉语为视角》。

金光洙的《中国朝鲜语发展历史研究》（延边大学出版社 2015 年版）一书整理了作为少数民族语言的朝鲜语在中国的形成及发展的整体过程，深入探讨分析中国朝鲜语整体特征，是以崭新的视角对朝鲜语进行历史研究的开拓性的作品。该书能为中国朝鲜族语言、文化、教育等方面的研究提供理论依据。

姜美花的《15 世纪至 19 世纪朝鲜语敬语法的演变》（《延边大学学报（社会科学版）》2015 年第 3 期），将 15 世纪朝鲜语敬语法主要分为主体敬语法、客体敬语法、听者敬语法。随着时代的发展与变化，朝鲜语敬语法体系也发生了相应变化。特别是 15—19 世纪的演变过程中，客体的模糊性以及“说话者 = 主体、听者 = 客体”的谈话环境使客体敬语词尾的语法功能转向于尊敬听者。因此，到了 19 世纪，以敬语词尾所表现的客体敬语法已消失，听者敬语法得到了不断的强化，以致演变成为主体敬语法、听者敬语法的二元体系。

朴爱华的《韩语汉字的“一字多音”现象》（《民族语文》2015 年第 3 期）认为现代韩语中部分汉字“一字多音”，造成这种现象的原因主要有：借入古汉语一形多音多义的汉字、借入古汉语有通假现象的汉字、受韩语固有词音节特点影响、受语流音变影响等方面。

金永兰的《再论朝鲜汉字音中的 * -t > -l 现象》（《民族语文》2015 年第 5 期）指出国内外的学者对朝鲜汉字音中 * -t > -l 现象尚有不同的看法。论文在考察文献记载的基础上，以朝鲜语的方言资料作为旁证，认为朝鲜汉字音中 * -t > -l 现象是因为受到内部和外部双重因素的影响。

王奕桦、潘悟云的《韩语字母“·”所表记的音值及其音变路径》（《民族语文》2015 年第 6 期），结合各方面资料提出《训民正音》记载韩语字母“·”的音值，并尝试解释韩语中“·”所表记的音位从被记录到最终消失的音变路径。

金光洙的《关于中国朝鲜语的演变》（《中国朝鲜语文》2015 年第 6 期）认为语言承载着使用该语言的民族的历史、文化、习俗及思维方式。论文对中国朝鲜语的使用现状与发展变化进行详尽考察，使我们了解中国朝鲜语的演变过程及其特点。

张晓曼的《语言接触视域下汉语对韩国语影响研究》（《东北师大学报（哲学社会科学版）》2015 年第 6 期），以接触语言学理论为指导，探讨汉语对韩国语在语音、词汇、语法以及文字创制等方面的影响，发现并梳理汉语对韩国语的历时与共时影响，试图把这一研究应用于我国的汉语国际教育事业之中。

金英兰的《客、粤、闽方言与朝鲜汉字音的［-m］韵尾比较》（《中国朝鲜语文》2016 年第 1 期），主要考察了中古音的［-m］韵尾在客、粤、闽方言和朝鲜汉字音里的对应情况。中古音的［-m］韵尾在朝鲜汉字音里完好地保留下来，但在客、粤、闽方言中除了保留［-m］韵尾的情况以外，还有以［-n］、［-p］、［-ŋ］等韵尾的形式对应。其原因是受到“首尾异化”“阴阳对转”“类推”等作用的影响。

苏磊的《中世朝鲜语齿音再考——以中古汉语为视角》（《中国朝鲜语文》2016 年第 4 期），首先将朝鲜语与汉语的音位概念一致化，以 IPA 为标尺将其排列其中，而后以汉语音韵为视角，结合蒙古语、日本语的例子，重新探讨朝鲜语中所有齿音字母的音值、齿音颚音化音变、齿音浊音化音变等与齿音相关的几个问题。

夏艳的《阿尔泰语系下朝鲜语归属问题研究回顾及展望》（《湖北第二师范学院学报》2016 年第 3 期）指出，阿尔泰语系语言的比较研究已经进行了 200 多年，而有关朝鲜语语系的归属研究却只有从论文到文献的理论积累，实地调查和比较研究十分匮乏。论文认为，在梳理有关朝鲜语归属国内外研究动态基础上，进行朝鲜语归属问题研究价值及研究内容的展望十分必要，这将为进一步的理论研究奠定框架基础。

（五）实验语音学与计算语言学研究

2015—2016 年朝鲜语实验语音学与计算语言学的研究成果为《对汉族学生发音的朝鲜语紧音的物理声学考察》《论音节式文字子母分离的音韵论基础其自动处理方法》《朝鲜语歧义句歧义消解的实验声学验证》《基于新闻语料库的朝韩词汇对比研究》。

金哲俊的《对汉族学生发音的朝鲜语紧音的物理声学考察》（《中国朝鲜语文》2016 年第 1 期），认为朝鲜语和汉语不仅在语系上有着差异，而且音系上也有着很大的差异。朝鲜语是属于黏着语，而汉语是属于孤立语；朝鲜语在音系上有松音、送气音、紧音对立，而汉语只有松音和送气音的对立。因此，对汉语话者来说，朝鲜语的紧音发音有一定的难度。论文运用实验语音学的研究方法，主要研究考察汉族学生的朝鲜语紧音的发音情况。

杨夏石的《论音节式文字子母分离的音韵论基础其自动处理方法》（《中国朝鲜语文》2016 年第 1 期），认为朝鲜文字虽为拼音文字，却以音节为单位，其音节式音素键以音节与音韵（辅音与元音）为基础，因此子母分离只能根据音韵论原则进行。论文在阐明音韵的孤立性、离散性、顺序性、立体性的基础上，提出了建立子母自动分离资料库、知识库及其应用方式。

崔丽娜的《朝鲜语歧义句歧义消解的实验声学验证》（《中国朝鲜语文》2016 年第 5 期），初步探讨如何运用声学实验来说明消除朝鲜语中的歧义，弄清歧义句的确切语义，运用实验语音学的方法从讲话者的角度研究了句法歧义消歧时的韵律表现。

随着计算机技术的飞速发展，语料库在语言学相关研究领域发挥着越来越重要的作用。毕玉德、赵岩的《基于新闻语料库的朝韩词汇对比研究》（《东北亚外语研究》2016 年第 3 期），选取朝鲜《劳动新闻》和韩国《中央日报》的新闻语料分别建立朝鲜语和韩国语新闻语料库，对语料库中的高频语节进行统计分析，从语节中实词的词形、词源、词义三个方面对朝韩新闻词汇的使用特点和规律进行描写和阐释。对朝韩新闻语料中的词汇进行对比研究，有助于全面把握现阶段朝韩词汇的实际使用状况并预测词汇未来的发展趋势。

（六）对比语言学研究

对比语言学的研究成果为《朝鲜语汉字词与对应现代汉语词汇对比研究——以双音节汉字词为中心》《韩国语汉字收音与日语汉字音对应关系研究》《关于“自己”的朝汉对比研究》《汉语无条件让步句在朝鲜语中的对应形式研究》《论跨界移位与英汉朝动词空缺句的生成机制》。

王金霞的《朝鲜语汉字词与对应现代汉语词汇对比研究——以双音节汉字词为中心》（《黑河学院学报》2015 年第 1 期）认为，朝鲜语与汉语属于不同的语系，但朝鲜语从汉语借用的汉字词却占词汇总数的半数以上。根据两者形和义的对应性，可以将汉字词分为同形同义汉字词、同形异义汉字词和同义异形汉字词。论文从比较语言学的角度对其进行对比研究，发现朝鲜语汉字词与其对应的现代汉语词汇的异同有规可循。

周琨的《韩国语汉字收音与日语汉字音对应关系研究》（《语文学刊》2015 年第 11 期）认为，古汉语入声［p］［t］［k］和阳声韵尾［m］［n］［ŋ］在韩国语汉字音中体现为六个收音，在日语中以长音、拨音和促音等形式体现。论文通过对从《面向中国韩语学生的核心同形词》（5538 个）中提取的符合特征的 252 个个体组成的样本展开对比分析，揭示韩国语汉字收音与日语汉字读音的对应关系，从而给外语学习和中日韩汉字古音研究提供工具和材料。

金姬淑的《关于“自己”的朝汉对比研究》（《中国朝鲜语文》2016 年第 1 期）认为，朝鲜语和汉语作为两种语言，在语意方面具有很多相同点和不同点。朝鲜语“jagi”是从汉语的“自己”借用的汉字词，是经常使用的词语。两个词语都具有丰富的词义，适用范围广，但不是在任何情况下两词都能完全对译。论文通过比较它们的共同点和不同点，论述了在具体的语言环境中应该怎样对它们进行互译。

李明达的《汉语无条件让步句在朝鲜语中的对应形式研究》（《延边大学学报（社会科学版）》2016 年第 4 期）认为，汉语的无条件让步句在朝鲜语中有以下几种形式：并列式在朝鲜语可以用连接词尾、副词、添意词尾、惯用型及组合来表现；然否式在朝鲜语中与汉语一致；对立式在朝鲜语中的对应形式有直接翻译，也可以用连接词尾表示；总括式基本可以像汉语一样，使用疑问词或表示程度的词与表示无条件让步的词语组合来表达无条件性。

关珊珊、张贞爱的《论跨界移位与英汉朝动词空缺句的生成机制》（《东疆学刊》2016 年第 3 期），以约翰逊（Johnson）动词空缺句理论为基础，通过英汉朝动词空缺句对比分析，证明了跨界移位概念对动词空缺句的解释力。在此基础上，重新分析了动词空缺句中的并列层级以及并列体间的共享成分，修正了跨界移位的允准条件：动词空缺句的并列层级为 VP，处于 VP 层级上的两个并列体 VP1 和 VP2 间的共享成分为 V。这一变化使跨界移位视角下动词空缺句的生成模式发生了改进。

（七）社会语言学与语用学研究

2015—2016 年朝鲜语社会语言学与语用学的研究涉及朝鲜语使用、朝鲜语规范、言语行为等领域，代表性成果为《中国境内朝鲜语使用标准研究》《朝鲜语谓词现状及统一方案研究》《朝鲜语规范集》《语用学视角下的韩国语非真诚道歉言语行为》。

金永寿、金莉娜的《中国境内朝鲜语使用标准研究》（延边大学出版社 2015 年版）一书在充分吸收朝鲜语语音、词汇、语法、文字等本体研究成果的基础上，借鉴韩国和朝鲜的语言文字标准化工作成果，从科学发展观的角度分析朝鲜语言文字规范与朝鲜语发展之间的关系，探讨朝鲜语言文字制定和施行的规律。

金琪钟的《朝鲜语谓词现状及统一方案研究》（延边大学出版社 2016 年版）一书对谓词的分类标准和谓词的类别以及对于语法研究中提出的“象征词”“助词”“存在词”等词汇作了解答。并且对动词、形容词的区分标准里出现的“相范畴”“中动性”及与谓语统一方案相关的“语尾”和“助词”进行分析，同时给出了相应的正确用法。该书侧重于句法层面的谓词研究，强调其实用性，为朝鲜语的正确使用和统一方案作出了贡献。

金永寿、金光洙、金哲俊编写的《朝鲜语规范集》（延边大学出版社 2016 年版）是根据中国朝鲜语规范委员会编写的 2007 年版《朝鲜语规范集》修订、补充而成的，主要由朝鲜语名词术语规范原则、词汇规范细则、方言词汇规范细则、自然科学技术用语规范原则、外来语标记细则、外来人名标记细则、地名标记细则等内容构成。

陈艳萍、王璐的《语用学视角下的韩语非真诚道歉言语行为》（《韩国语教学与研究》2016 年第 1 期），试从塞尔言语行为适切条件出发探究韩国语非真诚道歉言语行为发生的条件，运用语料分析法，举例说明了非真诚道歉言语行为的具体表现形式，进而总结出非真诚道歉的彰显个人素质及和谐维护取向的积极语用功能，得出韩国语非真诚道歉言语行为具有语言表达的程式性和在疏远关系中使用较多的特点。

（八）小结

2015—2016 年，朝鲜语研究在成果数量和研究的广度、深度上都取得了一定的成果，首先，对语音、语法现象进行共时描写的论文比往年增加不少；其次，对语法、词汇等现象的分析和解释更加注重普遍理论和方法论的运用和实践。总体而言，2015—2016 年朝鲜语研究显示出以下两个显著特点。

1. 对朝鲜语共时描写分析是研究的主流，相关的研究成果在全部成果数量中占极大的比重。其中，语法研究尤为突出，这表明随着新的语法理论的不断涌现，语法研究呈现蓬勃发展的趋势。

2. 历史比较研究的深化也是值得关注的特点，对于朝鲜语的历史探讨，更加密切地结合汉语的材料展开，弥补了朝鲜语文献材料的不足，也为语言历史的溯源提供了便捷高效的途径。

文献索引

阿尔泰学说和阿尔泰语系语言对比研究论著

1. Burykin, Aleksey. Methods of Comparative Linguistics-the Altaic Theory and the Turko-Mongolic Language relations, Урало-алтайскиеисследования, 2015, Vol. 04 (19), pp. 93 – 105.

2. Dybo, Anna. New Trends in European Studies on the Altaic Problem, Voprosy Jazykovogo Rodstva, 2016, Vol. 14 (1 – 2), p. 71.

3. Karaslar, Selda. Altaic Languages Passivity Suffix, Idil Sanatve DilDergisi, 01 October 2015, Vol. 4 (18).

4. Rassadin, Valentin. I. Lexicon of inanimate Nature in the Turko-Mongolic Language Affinity, Урало-алтайскиеисследования, 2015 Issue No: 04 (19) Page Range: 81 – 92.

5. Robbeets, Martine. *Diachrony of Verb Morphology: Japanese and the Transeurasian Languages*, Edited by Volker Gast, Published by Walter de Gruyter GmbH, Berlin, Germany, 2015.

6. Robbeets, Martine. Proto-Trans-Eurasian: Where and When? in *Man In India*, Vol. 95, 2015 (4): pp. 17 – 43.

7. Robbeets, Martine (ed.). *Transeurasian Linguistics* (4 volumes). Routledges Critical Concepts in Linguistics series. London: Routledge, 2016.

8. Robbeets, Martine. Transeurasian Basic Verbs: Copy or Cognate? In: Csató, Éva; Karakoç, Birsel&Menz, Astrid. The Uppsala Meeting. Proceedings of the 13th International Conference on Turkish Linguistics. Wiesbaden: Harrassowitz, 2016, 199 - 212.

9. Blazek, Vaclav & Schwarz, Michal. Numerals in Mongolic and Tungusic Languages with notes to Code-switching, 알타이학보（韩国阿尔泰学报）, 2016, Vol. 26, p. 132.

10. 长山：《满语中蒙古语借词的特点分析》，《满族研究》2015 年第 1 期。

11. 陈新义：《中国北方阿尔泰语言序类型研究》，中国社会科学出版社 2015 年版。

12. 贾晞儒：《撒拉语和蒙古语关系词探究——读〈撒维汉词典〉有感》，《西北民族研究》2016 年第 3 期。

13. 力提甫·托乎提：《重新认识阿尔泰语功能类的句法属性》，《民族语文》2015 年第 2 期。

14. 李遐：《维吾尔语陈述语气功能语用分析》，《中央民族大学学报（哲学社会科学版）》2016 年第 4 期。

15. 帕提曼·比都拉、陶·布力格：《蒙古语—哈萨克语部分词同源关系研究》，《语言与翻译》2015 年第 1 期。

16. 文化：《论蒙古语 mal 与 aduγun》，《满语研究》2015 年第 2 期。

突厥语族语言研究论著

1. Abdurishid Yakup, Focus in Turkish and Uyghur. A Preliminary report on an Ongoing Contrastive Investigation, *Turkic Languages*, Vol. 20, 2016: 113 - 131.

2. Aminem Memtimin, *Language Contact in Modern Uyghur*, Published by Harrassowitz Verlag, Wiesbaden, Germany, 2016.

3. AminemMemtimin, Volitional moods in Modern Uyghur, *Turkic Languages*, Vol. 20, 2016: 234 - 245.

4. Barry, Daniel. Laryngeal features and vowel length in Turkic, *Turkic Languages*, Vol. 20, 2016, 186 - 204.

5. ÖzgünKoşaner, Numerals in Turkish, *Open Journal of Modern Linguistics*, 2016 (6): 131 - 147.

6. 阿克里·先木西：《维吾尔语表语系动词结构研究》，民族出版社 2016 年版。

7. 阿力木江·托乎提：《维吾尔语连词的句法特征》，《民族语文》2015 年第 5 期。

8. 阿娜尔古丽·马哈提、张定京：《哈萨克语附加成分 - sˇA》，《新疆大学学报（哲学·人文社会科学版）》2015 年第 5 期。

9. 阿依克孜·卡德尔：《维吾尔语名词的有定与无定》，《语言科学》2015 年第 6 期。

10. 阿依克孜·卡德尔、徐春兰：《汉维语名词的话题化及其句法功能》，《中央民族大学学报（哲学社会科学版）》2015 年第 1 期。

11. 艾则孜·阿不力米提、艾扎木·艾拜都拉：《浅谈现代维吾尔语的音位》，《双语教育研究》2015 年第 4 期。

12. 才甫丁·依沙克：《浅谈柯尔克孜语与维吾尔语语音差异及其成因》，《和田师范专科学校学报》2015 年第 2 期。

13. 陈宗振：《关于〈突厥语大词典〉某些词的长元音问题》，《民族语文》2015 年第 4 期。

14. 陈宗振：《关于维吾尔语言史研究的几个问题》，《双语教育研究》2015 年第 4 期。

15. 陈宗振：《维吾尔语史研究》，中国社会科学出版社 2016 年版。

16. 陈宗振：《西部裕固语某些词的文化底蕴》，《青海民族研究》2016 年第 2 期。

17. 范晓婷：《维吾尔语边界前音段延长的声学语音学研究》，《伊犁师范学院学报（社会科学版）》2015 年第 1 期。

18. 方晓华：《维吾尔语情态范畴刍议》，《双语教育研究》2016 年第 3 期。

19. 高翔：《维吾尔语中的波斯语、阿拉伯语借词研究》，博士学位论文，中央民族大学，2016 年。

20. 哈尔木拉提·依明：《维吾尔语塔城话及其研究现状》，《伊犁师范学院学报（社会科学版）》2016 年第 3 期。

21. 胡传成、张琦、安德源、李少平：《维吾尔语词汇语法大纲》，民族出版社 2016 年版。

22. 胡传成、张琦：《基于语料库的维吾尔语自主和非自主动词探讨》，《喀什大学学报》2016 年第 1 期。

23. 李慧慧：《维吾尔语同义词抉微》，《双语教育研究》2016 年第 3 期。

24. 李燕萍：《维吾尔语动词“ʧiqmɑq”多义范畴的语义延伸机制》，《语言与翻译》2015 年第 2 期。

25. 力提甫·托乎提：《论维吾尔语的连词短语》，《民族语文》2016 年第 1 期。

26. 马伟：《撒拉语形态研究》，中国社会科学出版社 2015 年版。

27. 马伟：《撒拉语中的藏语借词čo——一个突厥语与藏语深度接触的实例》，《民族语文》2015 年第 5 期。

28. 马伟：《撒拉语名词（短语）的有定与无定范畴》，《语言研究》2015 年第 2 期。

29. 木再帕尔：《维吾尔语 bayat、ki čik、bala 词源考》，《民族语文》2015 年第 1 期。

30. 木再帕尔、高莲花：《维吾尔语乌什话语音特点》，《满语研究》2015 年第 2 期。

31. 乃比江·艾比布拉：《维吾尔语和田方言中保留的中古突厥语词法特征——以〈突厥语大辞典〉为例》，《喀什师范学院学报》2015 年第 1 期。

32. 努润古丽·马木提：《维吾尔语阿图什方言亲属称谓初探》，《延边教育学院学报》2015 年第 2 期。

33. 帕提曼·比都拉、阿力肯·阿吾哈力：《古代突厥语词在哈萨克语中的演变》，民族出版社 2015 年版。

34. 潘艳兰：《生成语法视角下维吾尔语“S + V”结构的深层句法分析》，《喀什大学学报》2016 年第 5 期。

35. 舍秀存：《撒拉语语音研究》，上海大学出版社 2015 年版。

36. 司马义·阿不都热依木：《维吾尔语罗布泊方言中形态多样性的成因分析》，《民族语文》2016 年第 2 期。

37. 吐尔逊·卡得：《维吾尔语词重音的形式判断》，《语言与翻译》2015 年第 4 期。

38. 吐尔逊·卡得、吾守尔·斯拉木：《维吾尔语话题的韵律表现》，《新疆大学学报（哲学·人文社会科学版）》2015 年第 5 期。

39. 吐尔逊·尼亚孜：《试论维吾尔语“kør -”的语法化》，《语言与翻译》2016 年第 2 期。

40. 吐尔逊·尼亚孜：《试谈维吾尔语中 bar -“去”的语法化》，《民族语文》2016 年第 3 期。

41. 图拉普·喀斯木·友里齐、阿力木江·托乎提：《试论现代维吾尔语和田方言的土语划分》，《语言与翻译》2015 年第 2 期。

42. 王海波、阿力木江·托乎提：《维吾尔语语法标注文本》，社会科学文献出版社 2016 年版。

43. 乌买尔·达吾提：《维吾尔语借用汉语词的规律》，《双语教育研究》2016 年第 4 期。

44. 吾买尔江·库尔班：《维吾尔语放置动词的配价研究》，《语言与翻译》2016 年第 4 期。

45. 魏炜、沙宁·伊不拉音：《现代哈萨克语命令语气单句语调对比实验研究》，《语言与翻译》2015 年第 1 期。

46. 魏玉清：《维吾尔语元音和谐现象中的中性元音研究》，世界图书出版西安有限公司 2015 年版。

47. 徐春兰：《维吾尔语主谓句 SV 句的语义结构分析》，《语言与翻译》2015 年第 2 期。

48. 杨海龙、郭利：《中国维吾尔语、塔吉克语亲属称谓对比研究》，《语言与翻译》2015 年第 3 期。

49. 杨洪建：《试析哈萨克语的否定成分》，《新疆大学学报（哲学·人文社会科学版）》2016 年第 5 期。

50. 姚家兴：《维吾尔语 NN 结构的依存标注研究》，《喀什大学学报》2016 年第 5 期。

51. 姚云、桑塔、孔江平：《西部裕固语带擦元音的实验研究》，《语言学论丛》2016 年第 2 期。

52. 袁蕾：《语言的主观性与维吾尔语的主观量》，《语言与翻译》2015 年第 4 期。

53. 袁蕾：《三十年来维吾尔语生成语法研究综述》，《贵州民族研究》2016 年第 11 期。

54. 袁蕾：《维吾尔语 ot“火”的概念隐喻》，《双语教育研究》2016 年第 1 期。

55. 张定京：《实体语法理论——哈萨克描写语法学方法论》，中央民族大学出版社 2015 年版。

56. 赵明鸣：《维吾尔语动词 yat -“躺”的语法化》，《民族语文》2015 年第 3 期。

蒙古语族语言研究论著

1. Brosig Benjamin, Negation in Mongolic, Suomalais-Ugrilaisen Seuran Aikakauskirja/Journal de la Société Finno-Ougrienne, 2015, Vol. 95, pp. 67 – 136.

2. Dolgor Guntsetseg, Differential Case Marking in Mongolian, Harrasowitz Verlag Wiesbaden, Germany, 2016.

3. Nandin-Erdene Osorjamaa & Nansalmaa Nyamjav, Color Naming Experiment in Mongolian Language, *Interna-*

tional Journal of Applied Linguistics & English Literature, Vol. 4 No. 6; November 2015.

4. Sangidkhorloo Bulgantamir, Acoustic Analysis on the Palatalized Vowels of Modern Mongolian, *Advances in Language and Literary Studies*, Vol. 6 No. 6; December 2015.

5. 橋本邦彦：モンゴル語の補語の意味論—格と述語との意味役割の一致について，北海道言语文化研究，No. 13，49 – 102，2015。

6. 阿拉坦苏和、套格敦白乙拉：《蒙古语句法结构的认知研究》（蒙古文），辽宁民族出版社 2015 年版。

7. 阿拉坦图雅：《蒙古语篇章衔接模式研究》，博士学位论文，内蒙古大学，2016 年。

8. 阿茹汗：《蒙古语的重叠手段》，《赤峰学院学报（汉文哲学社会科学版）》2016 年第 7 期。

9. 敖敏：《面向语音合成的蒙古语韵律结构研究》，远方出版社 2015 年版。

10. 保朝鲁：《新编东部裕固语词汇》，内蒙古大学出版社 2015 年版。

11. 包满亮：《东乡语情态词初探》，《中央民族大学学报（哲学社会科学版）》2016 年第 2 期。

12. 包桂兰：《蒙古语辅音发音时长问题》，《中央民族大学学报（哲学社会科学版）》2015 年第 5 期。

13. 宝音：《现代蒙古语喀喇沁土语元音和谐律研究》，《满语研究》2016 年第 1 期。

14. 宝音乌力吉：《蒙古语规范词手册》（蒙古文），内蒙古人民出版社 2015 年版。

15. 毕力格：《蒙汉满词典》，内蒙古科学技术出版社 2015 年版。

16. 德·青格乐图：《关于蒙古语复合词的再认识问题》，《内蒙古师范大学学报（哲学社会科学版）》2016 年第 4 期。

17. 德·萨日娜、呼日乐吐什：《现代蒙古语多义动词意义分化规律的计量分析》，《中央民族大学学报（哲学社会科学版）》2016 年第 4 期。

18. 郭玲丽：《达斡尔语的空间范畴》，《中央民族大学学报（哲学社会科学版）》2016 年第 1 期。

19. 哈斯：《蒙古语名词词汇语义网的构建》，内蒙古人民出版社 2016 年版。

20. 哈斯其木格：《蒙古语词内元音音长分布模式》，《民族语文》2015 年第 4 期。

21. 哈斯其木格：《达斡尔语动植物名称发微》，《满语研究》2015 年第 1 期。

22. 海银花：《面向信息处理的蒙古语名词语义研究》，内蒙古人民出版社 2015 年版。

23. 呼和：《蒙古语标准话塞音塞擦音声学分析》，《民族语文》2015 年第 3 期。

24. 呼和：《蒙古语元音演变的声学语音学线索》，《中央民族大学学报（哲学社会科学版）》2015 年第 4 期。

25. 吉仁尼格：《蒙古语词源学原理》（蒙古文），内蒙古教育出版社 2015 年版。

26. 金双龙：《新疆东乡语语音研究》，内蒙古科学技术出版社 2016 年版。

27. 马如彪：《〈华夷译语〉与东乡语词汇探讨》，《语言与翻译》2016 年第 1 期。

28. 马沛霆、[日] 佐藤畅治：《保安语汉语词典》，民族出版社 2016 年版。

29. 桑加、多杰东智：《青海蒙古语中的藏语借词研究》，《西北民族大学学报（哲学社会科学版）》2016 年第 1 期。

30. 苏都日·图木热：《达斡尔语四个方言对照》，内蒙古文化出版社 2015 年版。

31. 乌吉斯古冷、敖敏：《蒙古语标准音四类基本句式语调比较研究》，《内蒙古民族大学学报（社会科学版）》2015 年第 1 期。

32. 文化：《卫拉特方言词汇与地域文化》（蒙古文），内蒙古人民出版社 2015 年版。

满 – 通古斯语族语言研究论著

1. Andreas Hölzl, A typology of negation in Tungusic, *Studies in Language*, Volume 39, Issue 1, Jan 2015, pp. 118 – 159.

2. 长山：《满语中汉语借词的演变轨迹考察》，《满语研究》2016 年第 1 期。

3. 朝克：《敖鲁古雅鄂温克语表示程度的后缀》，《民族语文》2015 年第 5 期。

4. 陈辰：《满语中的条件句式》，《华西语文学刊》2016 年第 2 期。

5. 崔宝莹：《满语渔猎词汇特点的语义场考察》，《满族研究》2016 年第 4 期。

6. 顾松洁：《锡伯语研究综述》，《满语研究》2016 年第 2 期。

7. 哈斯巴特尔：《鄂温克语敖鲁古雅方言的元音》，《满语研究》2015 年第 1 期。

8. 贾越：《满语格标记 -i 形态结构语法功能详析》，《满语研究》2015 年第 2 期。

9. 江桥：《满语词义变化分析——以 buren 为例》，《满语研究》2015 年第 1 期。

10. 卡佳：《论满 - 通古斯语族和蒙古语族语言格词缀 -du/ -dʉ/ -də/ -d 的共性》，《满语研究》2016 年第 2 期。

11. 李文欣：《锡伯语“增音”的描述与分析》，《南开语言学刊》2015 年第 2 期。

12. 娜佳：《论杜拉尔鄂温克语格形态变化现象》，《满语研究》2015 年第 2 期。

13. 宋非非：《满 - 通古斯语言语法关系标记手段考察——以满语和鄂伦春语为例》，《东方论坛》2015 年第 5 期。

14. 史维国、喻二霞：《20 世纪 80 年代以来鄂伦春语研究综述》，《哈尔滨师范大学社会科学学报》2016 年第 4 期。

15. 时妍：《满语多义词的共性与个性特征探析》，《黑龙江民族丛刊》2015 年第 1 期。

16. 时妍：《满语方位词汇文化语义探析》，《满族研究》2015 年第 2 期。

17. 时妍：《满语词汇语义研究评述（1978—2015）》，《通化师范学院学报》2016 年第 7 期。

18. 孙明：《锡伯语口语中动词变化的特点》，《民族语文》2015 年第 1 期。

19. 王国庆：《满通古斯语族同源词研究》，阳光出版社 2015 年版。

20. 魏巧燕：《满语虚词研究》，博士学位论文，黑龙江大学，2016 年。

21. 吴双：《满语人体词相貌隐喻初探》，《黑龙江民族丛刊》2015 年第 6 期。

22. 晓春：《满语拟声词刍议》，《满语研究》2015 年第 1 期。

23. 尹铁超、张力：《满语元音 a 音值研究》，《满语研究》2016 年第 2 期。

24. 赵阿平：《满语词汇语义研究》，《西北民族研究》2015 年第 1 期。

25. 赵杰：《论泰来满语口语的语音变化特点——与清代满文音之比较》，《北方语言论丛》2016 年第四辑。

26. 赵志强：《满语传据范畴初探》，《满语研究》2015 年第 1 期。

27. 郑仲桦：《试论满语方言的小舌音》，《语言与翻译》2015 年第 3 期。

朝鲜语研究论著

1. 毕玉德、赵岩：《基于新闻语料库的朝韩词汇对比研究》，《东北亚外语研究》2016 年第 3 期。

2. 陈艳萍、王璐：《语用学视角下的韩语非真诚道歉言语行为》，《韩国语教学与研究》2016 年第 1 期。

3. 崔丽娜：《朝鲜语歧义句歧义消解的实验声学验证》，《中国朝鲜语文》2016 年第 5 期。

4. 崔松虎：《论朝鲜语象征副词的构词方式及文化内涵》，《延边教育学院学报》2015 年第 1 期。

5. 关珊珊、张贞爱：《论跨界移位与英汉朝动词空缺句的生成机制》，《东疆学刊》2016 年第 3 期。

6. 黄仙姬、金基石：《朝鲜语〈金刚经谚解〉中的因果复句研究》，《东疆学刊》2016 年第 3 期。

7. 黄仙姬：《朝鲜语连接词尾“（eu）ni”的语法化研究》，《延边大学学报（社会科学版）》2015 年第 6 期。

8. 姜美花：《15 世纪至 19 世纪朝鲜语敬语法的演变》，《延边大学学报（社会科学版）》2015 年第 3 期。

9. 金光洙：《关于中国朝鲜语的演变》，《中国朝鲜语文》2015 年第 6 期。

10. 金光洙：《中国朝鲜语发展历史研究》，延边大学出版社 2015 年版。

11. 金姬淑：《关于“自己”的朝汉对比研究》，《中国朝鲜语文》2016 年第 1 期。

12. 金琪钟：《朝鲜语谓词现状及统一方案研究》，延边大学出版社 2016 年版。

13. 金英兰：《客、粤、闽方言与朝鲜汉字音的［-m］韵尾比较》，《中国朝鲜语文》2016 年第 1 期。

14. 金永兰：《再论朝鲜汉字音中的 * -t > -l 现象》，《民族语文》2015 年第 5 期。

15. 金永寿、金光洙、金哲俊编著：《朝鲜语规范集》，延边大学出版社 2016 年版。

16. 金永寿、金莉娜：《中国境内朝鲜语使用标准研究》，延边大学出版社 2015 年版。

17. 金哲俊编著：《朝鲜语语音论》，延边大学出版社 2016 年版。

18. 金哲俊：《对汉族学生发音的朝鲜语紧音的物理声学考察》，《中国朝鲜语文》2016 年第 1 期。

19. 金哲俊：《近代朝鲜语标记法研究：以〈译语类解〉和〈华语类抄〉为中心》，《中国朝鲜语文》2016年第2期。

20. 金忠实：《生命度与格助词省略》，《中国朝鲜语文》2016年第4期。

21. 李春：《朝鲜语对话中关系从句的语义功能》，《民族语文》2015年第1期。

22. 李丹：《词义的非范畴化特征——以韩国语称谓敬语“两班”为例》，《延边大学学报（社会科学版）》2015年第6期。

23. 李连姬：《关于“jom”的功能研究》，《中国朝鲜语文》2016年第1期。

24. 李明达：《汉语无条件让步句在朝鲜语中的对应形式研究》，《延边大学学报（社会科学版）》2016年第4期。

25. 李宁、郑杰：《韩礼德系统功能理论视野下的韩国语主位结构研究》，《延边大学学报（社会科学版）》2015年第2期。

26. 柳新生：《韩国语移动动词“naerida”的语义学分析》，《齐齐哈尔大学学报（哲学社会科学版）》2015年第3期。

27. 马元杰：《试论〈翻译老乞大（上）〉的语音特征》，《中国朝鲜语文》2016年第1期。

28. 孟庆鑫：《概念整合视域下朝鲜语隐喻性合成名词的语义结构研究》，《韩国语教学与研究》2015年第1期。

29. 裴金梅：《解放后朝鲜语敬语形态变化研究》，博士学位论文，延边大学，2016年。

30. 朴爱华：《韩语汉字的“一字多音”现象》，《民族语文》2015年第3期。

31. 娆巍：《连接语尾“-daga”的语法意义和用法研究》，《中国朝鲜语文》2016年第5期。

32. 苏磊：《中世朝鲜语齿音再考——以中古汉语为视角》，《中国朝鲜语文》2016年第4期。

33. 王克：《韩国语后缀“ja”（者）系列人物指称语的形态及语义特征分析》，《语文学刊·外语教育教学》2015年第11期。

34. 王金霞：《朝鲜语汉字词与对应现代汉语词汇对比研究——以双音节汉字词为中心》，《黑河学院学报》2015年第1期。

35. 王美子：《哈尔滨地区朝鲜语音韵体系考察》，《中国朝鲜语文》2016年第4期。

36. 王奕桦、潘悟云：《韩语字母“·”所表记的音值及其音变路径》，《民族语文》2015年第6期。

37. 夏艳：《阿尔泰语系下朝鲜语归属问题研究回顾及展望》，《湖北第二师范学院学报》2016年第3期。

38. 严英爱：《朝鲜语自他动词用法分析》，《语文学刊》2016年第3期。

39. 杨夏石：《论音节式文字子母分离的音韵论基础其自动处理方法》，《中国朝鲜语文》2016年第1期。

40. 张晓曼：《语言接触视域下汉语对韩国语影响研究》，《东北师大学报（哲学社会科学版）》2015年第6期。

41. 张晓宇：《连接语尾“ryeogo”和“goja”的研究》（《中国朝鲜语文》2016年第3期。

42. 赵岩：《韩国语汉字前缀的兼类现象》，《解放军外国语学院学报》2015年第3期。

43. 赵岩、金京淑：《现代朝鲜语汉字前缀的标记》，《中国朝鲜语文》2016年第1期。

44. 郑慧：《韩国与否定副词“an”和“mot”的句法分析——兼谈与汉语“不、没”的对比》，《东北亚外语研究》2015年第3期。

45. 周琨：《韩国语汉字收音与日语汉字音对应关系研究》，《语文学刊》2015年第11期。

（哈斯其木格，副研究员；千玉花，助理研究员，中国社会科学院民族学与人类学研究所民族语言研究室）

2015—2016年民族语言应用研究综述[①]

燕海雄　尹蔚彬　黄晓蕾　张　军　龙丛军　韦　韧　赵　妍

自新中国成立以来，民族语言应用研究在民族语言国情调查、民族识别、民族语文政策制定、民族语言规范化和标准化、民族文字创制和推广等方面，都作出了重要贡献，产生了深远的社会影响。

当前，随着民族地区社会、经济和文化的快速发展，特别是全球化、城镇化和信息化进程的加快，民族语言文字使用和发展状况发生了深刻复杂的变化，新的形势对民族语言文字研究提出了新的要求。党和国家适时提出了“科学保护各民族语言文字”的指导意见，民族语言应用学科肩负起更加艰巨繁重的使命。

2015—2016年，在党的十八大和中央民族工作会议精神的指引下，民族语言应用研究又充实了新的内涵，取得了新的研究进展。

该学科涉及的内容十分复杂，难以按统一的框架进行阐述，以下按照科学保护各民族语言文字理论研究，民族语言文字使用与语言国情研究，民族语言规划与政策研究，民族语言文字规范化、标准化和信息化研究，民汉双语教育研究，民族语言生态建设研究，濒危民族语言保护研究七个方面分别概述。

一　科学保护各民族语言文字理论研究新进展

党的十七届六中全会提出“科学保护各民族语言文字”，这是党和国家在新时期开展民族语言文字工作的指导思想。这一指导思想在《国家中长期语言文字事业改革和发展规划纲要(2012—2020)》中得到了充分贯彻。深入认识和阐释“科学保护少数民族语言文字”的思想内涵和工作要求，是开展民族语言文字应用研究的重要内容和理论基础。2015—2016年，关于“科学保护各民族语言文字”的理论研究已取得了一些成果，突出亮点是中国语言资源保护研究。

李旭练、李玲从政府工作的角度认为，“大力推广和规范使用国家通用语言文字，科学保护各民族语言文字”的指导方针是党中央对我国语言关系的科学总结，也是对我国语言文字事业提出的明确要求。相关政府部门保护濒危语言工作的有益探索，主要体现在法律保障、政策支持和规划引导三个方面。[②] 王锋认为，科学保护各民族语言文字的理论和实践，与语言观的

---

① 本篇由中国社会科学院民族学与人类学研究所民族语言应用研究室集体撰写。王锋统稿，撰写人有：燕海雄副研究员、尹蔚彬研究员、黄晓蕾副研究员、张军副研究员、龙丛军副研究员、韦韧助理研究员、赵妍助理研究员。

② 李旭练、李玲：《科学保护各民族语言文字——我国政府保护濒危语言的探索》，《中国社会科学报》2014年11月14日第667期，第A06版。

深化有着密切的关系；新语言观的核心是语言资源、语言生态、语言权利，这是科学保护各民族语言文字的思想基础，也是新时期民族语言文字工作的出发点和动力源泉。[①]

2015 年由教育部、国家语委推动实施的“中国语言资源保护工程”，少数民族语言资源保护是其主要内容，这一项目是科学保护各民族语言文字的具体实践。田立新对语保工程的重大意义和作用作了系统阐述：（1）科学有效保护语言文化资源，为传承弘扬中华优秀传统文化奠定基础；（2）全面掌握语言国情，科学制定国家的语言规划和语言政策；（3）维护社会稳定、民族团结和国家安全，为国家周边战略和“一带一路”建设服务；（4）推进语言文字信息化建设，提升国家信息化水平；（5）促进语言文化产业发展，增强社会服务能力，对于语保工程的开展发挥了理论指导作用。[②]

如何更好地开展语言保护工作？李宇明指出，语言保护的视角以及相应的理论和方法正在发生深刻的变化：过去的语言保护工作，多是语言学目的、语言学视角，即把语言主要看作语言学的资源；而文化视角下的语言保护，不仅关注语音、词汇、语法等对语言本体的记录，更关注语言及语言表达中的各种文化现象。文化视角下的语言保护，会带来语言调查范式等诸多方面的改变，需要引入社会语言学、人类学、民俗学的理论和方法。[③] 周庆生对语言保护的内涵、任务、道路进行了系统阐述，认为，语言保护指的是政府、社会群体和专家对不同语言状况或环境，采取不同的保护措施，以应对语言生态受到的破坏。具体包括：抢救记录濒危语言资料；科学记录各民族语言、方言及语言文化，加工成语言资源数据库；申报传统优秀语言文化遗产，使之得到传承和传播；依法保障少数民族语言的学习使用和发展；依法整治受污染的语言，维护语言健康。[④] 这些观点，有助于深化对科学保护各民族语言文字指导思想的认识。

思想认识是实践工作的基础。“科学保护各民族语言文字”是新时期党和国家关于民族语言文字工作总的指导方针。目前的研究尚存不足之处：第一，研究成果数量少，反映民族语言学界、民族语言文字工作部门对这一方针的关注度还有欠缺；第二，关于“科学保护各民族语言文字”的研究和讨论仍集中于少数部门和学者，还未推广到整个民族语言学界以及民族语言文字工作部门中；第三，已有成果的研究还有待深入，指导方针的丰富内涵还需进一步阐述。

二　民族语言文字使用与语言国情研究新进展

民族语言文字的使用和发展现状是重要的语言国情。在“科学保护各民族语言文字”方针的指导下，几年来涌现了不少语言使用现状描写的研究成果。2015—2016 年的相关成果，有的是关于语言使用的理论建设和思考，有的是关于特定语种、区域或人群的语言使用现状描写。从语种看，维吾尔语、蒙古语以及汉语的研究成果最多，而使用人口较少的语种研究成果较少。从研究方法看，理论研究较少，专项研究较多。从研究角度看，关注语言使用与城市化进程之间关系问题的成果最多，其次是关于语言使用与语域、语言的代际差异等问题的成果。除传统的民族语言调查外，跨境和境外民族语言的使用也开始受到关注。这些研究，都深化了对我国语言国情的认识。

---

① 王锋：《新的语言观与科学保护各民族语言文字实践》，《西北民族大学学报（哲学社会科学版）》2016 年第 2 期。

② 田立新：《中国语言资源保护工程的缘起及意义》，《语言文字应用》2015 年第 4 期。

③ 李宇明：《文化视角下的语言资源保护》，《光明日报》2016 年 8 月 7 日，第 007 版。

④ 周庆生：《语言保护论纲》，《新疆师范大学学报（哲学社会科学版）》2016 年第 2 期。

（一）语言使用状况及其成因分析

民族语言的使用状况与语言态度、语言教育政策、城市化进程、语域、语言生态、多语环境、族际交往等因素密切相关。多数研究成果都指出少数民族语言使用和发展状况堪忧。刁小卫、杜秀丽调查发现，锡伯语言文字使用面比较窄，功能弱化，处于衰变状态，保护形势严峻。[①] 陈荣泉、郭风岚也发现新疆塔城俄罗斯族人几乎全部转用汉语，部分兼用哈萨克语、维吾尔语，俄语使用功能严重衰退，处于濒危状态。濒危原因是人口较少，居住方式多为散居，族际通婚普遍。[②] 王浩宇、何俊芳指出，近年来藏语在语言竞争中功能衰退，语言使用代际差异明显，青少年转用汉语现象突出，并指出保护语言发展的核心问题是如何挖掘与弘扬多民族杂居区的深厚历史文化积淀，维护语言多样性与多语和谐发展的社会环境。[③] 木乃热哈的《甘洛民族语言使用现状及其演变》一书介绍了甘洛县彝族和尔苏藏族的语言使用现状，并分析了彝族和尔苏藏族（尤其是青少年）的语言使用态度，最后对甘洛民族语言使用演变进行了预测。[④]

（二）语言使用和语言态度

语言态度深刻影响着人们的语言能力和语言行为，语言群体的态度值得关注。王海滨对云南省丽江市永胜县他留语的语言使用、语言态度进行实地调查，对他留人当前的语言习得与语言能力、语言使用现状、语言态度进行分析，认为虽然使用人口少，但只要语言环境不发生突发性变化，他留语仍会作为村内和家庭的主要交际语保留下来，并继续发挥其传承文化的功能。[⑤] 杨春艳、陈永调查了丽江古城纳西族居民的语言态度，认为当地居民在主观因素及社会经济、文化教育等客观因素的影响下形成了热爱本民族语言、愿意兼用其他语言的态度。[⑥] 古丽米拉·阿不来提、盛晖以多民族杂居区喀纳斯村为样板地，以 93 名当地图瓦人居民为调查对象，采用问卷调查及访谈的方式探究新疆图瓦人的语言使用和语言态度现状及社会变量对其语言的影响。[⑦] 马吉德等针对中国西部民族聚居区民族院校大学生对民族语言、汉语及英语三种语言的态度进行分析，从而预测三种语言在民族地区的发展趋势和前景，并对双语及多语教育政策的完善提出建议。[⑧]

---

① 刁小卫、杜秀丽：《新疆锡伯语言文字使用的调查与思考》，《中南民族大学学报（人文社会科学版）》2015 年第 3 期。

② 陈荣泉、郭风岚：《多语环境下新疆塔城俄罗斯族语言使用现状个案调查研究》，《河北师范大学学报（哲学社会科学版）》2015 年第 5 期。

③ 王浩宇、何俊芳：《天祝县藏族居民语言使用现状调查与思考》，《中央民族大学学报（哲学社会科学版）》2015 年第 5 期。

④ 木乃热哈：《甘洛民族语言使用现状及其演变》，商务印书馆 2015 年版。

⑤ 王海滨：《云南丽江永胜县他留人语言使用、语言态度调查研究》，《楚雄师范学院学报》2015 年第 7 期。

⑥ 杨春艳、陈永：《丽江大研镇纳西族语言态度及成因分析》，《现代语文（语言研究版）》2016 年第 6 期。

⑦ 古丽米拉·阿不来提、盛晖：《新疆图瓦人语言使用及语言态度调查分析——以喀纳斯村为例》，《海外英语》2016 年第 10 期。

⑧ 马吉德等：《西部民族地区大学生三语语言态度研究——以西部某高校为例》，《民族教育研究》2016 年第 3 期。

（三）语言使用与语言教育政策

语言教育是我国现代教育中的重要内容。民族地区现阶段的语言教育，主要包含了母语教育、国家通用语教育以及英语教育。一方面，需要认真分析各民族群众的语言教育的态度和需求，同时，也要结合民族地区的特定情况来统筹语言教育。赵平、廖冬梅认为影响维吾尔族大学生语言使用的因素主要有教育、家庭、社会语言环境、传统生活方式改变、城市化和市场经济发展、民族关系等；总体而言，维吾尔族大学生的母语水平较好，国家通用语得到普遍认同，网络媒体对其语言选择的影响越来越大。[①] 李素秋通过调查认为，在塔什库尔干县，各民族母语保持良好，对母语感情深厚，也希望掌握多种语言；除汉族外，少数民族多是双语人，对语言的学习和使用多与该语言的社会功能相关。维吾尔族以外的少数民族，希望从小学开始直接进行汉语授课。塔吉克族学生对文字需求非常迫切。[②] 王仲黎、拉茸追玛认为，藏汉双语教育应充分考虑母语认同与藏族学生的双语能力，提供差异化的藏汉双语教育与教学服务。[③] 刘涛、孜乃白考察了伊犁地区哈萨克族中学生语言使用情况，发现哈萨克族"民考民"和"民考汉"学生在语言文字使用、语言态度以及语言文化认同上有较大差异，但也有一致性，即希望在熟练地掌握汉语的同时，也能掌握好自己的本民族语言。[④]

（四）语言使用和城市化

随着民族地区的发展，城市化进程的加快，民族语言的使用功能出现新的变化。热孜婉·阿瓦穆斯林基于调查数据，发现维吾尔族城镇居民（尤其是青少年）中大部分是维汉双语人，在族内日常生活交际中习惯选用母语；而在职场、教育教学及更广泛的社交领域里，选用最多的是汉语。维吾尔族居民口语中夹用汉语现象越来越多，在年轻人群中尤为明显。[⑤] 郑颖琦指出，城市化进程导致城市形成民族大杂居的局面，加之少数民族社会经济文化的背景各不相同，会制约少数民族语言的使用功能，促其发生转变，导致少数民族语言功能呈现母语与汉语混合使用、代际差异明显及在母语的使用能力上渐呈下降的趋势三大特征。[⑥] 邬美丽发现城镇散居蒙古族居民对自己孩子的蒙古语水平的期望相对来说并不是特别高，但是多数被调查者认为应该在家乡的中小学开设蒙古语课。鉴于汉语在孩子成长、生活以及工作中的重要性，他们希望自己的孩子在学校一定要学到汉语。此外，大多数人认为应该在小学和中学开设英语课。[⑦] 孟红莉将族际交往区分出初级群体内的交往、次级群体内的交往、群体之外对象不特定的交往三个层次，指出乌鲁木齐市维汉居民之间的族际交往存在着一种相对隔离的状态，在学

---

① 赵平、廖冬梅：《新疆维吾尔族大学生语言使用状况调查分析》，《新疆大学学报（哲学·人文社会科学版）》2015 年第 2 期。

② 李素秋：《赴援疆省市培养的普通高校毕业生语言使用与语言态度情况调查——以塔什库尔干塔吉克自治县为例》，《语言与翻译（汉文版）》2015 年第 2 期。

③ 王仲黎、拉茸追玛：《迪庆藏区藏汉双语语言态度初探——以迪庆藏文中学为例》，《西南边疆民族研究》第 19 辑。

④ 刘涛、孜乃白：《伊犁哈萨克族"民考民"和"民考汉"中学生语言文字使用情况调研——以特克斯县初级中学为个案》，《兵团教育学院学报》2016 年第 3 期。

⑤ 热孜婉·阿瓦穆斯林：《城市化进程中维吾尔族居民的语言使用现状——基于几个点的实地调查数据进行对比》，《新疆大学学报（哲学·人文社会科学版）》2015 年第 1 期。

⑥ 郑颖琦：《城市化背景下少数民族语言使用功能研究》，《贵州民族研究》2016 年第 6 期。

⑦ 邬美丽：《城镇散居蒙古族民众语言教育态度的实证研究》，《北华大学学报（社会科学版）》2016 年第 3 期。

校、工作单位等次级群体内隔离状态较为明显，在群体之外对象不特定的日常生活的族际交往中也存在一定的相对隔离。①

（五）语言使用与社会生活

语言使用的领域种类很多，例如新闻广播、演说语言、广告语言、课堂用语、办公用语、家常谈话、与幼童谈话、与外国人谈话、口头自述等。在不同的领域使用的语言会有不同的语体。王浩宇指出，在当前我国民族语言衰微地区，语言使用代际差异明显，民族语言传承断代问题突出，建议要积极倡导树立语言多样性的观念，因地制宜实施相关语言政策，维护多语并存并用的社会发展局面。② 作为最基本的社会单位，家庭是民族语言使用和传承的最重要的语域之一。家庭核心成员的语言态度在语言使用和传承的过程中起着至关重要的甚至是决定性的作用。应采取积极措施，借助家庭语言环境的独特性维系民族语言的使用与传承。③ 韩建岗通过调查数据表明，绝大多数城市蒙古族人从小习得母语，在家庭内部尚能用母语交流，在多语社区能用多种语言与他人交谈，但母语的读写能力弱化，学习和使用母语的积极性不高，传承和发展本民族语言文化的意识淡薄。其主要原因在于城市蒙古族人的语言观念和所保持的社会网络发生了重大变化，学校、家庭、社会、大众传媒的重视程度不够。④ 衣世健等通过调查发现，西藏大学的藏族学生对藏语和汉语持有明确的肯定态度，对于英语也并不排斥。从情感来看，认为藏语更亲切，汉语次之，英语最后，其语言态度受到专业、地域、家庭环境以及教育背景不同程度的影响。⑤

（六）国家通用语言在民族地区的使用现状

国家通用语言文字的使用应当有利于维护国家主权和民族尊严，有利于国家统一和民族团结，有利于社会主义物质文明建设和精神文明建设。李旭练指出，在民族地区实施《国家通用语言文字法》，符合我国法律规定，符合现实需要，但在实施过程中要妥善处理推广普及国家通用语言文字和学习使用少数民族语言文字的关系，努力营造母语和国家通用语言和睦共存、协调发展的社会语言生活。⑥ 王洋通过对新疆少数民族教师的调查，发现少数民族教师在教学以外的日常生活中对国家通用语言文字的使用率并不高，说和写的语言输出技能明显低于听和读的语言输入技能。完全用国家通用语言文字授课，对于大部分受访教师而言是有难度的，在教学环节中对国家通用语言文字的使用也存在差异，文章基于调查提出了提高教学成效的建议。⑦ 曹巧红通过调查指出，阿克苏市维吾尔族人普通话的自然习得率非常低，普通话仍未初步普及，但阿克苏市人对普通话的推广持普遍肯定态度，促进交流是推动普通话学习的

① 孟红莉：《新疆乌鲁木齐市维吾尔族、汉族城市居民的语言使用与族际交往》，《青海民族研究》2016年第1期。

② 王浩宇：《民族语言衰微地区青少年语言使用现状与反思——以天祝县藏族学生群体为例》，《内蒙古民族大学学报（社会科学版）》2015年第5期。

③ 王浩宇：《论民族语言在家庭语域中的使用与传承———以民族语言衰微地区的调查材料为例》，《西藏研究》2015年第3期。

④ 韩建岗：《新疆巴州城市蒙古族语言使用现状及发展趋势》，《西部蒙古论坛》2016年第1期。

⑤ 衣世健、边巴、高家伟：《西藏大学藏族学生三语语言能力和态度调查研究》，《长江丛刊》2016年第30期。

⑥ 李旭练：《关于民族地区实施〈国家通用语言文字法〉的一些思考》，《民族翻译》2015年第1期。

⑦ 王洋：《新疆少数民族教师国家通用语言文字使用现状调查研究》，《当代教育与文化》2015年第6期。

重要因素。[①]

（七）境外民族语言的使用现状

随着国内研究队伍的扩大、研究能力的提升以及研究视野的扩展，最近几年关于境外民族语言使用现状的调查研究陆续增多。马磊、周庆生通过问卷和访谈相结合的方法，对吉尔吉斯斯坦哨葫芦村东干人的语言使用情况进行了调查。文章认为，对于多民族国家中的少数民族，开展双语双文乃至多语多文教育是保存和发展少数民族语言文化传统的一种必然选择；少数民族对语言的选择及其语言能力的发展受到年龄、职业、性别和教育背景等多种因素影响，在制定民族语言政策时须对这些因素给予足够的关注；在一个多民族、多语言的国家中，双语能力和双文能力始终是不平衡的，对此，在实施双语教育的多民族国家，政府有必要引导民众正确认识这种不平衡状态。这篇文章对境外民族语言使用调查的研究，对我国的民族语言保护和双语教育也有借鉴意义。[②] 尹春梅、周庆生还调查了吉尔吉斯斯坦最大的东干族散居区——比什凯克市的东干族母语使用状况、语言使用模式、语言使用范围及媒介接触情况，旨在反映城镇化进程中东干族语言保持和流失方面的特点。调查结果显示，家庭教育是东干族人成为熟练双语人的重要因素，而学校教育是成为熟练双文人的重要因素，随着学校东干语教学课时的压缩，东干族熟练双语人的比例有望继续保持，但依赖学校系统教育的熟练双文人比例将趋于减少。[③] 朱艳华对缅甸克钦族语言生活现状进行了分析，指出克钦族普遍使用三种语言，即母语、民族共同语景颇语、官方语言缅语；不同语言在社会生活中发挥着不同的作用，有其专门的使用场合，形成了一个多语互补、分工协作的语言网络。[④] 石常艳等调查了泰国清莱府美瑶镇和平村阿卡人的语言使用情况。结果显示有两种不同的表现：一是阿卡人全民使用母语，母语熟练，语言稳固，阿卡语在和平村保持着很旺盛的生命力，但是青少年的母语能力相对较低；二是大多数阿卡人兼用泰语、拉祜语和其他语言，泰语是主要的兼用语。[⑤]

三　民族语言规划与政策研究新进展

语言规划是对语言的人为干预，它包括地位规划和本体规划，语言政策是语言规划的制度化、法律化。对于我国这样统一的多民族、多语言国家，语言规划和语言政策在调整语言关系，促进语言保护、使用和发展进程中有着不可或缺的作用。当前，随着国家文化软实力的提升，国家语言战略日益受到关注，与之相关的语言规划和语言政策研究也成为学界热点，成果大量涌现，呈现蓬勃发展的势头。

（一）语言政策和语言规划研究

1. 语言政策和语言规划理论研究。语言政策和语言规划理论梳理和探讨是近两年应用语言

---

① 曹巧红：《阿克苏市国家通用语言使用情况抽样调查研究》，《现代语文（语言研究版）》2016 年第 9 期。

② 马磊、周庆生：《吉尔吉斯斯坦哨葫芦村东干人语言使用情况调查研究》，《双语教育研究》2015 年第 3 期。

③ 尹春梅、周庆生：《吉尔吉斯斯坦比什凯克市东干族语言使用情况调查研究》，《回族研究》2016 年第 3 期。

④ 朱艳华：《缅甸克钦族的语言使用现状》，《当代语言学》2016 年第 2 期。

⑤ 石常艳等：《泰国清莱府和平村阿卡人语言使用状况探析》，《玉溪师范学院学报》2016 年第 2 期。

学界一个新的学术生长点，以《中国语言生活状况报告》10 周年为契机正式提出的“中国语言生活派”学术理念是其代表。10 年来，《中国语言生活状况报告》从语言生活中观察和认识语言，记录中国语言生活的方方面面，给历史留下了珍贵的记录；提出和推广了一批新概念，为建设中国语言生活研究的理论体系打下了基础；展现了一系列新的研究理念、语言观和研究视角，丰富了中国社会语言学乃至语言学的理论和方法；发表了一批有针对性的调查和咨政报告，就语言生活中的问题提出了实用性建议；打造了一支有共同理想信念的研究团队，客观上形成了学术理念上的“中国语言生活派”。

陈章太的《应用语言学系列教材：语言规划概论》[①] 和李宇明的《中国语言规划三论》[②]是 2015 年语言政策语言规划两部重要的理论著作，代表了近年来国内语言政策和语言规划研究的主要方向。《应用语言学系列教材：语言规划概论》分八章，第一章绪论，论述语言规划的定义和学科性质，语言规划的内容、目标，语言规划研究回顾。第二章论述语言规划的理论和方法。第三章论述语言规划与社会文化。第四、第五、第六章分别论述中国汉语言文字规划、少数民族语言规划、港澳台地区语言文字规划。第七章论述国外语言规划。第八章论述语言规划的发展与展望。《中国语言规划三论》收录了 2009 年以来作者发表的有关语言规划的文章，其中论文 29 篇，分为语言规划理论、语言文字工作、语言生活状况、语言教育与传播四个专题，另收短文杂志 22 篇，记录着作者在语言规划领域的学术思想，呈现学术思想的发展踪迹。

2014 年下半年创刊的《语言政策与规划研究》在某种程度上标志着语言政策和语言规划在应用语言学领域研究地位的提升和研究能力的整合，尤其表明外语学界对于语言政策和语言规划研究的重视。该刊 2015 年第 1 期收录了《国家民族构成与语言政策问题》《语言规划与政策的语言文化生态观》《语言生活与语言资源研究》《我国藏文网站分析》《语言消费的个体差异——基于南京服务行业的语言调查》《语言政策国别研究》《日本 20 世纪国语政策的嬗变及其背景》《美国语言教育政策出台背景因素之比较》《美国祖籍传承语者英语提升项目：启示与思考》《全球化背景下的巴西国内语言政策浅析》等文章以及《变革中的语言政策——〈日本语言政策：变革中的挑战〉评介》《〈塑造美国语言政策：写作研究的角色〉评介》两篇书评。[③]

该领域著作还有《语言政策与语言教育》，约 20 万字，主要内容包括：语言政策研究、语言教育研究、语言生活调查、学术信息与动态等栏目。收入主要论文为：《语言政策与语言规划的历史及理论视角》《现代汉语与汉字的规范化问题》《国家外语能力需求下的大学定位》《全球化背景下西班牙语言教育战略变革方略探析》《语言国情调查的理论与方法问题》等。[④]《语言规划与语言政策：理论与国别研究（续）》一书按照理论和国别两方面从近 10 年来公开发表的众多学术论文中精选 30 篇，理论部分侧重语言功能规划，语言资源与语言问题，国外语言规划理论与流派，外语教育政策与社会经济发展，学科发展与演变以及语言规划的经济学分析等内容。[⑤]《全球化、英语传播与中国的语言规划研究》一书以全球化和英语传播为背景，借鉴国际语言规划理论和实践，从语言权利、语言资源、语言生态、语言经济、语言服务等新视角探讨当前中国语言规划问题，创新性地提出了语言友好型社会、语言战略管理的理论，并

---

① 陈章太：《应用语言学系列教材：语言规划概论》，商务印书馆 2015 年版。

② 李宇明：《中国语言规划三论》，商务印书馆 2015 年版。

③ 北京外国语大学中国外语教育研究中心主办：《语言政策与规划研究》2015 年第 1 期。

④ 赵蓉晖主编：《语言政策与语言教育》（第 1 期），商务印书馆 2015 年版。

⑤ 王辉、周玉忠编：《语言规划与语言政策：理论与国别研究（续）》，中国社会科学出版社 2015 年版。

进行了阐释。该书将语言规划放在社会、政治、经济等多维空间进行考虑，从语言规划理念、总体目标、语言战略管理、语言教育规划、语言规划机构建设、法制建设、学科建设等方面提出处理中国语言问题的对策和建议。①

“中国语言生活派”的学术理念在国内和国际语言政策语言规划研究界均有发展：就国内研究而言，“语言生活”概念不仅在历时层面被总结梳理，且在共时层面也由通用语言领域向其他语言领域拓展；从国际研究来看，“语言生活”的研究理念和方法已经引起国际语言政策规划界的关注。

赵蓉晖对1992年以来中国发布的5个国家语言文字工作规划纲要进行了文本分析，认为新时期的语言政策保持总体稳定，但在对语言本质、语言文字的社会价值、语言多样性、语言文字工作内容的认识和实施方面均有变化，对语言多样性的包容不断增强，强调新中国的语言政策兼顾“一体”与“多元”的基本特征。② 孙春颖以现代汉语文传播规划为视角，分析明代汉语文传播的目的、动机、维度和类型，提出汉语国际传播应更加明确地以增强汉语交际功能、促进经济文化等领域交流为目的，在保证国家安全的前提下，树立语言平等互利发展观，重视传播规范和规范认同，注重汉语传播者自身的母语水平及文化素质提升。同时强调从语言规划的多维度和显隐性特点出发，坚持以促进汉语国际交流为核心，注重运用显隐性相结合的传播策略。③《语文现代化：〈中国语言生活状况报告〉发布10周年纪念专题》在中国第一部语言皮书《中国语言生活状况报告（2005）》发布10周年之际，访谈了该报告的几位核心人物。④

张世渊从政策渊源、保护少数民族语言的重要性、推广普通话的现实意义三个方面，对推广普通话和保护少数民族语言的关系进行了研究，阐明推广普通话与保护少数民族语言之间的辩证统一关系。⑤ 张军以“中国语言生活派”作为学术流派形成为背景，对《语言生活与语言政策：中国少数民族研究》一书进行了评价，指出该书是中国语言生活派的一部代表性著作。⑥

2. 民族语言政策语言规划研究。2015年，语言政策语言规划理论研究的升温在民族语言研究领域同样有所体现，梳理和探讨宏观理论（共时历时）的主要研究成果如下。

周庆生系统描述了中国少数民族语言生活状况和双语人口构成，划分了少数民族语言变体的类别，系统阐述了中国少数民族语言政策的发展，论述了少数民族语言创制改换与社会政治的关系，揭示了少数民族语言在社会转型中的机遇和挑战，论证了少数民族语言教学模式的三次转型。⑦

戴庆厦认为多语社会存在语言和谐和语言不和谐的两面性，同时也存在语言竞争——两全其美和“两难”并立，因此文章主张在双语教育中必须坚持“两全”，即母语和兼用语的互补，不能顾一头而忽视另一头。该文还提出要加强双语理论问题研究，即研究怎样认识我国各民族

---

① 王辉：《全球化、英语传播与中国的语言规划研究》，社会科学文献出版社2015年版。

② 赵蓉晖：《新时期“多元一体”语言政策的变化与发展——基于国家语言文字工作规划的文本研究》，《语言文字应用》2016年第1期。

③ 孙春颖：《现代视域下明代汉语文传播规划的动机与维度》，《浙江师范大学学报（社会科学版）》2016年第1期。

④ 北华大学学报编辑部：《语文现代化：〈中国语言生活状况报告〉发布10周年纪念专题》，《北华大学学报（社会科学版）》2016年第1期。

⑤ 张世渊：《推广普通话与保护少数民族语言的关系研究》，《东南大学学报（哲学社会科学版）》2016年第S1期。

⑥ 张军：《语言生活研究范式的新探索——读〈语言生活与语言政策：中国少数民族研究〉》，《语言战略研究》2016年第3期。

⑦ 周庆生：《语言生活与语言政策：中国少数民族研究》，社会科学文献出版社2015年版。

语言的关系，怎样认识多民族国家中语言竞争与语言和谐的关系，怎样认识母语和兼用语的关系，怎样估计现代化进程中小语种的生命力，怎样估计中国少数民族语言的濒危现象，怎样认识中国多元化和一体化的关系，等等。①

孙宏开则系统梳理了自20世纪30年代以来中国少数民族语言规划的历史，总结近100年来这个领域的经验教训，将中国少数民族语言规划分为四个历史阶段并总结了正反两方面的经验教训。②

沈海英从“多元一体”的理念出发，阐述了我国语言政策发展过程，认为保持多种语言教育的平衡性，促进了各地区各民族之间的交流与融合是我国文化多样性的存续和维系统一多民族国家完整的重要前提。③

3. 国别语言政策语言规划研究。2015年语言政策语言规划研究尤为活跃、成果颇多的领域当属国别研究，这一方面与当前国家总体政策相关，另一方面也得益于国内外语界对于语言政策语言规划的重视。该类著作的新特点是不仅满足于梳理和分析外国语言政策语言规划，还试图在这种实践叙述和理论分析中寻找与中国语言政策语言规划的交叉点，为中国的语言政策语言规划服务，这也是当前外语研究界进入国内语言政策语言规划研究领域的重要途径之一。巨静梳理了近20年来活跃于美国的学术界的多文化主义概念，作为一种反西方主义的意识形态，多元文化与唯英语主义长期处于博弈之中。该文认为这场博弈虽然没有扭转美国语言立法的主导倾向，却是美国今后语言规划中不得不面临的巨大挑战和亟待解决的重要课题。④ 戴曼纯梳理了哥伦比亚近几十年的从单语到双语的语言政策变化，同时对哥伦比亚2004年出台的国家双语能力计划进行具体分析，指出这一语言教育政策对语言工具价值的高低进行排列，不但不利于少数民族群体，而且还有可能给哥伦比亚社会带来不平等、排斥和分化。⑤ 田鹏从集体认同的角度，全面分析了欧盟的语言政策，包括欧盟语言地位规划的法律框架、欧盟官方语言平等政策的实施、欧盟地区性语言和少数民族语言保护政策及欧盟成员国少数民族语言使用现状，对中国国内外语政策的制定以及对外汉语的传播具有很好的借鉴作用。⑥ 卡普兰、巴尔道夫的《太平洋地区的语言规划和语言教育规划》（梁道华译）是“语言资源与语言规划丛书”之一，是2012年《语言规划与语言政策的驱动过程》的后续。该书继续介绍国外语言规划的状况，为中国进行语言规划和语言教育规划提供借鉴。⑦

2016年，中国的国别语言政策、语言规划研究依然是该年度语言政策、语言规划研究领域的热点，主要包括以下几个方面。

（1）国际少数族裔的语言政策和规划。唐毅介绍了近年少数族群语言复兴问题研究的代表作《美国土著语言规划与政策：历史、理论与实践》（TeresaL. McCarty，2013），认为该书以广阔的视角探讨了美国土著民族跨时间、跨空间、跨场所的语言规划、语言政策及语言教育问题，见证了土著人复兴土著语言、重塑土著文化与身份的奋斗史；该书基于美国土著民族语言

---

① 戴庆厦：《中国的语言国情及语言政策》，《黔南民族师范学院学报》2015年第2期。

② 孙宏开：《中国少数民族语言规划百年议》，《青海民族研究（社会科学版）》2015年第2期。

③ 沈海英：《中国“多元一体”语言政策发展概述》，《云南民族大学学报（哲学社会科学版）》2015年第5期。

④ 巨静：《世界体系下多文化主义意识形态对美国语言立法的挑战》，《语文学刊》2015年第2期。

⑤ 戴曼纯：《哥伦比亚语言立法及语言教育政策》，《拉丁美洲研究》2015年第1期。

⑥ 田鹏：《集体认同视角下的欧盟语言政策研究》，北京大学出版社2015年版。

⑦ ［美］罗伯特·卡普兰、［澳］小理查德·巴尔道夫：《太平洋地区的语言规划和语言教育规划》，梁道华译，外语教学与研究出版社2014年版。

政策规划的研究理念和方法有助于当前国内的语言政策和规划研究。[①] 高霞以“魁北克克里语学习方案”为例，分析讲阿尔冈昆语的印第安人诸民族之一的克里人实施保存及发展克里语的效果及影响，介绍加拿大克里人召开语言文化大会、制定语言文化保护的细则，并在加拿大各级政府相关政策、法律、法规的支持下，实施保存、复兴克里语言文化的项目。[②]

（2）亚太国家的语言政策和规划。张天伟旨在概述美国国家语言服务团的发展历程，评析其特点并借鉴其成功经验，针对中国“语言志愿者人才库”建设的现状和问题，提出提升中国国家语言能力的积极建议。[③] 周桂君、杨彬彬借助米歇尔·福柯的微观权利学说分析福特基金会在印度所进行的语言推广活动，从其语言推广的策略制定、实施主体及实施方式等方面揭示微观权力的运用。[④] 张国峰分析了自明治维新以来日本经历的语言政策矛盾：日本曾经历明治时期的“标准语言国语的政策”和“方言的镇压与复兴”，即统一性和多样性的问题；日本社会现在同样面临着“全球通用语言英语的普及”和“多语言社会中少数族群语言的保护”两大课题。该文认为前者以世界、后者以日本为舞台，意识形态虽然不同，但其存在的问题本质上是相同的；同时提出日本的语言政策面临着垄断公民语言选择权、中央集权主义色彩严重和缺乏国民参与等问题。[⑤] 王寅、王彬从种族语言文化历史、语言教育和教学语言以及教育体制三个方面，对塞浦路斯作为多语言和多元文化的英联邦国家的语言文化教育进行分析和探讨。[⑥] 张治国、郭彩霞综述了文莱的语言生态，并从地位规划、本体规划和习得规划三个方面梳理了文莱的语言政策，分析了文莱语言政策的特点，认为文莱在很大程度上解决了本国语言统一性与多样性以及国际性与地方性的双重矛盾问题，对中国语言政策的研究和制定具有启示和参考意义。[⑦] 刘泽海对柬埔寨、老挝及泰国三个国家在读写能力方面的语言规划进行了讨论和比较。[⑧]

（3）俄罗斯、中亚国家的语言政策和规划。李迎迎分析并评价了在国家认同的背景下，俄罗斯根据新时期国家语言战略发展需要对国家语言政策与规划进行调整，旨在强化俄语作为联邦国语地位和族际交流工具，进而为提升公民国家认同感，调节民族关系，维护国家安全和社会稳定发挥作用。该文认为俄罗斯语言政策调整的主要动因是构建国家认同，联邦国语（俄语）是国家认同的“语言纽带”，是提高俄罗斯民族凝聚力，实现族际和谐和维护国家统一的有力手段。[⑨] 钱伟以中亚五国为例，从历史角度深入分析了造成这些国家国语地位不强、官方语言和通用语言复杂的历史原因；从社会语言学的角度指出了多民族、多语种国家的语言竞争，认为国语、官方语言和通用语言的选择实际上反映了国际性语言和地区性语言、外来语言和本土语言、大国语言和本族语言、强势语言和弱势语言综合博弈。[⑩]

---

① Teresa L. McCarty、唐毅：《〈美国土著语言规划与政策：历史、理论与实践〉述介》，《当代语言学》2016 年第 3 期。

② 高霞：《加拿大克里人语言政策演变及其语言保护》，《民族高等教育研究》2016 年第 2 期。

③ 张天伟：《美国国家语言服务团案例分析》，《语言战略研究》2016 年第 5 期。

④ 周桂君、杨彬彬：《战后美国对前殖民地国家的语言渗透——以福特基金会在印度的语言推广为例》，《东北师大学报（哲学社会科学版）》2016 年第 5 期。

⑤ 张国峰：《浅析日本语言政策的统一性和多样性》，《景德镇学院学报》2016 年第 1 期。

⑥ 王寅、王彬：《浅析塞浦路斯的语言文化教育》，《牡丹江大学学报》2016 年第 8 期。

⑦ 张治国、郭彩霞：《文莱语言政策研究及其对我国的启示》，《西安外国语大学学报》2016 年第 3 期。

⑧ 刘泽海：《论少数民族语言在读写能力和基础教育中的作用——以柬埔寨、老挝、泰国为例》，《民族论坛》2016 年第 1 期。

⑨ 李迎迎：《评析俄罗斯语言政策调整的新变化》，《民族教育研究》2016 年第 1 期。

⑩ 钱伟：《语言认同冲突刍议——以中亚五国的国语、官方语言、通用语言为例》，《海南师范大学学报（社会科学版）》2016 年第 7 期。

（二）“一带一路”倡议背景下的语言规划与语言政策研究

近两年来，跨境语言与国家安全研究是语言政策语言规划研究领域一个热点，在外语和民族语言研究领域引起高度重视，尤其在习近平主席提出“一带一路”倡议之后相关研究成果更是大量涌现。

2015—2016 年，研究主要围绕四个方面，其一，“一带一路”倡议的语言需求和语言服务的宏观探讨；其二，“一带一路”倡议的具体对策建议；其三，“一带一路”倡议中的语言问题意识，如我国与“一带一路”沿线国家官方语言、通用语言、民族语言、外国语言等语言状况对比所存在的问题以及应当考虑的对策建议，特别是与“一带一路”沿线国家相邻省区因具有特殊的语言景观而应采取特殊的语言教育与研究对策；其四，国内语言政策规划对于“一带一路”倡议所提出的新的形势和任务应当采取的目标调整和战略转型。主要研究成果如下。

赵世举系统梳理了“一带一路”可能有的语言需求，提出了相应的语言服务对策。他强调，语言文化融通是“一带一路”倡议的基础工程、先导工程和民心工程。通过语言文化交流，增进彼此了解和友谊，探寻不同国家在文化、利益方面的契合点，促进文化互鉴和彼此认同，夯实民意基础，深植社会根基，可为经济合作和政治对话创造有利的条件。① 魏晖主要从语言能力视角，深入讨论了语言互通与“一带一路”倡议的关系，探讨了实现语言互通的途径，提出了加强语言能力研究和建设的建议，并指出了提升个体语言能力、发展机器语言能力的重要性。② 张日培从语言规划视角，提出了服务于“一带一路”倡议的语言建设应该重点研究的 7 个问题：中西部现代化进程提速背景下的语言资源保护研究；跨境语言与周边安全研究；丝路外语教学政策与规划研究；沿线国家和地区的汉语传播研究；沿线国家和地区的华语教育研究；“一带一路”倡议话语体系研究；语言智库建设与研究。③ 黄行对“一带一路”倡议与我国关系密切的核心区中亚、东南亚国家的国语、官方语言、少数民族语言和外语的语言状况和景观，从语言政策和规划的角度做了比较微观的描述和分析。④ 沈骑讨论在“一带一路”倡议国家定位转变的新形势下，我国国家外语能力建设如何进行战略转型和加强外语规划，以更好地服务“一带一路”倡议。⑤ 王新青、池中青论述了中亚五国语言状况的特点及语言发展呈现的多极化走向，并提出了相应的思考及建议。⑥

其他与“一带一路”倡议相关的研究还包括：李洪乾首先论述了国防语言政策的定义、内涵及重要性，然后阐述了国家安全背景下国外的国防语言政策研究现状及我国相关语言政策存在的问题，最后讨论了加强我国国防语言政策建设的可用举措。⑦ 谢英从“共有的闽南语情结，频繁对话所产生的语言融合，两岸合作向深度和广度发展，国家对台方针及有针对性的语言政

---

① 赵世举：《“一带一路”建设的语言需求及服务对策》，《云南师范大学学报（哲学社会科学版）》2015 年第 4 期。

② 魏晖：《“一带一路”与语言互通》，《云南师范大学学报（哲学社会科学版）》2015 年第 4 期。

③ 张日培：《服务于“一带一路”的语言规划构想》，《云南师范大学学报（哲学社会科学版）》2015 年第 4 期。

④ 黄行：《我国与“一带一路”核心区国家跨境语言文字状况》，《云南师范大学学报（哲学社会科学版）》2015 年第 5 期。

⑤ 沈骑：《“一带一路”倡议下国家外语能力建设的战略转型》，《云南师范大学学报（哲学社会科学版）》2015 年第 5 期。

⑥ 王新青、池中青：《丝绸之路经济带中亚五国语言状况考察与思考》，《云南师范大学学报（哲学社会科学版）》2015 年第 5 期。

⑦ 李洪乾：《国家安全背景下的国防语言政策研究》，《国防科技》2015 年第 2 期。

策的出台”四个方面分析构建闽台和谐语言生活的可行性，并提出在构建闽台和谐语言生活过程中，要处理好普通话和闽南语、简体字和繁体字两个关系，充分发挥闽南地方媒体的闽南语宣传工具的作用，加强两岸汉语言文字教学和研究工作的互动，启动闽台和谐语言生活构建工程等政策性建议。① 吴先泽、林潇蓉认为广西边境目前处于东盟开放的最前沿，语言问题开始凸显，边境民族青少年语言使用状况（如壮话、普通话以及外语比例失调）无法满足现实需求，应重新审视该地区语言政策，考虑开设壮语文字课程，大力推广普通话，开设越南语、泰语等其他外语语种。②

2015—2016 年，“一带一路”倡议作为中国国家发展建设目标的重要内容，其语言政策和规划研究依然保持相当的活力，从空间分布来看，“一带一路”语言政策和规划可以分为国内和国外两个部分。

1. 国内部分。王盛等认为“新丝绸之路”建设是当前我国推动区域经济合作发展的重要战略，甘肃省是重要节点，而语言政策是全面落实该战略的重要前提，甘肃省需要以加强语言教育为切入点，全面融入国家战略。③ 邢欣、邓新认为应依托新疆现有优势做好三个方面的对接，即对内双语政策与对外语言传播政策的对接；少数民族语言发展和跨境语言人才培养政策的对接；国家语言安全战略与“一带一路”语言服务的对接。而要想实现上述对接，则必须做好五大语言发展战略的构建，即面向沿线国家内外并举的语言发展战略构建；对外语言传播策略构建；对外语言文化交流与保护策略构建；语言文化冲突消解研究战略构建；“互联网 +”模式下的“语言公共服务 + 语言咨询服务”平台构建。④

2. 国际部分。王辉、王亚蓝从官方语言、官方语言谱系分类、主体民族语言、外语及少数民族语言五个维度，概述和分析了“一带一路”沿线国家的语言状况，认为“一带一路”沿线 65 个国家中有 53 种官方语言，属于九大语系，语言资源丰富，语言状况复杂，沿线国家重视语言问题，语言使用呈现鲜明的区域特色。该文在对这些国家语言状况初步研究的基础上分析和思考，以期为我国制定和实施面向“一带一路”的语言政策和规划提供参考。⑤ 胡家英、刘丹分析了“一带一路”倡议背景下俄语的语言生态系统存在多维度的生态平衡问题。⑥

（三）语言经济及其他研究

语言经济和其他领域语言作为近几年应用语言学领域的另一个热点，2015—2016 年研究成果略有减少，但涉及媒体语言、母语经济、语言竞争力和语言资源等层面的研究依然受到学界关注，主要成果如下。

张晓传从少数民族电影对白语言的选择和使用的角度，分析新中国成立后少数民族电影对白语言经历的全部使用普通话、普通话和母语混合使用和全部使用民族母语三个阶段，认为少数民族电影对白语言与少数民族语言规划关系由完全独立到逐渐密切，少数民族电影对白语言的选择和使用对我国语言生活的现状发挥了重要作用，强调厘清二者之间的关系可以更好地为

---

① 谢英：《构建闽台和谐语言生活问题刍议》，《集美大学学报（哲学社会科学版）》2015 年第 1 期。

② 吴先泽、林潇蓉：《广西边境民族地区语言使用状况及政策研究》，《赤峰学院学报（汉文哲学社会科学版）》2015 年第 10 期。

③ 王盛等：《“新丝绸之路”视野下甘肃省语言政策研究》，《兰州教育学院学报》2016 年第 3 期。

④ 邢欣、邓新：《“一带一路”核心区语言战略构建》，《双语教育研究》2016 年第 1 期。

⑤ 王辉、王亚蓝：《“一带一路”沿线国家语言状况》，《语言战略研究》2016 年第 2 期。

⑥ 胡家英、刘丹：《浅析在“一带一路”战略中俄语语言生态系统的多维平衡性》，《西伯利亚研究》2016 年第 4 期。

我国当前语言规划提供借鉴。①

方小兵的《“母语经济”若干问题思考》从母语经济分析框架、理论模式和实现路径出发分析提升母语经济、双母语资源、语言服务、知识经济、母语社区、政策定位等概念，提出了当前的语言经济学尤其民族语言经济学中一些很有新意的概念。②

李俊生的《从语言经济学视角分析少数民族地区推行双语和谐政策》认为，双语和谐政策的核心是民—汉双语兼通，和谐并育。在语言经济学视野下，一方面让少数民族群体努力学习汉语，更好融入华夏文化发展的洪流；另一方面，也要让少数民族不忘本民族文化的精髓，发扬和继承本民族语言文化，实现双语和谐和共同发展。③

袁媛提出在语言产业即将成为经济发展战略环节的前提下广西语言产业发展的核心竞争力要素以及相关的语言政策等制动性因素，认为广西语言产业核心竞争力的构建途径是：建立规范的管理机制；谋定语言战略，出台语言政策；转变外语人才培养模式，提高语言人才质量；增设汉语培训机构；促进语言产业结构多样化，丰富语言职业。④

米克洛什·孔特劳等的《语言：权利和资源——有关语言人权的研究》一书是“语言资源与语言规划丛书”之一，该书从一般问题、法律问题、市场问题、语言规划问题、教育和种族身份问题这五个不同专业领域，围绕语言人权产生的误解，阐明语言人权的概念，通过讨论语言人权问题，提出语言既是权利也是资源。这些语言理念对我国的民族语言文字工作有积极的参考价值。⑤

四 民族语言文字规范化、标准化和信息化研究新进展

民族语言文字的规范化、标准化和信息化，是新中国民族语言文字工作的重要内容。进入21世纪以来，随着计算机技术的飞速发展，信息化成为各民族社会文化生活的根本趋势。民族语言文字的规范化、标准化，也以信息化为核心要求。

当前，以民族文字为载体的信息传播形式和手段已经十分丰富。为了实现各民族在语言文字使用上的平等权利，不断加强民族文字信息化、网络化，民族语言文字信息化研究受到国家和学界的高度重视。2015—2016 年民族语言文字信息化的研究成果，可以总结为如下几个方面。

（一）民族文字字符编码、识别、输入研究

我国民族文字信息化研究起步较早，但是基于各种原因，研究的深度不够，提交给国际 ISO 组织的民族文字国际编码标准存在一定的问题，例如藏文、蒙古文等字符编码，存在“同形异码”现象比较突出等问题。文字上的同形异码影响藏文、蒙古文信息处理的深入开展。龙从军、刘汇丹、吴健等对藏文同形异码进行了全面的阐述，分析了问题的原因并给

① 张晓传：《少数民族语言规划与少数民族电影对白语言———以建国后少数民族电影为例》，《贵州民族研究》2015 年第 3 期。

② 方小兵：《“母语经济”若干问题思考》，《琼州学院学报》2015 年第 1 期。

③ 李俊生：《从语言经济学视角分析少数民族地区推行双语和谐政策》，《新西部（理论版）》2015 年第 19 期。

④ 袁媛：《广西语言产业核心竞争力要素分析及构建途径》，《广西经济管理干部学院学报》2015 年第 3 期。

⑤ ［匈］米克洛什·孔特劳等编：《语言：权利和资源——有关语言人权的研究》，李君、满文静译，外语教学与研究出版社 2014 年版。

出了相应建议。[①] 付勇阐述了锡伯文满文编码问题和解决方案；[②] 安波、诺明花等研究了传统蒙古文的同形不同码的问题。[③] 这些文章的共同点是分析了在现行国际、国家字符编码标准体系下，藏文、蒙古文等在运用中出现的各种问题。从这些问题可以看出，我国一些少数民族文字字符编码研究不深入，提出的一些标准体系在后续应用中存在较多问题，充分说明民族语言文字信息化的基础研究工作严重滞后。

民族文字的字符识别也是字符研究的重要内容。藏文、蒙古文、维吾尔文等文种的历史文献比较丰富，这些文种传统文献的电子化不能单独依靠人工录入，要借助计算机自动识别；同时随着手机移动互联网的广泛使用，民族文字的手写体字符识别也越来越受到研究者和使用者的关注。联机、脱机手写体识别研究成为热点。马龙龙等深入研究了以字丁为单位的识别算法，效果突出。在此基础上，开展以音节为单位的识别研究，也取得了良好的效果。[④] 蔡晓娟、黄鹤鸣提出了基于多投影归一化的脱机手写藏文字符特征提取算法。[⑤] 黄鹤鸣、马龙龙等全面阐述了藏文手写体识别的各种方法和策略。[⑥] 苏向东采用了深度学习和知识策略融合的方法对蒙古文古籍进行识别研究。[⑦] 但是蒙古文古籍采用木刻雕版工艺印刷，具有排版不够规整、字形差异显著、文字颜料扩散和脱落等特点，给识别工作带来很大挑战，要达到实用水平还需要继续研究。

民族文字输入法研究不断深入。研究民族语言的学者都明显感到一些民族文字输入不方便，如藏文输入法，根据国家键盘布局标准，一个主键盘，四个辅助键盘，操作便利性差。输入方法也停留在字符层面，缺乏以词为单位的联想输入。根本原因是语言文本处理的基础工作没有完全跟上，不利于开展以词为单位的输入法研究。一些学者也努力做一些尝试，如万玛冷智、才智杰、才让卓玛等试图开发藏文联想输入法；[⑧] 周俊、李永忠、杨立华探索把藏文输入法移植到手机等移动终端产品上。[⑨] 2016 年，中国民族语文翻译中心成功研发出安卓手机藏文输入法，是首款采用藏文音节输入的输入法软件。

民族文字字符编码与输入法密切相关。龙从军、刘汇丹、安波阐述了藏文编码的问题和对策，建议可以改进输入法，避免藏文文本中出现的“同型异码”现象。[⑩] 张利峰、胡其图从实际需求出发，研究蒙古文在线输入法。[⑪] 但是，输入法的改进依赖词频等资源建设，当前的民族语输入法基本停留在以字符、音节为单位输入，以词、短语为单位的输入法研究有待深入。

---

① 龙从军、刘汇丹、吴健等：《藏文国际编码问题及解决方案建议》，第十五届中国少数民族语言文字信息处理学术研讨会，延边，2015 年 8 月。

② 付勇：《现行锡伯文满文编码存在的问题与解决方案》，《信息技术与标准化》2015 年第 1 期。

③ 安波、诺明花等：《传统蒙古文“同形不同码”问题研究》，《信息技术与标准化》2015 年第 Z1 期。

④ Longlong Ma, Jian Wu, *Online Handwritten Tibetan Syllable Recognition Based on Component Segmentation Method*, Proc. 13th ICDAR, Nancy, France, 2015.

⑤ 蔡晓娟、黄鹤鸣：《基于多投影的脱机手写藏文字符特征提取方法》，《计算机技术与发展》2016 年第 3 期。

⑥ 黄鹤鸣、马龙龙等：《手写藏文字符识别研究》，科学出版社 2016 年版。

⑦ 苏向东：《基于深度学习知识策略的蒙古文古籍识别研究》，博士学位论文，内蒙古大学，2016 年。

⑧ 万玛冷智、才智杰、才让卓玛等：《藏文联想输入法设计》，《中文信息》2015 年第 6 期。

⑨ 周俊、李永忠、杨立华：《基于 Android 平台的藏文输入法设计与实现》，《电子设计工程》2015 年第 16 期。

⑩ 龙从军、刘汇丹、安波：《藏文编码字符集标准应用中的问题及对策》，《信息技术与标准化》2016 年第 Z1 期。

⑪ 张利峰、胡其图：《蒙古文在线输入法研究与实现》，《科技传播》2016 年第 17 期。

（二）民族文字信息化标准研究

在信息化时代，语言文字信息化标准是一个重要的研究领域，我国民族文字信息化标准研究时间长，但效果并不理想。蒙古文、藏文、维吾尔文等虽然制定了一些字符层面的国际和国家标准规范，但是在使用中还存在一定的分歧。而语言文本信息处理方面的标准基本上还是一片空白。国标委 2015 年第 2 批国家标准任务中涉及了五项藏文信息化标准的研究任务，并于 2015 年 11 月 18 日在青海师范大学召开启动会。五项标准包括：信息技术藏文排序规范、信息处理藏文分词规范、信息处理藏文词类标记规范、信息处理藏语短语规范和文献信息化加工标准。这些课题的开展可能加快民族语言信息化标准制定的步伐。值得关注的是，国家教育部语信司组织出版了三个标准草案，分别是江荻、龙从军等研制的藏文拉丁转写规范，赵小兵、孙媛、龙从军等研制的藏语分词、词性标注规范，① 这几个规范已被多个单位采用。

（三）民族文字词法分析研究

如果说字符、编码等处理是语言文字信息化的前提，那么词法分析就是语言信息处理的开端。我国民族语言的语言类型不同，词法分析的方法也有不同，大体上可以分成两类：一是具有丰富词形变化的民族语言，如蒙古语、维吾尔语，需要进行词干、词缀的切分与提取，然后进行词性标注；二是词形变化不丰富的民族语言，如藏语、彝语等，则需要进行分词研究和词性标注。蒙古语、维吾尔语词干提取、词缀切分方面，相关的研究有：热娜·艾尔肯等提出了利用规则和词典相结合的混合处理方法进行形态还原技术，词干提取准确率达到了 77.4%。② 史建国等同样利用词典和规则方法对斯拉夫蒙古文的词干进行提取，虽然有一定的效果，但是蒙古文中词干和词缀之间并不是纯粹的切分，还涉及部分字符还原问题，因此研究还有待深入。③ 帕力旦·吐尔逊等利用最大熵模型，结合维吾尔语的语言特征进行了维吾尔语词性标注研究，准确率达到了 96% 左右，④ 基本上可以应用于语言工程中。玉霞等采用了隐马尔科模型进行蒙古文的词性标注研究，尽管也取得了不错的结果，但是从统计模型看，隐马尔科夫模型不是词性标注的理想模型，如果采用条件随机场模型，也许效果会更好。⑤ 藏语分词研究已经有了丰富的成果，但仍然有相关文章发表，龙从军、刘汇丹等提出藏语“亚音节”（字）的概念，采用了“疑似连写切分法”处理分词，而且在研究中把字的概念利用到对词性的标注上；⑥ 而且他们把分词、字性和词性标注一体化处理，融合了多种语言特征，有效改善了分词、词性标注的效果，以字为单位的研究模式可以避免分词和词性标注中的未登录词的问题。⑦ 龙从军、刘汇丹总结性地探讨了藏语分词的各个方面，并开发完成了藏语分词标注一体化软件，基本上

---

① 教育部语言文字信息管理司：《中国语言生活绿皮书 A0006》，商务印书馆 2015 年版。

② 热娜·艾尔肯等：《基于混合方法的维吾尔语词干提取方法研究》，《计算机应用研究》2015 年第 1 期。

③ 史建国等：《基于词典、规则的斯拉夫蒙古文词切分系统的研究》，《中文信息学报》2015 年第 1 期。

④ 帕力旦·吐尔逊等：《融合形态特征的最大熵维吾尔语词性标注》，《西北大学学报（自然科学版）》2015 年第 5 期。

⑤ 玉霞、王斯日古楞：《蒙古文词性标注及融合性因子的蒙汉统计机器翻译》，《内蒙古师范大学学报（自然科学汉文版）》2015 年第 3 期。

⑥ 龙从军等：《基于藏语字性标注的词性预测研究》，《中文信息学报》2015 年第 5 期。

⑦ 龙从军等：《藏语字性标注研究》，第十五届中国少数民族语言文字信息处理学术研讨会，延边，2015 年 8 月。

达到实用效果。[①] 杨蓓、周兰江等研究了老挝语词性标注，提出了基于半监督学习的老挝语词性标注方法，词性标注准确率达到89.9%，国内研究老挝语信息处理的文章并不多，该研究成果具有一定的参考价值。[②]

总之，在民族语言词法分析层面，已经取得了丰硕的成果，但还需要继续完善。

（四）民族语言语义、句法分析研究

中文信息学会理事长李生教授在第十五届中国少数民族语言文字信息处理学术会议上讲话时谈到，民族语言词法分析成果丰富，但句法语义分析研究十分缺乏。这是十分中肯的。民族语言计算处理方面的句法语义研究刚刚起步，构建民族语言的句法语义知识库十分困难。在藏语方面，还未见到成型的句法语义知识库；这直接导致了在语言处理研究中，有关句法语义方面的研究也比较少。何向真等谈到利用语义分析技术，主要是利用短语的句法树库和格标记等辅助机器翻译，但是对句法语义知识的运用并不充分，也不系统。[③] 王天航从机器翻译的角度探讨藏语组块分析，提出基于音节粒度的组块边界识别，取得了比较好的效果。[④] 扎西加、多拉利用配价语法描写藏语句子结构，认为配价语法比较适合藏语的句法、语义结构描写。[⑤] 丁海兰、祁坤钰开展依存句法分析，对依存框架下藏语属格结构进行了统计分析。[⑥]

艾山·吾买尔、吐尔根·依布拉音等从构建维吾尔语句法树库为目的，制定了维吾尔语组块标记集，并通过实验验证了其标注体系的可行性。[⑦]

（五）民族语言语音识别研究

在民族语言语音识别研究方面，由于语音识别技术比较成熟，加上手机等移动网络终端产品的使用，与民族语言语音相关的管理亟须加强。从维护安全的角度考虑，政府部门和研究机构给予了极大重视。蒙古语、藏语、维吾尔语三种民族语言语音识别研究进展较快，一些企业参与语音识别产品的研发。西藏大学·讯飞语音及语言联合实验室发布了藏语合成、藏语识别、藏语评测、藏汉翻译等方面的研究成果，并在全球首发藏语智能语音云平台，向开发者开放藏语语音技术。

袁胜龙等首次提出利用神经网络方法对藏语的自然对话风格大词汇电话连续语音识别研究；[⑧] 其米克·巴特西等采用类似的方法研究了维吾尔语语音识别；[⑨] 赵尔平等研究了藏语孤立词语音识别技术；[⑩] 王米利等选用200个拉祜语常用词，以词为识别单元，利用语音识别工具

---

① 龙从军、刘汇丹：《藏文自动分词的理论与方法研究》，知识产权出版社2016年版。

② 杨蓓、周兰江等：《半监督学习的老挝语词性标注方法研究》，《计算机科学》2016年第9期。

③ 何向真等：《基于藏语语义分析的机器翻译技术研究》，《计算机工程与应用》2015年第15期。

④ 王天航：《面向机器翻译的藏语功能组块识别研究》，硕士学位论文，北京理工大学，2016年。

⑤ 扎西加、多拉：《配价语法视觉下的藏语句子结构描写研究》，《中央民族大学学报（哲学社会科学版）》2016年第1期。

⑥ 丁海兰、祁坤钰：《基于依存句法的藏文属格结构统计研究》，《西北民族大学学报（自然科学版）》2016年第2期。

⑦ 艾山·吾买尔、吐尔根·依布拉音等：《基于条件随机场的维吾尔文组块分析》，《中文信息学报》2016年第3期。

⑧ 袁胜龙等：《基于深层神经网络的藏语识别》，《模式识别与人工智能》2015年第3期。

⑨ 其米克·巴特西等：《基于深度神经网络的维吾尔语语音识别》，《计算机工程与设计》2015年第8期。

⑩ 赵尔平等：《藏语孤立词语音识别技术研究》，《西北师范大学学报（自然科学版）》2015年第5期。

箱 HTK 开展非特定人拉祜语孤立词的语音识别研究。① 语音识别研究中的新特点是引入神经网络方法处理民族语。但缺点是数据少，达不到应用的效果。

龙从军、刘汇丹、吴健在建立藏语语音识别资源的基础上，探讨了藏文国际音标转换规则研究。② 维吾尔语的语音识别研究进展非常快，深度学习方法也得到充分应用。③ 内蒙古大学完成了国内首款蒙古语语音识别和语音合成系统，识别正确率达到 90% 以上。

（六）民族语言命名实体研究

命名实体研究在语言信息处理中占据了重要地位，主要原因是命名实体数量多、难预测，对词法、句法分析以及机器翻译都会产生不利影响。在 2015—2016 年发表的论文中代表性成果如下。康才畯、龙从军、江荻以条件随机场模型，采用字标注理论对藏文人名进行识别，获得了不错的效果。但是训练材料少，人名识别系统也停留在实验阶段，在大规模文本处理中效果不佳。④ 诺明花等讨论了在新闻类语料库中识别未登录词的方法。⑤ 张磊、杨雅婷等讨论了维吾尔语中数词命名实体识别，并把数词命名实体识别放到机器翻译中讨论，说明数词类命名实体识别效果好可以提高机器翻译的质量。⑥ 于光磊、徐毅等讨论利用规则方法识别维吾尔语命名实体，但是从语言处理的实际来看，单独依靠规则在多种语言处理中证明不如统计方法有效。⑦ 可见民族语言命名实体识别研究还有很多工作要做。

（七）民族语言机器翻译研究

2015 年 10 月在安徽合肥中国科学院智能技术研究所举办了第十一届全国机器翻译研讨会，多个藏汉、维汉、蒙汉机器翻译系统参与了评测，说明民族语言机器翻译研究方兴未艾。米莉万·雪合来提等提出了一种以维吾尔语为词干词缀粒度的汉维机器翻译方法，实验证明词干词缀翻译模型以及语言模型显著优于之前的基于词粒度的模型。⑧ 2016 年 8 月，“中国少数民族语言机器翻译学术研讨会”在微软亚洲研究院召开。

近年在民族语文信息化应用方面的重要工作是藏文搜索引擎“云藏”由海南藏族自治州藏文信息技术研究中心研发，于 2016 年 8 月正式开通。

五　民汉双语教育研究新进展

双语教育在我国民族教育事业中占有十分重要的地位。作为一个统一的多民族国家，双语教育是推动民族地区教育发展，促进各民族交往、交流、交融，建设中华民族共有精神家园的重要途径。2015—2016 年，双语教育研究的成果较为丰硕，以双语教育为题的成果达数百种。

---

① 王米利等：《基于非特定发音人拉祜语孤立词语音识别研究》，（《云南民族大学学报（自然科学版）》2015 年第 4 期。

② 龙从军、刘江丹、吴健：《藏文国际音标（拉萨音）自动转换研究》，《中文信息学报》2016 年第 5 期。

③ 李鹏飞：《基于深度学习的维语语音识别研究》，硕士学位论文，安徽大学，2016 年。

④ 康才畯、龙从军、江荻：《基于条件随机场的藏文人名识别研究》，《计算机工程与应用》2015 年第 3 期。

⑤ Minghua Nuo，Huidan Liu，Congjun Long and Jian Wu，*Tibetan Unknown Word Identification from News Corpora for Supporting Lexicon-based Tibetan Word Segmentation*，ACL2015.

⑥ 张磊、杨雅婷等：《维吾尔语数词类命名实体的识别与翻译》，《计算机应用与软件》2015 年第 8 期。

⑦ 于光磊、徐毅等：《基于规则的维吾尔语命名实体识别研究》，《中国科技纵横》2015 年第 15 期。

⑧ 米莉万·雪合来提等：《基于维吾尔语词干词缀粒度的汉维机器翻译》，《中文信息学报》2015 年第 3 期。

这些成果按内容大体可分为三个类型：（1）双语教育综合研究；（2）新疆双语教育专题研究；（3）其他各民族地区的双语教育专题研究。以下分别简述。

（一）双语教育综合研究

双语教育在我国民族地区有着悠久的历史。在新时期，随着新的语言观的发展，在科学保护各民族语言文字的思想指导下，双语教育被赋予了新的内容，成为当前民族教育的主要内容之一。

关于双语教育的综合研究，大体围绕双语教育的意义及必要性、双语教育的模式和方法、双语教育存在的问题及对策、双语教育的比较研究来展开。

1. 双语教育总论。关于双语教育的性质、特点、形式和评价，目前学术界还有很多讨论。随着人们对语言和文化关系认识的深化，对双语教育的认识也有发展。2015—2016 年的双语教育研究总论，体现了认识的深化和多样化。

冯江英、石路通过批判性反思多元文化主义理论，指出多民族国家的民族教育政策必须在“多元”的民族建构与“一体”的国家建构双重价值之间保持必要的张力，并以新疆为案例，指出我国民族地区双语教育政策充分体现了“以人为本的多元化”“以国家公共利益为重的一体化”“以弱势补偿为先的公平正义”三个突出的价值取向。①

白英、滕星认为，双语教育是少数民族年青一代更好地融入现代化进程、传承民族文化、提升国家软实力和保护人类文化多样性的必由之路。新时期双语教育凸显出来的主要问题是缺少合格的双语师资和双语教材，因此，需要通过系统性措施，保障双语教育的持续性推进，最终形成多元文化整合的国民教育。②

郭龙生提出了中国语言治理现代化的理念，在对我国双语教育现状及其存在问题进行梳理的基础上，认为双语教育中的语言治理，应该从牢固树立国家通用语言意识、了解语言两级通用现实、认真做好语言治理顶层设计、积极创新双语教育多元模式、科学实施分类指导治理原则、大力提升语言综合治理能力、依法开展双语教育语言治理、努力构建和谐语言文字生活等方面着手，提升语言治理的现代化水平，以保障我国双语教育事业的健康、可持续发展。③

王兆璟、肖聪认为，族性认同与语言教育关系密切。在调控族性成为当代多民族国家解决民族问题的现实背景下，应设计更符合中国双语教育发展国情的政策，以建构合理的族性认同。④

在双语教育的推进过程中，双语教育政策是核心要素。黄萃、赵培强、苏竣通过对少数民族双语教育政策文献的收集、整理、编码和量化分析，分析了我国少数民族双语教育政策的发展历程，重点探究了教育政策工具在推动少数民族双语教育发展中的阶段特点、作用和不足，并提出了优化政策工具组合、完善我国少数民族双语教育的政策建议。⑤

柳颖、白红梅认为，双语教育概念是否清晰明确、准确合理，影响着人们对双语教育的理解及研究。⑥ 双语教育可以概括为促进学习者两种语言发展的实践活动，其包括双语教学。因此，双语教育的内涵包括教师的教和学生的学两个方面，其外延则需要考虑双语教育目标、模

---

① 冯江英、石路：《我国民族地区双语教育政策的价值取向分析——基于多元文化主义的反思》，《新疆社会科学》2014 年第 6 期。

② 白英、滕星：《民族文化传承与双语教育发展》，《思想战线》2015 年第 2 期。

③ 郭龙生：《双语教育与中国语言治理现代化》，《双语教育研究》2015 年第 2 期。

④ 王兆璟、肖聪：《双语教育政策设计的族性逻辑》，《西北师大学报（社会科学版）》2015 年第 4 期。

⑤ 黄萃、赵培强、苏竣：《基于政策工具视角的我国少数民族双语教育政策文本量化研究》，《清华大学教育研究》2015 年第 5 期。

⑥ 柳颖、白红梅：《双语教育概念梳理与辨析》，《民族教育研究》2015 年第 6 期。

式、类型、途径等。文章对双语教育的内涵和外延都进行了阐述。

陈立鹏、李海峰针对“民汉”双语教育改革与发展中的重大、关键问题，提出：(1) 进一步明确政府在双语教育中的责任；(2) 为双语师资队伍建设提供制度保障；(3) 全面加强学前双语教育；(4) 明确双语教育经费投入方向；(5) 建立完善适宜于各民族地区的不同双语教育模式；(6) 探索建立有利于人才培养的招生就业制度。①-②

刘毅、焦江丽、闻素霞指出，双语教育具有特殊的历史使命，其最终目标是培养出既能够传承本民族优秀传统文化，又能够适应社会发展的少数民族人才。文章从双语的工具性和双文化的目的性、双语的外显性和双文化的内隐性、双语的外部适应性和双文化的内部适应性等方面解读双语和双文化的区别和联系，进而分析当前由于轻视双文化教育所造成的一系列问题。③

王世红通过八个维度对海峡两岸少数民族双语教育模式比较，认为少数民族双语教育对实现教育民主化、对建立和谐社会和合理的社会文化生态具有重要意义，提出我国少数民族双语教育未来发展的路向是：以教育政策、制度建设的发展与完善为前提；以少数民族多元文化的理解与认同为生长点；以师资队伍的培育与优化为发展的核心要素。④

2. 双语教育问题及对策研究。鉴于我国语言国情复杂，民族文化差异突出，实施和推进双语教育的政策各地不一，双语教育在不同民族地区面临各种困难和问题。这些困难和问题主要集中在政策、模式、师资、教材等方面。学界对相关问题进行了研究，并提出了相应对策。

张国庆重点关注了“少数民族骨干计划”的实施及存在问题，指出“少干计划”是保障少数民族受教育权的重要形式和途径，在实施过程中，不应过于注重少数民族本身，而应当注重少数民族考生的授课模式，同时要区分汉语授课背景的考生和双语教育授课背景的考生的考试和录取方式。⑤

陈卫亚对我国少数民族学生语言使用状况及少数民族学校民族语文教学及双语教学现状进行了实证分析，指出了少数民族学校民族语文教学和双语教学在实际运行中的一些问题，并提出了统筹兼顾、加强科学研究、因地制宜、加强组织领导及政策法律保障等建议。⑥

安建强认为，教育信息化为新疆、内蒙古等部分实施双语教育模式的民族地区教育带来了发展契机，但由于双语教育的特殊性，双语教育的信息化资源建设相对而言难度更大，通过各种措施改善双语教育的信息化资源建设势在必行。在分析当前少数民族双语教育信息化资源建设现状的基础上，提出双语教育信息化资源建设的改善措施。⑦

刘荣指出，在民族自治地方，考察双语教育的教学目标时，应在兼顾语言目的、文化目的的基础上强调国家和社会目的，发挥其统一思想认识、建构社会主义意识形态、培育各族群众树立正确祖国观的功能；当前的民族地区的双语教育应在学科建设、教学内容体系等方面突出服务于以“中国共产党领导”、“社会主义制度”和“中华人民共和国”认同为核心的祖国观培养，建立和巩固各族群众珍惜社会稳定、维护祖国统一的思想基础。⑧

蒙元耀指出，双语教育的主要功能是培养适应民族地区发展需要的少数民族人才，开发少数

---

① 陈立鹏：《关于推进“民汉”双语教育的战略思考》，《西北民族研究》2016 年第 2 期。

② 陈立鹏、李海峰：《民汉双语教育：从顶层设计至基层管理》，《民族教育研究》2016 年第 4 期。

③ 刘毅、焦江丽、闻素霞：《论双语教育中的双文化教育》，《双语教育研究》2016 年第 1 期。

④ 王世红：《海峡两岸少数民族双语教育比较：八个维度的视角》，《教育探索》2016 年第 2 期。

⑤ 张国庆：《少干计划实施中双语教育考生面临的问题研究——以少数民族受教育权为视角》，《贵州民族研究》2015 年第 3 期。

⑥ 陈卫亚：《民族学校语文教学及双语教育现状实证及对策探析》，《民族教育研究》2015 年第 5 期。

⑦ 安建强：《聚焦少数民族双语教育的信息化资源建设》，《贵州民族研究》2016 年第 1 期。

⑧ 刘荣：《民族地区双语教育视野中祖国观培养》，《民族论坛》2016 年第 6 期。

民族学生智力，传承民族优秀传统文化。民族地区的教育改革，根本出路在于双语教育。在民族地区，要充分保障少年儿童的母语受教育权益，就必须拥有适合当地社会环境的双语教育模式。①

3. 双语教育比较研究。随着研究视野的开阔，一些研究者通过对国外双语教育模式的研究，试图给我国的民汉双语教育提供参考和借鉴。基于社会经济的发展，国外尤其是发达国家对语言的认识不断深化，进而推动了语言教育的发展。因此，相关研究和探索对于我国民族语言教育有积极意义。

陈弘对澳大利亚语言教育政策的历史沿革进行了研究，考察在当代全球化背景下双语教育在澳大利亚中小学教育体系中的实践，进而对其特点和面临的问题进行了分析。② 徐静、吕杰认为，世界经济一体化的发展促进了对多语种人才的需求，反之，多语种人才也能够为社会创造更多的经济财富。这一调查基于语言资源观，认为语言不仅是文化资源，也是经济资源。③这些认识对我国的民族语言保护和教育工作都有积极的参考价值。

（二）新疆双语教育专题研究

新疆双语教育，是当前我国民族教育的热点，受到国内外的普遍关注，相关的研究成果也十分丰硕。自 2004 年新疆加快推进双语教育工作以来，双语教育的大发展已经 10 年，取得的成绩有目共睹，但快速推进带来的严峻问题也不容小觑。关于新疆双语教育的回顾、调研、反思和争论，进入了一个成果集中涌现的阶段。不论所持的观点和立场是什么，讨论和总结是必要而且有益的。

按内容来看，新疆双语教育同样可以分为意义及必要性、教育模式和方法、问题及对策、双语教育的比较研究来展开。

1. 新疆双语教育总论。关于新疆双语教育的综合性论述，是在回顾双语教育发展历史的基础上，具有针对性和现实意义的真知灼见。基于理论研究和实践的密切结合，新疆双语教育研究的水平大为提高。

蔡文伯、韩琦指出新疆双语教育意义重大。但师资力量不足、教学质量低等问题，也导致各族群间和谐融洽的关系发生了微妙的变化，需要加强双语教育政策制度保障。④ 双语教育作为国家的一项长期战略性政策目标，从政策执行的目的到结果都具有非正式制度约束下的隐藏性和变通性，因此，要不断完善双语教育法律制度保障体系，健全双语教育组织制度平台，融解潜规则。⑤

赵建梅提出了双语教育的一个核心问题，即“双语”的实质是指语言输出目标，而不是教学语言数量。即只要通过学习，学生成为双语人，其教育形式就应该属于双语教育；双语教育的培养目标应该是双语双文化人。科学、理性地理解“双”，有利于新疆双语教育健康持续稳步发展。⑥

汤允凤借鉴后现代教育理论，提出新疆双语教育应以培养具有跨文化视野的双语双文化人

---

① 蒙元耀：《双语教育与母语文化传承》，《中国民族教育》2016 年第 3 期。

② 陈弘：《澳大利亚的语言教育政策和双语教育实践研究》，《外语教学理论与实践》2014 年第 4 期。

③ 徐静、吕杰：《多语教育带来良好的社会回报——基于加拿大语言能力调查》，《世界教育信息》2015 年第 4 期。

④ 蔡文伯、韩琦：《双语教育对维系新疆各民族和睦关系的政策学分析》，《民族教育研究》2015 年第 2 期。

⑤ 蔡文伯、韩琦：《非正式制度规约下双语教育政策执行的实践与思考——来自新疆 X 小学的调查》，《中南民族大学学报（人文社会科学版）》2015 年第 4 期。

⑥ 赵建梅：《如何理解新疆双语教育中的“双”》，《新疆职业教育研究》2014 年第 4 期。

才为目标，建构动态灵活的双语教育课程体系。①

方晓华在明确双语教育评价与双语教育关系的基础上，论证了实施双语教育评价的必要性，构建了双语教育评价系统，总结和肯定新疆各地、各学校实施的各种评价方式和手段的积极作用，也分析了其不足。②

关于多元文化背景下的双语教育问题，热孜婉·阿瓦穆斯林、李洁通过调查认为，走进城市多元文化环境的维吾尔族居民对双语教育的认同感不断加强，这是人们融入现代城市社会和顺应时代发展的正确选择，也是对双语现象和双语教育高度认识的体现；③ 龙玉红、张梅指出少数民族双语教育是对本地原有教育体系的突破，它培养学生成为双语、双文化人，是新疆各族人民文化交融的纽带和桥梁。④

上述研究，涉及双语教育政策与民族关系、双语教育的性质、各民族群众对双语教育的态度、双语教育的新理念、双语教育的评价体系等，都是具有鲜明现实针对性的重大理论命题，相关研究具有积极的理论价值和现实意义。

2. 新疆双语教育模式和教学方法研究。新疆双语教育长期存在关于教学模式的分歧和争议。因此，关于教育模式的研究也一直是主要的成果形式。

古丽坚乃提·图尔荪托合提、阿布都哈巴尔·阿布都克日木、王继青客观讨论和分析了新疆目前采取的淹没型、语言保持型、浸没型三种双语教育模式及其利弊。⑤

王莉认为，应根据特殊的语言环境、民族构成对几种双语教育模式进行适当调整，对传统的民语教学模式进行改造，同时兼顾城、乡差异，因地制宜，选择合适的的双语教育模式，才能推进聚居区双语教育健康、平稳、有序、有效发展。⑥

古力加娜提·艾乃吐拉、汤允凤从教育人类学视角切入，探讨双语教育中教学媒介语的定位及运用问题，提出了完善双语教育中教学媒介语的使用对策，即加强师资队伍建设、根据实际情况选择教学媒介语，在特殊情况下，适当增加母语比重，充分发挥母语作用。⑦

赵建梅提出并讨论了新疆双语教育模式运行中需要重点关注的四个问题：一是“部分课程汉语授课，部分课程母语授课”模式更容易被多方接受；二是同一地区或学校应该具有不同模式以供家长与学生选择；三是汉语授课的课程中不应该使用母语辅助；四是在双语教育中，国家通用语教学和母语文教学都应该受到高度重视。教育是一项科学的事业模式，教育模式的有效运行能够保障双语教育朝着科学、适用、长远、有效的方向发展。⑧

蔡文伯、孙芳认为，新疆双语教育政策在执行过程中出现了机械执行、选择执行、无律执行、强迫执行和寻租执行等偏差行为，严重影响政策执行的效果和质量。通过原因分析，文章

---

① 汤允凤：《后现代教育理论对新疆双语教育的启示》，《双语教育研究》2015 年第 1 期。

② 方晓华：《新疆双语教育评价问题探索》，《双语教育研究》2015 年第 2 期。

③ 热孜婉·阿瓦穆斯林、李洁：《城市化维吾尔族居民对双语现象与双语教育的认识和评价——基于乌鲁木齐、哈密、喀什三个点的实地调查》，《中南民族大学学报（人文社会科学版）》2015 年第 4 期。

④ 龙玉红、张梅：《多元文化背景下新疆维吾尔族大学生双语学习使用与文化适应》，中央编译出版社 2015 年版。

⑤ 古丽坚乃提·图尔荪托合提、阿布都哈巴尔·阿布都克日木、王继青：《浅谈新疆的双语教育模式》，《和田师范专科学校学报》2015 年第 5 期。

⑥ 王莉：《少数民族聚居地区双语教育适用模式探讨——以新疆维吾尔族聚居区为例》，《语言与翻译》2015 年第 4 期。

⑦ 古力加娜提·艾乃吐拉、汤允凤：《双语教育中教学媒介语的使用问题——以乌鲁木齐市为例》，《中南民族大学学报（人文社会科学版）》2015 年第 6 期。

⑧ 赵建梅：《新疆双语教育模式运行中的问题与思考》，《双语教育研究》2015 年第 4 期。

提出了建议措施。[①] 古力加娜提·艾乃吐拉等提出了双语教育的规范问题。[②]

总体上看，相关研究成果都认为双语教育的模式应根据特定的语言环境及其他实际情况因地制宜，不能一刀切，这是符合教育规律的意见，也是经过实践证明的正确道路。

3. 新疆双语教育的问题及对策研究。新疆民族众多，发展差异大，各地区民族分布、语言情况、民族文化特点复杂，因此，关于新疆双语教育问题及其对策的研究成果也较为丰富。

学前双语教育是当前新疆双语教育的重点。闵兰斌、周兢在厘清新疆学前双语教育的相关概念的同时，试图从学前双语教育发展历史、现状和趋向的视角分析学前双语教育发展的相关问题，并提出了政策建议。[③]

新疆民族教育基础薄弱，主要体现为双语教师队伍匮乏和素质不高问题突出。卡米力江·阿不都克力木指出，目前新疆双语教育师资队伍力量薄弱，语言环境差，对双语教育认识不统一。[④] 张霞、胡建元采用问卷调查法，指出了师资队伍整体质量不高、数量不足、结构不合理、单语言环境局限、培训机制不健全、培养效果不理想等问题，并提出了相应对策。[⑤] 李纯以新疆2007年来开始启动实施的“自治区农村双语教师特培计划”为背景，探讨了新疆农村双语教师特培生双语能力的培养问题。[⑥] 吴颜梳理了新中国成立以来新疆双语教学的发展历程及双语教师培养的基本脉络，指出当前新疆中小学双语教师培养培训存在合格教师数量不足、职前培养和职后培训质量不佳、结构失调等问题。[⑦] 孙洪凯等以美国城市教师驻校模式为参照，认为新疆新任双语教师的入职教育时间短、任务重，双语教师队伍中非师范类毕业生比例高、专业不对口的现象显著，新任双语教师入职教育针对性不强。调整岗前培训内容、安排实践指导教师、实施再培训是弥补新疆新任双语教师入职教育不足的有效途径。[⑧] 总体上看，上述研究对目前新疆双语教师队伍建设存在问题的认识是基本一致的。

一方面，内地少数民族高中班是我国民族教育的积极探索。内地新疆高中班已经办学15年，为新疆培养了成千上万的少数民族专业人才。另一方面，由于内地办学与在少数民族本土办学存在地域环境不同和文化氛围等方面的差异，办学过程中不可避免地会出现各种问题。杨德明认为，内地新疆高中班办学不仅是教育问题，更是一个关乎新疆稳定发展的政治问题，其教育成效深远且具有影响力。[⑨]

葛丰交、葛维娜回顾了新疆锡伯族锡汉双语教育百余年的历史，分析了目前锡汉双语教育存在的问题及原因，提出了保存、传承锡伯文及科学推进锡汉双语的思路和政策建议。锡伯族作为新疆地区有突出双语教育传统和双语能力的民族，其双语教育经验对于新疆其他少数民族

---

① 蔡文伯、孙芳：《新疆双语教育政策执行主体的偏差行为研究》，《当代教育与文化》2016年第2期。

② 古力加娜提·艾乃吐拉等：《新疆少数民族双语教育办学行为规范现状调查》，《当代教育与文化》2016年第4期。

③ 闵兰斌、周兢：《新疆学前双语教育发展的回溯、现状与趋向》，《当代教育与文化》2016年第2期。

④ 卡米力江·阿不都克力木：《从语言态度探析新疆双语教育中的问题与对策——以阿克苏中小学少数民族教师为例》，《新疆大学学报（哲学·人文社会科学版）》2014年第6期。

⑤ 张霞、胡建元：《新疆少数民族聚居区双语师资队伍建设现状调查研究——以喀什地区为例》，《新疆大学学报（哲学·人文社会科学版）》2015年第2期。

⑥ 李纯：《论新疆特培生双语能力培养研究》，《双语教育研究》2015年第3期。

⑦ 吴颜：《新疆中小学双语教师培养培训六十年的回顾与反思》，《黄冈师范学院学报》2015年第4期。

⑧ 孙洪凯等：《对新疆新任双语教师入职教育的思考——来自美国城市教师驻校模式的启示》，《双语教育研究》2016年第2期。

⑨ 杨德明：《内地新疆高中班办学中存在的问题刍议——兼与武金峰、欧阳志先生商榷》，《双语教育研究》2015年第3期。

来说具有十分典型的借鉴价值。①

（三）其他民族及地区双语教育专题研究

各民族的双语教学专题研究，主要涉及藏汉、蒙汉、壮汉双语，其他民族和地区也有少量相关研究成果产出。南方少数民族地区对双语教育的关注度不高，是民族教育中的一个薄弱环节，应予以重视。

1. 藏汉双语教育专题研究。藏族分布地域广，方言差别大，不同省区的双语教育发展有较大不同。2015—2016 年，藏汉双语教育主要是通过不同地区双语教育的调研，探讨藏汉双语的发展。

马亚玲讨论了学前双语教育及其师资建设，并提出利用高等院校资源，设置合理课程，建立学前藏汉双语教育师资培训中心等培养藏汉兼通的学前双语教师的建议。②

唐明钊指出，康方言区地跨川、滇、藏、青四省区，双语教育生态环境复杂脆弱，双语教育任务艰巨。核心任务是建立良好的双语教育生态环境，构建和谐语言生活。③

杨继文从藏族法律人才的应用性个性特征出发，以藏区地方司法实践为背景，阐述了藏族法律应用型人才培养的价值、目标、模式和方法。这是对民族法学教育和民族法律应用型人才培养的有益探索。④

严木初认为，四川藏区藏汉双语教育，从小学、初中、高中到大学呈现连贯完整的体系化特征，但藏汉双语人才数量不足、质量不高、文多理少等问题，与藏区经济社会文化发展的实际需求还有不小差距。建议藏汉双语教育必须走藏汉双语兼顾并重、文史理工平行发展的人才培养之路，积极探索多元化、多层次、多角度构建合格双语师资队伍的路径。⑤

张海云、祁进玉基于在青海藏蒙少数民族聚居区与混杂居地区的实地调查与研究案例，初步探讨青海藏蒙地区双语教育实践中“双语教育的文化选择”“开放—融入式教育”“民汉混编班”等基于本土的相关实践经验在我国民族教育事业发展中所起的促进作用。⑥

随着民族地区经济社会的发展以及国家高考政策的调整和变化，民族语言教学模式也相应地发生了一系列变化。祁进玉回顾了青海省民族语言政策的沿革，分析了青海省藏汉双语教学的模式与类型、双语教育面临的困境，对完善民族地区双语教师培训机制、加强民族地区双语教育课程与教材建设提出了建议。⑦

2. 蒙汉双语教育专题研究。蒙汉双语教育历史悠久，覆盖面广，已经形成从学前班到大学的完整的双语教育体系，因此，对于蒙汉双语教育的研究，大多是带有整体性和机制性的。但与其他大语种相比，蒙汉双语教育研究的汉文成果数量较少。

王渊博、苏德毕力格认为，我国已逐步形成了较为完善的双语教育政策体系，政策执行机

---

① 葛丰交、葛维娜：《新疆锡汉双语教育现状、问题与思考》，《民族高等教育研究》2015 年第 1 期。

② 马亚玲：《学前藏汉双语教师教育的现实困境与应然选择——以青海为例》，《青海师范大学学报（哲学社会科学版）》2015 年第 2 期。

③ 唐明钊：《康方言区双语教育生态环境研究》，《西南民族大学学报（人文社会科学版）》2015 年第 6 期。

④ 杨继文：《法律应用与藏汉双语法学教育》，《贵州民族研究》2015 年第 4 期。

⑤ 严木初：《藏汉双语齐驱文理学科并驾——藏汉双语教育人才培养之路探索》，《阿坝师范高等专科学校学报》2015 年第 4 期。

⑥ 张海云、祁进玉：《青海藏蒙地区双语教育政策与实践的理论思考》，《民族教育研究》2016 年第 2 期。

⑦ 祁进玉：《青海省藏区藏汉双语教育研究与思考》，《中国民族教育》2016 年第 11 期。

制是政策体系的重要补充。文章以内蒙古自治区锡林郭勒盟的调研为依据，认为双语教育政策执行的传达机制、保障机制、监督机制和反馈机制四个方面仍需进一步完善。①

石腾飞、伊丽娜将宏观层面的国家双语教育政策与微观层面少数民族地区教育语言的选择行为结合起来，探讨现代化进程中蒙汉双语教育的地方实践及其困境。文章指出，在市场经济条件下，双语教育的地方实践难以协调文化传承与经济发展之间的关系，现实情境下的教育语言选择是两者之间的权衡与妥协。政府应该积极拓宽民族文化传承的新路径，并因地制宜地推行双语教育政策。②

3. 壮汉双语教育专题研究。壮族是我国人口最多的少数民族，其语言文字工作历来受到关注。作为长期以汉语为教育语言的南方民族，壮汉双语教育的研究具有典型意义。2015—2016年壮汉双语的研究成果大都带有总结经验和对策研究性质。

卢露从国际法和法律体系的角度，指出我国以根本大法的形式确立了少数民族语言在民族自治地方为通用语言的法律地位，同时以民族区域自治法、教育法、义务教育法等加以实施保障。有必要从语言权视角对双语教育的目标进行反思，进一步改善双语教育。③

海路通过对武鸣县三所壮文实验学校进行实地调查，从社会各群体对壮汉双语教育的态度以及壮汉双语教育的课程设置、教学方法、教材、经费、教师培训等方面，考察分析了存在的主要问题及影响因素，并提出了对策建议。④

袁善来认为壮汉双语教育在广西已经推行了30余年，曾经取得辉煌成就，但当前状况不容乐观。壮汉双语教育模式在嬗变，教育的宗旨趋于合理化，但双语教育处于衰退状态，需要从制度保障、壮语文生态环境构建、制定中长期发展规划和短期目标等方面，振兴壮汉双语教育。⑤

4. 其他民族双语教育专题研究。除上述民族以外，其他民族双语教育的研究成果极为匮乏，尤其是语言种类众多的南方少数民族，双语教育研究成果屈指可数。造成这一状况的原因，一是相应民族地区对双语教育重视不够，在实践中未推动工作；二是各民族及学界对双语教育缺乏关注。当前，民族教育和民族语言的科学保护已经得到党和国家的高度重视，但在民族地区政府和群众中尚未产生足够的反响，这是民族教育和民族语言发展的深层次隐患，须高度关注。

罗正鹏从文化多样性保护角度探讨了双语教育的必要性，认为我国在利用双语教育保护文化多样性方面取得了积极成效，但还需要进一步转变观念，尤其要观照儿童视角、增强文化自信、着眼人人成长、平衡城乡文化，以便更好地开展双语教育，提高人们的文化保护能力、文化创新能力和跨文化交流能力。⑥

罗宏炜以贵州省榕江县宰荡侗寨开展“侗汉双语教育”试验项目为例，指出通过双语教

---

① 王渊博、苏德毕力格：《双语教育政策执行机制现状研究——以内蒙古自治区锡林郭勒盟为例》，《民族教育研究》2015年第3期。

② 石腾飞、伊丽娜：《经济动因与文化传承：现代化进程中的蒙汉双语教育》，《民族论坛》2015年第5期。

③ 卢露：《语言权视角下的广西壮汉双语教育实践》，《中南民族大学学报（人文社会科学版）》2015年第3期。

④ 海路：《壮汉双语教育的现状、问题及对策——以广西壮族自治区武鸣县三所壮文实验学校为个案》，《广西民族研究》2015年第4期。

⑤ 袁善来：《广西壮汉双语教育发展反思》，《广西社会科学》2015年第5期。

⑥ 罗正鹏：《略论文化多样性保护与双语教育——基于白族新创文字应用情况的调查研究》，《民族教育研究》2015年第2期。

育，起到对贵州少数民族的传统文化、习俗和语言等的保护作用，使各民族增强对自己本民族文化的自信心，从而促进不同民族的文化交往。①

张永胜、张新芮以贵州省威宁自治县石门坎为切入点，指出当前双语情况出现“两极”分化，即部分民族乡的少数民族只懂一点或不懂民族语言，世居少数民族语言也面临消亡；另一方面，一些语言保存较好的少数民族地区的儿童，汉语交际能力差，缺乏合格的双语教师。文章提出要摆正双语教育地位，优化双语环境，其中关于正确处理民语课与汉语及其他学科之间关系的建议具有普遍性和针对性。②

杨迎华认为，到目前为止的双语教育只是针对少数民族儿童而言，实施双语教育的过程中比较强调国家导向和顶层设计。文章发现绝大多数少数民族儿童汉语程度超过了其所属民族语言；大多数汉族儿童不会听说少数民族语言。在“科学稳妥推行双语教育”的新形势下，建议今后的双语教育应该从单向双语教育走向双向双语教育。③

李瑞华通过对青海省少数民族学前双语教育现状的调查，认为青海省少数民族学前双语教育存在以下问题：（1）双语教育处于自然发展的状态；（2）发展不均衡，教学水平参差不齐；（3）缺乏合格双语教师；（4）缺乏合适的双语教材；（5）缺乏必要的政策、制度管理与支持保障机制；（6）少数民族学前双语教育调查与研究薄弱。以上问题在很多民族地区具有一定的普遍性。④

在我国，对西方多语教育模式的本土化探索还处于初级阶段。云南省大理州剑川县石龙小学“白汉双语文教育项目”，通过以省民语委主导的国际合作方式，将国外的双语教育理念和教学方法民族化、本土化，是民族地区开展民汉双语教育的示范案例。王革、张霞对这一项目的理论和实践进行了系统的剖析，对我国双语教育的发展具有借鉴意义。⑤

白志红、刘佳指出，导致佤语语言生态变化的根源不仅有双语教育政策的实施和汉语的强大语势，还有经济的快速发展、社会转型、人口流动及佤族自身的民族意识和主体性等因素，建议要为受教育者提供双语学习的语言环境和选择权。⑥

六　民族语言生态建设研究新进展

语言生态（有的学者称之为生态语言），该术语由美国学者豪根（Haugen，1970，1972）提出，此后语言生态学的隐喻用法被学术界广泛使用。它将语言现象置于生态文化背景之中，研究语言符号系统的生态性质与语言发展的生态规律，强调语言多样性与生物多样性的依存关系，是近年来人文社会科学领域关注的热点，2015—2016年语言生态的研究成果主要涉及如下几个方面。

---

① 罗宏炜：《少数民族地区开展双语教育对文化交往的现实意义——以贵州榕江县宰荡侗寨“侗汉双语教育”为例》，《民族教育研究》2015年第3期。

② 张永胜、张新芮：《透视石门文化现象，探究毕节双语教育》，《贵州民族报》2015年12月16日第B03版。

③ 杨迎华：《贵州省少数民族地区儿童双语应用及教育问题研究》，《贵州民族研究》2016年第9期。

④ 李瑞华：《青海省少数民族学前双语教育的现状与分析》，《青海师范大学民族师范学院学报》2016年第1期。

⑤ 王革、张霞：《双语教育项目在西南多民族省区的国际化与本土化——云南大理剑川白汉双语文教育项目研究》，《民族教育研究》2016年第2期。

⑥ 白志红、刘佳：《佤汉双语的习得、使用与文化政治——云南沧源新村双语教育实施个案研究》，《北方民族大学学报（哲学社会科学版）》2016年第5期。

（一）语言生态理论及实践的探讨

冯广艺、冯念对新时期民族语言生态建设和研究作了综合性阐述。[①] 王倩、张先亮认为，语言生态在生态文明建设中的地位和作用尚未被人们所认识，有关城镇化进程与语言生态关系的研究也非常薄弱。该文分别从语言生态建设的组成部分、重要因素、有效途径三个方面展开论述，旨在说明语言生态的重要性。[②]

孔江平、王茂林、黄国文、麦涛、肖自辉和杨锋 6 位学者在《暨南学报（哲学社会科学版）》（2016 年第 6 期）上发表文章，阐释了语言生态研究的意义、现状及方法。

孔江平认为语言生态研究具有基础理论意义、自然生态意义、社会形态意义和现实意义等。[③] 王茂林认为无论从历时演化的角度，还是从共时分布的角度，跨境语言都对语言生态有重要的影响。[④] 黄国文认为，语言体系、语言多样性、语言政策、语言保护和语言规划等工作都必须以保护生态、维护人类社会良好的生存环境为前提和归宿。[⑤]

麦涛对近 10 年来学术界对生态语言学理论体系的构建及实践研究进行了梳理。认为在生态背景下有益于我们从新的视角来看待语言本体和本质的问题；生态语言学的研究能够促使人们在更为全面整体的模式下来理解语言、人类活动和自然的关系。[⑥]

肖自辉对国外生态语言学的情况进行了介绍，指出生态语言学是既有别于语言学，又有别于生态学的由自然科学和相关人文科学相结合的跨领域交叉学科，其理论和实践研究都有很大的发展潜力。[⑦]

杨锋认为语言生态研究的重点是如何记录传承和应用语言，传统采用调查和描写的方法，近些年普遍增加了录音和录像。然而即使增加了录音、录像等方式，还是丢失了大量潜在信息。特殊发声类型腔调特征、呼吸特征、情感心理特征等信息丢失，对于语言生态研究来说无疑是极大的损失。[⑧]

（二）语言生态学的具体实践研究

语言生态问题在我国已经逐渐引起了学界和社会的关注与重视。比较一致的意见是，在研究制定语言政策、语言战略、语言规划，构建和谐语言生活时，应当十分重视和谐语言生态建设。2015—2016 年，运用生态学理论，研究我国境内的民族语言和汉语方言的成果主要如下。

戴庆厦等认为边境地区的语言生活具有内部关系和外部关系的双重性。该文以云南省德宏傣族景颇族自治州中缅边境线上的吕英村语言为研究个案，分析该村稳定使用母语和多语兼用以及与境外语言和谐的语言使用状况，论述边境语言关系的特殊性，说明语言生活受国家实

---

① 冯广艺、冯念：《新常态下我国少数民族语言生态研究》，《湖南师范大学社会科学学报》2015 年第 5 期。

② 王倩、张先亮：《语言生态在新型城镇化生态建设中的地位和作用》，《语言文字应用》2015 年第 3 期。

③ 孔江平：《中国周边国家语言生态研究的学科范畴和意义》，《暨南学报（哲学社会科学版）》2016 年第 6 期。

④ 王茂林：《生态语言学视角下的跨境语言问题》，《暨南学报（哲学社会科学版）》2016 年第 6 期。

⑤ 黄国文：《生态语言学研究与语言研究者的社会责任》，《暨南学报（哲学社会科学版）》2016 年第 6 期。

⑥ 麦涛：《最近十年的生态语言学：进展与前景》，《暨南学报（哲学社会科学版）》2016 年第 6 期。

⑦ 肖自辉：《国外生态语言学的几个关注点》，《暨南学报（哲学社会科学版）》2016 年第 6 期。

⑧ 杨锋：《语言生态研究与语音多模态方法》，《暨南学报（哲学社会科学版）》2016 年第 6 期。

力、民族关系的制约。①

冯广艺、宫笑炎讨论了黎语杞方言区多语并存的语言生态环境。杞方言区人们忠诚于自己的母语，积极学习汉语普通话，接纳其他语言；杞方言区具有单语现象个别性，双语和多语现象普遍性、层次性的特点；黎语杞方言在黎族聚居区能够长期使用、和谐发展，跟聚居的使用者群体、强烈的民族认同感、稳定的语言社区以及语言群体之间的相互理解等密切相关。②

孙蕾、毛慧琴采用质化研究方法对福建建瓯农村的双言生态现状开展实地调查，参照领域理论和社会实践理论，在政治、经济、家庭、教育、社交、工作、宗教和媒体八个领域对普通话和建瓯话的语言实践活动和角色关系做了质化描述。调查的结果在一定程度上突破了弗格森“双言现象”的解释力，该文对双言研究和语言生态学的主要争议进行了讨论。③

尹蔚彬对四川省藏区语言生态研究的现状进行了梳理，认为科学认识四川省藏区复杂的语言生态现状，处理好各个语言之间的关系并顺应其发展，关乎该地区未来的发展。④

冯佳从语言生态视角探讨语言生态环境的变化对大紫处彝族母语磨蚀的影响，并以其为基点试图解决语言接触所带来的少数民族母语退化问题。⑤

赵淑梅对内蒙古地区俄罗斯民族语言生态的历史演变进行介绍，讨论了俄语从一度成为该地区通用语言到趋于濒危的发展历程。⑥

另外还有个别成果对国外的语言生态进行研究。张治国依据豪根（Haugen）的语言生态以及库帕（Cooper）的语言规划理论综述了我南亚邻国不丹的语言生态，并从地位规划、本体规划和习得规划三个方面梳理了不丹的语言政策，分析了不丹语言政策的特点。⑦

总体来看，语言生态研究方面的成果虽然数量不多，但质量都很高，尤其是一些从事语言学专业研究的学者，从自身研究体会出发，结合时代特点发表的关于语言生态研究的成果让人信服。

七 濒危民族语言保护研究新进展

（一）学术实践与活动

在世界范围内持续的濒危语言研究热潮推动下，2015—2016 年中国濒危语言研究和保护进入了一个新阶段。2015 年教育部、国家语委启动了中国语言资源保护工程，将国内濒危语言作为调查保护的一个类别纳入工程，当年就有阿侬语、羌语（方言）、仡佬语、义都语等 21 个濒危语言（方言）项目立项并展开调查研究。2016 年 8 月 23 日教育部、国家语委发布的《国家语言文字事业“十三五”发展规划》明确将开展少数民族濒危语言抢救保护工作作为科学保护各民族语言文字的重要内容。2015 年末 2016 年初，“中国濒危语言方言志”系列工作会议在北京语言大学召开，与会专家围绕确定濒危语言（方言）的基本原则、濒危语言（方言）调查点的设立、调查点负责人、志书编写方案等议题展开研讨。

---

① 戴庆厦、和智利、杨露：《论边境地区的语言生活——芒海镇吕英村语言生活个案分析》，《贵州民族研究》2015 年第 4 期。

② 冯广艺、宫笑炎：《海南黎语杞方言的语言生态环境》，《江汉学术》2015 年第 5 期。

③ 孙蕾、毛慧琴：《语言生态视域下的闽北双言交际领域现状研究》，《语言文字应用》2015 年第 2 期。

④ 尹蔚彬：《四川省藏区语言生态研究及价值》，《中国藏学》2016 年第 1 期。

⑤ 冯佳：《语言生态学视域下的少数民族母语磨蚀——以云南石林大紫处村为例》，《学术探索》2016 年第 7 期。

⑥ 赵淑梅：《内蒙古地区俄罗斯族民族语言生态的历史演变及现状》，《贵州民族研究》2016 年第 8 期。

⑦ 张治国：《南亚邻国不丹的语言生态及语言政策研究》，《语言战略研究》2016 年第 3 期。

在学术交流活动方面，2015 年 10 月 23—25 日，由教育部语言文字应用研究所、中国民族研究团体联合会、中国民族语言学会等联合主办的第二届“跨境语言研究论坛”暨第五届“中国云南濒危语言遗产保护”学术研讨会在玉溪师范学院举行，这是以濒危语言保护为主题的又一个系列年度会议。2016 年 4 月 1 日，北京语言大学、《语言战略研究》杂志社、《语言规划学研究》编辑部联合主办的“全球化背景下语言文字科学保护高端论坛”在北京语言大学举行，来自联合国教科文组织以及高校和科研机构的多位专家出席论坛。他们对濒危语言保护提出了多方面看法：语言濒危是全人类的文化灾难，语言保护需要全人类共同面对，是世界语言生活中的大事；保护和传承濒危语言需要形成一种机制，关键是“用”，就是在教育、媒体、行政、司法、日常生活等各个领域把母语的使用和发展放在一个恰当的位置，尤其要重视儿童母语教育；中国一些少数民族语言的使用人口也在逐年减少，像满语、赫哲语、土家语、畲语、仡佬语、塔塔尔语、鄂伦春语、鄂温克语、裕固语等，已经濒危，还有一些少数民族语言正在衰变之中；中国政府对不同使用情况的少数民族语言进行分类指导、规划管理，对趋向或已经处于濒危状态的少数民族语言，应作为非物质文化遗产加以抢救与保护，几乎所有已发现的濒危语言和濒危方言，均已被记录下来，其中有些是使用多媒体数据库的方法记录的。2016 年 10 月 24 日—11 月 4 日，由云南玉溪师范学院与英国伦敦大学亚非学院濒危语言典藏项目部（EL-DP）联合举办的“中国濒危语言国际学术研讨会暨暑期培训”在中国云南玉溪举行，来自多个国家的专家共同分享濒危语言调查的成果，探讨濒危语言保护新技术新方法。

（二）学术研究成果

2015—2016 年国内关于濒危语言的研究成果有上百项，涉及对濒危语言保护的理论探索、个案调查、技术方法、策略建议等方面。

1. 濒危语言保护的理论思考与认识。随着濒危语言保护意识的增强和实践水平的提升，学界对濒危语言现象的科学认识和理论思考不断深入。

有学者对近 20 年来世界濒危语言研究进程进行回顾并指出存在的一些主要问题：缺乏世界公认的语言信息数据，对濒危语言研究的性质和目标认识不同，世界濒危语言没有规范化与标准化的名称对照，对濒危语言的保存与保护缺乏统一的认识。文章进而从语言濒危的逻辑辩证、社会学因素及其生态复兴路径等方面提出新的见解。①

戴庆厦先生一直关注中国濒危语言保护进程，并对濒危语言研究保护工作与中国语言国情的适应性问题有深入思考。他认为，濒危语言保护必须强调“科学、理智”，应根据国情来界定中国濒危语言的标准，制定具体研究方法，建立有中国特色的濒危语言研究理论方法体系。②他在《语言保护的再认识》一文中再次强调，我国的少数民族语言文字有应用价值、文化价值、感情价值这三个重要价值，呼吁对各民族语言进行科学有效的保护。③

丁石庆的《语言保持论稿》一书，基于对北方人口较少民族的调查，分理论思考、个案分析、综合研究三个部分对语言保持问题进行了系统的思考。该书的理论思考部分涉及语言保持的概念、模式及语言保持动态发展等内容；个案分析部分涉及达斡尔、撒拉、俄罗斯、锡伯等北方人口较少民族语言使用现状及语言保持模式等内容；综合分析部分涉及北方人口较少民族

① 卡米力江·阿不都克力木、阿尔斯兰·阿布都拉：《濒危语言的逻辑辩证、社会学因素及其复兴路径》，《江西社会科学》2015 年第 5 期。

② 戴庆厦：《中国濒危语言研究的四个认识问题》，《玉溪师范学院学报》2015 年第 1 期；戴庆厦：《科学理智地深入开展濒危语言保护的研究》，《北方民族大学学报（哲学社会科学版）》2015 年第 3 期。

③ 戴庆厦：《语言保护的再认识》，《黔南民族师范学院学报》2016 年第 3 期。

的发展态势和总体特征。①

田立新从语言文字工作和管理的角度，论述了实施中国语言资源保护工程的背景和意义，其中语言资源危机（濒危性）是一个重要的立项原因，所以该工程将濒危语言（方言）单独作为工程的主要研究对象之一。②

黄布凡、尹蔚彬以四川藏区的多续语为例讨论了高度濒危语言的特点，认为高度濒危语言不仅在功能上经历了使用人数由多到少、使用范围由大到小、使用频率由高到低的逐渐萎缩过程，在语言结构上也呈现着不稳定、多变异，不断简化、语言结构项缺失、受外来影响并逐渐消磨自身原有特点的演变趋势。③

吴坤湖认为有些少数民族语言基于人口、社会转型、族群分化以及对语言的忠诚度变化等多种原因走向濒危，社会应采取积极有效的措施，开展好少数民族濒危语言的保护工作，以落实国家的语言平等政策，保持文化多元性。④

2. 濒危语言研究的个案调查。当前，对使用人口较少、活力衰退的少数民族语言实际状况及其保护情况的田野调查，仍是国内濒危语言研究的主要工作。

孙宏开在调查基础上认为云南怒族的 4 个支系语言基本上都处于濒危或即将消亡的状态，其中怒苏语、柔若语和阿怒语为濒危语言，阿侬语为极度濒危语言。⑤ 张林运用联合国教科文组织制定的濒危语言评估指标和语言活力估量表，对云南文山州布央语的濒危程度和语言活力进行评估后发现，布央语目前已处于活力不足、明显濒危的状态。⑥ 石林、王俊芳认为贵州的佯僙语现已陷入严重濒危，提出要对佯僙语名物系统进行抢救性调查记录。⑦ 阳柳艳对广西隆林弯桃仡佬语的使用现状进行调查，发现其为典型的濒危语言。⑧

北方少数民族地区濒危语言的状况也令人堪忧。赵阿平、郭孟秀、何学娟多年来对黑龙江省满语、赫哲语进行了广泛的田野调查，对濒危满语和赫哲语的现状进行全面的分析介绍，同时对满语、赫哲语发生变化的社会背景进行考察分析，揭示满语和赫哲语的濒危原因及其濒危过程中存在的差异与联系。⑨ 杨立华、吴赛娟调查了鄂温克人的语言使用情况，分析了鄂温克语使用变化及语言要素逐渐消逝的原因。⑩

有调查显示，甘肃裕固族使用的西部裕固语和东部裕固语目前都已成为濒危语言。⑪ 马永峰、马兆熙对甘肃省东乡族调查发现，东乡语的语言活力正在逐步降低，已经显露出濒危语言

① 丁石庆：《语言保持论稿》，辽宁民族出版社 2015 年版。

② 田立新：《中国语言资源保护工程的缘起及意义》，《语言文字应用》2015 年第 4 期。

③ 黄布凡、尹蔚彬：《从多续语看高濒危语言的结构特点》，《民族语文》2015 年第 3 期。

④ 吴坤湖：《文化的传承与少数民族濒危语言的保护研究》，《贵州民族研究》2016 年第 10 期。

⑤ 孙宏开：《关于怒族语言使用活力的考察——兼谈语言传承和保护的机制》，《玉溪师范学院学报》2015 年第 1 期。

⑥ 张林：《危机中的云南少数民族语言——以云南文山谷拉乡布央语为例》，《云南社会科学》2015 年第 3 期。

⑦ 石林、王俊芳：《严重濒危的佯僙语名物系统》，《凯里学院学报》2015 年第 2 期。

⑧ 阳柳艳：《隆林弯桃仡佬语现状及保护对策》，《贺州学院学报》2015 年第 3 期。

⑨ 赵阿平、郭孟秀、何学娟：《濒危语言》，《当代语言学》2014 年第 4 期。

⑩ 杨立华、吴赛娟：《鄂温克族语言的变迁及成因——黑龙江省讷河市兴旺鄂温克族乡考察》，《黑河学刊》2015 年第 8 期。

⑪ 杨宝琰、张善鑫、安富海：《肃南裕固族的语言使用和双语教学调查研究》，《双语教育研究》2015 年第 3 期。

的特征，需要加强对东乡语的记录与保护。① 调查还发现，新疆境内的塔塔尔语、俄罗斯语也处于濒危状态。②-③

尹蔚彬认为濒危语言不仅在功能上发生弱化，在语言结构上也呈现不稳定多变异的发展趋势。文章以拉坞戎语为例，分析了其语音系统变异、词汇系统变异和语法系统简化等特点。对于濒危语言来说，语言结构系统之外的非语言和言语活动因素，在其发展中起着举足轻重的作用。④

巴战龙认为当前裕固族语言趋于濒危的主要原因在于聚居区家庭转用汉语，因此打造裕汉双语家庭是保护和传承裕固族语言文化遗产的关键举措，有必要为打造双语家庭提供有效的社会支持体系。⑤

刘明根据已有的塔吉克语言本体研究和语言状况调查成果，结合回收的725份有效问卷进行分析，认为因移民搬迁远离塔吉克语使用核心区域的部分塔吉克人，其塔吉克语可能走向濒危；强调了积极收集、记录、整理当代色勒库尔和瓦罕塔吉克语语料的学术价值和现实意义。⑥

林涛指出中亚东干人所使用的来源于我国近代汉语西北方言的东干语，是汉语在中亚的一种跨境方言。在多民族语言接触中东干语发生了一定变化，使它产生了许多亚文化特征，并向濒危语言的方向发展。⑦

3. 濒危语言保护的方法与手段。对于如何进行科学有效的濒危语言保护，学者们在借鉴国外的各种经验和方法的同时，还在研究探索一些基于新技术条件的手段。

许鲜明、白碧波认为美国的CoLang语言研究技能培训班对我国濒危语言研究有所启示，比如濒危语言研究学科建设、人才培养和团队建设要适应现代社会发展，濒危语言记录、研究、立档及振兴应成为高校、研究机构、少数民族社区、政府基金会、语言学者和语文工作者共同协同下的工作，应积极开展我国濒危语言立档技术培训工作，应开展国家语言文化资源的安全保护教育和伦理道德教育，应加强中国少数民族语言使用现状调查，等等。⑧

徐世璇根据我国语言和方言众多、在现代化进程中语言生态发生重大变化的国情特点，认为濒危语言研究和语言典藏实践将成为今后一个时期的热点，具有广阔的发展空间，当前应在建立规范标准、进行整体规划、注重资料管理和保存、加强理论实践等方面给予及时的关注和特别的重视。她还介绍了语言博物馆的设想，认为这对濒危语言保护有重要价值，也为语言典藏展现出广阔的学科发展前景和理论研究空间。⑨ 范俊军认为采录濒危语言现存口语并进行充

---

① 马永峰、马兆熙：《东乡语保护与研究思考》，《民族论坛》2015年第3期。

② 薛剑莉、安晓平、万素花：《塔塔尔族双语现状与母语传承研究》，《齐齐哈尔大学学报（哲学社会科学版）》2015年第7期。

③ 陈荣泉、郭风岚：《多语环境下新疆塔城俄罗斯族语言使用现状个案调查研究》，《河北师范大学学报（哲学社会科学版）》2015年第5期。

④ 尹蔚彬：《从拉坞戎语看濒危语言的特点》，《西北民族大学学报（哲学社会科学版）》2016年第2期。

⑤ 巴战龙：《如何打造双语家庭——裕固族语言文化遗产传承问题研究》，《西南民族大学学报（人文社科版）》2016年第5期。

⑥ 刘明：《社会转型和语言发展——基于帕米尔高原塔吉克族民族志的实证研究》，《新疆社会科学》2016年第1期。

⑦ 林涛：《中亚东干语的特点、现状和发展趋势》，《当代语言学》2016年第2期。

⑧ 许鲜明、白碧波：《美国语言协作研究研习会及其对我国濒危语言研究的启示》，《西北民族大学学报（哲学社会科学版）》2015年第1期。

⑨ 徐世璇：《我国濒危语言研究的历程和前景》，《西北民族大学学报（哲学社会科学版）》2015年第1期；徐世璇：《语言中的博物馆和语言博物馆——论濒危语言典藏和语言博物馆建设》，《玉溪师范学院学报》2015年第5期。

分的转写和标注加工，是濒危语言语档建设的中心任务。目前，应尽快制定濒危语言口语标注规则，对国内外的转写标注软件进行测评和优选；同时，还要积极开展濒危语言口语采录和立档方面的专门技能培训，在濒危语言调查研究领域推广语言资源记录和立档方面的知识和技能。①

李锦芳主张从语言使用的代际传承、绝对人口数量、是否为民族主体语言、语言独特性等方面来认定中国濒危语言及保护研究的优先等级，并按照工作规范、技术标准展开濒危语言调查记录、语料及相关资料处理运用、语言典藏、语言维持等方面的工作，有效记录保存濒危语言文化资料，维持衰微语言的活力。②

郑宇认为语档语言学是濒危语言抢救与保护的一种重要方法，并从档案学视角对语档语言学概念、任务、研究内容和学科意义进行探讨；③ 认为我国有声语档建设还处于初始阶段，有必要进一步明确建档主体和思路，在语档语言学指导下开展资源整合和规范化、数字化立档实践，力求做到“语档留存”与“语档留全”。④

范俊军将中国濒危语言有声语档数据规则分五个部分：（1）濒危语言的语档数据构成；（2）语档数据文件格式；（3）语档音像数据质量标准；（4）语料采录和数据处理工具；（5）音像语料采录环境和设备匹配建议。该规则适用于中国濒危语言的记录和建档，也可作为中国语言田野调查记录和语料处理的参考准则。⑤

肖自辉、彭婧认为濒危语言语档不是调查记录者的个人资源，而是语言族群的资源、民族资源、社会资源、国家资源。濒危语言有声语档的建设要防范进入“重藏轻用”的误区；语档资源要想共享和服务社会，就必须走大众化、现代化和产品化之路，只有这样才能真正实现语档资源的社会价值。⑥

4. 关于濒危语言保护的策略建议。学者们从各自的研究角度提出了濒危语言保护的一些策略性或政策性的意见建议。

薄文泽认为，科学保护各民族语言文字特别是濒危语言文字，需要政府、专家和语言社区的通力合作：政府是语言抢救、保护工作的有力支持者和领导者；专家是语言资料的记录者和评判者，既是政府判定语言生态环境的顾问，也是语言保护工作的科学设计者；语言社区则是语言保护工作实施的主体。长期以来，政府强力主导、专家积极参与，但语言社区的作用还没有得到充分发挥。⑦

高红娜认为西部大开发、城镇化过程在给少数民族地区带来经济发展的同时，也给少数民族语言发展带来了巨大的挑战，国家应从制定适宜的语言政策法律、发展双语教育、拯救濒危语言、唤醒母语权意识等方面来进一步保护少数民族语言。⑧

---

① 范俊军：《少数民族濒危语言有声语档建设四论——关于语料采录和加工、技术培训等问题》，《西北民族大学学报（哲学社会科学版）》2015 年第 1 期。

② 李锦芳：《中国濒危语言认定及保护研究工作规范》，《广西大学学报（哲学社会科学版）》2015 年第 2 期。

③ 郑宇：《基于档案学视角对语档语言学的探讨》，《兰台世界》2016 年第 6 期。

④ 陈子丹、郑宇、武泽淼：《我国少数民族濒危语言建档的几点思考》，《档案学通讯》2016 年第 4 期。

⑤ 范俊军：《中国濒危语言有声语档数据规则》，《西北民族大学学报（哲学社会科学版）》2016 年第 3 期。

⑥ 肖自辉、彭婧：《论濒危语言语档的大众化、现代化和产品化》，《西北民族大学学报（哲学社会科学版）》2016 年第 3 期。

⑦ 薄文泽：《濒危语言保护中的分工与合作》，《民族翻译》2014 年第 4 期。

⑧ 高红娜：《论社会转型期少数民族语言的保护与发展》，《贵州民族研究》2015 年第 10 期。

曹萌结合满语文的历史和现状，呼吁抢救满语文，以避免一个民族的“文化物种”灭绝，同时也满足盘活珍贵历史文献、解读清朝历史的需要。针对当前满语文保护抢救工作存在的问题，提出应构建科学的保护抢救战略和机制，从而将满语文的保护抢救推向一个新阶段。[①] 对于走向濒危的东乡语，有学者提出了包括成立东乡语言文字工作机构、建立东乡族语言文字资料库、培养专门的研究和保护人才、推广东乡语实用记音符号、开展双语教学等建议。[②]

（燕海雄副研究员、尹蔚彬研究员、黄晓蕾副研究员、张军副研究员、龙从军副研究员、韦韧助理研究员、赵妍助理研究员）

① 曹萌：《满语文保护抢救的意义与现存问题》，《沈阳师范大学学报（社会科学版）》2014 年第 6 期。

② 马永峰、陈玉梅：《东乡语保护对策研究》，《语言与翻译》2015 年第 2 期。

2015—2016 年民族教育研究综述

杨　华

2015—2016 年，民族教育领域的论文数量极其庞大，研究领域宽泛，内容涉及民族教育政策、民族基础教育、民族高等教育、双语教育、外国民族教育、民族教育史、教育社会学等诸多方面。

一　民族教育政策研究

新中国成立以来，我国的民族教育政策经历了不断发展、不断完善的过程。对民族教育政策进行系统梳理，认真总结其特点及基本经验，对于在新的复杂社会条件下，更进一步地发展我国少数民族地区的教育事业，推动少数民族地区的社会、经济不断全面发展，具有非常重要的现实意义。甘永涛、安萍的《国家政策取向与中国民族教育的发展》（《民族高等教育研究》2016 年第 3 期）从政策取向体制和政策取向决策两个方面分析了我国民族教育政策取向对民族教育事业发展的影响机制。文章认为，新中国成立以来，中国民族教育领导体制发生了几次重要的转变，历次政策改革都是以中央和地方、民族工作部门与教育行政部门的权力分配为核心的。综观我国民族教育领导体制的变革，可以发现我国民族教育领导体制始终都能保持党委领导下教育行政与民族行政部门合作的形态。该研究表明，我国民族教育领导体制的变换，与民族教育行政体制的改革及政策取向体制的转变有显著的关联。从民族教育政策的决策来看，我国民族教育的发展经历 1951—1957 年、1958—1965 年、1966—1976 年、1977—1989 年、1990—2000 年、2001—2012 年六个大幅度波动时期，文章对民族教育政策在这几个不同时期的发展进行了回顾。该研究表明，政策取向决定了民族教育发展的走向。从历史发展来看，改革开放初期作为一个特殊的历史时期，其民族教育政策是极其值得研究的。胡超磊、刘源泉的《改革开放初期中国共产党民族教育政策述论》（《湖北民族学院学报（哲学社会科学版）》2015 年第 2 期）对改革开放初期党的民族教育政策进行了述评。党的十一届三中全会召开后，在全面展开拨乱反正工作的同时，开始了改革开放的新时代。指导这一时期我国民族工作的纲领性文献是 1987 年 4 月发布的《关于民族工作几个重要问题的报告》，其中，明确提出了党在新时期民族工作的主要任务和总的指导思想，即“以经济建设为中心，全面发展少数民族的政治、经济和文化”。在这一思想的指导下，通过稳步推进民族教育指导方针的转变，恢复了原有、已被证明正确的民族教育纲领和政策，对现有政策作出了进一步充实完善，使民族教育政策开始走上法制化、系统化的轨道。具体来看，采取了以下措施：多方面、多渠道扶持民族教育；采取适合民族特点的教学教育形式；举办特殊形式的民族教育；调整民族学院的办学方针等。这一时期的民族教育政策既反映了改革开放后少数民族和民族地区不断发展变化的实际，也体现出中国共产党对于民族教育的可持续发展规律和建设规律的认识有了更进一步的深入，从而开创了我国民族教育工作的新时代。

此类文章还有很多，如苏德、欧阳常青、袁梅的《民族教育政策的执行研究》（《理论研究》2015 年第 5 期）对民族教育政策执行的相关问题进行了研究，提出民族教育政策的执行是一个理论与实践互促、刚性与柔性互依、利己与利他互惠、执行与生成同存的复杂性问题。朱婉莹、阳荣威的《民族教育优惠政策正当性分析———以“少数民族高层次骨干人才培养计划”为例》（《西北民族大学学报（哲学社会科学版）》2015 年第 3 期）以帕累托改进、卡尔多—希克思改进以及外部性 3 个维度做分析框架，来分析“少数民族高层次骨干人才培养计划”的正当性，并以此总结出对民族教育优惠政策正当性的分析框架。贾利帅的《我国民族教育优先发展政策的价值分析》（《重庆第二师范学院学报》2015 年第4 期），蒋珍莲的《民族教育政策研究中的多维意识方法探究》（《民族教育研究》2015 年第 2 期），金洪培、宋旭日的《新形势下我国民族教育政策探索》（《延边大学学报（社会科学版）》2016 年第 2 期）等，都从不同角度对民族教育政策的相关问题进行了研究。

与上述论文多偏重于理论阐述不同，彭永庆的《民族教育与政策实践——基于淋溪河与铁炉两个白族乡的考察》（《民族高等教育研究》2016 年第 3 期）及高山、胡文根、高琦的《世居少数民族聚居区教育政策的问题及路径选择——以湖南省 5 个少数民族聚居区为例》（《中南大学学报（社会科学版）》2016 年第 3 期）则更多地侧重于从个案入手，采取问卷调查与访谈相结合等方法进行研究。高山等的论文选择了湖南省湘西州永顺县土家族聚居区、永州市江华瑶族自治县瑶族聚居区、邵阳市城步苗族自治县苗族聚居区、益阳市桃江县回族聚居区和怀化市芷江侗族自治县侗族聚居区 5 个世居少数民族聚居区作为调研对象，通过发放问卷并进行实地访谈，发现民族教育政策存在四方面的问题，即“一个悖论、三个失衡”：民族教育政策统筹下的“平衡悖论”、民族教育政策本身的“时序失衡”、知识教育与文化教育的“内容失衡”、文化知识与团结教育的“功能失衡”。针对这些问题，作者分别从政策理念、政策标准、政策资源、政策优势、政策指向五个方面提出变革路径。

二 民族基础教育研究

（一）民族地区农村留守儿童教育问题值得关注

随着民族地区社会转型和城市化进程的加快，我国大量少数民族人口流向东南沿海地区以及内地的大中型城市。与此同时，出现了大量的农村留守儿童，其受教育问题开始凸显。近两年来，关注这一问题的学者越来越多。2015—2016 年有数十篇论文论及少数民族地区农村留守儿童教育问题。

谭英俊、钟永芳的《公共治理视域下贫困地区农村留守儿童教育发展的对策——基于 F 县的实证调研》（《社科纵横》2015 年第 3 期）认为，作为现代化进程中的特殊群体，农村留守儿童的健康成长，关系到农村家庭的生活，关系到农村社会的稳定，也关系到社会主义现代化的实现。发展留守儿童教育、促进留守儿童健康成长是一项涉及千家万户的社会系统工程，也是一项事关社会和谐的重要问题。该文以公共治理理论为分析框架，立足广西壮族自治区西南部 F 县的实证调研，研究了农村留守儿童教育问题的产生并从政府层面、家庭层面、学校层面、社会层面几个方面作了原因分析，最后提出了公共治理视域下留守儿童教育发展的思路：①政府——完善政策体制；②父母——加强沟通交流；③学校——强化教育管理；④社会——形成帮扶合力。彭雪芳的《民族地区留守儿童状况分析与对策——以贵州省台江县为例》（《贵州社会科学》2016 年第 10 期）认为 20 世纪 90 年代以来，因人口流动引发的农村留守儿童问题已经成为国内学术界研究的热门话题，也是一个不可忽视的社会问题。然而，在众多关于留守儿童的研究中，对少数民族留守儿童的关注度略显不够。由于地理位置、历史文化背景、经济发展水平等因素，边远民族地区留守儿童的生存条件、教育环境相对处于劣势，少数民族留守儿童问题更加突出，对其研究也具有紧迫性。贵州省是一个多民族杂居的省份，也是劳动力输出大省。彭雪芳通过对贵州省台江县留守儿童的状况调查，分析了少数民族留守儿童面临的困境，并试图提出相应的对策建议。作者认为，我国推行的城乡二元结构制度是造成农村留守儿童教育问题的根源，随着户籍制的改革及城乡二元结构制度的解体，留守儿童的数量将会大大减少。乌小花、石子怡的《武陵山集中连片特困地区留守儿童教育问题调研报告———以片区 M 县为例》（《黑龙江民族丛刊》2016 年第 1 期）通过对武陵山集中连片特困地区 M 县的实地调研，深入观察留守儿童教育成长中存在的主要问题，如留守儿童缺乏自觉学习的意识和习惯、留守儿童缺乏主动学习的兴趣和动力、留守儿童存在家庭情感缺失、留守儿童缺乏正确的心理疏导、留守儿童存在人身安全隐患等。在从宏观层面和微观层面进行原因分析后，对当地相关部门为解决留守儿童的教育问题采取的措施进行了总结，并对留守儿童教育问题进行了对策思考。正如作者研究所发现，农村留守儿童的教育问题，不仅是一个教育问题，更是一个复杂的社会问题，需要国家、政府、家庭、学校、社会的共同关心和参与。农村留守儿童教育问题的解决，不仅关系到民族地区经济社会发展和和谐社会的建设，更关系到我国下一步现代化的进程。

此外，张国洋的《贫困地区留守儿童和非留守儿童教育状况比较研究——来自一个国家级贫困县的调查》（《上海教育科研》2016 年第 8 期），高艳、杨倬东的《少数民族地区农村留守儿童教育问题及对策——以贵州省安龙县毛草坪小学为例》（《现代教育科学》2015 年第 2 期），谢雪莲的《桂越边境民族地区农村“留守群体”问题分析——基于社会化背景下》（《广西民族师范学院学报》2015 年第 5 期），许典利的《民族地区农村留守儿童教育现状及对策》（《贺州学院学报》2015 年第 2 期），顾莎莎的《民族地区农村留守儿童生存与发展权利研究——以云南大理州为例》（《公民与法（法学版）》2015 年第 12 期）以及李伟、张小晶、熊冰的《农村留守儿童教育问题及其解决策略——基于 X 地区的个案调查研究》（《教师教育论坛》2016 年第 2 期）等都论及民族地区农村留守儿童教育问题。

（二）城市少数民族流动人口子女教育问题不容忽视

解决农村留守儿童教育问题的关键是要解决好随迁子女在流入地的教育问题，应该说这是一个问题的两个方面。赵英的《北京市少数民族流动人口子女教育问题调查研究》（《民族论坛》2015 年第 11 期）对北京市少数民族流动人口子女教育的现状进行了调查，发现由于教育投入的限制和户籍等相关政策的约束，以及受教育者家庭自身的问题等多方面因素的影响，北京市少数民族流动人口随迁子女教育存在以下几个突出问题：少数民族流动人口子女在京入学门槛过高；少数民族流动人口文化差异得不到充分尊重；少数民族流动人口子女接受教育的客观环境较差。作者提出了切实保障少数民族流动人口子女受教育权的几点建议：政府要承担起保证少数民族流动人口子女受教育权的主要责任；进一步完善保障少数民族流动人口子女受教育权的相关法律和政策；依据不同地区的特点制定科学合理的少数民族流动人口子女入学门槛；借助社会力量多方携手改善少数民族流动人口子女的受教育环境。

郑信哲的《关于少数民族子女在城市接受民族教育的问题——以北京市朝鲜族教育实践为例》（《黑龙江民族丛刊》2015 年第 4 期）以北京市朝鲜族民族教育实践为例，阐述了城市化进程中少数民族教育遇到的困境与在城市开展民族教育的重要性、迫切性，指出认真实施民族教育是贯彻落实党和国家的民族平等政策及保障城市少数民族人口权益的重要举措之一。作者之所以选择朝鲜族，是因为朝鲜族走在改革开放和城市化之前列，其城市化水平高于全国平均水平近20个百分点，尤其是朝鲜族人口流动现象非常突出。朝鲜族社会遇到的新情况、新问题也早于其他少数民族，对朝鲜族问题的深入研究可为解决其他少数民族城市化进程中存在的问题提供重要的借鉴。与大多数其他民族随迁子女面临的教育问题不同，城市朝鲜族随迁子女的入学问题并不是因为“没学上”，而是因无法系统接受本民族教育所造成的。在少数民族人口比较聚居的城市社区设立相关民族教育设施，切实解决好城市少数民族子女接受民族教育的问题，是对党和国家民族政策的落实，有助于进一步促进民族团结。

三　民族高等教育研究

在民族高等教育领域，有关少数民族高考加分政策的问题仍有人关注，但关注热度明显比前几年有所下降；前些年学者们关注的多是少数民族高考加分引发的教育平等问题，而近两年来则更关注少数民族高考加分政策的改革以及新政的出台。

为了促进高考加分政策本质的回归，进一步提高人才选拔水平和维护高考公平，教育部在2014年发布了《关于进一步减少和规范高考加分项目和分值的意见》，对高考加分政策进行新一轮改革。新政的出台引起民众的广泛热议，公众对其褒贬不一，认同和争议共存。冯帮、万梦莹的《高考加分新政认同度的调查与分析》（《当代教育论坛》2015年第5期）对湖北省两市的部分学生及家长进行调查，对所得反馈信息进行总结分析，以期对新政的进一步完善作出有益探究。调查包括四个方面的内容：对改革的关注度、对新政的认同度、对新政影响的预估新政是否需要进一步完善。调查结果表明，学生及家长十分关注新政，同时学生及家长相当认可新政。在具体的加分项目上，学生和家长对少数民族考生加分认同度最高达到72.4%，对侨眷及台湾籍考生加分的认同度最低（仅42.4%）。在调查中，学生及家长普遍认为新政将有利于杜绝加分资格造假，并进一步促进高考公平。尽管对少数民族考生加分认同度较高，但是学生和家长们都认为要区分和细化少数民族考生加分对象，提出需要对从小生活在汉族发达地区的少数民族学生的加分资格进行重新论证。同时，要考虑到从小就生活在少数民族聚居地的汉族学生的实际处境。作者提出应取消从小就在汉族聚居区接受较高质量的教育的少数民族学生的加分资格或减少他们的加分分值，给予从小就接受与少数民族学生同样教育的汉族学生一定的照顾或加分。张红的《教育公平视野下少数民族高考加分政策研究——基于2002年—2012年华东地区少数民族高考加分政策》（《亚太教育》2015年第7期）通过文献研究、比较研究等方法，梳理近10年华东地区（包括山东、江苏、安徽、浙江、福建、上海）高考加分政策及其演变，认为基于教育公平，未来少数民族学生应至少满足少数民族户籍和长期生活在少数民族聚居地两项条件才能在高考中加分。李卫英的《由“补偿”到“奖励”：对少数民族高考加分政策的思考——以贵州省为例》（《民族教育研究》2015年第4期）认为，从民族文化传承的角度来看，以“照顾”和“补偿”为倾向的加分政策尚存在着很多问题。可采用身份加分政策、区域加分政策和奖励加分政策等不同的加分政策，逐步改革完善少数民族高考加分政策，促进民族文化的传承和发展。虎有泽、尕永强的《正确认识少数民族高考加分政策》（《中南民族大学学报（人文社会科学版）》2016年第5期）认为，少数民族高考加分政策是中国特色民族政策的重要组成部分，为确保少数民族学生进入高校深造并服务于民族地区经济发展起到了重要作用，在以后的执行过程中应继续完善其实施机制和监督机制而不是简单取消。

作为民族院校的领头羊，中央民族大学走过了几十年的风雨历程。为创办中央民族学院（中央民族大学的前身），宗群作出了巨大的贡献。陆继锋、陈炳霞、吴明海的《宗群民族教育实践及民族院校办学理念探析》（《民族教育研究》2015年第1期）回顾了宗群有关民族院校的办学理念。宗群长期从事民族工作，在民族教育方面经验丰富，撰写了多篇论文，其论文是当下研究民族院校早期办学特别是延安民族学院办学的宝贵资料。宗群关于民族院校办学的理念主要有：民族院校办学要考虑其“民族特点”；民族院校办学坚持“三个重视”（重视思想政治教育工作、重视“领导班子建设”、重视民族团结教育）；民族院校办学坚持“三个尊重”（尊重少数民族语言文字、尊重少数民族风俗习惯、尊重各族师生宗教信仰自由）；民族院校办学离不开两个“特殊”（一是民族院校是在党和国家“特殊关怀”下建立发展的，二是给少数民族学生以“特殊照顾与安排”）；民族学院办学离不开两个“条件”（教师队伍建设和优良校风学风建设）。即使在今天看来，宗群有关民族院校办学的理念和思想仍有很强的借鉴价值，宗群教育理念和办学思想对于当下和未来的民族教育发展而言，是一笔宝贵的精神财富。

四 双语教育研究

（一）双语教育政策研究

作为保护少数民族语言与文化、促进民族交流、维护民族团结、促进国家整合的重要手段，双语教育有着极其重要的社会功能，双语教育政策更是直接关系到民族教育事业的发展。多年来对双语教育政策的研究从未中断过，2015—2016 年双语教育政策依然是学者们关注的重点。

黄萃、赵培强、苏竣的《基于政策工具视角的我国少数民族双语教育政策文本量化研究》（《清华大学教育研究》2015 年第 5 期）认为，在实施少数民族双语教育过程中，政策工具作为政策部署、实施过程中拥有的实际方法，其选择和组合实质上是资源在不同目标和人群中的配置、重组。在大力发展双语教育的过程中，各类教育、经济等资源的投入固然重要，但通过调整政策工具组合来优化资源配置水平、提高利用效率也同样关键。因此，该文从政策工具的视角，通过对少数民族双语教育政策文本的梳理、编码和量化内容分析，厘清少数民族双语教育政策的发展脉络，探究政策工具配置与组合的特点、规律及不足，有针对性地提出优化我国发展少数民族双语教育的政策建议。

在双语教育政策研究方面，2015 年批准立项的国家社科基金重大项目“民族地区依法实施双语教育政策和模式研究”是一项比较重要的课题。该课题由中央民族大学教育学院院长苏德教授主持，包括“中外实施双语教育的理论解读与反思”“双语教育政策历史演变及执行效果研究”“双语教育模式实施现状研究”“双语教育实施效果的评估研究”“依法实施双语教育的支撑和保障系统研究”五个子课题。课题基于系统论、公共政策学和社会建构理论的视角，运用量化研究和质性研究相结合的方法，将新中国成立以来民族教育政策文本进行历时梳理和共时比较，挖掘双语教育政策文本的历史演变及内隐价值。数据收集策略包括：访谈法、观察法、问卷法，围绕双语教育的“三要素”（师资、学生、内容），以及由“三要素”延伸而来的诸如双语教育内涵、评价、管理等内容。课题选取若干典型民族地区为个案点，以“区域”和“民族”为基础性变量，以我国当下双语教育政策、模式和评价指标体系研究为主要着眼点，调研双语教育政策的执行效果，探讨双语教育政策执行的阻滞因素，提出促进双语教育政策效能的方法及策略，从而为我国政策决策者提供可资借鉴的对策与建议，进而促进双语教育实践与国家认同、民族认同以及个人成长协调发展。

（二）对双语教育研究取得新进展

随着民族教育事业的发展，对双语教育研究的关注度在增加。2015—2016 年有数篇论文对双语教育研究领域的学术成果进行了梳理，并对这一研究领域的现状、特点和发展趋势进行了归纳分析。武启云的《中国少数民族双语教育研究现状与发展趋势》（《贵州民族大学学报（哲学社会科学版）》2016 年第 4 期）着眼于对双语教育研究自身的研究，依据 CNKI 中国期刊全文数据库，对该文库有关少数民族双语教育的相关论文，利用文献计量的方法，分主题、学科、年度、单位进行了梳理和统计，指出了双语教育研究存在的基本问题，并就今后的研究趋势从研究内容、学科视野、研究方法等视角做了初步的探索。作者研究发现，目前在我国双语教育研究中，主要存在以下问题：对双语教育与双语教学这两个基本概念的界定仍比较模糊，以“少数民族双语教育”为主题的文章，有相当篇幅在研究和探讨具体的双语教学问题，如教学法问题、教学模式问题、教材问题、教师问题等，而以“少数民族双语教学”为主题的论文，又有相当一部分在论述双语教育问题，如双语教育的意义、价值、社会作用、体制机制、法律法规、保障体系等；很多研究成果涉及的领域过于宽泛，针对性不够；对国外相关领域的论文介绍得多，分析评论不够；少数民族双语教育研究较多的是与语言学的交叉研究，与其他学科的交叉研究相对较少，特别是心理学、宗教学、社会学、人类学、认知科学、数学、计算机科学等学科；从研究单位来看，从事双语教育研究的单位和团体以高等院校为主，来自科研院所和中小学教学一线的研究成果明显不够；从研究方法上来看，多偏重理性思辨和文献研究，研究方法的多元化程度有待加强；从研究内容上来看，民族关系与双语教育、双语教育相关的学科及专业建设、双语教育在不同教育阶段的衔接、民族中小学校双语教育、双语教育实验、双语教育教材等问题需要在广度上进一步拓宽、在深度上进一步挖掘。从发展趋势来看，少数民族双语教育本质研究依然是研究的重要话题；双语教育研究会呈现多学科视域，如政治学、教育学、心理学、文化人类学、语言学、经济学的研究范式、研究方法都会介入；在研究方法论上，理性思辨方法论、实证主义的方法论、解释主义的方法论、批判主义方法论都有一定的借鉴价值。

潘晨璟的《近十年我国少数民族双语教育研究元分析》（《双语教育研究》2016 年第 4 期）、冯建新和贾文梅的《我国民族地区双语教育研究热点知识图谱分析》（《广西师范学院学报（哲学社会科学版）》2016 年第 4 期）都是立足于对近 10 年来核心期刊所刊发的有关双语教育研究的论文所作的统计、分析，从而对双语教育领域的研究热点及研究特点进行的归纳总结。对年度文章数量分析表明，近 10 年间双语教育的研究成果总体呈增长态势，发表文章数量最多的是 2015 年。在发展态势上形成了 2009—2011 年、2013—2015 年两个快速增长阶段。双语教育研究的年度发展态势与国家有关民族教育尤其是双语教育政策的出台有很大关系。2010 年前后《国家民委关于做好少数民族语言文字管理工作的意见》《国家中长期教育改革和发展规划纲要（2010—2020 年）》《全国教育人才发展中长期规划（2010—2020 年）》等文件的发布都直接促进了双语教育研究的发展。研究得出结论：近 10 年来我国双语教育研究最突出的特点是研究文献数量增长迅速，双语教育研究已成为民族教育中的一个新的研究热点，无论是双语教育本身还是相关研究，对我国的教育事业和经济社会发展，尤其是少数民族地区的教育和社会发展的影响日益增强，因此，加强双语教育的研究，特别是基于深入的社会实证调查的研究将越来越重要。

（三）新疆双语教育研究

之所以把新疆双语教育问题单独列出加以研究，不仅是因为历年来关注这一问题的学者较多，比如在上述对期刊论文有关双语教育的统计中，都会发现新疆的双语教育出现频率较高。尤其是冯建新和贾文梅的论文根据知识图谱显示的结果和相关文献进一步分析，发现我国近 15 年来民族地区双语教育研究主要集中于三大领域，即新疆双语教育、民族语言与汉语的学习、双语教学的相关研究。其中，新疆双语教育排在第一位。同时，由于新疆独特的地理位置和民族构成，双语教育在新疆不仅关系到民族传统文化的传承，更是关系到民族团结、地区稳定和国家稳定。

陈得军的《新疆少数民族双语教育历史演进与现代意义》（《广东技术师范学院学报》2016 年第 4 期）对新疆少数民族双语教育的历史演进与成就进行了梳理，认为新疆少数民族双语教育的发展分为三个阶段：汉语教学开始实施的探索起步阶段（1950—1989 年）、积极倡导“民汉兼通”的试验改革阶段（1990—2002 年）、促进双语教育模式完善的规范发展阶段（2003 年至今）。双语教育适应了新疆多元文化和多语言的教育环境，满足了各族人民对于双语的社会使用需求，提高了教育质量，促进了教育公平，在促进民族语言文化的教育和传承的同时，培养了各族学生对中华民族的认同和对国家的认同。窦瑾的《新疆少数民族双语教育发展的现状与反思》（《西部素质教育》2016 年第 13 期）认为新疆一直以来就是多民族聚居的地区，其各民族大杂居、小聚居和成片聚居的分布格局，使得各族人民之间的交往日益密切，产生了较为广泛的双语现象。因此，少数民族双语教育是新疆教育的主要组成部分，它的繁荣和发展与新疆教育的繁荣和发展紧密相连。新中国成立以来，为促进新疆双语教育的发展，各级政府出台了一系列的政策法规，新疆双语教育获得了飞速发展。但是目前新疆双语教育的发展也存在很多问题，主要有：对双语教育认识不明确、不统一，很多地区对于双语教育只是流于形式，忙于追求数字上的目标，不求实际效果，一些人夸大了双语教育的作用，还有一些人对于双语教育的重要性认识不够到位，农村地区双语教师流失严重。由于新疆地理位置偏远，生活条件艰苦，特别是在南疆，许多代课教师无住房，工资低，很难维持生计，并且转公办教师也非常困难，致使大量的双语教师外流，同时优秀的教师无法引进，造成了农村教师数量严重不足。双语教师素质普遍偏低。不断扩大的双语教学规模与教师素质形成强烈的反差，尤其在农牧区学校更为突出。作者通过研究得出结论：新疆实施的双语教育是一项规模浩大的工程。我们应该科学认识双语教育的内涵，统一对双语教育重要性的认识，加强对双语教育的研究。双语教育的师资问题是现在双语教育亟须解决的一个问题，教师的素质高低直接影响着双语教育的质量。因此，应对双语教师采取适当的政策倾斜和多样化培训方式，拓宽双语教师来源渠道，提升双语教师的职业水平。同时，立足于当地资源和文化特色，开发、编制有地方特色的双语教材和教辅资料。有关新疆双语教材问题，也有学者进行专门研究。陈得军的《新疆少数民族双语教材使用研究》（《民族论坛》2015 年第 12 期）分析了新疆少数民族双语教育教材的现状，并通过调查研究，探讨了双语教材的问题。研究发现，教师对于双语教材的整体评价不高，希望能够重修双语教材；教材难度太大，容量较大，不符合学生认知发展规律，实施起来难度较大。课程实施与教材难度、内容容量基本上不能保持正相关，有些甚至是负相关。尤其是“学前双语教材”的实施进度和其难易程度及内容容量大小呈现明显的负相关。少数民族双语教学教材是双语教学的基本教学要素，直接关系到双语教学的成败，因此，编写具有民族特色，符合民族地区实际的双语教材是发展双语教育过程中不容忽视的重要工作。

五　外国民族教育研究

为了保证少数民族在社会、经济中的平等地位，很多多民族国家都在积极探索切实有效的民族教育政策，形成了各不相同的民族教育发展模式。对民族教育进行国际比较研究，可以为我国民族教育决策和民族教育改革提供借鉴和参考，有助于我们直面我国民族教育发展中存在的问题，借鉴其他国家民族教育的先进经验，吸取其他国家民族教育的教训，为我国的民族教育决策提供分析问题和解决问题的不同路径，从理论和实践层面上为我国的民族教育发展提供借鉴和参考。

顾明远、马健生、田京的《世界主要国家民族教育政策的基本趋势》（《外国教育研究》2015 年第 8 期）对世界主要民族国家如美国、英国、澳大利亚、法国、俄罗斯、印度、加拿大等的民族教育进行研究，发现这些国家的民族成分虽有所不同，民族教育实践的发展历程与水平也不同，但民族教育政策大都呈现相似的特点和共同的发展趋势，即在民族教育政策制定中，都奉行民族平等原则，采取差异补偿措施；重视少数民族学生基本能力和核心素养的培养；既尊重民族文化多样性，又坚持开展共同价值观教育；加大民族教育的资金投入和人员支持；通过完善法律法规，为民族教育提供制度保障。作者得出研究结论：随着教育国际化和教育现代化进程的加快，诸如寻求平等、提升质量、全纳教育（inclusive education）等一系列教育理念得到普遍关注和认可，并成为影响各国教育政策制定的主导价值思想，在文化多样性与教育全球化竞争互相交织的背景中，制定民族教育政策过程中首先要坚持民族平等，促进民族理解，以开放、包容的态度处理民族教育中的多元化问题。同时，民族教育政策作为一个国家民族政策的重要组成部分，在维护国家稳定、减少民族冲突、实现民族理解与和解、共享国家社会经济发展成果方面发挥着重要作用，因此，民族教育绝不能忽视共同价值观的教育。从各国经验来看，为民族教育提供充足的资金投入，加大人员支持，并以完善的法律法规为制度保障是制定民族教育政策时应着重考虑的因素。

就具体国别而言，美国的民族教育是研究热点。美国作为一个移民国家，其民族的多样性以及种族平等，始终是各项法律法规及政策制定必须要重视的问题。2015—2016 年关注美国民族教育的学者较多。邹婧祎的《美国“肯定性行动”对我国少数民族高等教育公平问题的启示》（《民族高等教育研究》2016 年第 5 期）从教育公平的视角对中国与美国的少数民族高等教育政策和发展历史进行了对比，发现两国之间既有相似点，又各具特色。文章尤其对“肯定性行动”在美国的兴起、发展及衰落进行了介绍。研究旨在充分借鉴美国“肯定性行动”在少数民族高等教育领域的经验，为解决我国少数民族高等教育发展中遇到的问题提供方法建议，更好地促进我国少数民族高等教育的发展。与上述类似，曹辉、陈颖林的《美国教育“积极行动”政策的意义、内涵与启示》（《民族教育研究》2015 年第 3 期）也对美国教育的“肯定性行动”进行了研究，所不同的是，该文将这一术语翻译为“积极行动”。作者认为，美国的“积极行动”政策，主要用于改善在教育和就业领域内的种族歧视和性别歧视等问题。由于这一行动计划对美国社会改革力度的“积极性”和“推动性”远超乎其“肯定性”，所以该文从挖掘其内涵出发，认为把“Affirmative Action”译为“积极行动”，较之“肯定性行动”更为贴切。“积极行动”的政策受益者是那些在历史上一直被学校所排斥，但是又渴望获得平等教育的权利和机会的少数族裔。在“积极行动”政策的帮助下，美国少数族裔某些权益在一定程度上得到部分保障。“积极行动”政策为促进美国的教育公平发挥了很大作用。虽然我国与美国在社会制度、文化背景等方面存在着较大差异，然而，美国教育领域针对少数族裔实施的“积极行动”计划，仍然对我国民族教育改革存在着一定的借鉴作用。作者从加快教育立法进程、完善高考招生制度、提升教育财政支持幅度、加大民族教师培养力度等方面对我们如何借鉴美国教育的经验进行了论述。谭庆莉的《美国印第安人教育与文化认同的发展演变及反思》（《民族教育研究》2016 年第 6 期）研究了美国印第安人的教育问题，认为印第安人教育经验表明：割裂或削弱少数民族教育与其文化认同的关联，会导致少数民族文化与主流文化发展的失衡，有可能致使少数民族群体不断边缘化，不利于多元文化的发展以及社会的和谐稳定。发展少数民族教育，既要强调与主流文化的一体，也要注重少数民族文化的多元，要辩证地处理好少数民族教育与文化认同二者间的关系。

除了美国民族教育外，加拿大、澳大利亚、俄罗斯、日本、英国以及越南的民族教育都有学者涉及。

六 民族教育史研究

2015—2016 年在民族教育史领域，有少量的学者研究了明清时期的少数民族教育，大量的论文论及民国时期的民族教育问题。回顾近些年来有关民族教育史的研究，可以发现，对民国时期民族教育问题感兴趣的学者很多，在此领域每年都会有多篇论文，近两年则尤为明显。

民国作为一个特殊的历史时期，有着承前启后的作用，前有满清王朝的封建专制统治，后有中华人民共和国的成立。民国时期中央政府出于政权统治维持和边疆国防巩固的需要，在不同的历史阶段相继出台了一些少数民族教育政策，这些政策都促进了民族教育的发展。民国时期的少数民族教育是现代民族教育的开端，因此民国时期的民族教育有着独特的研究价值。

王景的《论民国政府少数民族教育政策的演变及其重心的转移》（《学术探索》2015 年第 5 期）认为，民国以来尤其是南京国民政府时期，边疆地方社会、经济、文化、教育事业的发展较以往而言均取得了重要的历史成就，少数民族地区教育早期现代化进程开始萌芽并逐渐形成规模。民国中央政府通过教育途径协调处理国家与少数民族、民族地区之间的利益分配以及各少数民族和民族地区之间利益关系的政策实践，为新中国成立后少数民族教育政策建设提供了重要的参考。民国中央政府历经南京临时政府、北京政府和南京国民政府三个历史阶段，与此相适应，民族教育政策也经历了不同的发展阶段。南京临时政府时期，在少数民族教育的管理体制政策方面，废除了封建王朝以内地为“中国”和以边陲民族地区为“藩属”的传统政策制定视角，以“五族共和”“内政统一”为原则，对内不分边疆民族、内地汉人统一进行管理，教育部普通教育司统一管理蒙藏回学务。同时，对清末教育制度进行了根本性变革，将教育分为普通教育、师范教育和实业教育三个系统，推进了新式教育在全国范围内的普及与发展。北京政府时期，由于战乱频发，中央政府亦无足够的财政力量和人才储备来推进各项事业的发展。因此，北京政府对于少数民族教育的政策制定和法令颁布都只限于初始的计划阶段，除在北平创建蒙藏学校和筹建《筹边学会》以外，对于边疆民族地区教育事业推进工作的政策措施仅限于对少数民族居住地方教育现状的调查和推进计划的筹拟等方面，未出台实质性的专门政策。1928 年国民政府形式上统一全国以后，中央政府才开始在少数民族地区颁制并施行有针对性的、相对完善的特殊性和优惠性的少数民族教育政策措施，并进而形成一套不同于内陆地区的、专门发展少数民族教育事业的政策体系。这一时期民国政府的少数民族教育政策经历了一个由重视优惠性政策向重视特殊性政策转变的演变过程。1937 年抗日战争全面爆发以后，随着边疆民族地区战略地位日渐凸显，南京国民政府更加重视系统边疆教育政策的颁制与实施，相继创制和实施了一系列适应边疆民族地区的特殊情形要求的少数民族教育政策，以利于边疆民族地区新式教育的普及与发展。民国时期的少数民族教育政策尤其是南京国民政府时期的边疆教育政策通过教育力量在培养边疆民众国民身份和国家民族归属感和认同感、增强国家凝聚力和民族向心力方面发挥着不可估量的重要作用，而且对于少数民族地区文化教育事业的发展起到很大的促进作用。国立边疆学校系统的创设开启并加速了边疆民族地区教育早期现代化的发展进程，使得边疆民族地区仅有世俗文化传承而基本上没有现代文化教育事业的历史走向终结。但是国民党的阶级性质决定了它是代表中国大地主、大资产阶级的利益，它所主张的民族平等是各民族剥削阶级之间的阶级平等，并非是真正的民族平等，阶级局限性使得民国时期的民族教育政策的很多措施没有办法落到实处。

在民国教育发展史上，蒙藏学校占有重要的一席之地，创办于 1913 年的蒙藏学校，于 1951 年 5 月改组为中央民族学院附属中学。在几十年的风雨飘摇中，历经民国北京政府、南京国民政府、日伪北京政权、战后国民政府、中华人民共和国政权的管理统辖，为民族地区培养了一批人才。这所学校的历史变迁是民国时期中国民族教育发展的缩影。张建军的《民国时期北京蒙藏学校缘起再考察》（《民国档案》2015 年第 1 期）梳理了有关该学校成立缘起的各种说法，认为：北京蒙藏学校实由前清四所旧学，即咸安宫蒙古官学、唐古特学、托忒学及理藩部蒙古学改设而成，与其他边疆教育机构并无多大关系。黄伟的《民国时期蒙藏特别生教育政策研究》（《民族教育研究》2016 年第 4 期）对当时教育部制定的一系列蒙藏特别生教育政策，包括设立蒙藏学校，在入学程序和学习生活待遇诸方面给予优惠等进行了研究。此外，民国时期的新疆教育、民国时期的宁夏民族教育、民国时期的四川民族教育及新中国成立前湖南维吾尔族民族教育等都有学者涉猎。

总体来看，在民族教育的各个领域，无论是论文选题，还是学者层次，或是研究方法都呈现越来越多元化、不断向上走的趋势。

随着民族地区的经济社会发展，随着国家各种新的大政方针的出台，民族地区会出现不少新情况和新问题，与此相适应，民族教育发展也会出现一些新的变化。在民族教育研究领域，也会有更多的成果来反映这些新情况新问题。比如，“一带一路”建设的推进会为民族教育的发展提供极大的空间，在今后的研究中会有很多学者关注民族教育如何抓住这一难得的机遇来获得自身的大发展。又比如，民族教育有促进民族团结维护社会稳定的政治功能，如何强化这一功能也是值得研究的。不论是在基础教育领域还是在高等教育领域，每年都会生发出新的研究热点，如在基础教育领域，早期的“两基”包括女童教育吸引了很多学者的目光，近些年来民族地区农村留守儿童教育问题引起了较多学者的关注，随着民族地区教育水平的不断提高，在今后的两三年中，民族地区普及十五年教育将会成为新的研究热点。在高等教育领域，早期学者们关注的问题较为分散，如高等教育的办学质量问题、高校扩招给民族地区带来的影响及民族地区高等教育的改革等问题都是学者们所关注的。近年来，少数民族高考加分政策引发的教育平等问题成为热点，随着高等教育招生政策的不断改革和完善，这一问题的关注热度不断消减。同时在未来的研究中会出现新的研究热点，如民族地区的中外合作办学问题、教育信息化发展问题、民族地区高校办学方向问题等。对民族教育领域出现的新热点新问题进行梳理，不仅有着重大的理论意义，同时，对民族地区的教育乃至经济社会发展都有着较强的实践意义。

（杨华，副研究员，中国社会科学院民族学与人类学研究所民族理论室）

2015—2016年世界民族研究综述

陈玉瑶

2015—2016年这两年，世界民族研究总体而言具有三个主要特点：第一，基础理论研究有所进展；第二，民族—国家建构的个案性研究有所突破，但案例数量较少；第三，现实民族问题和民族政策的研究成果尤其丰硕，其中不乏新领域的开拓。本文将分五个部分予以综述。

一　基本概念与主要理论

多年来，我国民族理论界对民族、民族—国家、民族主义等基本概念始终存在争论，随着一批具有国际影响力的外文专著的相继翻译出版，以及多位国内学者对以上概念的系统梳理与阐释，近几年来，讨论民族、民族主义等基本概念的热度明显减退。

在对基本概念的理解方面，尽管存在不同的解读角度，但国内学者对于以下观点并无争议，那就是民族主义是源自西方的意识形态和社会政治现象，许多新生国家虽受其影响，但却没有成为西方模式的翻版。因此近两年的学术文章中，结合西方理论与各国实际谈论民族—国家建构，是较为多见的主题。

如郝时远的《中华民族：从中央民族工作会议的论述展开》（《黑龙江民族丛刊》2016年第1期）一文，通过比照西方古典民族主义（强调“一族一国”的单一性）和苏联多“民族—国家”联盟的尝试，明确指出，中国的“多民族国家”是对此两者的超越。这一观点是在厘清基本事实后作出的科学结论，有效驳斥了国内学术界中出现的“模仿苏联论”主张，同时也消除了由于“一族一国”模式未能与中国实际完全对接所产生的担忧和焦虑。在这一结论的基础上，作者以2014年中央民族工作会议的精神为主线，从多元一体的中华民族、中华民族不等同汉族、中共对中华民族的诠释、中华民族大家庭及其建设五个方面，对中国特色解决民族问题的正确道路进行了阐释。

此外，还有两位学者也谈论到了中华民族建构的理论与实践问题。陈玉屏的《对“民族国家”和“国族”问题的理论思考》（《西南民族大学学报（人文社会科学版）》2016年第1期）一文通过考察近代资产阶级“民族国家”的产生和20世纪世界历史发展的实际，指出“民族国家”是人类社会发展不可逾越的历史阶段，后发国家在现代化进程中不论姓“资”姓“社”，也都必须建构“民族国家”和“国族”；只不过像中国这样受到“天下主义”历史传统深远影响的社会主义国家，在“国族”建构方式和途径上与资产阶级“民族国家”有本质的不同。作者认为，“国族”建构长远和根本的任务是增强文化认同，集56个民族文化之精萃打造中华民族的大文化，是我们面临的一项必须“绵绵用力，久久为功”的伟大战略任务。

潘蛟在《民族国家与民族问题》（《中央民族大学学报（哲学社会科学版）》2015年第1期）一文中，从辛亥革命以来中国历史的发展进程与民族主义话语体系的建构过程两个角度，梳理了中华民族在西方民族主义思想影响下的一段特殊而又重要的经历。回顾历史的目的在于理解当下的中国，作者在结论部分驳斥了学术界某些片面认识，并提出：“今天的民族问题更多的是少数民族对国家的认同受到一些人的怀疑。”

在民族主义思想研究方面，陈天翔、王军对德国唯心主义思想家、哲学家费希特的民族主义思想进行了研究（《费希特民族主义思想探究》，《黑龙江民族丛刊》2016 年第 2 期），两位作者梳理了费希特各个阶段的民族主义思想，重点从个体主义与集体主义两个维度对其展开讨论，为研究德国文化民族主义提供了一个新视角，是对德国民族主义研究的新拓展。

盛文沁对 19 世纪英国自由主义者的民族观进行了梳理（《19 世纪英国自由主义者论民族——以约翰·密尔为中心》，《世界民族》2015 年第 2 期），指出以约翰·密尔为代表的英国自由主义者将民族情感视为政治共同体的凝聚力，在民族自决、何谓“大国”等问题上，则持一种“文明”标准，认为文明程度高的民族可以独立，可以同化文明程度低的民族；民族国家的伟大在于文化与精神的高贵。欧洲的自由主义与民族主义经历了从 19 世纪初结盟反对封建专制，到 20 世纪逐渐分离。在结论部分，作者强调，当代学者在重新接续它们时，既正视了政治共同体的民族国家前提，承认忠诚的重要性；又把个人权利与选择自由注入了民族主义，防范其极端化。

陈义华则希望通过《查特吉论全球化时代的民族主义》（《世界民族》2015 年第 4 期）一文与读者分享帕莎·查特吉有关全球化时代民族主义的基本观点。查特吉认为，全球化并不意味着后民族主义时代的降临，但的确对现代民族国家的政治治理提出了诸多挑战。他指出，全球化时代的帝国主义表现得更为隐蔽，保护主义与抵制行为、军事占领或培植代理人的目的都是保证全球资源向有利于自己的方向流动。

高景柱虽然也谈到了民族主义问题，但他的《评民族主义与全球正义之争》（《民族研究》2016 年第 3 期）一文更侧重于为全球正义理论进行申辩。文章指出民族主义者主要从三个方面批判全球正义理论，即该理论削弱了民族自决、民族责任和民族认同。但作者认为，全球正义理论能够容纳民族主义的批判，为民族主义提供了一种约束边界。

王云芳的《全球化进程中西方民族主义意识形态透视——以 2015 年世界热点事件为例》（《黑龙江民族丛刊》2016 年第 3 期）从意识形态角度出发，通过 2015 年世界民族热点事件分析民族主义。作者认为，在全球化进程中，西方民族主义意识形态在某种程度上建构了民族国家，捍卫着民族国家利益，是世界政治中的一支强大力量；然而 2015 年世界民族热点事件如恐怖主义危机、难民危机、美国黑白危机，也能够显露出西方民族主义意识形态的诸多社会问题，如极端民族主义的单向度误区、国家民族主义治理的限度、公民民族主义的现实困境及族裔民族主义的多维系统性难题等。

在民族认同研究方面，暨爱民的《民族认同如何可能——概念、发生理论与作用评析》（《西南民族大学学报（人文社会科学版）》2015 年第 9 期）一文指出，作为一个历史性、建构性概念，在具体时空结构中，民族认同既是内在的心理体念又是外在的行为实践；不同民族间的接触、交往以及政治、文化等多要素的综合作用，驱动了民族认同的发生；民族认同之于社会与政治有着双向作用，既能促进国家、社会和谐稳定，亦可成为它的阻碍。作者呼吁，在当下多民族国家建设中，民族认同问题应引起足够重视。另外，马进、王瑞萍的《社会认同是怎样进行的——民族认同到国家认同的实质、类型和秩序》（《西南民族大学学报（人文社会科学版）》2015 年第 9 期）则专门致力于社会认同的发生机制问题，分析了民族认同到国家认同的实质、类型和秩序。

在族际政治研究方面，郝亚明的《西方群际接触理论研究及启示》（《民族研究》2015 年第 3 期）是一篇富有启发性的文章。作者指出，群际接触能通过增进了解、缓解焦虑、产生共情等机制来提升群际关系，而接触效果的泛化和接触方式的拓展进一步使得群际接触理论的政策应用价值大幅提升。但需要注意的是，群际接触的积极效应是有条件和存在限度的。严重违背最优条件可能导致消极接触并对群际关系造成负面影响，而诸如群体文化差异和利益竞争等问题也无法在群际接触的理论框架中得到彻底解决。

另外，青觉、王伟的《多民族国家建设：民族冲突与国际干预》(《民族研究》2016 年第5期)，马俊毅的《论族际政治文明与国家治理现代化》(《西南民族大学学报（人文社会科学版)》2016 年第4 期)，左宏愿的《选举民主与族群冲突：断裂型多族群国家的民主化困局》(《民族研究》2015 年第2 期）这三篇文章都探讨了多民族、多族群国家的国家治理特点。

在民族整合的理论研究方面，周少青的《几种民族理念的分析与比较》(《学术界》2015 年第1 期）一文从更为宏观的层面分析和比较了几种有影响的处理民族问题的理念，即殖民主义、种族主义、同化主义、多元文化主义和马克思主义处理民族问题的理念，这五种理念在沿着一定历史时序发展的同时，还具有一定的共时性或同时在场性。文章认为，多元文化主义是西方社会迄今为止提出的文明和包容程度最高的处理民族问题的理念，它在相当程度上超越了种族主义、同化主义，但是也有其自身的局限性；马克思主义处理民族问题的理念是人类历史上最先进的价值理念，它融入了“权利正义”、保护多元文化等多种现代社会的理念因子，并坚持从根本（政治）上解决民族平等问题，至今在一些社会主义国家尤其是中国发挥着重要作用。

跨界民族的政治研究是冷战结束后新兴的领域，在这方面，王军的《跨界民族的政治：一个新的研究视域》(《黑龙江民族丛刊》2015 年第2 期）一文分析指出，该领域的兴起，与苏联解体东欧剧变、全球化进程的加速推进以及移民人口增加等因素密不可分。文章全面梳理总结了该议题领域的诸多研究视角，包括安全化视角、民族冲突视角、发展政治视角、网络政治视角，并提醒，在审视跨界民族的政治影响与后果时，需要排除的几个常见误解或错误认识。

在少数人权利研究方面，周少青的专著（《权利的价值理念之维：以少数群体保护为例》，中国社会科学出版社 2016 年版）具有重要参考价值。此外，他的两篇论文《民主权利的制衡与少数人权利保护》(《中央民族大学学报（哲学社会科学版)》2015 年第5 期）和《西方权利正义理念的发展演变述评》(《民族研究》2015 年第1 期）更可以反映其专著的精华。在后一篇文章中，作者指出，人类追求权利正义的历史大致可以划分为三个阶段：第一个阶段是追求等级式权利正义阶段，这一阶段，权利正义的理念只适用于特定的人或群体；第二个阶段是追求“普遍的个人”的权利正义阶段，这个阶段的权利正义理念在形式上适用于所有个人；第三个阶段是追求实质性权利正义阶段，这个阶段的权利正义理念开始追求“实质性”的权利正义，开始在法理上为民族（族裔)、宗教、文化和语言上的少数族群权利保护提供路径探索，最终发展到社群主义与多元文化主义。自由主义经历这次划时代的转变，其权利正义正式进入少数民族权利保护的理念建构。而前一篇文章则以少数人权利的保护为视角，对制衡民主权利的种种原则和制度，如分权原则、保护少数原则、协商民主制度、结社自由原则、差别（对待）原则等做了详细分析，指出了其对少数人权利保护的重要作用和意义。

二 民族 - 国家建构的国别经验

从宏观角度梳理民族 - 国家的实际建构，是进行理论提炼的前提。因此，民族—国家建构的个案研究尤显必要和重要。遗憾的是，这方面的成果仍不多见，仅有以下研究。

《中国特色解决民族问题之路》(中国社会科学出版社 2016 年版）是郝时远继《中国共产党怎样解决民族问题》一书之后的又一部力作。该书全面系统地梳理了中华民族的历史基因、建构历程与道路抉择，阐释了中国作为一个多民族国家，在解决民族问题方面不同于西方的理念、思想与实践。作者通过具体入微的实证和视野宽广的国际比较指出，中国解决民族问题的当代主题，是中国各民族人民在物质生活层面缩小差距、共享发展，在精神生活层面尊重差异、认同一体。

陈建樾的《国家的建构过程与国族的整合历程——基于美国的考察》（《世界民族》2015年第1期）一文通过翔实的文献资料，较为全面地展示了北美独立革命时期美利坚民族的建立过程，指出建国初期，民族（nation）论说并不涌现于政治演说，甚至未见于宪法文本，制宪会议（1787年）的目的是要建立一个独立自主、与母国具有平等身份的统一国家，通过协调单一制和邦联制主张，制宪会议作出了联邦制的道路选择。面对领土内部的印第安人和黑人，联邦政府通过颁布法律将他们在社会生活中的地位固定化，排除在美利坚国族之外。

此外，在2015年，王坚博士申报的国家社科基金青年项目“美利坚民族-国家建构的过程、理论与经验研究”获得立项，该课题将会较为全面、系统地展示美利坚民族—国家的建构历程，其阶段性成果将会陆续与读者见面。

在谈到欧洲问题时，欧洲往往被视为一个具有文化同质性的整体，但实际上，欧洲各个国家内部差异很大，它们遵循的民族—国家建构道路也各不相同。

例如，西班牙就不是古典“一族一国”民族主义的信奉者。在这方面，刘泓的《自治共同体与自治权利：西班牙地区自治制度解读》（《黑龙江民族丛刊》2015年第6期）从宏观层面专门考察了西班牙民族—国家建构进程中形成的不同于欧洲其他国家的地区自治制度，文章指出，西班牙地区自治制度的形成有其特定的历史和现实条件，相同的自治共同体机构，各自却拥有差别化的权利；其制度本身彰显出地方自治与中央集权并存，以公民权利保护为法律基石，共性与差异性相统一，以及开放性等特点；其治理理念和治理方法既有可资借鉴的成分，也存在包括会危及国家安全在内的诸多隐患。文章最后强调，西班牙地区自治制度并非尽善尽美的现代多民族国家的治理体制，在实际分析中应该坚持实事求是、具体问题具体分析的原则。

陈玉瑶的《面临挑战的“单一不可分”原则——基于法国〈查理周刊〉恐怖袭击事件的反思》（《世界民族》2015年第3期）尝试梳理了法兰西民族自大革命至今，影响深远的民族国家建构原则——“单一不可分”的提出背景、含义演变与实践成效，指出了其“单一民族”的政治宣示与文化多样的社会现实之间的矛盾。

袁剑在参加中国世界民族学会2016年学术会议时提交的会议论文《哈萨克斯坦民族—国家建构》一文，从历史角度梳理了这个成立于20世纪90年代的年轻国家的建立和正在进行的民族整合，指出其国族整合的特殊性之一，在于如何看待和对待苏联的历史及其遗产。

相对于欧美国家，非洲、中东、亚洲、拉美国家受到的关注要明显逊色，相关文献也相对匮乏，在这种情况下，以下成果尤显珍贵。

在对非洲国家的研究中，施琳的《应对民族多样性的“非洲思路”——“多维度”视域下的埃塞俄比亚民族治理模式》（《黑龙江民族丛刊》2016年第3期）是一篇较为成熟而全面的文章。施琳利用翔实的文献资料，向读者展示了一个非洲国家在进行民族—国家建构时的艰难历程。作者在文中谈到，埃塞俄比亚是非洲具有典型意义的多民族、多元文化的国家，其民族关系十分复杂且处于持续变化过程中。在历史上，埃塞俄比亚的民族治理思路也曾发生过数次变化：从落后狭隘的“专制同化”到积极宽容的“民族识别”“民族区域自治”，最后到作出“民族联邦制”选择。“民族联邦制”既立足本国多民族实际，又吸收借鉴了社会主义国家的民族治理思路，迄今已经实施了20多年。国家通过制定明确承认民族平等地位的宪法和法律、强调横向与纵向“分权”以保障民族自治权力的制度安排，显著缓和了历史上曾经非常尖锐的民族矛盾，较好地维护了国家统一、社会安定与经济发展，是非洲具有代表性的民族治理模式之一。

此外，杨立华的《南非的民主转型与国家治理》（《西亚非洲》2015 年第 4 期）一文为研究南非的民族—国家建构模式提供了重要线索和参考；舒展的《卢旺达民族和解探究与思考》（《西亚非洲》2015 年第 4 期）一文同样值得关注。

对中东地区国家的研究同样薄弱。詹晋洁的《礼萨·汗时期（1921—1941 年）伊朗民族国家构建的路径选择与困境》（《世界民族》2015 年第 2 期）一文虽然只探讨了伊朗现代民族国家构建的一个阶段——礼萨·汗时期（1921—1941 年），但也为丰富国内学界对伊朗民族国家的认识作出了重要贡献。作者指出，该时期是伊朗民族建构过程中的一个重要阶段，礼萨·汗通过对各种社会资源的有效整合，建立了一种超越传统部落和宗教权力架构之上的军事、行政和财政主导权，政府成为社会公共权力的中心，扭转了长期以来传统王朝国家的地方主义割据局面，彻底改变了中央与地方的关系。但礼萨·汗的政府主导型模式的现代化改革，在一定程度上激化了国家与社会（部落、什叶派伊斯兰）之间的矛盾，特别是复杂的政教关系，强制性的民族整合政策使伊朗国家构建和民族构建进程陷入困境，极大削弱了巴列维王朝的政治合法性基础。

另一篇值得关注的文章是金良祥的《伊朗的领袖治国模式刍议》（《西亚非洲》2015 年第 4 期）。该文对领袖治国模式的分析为研究伊朗民族—国家建构提供了重要的线索与思路。作者认为，伊朗以领袖为核心的伊斯兰体制，既根植于早期伊斯兰政治与社会实践，也反映了维护伊斯兰价值观的现实需要。领袖虽享有宪法规定的至高权力，但未必能在现实中轻易使用权力；领袖虽能够通过多种间接方式发挥影响，但并不能主导行政系统的内政外交政策。西方国家将伊朗伊斯兰体制视为一场落后的宗教复古主义运动的产物，既有偏见，也过于简单化，但也应看到伊斯兰体制客观上的确具有保守的一面，是伊朗保守势力强势存在的制度性保障。

在亚洲国家中，印度是多民族国家国族建构研究中非常重要的一个案例。常晶、常士訚的《印度多民族国家治理的制度经验与问题》（《世界民族》2015 年第 6 期）一文，通过对印度多民族国家建设历程的观察发现，其治理成效来源于制度的有效性和稳定性，民主和联邦主义为印度多民族国家的凝聚提供了重要的制度纽带：宪法设计中体现了对多元的包容与对统一的诉求，提供了基本的共识基础和权利保障；民主制体现了印度人民对民主价值观的共同追求，成为联结多样性的纽带和多元化表达的场域；联邦主义则为印度缓解民族自治要求和民族分离主义带来的压力保留了一定的制度空间和灵活性，是协调差异的制度性基础。但是，印度对社会分裂程度的控制仅停留在一个相对较低的水平上，其多民族国家治理仍面临一些问题，如民族主义政党在多党竞争的民主制度下崛起、地方权力增长带来了显在或潜在的分裂威胁、公民平等流于形式等。

拉丁美洲讲西班牙语和葡萄牙语的国家在独立后，不但保留着原宗主国的语言文化特点，还长期受美国的影响和制约，这些国家的民族—国家建构往往呈现别样的特点。但遗憾的是，受制于语言方面的困难，中国学界对拉美国家的研究仍然不足，致力于拉美民族—国家建构研究的学者则更是少之又少。尽管如此，朱伦主编的文集《伊比利亚美洲研究》（中国社会科学出版社 2016 年版）和一些期刊论文还是提供了宝贵线索和文献资料。

《伊比利亚美洲研究》收录了原创论文 20 篇，其中中国作者撰写 7 篇，伊比利亚美洲国家的学者撰写 13 篇。内容以研究中拉全面战略合作、中国因素在伊比利亚美洲的现实存在为主，其次是中国与拉美有关国家的双边关系与国情，以及西语—葡语世界的历史文化。

另外，袁东振的《拉美"21 世纪社会主义"的理论与实践特性——以玻利维亚为例》（《拉丁美洲研究》2016 年第 2 期）、张慧玲的《从当前拉美左翼执政困境看其发展前景》（《拉丁美洲研究》2016 年第 2 期）、徐世澄的《从古共六大到古共七大：古巴社会主义模式的更新》(《拉丁美洲研究》2016 年第 5 期)、宋欣欣的《秘鲁的土著主义与新国家认同的构建》(《拉丁美洲研究》2015 年第 6 期)、李紫莹的《拉美区域民族主义的历史嬗变：民族认同与多元表达》(《世界民族》2016 年第 4 期)等也具有一定参考价值。

三 民族问题与民族政策

民族问题和民族政策研究是现实性很强的研究领域，也是我国世界民族研究目前最重要的一项任务。2015 年和 2016 年，围绕以下议题的一批研究成果值得关注。

1. 分裂主义与地区民族主义

具有高度政治分离目标和主权诉求的民族分裂主义是导致国内、国际政治失序和政局动荡的重要因素，对该领域进行深入研究的理论和现实意义不言而喻。在这方面，刘泓的《当代国外民族分离主义与反分裂研究》(中国社会科学出版社 2016 年版)是值得关注的一部重要成果。该书选取基本能反映当前国外分裂势力特点的案例进行研究，研究了相关国家分裂势力的形成、发展与活动规律等。

严庆与李捷在各自的文章中都从理论层面对分裂主义的相关问题进行了探讨，但侧重点和视角却不尽相同。严庆的《民族分裂主义及其治理模式研究》(《国际安全研究》2015 年第 4 期)一文在分析民族分裂主义的主要特点基础上，专门探讨了具有针对性的治理模式。文章指出，实现有效的民族分裂主义治理应当从分析民族分裂主义的特点和诱发机制起步；发生普遍、目标明确、诱因复杂、认同坚韧是民族分裂主义的特点；利用和强化族性认同、渲染政治主张、通过动员形成集体行动、获取外部支持等环节构成了民族分裂主义行动的诱发机制；因循民族分裂主义生成与发展的机理，从无条件捍卫主权的理路采取的严厉打击模式，从不同程度赋权的理路采取政治容留模式，从消减族性动员的理路采取认同调控模式，从抑制精英力量的理路采取柔性控制模式，从转化政治生态的理路采取外部干预模式，可成为多民族国家治理中的参考。李捷的《论分裂主义与国家承认》(《国际安全研究》2015 年第 4 期)一文则认为分裂主义与国家承认之间的关系十分关键，虽然国际法确认了国家承认的基本原则，但是各承认国主要基于自身的利益来考量对新成员特别是分裂实体的国家承认，这不可避免地导致了国家承认实践中的差异与纷争，正因如此，对面临分裂主义挑战的国家来说，在反分裂斗争中有必要制定和实施“反承认战略”，以遏制分裂主义的图谋。

在地区民族主义个案研究方面，成果颇为丰硕。如谭刚、严庆的《康沃尔：一个新民族的诞生——基于民族主义与建构主义的考察》(《黑龙江民族丛刊》2015 年第 3 期)，涂东的《苏格兰民族党的对欧态度：意识形态和策略的双重作用》(《欧洲研究》2016 年第 4 期)，岳鹏的《苏格兰独立公投视角下的民族主义结构矛盾》(《欧洲研究》2015 年第 3 期)，王助的《法国科西嘉民族主义问题的发展过程》(《世界民族》2015 年第 1 期)，袁剑的《意大利南蒂罗尔地区自治的实践与挑战》(《世界民族》2016 年第 4 期)，王广坤的《帕内尔与 19 世纪后半期的爱尔兰自治运动》(《世界民族》2015 年第 2 期)，刘务的《1988 年以来缅甸少数民族武装民族政治目标变化初探》(《世界民族》2015 年第 4 期)，鲍志鹏的《国家建构视域下缅甸民族问题根源探究》(《世界民族》2016 年第 1 期)，方天建的《全球化视野下的缅甸罗兴亚族问题》(《世界民族》2016 年第 2 期)，卢俊达的《自主与他主：格鲁吉亚事件反思与启示》(《黑龙江民族丛刊》2015 年第 5 期)，肖文超的《叙利亚库尔德民主联盟党与“西库尔德斯坦”自治的前景》(《世界民族》2015 年第 2 期)等。

2. 欧美移民问题及其治理

多元文化主义曾经是欧洲国家移民政策的标签，虽然近些年一些国家高调否定和放弃了这一标签，但是对多元文化主义理念与政策实践的学术性研究却不应随“失败论”主张的盛行而置之不理。遗憾的是，国内对多元文化主义在欧洲的政策实践及其“失败原因”进行研究的成果并不多见，其中的主要原因在于多元文化主义政策的实践过程相对新近，资料积累并不丰富，甚至身在其中的外国学者也没能将个中原因讲述清楚。

尽管如此，韦平和张金岭还是在这方面进行了颇有勇气的探索。韦平的《多元文化主义在英国的成与“败”》（《世界民族》2016 年第 3 期）一文利用翔实的外文文献，系统而全面地展示了“二战”后英国的由移民输出国转变为移民输入国之后，对差异群体的共同生活模式进行的尝试与探索。文章指出，在 20 世纪 70 年代以前，英国对外来移民劳工采取打破整体性的分散同化政策；但是这种方法并没有解决社会中差异群体带来的种种矛盾与冲突，随着城市骚乱的爆发以及紧随其后的反种族主义社会运动的兴起，以尊重差异、权利平等为核心的多元文化主义理念走入公共政策制定者的视野，并且也得到了民众的广泛接受；进入 21 世纪，新的族群冲突再次爆发；2011 年，英国首相卡梅伦宣布业已执行 30 年的多元文化主义政策是个失败，但是对于失败的原因却鲜有提及。文章尝试分析了多元文化主义政策在英国的具体落实过程与失败原因。

而张金岭承担的 2016 年国家社科基金项目“法国多元文化主义的当代困境及其治理研究”则是专门致力于法国的个案性研究，将会丰富国内对欧洲多元文化主义的认知。

近些年随着欧洲难民危机的爆发，欧洲社会原有的穆斯林移民的社会融入问题呈现尖锐化、敏感化趋势。在这种情况下，国内涌现出一大批关于欧洲移民问题的研究成果，如张金岭的《欧洲移民问题的社会文化症结》（《群言》2016 年第 12 期），宋全成的《欧洲难民危机政治影响的双重分析》（《欧洲研究》2016 年第 1 期）和《穆斯林移民在欧洲：身份认同及其冲突》（《西亚非洲》2016 年第 1 期），储殷、唐恬波、高远的《欧洲穆斯林问题的三个维度：阶级、身份与宗教》（《欧洲研究》2015 年第 1 期），彭姝祎的《当代穆斯林移民与法国社会：融入还是分离?》（《西亚非洲》2016 年第 1 期），陈玉瑶的《表达自由可以成为亵渎宗教的理由吗？——法国在宗教与种族问题上的双重标准》（《黑龙江民族丛刊》2016 年第 2 期），朱明哲的《论法国“世俗性”原则的斗争面向》（《欧洲研究》2016 年第 6 期），陈新丽、冯传禄的《法国“伊斯兰恐惧症”的症结与出路》（《欧洲研究》2016 年第 5 期），潘华琼的《试论马格里布移民问题及其治理》（《西亚非洲》2016 年第 1 期），胡雨的《英国穆斯林族裔及其社会融入：回顾与反思》（《世界民族》2015 年第 5 期），邢爱芬、党菲的《土耳其难民问题及难民法改革研究》（《西亚非洲》2015 年第 1 期）等。

在移民来源多样的美国，移民问题同样突出。其中，拉美裔移民问题既是美国的社会问题、政治问题，也是安全问题与外交问题。张杰、袁媛、孙茹三位作者共同对这一问题进行了分析（《美国“熔炉”不熔：奥巴马政府时期拉美裔移民问题探究》，《拉丁美洲研究》2016 年第 1 期）。他们指出，拉美裔移民呈现知识水平较低、分布相对集中、更愿使用母语交流以及非法移民与合法移民相互“捆绑”等特征，存在的主要问题包括高生育率、日益觉醒的政治参与意识与逐渐上升的投票率、居高不下的犯罪率以及对美拉关系的影响等。为了应对移民问题，奥巴马政府出台了针对合法移民和非法移民政策的综合移民改革方案，包括加强对合法移民的公民教育，实施安全社区计划，鼓励拉美裔合法移民参与联邦健保计划，进一步推行抚养未成年儿童家庭援助计划等内容；加强对非法移民的管控力度，给境内符合条件的非法移民提供身份合法化途径等方案。但是由于受到党派斗争激烈、政策设计存在缺陷等问题的困扰，上述改革方案成效不佳。

3. 宗教极端主义与恐怖主义

近几年来，宗教极端主义与恐怖主义成了所有国家需要共同面对的敌人。国内学者在该问题的研究与应对方面提供了不少智力支持。他们的关注多集中在动荡的中东、北非地区，如李维建的《解读“博科圣地”：宗教研究的视角》（《西亚非洲》2015 年第 2 期），苏瑛的《也门萨拉菲运动的发展演变、特点及政治影响探究》（《西亚非洲》2015 年第 1 期），王宇洁的《当代中东伊斯兰教教派冲突：神学还是政治?》（《西亚非洲》2015 年第 5 期），包澄章、刘中民的《对中东变局以来中东教派主义的多维透视》（《西亚非洲》2015 年第 5 期），马丽蓉、李景然的《宗教极端主义思想根源与“去极端化”领域国际合作》（《西亚非洲》2016 年第 3 期），刘中民、俞海杰的《“伊斯兰国”的极端主义意识形态探析》（《西亚非洲》2016 年第 3 期），闫伟的《塔利班运动及其伊斯兰实践新探——兼论中东政治伊斯兰的“塔利班化”新动向》（《西亚非洲》2016 年第 3 期），王涛、曹峰毓的《伊斯兰马格里布基地组织产生的背景、特点及影响》（《西亚非洲》2016 年第 3 期），刘中伟的《“九·一一”事件以来美国的非洲反恐策略评析》（《西亚非洲》2016 年第 3 期），龚鑫的《蒂姆·尼布洛克教授论中东热点问题》（《西亚非洲》2016 年第 2 期）等。

相对而言，聚焦于拉美地区恐怖主义问题的成果却凤毛麟角，因此张杰、张洋、徐辉的《冷战结束后拉美恐怖主义探析》（《拉丁美洲研究》2015 年第 4 期）一文尤其值得关注。文章谈到，冷战结束后，拉美恐怖主义活动呈弱化趋势，而拉美国家政治治理能力的欠缺，经济发展不平衡、贫富分化严重以及拉美一些国家之间缺乏有效的合作，是拉美恐怖主义产生和持续存在的原因。为更好地防范和打击恐怖主义，拉美国家采取了一系列措施：加强打击毒品和洗钱犯罪的力度；提升自身的反恐能力，在加强军事打击力度的同时，还加快了与反政府武装组织的和谈进程；增进彼此间以及与美国的沟通和合作，提高了反恐行动的跨国合作水平。2010 年以来，拉美地区的恐怖威胁持续下降，已成为全球七大区域中安全水平上升最明显的地区。总体而言，同世界其他地区相比，目前拉美和加勒比地区安全形势比较稳定，恐怖主义活动相对较少，然而长远来看，拉美国家需要采取更多措施，才能从根本上消除恐怖主义。

4. 民族－国家建构中的少数群体

在当代国家中，多民族、多族群、多宗教是普遍存在的现象，如何看待和处理内部的差异文化群体，让他们与多数群体平等而和谐地共同生活，是需要面对的共同挑战。在这方面，以下作者的成果不仅让读者了解了这类少数群体，而且还阐释和分析了国家对待这些差异群体的理念与政策。

在美、加两国的印第安人问题上，王坚与周少青两位作者都给予了长期的关注和细致的分析。王坚两篇关于美国印第安人的文章分别是：《传统自由主义的滑铁卢——1870—1930 年代的美国印第安人政策评述》（《世界民族》2015 年第 2 期）和《浪漫想象的悖论——约翰·科利尔与美国印第安人新政》（《世界民族》2016 年第 5 期）；周少青撰写的两篇文章涉及加拿大的印第安人：《加拿大印第安人政治身份的历史变迁及“加权公民”困境》（《民族研究》2016 年第 2 期）和《论加拿大处理民族问题的基本原则及理念》（《学术界》2016 年第 8 期）。

俄罗斯是一个较为特殊的欧洲国家，程春华、陈晓璐两位作者对俄罗斯民族事务管理机制的研究值得关注。他们的合作文章《俄罗斯民族事务管理机制的转型：背景、特点与反思》（《世界民族》2016 年第 3 期）指出，俄罗斯民族事务管理机制转型是俄罗斯应对民族问题、完善与落实民族管理构想、提高民族事务管理绩效的要求；俄罗斯民族事务局的成立以及民族事务管理理念与机制的转型，体现出俄罗斯更加追求多元化的民族公共管理，平衡化的中央与地方协同管理，专业化、集约化的高效管理，民族权利与责任统一的民族善治等特点与趋势；同时该机制转型也存在若干问题与争议，需要进一步反思与完善。

关于印度少数群体，吴晓黎的《国族整合的未竟之旅：从印度东北部到印度本部》（《中央民族大学学报（哲学社会科学版）》2015 年第 4 期）一文从国族整合的角度分析了以新德里为代表的印度本部都市中东北部年轻移民治理工作的经验得失。其经验既呈现了印度国族整合的进展也暴露了它的问题。

此外，还有一批个案研究具有开拓性特点，比如翁泽仁的《现代俄罗斯人口较少民族的发展状况探析》（《世界民族》2016 年第 6 期），张燕军的《阿富汗重建中的哈扎拉人研究》（《世界民族》2016 年第 4 期），张瑞华的《土耳其库尔德人的“民族认同”路径探析》（《世界民族》2016 年第 3 期），祖力甫哈尔·哈力克、黄民兴合作的《当代伊朗阿塞拜疆人国家认同探讨》（《世界民族》2015 年第 3 期），艾仁贵的《以色列多元社会的由来、特征及困境》（《世界民族》2015 年第 3 期）等。

四　国际移民

在国际移民研究领域，每年都能看到一批独辟蹊径的专题性个案研究。2015—2016 年，研究海外华人的成果包括：曾少聪的《我国海路与陆路的海外移民——以福建和云南的海外移民为中心》（《世界民族》2015 年第 6 期），彭慧的《新加坡华族文化的建构与彷徨——以新谣运动与七月歌台为例》（《世界民族》2015 年第 5 期），沈玲的《印尼华人家庭语言使用与文化认同分析——印尼雅加达 500 余名新生代华裔的调查研究》（《世界民族》2015 年第 5 期），李泽莹的《澳大利亚中国新移民的语言、就业与经济融合——以墨尔本中国新移民为例》（《世界民族》2015 年第 3 期），陈肖英的《新时期海外华商的跨国政治参与——以从事中国商品贸易的海外华商为例》（《世界民族》2015 年第 3 期），马强的《离散族群与文化杂糅：中亚回族文化反思》（《世界民族》2015 年第 5 期），赵辉兵的《二战后美国的华人“自首计划”及其历史影响》（《世界民族》2015 年第 2 期），刘燕玲的《加州大学圣地亚哥分校华裔学生的双重认同研究——美国华裔青年身份认同的个案分析》（《世界民族》2015 年第 1 期），曾少聪、李善龙的《跨国活动、海外移民与侨乡社会发展——以闽东侨乡福村为例》（《世界民族》2016 年第 6 期），田烨的《多元文化主义背景下加拿大中国大陆移民的社会融入——基于加拿大埃德蒙顿市问卷调查分析》（《世界民族》2016 年第 6 期），马进、王瑞萍、刘建宁、周芳的《族群认同和国家认同的断裂与冲突——马来西亚华人穆斯林身份转换的现象和本质》（《世界民族》2016 年第 4 期），任娜、刘宏的《本土化与跨国性——新加坡华人新移民企业家的双重嵌入》（《世界民族》2016 年第 2 期），姜兴山的《试析菲律宾“戒严政府”时期华侨社会的演化》（《世界民族》2016 年第 2 期），周龙的《从 1.0 到 4.0 时代：英国华人社会发展与政治融入刍议——兼论英国华人与 2015 年英国大选》（《世界民族》2016 年第 1 期），程晶的《论巴西华侨华人反“独”促统活动的特点、作用及相关建议》（《世界民族》2016 年第 1 期）等。

研究其他国际移民的成果包括：吴爱荣的《俄罗斯人在乌兹别克斯坦的处境变迁》（《世界民族》2015 年第 5 期），胡浩的《论近代欧洲犹太人的解放与犹太社会的转型——以法德为中心的考察》（《世界民族》2015 年第 3 期），胡浩于、金金的《族群政治视野下的埃塞俄比亚犹太人移民》（《西亚非洲》2015 年第 1 期），袁艳的《墨西哥政府海外移民政策述评》（《拉丁美洲研究》2016 年第 1 期），毛悦的《大国战略视角下的印度海外印度人政策研究》（《世界民族》2015 年第 4 期），汪树民的《黎巴嫩境内的巴勒斯坦难民问题浅析》（《世界民族》2015 年第 3 期），李鹏涛、车能的《东非印度人的历史与现状》（《世界民族》2016 年第 6 期），吴振南、杨丹的《柬埔寨洞里萨湖琼克里浮村的越南裔船民》（《世界民族》2016 年第 4 期）等。

五 学术活动

1. 2016 年 1 月 30 日，中国世界民族学会与国家民族事务委员会民族问题研究中心、《世界民族》杂志社、中国社科院民族学与人类学研究所世界民族研究室在北京中协宾馆联合召开了“当前世界民族热点问题专家咨询会议”，来自中国社会科学院、北京大学、清华大学、中央民族大学、复旦大学、上海国际问题研究院、上海社会科学院、山东大学、云南大学、新疆社会科学院、南开大学、天津师范大学等几十所科研院所的专家学者 70 多人参加会议，有近 40 位专家学者作了发言，会议取得很好的学术效果。有关会议的详细报道见阿迪娜撰写的《中国世界民族学会“当前世界民族热点问题”专家咨询会议侧写》（《世界民族》2016 年第 3 期）。

2. 2016 年 12 月 24—25 日，中国世界民族学会与中央民族大学、《世界民族》杂志社在北京联合举办了“一带一路与文化多样性”专家咨询会议，参会人包括国内民族学、政治学、法学、国际政治、世界历史、宗教学等领域专家及学者共计 100 余人，会议就我国“一带一路”建设与文化多样性问题以及世界民族学科建设等问题，展开了充分热烈的研讨。

该次大会会期 2 天，分为大会主旨发言和分会场专题会议两部分。12 月 24 日上午，大会开幕，中国世界民族学会常务副会长、中国社会科学院民族学与人类学研究所党委书记方勇和中国世界民族学会副会长、中央民族大学副校长青觉分别致辞，在其后的主旨发言中，国内著名学者姚大力、莫纪宏、纳日碧力戈、李鼎鑫、郑筱筠、周少青、刘国福、包刚升围绕“丝绸之路与中国西部”、“宪法文化”、“一带一路”建设、“美国族裔政治”、“多元文化与移民”、“族群政治”理论等主题依次在大会上作了报告。

12 月 24 日下午及 12 月 25 日上午为分会场发言讨论阶段，三个分会场的专题会议在两个半天的时间内围绕 9 个主要议题进行了发言讨论、评议及提问。25 日中午学会秘书长包胜利进行会议总结发言，并宣布会议胜利闭幕。

3. 2015 年 7 月 31 日—8 月 2 日，中国世界民族学会第十次会员代表大会在贵阳贵州民族大学举行，此次会议由中国世界民族学会主办，贵州民族大学承办，贵州民族大学民族学与社会学学院协办。来自全国各地 100 多名专家学者及相关单位代表参加会议。中国世界民族学会会长、中国社会科学院学部主席团秘书长郝时远作了工作报告和题为“‘一带一路’建设中的文化力量”的主旨发言。

学术研讨分 5 个小组进行，王树英、余建华、田德文、刘泓、施琳、都永浩、常士訚、叶江、何俊芳、谭融、蒋莉、李乔杨、王建娥、佟德志、扈红英、章远等近 80 名同志提交论文并分别作了严谨而精练的汇报，拓展了彼此的研究思路，学术交流气氛活跃。

根据会议议程，与会成员于 8 月 2 日进行了中国世界民族学会理事会第十届选举，产生了由 200 余人组成的新一届理事会。郝时远续任学会会长，学会挂靠单位中国社会科学院民族学与人类学研究所党委书记方勇担任学会法人代表、常务副会长、执行会长。方勇作总结发言，贵州民族大学副校长杨昌儒主持闭幕式并致闭幕词。

（陈玉瑶，副研究员，中国社会科学院民族学与人类学研究所世界民族研究室）

2015—2016 年影视人类学研究综述

雷亮中　邓卫荣*

2015 年

（一）2015 年影视人类学学科重大进展或事件

1. 中国影视人类学的实践中，在用影像客观反映、传播国家的形象方面进行了卓有成效的尝试，人类学影片拍摄题材从拍摄小族群为主转变到拍摄国家重大战略和事件。通过一年多的筹备，由中国社会科学院民族学与人类学研究所影视人类学研究室和企业社会责任中心联合制作，庞涛和雷亮中拍摄编辑的关于中国电力建设集团有限公司在非洲赞比亚和津巴布韦开展工作的影片《中国人来了：中国电力集团在非洲》，2015 年 11 月在北京举行了首映新闻发布会，并于 12 月参加了浙江师范大学非洲研究院等机构联合举办的首届中非影视合作论坛的展映，获得好评。

2. 影视人类学的社会干预实践取得进展。由中国社会科学院民族学与人类学研究所影视人类学研究室制作的影片《察隅河谷僜巴人》（庞涛、雷亮中、邓卫荣），其中关于僜人身份识别与身份证管理问题由邓卫荣执笔，经由中国社会科学院《要报》上报，得到中央政治局常委领导的批示，促进了国家民委、公安部等部门对这一问题的进一步研究。影片将持续跟踪拍摄。

3. 首届中国影视人类学学会“学会奖”明确了“学会奖”的定位，评比与研讨活动顺利开展。2015 年 9 月 19—20 日，中国影视人类学学会“学会奖”评审暨研讨会在河南大学举行。会议由中国影视人类学学会主办，河南大学文学院、新闻与传播学院协办。“学会奖”是为了促进影视人类学学科发展和社会影响，为中国影视人类学成果提供一个良好的学术交流和展示平台而特别设立。“学会奖”是学术性奖项，致力于推动影视人类学的理论和实践的发展，倾向鼓励受过专业训练的民族学人类学学者使用非文本工具和手段进行科研活动，鼓励致力于建设影视人类学知识体系的个人和机构。“学会奖”遵循的原则为：（1）学术独立性。影像作品应是基于学术的影像化表达，鼓励在此基础上的有创作力的作品。文本成果应是对中国影视人类学知识积累和理论发展有重要贡献的著作和论文。（2）权威性。该奖项评比由中国影视人类学学会主办，每届“学会奖”先由学会秘书处组织影视人类学学者筛选投稿影像作品，剔除不符合要求的作品，再给评委会观看具有参评资格的影片，听取有关方面的意见之后，根据独立判断进行影片投票评选。文本成果（论文和专著）以交流为主，强调作品要经过一段时间的沉淀以收集社会评价，以自由申报和理事会成员提名两种方式参与，最后由评委会投票评选。

---

* 2015 年影视人类学发展综述的国内部分由邓卫荣撰写，台湾地区和国际部分由雷亮中撰写；2016 年影视人类学发展综述由雷亮中撰写。庞涛提供部分中国社会科学院民族学与人类学研究室影视人类学室的发展资料。

(3) 公平性。评比秉持以下原则：公开（公开征集、评奖）、公正（程序公正）、民主（匿名评审、投票产生）、作者回避制度（影片作者不能参加专家评审委员会）。获奖名单如下。一等奖：吴乔的作品《难产的社头》。二等奖：吴效群、张晖、朱舒扬的作品《河南灵宝“骂社火”》，王海飞的作品《苏干湖畔的家》，肖惠华的作品《开奔勒笃—六祖古歌》。三等奖：张海的作品《尼玛的盛宴》，卢山的作品《火龙窑》，艾菊红的作品《羌笛藏歌》，丁岩妍的作品《生生不息——哈尼族奕车人苦扎扎节》，高志英、和金保的作品《嘎哇嘎普神山下的独龙村庄》。入围奖：龚诗尧的作品《中国式养老》，鲍江的作品《去县城做白内障手术》。荣获2015年中国影视人类学学会“学会奖”优秀专著为张江华、李德君、陈景源、杨光海、庞涛、李桐等共同撰写的《影视人类学概论》，优秀译著为田广、王红翻译的《影视民族学》（［美国］卡尔·海德著），优秀论文为于晓刚、王清华、郝跃骏共同撰写的《影视人类学的历史现状及其理论框架》。

4. 中国影视人类学学术委员会成立。在中国影视人类学学会2015年年会上，成立了中国影视人类学学术委员会。学术委员会成立的目的是，通过建立较为权威的学术组织促进和指导中国各人文社会科学机构建立和发展影视人类学学科，为学术成果评价、学者职称评定和学术成果出版等提供评价依据。影视人类学学术委员会主要由学者组成，包括有影响力的人类学学者、影视人类学学者和影视专家。经学会推荐和理事会讨论通过，第一届学术委员会专家为：张昌东（中国影视人类学学会会长兼召集人）、庄孔韶、罗红光、张小军、蔡华、邓启耀、孙曾田、张跃。

5. 国家民族博物馆于2015年4月首次依托北京民族电影展开展“中国民族题材纪录片回顾展”，并对获奖作品进行收藏。国家民族博物馆认为，此次“回顾展”是构建各民族多元文化沟通、对话、理解的平台，符合推动培育中华民族共同体意识的民族工作大局的要求。在中国民族博物馆的展览展示业务方面，影像构成了重要的组成部分；影像展示出了民族文物的原生文化环境，深刻地“说”出了民族文物的历史文化内涵；同时，影像与实物的有机结合，创新了民族文化的展示形式。此次电影展共展映民族题材纪录片42部，评选出“中国民族博物馆民族志电影永久收藏奖”金、银、铜奖各1部，永久收藏奖特别奖1部，入围奖17部。通过此次影展，中国民族博物馆民族志影像收藏达到50部。

6. 中国社会科学院民族学与人类学研究所启动《中国少数民族经济社会文化发展与变迁影像志》系列出版工作，于2015年11月由北京社科智库电子音像出版社出版了民族志影片仪式生活系列：《隆务河畔的鼓声》（编导庞涛）、《唱哈的日子》（编导邓卫荣、陈景源）、《年都呼的岁末》（编导张辉）、《游走的呗玛》（编导雷亮中）；经济生活系列：《银饰》（编导张小敏）。该影像志系列对新疆、贵州、内蒙古等地的哈萨克族、苗族、蒙古族的发展变迁进行了拍摄。

此外，张小敏制作了《21世纪初中国少数民族地区经济社会调查专题片》（15分钟），简要回顾了中华人民共和国成立后的两次民族大调查的任务和成果，着重介绍了第三次民族大调查所面临的新的时代背景、面临的新问题和大调查的新的任务。影片在中国社会科学院“21世纪初中国少数民族地区经济社会发展综合调查首批成果发布会”上播出并获得好评。张小敏完成《21世纪初中国少数民族地区经济社会发展调查影像志凯里篇》的田野调查和拍摄。凯里影像志以2015年10月出版的《中国民族地区经济社会调查报告：凯里市卷》调研著作为基础，以影视手段客观反映改革开放以来特别是21世纪初凯里在政治、经济、社会、文化、生态保护、教育、科技、卫生等各方面的发展成就，及时准确地反映苗族地区经济社会发展中存在的问题和面临的挑战；抓住凯里市正在处于工业化和城镇化双加速时期的特点，展现苗、侗等少数民族文化的城镇化趋向，助推城市经济社会跨越发展的潜力。影片结构初步定为：1. 社会结构转型背景下凯里市的文化转型：政府、市场和社会惯习的作用；民族文化在城市化工业化市场化背景下，借助政策的春风，发挥其资源作用，在市场和社会中找到位置；民族医药制度创新的发生过程。2. 凯里城市化工业化相互推进。3. 城市化背景下的社会事业和社会管理创新。《21 世纪初中国少数民族地区经济社会发展调查影像志·凯里篇》对影视人类学学科的创新体现在：1. 运用多学科的理论来结构影片，创新地运用了社会学的新制度主义理论、社会结构转型理论，结合人类学的田野调查，指导影片的结构，从而更深刻地反映民族地区政治、经济、社会、文化等方面发生的日新月异的变化；2. 对凯里文化转型的过程，进行了案例分析，并分析市场、政府和社会惯习的不同作用和相互关系；3. 对黔东南州民族医药制度创业过程的研究，丰富了社会结构转型理论关于制度变迁的实证研究。邓卫荣拍摄了影片《在路上》，展现新疆裕民县哈萨克牧民在从游牧到定居的过程中背后的社会运作机制，反映国家、地方政府和民众在现代化和城镇化过程中对相互关系和自身道路的探索。

7. 中央民族大学第二届“视觉人类学与当代中国文化论坛”成功举办，内容涵盖“视觉人类学理论方法与学科建设”“基于人类学影像的文化传承与文化表达”“视觉人类学的多元研究路径”“视觉人类学与影像媒体实践”“博物馆与民族志影像”5 场学术研讨会及民族志电影放映单元。众多来自相关院校及研究机构、博物馆、音像资料馆的专家学者与会，针对当代国际视觉人类学发展趋势、中国视觉人类学理论研究、影像民族志创作，并结合当代中国文化发展实际工作，探讨视觉人类学关于博物馆影像研究、传统村落保护、少数民族文化生存状态等问题提出的解决之道。

8. 中国人类学民族学研究会民族影视与影视人类学专业委员会于 2015 年 12 月在中央民族大学挂牌成立。国际人类学与民族学联合会影视人类学委员会主席梅蒂亚·帕斯特玛专门发来贺辞。

9. 2015 年 10 月 2—6 日，台湾影像民族志学会举办了第八届台湾国际民族志影展，主题为“生命的风景”，该影展展映了关于该主题 2013—2015 年制作的民族志电影。

2015 年 12 月，台湾大学原住民族研究中心与 12 位来自各大专校院的原住民学生所组成 Mata Fiji 团队联合举办了主题为“岛屿新视界——生命的变奏”2015 年大洋洲民族志影展，展映了影片《城里的牛仔和玛丽亚》（*Cowboy & Maria in town*）、《大地有眼》（*The Land Has Eyes*）、《消失之岛》（*There Once Was an Island*）、《广告传教士》（*Advertising Missionaries*）。他们希望通过四部相关影片传递当代大洋洲岛屿在纳入世界体系中与西方文化交会下所产生的社会文化变迁，如资本经济、国际政治与全球变暖对岛屿传统的影响，并聚焦于土地上的人之主体性，通过微观的生命故事呈现其如何响应全球化时代下新的改变、冲突或挑战。

10. 国际学术动态

（1）2015 年 8 月 3—14 日，伦敦大学的金斯密斯学院（Goldsmiths，University of London）举办了为期 2 周的约翰松（Lasse Johansson）培训课程，培训主题为都市纪录片的拍摄制作（Urban Documentary Filmmaking for Photographers）。

（2）2015 年 11 月 9—10 日，法国巴黎国立艺术史学院（Institut National d'Histoire de l'Art）以及巴黎索邦大学等机构联合举办了首届聚焦于影视研究工作网络的国际研讨会，主题为：“影像民族志：工具、档案和研究方法”（Visual Ethnography：Tools，Archives and Research Methods）。

（3）2015 年 11 月 16—22 日，美国影视人类学学会在科罗拉多会议中心召开了年度会议，举办了多次影视人类学专题讨论。例如，11 月 21 日，美国影视人类学学会组织由杰克曼人文研究所（Jackman Humanities Institute）的尤金妮娅·C. 基辛（Eugenia C Kisin）主持的“不真、真、更真、非常真：实践的重新表述，制作媒体认同”（Not True，True，More True，Very

True：Re-Presentational Practices，MediaIdentity Making）的研讨会；11 月 21 日，美国国家自然历史博物馆的约书亚·贝尔（Joshua A Bell）召集的关于“过去作为序幕：史密森的人类电影资料馆的遗产”（The Past As Prologue：The Legacy Of The Smithsonian's Human Studies Film Archive）研讨会，专门讨论了人类学影视手段和电影呈现对增进公众人类学知识等方面的意义。另外，美国影视人类学学会于 11 月 20 日召开了会员及颁奖大会，颁发了美国影视人类学学会各类奖项，比如“科利尔奖”（The Collier Award）、“电影和媒体节奖”（The Film and Media Festival Awards）以及 2015 年美国影视人类学学会终身成就奖（The Society for Visual Anthropology's Lifetime Achievement Award for 2015）。会上，美国影视人类学学会选出并授予托玛斯·达斯汀·布莱克利（Thomas Dustin Blakely）美国影视人类学学会终身成就奖，以表彰他在美国影视人类学以及学会工作方面的成就。

11. 国外民族志电影展活动

2015 年，第六届雅典民族志电影节（6th Athens Ethnographic Film Festival）继续召开，主要展映透过影像探索关于人类学世界的作品；参展作品主要是最近 3 年由人类学家、学生制作完成或者由专业影视工作者与人类学家共同制作完成的影视作品。

2015 年 11 月 18—22 日，美国影视人类学学会举办了 2015 年美国影视人类学学会电影节（SVA 2015 Film & Media Festival）。该电影节主要由人类学家和影视学者组成影展评审团，选取与人类学相关以及具有田野工作意义和价值的作品。美国影视人类学学会每年颁发一次奖项，包括电影最高奖项、以“琼·威廉姆斯”（Joan S. Williams）命名的卓越奖、年度最佳学生作品奖以及授予合作和参与人类学影视作品成果的“让·鲁什奖”。

2015 年 11 月法国南特大学社会学系（The Department of Sociology，University of Nantes，Nantes，France）举办了欧洲社会人类学家协会的第二届中东和中亚的民族志电影和媒体活动（The Second Ethnographic Film and Media Program of the Middle East and Central Eurasia of EASA）。该活动是为了促进人类学领域以及社会学、民俗、宗教、物质文化和相关主题的原创性民族志电影和视觉媒体，地区包括当代中东和中亚地区（俄罗斯、高加索、中亚、中国），主要是少数民族和宗教主题。

（二）学科热点问题

关于影视人类学的学科定位是深耕还是跨界再次引起讨论。庞涛在《西南民族大学学报（人文社会科学版）》2015 年第 1 期发表文章《“学者电影”的主张与逻辑》中强调，“学者电影”不是某种影片类型，而是一种学术价值取向，是强调学者主体论（作者论）和学术独立性，反对迎合强势媒体和主流的话语体系，反对模仿商业化工业化的制作流程和方法的创作观念。它抵制在影视人类学和人类学电影制作上的泛学术化倾向，同时鼓励学者为学术表达而不拘泥于传统的或约定俗成的表达方式，像作者写作一样建构影像志民族志作品。“学者电影”也有构建独有的叙事流派并影响社会生活的企图心，也可以说，“学者电影”是人类学影片“作者论”的代名词。《当代中国影像民族志：问题导向、科学表述与伦理关怀》（《民族研究》2015 年第 4 期）是罗红光教授的文章。文章从视觉人类学是科学还是艺术的争论出发，指出控制逻辑思维和形象思维的左、右半脑是视觉人类学者在科学思维与艺术思维上并举的基本特征，同时，研究对象的非理性思维方式与行为习惯同样制约着影像民族志作者的非线性思维。该文从影像民族志的“思想性”（方向）、“科学性”（表述）、“人民性”（道德）三个角度分析了科学与人文学在影像民族志上的共同作用，进而呼吁交叉学科间共建、互惠的必要性。

另外，《中国社会科学报》刊发《多途径“激活”视觉人类学》《影视人类学研究视野需要拓展——访中山大学媒介人类学研究中心主任邓启耀》《影像：民族志书写的另一支笔》三篇文章，通过对多位专家的采访，对影视人类学的学科定位、学科方法等进行了讨论。

（三）中国社会科学院民族学与人类学研究所在该学科的成就、评价及发展方向

中国社会科学院民族学与人类学研究所影视人类学研究室是中国唯一多年坚持做研究的专业机构，从20世纪50年代中国少数民族科学纪录片的拍摄开始，到影视人类学研究室的正式组建，影视人类学学会的正式成立；从领导重视到组织保障，几十年来，影视人类学的探索没有停止过。在学术积累基础上的影片成果和理论建树，国内首屈一指并具有相当国际影响力。

在发展方向上，坚持自己的学术观察和学术表达，做好深耕工作，用作品说话，积累好作品的量，从而形成风格和气势。在此基础上，进一步扩大社会影响力，扩大社会合作。关注新媒体的发展，制作学术成果的多媒体表达作品。同时进一步推动影像学术成果的评价和承认，促进整个学科的真正繁荣。

2016年

2016年，影视人类学（视觉人类学Visual anthropology）的学术活动异彩纷呈，学术研究呈现欣欣向荣的繁荣景象。主要表现在：各种类型的影展、人类学电影节纷纷举办，学术研究扎实推进，学术研究领域更加广阔，研究方向更加深入，越来越多的新技术、方法被运用于影视人类学学科尤其是人类学影片（民族志影片）制作之中，涌现了一批优秀的文本和影像研究成果。

（一）2016年影视人类学学科热点问题

1. 学科热点理论问题。2016年，中国影视人类学理论研究方面涌现出不少优秀研究成果，并且发表期刊以及主题也相对集中。

（1）影视人类学理论、方法：阐释与实践。《西南民族大学学报（人文社会科学版）》分别在第4期、第8期、第11期专门发表了三组共计12篇影视人类学理论文章。第4期：邓启耀的《环境肖像与影像民族志——以白族村落的视觉书写实践为例》讨论视觉人类学关于环境肖像这一主题，通过对白族村落群像拍摄和村落影像文化志田野考察及视觉书写实践为例，比较作为艺术表达的群像摄影和作为学术研究的民族志摄影，在视觉表达形式、文化内容及社会价值的异同之处，进而讨论影像民族志书写中需要注意的一些文化节点。徐菡的《〈北方的纳努克〉启示：民族志电影方法论研究》则通过对民族志电影的先驱影片《北方的纳努克》的创作模式以及表现手法的重新分析，提出在方法论上，该影片的参与观察、合作反馈、文化表演等方法启发了以让·鲁什为代表的民族志制作者；在认识论上，该片对当地文化深刻的洞察理解与人类学精神本质吻合，尤其是影片提倡“发现”与“探索”的创作宗旨，成为当代影视人类学观察电影的核心概念，促进了西方民族志电影朝向人类学知识的理解迈进。王海飞的《文化变迁场域中的人类学影像表达》讨论了人类学民族学中的一个核心话题，即文化变迁是如何通过人类学影像进行表达。作者通过考察人类学影像发展历程，将人类学影像进入文化变迁场域的路径归纳为记录的、合作的和介入的三种方式。并且指出，不同影像方式与文化变迁之间存在互动解释、相互作用的互动结构。

第8期：主要呈现了近年来国内外视觉人类学研究中新转向以来的研究成果。张晖的《视觉人类学的“感官转向”与当代艺术的民族志路径》专门讨论了自20世纪90年代“感官转向”后的视觉人类学在学科范式上的转变，围绕对“视觉性”（visuality）概念即“观看的方式”的理论意义阐释，大大拓展了已有的研究范畴。在此背景下，一切视觉美学问题也成为视

觉人类学研究的对象；视觉人类学与注重社会参与的当代艺术民族志研究之间相互对话和交流成为可能和一种发展趋势。视觉人类学研究推陈出新，视觉工具往往被视为文字之外另一种获取知识的重要渠道。视觉方法也提供了混合的、多维的知识和感受。人类学关于电影、摄影、视觉艺术、超媒体、岩画等在呈现民族志信息方面已经有很多讨论，但很少涉及现代商业平面设计。琼·丹尼森（Jean Dennison）（陆思培译）的《情境中的平面设计人类学》通过对自己的民族志作品中“水牛镍币创意团队”（Buffalo Nickel Creative）的民族志文本插图设计作品的探讨，尤其是关于社会设计、商标、拼贴在创造情境化知识、挑战现存权力等方面的意义的分析，进而作者认为平面设计为人类学提供了一种有益的方法。杜辉的《地震之后：废墟、纪念地与文化景观视觉化》则是通过纪念物（memorials）研究了地震遗产博物馆这一特殊的地理、文化景观的视觉呈现问题。作者认为，北川国家地震遗址博物馆是具有废墟、遗址、纪念地、博物馆和墓地多维特征的复合体地点，在差异空间内表现出死与生、铭记与忘却、集体与个体、神圣与亵渎之间对立、抵消且彼此依存的关系，通过视觉化与物质化勾勒出北川可见与可感知的现实和象征性文化景观。

近年来，国内外关于影音媒介资料的收集、利用问题一直是学术界讨论的热点问题。在第11期中就此进行了讨论。朱靖江的《视觉人类学视野中的“影音文献”》一文梳理了国内外影音媒介资料创制和运用现状，认为在这些影音文献的创制过程中，视觉人类学理论与方法均得到不同程度的参照与遵循，同时影音文献项目也拓展了视觉人类学的应用领域。影视方法不仅作为记录文化的手段，也是人类理解世界的重要方式之一，在人类学、民族学中具有重要方法论的意义。雷亮中的《影像民族志：人类学知识生产过程与实践》从方法论角度讨论了影像民族志在表达异质性文化方面的独特价值，且进一步阐释了影视或者影像民族志方法在传达默会知识、促进跨文化理解，以及在人类学展开非语言社会行为研究、促进知识的分享和进行社会干预等诸多方面的重要价值与实践。同时，该文也指出影像民族志只有回应人类学理论发展、参与人类学知识生产，才能制作出真正的“影像民族志”。在影视人类学学科史上，贝特森和米德夫妇于20世纪上半叶在巴厘岛的田野工作中开展的影视人类学实践具有十分重要的意义。梁君健、雷建军的《合法性的重新确立——贝特森和米德的视觉人类学实践》，透过两人的学术著作、访谈、信件和传记，考察了两人人类学研究的脉络，认为贝特森和米德重新发现了视觉实践对于人类学田野研究的重要价值并确立了其在人类学学科中的合法性。这主要是基于贝特森和米德在研究过程中对于功能主义文化分析范式的反思和对于人类文化的心理念和情感要素的重视，同时在具体的视觉实践中，他们又征用了科学主义的话语，将视觉资料视作展开文化对比研究的客观证据和呈现人类学研究成果的传播媒介。此外，该文还在视觉媒介的科学与艺术属性的争论框架下，重新反思了米德对视觉人类学的科学主义的建构。

作为西方影视人类学代表性学者之一，英国曼彻斯特大学教授保罗·亨利（Paul Henley）见证了这一学科在学术体系中的起伏兴衰，他所领导的格兰纳达影视人类学中心也被誉为欧洲最成功的学术重镇。在其代表性论文《民族志电影：技术、实践与人类学理论》（徐菡译）中，保罗·亨利系统论述了在人类学百年学科史中，基于影像摄制的民族志文本如何载沉载浮，却始终延续着学术活力与表述能力。他同时也强调了技术、设备对于影视人类学的重要意义。而在当代，虚拟现实、增强现实等数字影像技术的进展，无疑会推动影视人类学界实现更具在场感与互动性的民族志影像形态，并以超媒体形式，对传统民族志进行信息处理与文化阐释。

2016年《民间文化论坛》第4期由朱靖江主持的“前沿话题：民族志影像的理论方法与中国实践”栏目，发表了英国曼彻斯特大学教授保罗·亨利的《民族志电影：技术、实践与人类学理论》一文。保罗·亨利讨论了电影作为民族研究手段在人类学研究中的沉浮，以及技术发展、人类学理论范式转变对于民族志电影的重要价值。纪录片电影是一面重要记录并反映社会现实的镜子，其中独立电影有着更加个性化的体验和表达。同时关于主流社会文化影片往往也以独立电影的形式被公众认知。此外还有：美国人类学家谢里·奥特纳的民族志作品《非好莱坞：美国梦日暮西山之际的独立电影》围绕独立电影，通过对独立电影主题、内容与拍摄者研究来讨论美国社会阶级结构的演变过程。李荣荣的《以电影为切入点的民族志研究进路——谢里·奥特纳〈非好莱坞：美国梦日暮西山之际的独立电影〉评介》，对谢里·奥特纳的民族志作品作专门评价和介绍。鲍江的《电影人类学在中国的开创——杨光海导演〈丽江纳西族的文化艺术〉〈永宁纳西族的阿注婚姻〉访谈录》一文，以学术访谈形式回顾杨光海导演拍摄民族志经典电影《丽江纳西族的文化艺术》《永宁纳西族的阿注婚姻》的学术历程，指出了当时的“中国少数民族社会历史科学纪录影片”拍摄过程中的本土理论创造和实践，即影片制作过程“兄弟民族相处之道”对于电影人类学理论与方法的启发价值。吴乔的《花腰傣三部曲与影视人类学的时间厚度》通过作者前后 10 年拍摄的有关云南花腰傣族群的三部系列影片，将自身的人类学纪录片的叙述类型分为从“事件”到“故事”到“场景”三个不同的层级，并将影视作为一种表达手段与传统文本载体相对比，指出人类学影片时间的厚重感是其一个显著优势。

“观察电影”（Observational Cinema）是一种重要的电影类型，一直在国内外纪录片和影视人类学界中被广泛使用。然而对于观察电影的产生、发展过程以及观察电影拍摄制作中的细微之处却一直为研究者所忽视。《世界民族》2016 年第 2 期发表了徐菡的《人类学“观察电影”的发展及理论建构》，细致地梳理了观察电影的几个发展阶段和代表性人物、观点以及代表作品，并归纳总结了“观察电影”在认识论、立场、内容、叙事、感觉等方面的主要特征，指出了“观察电影”生产人类学知识的重要价值。

视觉人类学不仅将视觉作为一种工具，更将视觉本身作为研究对象。因此，视觉与文化变迁、视觉认知、视觉传播等主题也是其关注的重点。熊迅的《影像、仪式与传播网络：视觉人类学的进路》发表于《广西民族大学学报（哲学社会科学版）》2016 年第 3 期，专门从视觉人类学和传播学跨学科角度出发，讨论了通过分析形式上影像与仪式，影像与生产、传播者群体，影像与社会传播网络，影像与文化系统交织互动关系，指出了融入文化系统的视觉人类学的重要性，从而提出视觉人类学研究应该依托的知识框架和可能的阐释路径。日本是亚洲地区影视人类学研究的重镇之一，不仅有专门性人类学电影收藏和借阅的场馆，还有很强的区域研究和拍摄传统，但关于日本影视人类学近年来发展情况的研究成果几乎没有。第 4 期刊发的阮云星、阮立的《影视人类学研究与非洲书写探新——晚近日本学界动态及启示》一文，专门对近年来日本人类学界的影视人类学研究新动向，即关于非洲人类学影像书写进行介绍。作者通过对日本学界东京 EC（科学影视志百科库）影视会科学影视志非洲记录的再生产和日本国立民族学博物馆当代非洲影视志的拍摄及探索案例的梳理，进而提出其对中国当代非洲人类学影视书写和（影视）人类学资料库建设的启示和借鉴价值。张曦发表于《民族艺林》2016 年第 1 期的《影视人类学与怀旧·乡愁》一文，讨论了影视人类学为建立关于文化的介绍、理解、诠释的方法所做的努力，认为影视民族志也完全形成了不同于超文本（hypertext）形式的民族志。作者指出影像总是某一社会空间、某一社会场景的时间性凝固，因而随着时空场景的转换，拍摄者、被摄者、观摩者三方总会引发不同的怀旧·乡愁情绪。怀旧·乡愁一方面对趋向同质化的社会变化存在反作用力，同时，怀旧·乡愁自身也体现出了一个逐渐趋同的复杂过程。此外，2016 年还发表了徐世洁、陈佳钰的《影视人类学作品分类与功能》以及雷强的《探析人类学影片的拍摄方式》等论文。

专著方面，近年来，国内影视人类学学者加强了影视人类学学科史、理论、方法等方面研究，出版诸多关于影视人类学学科的专著和论文集，促进了学科理论建设。王海龙的《读图时代：视觉人类学语法和解密》从原始视觉密码的破译谈起，述及现代文明的诸多视觉现象，涉及视觉认知、视觉思维、视觉传播诸问题。① 邓启耀编著的《视觉人类学导论》，内容涉及视觉发现的新世纪、被观看的“他者”、视觉人类学的转折点、观看控制与视觉秩序、转型与建设、媒介影响与独立制作等。② 朱靖江编著的《民族志纪录片创作》从学理层面梳理了影像民族志这一学科的过往与现状，并且详细解析了这类纪录片的具体制作流程。③ 朱靖江在其《田野灵光：人类学影像民族志的历时考察与理论研究》一书中对人类学影像民族志（人类学片）的定义、特征、理论框架、文本类型、研究方法进行了系统阐述、归纳和总结。该书梳理了国内外影像民族志的不同发展阶段，用具体案例分析了各阶段的不同影片的指导方法和特点。④ 另外，朱靖江主编的会议论文集《视觉人类学论坛》从史论·学理和田野·影志两部分，收录了《人类学电影中的亲密性、完整性和包容性》《视觉人类学中影像田野调查解析》等一些理论文章。⑤ 郭净等编著的《中国民族志电影先行者口述史》对杨光海、谭碧波、徐志远、杨毓骧、蔡家麒等学界前辈进行深度访谈，以口述史的方式整理、留存了中国影视人类学珍贵的历史。⑥ 2016 年出版了两本重要专著。王海龙的《视觉人类学新编》（上海文艺出版社 2016 年版）是一本关于视觉文化研究的专著，该书从理论、哲学的层面探讨了人类视觉认知的本质和人类意识传承问题，深入讨论了中华文明中的视觉表述基础，对中国人的水墨符号化视觉认知进行人类学探讨和总结。朱靖江主编的《视觉人类学论坛》（第二辑）（九州出版社 2016 年版）继续出版并收集了国内一些重要学者于 2015 年发表的重要理论文章，包括关于动画、虚构、数字影像等影视人类学新技术和前沿领域研究成果。

（2）视觉人类学：视觉文化、艺术、影视民俗方面的研究。2015 年邓启耀在《民族艺术》上主持“视觉人类学专栏”，连续发表 12 篇影视人类学论文。2016 年，《民族艺术》继续不定期推出了一些影视人类学论文。并且在论文主题上更加倾向于视觉文化、民俗、艺术等。其中，第 1 期上发表了宋卫红的《藏文化的空间句法——视觉人类学视野下的藏族空间观念》。该文主要讨论的是视觉空间问题。该文指出“曼陀罗”作为一种独特的民族空间句法，是藏文化想象或组织空间的基本法则，体现在西藏的宗教建筑空间设计、拉萨的城市空间建构，也贯穿一切空间类型的基本认知形式。第 2 期则主要讨论的是影视人类学与艺术主题，发表了朱靖江的《边界与融合：论影视人类学与艺术人类学的学科关系》。该文通过对学术史、基本理论、研究方法等学术内容的比较，讨论艺术人类学与影视人类学两个分支学科的学术边界，呼吁加强艺术人类学与影视人类学的学术交叉与融合。该期还发表了视觉文化研究主题论文，包括徐艺乙的《南京的剪纸》以及黄韧的《作为南岭民族走廊客家族群性经济网络记忆的曹主造像》。第 4 期则从“民俗影像”角度发表了邓启耀的《民俗影像拍摄的现场语境——以贵州苗族传统村落拆迁吊脚楼的复原测绘和拍摄为例》。该文以 2006 年贵州省清水江下游姚百万家族的吊脚楼复原重建为例，讨论了现场语境（历史现场和文化场域）对于民俗活动的重要价值，认为失去历史现场及文化语境，民俗则成为博物馆藏品式的物质空壳。另外，熊迅、张举文、孙正国三人关于民俗影像操作和未来发展的论文《民俗影像的操作化与可能性——中美民俗影像记录田野工作坊三人谈》，通过有深度的、一系列的、多个侧面的民俗纪录片以及纪录片的田野报

① 王海龙：《读图时代：视觉人类学语法和解密》，上海锦绣文章出版社 2013 年版。
② 邓启耀编著：《视觉人类学导论》，中山大学出版社 2013 年版。
③ 朱靖江编著：《民族志纪录片创作》，北京联合出版公司 2014 年版。
④ 朱靖江：《田野灵光：人类学影像民族志的历时考察与理论研究》，学苑出版社 2014 年版。
⑤ 朱靖江主编：《视觉人类学论坛》（第一辑），知识产权出版社 2015 年版。
⑥ 郭净等编著：《中国民族志电影先行者口述史》，云南人民出版社 2015 年版。

告文字阐述，构成了民俗影像纪录片和民俗志相结合的影像民俗学。关于民俗影像的主题，在《民族艺术研究》第3期发表了牛光夏、毛蕾、皮永伶的《民俗纪录片对中国民间文化的影像重构》。该文提出民俗纪录片有两大内容构成和价值体现，分别是文化自觉意识下的历史认知和文化认同视野下的现实关怀，并根据民俗纪录片的发展进路来对民俗影像制作提出一些具体建议，以实现对中国民间文化的影像重构。在《民族艺术》第5期发表了邓启耀的《符像的仪式场域及表述语境——民间法事祭祀用符像的视觉人类学考察》。该文考察了雕版木刻符像作为传统民俗宗教的视觉表达产物，在民俗祭祀以及宗教仪式活动使用中所有的象征性意义、视觉传达与表述语境及其社会文化功能，从而指出了民俗宗教的视觉表达与特定区域或族群社会生活和精神生活关联性。同时，《民族艺术研究》2016年第4期以“影像·媒介与民族文化传播”为专题发表了有关论文。路海波的《纪录片：民族文化国际传播的新动力——由纪录片〈西湖〉〈南宋〉〈中国村落〉引发的思考》讨论了纪录片在对外传播民族文化价值中的作用与优势。王巨山、李帅超的《构建民族记忆的文化景观——谈“非遗”题材电影的创作与传播》，围绕非遗体裁的电影创作存在的问题，提出了创作者应坚持“忠实记录”和“精耕细作”原则。孙萌的《浅析电影中民俗的影像呈现》则是通过对民俗故事片研究讨论故事片电影中民俗与影片的关系。

在视觉文化研究方面，2016年，亚历山德罗（Alessandro Jedlowski）的《诺莱坞：尼日利亚电影行业及其跨国后果》（*Nolliwood. L’Industria Video Nigeriana E Le Sue Diramazioni Transnazionali* 2016，*Napoli*，*Liguori Editore*），把非洲尼日利亚的影视这一视觉文本作为对象，追溯了尼日利亚影视行业“诺莱坞”的发展，即每年产生1000—1500部电影，并将其直接制作成家庭视频格式的系统。“诺莱坞”的影片大多数在撒哈拉以南的非洲、加勒比以及北美、加拿大和多数欧洲国家生产播放。其制作和分发的方式在审美价值、文化和社会方面带来了新的泛非主义。

（3）影视人类学教育议题：高校体系、教学与民族教育。中国影视人类学的大学教育现状以及高校教学方法问题一直没有得到人类学、影视人类学界关注，但这个问题却是关系影视人类学人才培训和队伍建设的重要问题。《民族教育研究》2016年第1期专门刊发了影视人类学教育问题专题性论文，包括朱靖江的《论影视人类学在高校的教学实践体系建构》、王海飞的《人类学影像的视角、语言与呈现——兼论影视人类学教学中的几个核心议题》以及梁君健、雷建军的《文化传统与当代民族教育：〈喜马拉雅天梯〉的影视人类学发现》。这些论文的作者都是高校青年骨干教师，从事影视人类学、纪录片方面一线教学工作，对于中国影视人类学学科现状以及高校教学等问题有着深刻的体会和反思。中央民族大学的朱靖江梳理了国内外多所大学的影视人类学教学理念与实践经验，提出发展影视人类学教育需要提升学科地位、建设教学体系、调整教研评价标准等学科建设要求。他特别强调了影视人类学的教育前景，即拓展该学科在人类学与影视之间的学术空间与专业融合程度，最终将影视人类学的高等教育发展成融汇理论性与应用性、研究价值与职业专长的综合教学体系。兰州大学的王海飞通过对大学民族学、人类学的影视人类学专业课程的分析，认为由于人类学影像自身存在几次重要的学术转向，包括研究对象的观察视角、表达语言和成果呈现等方面；如何面对研究对象，如何言说以及谁是言说主体等是影视人类学课程教学的核心议题。因此，教学过程中对核心议题的辨析，可以使教学双方明确把握学科本质及发展方向，有效提升教学效果。清华大学的梁君健、雷建军则通过自身在拍摄纪录电影《喜马拉雅天梯》过程中所采取的影视人类学方法，来展示将教育机构置于更加广阔的社会文化领域中进行理解的可能性。《喜马拉雅天梯》通过对西藏登山学校这一少数民族地区教育的一个特殊案例，将传统与现代、本土与全球、宗教与世俗等一系列重要议题投射到教育领域。两人指出，影像拍摄可以展示西藏登山学校中的师生如何通过当代教育和商业登山实践，产生针对自身文化传统的文化自觉，进而在一定程度上弥合了文化变迁过程中的冲突和断裂。

（4）都市的影视拍摄和视觉文化：城市与影视人类学议题。传统影视人类学与人类学、民族学一样多关注遥远的异文化。随着全球化和城镇化的加速，都市化以及城市社区是一个不容忽视的区块。随着20世纪20年代芝加哥学派的出现，越来越多研究者开始关注都市问题。已有都市民族志研究促进了关于都市日常生活、犯罪和居住问题的研究。视觉自身也与都市生活存在着千丝万缕的联系。都市与影视人类学（视觉人类学）是西方近年关注的热点问题之一。城市中现代性、都市亚文化、非西方的城市、城市精英、家庭空间、社会运动以及城市建筑等也是西方影视人类学界关于都市影视拍摄和视觉文化研究中所关注的重要议题。为此，英国皇家人类学研究所（RAI）于2016年10月14日和15日召开了为期两天的“影视人类学与城市”（Visual Anthropology and the City）专题研讨会。会上专门讨论关于城市主题的影片、照片、文本的理论和实践。在此之前，2015年8月3—14日伦敦大学金史密斯学院开办了主题为“摄像师的都市纪录片拍摄”（Urban Documentary Filmmaking for Photographers Masterclass with Lasse Johansson）的两周暑期培训课程。此外，2014年《影视人类学评论》（Visual Anthropology Review）就在其春季版第30卷第1期专门推出了特别专题：“有关中国的新民族志电影”（New Ethnographic Film In China）。其中大部分是涉及都市主题，包括中国城市公园、拆迁、景德镇、农家乐等。由此可见影视人类学与都市议题是理论和实践中的一个热点话题。

（5）数字民族志：人类学、新媒体、艺术。西方影视人类学在传统学术、理论转型推动下，其学术关注在继承和发扬传统影视人类学研究之外，积极拓展影视人类学新领域和新方法。西方影视人类学不是将影像民族志作为书面民族志研究作品的简单替代，而且积极通过田野参与、合作以及后期影像及其他媒体（多媒体、超媒体等）探索影像民族志成果形式多样化，开创了新的人类学知识生产途径及认识和解读文化的方法。正如马尔库斯·班克斯（Marcus Banks）认为的，当代西方影视人类学研究主要涵盖了如何运用视觉方法去探索人类学知识和表征，其中包括视觉文化自身特征及其与复杂的社会、政治等特殊制度之间的关系，以及分析传递人类学知识的视觉方法。① 同时，随着数字多媒体技术发展与应用以及数字媒介与人类学民族志研究的结合，数字民族志成为西方一个重要学术热点问题。影视人类学中的影像民族志、数字民族志通过多媒体、超媒体等形式使得人类学的民族志可以容纳影像、声音、文字等多种形式。从而，影像与书面文本相互结合日渐成为一种新趋势。随着数字媒体技术和网络的发展，多样化成果形式也成为可能。越来越多的影视人类学家在出版自己的研究成果时使用新的媒体形式。众多的数字化民族志也通过网络等方式得以与大众分享。布鲁斯·马森（Bruce Mason）和贝拉·迪克斯（Bella Dicks）② 认为新的数字化民族志可以整合更多后现代范式，体现多元主张和文本交互性。他们指出，作为数字化的超媒体民族志（hypermedia ethnography）容纳了互联网、CD-ROM等计算机技术，为民族志写作提供新的实践。从而，超媒体民族志赋予文字和影像同等地位，并且图形符号表达系统和文字符号相结合的研究方法，成为人类学研究中语言思维与图像思维融合一体的新的编码阐释系统。娜塔利·M. 安德伯格（Natalie M. Underberg）和伊兰·佐恩（Elayne Zorn）于2013年出版了《数字民族志：人类学、叙事与新媒体》（*Digital Ethnography. Anthropology*, *Narrative*, *and New Media*, 2013, Austin: University of Texas Press）一书，作者将数字民族志理解为通过数字媒介来讲述并展现现实生活文化

① Banks, Marcus and Morphy, Howard, *Rethinking Visual Anthropology*. Yale University Press. 1999, p. 2.

② Mason, Bruce and Dicks, Bella, *The Digital Ethnographer*, in *Cybersociology Issue Six: Research Methodology Online*, http://www.socio.demon.co.uk/magazine/6/disksmason.html.

(real-life cultures) 的方法。作者认为这种以计算机为基础的讲故事方式可以让读者不仅仅获得相关事实，而且可以沉浸于另一种文化的体验之中。该书可以为寻求更为多样的民族志技术的社会科学研究者提供指导。数字民族志提供了一种开创性的方法，可以利用交互式方式来模拟文化叙事。此外，平克（Sarah Pink）等出版了《数字民族志：原理与实践》（*Digital Ethnography. Principles and Practice*，2015，Sage Publications），特别强调了民族志研究中使用世界各地数字资源的重要性。作者认为数字民族志是我们理解世界的核心。它可以塑造方法论和方法，并提供研究社会所需的技术工具。在该书中，作者清楚阐述了如何研究地方性、对象以及事件，并且通过此方式可以卓有成效地探索个人或社区层面的生活经验、实践以及相互关系。阿琳·古布里姆（Aline Gubrium）、克里斯塔·哈珀（Krista Harper）、马蒂·奥塔内兹（Marty Otanez）的《参与式视觉和数字研究方法运用》（*Participatory Visual and Digital Research in Action*，2015，Left Coast Press）一书共 16 章，收录了很多原创性研究成果，是参与式视觉和数字方法方面研究的重要作品。该书讨论了参与式视觉和数字研究技术如何在健康，环境政策，城市规划，教育、青少年发展和遗产项目等方面被运用。这些方法可以依据参与者的兴趣和倾向生成丰富多样的视觉和叙事资料，成为协同工作的一个关键工具。其中有关章节包括数字叙述、影像发声方法、参与式影像与多媒体、基于社区的电影制作、参与式地图绘制和地理信息系统、参与式数字档案和博物馆研究以及参与式视觉和数字研究的混合方法等。此外，塞缪尔·杰拉尔德·柯林斯（Samuel Gerald Collins）和马修·斯洛弗·杜林顿（Matthew Slover Durington）的《网络人类学：民族志学者入门》（*Networked Anthropology. A Primer for Ethnographer*，2015，Routledge）认为，社交媒体的出现和发展一方面为人类学家提供新的机会，使人类学家以一种全新的方式将研究扩展到新的社区；另一方面，这些技术的发展也给人类学实地工作带来困扰和挑战。

影视人类学者平克等（Sarah Pink，ElisendaArdèvol，DèboraLanzeni）出版了《数字的物质性：设计和人类学》（*Digital Materialities. Design and Anthropology*，2016，Bloomsbury）一书，他们提出数字与物质世界的边界越来越模糊了。人们思考设计的方式也在转变和演变。人类、数字和材料如何一起改变世界？什么是我们的数字物质环境？我们如何使用数字技术做出可持续、健康和有意义的决策？该书通过介绍英国、西班牙、澳大利亚和美国等国家的设计和数字研究的学者和从业者所撰写的研究成果展示了数字的物质性。

此外，影音档案收集、数据库以及使用、影视人类学扩展实践、跨学科的非遗产保护、新方法新技术运用和讨论，也是近年里国内外影视人类学界讨论的热点问题。

2. 2016 年国内外学科发展新动态。2016 年影视人类学除了理论研究，还在下面几个方面取得了新的进展，推动了影视人类学学科发展建设。

（1）节日与史诗影像：中国节日影像志和史诗影像志。《中国节日志》是全国哲学社会科学规划领导小组批准的国家社科基金特别委托项目，由文化部民族民间文艺发展中心规划执行，内容包括“《中国节日志》文本”“中国节日文化数据库”“中国节日影像志”三大部分。其中，中国节日影像志旨在以高质量影音技术记录节日文化现状，是中国国内第一次系统地进行传统节日拍摄记录的重大研究项目。该影像志项目具有如下几方面特点：①规模大，项目涉及国内所有民族的节日文化。截至 2016 年，中国节日志子课题共立项 101 项，结项 30 项，累计影像素材资源 1500 小时，计划立项 150 项，预计影像素材资源积累将超过 5000 小时。②参与人员众多。2016 年全国已经有 101 个课题组 2000 多名专家学者及摄制人员参与该课题，课题承担者包含北京大学、清华大学、中央电视台、法国远东学院等机构的著名导演和学者，并几乎集合了国内一流的影视人类学团队参与课题实施。③影响大，影像成果 13 次入选国际国内影展并获得相关奖项，如《柯尔克孜族古尔邦节》获得“中国纪录片长片好作品”，并相继入选英国皇家人类学学会影展、国际人类学与民族学联合会世界大会影展；《开斋节》《苗族新年》入选澳大利亚2016年纪录片节；《赛装节》获得“中国澳门国际数字电影节最佳数码纪录片奖”；《河南灵宝“骂社火”》《独龙族卡雀瓦节》获得中国影视人类学“学会奖”等。《中国民族》2016年刊发的“新世纪影像志十大代表项目”中，“中国节日影像志”位居十大项目之首，并提出“中国节日影像志”是“迄今为止国内规模最大、建制最完备、参与者最多的大型影像志工程，是新世纪以来最重要的国家级影像文献工程之一”。中国节日影像志项目对中国影视人类学而言，在传统非物质文化保护与影像呈现、学术资源积累、学术研究、人才培养、学术交流等方面都作出了重要贡献。中国节日影像志推动了人文社会科学界采用影像这一形式来记录呈现节日文化的实践，促进了很多文本研究学者对于影像方法和作品形式的关注。并且，大部分中国影视人类学家都不同程度参与到节日影像志活动之中，影视人类学理念、方法也被应用于节日影像志拍摄制作之中。因此，其成果及实践对中国影视人类学生态有着重大的影响。2016年中国节日影像志影片甚至可以说囊括了中国影视人类学影片类型的半壁江山，其作品形式成为国内各大人类学电影节和民族志影展的主角。以2016年广西民族志影展为例，入围主展映单元的13部影片中节日影像志就有《魂归何处》（王宁彤）、《贵州荔波水族卯节》（张小军）、《甘肃夏河藏族新年——祈年宏愿》（陈坚）、《盘王节》（吴乔）。此外，该节日影像志项目也鼓励新影视技术方法在文化影像拍摄之中运用。比如，2016年新立项的子项目中就有运用以VR技术的作品形式，分别是“畲江镇中元节（VR）”（雷建军）、“番禺石楼镇‘龙舟节’（VR）”（叶风）。这些新的实践对中国影视人类学有着相当大的影响。

另外，文化部民族民间文艺发展中心实施的另一个重大工程项目“中国史诗百部工程”是新中国历史上第一次对传统史诗进行全面收集整理的重大工程。该项目规划通过影音摄制、文本整理、数据库建设三种方式收集整理百部史诗，对中国史诗的演述及其仪式、民俗、文化生态都进行全面记录，抢救与挖掘濒危的史诗资源。尤其该项目也强调对活形态的史诗演述传统进行高质量影音摄录，以保留客观、真实的文化资源为最终目标。截至2016年10月，该工程已完成48个正式项目和外延项目的立项工作，全国有约500名专家学者及摄制人员参与项目，计文字量达到330万字，影像素材达到720小时，计划拍摄完成100部史诗，预计文字量达到700万字，影像素材超过1500小时。就总体情况而言，尽管史诗项目的成果形式之中包括有民俗活动纪录片，但由于参与者影像能力局限，影像更多的是作为一种记录保存资料的手段，并且迄今刚完成10个左右项目，其对中国影视人类学影像影响程度尚不能与中国节日影像志同日而语。

（2）多主题、新热点：国内外重要影视人类学会议。①文化影像志研究与传播。2016年5月14日，由中国影视人类学学会、文化部民族民间文艺发展中心、北京电影学院联合主办的“文化影像志的研究和传播”学术研讨会暨“中国民族文化影像传承研究中心”成立大会在北京电影学院召开，会议邀请了来自人类学、电影学、纪录片研究等多学科的专家学者，对文化的研究与文化的影像表达展开了深入探讨。会议一共分为四个单元，分别是影像传承研究中心成立仪式、《喜马拉雅山地民族影像志》系列影片放映及探讨、《中国节日影像志》作品放映及探讨、专题发言及总结。

②影音文献记录与公众传播。影音文献的收集与利用一直是近年来国外影视人类学关注的问题。2013年11月18—20日，美国影视人类学学会第29届年会“影视研究方法研讨会”（visual research conference）专门设有影音档案利用方法方面的专题讨论。比如，旧金山州立大学道贝利·格拉斯（Douglass W. Bailey）“挖掘影视档案”（Excavating the Visual Archive：Deposit Delta－789 from the Treganza Site）通过作者在2013年夏天旧金山州立大学的人类学博物馆对特雷甘扎（Treganza）遗迹中视觉资料（visual material）进行研究，进而讨论了关于视觉档

案能动性、档案内容方面积极潜力、照片档案的物质性（materiality）以及这项工作对影视人类学的潜在影响。佛罗里达大学的理查德·弗里曼（Richard Freeman）的“伏都教和视觉人类学家：建立伏都教档案”（Vodou and the Visual Anthropologist：Constructing the Vodou Archive）展示了专门为“伏都教”收集的开放的数字档案，包括视频、图片、音频等，记录海地的伏都教和迈阿密的海地人。并且计划出版多种格式的多媒体出版物和纸质出版物、图像论文；编辑一部学术论文集；制作一个带有视频和图像材料的DVD；制作一个互动的DVD或在线演示以及一部纪录片。作者希望借助互动媒体展示及使用，以达到最好的教学和研究的目的。2016年国内也有关于影音档案方面的专题研讨会。“视觉人类学：影音文献与公共传播”论坛是于2016年4月19日在国家图书馆召开。该论坛是第六届北京国际电影节纪录片单元学术活动组成部分，由中国人类学民族学研究会民族影视与影视人类学专业委员会主办，中央民族大学民族学与社会学学院、中央民族大学影视人类学研究中心、北京国际纪实影像创意产业基地、国家图书馆中国记忆项目中心等机构协办，主要探讨当代数字影像发展的文化背景下，以视觉人类学为理论引导的民族志影音文献的创作、出版、收藏与公共传播等议题。该论坛主要涉及“主旨发言”、“远方的田野”民族志纪录片电视栏目样片发布会、民族志影像创作者分享会、影音文献的记录与传播、总结发言五个单元。

此外，2016年10月28日，第三届“视觉人类学与当代中国文化论坛”暨民族影视与影视人类学专委年会在中央民族大学召开。会议设有“视觉人类学与影音文献的开发与利用”的特别单元，涉及新华社国家典藏工程，民族文化媒体资产的管理研究与应用，视觉人类学视野中的影音文献，数字时代民族历史影像的收集与共享传播，国家图书馆新建影音文献的收藏存储与利用，民族文化遗产影音文献的收藏、存储与利用，民族志电影的剩余素材，广播电视制作DIT在纪录片中的工作实践与探索等方面。

③视觉人类学理论、方法与前景：影音文献开发利用、新技术运用、公众参与。中央民族大学民族学与社会学学院、中央民族大学影视人类学研究中心、中国人类学民族学研究会民族影视与影视人类学专委会、中国民族博物馆于2016年10月28—30日，在中央民族大学召开第三届“视觉人类学与当代中国文化论坛”。此次论坛共有六个单元专场，分别为“特别单元·视觉人类学与影音文献的开发利用”，主旨发言单元——“视觉人类学理论与方法单元”“影音新技术与视觉人类学的未来”、“民族志电影观摩与交流”、“视觉人类学与公众影像创作”以及“中国乡村/社区影像的行动与反思”。研讨会涉及人类学田野调查视觉方法创新与反思、人类学“观察电影”的发展及理论建构、中国文化人类学纪录片的现存问题以及发展对策、人类学纪录片的审美创造、虚拟现实（VR）技术节日影像志运用、微信公众平台的微纪录片传播、VR影像叙事以及民族博物馆影音文件开发上的应用、口述影音的采录与使用、乡村影像实践与建议、参与式影像开展情况等问题。此外，民族志电影观摩与交流单元展映《花馍里的豫东春节》《魂归何处》《傅于尧与邓桂芳：跨族通婚者的人生境界》《木雅，我的木雅》《福建宁化七圣庙庙会》五部民族志纪录片。

④视觉研究、视觉方法的贡献以及社会运动的影视研究。2016年11月14—16日美国影视人类学（SVA）学会在明尼苏达州召开了第32届视觉研究学术研讨会。该次大会为专业人员和学生提供了一个正在开展的涉及视觉方面的研究讨论的机会。会议并没有专设主题，但主要关注点是关于视觉意义、视觉交流以及各种视觉表述形式或视觉媒体（照片、影片、网页、多媒体、交媒体）利用等方面的最新研究进展和动态。

2016年7月20—23日，第14届EASA双年会（14th EASA Biennial Conference）召开，主题是“人类学遗产与人类的未来”以及“电影以及其他影音方式的贡献”，强调了视听媒体对于人类学未来的重要作用，认为媒体是研究社会和物质世界的新实验领域，是展示教学，促进与学术圈和外部世界沟通的新方法。媒体的形式包括了民族志纪录片（长、短片）、民族志虚构影片、民族志短片、照片论文、声音记录、交互式纪录片、非线性成果、视频游戏、身体展现技术、视觉表演等多样形式。

2016 年 10 月 14—16 日，“农民行动主义项目”（Peasant Project）、欧洲社会运动协会（EASA）和“Contro-Sguardi”共同推动了在意大利佩鲁贾大学举办“政治想象实验室：视觉化和情境化社会运动的民族志成果”（Political Imagination Laboratory：Visualizing and Contextualizing Ethnographies of Social Movements）会议，该实验邀请人类学家、电影制作人和社会活动家提供论文或视觉成果（完整的纪录片或正在进行的作品），以呈现不同形式的社会运动研究相关的民族志和田野成果。

（3）学术、媒体、公众交流平台搭建：蓬勃发展的国内外影视人类学影展。①2016 年广西民族志双年展。2012 年广西民族博物馆创办了广西民族志影展，是国内为数不多的民族志双年展。该影展主要关注中国和东南亚国家的社会历史文化变迁及民族文化多样性，致力于推动纪录影像在文化遗产视野中的价值取向及功能发挥。2016 年 12 月 9—14 日，广西民族志影展的影片以“民族民俗文化、乡土题材”为主题，展映摄自 2013 年 1 月以来的影片。影展常设有“主展映单元”“新锐单元”“乡村影像单元”“特邀单元”。“主展映单元”主要以人类学、民族学为学术支撑的民族志纪录片为主，主题涉及民族或地域文化的多元表达，探索多元的表述方式。该影展 2016 年征集到来自广西、北京、内蒙古等省市区和台湾、香港地区及东南亚、北欧、北美等地区投稿的原创影片 200 部，入围主展映单元 13 部影片分别是《魂归何处》（王宁彤）、《风吹的歌声》（施仪洁）、《贵州荔波水族卯节》（张小军）、《苏干湖畔的家》（王海飞、王博）、《翠松拉姆》（西德尼玛）、《大海的孩子》（唐国威）、《甘肃夏河藏族新年——祈年宏愿》（陈坚）、《故乡》（张传高）、《紮鬼神人》（李杰翰）、《僵狮子》（姚军）、《盘王节》（吴乔）、《春社谣》（鬼叔中）、《只一天唱得过瘾》（孟子为）。“新锐单元”旨在鼓励学生加入纪录片创作队伍和文化遗产保护中来，关注民族的历史、文化与生活，因此征集的是学生作品，设有 2—3 个优秀影片奖，颁发证书及奖金。此次影展一共入围了包括《姑婆》（杨宇菲）、《回家》（师怡君）在内的 14 部学生作品。“乡村影像单元”是关于文化的本土表述，是乡村居民及乡村工作者拍摄的纪录片，设有 3 个优秀影片奖、1 个文化遗产贡献奖，颁发证书及奖金、此次影展一共入围有《榕园》（龙建华）、《花蓝瑶服饰制作》（肖茂兴）等 21 部影片。“特邀单元”则是定向邀请了 7 部国内外优秀纪录片进行展映，主题有“萨米声音”主题展映，展映影片为：马伊·丽丝·斯卡尔捷（Maj Lis Skaltje）的《萨米长调约尔克》（YOIK）、伊冯娜·托马森（Yvonne Thomassen）的《我的家庭合影》（My Family Portrait）以及“中国北方民族原始文化”主题，放映影片《达斡尔族女萨满斯琴高娃》《鄂温克族萨满涂明阳》。另外，此次影展还设有专题讲座以及“民族志电影与非遗保护”小型研讨会。

②第二届“田野灵光，影像深描”中国研究生影视人类学论坛。2016 年 12 月 3 日由中央民族大学民族学与社会学学院影视人类学中心主办的第二届“田野灵光，影像深描”中国研究生影视人类学论坛，在中央民族大学举行了为期两天的高校学生作品的展映交流活动。该论坛展映了涉及生计·变迁、信仰·祭仪、女性生活、众生之苦、人间世五个主题的 14 部来自各大高校的参展影片，并邀请了相关领域的专家学者组成评委团对参展影片的视角、取向、内容、拍摄技巧进行评议交流。该论坛是目前国内专门面向高校学生影视作品进行展示的平台。此次入围展映的影片有讲述了客家地区独特的女性群体生活变迁的《姑婆》（杨宇菲、一等奖），展现生计变迁的作品《我家在山西巷子》（阿布都塞米），涉及临终关怀《失控的生命》（郭栋梁、三等奖）、《看着你慢慢远去》（娄逸），反映仪式内容的《神选之民》（吴启慧）、《耶苦扎节》（张爽、三等奖）等。该次论坛的参展作品具有丰富的主题和多样化拍摄手法等

特点。

③2016 年国外主要的民族志影展。主要有：2016 年 4 月 7—10 日在印度喀拉拉邦举行的第十一届 VIBGYOR 电影节（主题是文化多样性）2016 年 5 月 4—8 日第 13 届国际哥廷根民族志电影节（13th Göttingen International Ethnographic Film Festival）、2016 年 6 月 2—4 日第六届葡萄牙人类学代表大会（会议主题是“基于民族学的艺术实践：改变田野的未来”，包括民族学电影放映）、2016 年 7 月 11—24 日第三十届派尔努国际纪录片和人类学电影节、2016 年 9 月 21—24 日第 36 届北欧人类学电影家协会电影节和学术会议（NAFA 主题“互联网照片与视频使用的伦理挑战”）、2016 年 10 月 13—16 日美国纽约自然历史博物馆“玛格丽特·米德电影节”、2016 年 10 月 26—28 日芬兰约恩苏举办年度人类学和民族志纪录片电影节（VISCULT 2016 主题是“移动”）、2016 年 11 月 7 日希腊雅典举办了雅典民族志电影节、2016 年 11 月 5—13 日法国巴黎第三十五届让·鲁什国际电影节、2016 年 11 月 16—20 日美国影视人类学（SVA）学会电影与媒体节。此外，还有众多的国际纪录片电影节。主要有：2016 年 10 月 17—23 日罗马尼亚锡比乌举办的阿斯特拉电影节（Astra Film Festival 2016）、2016 年 5 月 19—22 日法国维尔河畔举办第 18 届乡村电影国际电影纪录片节（Festival International du Film Documentaire sur la Ruralité）、2016 年 10 月 21—23 日苏黎世大学民族博物馆举办的第 12 届 Regard Bleu 学生民族志电影节（《Regard Bleu》#12 Festival for Ethnographic Student Film and Media）。

④影视研究领地拓展：内蒙古师范大学\北京电影学院。2015 年 3 月 28 日内蒙古师范大学成立了内蒙古地区首家民族学人类学高等研究院。该研究院成立后的一项重要举措是立足于内蒙古丰富民族文化资源发展影视人类学。为此，研究院专门申请专项经费 300 多万元购买相关影视拍摄制作的专业设备，为发展影视人类学、从事影视人类学片拍摄和制作奠定了扎实基础。同时，2016 年，该研究院与中国社会科学院民族学与人类学研究所以及内蒙古电视台等多家单位合作，规划并实施了拍摄反映内蒙古自治区成立 70 年以来内蒙古的少数民族经济文化变迁主题的人类学影片（计划拍摄 7 部，包括蒙古族、达斡尔族、鄂伦春族、鄂温克族、回族、满族等），现在正进行的是前期田野拍摄工作。2016 年 5 月 14 日，文化部民族民间文艺发展中心与北京电影学院共同成立了“北京电影学院中国民族文化影像传承研究中心”。该中心旨在围绕中国民族民间文化艺术的影像记录、虚拟再现、设计与传播等方面开展相关的课题研究和项目实践合作，计划在中国传统文化影像传承领域打造国内最高水平的具有国际影响力的研究中心和合作中心。并且，中国民族文化影像传承研究中心依托北京电影学院的资源和技术，团结人类学界、纪录片界以及电影学界的学者，共同推动文化影像志的研究和传播进一步向前发展。该影像传承中心由北京电影学院孙立军副校长担任主任，并向法国远东学院研究员范华、中国传媒大学中国纪录片研究中心教授赵曦等 17 位电影、影视人类学专家学者颁发了特聘研究员证书。此外，还开展了“文化影像志的研究与传播”学术研讨会。

⑤影视人类学人才培养：影视人类学联合培养项目。国内影视人类学培养方面，除了中央民族大学、云南大学、中山大学、兰州大学等开设有影视人类学方面课程教学和影视人类学专业人才培养外。还有一些大学研究所在从事影视人类学培训项目。最有影响力的就是中德合作联合创立、成立于 1999 年的云南大学东亚影视人类学研究所（East Asia Institute of Visual Anthropology）。该机构长期致力于培养影视人类学研究人员和具有人类学视野的专业纪录电影制作人，为影视人类学和纪录片研究、创作和教学培养了一批人才。随着德方退出，该培训转由中方负责，其影响力有所削弱。2016 年，国内主要有两个重要培训项目。其中之一是由 2015 年度国家艺术基金全额资助的“民族影像志人才培养”项目。项目由云南艺术学院实施，与云南大学东亚影视人类学研究所合作。现该项目计划招收具有一定实践经验的少数民族文化影像记录艺术人才 30 名，于 2016 年 6 月 20 日—8 月 20 日进行分阶段培训。项目聘请影视人类学及

民族志纪录片方面的知名专家学者进行影视人类学和民族影像志的理论与方法，少数民族文化遗产的影像记录与抢救性保护理论实践，民族志纪录片的构思、拍摄、剪辑技能等方面培训，完成课程的由国家艺术基金管理中心授予相应的结业证书。学员何滢、红川、黄永来完成了纪录片《曼召手工造纸记》等。另外一个重要培训项目是2016云南大学民族志纪录片高级人才培训工作坊。2016年，云南大学西南边疆少数民族研究中心影视人类学实验室获得云南省教育厅“影视人类学特色学科”项目资助，聘请国外知名影视人类学学者为云南大学民族学与社会学学院《影视人类学》课程师生进行授课，同时举办影视人类学高级人才短期工作坊，辅以系列学术交流讲座。目的是让国内影视人类学领域内的教师与学生接触到当今国际前沿的民族志电影制作理念以及先进的制作方法。该工作坊培训时间自2016年10月31日—12月15日一共7周。项目聘请了德国法兰克福（奥德）欧洲大学（the European University Viadrina of Frankfurt）影视人类学教授芭芭拉·艾菲（Barbara Keifenheim）讲授《摄影机支持下的人类学田野调查方法》和《民族志纪录片的选题思路》，英国曼彻斯特大学格兰纳达影视人类学中心讲师、独立纪录片制作人基兰·汉森（Kieran Hanson）讲授《民族志纪录片的拍摄》和《民族志纪录片剪辑与制作》课程。同时，云南大学西南边疆少数民族研究中心影视人类学实验室教师陈学礼、张海、徐菡担任中方助教。这些影视人类学培训项目开展有助于提升影视人类学教学质量，健全影视人类学学科建设，加强国内外从事影视人类学教学、民族志电影制作的高校及研究所专业人才的交流与合作。

此外，人类学影片和纪录片还进行了市场/商业化尝试。比如纪录片《喜马拉雅天梯》进院线播映取得了很大的社会反响。雷建军担任制片，清华大学新闻与传播学院清影工作室、杭州潜影文化创意有限公司联合出品的《我在故宫修文物》一经推出就取得了很好的市场反响。同时，中国民族学人类学研究会民族影视与影视人类学专委会与北京卫视纪实频道联合出品一档周播民族志纪录片赏析栏目《远方的田野》。该栏目以国内外经典民族志纪录片为主体，通过主持人、学者与影片导演的对话，深度发掘影片的文化价值，并将较少在大众影视媒体播映的影片内容，以精华剪辑的形式呈现给电视观众。

（二）2016年中国社会科学院民族学与人类学研究所影视人类学学科发展状况

中国社会科学院民族学与人类学研究所影视人类学研究室共有科研人员5名，分别是庞涛副研究员（研究室主任）、张小敏副研究员、邓卫荣副研究员、张辉助理研究员、雷亮中助理研究员。研究室立足于面向人类学田野、在民族志拍摄实践中培养人才的方法，积极规划设计多层次的影视人类学发展方案，努力建构有该所特色的影视人类学发展道路，为中国影视学科贡献创新性的知识。为此，研究室科研人员以民族志影片拍摄制作为主要科研任务，积极参加各项学术交流活动，产出了一系列有学术和社会影响力的科研项目成果。

1. 学术导向型新人类学影像志实践。近年来，中国社会科学院民族学与人类学研究所影视人类学研究室立足于已有深厚的影视人类学学科基础和民族志影片拍摄积累，提出了以学术为中心的新人类学影像志实践。其中重要的特征就是形式上从传统单一民族、单一主题的、个体化的影像民族志制作转向探索系列化、规模化、区域化，内容上从注重文化记录描写影像民族志转向追求解释性的影像民族志。中国社会科学院民族学与人类学研究所影视人类学研究室立足于新人类学影像志的实践，自2013年开始设计规划并实施了三个方面系列影像民族志项目。

（1）区域化的解释性整体影像民族志。2013年开始，由该研究室庞涛主任主持，邓卫荣、雷亮中共同参与的中国社会科学院创新项目“21世纪初中国少数民族经济社会文化发展影像志”系列之一“喜马拉雅山地民族的影像民族志”课题，以区域为着眼点，主要关注生活于西藏东南部及跨中印（印占区）、中缅、中尼、中不边境的门巴族、珞巴族和未确认民族成分的僜人、夏尔巴人等。同时，该项目旨在探索突破传统影像民族志重文化记录而轻文化研究、大而全却难以深入等难点，以学术“问题意识”为主线，关注社会文化变迁、族群和国家认同、经济生计方式、宗教与医疗、婚姻家庭形式等主题来结构影片叙事，形成学术思想突出的新型人类学影像志。并且，走规模化比较研究的路线可以扩大影视人类学作品的学术和社会影响力。2015 年底“喜马拉雅山地民族的影像民族志”完成了西藏察隅僜人系列作品以及墨脱门巴族历史文化变迁主题的拍摄工作，已经完成的作品在中国影视人类学学会会议、浙江大学、文化部民族民间文艺发展中心和北京电影学院播映。其他主题拍摄计划陆续展开。

2016 年，中国社会科学院民族学与人类学研究所影视人类学研究室由庞涛主持下，全体研究室人员参与并实施了中国社会科学院创新工作项目“21 世纪初中国少数民族经济社会文化发展影像志”系列之二“都柳江流域民族村寨文化重建影像志系列”项目，该项目延续了原来的区域化、系列化的学术探索，以贵州、广西都柳江流域的多民族村寨为中心，以影像方式来呈现并解释村寨文化在新历史阶段的表现和转型，寻求跨民族的区域民族村寨文化的影像整体表述。该项目计划实施三年，2016 年已经于 2016 年 9—10 月以及 11—12 月前往贵州、广西十几个村寨进行前期的选点和田野调查和拍摄工作，并在贵州黔东南的从江和黎平县、黔南州的三都县和广西柳州地区的三江县等地进行调研和影像民族志拍摄工作，收集了 60 余小时的影像素材。

（2）新时期少数民族经济社会文化综合影像志系列。2015—2016 年实施的“21 世纪初中国少数民族地区经济社会调查影像志系列”，结合中国社会科学院民族学与人类学研究所组织实施的中国社会科学院创新工程重大项目“21 世纪初中国少数民族地区经济社会发展综合调查”，以新世纪以来民族地区政治、经济、社会、文化、生态五大领域开展的社会科学多学科综合调查为基础，以区域为中心，着眼于经济社会文化转型，以问题意识为导向，重点反映 21 世纪初我国少数民族在全面建成小康社会目标发展进程中面临的机遇、挑战、困难和选择，考察政策和地方实情的互动，以及在此过程中的地方性智慧创造。该系列已于 2015 年底完成了贵州凯里、新疆、内蒙古、广西大瑶山的田野调查和拍摄，2016 年进行后期补充拍摄和影片编辑，陆续推出 3—4 部影片。

（3）海外社会影像志系列。影视人类学不仅要适应学术理论的发展需求，同时也需要面向社会、面向国家，将影视人类学理念为现实服务，推进影视人类学应用实践。由中国社会科学院民族学与人类学研究所影视人类学研究室和企业社会责任中心联合制作，庞涛、雷亮中拍摄编辑的关于中电建在非洲赞比亚和津巴布韦的影片《中国人来了：中国电力集团在非洲》，借助影视人类学传统实践理念，探索如何将影像呈现更有效地与国家和企业形象传播相结合，使人类学影片拍摄理念可以从拍摄小族群、地方文化扩展运用于国家形象、公共事件影像表述之中。2015 年底和 2016 年，该片在北京、浙江等地进行了展映。

总之，近年来该研究室开启几大系列影像志拍摄计划，完成若干基于问题导向和学理化表达的影像民族志系列，运用影像的方式重点反映 21 世纪中国少数民族地区在政治、经济、社会、文化、生态等领域的发展成就和新面貌。同时，该研究室在寻求相关项目支持下，计划尝试进行若干区域性和跨境民族社会文化影像志以及海外民族影像志等方面的实践。

2. 影视人类学理论和方法探索。在影视人类学理论方面，庞涛专门提出了“学者电影”理念。他认为，在人类学影片制作范式方面，“学者电影”不是某种影片类型，而是一种学术价值取向，是强调学者主体论（作者论）和学术独立性，反对迎合强势媒体和主流的话语体系，反对模仿商业化工业化的制作流程和方法的创作观念；它抵制在影视人类学和人类学电影制作上的泛学术化倾向，同时鼓励学者为学术表达而不拘泥于传统的或约定俗成的表达方式，像作者写作一样建构影像志民族志作品；其核心在于厘清学术研究的影视人类学影像作品与形形色色的带有人类学或民族学元素的纪录片或纪实片的边界，建构具有独立学术人格的影像作品。另外，“学者电影”也有构建独有的叙事流派以影响社会生活的企图心，也可以说，“学者电影”是人类学影片“作者论”的代名词。① 文章在业界引起较大反响，被人大复印资料中心转载。

受益于新媒体工具普及和人类学界对影视方式认识的逐步深入，越来越多的人类学家携带照相机和摄像机奔赴各自的田野。这一趋势促进了新的阐释和描绘方式。雷亮中助理研究员在《西南民族大学学报（人文社会科学版）》2016 年第 11 期上发表了《影像民族志：人类学知识生产与实践》，强调了影像民族志不仅仅是单纯的记录载体，更为重要的是人类学的一种独特研究方法，而为人类学知识的生产作出自己的贡献。影像民族志作为一种人类学研究方法，在文化异质性表达、默会知识与跨文化影像阐述、非语言社会行为影像认知、知识的分享与转递，以及社会行动等诸多方面都有着重要的作用。并且，文章指出，影像民族志只有真正回应人类学理论，生产人类学知识才能制作出真正意义上的人类学影片。雷亮中在其另一篇论文《流变与交融的边疆社会文化的影像呈现——以民族志影片〈游走的呗玛〉为例》中，讨论了中国边疆民族民族志类型的问题。作者指出，边疆社会文化具有复杂性，不同民族、族群文化互相交往、渗透的关系使得边疆地区民族文化存在着另一个重要的面向，即文化杂糅（cultural hybridity）；以往表现民族文化的民族志影片更多地关注单一民族文化类型，强调民族文化独特性的一面。作者以自身拍摄的影片为例提出边疆社会文化的影像呈现和表述都不应忽视边疆社会文化类型的重要特征，即文化的复合性、杂糅性以及文化的链结（articulation），并指出对这一问题的认识也关系到在摄制边疆社会民族文化的民族志影片过程中应该持有的文化立场和态度。

张小敏副研究员基于凯里大调查以及“21 世纪初中国少数民族经济社会发展调查影像志”的成果，撰写论文《经济社会转型中苗族的文化自觉：“凯里共识”及其意义》，并于 2016 年 11 月 4 日在都市人类学学会第四届会议获得论文一等奖。

3. 新型人类学民族志影片逐步推出，“仪式生活系列”影像民族志出版发行。人类学影片是影视人类学的基石。缺乏民族志影片作品，影视人类学学科建设和发展也将成为无源之水、无本之木。近年来，影视人类学研究室除了文字成果撰写外，尤为重视人类学影片实践。在庞涛主任带领下，研究团队开始了区域性整体民族志、新型民族志的实践和海外民族志的实践。区域性整体民族志代表作是“喜马拉雅山地民族的影像民族志”系列影片之一《察隅河谷僜巴人》（庞涛）。《察隅河谷僜巴人》围绕僜人的宗教、婚姻、山地经济、族群认同、情感与象征等主题进行了全景式的影像民族志写作。其前几集已经在 2014 年“第七届中国影视人类学学术研讨会”开幕式、2016 年北京电影学院召开的“文化影像志的研究和传播”学术研讨会等国内学术研究讨会展映，得到了与会专家学者的一致好评。其后续的几集将陆续推出。同时，庞涛团队的新型民族志影片的探索之作“喜马拉雅山地民族的影像民族志”项目，还使用影视方法来对民族学人类学热点话题进行专题性呈现，涉及宗教信仰与医疗、身份认同、经济生计与文化价值等主题影片。其中，《神圣的治疗者：僜人的信仰与治疗》（雷亮中）分别于 2014 年“第七届中国影视人类学学术研讨会”、2014 年“中国人类学民族学研究会宗教人类学专业委员会成立大会暨国际学术研讨会”、2015 年第二届“视觉人类学与当代中国文化论坛”等会议中展映，并于 2015 年底由中国人民大学出版社出版了 40 分钟版。《其它 · 兄弟 · 尾巴——关于僜人的身份认同》（邓卫荣）于“第七届中国影视人类学学术研讨会暨 2014 年中国影视人类学年会”（贵州贵阳）上展映。上述公开展映和出版的系列影像成果都取得很大的学术和社

① 庞涛：《“学者电影”的主张与逻辑》，《西南民族大学学报（人文社会科学版）》2015 年第 1 期。

会反响。

海外民族志的代表作是影视人类学研究室与企业社会责任中心联合制作的《中国人来了：中国电力集团在非洲》（庞涛、雷亮中），2015 年 12 月该片参加了浙江师范大学非洲院等机构联合举办的首届中非影视合作论坛的展映，获得好评。此外，影视作品还包括《桥：成都藏文化一条街的汉语班》（张小敏），《和布克赛尔的藏传佛教》（张辉），《民族学与人类学研究所所志》2013 年篇（张辉）、2014 年篇（张辉）、2015 年篇（邓卫荣），《21 世纪初中国少数民族地区经济社会调查专题片》（张小敏）。2016 年还制作完成了包括苗族、哈萨克族、蒙古族等大调查影像志影片，如《苗族文化转型》（张小敏）、《斗牛》（张小敏）、《在路上：哈萨克游牧定居点转型与变迁》（邓卫荣），以及 2016 年都柳江流域村寨民族文化重构系列民族影像志的阶段性成果。

影视人类学研究室根据规模化、系列化的发展思路，将前几年拍摄的人类学影片根据主题集结出版，计划推出"仪式生活系列""经济生活系列""社会生活系列"等几大系列影像民族志作品。其中，主要反映民间宗教仪式生活的"仪式生活系列"已于 2015 年 11 月由北京社科智库电子音像出版社出版发行。其中包括的影片有：《隆务河畔的鼓声》（编导庞涛）、《唱哈的日子》（编导邓卫荣、陈景源）、《年都呼的岁末》（编导张辉）、《游走的呗玛》（编导雷亮中）。此外还有经济生活系列《银饰》（编导张小敏），以及《中国社会科学民族学与人类学影像志 2013—2014》。这是国内首次以主题系列方式出版影像民族志作品。

4. 日益强化的学术合作和交流态势。2016 年，影视人类学研究室不仅注重自身内部的建设，同时积极与兄弟院系开展跨单位学术合作以及跨学科的学术交流。影视人类学研究室积极支持并协助内蒙古师范大学民族学人类学高等研究院的影视人类学发展计划。该研究院计划立足于内蒙古丰富民族文化资源积极发展影视人类学。庞涛主任帮助其设计了影视人类学专业设备采购方案以及人类学影片拍摄方案经费预算等。并且，研究室人员多次前往内蒙古师范大学开展学术指导以及交流活动。庞涛和张辉还多次参与与内蒙古师范大学合作的影像拍摄项目。庞涛于 2016 年 7 月参与"21 世纪初中国少数民族地区经济社会发展调查——鄂伦春调查组"的调研工作，赴内蒙古自治区鄂伦春自治旗阿里河、古里、大杨树等地进行调研，并与内蒙古师范大学民族学人类学高等研究院联合拍摄影像民族志《流域、山林记忆与现代鄂伦春族》（暂定名）；2016 年 8 月庞涛、张辉前往内蒙古自治区莫力达瓦达斡尔自治旗实施合作项目："内蒙古东北部地区三少民族社会文化变迁影像志"，拍摄民族志影片《家族纽带——达斡尔族的传统与现代》。

同时，庞涛被文化部民族民间文艺发展中心聘为中国社科基金特别委托项目"中国节日影像志"副总编和总编审，负责项目的设计和评审。雷亮中多次参与"中国节日影像志"和史诗影像志的结项评审和研讨会。

影视人类学研究室积极参与并合作举办了一些重要的学术交流。邓卫荣作为 2016 年广西民族志影展的评审专家参加了该影展所有影片的入围评选活动。庞涛参加 2016 年 5 月 14 日召开的"文化影像志的研究和传播"学术研讨会，其中"喜马拉雅山地民族的影像民族志系列——察隅河谷僜巴人"作为特邀主旨播放并获各方面专家的好评。庞涛、邓卫荣被聘为北京电影学院"中国民族文化影像传承研究中心"特聘研究员。2016 年 6 月庞涛在内蒙古师范大学民族学人类学高等研究院作了《中国影视人类学的发展与影像民族志方法》学术讲座。10 月庞涛在复旦大学民族研究所作了《中国影视人类学的历史、现状与影像民族志方法的新进展》讲座。2016 年 10 月庞涛为全国非遗中心负责人作培训讲座，讲座内容为"影视人类学视野下的非遗实践"。庞涛应邀参加 2016 年 4 月北京国际电影节纪录片单元，发表演讲《影像志作为跨文化理解的桥梁——从赞比西河到喜马拉雅》。此外，2016 年 5 月 14 日中国影视人类学学会联合、文化部民族民间文艺发展中心、北京电影学院举办了“文化影像志的研究与传播”学术研讨会，播放了影视人类学研究室制作的多部人类学影片。

（三）2016 年本学科发展评价，包括取得的成绩、存在的问题、努力方向以及其他需要说明的情况

中国社会科学院民族学与人类学研究所影视人类学研究室几十年来一直不间断地在影视人类学实践和理论上进行探索，并取得了富有影响力的成果。从 1957 年开始的大规模中国少数民族社会历史科学纪录片的拍摄、中国第一个影视人类学研究室的成立、中国第一本《影视人类学概论》的出版，到《隆务河畔的鼓声》《仲巴仁》《祖先留下的规矩》等多部国际国内获奖影片的制作，都是该研究室在主持和推进。另外该研究室还管理全国民族学学会的影视人类学分会，引领着影视人类学的探索、交流和发展。2015 年研究室主要号召并组织评选了首届中国影视人类学学会“学会奖”，明确了“学会奖”的定位：为了促进影视人类学学科发展和社会影响，为中国影视人类学成果提供一个良好的学术交流和展示平台。同时，影视人类学研究室在学术积累、影片成果和理论发展等方面，在国内首屈一指，并具有一定国际影响力。近年来，影视人类学研究室在新影像民族志的探索和实践以及在建构“新人类学影像志”学科体系进程中所取得的成绩也是有目共睹的。今后，影视人类学学科发展要遵循哲学社会科学学科发展规律，完善学科建设机制，优化学科结构，形成具有影视人类学学科特点，适应社会发展需要的优势学科，努力建设中国最高水平的影视人类学研究机构，紧跟国际学科发展前沿，致力于以影视人类学方法和手段服务于我国社会经济文化的发展需要；继续推进“新人类学影像志”学科体系建设，反思和跨越传统影像民族志方法；继续推进系列化、区域化的影像民族志制作模式，扩大影视人类学作品规模化影响。同时，研究室还计划整理中国少数民族社会文化变迁系列影像志，出版发行一系列记录我国不同发展时期的影像民族志精品。

目前，国内外影视人类学影像作品，包括容纳多媒体、新媒体形式的数字民族志方兴未艾。以文字作品形式作为学科成果评价已然不合时宜。因此，学科评价体系也需要不断创新。

（雷亮中，副研究员；邓卫荣，副研究员，中国社会科学院民族学与人类学研究所影视人类学研究室）

2015—2016年民族语言实验研究综述

哈斯其木格

一　学科发展概述

作为一种量化的研究方法，实验被广泛使用在理论语音学和应用语音学研究中。2015—2016年，使用实验方法进行研究的民族语言语音学论著共发表了100多篇，其中学位论文占1/3，其余的基本都刊发在各类学术杂志上，也有少数几篇在全国性的语音学会议上发布。在这些论著中，多数以蒙古语、藏语、维吾尔语为研究对象（占2/3），少数涉及朝鲜语、哈萨克语、达斡尔语、东乡语、土族语、满语、鄂温克语、毛南语、仫佬语、彝语、普米语、拉祜语、白语、壮语、侗语、苗语、瑶语、嘉戎语等其他民族语言。多数（60%左右）为描写语音学基础研究，还有一部分是语音学应用研究。总体来看，过去两年内的民族语言实验语音学研究成果较多，涉及的研究议题广，使用的方法多种，充分体现了实验语音学的跨学科性质，与往年相比，有一些进展。

（一）实验语音学理论研究

过去两年内发表的多数实验语音学论著利用实验数据描写或解释语音现象，其中部分博士学位论文从整体着眼，用声学分析方法，研究某个语言的语音系统，包括音段以及超音段部分。其他绝大多数论著的研究范围较有限，一般聚焦在音段或超音段的某个议题上，可分为音段研究和超音段研究。

1. 语音系统研究

语音的系统性研究不仅包括元音、辅音、重音和声调，还包括音节结构、音段组合特征等方面，具有整体性和系统性，内容庞杂，篇幅较长，不适合发表在期刊上，而适合于当作学位论文研究议题。在这两年间，哈斯其木格、韩国君、铁梅等的博士学位论文分别分析了达斡尔语、土族语和蒙古语科尔沁土语的语音系统；其木格的博士学位论文研究蒙古语蒙古贞次土语语音、语法和词汇整体特征，其中用实验方法描写了元音和辅音部分。《达斡尔语音系研究》[①]和《土族语音系研究》[②]两篇博士学位论文的结构较为相似，首先利用共振峰、时长、谱重心等声学参数以及语图细致分析达斡尔语布特哈方言和土族语互助方言孤立单词里的元音和辅音，量化其特点，在此基础上从生成音系学理论出发，用形式化表达方式描写音变，最后利用音高、音长、音强等数据分析这些语言的词重音，从音节结构和音段组合角度入手分析了这两个语言的元音和谐特征。

---

① 哈斯其木格：《达斡尔语音系研究》，博士学位论文，中央民族大学，2016年。

② 韩国君：《土族语音系研究》，博士学位论文，中央民族大学，2016年。

2. 音段研究

音段层面的研究包含语音研究和音位研究，语音为实际言语中所出现的具体发音，而音位是语言系统中音的相对位置，二者都是语音学研究的主要议题。用实验方法研究音段，主要以语音为研究对象。在国外或在汉语研究中，已开创了实验音系学分支，这个分支基于实验数据来研究音位系统。在这两年的国内民族语言研究论著中，也出现此类著作，但是数量少，还处在探索阶段。以具体语音为主要研究目标的音段实验研究可细分为元音研究和辅音研究。

（1）元音研究。元音声学特征较容易采集，技术门槛低，数据规律性强，因此人们一般都从元音声学分析入手开展语音实验。大部分元音声学分析以揭示元音舌位及音长特点为目标，用元音共振峰、音长等声学参数描写元音音质。在这两年的民族语言实验语音学研究中，利用声学参数描写元音的文章相对多，其中多数以某个语言的元音系统为研究对象，也有少数文章深入分析了个别元音，比如《满语元音 a 音值研究》《基于语音声学参数数据库的东乡语元音 i 音位分析》等。除此之外，多结仁欠、陈小莹等对藏语元音做了声学分析。古力努尔·艾尔肯等根据维吾尔语双音节或三音节词元音共振峰、音高、音长和音强等参数，考察了维吾尔语元音和谐词内部的元音分布模式。德格吉呼对比分析了保安语、东乡语、土族语、裕固语和蒙古语元音的声学空间特征。呼和使用鄂温克语单词第一音节元音的共振峰参数分析其系统特征，提出“鄂温克语有 7 个元音音位，/e/有［e］、［ɪ］、［ɛ］三个变体，/ɘ/有［ɘ］、［ʊ］两个变体，词首音节短元音在舌位高低可分高、半高、半低和次低四个层级；舌位前后分前、央、后三个层级”。[①] 在以往的鄂温克语研究中，一般以［ə］、［o］记录该文所指的［ɘ］、［ʊ］，并认为鄂温克语短元音 o 是独立音位。哈斯其木格根据蒙古语词内不同位置元音的音长参数，分析蒙古语长短元音音长分配机制，提出蒙古语长短元音音长具有绝对差异，前人研究中所指的“出现比长元音还长的短元音或比短元音还短的长元音”只是一种相对现象。在元音音长所受的环境影响方面，作者认为“在音质、词内音节个数、音节位置、音节类型、元音构成、前后辅音等多个因素中，音节个数、音节位置、前后辅音对蒙古语元音音长具有显著影响。长元音音长相对稳定，短元音容易受环境影响，词首音节短元音音长波动范围大，非词首音节短元音音长变化小；词首音节元音明显长于非词首音节元音”。[②] 除此之外，还有部分硕士学位论文涉及蒙古语、东乡语等语言的元音分析。比如，《基于 PAS 的蒙古语标准音元音研究》[③] 利用气流仪分析蒙古语标准音元音发音过程中的气流量；呼司乐土和吴金霞分别对东乡语和蒙古语蒙古贞土语元音系统做了声学分析。

国内有 100 多种民族语言，每个语言下属多个方言和土语，其中还有很多独具特色的方言或土语没有得到充分的调查和研究，有的甚至无人问津。藏语安多方言舟曲土语是处于两大方言中间地带的特殊土语，分布于安多地区东南边缘，语音特征不同于安多方言其他土语，最大程度上受到康方言的影响。《甘南舟曲藏语方言元音声学特征研究》在田野调查基础上对该土语的元音进行了声学参数分析，提出舟曲土语元音具有央化趋势，相比夏河话，前元音不很前，后元音不很后。[④]

（2）辅音研究。相比元音研究，辅音的实验研究相对难，需要多种仪器设备，仅靠语图分析以及声学参数不足以揭示辅音特征。民族语言辅音实验研究相对滞后，但成果在逐年增多，

---

① 呼和：《鄂温克语词首音节短元音声学分析》，《中央民族大学学报（哲学社会科学版）》2016 年第 5 期。

② 哈斯其木格：《蒙古语词内元音音长分布模式》，《民族语文》2015 年第 4 期。

③ 塔格塔：《基于 PAS 的蒙古语标准音元音研究》，硕士学位论文，内蒙古大学，2016 年。

④ 谢宏东、李永宏：《甘南舟曲藏语方言元音声学特征研究》，《新教育时代》2015 年 10 月第 3 辑。

方法也在多样化，在这两年里，已有多人以辅音为题撰写论文。龙国贻、龙国莲通过分析语图，描写藻敏瑶语 j－声母的四个变体，发现该声母有龈腭塞擦内爆音和龈腭闪音变体，目前没有专门的国际音标符号记录龈腭闪音，龈腭塞擦内爆音 ɗʑ 也是一种较为罕见的辅音。虽然藻敏瑶语里出现这些罕见的辅音，但 j－声母的四个变体均为自由变体，同一发音人对同一个词多次发音时，这些变体随机出现。① 王双成在研究藏语鼻冠音声母的特点及其来源中，也用三维语图展示了藏语鼻冠音的发音特点。② 赵姣的硕士学位论文《毛南语声母的声学研究》用较全面的辅音声学参数定量分析毛南语声母，并探索了毛南语中的一些特殊语音现象，包括前喉塞鼻音声母与普通鼻音声母的对立、影响送气塞音时长的因素、后塞鼻音声母的声学特征及毛南语中可能存在的音变圈，试从发音机制、语言演化的内因及语言接触影响的外因等方面解释这些语音现象。③ 除此之外，还有陈小莹、艾金勇、索南楞智、王文全等利用 VOT、过渡音征等声学参数分析藏语拉萨话和天祝话辅音特征，从格局或对立角度分析其系统。在辅音方面，王彬分析了贵州松桃苗语的擦音格局，呼和分析了蒙古语标准话塞音和塞擦音，阿丽斯分析了蒙古语辅音的组合特点，韩明明等分析了蒙古语青海土语乌图美仁话的边音。辅音实验研究中分析语图形状是决定辅音音质的关键步骤，除此之外大多数人利用 VOT、GAP、时长、共振峰、音轨等参数来研究辅音。在这两年里陆续出现利用其他声学参数的文章。呼和利用 COG（辅音谱重心频率）、STD（相对于谱重心的谱偏移量）和 SKEW（偏离度，低于谱重心的谱与高于谱重心的谱之比）等参数分析蒙古语标准话词首辅音，提出这些参数比辅音共振峰参数相对稳定，能够有效区别蒙古语标准话辅音的清、浊和不同发音部位的清擦音，具有语言学意义。辅音共振峰（CF）与蒙古语辅音发音部位之间的相关性较差，不适合用于辅音发音部位的描写。④ 桑塔等采集声带开始抖动到声带接触的时间（VAT，Vocal Attack Time），分析嗓音起始端的特征。VAT 是根据语音信号（用话筒采集）和嗓音信号（EGG 信号，用喉头仪采集）等两路信号的时间差计算而得，目前主要应用于嗓音医学领域，在语言学领域研究的还比较少。作者通过对安多藏语塞音 VAT 的研究，认为采集和分析 VAT 是研究塞音的另一个视角，VAT 的研究中可以得到语言学启发。⑤

包桂兰利用声学参数和生理参数（电子动态腭位参数）研究蒙古语辅音的发音时长，提出“蒙古语辅音发音时长的大小与它本身的发音方法密切相关。清擦音的成阻段时长往往大于塞音、塞擦音和浊辅音；送气音的除阻段时长大于不送气音；塞擦音的除阻段时长大于塞音。蒙古语辅音发音时长的大小还与自身所处词中位置和它周围音段的发音部位有一定的关系。辅音时长虽各有千秋，但也有相同之处。如，与成阻段和除阻段相比，辅音持阻段时长较大；与词中辅音相比，词首和词末辅音的发音自由度较大。因此，词首和词末辅音的发音总时长往往大于词中辅音。不同类型的辅音，其生理时长与声学时长对应关系有所不同，而且由于位置效应和协同发音影响，也会出现一些变化”。⑥ 利用动态腭位仪研究辅音的文章还有乌日汉的硕士学位论文《基于 EPG 的蒙古语辅音协同发音模式研究》，已从孤立单词的实验分析进一步扩展到朗读句子的分析。⑦

---

① 龙国贻、龙国莲：《藻敏瑶语的 j－声母》，《民族语文》2016 年第 5 期。
② 王双成：《藏语鼻冠音声母的特点及其来源》，《语言研究》2016 年第 3 期。
③ 赵姣：《毛南语声母的声学研究》，硕士学位论文，中央民族大学，2016 年。
④ 呼和：《蒙古语标准话词首辅音谱特征分析》，《满语研究》2015 年第 2 期。
⑤ 桑塔、姚云、兰正群：《安多藏语塞音的 VAT 研究》，《中国语音学报》2015 年第 1 期。
⑥ 包桂兰：《蒙古语辅音发音时长问题》，《中央民族大学学报（哲学社会科学版）》2015 年第 5 期。
⑦ 乌日汉：《基于 EPG 的蒙古语辅音协同发音模式研究》，硕士学位论文，内蒙古大学，2016 年。

3. 超音段研究

重音、节奏、韵律、语调等超音段特征是口语表达的必备要素。这里所指的超音段是相对于元音、辅音等音段而言的，音段一般用音色来表达，而音高、音强一般作用于超音段单位上，在有些语言中音长是音段特征，而在大部分语言中音长是超音段特征之一。不管朗读话语还是自然对话，孤立发音还是连续语流，音高、音强和音长是话语乐律的主要参数。汉语等语言的声调具有区别词义的音位功能，但一般认为是超音段特征，而不是音段特征。在传统语音学里，依靠人耳的听辨能力，较难做到细致的分析音高、音强、音长等信息，因此超音段研究是一个弱项。有了实验方法之后，不仅能够采集到音高、音强和音长的精确数据，也有了多种仪器设备和软件分析发声态。除此之外，连续语流语调的研究也有了很大的进步，不仅仅停留在句调整体模式的大致判断上，而是引进韵律概念，分层分析韵律特征，能够揭示附着在音段上的超音段特征与整句的语调特征之间的互相制约模式，也能探索言语韵律与语言句法之间的互动关系。最近十多年间，随着英语、汉语等语言韵律研究的蓬勃发展，我国民族语言的超音段特征研究也有了一定的进展。

（1）声调和发声态研究。侗语以调类多、发声态复杂著称。朱晓农等基于声学分析，描写贵州榕江县车江乡口寨村方言的十五调系统。根据作者的发现，普适声调库原来有 45 种调型，现增加三种中短调，达 48 种。该文重点放在从单数调的送气声母和清响音、清擦音声母字中分化出来的“气调”，最后总结口寨侗语声调的格局及其类型学位置。口寨 15 个声调分布在三个声域中：上域一长一短 2 个张声调，常域五长两中一短 8 个常态调，下域三长一中一短 5 个气声调。① 侗台语的 ʔb、ʔd 声母通常分布在阴调，但在毛南语中大多数变读为阳调。韦名应通过对十位毛南语发音人声样的考察，发现这种特殊音变的原因在于声母辅音的发声和声门气压发生了变化。早期 ʔb、ʔd 声母在语音学上是典型的内爆音，在演化的进程中产生了带僵化/嘎裂复合发声的变体，导致音节起音降低，声调目标实现得较低较缓，调形也随之改变，进而产生派生调。派生调产生的过程与八调以来阳调类相对于阴调类偏离的音理近似，导致调值调形接近并合流。② 还有部分研究试从共时声调分布模式入手，通过实验手段，揭示声调产生原因或变调机制。例如，达哇彭措、桑塔分析藏语天祝话单词调，试图揭示藏语声调产生的原因。他们认为：“天祝话单音节的音调与声母和韵尾直接关联。①声母的清浊将音调分为高降和低升降两个调。②韵尾和音调的关系遵循‘舒低促高’的原则。对于清音声母而言，虽然高舒和高促都是降调，但高促调起首基频以及整个音调的绝对基频相对高，并且下降幅度也较大。清声母高促的时长只有其他调类的一半。浊音声母音节可以根据韵尾的舒促分为低升降和低升平，促尾的基频落点要比舒尾要高。③天祝话双音节的变调和单字调没有必然的关系。天祝话的双音节是后重型的，以基频凸显来表达。”③ 达哇彭措进一步思考有关藏语声调起源问题，认为单纯的语音机制只是声调产生的一个因素，还要考虑语言系统内的相互制约和影响因素。冼文婷等分析了仫佬语的双音节声调，提出：“该语言双音节存在变调，但只发生在前一音节。10 种连读变调的模式中可归纳 3 条变调规则：双音节前一音节声调发生变调，后一音节不发生变调；2 调作为其他 9 个调类的前一音节，由曲折调变为平调，但在 6 调前不发生变调；两个降

---

① 朱晓农、韦名应、王俊芳：《十五调和气调：侗语榕江县口寨方言案例》，《民族语文》2016 年第 5 期。

② 韦名应：《毛南语 b、d 声母与声调》，《民族语文》2015 年第 6 期。

③ 达哇彭措、桑塔：《藏语声调产生的原因探析——以安多天祝话单音节和双音节音调实验为个案》，《西藏大学学报（社会科学版）》2015 年第 1 期。

调组合为双音节声时，前一音节的降调变为平调。”①

正如这些研究所论述的，发声态研究主要结合声调研究一起进行，专文分析发声态的较少。在这两年期间，以民族语言发声态为主要研究对象的文章有2篇。陈小莹等分析藏语拉萨话单音节词嗓音。杨晓霞、高天俊从发声态角度考察白语紧音，用语图展示白语紧音发音特点，并分析其演变原理，认为白语的一个紧调类在不同方言中有降调和升调两种不同表现形式，降调伴随嘎裂声，升调伴随喉塞尾，此类特征是在浊声母清化的过程中产生的。② 除此之外，还有几篇硕士学位论文以藏语、白语或苗语方言土语的声调系统为研究对象，利用实验方法，做了系统的分析。

（2）韵律研究。在英语、汉语等语言研究中，韵律专题早已成为热点问题，也是言语工程中贡献最为突出的语言学分支。但国内民族语言韵律的研究刚刚起步，只做了一些初步的分析和探讨。吐尔逊·卡得、吾守尔·斯拉木使用已在网上公布的一段维吾尔语演讲声样当作语料，分析维吾尔语话题的韵律表现和结构，提出：维吾尔语的话题有不同的语音及感知表现，有的音高提高，且可感知，有的则音高不变，也不可感知；话题是否具有音高表现与其语义和指称类型有关，名词性话题、数量性话题和时地性话题有高音调表现，代词性话题若不发生焦点化则不以高音调表现，但是与话语话题不同，单独句中的代词性话题也有音高上升的语音表现；不管在单独句还是话语内，话题和焦点一般都各自形成不同的韵律短语。③

根据汉语和英语等语言的研究，语言的普遍韵律结构层次与句法结构之间存在密切却又不总是同形的关系。韵律单元边界前后的时长效应表现为边界前延长、边界后延长以及多音节缩短等。普通话边界前时长特征的研究已经由音节进入了音段的层面，因语料和话语节奏等的差异，音段延长的结论也有所不同。而少数民族语言边界前时长特征的研究还在音节层面。范晓婷以对语音合成提供更多音段层面的韵律信息为目标，探讨维吾尔语边界前音段延长，以及它与韵律层级和无声段的关系。由于语言的节奏存在差异，边界前音段时长和无声段时长的相互作用取决于语言的节奏，而这种偏向使用无声段时长标记边界的机制应该与说话者的心理和节奏约束有关，范晓婷认为语流中的音节具有伸缩性，而无声段没有此特性。作者使用平均值和单因素方差分析，研究连续语流中维吾尔语边界前音段延长情况，认为边界前音段延长受韵律层级的影响，而影响显著与否因韵律层级本身的不同、音段类型和音段在末音节中所处的位置不同而有所差异。无声段长度与音段时长（延长）不存在互补关系，影响关系也不显著，是两种相对独立的边界相关物。④ 除此之外，乌吉斯古冷、敖敏对蒙古语标准音四类基本句式语调做了比较研究，魏炜、沙宁·伊不拉音对现代哈萨克语命令语气单句语调做了对比实验研究，来兄、乌尼尔、阿云嘎分别以朗读语料或自然口语中的韵律词为研究对象，完成了硕士学位论文。

（二）实验语音学应用研究

民族语言实验语音学应用研究主要开展在语音合成、语音识别、医学应用、语言习得、语音感知、自动化等领域内。语音合成和语音识别是言语工程的主要议题，也是讨论已久的老话题。民族语言的合成和识别工程虽然远不及英语、汉语等语言现已达到的水平，但也有了不小

---

① 冼文婷、吴宇晴、唐七元：《仫佬语声调的声学分析》，《河池学院学报》2015年第4期。

② 杨晓霞、高天俊：《从发声态看白语的紧音》，《民族语文》2016年第6期。

③ 吐尔逊·卡得、吾守尔·斯拉木：《维吾尔语话题的韵律表现》，《新疆大学学报（哲学·人文社会科学版）》2015年第5期。

④ 范晓婷：《维吾尔语边界前音段延长的声学语音学研究》，《伊犁师范学院学报（社会科学版）》2015年第1期。

的成绩。与之相比，医学领域内的语音实验以及语言习得、自动化、语音感知等应用研究却刚刚有了尝试性探索。

1. 言语工程和语音研究

2015—2016 年，民族语言实验语音学应用研究论著有 30 多篇，其中 2/3 左右的文章是围绕语音合成和识别展开的。

（1）语音合成。在语音合成研究中，藏语和维吾尔语的语音合成论著较多，例如才让卓玛的博士学位论文《基于混合基元的藏语语音合成技术研究》，徐世鹏等的《面向藏语语音合成的语音基元自动标注方法》，周雁、赵栋材的《基于 HMM 模型的藏语语音合成研究》以及姑丽加玛丽·麦麦提艾力等的《结合分层条件随机场与标点符号的维吾尔语韵律边界预测》，杜楠楠、赵晖的《维吾尔语情感语音韵律转换研究》，宋洋等的《维吾尔语韵律调节研究》，秦添和赵晖的《维吾尔语可视语音合成的唇部动画系统》等。显然，韵律不仅仅是理论语言学的议题，应用语言学界对韵律问题的关注度也很高。现阶段，维吾尔语音合成技术的重点是语音的自然度和韵律，与汉语相比，维吾尔语韵律调节的关键在于结合维吾尔语自身的特点恰当加入重音、停顿等独特语言现象。宋洋等的研究从三个方面着手，对维吾尔语的韵律进行调节，首先应用 ANN（人工神经网络）对维吾尔语句中的停顿作预判，ANN 构建的依据是维吾尔文的词性和句法；接下来应用维吾尔语的重音规则，将 Fujisaki 模型应用在单词的层面上，得以准确地调节重音音节的位置；最后对 LPC（线性预测倒谱）做改进，得到 LPCAP（LPC with Adjusting Parameters），调节基音频率曲线，形成多种情感语调。[①] 从而在一定程度上提高了合成语音的自然度。人的话语具有一定的韵律节奏，韵律结构的预测是高自然度语音合成系统的重要组成部分，直接影响合成语音的自然度和表现力。如何从输入文本中正确预测自然语音的韵律结构和边界信息是语音合成系统文本分析模块中首要解决的关键问题。最初绝大多数语音合成系统都是采取语法分析和手工规则的方法来进行韵律边界预测。随着大语料库在语音合成研究领域的蓬勃发展，很多研究者着手用隐马尔可夫模型、基于决策树的分层模型和最大熵模型等数据驱动方法来进行韵律边界预测。由于韵律结构和语言紧密相关，针对不同语言所选择的韵律单元、特征和预测算法也不同，因此前期的研究结果中都没有统一的韵律单元或特征可作为基本单元或基本特征。姑丽加玛丽·麦麦提艾力等的研究针对维吾尔语的分层韵律结构，提出了基于 CRF（条件随机场）的双层自底向上方法和标点符号韵律边界预测模型相结合的韵律边界预测方法，同时把黏着性语言独有的形态特征加入韵律边界预测模型的特征集合。[②]

（2）语音识别。从上述总结可见，民族语言语音合成研究几乎集中在蒙古语、藏语和维吾尔语等使用程度相对更广的语言上。与之不同的是，民族语言语音识别研究不仅仅集中在这 3 种语言上，还出现了有关普米语、彝语和拉祜语等其他民族语言语音识别研究。比如，《基于 HTK 的普米语孤立词的语音识别》《基于非特定发音人拉祜语孤立词语音识别研究》《彝语孤立词识别研究》分别讨论了这 3 种民族语言的语音识别问题。在蒙古语、藏语、维吾尔语方面，包希日莫的博士学位论文《面向蒙古语的语音识别声学建模研究》探讨了蒙古语语音识别工程中的声学建模问题，主要涉及模型选择、相关支持技术以及参数估计三个基本问题[③]；裴春宝、袁胜龙、王辉、刘晓凤、王振东等人专文讨论了藏语语音识别问题；其米克·巴特西等

---

① 宋洋、努尔买买提·尤鲁瓦斯、吾守尔·斯拉木：《维吾尔语韵律调节研究》，《新疆大学学报（自然科学版）》2015 年第 4 期。

② 姑丽加玛丽·麦麦提艾力等：《结合分层条件随机场与标点符号的维吾尔语韵律边界预测》，《计算机工程》2015 年第 11 期。

③ 包希日莫：《面向蒙古语的语音识别声学建模研究》，博士学位论文，内蒙古大学，2016 年。

的《基于深度神经网络的维吾尔语语音识别》和努尔麦麦提·尤鲁瓦斯等的《说话人自适应技术在维吾尔语语音识别中的应用研究》讨论了维吾尔语的语音识别。多年以来的语音识别技术主要采用隐马尔可夫模型去实现。在这种方法里，考虑三音子后，模型参数剧增，在训练数据有限的状态下，模型参数得不到很好的训练，影响语音识别率。而最近几年，在语音识别领域内盛行基于深度神经网络的语音识别方法。其米克·巴特西等以 Kaldi（一种源程序开放的语音识别工具包，用 C + + 编写，已被 Apeche Lecense v2.0 授权许可）为识别平台，以隐马尔可夫模型为基本模型，进行模型优化训练，最后成功搭建了维吾尔语深度神经网络模型，并用 4466 句维吾尔语语料进行模型训练，用 499 句维吾尔语进行模型测试，有效提高了维吾尔语的识别率。① 除了维吾尔语外，藏语的语音识别研究也已开始使用神经网络技术。首先藏语的语音数据收集是语音识别中最大的一个难题，这也导致训练数据的严重不足。其次是缺乏藏语语言学知识，语音识别不仅是一个模式识别问题，更是一个语言学问题。在藏语的语音识别中，必须克服这两个关键问题才能保证藏语识别走向实用。袁胜龙等采用基于深层神经网络的语音识别技术，对藏语非特定人的自然对话风格大词汇电话连续语音识别问题进行研究；并针对大词汇连续语音识别中存在的数据不足问题，从两种角度缓解因数据不足而造成的模型参数训练不充分的问题。②

2. 医学领域的语音研究

在语音研究中，经常利用医学仪器设备以及医学理论和方法解决语音学的问题，例如电子假腭和动态腭位仪在国内外语音研究中的广泛应用就是一个很好的例子，充分表明了语音学的跨学科特征。分析 2015—2016 年民族语言语音学论著，可以发现不仅仅是语音学在引进医学领域的理论和方法，而且医学领域也在利用语音学的理论和方法。民族语言语音学和医学之间的跨学科研究对象集中在维吾尔语和壮语腭裂患者语音康复训练上。例如，李玻丽等研究广西壮语腭裂患儿病理语音的声学特征，客观评价其语音障碍的特点，进而为壮语腭裂语音障碍患儿进行有效的语音治疗提供了有力依据。③ 腭裂患者需要接受外科手术治疗，但腭裂术后腭部裂隙关闭上仍有约 40% 的患者存在不同程度的语音障碍，需要进行语音治疗。腭咽闭合不全患者由于存在鼻漏气，口腔内难以形成足够的压力，在语音调制过程中缺乏明显的成阻和持阻阶段，故不能正确发出塞音、塞擦音及擦音等压力性辅音。腭咽闭合功能训练的主要目的是提高腭裂患者的语音清晰度，首先应改变鼻漏气的不良习惯。在传统康复治疗中，语音治疗师做出正确的发音模式，让患者模仿，对着镜子反复比较练习，并牢记。进行腭咽闭合功能训练可采纳吹气球、吹水泡、吹蜡烛等练习。除此之外，通过比较正常人所发的语图和患者的语图，分析患者发音中所存在的具体问题，也能够很大程度上帮助患者，提高其语音准确率。在语音病理学研究领域，许多发达国家早已根据本民族语言特征，研制相对应的字表，用于腭裂疾病等语音障碍患者的临床诊断与治疗。而国内民族语言研究和医学领域尚未涉及此类议题。阿地力·莫明、居来提·吐尔逊④、穆巴热克孜·穆合塔尔⑤等医学专家和学生在已创建的现代维吾

① 其米克·巴特西、黄浩、王羡慧：《基于深度神经网络的维吾尔语语音识别》，《计算机工程与设计》2015 年第 8 期。

② 袁胜龙、郭武、戴礼荣：《基于深层神经网络的藏语识别》，《模式识别与人工智能》2015 年第 3 期。

③ 李玻丽、秦世玉、王晓萌等：《广西壮语腭裂儿童腭咽闭合情况及语音清晰度分析》，《中国临床新医学》2015 年第 5 期。

④ 居来提·吐尔逊、阿迪力江·赛买提、阿地力·莫明：《维吾尔语腭裂术后语音清晰度词表的初步构建》，《口腔医学研究》2016 年第 9 期。

⑤ 穆巴热克孜·穆合塔尔、居来提·吐尔逊、阿地力·莫明：《维吾尔语腭咽闭合功能障碍患者辅音 q 特点及其矫正方法的初探》，《新疆医科大学学报》2015 年第 4 期。

尔语语音清晰度词表的基础上，首次创建了维吾尔语腭裂语音清晰度词表，并做了专题研究。他们根据审听者的判断，算出每位研究对象的清晰度后，发现正常组的清晰度平均值为 96，腭裂术后组的平均值只有 57。作者比较维吾尔语腭裂术后腭咽闭合不全患者语音清晰度，发现塞音的准确率最低，半元音的清晰度最高。在此基础上他们利用对比语图的方法，专文讨论了腭裂患者对维吾尔语辅音［q］和［r］的发音中所存在的问题。努尔署瓦克·托列别克、努尔比亚·开尔曼也专文讨论了维吾尔语听力障碍儿童辅音音位习得特征。

3. 语音学其他应用研究

语音关键词检测技术是根据用户给定的查询要求，从指定的语音数据集中返回与其对应的语音片段。开展民族语言语音关键词检测技术的研究不仅具有重要的实用价值，并对繁荣和发展民族文化、维护国家安全及边疆少数民族地区的稳定均有重要意义。语音关键词检测系统可以分为两个阶段进行处理。第一阶段为识别阶段，通过大词汇量连续语音识别系统将语音识别成文本；第二阶段为检测阶段，从识别的文本中查询对应关键词，并返回结果。飞龙等为了提高蒙古语语音关键词检测任务中的集内词检测性能，结合蒙古文构词特点提出了基于词干进行检测的蒙古语语音关键词检测方法。首先，采用基于分割识别的蒙古语语音识别系统将语音解码成网格文本，并对网格文本进行了混淆网络的转换；其次，采用关键词的词干部分对混淆网络文本进行关键词的检测。实验结果表明，基于词干进行检测的蒙古语语音关键词检测方法明显优于基于词混淆网络的蒙古语关键词检测方法，并有效提高了系统的召回率和精确率。① 艾金勇等在对藏文文本规范化、藏文音节结构确定和藏文 SAMPA 的设计与实现的基础上，设计与实现了藏语自动标音系统。② 苏日那的硕士学位论文《蒙古族儿童母语语音习得实验研究》用声学分析方法对蒙古族 30 个月大的儿童的语言进行研究，建立儿童语言语音语料库，对元音和辅音的音质、音长做分析，在此基础上归纳儿童语言策略里所出现的增加、省略、替换以及音节结构等特征。③

（三）实验语音学基础建设工作

现代语言学中盛行一种观点，“语料为王”，特别在计算语言学和实验语音学研究中，建设基础语料库或参数库是虽然很庞杂但非常有必要的一项工作。通过将近三十年的发展，国内从事民族语言实验研究的各机构已经建立了规模较为可观的语音基础数据库，并已将大量数据库或参数库投入应用开发或基础研究当中。一直以来，推介基础语音参数库或语料库是语音学界的关注点之一。在 2015—2016 年，娜孜古丽·吐斯甫那比从基础理论研究角度介绍了《哈萨克语语音声学参数数据库》，徐宝龙等从应用开发角度介绍了维吾尔语口语语料的三音子选取方法。

娜孜古丽·吐斯甫那比首先分三个阶段介绍了哈萨克语语音声学参数采集和建库十几年的历程。其次介绍《哈萨克语语音声学参数数据库》语料内容、规模、编写原则和方法、语料录制方法、语料标注、参数采集原则和方法以及标注文本、参数意义等，并对哈萨克语词中诸音段共振峰的分布模式做了分析。最后对《哈萨克语语音声学参数数据库》的意义和学术价值做了评价，提出该数据库的建设将成为国家信息资源的重要组成部分，弥补国家少数民族语言和

① 飞龙、高光来、王宏伟：《基于词干的蒙古语语音关键词检测方法的研究》，《中文信息学报》2016 年第 1 期。

② 艾金勇、陈小莹、刘泽国：《藏语自动标音系统的设计与实现》，《智能计算机与应用》2015 年第 6 期。

③ 苏日那：《蒙古族儿童母语语音习得实验研究》，硕士学位论文，内蒙古大学，2016 年。

语音信息资源的空白，实现使用现代科学技术手段保护我国少数民族语言的目的。同时，能够确保数据资源的共享性和科学研究的延续性，从而推动我国少数民族语音学学科从“经验性学科”转变为“实验性学科”的进程，以此促进我国语言生活的健康和谐发展。①

徐宝龙等结合维吾尔语口语的自身特点，提出了一种连续语音口语语料的自动选取方法，这种方法既考虑了常用词的分布排序，也考虑了上下文相关的三音子音素形式的影响。挑选出的语料既满足了语音单元覆盖和词频调整方面的需求，又缓解了数据稀疏问题。他们在多种维吾尔文口语化传播平台中采集了大量口语句子语料，并考虑协同发音的影响和常用词的适用性，根据评估函数对语料进行筛选。经过筛选后的语料包含的三音子更加均衡和高效，囊括的语音现象更加全面，为训练准确而牢靠的语音模型打下了稳固的根基。②

二　学术热点和前沿问题

（一）语音学与音系学的结合

历来，实验语音学分为两支，一支是语言学的语音学，以语音学理论探索为己任，使用实验仪器和方法，研究具体的语音现象，试图解释更多的语言学问题；另一支则以研究开发语音相关产品为目标，是言语工程中的语音学，虽然同样使用实验方法，但因为具体目标的不同而研究过程、手段、结果等均不同。以语言学理论解释为目标的实验语音学和传统语音学之间关系也很密切，虽然所采用的方法有所不同，但其目标相同，因此从事语音学研究的人员经常在采用传统的听辨、记音、模仿等方法的同时也会使用实验分析的方法。现在传统语音学和实验语音学之间的界限已较为模糊，分为实验和传统，统一称为语言学的语音学较合理。作为语言学的分支，语音学离不开探索语言的系统，即音的系统。在过去的二十年间，民族语言实验语音学界里很少有人在实验数据的基础上，进一步探索音系问题，而最近几年陆续出现此类论著。比如以上所述的《达斡尔语音系研究》和《土族语音系研究》等论著以总结归纳音系为目标，但使用的方法却是实验分析。除此之外，王双成、达哇彭措和桑塔、韦名应、朱晓农分别在语音演变或语音系统的研究中不同程度上用到了实验的方法。呼和在《蒙古语元音演变的声学语音学线索》③一文中，首先绘制蒙古语元音共振峰参数动态格局图，然后根据元音音变的趋向性，探索蒙古语元音演变的轨迹。文中提出“仅从声学语音学的视角看，蒙古语标准话元音的演变主要与其自身的发音机制（内因）、语境（外因）和特征以及规则的绝对性和相对性有关。圆唇元音的变体分布在舌位前后维度上，而展唇元音的变体主要分布在舌位高低维度上。圆、展唇元音的声学格局，确定了它们的演变方向和方式。“阴阳对立”是蒙古语元音的一种属性（属性层面），而“元音和谐律”是这种属性在具体语言中的表现形式（规则层面）。属性层面的关系是绝对的，而规则层面的关系是相对的。

（二）实验语音学应用研究的新拓展

随着技术手段的不断突破，人工合成的语音近乎达到真实语音的水平，但是合成的语音里缺少情感。情感是言语重要成分，将情感融入语音合成是语音合成技术发展的重要方向之一。

---

① 娜孜古丽·吐斯甫那比：《哈萨克语语音声学参数数据库研制方法》，《民族翻译》2015 年第 2 期。

② 徐宝龙、努尔麦麦提·尤鲁瓦斯、吾守尔·斯拉木：《关于维吾尔语口语语料的三音子选取方法研究》，《中文信息学报》2015 年第 2 期。

③ 呼和：《蒙古语元音演变的声学语音学线索》，《中央民族大学学报（哲学社会科学版）》2015 年第 4 期。

目前，基于大语料库的语音合成方法并不能有效地应用于情感语音合成中，相比之下，语音转换使用一个小型语料库可实现中性语音到情感语音的转换。杜楠楠、赵晖面向维吾尔语情感语音转换，结合维吾尔语的韵律特点和语言特点，提出利用离散余弦变换分别参数化音节和韵律短语基频，采用高斯混合模型对音节和韵律短语的3种情感（高兴、生气、悲伤）基频分别训练建模，实现情感语音基频转换。采用高斯混合模型训练中性情感基频联合特征，同时合成中性语速情感语音和情感语速情感语音，主观评测结果显示情感语速更有助于表达情感效果。主客观实验结果显示转换方法可有效进行维吾尔语情感韵律转换，三种情感条件下，音节和韵律短语的结果均达到75%以上，韵律短语的转换效果要稍优于音节。[①] 还有，国内民族语言可视语音合成中三维人脸动画合成尚属空白。不同民族的文化习惯、生理体质和言语风格均不同，各自具有独具特色的人脸表情。因此，在民族地区影视娱乐、远程教育、电子商务、安全监测等领域内合成人脸动画时必须充分考虑是否符合本民族人审美观，"那一张脸"能否被本民族人接受等问题。如何让一个虚拟的人物脸部表情以及嘴部动画跟真人保持一致，是计算机三维人脸动画研究的重点，也是难点。合成出来的人物嘴部动作必须符合所发的语音唇形，才能达到更像真人的效果。秦添、赵晖对维吾尔语单音节进行视频录制，在MPEG4人脸动画框架基础上，在录制的短视频片段上分离图像帧并标注特征点，利用特征点的计算来驱动人脸动画合成系统，提出一种维吾尔语可视语音合成的唇部动画系统。实验结果表明，该方法能得到丰富的模型细节，还原真实人物的运动，使模型的运动与真人几乎保持一致。但在特征点的提取上，如何用计算机替代手动标点获取运动特征，将是下一步需要研究的问题。[②]

应用领域的另一个拓展是在民族语言语音识别研究中开始引进深度神经网络技术。神经网络可以指向两种，一个是生物神经网络，另一个是人工神经网络。生物神经网络一般指由生物的大脑神经元、细胞、触点等组成的网络，用于产生生物的意识，帮助生物进行思考和行动。人工神经网络（Artificial Neural Networks，ANNs）也简称为神经网络（NNs）或称作连接模型（Connection Model），它是一种模仿动物神经网络行为特征，进行分布式并行处理信息的算法数学模型。这种网络依靠系统的复杂程度，通过调整内部大量节点之间相互连接的关系，从而达到处理信息的目的。[③] 而深度神经网络（DNN）是微软公司提出的一种新兴语音识别技术，其工作基本原理是模仿人脑思考方式。该技术处理人类语音的过程与人脑相似。在英语语音识别研究中，已经开始广泛使用深度神经网络技术。国内汉语普通话的识别也已开始使用该技术，而民族语言的语音识别研究则刚刚开始利用神经网络理论和方法。例如袁胜龙等的《基于深层神经网络的藏语识别》和其米克·巴特西等的《基于深度神经网络的维吾尔语语音识别》等文章在这一领域做了试验性的探索。

除此之外，在语音学界里使用动态腭位仪已不再是新话题，但在医学腭裂患者的语音恢复训练中利用语图分析方法却是最近几年才出现的有效尝试之一。腭裂术后语音障碍患者，大部分情况下因发音时呼出气流自鼻腔通道溢出而无法维持口腔内足够的气流压力，以致产生辅音的发音错误和代替音等语音异常。阿地力·莫明教授的研究团队在对维吾尔语腭裂术后腭咽闭合不全患者语音清晰度研究中，以腭裂术后患者出现发音障碍的17个塞音、塞擦音、擦音为主要研究对象，创建现代维吾尔语腭裂语音清晰度词表，对比正常人的发音语图和患者的语图，为进一步矫正患者的错误发音有了更好的了解。

---

① 杜楠楠、赵晖：《维吾尔语情感语音韵律转换研究》，《计算机工程与应用》2016年第19期。

② 秦添、赵晖：《维吾尔语可视语音合成的唇部动画系统》，《计算机工程》2016年第12期。

③ 百度百科，https：//baike. baidu. com/item/神经网络/174248？fr = aladdin，查询时间：2017年9月22日。

三 相关学术活动

（一）第十三届全国人机语音通信学术会议（NCMMSC2015）

人机语音通信技术的研究一直是国内外关注的热点。全国人机语音通信学术会议（NCMMSC）由中国中文信息学会语音信息专业委员会主办，中国声学学会语言、听觉和音乐声学分会及中国语言学会语音学分会联合协办，是这一领域广大专家、学者和科研工作者交流最新研究成果、促进该领域研究和开发工作不断进步的重要舞台。该系列会议自 1990 年开创以来已成功召开了 13 届。第十三届全国人机语音通信学术会议（NCMMSC2015）由天津大学承办，于 2015 年 10 月 25 日在天津召开，会上会集国内外著名语音学研究学者和语音通信处理专家，会议还举行了产品和技术展示活动。发表在该会上的民族语言语音研究著作有《一种基于模糊匹配与音字转换的维吾尔语人名识别方法》《韵律边界对朝鲜语音段发音和声学特征的影响——基于 EPG 和 EGG 的研究》《基于脑电信号的蒙古语元音和谐感知研究》《蒙古语辅音发音时长问题》《维吾尔语双音节词中元音和谐的声学特征》《藏汉双语多模态生理语音数据库的建立》等，其中已有几篇公开发表在学术期刊上。

（二）第十二届全国语音学学术会议（PCC2016）

全国语音学学术会议由中国语言学会语音学分会、中国中文信息学会语音信息专业委员会及中国声学学会语言、听觉和音乐专业委员会三个学术团体联合主办，相比全国人机语音通信学术会议，其主题更加倾向于语言本体研究。中国语音学学术会议每两年举办一次，二十多年来，已经成功举办了 12 届中国语音学学术会议。第十二届中国语音学学术会议（PCC2016）由中国社会科学院民族学与人类学研究所承办，内蒙古民族大学协办，于 2016 年 7 月 25 在内蒙古自治区通辽市举行。此次会议以“语音学与语言多样性”为主题，由大会报告和海报两部分组成，除大会主题外，会议还组织多个特殊议题。提交的论文中有多篇民族语言语音实验研究著作，比如《新寨苗语单字调及双字调的声学实验研究》《大理白语中焦点的韵律实现方式——数字朗读和图片描述任务比较》《小金嘉戎语的缺性声调系统》《藻敏瑶语的 j - 声母》《达斡尔语词重音实验研究》《蒙古语口语中的长元音与多音词问题研究》《“蒙古语标准音音典”的初步设计》《蒙古语连续语流中的长元音音长初探》《鄂温克语词末短元音实验研究》《基于语音声学模型的蒙古语族语言亲属关系探究》《蒙古语卫拉特方言土尔扈特土语、肃北土语、青海土语短元音声学对比研究》《维吾尔语语气词缀 - chu 的功能与语调分析》《维吾尔十二木卡姆的语音和嗓音声学初探》等，其中已有多篇文章发表在国内学术期刊上。

四 学科展望

通过将近 30 年的探索，我国民族语言学界理论语音学（相对于应用语音学而讲）已从纯粹的语音实验逐步走向理论探索的更高阶段。纵览 30 年的论著，不难发现越来越多的传统语音学研究人员开始利用实验方法。实验方法具有可视化的便利性，也有量化的科学性，因此得到了语音研究者的信赖。除此之外，也有越来越多的语音实验人员开始探索基于语音实验数据的音系规律或语音演变规律。

从目前的论著比例来看，声学分析依然是利用率最高的实验方法。在将来的发展中，实验语音学不仅仅利用声学分析方法，会有更多的人引进其他的实验设备和方法，动态腭位仪、喉头仪、鼻流计、气流仪、脑波仪、高速摄像等设备会进一步应用在语音学研究中。

过去的几十年内，绝大多数研究聚焦在蒙古语、维吾尔语、藏语等使用人口较多的语言上，但最近几年内其他民族语言的实验研究论著正在逐年增多，所涉及的语言也在日益多样化。在将来的民族语言实验语音学研究中，研究语料的多样性将得到进一步的扩充，会有越来越多的人探索小少民族的语言或使用人口较少的方言，以此不断补充我国民族语言研究上的不足。

语音学是跨学科性质很强的学科，不仅仅在语音学研究中引进其他学科的理论和方法，其他学科也在利用语音学的成果。在这一点上，甚至可以认为言语工程也是其他学科利用语音学理论和方法的工程类综合性学科。医学领域内也在引用语音学分析方法。在语音学将来的发展中，语音学科和言语工程、医学、脑科学等学科之间的互相渗透会越来越多，这些学科借鉴彼此的成果，共同进步，语言学也会从中受益。

文献索引

学术刊物上刊载的论文

1. 阿迪力江·赛买提、王玲、阿地力·莫明：《维吾尔族腭咽闭合功能不全患者语音清晰度及其辅音 r 声学特征的初步研究》，《实用口腔医学杂志》2015 年第 1 期。

2. 艾金勇、陈小莹、刘泽国：《藏语自动标音系统的设计与实现》，《智能计算机与应用》2015 年第 6 期。

3. 艾金勇、陈小莹：《藏语拉萨话塞音过渡音征研究》，《甘肃科技纵横》2015 年第 11 期。

4. 包桂兰：《蒙古语辅音发音时长问题》，《中央民族大学学报（哲学社会科学版）》2015 年第 5 期。

5. 陈小莹、艾金勇、于洪志：《藏语拉萨话单音节嗓音声学参数分析》，《中文信息学报》2015 年第 3 期。

6. 陈小莹、艾金勇：《藏语拉萨话辅音声学格局分析》，《科技视界》2015 年第 31 期。

7. 陈小莹、艾金勇：《藏语拉萨话塞音、塞擦音 VOT 研究分析》，《电脑与信息技术》2015 年第 6 期。

8. 陈小莹、艾金勇：《藏语拉萨话元音共振峰声学分析》，《西藏民族大学学报（哲学社会科学版）》2016 年第 3 期。

9. 陈小莹：《藏语拉萨话元音时长与能量声学分析》，《西藏科技》2015 年第 9 期。

10. 达哇彭措、桑塔：《藏语声调产生的原因探析——以安多天祝话单音节和双音节音调实验为个案》，《西藏大学学报（社会科学版）》2015 年第 1 期。

11. 德格吉呼、巴图格日勒、格根塔娜、乐土、敖青泉：《保安语、土族语短元音声学对比分析》，《西北民族大学学报（自然科学版）》2015 年第 2 期。

12. 德格吉呼、巴图格日勒、韩明明、郭丹丹、黄秋花：《蒙古语族语言元音声学模型的比较研究》，《西北民族大学学报（自然科学版）》2016 年第 1 期。

13. 杜楠楠、赵晖：《维吾尔语情感语音韵律转换研究》，《计算机工程与应用》2016 年第 19 期。

14. 多结仁欠：《藏语元音声学实验分析》，《西藏大学学报（自然科学版）》2016 年第 2 期。

15. 多结仁欠：《现代藏语元音特征研究》，《西藏大学学报（社会科学版）》2015 年第 2 期。

16. 范晓婷：《维吾尔语边界前音段延长的声学语音学研究》，《伊犁师范学院学报（社会科学版）》2015 年第 1 期。

17. 飞龙、高光来、王宏伟：《基于词干的蒙古语语音关键词检测方法的研究》，《中文信息学报》2016 年第 1 期。

18. 姑丽加玛丽·麦麦提艾力等：《结合分层条件随机场与标点符号的维吾尔语韵律边界预测》，《计算机工程》2015 年第 11 期。

19. 古力努尔·艾尔肯、祖丽皮亚·阿曼、地里木拉提·吐尔逊：《维吾尔语三音节词中元音和谐的声学特征分析》，《中文信息学报》2015 年第 4 期。

20. 哈斯其木格：《蒙古语词内元音音长分布模式》，《民族语文》2015 年第 4 期。

21. 韩明明、巴图格日勒、格根塔娜：《青海土语乌图美仁话边音/l/的声学特征研究》，《西北民族大学学报（自然科学版）》2016 年第 4 期。

22. 呼和：《鄂温克语词首音节短元音声学分析》，《中央民族大学学报（哲学社会科学版）》2016 年第 5 期。

23. 呼和：《蒙古语标准话词首辅音谱特征分析》，《满语研究》2015 年第 2 期。

24. 呼和：《蒙古语标准话塞音塞擦音声学分析》，《民族语文》2015 年第 3 期。

25. 呼和：《蒙古语元音演变的声学语音学线索》，《中央民族大学学报（哲学社会科学版）》2015 年第 4 期。

26. 呼司乐土、巴图格日勒、格根塔娜：《基于语音声学参数数据库的东乡语元音 i 音位分析》，《西北民族大学学报（自然科学版）》2015 年第 4 期。

27. 居来提·吐尔逊、阿迪力江·赛买提、阿地力·莫明：《维吾尔语腭裂术后语音清晰度词表的初步构建》，《口腔医学研究》2016 年第 9 期。

28. 李玻丽、秦世玉、王晓萌等：《广西壮语腭裂儿童腭咽闭合情况及语音清晰度分析》，《中国临床新医学》2015 年第 5 期。

29. 李余芳、苏洁、胡文君等：《基于 HTK 的普米语孤立词的语音识别》，《云南民族大学学报（自然科学版）》2015 年第 5 期。

30. 龙国贻、龙国莲：《藻敏瑶语的 j－声母》，《民族语文》2016 年第 5 期。

31. 穆巴热克孜·穆合塔、居来提·吐尔逊、阿地力·莫明：《维吾尔语腭咽闭合功能障碍患者辅音 q 特点及其矫正方法的初探》，《新疆医科大学学报》2015 年第 4 期。

32. 娜孜古丽·吐斯甫那比：《哈萨克语语音声学参数数据库研制方法》，《民族翻译》2015 年第 2 期。

33. 努尔麦麦提·尤鲁瓦斯、张力文、吾守尔·斯拉木：《说话人自适应技术在维吾尔语语音识别中的应用研究》，《中文信息学报》2016 年第 3 期。

34. 努尔署瓦克·托列别克、努尔比亚·开尔曼：《维吾尔语听力障碍儿童辅音音位习得特征的研究》，《现代交际》2016 年第 18 期。

35. 裴春宝：《藏语数字语音识别仿真实验及测试方法分析》，《西藏大学学报（自然科学版）》2016 年第 1 期。

36. 其米克·巴特西、黄浩、王羡慧：《基于深度神经网络的维吾尔语语音识别》，《计算机工程与设计》2015 年第 8 期。

37. 秦添、赵晖：《维吾尔语可视语音合成的唇部动画系统》，《计算机工程》2016 年第 12 期。

38. 桑塔、姚云、兰正群：《安多藏语塞音的 VAT 研究》，《中国语音学报》2015 年第 1 期。

39. 宋洋、努尔买买提·尤鲁瓦斯、吾守尔·斯拉木：《维吾尔语韵律调节研究》，《新疆大学学报（自然科学版）》2015 年第 4 期。

40. 索南楞智：《对藏语辅音的对立发音方法的声学分析》，《甘肃高师学报》2015 年第 3 期。

41. 吐尔逊·卡得、吾守尔·斯拉木：《维吾尔语话题的韵律表现》，《新疆大学学报（哲学·人文社会科学版）》2015 年第 5 期。

42. 王彬：《贵州松桃苗语的擦音格局》，《铜仁学院学报》2016 年第 5 期。

43. 王辉、赵悦、刘晓凤等：《基于深度特征学习的藏语语音识别》，《东北师大学报（自然科学版）》2015 年第 4 期。

44. 王米利、余玉梅、苏洁等：《基于非特定发音人拉祜语孤立词语音识别研究》，《云南民族大学学报（自然科学版）》2015 年第 4 期。

45. 王双成：《藏语鼻冠音声母的特点及其来源》，《语言研究》2016 年第 3 期。

46. 韦名应：《毛南语 b、d 声母与声调》，《民族语文》2015 年第 6 期。

47. 魏炜、沙宁·伊不拉音：《现代哈萨克语命令语气单句语调对比实验研究》，《语言与翻译》2015 年第 1 期。

48. 乌吉斯古冷、敖敏：《蒙古语标准音四类基本句式语调比较研究》，《内蒙古民族大学学报（社会科学版）》2015 年第 1 期。

49. 冼文婷、吴宇晴、唐七元：《仫佬语声调的声学分析》，《河池学院学报》2015 年第 4 期。

50. 谢宏东、李永宏：《甘南舟曲藏语方言元音声学特征研究》，《新教育时代》2015 年 10 月第 3 辑。

51. 徐宝龙、努尔麦麦提·尤鲁瓦斯、吾守尔·斯拉木：《关于维吾尔语口语语料的三音子选取方法研究》，《中文信息学报》2015 年第 2 期。

52. 徐世鹏、杨鸿武、王海燕：《面向藏语语音合成的语音基元自动标注方法》，《计算机工程与应用》2015 年第 6 期。

53. 杨柳新、于洪志：《藏语拉萨话主要元音的声学分析》，《西北民族大学学报（自然科学版）》2015 年第 2 期。

54. 杨柳新、于洪志：《听觉条件下蒙古语元音和谐的偏侧化分析》，《西北民族大学学报（自然科学版）》2016 年第 2 期。

55. 杨晓霞、高天俊：《从发声态看白语的紧音》，《民族语文》2016 年第 6 期。

56. 尹铁超、张力：《满语元音 a 音值研究》，《满语研究》2016 年第 2 期。

57. 袁胜龙、郭武、戴礼荣：《基于深层神经网络的藏语识别》，《模式识别与人工智能》2015 年第 3 期。

58. 周雁、赵栋材：《基于 HMM 模型的藏语语音合成研究》，《计算机应用与软件》2015 年第 5 期。

59. 朱晓农、韦名应、王俊芳：《十五调和气调：侗语榕江县口寨方言案例》，《民族语文》2016 年第 5 期。

60. 卓嘎、边巴旺堆：《基于 Matlab 的藏语语音基音检测算法研究》，《现代电子技术》2015 年第 10 期。

博士学位论文：

1. 包希日莫：《面向蒙古语的语音识别声学建模研究》，博士学位论文，内蒙古大学，2016 年。
2. 才让卓玛：《基于混合基元的藏语语音合成技术研究》，博士学位论文，陕西师范大学，2016 年。
3. 哈斯其木格：《达斡尔语音系研究》，博士学位论文，中央民族大学，2016 年。
4. 韩国君：《土族语音系研究》，博士学位论文，中央民族大学，2016 年。
5. 其木格：《蒙古贞次土语研究》，博士学位论文，内蒙古大学，2015 年。
6. 铁梅：《蒙古语科尔沁土语语音声学分析》，博士学位论文，内蒙古大学，2015 年。

硕士学位论文：

1. 阿丽斯：《蒙古语辅音组合声学分析》，硕士学位论文，内蒙古大学，2015 年。
2. 阿云嘎：《蒙古语自然口语韵律短语及其音高研究》，硕士学位论文，内蒙古大学，2016 年。
3. 宝阿力塔：《蒙古语语音合成系统的设计与实现》，硕士学位论文，内蒙古大学，2016 年。
4. 何稳菊：《喜洲白语单字调实验研究》，硕士学位论文，云南大学，2015 年。
5. 呼司乐土：《基于数据库的东乡语元音声学研究》，硕士学位论文，西北民族大学，2015 年。
6. 来兄：《蒙古语韵律词的结构与声学特征的研究》，硕士学位论文，内蒙古大学，2015 年。
7. 刘晓凤：《藏语语音深度特征提取及语音识别研究》，硕士学位论文，中央民族大学，2016 年。
8. 美合日班·吐尔洪：《腭咽闭合不全患者维吾尔语辅音 gh 特点及其矫正方法的初探》，硕士学位论文，新疆医科大学，2016 年。
9. 青措：《藏语德格话的声调研究》，硕士学位论文，西北民族大学，2015 年。
10. 苏日那：《蒙古族儿童母语语音习得实验研究》，硕士学位论文，内蒙古大学，2016 年。
11. 塔格塔：《基于 PAS 的蒙古语标准音元音研究》，硕士学位论文，内蒙古大学，2016 年。
12. 王文全：《安多藏语天祝话辅音声学分析》，硕士学位论文，西北民族大学，2016 年。
13. 王振东：《基于识别的藏语音节特征提取》，硕士学位论文，青海师范大学，2015 年。
14. 乌尼尔：《蒙古语自然口语韵律词和韵律短语的音强研究》，硕士学位论文，内蒙古大学，2016 年。
15. 乌日汉：《基于 EPG 的蒙古语辅音协同发音模式研究》，硕士学位论文，内蒙古大学，2016 年。
16. 吴金霞：《蒙古贞次土语元音声学分析》，硕士学位论文，内蒙古大学，2016 年。
17. 杨棋媛：《小水井苗语声调实验研究》，硕士学位论文，云南民族大学，2016 年。
18. 赵姣：《毛南语声母的声学研究》，硕士学位论文，中央民族大学，2016 年。
19. 周娅：《彝语孤立词识别研究》，硕士学位论文，昆明理工大学，2015 年。

（哈斯其木格，副研究员，中国社会科学院民族学与人类学研究所民族语言实验研究室）

2015—2016 年民族古文字文献研究综述

木仕华

2015—2016 年中国民族古文字文献研究在以往的基础上，各文种和文献研究均有进展，尤其是藏文文献、西夏文文献、黑水城文献、蒙古文文献、突厥语族文献、印欧语系文献、纳西东巴文等文种及其文献研究依旧保持了上扬的趋势，论文、著作数量繁多。此外，佉卢文文献研究、满文文献亦伴随着“一带一路”和“新清史”的热络而成为新的热点和亮点，得到了全新关注，成果迭出。以下按语言系属分类，分别对2015—2016 年中国境内各民族古文字文献研究作简要综述。

一　汉藏语系民族古文字文献研究

（一）藏文文献研究

敦煌古藏文文献的解读和深度研究有不少新的突破。桑吉东知的《敦煌藏文文献研究综述——以藏文论文为中心（1982—2014）》[①] 以 1982 年以来 30 余年中，用藏文发表的有关敦煌藏文文献研究的论文为对象，对相关成果作了分类梳理和简要的评述。巴桑旺堆的《一份新发现的敦煌古藏文吐蕃兵律文书（下卷）初步解读》[②] 刊布了 2013 年在拉萨最新发现的一份敦煌古藏文吐蕃兵律写卷的部分内容，重点讨论了写卷的余下部分，目的在于为学界提供一件较为完整，而且极有价值的吐蕃兵律史料。这份文书也是敦煌古藏文文书中迄今为止发现的唯一的一份兵书，堪称藏文古代史料中重见天日的唯一兵书。巴桑旺堆认为，文书的完成应在吐蕃完全征服西域和河西走廊之后，结合文书书写在汉文《四分律》的背面和敦煌古藏文遗书的显著特点，文书当写成于敦煌被吐蕃占领之后，书写地点可能在敦煌一带。

刘英华的《敦煌本藏文六十甲子纳音文书研究》[③] 探讨了敦煌本藏文写卷 P. t. 127v. 1，该文献是一份六十甲子纳音表，以往藏文文献中未见提及，在现存敦煌藏文文献也仅发现过此件。论文出具了写本录文及汉译文，并据以编制了藏汉对照六十甲子纳音表与敦煌汉文六十甲子纳音文书、藏历胜生周的比较，说明写本的属性、用途和编译中存在的问题。对于以往研究中误将其当作特殊的六十甲子纪年表，并用于推定吐蕃历史年代的研究方法和结论，予以澄清更正，确定此藏文本为六十甲子纳音文献，其内容源于汉地。陈践的《若干典型古藏文语词疏

---

① 桑吉东知：《敦煌藏文文献研究综述——以藏文论文为中心（1982—2014）》，《中国藏学》2016 年第 3 期。

② 巴桑旺堆：《一份新发现的敦煌古藏文吐蕃兵律文书（下卷）初步解读》，《中国藏学》2016 年第 S1 期。

③ 刘英华：《敦煌本藏文六十甲子纳音文书研究》，《中国藏学》2015 年第 1 期。

译之一——重读〈敦煌本吐蕃历史文书〉之体会》① 系作者解读过去发表的吐蕃文献中古词语内涵的系列文章之一。这些典型词语，《藏汉大辞典》中未被收入，陈践的论文对此类语词作了全新的考释。陈践的《敦煌文古藏 khol-yul 与 vdam-bo 疏译》② 对《P. T. 1071 号狩猎伤人赔偿律》中的“khol-yul”（奴户）和“vdam-bo”（告发人）二词深层内涵作了较详细阐述；并与新发现之《吐蕃文书残卷》（下）中关于惩罚相关段落进行对比，分析二者译文不同之处。谢后芳的《马的分类及其世系血统和马祭仪式——P. T. 1060 号卷译释》③ 译释古藏文文献 P. T. 1060，主要讲述马的分类及其世系血统和马祭仪式，以及以马为中心的苯教神话故事。夏吾卡先的《一部吐蕃王陵的史册——〈桑瓦央琼〉的研究与翻译》④ 向藏学界首次译介有关吐蕃王陵的唯一一部密级史册——《桑瓦央琼》，并详细考证了它的成书年代和吐蕃著名《五坚》史籍间的历史渊源，并对该史料所包含的独特历史观点和现行版本所存在的问题等进行了分析。杨铭的《英藏敦煌西域古藏文非佛教文献的刊布与研究》⑤ 系统梳理了英国国家图书馆斯坦因藏品中的敦煌西域古藏文非佛教文献的刊布与研究情况，讨论写本的编号、数量、主要内容，以及具有代表性的成果。杨铭、杨公卫的《武内绍人与〈敦煌西域出土的古藏文契约文书〉》⑥ 介绍了日本学者武内绍人所著《敦煌西域出土的古藏文契约文书》（*Old Tibetan Contracts from Central Asia*，*Daizo Shuppan*，*Tokyo*，1995）的主要内容和学术意义。杨铭、贡保扎西的《Or. 8210/S. 2228 系列古藏文文书及相关问题研究》⑦ 考释了 Or. 8210/S. 2228 系列古藏文文书，并引入相关汉藏文书，讨论了该系列文书的出处、编成时间以及相关人物事件，认定该系列文书与吐蕃统治敦煌时期的永寿寺有关，涉及与该寺相关的林地归属、民间借贷、租佃等事件，为研究吐蕃统治下敦煌寺院与民间的关系提供了第一手资料。王东的《西域出土一份古藏文告身文献补考》⑧ 根据新疆出土的编号为 ITJ370 的西域古藏文告身文献的最新解读，探讨了吐蕃王朝时期最重要的一项政治制度——告身制度，考察了“军功致富”“告身制度与虎皮告身并行施行”“官职与告身对应关系”三个问题，并指出该文献对研究吐蕃社会告身制度与虎皮告身制度的重要性。林冠群的《重读四件河西吐蕃文书——解读吐蕃文献之商榷》⑨ 认为黄文焕先生于 1984 年所出版的《中国民族古文字研究》一书中，译解四件残缺不全的河西吐蕃文书，并以之考证了吐蕃史上诸多重大史事。林氏重读四件河西吐蕃文书，发现黄文焕完全误解了四件河西吐蕃文书，并误证了相关史事。宗喀·漾正冈布、周毛先的《吐蕃〈大事纪年〉中的 sho tshigs——敦煌古藏文写卷 P. T. 1288 中骰卜名号探析》⑩ 认为，敦煌古藏文 P. T. 1288 号写卷《大事纪年》中的 sho tshigs 一词在学术界有不同的解读，计有税务说、税站

---

① 陈践：《若干典型古藏文语词疏译之一——重读〈敦煌本吐蕃历史文书〉之体会》，《中国藏学》2015 年第 S1 期。

② 陈践：《敦煌古藏文 khol-yul 与 vdam-bo 疏译》，《民族翻译》2016 年第 2 期。

③ 谢后芳：《马的分类及其世系血统和马祭仪式——P. T. 1060 号卷译释》，《中国藏学》2015 年第 S1 期。

④ 夏吾卡先：《一部吐蕃王陵的史册——〈桑瓦央琼〉的研究与翻译》，《中国藏学》2016 年第 3 期。

⑤ 杨铭：《英藏敦煌西域古藏文非佛教文献的刊布与研究》，《西域研究》2016 年第 3 期。

⑥ 杨铭、杨公卫：《武内绍人与〈敦煌西域出土的古藏文契约文书〉》，《西藏民族大学学报（哲学社会科学版）》2016 年第 3 期。

⑦ 杨铭、贡保扎西：《Or. 8210/S. 2228 系列古藏文文书及相关问题研究》，《敦煌研究》2016 年第 5 期。

⑧ 王东：《西域出土一份古藏文告身文献补考》，《敦煌研究》2015 年第 4 期。

⑨ 林冠群：《重读四件河西吐蕃文书——解读吐蕃文献之商榷》，《中央民族大学学报（哲学社会科学版）》2015 年第 2 期。

⑩ 宗喀·漾正冈布、周毛先：《吐蕃〈大事纪年〉中的 sho tshigs——敦煌古藏文写卷 P. T. 1288 中骰卜名号探析》，《青海民族研究》2015 年第 1 期。

说、人名说、地名说等。联系敦煌藏文文献的历史语境，作者对 sho tshigs 一词进行进一步的考释，认为 sho tshigs 尽管可能有税务、税站等意，但在敦煌藏文文献中 sho tshigs 一词与骰卜法规相关，新旧《唐书》与《大事纪年》同年提及“曷苏”为人名，故而在此写卷中 sho tshigs 应指称司此事物的特定之人，似为官职名。陈于柱、张福慧的《敦煌古藏文写本 P. T. 1055 + IOL Tib J 744〈十二钱卜法〉题解与释录——敦煌汉、藏文术数书的比较历史学研究之一》[①]认为，分藏于法国与英国的敦煌古藏文写卷 P. T. 1055、IOL Tib J 744《十二钱卜法》属一卷之裂，可以直接缀合。P. T. 1055 与 IOL Tib J 744 的缀合不仅进一步丰富了学界对吐蕃民族典籍的认识，而且为今后敦煌古藏文写卷缀合工作的进一步开展提供了范例。该文将写本经过缀合和整理的相关释文予以公布，并作说明和校理。恰嘎·旦正的《都兰吐蕃三号墓石刻考析》[②] 指出，都兰吐蕃三号墓石刻中的“谢乌”是古代藏族之姓氏名称，“伦谢乌”是对吐蕃政权的军政大事有过重大功勋的谢乌氏重臣，吐蕃政权为了纪念和感恩其丰功伟绩，在其职权之地都兰境建墓立碑。陈国灿的《对敦煌吐蕃文契约文书断代的思考》[③] 以 P. T. 1297 敦煌永寿寺文书为基础，论证了在 832 年吐蕃统治当局有过立契必须用吐蕃文书写的命令，此后的契约都是吐蕃文契，以此为标尺，对已有的定年推断需要作出重新的审订。落桑东知的《〈禅定目炬〉国内外研究评述》,[④] 认为《禅定目炬》从文本本身而言，具有独特的宗义分类方式、将大圆满法首次置入于“乘（theg-ba）”的地位等特征。全文对国内外藏学界有关该文献的相关重要研究进行评述。杨公卫（尼玛扎西）的《西域丝路契约精神：武内绍人“中亚出土古藏文契约”的研究》[⑤] 指出，日本学者武内绍人的《中亚出土古藏文契约研究》对中亚古藏文契约进行了全面收集整理并进行了研究释读，其中对于古藏文契约种类格式的研究成果突出；武内绍人还根据契约内容格式努力还原吐蕃统治敦煌西域时期当时的历史文化“语境”。王东的《敦煌古藏文文献 P. T. 113 号〈大论致沙州安抚论告牒〉小议》[⑥] 认为敦煌古藏文文献 P. T. 113 号《大论致沙州安抚论告牒》与吐蕃王朝对宗教人士授予告身的规定密切相关，有助于学界深化对吐蕃告身制度特别是授予对象的理解，也可以了解整个王朝时期对僧侣所授告身的阶段性变化，以及最终取消对宗教人士授予告身的进程。曾丽容的《藏文文献中“bon”（苯）与“shen”（辛）二词考辨》[⑦] 对比敦煌藏文文献与苯教典籍中的“bon”（苯）和“shen”（辛）的不同含义证明：吐蕃时期的“bon”（苯）还只是西藏本土的巫术仪式之一，并非苯教；作为一种系统化的宗教，苯教应是在吐蕃王朝结束之后才正式形成。吉加本、更藏卓玛的《从伦理学角度浅析敦煌古藏文写卷〈兄弟教诲录〉的伦理价值》[⑧] 通过敦煌古藏文写卷《兄弟教诲录》重点探讨吐蕃时期人们如何重视和实践伦理价值，以及当时人们对待正义、幸福、家庭和善恶等方面所体现的道德规范。仁欠卓玛的《敦煌古藏文〈罗摩衍那〉翻译

---

① 陈于柱、张福慧：《敦煌古藏文写本 P. T. 1055 + IOL Tib J 744〈十二钱卜法〉题解与释录——敦煌汉、藏文术数书的比较历史学研究之一》，《敦煌学辑刊》2015 年第 4 期。

② 恰嘎·旦正：《都兰吐蕃三号墓石刻考析》，《西藏研究》2016 年第 1 期。

③ 陈国灿：《对敦煌吐蕃文契约文书断代的思考》，《西域研究》2016 年第 4 期。

④ 落桑东知：《〈禅定目炬〉国内外研究评述》，《西藏研究》2016 年第 2 期。

⑤ 杨公卫（尼玛扎西）：《西域丝路契约精神：武内绍人“中亚出土古藏文契约”的研究》，《民族学刊》2016 年第 2 期。

⑥ 王东：《敦煌古藏文文献 P. T. 113 号〈大论致沙州安抚论告牒〉小议》，《文献》2016 年第 3 期。

⑦ 曾丽容：《藏文文献中“bon”（苯）与“shen”（辛）二词考辨》，《中国藏学》2016 年第 3 期。

⑧ 吉加本、更藏卓玛：《从伦理学角度浅析敦煌古藏文写卷〈兄弟教诲录〉的伦理价值》，《四川民族学院学报》2016 年第 3 期。

时间与故事文本探析》[①] 认为敦煌古藏文《罗摩衍那》属于印度史诗《罗摩衍那》的早期译文，约8—9世纪已译成藏文。该论文评析了国内外学者的研究成果，通过对文献特征以及同期吐蕃文献中相关命题记载的考证，论析了文献翻译的时代特征和故事文本。

其他藏文文献的研究译释论文主要有如下几篇。赵天英的《甘肃新见瓜州县博物馆藏西夏藏文药方考》[②] 讨论了甘肃省瓜州县博物馆藏有三件西夏藏文医药文献。从出土地点、同时出土的文物以及文字特点等方面考证认为属于西夏时期的藏文药方，所记药方具有藏医药特色，用药多为西夏常见药物，说明西夏医药学除了吸收宋、金的经验外，还向吐蕃学习，构成了西夏多样化的医药学特色。扎雅·洛桑普赤的《甘丹颇章政权时期藏文历史公文档案用语翻译的若干问题——藏文历史公文档案系列研究之三》[③] 以甘丹颇章政权时期的藏文历史公文档案作为史料，具有区别于其他历代文章辞赋等文学作品的体例、程式和用语风格等特点。蒲文成、桑吉尖措的《〈普贤行愿品〉汉藏译本异同考释》[④] 认为《普贤行愿品》是一部重要的佛教经典，为汉藏两系佛教所共同重视。现在通行的汉藏文译本，虽然其基本内涵和反映的佛教精神相同，但在内容、结构、文字翻译、科判方法等方面存在一定的差异。索端智的《从民间地契印信文献看瞿昙寺建寺及其他》[⑤] 公布家藏地契1件。该地契完全以汉族地区传统的地契文书规范写成，立书时间为明朝洪武三年（1370）八月十五日，内容是瞿昙寺所辖“索俗户”开荒耕种“瞿昙寺大国师老爷”的“戎马水旱地”。根据地契标明的“四至”，作者考察认定，作为当时“戎马水旱地”的“巴藏沟”，是明代以后瞿昙寺传统香火地“七条沟”之一，地名至今仍在沿用，为现行行政区划青海省海东市平安区巴藏沟乡，“索俗户”后人至今仍生活在原居地，即今巴藏沟乡的“索家村”。据此地契文字，作者提出瞿昙寺的建寺时间应比此前专家提出的1392年或1393年早20多年；瞿昙寺建寺在前，受到明朝廷敕封扶持在后。陈岚、达力扎布的《〈清内阁蒙古堂档〉中与西藏有关档案目录编译（一）》[⑥] 从中国第一历史档案馆、内蒙古大学蒙古学学院合编的《清内阁蒙古堂档》中选译了从康熙十年（1671）到三十一年（1692）与西藏历史相关的文书档案目录，包括西藏地方达赖喇嘛、班禅呼图克图等与清朝往来文书，以及准噶尔部、青海和硕特部、喀尔喀部汗、台吉和喇嘛等与清朝往来的文书。原档案目录（蒙古文）只有发文和收文者，没有摘录事由，文章将其中与西藏历史相关的回鹘式蒙古文、托忒文蒙古文和满文档案文献摘编事由拟题，共编为196条目录，后附收发日期，以便于读者了解和利用有关西藏历史的资料。陈岚的《〈清内阁蒙古堂档〉中与西藏有关档案目录编译（二）》[⑦] 续上期编译（一），从《清内阁蒙古堂档》第6册至第10册中节选了与西藏历史相关的文书目录，内容主要涉及康熙二十六年（1687）至三十三年（1694），西藏地方达赖喇嘛、班禅呼图克图、第巴等与清朝往来文书，以及围绕巴图尔额尔克济农、喀尔喀内乱、准噶尔与喀尔喀纷争、喀尔喀归属问题等事件与清朝往来的文书。陈岚的《〈清内阁蒙古堂档〉

---

① 仁欠卓玛：《敦煌古藏文〈罗摩衍那〉翻译时间与故事文本探析》，《西藏大学学报（社会科学版）》2016年第1期。

② 赵天英：《甘肃新见瓜州县博物馆藏西夏藏文药方考》，《中国藏学》2016年第2期。

③ 扎雅·洛桑普赤：《甘丹颇章政权时期藏文历史公文档案用语翻译的若干问题——藏文历史公文档案系列研究之三》，《西藏研究》2015年第5期。

④ 蒲文成、桑吉尖措：《〈普贤行愿品〉汉藏译本异同考释》，《中国藏学》2016年第4期。

⑤ 索端智：《从民间地契印信文献看瞿昙寺建寺及其他》，《中国藏学》2016年第4期。

⑥ 陈岚、达力扎布：《〈清内阁蒙古堂档〉中与西藏有关档案目录编译（一）》，《中国藏学》2016年第1期。

⑦ 陈岚：《〈清内阁蒙古堂档〉中与西藏有关档案目录编译（二）》，《中国藏学》2016年第2期。

中与西藏有关档案目录编译（三）》① 从《清内阁蒙古堂档》第11—14册中节选了与西藏历史相关的文书目录，涉及康熙三十一年（1692）至三十八年（1699），西藏地方达赖喇嘛、班禅胡图克图、第巴等与清朝往来文书，以及讨伐噶尔丹及其处理噶尔丹儿女、重臣，第巴将达赖喇嘛圆寂之事匿而不宣、往召班禅胡图克图等事件与清朝往来的文书。

娘·尼玛沃色、许渊钦的《〈娘氏教法源流〉译注（七）》② 指出，《娘氏教法源流》是12世纪的重要宗教史籍，藏文原名《教法源流·花蜜精粹》。该译文为《娘氏教法源流》第三章“宣说吐蕃”中第十节迎娶尼妃墀尊与汉妃文成公主及第十一节赤松德赞与堪布、阿阇黎的事迹。班班多杰的《〈山法了义海论〉所引佛教经论藏汉译文比较研究之十》③ 通过对笃补巴所引用的藏译佛教经论的话语与相应的汉译经论进行比照和校勘的基础上，不但勾勒出藏汉佛教经论译文的各自特点，而且在这些译文的思想与笃补巴对其诠释的内在互动中探究笃补巴对“他空大中观见”的语言分析与义理申畅。论文认为，藏传佛教智者对印度佛教经、论的诠释已经从方法论诠释学转移到了本体论诠释学的阶段，这是印度佛教西藏化的根本转向。班班多杰的《〈山法了义海论〉所引佛教经论藏汉译文比较研究之十一》④ 指出，在《山法了义海论》之“道”篇章中笃补巴·西饶坚赞首先引用《大般若经》等佛教经论中的相关话语，深入论证觉囊派独特教义“他空见”的基本内涵、主要特征以及其合理性和经典性；最后以《大涅槃经》等经论相关话语为取向，提出中道佛性论与常乐我净“涅槃四德”是“他空见”的最高境界和最后归趣。笃补巴既尊《般若经》为最有理，又推《涅槃经》为最高，两经成为觉囊派的理论源头和思想库藏。仁增、傅利平、桑杰的《藏文书名的特点及其汉译研究》⑤ 提出翻译藏文书名，在力求保留原文独特风格的基础上，更要关注目的语的表达习惯及译语读者的审美心态。宗喀·益西丹佛的《论金瓶掣签制度在北京雍和宫的设立与实施——以新近翻译披露的〈清代雍和宫档案史料〉为据》⑥ 依据新近翻译披露的《清代雍和宫档案史料》中的满文档案以及藏、汉文等材料，分析了关于设立两处金瓶的背景、次序、缘由以及乾隆皇帝处理此相关事件的态度与举措。

（二）西夏文献及黑水城文书研究

西夏文献文物研究丛书2015年出版了已故西夏学家王静如先生⑦的《王静如文集》⑧，以

① 陈岚：《〈清内阁蒙古堂档〉中与西藏有关档案目录编译（三）》，《中国藏学》2016年第3期。

② 娘·尼玛沃色、许渊钦：《〈娘氏教法源流〉译注（七）》，《中国藏学》2016年第3期。

③ 班班多杰：《〈山法了义海论〉所引佛教经论藏汉译文比较研究之十》，《中国藏学》2015年第S1期。

④ 班班多杰：《〈山法了义海论〉所引佛教经论藏汉译文比较研究之十一》，《中国藏学》2016年第1期。

⑤ 仁增、傅利平、桑杰：《藏文书名的特点及其汉译研究》，《中国藏学》2016年第2期。

⑥ 宗喀·益西丹佛：《论金瓶掣签制度在北京雍和宫的设立与实施——以新近翻译披露的〈清代雍和宫档案史料〉为据》，《中国藏学》2016年第4期。

⑦ 王静如（1903—1990），初名振宇，号净之，笔名斐烈，河北省深泽县人，当代著名语言学家、历史学家和民族学家；1929年毕业于清华大学研究院，师从赵元任、陈寅恪和李济诸先生；1929—1949年曾在中央研究院历史语言研究所、北平研究院史学研究所、中法大学、辅仁大学、燕京大学、中国大学等单位担任研究员、教授；1950—1990年在中国科学院考古研究所、中央民族学院研究部和中国科学院民族研究所担任研究员，在中国社会科学院研究生院担任教授、博士生导师；曾任全国政协委员和民革中央委员等职。王先生一生著述丰富，建树颇多，在古汉语和少数民族历史、语言、文字，以及秦汉史与科技史等方面都作出了重要贡献，特别是在西夏学研究领域取得了举世瞩目的成就。其所著《西夏研究》（第1—3辑）于1936年荣获法国法兰西研究院铭文学院授予的东方学“儒莲奖”。王静如先生是中国学者个人获得此奖的第一人。

⑧ 王静如：《王静如文集》（上、下），社会科学文献出版社2015年版。

纪念著名的语言学家、历史学家和民族学家王静如先生110周年诞辰。王先生一生在学术上涉猎广泛，造诣极高，特别是在西夏研究方面取得了举世瞩目的成就。

史金波的《西夏文化研究》[①] 选收了西夏文化研究论文20篇，涉及西夏的语言、文字、辞书、译著、文书、文物、宗教、民族和民族融合、文献编纂和出版等人文学科，还涉及印刷术、度量衡、历法等自然学科，多角度地对西夏文化进行探讨。史金波的《西夏文珍贵典籍史话》[②] 较全面地介绍了国内外的西夏文珍贵典籍以及西夏文化和神秘的西夏社会历史。史金波的《瘠土耕耘——史金波论文选集》[③] 选收了55篇论文，以译释、研究西夏文草书文献的论文占较大比重，包括“西夏研究”“中国民族史研究”“中国民族古文字研究”。论文集类著述还有孙伯君的《西夏文献丛考》[④] 收录有关西夏文史方面的论文。

杜建录编著的《党项西夏碑石整理研究》[⑤] 上篇介绍了党项与西夏碑石的种类数量、文献价值等概况，并选取有代表性的墓志铭进行详细考释；下篇为碑石整理，收集了陕西、内蒙古、甘肃、宁夏、北京、河北、河南等地藏党项与西夏碑刻。

西夏统治者提倡信仰佛教，佛教思想在西夏社会的思想意识中占有极为重要的地位，留存至今的西夏佛典丰富，且多系汉文本重译，其间存在很多值得研究的历史问题。崔红芬的《西夏汉传密教文献研究》[⑥] 较系统地对黑水城等地出土的西夏文本和汉文本密教文献进行了梳理和考证，并把出土密教文献放在当时佛教发展的历史背景下进行考察，充分体现了西夏佛教发展的继承性与延续性，相关考证有助于认识西夏佛教的特色及周边文化对西夏佛教的影响。

西夏文佛教文献的译释是西夏文献研究中的大宗专题，近几年吸引了许多学者专事这一工作，为西夏佛教史和西夏语言研究提供了一份新资料。具体的专著和论文如下：梁继红的《武威出土西夏文献研究》[⑦] 搜集整理武威出土的所有西夏文和汉文文献，特别是在释录西夏文佛经时，克服了现存文献残页内容支离和片段的缺点，与汉文佛经文献互相补充，得到了更加完整的西夏文佛经内容；同时，通过整合、对比，还厘清了西夏文佛经的多种版本及刊印、流传情况。王培培的《西夏文〈维摩诘经〉整理研究》[⑧] 找到了西夏校经的原则，确认西夏文《维摩诘经》译自鸠摩罗什汉译本。另外对佛经中的专门术语进行了考源。聂鸿音的《西夏佛经序跋译注》[⑨] 整理了俄藏黑水城文献中西夏文佛经里的发愿文与部分题记，并对这些佛经序跋的内容进行了语文学与文献学考释。胡进杉的《西夏佛典探微》[⑩] 主要探讨夏译汉文佛典和西夏文佛典所依据的原典，西夏佛教和汉传佛教、藏传佛教的关系。其次主要翻译、注解四篇西夏文佛经。第三篇《西夏佛经扉画研究》介绍西夏佛经扉画的构图布局，汉藏艺术风格对西夏的影响，附录《夏藏词汇对照表》方便参考。

张玉海的《西夏佛经所见官职名人名述考》[⑪] 在前人研究的基础上，梳理了存世的西夏文、汉文佛经中所存各种职官、人名，纠正了以往学界认识的部分错误。段玉泉的《西夏文献〈圣

---

① 史金波：《西夏文化研究》，中国社会科学出版社2015年版。

② 史金波：《西夏文珍贵典籍史话》，国家图书馆出版社2015年版。

③ 史金波：《瘠土耕耘——史金波论文选集》，中国社会科学出版社2016年版。

④ 孙伯君：《西夏文献丛考》，上海古籍出版社2015年版。

⑤ 杜建录编著：《党项西夏碑石整理研究》，上海古籍出版社2015年版。

⑥ 崔红芬：《西夏汉传密教文献研究》，社会科学文献出版社2015年版。

⑦ 梁继红：《武威出土西夏文献研究》，社会科学文献出版社2015年版。

⑧ 王培培：《西夏文〈维摩诘经〉整理研究》，社会科学文献出版社2015年版。

⑨ 聂鸿音：《西夏佛经序跋译注》，上海古籍出版社2016年版。

⑩ 胡进杉：《西夏佛典探微》，上海古籍出版社2015年版。

⑪ 张玉海：《西夏佛经所见官职名人名述考》，《西夏研究》2016年第4期。

胜慧到彼岸功德宝集偈〉中的两组程度副词》[①] 分析了经文中出现有两组比较特殊的程度副词的连用情况，以及与名词和名词性短语之前作修饰语的功能差异作了分析。王龙的《西夏写本〈大乘阿毗达磨集论〉缀考》[②] 认为西夏文本《大乘阿毗达磨集论》存世的两个抄件 Инв. №70 和 Инв. №2651 可以直接缀合。王龙的《藏传〈圣大乘胜意菩萨经〉的夏汉藏对勘研究》[③] 认为《圣大乘胜意菩萨经》的西夏文本并非直接译自藏文本，而是根据汉文本转译的，可据西夏文本和《佛说圣大乘三归依经》卷尾发愿文，补全《圣大乘胜意菩萨经》汉文本之残佚部分。史金波的《泥金写西夏文〈妙法莲华经〉的流失和考察》[④] 追溯国内外专家对此文献介绍、研究的历史，指出清末的鹤龄可能是最早破译此经并取得较大成果的专家，也是近代国内外识读西夏文字的第一人。麻晓芳的《西夏文〈善住意天子会·破魔品〉考释》[⑤] 对 Инв. No. 533 西夏写本《破魔品》进行了译释。景永时、王荣飞的《宁夏宏佛塔天宫装藏西夏文木雕版考述》[⑥] 指出：宁夏宏佛塔天宫装藏西夏文木雕版是世界上现存年代最早的木雕版之一，共计 2000 多残块，内容均为西夏文佛经，包括《释摩诃衍论》《别集》《续能□》，以及其他三种未知名佛经。这些木雕版数量大，内涵丰富，是西夏雕版印刷高度繁荣的例证，是研究古代雕版印刷术最直接、最重要的实物资料。孙昌盛的《西夏文藏传密续〈广义文〉所见印度大成就者黑行师事迹译注》[⑦] 指出：黑行师的事迹被译成西夏文并在西夏流传，表明他在西夏也受到推崇，在一定程度上反映了黑行师所传胜乐教法在西夏的流行。王龙的《黑水城出土西夏文〈十二缘生祥瑞经（卷上）〉考释》[⑧] 对西夏文写本《十二缘生祥瑞经（卷下）》进行了校录和译释。王龙的《黑水城出土西夏文〈佛说大方广善巧方便经〉考补》[⑨] 对 Инв. No. 6451 的西夏文《佛说大方广善巧方便经》残叶进行了介绍和释读。张九玲的《西夏文〈消灾吉祥陀罗尼经〉释读》[⑩] 释读了 Инв. №5402、7038 号西夏文《消灾吉祥陀罗尼经》。许鹏的《西夏文〈大方广佛华严经名略〉》[⑪] 对西夏文《大方广佛华严经名略》进行了译释。安娅的《从西夏文〈守护大千国土经〉看西夏人译藏传佛经》[⑫] 发现西夏人译藏传佛经存在四种情况，即意译藏文、意译与音译藏文结合、音译梵文、音译藏文。史金波的《凉州会盟与西夏藏传佛教——兼释新见西夏文〈大白伞盖陀罗尼经〉发愿文残叶》[⑬] 对新发现西夏文《大白伞盖陀罗尼经》发愿文残叶进行研究，发现了西夏文译本的译者及此前未见记载的西夏帝师和国师，特别是真实地记载了阔端信奉藏传佛教，拜藏传佛教高僧等觉金刚国师为师，为"凉州会盟"这一重大历史事件

---

① 段玉泉:《西夏文献〈圣胜慧到彼岸功德宝集偈〉中的两组程度副词》,《西夏研究》2016 年第 4 期。

② 王龙:《西夏写本〈大乘阿毗达磨集论〉缀考》,《文献》2017 年第 3 期。

③ 王龙:《藏传〈圣大乘胜意菩萨经〉的夏汉藏对勘研究》,《北方民族大学学报（哲学社会科学版）》2017 年第 5 期。

④ 史金波:《泥金写西夏文〈妙法莲华经〉的流失和考察》,《文献》2017 年第 3 期。

⑤ 麻晓芳:《西夏文〈善住意天子会·破魔品〉考释》,《西夏研究》2016 年第 3 期。

⑥ 景永时、王荣飞:《宁夏宏佛塔天宫装藏西夏文木雕版考述》,《敦煌学辑刊》2016 年第 2 期。

⑦ 孙昌盛:《西夏文藏传密续〈广义文〉所见印度大成就者黑行师事迹译注》,《西夏研究》2016 年第 3 期。

⑧ 王龙:《黑水城出土西夏文〈十二缘生祥瑞经（卷上）〉考释》,《西夏研究》2016 年第 1 期。

⑨ 王龙:《黑水城出土西夏文〈佛说大方广善巧方便经〉考补》,《图书馆理论与实践》2016 年第 7 期。

⑩ 张九玲:《西夏文〈消灾吉祥陀罗尼经〉释读》,《宁夏社会科学》2017 年第 1 期。

⑪ 许鹏:《西夏文〈大方广佛华严经名略〉》,《宁夏社会科学》2015 年第 6 期。

⑫ 安娅:《从西夏文〈守护大千国土经〉看西夏人译藏传佛经》,《宁夏社会科学》2016 年第 4 期。

⑬ 史金波《凉州会盟与西夏藏传佛教——兼释新见西夏文〈大白伞盖陀罗尼经〉发愿文残叶》,《中国藏学》2016 年第 2 期。

铺垫了思想和宗教信仰的基础。史金波的《西夏文〈大白伞盖陀罗尼经〉及发愿文考释》① 翻译新见西夏文残经卷，确定经名为《大白伞盖陀罗尼经》，西夏时期“太子”为窝阔台第二子、镇守西凉的阔端，印施藏、西夏和汉三种文字的藏传佛教经典，证明他接受并弘扬藏传佛教。

孙颖新的《西夏文献中的通假》② 指出西夏文献中存在古汉文文献那样的通假现象。通假现象的认知能够为日后解读西夏文献扫除一定的障碍。麻晓芳的《西夏文〈胜慧彼岸到要门教授现前解庄严论诠颂〉译考》③ 对 Инв. No. 5130 文献残卷的重新缀合释读，认为该佛经自梵文、藏文译成西夏文，并进行缀文、校对乃至印刷的全过程。徐丽华的《两种西夏藏文刻本考释》④ 论述了西夏刻本《顶髻尊胜佛母陀罗尼咒》和《八千颂》的文字特点、版式产生的缘由和刊刻年代等问题。前者是西夏的早期刻本，而后者疑是后期作品。孙昌盛的《西夏文藏传佛经〈吉祥遍至口合本续〉勘误》⑤ 认为西夏文佛经《吉祥遍至口合本续》是西夏译自藏文的藏传佛教密宗经典，涉及大量西夏语和西夏藏传佛教资料，其中的印刷误漏可作为活字印刷品的证据之一。张九玲的《〈佛顶心观世音菩萨大陀罗尼经〉的西夏译本》⑥ 刊布了《佛顶心观世音菩萨大陀罗尼经》的西夏文录文，并进行翻译和校注。许鹏的《中藏 S21 · 002 号西夏文〈华严忏仪〉残卷考释》⑦ 认为，中藏 S21 · 002 号西夏文佛经残卷，应该属于《华严忏仪》卷十三。崔红芬的《中英藏西夏文〈圣曜母陀罗尼经〉考略》⑧ 对英藏和中国藏西夏文《圣曜母陀罗尼经》进行译释和考证，判定西夏文《圣曜母陀罗尼经》遗存情况；再结合法成本和法天本，探讨了西夏文本所依据的底本以及流行传播等情况。张九玲的《西夏本〈佛顶心观世音菩萨大陀罗尼经〉述略》⑨ 认为西夏文《佛顶心观世音菩萨大陀罗尼经》多个西夏译本内容相同，为同一本子的翻刻或复抄。但拜寺沟方塔出土本、黑城本与西夏本内容有异，似乎另有来源。孙伯君的《玄奘译〈般若心经〉西夏文译本》⑩ 提供一种西夏文《般若心经》译本。孙伯君的《西夏文“明点”考释》⑪ 依据文献对西夏文“明点”作了小小的考释，系藏传佛教的专有名词。赵天英、张心东的《新见甘肃临洮县博物馆藏西夏文〈大方等大集经贤护分〉残卷考释》⑫ 认为，甘肃临洮县博物馆藏的这件残卷，应是西夏文《大方等大集经贤护分》孤本，具有珍贵的价值。孙昌盛的《西夏文藏传佛经〈本续〉中的古代印藏地名及相关问题》⑬ 通过藏文、梵文和汉语之间的审音勘同，认为《本续》音译地名中有大小字之分，这些小字不仅是用来比定西夏语中没有的梵藏语复辅音，也用来比定西夏语中没有梵语的双元音。聂鸿音的《关

---

① 史金波：《西夏文〈大白伞盖陀罗尼经〉及发愿文考释》，《世界宗教研究》2015 年第 5 期。

② 孙颖新：《西夏文献中的通假》，《宁夏社会科学》2015 年第 6 期。

③ 麻晓芳：《西夏文〈胜慧彼岸到要门教授现前解庄严论诠颂〉译考》，《宁夏社会科学》2015 年第 6 期。

④ 徐丽华：《两种西夏藏文刻本考释》，《中央民族大学学报（哲学社会科学版）》2015 年第 5 期。

⑤ 孙昌盛：《西夏文藏传佛经〈吉祥遍至口合本续〉勘误》，《北方民族大学学报（哲学社会科学版）》2015 年第 5 期。

⑥ 张九玲：《〈佛顶心观世音菩萨大陀罗尼经〉的西夏译本》，《宁夏师范学院学报》2015 年第 1 期。

⑦ 许鹏：《中藏 S21 · 002 号西夏文〈华严忏仪〉残卷考释》，《五台山研究》2015 年第 1 期。

⑧ 崔红芬：《中英藏西夏文〈圣曜母陀罗尼经〉考略》，《敦煌研究》2015 年第 2 期。

⑨ 张九玲：《西夏本〈佛顶心观世音菩萨大陀罗尼经〉述略》，《宁夏社会科学》2015 年第 3 期。

⑩ 孙伯君：《玄奘译〈般若心经〉西夏文译本》，《西夏研究》2015 年第 2 期。

⑪ 孙伯君：《西夏文“明点”考释》，《宁夏社会科学》2015 年第 1 期。

⑫ 赵天英、张心东：《新见甘肃临洮县博物馆藏西夏文〈大方等大集经贤护分〉残卷考释》，《西夏研究》2015 年第 1 期。

⑬ 孙昌盛：《西夏文藏传佛经〈本续〉中的古代印藏地名及相关问题》，《西藏研究》2015 年第 6 期。

于西夏文〈大般若经〉的两个问题》① 据20世纪的出土文物指出现在见到的《大般若经》刻本应是元代遗物，并不是在西夏时代完成的。安娅的《西夏〈大威德炽盛光陀罗尼经〉考释》② 解读西夏文《佛说大威德炽盛光诸星宿调伏消灾吉祥陀罗尼经》残片，对其来源进行猜测。索罗宁的《〈金刚般若经颂科次纂要义解略记〉序及西夏汉藏佛教的一面》③ 讨论了《金刚般若经颂科次纂要义解略记》的序篇，证明西夏佛教曾经存在“汉藏佛教圆融”趋势。西夏佛学界的佛教史概念中不存在“汉藏”对立或分歧。张多勇、于光建的《瓜州东千佛洞泥寿桃洞西夏文两件印本残页考释》④ 考释瓜州东千佛洞西夏文1号文书是蝴蝶装的《金刚般若波罗蜜多经》印本，内容为“无为福胜分第十一”和“尊重正教分第十二”残页，其翻译底本是鸠摩罗什翻译的汉文本；瓜州东千佛洞西夏文2号文书为《慈悲道场忏罪法》卷首残页。

黑水城出土西夏文献数量众多，内容广泛，涉及政治、经济、文化等各方面。杜建录的《中国藏黑水城汉文文献整理研究》⑤ 分为：文献基本状况与学术价值、专题研究、文献叙录、文献索引四部分，梳理了中国藏黑水城汉文文献的分布、种类、内容、质地、版本、出土地点、收藏单位等，有助于从整体上认识中国藏黑水城汉文文献的历史文献价值与版本价值，从而确立我国在黑水城文献收藏与研究中应有的地位。张重艳、杨淑红的《中国藏黑水城所出元代律令与词讼文书整理与研究》⑥ 对《中国藏黑水城汉文文献》中的律令与词讼文书，进行了研究，上编文书整理其中的律令与词讼文书，进行定名、题解、录文、校记等；下编汇集了律令与词讼文书方面的研究成果，以契约文书为部分研究对象，探讨亦集乃路地区的法律生活情况。杜立晖、陈瑞青、朱建路的《黑水城元代汉文军政文书研究》⑦ 认为，黑水城元代文献是黑水城在各朝代文献中数量仅次于西夏文献的第二大宗文献，是研究元史和元代西北地区军政问题的第一手资料，本著为针对目前所见黑水城元代汉文军政文书的研究。

梁松涛的《黑水城出土西夏文医药文献整理与研究》⑧ 对黑水城西夏文医药文献进行较为深入的研究，包括西夏文医学文献的翻译，对适宜医方进行系统的筛选及临床应用。其中上编为“黑水城出土西夏文医药文献研究”，探讨了西夏医药文献的底本、价值、特点、医学特色及其所反映的西夏文化；下编为“西夏文医药文献的解读与考释”，对11件文献共计94首医方逐一做了解读与考释。还讨论了西夏医学与周边民族医学相互影响关系，从医学社会史的角度对西夏文医药文献进行研究。惠宏、段玉泉编的《西夏文献解题目录》⑨ 在此前西夏文献编目成果上，弥补了诸多不足，有助于西夏学研究。佟建荣的《西夏姓名研究》⑩ 在广泛吸收前人研究成果基础上，从姓名学、语言学、历史学、民族学、文献学角度研究西夏姓氏、人名。

黑水城出土文献的陆续公布，使学界对黑水城文献的关注程度已经几乎与敦煌文献相等，大量的敦煌学专家转入对黑水城文献的研究，但对黑水城文献的整理则还处于起步阶段，尤其是中国藏黑水城汉文文献的整理，相对于俄藏、英藏黑水城文献而言更加滞后。孙继民、宋

① 聂鸿音：《关于西夏文〈大般若经〉的两个问题》，《文献》2015年第1期。

② 安娅：《西夏〈大威德炽盛光陀罗尼经〉考释》，《民族论坛》2016年第6期。

③ 索罗宁：《〈金刚般若经颂科次纂要义解略记〉序及西夏汉藏佛教的一面》，《中国藏学》2016年第2期。

④ 张多勇、于光建：《瓜州东千佛洞泥寿桃洞西夏文两件印本残页考释》，《敦煌研究》2015年第1期。

⑤ 杜建录：《中国藏黑水城汉文文献整理研究》，人民出版社2016年版。

⑥ 张重艳、杨淑红：《中国藏黑水城所出元代律令与词讼文书整理与研究》，知识产权出版社2015年版。

⑦ 杜立晖、陈瑞青、朱建路：《黑水城元代汉文军政文书研究》，天津古籍出版社2015年版。

⑧ 梁松涛：《黑水城出土西夏文医药文献整理与研究》，社会科学文献出版社2015年版。

⑨ 惠宏、段玉泉编：《西夏文献解题目录》，阳光出版社2015年版。

⑩ 佟建荣：《西夏姓名研究》，社会科学文献出版社2015年版。

坤、陈瑞青、杜立晖等的《中国藏黑水城汉文文献的整理与研究》（上、中、下）[①] 是对《中国藏黑水城汉文文献》的系统整理的代表著作。赵阳的《西夏佛教灵验记探微——以黑水城出土〈高王观世音经〉为例》[②] 认为黑水城出土的《高王观世音经》三种，其序文作为典型的佛教灵应故事，佛教文学作品可为西夏文学研究新领域。

涉及占卜等社会文献的论文有如下。陈娉的《西夏星占、历法档案钩沉》[③] 讨论西夏时期星占档案和历法档案用于天象、农业和军事等方面，为今后天文学和科技探究奠定基础。孙伯君的《从两种西夏文卦书看河西地区“大唐三藏”形象的神化和占卜与佛教的交融》[④] 刊布了俄藏黑水城出土西夏文《大唐三藏卦本》和《观世音菩萨造念诵卦本》的录文和汉译文。卦书是西夏时期其境内民间占卜术与佛教交融的写照。马振颖、郑炳林的《〈俄藏敦煌文献〉中的黑水城文献补释》[⑤] 判别了俄藏敦煌文献中混入的部分黑水城文献，并进行释读、拟名及研究。部分俄藏敦煌文献中黑水城文献残片的缀合，对研究佛教在黑水城乃至西夏的传播、西夏时期的天文历法、西夏的社会生活等都有所帮助。聂鸿音的《西夏文献中的占卜》[⑥] 认为党项人占卜术被中原传统的占卜学所取代。存世的西夏占卜文献全部译自汉文，西夏人对中原卦名有自己的理解。张如青、于业礼的《出土西夏汉文涉医文献研究述评》[⑦] 指出，西夏汉文涉医文献不少于西夏文文献；在内容上，既有中原地区医学典籍，也有临床实用的医方文献，还有西夏孤老救助、法医学、药物贸易以及佛经医药等相关文献资料。徐希平、彭超的《俄藏与中国藏两种西夏文曲辞〈五更转〉之探讨》[⑧] 在学界相关考释基础上探讨西夏文曲辞《五更转》题材风格，认为西夏文曲辞《五更转》明显受敦煌《五更转》影响。彭向前、侯爱梅的《〈凉州重修护国寺感通塔碑〉西夏文碑铭互文见义修辞法举隅》[⑨] 指出，《凉州重修护国寺感通塔碑》西夏文碑铭与汉文碑铭是互相包括、互相补充的关系，可以互补利用来解决《感通塔碑》西夏文碑铭在译释中的疑难问题。孙昌盛的《灵武回民巷西夏摩崖石刻》[⑩] 利用回民巷村发现西夏天庆八年（1201）的摩崖，有线刻碑、佛塔、西夏文石刻、汉文石刻等，记载了回民巷摩崖石刻开凿时间、缘起、内容以及参与开凿石刻的人员等，虽然残存内容不多，但对研究西夏佛教、社会生活有价值。

赵生泉的《俄藏武威西夏文灵骨匣题记解诂》[⑪] 讨论武威西郊出土的乾祐二十一年（1190）灵骨匣前端立板上有4行西夏文题记。孙效武、杨蕤的《近二十年来〈天盛律令〉研

---

① 孙继民、宋坤、陈瑞青、杜立晖等：《中国藏黑水城汉文文献的整理与研究》（上、中、下），中国社会科学出版社2016年版。

② 赵阳：《西夏佛教灵验记探微——以黑水城出土〈高王观世音经〉为例》，《敦煌学辑刊》2016年第3期。

③ 陈娉：《西夏星占、历法档案钩沉》，《兰台世界》2015年第26期。

④ 孙伯君：《从两种西夏文卦书看河西地区“大唐三藏”形象的神化和占卜与佛教的交融》，《民族研究》2016年第4期。

⑤ 马振颖、郑炳林：《〈俄藏敦煌文献〉中的黑水城文献补释》，《敦煌学辑刊》2015年第2期。

⑥ 聂鸿音：《西夏文献中的占卜》，《西夏研究》2015年第2期。

⑦ 张如青、于业礼：《出土西夏汉文涉医文献研究述评》，《中医文献杂志》2017年第1期。

⑧ 徐希平、彭超：《俄藏与中国藏两种西夏文曲辞〈五更转〉之探讨》，《民族文学研究》2016年第6期。

⑨ 彭向前、侯爱梅：《〈凉州重修护国寺感通塔碑〉西夏文碑铭互文见义修辞法举隅》，《宁夏社会科学》2016年第6期。

⑩ 孙昌盛：《灵武回民巷西夏摩崖石刻》，《宁夏社会科学》2017年第1期。

⑪ 赵生泉：《俄藏武威西夏文灵骨匣题记解诂》，《宁夏社会科学》2016年第6期。

究综述》[①] 对20年来《天盛律令》代表性专著与论文进行了综述。梁松涛的《黑水城出土西夏文〈明堂灸经〉残叶考》[②] 补订了聂鸿音的《俄藏4167号西夏文〈明堂灸经〉残叶考》一文，对俄罗斯科学院东方文献研究所收藏的编号为Инв. №4167的西夏文残叶的前五行进行了全面的补译，厘清残卷的阅读顺序与装帧形式。刘景云的《辉煌的华夏史诗：〈夏圣根赞歌〉》[③] 指出，《夏圣根赞歌》既是咏赞西夏圣祖的史诗，同时也是赞颂华夏祖先的史诗。因此，其所言“圣根”，除了指西夏王室自己的皇母皇祖外，还指华夏祖先三皇五帝。赵天英的《新见甘肃省瓜州县博物馆藏西夏文献考述》[④] 介绍甘肃省瓜州县博物馆藏15件西夏文献，有写本和印本，文字有西夏文、汉文和藏文。有佛经、药方和人名单等，也有海内外孤本佛经。彭向前的《西夏文草书〈孝经传序〉译释》[⑤] 对西夏文《孝经传序》重新译释，为研究北宋新经学派及破解西夏文草书提供了一份新资料。

孙颖新的《英国国家图书馆藏〈孝经〉西夏译本考》[⑥] 通过对《孝经》英藏本进行释读，比对俄藏本，推断英藏本的译出时间要早于俄藏本。李晓明的《英藏西夏文〈孙子兵法〉残页考释》[⑦] 在比较俄藏西夏译本《孙子兵法》基础上对其内容与特征做考证。史金波的《黑水城出土西夏文雇工契研究》[⑧] 指出，黑水城出土西夏文雇工契是目前所知11—13世纪唯一的一件雇工契，其发现填补了这一时期的雇工契空白。契约中的雇工属西夏主体民族党项族，系由畜牧业转成农业的民族。西夏文雇工契约在形式和内涵上都继承了中国的契约传统，披露出很多与雇工相关的经济细节，从一个侧面折射出西夏农业经济的部分运行特点。

佟建荣的《社会经济文书中的西夏文人名综考》[⑨] 讨论了保留在西夏经济文书的西夏文人名，名字主要有表达期望、含有事物名称的人名、含有记忆性或者标记性功能的人名，含有宗教色彩的人名。林玉萍、毕泊、孙飞鹏等的《基于图像配准的古代西夏文活字印刷术鉴别方法》[⑩] 指出，西夏活字印本考是现存世界上最早的活字印刷品，由于活字聚版不精，或活字不规范而造成的字形歪斜、字列不正，对活字印刷术的鉴别研究是一种考验。文章提出基于图像配准技术的西夏文活字鉴别法：首先提取字符图像的边缘特征点，然后根据仿射迭代最近点（Iterative Closest Point，ICP）算法的配准结果来度量字符图像的形状相似性，建立一个连接相似图像的启发树结构，通过一致点漂移（Coherent Point Drift，CPD）方法完成图像的非刚体配准。配准结果能有效地实现西夏文的活字印刷术的鉴别，算法具有精度高的特点。

景永时的《20世纪〈番汉合时掌中珠〉刊印史考述》[⑪] 认为《番汉合时掌中珠》自1909年重新发现后，在近一个世纪的时间里，中外学者致力于这部书的影印和抄写印行。由于20世纪70年代以前收藏单位一直未公布原件，所以罗振玉父子的抄本便是人们研究的主要参考

---

① 孙效武、杨蕤：《近二十年来〈天盛律令〉研究综述》，《西夏研究》2016年第4期。

② 梁松涛：《黑水城出土西夏文〈明堂灸经〉残叶考》，《文献》2017年第3期。

③ 刘景云：《辉煌的华夏史诗：〈夏圣根赞歌〉》，《敦煌研究》2017年第4期。

④ 赵天英：《新见甘肃省瓜州县博物馆藏西夏文献考述》，《文献》2017年第3期。

⑤ 彭向前：《西夏文草书〈孝经传序〉译释》，《宁夏社会科学》2017年第5期。

⑥ 孙颖新：《英国国家图书馆藏〈孝经〉西夏译本考》，《宁夏社会科学》2017年第5期。

⑦ 李晓明：《英藏西夏文〈孙子兵法〉残页考释》，《西夏研究》2016年第4期。

⑧ 史金波：《黑水城出土西夏文雇工契研究》，《中国经济史研究》2016年第4期。

⑨ 佟建荣：《社会经济文书中的西夏文人名综考》，《宁夏社会科学》2016年第3期。

⑩ 林玉萍、毕泊、孙飞鹏、李策：《基于图像配准的古代西夏文活字印刷术鉴别方法》，《兰州理工大学学报》2016年第4期。

⑪ 景永时：《20世纪〈番汉合时掌中珠〉刊印史考述》，《北方民族大学学报（哲学社会科学版）》2016年第5期。

资料。20 世纪 70 年代末美国学者陆宽田从苏联拍得该书原件照片，并将之附于他的《合时掌中珠》一书。依据陆宽田公布的资料，作者也对该书进行了初步整理。俄藏黑水城文献刊布《番汉合时掌中珠》照片，实现一睹真容。景永时的《西夏文〈同音〉版本问题综考》[①] 梳理 20 世纪出土并收藏于世界各地的已公布和未公布的《同音》文献资料和研究状况，发现将义长本和梁德养重校本称“新本”“旧本”不妥，应称为“义长本”“重校本”，两者均在兀啰文信本基础上校补。梁德养重校本现存较多，选取 29 叶对照，可以确定 9 个版本，还有三种目前尚不能确定。

讨论西夏文银牌的文章如下。朱浒的《西夏文银牌“内宿首领”考释》[②] 通过对 2013 年宁夏同心县发现半块西夏文金属牌的研究，并通过这一残牌与其他同类铜牌的比较和研究，初步断定此牌正面铭文为“内宿首领”，背后铭文为“苏”，系党项姓氏，属于西夏铲形宿卫牌；其级别较高，经检测，其含银量高达 45%，属于银铜合金。冯金忠的《黑水城文书所见西夏银牌——兼论西夏制度的辽金来源》[③] 结合 Инв. No. 315（2－1）的文书中提到的银牌安排官，显示西夏银牌突破银牌作为信牌、宿卫牌、守御牌等的限制，具有对应官员身份等级的职能。西夏职官体系由简到繁是西夏中期以后历史发展的必然结果。西夏银牌之制远承于辽，也可能仿自于金，宋制之外；西夏吸收辽金制度，可知系西夏制度多源结构的一个因子。

涉及西夏文草书文献的论文有如下。孙颖新的《西夏写本〈近住八斋戒文〉草书规律初探》[④] 以俄藏西夏草书写本《近住八斋戒文》为基础，指出西夏草书存在“不同构字部件草书写法相同”和“同一构字部件草书写法不同”的情况。赵天英的《西夏文社会文书草书结体特色初探》[⑤] 归纳俄藏西夏文社会文书的草写规律，指出西夏文草书的结构方式深受汉文影响，也分原形草法和符号草法两种。符号草法包括省略与简化、连接、共用笔画、移位、抽象与概括等五种。刘广瑞的《张大千西夏文献题跋考释——张大千旧藏西夏汉文文书研究之二》[⑥] 认为张大千 1941—1943 年在敦煌莫高窟临摹和研究时，对敦煌莫高窟西夏文献所题写的跋语，是识别判断文献史实及价值的重要参考；通过补充和解释张大千先生针对莫高窟西夏文献所作的 7 个题跋涉及的相关问题，可以了解张大千对西夏文献研究的贡献。许鹏的《百年来西夏文辞书编纂之回溯》[⑦] 指出百余年来的西夏文辞书史可分为三个阶段：罗福成和聂历山初步实践，字典初具模型；西田龙雄等研究西夏文字、语音等，确定其框架；李范文编成《夏汉字典》，确立典范，依托语料库平台进行辞书编纂，将是西夏文辞书发展的必然趋势。邵鸿、张海涛的《西夏文〈六韬〉译本的文献价值》[⑧] 比较了西夏译本和宋代形成的今本《六韬》在分卷、篇目、文字方面的差异及文献价值。元丰时期的官方定本《六韬》有可能是在包括西夏译底本在内的多个版本基础上整理校定的，其改变程度可能没有过去认为的那么大。韩小忙的《俄藏佛教文献中夹杂的〈同音〉残片新考》[⑨] 对俄藏佛教文献残片中新识 9 纸《同音》乙种本残片进

---

① 景永时：《西夏文〈同音〉版本问题综考》，《宁夏社会科学》2016 年第 5 期。

② 朱浒：《西夏文银牌“内宿首领”考释》，《宁夏社会科学》2016 年第 3 期。

③ 冯金忠：《黑水城文书所见西夏银牌——兼论西夏制度的辽金来源》，《中华文史论丛》2015 年第 3 期。

④ 孙颖新：《西夏写本〈近住八斋戒文〉草书规律初探》，《宁夏社会科学》2015 年第 1 期。

⑤ 赵天英：《西夏文社会文书草书结体特色初探》，《宁夏社会科学》2015 年第 2 期。

⑥ 刘广瑞：《张大千西夏文献题跋考释——张大千旧藏西夏汉文文书研究之二》，《宁夏师范学院学报》2015 年第 1 期。

⑦ 许鹏：《百年来西夏文辞书编纂之回溯》，《中央民族大学学报（哲学社会科学版）》2015 年第 3 期。

⑧ 邵鸿、张海涛：《西夏文〈六韬〉译本的文献价值》，《文献》2015 年第 6 期。

⑨ 韩小忙：《俄藏佛教文献中夹杂的〈同音〉残片新考》，《宁夏社会科学》2015 年第 2 期。

行了考释，Инв. No. 6183 号为乙种本第 56 页内容，可补诸本之缺。通过这些残片，可以确定《同音》乙种本足本为 57 页，西夏字总数为 5804 个。段玉泉的《出土西夏文献编目回顾及相关问题讨论》① 指出西夏文献自出土百余年来，编著出版了《西夏文的写本与刊本》《西夏译佛典简目》《俄藏西夏佛教文献叙录》等重要目录著作。由于出土材料数量众多，以及语言文字障碍，文献书题、标题的翻译也有许多需要改进的地方。王培培的《西夏文献中的音译原则》② 指出：西夏翻译外来文献时，对其中的专有名词，特别是一些不了解、不常用或不熟悉的词语采用音译的方法。通过对夏译汉籍中的一些音译字进行归纳，总结音译原则。

（三）彝文文献研究

涉及彝族文字文献的计算机处理、数字化、输入法、分词平台的论文主要有如下。胡刚、王嘉梅、张建营等的《基于 Windows 平台的滇南彝文输入法实现》③ 从排版系统中对中英彝文混合输入的实用性考虑出发，采用 Unicode 国际编码标准，且字库编码区间实现从自造区间到汉字区间的跨越，就 Windows 操作系统中进行滇南彝文字库设计及输入法实现所涉及的原理及若干问题进行了阐述，最终开发出“滇南彝文数字化信息处理平台”。孙善通、王嘉梅、李炳泽等的《彝文网页文本分词平台》④ 以当前的彝文分词技术为基础，通过构建彝文词库，并用彝文网页获取平台抓取彝文网页文本，结合彝文特有的优势，从分词词库、分词算法、结构流程、系统界面和模块、实验结果等方面进行了详细的分析，最终实现彝文网页文本分词平台。孙善通、王嘉梅、李炳泽等的《彝文网络信息获取平台的研究》⑤ 通过对传统中文网络信息获取平台技术的研究分析，结合彝文网页自身的结构特点，研究了彝文网页信息采集技术和彝文网页信息抽取技术，实现了彝文网络信息获取平台。高建辉的《云南红河州彝文古籍现状及其数字化保护对策调查研究》⑥ 通过调研，揭示了红河州彝文古籍的分布和收藏情况、种类和特点及数字化现状，在此基础上，分析了红河州彝文古籍数字化保护与利用所面临的难题，提出了应对策略。高建辉、李全华、李仲良的《彝文古籍数字化保护及利用策略研究》⑦ 根据彝文古籍的特点及其保存现状，设计了适合于彝文古籍数字化保护及利用的具体步骤，详细研究了每个工作环节的实施策略，研究成果可以指导彝文古籍的数字化工程。高建辉、李全华、余正祥等的《彝文古籍保存现状及其数字化保护中面临的难题研究》⑧ 首先调研了我国彝文古籍的分布和收藏现状，然后研究它们的种类和载体特点，最终分析了进行数字化保护所面临的难题。高建辉、徐彩玲、余正祥的《贵州彝文古籍保存现状及其数字化保护

① 段玉泉：《出土西夏文献编目回顾及相关问题讨论》，《图书馆理论与实践》2016 年第 4 期。

② 王培培：《西夏文献中的音译原则》，《西夏研究》2016 年第 3 期。

③ 胡刚、王嘉梅、张建营等：《基于 Windows 平台的滇南彝文输入法实现》，《计算机系统应用》2015 年第 12 期。

④ 孙善通、王嘉梅、李炳泽等：《彝文网页文本分词平台》，《计算机系统应用》2016 年第 11 期。

⑤ 孙善通、王嘉梅、李炳泽等：《彝文网络信息获取平台的研究》，《电子技术与软件工程》2015 年第 13 期。

⑥ 高建辉：《云南红河州彝文古籍现状及其数字化保护对策调查研究》，《科技情报开发与经济》2015 年第 20 期。

⑦ 高建辉、李全华、李仲良：《彝文古籍数字化保护及利用策略研究》，《新世纪图书馆》2016 年第 5 期。

⑧ 高建辉、李全华、余正祥等：《彝文古籍保存现状及其数字化保护中面临的难题研究》，《图书馆研究》2016 年第 1 期。

策略调查研究》[①] 经过实地调研，得到了贵州彝文古籍的分布、保存情况和数字化现状，在此基础上分析了数字化保护所面临的问题，最后提出了应对策略。陈燕英、黄卫华的《古彝文信息化现状及趋势研究》[②] 阐述了进入21世纪以来古彝文信息化取得的成就：楚雄彝文平台和古彝文形码输入法等，以及与汉文、藏文等信息化相比还存在的明显距离；分析了古彝文信息化的发展趋势：将会向建立统一认同的古彝文字库、取得国际标准统一编码、研发出使用比较方便快捷的音码形码输入法等多方面发展。吉差小明、朱崇先的《彝文古籍数字化研究现状与展望》[③] 指出，彝文古籍数字化可以有效地保存和保护民族历史文化遗迹，同时可以更好地弘扬民族优秀文化传统；可以更深层次地挖掘彝文古籍文献所含有的文化底蕴和精神内核；可以透视彝文古籍数字化整体面貌，建立实践性的“人类古籍资源数据库检索平台”和“人类古籍共享资源网络技术平台”等。王成平的《彝语言语料资源数据库的设计与共享的实现》[④] 以收集整理翻译的彝语言语料为基础，在SQL Server 2008数据库环境下，通过ODBC，利用VC++6.0编写彝语言语料入库程序，实现了彝语言语料U文件（Unicode彝文）和Y文件（YIWIN彝文）的自动入库，完成了彝语言语料资源数据库的设计；通过编写WEB服务端的查询和统计程序，利用C/S方式实现了彝语言语料基于WEB浏览器的访问和远程共享。

涉及彝文文献编目、文字本体、文字规范、书法、文献研究专题的论文有如下。陈兴才、杨姣的《彝文古籍索引编制初探》[⑤] 认为彝文古籍索引编制，要充分结合彝文古籍特点，借鉴古今国内外索引编制的先进经验，不断累积学科理论知识，强化方法论研究，培养索引编制人才队伍、开发专业“彝文古籍索引编制系统”等，丰富彝文古籍整理内容，提高彝文古籍整理水平。袁香琴的《从文字关系角度审视彝文的发生问题》[⑥] 通过比较研究发现，刻画符号、巴蜀文字中抽象程度较高那部分文字符号很可能是彝文来源的一部分，而图画性较强的纳西东巴文、玛丽玛莎文、尔苏文、纳木依文、坡芽歌书、景颇文等文字对彝文的产生和发展未造成影响。

讨论彝文规范方面的论文有如下。贾海霞、沙马拉毅的《〈通用彝文规范方案〉的实践效果及其成就》[⑦] 采用对比研究法，将《通用彝文规范方案》与《彝文规范方案》加以比较，分析得出前者的几个特点，同时从五个方面论述了《通用彝文规范方案》的实践效果及成绩，认为该方案是专家智慧和群众意愿相结合的规范，充分体现了它的社会性和科学性。普梅笑、李芸的《彝汉双语翻译语境下的〈云南规范彝文彝汉词典〉》[⑧] 支持《云南规范彝文彝汉词典》是一部词汇量丰富、使用方便的彝汉翻译工具书；介绍了其特点和使用方法，探讨其对今后彝汉双语翻译的意义。吉差小明的《彝文典籍整理研究范畴与策略》[⑨] 通过叙述彝文典籍文献存在的形态及特征，探讨彝文典籍文献整理研究的视角、范畴、策略等问题。朱文旭的《漫谈全

---

① 高建辉、徐彩玲、余正祥：《贵州彝文古籍保存现状及其数字化保护策略调查研究》，《内江科技》2015年第8期。

② 陈燕英、黄卫华：《古彝文信息化现状及趋势研究》，《信息技术与标准化》2016年第11期。

③ 吉差小明、朱崇先：《彝文古籍数字化研究现状与展望》，《哈尔滨师范大学社会科学学报》2016年第3期。

④ 王成平：《彝语言语料资源数据库的设计与共享的实现》，《中文信息学报》2016年第1期。

⑤ 陈兴才、杨姣：《彝文古籍索引编制初探》，《贵州工程应用技术学院学报》2015年第2期。

⑥ 袁香琴：《从文字关系角度审视彝文的发生问题》，《龙岩学院学报》2015年第4期。

⑦ 贾海霞、沙马拉毅：《〈通用彝文规范方案〉的实践效果及其成就》，《西南民族大学学报（人文社会科学版）》2015年第12期。

⑧ 普梅笑、李芸：《彝汉双语翻译语境下的〈云南规范彝文彝汉词典〉》，《民族翻译》2016年第2期。

⑨ 吉差小明：《彝文典籍整理研究范畴与策略》，《民族艺林》2016年第3期。

国彝文规范问题》[①] 认为四川规范彝文已经取得很大成绩的同时，也面临滇、黔、桂彝文规范问题。目前大家对全国彝文规范各持己见。作者主张将全国彝文规范为表音文字，早日实现彝区“书同文”。

涉及彝文文献专题研究论文主要有如下。陈兴才、朱建新的《黔西北彝文古籍整理的难点和主要方法》[②] 认为彝文古籍整理面临着辨伪、校勘、版本鉴定困难，整理手段落后，内容整理和创发性整理薄弱，彝文古书诊释量大，彝文古籍修复人才奇缺等诸多困难。彝文古籍的特点，决定了其整理的主要方法和工序与汉文古籍整理不尽相同，如标注国际音标、翻译等方法是汉文古籍整理所不具有的。龙倮贵的《试析彝文文献载体形制及其书法艺术》[③] 指出，从目前发掘的彝文文献载体形制而言，有纸书、木刻印刷书、皮书、瓦书、岩书、布帛书、木牍文、竹简文、金石铭文、印玺文等多种载体形制。彝文书法是以彝文为基础的书法手段，既有点线粗犷、刚健、明快、流畅、简捷、生动的特点，又有结构紧密，笔锋刚柔兼备，字体端庄、形象、洗练的特点，反映出本民族的某些性格、精神，并具有多元社会历史价值。麦吉木呷的《书写彝文书法字体及各种笔画的造型美》[④] 认为，1980 年《彝文规范方案》由国务院批准颁布实施以来，彝文书法艺术字体取得了可喜可贺的成绩，成为云贵川等彝文书法字体艺术界的重要力量。罗曲的《彝文古籍文献中的〈八卦定八名〉解读》[⑤] 以彝族先民社会的发展为视角对之进行了初步解读：彝族文化系统中八卦的出现，是其先民在发展中对方位认识和驱凶求吉的信仰意识相结合的结果。该文研究认为彝族《八卦定八名》中的八卦属于先天伏羲八卦。刘云的《彝文古籍翻译体例研究》[⑥] 指出，彝文古籍翻译经过几十年的实践，已经形成了单行、双行、三行、四行加注等比较成熟的翻译体例，这些体例既有优点，也有不足，彝文古籍翻译要根据需要来选择，同时也要不断探索和创新，不断完善翻译体例，提高彝文译著的价值。刘鹏的《彝文溯源考》[⑦] 以汉、彝文献资料、田野调查及考古实物等相结合的方法对其展开论述，以期对彝文起源的探索取得新的认识。龙倮贵的《彝文文献〈祭社神经〉的文化人类学解读》[⑧] 指出，滇南彝文文献《祭社神经》主要用于“咪嘎哈”原始宗教节祭活动中，是仪式上毕摩唯一念诵的经籍，系当地彝族“咪嘎哈”节祭仪式上的祭经，具有文学性和祭经性的双重性特点，反映了原始宗教以及彝族母系氏族社会过渡到父系氏族社会的婚姻形态，善待自然、保护生态、人与自然和谐相处的理念和行为。何流、罗启元的《发挥彝族地区图书馆职能搜集和保护区域内的彝文典籍》[⑨] 认为玉溪市的公共图书馆特别是彝族自治地区的图书馆要承担起普查、收集和保护区域内彝文典籍、彝族文献的职能，传承和弘扬区域内优秀的彝族文化，促进区域内彝族传统文化的复兴与发展。赵积将的《民间留存纸质彝文文献的传承与保护》[⑩] 以凉山州美姑县为例探讨未被专业组织或机构收集的民间留存纸质彝文文献的保护与传

---

① 朱文旭：《漫谈全国彝文规范问题》，《百色学院学报》2016 年第 1 期。

② 陈兴才、朱建新：《黔西北彝文古籍整理的难点和主要方法》，《贵州工程应用技术学院学报》2015 年第 4 期。

③ 龙倮贵：《试析彝文文献载体形制及其书法艺术》，《贵州工程应用技术学院学报》2015 年第 3 期。

④ 麦吉木呷：《书写彝文书法字体及各种笔画的造型美》，《贵州工程应用技术学院学报》2015 年第 3 期。

⑤ 罗曲：《彝文古籍文献中的〈八卦定八名〉解读》，《文史杂志》2015 年第 5 期。

⑥ 刘云：《彝文古籍翻译体例研究》，《民族论坛》2015 年第 6 期。

⑦ 刘鹏：《彝文溯源考》，《黑龙江史志》2015 年第 5 期。

⑧ 龙倮贵：《彝文文献〈祭社神经〉的文化人类学解读》，《楚雄师范学院学报》2015 年第 8 期。

⑨ 何流、罗启元：《发挥彝族地区图书馆职能搜集和保护区域内的彝文典籍》，《科技创新导报》2015 年第 3 期。

⑩ 赵积将：《民间留存纸质彝文文献的传承与保护》，《兰台世界》2015 年第 34 期。

承模式，目的是使留存在民间的纸质彝文文献既能够继续留存民间又能够得到很好的保护。王明贵、罗曲的《彝文经籍〈指路经〉的科学内涵与文学特色》[①] 指出，《指路经》不仅是彝族古代礼俗承载内涵最多的经籍，而且其中对彝族迁徙的路线、发展的历史等都有可以明确考证的科学内涵，并且具有活态的和生动活泼的文学艺术特色。王继超、王明贵、王明亮的《彝文文献记载的云南西部彝族谱系》[②] 指出：在云南省的西部，从商周到秦汉时期，活动着一个起源于什勺氏，而彝族文献称为“蒙确舍”彝族先民的集团，被称作“格沓部”的哀牢九夷是其的重要组成部分之一。什勺、米靡、武僰氏祖的加入，“六祖”系各支的汇入，使这一族群集团壮大，为后来的南诏统一祖国的西南边陲奠定了坚实的基础。王明贵、王小丰的《自然生境对彝族传统经籍传承的影响——黔滇彝族〈祭龙经〉及其活动仪式比较研究》认为，[③] 滇黔《祭龙经》在当代的使用情况已经发生了很大的不同，滇地还有活态的传承，篇幅较长，黔地已经发生变异，只有文本流传。自然生态环境对两地《祭龙经》的传承起到了直接的作用。张盈盈的《彝文古籍整理现状及问题分析》[④] 认为彝文古籍的修复工作，应着重开办培训班，培训古籍修复人才。在翻译上应重视解释文化背景，规范音译用字，尽量采用四行对照翻译法。扩宽分析角度，重视对比分析。彝文古籍的整理工作，面临的最大问题是资金缺乏和人才缺乏。应积极争取国家和企业家的经济支持，重视毕摩的作用，开展彝文培训班。吉差小明的《试析彝文古籍文献的文化记忆》[⑤] 指出，彝文古籍文献传承与传播民族优秀文化的记忆符号，其书面古籍文献具有书面文献文化记忆功能，口碑古籍文献具有活态传承与传播彝族文化的记忆功能。该文以彝文古籍文献文本内容为案例，探讨彝文古籍中的文化记忆。吴雪瑞、顾尔伙的《彝族古籍人才培养模式探索——以“毕节彝文双语职业学校”为例》[⑥] 探讨了贵州省毕节彝文双语职业学校彝族古籍人才培养模式及彝族现代布（毕）摩教育教学的内容和方式。为进一步推动彝文教学的发展，培养高质量彝族古籍人才团队提供实践经验和理论参考。张海英的《云南规范彝文图书出版的历史与现状及其对策》[⑦] 根据云南规范彝文图书出版的历史与现状，对彝文图书出版问题提出相应对策。曹贵雄、龙倮贵的《略论彝文文献保护和传承》[⑧] 在调查彝文文献传承现状基础上，为其保护和传承提出了相应措施。徐士奎、罗艳秋、王正坤的《彝文典籍〈哎哺啥呃〉中的彝医理论研究》[⑨] 对彝文典籍《哎哺啥呃》中的彝医基础理论包括河图洛书、青线赤线、哎哺、宇宙八卦、天地五行、天干地支、六色和八方位年 8 个方面进行了初步阐释，对彝医基础理论及应用有了一个全面的认知。

---

① 王明贵、罗曲：《彝文经籍〈指路经〉的科学内涵与文学特色》，《西南民族大学学报（人文社会科学版）》2015 年第 7 期。

② 王继超、王明贵、王明亮：《彝文文献记载的云南西部彝族谱系》，《贵州工程应用技术学院学报》2015 年第 2 期。

③ 王明贵、王小丰：《自然生境对彝族传统经籍传承的影响——黔滇彝族《祭龙经》及其活动仪式比较研究》，《青海民族大学学报（社会科学版）》2015 年第 4 期。

④ 张盈盈：《彝文古籍整理现状及问题分析》，《兰台世界》2016 年第 1 期。

⑤ 吉差小明：《试析彝文古籍文献的文化记忆》，《兰台世界》2016 年第 22 期。

⑥ 吴雪瑞、顾尔伙：《彝族古籍人才培养模式探索——以“毕节彝文双语职业学校”为例》，《民族论坛》2016 年第 9 期。

⑦ 张海英：《云南规范彝文图书出版的历史与现状及其对策》，《民族翻译》2016 年第 1 期。

⑧ 曹贵雄、龙倮贵：《略论彝文文献保护和传承》，《玉溪师范学院学报》2016 年第 9 期。

⑨ 徐士奎、罗艳秋、王正坤：《彝文典籍〈哎哺啥呃〉中的彝医理论研究》，《西部中医药》2016 年第 9 期。

沈峥的《儒释道文化与明清云南彝族生活——基于桃源峡彝文摩崖碑刻史料印证》① 指出，在元明清实施的民族政策推动下，以及明清时期汉移民逐渐进入云南彝族地区，儒释道文化与当地彝族毕摩文化不断交融，极大影响了彝族人民的生活。朱文旭的《彝文〈勒俄特依〉译注勘误》② 指出，彝文文献《勒俄特依》是大小凉山彝族地区家喻户晓的创世史诗。以往对《勒俄特依》的译注出现不少错误，特别是书中一些很有价值的远古史迹、词语及地名。该文从历史学、民族学、语言学及彝族历史文化角度出发，对《勒俄特依》溯本清源、匡正讹误。李绍华、李稷玺的《彝文文献政治思想探究》③ 指出，彝族政治体制是彝族独特的文化现象，君臣师匠奴“五位一体”是其治理模式，并伴随中国政治体制发展而演变。该文通过彝文文献解读，揭示其文化内涵，挖掘“资治通鉴”的现代价值。罗曲的《对彝族故地洛书、河图石刻的解读》④ 认为云南、贵州相邻的四川叙永县是历史上彝族的世居之地，在当年彝族先民屯兵之地的黄岩坝出土了石虎，天台山上发现了刻有河图洛书的石刻，虽经多年风化但图纹仍清晰可辨，天台山河图洛书石刻的存在与当地的世居民族有关。罗曲的《彝族传统医药文献管窥》⑤ 指出，彝族在自己的历史发展长河中，与疾病作斗争，积累了丰富的治疗疾病的经验。这种经验，有的蕴含于神话传说中，有的融汇于包括毕摩经书在内的彝文古籍中，有的则作为专著形式独立存在，它们均属于中华传统医学文化的大体系。邱运胜的《滇南地方社会、彝族祖先记忆与文化认同——基于地方志和彝汉文碑记的考察》⑥ 认为，《族谱明辨纪略》《孔卓墓志铭》《则旧孔氏汉彝文碑记》等彝汉文碑记成为孔姓彝族人建构孔子祖先记忆的重要资源。该文通过分析以上碑记资料，描述该族群对主流文化的认同感和维系彝族族群认同的努力；指出孔姓彝族人的个案是滇南地方社会文化多样性的反映。罗曲的《彝族文献分类研究——以〈彝族毕摩经典译注〉为例》⑦ 认为，106 部《彝族毕摩经典译注》仅仅是彝族文献中的一部分，在包括译著、彝族文化人用汉语文及其他语种撰著的作品、彝文文献在种类和数量上都有相当规模的语境下，应当树立“彝族文献”的概念，并对之进行科学分类。徐士奎、罗艳秋的《彝医药古籍文献明清时期多见的成因分析》⑧ 认为，彝医药古籍文献以明清时期多见的历史成因，主要在于明代造纸业的推进与毕摩社会职能的改变促进了彝医药古籍的流传和传播。该文澄清了目前学界容易曲解的两个观念：一是不能以目前所发掘的最早的彝医药古籍文献的版本年代来判定彝医药最早的产生时期；二是彝文医药典籍以“五言体”记录流传，是彝医药以传唱方式传承的佐证，其行文特点为“五字一句，一字一意，一行一事，含义丰富，纵横捭阖，方圆契度”，涵盖颇为广泛。研习者应以遵循古义的态度看待和阐释古籍。王明贵的《论彝族传统经籍的翻译出版》⑨ 指出，真正成规模地将彝族经籍翻译成汉文，起始于《爨文丛刻甲编》。新

---

① 沈峥：《儒释道文化与明清云南彝族生活——基于桃源峡彝文摩崖碑刻史料印证》，《兰台世界》2016 年第 12 期。

② 朱文旭：《彝文〈勒俄特依〉译注勘误》，《民族翻译》2016 年第 2 期。

③ 李绍华、李稷玺：《彝文文献政治思想探究》，《民族论坛》2016 年第 8 期。

④ 罗曲：《对彝族故地洛书、河图石刻的解读》，《西南民族大学学报（人文社会科学版）》2016 年第 12 期。

⑤ 罗曲：《彝族传统医药文献管窥》，《文史杂志》2016 年第 3 期。

⑥ 邱运胜：《滇南地方社会、彝族祖先记忆与文化认同——基于地方志和彝汉文碑记的考察》，《地方文化研究》2016 年第 3 期。

⑦ 罗曲：《彝族文献分类研究——以〈彝族毕摩经典译注〉为例》，《民族学刊》2016 年第 1 期。

⑧ 徐士奎、罗艳秋：《彝医药古籍文献明清时期多见的成因分析》，《云南中医中药杂志》2016 年第 8 期。

⑨ 王明贵：《论彝族传统经籍的翻译出版》，《民族翻译》2016 年第 2 期。

中国成立后，国家成立了专门的翻译机构，大批彝文经籍得以翻译出版，介绍给全社会。其中有代表性的是《彝族毕摩经典译注》和《中国少数民族原始宗教经籍汇编·毕摩经卷》。罗曲的《彝族毕摩文献中的孝文化文本鸟瞰》① 认为，彝族毕摩文献中，有部分是反映彝族传统孝文化的文本。从其内容构成看，这类文本一是以彝族母语记录或创作反映彝族传统孝文化观的，二是用古彝文翻译自汉文文献或流传于汉族地区的孝文化传说或故事。毕摩文献中的孝文化文本，不仅传递了社会所需要的正能量，对树立良好家风发挥了一定的作用，而且在彝区全面建设社会主义小康社会的今天，其中的精华部分仍有积极的作用。孙德朝的《身体活动与古彝文字的相关性研究》② 利用应用人类学研究的大小传统感通思维方式，从古彝文字中筛选出24个与身体活动相关的文字，提炼出古彝文字中的身体活动元素。研究认为：古彝文字蕴含着彝族尚武民族性格气质特征、彝族个体身体活动式样、人畜和谐共有的运动式样、毕摩作毕时对身体关怀的显隐身体活动文化内涵、原生态竞技游艺元素、教育传承元素。身体活动对文化和文明具有重要的语言和思想传承属性，也对文字的形成有重要认知特征。

（四）纳西东巴文文献研究

2016年适逢纳西东巴文研究专家华东师范大学王元鹿教授七秩华诞，《华西语文学刊》专门设置了《华西语文学刊·王元鹿教授古稀寿辰纪念专辑》③，收录了邓章应、苟开青的《王元鹿先生文字学成就略述》，李晓兰的《纳西哥巴文水系字与东巴文相关字群比较研究》，喻遂生的《白地阿明灵洞李霖灿题词考释》，木仕华的《纳西东巴文祝辞“延年益寿”本义为“长寿饭饴”说》，刘悦的《东巴经书中的特殊造字现象》等论文与研究其他文字论文一并作为祝寿文集的构成，从多角度探讨了纳西东巴文及其文献。

关于东巴文的构形研究及文字性质的界定一直是讨论内容之一。喻遂生、周寅的《纳西东巴文截取式假借探析》④ 指出，纳西东巴文假借中存在“截取式假借”的现象——截取双音节东巴文的某一个音节用于假借。截取式假借可以按所取音节的位置分为前截式和后截式；按截取后是否独立表意分为截取后表单音词和截取后表多音词的一个音节。张积家、王娟、蔺翠珍等的《运用命题产生法探寻东巴文的性质》⑤ 认为，东巴文在表意上还具有相当程度的不确定性，正处在由图画文字向形意文字过渡的阶段。由于东巴文的这一特点，使得东巴文对于东巴经的解读和翻译具有看图说话的性质。周寅、杨亦花的《东巴文借用汉字机制及原因探析》⑥ 认为，东巴文借用汉字的情况，根据借用理据可以分为借音、借义、借音义和转借；根据借用方式可以分为直接借用、改变形体和参与构形。该文从借用理据和借用方式两个方面对东巴文借用汉字机制进行研究，并探析了东巴文借用汉字的原因。张艳、李永的《纳西族东巴文档案研究的文献计量分析》⑦ 采用文献计量方法统计了中国期刊全文数据库（CNKI）中收录的截至2014年底的29篇关于纳西族东巴文档案研究文献的年代分布、主题分布、研究机构分布、作者合作情况等，并对纳西族东巴文档案研究的进展、趋势和存在的问题进行了梳理和剖析。刘

① 罗曲：《彝族毕摩文献中的孝文化文本鸟瞰》，《文史杂志》2016年第1期。

② 孙德朝：《身体活动与古彝文字的相关性研究》，《体育学刊》2016年第2期。

③ 傅勇林主编：《华西语文学刊·王元鹿教授古稀寿辰纪念专辑》，四川文艺出版社2016年版。

④ 喻遂生、周寅：《纳西东巴文截取式假借探析》，《西南民族大学学报（人文社会科学版）》2015年第4期。

⑤ 张积家、王娟、蔺翠珍等：《运用命题产生法探寻东巴文的性质》，《大理学院学报·综合版》2015年第1期。

⑥ 周寅、杨亦花：《东巴文借用汉字机制及原因探析》，《大理学院学报·综合版》2015年第3期。

⑦ 张艳、李永：《纳西族东巴文档案研究的文献计量分析》，《山西档案》2016年第2期。

杨翎的《文字传播学视角中的纳木依文与达巴文关系研究》[①] 指出，纳木依文和达巴文是近年来西南地区新发现的两个文种，同属早期文字。它们之间是相互关联的。从文字传播学的角度，着眼于文字学本体，可以论证二者可能具有同源关系。王娟的《纳西东巴文字典编纂研究》[②] 对《纳西象形文字谱》和《麽些象形文字字典》这两部东巴文字典在收字、释义和体例编纂的特点进行考察，为编纂更加科学完善和实用的东巴文字典及其有关的少数民族字典提供一些参考依据。

探讨东巴文字的发展走向的研究论文有如下。赵丽明的《纳西东巴文的自然生态与发展》[③] 指出，东巴文一直在发展，并且逐渐有了两大突破：第一，突破宗教文字的社会功能局限，走向世俗民间实用文字；第二，突破原始图画文字不能一一记录语言词句的局限，可以按语法顺序完整地书写语言，走向成熟文字。马跃、马艳芳的《纳西东巴文同形字研究述评》[④] 认为，东巴文由于这一文字系统的特殊性，使得同形字的数量更多，使用情况更为复杂灵活。该文对前人的研究概况和所取得的成绩进行归纳总结，同时指出研究中尚且存在的不足，试图在此基础上探索同形字今后的研究方向。曾小鹏、武晓丽的《纳西东巴文的演进》[⑤] 指出，东巴文在纳西南迁的上游地区创制，逐渐传播到其他地区，记录的经书和文字数量不断扩增，文字和所记录的经文愈加紧密对应。东巴经“图画式布局”的传统范式是众多字体保留了原始图画的主要原因，同时，书写上求便、语言思维的抽象等因素，也在文字的长期使用中带来了字体的符号化、讹变。黄思贤的《纳西东巴文献各类词性记录调查研究的一些具体方法》[⑥] 对纳西东巴文献中的各类词性进行调查研究，首先应该选择具有代表性的成熟的与研究相切合的纳西东巴文献，并为之建立研究所需的语料库，在此基础上进行统计、描写和比较，得出一些有价值的数据，最终达到研究的目的。该调查研究涉及的问题多、意义大，因此，其研究方法值得深入探讨。莫俊的《论纳西东巴经书写特点》[⑦] 从语言文字学角度对纳西东巴经《九个天神和七个地神的故事》进行考察，探讨东巴经书在文字排列、字词关系、停顿、省写、字符组合、字形风貌等方面的特点。和秀梅、张积家的《从东巴文与图片、汉字的分类比较看东巴文的性质——来自行为和眼动研究的证据》[⑧] 采用行为研究和眼动技术，从东巴文与图片、汉字的分类比较考察东巴文的性质。结果表明：（1）无论是从反应时、错误率看，还是从总注视点个数、总注视时长和总眼跳幅度看，东巴文合体字分类均难于东巴文独体字，东巴文独体字分类难于图片和汉字；（2）学习影响对东巴文合体字的分类。研究表明，东巴文合体字是类似于汉字的意音文字，东巴文独体字是类似于图画的早期文字；东巴文是由形意文字过渡到意音文字的中间阶段的文字。曾小鹏的《纳西东巴文造字与思维》[⑨] 指出，纳西东巴文的象形符号折射出造字时的认知思维模式。纳西族先民习惯通过形象思维观察身边事物，有一定的抽象思维能力和用已有知识去了解新事物的概括能力。

---

① 刘杨翎：《文字传播学视角中的纳木依文与达巴文关系研究》，《淄博师专学报》2014 年第 4 期。

② 王娟：《纳西东巴文字典编纂研究》，《太原师范学院学报（社会科学版）》2016 年第 4 期。

③ 赵丽明：《纳西东巴文的自然生态与发展》，《世界宗教文化》2015 年第 4 期。

④ 马跃、马艳芳：《纳西东巴文同形字研究述评》，《鸡西大学学报》2015 年第 4 期。

⑤ 曾小鹏、武晓丽：《纳西东巴文的演进》，《绵阳师范学院学报》2016 年第 10 期。

⑥ 黄思贤：《纳西东巴文献各类词性记录调查研究的一些具体方法》，《理论月刊》2014 年第 12 期。

⑦ 莫俊：《论纳西东巴经书写特点》，《西华大学学报（哲学社会科学版）》2015 年第 4 期。

⑧ 和秀梅、张积家：《从东巴文与图片、汉字的分类比较看东巴文的性质——来自行为和眼动研究的证据》，《华南师范大学学报（社会科学版）》2016 年第 1 期。

⑨ 曾小鹏：《纳西东巴文造字与思维》，《西南科技大学学报（哲学社会科学版）》2016 年第 4 期。

涉及哥巴文、与纳西东巴文有关联的文字关系的研究论文有如下。刘婕的《哥巴文的判定》① 认为，哥巴文来源多样，其中一部分形体又直接借自东巴文，而纳西族经书常常使用东巴文与哥巴文共同记录经书，因此，出现了哥巴文判定混乱的情况。有鉴于此，应从哥巴文的性质、来源、字形、地域，以及字符出现在《纳西东巴古籍译注全集》中的位置几个方面，来判定哥巴文字符。白小丽的《纳西哥巴文研究的回顾与展望》② 从文献收集、刊布、文献翻译、字符研究、文字系统等方面对现有哥巴文研究进行总结，并对以后的研究提出了展望。

涉及东巴文文献宗教经典和世俗文献的研究论文有如下。和继全的《汉籍〈玉匣记〉“六壬时课”之纳西东巴文译本述要》③ 指出，东巴文占卜典籍《时占之书》与“六壬时课”类似。《时占之书》实为汉籍《玉匣记》“六壬时课”的东巴文译本，是纳西族东巴教吸收中原文化的证据。李晓亮、张显成的《哈佛大学燕京学社图书馆藏和鸿东巴经抄本研究》④ 通过对哈佛大学燕京学社图书馆藏和鸿东巴经抄本跋语的解读推测出和鸿的生年及和鸿抄本的抄写时代，并对和鸿抄本的经书封面装帧、书写风格、跋语等方面进行解读，以期了解白沙东巴经的基本面貌。张春凤的《哈佛燕京学社藏东巴经两册“崭新”经书考》⑤ 对哈佛燕京学社图书馆藏两册“崭新”的经书进行考证，确定为生活在丽江龙蟠乡中村的洛克经师和华亭所写，抄写年代在1928—1936年。这两册经书看似崭新，但书写年代在新中国成立之前，也应纳入民族古籍范围。许多多的《东巴经中的五色系统程式研究》⑥，在笔者对比宁蒗县拉伯乡油米村祭水龙经东巴经《龙王的产生》口诵与逐字念诵两种解读方式的过程中，由从中观察到与五色相关的不一致现象入手，参考现有的东巴经典文献及笔者田野调查搜集的东巴经典资料，分析产生不一致的原因。颜色的错置其实是东巴经文口诵中程式的叠加所致。文中关于五色的程式有：白色在黑白二元体系中被赋予的意象、五方山岩的五色体系、五行配合的五色体系。在东巴教的文化环境中，五色系统作为程式，仅需提及数个关键词，就被作为一个整体信息传达出来，而无须逐字的推究。孔德超的《秦简〈日书〉和纳西族东巴教中的驱鬼术比较研究》⑦ 认为《日书》是出土秦简的重要内容，于1975年首次发现的睡虎地秦简《日书·诘咎》篇保留了名目繁复的驱鬼术材料，是研究先秦民风、民俗的珍贵材料。而纳西族东巴文作为活着的象形文字更是学术界关注的焦点，以东巴文为载体的东巴经书中也存在着内容丰富的原始驱鬼术材料。从驱鬼的行为表现形式、用物、原因和施事人四方面对出土秦简和纳西族东巴教中的驱鬼术进行比较研究，不仅可以更好地理解不同时空背景下人们精神世界的统一性和差异性，更可管窥中华民族源远流长的风俗习惯以及世殊时异条件下民俗的传延性和继承下的创新发展意识。杨福泉的《关于当代纳西东巴文献释读刊布和创新的思考》⑧ 指出，纳西东巴文献的收集、释读刊布存在着以下问题：一是偏重对东巴书写文献的翻译释读而忽略了对口诵经典的解读翻译；二是由于旅游等产业的带动，东巴文献载体的东巴纸需求过热，导致造纸原料已濒临灭绝；三是当下东巴古籍文献翻译由于缺乏专业人才和准确方法，还显得比较粗糙，应向精细化方向发展；四是东巴文献的传播还比较殿堂化，应加强对大众，特别是纳西族民

---

① 刘婕：《哥巴文的判定》，《龙岩学院学报》2016年第4期。

② 白小丽：《纳西哥巴文研究的回顾与展望》，《贵州师范大学学报（社会科学版）》2016年第4期。

③ 和继全：《汉籍〈玉匣记〉“六壬时课”之纳西东巴文译本述要》，《云南社会科学》2015年第3期。

④ 李晓亮、张显成：《哈佛大学燕京学社图书馆藏和鸿东巴经抄本研究》，《中南民族大学学报（人文社会科学版）》2015年第1期。

⑤ 张春凤：《哈佛燕京学社藏东巴经两册“崭新”经书考》，《文献》2016年第3期。

⑥ 许多多：《东巴经中的五色系统程式研究》，《民间文化论坛》2016年第5期。

⑦ 孔德超：《秦简〈日书〉和纳西族东巴教中的驱鬼术比较研究》，《民间文化论坛》2016年第5期。

⑧ 杨福泉：《关于当代纳西东巴文献释读刊布和创新的思考》，《云南社会科学》2016年第5期。

众的普及工作；五是民族文化应该是活的文化，传统的东巴文献不应成为故纸堆，而应在当今继续发展演变、丰富和创新。甫云龙的《浅谈东巴文的学校传承困境及其对策——以丽江和香格里拉两地为例》① 认为，东巴文具有极高的传承价值，但是其自身的书写较为复杂且没有统一的规范和标准，使得东巴文的传承模式陷入困境中，东巴文化原有的以父子、师徒传承的模式在现有的教育体制下已经失去了它的存在样式基础，因而学校传承在这样一个情形之下显得极为重要，只有发挥好学校这一传承的途径，并且通过政府的正确引导、学者的策划、学校师生和社会民众的积极参与，东巴文才能传承下去，并在传承过程中不断发展。徐红罡、任燕的《旅游对纳西东巴文语言景观的影响》② 通过定性研究，以丽江作为研究地，运用语言景观信息功能与象征功能的理论框架，对旅游影响东巴文语言景观进行探讨。研究发现，旅游中东巴文景观虽然突出，但是流于形式，旅游“复兴”的东巴文景观仅具有象征功能，成为一种旅游商业符号，缺乏支撑语言活力的信息功能。东巴文的未来发展需要另辟蹊径，东巴文的真正复兴需要从东巴文原有的发展模式中去寻找启示，其精髓更大程度需依赖文化精英维系。

关于纳西东巴文的计算机输入法、字符识别、古籍释读数据库等方面的论文主要有如下。王海燕、王红军、徐小力的《基于拓扑特征的纳西东巴文象形文字输入方法研究》③ 针对大量纳西经典古籍资料需要录入、整理、分析的需要，设计一种普通用户即可使用的基于拓扑特征的输入方法。首先针对纳西东巴象形文字的1561个基本字形的五个拓扑特征——块数、孔数、端点数、三叉点数和四叉点数进行了统计和分析，然后基于Java程序结合TTF字库文件进行了测试，证明了该方法可行。统计结果表明，50%以上的纳西东巴象形文字通过这五个特征可以唯一识别，80%以上的东巴文字通过该方法识别时重复数不高于4，人工输入、识别的效率较高，为纳西东巴象形文字的输入方法提供了一种新的思路。王海燕、王红军、徐小力的《基于支持向量机的纳西东巴象形文字符识别》④ 指出，字符识别是模式识别领域非常重要的一个应用领域。纳西东巴象形文字在识别领域的研究较少，该文提取纳西东巴象形文字的粗网格特征和拓扑特征的组合，使用支持向量机方法，对纳西东巴文字进行识别。实验证明，采用组合特征、基于支持向量机方法的纳西东巴象形文字识别准确率比已有的采用粗网格特征和基于距离法的识别准确率更高，稳定性更好，可以在此基础上继续进行东巴象形文字的识别研究。王宁、徐小力、李志华、吴国新的《东巴经典古籍释读数据库建立方法》⑤ 针对东巴经典古籍中字词句难以理解与释读的问题，讨论东巴象形文字特有的结构及其释义，研究面向东巴经典古籍的数据库结构及工作方式，提出一种释读数据库的建立方法。通过对现有东巴文化资料收集和分析，建立模板库；通过深入分析东巴古籍词、句、事件之间的关系构建词意数据库、句意数据库和事件数据库；通过推理引擎将释读数据库与释读知识库融合以实现释读内容的组合和管理。该数据库成功地实现了对东巴经典古籍信息的查询、释读和理解。田里、光映炯的《旅

① 甫云龙：《浅谈东巴文的学校传承困境及其对策——以丽江和香格里拉两地为例》，《戏剧之家》2015年第7（上）期。

② 徐红罡、任燕：《旅游对纳西东巴文语言景观的影响》，《旅游学刊》2015年第1期。

③ 王海燕、王红军、徐小力：《基于拓扑特征的纳西东巴文象形文字输入方法研究》，《中文信息学报》，2016年第4期。

④ 王海燕、王红军、徐小力：《基于支持向量机的纳西东巴象形文字符识别》，《云南大学学报（自然科学版）》2016年第5期。

⑤ 王宁、徐小力、李志华等：《东巴经典古籍释读数据库建立方法》，《北京信息科技大学学报（自然科学版）》2015年第5期。

游展演与活态保护的互动与发展路径——以云南纳西族东巴文化为例》[①] 以纳西族东巴文化为例，通过对三个案例点的实地调查分析说明旅游展演与活态保护之间存在着特定的互动关系，基于旅游开发的不同程度及旅游展演的类型差异所产生的活态保护效应也不同，而且其互动差异主要与旅游场域的特殊社会结构、社会群体和发展趋势有关。同时，“生境—空间—仪式—物—人”的保护机制构建有利于旅游目的地民族文化的活态性，而过度地进行旅游展演或强调其作用都极易导致文化商业化，良性的互动可维护民族地区旅游业可持续发展与现代民族文化的和谐共赢发展并产生积极的社会示范效应。

（五）水书文献研究

探讨水书文献的保护与抢救整理方面的论文有如下。蒙耀远的《水族水书抢救保护十年工作回顾与思考》[②] 指出，水书主要流传在贵州南部水族地区，成书年代无法考证，历史久远，至今仍活态传承于水族民间。2003 年水书抢救保护被正式提上政府的议事日程，水书抢救保护十年中有了量的积累和取得了质的飞跃。华林、刘为、杜昕的《贵州黔南州国家综合档案馆水书档案文献遗产集中保护案例研究》[③] 指出，贵州黔南州在全国首次将国家综合档案馆确立为水书抢救的核心机构，从政策法规、组织领导和抢救经费等方面予以大力支持。文章分析了国家综合档案馆少数民族档案文献遗产集中保护的优势、意义以及当地政府所采取的措施，以为少数民族档案文献遗产的集中保护提供借鉴。王炳江的《水书启蒙拜师祝词的传承保护思考》[④] 认为，水书启蒙拜师祝词存在于拜师仪式之中，作为一种无文字的口头特殊符号，它的叙事功能达到了人与神沟通思想的效果，也传达了水族人民美好的愿望。拜师祝词是水族人民优秀的文化遗产，但也正因为它的口头性使得其传承状况堪忧。从拜师祝词的生境状况和传承现状出发，应加强保护与传承水书启蒙拜师祝词。瞿智琳的《水书档案编纂现状探析》[⑤] 从水书档案编纂形式、编纂者和编纂成果应用领域三个方面研究分析水书档案编纂现状，总结民族档案史料编纂方法的新趋势。

涉及水书本体及其文献研究的论文有如下。崔朝辅的《论〈水书·丧葬卷〉中的传统“孝”文化因子》[⑥] 对《水书·丧葬卷》的水族丧葬文化更是充分展现了中国传统孝文化的特质。张星的《水书医学文字的造字法分析》[⑦] 指出，国家非物质文化遗产水书中，存有为数不多的医学相关文字，如阴、阳、木、火、土、金、水、麻风、痴呆、瘟疫、眼瞎、眩晕等。以传统“六书说”理论对这些文字的造字法进行分析，发现其主要采用了两种造字法：象形和会意。对于具体的物象，多采用象形造字法；而对于抽象的概念，则采用会意造字法。这说明水书医学文字的造字法还处在比较原始的状态，尚未出现形声造字法。梁光华、蒙耀远的《水族水字研究》[⑧] 认为目前共见不重复的水字单字 472 个。综合分析认为水族水字是借鉴汉字“六书说”造字原理而创造出来的少数民族文字。主要有图画水字、形意水字和假借水字三种类

---

① 田里、光映炯：《旅游展演与活态保护的互动与发展路径——以云南纳西族东巴文化为例》，《广东社会科学》2015 年第 5 期。

② 蒙耀远：《水族水书抢救保护十年工作回顾与思考》，《文史博览》2016 年第 1 期。

③ 华林、刘为、杜昕：《贵州黔南州国家综合档案馆水书档案文献遗产集中保护案例研究》，《档案学通讯》2015 年第 2 期。

④ 王炳江：《水书启蒙拜师祝词的传承保护思考》，《广西民族师范学院学报》2015 年第 2 期。

⑤ 瞿智琳：《水书档案编纂现状探析》，《兰台世界》2016 年第 1 期。

⑥ 崔朝辅：《论〈水书·丧葬卷〉中的传统“孝”文化因子》，《大庆师范学院学报》2015 年第 5 期。

⑦ 张星：《水书医学文字的造字法分析》，《开封教育学院学报》2016 年第 8 期。

⑧ 梁光华、蒙耀远：《水族水字研究》，《黔南民族师范学院学报》2015 年第 3 期。

型。尚未发现运用形声造字法创造的水字，这是水族水字停留在较低层面且水字字数较少的重要原因之一。张国锋的《水书古籍的字切分方法》① 指出，水书文字的切分是进行水书文字识别的重要环节。根据水书文字的书写特点和布局分析，对水书古籍文献进行了投影分析和连通域分析，并将部分先验知识应用到水书文字的切分过程中进行了文字识别。实验证明，该识别系统对水书文字切分率可以达到95.3%的准确率。白小丽、徐艳茹的《水文研究回顾与展望》② 指出，学术界对水文和水书的研究现状作过不同角度的梳理。文章在增补最新成果的基础上，按照文献译注、文字研究两方面进行回顾，并对以后的水文研究提出建议。

（六）傣文文献研究

涉及傣文古籍及贝叶经的研究论文有如下。焦云宏、王明姣的《贝叶经典籍在傣族社会生活中的作用与价值》③ 指出，贝叶经典籍在佛教文化和传统文化等精神层面以及傣族社会生活中起着极为重要的作用，同时也具有宗教、文化、生态、教育和经济价值。贝叶经典籍为傣族地区民众思想观念的确立提供了坚实的理论基础，给予傣族社会直接或间接的引导力，潜移默化地引导着社会成员价值取向的确立。董印红的《英文版〈傣族书目〉的目录学特点和傣学研究价值》④ 指出，《傣族书目》是一部收录傣族研究文献的专科目录，也是一部由中国傣族文化研究者编纂，被翻译成英文版本出版的参考工具书。冯怀勇的《简述德宏傣语文翻译史》⑤ 指出，德宏傣语文翻译的历史悠久，从汉代开始因交往的需要就已经有了“重译”，即口头翻译；南传上座部佛教传入后，德宏傣文的产生和发展对佛教经典的“巴（利语）译傣”以及后来的“汉译傣”“傣译汉”等产生了影响。该文从上述几个方面对傣语文翻译的历史进行简要概括和归纳。黄方方、陈孟云的《佛教传播与傣族贝叶文学经典解读》⑥ 认为，佛教传入对傣族文学的创作产生了深远的影响，傣族文学最具代表性的是信仰佛教文化圈里产生的傣族贝叶文学。傣族贝叶文学作品数量庞大，文学样式多样，有经籍文学、佛本生经、佛教格言、民间寓言故事等，其中不乏经典之作，解读经典之作有助于了解傣族文化之精髓。板永明的《当代佛寺教育中的傣文传承教育现状综述——以云南省德宏傣文传承教育个案为例》⑦ 探讨了德宏傣族地区当代佛寺教育式微下的傣文传承教育现状，同时期望能够引发语言教育学界对德宏傣文传承教育危机的关注，并为探索出一条适合当代德宏傣文的传承和发展之路建言献策。屈永仙的《论傣族诗歌传承的困境与机遇》⑧ 指出，历代傣族歌手或诗人不断地口头创作、抄写和记录了大量的诗篇，为后人留下了浩瀚的手抄本。这些抄本含有傣族历史、神话、传说等文化遗产。当前傣族诗歌传承面临着严峻的考验，主要表现为保存环境较差，能够阅读的人剧减以及传承人的老龄化等问题。

涉及傣文文献应用计算机处理等专题的研究论文有如下。胡刚、王嘉梅、李炳泽、林睿、

① 张国锋：《水书古籍的字切分方法》，《黔南民族师范学院学报》2015年第2期。

② 白小丽、徐艳茹：《水文研究回顾与展望》，《华西语文学刊》2016年第2期。

③ 焦云宏、王明姣：《贝叶经典籍在傣族社会生活中的作用与价值》，《云南开放大学学报》2016年第4期。

④ 董印红：《英文版〈傣族书目〉的目录学特点和傣学研究价值》，《兰台世界》2015年第34期。

⑤ 冯怀勇：《简述德宏傣语文翻译史》，《民族翻译》2015年第3期。

⑥ 黄方方、陈孟云：《佛教传播与傣族贝叶文学经典解读》，《云南社会科学》2015年第5期。

⑦ 板永明：《当代佛寺教育中的傣文传承教育现状综述——以云南省德宏傣文传承教育个案为例》，《湖北函授大学学报》2015年第24期。

⑧ 屈永仙：《论傣族诗歌传承的困境与机遇》，《广西民族师范学院学报》2015年第1期。

希利补发的《傣泐文—汉文互译有声电子词典》[①] 指出，目前面向傣族地区的翻译辅助工具还未推出，“傣泐文—汉文互译有声电子词典”是傣文信息化领域的一个重要“应用创新”成果，是开展少数民族语言文化信息元表示与提取研究的基础支撑，其作用主要是负责傣文的查询、翻译、朗读等工作。傣汉互译电子词典设计实现了傣汉对照互译、傣语真人朗读、傣语音标显示等常用功能，同时还支持对词库进行添加、修改、删除、自定义操作，实现了良好的人机交互功能。罗平的《资源描述与检索（RDA）与傣文贝叶经编目研究》[②] 尝试使用全球信息资源描述与检索标准（RDA）来对傣文贝叶经进行编目，提出了编目少数民族文献的一种新方式。

二 阿尔泰语系语言文字文献研究

（一）突厥语族古文字文献研究

探讨察合台文文献方面的专题论文有如下。何星亮的《清代勘分中俄科塔边界大臣的第一件察合台文文书及其相关问题研究》[③] 研究了作者发现的清代钦命勘分中俄科塔边界大臣于光绪九年（1883）七月初六写给哈萨克部落头目的文书。对文书进行翻译，对文书中提到人名、中俄边界谈判地点和中俄分界线进行了较为详细的考证。玉努斯江·艾力的《察合台文的塔兰奇文书——〈秃黑鲁帖木儿麻扎志〉考释》[④] 指出，《秃黑鲁帖木儿麻扎志》是一部关于清代后期塔兰奇人的重要文书，对研究东察合台汗国的历史以及伊斯兰教在伊犁地区的传播具有很高的史料价值，其内容涉及秃黑鲁帖木儿麻扎舍依赫家族、塔兰奇人的起源、阿力麻里地区的历史地理、文化名人等诸多方面。该文介绍了收藏在麻扎舍依赫后裔手中的《秃黑鲁帖木儿麻扎志》，对其作汉译，考释了一些人名和地名。陈宗振的《关于维吾尔语言史研究的几个问题》[⑤] 认为古今维吾尔语历史应分为三个时期：（1）回鹘语时期，即8—15世纪，其中，突厥文文献语言期为8—9世纪，回鹘文文献语言期为9—15世纪；（2）喀喇汗王朝突厥语和察合台语时期，即10—20世纪初；（3）现代维吾尔语时期，即20世纪二三十年代至今。吾斯曼江·亚库甫的《隆德大学所藏察合台文手抄本〈萨希甫传〉研究》[⑥] 认为，瑞典隆德大学图书馆收藏属于同一个作者（或抄写者）的四部察合台文手抄本，其中的三部为内容具有连续性的同一著作的三个部分，原名为《萨希甫传》，主要内容为阿古柏的入侵以及新疆各族共同反抗侵略的历史；研究涉及版本、作者、内容等。

其他涉及回鹘文献、碑铭、佛经、社会文书的专题论文有如下这些。李刚的《御制〈平定回部勒铭伊西洱库尔淖儿之碑〉考析》[⑦] 指出，御制《平定回部勒铭伊西洱库尔淖儿之碑》通称“乾隆纪功碑”，为清朝平定大小和卓叛乱后御制碑之一，碑文为满、汉、托忒、察合台文四体合璧，原碑已毁，一档的原碑拓片齐全完整，记述了平定大小和卓叛乱最后胜利的情况，

---

① 胡刚、王嘉梅、李炳泽等：《傣泐文—汉文互译有声电子词典》，《计算机系统应用》2016年第7期。

② 罗平：《资源描述与检索（RDA）与傣文贝叶经编目研究》，《佳木斯职业学院学报》2016年第8期。

③ 何星亮：《清代勘分中俄科塔边界大臣的第一件察合台文文书及其相关问题研究》，《西域研究》2015年第4期。

④ 玉努斯江·艾力：《察合台文的塔兰奇文书——〈秃黑鲁帖木儿麻扎志〉考释》，《西北民族研究》2015年第3期。

⑤ 陈宗振：《关于维吾尔语言史研究的几个问题》，《双语教育研究》2015年第4期。

⑥ 吾斯曼江·亚库甫：《隆德大学所藏察合台文手抄本〈萨希甫传〉研究》，《民族研究》2016年第6期。

⑦ 李刚：《御制〈平定回部勒铭伊西洱库尔淖儿之碑〉考析》，《满语研究》2016年第2期。

满汉碑文记载了伊西洱库尔淖尔之战的人物、经过和结果，可以为研究该战役提供直接资料，特别是满文部分，文字通俗易懂，有助于汉文碑文的解读。洳尔奇奥、张海娟、杨富学的《回鹘文佛典翻译技巧考析》[①] 认为回鹘之翻译技巧大致有三：其一，专有名称，直接采用外来术语；其二，回鹘文之佛经翻译，常常以一种文字为底本，同时参考其他文本；其三，注意借鉴佛经藏文、汉文译本的翻译经验和技巧。张铁山、皮特·茨默的《敦煌研究院藏回鹘文〈圆觉经〉注释本残片研究》[②] 首次对敦煌研究院陈列中心藏一叶回鹘文《圆觉经》残片进行原文换写、转写、汉译和注释，并在此基础上探讨残片的相关问题。陈明的《回鹘文〈金光明经〉第二十九品研究》[③] 对回鹘文《金光明经》第二十九品《菩提树神赞叹品》进行翻译、注疏，并探讨译者的翻译方法。马克·狄更斯、茨默、唐莉芸的《出自吐鲁番的回鹘文叙利亚语赞美诗集》研究了[④]吐鲁番葡萄沟出土的7件回鹘文叙利亚语诗集残片，其中4页属于叙利亚文《圣咏集》的回鹘文转写本，另有3页属于圣义范著《圣神论》的回鹘文转写本，均为元代之物。这些写本的发现，表明直到元代，吐鲁番操回鹘语的景教信徒，尤其是葡萄沟的景教教会，仍然非常珍视《圣咏集》和《圣神论》。这一文献对西域景教，尤其是回鹘景教的研究具有重要价值。乜小红的《试论回鹘文契约的前后期之分》[⑤] 指出，现存已发现的300余件回鹘文契约，中外学术界大多认为是13—14世纪蒙元时期之物，从内容及其历史背景考察，可分辨出时代早晚，从而做出前、后期的区分。前期以“官布”或“棉布”若干个为单位；后期以“中统宝钞”若干锭或金银若干两为单位。前期行用高昌、柳中等唐五县为行政地域界定，后期则无。对买卖土地四至，前期契十分严格，后期契则可有可无。关于悔约问题，前期契无悔约受罚条款，后期则须“悔约罚贡”。这些均显示出前期契具有9—12世纪西州回鹘王国时期的特点，后期契属13—14世纪蒙元统治高昌回鹘时期的契约。韩智敏、穆拉特·埃尔马勒的《从回鹘文译本典籍中的语法术语看丝路沿线各语言的相互关系》[⑥] 指出，《阿毗昙摩》《玄奘传》等回鹘突厥语佛教典籍译本文献是先由梵文译成汉文，再由汉文翻译成回鹘文的文化瑰宝。除了佛教哲学外，涉及与突厥语发展历史密切相关的语言学内容。通过研究这些文献中出现的格的变化、词汇合成等语法术语和词汇运用及含义表达，论述回鹘文译本典籍对于突厥语发展历史研究的重要意义，揭示丝绸之路沿线各语言相互影响、相互借鉴的关系。麦莱克·约兹特勤、李刚、芦韬的《契约文书对丝绸之路法律史的贡献——回鹘文契约文书中的土地产权和使用情况》[⑦] 认为回鹘文文献，主要包括宗教类和世俗类两大类。该文利用吐鲁番地区出土的回鹘文契约文书来探讨文书中的土地产权和使用情况。王红梅的《回鹘文藏密经典〈观世音本尊修法〉残卷研究》[⑧] 指出，《观世音本尊修法》是一部重要的藏传密宗文献，是由噶玛噶举派黑帽系第二世活佛噶玛拔希所创作，然后，由畏兀儿学者本雅识里依据藏文本译入回鹘文本。

---

① 洳尔奇奥、张海娟、杨富学：《回鹘文佛典翻译技巧考析》，《河西学院学报》2015年第1期。

② 张铁山、皮特·茨默：《敦煌研究院藏回鹘文〈圆觉经〉注释本残片研究》，《敦煌研究》2015年第2期。

③ 陈明：《回鹘文〈金光明经〉第二十九品研究》，《喀什师范学院学报》2015年第4期。

④ 马克·狄更斯、茨默、唐莉芸：《出自吐鲁番的回鹘文叙利亚语赞美诗集》，《吐鲁番学研究》2016年第6期。

⑤ 乜小红：《试论回鹘文契约的前后期之分》，《西域研究》2016年第3期。

⑥ 韩智敏、穆拉特·埃尔马勒：《从回鹘文译本典籍中的语法术语看丝路沿线各语言的相互关系》，《语言与翻译》2016年第4期。

⑦ 麦莱克·约兹特勤、李刚、芦韬：《契约文书对丝绸之路法律史的贡献——回鹘文契约文书中的土地产权和使用情况》，《吐鲁番学研究》2016年第2期。

⑧ 王红梅：《回鹘文藏密经典〈观世音本尊修法〉残卷研究》，《河西学院学报》2016年第1期。

吐鲁番出土的回鹘文《观世音本尊修法》残卷对研究元代畏兀儿印刷术、噶玛噶举派的传播及其与畏兀儿的关系，具有极高的学术价值。张巧云的《回鹘诗歌对回鹘文佛经偈颂的诗化影响》[①] 认为，回鹘文佛经偈颂具有古代维吾尔诗歌的元素，如押韵、音节数的近似、韵律感，以及语言的质朴、通俗等。文章对回鹘文诗歌和佛偈之间的互动关系进行了研究。张巧云的《回鹘文〈金光明经〉偈颂的体例程式和文体翻译》[②] 以回鹘文《金光明经》为基础材料，对其中现存的偈颂句数和句式构成进行了全面的整理、统计和分析。汉译佛经底本主要是以四句五言和四句七言为主，转译成回鹘文后，有较大调整，大多是两句回鹘文对应底本中的一句。译后汉译佛经偈颂被回鹘译师赋予了自然、质朴、口语化的特点。郑玲的《反思与重构——回鹘文〈弥勒会见记〉文学价值刍议》[③] 认为，《弥勒会见记》是一部融宗教色彩和文学创作于一体的翻译作品，不但开启了回鹘民族戏剧文学创作的先河，而且是我国现存最早的戏剧文学作品。历史遗存的形象性和珍贵性决定了《弥勒会见记》在中国戏剧发展史中的重要地位和影响，值得重构其文学地位。阿不都热西提·亚库甫主编的《回鹘文诗体注疏和新发现敦煌本韵文研究》（上海古籍出版社 2015 年版）系亚库甫主编的古代维吾尔语诗歌集成之一。该书对巴黎藏回鹘文文献长诗《常啼菩萨的求法故事》全面释读与分析，对诗体颂诗的注疏以及民间流行的《字母诗》《千字文》《哲学诗》等流行韵文进行注释、转写和语文学研究。

茨默、杨富学、熊一玮的《三件古突厥语〈五台山赞〉残片》[④] 指出，《五台山赞》是文殊崇拜与名山崇拜结合的产物，吐鲁番出土有三件回鹘文《五台山赞》写本残卷，回鹘文译本与敦煌汉文本《五台山赞》契合度极高，只是偶有因理解错误而导致的误译。回鹘文本《五台山赞》的底本当来自敦煌的汉文本，进一步证明了吐鲁番与敦煌之间存在的密切关系。陈明的《试论回鹘文〈金光明经〉中专有名词的翻译方法》[⑤] 指出，《金光明经》中存在大量的专有名词，从该佛经的回鹘文译本出发，从具体翻译实践中归纳总结出专有名词的翻译方法，主要包括音译法、直译法、音译直译重复法和意译法等。茨默的《突厥语的体动占卜书》[⑥] 以吐鲁番出土文献为基础，释读三件古突厥语体动占卜书，以补充 1907—1908 年古典学家第尔斯关于东西方体动占卜术比较研究在古代突厥回鹘文献上的缺失，并通过释读拓展古代突厥语在人体解剖学方面的语汇。文章搜求到的奥斯曼土耳其语体动文献在多国的公私收藏情况，可以补充第尔斯书所缺。附带考释的是两件吐鲁番民俗信仰写本，以揭示中原汉文化的术法体系为中亚回鹘人所承用的事实。欧阳伟的《〈福乐智慧〉传播方式的演变及其影响》[⑦] 指出，《福乐智慧》作为维吾尔古典文学的经典作品，传播方式是手抄传播。而到 19 世纪后，由于印刷技术传播，它的影响力日益扩大，逐渐成为世界文学的经典之作。阿依达尔·米尔卡马力的《回鹘佛经翻译家 Cisuin 都统其人》[⑧] 通过对各种残片中零散信息的大致拼接，勾勒出了一位著名回鹘语翻译家 Cisuin 都统的形象，Cisuin 都统是回鹘佛教史上与安藏、胜光、必兰纳识里齐名的重要人物。

---

① 张巧云：《回鹘诗歌对回鹘文佛经偈颂的诗化影响》，《民族文学研究》2016 年第 3 期。

② 张巧云：《回鹘文〈金光明经〉偈颂的体例程式和文体翻译》，《吐鲁番学研究》2016 年第 2 期。

③ 郑玲：《反思与重构——回鹘文〈弥勒会见记〉文学价值刍议》，《宁夏社会科学》2016 年第 6 期。

④ 茨默、杨富学、熊一玮：《三件古突厥语〈五台山赞〉残片》，《吐鲁番学研究》2016 年第 1 期。

⑤ 陈明：《试论回鹘文〈金光明经〉中专有名词的翻译方法》，《伊犁师范学院学报（社会科学版）》2016 年第 2 期。

⑥ 茨默：《突厥语的体动占卜书》，《中山大学学报（社会科学版）》2016 年第 5 期。

⑦ 欧阳伟：《〈福乐智慧〉传播方式的演变及其影响》，《喀什大学学报》2016 年第 1 期。

⑧ 阿依达尔·米尔卡马力：《回鹘佛经翻译家 Cisuin 都统其人》，《西域研究》2016 年第 3 期。

张铁山、李刚的《吐鲁番雅尔湖千佛洞5号窟突厥文题记研究》① 认为，关于吐鲁番雅尔湖千佛洞5号窟的突厥文题记，早在20世纪60年代，冯家昇先生就对此进行过研究。他们通过新近考察对冯氏的解读有了新的不同认识，而且发现了新的题记；对5号窟内的突厥文题记作研究。洪勇明著的《回纥汗国古突厥文碑铭考释》② 分绪论和正文两部分，主要对回纥的族源、回纥与乌古斯的关系、回纥汗国社会结构、回纥改宗摩尼的背景、古代突厥语的文字来源和语言关系等问题进行了探讨。台来提·乌布力的《新疆库木吐喇石窟的题记、题刻和榜题》③ 指出，库木吐喇石窟是龟兹地区的第二大石窟群，位于新疆维吾尔自治区库车县西北确尔塔格山山口的东崖壁上，开凿于4—11世纪。它以绚丽的"汉风"壁画著称于世，保存有婆罗谜文、汉文、突厥文、回鹘文、察合台文等多种文字题记。汉文题记、题刻和榜题包含重要历史信息，是研究龟兹历史的重要资料。陈爱峰、李亚栋、徐佑成等的《雅尔湖石窟调查简报》④ 考证，雅尔湖石窟位于交河故城西南雅尔乃孜沟南岸的崖壁上，东距吐鲁番市10千米。现存15个洞窟，分上下两层，另有僧房、天井、阶梯等遗迹。洞窟形制多为长方形纵券顶，其中第1至第7窟为一个组合，由礼拜窟和禅修窟组成。始建年代为北凉据有交河时期（450—460年），一直延续使用到高昌回鹘时期。石窟内残存大量汉文、突厥文与回鹘文题记。这些题记可以反映出石窟的兴废及其与周边政权和民族的关系。杨波的《古代突厥碑铭文中的数字"七"现象及其原型解析——以东突厥碑铭文为例》⑤，通过分析东突厥碑铭中存在的原型数字"七"的现象，认为古代突厥碑铭文中对"七"的强调与重视，其实体现的就是在突厥文化中遗留下来的远古意识，体现了突厥先民对天神的崇拜，对有限与无限、自由与自觉的理解，体现了他们对自然属性与规律的一定认识。

文献中有关语词的专题探讨论文有如下。段贺磊、郑文凯的《高昌回鹘文献语言时期维吾尔语tur-的用法》⑥ 探索了tur-的来源及其在高昌回鹘文献时期的演变过程，为tur-一词的语法化现象提供材料依据。巴图宝力道、奥特功的《突厥、回鹘文中的"娑匐Säbig"一词考释》⑦ 指出，学术界对于突厥、回鹘文中的"娑匐-Säbig"一词是否为官号存在很大争议。突厥王朝时期，个别部落首领及可汗的可敦享有"娑匐"这一尊称。"娑匐"官号在回鹘汗国灭亡后的时段，直至11世纪仍被回鹘民族沿用并带到了蒙古高原西段。艾尔肯·阿热孜的《从〈葛啜墓志〉看现代维吾尔语的一个汉语借词》⑧ 考证，2012年底在我国古都西安发现了一方属于唐代的汉文—古突厥文双语墓志，墓主是在唐廷身居要职的回鹘王子葛啜。因此，学术界命名为《葛啜墓志》。该墓志的发现不仅为唐朝与漠北回鹘汗国关系史研究提供了珍贵的第一手资料，而且也丰富了突厥语文学研究方面有限的材料。文章以墓志古突厥文部分首次出现的一个独有词sin为线索，对现代维吾尔语中与此有关的一个早期汉语借词进行进一步的词源研究。陈浩的《登利可汗考》⑨ 指出，古突厥文《毗伽可汗碑》中有两串相似的可汗名号，一是

---

① 张铁山、李刚：《吐鲁番雅尔湖千佛洞5号窟突厥文题记研究》，《西域研究》2015年第4期。

② 洪勇明：《回纥汗国古突厥文碑铭考释》，世界图书出版公司2012年版。

③ 台来提·乌布力：《新疆库木吐喇石窟的题记、题刻和榜题》，《西域研究》2015年第3期。

④ 陈爱峰、李亚栋、徐佑成等：《雅尔湖石窟调查简报》，《吐鲁番学研究》2015年第1期。

⑤ 杨波：《古代突厥碑铭文中的数字"七"现象及其原型解析——以东突厥碑铭文为例》，《喀什师范学院学报》2015年第4期。

⑥ 段贺磊、郑文凯：《高昌回鹘文献语言时期维吾尔语tur-的用法》，《语言与翻译》2016年第3期。

⑦ 巴图宝力道、奥特功：《突厥、回鹘文中的"娑匐Säbig"一词考释》，《草原文物》2015年第2期。

⑧ 艾尔肯·阿热孜：《从〈葛啜墓志〉看现代维吾尔语的一个汉语借词》，《语言与翻译（汉文版）》2016年第4期。

⑨ 陈浩：《登利可汗考》，《西域研究》2016年第4期。

东面第1行和南面第13行，一是北面第1行，它们分别对应的是汉文史料中的伊然可汗和登利可汗。唐代文献对伊然可汗的名号有两种不同的译法，一作“伊然”，系 yaratmi 的音译，另一作“登利”，系 teŋri 的音译。突厥汗国实际上有两位登利可汗。开元二十二年（734）唐廷派李佺册封的是第一位登利可汗（即伊然可汗），开元二十八年（740）李质册封的是第二位登利可汗。王静、李青分的《铁勒拔野古部研究》① 认为，拔野古部为铁勒诸部之一，突厥文名称为 Bayrqu，中文译写有多种形式。拔野古部的历史在相当长的时期里与突厥、薛延陀、回纥诸北方民族交织在一起，并和唐王朝展开了长期而密切的交往。拔野古部经济以游牧业为主，射猎业为补充，同时兼营少量农业；地丰草盛，产良马、精铁，物产较为丰富。张巧云的《关于古代突厥文碑铭文献中“tngri”崇拜的整理与研究伊》② 指出，“tngri”崇拜在阿尔泰语系诸部落、民族的原始崇拜观念中普遍存在，是古代漠北游牧民族共同的精神信仰。文章以古代突厥汗国和漠北回鹘汗国时期主要的七件碑铭文献为基础材料，运用文献学的理论和方法，检索出古代突厥人和回鹘人关于“tngri”崇拜的信息，再以碑铭篆刻年代为依据，对其进行归纳、整理、分析，进而探讨古代突厥人和回鹘人关于“tngri”信仰的发展规律。洪勇明、剡启超的《古突厥文碑铭中 Cik 刍议》③ 对比了汉文、古代突厥文、古藏文、和阗塞文历史记载，论述了不同语言文献对 ik 族属和来源的记述，认为 ik 不是 ikil、Kiuk、tǐak、Kirkut，而是 Kmik；在752年被回纥征服后，其部分迁至漠北，部分迁至焉耆，部分留居原地成为乃蛮的一部。

（二）回鹘式蒙古文、八思巴文文献研究

探讨回鹘式蒙古文文献的专题论文有如下。包金花的《民族文献专题索引编制工作的几点思考——以〈蒙医药学研究蒙古文论文索引〉编纂为例》④ 指出，高校图书馆根据教学科研需求及馆藏文献特色，科学合理地编制蒙古文文献专题索引，开展蒙古文文献个性化服务，可以为相关科研工作提供更加便捷的文献资料检索途径，同时为民族文献的数字化管理提供资料依据。孟克代力格日的《蒙古文各种 Birga 使用情况比较分析》⑤ 认为，传统蒙古文文献中在固定位置中使用 Birga 的各种变体，主要用在目录和篇章开头；托忒文文献中一部分 Birga 的使用位置是固定的，而另一部分 Birga 的使用位置不固定，主要用在目录、篇章开头、篇章中部和行内。文章探讨了蒙古文 Birga 的基本情况，并提出蒙古文编码标准（ISO/IEC 10646、GB 25914－2010）中增加的部分。苏日娜的《蒙古文金石碑刻文献研究新趋势》⑥ 指出，蒙古文碑刻文献显示了其独具特色的民族与地方特点，是了解元以来蒙古民族及北方民族经济文化生活和历史的重要参考文献。

涉及蒙古文社会历史文献方面的研究论文有如下。陈广恩的《黑水城出土元代道教文书初探》⑦ 指出，黑水城出土文书中，有几件关于道教的文书。蒙古文道教文书有4件，此外有2件汉文道符也应该是元代文书。这几件文书对研究元代西北地区的道教以及道教在亦集乃路的

---

① 王静、李青分：《铁勒拔野古部研究》，《内蒙古大学学报（哲学社会科学版）》2016年第2期。

② 张巧云：《关于古代突厥文碑铭文献中“tngri”崇拜的整理与研究》，《伊犁师范学院学报（社会科学版）》2015年第1期。

③ 洪勇明、剡启超：《古突厥文碑铭中 Cik 刍议》，《新疆大学学报（哲学·人文社会科学版）》2015年第5期。

④ 包金花：《民族文献专题索引编制工作的几点思考——以〈蒙医药学研究蒙古文论文索引〉编纂为例》，《内蒙古师范大学学报（教育科学版）》2015年第9期。

⑤ 孟克代力格日：《蒙古文各种 Birga 使用情况比较分析》，《信息技术与标准化》2015年第Z1期。

⑥ 苏日娜：《蒙古文金石碑刻文献研究新趋势》，《兰台世界》2015年第34期。

⑦ 陈广恩：《黑水城出土元代道教文书初探》，《宁夏社会科学》2015年第3期。

流传情况具有重要价值。任国俊的《从历史人物死亡用词区别看蒙古文献的人物价值评判取向》① 指出，《蒙古秘史》《黄金史》《黄金史纲》《阿萨拉克齐史》《大黄册》《恒河之流》等文献在描述成吉思汗及其祖先和继承者以及其他历史人物的死亡时的用词都有不同。其用词标准和词语选择取决于被描述人身份的区别和文献撰写者对被描述人持有的态度。乌兰的《蒙古文历史文献中涉及“国”及其相关概念的一些表述方法》② 指出，蒙古文历史文献中，“国”一词以 ulus（兀鲁思）表示，由“人众”“百姓”之义引申而来。对蒙古自身政权及周边国家范围的概念性认识，蒙元时期主要反映为“日出至日落之地”，16 世纪中叶至清末则集中体现为“五色四藩国”的说法。古代蒙古人对汉地的称谓，先后使用过 Qitad-Kitad（乞塔惕）、Nanggiyad-Nanggiyas（囊家歹—囊家思）、Jauqud-Jaqud（爪忽—札忽惕）等名称，以及 Dumdadu ulus（中国）之名。其包含蒙古人传统观念和外来文化的因素。

涉及八思巴文文献的研究论文较少，主要有如下。李文的《青釉八思巴文瓷盘》③ 对出自元代龙泉窑、现藏于南京大学考古与艺术馆的青釉八思巴文瓷盘中阴文八思巴文字款铭做了探讨。邢琪、郝素梅、柴懿的《元代龙泉窑青釉刻划花墨书八思巴文瓷碗》④ 报告济南市考古研究所发现一件珍贵文物——元代龙泉窑青釉刻划花墨书八思巴文瓷碗。圈足内中心有墨书确认其为八思巴文。系济南市第一次发现八思巴文。郭玉的《论训民正音和八思巴文字的关系》⑤ 指出，2001 年中国学者照那斯图提出了训民正音的辅音与元音的基本字母模仿八思巴文字的主张，引起了韩国学术界的强烈反响。文章对训民正音和八思巴文字的创制、字母体系、字形进行比较后指出，训民正音与八思巴文字在创制、字母体系方面存在密切关系，但字形特别是元音字母的字形并不存在相似之处。邵磊的《以文字发展的角度看八思巴文对“训民正音”的影响》⑥ 通过对世界文字发展的考察，探究八思巴文的产生及其文字学上的特点，进而寻求同是新制文字的“训民正音”与八思巴文之间的关系。通过对文字的使用目的、文字拼写方式及结构、文字外观形态等方面的考察可知，以世界文字发展的角度来看，八思巴文对“训民正音”的创制有着重大的影响。这一点不同于以往学者认为的“训民正音”字母是模仿八恩巴文而创制的一说。徐晓鸿的《泉州景教石刻》⑦ 认为，自 17 世纪以来的景教石刻见证了元代也里可温在泉州发展的盛况，收藏于泉州海外交通史博物馆的带有叙利亚文、八思巴文和回鹘文的墓碑上雕有十字莲花、天使云图等精美绝伦的图案。

（三）满-通古斯语族契丹文—女真文、满—锡伯文文献研究

契丹文—女真文及其文献研究的主要论著有如下。吴英喆、孙伟祥的《契丹文皇族“第十帐”及其他》⑧ 指出，契丹小字《耶律玦墓志铭》（1071）所载表示“命”，派生意义为“本身”，表示“第十”，表示“帐”，不是“遥辇氏牙帐”的特称。契丹字表示“生”，表示“洗

---

① 任国俊：《从历史人物死亡用词区别看蒙古文献的人物价值评判取向》，《内蒙古师范大学学报（哲学社会科学版）》2015 年第 5 期。

② 乌兰：《蒙古文历史文献中涉及“国”及其相关概念的一些表述方法》，《民族研究》2016 年第 2 期。

③ 李文：《青釉八思巴文瓷盘》，《南京大学学报（哲学·人文科学·社会科学）》2015 年第 2 期。

④ 邢琪、郝素梅、柴懿：《元代龙泉窑青釉刻划花墨书八思巴文瓷碗》，《中国文物报》2015 年 5 月 5 日。

⑤ 郭玉：《论训民正音和八思巴文字的关系》，《长春大学学报》2015 年第 7 期。

⑥ 邵磊：《以文字发展的角度看八思巴文对“训民正音”的影响》，《延边大学学报》2016 年第 4 期。

⑦ 徐晓鸿：《泉州景教石刻》，《天风》2015 年第 7 期。

⑧ 吴英喆、孙伟祥：《契丹文皇族“第十帐”及其他》，《中央民族大学学报（哲学社会科学版）》2015 年第 4 期。

刷”。《萧仲恭墓志》（1150）中则表示“弓”。契丹小字基数词（十）的读音为 bo 或 abo，或与蒙古语族语言中的“十”同源。契丹语“房”有别于“帐”，皇族与后族帐分名称的释读有待深究。吴英喆的《萧查剌相公契丹文遗言》① 指出，《萧查剌相公墓志铭》（1113）又称《萧畋墓志铭》，是近年发现的一份珍贵史料，其中记载一段志主本人的遗言。据观察，这份遗言是以契丹文和汉文对译的。通过两种文字的比较，并参考中古蒙古语的特征，可以解读表示“常语”“尚”“起”“级”“去”“可”“面”“见”“无何”“稀少”等有关契丹字的语义。同时，根据中古蒙古语的措辞习惯及语音特征，分别为契丹字，可构拟 es、ul、od 等假定性读音。李艺的《刘浦江的契丹小字研究》② 综述刘浦江研究契丹小字的相关文章，以此追念刘先生。刘凤翥的《〈萧畋墓志铭〉为赝品说》③ 认为，契丹字的赝品泛滥。所谓契丹文字墓志铭陆续流入单位和民间博物馆收藏。有学者把赝品当真品进行研究，相关论著还拿到国内外去出版发表，给学界造成了恶劣后果。作者主张围剿、批驳、揭露赝品。和谈的《耶律楚材家族多语学习与翻译之史料考述》④ 指出，掌握多种语言为耶律楚材家族的特点。耶律履通契丹、汉、女真等语言，耶律楚材通契丹、汉、蒙古等语言，耶律铸通汉、蒙、突厥等语言。考察耶律家族的多语学习与翻译情况，有助于探讨金元历史。金适的《大兴安岭石崖发现八百年前女真大字墨书诗作》⑤ 认为，乌拉熙春大兴安岭南麓一处石崖上发现了距今 800 多年的金代女真人用墨笔书写于岩壁上的一首七言绝句，墨书的一部分字迹斑驳，尤其是右边二行，亦即起句和承句已漫漶难辨，唯有左边二行亦即转句和合句的上半部字体清晰可辨。据残存字迹推测这是一首仿汉文七言绝句形式的女真文诗作。王佑夫的《契丹、女真文论释碎》⑥ 认为，契丹与女真族群帝王文人赋诗品诗，蔚然成风，多有诗集传世。流传下来的文学理论批评文献较少，但在其有限的诗学言论中所蕴含的少数族群对中华传统文化、文学的认同以及所接受的“华夷一统”观念，则充分彰显了中华民族所具有的强大向心力。该文首次阐释契丹与女真族群的散碎诗学言论。傅林的《从契丹文墓志看辽代汉语“儿”字的音值》⑦ 认为，通过整理契丹小字原字与汉语音类的对应，可以确认契丹小字墓志中用于拼写人名的对应的汉字是“儿”。除此之外，“儿”还有多种拼写形式，这些形式代表了契丹语和汉语接触的不同层阶，是用契丹语近似音值匹配汉语音值的结果，“戈睿”则是契丹文中专门为记写汉语语音而设计的符号。孙伯君的《契丹小字碑铭中的金代年号》⑧ 通过借助女真语文，考证其中出现的年号，认为契丹小字和存世女真文在文字性质上存在高度的一致性。张儒婷的《女真文与满文发展比较的启示》⑨ 指出，女真与满族同源，语言相近，但却创制了两种区别极大的文字系统。从学术发展和文化传承的角度看，女真文的兴衰对现今满文的保护和利用有着重要的借鉴意义。

涉及满文文献专题研究的论文有如下。李雄飞的《满文古籍的版本鉴定》⑩ 指出，满文古籍研究一直存在着“重内容、轻形式”等弊病。研究者们多利用所掌握的满语文，从事众多学科领域的专题研究，而忽略满文古籍本身。满文古籍版本的鉴定是满文古籍研究的基础，对其

① 吴英喆：《萧查剌相公契丹文遗言》，《内蒙古社会科学（汉文版）》2016 年第 2 期。

② 李艺：《刘浦江的契丹小字研究》，《黑龙江史志》2015 年第 14 期。

③ 刘凤翥：《〈萧畋墓志铭〉为赝品说》，《赤峰学院学报（汉文哲学社会科学版）》2015 年第 1 期。

④ 和谈：《耶律楚材家族多语学习与翻译之史料考述》，《兰台世界》2015 年第 28 期。

⑤ 金适：《大兴安岭石崖发现八百年前女真大字墨书诗作》，《东北史地》2015 年第 6 期。

⑥ 王佑夫：《契丹、女真文论释碎》，《中央民族大学学报（哲学社会科学版）》2015 年第 4 期。

⑦ 傅林：《从契丹文墓志看辽代汉语“儿”字的音值》，《保定学院学报》2016 年第 1 期。

⑧ 孙伯君：《契丹小字碑铭中的金代年号》，《满语研究》2015 年第 1 期。

⑨ 张儒婷：《女真文与满文发展比较的启示》，《满族研究》2015 年第 4 期。

⑩ 李雄飞：《满文古籍的版本鉴定》，《满语研究》2015 年第 1 期。

方法的介绍可以加强对满文古籍文献学的基础研究，提高满学研究整体水平。周兴华、李敏、郑蕊蕊等的《印刷体满文文字数据库的构建与实现》[①] 为给满文识别系统提供基元特征和训练测试样本，在对图象进行灰度化、二值化、倾斜校正、行列分割等预处理后，构建了印刷体满文文字多级数据库，包括列文本库、单词库和基元库3个子库。该库的构建为后续满文识别提供了技术支撑。徐莉的《清代满文四书版本研究》[②] 指出，清代很重视儒家经典的翻译，四书在康熙年间即被翻译成满文，乾隆年间又经乾隆皇帝钦定，详加批阅，形成武英殿刻本。民间书坊翻刻殿本形成了大量刻本流传于世。该文探讨满文本四书的形成，梳理其版本，阐释其影响。朝克的《关于清朝满语满文研究成果的突出点》[③] 从满文文字及满汉合璧抄本刻本、满语语音、满语教学与读本、满语词汇词及形态变化语法词缀、满语辞书词汇、满语成语、满语翻译、国外研究等视角，阐述了清朝时期满语满文研究及其成果的突出方面。杨珍的《顺治朝满文档案札记》[④] 依据清初内国史院满文档案史料断定，顺治帝福临6岁前的满语名字为fangkala（方喀拉），大将军摄政和硕睿亲王多尔衮在顺治元年（1644）五月率清军进关后，改称号为“摄政王奉命大将军”，彰显独一无二的“摄政王”地位；顺治十三年（1656）底、十四年（1657）初，顺治帝命将庙坛匾额去蒙古文字，只书满汉两种文字。郭旭的《满文文献的保护、开发与利用之我见》[⑤] 分析了现有满文文献的分布情况与特点，探讨了做好满文文献保护、开发与利用的对策。吴元丰、徐莉的《满文古籍丛谈》[⑥] 指出，随着清政权的建立和发展，满文经历了创制、改进和完善，进而形成了大量的古籍图书。在官刻和坊刻的共同推动下，满文古籍广泛流传，起初版式简单，后沿用明朝的刻本版式，在版本、版式、题名、装帧等方面各具有特色，丰富了中华民族古籍宝库。

新出满文碑铭类文献论著有如下。吴元丰主编的《北京地区满文碑刻拓片总目》[⑦] 辑录北京地区所存满文和满、蒙、汉、藏等多体文字合璧的碑刻拓片，共计764种，比收录拓片最多的《全国满文图书资料联合目录》多出85种。该总目的著录项目有：题名、额题、首题、撰文者、书写者、镌刻者、时间、语种、字体、行数、尺寸、张数、保存单位、石碑原址，以及内容提要和注等项。该目录以其功用和内容相结合为原则，分设8大类，即谕旨榜文、封赠致祭、哀诔纪念、纪事赞颂、寺庙观堂、楼阁道桥、诗词杂文、额题幢像。附《汉文题名音序索引》《满文题名音序索引》《北京地区满文碑刻拓片总目人名索引》《北京地区满文碑刻拓片总目地名索引》《北京地区满文碑刻拓片存目索引》《御制满文碑文原件选录》。吴元丰的《北京地区满文碑刻拓片及其编目》[⑧] 指出，清代满文碑刻主要分布在京、冀和辽，皇族成员和八旗官员的墓碑，御制或敕建的记事碑，以及著名寺庙建筑碑，一般都镌刻满文。满文碑刻大多为满汉文合璧，或满蒙藏汉文等多体合璧，详尽不同，易于解读，碑文涉及清代人物传记、封赠制度、职官名目、丧葬礼制、寺庙建筑、宗教信仰、文化教育、科举考试、著名战争、重大事件、名胜古迹等方面的内容。就目前的编目整理结果而言，北京地区满文碑刻拓片文献目录已经初具规模，在进一步强化完善的基础上，可以提供共享的公共目录。

---

① 周兴华、李敏、郑蕊蕊等：《印刷体满文文字数据库的构建与实现》，《大连民族学院学报》2015年第3期。

② 徐莉：《清代满文四书版本研究》，《民族翻译》2015年第4期。

③ 朝克：《关于清朝满语满文研究成果的突出点》，《满族研究》2015年第2期。

④ 杨珍：《顺治朝满文档案札记》，《满语研究》2015年第1期。

⑤ 郭旭：《满文文献的保护、开发与利用之我见》，《科技情报开发与经济》2015年第23期。

⑥ 吴元丰、徐莉：《满文古籍丛谈》，《满语研究》2015年第1期。

⑦ 吴元丰主编：《北京地区满文碑刻拓片总目》，辽宁民族出版社2015年版。

⑧ 吴元丰：《北京地区满文碑刻拓片及其编目》，《满语研究》2016年第2期。

涉及满文文献的收藏及其与有关满族史及清史的专题研究论文有如下。徐莉的《中国第一历史档案馆内阁全宗满文图书及其价值》① 指出，中国第一历史档案馆内阁全宗藏满文图书，多为清宫旧藏史书。藏书年代跨度大，具有鲜明的宫廷特色。满文图书的编纂活动亦见于图书序跋，可资满文图书编纂的系统研究。吴雪娟的《舒舒瓜尔佳氏满文神歌〈神坛〉翻译研究》② 指出，满族舒舒瓜尔佳氏神歌《神坛》及相关文献皆为满文书写，其中出现的七星、铜镜、东珠、梅针箭等诸多事物不仅与满族生活关系密切，而且极大地丰富了舒舒瓜尔佳氏祖先神、英雄神、女神、鸟兽神等25 位神的形象。个别满文词语的不规范书写，是萨满神歌形成于新老满文交替时期的佐证。王千石、吴凡文的《〈满文老档〉汉译本比较研究——以新中国成立后大陆地区三个汉译本为研究对象》③ 指出，《满文老档》是清初珍贵的满文档册，新中国成立后我国先后出现三版《满文老档》的汉语译本。该文比较这三个汉译本的主要区别体现于对“原档残缺”部分的处理、对乾隆年间签注的处理、翻译的文风及语词等方面，试证明三个汉译本不同部分的利用价值各不相同，需要相互参考使用才能避免对史实的遗漏和误解。徐栋梁、史丽的《〈满文老档〉所见满族早期祭天礼俗考》④ 指出，清朝满族祭天皇太极崇德元年（1636 年）前后的祭祀有极大区别：前期祭天保留较多传统特色，尤其受萨满教影响颇深；后期祭天逐渐向中原汉文化靠拢，逐渐制度化、程序化、繁缛化。文章以《满文老档》中的记录为主要佐证，对满人早期祭天的原因、仪式、过程、所用物品等予以考证。李文益的《康熙四年内务府佐领下阿奈借讼告其兄满都礼霸占家产为其母伸冤案并奉批题本》⑤ 指出，《大连图书馆藏清代内务府档案》中发现了三件满文题本档案，记录了康熙四年（1665）总管内务府审理佐领下人家产诉讼的全部过程，目前已译两件。此为第三件汉译文，为学界探究清代早期旗人的家产继承思想提供便利。何荣伟、张虹、冯璐的《清代盛京内务府满文档案选译（三）》⑥ 指出，清朝在盛京设立管理盛京地区皇室事务的专司机构——盛京内务府，它在处理各项事务的过程中，形成了大量的往来文书档案，内容包罗万象，详细地反映了盛京地区社会历史发展情况。目前，盛京内务府文书档案保管在辽宁省档案馆，之前从未对外公布。对这些档案以专题形式进行整理翻译，必将对研究满族历史文化起到一定作用。孟庆来的《吴三桂降清问题新探——吴三桂与祖大寿往来书信档案解读》⑦ 结合最新发现的吴三桂与祖大寿通信档案，试析吴三桂面对清方劝降时的心理活动。此件档案的发现有着多重意义。它不仅为了解吴三桂当时复杂的心理活动，而且为研究吴三桂、祖大寿及清太宗三者关系提供了第一手材料。徐莉的《乾隆皇帝御批满文四书》⑧ 认为，清初孔孟经书和程朱理学著作几乎全被译成满文。最早的满文译文可追溯到康熙朝，而后乾隆皇帝命儒臣重新厘定，形成了满汉合璧武英殿本《御制翻译四书》。满文四书的诸多版本中，最具特色的便是乾隆皇帝御批的满文四书稿本。刁俊的《雍

① 徐莉：《中国第一历史档案馆内阁全宗满文图书及其价值》，《满语研究》2016 年第 2 期。

② 吴雪娟：《舒舒瓜尔佳氏满文神歌〈神坛〉翻译研究》，《满语研究》2015 年第 2 期。

③ 王千石、吴凡文：《〈满文老档〉汉译本比较研究——以新中国成立后大陆地区三个汉译本为研究对象》，《黑龙江史志》2015 年第 1 期。

④ 徐栋梁、史丽：《〈满文老档〉所见满族早期祭天礼俗考》，《满族研究》2016 年第 3 期。

⑤ 李文益：《康熙四年内务府佐领下阿奈借讼告其兄满都礼霸占家产为其母伸冤案并奉批题本》，《满族研究》2016 年第 3 期。

⑥ 何荣伟、张虹、冯璐：《清代盛京内务府满文档案选译（三）》，《满族研究》2016 年第 3 期。

⑦ 孟庆来：《吴三桂降清问题新探——吴三桂与祖大寿往来书信档案解读》，《兰台世界》2016 年第 23 期。

⑧ 徐莉：《乾隆皇帝御批满文四书》，《中国档案》2015 年第 6 期。

正朝宁夏满文朱批奏折述略》[1] 初步整理今宁夏地方雍正朝满文奏折，能较为真实地反映雍正时期在宁夏的驻防八旗及社会发展方面的一些基本情况。殷悦的《〈满汉合璧八旗箴〉刍议》[2] 指出，《满汉合璧八旗箴》是嘉庆皇帝御笔亲书、道光年间刊刻为教育八旗子弟的规训，训谕八旗人员守法纪、谨德行、明道理。该文献内容精练，可见嘉庆皇帝对八旗群体的殷切希望。张莉的《中国第一历史档案馆藏满文档案史料价值》[3] 从满文档案形成入手，详细介绍一档案馆藏满文档案的概况［中国第一历史档案馆现存满文档案有200余万件（册）］。该文从满文档案形成入手，详细介绍一档案馆藏满文档案的概况。何荣伟、张虹、孟庆来等的《清代盛京内务府满文档案选译（四）》[4] 指出，清朝在盛京设立管理盛京地区皇室事务的专司机构——盛京内务府，它在处理各项事务的过程中，形成了大量的往来文书档案。建议对这些档案以专题形式进行整理翻译。杨珍的《鳌拜罪案史料辩证——兼论清史研究中满汉史料的运用》[5] 结合康熙八年（1669）鳌拜被执、四大臣辅政体制彻底终结的史实，从梳理满文档案、汉文档案发掘与鳌拜罪案有关的史料入手，辨析其记载之正误，评价其研究价值，以阐释满、汉文史料对于清史研究具有同等重要作用。在清朝历代皇帝实录中，清太祖努尔哈齐实录版本最多，流传下来的有《满洲实录》《太祖武皇帝实录》《太祖高皇帝实录》三部，历史价值极高。祁美琴、强光美编译的清史研究丛书《满文〈满洲实录〉译编》于2015年由中国人民大学出版社出版，增加了可资利用的满文文献。辽宁省档案馆藏《明太祖实录》写本被整理者认为是建文朝初修稿本的抄本，周中梁的《辽宁省档案馆藏〈明太祖实录〉写本性质考论》[6] 则从翻译角度指出，辽宁本是从一种满文翻译本回译而来的；其回译者的明史知识有限，它可能是一个供鉴定参考的内部使用的版本。綦岩的《满洲扎拉里氏再思考——以依克唐阿满文谱单为例》[7] 指出，扎拉里氏依克唐阿满文谱单初探主要利用历史学与语言学方法对扎拉里氏依克唐阿满文谱单进行分析，进而确定依克唐阿的真实身份，探讨家谱中爵位的来源，从而讨论乾隆朝到光绪朝东北满洲旗人人名命名的规律、语音音变及其时代和地域特征，提出满语 - mboo/ - boo 和 - sa 在人名中内涵。文章采用统计分析方法讨论家族子嗣情况、分析清代人口变迁的规律，揭示满文谱单的学术价值。何荣伟、张虹、冯璐的《清代盛京内务府满文档案选译（一）·皇庄》[8] 指出，盛京内务府档案始于康熙元年（1662）止于中华民国十四年（1925），档案以满、汉两种文字书写，康熙朝全部用满文书写，雍正朝有个别文件是汉文，乾隆朝的大多数文件用满文书写，嘉庆朝之后满文文件的数量逐渐减少，咸丰朝以后则主要以汉文书写。盛京内务府档案记载了盛京内务府的设置及其对盛京地区皇室产业庄园山场河泡的管理、宫殿的守护陵寝的祭祀、清帝巡幸盛京的准备和东巡活动、宫中所需地方土特产品的供应等。杨珍的《辅政大臣遏必隆、鳌拜满文奏疏研究》[9] 指出，满文奏疏当成于康熙六年（1667）六月。遏必隆、鳌拜以此满文奏疏提请康熙皇帝“亲近忠正贤良之人，远离巧诈奸恶之人”，暴露了康熙帝亲政前后

---

① 刁俊：《雍正朝宁夏满文朱批奏折述略》，《兰台世界》2015年第25期。

② 殷悦：《〈满汉合璧八旗箴〉刍议》，《黑河学刊》2016年第2期。

③ 张莉：《中国第一历史档案馆藏满文档案史料价值》，《吉林师范大学学报（人文社会科学版）》2016年第2期。

④ 何荣伟、张虹、孟庆来等：《清代盛京内务府满文档案选译（四）》，《满族研究》2016年第4期。

⑤ 杨珍：《鳌拜罪案史料辩证——兼论清史研究中满汉史料的运用》，《故宫博物院院刊》2015年第6期。

⑥ 周中梁：《辽宁省档案馆藏〈明太祖实录〉写本性质考论》，《兰台世界》2016年第19期。

⑦ 綦岩：《满洲扎拉里氏再思考——以依克唐阿满文谱单为例》，《满族研究》2016年第1期。

⑧ 何荣伟、张虹、冯璐：《清代盛京内务府满文档案选译（一）·皇庄》，《满族研究》2016年第1期。

⑨ 杨珍：《辅政大臣遏必隆、鳌拜满文奏疏研究》，《满语研究》2016年第1期。

满洲最高统治集团内部的矛盾与权争以及清初的汉化对满洲统治集团核心成员的影响。满文奏疏中多种皇帝称谓词语的使用，体现以宗亲血缘关系为纽带的满洲统治集团构成特点，以及与汉王朝相同的家国一体统治。

探讨满文牌匾、宝册方面的专门论文有如下。张杰的《故宫西六宫的五幅意译满文匾额》[①]介绍了故宫西六宫五幅意译满文匾额的分布情况及使用时间，分析了同道堂特殊建筑形式功能与其使用意译满文匾额的关系，并探讨了西六宫区五幅匾额改用意译满文与长春宫修缮工程的联系。张莹、李晓丽的《清室尚礼 册宝为证——院藏谥宝谥册》[②] 认为清代重视礼制建设。帝后谥法制度是清代宫廷礼制的重要组成部分，而清代列帝列后的谥宝谥册则是重要的典章文物。谥宝谥册是皇帝为前代帝后进谥号、庙号时制用之物，是推行谥法制度的直接产物。

袁理的《清代北京天坛匾额及其满文考》[③] 指出，清军入关之初，对北京的宫殿、城楼、坛庙等建筑的匾额重新命名并添加满、蒙古文。天坛各建筑物的匾额也被大规模重新制作和悬挂。至乾隆年间由于对满文进行规范，使得部分建筑匾额的满文字又发生了变化。现今，天坛各建筑物匾额上的满文字已经消失。张杰的《清代紫禁城景阳宫及咸福宫后殿区的满文匾额》[④]指出，顺治元年（1644）清军入关后，将部分匾额上的文字改为满蒙汉三体合璧。如今，紫禁城东、西六宫匾额虽多为满汉合璧匾额，但景阳宫、咸福宫后殿区四幅匾额所使用的满文名却为意译满文，与东、西六宫其他宫殿匾额名使用音译满文有很大差别。

相关《三国演义》的满文译本和蒙古文译本的专题研究论文主要有如下。秀云的《赤峰市民族委员会藏〈三国演义〉蒙古文译本研究——以额尔德尼特古斯抄本为例》[⑤] 指出，额尔德尼特古斯抄本系属240回《三国演义》蒙古文古旧译本，现藏于内蒙古赤峰市民族委员会蒙古文古籍文献办公室。该抄本转译自《三国演义》满文译本，其译写忠实于底本，同时具有借用汉语、口语化翻译等特点。额尔德尼特古斯抄本，为梳理原著《三国演义》的蒙古文翻译传播轨迹和研究蒙古族文学发展史提供了新的资料。秀云的《蒙古国国立图书馆所藏满译明清小说版本述略》[⑥] 认为，明清小说满文译本流布在世界各地，其中蒙古国是重要传播和留存地之一，其存世文本主要庋藏于蒙古国国立图书馆。将蒙古国国立图书馆藏明清小说满译本放置于多民族文化碰撞的背景下，对其进行版本梳理、文本分析、系统辨别，对于中国汉文古典小说研究、满族文学研究以及多民族文化交流研究具有重要意义。秀云的《澳丹满译汉文小说〈三国演义〉的学术价值简论》[⑦] 指出，清代满文翻译的汉文古典小说数量不菲，其中《三国演义》是首部满文翻译小说，后世形成了诸多版本。《三国演义》的满文翻译研究，对原著《三国演义》的他文传播研究、对清初满洲文治肇兴历史研究以及满洲文化发展研究，提供了重要资料，具有特殊价值。秀云的《〈三国演义〉满文翻译考述》[⑧] 指出，《三国演义》的满文翻译，始于天聪年间，成于顺治年间，其间经过曲折历程。天聪汗曾喜读《三国演义》，并命文臣译写备览；后来由于汉臣谏议，知其内容虚妄，责令停译。顺治年间，睿亲王多尔衮以叔摄政，重开《三国演义》译端。睿亲王于顺治四五年间谕令三院译写《三国演义》；三院奉命译写，

---

① 张杰：《故宫西六宫的五幅意译满文匾额》，《山西建筑》2016 年第 22 期。

② 张莹、李晓丽：《清室尚礼 册宝为证——院藏谥宝谥册》，《文物天地》2016 年第 7 期。

③ 袁理：《清代北京天坛匾额及其满文考》，《满语研究》2016 年第 2 期。

④ 张杰：《清代紫禁城景阳宫及咸福宫后殿区的满文匾额》，《满语研究》2016 年第 2 期。

⑤ 秀云：《赤峰市民族委员会藏〈三国演义〉蒙古文译本研究——以额尔德尼特古斯抄本为例》，《满语研究》2016 年第 2 期。

⑥ 秀云：《蒙古国国立图书馆所藏满译明清小说版本述略》，《满族研究》2016 年第 3 期。

⑦ 秀云：《澳丹满译汉文小说〈三国演义〉的学术价值简论》，《西部蒙古论坛》2016 年第 4 期。

⑧ 秀云：《〈三国演义〉满文翻译考述》，《中央民族大学学报（哲学社会科学版）》2014 年第 6 期。

顺治七年（1650）告成奏进。其后睿亲王复谕内院，要求刊刻颁行。于是，三院奉命刊刻，终于顺治十七年（1660）得以颁赐。聚宝的《嘉靖本〈三国演义〉蒙译本述略》① 在吸收前人研究的基础上，通过对嘉靖本蒙古文《三国演义》抄、刻本与满文译本、汉文原著的比较研究，进一步确定了240回《三国演义》蒙译本转译自嘉靖本满文抄本。也对国内外现存嘉靖本《三国演义》蒙译本的收藏、分布情况及其典型的抄、刻本进行了详细介绍。最后略述了嘉靖本《三国演义》蒙译本的翻译背景、译文特点以及《三国演义》在喀尔喀蒙古地区传播史上的作用和地位。

王敌非及其团队对海外尤其是欧洲各国的满文文献的庋藏的情状作了分区域、分国家的专文论述，还涉及已经出版的满文文献目录，具体的论文如下。王敌非的《俄藏传教士满文著述研究》② 认为，俄藏满文文献中由传教士翻译、创作、抄录的满文著述，数量庞大，但并未被中国学界视为真正意义的满文文献。俄藏传教士满文著述或无题，或被重新冠名，且多为中国所未藏。该文对俄藏传教士满文著述的整理，不仅可以拓展满文文献的研究领域，而且对于熟悉俄罗斯满学研究具有重要意义。王敌非的《俄罗斯圣彼得堡大学收藏的满文写本和刻本》③ 认为，圣彼得堡大学收藏的满文文献数量在俄罗斯占第二位，仅次于俄罗斯科学院东方文献研究所藏品。1986年，雅洪托夫编撰了一部圣彼得堡大学藏满文文献目录，但由于条件限制一直未得公布。1989年，这份目录手稿被译为德文，并于2001年公开出版。根据雅洪托夫编撰目录的德文译本，可了解圣彼得堡大学满文文献典藏情况，为满学界提供新资料。王敌非、由薇波的《俄罗斯满文文献典藏考补》④ 报告，德国目录学家瓦尔拉文斯于汉堡出版了《俄藏满文书籍：三部德文目录》。该目录由安文公编的《亚洲司图书馆汉满蒙藏梵文图籍目录》、班扎罗夫编的《皇家科学院亚洲博物馆满文写本与刻本目录》和沃尔科娃编的《苏联科学院亚洲民族研究所满文写本叙录》构成，对俄罗斯科学院东方文献研究所藏满文文献进行描述。通过与目前公布的俄藏满文文献目录校读，可以看到部分学界未知的文献。整理和翻译这三部目录可以了解俄罗斯科学院东方文献研究所藏清代满文文献的收藏历史情况，对熟悉俄罗斯满学研究具有重要的参考价值。庞晓梅、王敌非的《俄罗斯科学院东方文献研究所收藏的满蒙文制册》⑤ 研究了俄罗斯科学院东方文献研究所藏有一份册封逊都布多尔济继妻为贝子夫人满文蒙古文制册。该制册由蒙古文译为满文，且从装帧方式可知其主人身居高位。庞晓梅、普切林、王敌非的《俄藏〈大清国国书〉研究》⑥ 指出，俄罗斯科学院东方文献研究所与埃尔米塔什博物馆东方部各藏有三部《大清国国书》和一部《大清国致大俄国国书》。该类文献传世较少，对其的整理与研究对了解清代民族及外交关系具有重要的参考价值。王敌非的《法藏满文珍本及传教士著述文献述略》⑦ 报告，位于巴黎的法国国家图书馆与汉学研究所等14家单位藏有大量满文文献，其中不乏满文珍本与传教士的著述文献。对这批法藏满文珍本及传教士著述文献的整理与研究，不仅可以拓展满文文献的研究领域，且对熟悉法国的满学研究和汉学史发展历程具有重要意义。王敌非的《欧洲的满文文献典藏——以荷兰、比利时和挪威为例》⑧ 指出，荷兰莱

① 聚宝：《嘉靖本〈三国演义〉蒙译本述略》，《内蒙古师范大学学报（哲学社会科学版）》2014年第5期。

② 王敌非：《俄藏传教士满文著述研究》，《满族研究》2015年第1期。

③ 王敌非：《俄罗斯圣彼得堡大学收藏的满文写本和刻本》，《黑龙江民族丛刊》2015年第1期。

④ 王敌非、由薇波：《俄罗斯满文文献典藏考补》，《满语研究》2015年第1期。

⑤ 庞晓梅、王敌非：《俄罗斯科学院东方文献研究所收藏的满蒙文制册》，《满语研究》2016年第2期。

⑥ 庞晓梅、普切林、王敌非：《俄藏〈大清国国书〉研究》，《满族研究》2016年第4期。

⑦ 王敌非：《法藏满文珍本及传教士著述文献述略》，《北方文物》2015年第4期。

⑧ 王敌非：《欧洲的满文文献典藏——以荷兰、比利时和挪威为例》，《满族研究》2015年第4期。

顿大学、比利时鲁汶大学与挪威奥斯陆大学均藏有部分满文文献。这批文献得到较为科学的整理且均出版有目录，对其整理研究不仅可以了解荷兰、比利时和挪威满文文献的收藏历史情况，而且对于熟悉欧洲汉学发展历程具有重要的参考价值。王敌非的《法国巴黎藏满文古籍述略》① 介绍，法国巴黎的汉学研究所等 13 家单位收藏有部分满文资料。1998 年，由俄罗斯满学家庞晓梅编撰的《巴黎满文资料目录》公布了这批资料。通过这份目录的整理与研究不仅可以了解法国巴黎满文文献的收藏历史情况，而且对于熟悉法国汉学史发展历程具有重要的参考价值。王敌非的《中欧的满文文献典藏——以匈牙利、奥地利和捷克为例》② 指出，中欧的匈牙利、奥地利与捷克均藏有满文文献。多年来，因其目录未得公布，学界并不了解这批文献的具体情况。该文对国外出版的多部目录进行编译，旨在了解匈牙利、奥地利与捷克满文文献的收藏历史与现状，并熟悉这些国家汉学史发展历程。王敌非的《意大利与梵蒂冈收藏的满文文献》③ 指出，意大利与梵蒂冈分别藏有满文文献 39 种和 51 种，这批文献多为语言文字类、天主教类或与其相关的诏令奏议类文献，于 1986 年由意大利满学家斯达理公之于众。对这批文献的整理研究不仅可以了解意大利与梵蒂冈满文文献的收藏历史情况，而且对熟悉意大利与梵蒂冈汉学史发展历程和中国天主教的传播与发展具有重要的参考价值。王敌非的《德国国家图书馆的满文文献典藏》④ 指出，位于柏林的德国国家图书馆藏有部分满文文献。根据 2014 年出版的《柏林国家图书馆藏满文写本与刻本叙录》可知，德国国家图书馆藏满文文献不乏珍善本文献。王敌非的《牛津大学博德利图书馆藏满文文献概述》⑤ 指出，牛津大学博德利图书馆藏有满文文献 47 种，这批文献多为经部・小学类和子部・儒家类，于 1992 年由德国满学家嵇穆公之于众。这批文献不仅可以揭示牛津大学满文文献的收藏历史，且对了解英国汉学史发展历程具有重要的参考价值。王敌非的《欧洲满文文献典藏述略——以拉脱维亚、瑞典和丹麦为例》⑥ 指出，拉脱维亚大学历史文献部、瑞典皇家图书馆与丹麦皇家图书馆均藏有部分满文文献，其中不乏珍善本文献。这批文献对于熟悉欧洲汉学史发展历程具有重要的参考价值。

《国立德国柏林图书馆藏满文写本与刻本》出版是新近满文文献编目整理研究的新突破，作者瓦尔拉文斯（Hartmut Walravens）研究员是德国著名的汉学家和图书馆学家，长期致力于世界各国所藏中国文献的整理与研究工作。在满文文献整理与研究领域，瓦尔拉文斯研究员著述不断，出版了《荷兰莱顿汉学研究所藏满文文献》（*Mandjurische Bucher im Sinologisch Instituut, Leiden*）、《法国汉学研究所收藏的满文文献》（*Tibersicht Fiber die Mand-jurica im Institnt des Hautes Etudes Chinoise*）。

此前，剑桥大学图书馆分别于 1898 年和 1915 年编印了一部馆藏中国文献目录，题为《剑桥大学图书馆藏威妥玛汉文与满文文献目录》和《剑桥大学图书馆藏威妥玛汉文与满文文献增补目录》，二者共著录与满文相关的文献 68 种。整理和翻译这两份目录为了解英国伦敦地区满文文献的收藏历史情况提供新资料，对熟悉英国汉学史发展历程具有重要的参考价值。锋晖的《奕山新疆满文、汉文奏折综析》⑦ 对《清代新疆满文档案汇编》国内外收

---

① 王敌非：《法国巴黎藏满文古籍述略》，《满语研究》2015 年第 2 期。

② 王敌非：《中欧的满文文献典藏——以匈牙利、奥地利和捷克为例》，《满族研究》2016 年第 3 期。

③ 王敌非：《意大利与梵蒂冈收藏的满文文献》，《黑龙江民族丛刊》2016 年第 6 期。

④ 王敌非：《德国国家图书馆的满文文献典藏》，《黑龙江民族丛刊》2016 年第 1 期。

⑤ 王敌非：《牛津大学博德利图书馆藏满文文献概述》，《满语研究》2016 年第 1 期。

⑥ 王敌非：《欧洲满文文献典藏述略——以拉脱维亚、瑞典和丹麦为例》，《黑龙江民族丛刊》2016 年第 3 期。

⑦ 锋晖：《奕山新疆满文、汉文奏折综析》，《西部蒙古论坛》2016 年第 3 期。

藏机构所收录的奕山满文奏折进行解读，综析奕山新疆满文、汉文奏折的内容及其研究价值。吴俊杰的《国外学者对满文档案的使用及其启示》① 指出，国外学者在使用满文档案方面取得了很多的成果，主要表现在编纂词典、编写语言教材、撰写学术专著和翻译满文经典方面。国内应从国外学者使用满文档案进行学术研究方面受到启发，同时注意提高满文档案的保护和研究水平。

探讨满文锡伯文的媒体、转写方案、计算机处理编码等方面的论文有如下。杜松平的《新疆锡伯文新闻出版事业与满－通古斯文化的传承——以〈察布查尔报〉的创刊为例》② 指出，锡伯文是对清代满文的继承和发展，但与满文又不尽相同。《察布查尔报》是我国唯一的锡伯文报纸，在锡伯文书面语言的形成过程中起了重要的推动作用，同时锡伯语报刊的创办又推动锡伯文新闻出版事业的发展。付勇、佟靖、贺智程的《锡伯文满文拉丁转写方案比较分析》③ 提出了拼音文字的拉丁转写通常应遵循最基本的原则，在此基础上，比较分析了目前流行的几种锡伯文、满文拉丁转写方式和存在的问题，指出了文中提出的索贝特转写相对于其他转写方式的优势。佟加·庆夫、吕建春的《锡伯文、满文相关信息技术标准研制与应用》④ 介绍了研制锡伯文、满文的相关标准的技术实现方法以及已取得的成果情况，为锡伯文、满文信息技术相关标准的制定、计算机信息化和标准化应用等研究工作提供了重要参考。付勇的《现行锡伯文满文编码存在的问题与解决方案》⑤ 从文本编辑、字符排序和应用效率三个方面分析了现行锡伯文、满文编码存在的文字顺序和控制符等方面的问题与弊端，并给出了解决这些问题的可行方案，包括对相应文种的规范字符给出对应的编码等。付勇、佟靖、贺智程的《锡伯文满文通用键盘字母数字区布局解决方案》⑥，分析了 GB/T 28038—2011 中锡伯文、满文通用键盘字母数字区布局中 K、G、H 键上的几个辅音字母以及 U、V 和 I 键上元音字母 u、v、大“i”（AM I）和小“i”（AJI I）的冲突问题和根源，并给出了解决的可行方案。吕建春、佟加·庆夫、王得洋等的《蒙古文锡伯文满文 OpenType 字库技术研究》⑦ 主要介绍依据 GB 13000—2010、GB/T 26226—2010 等相关国家标准，采用 OpenType 字库技术而研制完成的蒙古文、锡伯文和满文字库，包括字库研制的技术路线和名义字符、显现字符、合体字符的变形显现，字符宽度数据、字形轮廓描述、识别、压缩、还原等技术。

涉及清代满蒙关系及其他民族关系研究的论文有如下。乌云毕力格的《土尔扈特汗廷与西藏关系（1643—1732）——以军机处满文录副档记载为中心》⑧ 利用清朝军机处满文录副档的相关记载，深入探讨清代顺治至雍正年间的伏尔加河流域土尔扈特蒙古和西藏的密切关系，重点探究土尔扈特汗策凌敦多卜与七世达赖喇嘛的联系，指出蒙藏民族之间密切的宗教关系是遥

① 吴俊杰：《国外学者对满文档案的使用及其启示》，《兰台世界》2016 年第 5 期。

② 杜松平：《新疆锡伯文新闻出版事业与满－通古斯文化的传承——以〈察布查尔报〉的创刊为例》，《新疆社科论坛》2015 年第 4 期。

③ 付勇、佟靖、贺智程：《锡伯文满文拉丁转写方案比较分析》，《信息技术与标准化》2015 年第 Z1 期。

④ 佟加·庆夫、吕建春：《锡伯文、满文相关信息技术标准研制与应用》，《信息技术与标准化》2015 年第 Z1 期。

⑤ 付勇：《现行锡伯文满文编码存在的问题与解决方案》，《信息技术与标准化》2015 年第 Z1 期。

⑥ 付勇、佟靖、贺智程：《锡伯文满文通用键盘字母数字区布局解决方案》，《信息技术与标准化》2015 年第 Z1 期。

⑦ 吕建春、佟加·庆夫、王得洋等：《蒙古文锡伯文满文 OpenType 字库技术研究》，《信息技术与标准化》2015 年第 Z1 期。

⑧ 乌云毕力格：《土尔扈特汗廷与西藏关系（1643—1732）——以军机处满文录副档记载为中心》，《西域研究》2015 年第 1 期。

远的土尔扈特蒙古人向心力的源泉之一。黑龙的《清内阁满蒙文合璧文书的形成流程、书写格式及语文特征》① 指出：满蒙文合璧来文的形成流程是，蒙古使臣来京后先到理藩院递交信件，理藩院转送至内阁，由内阁译为满文，与原蒙古文一并进呈御览，奉出后抄录，存贮于内阁蒙古堂。内阁满蒙文敕谕的形成途径是，内阁先拟写颁给蒙古地方的满文、蒙古文敕谕并进呈御览，然后将其抄录，存贮于蒙古堂。蒙古文来文及其满文译件和清帝满文敕谕及其蒙古文译件，在书写格式上基本一致，满文文书因其文字和语法等方面的特征，对解读蒙古文文书构成了有益的参考。由中国第一历史档案馆满文处与新疆和布克赛尔蒙古自治县委史志办合作编译的《清代东归和布克赛尔土扈特满文档案全译》于 2013 年已由新疆人民出版社出版。和布克赛尔蒙古自治县位于新疆天山迤北准噶尔盆地西北部，在清代官方档案中称为霍博克赛里，由伊犁将军总统管理，归塔尔巴哈台参赞大臣直接管辖。清乾隆年间土尔扈特蒙古从额济勒河（即伏尔加河）流域东归故土后，其中的一部被安置于和布克赛尔地方，世代定居，成为当地的居民，清代称为“霍博克赛里土尔扈特”或“塔尔巴哈台土尔扈特”。黑龙的《阿喇尼出使准噶尔部蒙古文档案译介》② 认为，清朝理藩院尚书阿喇尼出使蒙古准噶尔部，是满蒙关系史上一个重大事件。“阿喇尼出使报告”的蒙古文和满文文件在《清内阁蒙古堂档》中被完整地保存下来，详细记载了阿喇尼出使经过。该文为蒙古文文件的转写和翻译。乌云毕力格的《康熙初年清朝对归降喀尔喀人的设旗编佐——以理藩院满文题本为中心》③ 在解读两份满文题本基础上，通过康熙初年清朝在喀尔喀人中设旗编佐领的案例，具体呈现一个扎萨克旗的成立过程，并分析扎萨克旗制度对统治蒙古的意义。陈玉宇的《〈清代新疆满文档案汇编〉纸质目录和机读电子目录编制初探——以新疆师范大学读者需求为例》④ 由新疆师范大学管理服务工作科研项目资助，旨在通过对《清代新疆满文档案汇编》纸质目录和机读目录编制的研究为新疆师范大学乃至其他科研工作者提供更深入细致的学科服务，使其能快捷便利的查找相关资料。刘顶新的《库玛尔路鄂伦春满文枪支档案刍议》⑤ 指出，1918 年形成的库玛尔路鄂伦春满文枪支档案，真实地记录了库玛尔路鄂伦春正白旗头佐及二佐枪支种类、枪支数量、所有者及铅丸火药的购买渠道等信息，对于了解民国时期库玛尔路鄂伦春枪支使用状况具有参考价值。金鑫的《〈黑龙江将军衙门档案〉对于清代索伦、达呼尔历史研究的意义》⑥ 指出，清代北部边疆地区，或为理藩院监管下的藩部蒙旗，或为驻防将军统辖下的内属部落，在当地各级衙署的旧存满蒙文档案中，有极为全面翔实的记载，这一点对清代索伦（即今鄂温克）、达呼尔（即今达斡尔）两族历史而言至为关键。戴伟的《清代鄂伦春族满文户籍档案》⑦ 指出，《清代黑龙江地方鄂伦春族满文户籍》档案文献断续形成于清同治五年（1866）至光绪二十六年（1900），是目前已知的、形成时间较早的鄂伦春族历史户籍档案。该户籍档案用满文记录了清代黑龙江地方布特哈、呼伦贝尔、黑龙江城等地区分别管辖的五路鄂伦春族的历史人口状况，反映了当时当地鄂伦春人口数目、氏族脉络、婚姻家庭、生育状况、人种体质以及身份地位等

---

① 黑龙：《清内阁满蒙文合璧文书的形成流程、书写格式及语文特征》，《民族研究》2016 年第 4 期。

② 黑龙：《阿喇尼出使准噶尔部蒙古文档案译介》，《满族研究》2016 年第 2 期。

③ 乌云毕力格：《康熙初年清朝对归降喀尔喀人的设旗编佐——以理藩院满文题本为中心》，《清史研究》2016 年第 4 期。

④ 陈玉宇：《〈清代新疆满文档案汇编〉纸质目录和机读电子目录编制初探——以新疆师范大学读者需求为例》，《佳木斯职业学院学报》2015 年第 6 期。

⑤ 刘顶新：《库玛尔路鄂伦春满文枪支档案刍议》，《满语研究》2015 年第 2 期。

⑥ 金鑫：《〈黑龙江将军衙门档案〉对于清代索伦、达呼尔历史研究的意义》，《中国史研究动态》2017 年第 4 期。

⑦ 戴伟：《清代鄂伦春族满文户籍档案》，《黑龙江档案》2016 年第 3 期。

问题；详尽的人口统计数据及其变动情况，揭示了当时鄂伦春人口发展的总体趋势，是研究鄂伦春族人口、婚姻、家庭等历史的重要史料，具有较高的学术价值和史料价值。2010 年 3 月《清代黑龙江地方鄂伦春族满文户籍档案文献（同治、光绪年间）》入选《中国档案文献遗产名录》。

涉及满语文本体和满语文教育的具体专题研究论文有如下。张美兰、綦晋的《从〈清文指要〉满汉文本用词的变化看满文特征的消失》① 利用满汉合璧《清文指要》（百章）以及相关汉文译本共 8 种材料的对比，选取其部分虚词为对象，探讨《清文指要》（百章）汉文译本对译过程中满文虚词形态特点脱落的现象。这从一个侧面透露了不同时期满语与汉语接触、融合、最终被汉语代替以致衰落的历程，也反映出共同语基础方言地位会随着政治经济中心的转移而改变的情况，还提醒学界汉语史研究过程中需要挖掘整理这样的新语料。曹萌的《满语文保护抢救综述与满语文实验社区建构》② 指出，中国 1000 多万满族人口只有为数不多的人能够通晓满语文研究档案、粗通满文、能够说简单满语；中国现存大约 280 万件用满族文字记录的文献档案资料还没有翻译。满族语言文字正面临灭绝，亟须保护抢救。国家和高等学校从 1961 年开始保护抢救满语文，采取了多种类型的满语文人才培养措施，但对于满语文的濒危仍是杯水车薪。满语文的保护抢救应实施构建实验社区策略，即政府在满族人口聚居区指定并支持一所或几所高校设置专门院系进行满语文教学研究和人才培养，同时在辽宁省东部满族聚居区建立“国际满语文实验社区”。李文益的《清代“哈哈珠子”考释——兼论满文“haha juse”与“haha jui”的翻译》③ 指出，“哈哈珠子”是满文的音译，即男童的复数形式，由清代宫廷教育中的伴读发展而来。至迟在康熙十二年（1673）的“哈哈珠子”词性发生了变化，由名词的复数形式变为一种特定称谓，专门指称由伴读出身的皇子侍读及侍卫。今人在翻译档案时，又一概译为“哈哈珠子”或“孩童”，更加模糊了两者的界限，也影响了学人对史料的理解。冯云英的《满语满文在丹东地区的衰微及其对满族文化发掘保护的影响》④ 概括了丹东地区满语满文的使用情况，认为满语满文在丹东地区已处于衰微状态，满语人才急缺，并且分析了满语满文在丹东地区的衰微对满族文化发掘保护的影响，同时提出了相应的解决对策。张松的《近代东北地区的满汉文传统教学》⑤ 指出，近代东北地区的满汉文教学仍用传统方式，强调背诵。诵读诗文时用传统的吟诵法，而不行朗诵法，可见，东北地区满文教学受到传统汉文教学的强烈影响。

涉及传教士、满文外译、汉学家的专题论文有如下。陈树千的《法籍耶稣会士与十八世纪满文西行》⑥ 指出，17 世纪末期，法籍耶稣会士来华，因传教、外交的职责与在中国生存的需要而潜心学习满文。在华期间，法籍耶稣会士就满文法文献进行互译、编纂满法双语辞书、撰写满语语法著作，并将成果传递回欧洲，引发了欧洲学界，特别是法国学界对满文的兴趣，将满文在欧洲的传播推向高潮。1814 年，法兰西学院设立满文讲座，标志着欧洲的满文研究步入

---

① 张美兰、綦晋：《从〈清文指要〉满汉文本用词的变化看满文特征的消失》，《中国语文》2016 年第 5 期。

② 曹萌：《满语文保护抢救综述与满语文实验社区建构》，《民族教育研究》2016 年第 1 期。

③ 李文益：《清代“哈哈珠子”考释——兼论满文“haha juse”与“haha jui”的翻译》，《清史研究》2016 年第 1 期。

④ 冯云英：《满语满文在丹东地区的衰微及其对满族文化发掘保护的影响》，《辽东学院学报（社会科学版）》2016 年第 1 期。

⑤ 张松：《近代东北地区的满汉文传统教学》，《满语研究》2016 年第 1 期。

⑥ 陈树千：《法籍耶稣会士与十八世纪满文西行》，《满语研究》2016 年第 1 期。

专业化阶段。关康的《域外收藏满文天主教文献三种》[①] 指出，清代在宫廷供职的外国天主教传教士出于向旗人传播信仰的目的，撰写、编译了大量满文宗教文献。该文选取东洋文库藏《古新圣经》、法国国家图书馆藏《万物真原》和《天神会课》，分别考察其内容及特点，并综合研究神学术语的翻译方法。关康的《法国藏满译〈万物真原〉考》[②] 指出，《万物真原》是耶稣会士艾儒略于明末撰写的神学著作。清代出现两个满文译本。今法国国家图书馆藏有两个满文译本。《万享有物真原》两个满文译本虽然翻译风格迥异，但都比较准确地将神学、哲学术语翻译成满文。这两个满文译本的印行，同时说明清初驻京传教士对满文的需求。蔡名哲的《满文〈西洋药书〉第二至第六药方及相关问题》[③] 指出，《西洋药书》为清宫传教士以满文写成的西洋药学著作本文为对其中第二至第六药方的研究成果，将其中满文音译拉丁字逐一找出，并推论其中“teliyembi”一字，指的其实是蒸馏法。卢铭君的《从海关洋员到汉学家——德国人穆麟德的汉学之路及其汉学思想》[④] 指出，德国人穆麟德曾先后在中国海关和德国驻华领事馆任职，为李鸿章洋幕僚。在华工作引起了穆麟德对汉学的兴趣，他发表了《汉籍目录便览》《满文文学杂论》等汉学作品，一度在汉学界颇有影响。现有文献基本都是从历史学和政治学角度探讨穆麟德在华以及在朝鲜的政治作为。该文利用历史文献，厘清穆麟德的汉学之路，全面梳理其学术成果并进行评价，介绍其汉学思想概貌。戴克良、黄大伟的《清代满语文对中华民族文化与中西文化交流的影响》[⑤] 指出，从清代满语文对中西文化交流的影响来看，在清顺康年间，西方传教士就非常热衷学习满语文，满文图书以其独特的优势在历史上帮助了西方人了解中国传统文化，在一定历史时期内起到了中西文化交流的作用。

“乌什事件”发生在乾隆三十年（1765），有关“乌什事件”历史资料甚少，近来的文献提供了全新的历史证据。王为的《清朝满文档案中“乌什事件”考证》[⑥] 指出，“乌什事件”发生在乾隆三十年，有关“乌什事件”历史资料甚少，但在现今所收藏的满文档案中找到了一些详尽记载，对“乌什事件”的考证起到了很大的帮助。孙文杰的《从满文寄信档看“乌什事变”真相》[⑦] 认为，“乌什事件”奠定了清政府治理回疆的基本模式。乾隆朝满文寄信档等稀见史料中，存有这一段历史的线索，可资从中探讨“乌什事件”的起因、过程以及善后措施，回溯“乌什事件”之真相。孙文杰的《从满文寄信档看“乌什事变”中的首任伊犁将军明瑞》[⑧] 通过对《乾隆朝满文寄信档》中清代新疆稀见史料的爬梳，分析“乌什事件”中的明瑞的功与过，并兼及对伊犁将军与喀什噶尔参赞大臣职权变化进行讨论。

---

① 关康：《域外收藏满文天主教文献三种》，《吉林师范大学学报（人文社会科学版）》2016 年第 5 期。

② 关康：《法国藏满译〈万物真原〉考》，《满语研究》2016 年第 2 期。

③ 蔡名哲：《满文〈西洋药书〉第二至第六药方及相关问题》，《吉林师范大学学报（人文社会科学版）》2015 年第 4 期。

④ 卢铭君：《从海关洋员到汉学家——德国人穆麟德的汉学之路及其汉学思想》，《国际汉学》2016 年第 4 期。

⑤ 戴克良、黄大伟：《清代满语文对中华民族文化与中西文化交流的影响》，《河北民族师范学院学报》2015 年第 4 期。

⑥ 王为：《清朝满文档案中“乌什事件”考证》，《兰台世界》2015 年第 26 期。

⑦ 孙文杰：《从满文寄信档看“乌什事变”真相》，《云南民族大学学报（哲学社会科学版）》2016 年第 6 期。

⑧ 孙文杰：《从满文寄信档看“乌什事变”中的首任伊犁将军明瑞》，《新疆大学学报（哲学·人文社会科学版）》2017 年第 1 期。

三 印欧语系语言古文字文献研究

中国境内的印欧语系古文字文献主要是吐火罗语文献、佉卢文文献、粟特文文献、于阗文文献四种，不少文献之间彼此交叉。在“一带一路”倡议的感召下，有关丝绸之路及其古文字文献的研究迅速升温，而传统的丝绸之路研究，由此在学术价值之外，更增添了现实意义，赵莉、吴丽红、庆昭蓉等的《新疆库木吐喇窟群区第50窟主室正壁龛内题记》[①] 解读结果显示，在各幅画面描绘的佛陀与供养人画像之中，其供养人很可能都是千佛之中某位过去佛的前世，以此描绘历代过去佛在往昔善心供养的功德或者发心向初果的誓愿。至库木吐喇窟群区第50窟千佛因缘的府本究竟是什么，依旧是个疑问。这一问题不单对于龟兹石窟研究及吐火罗文献学而言十分重要，对于研究西域佛教、文学与艺术更是关键性问题。杨富学、盖佳择的《敦煌吐鲁番摩尼教文献研究述评》[②] 指出，19世纪末20世纪初以来，敦煌、吐鲁番等地相继出土了多件摩尼教文献，既有汉文，也有回鹘文、摩尼文、粟特文、波斯文等，为丝绸之路沿线摩尼教的传播提供了重要依据，深受国内外学术界的重视，涌现出非常丰硕的研究成果。

对回鹘文写本的关注，则主要集中于《摩尼教徒忏悔词》《牟羽可汗入教记》《摩尼教寺院文书》等。新近发现的霞浦摩尼教文献，明显与敦煌摩尼教文献同源，可谓敦煌学的新延展；福建摩尼教由回鹘僧人所传，同样也可谓回鹘摩尼教研究的新延展。马晓林的《元代景教人名学初探——以迁居济宁的阿力麻里景教家族为中心》[③] 指出，元代景教人名学（Anthroponymy）研究需要在汉文史料的基础上进行。文章以新出按檀不花家族史料为中心，结合出土叙利亚文、回鹘文材料，考察人名的词源及形态演变。通过人名、居地、年岁、身份、职官的考察，此家族始祖岳雄（岳难之讹）可勘定为赤峰出土瓷质墓碑的主人Yonan。文章提出此家族五代19个人名的还原方案，揭出9个基督教名，并对汉文文献中的讹字作出校正。

求芝蓉、马晓林的《安藏家族人名考——兼论13世纪回鹘佛教徒的汉文化修养》[④] 对以往学界未能完全分清的元代畏兀儿人安藏、扎牙答思二人，根据回鹘文、藏文、汉文诸文献进行了区分，认为唯有《元史·迦鲁纳答思传》将安藏和扎牙答思连属，孤证不立。《至元法宝勘同总录》中的斋牙答思即扎牙答思，与安藏判然二人。从语源与含义上看，源自汉文的安藏与源自梵文的扎牙答思毫无关联。文章还探讨了安藏家族人名的语源，将其父名还原为腆藏帖林护迪，认为安藏家族三代人名都有显著的汉语佛教文化因素。由此判断，蒙元时期西域回鹘与中原的联系持续存在。

成湘丽、杨荣成的《〈西域考古记〉中记载的中国古代语言文字简考》[⑤] 指出，《西域考古记》记录了斯坦因三次西域考古的基本情况及考古收获，其中重点介绍了12种以上不同语言的古代写本的考古挖掘情况，从书中斯坦因对汉文、佉卢文、婆罗谜文、藏文、窣利语文、和阗语、吐火罗语、突厥文、西夏文、回鹘文、叙利亚文等的记载情况，可以初步分析出其考古

---

① 赵莉、吴丽红、庆昭蓉等：《新疆库木吐喇窟群区第50窟主室正壁龛内题记》，《西域研究》2015年第3期。

② 杨富学、盖佳择：《敦煌吐鲁番摩尼教文献研究述评》，《吐鲁番学研究》2015年第2期。

③ 马晓林：《元代景教人名学初探——以迁居济宁的阿力麻里景教家族为中心》，《北京大学学报（哲学社会科学版）》2016年第1期。

④ 求芝蓉、马晓林：《安藏家族人名考——兼论13世纪回鹘佛教徒的汉文化修养》，《西域研究》2016年第2期。

⑤ 成湘丽、杨荣成：《〈西域考古记〉中记载的中国古代语言文字简考》，《兰台世界》2015年第31期。

文书的分布区域和文献价值。王小苹的《吐鲁番文书流失海外的实证研究》[①] 指出，吐鲁番文书是我国历史文书的重要组成部分，由于历史原因，大量流失海外。文章（欧美版）对所收集的近3万件文书进行信息研究，深入了解吐鲁番文书的海外收藏、语种分布、学科领域、文献类型、古籍文书、研究现状等方面所存在的规律性，并对各国吐鲁番学研究开展比较，为吐鲁番学研究提供了数据支持，更为促进海外吐鲁番文书的回归提供参考。王兴伊、段逸山编著的《新疆出土涉医文书辑校》[②] 将新疆出土考古资料，以及分散在世界各地的吐鲁番出土文书和大谷文书，英藏、法藏、俄藏的敦煌文献中明确为新疆出土的，收集整理集成其中的医药文献，大致有300件残卷或残片。文献时间主要集中于魏晋、隋唐之际，诸如《刘涓子鬼遗方》（甲乙卷）、《本草经集注乙本》、《杂病医疗百方》（回鹘文）、《鲍威尔写本》（梵文）等残卷（片），能够集中反映古印度医学、中医学及其他民族医学在我国西域地区的交流与融合。该著将文献分为两部分：一为汉语编，即分为医学理论类、本草类、医方类、针灸类、医史资料类、药价文书类、其他类七类；二为胡语编，即梵文类、回鹘文类、佉卢文类等（胡语编以存目方式）。

任荣的《庾信〈哀江南赋〉“胡书”新考》[③] 指出，庾信在《哀江南赋》追叙其祖功世德云：“新野有生祠之庙，河南有胡书之碣。”其中“胡书”一词之释义众说纷纭，至今尚未有定论。大体有胡昭书、科斗书、鲜卑文三说影响较大。尹冬民的《庾信〈哀江南赋〉“胡书”新证》[④] 又提出“胡书”为“粟特文”一说。此外，尚有二说，即“胡书”所指一是梵文，二是西域流行的某种文字，可能是粟特文、吐火罗文等梵文和阿拉美文。庾信的《哀江南赋》中所云之“胡书”当是指“梵文”。段锐超的《拓跋鲜卑无民族文字及以汉字拼记鲜卑语考辨》[⑤] 指出，拓跋鲜卑的民族语即鲜卑语，鲜卑语没有与之对应的文字。“胡书”并非指鲜卑文字，而是指西域的梵文、粟特文等，鲜卑语的记录借助汉字拼写。

以下对中国境内具体的印欧语古文字文献的研究专题论文著作作评述。

（一）吐火罗文文献研究

吐火罗语文献此前国内只有季羡林、徐文堪等极少数专家在研究，一直没有后继的传人。近来庆昭蓉的加入，使吐火罗语文献的研究得到了传续，其发表了全新的论文，昭示着学术的进步。庆昭蓉的《从tune一词看龟兹佛教之香华供养》[⑥] 结合汉译佛典、龟兹语（吐火罗B语）佛典、龟兹语方术文献与龟兹语寺院帐历残片探讨龟兹人表示香料及香花供养的词语。经过综合比对，可以推断过去被学者猜测为表示特定某种芬芳鲜花或莲花的难解名词 tufie 其实是指广义上的香料，它与新鲜花卉相对，并且在特定语境下与安息香有所区隔。库木吐喇窟群区第50窟主室正壁龛内残存壁画与榜题肯定了这项研究成果，即龟兹语 tufie 是鲜花之外的常见供养品之一，而具有焚香、抛洒香末或香水等各种供养形式。

阿不都热西提·亚库甫主编的《西域—中亚语文学研究：2012年中央民族大学主办西域—中亚语文学国际学术研讨会论文集》[⑦] 为2012年中央民族大学举办的“西域—中亚语文学

① 王小苹：《吐鲁番文书流失海外的实证研究》，《大众文艺》2016年第2期。

② 王兴伊、段逸山编著：《新疆出土涉医文书辑校》，上海科学技术出版社2016年版。

③ 任荣：《庾信〈哀江南赋〉“胡书”新考》，《文学遗产》2015年第4期。

④ 尹冬民：《庾信〈哀江南赋〉“胡书”新证》，《文学遗产》2011年第4期。

⑤ 段锐超：《拓跋鲜卑无民族文字及以汉字拼记鲜卑语考辨》，《青海师范大学学报（哲学社会科学版）》2015年第2期。

⑥ 庆昭蓉：《从tune一词看龟兹佛教之香华供养》，《西域研究》2015年第3期。

⑦ 阿不都热西提·亚库甫主编：《西域—中亚语文学研究：2012年中央民族大学主办西域—中亚语文学国际学术研讨会论文集》，上海古籍出版社2015年版。

国际学术研讨会”论文汇编。此次会议的主题是汇报研究项目“古代维吾尔诗歌的语文学研究”的研究成果，为潜心研究20世纪初开始在吐鲁番、敦煌及邻近地区发现的各种语言文字文献的国内外专家学者提供一个平台，探讨写本中反映的语文学、语言学、历史学、宗教学及文化学等方面的热门论题。该论文集作者即为参会的数十名学界著名的中外学者。按照研究专题，论文集分为吐火罗语研究、伊朗语研究、汉文文献研究、回鹘文研究、考古与宗教研究、近代西域与中亚研究六个部分。文集涉及吐火罗语文献的论文有如下。徐文堪的《吐火罗语与吐火罗语文献研究》对于吐火罗语的概念和研究史做了十分精要的总论，并结合了历史语言学、体质人类学和考古学等学科的成果。徐文堪的《吐火罗学研究之过去、现在和未来》对吐火罗语文文献及相关研究作了较全面的回顾和展望。荣新江、庆昭蓉、荻原裕敏的《龟兹地区现存吐火罗语写本与题记的调查与研究》对“龟兹地区现存吐火罗语写本与题记的调查与研究”项目进行了介绍。调查范围遍及克孜尔、亦狭克、库木吐拉、克孜尔尕哈、森木赛姆、玛札巴赫、苏巴什等石窟及其周边遗址现存的胡汉题记与出土文物，同时对于龟兹地区的古代山川地理、交通路线等重大历史课题也予以关注。

（二）佉卢文文献研究

佉卢文文献以社会经济文书，尤其以商业性质的文书、钱币、简牍最为突出，反映了丝绸之路古代贸易及其社会经济现实的真实面貌，具体的代表性论文如下。李志鹏的《丝路贸易中的实物货币流通研究——以“敦煌吐鲁番文书、佉卢文文书”为线索》[①] 追溯敦煌经济契约文书、吐鲁番回鹘文文书、佉卢文简牍文书中对丝路贸易实务货币的清晰描述。文章指出，从“金”到“丝”这一“等价物”的变迁和影响中可以给予当代的借鉴和启发是：推行人民币国际化，实现货币流通，倡导国际贸易形式多元化，促进国际金融市场体系的完善和发展。张婧的《佉卢文人口买卖契约套语研究》[②] 认为，佉卢文人口买卖契约在买卖事宜叙事句、签约条件、签约仪式、买方权益、违约处罚等方面都形成了一定的套语。这一方面是当地民俗、文化的反映，另一方面也反映出随着时代的发展，人们的法律意识和维权意识不断增强。对其研究有助于更好地了解当时的民俗、文化，并在此基础上解读其时的社会现实。杨富学、徐烨的《佉卢文简牍与鄯善国经济史的构建》[③] 指出，20世纪初以来新疆地区出土了大量的佉卢文简牍，其内容涉及魏晋时期鄯善国的农业、畜牧业、手工业、商业、货币、土地制度等诸多方面，可以看出，这一时期鄯善国的社会制度已由奴隶制迈入封建制或农奴制。佉卢文简牍的发现，对于构建魏晋时期鄯善国的经济史具有极为重要的价值，借由这些文献，西域历史上的很多难解之谜可以得到更透彻的研究。陈国灿的《略论佉卢文契约中的人口买卖》[④] 指出，佉卢文契约中的人口买卖大部分是奴婢的买卖，被卖者有家贫卖儿鬻女者、被劫掠者、战俘、逃亡者。买进者多是官僚、权贵和地主。也有非奴婢的买卖，如买女性为妻者，买劳动力者，也都采用了人口买卖的形式。这是在生产力水平低下，处于奴隶制发展阶段，官僚、权贵和地主对劳动力需求使用的一种自然形式，它展现出了3—4世纪鄯善王国奴隶社会的基本特征。文俊

---

① 李志鹏：《丝路贸易中的实物货币流通研究——以“敦煌吐鲁番文书、佉卢文文书”为线索》，《甘肃金融》2016年第10期。

② 张婧：《佉卢文人口买卖契约套语研究》，《高教学刊》2016年第13期。

③ 杨富学、徐烨：《佉卢文简牍与鄯善国经济史的构建》，《石河子大学学报（哲学社会科学版）》2015年第1期。

④ 陈国灿：《略论佉卢文契约中的人口买卖》，《西北师大学报（社会科学版）》2015年第3期。

红、杨富学的《佉卢文书所见鄯善国妇女土地问题辨析》[①] 指出，Kh. 677 一件文书记载了鄯善国妇女的土地问题。从中可以看出，其土地是通过购买和赠送两种形式而获得的，鄯善国妇女对土地拥有所有权，既可以自己播种、农耕，也可以作为礼物送人，甚至可以自由买卖，享有对土地的归属权和抉择权，与吐鲁番出土回鹘文、汉文土地买卖契约确保买主权益的条款极为接近，然而与魏晋乃至北朝时期中原地区妇女授田仅享有土地使用权的情况却颇有不同之处。文书还提到，该地既不缴 seni 税，也不纳 niciri 税，至于是否需要缴纳其他税，文书未予涉及。赵岩的《汉佉二体钱研究小议》[②] 指出，综观汉佉二体钱，兼有希腊货币体系和中国货币体系的特征，铭文既标明了重量也标明了发行者的姓名，采用株作为计量单位，材质为铜质，打制而成，背面为中亚常见的马图。这可能是希腊文化通过印度传入于阗，同原来已存在的中国文化相结合，而产生这种钱币。汉佉二体钱是东西方交通的重要实物，将两大货币体系的特征融为一体，可谓是中西合璧，对还原东西方经济交流有重大意义。张婧的《魏晋时期南疆地区土地买卖及相关问题研究——以佉卢文书为据》[③] 认为，魏晋时期南疆土地买卖获得了法律确认，私有权得到很大程度的保障，出现了一些大土地拥有者，被卖土地的播种量一般都在 1 米里马以上，能够被买卖的土地有五种类型，其中 misi 地（或 misiya 地）最多。作物除了谷物、葡萄、石榴、紫苜蓿、茜草以外，还有 cuthiye、juthi、ad'imni、sahini、adini 等不同品种，有的土地需要缴纳地税，有的则不需要缴纳。种种情况表明，该时段是西域农业发展史上又一个活跃阶段。段晴的《萨迦牟云的家园——以尼雅 29 号遗址出土佉卢文书观鄯善王国的家族与社会》[④] 以尼雅出土的佉卢文书为依据对古代鄯善王国社会进行的个案研究。斯坦因在尼雅第 29 号遗址找到 16 件文书已经入藏中国国家图书馆，和田地区博物馆藏佉卢文书中，至少有 6 件亦应出自同一遗址。重点在于解读这批新文书，同时以萨迦牟云的经历为线索，联系已知出自第 29 号遗址的佉卢文书，从中管窥蠡测鄯善王国的社会生活。袁炜的《从汉佉二体钱上佉卢文铭文看于阗国与东汉、贵霜的关系》[⑤] 从汉佉二体钱上佉卢文铭文考证于阗国与东汉、贵霜的关系。指出，在于阗国铸行的汉佉二体钱上，于阗国君主使用了与贵霜君主相同的称号“众王之王”，这说明了在汉佉二体钱铸行时，于阗国并不隶属于贵霜帝国，其与贵霜是一种平等的关系。而于阗国在模仿贵霜仿印塞王朝币型钱币铸行汉佉二体钱时没有使用原型钱币上“天子”一词，则说明于阗国作为汉王朝的属国，不能使用与汉朝皇帝相同的称号。即在于阗国铸行汉佉二体钱的时期，于阗国仅是汉王朝的属国，而并非贵霜属国。张婧的《魏晋南疆社会管窥——以佉卢文盗窃文书为例》[⑥] 指出，魏晋南疆社会日常生活的佉卢文文书，主要包括官方文书、契约和公私往来的书信等，这些珍贵的文书反映了其时新疆南部地区存在社会财富为少数人垄断的现象，使当时的社会矛盾日渐尖锐，奴隶盗窃问题更为严重，所以同时期记录的佉卢文书内容表现为被窃物品种类繁多、以生活用品和牲畜这两个方面为主：被窃衣物以绸、麻布、毡等为质地，刺绣工艺已经出现，毛织品也已经使用；被窃牲畜有骆驼、绵羊、牛。文书

① 文俊红、杨富学：《佉卢文书所见鄯善国妇女土地问题辨析》，《石河子大学学报（哲学社会科学版）》2015 年第 2 期。

② 赵岩：《汉佉二体钱研究小议》，《江苏钱币》2015 年第 Z1 期。

③ 张婧：《魏晋时期南疆地区土地买卖及相关问题研究——以佉卢文书为据》，《西安文理学院学报（社会科学版）》2016 年第 5 期。

④ 段晴：《萨迦牟云的家园——以尼雅 29 号遗址出土佉卢文书观鄯善王国的家族与社会》，《西域研究》2016 年第 3 期。

⑤ 袁炜：《从汉佉二体钱上佉卢文铭文看于阗国与东汉、贵霜的关系》，《中国钱币》2016 年第 4 期。

⑥ 张婧：《魏晋南疆社会管窥——以佉卢文盗窃文书为例》，《华北水利水电大学学报（社会科学版）》2016 年第 5 期。

一方面反映了魏晋时期南疆地区失窃者的奢华生活，另一方面反映了盗窃者无法生存的悲惨命运，这为城邦国家政权的覆灭埋下了伏笔。张婧、张亚军的《佉卢文209号文书研究》① 指出，佉卢文209号文书反映出3—5世纪的新疆南部地区存在人口买卖。人口买卖契约在公平的基础上签订，有证人为证，有专门的断绳仪式。人价的支付形式包括货币支付和实物支付两种，其中实物支付包括用动物、粮食作物和织物等来支付；货币支付所见有金币、德拉克马和穆立钱。对于违约行为的惩罚包括物质处罚和肉体处罚两种形式，这既是对违约行为的约束，也在一定程度上维护了另一方的合法权益。吴赟培的《和田博物馆藏佉卢文尺牍放妻书再释译》② 认为，和田博物馆藏的一件佉卢文尺牍是古代的离婚协议书，发生在尼雅王国晚期疏梨阇（Sulica）治时，其时缺水和沙漠化已严重影响文明存亡，此木牍即家庭分崩离析的例证之一。该文主旨为，提供新的原文转写以及汉译成果，希求在既往工作的基础上，有所补遗和进益。关迪的《古鄯善国佉卢文简牍的形制、功用与辨伪》③ 考察了新疆古代鄯善国使用的佉卢文简牍的形制与功用，提出其形制深受汉地影响，有楔形检（kila-mutra）、矩形检（hasta-lekha）与不规则形简牍（ganana-prava nag'a）三种类型；就功用而言，楔形检用于国王颁布诏令，矩形检用于官员颁发法律文书与私信往来，不规则形简牍用于记录收支。在此基础上，该文针对一件征集来的佉卢文简牍进行了研究，从形制、字迹与语义三方面证明了该简牍是一件以真迹为基础的伪造文书。王臣邑的《和田博物馆藏源于龟兹国的一件佉卢文木牍》④ 指出，新疆和田博物馆藏的一件佉卢文/犍陀罗语的木牍来自龟兹古国。木牍由三块木板组成。核心木牍部分未开封，文中所提供的转写、译文、注释以及词汇表，仅仅涉及外部可视文字。此木牍产生于3世纪的最后20年。木牍的持有者是尼雅出土佉卢文书中多次提到的人物，即萨迦牟云（Sagamoi），他曾经从鄯善逃往龟兹国，几年后又回到鄯善。这是迄今为止来自龟兹地区最早的世俗文献，涉及龟兹古国的国王 Pitrr · bhakta，特别是为鄯善国的佉卢文称谓为 Nuava 提供了原始证据。

佉卢文文献研究专著有段晴、才洛太的《青海藏医药文化博物馆藏佉卢文尺牍》⑤，该书为国家社科基金重大项目"新疆丝路南道所遗存非汉语文书释读与研究"的系列出版物之一，对青海藏医药文化博物馆藏的四件佉卢文木牍进行了详尽的解读分析。通过对佉卢文尺牍的转写、定名和内容的考察，作者认为这些尺牍应出自斯坦因定名的尼雅13号遗址，反映了三四世纪时鄯善王国的社会、经济、官制等情况，资料弥足珍贵。

（三）于阗文文献研究

近年我国学者开展对新疆地区出土的胡语文献研究取得了很大成绩。古代于阗曾是佛教文献写本的著名集散地，国家图书馆藏的梵文、佉卢文写卷在内容和形式上与20世纪初期西方探险人员在丝绸之路南道发现的残叶十分相似。尤其值得一提的是，国家图书馆藏的写卷中，梵文古籍残叶绝大部分与大英图书馆藏霍恩雷藏品、斯坦因藏品相吻合，但也有独特之处。《中国国家图书馆藏西域文献》系列图书的出版是此种价值的集中体现。2013年中西书局出版了该系列图书的《梵文、佉卢文卷》，2015年又出版了《于阗语卷（一）》⑥，两卷书以整理、

① 张婧、张亚军：《佉卢文209号文书研究》，《井冈山大学学报（社会科学版）》2016年第5期。
② 吴赟培：《和田博物馆藏佉卢文尺牍放妻书再释译》，《西域研究》2016年第3期。
③ 关迪：《古鄯善国佉卢文简牍的形制、功用与辨伪》，《西域研究》2016年第3期。
④ 王臣邑：《和田博物馆藏源于龟兹国的一件佉卢文木牍》，《西域研究》2016年第3期。
⑤ 段晴、才洛太：《青海藏医药文化博物馆藏佉卢文尺牍》，中西书局2016年版。
⑥ 段晴：《中国国家图书馆藏西域文书——于阗语卷（一）》，中西书局2015年版。

诠释国家图书馆藏的来自新疆和田的梵文、佉卢文文书为主要内容，系“丝绸之路的文学与文化交流——新出于阗语及梵文文献研究”项目的成果之一。两书的主编为段晴、张志清。《于阗语卷（一）》以国家图书馆藏的于阗语文书为研究对象，充分运用历史语言学、文献学等方法，释读研究了佛籍和世俗两类文献。该书整理残叶真实反映了古代于阗王国的宗教信仰，显示了于阗曾是大乘佛教的信仰中心。其中，《贤劫经》尤其珍贵，是迄今为止唯一发现的婆罗谜字的佛教梵文《贤劫经》残叶，书写年代可能早至4世纪。

（四）粟特文文献研究

研究粟特文文献的论文数量较少。吴树实的《浅析丝绸之路上粟特人与粟特文钱币》[①] 认为，中亚西部丝绸之路的干线上，粟特人是一个独具特色的商业民族，他们通过漫长的丝绸之路频繁往来于中亚与中国，成为中世纪东西方贸易的承担者。粟特地区漫长而复杂的历史发展背景，造成了粟特人多元化的生存环境和历史文化，反映在他们在商贸经济中所使用的钱币也是多元化的。陆续出土的粟特铭文钱币佐证了粟特人这个神秘民族的历史轨迹。粟特人不是受制于西方强大的帝国，就是依附于东方的王朝。即使是中亚地区相对独立的时候，粟特人也是由那些迁徙过来的游牧民族所控制，始终没有完全独立。因此，粟特地区可能更多时候为经济中心而没有成为政治中心。

四 结语

综上所述，2015—2016年民族古文字文献方面的研究成果数量和质量都有较大的提升。彝文文献、水书文献等注重于探讨数字化、输入规范、文献刊布、保护策略等方面的研究较多，对文字文献本体的研究依旧较少。从整体的学术水准而言，印欧语系文字文献研究、藏文文献研究、突厥文献的研究水平、国际化程度较高，研究精深，范式严谨，古今中外相融一体，已经实现了中外学界的对接。西夏文献的研究则主要集中在对黑水城文献中西夏文和汉文文献的研究翻译，以及对草书文献的释读和佛教经典的对译和对勘研究方面，作者队伍随着文献刊布数量的增加而增加。相对而言，南方民族文字文献的研究则有较大的局限性，体现于语文学意义的研究整体水平有待提升，对国外学界的研究进展关注较少，研究范式尚未实现规范化。此外，中华善本再造项目也为少数民族古文字文献彰显其独具的价值提供了全新的视野，郭晶的《〈中华再造善本〉（续编）少数民族文字古籍的甄选》[②] 指出，《中华再造善本》（续编）首次收入29部少数民族文字古籍，自成一编，名为《少数民族文字文献编》。《少数民族文字文献编》参照《中华再造善本》两期选目原则，根据当前少数民族文字古籍的存藏状况及文献自身特性，另立选目原则。该文从底本核查、选目删汰、选目调整及特色选目释例等角度，全面阐述其对少数民族文字古籍的甄选情况。2015—2016年该领域研究不足之处在于，有的文种文字文献虽然研究论著众多，但研究的深度、视野的广度和方法论都有待完善；大都以模仿汉文文献的研究范式为主，远未形成切合具体文字文献的研究译注范式。

（木仕华，研究员，中国社会科学院民族学与人类学研究所民族文字文献研究室）

① 吴树实：《浅析丝绸之路上粟特人与粟特文钱币》，《长春金融高等专科学校学报》2016年第1期。

② 郭晶：《〈中华再造善本〉（续编）少数民族文字古籍的甄选》，《国家图书馆学刊》2016年第3期。

特约稿件

“21世纪初中国少数民族地区经济社会发展综合调查”项目2015—2016年工作进展

孙　懿

2015年

“21世纪初中国少数民族地区经济社会发展综合调查”（以下简称“大调查”）在中国社会科学院、全国哲学社会科学基金规划办（公室）、国家民委的指导与支持下，在西藏、新疆、内蒙古、广西、宁夏、云南、四川、海南等省区党委、政府等相关部门的协助下，顺利完成了2015年度调研工作。

一　立项工作

在总结前两年工作经验的基础上，2015年度“大调查”立项工作，立足于更全面了解民族地区经济社会发展中面临的新情况、新问题，科学地把握各民族社会的发展趋势，兼顾民族成分和区域特点，统筹规划、合理布局，在西藏、新疆、内蒙古、广西、宁夏、云南、四川、海南等省区设了调研点。

1. 为保证各调研点的典型性和代表性，“大调查”办公室向中国社会科学院民族学与人类学研究所（以下简称民族所）征集2016年度调研点，以研究室为单位，接受个人意向性意见，经“大调查”专家委员会、所学术指导委员会讨论，确定了20个调研点为立项预选点，并向全所公布了“大调查”2015年调研方案。

2. 立项工作在中国社会科学院民族学与人类学研究所所长、项目首席专家王延中研究员的领导下，及项目顾问委员会、专家委员会、学术指导委员会的监督指导下，按照统一发布项目、统一招标的方式进行，通过立项评审会，由各竞标项目主持人向专家委员会、所学术指导委员会陈述申报理由，经无记名投票，根据2/3得票数量确定入选项目，通过14个子项目立项（见表1）。

表1　　2015年“大调查”子项目立项课题一览

序号	立项课题名称	主持人
1	大调查问卷数据分析研究	丁赛
2	新疆裕民县经济社会发展综合调查	王延中、王平
3	西藏昌都县（卡若区）经济社会发展综合调查	扎洛

续表

序号	立项课题名称	主持人
4	云南省迪庆藏族自治州香格里拉（藏族）经济社会发展综合调查	方勇、王德强
5	内蒙古锡林郭勒盟东乌珠穆沁旗经济社会发展综合调查	色音
6	宁夏回族自治区西吉县（回族）经济社会发展综合调查	孙伯君
7	四川省凉山州甘洛县（彝族）经济社会发展综合调查	吴兴旺
8	海南省五指山市（黎族）经济社会发展综合调查	张继焦
9	内蒙古阿拉善盟阿拉善左旗（蒙古族）经济社会发展综合调查	周竞红
10	21世纪初中国少数民族发展系列影像志	庞涛
11	21世纪初云南贡山独龙族怒族自治县经济社会发展综合调查	郑信哲
12	广西金秀瑶族自治县经济社会发展综合调查	徐平
13	新疆生产建设兵团农业建设第一师经济社会发展综合调查	郭宏珍
14	云南澜沧拉祜族自治县经济社会发展综合调查	管彦波

3. 2014年“大调查”子项目经费资助为20万元左右，2015年新疆、西藏等省区根据实际需要适当增加。子项目经费预算严格按照中国社会科学院创新工程研究项目经费管理办法执行，经费预算根据实际需要编制，最终额度由所务会议根据“大调查”专家委员会建议意见审批。

二　实地调研

为使调研工作顺利开展，“大调查”办公室向中国社会科学院、国家民委提出请示，请求以中国社会科学院、国家民委的名义向西藏、新疆等8省区政府及有关部门发函协助做好“21世纪初中国少数民族地区经济社会发展综合调查”项目的相关工作。在中国社会科学院、国家民委的大力支持与协助下，各地回函或来电表示支持做好组织、接待、协调、资料提供等工作。

（一）座谈会

自2015年4月起，“大调查”项目分别在西藏、新疆、内蒙古、海南等省区召开了座谈会。由此，2015年调研工作全面启动。

项目首席专家、调研团团长王延中分别赴上述省区主持参加了座谈会。各省、市、自治区组织部、发改委、财政厅、统计局、民委等部门的负责同志和中国社会科学院的专家学者，围绕着五大文明建设，就多民族省区经济社会发展中的重点、热点、难点问题，与调研组成员进行了广泛的交流。前期的座谈会使课题组对调研地的经济社会发展情况有了初步的了解，为下一步的深入调研奠定了基础。

（二）调研工作

2015年3—9月，各调研组分别赴西藏、新疆、内蒙古、广西、宁夏、云南、四川、海南等省区展开调研，调研工作有序稳步推进，呈现如下鲜明的特点。

1. 项目首席专家王延中所长亲临各调研组指导工作。王延中所长除了主持“新疆裕民县经济社会发展综合调查”项目，还率项目组成员多次到新疆、西藏、海南等省区组织、指导调研工作。民族所党委书记方勇携同课题组成员赴云南迪庆州进行调研，与当地有关部门进行座谈，听取了不同层面的干部群众就经济社会发展的意见和建议。

2. 项目组成员专业背景更加多元，学科分布、人才培养方面更加合理。民族“大调查”是一项综合性的工作，涉及诸多学科。各个项目在获准立项后，根据具体的调研任务，进一步充实了调研力量。在2015年立项的14个子项目项目组成员构成中，民族所科研骨干近50%参加了课题组，而且吸收了新入所的科研人员、在站博士后人员。

3. 调研准备工作充分，调研形式多样，对调研内容的整体把握更加科学、规范。各个项目组的调研工作一般按三个环节展开。调研之前，课题组通过座谈，拟定调研提纲、调研方式，对写作提纲进行了初步讨论和责任划分，并就调研的主要内容与调研地人民政府充分沟通，有针对性地做好调研前的准备工作。在深入调研地后，各课题组采取专题座谈会、专题访谈、干部调查问卷、参与式观察和随机访谈等方法，深入县乡各级部门，全面了解调研地经济社会发展情况。

以管彦波研究员为组长的“云南澜沧拉祜族自治县经济社会发展综合调查”项目组，于2015年7月上旬开始调研。课题组首先在普洱市召开了座谈会，了解普洱市宏观的社会经济整体情况，获取相关统计数据与资料，为后续研究做准备；一旦发现问题，即通过不同的方式为这些问题寻求解决途径。普洱市民宗局向调研组介绍了全市经济社会发展情况、民族团结的基本工作和问题，以及普洱市未来民族工作的计划。社科联的同志从自己的工作经验谈起，希望课题组能够从对民族稳定的贡献、对内地经济发展的支持作用，以及拉祜族传统文化三个方面深入调查，并为澜沧县的社会经济发展提供建议。普洱市民宗局经济科的同志着重阐述了普洱市目前面临的四个困难：一是基础条件差，交通、医疗、饮水等方面都存在诸多困难；二是产业问题多，普洱市有名的茶叶、橡胶等产业仅仅局限在原料销售阶段，深加工产业匮乏；三是人口基础素质差，尤其是佤族、拉祜族等少数民族人口受教育年限低；四是安居问题，安居工程时限短，存在住房布局、人口就业等问题。课题组成员就普洱市的相关情况和自己最为关心的问题与各部门主管领导进行了深入的讨论。

而后课题组在澜沧县召开了座谈会，澜沧县人民政府办公室副主任秦递武主持座谈会，澜沧县统战部、宣传部、县人大办公室、政府政策研究室、民宗局、发改局等20多个部门的负责人参加了座谈会，党委、政府各部门负责人做了积极充分的准备，为课题组全面了解澜沧县的经济社会发展状况奠定了坚实的基础，同时课题组成员也对未来的调研计划做了完善与调整。

周竞红研究员主持的“21世纪初中国少数民族地区经济社会发展综合调查”子项目“内蒙古阿拉善盟阿拉善左旗（蒙古族）经济社会发展综合调研”课题组，在阿拉善左旗旗委、旗政府的协助与支持下，于2015年7月9日在阿拉善左旗人民政府会议室召开了座谈会回旗委宣传部、统战部、发改局、统计局、扶贫办、财政局、人社局、环保局、农牧业局等30余个部门的负责人，以及课题主持人周竞红研究员，课题成员孙懿、乌小花、乌日格喜乐图、张少春等参加了座谈。与会旗人民政府各单位以阿拉善左旗21世纪初社会经济发展为核心，围绕本部门主管的重点工作取得的成就、现存问题等内容进行了全面的介绍。近年来，旗委、旗政府高度重视全旗的民族工作，成立了民族工作领导小组，结合全旗实际制定出台《关于进一步加强民族工作的决定》，有力地促进了全旗民族工作稳步开展。特别是通过开展丰富多彩的宣传活动，充分利用新闻媒体和广告标语、宣传资料等方式，以蒙汉两种语言文字切实扩大党的民族政策法规宣传教育的覆盖面和影响力，为民族团结进步工作打下了坚实基础。全旗以每年9月民族团结进步创建月教育活动为契机，宣传党的民族政策，并已组织召开民族团结进步表彰大会10次，表彰先进集体100余个、先进个人500余名。2009年，阿拉善左旗人民政府被评为“全国第五次民族团结进步模范集体”；2012年，阿拉善左旗民族事务局、乌力吉苏木人民政府被评为“全区第八次民族团结进步模范集体”；2014年，推荐上报银根苏木人民政府为“全区民族团结进步创建活动示范单位”。参会课题组成员也就自己最为关心的问题请教相关部门主管领导。参会各部门负责人为座谈会做了充分准备，表现出对本旗存在困难和问题十分清楚的认知。他们为课题组调研工作提供了大量的有价值的信息，为课题组成员全面了解阿拉善左旗的经济社会发展状况，及时准确掌握经济社会发展脉络，更好地完成调研工作奠定了坚实的基础。

4. 资料收集丰富。资料的真实、可靠及丰富程度是支撑调研报告的关键环节。各调研组在前期收集历史文献资料的基础上，到调研地后通过各种不同的形式，广泛收集了大量的纸质、电子和图片资料。很多调研组还把收集到的各种资料汇编成册，供课题组全体成员使用。目前，对于各课题组收集获取的资料，按照“大调查”办公室的统一安排，正由专人负责，分类整理，归档入库。图片资料的展览，也正在汇总筹办中。

5. 与调研地互动的力度加强。调研工作的有序展开，离不开地方政府的支持。为保障各课题组调研工作的顺利进行，课题首席专家、“大调查”办公室、各课题组通过官方和私人途径，与调研地各级政府进行深度的沟通。各地方政府高度重视，指定专门的部门、抽调专门的人员，协助调研和资料收集工作，许多地方实际工作部门的人员，还全程参与调研工作，承担具体的写作任务。一些课题组在初稿完成后，还把文稿呈送调研地的相关部门，通过审稿会、交流会的形式，广泛征求地方政府的意见和建议。通过实地调查，一些课题组与地方建立了长期的合作关系。综上，2015年的调研工作，无论是调研队伍的组织培训、资料的收集，还是调研的深度广度、调研专题的提炼、调研内容的整体把握等均有很大的提升。

（三）问卷调研与数据分析情况

1. 2015年调查数据情况

调查样本分布情况见表2。

表2　　调查样本分布情况　　单位：份

省份	家庭问卷	社区问卷	干部问卷
海南	398	7	105
宁夏	450	12	未做
四川	503	27	未做
西藏	412	11	166
新疆	803	20	128
内蒙古	879	26	未做
云南	未录入	未录入	未录入
合计	3445	103	399

注：全部问卷合计3947（3445+103+399）份；各地在问卷调查前均进行了问卷调查培训。

2015年调研点（11个）：

新疆（2个）：新疆生产建设兵团农业建设第一师、裕民县（新疆师范大学民族学与社会

学学院　负责人：王平）

西藏（1个）：昌都县（西藏民族大学　负责人：周玉华）

云南（3个）：迪庆藏族自治州香格里拉县、澜沧拉祜族自治县、贡山独龙族怒族自治县（云南民族大学　负责人：王德强）

内蒙古（2个）：锡林郭勒盟东乌珠穆沁旗、阿拉善盟阿拉善左旗（中央民族大学经济学院　负责人：张丽君）

宁夏（1个）：西吉县（中央民族大学经济学院　负责人：张丽君）

四川（1个）：凉山州甘洛县（中央民族大学经济学院　负责人：张丽君）

2. 2015年的调查问卷

经讨论，为了保持问卷内容的连续性，2015年家庭问卷、社区问卷和干部问卷与2014年的问卷一致，内容没有变化。家庭调查问卷形成了637个变量；社区问卷91个变量；干部问卷172个变量。

3. 问卷分析情况说明

（1）2013年调查数据分析成果：

《2013年调查问卷分析·综合卷》、《2013年调查问卷分析·南方卷》、《2013年调查问卷分析·北方卷》。

（2）2014年18个调查点数据分析情况：

18个调查点数据调研报告分南北两卷正在统稿，准备4月交付出版社。

总报告和省级报告正在撰写，准备6月底前交付出版社。

（3）2015年调查数据情况：

基本完成数据录入，云南省数据还未全部完成。

三　财务管理

国家财政部和中国社会科学院对项目的大力支持，保证了“大调查”的顺利进行。在上一年度财务管理的基础上，根据项目组调研经费使用中存在的具体问题，结合社科基金项目经费管理办法和中国社会科学院创新工程经费管理办法，对调研访谈费、调研交通及保险费、差旅补助费和住宿费等相关费用的支出作出了具体的规定。

进一步强调经费支出凡符合公务卡强制结算目录范围的，必须按规定使用支票或公务卡结算。若是受环境限制不能使用支票或公务卡结算的，报销时须附项目负责人批准的现金用款说明并报主管所领导批准。严格控制了设备购置和出国费用，所有费用紧紧围绕调研工作的展开而支出。

四　调研成果

2015年8月28日，民簇地区经济社会协调发展与全面小康社会建设暨《中国民族地区经济社会调查报告》首批图书出版座谈会在中国社会科学院第一报告厅举行，《甘肃裕固族聚居区卷》（主持人王希恩），《镇江布依族苗族自治县卷》（主持人方素梅），《大理市卷》（主持人王锋），《墨玉县卷》（主持人刘正寅），《贵州三都水族自治县卷》（主持人韦学纯），《畲族经济社会发展综合调查》（主持人陈建樾），《贵州凯里市卷》（主持人张继焦），《鄯善县卷》（主持人郭泰山），《云南元阳县卷》（主持人马翀炜），《金秀瑶族自治县卷》（主持人徐平），《青海循化卷》（主持人马成俊），《互助土族自治县卷》（主持人秦永章），《长白朝鲜族自治县卷》（主持人郑信哲），《喀什市经济社会发展调查》（主持人王延中），《拉萨市经济社会发展综合调查》（主持人王延中），《2013 年调查问卷分析·综合卷》《2013 年调查问卷分析·南方卷》《2013 年调查问卷分析·北方卷》（主持人王延中、丁赛）共 18 部调研专著问世，总字数约 600 万字。这些调研专著围绕调研地区 21 世纪初期以来政治、经济、社会、文化、生态五大文明建设展开论述，比较全面地回顾和总结了上述地区在五大建设方面取得的主要成就和基本经验，分析民族地区全面建设小康社会进程中面临的挑战与困难，并针对未来发展提出具有针对性的对策和意见建议。调研工作运用民族学、人类学田野调查，结合社会学抽样问卷调查、国情调研、社会调查等多种方式，尽量全面客观系统地收集调研地点的资料，作为分析研究的基础和依据。调研成果尽量全面梳理调查地区的历史与现实，力求把微观解析与宏观描述、定量分析与定性研究、典型调查与一般概况结合起来，把区域研究与民族研究结合起来，展示中国特色民族发展道路取得的辉煌成就，探寻促进民族地区全面协调可持续发展的路径和措施，为党和政府制定相关决策提供依据和参考。

座谈会由中国社会科学院副院长张江主持。中国社会科学院院长、党组书记，项目学术指导委员会主任王伟光，《求是》杂志社社长李捷，中共中央统战部副部长斯塔，中共中央党校副校长黄浩涛，中国社会科学院原副院长武寅，国家民委政研室主任石玉钢，中国社会科学出版社社长赵剑英，民族所党委书记方勇，项目首席专家、民族所所长王延中，民族所副所长尹虎彬等领导、专家及《人民日报》、《求是》杂志社、新华社、中央人民广播电台等 10 多家媒体记者约 150 人参加了会议。

张江副院长代表中国社会科学院对项目实施过程中给予大力支持和帮助的中央统战部，国家民委，各省区、县领导表示诚挚的感谢，对不辞辛苦，深入民族地区开展实际调查，在深入调查研究的基础上完成并出版了第一批专著的项目组专家们表示亲切的慰问。

作为项目总编辑的王伟光院长作了重要讲话，在对“大调查”工作给予高度肯定的同时，也对“大调查”工作提出了殷切的希望，希望在前期调查研究的基础上，不断探索和实践，不断总结经验，扎实有序推进调研工作，陆续推出具有时代影响力的调研成果。

首席专家王延中研究员从 2013—2015 年调查项目立项情况、项目管理与综合调查工作、调研报告与专著撰写工作、面临的主要问题及下一步工作计划四个方面介绍了项目的总体进展情况。他指出，2013—2015 年已立项近 50 个点，进行全方位、多层次、多民族、多类型的调查。在立项、调研过程中，中国社会科学院、国家民委、地方党政机关给予了大力支持与协助。该项目计划 2017 年结束，今后两年还将有 20 余个项目立项展开。

项目学术指导委员会、专家委员会委员斯塔、黄浩涛、赵剑英、马援、石玉钢、杨圣敏分别发言，对第一批 18 部调查报告的出版表示热烈祝贺，认为这套成果彰显了中国社会科学院智库的作用。他们同时指出：要发挥良好的学风，以问题为导向，不回避问题。不回避问题是我们的自信，以问题为导向才能真正找到解决问题的方案。民族问题的研究，包括民族地区经济社会发展的调查，不能忽视民族心理状况的变化，有针对性才能有效解决民族问题。这套成果从学理性、学科的角度提供了一批综合性的研究报告，就民族地区的发展给决策部门提供了可靠的依据；在作出贡献的同时，也促进了民族所的学科建设、队伍建设和人才培养，引领了学科发展。建议在调研基础上，建立民族地区经济社会发展的数据库，尽可能把它做成一个独有的品牌。子项目主持人刘正寅、丁赛、张继焦、王锋、秦永章、刘玲、李云兵、陈建樾等专家学者分别谈了调研中的体会与感想、成就及存在的问题。大家普遍认为通过“大调查”项目，各学科打破界限，来自不同学科、不同年龄层次的科研人员，特别是民族所以外其他单位的科研人员也参加了“大调查”工作，促进了学术交往和交流，有利于学术研究的整合和提高，有利于锻炼和培养具有综合学术素养的民族问题研究队伍，也为民族所的未来发展奠定了人才基础。

五 存在的困难及经费问题

总体而言，2015 年度田野调研、专著撰写等各项工作进展基本顺利，但也有个别课题组在调研工作中遇到了一些实际困难，有些调研组调研专著未能按期交稿；经过多方的协调与沟通，又进行了补充调研。为保证稿件质量，经“大调查”办公室研究决定，顺延了部分书稿的交稿时间。

在经费使用方面，“大调查”项目严格遵守国家社科基金、中国社会科学院创新工程关于经费使用的相关管理规定，进一步规范了报销制度，防范与控制了一些报销不规范行为。但也存在着一些实际的问题，诸如一些偏远地区无法使用公务卡、没有正规的发票等。

2015 年度子课题数量 14 个，问卷统计分析量较大，国家社科基金规划办拨付的“大调查”项目经费严重不足，难以维系调研工作，因此建议设立问卷调查专项经费，特申请在年资助经费基础上，增拨问卷调研专项经费，以保障“大调查”工作的顺利进行。

总之，大家期待“21 世纪初中国少数民族地区经济社会发展综合调查”项目，立足当代、立足中国的“民族国情”，深入田野，收集、整理并保存海量的文献和田野调研资料，通过全面系统的权威数据和理论阐释，为党和国家的民族工作提供智力支持，为民族地区经济社会建设建言献策，集中推出一批具有鲜明时代特色的调研著作。

2016 年

国家社科基金特别委托项目、中国社会科学院创新工程重大专项“21 世纪初中国少数民族地区经济社会发展综合调查”经过 4 年的田野调研至 2016 年已经覆盖了新疆、西藏、内蒙古、广西、宁夏、云南、贵州、四川等 15 个省区，涉及 60 多个民族地区，调研成果客观反映了改革开放以来中国少数民族地区在政治、经济、文化、教育、科技、卫生、语言、生态保护等各方面的发展成就，及时准确地反映少数民族地区经济社会发展中存在的问题和面临的挑战，可以为进一步促进民族地区经济发展与社会稳定，维护国家统一，反对民族分裂提供前瞻性的理论探讨和科学依据。“大调查”项目开展以来，有突出的成绩，也有值得总结的经验。

一 配合院纪委巡视整改工作

根据 2016 年第 11 期《中央纪委驻中国社会科学院纪检组纪律检查建议书》要求，民族所及“21 世纪初期中国少数民族经济社会发展综合调查”项目办公室在规定期限内初步完成了整改任务。根据国家《关于开展清理和规范庆典、研讨会、论坛活动工作的实施意见》及中国社会科学院《关于召开学术论坛、研讨会、发布会支付有关费用的若干规定》，民族所制定《关于召开学术论坛、研讨会、发布会支付有关费用的实施细则》经所务会议、所党委会审议通过。根据中国社会科学院《关于召开学术论坛、研讨会、发布会支付有关费用的若干规定》和民族所《关于召开学术论坛、研讨会、发布会支付有关费用的实施细则》，“大调查”项目办公室提出了修改完善“大调查”项目经费管理办法的意见，经所“大调查”项目办公室会议、所行政例会研究，制定了《“21 世纪初中国少数民族地区经济社会发展综合调查”项目经费管理办法（修订稿）》并报所务会议、所党委会审核通过，报送院纪检组、财计局，财计局又将该办法送交国家审计署、社科规划办审核。

同时，根据中央纪委驻中国社会科学院纪检组《关于纠正21世界初少数民族经济社会大调查项目在会议期间违规发放钱款的建议》及中国社会科学院财计局《关于对民族学与人类学研究所“大调查”项目经费管理办法的审核意见》，民族学与人类学研究所、“大调查”项目办公室根据要求作了整改，收回了“大调查”项目组在项目启动会、首批图书发布会两次会议期间向与会人员发放的钱款7.7万元。为了使“大调查”项目顺利健康发展，“大调查”办公室制定了“大调查”项目出版著作作者稿费、专家审读费、编审费支付办法，经所务会议、所党委会审核通过，报送财计局审核备案。经过一段时间的整改，“大调查”项目更趋规范，财务管理更加完备，加强成果质量意识、完善管理意识明显增强。

二 2016年立项工作

在总结前期工作经验的基础上，为确保调研点的典型性和代表性，“大调查”办公室向民族所征集2016年度调研点，以研究室为单位，接受个人意向性意见，经“大调查”专家委员会、所学术指导委员会讨论，立足于更全面了解民族地区经济社会发展中面临的新情况、新问题，科学地把握各民族社会的发展趋势，兼顾民族成分和区域特点，统筹规划、合理布局，确定西藏、新疆、内蒙古、广西、云南、四川、甘肃、广东、辽宁、湖南10个省区的调研地。按照统一发布项目、在所里公开招标的方式进行，通过立项评审会，由各竞标项目主持人向专家委员会、所学术指导委员会陈述申报理由，经无记名投票，根据2/3得票数量确定入选项目，通过10个子项目立项。(见表3)

表3　2016年“大调查”子项目立项课题一览

序号	立项课题名称	主持人
1	内蒙古呼伦贝尔市鄂伦春自治旗经济社会发展综合调查	刘晓春
2	辽宁省新宾满族自治县经济社会发展综合调查	刘正爱
3	湘西土家族苗族自治州凤凰县经济社会发展综合调查	刘小珉
4	环江毛南族自治县经济社会发展综合调查	方素梅
5	云南省兰坪白族普米族自治县经济社会发展综合调查	王锋
6	甘肃省甘南藏族自治州合作市经济社会发展综合调查	秦永章
7	新疆伊犁哈萨克自治州察布查尔锡伯自治县经济社会发展综合调查	江桥
8	西藏墨脱县经济社会发展综合调查	尹虎彬 徐平
9	色达县经济社会状况综合调查	王延中 袁晓文
10	广东连南（瑶族）经济社会发展综合调查	张继焦

三 成果管理

在调研基础上，除了专著成果外，也产生了一批高水平的科研成果。王延中研究员发表在《中国机构改革与管理》的《民族地区的公共服务》和发表在《辽宁大学学报（哲学社会科学版)》的《中国“十三五”时期社会保障制度建设展望》。前者就民族地区的公共服务具有特殊性，以及在法律意义上的民族地区和现实中的民族地区的差别性，进行了全面阐述；后者展望“十三五”时期，认为社会保障制度的公平可持续发展还面临着如何实现社会各阶层更加公平享有社会保障资源以及如何提高社会保险制度可持续性等诸多挑战，提出解决这些问题的关键是不断完善社会保障制度体系。丁赛研究员的《民族地区家庭住房财产的城乡和民族差异》和刘小珉研究员的《农户满意度视角的民族地区农村扶贫开发绩效评价研究——基于2014年民族地区大调查数据》均发表于权威期刊《民族研究》。前者利用“大调查”调查数据，对调查地区县域内的城乡和不同民族家庭的人均房产进行了全面的分析；后者采用路径分析方法，在已有相关研究的基础上，构建了深入分析扶贫工作满意度的影响因素及其实现机制的理论框架和模式，基于农户满意度的角度，对民族地区农村扶贫开发绩效进行了实证研究，文章发表后得到学界及有关部门的高度重视。发表在《云南民族大学学报（哲学社会科学版）》上的艾菊红研究员的《文化再生产与身份认同：以澜沧拉祜族的旅游业发展为例》和宁亚芳助理研究员的《滇西边境农村社会救助减贫成效及其制约因素——以澜沧县为例》，分别就发展文化旅游过程中拉祜族文化的变迁、农村社会救助成就、边境民族聚居区各民族的国家认同和国家自豪感增强等方面进行了阐述。同时还有宁亚芳发表在《江汉学术》的《连片开发中的资源整合：成效、问题与对策——以澜沧县为例》和发表在《贵州民族研究》《我国民族关系现状评价及其影响因素——基于7341份问卷的实证检验》，马成俊教授发表在《青海民族研究》的《循化县积石峡水电站库区移民安置问题的实证分析》《充分发挥撒拉族作用，推动丝绸之路经济带建设》，班觉研究员分别发表在《西藏研究》《中国藏学》的《那曲县罗玛镇牧民专业合作组织与多种经营探析》《西藏牧区基础教育的新发展——以那曲县罗玛镇为案例》，乌小花教授等的《内蒙古阿拉善左旗蒙古族穆斯林民族认同、宗教认同和文化认同的调适与共存》（《黑龙江民族丛刊》2016年第4期），扎洛研究员的《增加福利递送、缩小管理单元：西藏的村庄治理创新——洛扎县案例分析》（《西藏民族大学学报（哲学社会科学版）》2016年第3期），旦正加教授的《青海三江源地区牧民家庭贫困问题研究——以达日县典型牧户为个案》（《青海社会科学》2016年第5期）等论文。上述文章从不同层面较为全面地对民族地区政治、经济、文化、教育等方面的发展成就及存在的问题进行了阐述，得到各界的认同，产生了良好的社会效益。

除论文外，丁赛研究员提交的要报《民族贫困地区精准扶贫绩效评估机制的问题及对策建议》，阐释了精准扶贫绩效考核机制中公平性体现的难点主要涉及贫困识别的精准度、扶贫资源配置、公平性的短期目标与长期目标的冲突，并提出了民族贫困地区精准扶贫绩效跟踪的建议；徐平教授提交的要报《壤塘县创新文宣方式，占领意识形态高地的经验》提出，以农牧民群众喜闻乐见、通俗易懂的方式进行潜移默化的教育，有力占领意识形态高地，将分裂主义思想挤出去，扎实推进“五个认同”，得到了有关部门的重视和高度赞许。

四　财务管理

全国哲学社会科学基金和中国社会科学院创新工程对项目给予了大力支持，保证了“大调查”的顺利进行。在年度财务管理的基础上，根据项目组调研经费使用中存在的具体问题，结合社科基金项目经费管理办法和社科院创新工程经费管理办法及“大调查”项目经费管理办法，对调研等相关费用的支出作出了具体的规定。进一步强调经费支出凡符合公务卡强制结算目录范围的，必须按规定使用支票或公务卡结算。若是受环境限制不能使用支票或公务卡结算的，报销时须附项目负责人写出的详细说明，并报主管所领导批准，严格控制各项经费的使用，所有费用紧紧围绕调研工作的展开而支出。

（孙懿，研究员，中国社会科学院民族学与人类学研究所科研处）

中华民族与抗日战争研究概述

方素梅

抗日战争是近代中国经历的一场艰苦卓绝的反抗外来侵略的战争，也是中华民族从深重苦难走向伟大复兴的起点。中华民族与抗日战争的研究，是抗日战争史的一个重要内容，也是近年来学界关注的热点。特别是在2015年抗日战争胜利70周年和2017年全面抗战爆发80周年之际，随着海内外各种纪念活动的开展，学界关于中华民族与抗日战争的研究掀起了又一个高潮。本文通过对中华民族与抗日战争研究的概况进行梳理，提出了进一步深化这一主题研究的思路和看法。

一 中华民族与抗日战争研究的兴起与发展

中华民族与抗日战争的关系，早在抗日战争时期即已提出。《义勇军进行曲》中的“中华民族到了最危险的时候，每个人都被迫着发出最后的吼声”，唱响大江南北；“中华民族的抗战”，成为海内外中国人高举的主张。国共两党都提出了关于中华民族的理论，学术界甚至围绕“中华民族是一个”展开了激烈的讨论。这些现象反映出抗日战争时期是中华民族思想形成与发展的一个重要阶段。

然而，中华民族与抗日战争研究的真正起步，应当是在20世纪80年代以后。随着思想的解放和禁区的破除，抗日战争史研究取得了突破性的进展。尤其是在1991年“九一八事变”60周年来临之际，中国抗日战争史学会成立及《抗日战争研究》创刊，极大地推进了这一学科领域的创新和发展，出版和发表的著述数量日益增多，视角不断开拓，观点逐步深化。中华民族与抗日战争的研究即在这种学术氛围下兴起。

关于中华民族与抗日战争的关系，最初反映在战时爱国主义的研究中。在1985年9月3日举行的首都各界人民纪念抗日战争和世界反法西斯战争胜利40周年大会上，彭真提出：爱国主义是“我们能在抗日战争中用劣势武器装备打败凶恶敌人的伟大精神力量”，是“为了从根本上争取中华民族的解放和振兴”。[①] 1987年“七七事变”50周年之际，《光明日报》发表社论，强调爱国主义“不仅是民族危亡时抵御外侮、抗击敌人之必需，也是在和平发展时期，建设统一富强的国家之必需”。[②] 同年，著名学者刘大年发表文章指出：“中国人民在抗日战争中，把觉醒变为自我牺牲，无数事实，令人可歌可泣。它们强烈地表现出中华民族不愧为优秀的民

---

① 彭真：《在首都各界人民纪念抗日战争和世界反法西斯战争胜利四十周年大会上的讲话》，《人民日报》1985年9月4日第1版。

② 《发扬光大中华民族的爱国主义精神，纪念“七七事变”五十周年》，《光明日报》1987年7月7日第1版。

族，表现出了中国人民崇高的爱国主义。”[①] 1991 年出版的《中国抗日战争史》也认为：“这次战争唤起了中华民族的觉醒，这种觉醒的共同内容就是爱国主义。爱国主义和国家民族命运息息相关，爱国主义蕴含着巨大凝聚力。它不仅是战胜日本帝国主义的伟大精神力量，也是永远鼓舞着中国人民团结前进的巨大动力。在建设具有中国特色的社会主义的宏伟事业中，继承和发扬爱国主义精神，必将促使我们的国家和民族日益富强昌盛，为世界和平和人类进步事业做出越来越大的贡献。”[②]

当时，学术界在总结抗日战争史研究状况时，深刻地认识到：“多年来，海峡两岸学术界在研究中国抗日战争史时，在一定程度上都或多或少存有同样一个缺陷，即未能很好地将这段历史的研究摆到‘中华民族抗战’这一高度来进行。结果不仅难以全面再现中华民族这一如火如荼的民族解放战争，而且还被国外某些别有用心的人用来贬低甚至否定中华民族抗日战争在反法西斯第二次世界大战中的应有地位和作用。其实，中国抗日民族解放战争的胜利，是全中国各族人民共同流血奋斗牺牲的结果。因而，要全面、准确、科学地反映中华民族抗日战争之全貌，就必须站在‘中华民族抗战’这一高度来进行研究。”[③] 1991 年刘大年在抗日战争史学会成立大会上提出：抗日战争研究的要求和目标似乎基本上可以归结为两项，一是认识我们中华民族这个伟大民族，二是认识抗日战争在中国近代史上的独特重要地位。[④] 自此之后，中华民族与抗日战争的关系逐步成为抗日战争史研究的一个重点。

将抗日战争史研究提高到认识中华民族本身，这种提法的出现是有其独特的历史背景的。长期以来，抗日战争的一些重大问题诸如战争的领导问题、两个战场关系问题、国共两党的关系及双方在抗战中的作用问题等，是学者们关注的热点，并形成许多不同认识。20 世纪 80 年代以后，大陆学者对于如何看待正面战场和国民党在抗战中的地位和作用等，作出了较为正面的、肯定的评价；台湾学术界也基本上承认了中共在抗战中发挥的重要作用，在许多问题上与大陆学术界达成了共识。不少学者强调，“抗日战争是近代中国一个特殊的历史阶段，这时期的大局是拯救中华民族的危亡，任何问题和纠葛都应服从这一根本原则。研究抗日战争必须以民族意识、民族大义作为思考和判断是非的标准，而不能简单地以政党观念、阶级意识来认识一切”。他们呼吁，“要把抗日战争真正作为一场全民族的反侵略战争来看待，认为由此出发来评价抗日战争史，有利于中华民族的团结、两岸中国人民的团结、海内外华人的团结，也有利于解决众多历史问题和认识问题”。[⑤] 这些正是 20 世纪 90 年代以后中华民族与抗日战争研究受到重视的主要原因。

随着中华民族与抗日战争研究的开展，抗日战争为中国国家的独立、民族的解放和振兴奠定了重要基础，是中华民族由衰败走向振兴的重大转折点等重要观点，越来越得到学术界的认同，由此推动和深化了中华民族与抗日战争的研究。不少学者提出，应当深入思考抗日战争对于中华民族走向复兴的重要意义，要把中华民族与抗日战争的关系作为抗日战争史研究的主要方向。郭德宏认为：“抗日战争胜利 60 周年的纪念比较隆重，很多论著和影视作品揭露了日本

---

① 刘大年：《抗日战争与中国历史》，《近代史研究》1987 年第 5 期。

② 军事科学院军事历史研究部：《中国抗日战争史》（上卷），解放军出版社 1991 年版。

③ 侯样祥：《抗日战争史研究的新成果——〈抗日战争史丛书〉的出版》，《史学史研究》1995 年第 3 期。

④ 刘大年：《做什么，怎么做？——在中国抗日战争史学会成立大会上的讲话》，《抗日战争研究》1991 年第 1 期。

⑤ 张宪文：《关于抗日战争研究几个问题的思考》，《南京大学学报（哲学·人文科学·社会科学）》2005 年第 4 期。

侵略者侵华的暴行及对中国人民造成的灾难，歌颂了中国人民英勇抗战的事迹，倡导继承和发扬抗战精神，这都是很好的。但我觉得有一个缺陷，即对日本为什么大规模侵华，中国为什么一次次失败，抗日战争有什么教训，反思不够。……怎样才能实现中华民族的振兴和腾飞？在中华人民共和国建立以后，我国在对日关系的处理上有没有失误之处？怎样才能处理好中日两国的关系？这都是应该进行深刻思考和总结的，而且应该是纪念抗日战争胜利时的重点所在。”① 步平指出：“中国国际地位在抗日战争中的改变，是整个中华民族团结起来反抗日本侵略的结果。在日本军队大举入侵、中国面临亡国危险的紧急关头，过去曾经是一盘散沙的中国达到了空前的团结，‘前线将士，牺牲流血。各党各派，精诚团结。各界人民，协力救亡’，形成了谋求国家独立解放的不可阻挡的历史潮流。近年来的抗日战争史研究，以极大的热情关注中华民族团结抗战的问题，表现在对建立抗日民族统一战线重要性的清醒认识，对敌后战场与正面战场作用的充分评价，对中国共产党、中国国民党及其他社会各阶层在抗日战争中作用及矛盾的冷静分析等。……在抗日战争史研究中强调中华民族团结抗战的作用是十分有意义的。这是因为，作为政治力量分散的弱国，中国能够在抗日战争中取得根本性胜利而成为大国，不举全民族的力量是不可能的。当时连日本方面的有识之士如尾崎秀实都意识到：如果日本的对手仅仅是国民党政府，问题也许还好解决，但现在日本以整个中华民族为对手，‘则是严重的问题’。所以，把研究中华民族团结抗战作为抗日战争史研究的主要方向，对于说明中国从弱到强的转化很有意义。”② 学术界的这些认识，从思想上和史观上促进了中华民族与抗日战争研究的深入开展。

中国共产党和中国政府通过各种纪念活动，不断强调抗日战争对中华民族的意义和作用。特别是为了迎接中国人民抗日战争及世界反法西斯战争胜利 70 周年这个具有重大意义的纪念年的到来，中国政府及社会各界开展了各种形式的纪念活动。2014 年，政府通过立法确定了中国人民抗日战争胜利纪念日、烈士纪念日、南京大屠杀死难者国家公祭日。国家主席习近平在许多重要场合，如纪念全民族抗战爆发七十七周年、纪念中国人民抗日战争暨世界反法西斯战争胜利 69 周年、南京大屠杀死难者国家公祭仪式、俄罗斯纪念卫国战争胜利 70 周年庆典、中国人民抗日战争暨世界反法西斯战争胜利 70 周年纪念大会等，发表了一系列有关抗战历史的讲话。2015 年 9 月 3 日，中国政府举行了举世瞩目的大规模阅兵活动，将中国人民抗日战争胜利及世界反法西斯战争胜利 70 周年的纪念活动推向高潮。这些纪念活动的举行，也在很大程度上推动了中华民族与抗日战争研究的进一步开展。

二　中华民族与抗日战争研究的主要内容

随着抗日战争史研究的整体推进，抗日战争与中华民族关系的研究不断深入，并且随着逢十纪念的到来呈现阶段性特点。例如，1995 年纪念抗日战争胜利 50 周年前后，关于抗日战争与中华民族意识的觉醒是一个主要议题；2005 年纪念抗日战争胜利 60 周年之际，关于抗日战争与中华民族凝聚力的讨论掀起了一个高潮；2015 年纪念抗日战争胜利 70 周年活动中，关于抗日战争与中华民族伟大复兴的研究取得了重要进展。总之，随着抗战研究的进一步开展，学术界对于中华民族与抗日战争关系的认识不断深入和提高，在一些重大问题上取得了共识。

关于抗日战争与中华民族意识觉醒，学术界普遍认为，抗日战争是全民族的抗战，它极大

① 郭德宏：《论抗日战争史研究中的若干重大问题》，《历史教学》2005 年第 11 期。

② 步平：《关于近年来抗日战争史研究的思考——以中国大国地位的确立为视角》，《人民日报》2010 年 9 月 3 日第 7 版。

地激发了中国人民的中华民族意识，使全国各民族、各阶层都动员起来，投入这场保家卫国的战争之中。具体而言，有的学者认为，抗日战争的胜利对中华民族的觉醒起到了不可估量的作用。56个民族要形成一种自我认同感，是需要一个过程的，抗日战争对这个历史进程起到了重要的推动作用。它使各个民族置身于共同的历史、共同的回忆、共同的利益、共同的命运，使这样一种强烈的民族认同感从自在状态转化到自觉的状态。① 有的学者认为，抗日时期中华民族对本民族的政治、文化、外交、军事、民族关系和社会心理等诸多方面的认识开始进入现代阶段，这淬炼并催生了以自信自立自强为核心的、和世界其他民族平等交往的现代民族意识的全面形成，成为中华民族复兴的枢纽。② 有的学者认为，抗日战争造成了中华民族历史上空前的民众动员，也大大刺激了中华民族的政治觉醒，刺激了革命理论的大众化需求。辩证唯物主义的基本原理在这一时期从领导集团向全党扩展，马克思主义的中国化进入了一个崭新的时期。③

关于抗日战争与中华民族精神，比较一致的看法是，认为抗日战争的胜利是中华民族精神的胜利。有的学者认为，抗日战争提升了自鸦片战争以来逐步形成的现代民族精神。④ 有的学者认为，抗日战争弘扬了中华民族精神，这主要体现在抗日战争中中华民族所表现出来的强烈的忧患意识和炽热的爱国情怀，舍身取义、勇于奉献的民族气节，自强不息、坚忍不拔的奋斗精神，厚德载物、海纳百川的凝聚精神。⑤ 有的学者认为，在抗日战争中，中国人民前仆后继、不屈不挠地反抗侵略，以爱国主义为核心的伟大民族精神得到最充分、最广泛的展现与弘扬，进一步凝聚了中华民族的民族力量，增强了中华民族的民族自尊心、自信心和自豪感。在伟大民族精神感召之下，中国人民不仅赢得了抗日战争的胜利，而且使抗日战争成为中华民族复兴的重要起点。⑥

关于抗日战争与中华民族凝聚力，有学者认为，抗日战争唤起了中华民族的彻底觉醒，并进而促其形成了前所未有的强大民族凝聚力。⑦ 有的学者分析了抗日战争提升民族凝聚力的原因，认为民族危机日益加深是民族凝聚力提升的时代背景，爱国主义进一步升华是民族凝聚力提升的精神支柱，统一战线空前扩大是民族凝聚力提升的重要途径，中国共产党日趋成熟是民族凝聚力提升的坚强核心。⑧ 另有学者论述了民族凝聚力与民族复兴的关系，认为抗战前中国没有形成一个民族生存和发展必不可少的民族凝聚力，但在抗日战争中形成了强大的民族凝聚力，这个民族凝聚力为抗日战争的胜利发挥了至关重要的作用。⑨

关于抗日战争与中华民族认同，有学者认为，抗日战争催生民族意识与中国精神的成熟，

---

① 张长江：《当代文献研究中心等“纪念中国人民抗日战争暨世界反法西斯战争胜利60周年”学术座谈会综述》，《党的文献》2005年第5期。

② 方罗来、韦沐：《抗日战争与中华民族现代意识的形成》，《长春工业大学学报（社会科学版）》2005年第4期；张长江：《当代文献研究中心等“纪念中国人民抗日战争暨世界反法西斯战争胜利60周年”学术座谈会综述》，《党的文献》2005年第5期。

③ 孙力：《抗日战争时期的马克思主义中国化历程》，《上海党史与党建》2005年第11期。

④ 朱兆华：《抗日战争与中华民族精神的现代化》，《社会科学辑刊》2002年第4期。

⑤ 齐虎田：《中华民族精神在抗战中弘扬》，《山西师范大学学报》1999年第3期；方罗来、韦沐：《抗日战争与中华民族现代意识的形成》，《长春工业大学学报（社会科学版）》2005年第4期。

⑥ 李久林、成林萍：《抗日战争时期的中华民族精神》，《高校理论战线》2005年第8期。

⑦ 姜术俊、李传兵：《抗战时期全球化视野下的中国国际地位》，《福建省社会主义学院学报》2005年第4期。

⑧ 陈冬红：《抗日战争提升了民族凝聚力》，《军事历史研究》2005年第2期。

⑨ 荣维木：《民族凝聚力与民族复兴》，《学习时报》2007年7月2日。

中国人民前所未有的爱国主义思潮，中华民族的共同意识由此日益清晰。[①] 有学者认为，中国全民抗战并取得胜利对于中华民族认同建设有着重要的启示作用。第一，中华民族利益高于境内的一般国家政权利益。第二，爱国主义的根基在于对中华民族的认同。第三，抗日战争的历史成为全体中国人增进民族国家认同的重要资源。[②] 有学者认为，抗日战争中，中国人民不仅战胜了日本帝国主义，而且普遍增强了对国家和"中华民族"这个现代民族身份的认同，一种休戚与共的民族意识在中华民族危机最深重的时刻形成。例如，西南少数民族在战前普遍缺乏国家与中华民族认同意识，这既有历史的原因，也有来自国内外的现实原因。抗战爆发后，西南地区成为中国抗战的大后方和民族复兴基地，动员各民族共同参与抗日救亡运动，对于中国取得抗战的最后胜利至关重要。因此国民政府和知识界相继采取了若干措施来努力构建民族与国家认同，促进了西南少数民族爱国主义精神的觉醒，其所表现出的强烈的中华民族意识，成为抗战救国的重要精神力量。[③]

关于抗日战争与中华民族的复兴，学术界普遍认为，抗日战争是中华民族走向伟大复兴的关键转折。近代以来，中国面临着两个重大问题，即"一、如何摆脱帝国主义的统治和压迫成为一个独立的国家；二、如何使中国近代化。这两个问题显然是密切相关的。因为落后所以挨打；因为不断地挨打所以更落后。这是一个恶性的循环"。[④] 而抗日战争是近代 100 多年中国人民无数次反抗帝国主义的战斗中，第一次取得完全胜利的战争，是一个半殖民地半封建的弱国战胜一个帝国主义强国的战争。它不仅在中国人民革命战争的历史上，而且在世界被压迫民族反对帝国主义侵略的战争历史上，都占有极为重要的地位。与此同时，中国在抗日战争过程中积累了新的现代化因素，并促使进步力量能够不断成长，最终成为引领中国走上复兴之路的民族核心。有学者提出："抗日战争虽然仅是历时 8 年的一个历史阶段却对中华民族的复兴起到了至关重要的作用，被称为中国复兴枢纽。"[⑤] 有学者认为，"中国近代具有真正意义的民族战争、卫国战争，实始于本世纪 30 年代发生的抗日战争。近代民族主义和爱国主义此时已经熟透，并经过近代化的传播媒体和教育手段而深入人心，中国人民由此创造了史无前例宏伟壮观的历史"。[⑥] 有学者认为，抗日战争开辟了中华民族伟大复兴的光明前景。第一，抗日战争胜利为实现中华民族伟大复兴提供了前提条件。抗日战争是一场彻底改变中华民族和中国国家命运的战争，给了中国工人阶级及其政党——中国共产党以战略机遇与历史舞台。第二，抗日战争胜利为实现中华民族伟大复兴凝聚起强大力量。抗战中升华的民族精神，永远是激励中国人民克服一切艰难险阻、为实现中华民族伟大复兴而奋斗的精神动力。第三，抗日战争胜利为实现中华民族伟大复兴赢得崇高威望。中国军民通过自身抗战努力而重新确立的大国地位，成为中华民族伟大复兴的重要基础。[⑦]

总之，一部中国近代史，是中华民族遭受资本主义列强侵略的灾难深重的历史，也是一部中国各族人民争取中华民族的独立和解放的革命斗争史。特别是 1931 年和 1937 年日本相继发动了"九一八事变"和"七七事变"，开始了其旨在全面占领、殖民中国的侵略战争，使近代

① 于沛：《中国抗日战争的世界历史意义和现实意义》，《思想理论教育导刊》2005 年第 8 期。

② 宋黎明：《中华民族认同与全民抗战》，《华中科技大学学报（社会科学版）》2005 年第 5 期。

③ 何一民、黄沛骊：《抗战时期国家与中华民族认同之构建及影响——以西南少数民族为例》，《四川大学学报（哲学社会科学版）》2016 年第 3 期。

④ 胡绳：《关于近代中国与世界的几个问题》，《人民日报》1990 年 10 月 17 日第 5 版。

⑤ 荣维木：《抗日战争与中华民族复兴论》，《近代史研究》2014 年第 4 期。

⑥ 茅海建：《天朝的崩溃：鸦片战争再研究》（修订版），生活·读书·新知三联书店 2014 年版。

⑦ 王伟光：《抗日战争开辟了中华民族伟大复兴的光明前景——学习习近平同志在纪念中国人民抗日战争暨世界反法西斯战争胜利 70 周年系列活动上的重要讲话》，《光明日报》2015 年 9 月 18 日第 1 版。

以来中国与资本主义列强的矛盾达到了顶峰。在严重的民族危机面前，中国各民族人民的中华民族意识逐步觉醒，中华民族凝聚力不断增强，汇聚为一股无可阻挡的洪流，最终取得了中华民族团结抗战的伟大胜利，为中华民族从衰败走向复兴奠定了基础。正如习近平总书记指出："中国人民抗日战争胜利，是近代以来中国抗击外敌入侵的第一次完全胜利。这一伟大胜利，彻底粉碎了日本军国主义殖民奴役中国的图谋，洗刷了近代以来中国抗击外来侵略屡战屡败的民族耻辱。这一伟大胜利，重新确立了中国在世界上的大国地位，使中国人民赢得了世界爱好和平人民的尊敬。这一伟大胜利，开辟了中华民族伟大复兴的光明前景，开启了古老中国凤凰涅槃、浴火重生的新征程。"①

三　深化中华民族与抗日战争研究的一点思考

综上所述，中国全民族抗战及其所取得的最后胜利对于中华民族产生了深远影响。从20世纪初开始使用和解读的"中华民族"概念，在抗日战争中由中国共产党对这一概念作出了科学的论断："中华民族是代表中国境内各民族之总称。"因此，抗日战争的胜利是中国建立现代国家进程中，中华民族取得的第一次重大而辉煌的胜利。② 加强中华民族与抗日战争的研究，其学术价值和现实意义不言而喻。近年来，学界推出了以中华民族抗日战争史或中华民族抗日战争全史为书名的论著。③ 其中，中国社会科学院近代史研究所步平、荣维木主编的《中华民族抗日战争全史》为最新代表作。该书系国家"十一五"规划重点图书出版项目，力求真实地反映晚清以来中华各族人民共同抗击日本帝国主义侵略并最终取得抗日战争伟大胜利的艰难历程。对许多在以往与抗战相关的史书中或被忽略，或没有解说清楚的问题，如日本侵略中国的诸多因素、中国遭受侵略的诸多原因、抗日战争对中国现代化进程的影响、战争过程中中国社会的变化、抗战中的中国情报工作、战时复杂的国际关系、战后问题的处理等，在这部书中都进行了重新探讨并予以客观评价。该书可谓是中华民族与抗日战争研究的最新成果和重要代表作。

在中华民族与抗日战争的研究中，应当加强对各民族团结一心、奋勇抗战、共同促使中华民族振兴的探讨和分析。抗日战争时期，少数民族聚居地区成为中华大地参与抗战时间最早、历时最久、苦难最深的地方。在这场艰苦卓绝的斗争中，少数民族的抗战活动是中国全民族抗战的重要组成部分，使得中华民族的凝聚力空前增强。因此，少数民族与抗日战争，是抗日战争史不可或缺的重要内容，更是中华民族与抗日战争研究不可或缺的重要内容。

少数民族抗战史是中国抗日战争史的组成部分，在抗战史研究的通论性和地区性的著作中，一般都包含有少数民族或民族地区抗战的内容。特别是边疆民族地区的抗战史研究中，例如云南抗日战争史、广西抗日战争史、东北抗日联军史、海南抗日战争史稿等，少数民族抗战的内容不可或缺。一些通论性的民族史著作，也包括了少数民族抗战史。此外，还有一些族别性或专题性的抗战史（如事件、人物等）著作。但是，少数民族与抗日战争研究的专论性著

---

① 习近平：《在纪念中国人民抗日战争暨世界反法西斯战争胜利70周年大会上的讲话》，新华网，http://news.xinhuanet.com/politics/2015-09/03/c_128192341.htm，2015年9月3日。

② 梁卫国：《郝时远：建立中华民族抗日战争胜利纪念碑意义重大》，中国社会科学网，http://www.cssn.cn/lsx/lsjs/201312/t20131214_908301.shtml，2013年3月10日。

③ 主要有王秀鑫、郭德宏主编：《中华民族抗日战争史（1931—1945）》，中央党史出版社1995年版；李蓉：《中华民族抗日战争史》，中央文献出版社2005年版；步平、荣维木主编：《中华民族抗日战争全史》，中国青年出版社2010年版。

作，目前并不多见。

总之，无论是专著还是论文，如果将少数民族抗战放入中国抗日战争研究这个大领域来考察，就会发现，无论是从论著的数量还是研究的深度与广度来说，少数民族抗战史都还处于一个比较薄弱的状态，在观点、方法、领域、材料等诸多方面，仍然存在较大的拓展空间。特别是，抗日战争研究的主要机构对少数民族的关注也是不够的。如果将 1985 年（抗战胜利 40 周年）以来的抗日战争研究综述或评议仔细研读，可以看到各个时期关注的焦点及热点中，很少提到少数民族抗战。《抗日战争研究》杂志也极少发表相关少数民族抗战的论文。

研究中华民族，少数民族是不可或缺的组成部分。因此，加强少数民族与抗战研究势在必行。笔者认为，要重点加强对全面抗战与中华民族凝聚力的研究。全面抗战使中华民族凝聚到了一个关键的历史时期，也使各少数民族抗战进入了全新的历史阶段。加强对全面抗战与中华民族凝聚力的研究，可以从全国视角回看抗日战争对中华民族凝聚的深刻影响，帮助当代人认识和了解中华民族在抗日战争中的凝聚过程，从理论、观念、思想、组织、行动等多个层面宏观呈现各民族团结抗战的历史图景。

中华民族是由各民族共同组成的，深入考察各民族在抗日战争中的地位和作用，才能客观反映中华民族反抗帝国主义侵略和压迫、共同建设现代国家的历史事实。因此，必须将少数民族与抗日战争融合到中国人民抗日战争研究的框架中。换句话说，在主流学界的重大成果中，必须重视反映少数民族在抗日战争中的地位、作用和影响，在抗战全史中给予少数民族抗战史应有的地位。

（方素梅，研究员，中国社会科学院民族学与人类学研究所藏学与西藏发展研究室）

学者学人

滕绍箴先生访谈录

邱永君

永君按：滕绍箴（1937— ）先生是当代著名民族史学家、清史满族史资深专家。先生祖籍辽宁铁岭，1963 年毕业于吉林大学历史系，分配到中国科学院哲学社会科学部（今中国社会科学院）民族研究所（今民族学与人类学研究所）工作，自此步入明清史、满洲史与东北民族史研究领域。半个多世纪以来，先生倾心投入、上下求索，渐入佳境、成果甚丰。1985 年，晋升为副研究员；1991 年，晋升为研究员；1993 年起，享受政府特殊津贴。1998 年退休后，仍笔耕不辍，志在千里，新作叠出，令人钦敬。永君入所之初，四顾茫然，幸有先生做引路人，方得略窥门径。其循循善诱，悉心指导，言简意深，切中肯綮，使本人受益良多。2015 年 9 月，先生接受永君专访，并合作完成《滕绍箴先生访谈录》。现匆匆奉上，以飨读者。

邱永君（以下简称邱）：滕老您好！我受《中国民族研究年鉴》编辑部委托，特为您撰写访谈录。首先，非常感谢您能接受我的采访。作为中国民族史与满族史研究老前辈，您曾引领我迈入满族史研究领域。您的学识、修养、阅历、成果，实令我等后学晚辈仰慕钦敬。我认为，学者之成功是多种因素综合作用的结果，尤其是早年的成长环境，诸如地域、家庭、学校、良师等，都会影响一个人对人生目标的选择。今天可否就从您的家庭和幼年经历谈起？

滕绍箴（以下简称滕）：好。我只是中国社会科学院一名普通研究员，很感谢您的采访。我生在辽宁铁岭农村，是农民的儿子，幼年和童年时期，在洮儿河边长大，当时正逢东北沦陷。日寇倒台时，刚好八九岁。我记得，在伪满农村小学就读三个月，课程除语文、算数外，还有日语。刚学完五十音图，苏军便已进入东北。从此，我的同龄伙伴都在各自家中，承受社会的动荡，无所事事。如果说，童年时期我比他人成长条件更好些，那就是我生在一个中农家庭，父亲私塾功底在本村最佳。他把我送到私塾就读，并直接指导我读“四书”等儒家经典著作。我喜欢历史，可能是环境熏陶所致。新中国成立后，初、高中阶段我受到洮南初级中学历史教员杨景仁先生和白城市高级第一中学历史教员武元章先生影响，兴趣大增，在校期间历史科成绩颇佳，由此报考东北人民大学（今吉林大学）历史系（今文学院），并如愿以偿。大学阶段，在著名先秦史专家金景芳教授指导下完成毕业论文，从而打下安身立命之基。

邱：可否谈谈您进入民族研究与满族史、东北史研究领域之原委？

滕：大学毕业时，赶上个好机会，在统战部、民委领导下，全国进行民族普查工作，急需人才。中国科学院哲学社会科学部民族研究所派人到学校挑选毕业生，我有幸列名其中。在研究所选择专业时，我没有多考虑，因为我来自东北，父母都在北方居住，一方面探亲方便，同时满族诸多习俗，童年时期感同身受，并不陌生。但说实话，当时真不知道满学之海如此之深，以平生精力钻研，也未能吃成胖子，反而竟以饥汉终老，十分惭愧。

邱：您成果卓著，有目共睹，所以不必过谦。下面可否谈谈您入所以后的情况？步入专业研究领域后，您从哪几位前辈那里获益最多？

滕：好。1963 年 7 月，我来中国科学院哲学社会科学部（今中国社会科学院）民族研究所（今民族学与人类学研究所）报到。进京对于我这个刚毕业的大学生有两喜。一是能够见到毛主席。这个愿望在当年国庆节顺利实现，大感欣慰。二是潜心致力于学问，以实现多年专家梦想。然而，当年10月后，按照周总理指示，中国科学院哲学社会科学部数十名新来大学生，一律前往山东黄县劳动实习一年；第二年10月，根据统战部、民委安排，我所大学生赴贵州参加“四清”；第三年，继续赴内蒙古参加“四清”。内蒙古工作尚未结束，“文化大革命”和“五七干校”继之，直至1975年才回到业务上来，前后占去十多年宝贵时光。至今思之，颇为惋惜。

说老实话，刚毕业的大学生到科研单位，根本谈不上学问，加上十余年荒废，已过而立之年的我，面对专业，内心危机感可想而知。幸运的是，所里聘请中央民族学院（今中央民族大学）历史系教授王锺翰先生作为特约研究员，指导我们“东北组”同人修改《满族简史》，使我从此有机会追随先生，达三十年之久。在我接触的前辈专家中，有两位给我的印象最深刻，终身难忘。

居首位者，即王锺翰先生。今天回忆起来，有四件事始终回荡在我脑海中。一是老实治学。王先生治学是我的榜样。我最欣赏他文章一丝不苟的底注。这些年来，不知多少次翻阅他的《清史杂考》等书，进行版本、卷、页等对照、欣赏，纠正自己治学马虎、抄录资料不精细等毛病。从他的注释中，令我认识到掌握第一手资料的重要性。正是在他影响下，我曾潜心将《明实录》《朝鲜李朝实录》《清实录》及有关档案、各类笔记等大部头著作，逐一阅读，详细摘录资料，以至养成习惯。至今，我特别轻视底注不详的著作。先生生前，我不曾拜师，但他已承认我这个学生。在为拙作《满族发展史初编》所作序言中，他说我“有关档案史料，亲手摘录”，肯定我的学风，岂不知，弟子只是从师之范而已。二是诚恳训诫。先生作为一代名师，待人真诚，受尊者反敬人，令人何等敬佩。我们“东北组”成员，最多时有七八条“枪”，我的文笔不算最佳。但在先生指导下，在他先后修改《满族简史》《满族史研究集》过程中，有关我写的部分，我都在事后及时抓住机会，面对面地询问他为何这样改，而不是那样修。在他回答中有这样一段话：“滕绍箴，我给你改文章，就像老师给小学生改作文一样。可我的文章拿给翁独健先生（时任副所长）改，我就是小学生。”前一句似有担心我不领教，后一句来个自谦，令我感动万分。岂不知，前来专心求教如何写好文章，是我的目的，本来是淘宝者，岂能他想。但他给我的训诫如此真诚，不但在我心目中树起一代名师风范，而且更令我明白如何做人。三是鼓励人才。所谓“道德文章”，作为学者，人们常常将文章看得很重，忽略品德修养。而名师作为教育家，他们绝不肯将两者倒置。有一次，先生来到“东北组”，大声问道：“滕绍箴，刘小萌的毕业论文，你是否帮助修改过？”我回答说：“没有”。我听得出来，先生为他的学生论文出色，内心多高兴。岂不知他这一嗓子，肯定和鼓励两位青年人。既肯定自己的学生刘小萌，亦对我的进步加以鼓励。最让我感动的是，他通过为我所写之书作序，倍加鼓励。先生师德之高，令我铭刻在心。许多先生，要求学生作文观点一定要与老师一致，一旦有分歧，便暴跳如雷。而王先生则不然，凡是给他人修改文章，除硬伤之外，有创建之处，绝不干预。他在93岁高龄，大概是他有生之年最后一次给他人作书序，即为拙作《三藩史略》写序时，我提出诸多个人见解，他概无质疑，反而表彰我“用力甚勤，造诣亦深”。如此明达之师，我岂能忘怀。四是通情达理。作为著名教育家，我们旁观者欲洞悉其内心世界，原本不易，因为思想境界不在一个层次。然而，王先生不仅关心自己学生、青年同事，而且对社会青年，亦一视同仁。一次有个外地副研究员，因提升研究员受阻，来信请求我推荐。我没有经验，前去请教先生。先生没有一丝犹豫，给我及时指导。还有一次，在京某大学一位副教授，需要一名终身教授出字据作证，她才可有资格参加评审，找到我头上。我无奈再次前往请教，先生同样伸出援助之手。他对青年一代所表现的包容、真诚之心，令人佩服。他不愧是一代著名教育家，能如此通情达理，乐于助人，实属难得。总之，送给先生“德高望重”一词，名副其实。

第二位，是我院历史所周远廉研究员。我结识周先生，得益于他的爱人杨学琛。杨先生原本是中央民族学院教师，因历史冤案，被下放到本市第六十二中学教书。尽管事后平反，但未能调回原单位从事科研工作。我钦佩她的学识，得知此事后，前去探望。了解到她有继续从事研究工作的愿望，我便向民族研究所领导提出商调建议。结果使她如愿以偿。于是，我们成为朋友。在接触中，我与周先生结交日深。一次，在议论撰写《努尔哈赤评传》时，周先生不嫌鄙人学识浅薄，提出合作建议。我听到后，既喜又怯。喜的是，有机会向高手请教；怯的是，自己底子太薄，压力很重。这次合作，在我治学生涯中具有扭转乾坤的作用。这里，有两点值得回忆。一是周先生夫妇为人之风范，令人钦佩。写《努尔哈赤评传》之初，由周先生和我承担，以周先生为主，拟写提纲，承担大部分，我分担一小部分。但时隔不久，先生突然退出，希望我自己完成。我没有心理准备，手足无措，当即提出由杨先生为主，我仍然配合撰写。没有想到，两位先生共同劝我自己写，把我推向背水一战之境。老实说，此时，我内心很复杂。但我坚信他们的人品，必是为我考虑。于是，在我治学生涯中，首次经过艰苦奋斗，完成了这部处女作。亦使我真正认识到，什么才叫治学和研究。稿子完成后。我继续送给周先生提意见。正是在他给我改稿的过程中，使我继向王锺翰先生淘宝之后，再次得到淘宝机会。此后，我的文风便杂糅两位先生的某些特点。可以说，我平生的处女作，是周先生夫妇苦心逼宫所致，不但提高我治学信心，而且成为我治学生涯中由不成熟走向成熟的重大转折，写作能力大幅提升，真乃乾坤之变。至今思之，仍不胜感激。这里需要插一句，尽管我已写出专著，但内心尚有自卑感，不敢在书的“后记”中提到先生名字，生怕有所牵累。二是先生不吝鼓励，永难忘怀。据我所知，周先生作为史学家，头脑清晰，文章逻辑严密，并有固定写作模式。他为人持重、耿直、倔强，不肯轻易点赞他人。但他对我不吝鼓励，赞扬我的著作“学风朴实”“史料翔实丰富”“勇于立言”“颇有创新精神”，等等。特别是当他称赞我“逻辑严密、叙述清晰”时，使我内心十分喜悦，因为这些优点，正是学艺于周先生的写作优点。总之，回首往事，平生一切荣辱，已经慨然置之脑后，唯独面对王锺翰、周远廉两位先生，用语言难以表达感激之情。深思之，真是感慨万千，人生能有几回搏，当你需要时，竟有如此名师教导。如今我已接近耄耋之年，乘此机会，谨以弟子之诚，敬拜两位“恩师”。同时，尚有吉林大学清史专家孟昭信教授、辽宁大学孙文良教授，他们通过书评形式，都曾给我以鼓励和指导，在此，我也以学生身份，对他们表示深深的敬意。如上所谈，就是我在成才道路上，能有一点成绩的前因后果、来龙去脉。

邸：“文革”中我所专家多受重创，可否谈谈您的经历与感受？

滕：我对“文革”认识，有个过程。最初我认为它是继“四清”之后，自上而下掀起的干部教育运动。从运动本质说，它是无产阶级为保持红色政权不变颜色，而采取的以吏治建设为中心的国家治理方式之探索。但与中国历史上传统吏治考核方式不同。传统考核方式是限定国家政权中、上层官员，诸如三年京察、大计，五年军政。具体内容是考以四格，纠以八法，卓异优叙，汰弃劣员，实现廉政建设。随着运动发展，感到“文革”则不同，它将全社会都调动起来，特别以青年学生和社会青年为主要冲击力，以“除四旧”为口号，形成群众性文化运动，造成自上而下，层层对立。在这种情况下，是非难辨，许多著名专家学者，如您所说“受到重创”。当时，我刚入所不久，是“四清”工作队撤回北京后，留在点上的人员。运动起来，所内两大派已经形成，我才被调回来。对于如此“史无前例”之大事，经过观察，觉得诸多案例，皆不以事实为据，而专以造反派“口诛笔伐”为凭，令人茫然。所以，在整个运动中，我一直跟不上形势，偏于保守。在我看来，如此治国方式，教训惨重。当然，运动利弊，中央自有分辨。

邸：在您的学术生涯中，有哪些心得，哪些教训？

滕：我从事中国民族史研究，至今已有50余年，心得与教训并存，说来话长。具体心得，可分为研究成果价值取向和研究技术性两大问题。就研究成果说，分在职和退休后两个阶段。为什么这样分？因为它是在两种心态、两种思路下推出的产品，在许多方面，大有相同。下边我就按下列顺序，粗浅地谈谈我的研究心得和教训。

一 从在职期间研究成果谈心得与教训

第一阶段，是在职期间，我对别人经常谈到，这个阶段的研究为“应时之作”。何谓应时之作？就是在知识储备不足的情况下，急于推出成果。稍有局部知识储备，抓住题目就写，缺乏长远、全盘规划。因此，这个阶段的成果，缺点较多，带来的困扰亦多。当然，这一代人无不如此，这属于国家体制结构性问题，五年一评职称，令青年学者在知识饥饿中长成胖子，谈何容易。我在这期间，除合作专著外，由我独自完成的专著有《努尔哈赤评传》《清代八旗子弟》《满族发展史初编》《清代八旗贤官》，加上合作专著《满族游牧经济》，共5部专著，论文50余篇，总计近200万字。综观研究成果，主要心得有四点。

（一）坚持用马克思主义历史唯物史观，突破性地研究明代女真和满洲初期社会经济发展特点、社会阶级关系特殊性和演变进程。

（二）对满洲民族振兴、形成特点进行较深入的探索。

（三）对满洲时代民族精神，作为中华民族文化共同财富，进行初步挖掘，批判不加分析地否定八旗子弟的历史作用。

（四）从语言社会学角度，对满－通古斯语言在有清一代的演变进程，进行系统梳理和论证。

这个时期的教训，可谓多多。我想从对拙作的解析中，具体说说。归纳起来，主要表现在两大方面。首先，对于此时各部专著，我都不满意。譬如《努尔哈赤评传》，这部书总体来看，社会反响还过得去。孙文良教授在书评中有经典性点评。但今天看来，与它同期的类似作品，普遍存在对满洲民族兴起时期，有关满洲文化元素与中原传统文化元素，相互碰撞、交融以及各自处于何种地位交代不清等问题，有严重疏漏。换句话说，它带上了我国满学研究时代性缺欠，有待今后学人写出更完善的作品。

其次，有顾此失彼缺陷。譬如《满族发展史初编》，这部书在当时同类作品中，对明代女真和满洲入关前社会经济特点，特别是对明代女真社会经济三大依赖性的论断，对满洲文化元素与中原传统文化元素碰撞，在微观和深层次研究方面，具有前瞻性；对于满洲族形成、爱新觉罗先祖渊源，亦提出独到见解。但作为“初编”，至少应当从肃慎、勿吉等早期发展史视角，扎扎实实地写下来，而不是将它一笔带过，只从明代女真发展阶段才浓墨重彩地描写。当然，出现这种情况，同样具有时代局限性。因为，从修改《满族简史》开始，王锺翰先生在分配工作时，指定我重点研究明代女真和入关前满洲史。受专业分工和组内同志关系制约，我不敢越过雷池一步，那段时期在满洲族源部分，我不曾下苦功。而“初编”稿子写完，王锺翰先生看稿后，即决定用现在书名。我听后有负重之感，即问：“初编”之后，必有“中编”“下编”，我一旦写不出来咋办？先生笑着说：“何必多虑，顺其自然！”后来我才明白，是先生对我抱有期望所致。可今天回头看，我却陷于顾此失彼的境地，有负先生期望。老实说，不是我不能为，而是已力不从心。

至于写《清代八旗子弟》和《清代八旗贤官》这类书，更是应时之作，目的有两点。一是想从历史角度，为国家提供廉政建设教育材料，激发干部爱国、爱民情操，让我们国家不再贫弱，受他人欺辱。二是自清末以来，满族人普遍存有不同程度的自卑感，尤其是一口否定清代八旗子弟，社会舆论几乎成风，多以“腐化堕落”一语概之。当时，我认为从史实出发，这不符合历史实际。同时，数百万人口之满族大族群，不能长期承受如此历史重负。应当从历史角度，提高其民族自信心和自豪感，振作民族精神，用以为社会主义建设服务。所以，我以清代八旗子弟“主流”应当肯定为基调，展开论述。但这类书也有可以写得再好一点的空间。遗憾的是出版时，受外人干扰，没有机会校对，出版后亦再无机会关顾。

二　退休之后的研究心得与教训

我把离退休作为人生第二时期。众所周知，离退休是人生重要阶段，作为科研人员，亦需要作出抉择。据我所知，有相当部分人，从退下来那天开始，即放下研究工作，彻底封笔，终老一生；另一部分人，已形成职业习惯，继续奋斗。我在退休后的最初三年，内心犹豫不决。研究习惯虽已形成，但当时出版难，令我却步。从第四年开始，有两件事，荡起我内心激情。一是退休第二年，我遇见老同事史金波同志，他劝我学电脑。因为观念陈旧，总觉得学电脑费时，不如直接爬格子顺畅。但他的话一直在我脑海中挥之不去。是时，我女儿买的电脑不用，放在我桌上已两年有余。于是，我拜女儿为师，将已写好的《满族游牧经济》底稿作为实验品，开始输入。当书稿全部输完后，我已成为熟练的打字员。为感谢女儿辛劳，我便将女儿滕瑶的名字放在《满族游牧经济》一书作者之一的位置，以示纪念。二是有一天晚上，我同本研究室蔡家艺先生等，在小区公园散步，他谈起向中国社科院申请离退休老年科研项目之事。我听后大感欣慰，觉得出版已不是问题，应该立刻申请。这两件事，成为我决心将研究工作继续下去的主要动力。

从2001—2015年的15年中，我先后出版《三藩史略》《多尔衮之谜》《陈圆圆后传》《达斡尔族文化研究》四部专著，《明代女真与满洲文史论集》一部，另发表论文30余篇。除“论集”外，共计250余万字。全靠电脑帮我大忙。与在职期间不同，这一阶段的研究，具有娱乐性质，我叫“玩学问”。朋友圈人人皆知，我抱着如此轻松的心态。一般人玩电脑，以游戏项目为主，我的玩法则是，每天固定时间，大体做两项工作，一是将自己早年抄录的700多本资料，每条找出关键词，按不同类别，分别输入所设各个资料库中，以便用时搜索；二是撰写文章或专著，绝不重复他人或自己原有公开发表的作品，非解难答疑，绝不轻易动手。不为名利驱使，凡是他人合理诉求，必以诚信待之，绝不苟且应付。但因年龄关系，大型项目基本不再介入。剩余时间，为女儿忙后勤，完成女儿愿望，做个“镇宅之宝”。总之，娱乐是我退休生活的主旋律，与在职期间承受压力之下从事研究不同，完全是自由研究。

这一阶段心得，主要表现在对民族史中重要问题的探索和考证方面。下面分两部分来谈。

（一）对重大问题的探索。多年以来，东北少数民族入主中原，受到学界诸多青年学者关注，学术研讨会上多次听到发问。但会议主持者却很少回应。自21世纪初开始，我着手梳理这个问题，从民族史角度，结合传统清史研究思路，对于这一问题进行系统、翔实的综合研究。从实而论，这个问题前人给出的借鉴，可谓极少。十年前，我的研究结果只是碎片性的认识，不成体系。诸如，我认为少数民族在中原王朝末年起义，是“同室操戈”，与中原农民起义，具有同等性质；当中原王朝丧失民心，社会道德下滑，北方少数民族举义，形成新的凝聚中心，是中国“凝聚中心北移”；在王朝更迭年代出现的新兴政权，是特殊时期“过渡国家政权”，诚如17世纪出现的金（清）、大顺、大西、弘光、隆武、永历、绍武，以及盟主、国主等政权，都属于过渡形式的国家政权，不同于各据地域的现代意义上的殖民国家政权。除如上诸多碎片式的认识之外，有一点很重要，那就是我在《三藩史略》一书中，曾经从大中华的宏观角度出发，通过对大清政权、大顺政权和大明政权三个政权的经济、政治、军事和文化等社会发展特点进行研究的基础上，全面系统地总结各自成败经验、教训，较深入地探讨17世纪中国封建社会发展走向，得出中国社会发展总趋势的见解。这个见解的结论应当是中华继统者，即是此时发展趋势的代表者——满洲贵族政权。但我没有下结论，因为问题太敏感。而吉林大学孟昭信教授，看过拙作后，在给我的电话中，将问题点破，令我十分欣慰。

这个继统问题，关系到少数民族入主中原，是否具有正当性。为深入解决这个问题，近年我系统探讨北魏、辽、金、元和清，诸朝入主中原前后的条件，发现儒家施政以“德”为中心的传统文化为继统之宗。譬如前秦王苻坚深知帝王历数，强调“惟德之所在”，雍正帝以为“以德在内近者则大统集于内近，德在外远者则大统集于外远”。所以，中国各代王朝继统是否正当，主流当取决于对中华传统文化的继统。而乾隆帝所谓“正统者继前统受新命”的论断，并非专指前后次序、同一地域大小，而主要是有德者继之，这里与哪个民族主政无关。所以，雍正帝理直气壮地说，清朝满洲贵族的统绪，是承“尧舜以来，中外一家之统”。实质上就是承认满洲贵族是中华传统文化继统者。当今，某些外籍学者，不懂得中国各族文化间深层次互动关系，片面强调满洲文化元素的独立性，而清朝中叶，恰恰是满洲文化元素大面积丧失独立性时期，结果弄成南辕北辙。

那么，中国历代王朝继统之更迭，特别是少数民族政权继统，应具备哪些条件呢？在我近年发表或未发表的论文中，似需要三大模式转型。一是经济、生产方式转型。众所周知，东亚大陆有两种文化圈，自古以来具有生态性质的文化圈，即打牲游牧文化圈和中原农业文明文化圈。中华文明最早起于农业文明，近年考古界对“尧都”陶寺文化等遗址的研究成果便是证明。而4000余年以来，中原形成文明程度较高的传统文化，与相对滞后的北方诸民族不断南进的打牲游牧的文化的互动是常态。互动具有两种形式，即长期和平、缓慢地相互认同，或激进式的认同。当滞后经济、生产方式在认同中，达到一定高度和水平时，便乘中原王朝道德文明水平下滑之机入主中原。这里的关键是何为经济、生产方式转型。经济转型是由打牲游牧经济，基本转变为“农牧兼资”，或完全农耕经济，社会进入农业文明发展阶段。生产方式从部落、部落联盟阶段，跨入奴隶制，并加速走进封建社会时，便是首要模式。这种物质转型的另一标准是，社会手工业、商业等分工有一定程度发展，特别是主导的少数民族上层贵族，在统一本地区时，基本掌控地区金融贸易，垄断本区经济市场。以上两者是新兴政权两大经济支柱。否则，任何少数民族政权都不可能入主中原，即使进入中原，亦难于立足。我称这种情况为仿照中原传统文化第一模式。二是国体模式转型。以满洲贵族国家政权为例。清初八旗制度是其新兴国家政体，以满洲文化为主导，形成地区性多元文化国家政权。但进入辽、沈后，以农耕为主要文明之趋和发展态势，取代“一国之众”“八旗分隶”局面的八旗制度，成为历史发展必然趋势。在军功杠杆督催下，满洲社会职官世袭等级、服饰、法制、礼仪、丧葬等诸多领域，逐渐认同中原封建制度和传统文化；以封建皇权为中心，以六部、都察院和内三院等为载体，以满洲为主导，以汉族为主体的新型的具有中原模式的国体逐渐显现，特别是满洲“上三旗”诞生后，以八旗制度为国体的内部结构，发生转折性改变，即由八旗国体逐渐转为中原传统主流国体模式。八旗体制功能渐著消弱，以至最后变成一个松散族群行政机构和满洲民族意识之代号。而汉族在国家中主体地位的确立，正表明中原传统文化存在的主流态势实现最后转型。转型的过程大体情况如下。据明朝万历中期官员估计，在金国的“数百万”辽民中，“长于弓马者，少壮膂力过人，足以格斗者”，少则“不止一二十万”。抚顺失守后，边官说，“奴酋兵马虽有十万多，半皆中华人为之前驱”，或称“辽人久为奴耳目者十人而五”。在开原、铁岭、沈阳、辽阳失守时，明朝边官惊呼，奴酋奸细在辽阳者，光李永芳的亲戚就多达“数十家”，内外呼应。甚至奸细“阑入内地，在在见告”，“边关险易”无所不知。而此时金国汉人以“随旗”或入旗籍两种形式作为属民存在。这一切变革，在一定程度上都决定新兴少数民族政权国体的革命性转变。当清军入关时，八旗汉军、“三顺王”所部及广大汉兵的历史作用，对新兴政权的推动力，更不可小视。诚如雍正帝所说，清军入关时，军队不过10万之众，竟能征服15省之天下，主要借助明朝投降官兵的帮助，即“统领士卒者即明之将弁，披坚执锐者即明之甲兵”，是汉人帮助满洲贵族统一天下。换句话说，满洲贵族认同汉族主体地位和中原传统国体模式，是它取胜的根本保证。特别要强调的是，清军入关后，由于汉人分布地域广大，八旗制度无法容纳，满洲贵族不得不取消关外汉人“随旗”定制。完全认同中原州、府、县等传统制度。以至国体彻底按照中原传统模式运作。三是文化深度认同。以辽朝契丹族为例，辽朝进入太宗朝后，认同中原传统文化步伐加快，突出表现为以下几点。1. 以儒学为治国理念。耶律阿保机建国初期就提出以儒家“天命”“崇德”为治国思想。坚持用“中国教”，“诏建孔子庙、佛寺、道观”。2. 以孝道教育国民。圣宗时代契丹社会封建进程加快，推行“惟忠惟孝，保家保身”教育国民政策。凡皇帝上尊号使用儒家“仁”“德”“智”“信”等字。宗室命名无不遵纲常之教，如耶律仁先、义先、礼先、智先、信先。据统计辽朝历代帝王庙号，有17个“孝”字，9个“仁”字，8个“德”字，3个“智”字，1个“信”字。在民间更为普遍。足见，他们是在认同中原传统思想文化为治国主要理念中，进入高度文明国家发展阶段的。大凡北魏、辽、金、元、清各朝统治阶层，当其社会进入封建时代前后，都自称中华“正统”，称中原王朝为“南朝”，各以中国自居，否定并鄙视“夷狄”身份。辽太祖创业阶段，即以“正统”自视，道宗时代认为“荡无礼法”方是“夷狄”，并骄傲地说：“吾修文物，彬彬不异中华。”可见，入主中原的少数民族上层，对中华传统文化必须有较深度认同，才可能成为中原各族最高统治者。总之，以上各点是历代北方少数民族入主中原的前奏曲。当然，少数民族入主中原，多在中原王朝腐败、道德下滑至低谷时期发生，并取文化骤然冲击态势，常常造成社会生产力严重破坏，遭到后世学人谴责。但不能否定它对中华文明史发展所具有的推动作用。诚如著名教授陈寅恪先生所说“北方文化南下后，不断注入中原文化颓废之躯，旧染既除，新机重启，扩大恢张，遂能创空前之局”，以至使中华文明重新获得生机。

（二）对疑难问题的考证。这里仅举六个例子。一是对斡朵里地名考证。2007年，我应邀到黑龙江省依兰县考察。据史籍记载，这里有满族先祖发源地，叫作“斡朵里”。最早见于朝鲜史籍《龙飞御天歌》一书的文注，说是位置在“海西江（松花江）之东”“火儿阿江（牡丹江）之西”。20世纪40—50年代，日本学者最先提出，多指松花江南、牡丹江西的马大屯。90年代谭其骧主编《中国历史地图集》时，将日本学者意见，全盘接受。从此，国内学者纷纷引用。但怪就怪在日、中诸位专家，对此并无专门文章讨论。我在实地考察之后，从2010年到2012年先后发表《“斡朵里”非今“马大屯”考》《“斡朵里”非今“马大屯”考（二）》《“斡朵里”非今“马大屯”考（三）》。旁征博引资料很多，主要反驳意见有三条。1. 从明朝贡道记载，斡朵里站距离火儿阿站（今三姓城）5里，而光绪六年（1880）吉林将军奏疏云：“三姓城北五里曰妙噶山站。”两站隔松花江相望，恰好是贡道上相邻的两站，距离完全符合，只不过年淹日久，名称不同而已。自元、明、清三代位置未变。“妙噶山站”位于“廟街屯”西侧，宣统辛亥年黑龙江调查局制《黑龙江全省舆图》中的《大通县图》绘图甚明。而马大屯距离三姓城，约13里之遥。主张斡朵里就是马大屯的人，只承认距离8里，还是与古站道记载相差甚远。2. 在松花江三姓城以下，沿江两岸有名的辽、金、元时期古城六七座，规模大体一致，而马大屯经考证仅是个私家院落，原本无城。而某些人招摇过市，竟以“马大屯古城”标榜。3. 马大屯地区是沿松花江南岸一块湿地，名叫“淀子”，乾隆中叶因为设立官庄，经庄下帮丁开垦，排除地面浮水，因终究不适合耕种，野草丛生。于是，将原来“淀子”，改为“甸子”。最后成为牧马场。清同治年间，方有马大屯名称出现，距离斡朵里古城年代，晚600余年。事实证明，这里古代不是居民宜居之地。这个问题，尽管中外明清史、满学界有关专家，多有表态，为它定位，但无专论，本人“三考”系属首次系统专论。二是对陈圆圆和吴三桂墓碑考辨。2010—2012 年，我与朋友应贵州黔东南州岑巩县邀请，三次前往该县马家寨，对陈圆圆和吴三桂家族墓进行考察。这是康熙初年平定“三藩”之后，300 多年不曾有过的奇闻。经过缜密考察，由我执笔完成一部《陈圆圆后传》，填补了清史研究中这项空白。这里值得一提的是，吴氏家族在清朝满洲贵族搜捕下，为更好地隐蔽，形成自己很有文化内涵的“隐蔽文化”。现举两个例子略加介绍。1. 陈圆圆墓碑。碑文为“故先妣吴门聂氏之墓位席”。吴氏家族秘传人解释说：“先妣”指最先来这里开发者老祖太婆。“吴门”，暗示陈圆圆籍贯苏州。“聂氏”代表陈圆圆兼有邢、陈二姓，左右各有耳旁。内中“双”字，代表繁体字上半部分“佳佳”二字，表示“好”意，引申为“花好月圆”，即“圆圆”之意。“位席”表示皇妃地位尊贵之意。合起来是“明苏州氏陈圆圆皇妃之墓”。2. 吴三桂墓碑。这个墓碑发现较晚，碑文是“受皇恩颐养一次八十五岁吴公号硕甫墓”。碑文最后三个字不清晰，经过我们多方考证，恢复原状。秘传人对碑文无可奉告，令我们十分困惑。因为这里早期墓主，都是清廷追捕对象，为更好地隐蔽，其碑文都经过精心、巧妙的掩饰。或采用会意，或更名，或用号，变化多端，真是创造了中国碑帖文化史上难得的奇文怪篇。经过对吴氏家族 300 多个坟头考察、缜密研究做出如下解释。先将“受皇恩颐养一次八十五岁吴公号硕甫墓”，调整为“受皇恩颐养一次吴公号硕甫墓八十五岁”。再分成四个部分，即“受皇恩颐养”“一次”“吴公号硕甫墓”“八十五岁”。然后，逐一剖析。其一，“受皇恩颐养”。“颐”字，这是墓主地位性标志，“受皇恩颐养”5 个字将此碑在该坟山上地位提高到极致，令我们已意识到吴三桂的影子。我们认为，这里的“皇恩”是如同历朝皇帝，所泛指的“皇天”之“皇”而言，皇天是天父，皇帝是天父之子，吴三桂称帝后，认为自己是“受皇天所命”，大周皇帝自然遵奉“皇天”，而称“天子”。所以，碑文中“受皇恩”是受“皇天”之恩。整个句子“受皇恩颐养”就是“受皇天之恩眷顾，颐养天年”之意。其二，“一次”从字面直说就是“第一次”“首次”之意。稍加内涵即指“开始”“开创”“开拓”“创意”等意思。深涵之当指皇帝的庙号“太祖”“高祖”等意思。结合本碑所指当是“大周太祖高皇帝”之意。因为，康熙十七年（1678）十一月，吴世璠在云南昆明即位时，追认吴三桂为大周太祖高皇帝，吴应熊被追认为太宗孝恭皇帝。所以，这个“一次”应该解读为“大周太祖高皇帝”为宜，指创业之主。其三，“吴公号硕甫墓”。因吴三桂有诸多名、号，如“长白”“延陵”“硕甫”“雄爽”“月先”“月所”等，按照碑文字迹影像，“硕甫”与之相合。因此断定：“吴公号硕甫墓”，正是吴三桂墓无疑。其四，“八十五岁”，据秘传人提供信息，吴三桂死于八月十五日“中秋”节。我们断定“八十五”指八月十五。“岁”指“年”。这样整个碑文当是：“受皇恩颐养大周太祖高皇帝吴公号硕甫之墓，卒于康熙戊午年中秋”。就这样，吴三桂的隐蔽碑文被揭开了。目前，吴氏家族已为吴三桂重新刻文立碑。这项研究已有力地推动了地方旅游事业发展。三是对八旗制度研究创意。清代八旗制度存在诸多疑难问题，由于档案、文献缺乏和发掘不够，数十年来，不乏有著名清史、满族史专家，将错就错，反映在著述中比比皆是。自 21 世纪开始，我着重研究两个问题。1. 对八旗汉军旗制的研究。2007 年，我在《清初汉军及其牛录探源》一文中，首次提出在八旗体制下汉族官兵“随旗”者，不是旗人的论断；对于万历四十三年（1615）八旗制度建立中的汉军 16 牛录提出质疑，否定他们是外牛录“汉军”。反驳后金天聪五年（1631）是汉军诞生年代，指出是年建立的六甲喇为汉兵（后称旧汉兵）组织，汉军建立的正确时间为天聪八年（1634）五月初五；孔有德等“三顺王”与续顺公所部“归并”汉军旗，但未曾编组牛录。2. 对八旗满洲旗制的研究。对于八旗满洲牛录和旗制创立时间，我从 2001 年开始研究，在《努尔哈赤时期牛录考》一文中，否定满洲牛录创建于努尔哈赤起兵之初，或辛丑年

(1601)两种通行意见。但对于满洲牛录创建于丁亥年(1587)的见解，今天看来有误。在重新发现档案资料后，经过研究明确指出，满洲牛录和四旗制，皆创于万历二十一年(1593)，有关论文即将发表。四是关于太后下嫁的新论。多年以来，有关清初孝庄文皇后下嫁与否的问题，争论不休。呈现公说公有理、婆说婆有理的局面。甚至著名清史、满洲史专家，亦认定“宁信其有，不信其无”。如何解决这个历史疑难问题，不应针对某个人持有什么观点，搞情绪对立，而是应从治史者的基本原则入手。太后下嫁问题争论双方所用资料，基本是两组。一组是传闻资料，凡是以这组资料持论者，太后必下嫁。另一组是档案、文献资料，凡是以这组资料持论者，太后不可能下嫁。我是史学工作者，向来以档案、文献等资料为据从事研究，传闻资料仅供参考。特别是太后下嫁对象是多尔衮，有诸多档案、文献资料将两者之间的对立、紧张关系描绘得真真切切，下嫁与否的问题不难判断。我在2008年发表的拙作《多尔衮之谜》和2014年发表的《太后下嫁研究钩沉——驳太后下嫁说》一文，系统地阐述了自己的看法。五是关于民族文化遗留问题。近年以来，我在各种论著中多涉及民族文化遗留问题。这是指东北少数民族入主中原后，本民族在入关前创造的文明文化成就，没有带入关内，或者带入关内又退回东北部分。比如，今天达斡尔族，在17世纪其先祖农耕生产方式，是否是契丹族遗留。我在《达斡尔族文化研究》一书中，已明确提出。有关这一类问题，学术界尚缺乏系统研究，应当引起后世学人关注。六是关于中华大一统问题。近年以来，清史界发表不少关于中华“大一统”方面的文章，亦以此为题专门召开过研讨会。但普遍将“大一统”概念，理解成地理疆域问题。为此，我曾查阅过前人诸多论著，亦进行过初步探讨。我认为，地理疆域只是中华“大一统”重要内容之一，核心内容当指传统文化“大一统”。何是何非，应当引起学界更多的关注。

三　关于研究工作技术技巧方面的心得与教训

这方面大体有四个问题值得反思。

(一)史论并重，论基于史。史学根本在于史料，初入研究领域者，由于基础知识薄弱，常有急于求成思想。但无论如何，直接追踪资料，诸如档案、文献、官书、古今私人著述等第一手资料，并详细摘录原文，弄清书名、版本、卷、页数或干支纪年，扎扎实实地练就基本功，是为要务。因为人生精力有限，抓住资料不可马虎，否则费时过多。在这个问题上，我吃过不少苦头。如果说史料是微观积累，那么理论的宏观驾驭作用同样不可忽视。史学研究，需要有较好的理论修养。须知，摘录资料，本身即是研究，如果理论修养不足，摘轻弃重，抓住芝麻丢掉西瓜，一本书平生不知要关顾多少次，在此我亦教训颇多。所以，理论修养与资料积累占有同等重要地位。理论大体分作两部分。(1)马克思主义民族史观方面的论著，特别是有关生产力与生产关系的相关论述，需要深入学习和加深理解。(2)古人从中国民族形成发展史中得出的规律性认识，亦是珍贵理论。比如，天下四海观(华夷一统观)、中华正统观、“华夷”认同观等，都是具有中国特色的民族理论。然而，说来容易，实践却难，许多史学大家，脱史推论，导致谬误，屡见不鲜。故毋忘论基于史，不可倒置。特别值得注意的是，中国民族史有自己的特点和发展规律，不可用西方殖民理论轻易套用，致成谬误。

(二)博专并举，追本探源。研究断代史或者某个专题史，不可封闭研究，应当对中华民族全部形成史，甚至世界史有所了解。比如，研究满洲贵族为何能入主中原时，必须对北魏、辽、金、元入主中原的基本条件，一并加以研究，从其差异和共性中探索满洲贵族入主中原的成败。因此博与专并举，才能准确探本求源。

(三)集思广益，开拓进取。我在青年时代，只注意阅读老专家研究成果，很少阅读同辈文章。退休之后，自行补课，颇有悔意，觉得学他人之长，补自己之短，集思广益，方为智者。近来通过向其他学者学习，综合彼此研究成果，在民族理论方面，多有开拓性理解。比如，中国少数民族文化，我认为应当称为“独特文化”为宜。以满洲（含女真）文化为例，以呼兰哈达为中心的建州主流文化，应是女真文化为主，与汉、蒙、朝鲜等周边各族文化相互认同，形成区域性多元文化，是为此时之文化特点，即满洲独特文化（其他少数民族亦然）。满洲贵族占领辽沈后，满洲文化与以汉族为核心的中原传统文化全面碰撞，并开始局部向传统文化转型。这种“独特文化”论断，是自民国以来，诸多民族学家点滴论述之集成，亦是我开拓性的理论理解。

（四）端正学风，注重学德。从中央文化强国战略说，学术研究虽属个体劳动，但它并非个人私事，而是国家大事。学者之间，从资料到成果，彼此应有更高的透明度，互相交流，树立新风，切忌“文人相轻”，内耗精神。俗语云“道德文章”，以德居首。我尽管治学数十年，回头反思，自认学识浅薄，所知“一孔之见”而已。但对学生、师友合理诉求，必尽力相助。如用他人资料，哪怕是青年学生成果，亦必详细注释，不敢苟且，此即敬人者仁也。总之，心得和教训毕之于一，则当潜心治学，一丝不苟，谦虚谨慎。

邸：感谢先生谆谆教诲。您与夫人姚玉华女士均任职于我所，比翼双飞。同事们都羡慕您有一个美满的家庭。您能够谈谈您的爱情经历与家庭生活，给后来者以启示？

滕：我们夫妻是经过他人介绍相识。当时，我在贵州搞“四清”，她在内蒙乌兰浩特邮电局工作。最初，两人只是远隔千里，交换照片、相互通信，进行初步了解。后来我探亲，有机会相见，算作订婚。我们一见倾心，可能家教相似所致。玉华的父亲有深厚儒学功底，为人儒雅、通达、刚正，精于人生哲理，是当地社会名流。家族、亲友和邻里有大事纷争，无不登堂拜请公论。父亲的传统家教使她自幼深受影响，为人心地善良，性格直爽、豁达，语不轻出，稳重贵气，不苟言笑，心灵手巧，精明强干，善于持家。我们结婚后，她对我关照有加。家务活我俩争着做，生怕对方劳累，绝无相互推诿。因我拙于理财，所以工资、稿费我一概置之不理，任其处置。众所周知，中国家庭，有和睦、争吵、离异三种情况，婚姻轨迹，无外乎情、理、法三个字。和睦家庭属于爱情永存型，我们将初恋时的爱情永恒地记在心中，终身不弃，不忍心让对方不快。有矛盾相互包容、退让。所以，数十年来，我俩不曾红过脸，更不曾对面争吵过。一般家庭夫妻有矛盾，相互理论、争吵不止，这种以理代情、弃爱争胜的做法，其实是在破坏婚恋基础。因为争则必怨，怨则必仇，弃情趋理，致家庭不幸。再进，则仇必分，从理向法走去，结局更加可悲。当然，人生都不容易，夫妻间不可能总是一帆风顺，最难的是遇到生活走进非正常轨迹，迫使一方陷入困境时，另一方能否理解、担当，这是对夫妻关系的严峻考验。20 世纪 70 年代，由于我们夫妻两地生活 8 年，她的身体健康受到严重损害。调入北京后，远在和平门上班，致她勉强只能做这一件事，没有体力再管家务。在这种情况下，我除每天 10 个多小时搞业务外，买菜、做饭，照顾两个女儿，帮她们穿衣、梳辫子，送其上学。同时，还要用自行车接、送爱人，往返于车站与家庭之间。将她接到家后，面对已经做好的饭菜，我还要帮她捋顺一天的心情，待她心情舒畅后，才开始让全家就餐。就这样，前后用去五六年时间，终于使她身体得以恢复。当健康好转后，她也毫无怨言地承担家务。凡是我在写相关专著，没有精力管理家务时，一切繁杂之事，她都接过去。比如，有一部书，我前后整整写了一年零四个月，家务全由她一人承担，她竟无一句怨言。年老退休后，她喜欢绘画、唱歌、舞蹈和参加模特表演等文艺活动，亦很愿意交朋友。一周五天，有时一半以上时间不在家。最初她不好意思，每次出去，都急忙跑回来。她的内心觉得自己作为女人应当管家，却让男人承担，很有顾虑。我看出她的心思，觉得她一生跟我，很是辛苦，老年还被家事困扰，应当给她更多的时间和空间，从思想上让她得到解放。于是，我公开放话说：“只要你出家门，就不要再考虑家事，愉快地玩，玩够再回来。”从此，她日久成习，理所当然地走，理所当然地回，不再有顾虑。我也放下心来。现在，我俩各得其乐，过得很充实，很愉快。这就是我们的夫妻生活。所以，如果让我给后来者说点启示，那就是夫妻都要守住最初婚恋时的那份最动心的“情”和“爱”，不可轻易放弃，不要委屈对方。夫妻之间，珍惜对方就是珍惜自己，它是建立永久性和睦家庭的基石与源泉，所谓“白头偕老”之奥秘，在乎此也。当然，就家庭夫妻关系说，我觉得女人比男人更不容易。作为男人，勇于担当，才不愧是大丈夫。

邸：先生言浅意深，我等自当铭记。最后，能否对后学谈几点希望？

滕：切记，不要占便宜，勤能补拙，持之以恒，天必不负我才。

邸：一字千金，岂能忘怀？最后，再次感谢您慷慨赐教。祝您身体健康，阖家幸福！

附 滕绍箴先生主要著述：

1. 独自执笔专著：《努尔哈赤评传》《清代八旗子弟》《满族发展史初编》《清代八旗贤官》《三藩史略》《多尔衮之谜》《明代女真与满洲文史论集》。

2. 合作专著：《满族游牧经济》《达斡尔族文化研究》《满族简史》《中国少数民族文化史》《陈圆圆后传》《少数民族与中华文化》《清代前史》；合作工具书：《中国民族史人物辞典》（副主编）、《中国少数民族史大辞典》（编委）和《中国历史大辞典》等。

3. 独自执笔论文：《入关前满族的社会经济概论》《清初汉军及其牛录探源》等80余篇。

（邸永君，研究员，中国社会科学院民族学与人类学研究所历史研究室）

西夏学专家李范文访谈录

木仕华

木仕华（以下简称木）：李先生，首先祝贺您荣获法国儒莲汉学奖！同时感谢您接受《中国民族研究年鉴》的采访。您能获得令人钦佩的学术成就，成为西夏语文、历史等诸多领域的著名学者，是历经艰难探索的结果。学术成就与成长环境、人生阅历密不可分。下面请您谈谈您的家世、故乡、求学历程以及对您影响和帮助最大的几位师长。

李范文（以下简称李）：提起家世，我不由得想到儿时的两件小事。第一件事，小时见我家屋梁上挂着一捆线装书，奶奶告诉我那是药书。当我第一次学到“束之高阁”这一成语时，我立刻联想到那捆书。后来我上小学识了一些字，出于好奇心，总想知道房梁上挂的是什么书。记得有一年年底扫尘，将这捆书解下来，我终于见到那是木刻本《本草纲目》。另一件事，在我家楼上发现三块积尘足有半寸厚的木板，已被熏黑，但上面镌的金字仍清晰可辨，两块小的上面分别刻着“精心炮制”“童叟无欺”；一块大的刻着“天顺堂”，奶奶说这是药铺字号。

奶奶告诉我：“这些都是你祖爷在城（县城）里开药铺的遗物。你祖爷有三个儿子，全不识字，在家务农。他在城里做生意，买了一些田地，让你爷爷他们耕种。你祖爷去世时，药铺倒闭，把他生前置的土地全卖掉还了账，连两间破瓦房也卖给了人家，全部家产只剩下这三块牌子和一捆书。你爷爷他们因不识字全被人家骗了。你爷爷是老三，仅有你父亲一个儿子，为了不再受骗，才把你父亲送去上学。你要好好念书，将来才不会上当受骗！”

我父亲只上过小学，毕业后在农村教书，那时村子里出一个“先生”，自然令人刮目相看。周围十多里，丧葬行礼都给他下请帖，我家的堂屋就贴了几十张，也算是一种荣耀。

1931 年，旧历九月，我出生在陕西省西乡县。从我懂事起，就只见奶奶、母亲和姐姐整天买棉花、纺线、织布、卖布、买粮，年复一年，日复一日。父亲在山区教书，每年腊月底等他回家，家里方能吃上肉，唯有这时才能听到母亲和奶奶的笑声。

有一年我父亲被人家辞了，原因是没给“学监”送礼；从此我没有见母亲笑过，而且常常流泪。她抱怨自己不该嫁给读书人，做生意无钱，种庄稼无地，识几个字不能当饭吃。我父亲东奔西跑终于在山区又找上了工作。这次去后天人永隔，父亲没能见到我母亲最后一面。

父亲走后不久，母亲积劳成疾，无钱请医生，只是按偏方采一些柴胡、前胡、生麻、葛根之类熬汤喝，但见效甚微。父亲的同学闻讯赶来。他略懂医术，开了药方，但无钱买药。她想喝羊肉汤，父亲不在家，周围尽是穷人，奶奶东跑西跑也未借上钱。她看人家吃青萝卜，想吃，又不好启齿，只能让我去拾萝卜皮洗后放进她嘴里。她就这样流着眼泪离开了人间。

我记得很清楚，乡下的风俗是在人死后用鸡蛋烙一块饼放在嘴上，谓之“含食”。我母亲闭上眼睛后，全家放声大哭。邻居婶母给烙了一块鸡蛋饼按在她的嘴上，突然她的眼睛慢慢地睁开了，眼角里流着泪，嘴徐徐在动，一个字也吐不出来，奶奶说她是不放心两个孩子，几分钟后母亲又闭上了眼，从此再未睁开。

母亲去世三天后，父亲才赶回来，赊了一副臭椿木棺材，也无钱买砖灰，只好挖了一个土坑，草草安葬。

母亲去世一年后，我随父亲去西乡县马家湾茅庵上小学，校址是一个山区小庙，学生只有十几人。我们同老道士一起吃饭，每天都是玉米糊糊，节省一点粮运回家养活奶奶和姐姐。两年后我回家上梭罗关小学三年级。父亲的同学刘子仪在西乡县堰口中心小学当校长，一年后我转学去堰口上四年级。受校长的照顾，让我帮助工友打铃、扫地、做饭以解决伙食费。一年后我从四年级越级上六年级，第一次数学考试得 97 分，期终成绩名列第三，由此引起班上一些年龄大的同学的嫉妒，他们鼓动赶我出校。多亏数学教师兼班主任刘行庆老师保护，在校长和教导主任面前求情，最后给带头闹事的班长以“不堪造就、留校察看”的处分，才平息了这场风波。

1946 年暑假，我小学毕业，正愁无法继续上学，奶奶说我有福气，让我继承祖业学医。这使我想起随父在马家湾上学时，我舅舅在这个镇上开药铺行医时的境况。有一年暑假，父亲回家，把我送到舅舅家。他既是中医，又是司药，理应很富，但实际上除了药柜，家贫如洗，联想祖爷破产、舅舅如此家境，我没有一点当医生的念头。只想学习，父亲为了我，只好放弃教学，在县城租了一间房，做小生意，让我上了西乡县初级中学。

1949 年夏，我初中毕业，毕业即失业。上高中要去汉中市，距家较远，家里无法供给。正为前途忧愁时，陕西省私立乐育中学由西安迁来西乡，在姐姐的资助下，我考上了乐育中学。

同年 12 月，西乡解放。我想报考陕南公学，因校址在汉中，无路费。我自荐去县人民政府文教科申请路费。科长高镒挺让我写一自传，我把自己的上学情况及父亲被国民党抓去支夫、奶奶生活无着、继母焦愁不安的情境立即写好交去，两天后高科长通知我，让我去县文教科工作。我成为县上第一个参加工作的青年，感到无比幸运。

由于我出身贫苦，在小学时就学会干勤杂活，在机关里领导对我十分喜爱和器重。1950 年 3 月，我加入中国新民主主义青年团。不久，担任县机关学校团总支副书记，8 月光荣加入中国共产党。组织上又送我去上学。为了解决我的生活问题，学校让我半工半读，一边管理学校图书和仪器，一边随班上学。

那时学校师生数百人，图书资料少得可怜，理化仪器破旧残缺。所幸师资强，就我所知，没有一个不是大学毕业的，有的老师还去日本留过学，例如江伯玉、刘霞举、孙丘园、江丹枫等。一个中学竟有这么多的留学生，培养出来的学生质量可想而知。遗憾的是，我后来回家拜谢他们时，除江伯玉老人还健在外，其余全在“运动”中去世了。

1952 年暑假，我高中毕业，县委组织部要调我回去，而当时中央有规定，为第一个“五年计划”培养人才，应届高中毕业生一律参加高考，不许参加工作，并动员在职干部报考，我只好应考。

上大学我连想也没想过，一旦让我考大学，究竟学什么？记得 1946 年暑假，我在县城上补习班，所有老师讲课都没有罗老师讲得好。我打听出他是西北大学边政系毕业，于是我选择了这个专业。我在西安报考时，方知解放后这个专业取消了，只有中央民族学院有这个专业，但已改名为少数民族语文系，我即选此为第一志愿。1952 年 9 月得到通知，我如愿以偿。

在中央民族学院所学专业为安多藏语（甘肃、青海藏语方言）。我虽为汉族，因家庭出身好，又是党员，学校十分器重，一直担任班长，后来又被选为院学生会主席、北京市青联委员。我所见教授均为平易近人、和蔼可亲之人。但由于当时“左”的错误路线影响，学生想与教授多接近一些，以便多学一点知识，动辄成为“白专”典型，教授也成了拉拢、腐蚀、争夺青年一代的资产阶级知识分子，师生间的正常关系遭到了人为的破坏，对此我很有看法。

我上大学做研究生，对我影响最大的要算马学良、林耀华、于道泉、吴文澡、费孝通。马学良教授是系主任，教我们语言学，整天背国际音标，觉得很难学，他说：“凡是容易学的学科，学得快，丢得早，凡是难学的学科，只要钻进去，就会出成果。”这句话，使我终生受益，我之所以钻西夏学，与他的教诲分不开。其他几位教授都对我极为关心和爱护，受益匪浅，终生铭感！

木：您的科研与教学主要是围绕着西夏语文、历史与文化展开的，在漫长的学术生涯中都有哪些时代契机和个人因素使得您一直从事西夏学研究？

李：您提的问题，我需从头说起。

1960 年 6 月，经我多次请求，中国科学院哲学社会科学部民族所答应把我调入西夏的滥觞之地——宁夏。于是我打点行囊，满怀憧憬和幻想离开首都，踏上了赴宁夏的旅途。在我的想象中，号称“塞上明珠”的银川不但风光旖旎，景色如画，而且也应和北京一样，有鳞次栉比的高楼、美轮美奂的图书馆、应有尽有的西夏文献，我只要坐拥书城，努力耕耘，便会在西夏学研究领域中开辟出一片新天地。但是我失望了，到了银川，我见到的古迹只有西塔、北塔、鼓楼、城门和玉皇阁，现代化的建筑仅有二层楼的宁夏宾馆，这里既无研究西夏的机构，亦无任何西夏文献。组织部的同志说，这里只有宁夏师范学院政史系适合你，他连“西夏”也感到陌生。也难怪他如此，西夏离现在毕竟太遥远了，没有人研究，没有报刊杂志宣传，除了屈指可数的几名专家外，有谁知道西夏王朝那一段扑朔迷离的历史呢？

怅然若失，搔首踟蹰。我坐上火车时还浮想联翩、兴高采烈，如今一下子从浪巅跌到了谷底。没有研究机构，没有西夏文献，我空有一腔激情，哪里有用武之地？何去何从，使我委决不下。返旆回京，我无颜见民族所同人；留下，我多年来孜孜矻矻学的藏语、民族学都派不上用场。苦闷彷徨，忧心如焚，无可奈何，我只好答应去宁夏师范学院，先干一段，再定行止。

宁夏师范学院在银川市中山公园东北角，全是一排排土坯房，我同北京师范大学大数学系毕业的一位山东籍老师同住一间向西的土房，骄阳似火，热得我们汗流浃背。他每天伏案备课，我则无所适从。好在不久即向新市区搬家，由土房改为楼房，孤零零地在沙滩上建起的楼房，四周连居民都没有。这时学校正面临饥饿的考验，第一次上贺兰山不是去游山玩水，而是学校组织上山捋榆树叶儿充饥。不久我的两腿浮肿，四肢无力，去医疗室看病，医生说这是浮肿，没给药，给了一包麸皮和米糠，里面掺加了一点白糖，并说老师中尚未发现浮肿，我是第一位，对我特别照顾，还给我发了一张羊杂碎票。去新城，那时不像现在，到处有招手停，连公共汽车也没有。“十里路外吃一嘴，不如在家喝凉水。”在那饥饿笼罩中国大地时，为了能活下去，步行去新城“吃上一嘴”，也是众多老师求之不得的。

学校学生因饥饿而不上晚自习，我没有适合工作，就让我在资料室管理图书资料，这倒是与在刚解放当学生时半工半读的工作完全一样，驾轻就熟引起我无限遐想。这时宁夏师范学院已改宁夏大学，我针对史学界对历史教学与研究讨论的激烈情况，编出《中国历史研究问题论集》竟然得到系领导的支持，同意出版，内部发行。这是宁夏大学出版的第一部书，还给了我 200 元的稿酬。①

比较起来我还是很幸运的。记得一位从北京来的体育老师经不起饥饿的袭击，见到沙滩上一只迷路的小羔羊，他捉回宰吃了。同事揭发，他恼羞成怒，持刀威吓，为此被判死刑，送了性命。饥饿、枪毙……活生生的现实，即使每日见到那一座座昔日的西夏王陵，这时连命都朝不保夕，遑论去探赜索奥，研究西夏！

① “文革”中，学校有人给系领导贴大字报，说他包庇重用牛鬼蛇神，强行追回稿酬，我当时一家 8 口，每月仅 70 元工资，妻子因生孩子不能下放山区“打翻身仗”而扣发工资。每月再扣 20 元工资，8 口之家，仅这 50 元生活费用，真是雪上加霜，生活之艰苦可想而知。党的十一届三中全会后，又退给我稿酬，令人啼笑皆非。

木：《夏汉字典》是您生平最重要的一部著作，已经成为国际西夏学界研究必备的工具书和经典作品，出版问世后在国际学术界赢得了广泛的赞誉，于 2002 年 11 月荣获吴玉章人文社会科学优秀奖，并荣膺法国儒莲汉学奖。请您谈谈编撰这本字典的缘起、具体过程和重要学术观点及贡献，是否还有缺憾？您对当下的西夏语文的研究有何新见解？

李：1970 年，经过一番人妖颠倒的大搏斗，我终于从固原山区调回银川到宁夏博物馆工作，从事研究西夏文的工作，我多年来梦寐以求的愿望实现了。

“工欲善其事，必先利其器。”研究西夏文没有工具书是无法深入研究的。于是我先从编撰《夏汉字典》开始。这一计划受到领导的支持和重视。

编撰字典谈何容易！当时宁夏地区所存的资料，只有王静如教授的《西夏研究》1—3 辑和北京图书馆的《西夏文专辑》及西夏人骨勒茂才编写的双解常用字汇《番汉合时掌中珠》等。我首先从这些书里搜集单词例句。著名的语言学家王力教授曾说：“一部没有例子的词典，就是具骷髅。”因此我十分注意每个字条的例句。有时一个字的用法，抄录二三十张卡片，归类后只能用上几张。而为了那几十张卡片不知翻了多少书，流了多少汗！记得 1973 年 5—11 月，我在北京搜集资料，先师罗福颐教授为我准备了一大摞西夏文资料，其中有苏联 20 世纪 30 年代杰出的西夏学者聂斯克的《西夏语文学》，以及他自己的备用字汇辑（手稿），及其先兄罗福成的《华严经》手稿等。他那种奖掖后学、诲人不倦的精神，深深感动着我。我如获至宝，如饥似渴，日夜不停地在招待所抄写。这年夏天，气温很高，我们住的六人大宿舍，面朝西，每天下午室内仅我一人伏案抄写，热得连背心都穿不住，只好脱掉，用毛巾披在背上，真是汗流浃背！晚上同房客人要休息，我只好把桌子搬放在走廊上，借灯抄写。这时我想起意大利历史学家、语言学家斯卡利格（1540—1609）的妙语：“十恶不赦的罪犯既不应该判处决，也不应该判强制劳动，而应该判去编词典，因为这种工作包含了一切折磨和痛苦。”

一日，我的老师、著名的藏学家于道泉教授（他是中央杰出领导者之一——陈云的内弟）来招待所看我，见我已收集三万多张生字卡，采用四角号码编排，他当时年逾古稀，但他那情不自禁的喜悦心情，至今我记忆犹新。他说：“40 年前，我同王静如教授一道治西夏文，我花了几年功夫发现西夏文十分方整，用四角号码编字典最科学，我当时就有这个计划。后来傅斯年先生派我赴英留学，改了行。没想到 40 年后竟然有人继承此念，不谋而合，真是巧极了！不说内容，仅这种编排法就值得出版。”（按：如今以四角号码分类，用拉丁字母代替 1—9 阿拉伯数字，已被国际上通用。）

编写字典的大部分时间是在贺兰山麓的西夏陵园发掘工地度过的。1972 年，宁夏回族自治区党委和政府拨巨款发掘西夏帝陵。我因 1957 年的“问题”而不能专事西夏文字的研究工作，必须承担发掘工地的后勤工作。拉木料、招民工，甚至还得管理民工的工资、伙食，虽然比考古人员低一等，而我自己则认为这也是换脑子休息的好机会，从中体会到无限乐趣，因而工作起来任劳任怨，赢得了民工和同志们的尊敬。

工地工作十分艰苦，那时每人每月供应半斤大肉，每天白水面条。我原本健壮的身体终于累垮了：身高 1. 77 米，体重仅 50 多公斤，血压也不太正常，营养不足，导致严重贫血。家里有 14 只正下蛋的来杭鸡，本是供四个孩子吃蛋用的，无奈，为补养身体，只好全宰了。1977 年，工地发掘工程已经结束，考古人员全部调回，仅留我一人在工地看守。一日，两个儿子受母亲的嘱托来工地看我，大儿子上小学，二儿子刚四岁，两人原准备同我在工地住几天。我们住在四周无人的发掘工地。这夜狂风四起，帐篷被风撕得哗哗响，饥饿的狐狸在冢穴里乱叫，小儿子紧紧地搂着我的脖子吓得浑身发抖。第二天，帐篷里的毛巾冻得像冰棍，一清早，孩子们就嚷着要回家。即使后来放了寒假，他们也再不想来工地了。

就在这样的环境里，我写出了《夏汉字典》初稿，继而写出《西夏陵墓出土残碑粹编》。

《夏汉字典》写完后正值“四人帮”横行之时，不敢交出。文物出版社得知后，曾数次来函索稿，计划出版。有人得此消息托人与我“合作”。因未同意，竟遭恫吓：“你出字典如果不挂我们这些人的名，你的字典能在北京出版了，你把我的头割掉!”

1978 年 1 月，宁夏文教局派人与我一道给文物出版社送稿，3 月 18 日来函：“李范文同志所编的《夏汉字典》，按原商定的步骤，我们双方请有关专家提意见，然后把意见集中起来，再由你们修改定稿，争取早日影印出版。”

在审稿中有一种意见值得重视：“字典注音一字多音，使读者无所适从。”有的字确实既有苏联学者的拟音，也有日本学者的拟音。当时中国学者还未建立自己拟测的西夏语音系。我想，一部字典要经几代人的努力修订，也不一定十全十美，在没有现成字典的情况下，哪怕是一部字汇集，也可供学术界使用。然而求全责备是不可避免的，我只好向音韵学方面努力。

研究西夏语音韵学谈何容易！没有古汉语音韵学的知识无法问津。汉语音韵学是一门历史悠久的学科，也有“绝学”之称，古汉语音韵还有今天的汉语提供参考，而西夏语是一种“死语言”：有没有西夏遗民？以什么为基础，从什么书开始？于是我以《同音》为蓝本，以《番汉合时掌中珠》的原音为基础，开始调查西夏遗民。1980 年 5—9 月赴甘肃、四川藏区调查西夏遗民。在四川康定六巴公社发现木雅语，在道孚发现道孚语，这两种语音的基本词汇，有的与《番汉合时掌中珠》的汉字语音很相似。我记了 4000 多个单词。搜集了 200 多个例句。计划写“弭药语的调查与研究”一书，此书写了约 30 万字，因诬告而辍笔。尽管如此，这次调查对我研究《同音》拟测西夏语音系具有重要的参考价值。

否极泰来，雨过天晴。1997 年 10 月，《夏汉字典》在自治区党委和政府的大力支持下终于出版，且受到了国内外的好评。芬兰汉学西夏学专家杨虎嫩教授在《东方学研究》第 85 期上刊文《夏汉字典——国际西夏学界期待已久的一部大型工具书》。他说：“李范文著作的《夏汉字典》，凝聚了他一生的心血，也是他的又一部代表作，毋庸置疑《夏汉字典》堪称为一项具有里程碑式的学术成就。”

《夏汉字典》存在哪些缺憾？由于对编撰这样大的一部工具书没有经验，尚不熟悉辞典编纂法，界定词义、归纳义项、摘选例句、编制索引、英译释文等均有不妥和错误，这都需要今后修订，增改。

木：20 世纪 80 年代以来，您先后出版了《西夏陵墓出土残碑粹编》《西夏研究论集》《宋代西北方音》《同音研究》等系列著作，得到学界的诸多好评，请您谈谈这些著作研究的初衷，撰写过程中的诸多艰辛以及主要的创获。

李：《西夏陵墓出土残碑粹编》，是 1972—1979 年，我在西夏陵墓工作期间，宁夏博物馆先后在西夏陵墓区发掘帝陵一座、陪葬墓四座、清理帝陵碑亭两座。共出土残碑 3272 块，经过缀合、整理选出 842 块，约占 1/4，翻译、考释、编辑出版。这本来是博物馆考古发掘工作必然的结果。但是在那特殊的年代，要出版，难度难以想象。博物馆领导让我将书稿送给文物出版社，他们十分重视，决定出版。但是好事者不是党员，冒充党员，假借党支部的名义，给出版社写信，禁止出版。文物出版社为此给宁夏党委宣传部来公函，提出六条意见。第一条：联系出版不是李范文个人，而是宁夏博物馆。第二条：书的内容，全是出土的西夏文、汉文残碑，全是李范文个人劳动的结果。第三条：这是宁夏博物馆的发掘工作成果之一。其他发掘工作还有很多工作要做，无论谁做出成果，他们一视同仁，一律出版。宣传部还来了一位副部长传达这六条。《同音研究》出版后，好事者立即向银川市法院起诉，诬告我《同音研究》是剽窃他们的研究成果……在中国十年浩劫的影响下，文化断层，在当时那个年代，处在基层，要想在一个领域突破重围，有所创新，有所作为，只有靠地方党委和政府，和自己的毅力。唯有坚守着你热爱的事业，总会雨过天晴。我只举这两例足矣。

木：您主编的《西夏语比较研究》《西夏通史》对推动西夏学研究起了十分重要的作用，其中《西夏通史》还获得了第五届吴玉章人文科学一等奖，请您谈谈这两本大著研究和撰写过程及主要贡献。

李：西夏语言是西夏学的灵魂，不懂西夏语言是无法对西夏文字进行深入研究的。西夏文字是一种死文字，研究西夏语言必须懂得汉语古音韵学。汉语音韵学亦是一门艰难的学科，它是看不见，摸不着的。西夏语言文字研究也需要掌握汉语音韵学。而懂古音韵又懂西夏文的学者凤毛麟角，少之又少。但是为了沾溉后学，使更多的人了解懂得西夏语音、语法、词汇，必须组织这方面的人才，申报这样的课题，以解决这一难题。为此我选择了王静如教授培养的一位西夏学硕士、博士毕业生马忠建同志，承担语法一章，可惜他的硕士、博士毕业论文均未出版，硕士学位论文因家住农村，不慎被老鼠充了饥。聂鸿音教授对西夏语音韵学颇有研究，他来承担语音一章。我的大学同学林向荣，他同孙宏开的友谊有一种特殊的关系，孙宏开与刘光坤结为伉俪是林向荣介绍的。1981 年，我们支持召开第一届全国西夏学术研讨会，孙宏开提出西夏语应为羌语支的观点，与劳佛尔提出西（Si）—倮（Lo）—麽（Mo）语支大相径庭。他对木雅语、道孚语（他称尔龚语）以及岷江、雅龚江、金沙江、澜沧江、怒江、大渡河、嘉陵江上游地带进行调查，积累了大量材料，写出《六江流域的民族语言及其系属分类——兼述嘉陵江上游、雅鲁藏布江流域的民族语言》。他因做了如此多的调查工作，请他参加，撰写词汇一章极为惬意。他提出 2000 多个单词，让我注上西夏文，再把《番汉合时掌中珠》、《文海研究》、索夫活诺夫、西田龙雄等各家注音注上。我请我的两位助手填了几页，后面都不填了。时逢国际岩画会在银川召开，我已交了论文，为了诚信，我未参加大会，整天为孙教授要的词汇忙碌着。这部著作由宁夏人民出版社出版。马学良、王均、戴庆厦、高葆泰教授在序言里予以高度评价。

《西夏通史》是我来宁夏第二个任务。第一个任务是编撰一部《夏汉字典》，经过 26 个春秋，终于问世。但是要撰写一部《西夏通史》绝非一人之力所能胜任，必须邀请全国西夏学者分工合作来完成。准备工作早在 1970 年就开始，宁夏博物馆让钟侃负责西夏考古，韩荫晟负责党项与西夏资料收集工作，我负责《夏汉字典》的编写工作。这个分工是合情合理的。韩先生负责的《党项与西夏资料汇编》（4 卷 9 分册，500 万字），我个人负责编撰《夏汉字典》（150 万字）。发掘工作告一段落，我们再向国家申报。有幸被列入国家社会科学基金“九五”重点项目，我们邀请北京、甘肃、陕西、南京和宁夏的老、中、青西夏学专家学者，焚膏继晷，经过 6 年时间的努力，终于完成。

木：李先生，您在长期的学术生涯中经历了各种政治运动的干扰，却能够始终保持奋发进取的精神，经受住了人生途中的各种考验和磨难，矢志于西夏学研究并取得成功，获得了国家级有突出贡献专家、全国杰出专业技术人才、“感动宁夏人物”、法国儒莲汉学奖等诸多殊荣，可谓实至名归、功成名就了。回顾走过的历程，请您谈谈您是如何坚定信念，克服困难，坚守西夏学研究的学术阵地？

李：一个人来这个世界上，生命非常短暂，如果你不把这短促的生命把握好，而斤斤计较那些令人苦恼、厌恶的钩心斗角，在争权夺利、尔虞我诈的圈子里，你就别想再干什么了。整天为此消耗你的宝贵生命吧！对此，我一笑了之。这就是我能够矢志西夏学、永不低头的原因之一。

当然，我非常感谢各级党委和政府那些长期默默地关心支持我的好领导、好同志。他们在我最困难时，总是向我伸出热情之手，支持着我、教育着我、帮助着我，不仅是他们，而且还有国内外的学者、朋友、老师、同学。这就是坚定信心，克服困难，坚守西夏学研究阵地的根本原因。

木：您主编的大型学术丛刊《西夏研究》已经刊行数辑，包括《同义研究》、《五音切韵与文海宝韵比较研究》、《罗氏父子专辑》、《王静如专辑》和俄罗斯学者的《西夏语文学》、日本学者西田龙雄的《西夏语的研究》等，几乎囊括了20世纪国际西夏学研究界主要代表人物的主要论著，产生了良好的影响，请您谈谈刊行《西夏研究》初衷与计划。

李：1960年，我来宁夏后，深深感到这里既无研究资料，又无研究机构和人员，20年后（1980年）宁夏成立历史学会，我被选为会长。我利用这一时机于1980年8月召开全国西夏学术研讨会，有70多位自东北、华北、西北及华东、华中、西南地区的代表出席了大会。会后我即以出版大型丛刊《西夏研究》的名义请艺术家李洪涛设计封面，第二辑即实现王静如先生对我的要求：希望有机会再版他的《西夏研究》。然后整理出版罗家父子对西夏研究的专辑。这次大会后，在国内外产生了很好的影响，被誉为“西夏学的里程碑”。

2000年10月，台湾“中央研究院”历史语言研究所所长何大安邀请我第二次访台，他赠送给我再版的王静如《西夏研究》第1—3辑。我立即忆起20年前王静如先生托我给他再版《西夏研究》，终因经费无法解决而未能实现。直到他仙游前一年，他来信安慰我，不要为此而不快。会后王先生公子王龙友来宾馆看我，我问台湾已再版令尊遗著，您知道否？他说：“知道，并给他一套。”他说不仅在台湾再版，上海一家出版社也出版了。我问：“给稿费了？”他说“没有”。

当时的中国，西夏学者寥寥无几，他们生活拮据，无法购得这些必备的参考书，对于俄罗斯、日本等国家以及我国台湾地区的西夏学专著更是求之不得。这使我决心不仅要把王先生的遗著、罗家父子的遗著，而且要把国内外的代表作都要千方百计地搜集、翻译、整理出版……谈何容易。在精通外文的这方面学者奇缺、经费来之不易的情况下，要实现这一计划，一个无权、无势，凭热情拼搏的老夫，不知多少个日日夜夜为此苦思冥想。主要凭学者的良心，为党和国家做力所能及的事。

木：李先生，自《俄藏黑水城文献》出版以来，《中国藏西夏文献》《中国藏黑水城民族文字文献》《法藏敦煌西夏文文献》《英藏黑水城文献》《日本藏西夏文文献》也顺次出版问世，成为学术界瞩目的新热点，请您对这些已经出版刊布的西夏文献的学术价值作一简要评述。

李：国学大师陈寅恪说：“一时代之学术，必有其新材料与新问题。取用此材料，以研求问题，则为此时代学术之新潮流。治学之士，得预于此潮流者，谓之预流。其未得预者，谓之未入流。此古今学术史之通义，非彼闭门造车之徒，所能同喻者也。敦煌学者，今日世界学术之新潮流也。”（陈寅恪：《陈垣敦煌劫余录序》）《俄藏黑水城文献》，中藏、英藏、法藏、日藏等陆续整理出版，中外的西夏学者做了大量工作，刊布这些文献无疑对西夏学研究提供了弥足珍贵的资料。但其真实情况，世人难以了解。早在1990年前后参加《俄藏黑水城文献》的聂鸿音、白滨提出《俄藏黑水城文献》他们拍回不到20%，出版不到10%，而80%的文献，仍束之高阁，希望我通过自治区政府，把这项工程承担起来，不要半途而废，让后人抱怨我们。为此，我们通过自治区档案局与俄方建立联系，俄方曾两次邀请档案馆前往考察，签订协议……目前，中俄关系已是中俄历史上最好时期，今天，俄国的档案连俄共中央档案都公开向外开放，而沙俄用武装从中国掘去的中国文献，不仅不让出版，甚至越来越严，连粘在书套上的文书档案，也不许拆封拍照复原，这种情况已引起学术界的公愤。

木：西夏学界学者之间的学术交流活动一直是推动西夏学发展的主要方式之一，请您谈谈俄罗斯学者克恰诺夫、克平、孟列夫、苏敏；日本学者西田龙雄、中岛干起；台湾学者龚煌城等国内外学者前辈的学术贡献，以及您与他们之间的学术交谊。

李：俄罗斯学者克恰诺夫、克平、孟列夫、苏敏（索夫洛诺夫）都是我的挚友和老师。因为他们近水楼台，对俄藏黑水城出土文献接触最早，研究时间比我长。克恰诺夫早在20世纪50年代末从事西夏学研究。1960年列宁格勒大学东方系藏语班毕业，1964年来我国北京大学留学。1970年以《西夏国史纲》获博士学位。他的著作颇丰，以四卷本《西夏法典》为代表作，成为当今俄国西夏学的泰斗。俄藏黑水城出土文献，共计8090件，聂历山、龙果夫、戈尔巴切娃三位共登记3848件。而克恰诺夫则登记4242件，比前三者登记总数还多394件。克平主管西夏文献，她早在1969年参加《文海》的翻译研究工作，1970年获语言学硕士学位。著有《孙子兵法研究》《类林研究》《西夏语形态学》专著。孟列夫是一位犹太人，非常勤奋，他的汉语全是自学，能讲一口流利的北京话，对俄藏汉文文献颇有研究，曾来中国人民大学讲过学，他的《俄藏黑水城出土汉文文献》一书，在中国颇有影响。苏敏早在1964年与克恰诺夫合著《西夏语语音研究》一书，奠定了他在西夏语研究方面的扎实基础，1968年获硕士学位。1970年与克氏同时获得博士学位，1968年他的《西夏语文法》一书，利用反切系联，将西夏语105韵对5800多个西夏字一一注音，他比日本西田龙雄的拟音更进一步，得到台湾西夏学者龚煌城教授的肯定。以上四位学者，前三位先后去世，苏敏亦已年逾八旬，早已去莫斯科大学法学院从事汉语文教学。

日本的西田龙雄教授，早在1950年开始研究西夏文，他的代表作发表在1964—1966年，名曰《西夏语的研究》上、下册。对西夏语音、语法、文字结构进行了研究。对《同音》3000余字进行注音和释义，以《西夏文小字典》的形式载入书内。他因未进行反切系联，在拟音方面出现重复，但他对西夏语言、文字、历史、宗教进行了全面研究，著作等身，是一位杰出的西夏学专家。中岛干起教授，他是日本外国语大学亚非语言文化研究所的负责人之一。龚煌城、史金波和我均是他负责邀请赴日的访问学者，为此他先后与我合著《电脑处理西夏文〈杂字〉研究》，与史金波合著《电脑处理〈文海宝韵〉研究》，为人谦和，是受人尊敬的学者。

台湾的龚煌城教授是一位杰出的语言学家兼西夏学家，由于他精通日、英、法、德、俄、缅、藏文，特别是对古汉语音韵学颇有研究，使他对西夏学语言文字的研究具有与众不同的观点。西田龙雄和索夫洛诺夫认为西夏语音系都有鼻冠浊塞音与鼻冠浊塞擦音，而无普通的浊塞音与浊塞擦音。龚先生经过反切系联结果，指出西夏语只有普通的浊塞音和浊塞擦音，而无鼻冠音。他提出一整套的西夏语音韵转换的理论体系，可谓发人之未发，对西夏语作出了杰出贡献。当代学者尚无一人能超过龚氏。目前这个浮躁的时代，恐怕短时间不会产生他那样精通汉语音韵学、外语水平精湛、能对西夏语研究提出新的理论体系并作出重大的贡献的学者。

木：听说您正与西夏学界同道一起编撰《西夏学大辞典》，已经进行了多年，不知进展情况如何，请您具体谈谈《西夏学大辞典》的内容和编撰意义。

李：2004年，宁夏回族自治区党委常委兼宣传部长李东东召集有关单位开会研究，决定让我主编《西夏学大辞典》，我深感才疏学浅不能胜任。但我推辞不掉，只好硬着头皮接受下来，准备挨骂。这是我主编《西夏通史》的经验。

由于自治区党委和政府的关心支持，西夏学术界同人的共同努力，2013年已完成第三稿。目前，第四稿即将完成，我们正在攻坚克难，集中精力撰写未完成部分和解决一些疑难问题。

这是一项积百年来西夏学研究成果之大成的文化工程，是一部反映当代科研水平的工具书，其难度可想而知。承担这一课题的大多数作者，以一个学者应有的责任心将自己承担的任务一丝不苟地完成，令人感佩。

编撰中尽管遇到这样或那样的困难和问题，但自治区党委和政府以及主管单位始终尽力支持。我们精诚团结，同心协力，力争尽快编撰完成这部200余万字的《西夏学大辞典》。如果没有特殊情况，我想没有多大问题。

木：最后请您对西夏学研究界的后学谈一谈治学的心得体会与期待，同时也请您展望一下今后的西夏学研究面临的问题和发展前景。

李：我才疏学浅，先天不足，后天失调，一生真正能安心做学问的时间不足三分之一，三分之二都花费在“运动”、劳动、应付从天而降的莫名之祸。今天的青年人难以理解，他们很幸福，将来真正的大家出现在他们中。我的治学心得还是那句老话：做学问首先要做人，做人就是要光明磊落，不搞阴谋诡计，趋炎附势，仗势欺人。胡适有言：“不要抛弃学问，学问便是铸器的工具，抛弃学问便是毁了自己。”黄侃说：“凡研究学问，阙助则支离，好奇则失正，所谓扎硬寨，打死仗乃其正途，亦必如此，方有真知灼见。韩非有言：‘变业无成功’”。我常以此鞭策自己，虽做一点工作，比起先师微不足道，愧疚愧疚！

西夏学的前途是光明的，面临的问题是学术腐败、拜金主义、官僚主义。我已老矣，尽力而为。

（木仕华，研究员，中国社会科学院民族学与人类学研究所民族文字文献研究室）

生态人类学漫谈——尹绍亭教授采访记

艾菊红

尹绍亭教授是国内最早从事生态人类学研究的学者之一，也是国内最早从事文化生态村建设的学者，在这一领域作出了突出贡献。已经有相关学者对尹教授的主要学术经历和学术思想进行过比较详细的采访和介绍，本采访主要关注处于社会剧烈变迁的时代，尹教授对于生态人类学研究的思考和设想；以及新时期，对生态文化村建设的可能路径和方向的思考。

艾菊红（以下简称艾）：尹老师，今天想就生态人类学向您请教几个问题。我在写《水之意蕴：傣族水文化研究》这本书的时候，用到了斯图尔德的文化适应和文化核心理论。您觉得他的理论至今仍然是生态人类学的基本理论吗?

尹绍亭（以下简称尹）：众所周知，斯图尔德是文化生态学的开创者。在这一理论形成之前，对于文化与环境关系的解释，要么是比较简单粗糙的环境决定论，要么是“弱化”的环境决定论——可能论，即环境对文化的发展规定了某种可能和限制。决定论和可能论的缺陷显而易见，那就是无法解释人类文化的多样性。我在1986年曾经写过一篇《试论云南民族地理》的论文发表在中国科学院的《地理研究》上，这方面你们研究室主任管彦波研究员是开创者，他的大著《中国民族地理分布及其特点》在该领域具有里程碑意义。记得写那篇文章的时候感到十分困惑：在一个相似的地理环境中，具有非常显著的同一性的文化是不争的事实，而如果因此定论文化是由地理环境所决定，显然又不切合实际。例如同样是在西双版纳、红河等山地环境生存的民族，他们之间既有类似的文化，然而不同民族间的文化差异也十分突出，即有的文化明显与环境关系密切，而有的文化却难以直接从环境找到生成的原因，这种状况欲以环境决定论和环境可能论进行分析是行不通的。斯图尔德的文化生态学很大程度上弥补了环境决定论和环境可能论的缺陷，给予人与环境关系一种全新的解释。斯图尔德认为，一些文化的特征是在逐步适应生态环境的过程中形成的，在一个特定的生态环境中，有些环境因素对某些文化具有决定性的影响，而对另外一些文化可能影响较小，特定的环境因素会形成特殊的文化特征。斯图尔德引入生态学的“适应”概念，并揭示了人类适应的本质——“文化适应”，这是一个非常重要的发现。“文化适应”从本质上揭示了人类与自然的关系，那就是环境和人类是相互影响相互作用的关系。环境是人类生存的基础，人类的进化，就是一个不断认识环境、利用环境、改造环境、调适人类与环境关系的过程。自从文化生态学产生半个多世纪以来，文化适应的原理一直为学界认同和沿用，将来也不会过时。斯图尔德文化生态学的另一个概念叫“文化核心”。斯图尔德认识到，任何一种文化，有的文化特征受环境因素的直接影响很大，有的受影响较弱，于是他把受环境影响大的文化特征称为“文化核心”。我们知道，任何一种文化，受环境直接影响和影响最大的文化特征就是生计方式中的食物生产技术以及与之紧密相关的文化群，斯图尔德注意到了这一点，所以特别使用了“文化核心”这个概念。你研究傣族水文化参照应用了“文化核心”概念，我想你是希望重点强调傣族水资源认知利用的智慧和知识的价值。不过，学界对斯图尔德文化生态学的“文化核心”概念是有争议的。“文化核心”的关键问题是边界，这个边界实际上很难确定。边界扩大了不行，扩大了就不成其为“核心”；太收缩也不行，范围收缩的太小，关系密切的一些文化特征被排除在外也不恰当。由于存在精准界定的困难，所以我认为对“文化核心”概念只能参考借鉴，精准的使用存在困难。

斯图尔德的文化生态学传入我国并被广泛应用，是在20世纪90年代以后，晚了国际学界大约30年。我在20世纪80年代初做云南刀耕火种调查研究的时候，国门刚刚打开，还看不到任何文化生态学的著作，从很少的信息里得知西方有斯图尔德和文化生态学，但不知其究竟。我在毫无借鉴的情况下摸索应用了“文化适应”和“文化生态系统”理论方法进行研究，可以说是自己的“创造”。当然“创造”也并非空穴来风，源于十分重要的两个方面的启发：一是读生态学的书，那时自然科学方面生态学的研究已成气候，从生态学学习到“适应”和“系统”的概念，于是便尝试把它们引入我们的研究之中；二是在田野中苦苦探索、从主位的角度深入思考，努力探索当地民族的观念，学习他们的知识，终于感悟到“适应”和“系统”的意义。我是走过不少弯路的人，我的例子说明学术交流是多么的重要，如果那时国际交流的渠道畅通，可以读到斯图尔德的著作，就不会摸索那么长的时间，浪费那么多的精力。你们的时代不同了，一进入这个领域便可享受到“爆炸”的资料和信息。对于你们而言，不愁没有资讯，愁的是如何选择、批评和应用。

艾：您在介绍刀耕火种研究时谈到了从生态学获得了四点认识：（1）生物与环境的关系；（2）刀耕火种是一种复杂的人类生态系统；（3）刀耕火种在无外界干扰的情况下，取决于人口、森林、土地和资源的关系；（4）生态系统理论是生态人类学的重要分析工具。当时您采用了生态系统论，认为系统内的各种结构要素相互依存、相互作用，系统的调适机制是维持系统结构平衡和良性循环的保障。请问，生态系统理论在人类学的研究中可以作为一个普遍的方法论使用吗？

尹：当年我研究刀耕火种，目的比较明确。第一是要解释清楚刀耕火种究竟是什么。当时在进化论的影响下，对刀耕火种的偏见比较大，认识混乱，有必要说清楚这个问题。第二是理论，进化论说不通，希望以一种新的理论视角去考察、解释。第三是方法，没有好的研究方法不可能有好的成果，所以需要创新，采用系统论方法进行研究就是一种新尝试。在田野中，通过对刀耕火种所有要素的调查，感觉到它是一个复杂的文化生态系统，如果仅从某一个角度、某一个因素、某一个方面进行研究，那就像盲人摸象，把握不住整体。所有要素都是系统的组成部分，都与其他要素相互联系相互作用，都有其特殊的功能，只有全面观照分析，才能正确认识系统的结构、运行原理、调适机制和动态演变过程。我在拙著《人与森林——生态人类学视野中的刀耕火种》里就将刀耕火种文化生态系统形象地表现为“刀耕火种文化系统树”。仔细看一看“系统树”就可以明白，刀耕火种包括了若干子系统，每个子系统又包含着若干要素。在相互作用的过程中，只要有一个要素发生衰变，就会影响子系统的平衡，一旦子系统的平衡发生紊乱，整个系统的平衡就难以维持。系统要素的衰变，既可能是缓慢变化的内因积累的结果，也可能是外来压力导致的破坏。而当系统出现失衡，系统本身会做出调适，外界往往也会有相应的反应。这种网络状复杂的动态关系，便是当代刀耕火种文化生态系统所呈现的极其丰富的内涵。这样进行的系统论的分析研究，与简单教条的进化论的批评显然是不能相提并论的。

系统论的方法，我认为是一种适用性很广的研究方法，人类学也不例外。你研究傣族稻作文化和水文化，这个方法就很有用。不过这里需要说明，我说的“文化生态系统”和“系统论方法”，不仅与自然科学的“生态系统”和“系统论”有区别，而且与国外创立生态人类学的“生态系统学派”也不完全一样。继斯图尔德之后，20世纪六七十年代人类学开始引入生态学的“生态系统”概念，其代表人物拉帕波特（Roy A. Rappaport）曾这样定义生态系统：在生物圈的某个划定范围里的全部生命物质和无生命物质之间联系密切，并进行着物质的交换。这是依据生态学原理所做的定义，他的核心是“物质交换”。根据此定义，同为该学派重要人物的埃伦（Roy F. Ellen）认为，为了理解一个系统如何运作就需要弄清楚它的各个组成部分所进行的物质交换如何达到平衡，又是如何通过称作“体内平衡”这个过程实现稳定的。这就要求生态人类学家对相关的生命物质和无生命物质的物质交换尽可能进行定量的研究。生态系统学派开辟了与社会学和文化人类学的传统方法不同的研究方法，并产生过诸如拉帕波特的《献给祖先的猪》等那样的经典著作，当然同时也受到诸多质疑和批评。过分偏向生态学，过分追求物质交换的定量研究，忽视文化的分析，与其称为“生态人类学”不如叫作“人类生态学”更为合适。就我个人的经验，我认为欲在田野中对文化事象进行准确的定量研究，不仅不可能，而且也并非十分必要。有鉴于此，所以我采用的只是“生态系统”的概念和原理，强调的是各要素密切联系相互影响的机理，探讨的是各种变化的原因和后果，希望获得的是文化的解释和演变过程的认识，而非具体的科学的结论。

艾：那么，对于变迁过程中的文化也能运用系统论方法进行分析吗？

尹：我以为是可以的。还是以你熟悉的傣族来说吧。在20世纪80年代以前，我们按系统论方法，完全可以建构出一个独特的傣族水稻文化生态系统，这个系统的结构主要由丰富的稻子品种、耕作技术、水利灌溉、社会组织、观念信仰、农耕礼仪等子系统组成。但是随着时代变迁和外来影响增大，现在这个文化生态系统发生了很大变化，绝大多数傣族农村传统的水稻文化生态系统实际上已经变成了以香蕉和橡胶种植为中心的文化生态系统。过去认为稻作文化是傣族的文化核心，现在呢，文化核心已变成了橡胶和香蕉种植生计方式了。橡胶和香蕉种植与原来的稻作种植有本质的不同，但是这并不排斥它同样具有的“系统”的属性。作为一个“系统”，我们很容易找到其基本的结构要素：栽培品种、土地利用、栽培技术、生产加工技术、生产组织以及市场交易等。由于橡胶和香蕉种植产业成为主要生计形态的时间不长，仅为30年左右，所以虽然这种改变对于傣族的家庭财富观念等的影响已经日益显现，然而在宗教信仰方面传统文化依然占有主导地位。也就是说，现在的“橡胶香蕉种植文化生态系统”实际上是一个“新旧杂交”的系统，它还处在不断发育、调适的过程中。这种状态，使用系统论方法进行分析研究，无疑也是十分适宜的。

艾：因为多年对傣族进行研究，从感情上来说，我非常喜欢原来傣族的稻作文化生态体系。但是现在发生了改变，这也是任何人都无法阻挡的。那么新的文化生态体系如何在新的生计方式的改变下重新构建，这是我一直在思考的问题，因此想就这方面来听听您的意见。

尹：是啊，作为人类学者，由于对传统文化的价值具有非同一般的认识，所以“怀旧”情结也非同一般的强烈。我和你一样，对西双版纳昔日的雨林山寨、田园牧歌、淳朴风情无比怀念！然而也正如你所说，变化是潮流，无法阻挡。不过，我们虽然怀念过去，但是也特别能够理解正在发生的变化和当地民族的感受。30年前，社会各界对那里的刀耕火种深感忧虑，一边倒地批评打压，认为再不能让这种“原始社会生产力”延续下去。现在绝大多数当地民族引种了橡胶，好不容易“消灭了”刀耕火种，摆脱了“原始落后”，开始脱贫了，不料种植橡胶又产生了新的环境问题，诸如天然林大量消失、许多地方热带雨林景观荡然无存、生物多样性显著减少、河流干涸、气候变暖、水土流失加剧、空气污染，等等。因为如此，所以现在的橡胶种植颇类似当年的刀耕火种，又成为外部各界厌恶批评的对象。不过光靠批评是不能解决问题的，当橡胶已经成为当地民族的“摇钱树”，使他们初步尝到“小康”的滋味，已经影响到他们生活的方方面面之后，要让他们大面积退胶还林甚至取缔，那是绝对不现实的。试想，对于傣族等的年轻人来说，是愿意回到以往的生活方式，栽种稻谷，缺少现金，居住简陋黑暗的茅草房，骑水牛赶马车，还是愿意种植橡胶香蕉，大把地赚钱，住电器化砖混大房子，看电视玩手机，开拖拉机开汽车？结论不言而喻。不过，现行系统的缺陷是不容忽视的，调适、改良已经提上重要议事日程。西双版纳今后的演变，可能会出现两种并存的发展模式。第一种是橡胶香蕉文化生态系统的改良模式，即通过政策、规划、管理、科技等方面的探索、优化和创新，使得橡胶香蕉文化生态系统尽可能消除负面因素，逐步健全和完善。这就需要两方面的努力：在生态方面，首先最好能够恢复神林、神山、水源林、护寨林、风景林等传统的圣境和生态保护区，优化规划，严格实施，把橡胶和橡胶的种植面积减少到适度的范围内，重视农作物多样性和生物多样性的恢复，同时加强加快目前有关方面正在进行的“环境友好型胶园”等的研究和推广，解决好种植和加工过程中对环境的污染；在文化方面，由于新的文化生态系统明显缺失适应当地环境和社会的文化结构和机制，所以特别需要努力保护传承各民族优秀的传统文化，尤其必须保护传承好伦理、道德、信仰、礼仪等传统核心文化。第二种是建构复合生计文化生态系统。随着社会的发展，市场和文化的调节功能将日益强化，单一的生计形态是不可持续的，必然要向复合生计形态演变。从西双版纳现在的情况看，一种新的复合生计文化生态系统已经初见端倪，那就是以“稻作、经济作物、外出务工、旅游”四个经济支柱组成的复合生计文化生态系统。这种新的系统也和橡胶香蕉文化生态系统一样，需要努力保护传承各民族优秀的传统文化，尤其必须保护传承好伦理、道德、信仰、礼仪等传统核心文化。只有这样，系统才会有健全的结构和功能，才能实现良性循环和可持续发展。

艾：您是国内最早做民族文化生态村的学者。20 世纪 90 年代到 21 世纪初生态村的建设在全国比较盛行，但总体发展情况都不是太好，您在一篇访谈中也提到原因很复杂，您认为主要的原因在哪里？

尹：原因很复杂。乡村文化生态的修复、重建与复兴，是一个系统工程，涉及方方面面，而且广大乡村还处在贫困之中，吃饱穿暖依然是许多乡村的首要目标，所以文化生态村那样理想的“美丽乡村”的建设是不可指望一蹴而就的。我们从 20 世纪 90 年代中期开始做文化生态村建设项目，10 多年下来，五个试点村情况各异。有的基础差，矛盾干扰较多，习惯了对政府的依赖，建设困难较大，成果难以持续；有的虽然同样基础差，但是有好的带头人，在建设过程中村民的文化自觉显著提高，虽然硬件建设效果不显著，产业发展成果不突出，然而文化生态保护意识已深入人心，潜移默化地体现于日常生活之中；有的在资源调查研究、生态环境整治和基础文化建设初显成效之时，经营管理权被当地政府转卖给了企业，后来按商业模式被“打造”成为旅游小镇，成为受到省里充分肯定的文化产业发展的典型模式；有的在我们专家组的引导下，始终坚持村民主导建设的方针，在做好文化保护传承和生态环境优化美化的基础上，自力更生，努力发展旅游业，成为著名的乡村旅游胜地，达到了脱贫致富的目标。从上可知，五个试点村的发展是很不平衡的，不同的角度有不同的评价，既不能全部肯定，也不能说“总体情况都不太好”。评判这个项目的标准，我认为恐怕主要还不是在具体的建设成果上，作为社会科学的研究，包括应用研究，我认为它的前瞻性、引领性、超前的理念、创新的思维才是最有意义和价值的。提出建设民族文化生态村，那是 20 年前的事，那时我们呼吁进行乡村文化生态保护传承和探寻新形势下中国乡村的发展途径，并付诸实践，可以说是开拓性的敢为人先的理念和举措。现在不同了，传统民族文化村、历史文化名村名镇、特色小镇、特色旅游小镇、民族团结村、生态民俗村、民俗旅游村等名目繁多的乡村重建、活化、营造、振兴已成为热潮，从中央到地方各级政府都在积极作为，社会、民间的参与也空前热烈，新颖、独特的创意、规划、设计、示范大量涌现，在世界许多国家乡村严重空巢、一片萧条的情势下，中国乡村的复兴势头可谓一枝独秀，令人振奋。不过如果冷静看待，时下的乡村建设、打造、活化也存在诸多问题，例如缺乏顶层设计，各行其是，重开发而轻保护，重旅游轻文化，追求浮华轻视内涵，同质化严重等现象就十分突出，亟须加强统筹，制定法规，严格管理，提高品质，以避免形成新的破坏。另外，绝大多数农村还十分贫困，根本无缘于“美丽”“特色”“民俗”“历史文化”等的“建设”“打造”“活化”，这些农村更需要人们的关注。最近在电视节目上听到习近平总书记所讲的一句话很受启发。过去一提长江经济带，重点就集中在如何打造经济带、如何建设开发之上，但是习总书记在考察重庆等地时明确指出，长江沿岸要保护不要开发，母亲河保护是第一位的。这句话对于乡村建设，尤其是历史文化名村、名镇的建设，同样非常重要，应该牢记。

艾：那么您认为乡村建设良性发展的可能路径在哪里？

尹：这个问题其实大家都在探讨，观点看法颇多，而且各个领域都在积极实践并推出自己认为理想的示范样板。从人类学民族学的角度考虑，以下几点一直是我们特别强调的。第一，无论做何种名目的乡村建设，首先都必须进行深入详细的调查，全面掌握该地的历史文化生态资料，明白这个村镇的价值所在。如果根本不懂当地的历史文化生态，就盲目开发，必然会带来破坏。第二，应该摆正外来投资开发者与当地民众的关系，要知道当地民众才是真正的主体，是历史文化生态资源的拥有者，他们的愿望、诉求以及知情权、参与权等正当权益应该得到充分的理解和尊重。乡村建设如果只是按照外来投资者的意志进行“打造”，缺失主人翁的参与，那么再好的目标也不会落到实处，任何建设成果都将不可持续。第三，乡村是农民的乡村，是当地人世世代代生息繁衍的家园，乡村民众在乡村建设事业中应该具有主体地位，而不能都被转化为土地出让者和打工仔。如何鼓励乡村民众自力更生、奋发图强，如何发挥服务功能而不是主宰替代功能，是各级政府应当认真思考的问题。第四，乡村建设的终极目标应该是造福于当地民众及其子孙后代，任何名目的乡村建设都应该把这个目标摆在第一位。以上四点，未必能得到所有方面的认同，但是我以为这是基本的原则。

艾：当地人如何在文化生态村的建设中做自己的主人确实是一个重要问题。比如丽江整个古城的居民都被置换出去了。我 2010 年去滇西北泸沽湖的时候，已经有村民把自己的客栈承包出去，这次再去，看到几乎所有的村民都把自己家的客栈承包给了外地人。当地人自愿把自己的资产承包给商家，可以“不劳而获”，这个问题怎么解决？对于政府和商家我们可以批评和建议，但是我们不能制约当地人自己的选择，怎么办？

尹：是啊，这种情况在云南、在全国都不少见，而且越来越盛行。我们建设民族文化村，非常重视的一条，就是要精心培育村民的文化自觉，增强村民的主人翁意识，强调自力更生奋发图强。如果乡村建设、乡村旅游的“打造”“开发”只是为了达到追求经济效益的目标，只是一味地宣传灌输金钱至上、脱贫致富的观念，而不把传承优良文化传统和维护崇高道德信仰始终置于首要地位的话，那么路子肯定会走偏，肯定会出现种种意想不到的负面效果，这已经为许多事例所证明。我们的试点村中有一个名叫仙人洞的村子，经过 10 多年的建设和发展，现在该村已经成为闻名遐迩的著名的旅游胜地。现在村里全部人家已经脱贫，大多人家的旅游年收入都在 20 万元以上，少数人家多达百万元以上。尽管如此，村民没有一家对外出租经营权，始终拒绝外来者高利诱惑的承租，而且表示今后也不会那样做，要保持仙人洞撒尼人民风民俗的纯洁性，要让仙人洞村永远成为仙人洞人当家作主的美好家园。现在仙人洞村不仅是著名的乡村旅游示范村，脱贫奔小康的典范，而且还是全国创建文明村镇工作先进村、文明村镇示范单位、省级和国家级的精神文明村，等等，收获了许多荣誉。仙人洞村的事例也许能够说明一点问题吧。

艾：乡村建设确实还有许多问题值得探讨。这方面的著作除了你们写的文化生态村的著作外，还不多见。

尹：关于云南民族文化生态村的总结，还很不充分，迄今为止出版了《民族文化生态村——云南试点报告》、《民族文化生态村——当代中国应用人类学的开拓》丛书（6 本加影视光盘）以及未公开出版的《云南民族文化生态村暨地域文化建设论坛》等。更多的见于各类媒体不同时期的报道。

艾：在当下剧烈变迁的时代，您觉得生态人类学今后的研究应该从哪些方面入手和着眼？要解决的问题有哪些？

尹：当下学界对于生态人类学的看法大致存在两种不同的观点——“困境论”和“挑战论”。

“困境论”认为，在全球化的背景下，世界变小了，昔日与世隔绝的“世外桃源”大都成为“传说中的故事”。生态和社会环境发生了巨大变化，民族文化急遽变迁，文化和生态多样性迅速消失，传统知识濒临消亡，传统典型的研究领域和研究资源已经难以寻觅，田野中很难再看到完美的“文化适应”案例，而“文化不适应”的案例却随处可见。前工业社会一旦被工业社会所取代，生态人类学也就走到尽头了。这种观点是否有道理？应该说有一定的道理。传统生态人类学理想的研究对象，就是采集渔猎社会和农耕社会中封闭和较为封闭的环境和族群，只有在那样的环境之中，才能凸显人类与环境资源最为直接、最为密切的关系，也只有在那样的环境之中，才会产生最为原始、最为独特、最为丰富的环境资源利用的知识和智慧、还有与之相应的各种社会组织形式和万物有灵观念及其禁忌崇拜的种种仪式。而且，也只有在与外界交换极少的封闭和半封闭的社会中，才有可能进行生态系统的某些物质交换的定量的研究。

相对于“困境论”，我倾向于“挑战论”。“挑战论”认同世界的变化和传统生态人类学研究面临的“困境”，然而并不同意悲观的论调。面对一个充满变数、日新月异的世界，我认为生态人类学也应与时俱进，顺应时代潮流，不断开拓与创新。生态人类学研究人类文化与环境的相互关系，从来都是一个动态演变的过程。生态环境变化了，打破了封闭，变得复杂而开放，并不意味着人类与生态环境关系的终止，恰恰相反，这种关系反而会以更为错综复杂的形式、多样化的演进方向向前延伸。这样的势态与其说是“困境”，不如说是“机遇”“挑战”更为合适。新的复杂生境的产生，要求人类做出相应的新的复杂的反应。欲认识和阐释这样的人类与生存环境的新的复杂的多样化的互动势态及其过程，沿袭照搬传统的理论方法已经显得力不从心，努力创建新的研究理论和方法已势在必行，生态人类学因此将有可能迈上一个新的台阶。事实上我国学界也是朝着这样的方向发展的，例如新形势下对传统知识的研究。时下传统知识正处于迅速消亡的状态，一些学者对此表示悲观而无所作为，然而也有学者在其间发现了巨大的研究空间，他们肩负历史使命，对我国55个少数民族的传统知识进行全面系统的调查、收集、抢救、发掘、整理，建立数据库，进而探索建立相应的传统知识产权保护和利用惠益分配的法律体系，在国际学界发挥了示范作用，产生了良好的影响。众所周知，从事这项宏伟事业的乃是中央民族大学民族生态学家薛达元教授的团队。同样，吉首大学的杨庭硕、罗康隆教授团队近年来也致于力少数民族传统知识的调查研究，也获得了丰硕的成果。尤为难得的是，他们在如何转化利用传统知识方面也进行了艰苦探索，并取得了令人注目的成果。又如新形势下智库作用的发挥，新疆师范大学的崔延虎、迪木拉提团队，数十年的不懈研究成就了他们作为新疆文化生态智库的地位。在新形势下，他们所积累的知识和信息不仅没有过时，反而日益显现出其重要宝贵的价值。多年来他们一直被外来的社会科学包括自然科学的研究者视为绕不开的咨询专家，而他们更主要的贡献，则是经常性地为该区各级政府相关部门决策所提供的咨询建言。生态人类学如何在新时期的开发建设中发挥智库作用，他们树立了榜样。再如中国科学院昆明植物研究所裴盛基先生的民族植物学团队，该团队成员几乎遍布全国，他们对各民族的传统植物利用知识、传统农业的技术与知识、生物和文化多样性传统知识、社区资源管理利用的传统知识、神山神林等圣境文化等的研究，早已享誉世界。近年来该团队除了继续以往的研究之外，又加强了少数民族传统植物药物的研究和开发，产生了新的影响。除了以上几个代表性的事例，我想目前生态人类学还可以在环境人类学、政治生态学、生态法学、生态文明建设等领域大有作为。此外，加强与环境社会学、生态环境史、民族地理、人类生态学等学科的交流与合作，开展跨学科的研究也是新颖的课题。最近我们编了一套《生态人类学丛书》，大致可以体现生态人类学研究的一些新领域、新课题。该丛书由我和何明教授主编，受云南大学“211 工程”民族学重点学科建设项目资助，为云南省哲学社会科学创新团队——云南省民族文化多样性田野调查、云南省西南边疆民族文化传承传播与产业化协同创新中心建设项目，由知识产权出版社出版。迄今为止，丛书出版了 12 册，书名分别为《泥石流灾害的人类学研究——以云南省新平彝族傣族自治县“8. 14 特大滑坡泥石流”为例》《自然·文化·权利——对漫湾大坝及大坝之争的人类学考察》《仪式·消费·生态——云南新平傣族的个案研究》《植物的记忆与象征——一种理解哈尼族文化的视角》《与草原共存——哈日干图草原的生态人类学研究》《滇池沧桑——千年环境史的视野》《沙地环境与游牧生态知识——人文视域中的内蒙古沙地环境问题》《民族生态学理论方法与个案研究》《侗族传统农耕文化与珠江流域水资源安全》《回归荒野——准葛尔盆地野马的生态人类学研究》《气候人类学》《清水江流域传统林业规则的生态人类学解读》。如果情况允许，丛书还将继续编下去。总之，新时期生态人类学的研究空间依然巨大，有待我们去发掘、开拓、收获。

艾：谢谢尹老师今天对于今后生态人类学研究的思考和设想，以及对于文化生态在当下良性发展的可能路径的建议，对于我们今后从事这方面的研究有很大帮助。谢谢尹老师！

（艾菊红，副研究员，中国社会科学院民族学与人类学研究所民族生态研究室）

网络开发与发展

2015—2016年中国民族地区互联网发展与信息化应用研究

周学文

一 引言

随着世界上互联网（Internet）技术及其承载的应用的飞速发展，互联网发展水平已成为衡量一个国家和地区现代化水平的重要标志。我国的互联网发展速度很快，根据中国互联网络信息中心（CNNIC）2016年1月发布的第37次报告①和2017年1月发布的第39次报告②，2015—2016年，中国互联网发展的各项主要指标持续提升。

2015年12月，中国网民规模达6.88亿，互联网普及率为50.3%。2016年12月，中国网民规模达7.31亿，互联网普及率为53.2%，较2015年底提升了2.9个百分点。

2015年12月，中国手机网民规模达6.20亿。2016年12月，中国手机网民规模达6.95亿。网民中使用手机上网人群占比由2015年底的90.1%提升至2016年底的95.1%。

2015年12月，中国网民中农村网民占比28.4%，规模达1.95亿。2016年12月，中国网民中农村网民占比27.4%，规模达2.01亿，较2015年底增加了526万人。

2015年12月，中国网民通过台式电脑和笔记本电脑接入互联网的比例分别为67.6%和38.7%；手机上网使用率为90.1%；平板电脑上网使用率为31.5%；电视上网使用率为17.9%。

2016年12月，中国网民通过台式电脑和笔记本电脑接入互联网的比例分别为60.1%和36.8%；手机上网使用率为95.1%，较2015年底提高了5个百分点；平板电脑上网使用率为31.5%；电视上网使用率为25.0%。

2015年12月，中国域名总数为3102万个，其中“.CN”域名总数为1636万个，占中国域名总数比例为52.8%，“.中国”域名总数为35万个。2016年12月，中国域名总数为4228万个，其中“.CN”域名总数为2061万个，占中国域名总数比例为48.7%，“.中国”域名总数为47.4万个。

2015年12月，中国网站总数为423万个，其中“.CN”下网站数为213万个。2016年12月，中国网站总数为482万个，其中“.CN”下网站数为259万个。

2015年12月，中国企业使用计算机办公的比例为95.2%，使用互联网的比例为89.0%，通过固定宽带接入方式使用互联网的企业比例为86.3%、移动宽带比例为23.9%；开展在线销售、在线采购的比例分别为32.6%和31.5%，利用互联网开展营销推广活动的比例为33.8%。2016年12月，中国企业使用计算机办公的比例为99.0%，使用互联网的比例为95.6%，通过

---

① （CNNIC）2016年1月第37次报告。

② （CNNIC）2017年1月第39次报告。

固定宽带接入方式使用互联网的企业比例为93.7%、移动宽带比例为32.3%；开展在线销售、在线采购的比例分别为45.3%和45.6%，利用互联网开展营销推广活动的比例为38.7%。

互联网已日渐成为中国人生活中不可或缺的组成部分，极大改变了人们的生活和生产方式，它不但拓展了中国社会的舆论空间，也深刻影响着经济发展、社会生活、通信交流、购物娱乐等社会的方方面面。基于网络的应用日渐改变着人们的生产、生活、教育、购物、娱乐、交流的方式，成为推动生产力发展、社会进步、便捷生活、方便交流的重要工具。特别是随着智能手机的推广应用，其低成本、易用、移动互联的特性使其很快突破了地域、年龄、教育水平、收入等限制，渗透到了生产、生活的每一个角落。互联网与信息化不仅仅是一项技术，更是一次伟大的技术浪潮，正在深刻地改变着世界。中国政府对互联网和信息化非常重视，已经把它提高到战略的高度，正像习近平同志于2014年2月27日在中央网络安全和信息化领导小组会议上发表的讲话指出的那样，“没有网络安全就没有国家安全，没有信息化就没有现代化”。

我国民族地区人口占我国总人口大约15%，面积占我国国土面积64%，地域广阔且自然条件多元化，大多处在我国边疆地带，与多个国家接壤，由于地理、气候、历史、文化等原因，我国民族地区不仅在经济发展、文化教育、思想观念水平上滞后，而且是社会突发事件的多发地和集中地，所以民族地区的互联网发展及其应用研究对国家安全、经济发展和民族团结都具有重要的意义。

本文一方面主要引用中国互联网络信息中心的《中国互联网络发展状况统计报告》和中国统计局的《中国统计年鉴》统计数据，分析阐述了2016年我国民族八省区①互联网发展水平与趋势；另一方面重点对民族地区基于网络的信息化应用的研究、进展、问题和解决思路进行述评。

二 民族八省区网络发展水平

当前国际上最为著名的信息化测度是国际电信联盟（International Telecommunication Union，ITU）于2008年开发的信息化指标体系（The ICT Development Index，IDI）②③，包括基础设施与访问指数、应用指数和技能指数三大类共计11项指标，用于监测和比较各个国家信息通信技术的发展。本文基于ITU提出的信息化指标，并参考俞立平④⑤、黄婷婷⑥⑦等提出的互联网发展水平指标体系，从互联网基础设施、互联网普及、互联网资源、互联网信息建设和互联网支撑环境五个方面选取了12项指标对民族八省区互联网发展水平进行评价。指标及数据来源见表1。

---

① 民族八省区指少数民族人口相对集中的内蒙古、广西、西藏、宁夏、新疆五个自治区和贵州、云南、青海三个省。

② （CNNIC）2016年1月第37次报告。

③ International Telecommunication Union. Measuring the Information Society：The ICT Development Index ［M］ International Telecommunication Union，2009.

④ （CNNIC）2017年1月第39次报告。

⑤ 俞立平：《中国互联网发展水平测度指标体系研究》，《中国流通经济》2005年第12期。

⑥ International Telecommunication Union. Measuring the Information Society：The ICT Development Index ［M］ International Telecommunication Union，2009.

⑦ 黄婷婷、贾怀京：《基于48个国家的互联网发展水平研究》，中国科技论文在线，http：//www.paper.edu.cn/releasepaper/content/201212-886，2012年12月26日。

表1　　民族八省区互联网发展指标及数据来源一览

指标分类		指标项		数据来源
一级	二级	序号	指标名称	
互联网络基础设施		1	互联网宽带接入端口	《中国统计年鉴》
互联网普及		2	网民普及率	
互联网资源		3	IPv4 地址	
		4	域名地域分布百分比	
互联网信息建设	信息量	5	网站数	《中国互联网络发展状况统计报告》
		6	网页数	
		7	网页字节数	
	信息更新	8	网页更新周期率	
	文种多样性	9	网页编码类别	
互联网支撑环境	经济	10	人均 GDP	《中国统计年鉴》
	城镇化	11	城镇人口比重	
	教育	12	6 岁以上人口中初中以上教育水平占比	

根据中国互联网络信息中心的第 39 次《中国互联网络发展状况统计报告》[①②] 和国家统计局的《中国统计年鉴（2016）》发布数据[③④]，2016 年民族八省区在互联网基础设施、互联网普及、互联网资源、互联网信息建设和互联网支撑环境 5 个方面发展状况如下。

（一）民族八省区互联网基础设施发展状况

《中国统计年鉴（2016）》中全国 31 个省市区 2016 年互联网宽带接入端口数的统计分析结果表明，民族八省区互联网基础设施建设总体上处于全国中下水平，互联网宽带接入端口总量为 5958 万个，约占全国的 10.3%，平均每百人约 30.37 个，约占全国平均水平的 72.3%（见表 2）。新疆和内蒙古较好，前者处于全国中等偏上水平，后者接近全国平均水平，宁夏、广西和青海处于全国中下水平，云南、贵州和西藏处于全国最低水平，位列最后 3 名，西藏仅为全国平均水平的 37.5%。民族八省区中，新疆互联网基础设施建设较好，互联网宽带接入端口分别为 43.39 个/百人，高于全国平均水平（41.99 个/百人），但与互联网发达地区如北京（73.00 个/百人）、上海（61.00 个/百人）的差距还很大。

① （CNNIC）2016 年 1 月第 37 次报告。

② （CNNIC）2017 年 1 月第 39 次报告。

③ 俞立平：《中国互联网发展水平测度指标体系研究》，《中国流通经济》2005 年第 12 期。

④ 中华人民共和国国家统计局：《中国统计年鉴（2016）》，中国统计出版社 2016 年版，http：//www.stats.gov.cn/tjsj/ndsj/2016/indexch.htm。

表2 民族八省区互联网基础设施情况（2016）

全国排名	地区	互联网宽带接入端口（万个）	人口（百万）	互联网宽带接入端口（个/百人）
9	新疆	1024	23.60	43.39
10	内蒙古	916	25.11	36.48
17	青海	208	5.88	35.37
21	广西	1531	47.96	31.92
22	宁夏	201	6.68	30.09
29	云南	1151	47.42	24.27
30	贵州	876	36.30	24.13
31	西藏	51	3.24	15.74
	民族八省区	5958	196.19	30.37
	全国	57 694	1374	41.99

（二）民族八省区互联网普及发展状况

据中国互联网络信息中心2017年1月的第39次《中国互联网络发展状况统计报告》，截至2016年12月底，民族八省区网民规模达7748万人，约占全国的11%，民族八省区互联网网民平均增长率（7.6%）高于全国平均增长率（6.2%），见表3。由此可见，2016年民族八省区的网民增长迅速，互联网普及应用呈现快速发展趋势。但从互联网普及率来看，2016年民族八省区的互联网网民普及率总体上处于全国中下水平，平均水平与全国平均水平相差不大，大约只有4.7个百分点的差距，分地区看，新疆、青海、内蒙古、宁夏、广西、西藏、贵州和云南在全国的排名分别为第10、第11、第15、第20、第22、第23、第29和第31位。其中新疆、青海互联网普及率均高于全国平均水平（53.2%），内蒙古和宁夏处于全国中等偏下发展水平，广西和西藏处于全国较低发展水平，贵州和云南两省的互联网普及率处于全国最低水平之列。相较2015年网民的增长率，贵州增长最快，广西次之。

表3 民族八省区互联网网民数与普及率情况（2016）

全国排名	地区	网民数（万人）	普及率（%）	网民增长率（%）
10	新疆	1296	54.9	2.7
11	青海	320	54.5	0.8
15	内蒙古	1311	52.2	4.1
20	宁夏	339	50.7	3.7
22	广西	2213	46.1	8.8
23	西藏	149	46.1	5.5
29	贵州	1524	43.2	13.2
31	云南	1892	39.9	7.4
	民族八省区	7748	48.5	7.6
	全国	73 125	53.2	6.2

（三）民族八省区互联网资源发展状况

衡量互联网资源的主要指标是拥有的 IPv4 地址和域名数量。截至 2016 年 12 月底，中国 IPv4 总数为 33810 万个，民族八省区互联网 IPv4 地址数量约 1613 万个，约占全国的 4.8%，域名总数 132.6 万个，约占全国的 3.1%（见表 4）。可见，2016 年民族八省区所拥有互联网资源占全国比重相当低，与发达省区差距很大。

IPv4 地址资源是有限的，近几年 IPv4 地址的总数基本上维持不变，IPv4 地址资源的分配也基本上饱和。因此域名的拥有量更能显现发展差异与趋势。从人均域名拥有量来看，民族八省区中广西最多，约为 109 个/万人，青海次之，为 78 个/万人，西藏最少，为 32 个/万人，内蒙古较之略高，为 43 个/万人，这些数字与发达省区相比差距很大，如与山东、广东、黑龙江的每万人几百个的差距很大，与北京的 3000 以上/万人、上海的 1000 以上/万人的差距更大。

表 4　民族八省区互联网资源情况（2016）

地区	IPv4 地址占全国比例（%）	域名占全国比例（%）	域名地域分布数（个）	IPv4 地址人均拥有量（个/万人）	域名人均拥有量（个/万人）
宁夏	0.28	0.1	42 549	1417	64
西藏	0.13	0	10 475	1357	32
青海	0.18	0.1	45 972	1035	78
内蒙古	0.78	0.3	107 501	1050	43
广西	1.38	1.2	522 256	973	109
新疆	0.60	0.3	133 669	860	57
云南	0.98	0.7	275 182	699	58
贵州	0.44	0.4	188 110	410	52
民族八省区	4.77	3.1	1 325 714	822	68

（四）民族八省区互联网信息建设发展状况

网站信息量统计数据表明（见表 5），截至 2016 年 12 月底，民族八省区万维网（WWW）网站数量约为 11.8 万个，约占全国 2.39%，网页总数为 3 079 573 341 个，约占全国的 1.3%，网页字节总数为 1.49395E+11KB，约占全国 1.1%。考虑到民族八省区在互联网基础设施、网民、域名的全国占有率，2016 年民族八省区网站信息建设量在全国的排名显著偏低，前三者相当于互联网的硬件，后者相当于互联网的软件，信息建设滞后说明民族八省区的互联网软件建设严重滞后。从全国各省市区人均网站数、网页总数和网页字节数的综合分析来看，民族八省区网站信息内容建设总体上处于全国中下水平，云南、广西、内蒙古、宁夏、新疆、青海、西藏和贵州在全国排名分别为第 23、第 19、第 25、第 28、第 27、第 29、第 30 和第 26 位。民族八省区中，云南网站信息量最多，在全国处于中等水平，其他 7 个省区的网站信息建设均处于全国低水平发展之列。

互联网硬件建设投入主要是资金和资源的一次性投入，而软件和信息建设则主要是人员的投入，是一个长期持续的过程，需要信息提供者和网站维护者勤勤恳恳、兢兢业业、认认真真地工作。民族省区要加强信息建设，就必须更加重视人的作用，加强对人的培养和投入。

表 5　　民族八省区互联网信息建设一览（2016）

全国排名	省、自治区	WWW 站点数（个）	网页数（个）	网页字节数（KB）
19	广西	43 281	898 945 013	50 102 502 038
23	云南	22 443	1 563 509 702	76 067 642 084
25	内蒙古	15 534	141 086 211	7 032 914 642
26	贵州	15 491	180 576 375	5 102 327 245
27	新疆	10 379	145 924 093	6 398 241 885
28	宁夏	5983	119 883 614	3 616 100 227
29	青海	3524	24 732 937	820 408 281
30	西藏	1228	4 915 396	254 909 501
	民族八省区	117 863	3 079 573 341	1. 49395E + 11
	全国	4 923 918	235 997 583 579	1. 35398E + 13

网站信息更新频率统计数据表明（见表 6，统计一个月内信息更新的网页，其他时间区间的信息更新可能存在差异），民族八省区网站信息更新情况差异较大，其中青海、贵州、西藏的一个月内信息更新良好，一个月内有信息更新的网站占到 25% 以上，在全国名列前茅，分列第 2、第 3、第 4 位。内蒙古、新疆全国排名第 11 位和第 13 位，处于中等水平，宁夏和云南的信息更新则处于全国低水平之列，在全国排名分列第 30 位和第 31 位。

网站文种多样性建设方面，中英文以外其他文字网页占比统计数据表明（见表 6），青海、新疆、广西、内蒙古、云南和西藏都有一定比例的其他文字网页。其中西藏和新疆最多，中英文以外其他文字的网页占比达到 0. 6% 和 0. 5%。结合我们 2011 年的少数民族文字网站调查来看，藏文网页网站主要分布在青海，西藏次之，但西藏的多文种网页占比最高，维吾尔文网站主要分布在新疆，其数量多于蒙古文网站和藏文网站，可见各省区非中英文的其他文字网页的占比情况基本上能体现少数民族文字网站的拥有情况，以及地区网民的民族成分。

表 6　　民族八省区网站信息更新与文种多样性一览（2016）

信息更新全国排名	省、自治区	一月以内有信息更新的网页占比（%）	文种多样性排名	中英文以外其他文种网页占比（%）
2	青海	33. 9	23	0. 1
3	贵州	25. 4	26	0
4	西藏	24. 7	3	0. 6
8	广西	20. 1	25	0. 2
11	内蒙古	19. 3	24	0. 1
13	新疆	18. 1	4	0. 5
30	宁夏	12. 7	22	0
31	云南	12. 6	19	0. 3

（五）民族八省区互联网支撑环境及影响分析

据《中国统计年鉴（2016)》，2016 年全国各省区人均 GDP（经济指数）、年末城镇人口比重（城镇化指数）和 6 岁以上人口中初中以上人口比（教育指数）的统计数据表明（见表 7，三个数值统称为互联网支撑环境），民族八省区的互联网支撑环境多数处于低发展水平，少数处于中高发展水平，总体上与发达地区差距较大。从经济指数和城镇化指数来看，内蒙古处于全国中高水平，宁夏处于中等水平，新疆、青海和广西处于中低水平，西藏、云南和贵州处于最低水平；从教育指数来看，内蒙古处于全国中等水平，新疆、广西、宁夏处于中下水平，贵州、云南、青海和西藏处于低水平，其中西藏最低，仅为较低的云南的 51%，为次低的青海的 56%。综合来看，西藏在城镇化和教育水平两项指标上均为最低水平，且与其他省区的差距较大，是提升互联网水平方面的两个明显的短板因素，必须下大力气、持之以恒地努力改善。

表 7　　民族八省区互联网支撑环境情况（2016）

地　区	经济指数全国排名	人均地区生产总值 GDP（元）	城镇化指数全国排名	年末城镇人口比重（%）	教育指数全国排名	初中以上人口/6 岁及以上人口（%）
内蒙古	6	71 101	9	60. 30	15	69. 94
宁夏	15	43 805	17	55. 23	24	63. 57
新疆	19	40 036	25	47. 23	20	65. 24
青海	17	41 252	20	50. 30	30	48. 26
广西	26	35 190	26	47. 06	22	63. 97
西藏	28	31 999	31	27. 74	31	27. 34
云南	30	28 806	28	43. 33	29	53. 27
贵州	29	29 847	30	42. 01	28	53. 55

根据一般推测，互联网水平应与支撑环境存在一定的相关性，为验证此推测，进行相关性检测，考虑到人均 GDP、城镇化水平、教育水平之间可能存在相关性，所以我们先进行三次偏相关分析（每次控制一个支撑环境变量），如表 8－1、表 8－2、表 8－3，然后进行一次双变量 Pearson 相关分析，如表 8－4。

表 8－1　　民族八省区互联网发展指数与支撑环境相关分析一览（控制人均 GDP）

	相关指标	宽带端口	网民普及率	人均域名	字节数
城镇化水平	相关性	0. 601	0. 128	0. 646	0. 319
	显著性（双侧）	0. 154	0. 784	0. 117	0. 486
教育水平	相关性	0. 667	－0. 004	0. 575	0. 430
	显著性（双侧）	0. 102	0. 993	0. 177	0. 335

表 8-2　民族八省区互联网发展指数与支撑环境相关分析一览（控制城镇化水平）

	相关指标	宽带端口	网民普及率	人均域名	字节数
人均 GDP	相关性	-0.044	0.374	-0.621	-0.457
	显著性（双侧）	0.925	0.409	0.137	0.302
教育水平	相关性	0.376	-0.285	0.272	0.405
	显著性（双侧）	0.406	0.536	0.555	0.367

表 8-3　民族八省区互联网发展指数与支撑环境相关分析一览（控制教育水平）

	相关指标	宽带端口	网民普及率	人均域名	字节数
人均 GDP	相关性	0.217	0.534	-0.494	-0.519
	显著性（双侧）	0.639	0.217	0.260	0.232
城镇化水平	相关性	0.238	0.499	-0.085	-0.386
	显著性（双侧）	0.607	0.254	0.857	0.393

表 8-4　民族八省区互联网发展指数与支撑环境相关分析一览

支撑环境	相关指标	宽带端口	网民普及率	人均域名	字节数
人均 GDP	Pearson 相关性	0.530	0.599	-0.180	-0.351
	显著性	0.177	0.117	0.671	0.393
城镇化水平	Pearson 相关性	0.734	0.517	0.287	-0.066
	显著性	0.038	0.190	0.491	0.877
教育水平	Pearson 相关性	0.762	0.321	0.379	0.149
	显著性	0.028	0.438	0.354	0.724

八个民族省区数据的相关性分析结果表明（见表 8-1、8-2、8-3、8-4），城镇化水平和教育水平对互联网基础设施（宽带端口）的影响较大，相关性分别达到了 0.734 和 0.762，在控制人均 GDP 的情况下亦表现出一定的相关性；在控制教育水平的前提下，人均 GDP 和城镇化水平与网民普及率呈一定正相关性；在控制人均 GDP 的情况下，人均域名与城镇化水平和教育水平都呈一定正相关性，网站信息建设（字节数）与支撑环境的关联性不强。

总体来说，互联网支撑环境与互联网发展应用水平呈较强的正相关关系，但从民族八省区情况来看，各地区间存在明显差别。内蒙古在互联网各项指标上均低于其互联网环境发展水平，即相对经济水平而言，总体上互联网水平较低。而新疆在互联网基础设施和普及率两项指标上高于其互联网环境发展水平，即相对经济水平而言，互联网基础设施和普及率水平较高。广西和云南的互联网信息建设方面处于民族地区的领先地位，而西藏无论在基础设施和网民普及率上，还是在互联网信息建设方面都滞后，且在近三年改善速度也慢于其他民族省区，这表现出民族八省区互联网发展的特殊性和不均衡性。

三　民族八省区互联网水平进展（2013—2016 年）

（一）民族八省区互联网基础设施进展

表 9　　民族八省区互联网基础设施进展情况（2013—2016 年）

地区	2016 年		2013 年	
	全国排名	互联网宽带接入端口（个/百人）	全国排名	互联网宽带接入端口（个/百人）
新疆	9	43.39	9	24.55
内蒙古	10	36.48	13	22.04
宁夏	17	30.09	19	18.86
广西	21	31.92	21	18.11
青海	22	35.37	20	18.42
云南	29	24.27	29	14.25
贵州	30	24.13	30	13.40
西藏	31	15.74	31	13.34
民族八省区		30.37		17.87
全国		41.99		24.30

表 9 显示，2013—2016 年在互联网基础设施进展方面，民族八省区在全国的相对排名变化不大，内蒙古和宁夏分别提升了 3 位和 2 位，而青海下降了 2 位，但绝对数（每百人拥有的互联网宽带接入端口）2016 年比 2013 年增加了 70%，全国同期增加了 73%，民族八省区的互联网基础设施基本保持了同步增长，改善的幅度是非常可观的，但就绝对值而言，民族八省区与全国平均水平仍然有 10% 的差距。基础设施较好的是新疆和内蒙古，处于全国前列，而云南、西藏、贵州处于全国最差的位置；三年间民族八省区同期的改善率为 12.5%，云南、贵州的改善率较好，达到 10% 左右，而西藏的改善率很小，只有 2.4%，这与西藏的自然环境、人口分布、经济发展水平、政府投入、人才培养等相关，要提升西藏互联网基础设施水平，需要在多个方面发力。

（二）民族八省区互联网网民数与普及率进展

表 10　　民族八省区互联网网民数与普及率一览（2013—2016 年）

地区	2016 年			2013 年		
	网民数（万）	普及率（%）	全国排名	网民数（万）	普及率（%）	全国排名
新疆	1296	54.90	10	1094	49.00	9
青海	320	54.50	11	274	47.80	11
内蒙古	1311	52.20	15	1093	43.90	16
宁夏	339	50.70	20	283	43.70	18

续表

地区	2016年			2013年		
	网民数（万）	普及率（%）	全国排名	网民数（万）	普及率（%）	全国排名
广西	2213	46.10	22	1774	37.90	22
西藏	149	46.10	23	115	37.40	23
贵州	1524	43.20	29	1146	32.90	29
云南	1892	39.90	31	1528	32.80	30
民族八省区	7748	48.50		7307	40.68	
全国	73125	53.20		61758	45.80	

表10显示，从2013—2016年，就网民普及率而言，民族八省区在全国的排名变化不大，总体上处于中下等级，新疆、青海处于全国前列，内蒙古处于中等，贵州和云南最差；三年间民族八省区网民普及率上升了7.82个百分点，而同期全国网民普及率上升了7.40个百分点，基本上保持了同步增长。就网民普及率平均值而言，民族八省区与全国的差距不大，只低于全国平均水平4.70个百分点。

我们认为，民族八省区网民普及率与全国水平差距不大的原因可能与智能手机的爆发式发展有关，同时期智能手机的发展速度远远快于基于电脑的互联网的发展速度，由于智能手机的廉价、移动、简易等特性，避免了基于电脑互联网的昂贵、固定地点、高技术门槛等缺点，基于手机的移动互联网用户在全国各个省市区都呈现爆发性增长，远远超越了传统的基于电脑的、固定互联网用户增长速度。

（三）民族八省区互联网资源进展

表11　　民族八省区互联网资源情况（2013—2016年）

地区	2016年			2013年		
	IPv4地址占全国百分比（%）	IPv4地址人均拥有量（个/万人）	域名人均拥有量（个/万人）	IPv4地址占全国百分比（%）	IPv4地址人均拥有量（个/万人）	域名人均拥有量（个/万人）
宁夏	0.28	1417	64	0.24	1225	25
西藏	0.13	1357	32	0.13	1396	16
青海	0.18	1035	78	0.18	1037	19
内蒙古	0.78	1050	43	0.79	1048	18
广西	1.38	973	109	1.41	995	20
新疆	0.60	860	57	0.62	917	18
云南	0.98	699	58	0.99	702	18
贵州	0.44	410	52	0.44	417	12
民族八省区	4.77	822	68	4.80	967	18

表11显示，就互联网占主导地位的IPv4资源而言，民族八省区IPv4地址占全国百分比和IPv4地址人均拥有量在2013—2016年的变化都不大，增加较快的是域名的人均拥有量。就域名人均拥有量而言，2016年比2013年，民族八省区总体上增加了278%，广西的增加率最高，为445%，贵州为333%，西藏最低，增加率只有100%。对于域名人均拥有量，2013年宁夏、广西、青海较高，而西藏、贵州最低，2016年广西达到民族八省区中的最高，贵州的进展也很快，而西藏无论是人均量，还是2013—2016年的增加率都处于民族八省区的最低位，与其他民族八省区的差距在拉大。

（四）民族八省区互联网信息建设进展

表12　民族八省区互联网信息建设一览（2013—2016年）

地区	2016年			2013年		
	WWW站点数（个）	网页数（个）	网页字节数（KB）	WWW站点数（个）	网页数（个）	网页字节数（KB）
云南	22 443	1 563 509 702	76 067 642 084	14 475	2 755 275 416	158 100 884 575
广西	43 281	898 945 013	50 102 502 038	24 966	1 129 958 542	28 317 638 744
内蒙古	15 534	141 086 211	7 032 914 642	12 289	227 096 393	9 908 819 601
宁夏	5983	119 883 614	3 616 100 227	3840	9 485 476	583 523 096
新疆	10 379	145 924 093	6 398 241 885	7595	61 330 381	1 707 016 061
青海	3524	24 732 937	820 408 281	2216	96 186	11 265 579
西藏	1228	4 915 396	254 909 501	912	1 403 745	46 676 289
贵州	15 491	180 576 375	5 102 327 245	9642	4 170 822	106 458 885
民族八省区	117 863	3 079 573 341	149 395 000 000	75 935	4 188 816 961	198 782 282 830
全国	4 923 918	235 997 583 579	13 539 800 000 000	3 201 625	150 040 762 685	7 479 873 203 607

表12显示，2013—2016年，虽然民族八省区万维网（WWW）站点数全国占比变化不大（从2.37%增为2.39%），但网页数和网页字节数全国占比均下降了50%以上，说明民族八省区互联网信息建设方面滞后，与全国其他地区的差距在拉大。网页数较高的有云南、广西、内蒙古、新疆，较少的有西藏、青海、贵州，但近三年来，青海、贵州的网页数增长幅度达到几十倍，而西藏仅增加了2.5倍左右，与其他省份的差距越来越大。

四　民族地区网络信息化应用研究

（一）民族地区教育信息化研究

教育均衡发展与教育公平是边疆民族地区一直受关注的热点问题之一，它关系着经济发展、民族团结和社会稳定。段新刚提出，教育不均衡不但体现在内地发达地区和边疆欠发达地区之间，也体现在边疆民族地区的城乡、区域、校际以及不同社会群体之间。他提出利用信息技术手段来化解这一难题的路径，如从边疆民族地区的“区情”出发，采取特殊措施，加强少数民族地区师资队伍的建设，提高少数民族教师专业化水平；大力发展远程教育，继续加强优质教育资源建设，促进边疆少数民族地区的儿童共享优质教育资源；进一步加强队伍建设，充分发挥电教馆系统的整体优势；达成用教育信息化促进城乡教育的均衡发展，促进教育公平。①

安建强提出，教育信息化是国家教育发展的主导趋势，促进民族教育信息化是民族教育发展的重要问题，教育信息化的最终实施有赖于信息化资源建设情况。教育信息化的实施为新疆、内蒙古等部分实施双语教育模式的民族地区教育带来了发展契机，但由于双语教育的特殊性，双语教育的信息化资源建设相对而言难度更大。少数民族双语教育的信息化资源建设面临的主要问题有：双语教育信息化资源数量少，双语教育信息资源开发水平低，民族文化本土资源匮乏，合格的双语师资缺乏，等等。但教育信息化也有其实施的便利条件，如学校的集中统一管理、智力集中、政策支持等。他提出的改善双语教育的信息化资源建设的措施有：建立双语教育信息化资源建设激励机制，促进双语教育资源共享，建设可以同时处理少数民族语言文字和汉字的系统平台。②

许梦等从基础教育信息化城乡均衡发展研究的理论基础、基础教育信息化城乡差异分析与实证研究现状、基础教育信息化均衡性评价指标体系的构建及应用研究现状、少数民族地区基础教育信息化发展水平研究现状、少数民族地区基础教育信息化城乡均衡发展策略与路径的研究现状 5 个方面，对当前国内外民族地区基础教育信息化城乡均衡发展研究现状进行了述评，认为民族地区基础教育存在教学方法手段落后，思想观念陈旧，老师不愿创新，教学资源缺乏，本民族特色相关的教育资源少等问题，并提出促进少数民族地区基础教育信息化城乡均衡发展的“内容”加“渠道”的策略，远程教育为其主要的方式之一。目前西部地区的“农远工程”和“千乡万才工程”即为内容和渠道策略的具体实施。前者主要基于网络设施，通过“上传”和“下载”方式将优质教育资源传入西部，后者指在网络上搭建东西部间的沟通桥梁，以开展“培养数码人才”“东才西用”等活动，来促进西部地区基础教育的发展。③

杨方琦、杨晓宏提出教育信息化是国民经济和社会信息化的重要组成部分，是我国民族教育实现跨越式发展、走向教育现代化的必由之路。相关文献显示，我国民族教育信息化研究文献数量与质量总体上呈逐年递增趋势，研究人群主要为教育技术学领域研究人员，研究形态以理论研究为主，综合研究较少。总体来说，当前我国民族教育信息化存在研究基础差、研究力量弱、研究成果少和发展不均衡等问题。为了加快我国民族教育信息化进程，有关部门应以促进学生的发展为终极目标，注意将信息基础设施建设与升级并举，开发与同步共享优质教育资源，着力进行校长信息化领导力以及骨干教师信息技术能力培训，实现信息技术与教学科研深度融合。④⑤

段昌平注意到湖北省恩施州受地域条件和经济发展水平的制约，农村学校布局分散、教学点多、办学条件落后；农村教师老龄化和结构性缺编等问题突出，面临难以按规定开齐开足课程，优质教育资源匮乏，办学水平参差不齐，农村孩子平等享受优质教育的权利难以保障等种

① 段新刚：《边疆民族地区教育信息化促进教育公平、均衡发展探索》，《西藏科技》2015 年第 4 期。

② 安建强：《聚焦少数民族双语教育的信息化资源建设》，《贵州民族研究》2016 年第 1 期。

③ 许梦、李怡、李妞等：《民族地区基础教育信息化城乡均衡发展研究综述》，《软件导刊·教育技术》2017 年第 4 期。

④ 刘晓东等：《民族地区教育信息化建设水平分析与评估——基于贵州铜仁市部分县区的问卷调查》，《大连民族大学学报》2017 年第 4 期。

⑤ 杨方琦、杨晓宏：《我国民族教育信息化研究现状与发展对策》，《现代远程教育研究》2014 年第 4 期。

种民族地区教育的困难。他建议利用信息化手段作为破解农村教育难题的突破口，推进优质资源共享，缩小区域及校际差距，大面积提升教育质量，努力实现城乡义务教育基本均衡。恩施州成功实践的具体做法如下。（1）强化领导、统一思想、精心规划、学习提高。（2）硬件投入。宽带网络“校校通”建设、优质资源“班班通”建设、网络学习空间“人人通”建设、教育信息网络中心建设。（3）强化应用驱动，促进深度融合。抓好“班班通”的应用、探索“三类”同步课堂、组织各种活动促进应用。①

（二）民族地区公共服务信息化研究

公共服务是公共行政和政府改革的核心理念，包括加强城乡公共设施建设，发展教育、科技、文化、卫生、体育等公共事业，为社会公众参与社会经济、政治、文化活动等提供保障。政府窗口网站的服务反映着公共服务的运作效率、服务手段和服务态度。曹冬英于2012年对八个民族省区的省级政府网站、省会城市政府网站、民族省区部分地市政府网站进行多指标信息化评估，然后得出评估总分。评估指标为：信息公开、互动交流、教育服务、社保服务、住房服务、交通服务、婚育收养、公用事业、证件办理、企业开办、经营纳税、资质认定、招商引资、工程建设、运维保障、新技术应用、网络舆情引导。②

曹冬英首先对八个民族省区省级政府网站进行评估。从总得分看，云南和广西在全国的排名居中，其他六个省区排名靠后。这表明我国大部分民族省区的公共服务信息化水平偏低。同一个省区各项得分进行横向比较时，“新技术应用”一项的得分低于绝大部分其他项，对这些省区省级政府网站评估结果排名靠后有直接影响。这说明，民族地区省级政府不同部门之间的协同状况较差——协同理论中的伺服原理在这一方面显现得很明显：“新技术应用”这一项得分较低导致大部分民族省区的总排名较低；宁夏受“新技术应用”和“网络舆情引导”这两项的影响而排名垫底，新疆则因为“工程建设”这项得分极低导致总排名较低。总之，民族地区省级政府不同部门之间的协同状况较差，表现为整个省区公共服务信息化的总体状况受制于某一个部门的公共服务信息化状况。

其次，民族省区省会城市政府网站评估结果排名中，贵阳排名居中，其他省会城市排名均靠后。（1）大部分民族地区省会城市政府部门公共服务信息化水平偏低。（2）贵阳市在八个民族省区省会城市政府网站评估结果中排名最高的原因是：其各项指标的得分均较高。这表明贵阳市不同部门的公共服务信息化协同状况较好，这是协同理论中协同效应的表现——各项指标得分均较高使总得分较高。（3）民族地区省会城市政府不同部门之间的公共服务信息化协同状况较差，表现为省会城市公共服务信息化的总体状况受制于某一个部门公共服务信息化状况。（4）大部分省会城市的“新技术应用”一项得分未与其所在省份的此项得分基本吻合，这表明：民族省区省会城市的公共服务信息化与其所在省份整体的公共服务信息化协同程度有待提高。

最后，民族省区地级市中进入地市政府网站评估结果前50名的仅有5个，这表明如下。（1）民族八省区绝大部分地级市的公共服务信息化水平较低；进入前50名的地级市与同其接壤的地级市之间的公共服务信息化协同状况不容乐观。（2）柳州市和鄂尔多斯市在八个民族省区地市政府网站评估结果中排名最高的原因是：其各项指标的得分均较高。这表明这两个市不同部门的公共服务信息化协同状况较好。（3）遵义市“新技术应用”这项的得分很低，这一情

① 段昌平：《用信息化促进民族地区教育均衡发展》，《中国教育信息化》2014年第11期。

② 曹冬英：《民族地区公共服务信息化协同问题研究——以政府部门为对象》，《广西职业技术学院学报》2015年第2期。

况对其总排名有明显影响，将这项与其他大部分项的得分进行横向比较之时可以发现：遵义市不同部门之间的公共服务信息化协同状况较差。(4) 将柳州市、玉林市的数据与广西壮族自治区的数据进行对比分析时可以发现：这两个市的得分明显高于广西壮族自治区的得分，其他地级市与所在省区进行对比时也能够得出相同结论，这表明：这些市级政府与其所属省份省级政府之间的公共服务信息化协同状况不是很好。

民族地区政府部门公共服务信息化面临的困难包括：地理环境差异和人口差异、经济发展水平的差异、条块分割引致的困难、机制不健全引致的困难、理念差异引致的困难、对公众需求认知不准确、对政府与市场关系认知不准确。

提升民族地区政府部门公共服务信息化水平的方法有：消除数字鸿沟、提升经济发展水平、构建网络化政府间关系、健全公共服务信息化协同机制、消除理念差异、准确把握公众需求与政府和市场关系。

（三）民族地区信息化问题及对策

在我国的信息化进程中，广大民族地区城镇化水平普遍偏低。彭谦、周松指出，根据国家统计局统计科学研究所信息化统计评价研究组 2014 年发布的《2013 年中国信息化发展指数（Ⅱ）研究报告》的分类，除了宁夏和内蒙古属于第三类地区（即属于信息化发展中等水平地区），其余的少数民族集中的民族省份均属于第四类或第五类地区（即属于信息化发展中低水平地区或信息化发展低水平地区）。[①] 虽然经过近年来的发展，少数民族地区的信息化水平也在不断进步，但总体而言民族地区在信息化水平发展程度上普遍偏低，在信息化建设过程中存在着一些问题。(1) 城市信息化工作中，一般都会设有专门的工业与信息化委员会来指导，但县乡各级领导部门对信息化建设重视程度远远不够，存在着大量的现实问题。(2) 信息化基础设施建设滞后，现有信息化设施使用不足。从全国范围内来看，广大民族地区依然相对缺少信息化基础设施。由于信息化基础设施的缺乏，在开展民族工作的过程中，经常耗费大量的人力物力财力。民族地区现有信息化设备利用程度低。(3) 信息化人才短缺，人才流失较为严重。一方面，由于信息化基础设备的缺乏，民族工作信息化人才数量较少，各层次信息化人才缺口较大。另一方面，信息化人才流失较为严重。

解决民族地区信息化面临问题的方法和对策分为硬件、软件和制度机制三个方面，即强化信息化意识，持续加强信息化基础设施建设；加强信息化技术培训，培养大批信息化专门人才；建立信息化发展的长效评价、考核和奖惩机制，杜绝信息化建设方面的短期效益和短期行为。

五 结论和总结

据中国互联网络信息中心发布的《中国互联网络发展状况统计报告》、国家统计局《中国统计年鉴》的统计数据分析，2016 年中国民族八省区互联网普及应用继续呈现快速发展趋势，民族八省区的互联网网民增长率均高于全国平均增长率 1.4 个百分点，但各地发展很不均衡。从互联网基础设施、网民普及率、互联网资源、互联网信息建设和互联网支撑环境五大指标来看，民族八省区互联网发展总体上处于中下发展水平。从民族八省区互联网基础设施和网民普及率来看，新疆的发展最好，位列全国中上发展水平。从网络信息建设来看，民族八省区中云南、广西两地的信息建设相对较好，青海、新疆的民族文字网页信息建设相对较好。从互联网

① 彭谦、周松：《民族地区信息化建设面临的困境与出路》，《黑龙江民族丛刊》2015 年第 4 期。

IP 和域名资源的拥有量来看，民族八省区全部都处于全国较低水平。从互联网支撑环境来看，内蒙古在互联网各项指标上均低于其互联网环境的发展水平；而新疆在互联网基础设施和网民普及率两项指标上高于其互联网环境发展水平；云南在互联网信息建设方面高于其互联网环境发展水平；而西藏自治区由于其城镇化水平和教育水平与其他省区有较大差距，其互联网基础设施、网民普及率和互联网信息建设与其他省区均有很大的落差。这表现出民族地区基于经济、人口、自然地理、文化历史等因素导致的互联网发展的特殊性。

2013—2016 年，民族地区互联网基础设施的改善速度很快，基本上与全国保持同步，但西藏明显较慢。民族地区网民普及率与全国平均水平差距不大，只低 4.70 个百分点，这主要是基于手机网民的迅速增加。同一期间与全国一样，民族地区互联网资源也获得了迅猛发展。互联网信息建设方面，民族地区在近三年间则出现了相对下滑，网页数量和网页字节数在全国的占比从 2% 以上下滑到 1.3% 左右，这说明在民族地区互联网建设中存在重“硬件”、轻“软件”的现象，资源需要向信息建设和维护的互联网“软件”方面倾斜。

教育均衡和教育公平是关乎民族地区发展和稳定的重要因素。但民族地区的教育现状不容乐观，普遍存在着资源资料资金缺乏、地理与自然条件约束、观念机制僵化、教学方法手段陈旧、优秀师资匮乏、思想安于现状等问题。近些年涌现出一些研究民族地区教育信息化的成果，并提出了很好的建议，即针对以上问题进行针对性的多方面发力。在实践中，一些教育信息化项目投入实际应用，在一些地区正在取得进展，但与全国先进水平相比，还有很大差距。

我国大部分民族省区的公共服务信息化水平偏低，民族省区大部分省会城市和地级市的公共服务信息化水平较低，公共服务信息化协同状况不容乐观。民族地区政府部门公共服务信息化面临的困难主要表现在：自然环境、人口素质、经济发展水平的差距，以及体制机制、观念理念的差异方面。提升民族地区政府部门公共服务信息化水平的方法需要从以上几个方面着手。

总体而言，解决民族地区信息化发展滞后问题的指导思想是提高信息化的战略地位，具体思路基于硬件、软件和制度机制三个方面：（1）持续投入信息化基础设施建设，加强“硬件”建设；（2）加强信息化人才培养和技术培训，补齐“软件”的短板；（3）建立科学合理的信息化发展的评价机制，杜绝信息化建设方面的“面子工程”和短期行为。

（周学文，副研究员，中国社会科学院民族学与人类学研究所网络信息中心）

科研项目与管理

2015—2016 年民族学研究科研项目课题立项调研报告

王小霞

一 引言

“民族学”起源古希腊文，由 γos ［ethnos（族体民族）］和 λγos ［logos（科学）］组成，是指研究民族共同体的学问。民族学不同语言翻译为英文 Ethnology、法文 Ethnologie、德文 Vlkerkunde。英国的“社会人类学”（Social Anthropology）、美国的“文化人类学”（Cultural Anthropology）和当前合称的“社会文化人类学”（Sociocultural Anthropology），在研究对象和范围上与民族学相近。

民族学学科是以民族为研究对象的学科。它把民族这一族体作为整体进行全面的考察，研究民族的起源、发展以及消亡的过程，研究各族体的生产力和生产关系、经济基础和上层建筑。它是社会科学中一门独立学科。民族学学科下设 5 个二级学科分别为：030401 民族学；030402 马克思主义民族理论与政策；030403 中国少数民族经济；030404 中国少数民族史；030405 中国少数民族艺术。拥有民族学国家二级重点学科的高校有：中央民族大学、云南大学、兰州大学、中南民族大学、西南民族大学。①

目前国内有多所高校和研究院所进行民族学研究工作。这些高校和研究院所多以课题项目的形式从事研究工作，为更好地服务做好研究工作，我国社科基金等每年会有 1500—2000 个国家级课题立项，各省也同时会有自己的省部级项目立项。

本调查研究报告是以网络调研的形式，调研我国社科基金等 2015—2016 年立项的国家级项目情况，力求为民族研究工作者提供大量实证数据，作为掌握民族学研究发展动态和民族研究方向的重要依据。

报告以 2015—2016 年全国立项项目为主要参照，从中归纳整理出民族学研究项目，进行分类汇总统计，通过对 2015—2016 年国家级、省部级立项项目/课题的统计分析，呈现当下民族学学科研究的某种特质。从宏观反映国家对民族学学科研究的把控和影响力度，至少为我们从另外一个角度认识和把握学术研究方向提供了一种可能。今天的民族学研究，正需要从不同的角度揭示出研究背后的复杂问题，从而使我们的民族学研究不再流于空疏。我们通过项目/课题的立项情况揭示对一系列数据的挖掘呈现其内部的肌理与脉络，无疑会更加理性，也更加富有实证性，进而试图反映我国民族学在当代的基本态势与走向。报告试图通过对这些统计数据的分析，为民族研究者选择和申报课题提供借鉴和导引。

---

① 民族学，https：//baike. baidu. com/item，2017 年 9 月。

二 调研数据来源及研究分析方法

（一）数据来源

网络信息传播面广、实时快速、动态快捷等优势，在学术信息交流和研究活动中发挥着日益重要的作用。通过网络环境调研成为各学科领域学者不可或缺的研究途径、方法和工具。了解和利用网上数据，对我们了解全国目前立项的项目情况有很重要的参考价值和重要意义。由此，我们通过各种搜索引擎从网上调研我国2015—2016年民族学研究科研项目/课题立项资料，并以此为依据进行统计分析。统计分析的维度主要是课题数量和立项率、立项课题的地域分布、项目承担较多的单位、立项课题的类型等。主要关注立项课题的层次与数量、课题立项单位的性质、课题立项单位在各省份的分布、立项课题的研究领域。数据处理的方法主要采用Microsoft Excel进行。对立项项目进行包括学科分类、项目名称、项目级别、项目来源—项目类型、管理单位、承担单位/负责人、地区、经费（万元）、立项年份、调研途径、检索关键词等诸项形式特征因素的分析，以求对近年来民族学学科立项课题/项目做一个全方位的调研，意在揭示我国民族学研究的现状和发展趋势。

鉴于我们调查到的2015—2016年与民族学相关课题项目信息3463条数据，地域分布、课题级别不同，对其调查分析，涉及的重点课题项目信息包括国家社科基金项目、中华人民共和国国家民族事务委员会（简称：国家民委）科研项目、全国民族工作优秀调研报告、国家自然科学基金项目、国家出版基金项目、文化产业发展专项资金项目、国家级大学生创新创业训练计划立项项目、中央财政支持社会组织参与社会服务项目、高校示范马克思主义学院和优秀教学科研团队建设项目、教育部人文社会科学研究一般项目、国家艺术基金资助项目、全国教育科学“十二五”规划2014年度立项课题、全国教育科学“十三五”规划课题、中国文艺原创精品出版工程项目等。我们对立项项目进行定位按省份分类、立项类型、立项单位、主题分析等诸项形式特征因素的分析，以求对国家级立项项目做全方位的考察分析，成此报告。

（二）研究分析方法

本报告针对2015—2016年立项项目数据，多从统计学角度出发，虽然各学科的统计内容略有不同，但主要集中在对资助项目数量、项目类别、研究领域分布、依托单位类型分布、地区分布等方面的具体数据进行分析。根据项目的标题等外部特征结合一定的统计方法得出相应的统计结果。

1. 统计分析法。依据统计学理论，本次调查采用了网上搜索和官方统计数据引用的调查方法。以国家行政地区划分的省、直辖市、自治区和民族学二级学科分类以及项目/课题级别分类为标准，对我国省份为地区分界线进行地区区分分析、学科分类和项目/课题级别进行统计分析。

2. 网上搜索调研。在互联网上搜索引擎搜索，采用Google、百度、中国知网、全国哲学社会科学办公室官方网站、网上各种论文数据库包括中国社科期刊全文数据库（中国知网）、方正Apabi电子书、维普中文科技期刊数据库等搜索引擎，检索词为“民族”和全国55个少数民族的民族名称：蒙古族、回族、藏族、维吾尔族、苗族、彝族、壮族、布依族、朝鲜族、满族、侗族、瑶族、白族、土家族、哈尼族、哈萨克族、傣族、黎族、傈僳族、佤族、畲族、高山族、拉祜族、水族、东乡族、纳西族、景颇族、柯尔克孜族、土族、达斡尔族、仫佬族、羌族、布朗族、撒拉族、毛南族、仡佬族、锡伯族、阿昌族、普米族、塔吉克族、怒族、乌孜别克族、俄罗斯族、鄂温克族、德昂族、保安族、裕固族、京族、塔塔尔族、独龙族、鄂伦春族、赫哲族、门巴族、珞巴族、基诺族。对2015—2016年正式立项的课题/项目进行搜索排查，收集整理的立项课题/项目4833条，删除这些数据中非民族学范畴的课题/项目数据1370条，最终确定有效数据3463条课题/项目数据。

3. 统计分析调查数据。汇总并统计分析调查数据，应用统计工具和相关软件绘制统计分析图表，展现我国2015—2016年民族学项目立项情况和民族学学科目前的发展现状及其未来发展的趋势预测。

（三）相关理论概念

1. 学科分类标准。我国学科目录分为学科门类、一级学科（本科教育中称为“专业类”，下同）和二级学科（本科专业目录中为“专业”，下同）。按照国家教育部2011年颁布《学位授予和人才培养学科目录》，分为哲学、经济学、法学、教育学、文学、历史学、理学、工学、农学、医学、军事学、管理学和艺术学13大门类，每大门类下设若干一级学科，如理学门类下设数学、物理、化学等12个一级学科。一级学科再下设若干二级学科，如数学下设基础数学、计算数学等5个二级学科。博士、硕士学位就授至二级学科，一般意义上的博硕士点数指的就是可以授予博士和硕士学位的二级学科的数目。①

根据教育部公布的一级学科目录，二级学科分类，本报告涉及的民族学属于法学学科门类下的一级学科，民族学一级学科下设5个二级学科，我们调研到的2015—2016年立项的民族学学科项目3463条数据，根据民族学下设的二级学科分类进行准确分级定位再进行数据分析。二级学科具体分类代码和名称见表1。

表1　　民族学二级学科代码及名称

一级学科代码及名称	二级学科代码及名称
0304 民族学	030401 民族学
	030402 马克思主义民族理论与政策
	030403 中国少数民族经济
	030404 中国少数民族史
	030405 中国少数民族艺术

2. 项目级别。经调研百度文库、西安交通大学人文社科处发出的《人文社科科研项目级别及成果类别》和网上对于教育部人文社科课题级别的定位，不同的研究机构级别定位不完全一样，目前对于课题项目的级别定位没有统一的国际/国内标准。我们根据不同资料汇总定位。本报告采用的项目级别是多个资料汇总而成。

一般来说，国家级科研项目是指：（1）由国家科技部、教育部、国家发展和改革委员会、国家国防科学技术工业委员会等下达的列入国家规划计划体系的各类科研项目；（2）国家自然科学基金委员会主管的国家自然科学基金项目、全国哲学社会科学办公室主管的国家社科基金项目、科技部科技政策与体制改革司管理的国家软科学项目、全国教育科学规划课题中的国家

① 民族学二级学科，https：//baike. baidu. com/item/，2017年9月。

课题和全国艺术科学规划课题中的国家课题等。一般国家项目/课题的资金来源是国家的中央财政拨款。①

省部级科研项目是指：（1）国家相关部委下达的科研项目，国务院直属企业设立的科研项目和科研基金，省科技厅下达的各类科技计划项目；（2）全国教育科学规划课题中的教育部及其他部委课题、全国艺术科学规划课题中的文化部课题、全国高校古籍整理工作委员会项目、省社科规划项目。

市厅级及以下科研项目是指：（1）省教育科学规划项目、省教育厅项目，以及其他（省）厅（科技厅除外）立项的科研项目；（2）市科技计划项目、市社科规划项目等以下级别项目。

三 2015—2016年民族学研究科研项目立项情况

我们通过网上调研，以中国知网项目立项数据库为主要参考，检索时间为2015—2016年，关键词以“民族”和55个少数民族名称分别检索汇总，共收集到4833条，逐条分析，删除非民族学研究的课题后，收集到2015—2016年全国民族学学科立项共计3463条项目。我们对这些项目分类汇总，分别以课题/项目级别分类统计、课题/项目地区分布统计、承担课题/项目的研究机构分布统计、课题/项目所属学科分类统计，得到如下汇总报告。

（一）课题/项目级别分类统计情况

根据我们收集到的项目统计情况，根据项目级别分类标准，统计得知：国家级项目主要包括国家哲学社会科学基金项目（简称国家社科基金项目）、国家自然科学基金项目、国家出版基金项目、国家艺术基金项目、国家级大学生创新创业训练计划项目、国家火炬计划项目、国家级继续医学教育项目、创新型人才国际合作培养项目、能源领域行业标准制（修）订计划项目、青年艺术创作人才资助项目、科技基础性工作专项年度项目等共计1327项，省部级项目课题为2097条。

国家哲学社会科学基金项目是我国最高级别的人文社科类研究项目，是我国目前唯一的国家级哲学社会科学的研究项目，代表着我国哲学社会科学研究的方向和水平。努力争取承担更多国家社科基金项目，力争多出一流成果和优秀人才，对于加强各个研究单位的社科队伍建设和学科建设，更好地繁荣发展哲学社会科学事业，具有极为重要的作用。因此，国家社科基金项目的申报与立项工作，多年来受到广大社会科学研究工作者的关注。国家社科基金项目及其研究成果代表着我国哲学社会科学研究的方向和水平。

国家哲学社会科学基金项目充分反映我国哲学社会科学发展水准的同时，也成为衡量某一单位或地区的科研水平的最可靠标尺。在国家社科基金项目的评审过程中，研究主题或是“论域”的选取对申报者来说无疑也是一个事关成败的决定性因素。

我国社科基金资助项目的类型分为重大项目、重点项目、一般项目、青年项目、西部项目、后期资助项目、中华学术外译项目和成果文库八大类。从我们的统计列表可以看出在1327项国家级科研项目中国家社科基金项目占绝大部分的数量，是主导民族学发展的重要课题项目类型。

（二）课题/项目地区分布统计概况

我们对2015—2016年全国共统计到的民族学3463立项项目数据进行地区分布统计研究。对于国家级、民政部、教育部等省部级单位我们以办公地点来定位所属的地区，按所在省份分

① 项目级别分类，http：//skc. xjtu. edu. cn/info/1029/1034. htm，2017年8月。

布进行统计分析，详见表2。

通过以省、自治区和直辖市为单位对民族学学科立项课题数量分布做了统计，发现立项分布在全国31个省、市、自治区，既显示了广泛性又表现出了不均衡性和集中性。立项数量超过200项的有云南、北京、贵州、四川、广西、新疆、湖北和内蒙古。云南424项，北京354项，贵州325项，四川311项，处于绝对的领先位置。

表2 **课题/项目地区分布统计** 单位：项

序号	地区名称	数量
1	云南	424
2	北京	354
3	贵州	325
4	四川	311
5	广西	276
6	新疆	215
7	湖北	214
8	内蒙古	206
9	甘肃	164
10	西藏	89
11	宁夏	78
12	辽宁	77
13	青海	70
14	广东	68
15	湖南	64
16	上海	58
17	河南	54
18	山东	54
19	浙江	52
20	黑龙江	44
21	陕西	42
22	吉林	37
23	江苏	35
24	海南	29
25	江西	29
26	河北	24
27	福建	19
28	天津	19

续表

序号	地区名称	数量
29	安徽	16
30	山西	11
31	重庆	3
32	深圳	2
合计		3463

（三）承担课题/项目的研究机构分布统计特征分析

2015—2016 年，民族学立项的项目中，鉴于承担单位极其分散，我们只分类统计了承担 10 项及以上的单位，共涉及 59 个研究机构（见表 3）。

从项目的承担单位来看，主要集中在各个民族大学。项目数量在 90 项以上的民族大学有 4 个，包括中央民族大学、西南民族大学、中南民族大学和云南民族大学，这四所大学共有项目数量 477 项，占总课题数量的 10.9%。从获批 5 项以上机构的立项数量来看，院校共获批 2042 项，占比 97%，研究机构获批 62 项，占比 3%。可以看出：民族院校在民族学研究中扮演着不可动摇的主力军角色。这与国家加大高校哲学社会科学人才培养、哲学社会科学国家重点学科建设和科学研究项目经费的力度有关，也与各级政府积极落实哲学社会科学繁荣计划有关。同时大部分高校也利用各种经费，加大对哲学社会科学研究项目的投入力度。

表 3　承担 10 项及以上课题/项目的研究机构分布统计　单位：项

序号	机构名称	数量
1	中央民族大学	152
2	西南民族大学	124
3	中南民族大学	107
4	云南民族大学	94
5	西北民族大学	69
6	西藏民族大学	64
7	云南大学	62
8	贵州民族大学	56
9	北方民族大学	52
10	广西民族大学	48
11	内蒙古民族大学	45
12	云南师范大学	43
13	大连民族大学	43
14	新疆师范大学	38
15	广西师范大学	37

续表

序号	机构名称	数量
16	内蒙古大学	30
17	贵州师范大学	29
18	吉首大学	28
19	湖北民族学院	28
20	贵州大学	28
21	石河子大学	24
22	黔南民族师范学院	24
23	兰州大学	24
24	青海民族大学	23
25	大理大学	23
26	国家民委	22
27	呼和浩特民族学院	21
28	新疆大学	19
29	四川大学	19
30	四川民族学院	18
31	中国社会科学院	17
32	兴义民族师范学院	17
33	西南大学	17
34	青海师范大学	17
35	内蒙古师范大学	17
36	西北师范大学	16
37	伊犁师范学院	15
38	陕西师范大学	15
39	宁夏大学	15
40	广东技术师范学院	15
41	塔里木大学	14
42	红河学院	14
43	云南农业大学	12
44	西藏大学	12
45	内蒙古民族艺术剧院	12
46	昆明理工大学	12
47	广西民族师范学院	12
48	新疆农业大学	11

续表

序号	机构名称	数量
49	丽水学院	11
50	凯里学院	11
51	喀什师范学院	11
52	贵州财经大学	11
53	广西艺术学院	11
54	楚雄师范学院	11
55	云南财经大学	10
56	信阳师范学院	10
57	齐齐哈尔大学	10
58	河南师范大学	10
59	桂林理工大学	10

（四）课题/项目所属学科分类统计介绍

我们对3463条数据进行二级学科分类统计研究，根据民族学二级学科分为030401民族学、030402马克思主义民族理论与政策、030403中国少数民族经济、030404中国少数民族史、030405中国少数民族艺术5个二级学科分类，具体分布情况见表4。鉴于无法看到项目申请书和不少项目在学科分类上往往会跨2—3个学科，或者属新兴边缘交叉性学科研究，我们根据各年度的课题指南，对照学科基础知识，并咨询相关学科专家，对课题进行简单学科分类。对于跨学科的项目，为便于统计，只纳入一个学科统计，这与实际情况可能会有一些不符。①

从二级学科分类统计数量来看，030401民族学的立项数量最多为2458项，占70.98%；其次是中国少数民族艺术375项，占10.83%；中国少数民族经济296项，占8.55%；中国少数民族史187项，占5.40%；马克思主义民族理论与政策147项，占4.24%。

表4　民族学二级学科项目数量统计　单位：项

序号	名称	课题/项目数量
1	民族学	2458
2	马克思主义民族理论与政策	147
3	中国少数民族经济	296
4	中国少数民族史	187
5	中国少数民族艺术	375
合计		3463

① 黄华伟：《1993—2009国家社科基金哲学立项课题数据分析》，《中南大学学报（社会科学版）》2011年第2期。

1. 民族学二级学科立项的项目情况。民族学二级学科共立项2458项，其中国家级项目843项，占比34.3%；省部级1556项，占比63.3%；市厅级及以下59项，占比2.4%。其中省部级项目立项占了绝对优势，国家级其次，市厅级及以下最少，说明国家在掌握一定比例的同时，放权到各省部级，使得各级都重视民族学学科的发展研究。

国家级项目中，国家社科基金项目630项，占比74.7%；教育部项目209项，占比24.7%；国家级出版基金项目20项：风情中国——大型少数民族文化系列纪录片（英文）第一季，中国少数民族文字珍稀典籍汇编，仫佬族地区文书古籍影印校注（富媒体出版物），中国瑶族志（4卷）（汉文、瑶文），南海丝绸之路与东南亚民族经济文化交流研究，艽野东南的民族（系列二），黎族文身口述档案，土家族百科全书，新疆各民族大百科全书丛书（1—5卷），走近中国少数民族丛书（20种），习近平谈治国理政（蒙古文、藏文、维吾尔文、哈萨克文、朝鲜文版），中国少数民族儿童文学，中国少数民族文学史，中华民族文化大系（第一辑），中国民族语言语法标注文本丛书，抗日战争与中华民族复兴，新疆少数民族原创作品精选（84册）（维吾尔文、哈萨克文、蒙古文、柯尔克孜文、锡伯文），云南民族传统技艺，中国西部民族文化通志（第二阶段，11—20卷），国家级非物质文化遗产中国彝族梅葛史诗丛书，可以看出国家出版基金资助出版的项目主要是中国少数民族文字的大型著作，涵盖了我国少数民族文字的瑶文、黎族文、藏文、朝鲜文、维吾尔文、哈萨克文、蒙古文、柯尔克孜文、锡伯文等；2016年国家级继续医学教育项目2项：多元（日升）文化护理理念在少数民族地区的实施、多民族地区医务社会工作与志愿者医院服务学习班；国家留学基金委项目1项：民族药资源化学创新型人才培养项目；科技部项目3项：中国各民族体质人类学表型特征调查、肃南裕固族自治县细毛羊产业示范建设、重庆黔江民族特色产业公共服务平台建设；艺术基金项目2项：纳西族史诗《黑白战争》连环画展、蒙古族呼麦艺术人才培养。

可以看出民族学国家级项目主要集中在国家社科基金项目和教育部主管的立项项目上，主要围绕民族问题研究立项。由国家级层面把握我国民族学问题研究的核心所在，也使得经费主要集中到国家级项目层面，掌握更好的研究方向，使得民族学问题研究更符合国家政策导向。

2. 马克思主义民族理论与政策二级学科立项的项目情况。马克思主义民族理论与政策二级学科共立项147项，其中国家级项目40项，占比27.2%；省部级107项，占比72.8%。马克思主义民族理论与政策二级学科各级项目占比与民族学相当。

马克思主义民族理论与政策二级学科国家级项目中，教育部的2015年国家级大学生创新创业训练计划立项项目1项：少数民族青少年国家认同研究——以新疆阜康一中为例；国家社科基金项目39项，占比97.5%。这一现象明显表现出，马克思主义民族理论与政策问题研究主要集中到国家级社科基金项目研究中，足以说明这一研究领域所占级别之高，同时也说明马克思主义民族理论与政策研究需要高级别的经费支持和高级别的研究人员来研究。

马克思主义民族理论与政策二级学科39项国家社科基金项目中，青年项目3项：文化犹太复国主义与以色列民族国家建构关系研究、对口援藏省市差别化旅游援藏政策效率测度与提升路径研究、跨境德昂族的历史叙述与国家认同研究；一般项目3项：马克思主义经典作家民族理论文献在中国的传播及创新研究，基于优秀传统文化的民族地区马克思主义大众化特殊路径研究，尊重差异、包容多样与我国民族教育政策实践研究；2015年度国家社会科学基金项目重点项目2项：全面依法治国背景下深入贯彻实施民族区域自治法研究、民族自治县政府治理能力现代化研究；2015年度国家社会科学基金重大项目（第二批）2项：中国古代的“中国”认同与中华民族形成研究、民族宗教与国家治理问题研究；2015年度国家社科基金中华学术外译项目1项：中国共产党怎样解决民族问题；研究阐释党的十八届四中全会精神国家社科基金重大项目2项：全面推进依法治国与促进西南民族地区治理体系和治理能力现代化研究、建设社会主义民族法治体系、维护民族大团结研究；2015 年度国家社科基金西部项目 8 项；2016 年度国家社科基金项目 18 项。

可以看出马克思主义民族理论与政策项目的立项主要集中在国家社科基金西部项目和一般项目中，分别占比 20. 5% 和 46. 1% 。这与国家大政策的导向息息相关。

马克思主义民族理论与政策二级学科 107 项省部级项目中，国家民委、民政部、国家语委项目立项 66 项，占比 61. 7% 。此占比在半数以上，说明在马克思主义民族理论与政策二级学科省部级项目中，国家民委等的项目起到了主导性的作用。在这些项目中，其中 2015 年度国家民委科研项目 9 项；全国民族工作优秀调研报告项目 3 项；2015 年度第二批国家民委民族问题研究后期资助项目 4 项；2015 年度全国民族工作优秀调研报告项目 3 项；2016 年度国家民委民族问题研究后期资助项目 2 项；第三届民族问题研究优秀成果奖项目 19 项；国家民委民族问题研究项目 2015 年度课题 7 项；国家民委民族问题研究项目 2016 年度课题 13 项；民政部主管的 2015 年度政策理论研究课题 5 项；国家语委主管的 2015 年度国家语委科研项目立项 1 项：推进民族地区各民族干部互相学习语言文字政策与措施研究，由中央民族大学/李俊清负责主持立项。

马克思主义民族理论与政策二级学科 107 项省部级项目中，教育部作为主管单位共立项 20 项，占比 18. 7% 。在这些项目中，2015 年度教育部人文社会科学研究一般项目立项 5 项；2015 年度教育部人文社会科学重点研究基地重大项目 1 项；2015 年度教育部哲学社会科学研究重大课题攻关项目 1 项；2016 年度高校示范马克思主义学院和优秀教学科研团队建设项目 1 项；2016 年度教育部人文社会科学研究一般项目 2 项；第七届高等学校科学研究优秀成果奖（人文社会科学）4 项；全国教育科学“十二五”规划 2014 年度立项课题 4 项；全国教育科学“十三五”规划 2016 年度课题 2 项。

在马克思主义民族理论与政策二级学科 107 项省部级项目中，还有 2015 年度内蒙古自治区哲学社会科学规划项目、2015 年度陕西高校人文社会科学研究优秀成果奖、2015 年度云南省哲学社会科学规划项目、2015 年度云南省中国特色社会主义理论体系研究中心马克思主义理论研究和建设工程课题、2015 年首都设计提升计划项目、2016 年度贵州省教育厅高等学校人文社会科学研究项目、第五批北京市社会科学基金重大项目、湖南省社会科学成果评审委员会 2015 年度课题、江西省第十六次社会科学优秀成果奖、山东省教育科学“十二五”规划 2015 年度课题、山西省高等学校科学研究优秀成果奖（人文社会科学）、陕西省社科界 2015 年度重大理论与现实问题研究项目、上海市 2015 年度“曙光计划”项目、重庆市教育科学“十二五”规划 2015 年度专项课题等类型项目共 21 项。

3. 中国少数民族经济二级学科立项的项目情况。中国少数民族经济二级学科共立项 296 项，其中国家级项目 103 项，占比 34. 8% ；省部级 192 项，占比 64. 9% ；市厅级及以下 1 项，占比 0. 3% 。中国少数民族经济二级学科各级项目占比与民族学和马克思主义民族理论与政策相当，出现同样的比例现象。省部级项目立项占了绝对优势，国家级其次，市厅级及以下最少。

中国少数民族经济二级学科 103 项国家级项目中，教育部 2015 年国家级大学生创新创业训练计划立项项目 14 项；社科基金青年项目 9 项；2015 年度国家社会科学基金项目一般项目 13 项；2015 年国家社科基金西部项目 16 项；2016 年度国家社科基金各类项目 47 项；国家自然科学基金项目 4 项。

中国少数民族经济二级学科 192 项省部级项目中，国家民委在 2015—2016 年共设立国家民委科研项目、全国民族工作优秀调研报告、国家民委民族问题研究后期资助项目、全国民族工作优秀调研报告、第三届民族问题研究优秀成果奖、国家民委民族问题研究项目 2015 年度课题、国家民委民族问题研究项目2016年度课题和民政部2016年政策理论研究课题等各类课题项目共立项125项，占省部级项目的65.1%；教育部在2015—2016年共设立2015年度教育部人文社会科学研究一般项目、2015年度教育部人文社会科学研究专项任务项目（中国特色社会主义理论体系研究）、2016年度教育部人文社会科学研究一般项目、全国教育科学“十三五”规划2016年度课题等各类课题项目共立项17项，占省部级项目的8.9%；民政部/财政部在2015—2016年共设立2015年中央财政支持社会组织参与社会服务项目、2016年中央财政支持社会组织参与社会服务项目共15项；文化部立项2016年度文化部文化艺术研究项目1项：贫困地区公共文化精准服务研究——以四川民族地区及革命老区为例（四川省文化馆/赵红川）；国家旅游局立项2016年国家旅游局科研项目1项：旅游扶贫背景下西南民族社区时空演变机理与旅游发展模式研究（华中师范大学/李亚娟）；在中国少数民族经济二级学科省部级项目192项中，还有湖北省高等学校省级教学研究项目、湖北省社科基金一般项目、2015年度广东省基础与应用基础研究专项资金（省自然科学基金）项目、2015年度贵州省教育厅高等学校人文社会科学研究项目、2015年度内蒙古自治区哲学社会科学规划项目、2015年度云南省教育厅科学研究基金项目、2015年度云南省哲学社会科学规划项目、2015年度云南省哲学社会科学优秀学术著作出版资助、2015年贵州省教育科学规划课题、2015年贵州省教育厅人文社科基地项目、2015年辽宁省大学生创新创业训练计划项目、2015年云南省民族研究院课题、2016年度贵州省教育厅高等学校人文社会科学研究项目、湖北省社科基金2015年一般项目、内蒙古哲学社会科学规划项目2015年度社科研究基地专项课题、四川景观与游憩研究中心2015年度课题、四川休闲体育产业发展研究中心2015年度项目等各类型项目共33项。

4. 中国少数民族史二级学科立项的项目情况。中国少数民族史二级学科共立项187项，其中国家级项目105项，占比56.1%；省部级80项，占比42.8%；市厅级以下2项，占比1.1%。中国少数民族史二级学科各级项目占比与民族学有所不同，国家级项目占据了稍高的比例优势，中国少数民族史属于历史研究范畴的课题，基础研究居于多数，说明国家在中国少数民族史基础研究上投资偏高。

中国少数民族史二级学科105项国家级项目中，出版资助类项目有2015年度国家出版基金项目和2016年国家出版基金项目共立项8项，包括：中国少数民族文学史、走近中国少数民族丛书、中国少数民族文物图典（后5册）、中国西南民族通史、中国少数民族哲学思想史、壮族通史（1—8卷）、中国北方草原游牧民族艺术史系列丛书、中国历史民族地理。从国家资助的这8项来看，除少数民族文学、民族学外，还有少数民族文物图典等都是历史性的大型著作。由教育部完成立项的国家级项目为2015年国家级大学生创新创业训练计划立项5项。另有，国家社科基金2015年度《国家哲学社会科学成果文库》项目1项：古代东北民族朝贡制度史；2015年度国家社会科学基金项目青年项目8项；2015年度国家社会科学基金项目一般项目11项；2015年度国家社会科学基金项目重点项目1项；2015年国家社科基金后期资助项目2项；2015年度国家社科基金西部项目12项；2016年度国家社科基金项目54项；2016年度国家社科基金后期资助项目2项。

中国少数民族史二级学科80项省部级项目中，国家民委在2015—2016年共设立国家民委科研项目、2015年度第二批国家民委民族问题研究后期资助项目、国家民委民族问题研究项目2015年度课题、国家民委民族问题研究项目2016年度课题等各类课题项目共33项，占省部级项目的41.2%；教育部在2015—2016年共设立2015年度教育部人文社会科学研究一般项目、2016年度教育部人文社会科学研究一般项目、第七届高等学校科学研究优秀成果奖（人文社会科学）共立项22项，占省部级项目的27.5%；国家档案局的2016年度国家档案局优秀科技成果奖励项目1项：少数民族口述历史采集与整理方法研究［云南省档案局（馆）/龙岗、陈子丹、蒋一虹、叶惠杰、梁莹]；浙江省高校重大人文社科项目攻关计划项目、湖北省社科基金一般项目、2015 年度贵州省教育厅高等学校人文社会科学研究项目、2015 年度河南省高等学校哲学社会科学基础研究重大项目、2015 年度黑龙江省哲学社会科学研究规划项目、2015 年度云南省教育厅科学研究基金项目、2015 年度云南省社会科学普及规划项目、2015 年度云南省哲学社会科学规划项目、2015 年度云南省哲学社会科学研究基地课题、2015 年度云南省哲学社会科学优秀学术著作出版资助、2015 年广西社会科学重点学术著作出版资助项目、2015 年海南省哲学社会科学规划课题、2015 年黑龙江经济社会发展重点研究课题（基地专项第二批）、2015 年辽宁省大学生创新创业训练计划项目、第五批北京市社会科学基金重大项目、江西省高校人文社会科学重点研究基地 2015 年度研究项目、内蒙古哲学社会科学规划项目 2015 年度社科研究基地专项课题、四川省哲学社会科学重点研究基地“羌学研究中心”2015 年度课题等各类型项目共 25 项，共涉及浙江、湖北、贵州、河南、黑龙江、云南、广西、海南、辽宁、北京、江西、内蒙古、四川 13 个省份。

5. 中国少数民族艺术二级学科立项的项目情况。中国少数民族艺术二级学科共立项 375 项，其中国家级项目 207 项，占比 55.2%；省部级 161 项，占比 42.9%；市厅级及以下 7 项，占比 1.9%。中国少数民族艺术二级学科各级项目占比与中国少数民族史二级学科各级占比相类似，国家级项目占据了稍高的比例优势。

中国少数民族艺术二级学科 207 项国家级项目中，出版基金类的 2015 年度、2016 年度国家出版基金项目分别为 6 项和 5 项；教育部的 2015 年国家级大学生创新创业训练计划立项项目 34 项；2015 年度国家社会科学基金青年项目 1 项；2015 年度国家社会科学基金一般项目 3 项；2015 年度国家社科基金艺术学项目 16 项；2015 年国家社科基金西部项目 5 项；2015 年国家社科基金中华学术外译项目 1 项；2016 年度国家社科基金项目 8 项；国家艺术基金（一般项目）2016 年度青年艺术创作人才资助项目 1 项：广西少数民族村寨山水画创作；国家艺术基金 2015 年度资助项目 61 项；国家艺术基金 2016 年度资助项目 66 项。

中国少数民族艺术二级学科 161 项省部级项目中，国家民委在 2015—2016 年共设立国家民委科研项目和国家民委民族问题研究项目 2016 年度课题 11 项；国家新闻出版广电总局设立 2015 年“原动力”中国原创动漫出版扶持计划项目 1 项；中国文艺原创精品出版工程项目 3 项；教育部主管的 2015 年度教育部人文社会科学研究一般项目 14 项；2016 年度教育部人文社会科学研究一般项目 4 项；第七届高等学校科学研究优秀成果奖（人文社会科学）4 项；全国教育科学“十二五”规划 2015 年度课题 4 项；文化部主管的 2015 年度文化部文化艺术科学研究项目 3 项；2016 年度国家文化创新工程项目 1 项；2016 年度文化部文化艺术研究项目 3 项。

在 2015—2016 年省部级立项项目中，国家民委主管立项 11 项，教育部主管立项 26 项，文化部主管立项 7 项，明显看出在省部级项目中教育部的项目占据了主导地位，说明我国在中国少数民族艺术的研究领域，教育部掌控着主要课题项目的研究方向。

中国少数民族艺术二级学科省部级 161 项项目中，还有河南省教育厅人文社会科学研究成果奖、湖北省社科基金一般项目、2015 年度福建省社会科学规划项目、2015 年度贵州省教育厅高等学校人文社会科学研究项目、2015 年度河南省信息技术教育优秀成果奖、2015 年度黑龙江省哲学社会科学研究规划项目、2015 年度江苏省文化产业引导资金项目、2015 年度江西省艺术科学规划项目、2015 年度辽宁省科技计划项目、2015 年度内蒙古哲学社会科学规划项目、2015 年度山东省艺术科学重点课题、2015 年度山西省高等学校哲学社会科学研究项目、2015 年度陕西高校人文社会科学研究优秀成果奖、2015 年度陕西师范大学优秀学术著作出版基金（人文社科类）、2015 年度四川省教育科研资助金项目、2015 年度四川省哲学社会科学重点研究基地“多元文化研究中心”项目、2015 年度文化产业发展专项资金项目、2015 年度云南省教育厅科学研究基金项目、2015 年度云南省社会科学普及规划项目、2015 年度云南省哲学社会科学教育科学规划项目、2015 年广东高校省级重点平台和重大科研项目、2015 年广东省高校青年创新人才类项目、2015 年广东省高校特色创新类项目、2015 年广西社会科学重点学术著作出版资助项目、2015 年贵州省教育厅人文社科基地项目、2015 年海南省哲学社会科学规划课题、2015 年黑龙江经济社会发展重点研究课题（基地专项第二批）、2015 年辽宁省大学生创新创业训练计划项目、2015 年云南省民营经济暨中小企业发展专项资金（技术创新）项目、2015 年浙江省社科联研究课题、2016 年度河南省科技计划项目、安徽省 2015 年度高校人文社科研究项目、第一届贵州省职业院校民族民间文化教育传承创新项目、广东省哲学社会科学“十二五”规划 2015 年度学科共建项目、广西教育科学“十二五”规划 2015 年度课题、河南省教育科学“十二五”规划 2015 年度课题、湖北省社科基金 2015 年一般项目、湖南省 2015 年度县域经济发展技术创新引导专项项目、江苏省教育科学“十二五”规划 2015 年度课题、江西省第十六次社会科学优秀成果奖、辽宁省教育科学“十二五”规划 2015 年度立项课题、内蒙古哲学社会科学规划项目 2015 年度社科研究基地专项课题、山东省 2015 年度社会科学普及与应用重点项目、四川省 2015 年度社会科学普及规划项目、四川省哲学社会科学重点研究基地“羌学研究中心”2015 年度课题等各类型项目共 112 项。涉及河南、湖北、福建、贵州、黑龙江、江苏、江西、辽宁、内蒙古、山东、山西、陕西、四川、云南、广东、广西、海南、安徽、湖南 19 个省份。

综观民族学、马克思主义民族理论与政策、中国少数民族经济、中国少数民族史、中国少数民族艺术这 5 类二级学科立项的项目情况，主要特点如下。其一，国家级项目立项都集中在全国哲学社会科学工作办公室主管的国家社会科学基金项目、国家出版基金项目、教育部主管的国家级大学生创新创业训练计划立项项目、国家艺术基金年度资助项目这四类基金项目上。国家社科基金项目在数量和经费资助上占有比例均最高。这进一步说明过去、目前以及将来国家社科基金项目是我国国家级项目中一面长久的大旗，决定我国社科研究的主要方向和命脉。其二，省部级项目立项都集中在国家民委主管的年度国家民委科研项目、教育部主管的年度教育部人文社会科学研究一般项目、文化部主管的年度文化部文化艺术科学研究项目之上。从数量和经费资助上，国家民委的项目占有的比例偏高，足以说明国家民委在省部级项目中对于民族研究领域的研究起着决定性的作用。

四　思考与讨论

根据以上报告情况，我们可以意识到加强对民族学研究类立项课题的研究至关重要。结合 2015—2016 年民族学研究类立项课题/项目的特点，笔者认为，我国民族学类课题/项目立项应该重点关注以下几个方面。

1. 加强立项研究，提升民族学学科地位。民族学研究在推进我国民族发展进程中扮演着十分重要的角色，为实现我国民族发展作出不可估量的贡献。特别是习近平总书记于 2016 年 5 月 17 日在哲学社会科学工作座谈会上的讲话精神给我国民族学学科发展提供了前所未有的历史机遇，同时也对民族学课题/项目研究提出了更高的目标与要求。这不仅增加了课题研究的难度，还给研究人员带来了严峻挑战。为了应对挑战，一方面，在思想上要高度重视民族学类立项课题的研究，认识课题研究对民族学学科发展、专业建设和人才培养等方面带来的积极作用和重要影响；另一方面，在行动上要积极主动地申报全国民族学学科类课题，不断增加立项课题的数量和质量，努力提升立项课题的级别。同时也要看到，民族学学科地位，不仅仅通过立项课题的数量和级别来体现，更主要的是通过课题研究的学术成就、贡献、影响和学界的认同来体现。[①]

2. 关注区域弱势，实现民族学学科均衡。民族学立项课题的广泛分布，有利于实现我国民族学学科的区域均衡发展。但统计数据表明，民族学类立项课题主要集中在云南、北京、贵州、四川和广西等地区。西藏和青海同样作为少数民族集中的省份，立项课题/项目就明显偏少。忽视此类地区的民族学研究课题立项，容易导致恶性循环，将进一步拉大区域间民族学研究的差距。为了克服马太效应，逐步实现民族学研究的区域平衡，在名额分配上应该适度调整，同等条件下要对它们申报的课题优先立项资助。[②]

3. 考虑不同地区的经济情况设立优惠照顾政策。对于经济欠发达地区的立项课题，应该给予更大的经费支持额度，以解决研究经费短缺的问题。而对于经济发达地区，可以适度降低经费支持额度。因为经济发达地区的研究单位是只缺项目不缺研究经费，而经济欠发达地区的研究单位则是既缺课题项目又缺经费。

4. 紧跟学科前沿，拓展深化民族学研究领域。随着现代信息技术的迅猛发展和社会科学研究领域信息化建设进程的加快，民族学学科也在不断发展壮大。民族学是综合性的学科。它的发展不仅依赖于现代信息技术的支持，还需要学科本体理论的自我发展和完善。研究和实践主体的多元化是民族学学科的特点。因此，面对日益网络化、智能化和虚拟化的民族学研究环境、手段和方法，民族学研究人员必须不断拓展新的研究主题和实践领域。在兼顾新兴研究领域和主题的同时，进一步巩固和深化现有研究领域与主题，更加系统、全面、深入、科学地开展实证研究。

5. 增强科研意识，发展民族学研究力量。近年来，随着国家对哲学社会科学的重视度日益增强，我国民族学学科研究队伍、科研机构迅速发展壮大，民族学研究人员的科研意识得到了明显增强，涌现出了一大批理论基础扎实、科研成果突出、富有创新精神的学科带头人。但是民族学类立项课题发表的科研成果及成果对社会发展的影响力度还存在一定差距，需要进一步推动。

6. 跨学科研究已经成为知识产权问题研究的普遍趋势。一是学科自身性质决定了跨学科研究方法应被采用。二是其他学科研究人员的介入。近年来，一些具有计算机等相关学科背景的研究者加入社会科学研究的队伍中，一些高校也以大数据为背景、民族学研究为基础，以培养民族学复合型实务人才作为目标。这些变化不但促成了民族学跨学科研究的形成，而且提升了民族学研究层次和水平。三是以民族学研究问题为导向的研究需要跨学科的合作。民族学问题的形成与解决通常是十分复杂的过程，需要跨学科领域专家的积极合作，运用多种方法从多维视角来加以阐述，提供对策。

需要说明的是，由于民族学问题研究的内涵和外延难以明晰厘清，此报告也只是研究者根据一定的标准进行研判，无法做到像自然科学那般精确唯一。因而，本报告研究的意义也许并不在于得出一个被一致认可的结论，而在于廓清民族学问题研究课题/项目的基本发展态势，以期对我国民族学研究发展有所裨益。[③]

五　结论

本报告利用统计方法对所获取的2015—2016年我国民族学学科立项的项目数据，从总量分

---

① 杨方琦：《全国教育科学规划教育技术类立项课题的统计与分析》，《现代教育技术》2013年第7期。

② 杨方琦：《全国教育科学规划教育技术类立项课题的统计与分析》，《现代教育技术》2013年第7期。

③ 姚颉靖、彭辉：《从国家社科基金立项项目看知识产权问题研究发展状况——基于1996—2011年国家社科基金知识产权问题研究立项的统计分析》，《现代法学》2011年第6期。

析、地区分布、承担单位分布等方面进行统计分析研究。项目以国家级项目为核心；数量以省部级项目为主；立项单位以教育部直属的综合性大学为主，它们立项排名基本稳定。突出特点是以民族学二级学科问题研究为主线。

报告统计分析的对象为2015—2016年全国民族学网上报道记录正式立项项目，反映我国民族学研究项目总貌，具有一定的参考价值。虽然在数据统计的过程中存在一定的统计误差与归类误差，但上述数据在总体上已经揭示了我国民族学2015—2016年研究的整体面貌，便于我们分析民族学研究发展的主要特征与发展趋势。①

综上所述，2015—2016年民族学网上报道记录正式立项项目中，国家社科基金项目占比最大，能代表当前中国民族学研究的基本面貌和热点。国家社科基金民族学立项项目的研究情况能代表民族学学科的研究特点。因此，通过对2015—2016年国家社科基金民族学立项项目的分析，有助于我们了解和把握当前民族学研究趋势，帮助我们开展研究选题和课题申报。

本调查报告在大量数据基础上通过统计分析，力图全面展现民族学学科课题/项目的立项发展现状，剖析该学科未来发展需求的趋势。由于我们在知识结构与信息交流的局限性，本文所收录的统计数据只是不完全调查的结果，疏漏之处，还请各位同人批评指正。

（王小霞，研究员，中国社会科学院民族学与人类学研究所科研处）

---

① 孟凡华：《我国职业教育科学研究的现状与热点分析——以2011—2016年全国教育科学规划立项课题为对象》，《职教论坛》2017年第4期。

学术活动

2015—2016 年国内召开的部分学术会议

2015 年

【“2015 年度中国民族问题热点：中国与世界”学术研讨会】

主办单位：中央民族大学中国民族理论与民族政策研究院

时　　间：2015 年 1 月 10 日

地　　点：北京市

参会人员：30 余人

问题讨论及评述：与会的专家学者在国内民族问题板块，着重研讨了关于民族地区贫困、民族理论研究的学术情怀、边疆民族问题及治理、民族差别对待问题；在国际问题板块，有关欧洲难民危机、移民问题、涉及民族问题的极端暴恐事件、国外民族问题对中国的借鉴与启示意义等受到了学者较多关注。（摘自《黑龙江民族丛刊》2016 年第 1 期）

【南方丝绸之路学术研讨会】

主办单位：教育部人文社会科学重点研究基地四川师范大学巴蜀文化研究中心、四川师范大学南方丝绸之路研究所、成都博物院、雅安市博物馆

时　　间：2015 年 3 月 9—10 日

地　　点：四川省雅安市

参会人员：60 余人

问题讨论及评述：与会的专家学者围绕南方丝绸之路与中外交流史、南方丝绸之路与文物、南方丝绸之路民族与民俗文化、南方丝绸之路经济带研究等方面的议题展开了热烈研讨。（摘自《中国史研究动态》2015 年第 4 期）

【第八届中国民族研究西南论坛：民族互动、社会治理与国家认同学术研讨会】

主办单位：中国社会科学院民族学与人类学研究所《民族研究》编辑部、西南民族大学

时　　间：2015 年 4 月 18—19 日

地　　点：四川省成都市

参会人员：80 余人

收到论文：90 篇

问题讨论及评述：研讨会由主旨发言和分组讨论两部分组成。致辞的学者作了中国民族学人类学研究四个面向、四个圈层的主旨发言。四个面向是指，面向我国民族地区、少数民族，面向全国和所有民族，面向周边国家、跨境和周边国家民族，面向全世界、各个国家的民族。四个圈层是指，民族学人类学要研究小社区共同体、民族及地区共同体、国家及中华民族共同体、全球及人类共同体及其相互关系。与会的专家学者还围绕着民族互动与国家认同、民族地区社会治理、民族文化交流等议题展开了热烈研讨。（摘自《民族研究》2015 年第 3 期）

【海峡两岸西藏历史文化学术研讨会】

主办单位：台湾中国文化大学文学院、淡江大学西藏研究中心、中国藏学研究中心

时　　间：2015 年 5 月 28—29 日

地　　点：台湾省台北市

参会人员：30 余人

收到论文：23 篇

问题讨论及评述：会议内容包括藏族历史、宗教、文化、民俗、藏医药等方面。（摘自《中国藏学》2015 年第 3 期）

【第三届藏学期刊发展暨《青海民族大学学报》创刊四十周年学术研讨会】

主办单位：中国藏学研究中心、青海民族大学

时　　间：2015 年 6 月 25—26 日

地　　点：青海省西宁市

参会人员：80 余人

问题讨论及评述：在会议的主题发言环节，有 4 位学者先后从学科建设、涉藏智库建设问题和中国藏学研究中心作用等方面作了精彩报告；在分两个时段进行的研讨环节，与会的藏文学术期刊的相关负责人对藏文期刊发展、藏文期刊专有名词藏译标准、藏文期刊信息化与协同创新等主题进行了讨论。（摘自《中国藏学》2015 年第 3 期）

【新疆屯垦史学术研讨会】

主办单位：《新疆通史》编委会

时　　间：2015 年 6 月 25—26 日

地　　点：新疆维吾尔自治区五家渠市

参会人员：100 余人

收到论文：70 余篇

问题讨论及评述：研讨会讨论内容涉及历史时期新疆屯垦及新疆生产建设兵团的历史与发展等相关问题。还有四位学者对已经完成的《新疆通史·屯垦卷》部分书稿进行了现场或书面评议。（摘自《西域研究》2015 年第 3 期）

【第三届中国边疆研究青年学者论坛】

主办单位：中国社会科学院中国边疆研究所、云南民族大学

时　　间：2015 年 7 月 6—7 日

地　　点：云南省昆明市

参会人员：60 余人

问题讨论及评述：论坛主题是“中国边疆史地研究的新思考、新探索”。与会的青年学者分别就中国边疆研究的理论思考、近代中国边疆治理及涉外关系、海疆历史与现实等进行了深入交流和讨论。（摘自《中国边疆史地研究》2015 年第 4 期）

【中国社会学会 2015 年学术年会分论坛】

主办单位：贵州民族大学民族学与社会学学院、贵州省社会科学院社会研究所

时　　间：2015 年 7 月 11 日

地　　点：湖南省长沙市

参会人员：50 余人

问题讨论及评述：与会的专家学者着重探讨了民族地区社会治理与社会发展面临的新情况、新问题，并多维度、多层面地提出了应对之策。（摘自《民族研究》2015 年第 6 期）

【2015 年中国民族理论学术年会】

主办单位：中国民族理论学会

时　　间：2015 年 7 月 24—25 日

地　　点：黑龙江省齐齐哈尔市

参会人员：100 余人

收到论文：60 余篇

问题讨论及评述：年会主题为中央民族工作会议与民族理论研究的新课题。在学会的交流环节，19 名专家学者结合中央民族工作会议精神，围绕共有精神家园培育和制度建设、互嵌式社会结构与社会环境、族际人口流迁和城市民族工作、促进各民族交流交往交融、创新民族团结的载体和方式 5 个议题进行了学术交流。（摘自《黑龙江民族丛刊》2015 年第 4 期）

【第三届全国民族地区新型城镇化建设与发展论坛】

主办单位：中央民族大学经济学院、中国社会科学院民族学与人类学研究所《民族研究》编辑部、齐齐哈尔大学

时　　间：2015 年 7 月 24—26 日

地　　点：黑龙江省齐齐哈尔市

参会人员：近 60 人

收到论文：26 篇

问题讨论及评述：与会的专家学者围绕着“民族地区新型城镇化与发展”这一主题，分别从民族地区新型城镇化基础理论和实证研究、民族地区新型城镇化建设的差异及路径选择、东北地区新型城镇化建设路径选择、

"一带一路"倡议下民族地区新型城镇化建设的机遇与挑战等多角度进行了讨论和交流。(摘自《黑龙江民族丛刊》2015年第4期)

【第十一届全国因明学研讨会】

主办单位：中国藏学研究中心宗教研究所、五台山十方堂

时　　间：2015年7月31日

地　　点：北京市

参会人员：50余人

收到论文：50余篇

问题讨论及评述：与会的专家学者主要围绕汉传因明研究、蒙传因明研究、蒙古因明研究、国外因明研究与因明跨学科研究展开热烈研讨。(摘自《中国藏学》2015年第4期)

【中国世界民族学会第十次全体代表大会暨学术研讨会】

主办单位：中国世界民族学会

时　　间：2015年7月31日至8月2日

地　　点：贵州省贵阳市

参会人员：近100人

收到论文：70余篇

问题讨论及评述：大会的主旨发言是"'一带一路'建设中的文化力量"。学术研讨会分5个小组进行，涉及有民族理论的探索和完善层面、民族政策的制定和实施层面、区域民族问题治理层面、世界民族研究学科的研究视角层面等。会议还进行了中国世界民族学会理事会换届选举，产生了由200余人组成的新一届理事会。(摘自《世界民族》2015年第4期)

【黑龙江省民族研究学会2015年学术年会暨专题学术研讨会】

主办单位：黑龙江省民族研究所

时　　间：2015年9月18日

地　　点：黑龙江省哈尔滨市

收到论文：16篇

问题讨论及评述：年会的主题发言是"论少数民族伦理观念与社会主义核心价值观的同一性"。与会的专家学者分别围绕"浅析鄂温克民族的社会主义核心价值观根源""蒙古秘史伦理体现研究""论成吉思汗诚信道德观的文化传统及现实意义"等议题进行了学术交流。(摘自《黑龙江民族丛刊》2015年第5期)

【第二届回族学高层论坛暨《回族研究》百期纪念学术研讨会】

主办单位：北方民族大学、宁夏社会科学院

时　　间：2015年10月8日

地　　点：宁夏回族自治区银川市

参会人员：100多人

收到论文：51篇

问题讨论及评述：论坛主题是"'一带一路'倡议中的回族学创新与发展"。与会的专家学者分别从回族学学科建设、回族社会文化、回族经济与历史等方面，探讨了回族学研究最新的研究成果和研究动态。(摘自《回族研究》2015年第4期)

【中国人类学民族学2015年年会】

主办单位：中国人类学民族学研究会

时　　间：2015年10月10—11日

地　　点：贵州省贵阳市

参会人员：400多人

收到论文：400余篇

问题讨论及评述：会议期间，举办了主旨演讲、交流发言、专题学术讲座、学术成果展览和优秀论文评选等活动。大会主题是"'一带一路'与民族文化的交融与发展"。与会的专家学者分别围绕经济社会转型、我国西部民族问题治理体系和治理能力现代化、"一带一路"与乌江流域民族文化与社会发展、少数民族农牧区减贫与民族经济发展、"北方丝绸之路经济带"与民族文化交融发展等专题进行了热烈讨论。(摘自《贵阳文史》2016年第1期)

【首届"民族语文描写与比较"学术研讨会】

主办单位：《民族语文》杂志社、首都师范大学文学院

时　　间：2015年10月23—26日

地　　点：北京市

问题讨论及评述：会议以“民族语文的描写与比较”这一大会主题报告和分组讨论的形式举行了数十场报告会。与会的专家学者分别就藏缅语族、侗台语族、苗瑶语族、南岛语族、突厥语族以及汉语的语音语法和历史比较等议题进行了广泛讨论。（摘自《民族语文》2015 年第 6 期）

【2015 年藏传佛教教义阐释工作研讨会】

主办单位：中国藏语系高级佛学院、中国藏学研究中心

时　　间：2015 年 10 月 29—30 日

地　　点：北京市

参会人员：60 余人

问题讨论及评述：与会的佛学院的学员和藏研中心的学者，围绕会议主题“藏传佛教与戒律思想”进行了充分讨论。藏研中心“藏传佛教教义阐释研究”课题组还向会议提交了《藏传佛教教义阐释研究文集·藏传佛教与戒律建设研究专辑》及其他研究成果。（摘自《中国藏学》2015 年第 4 期）

【中国突厥语研究会第十一届学术研讨会暨第七届换届会】

主办单位：中国突厥语研究会

时　　间：2015 年 10 月 30 日

地　　点：青海省西宁市

参会人员：数十人

收到论文：50 篇

问题讨论及评述：会议决定，今后每两年开一次学术研讨会，每四年开一次换届会。与会人员以无记名投票的方式选举了学会新一届领导班子成员。（摘自《语言与翻译》2016 年第 1 期）

【中国民族史学会第十八次学术研讨会暨交融与认同：中华民族共同体的历史演进学术研讨会】

主办单位：中国民族史学会、中南民族大学

时　　间：2015 年 10 月 31 日至 11 月 1 日

地　　点：湖北省武汉市

参会人员：100 多人

收到论文：90 余篇

问题讨论及评述：会议分为主旨报告和分组讨论两个阶段。有 6 位学者作了精彩的主旨报告；在分组讨论阶段，与会学者分为三组，分别围绕历史上的民族与国家认同，民族史志文献的整理与研究，边疆与民族地区的治理和社会变迁，历史上的民族教育、宗教、文化与民族关系，土司研究等议题进行了深入探讨。（摘自《民族研究》2015 年第 6 期）

【第三届中国边疆学论坛】

主办单位：中国社会科学院中国边疆研究所、陕西师范大学中国西部边疆研究院

时　　间：2015 年 11 月 14—15 日

地　　点：陕西省西安市

参会人员：近 70 人

问题讨论及评述：与会的专家学者围绕“‘一带一路’与中国边疆发展”展开讨论。会议分为嘉宾主题演讲和专题讨论两部分。主题演讲主要包括中国边疆史研究与“大一统”思想、“一带一路”与当代中国边疆发展；专题讨论主要针对“一带一路”与边疆学、边疆的概念和理论问题、边疆安全与对外关系、汉唐边疆治理、元明清边疆治理、民族关系与民族文化等议题进行讨论。（摘自《中国边疆史地研究》2016 年第 1 期）

【中国人类学民族学研究会教育人类学专业委员会第二届年会暨“文化多样性与教育”学术研讨会】

主办单位：中国人类学民族学研究会教育人类学专业委员会

时　　间：2015 年 11 月 14—15 日

地　　点：广西壮族自治区南宁市

参会人员：200 余人

收到论文：110 余篇

问题讨论及评述：与会学者就“教育人

类学的本体论与学科发展”“文化多样性与教育发展”“少数民族的语言、文化与教育”“文化心理、乡土知识与学校课程”“教育人类学的田野工作与个案研究”等议题进行了广泛交流与探讨。(摘自《广西民族大学学报(哲学社会科学版)》2016 年第 3 期)

【第五届原生态民族文化高峰论坛】

主办单位：贵州省文化厅、凯里学院

时　　间：2015 年 11 月 14—16 日

地　　点：贵州省凯里市

参会人员：140 余人

问题讨论及评述：与会的专家学者围绕“文化生态视野下的非物质文化遗产传承与保护”这一主题，分别从“非遗”的传承、保护研究，“非遗”的开发、利用研究，生态产品和生态产业的定位、开发和市场化问题研究，传承人的选拔、培养、管理及相关政策问题研究，“非遗”的数字化保护问题研究等方面进行了热烈研讨。(摘自《原生态文化学刊》2016 年第 1 期)

【第三届都市人类学会议暨“城市社会转型与民族文化”学术研讨会】

主办单位：中国社会科学院民族学与人类学研究所、中国人类学民族学研究会

时　　间：2015 年 11 月 21—22 日

地　　点：北京市

参会人员：50 余人

问题讨论及评述：与会的专家学者分别就“城市转型与流动人口（移民）”“城市化与老字号文化的现代转型”“城镇化与社会建设”“城市转型与民族文化”“城市转型与旅游”“城市转型与宗教文化”“城镇化与价值观变迁”“城镇化与教育、‘非遗’、记忆”八个专题展开了热烈探讨。（摘自《民族研究》2016 年第 1 期）

【侬智高学术研讨会】

主办单位：广西民族问题研究中心

时　　间：2015 年 12 月 1—5 日

地　　点：广西壮族自治区南宁市

参会人员：65 人

问题讨论及评述：此次会议除了提供越南研究侬智高取得的成果，还邀请了狄青家乡的学者、研究狄青的学者，同时精心准备越南学者论述侬智高的文章 16 篇，极大地拓展了侬智高研究的学术视野。(摘自《中国史研究动态》2016 年第 3 期)

【辽宁省首届满族语言抢救与历史文化保护高层论坛】

主办单位：辽宁省民族事务委员会

时　　间：2015 年 12 月 5 日

地　　点：辽宁省沈阳市

参会人员：40 余人

问题讨论及评述：与会的专家学者深入分析了满族语言与文化保护的现状和存在的问题，同时也提出了很多切实可行的建议，一、政府支持落到实处，资金政策双重保障；二、加大人才培养力度，科学规划学科建设；三、加强交流合作，共建研究基地。（摘自《满族研究》2015 年第 4 期）

【第三届民族理论与政治论坛：民族政治与民族事务治理现代化学术研讨会】

主办单位：中国社会科学院民族学与人类学研究所《民族研究》编辑部、华东政法大学政治学研究院

时　　间：2015 年 12 月 12—13 日

地　　点：上海市

参会人员：50 余人

问题讨论及评述：与会的专家学者围绕民族政治理论与多民族国家建构，多民族国家建构与国家治理现代化，中国的民族政治理念、制度及依法治理，民族事务治理现代化及“一带一路”建设，民族交往交流交融与相互嵌入式结构，国家认同、民族认同与国家治理等学术方向进行了深度探讨。(摘自《民族研究》2016 年第 1 期)

（供稿人：林浩）

2016年

【中国世界民族学会“当前世界民族热点问题”专家咨询会】

主办单位：中国世界民族学会

时　　间：2016年1月30日

地　　点：北京市

参会人员：70余人

问题讨论及评述：与会的专家学者从民族学、人类学、社会学、政治学、国际关系学、历史学等学科研究角度，主要围绕“伊斯兰国”对国际政治秩序的冲击、“一带一路”沿线国家民族问题以及世界民族学科建设与发展三大主题对当前世界民族热点问题进行了研讨。（摘自《世界民族》2016年第3期）

【第三届“民族语文描写与比较”学术研讨会】

主办单位：中国民族语言学会、《民族语文》杂志社、南开大学文学院、遵义师范学院

时　　间：2016年3月19—20日

地　　点：贵州省遵义市

参会人员：40余人

问题讨论及评述：与会的专家学者围绕民族语言政策法规、语言接触导致的语言演变、民族语的历史演变及原始语构拟、民族语言词汇考察、语法专题研究等主题作了主题发言和论文交流。（摘自《民族语文》2016年第3期）

【“中国古代民族融合与国家认同”高层论坛】

主办单位：《中国史研究》杂志社、遵义师范学院

时　　间：2016年3月29—30日

地　　点：贵州省遵义市

参会人员：20余人

问题讨论及评述：与会的专家学者围绕中国古代民族关系、民族融合历程、民族融合对统一多民族国家形成的影响以及各民族对国家的认同等议题，进行了深入研讨。（摘自《中国史研究动态》2016年第4期；中国·遵义网www.zunyi.gov.cn/sy/zyyw/201603/t20160330_394462.html）

【中国人类学民族学研究会心理人类学专业委员会2016年年会暨民族心理与民族地区社会治理学术论坛】

主办单位：中国人类学民族学研究会心理人类学专业委员会

时　　间：2016年6月11—12日

地　　点：宁夏回族自治区银川市

参会人员：90余人

问题讨论及评述：一、民族心理研究的理论与实践；二、民族文化与民族认同；三、民族地区社会治理与精准扶贫。（摘自《民族研究》2016年第4期）

【第十一届全国民族理论研究生学术研讨会】

主办单位：国家民委重点基地中国特色民族理论研究基地、中国人类学民族学研究会民族关系专业委员会、宁夏大学、北方民族大学

时　　间：2016年7月9—10日

地　　点：宁夏回族自治区银川市

参会人员：40余人

问题讨论及评述：大会主要围绕“一带一路”建设与民族地区全面建成小康社会、“五个发展”理念与民族地区全面建成小康社会、“五位一体”总体布局与民族地区全面建成小康社会研究、民族关系与民族地区全面建成小康社会四个议题展开深入研讨。（摘自《黑龙江民族丛刊》2016年第5期）

【中国民族古文字研究会第十次学术研讨会暨会员代表大会】

主办单位：中国民族古文字研究会、云南民族大学

时　　间：2016年7月13—15日

地　　点：云南省昆明市

参会人员：80余人

问题讨论及评述：会上，与会的专家学者就西夏、契丹、佉卢、突厥、回鹘、蒙古、满、东巴、傣、壮、水、布依、彝、藏、白、拉祜的文字文献等论题进行了充分讨论。此次会议推选尹虎彬担任中国民族古文字研究会新一任会长。（摘自《民族语文》2016 年第 4 期）

【纪念红军长征胜利 80 周年暨红军长征与少数民族学术研讨会】

主办单位：中国社会科学院民族学与人类学研究所《民族研究》编辑部、云南大学历史与档案学院、中共寻甸回族彝族自治县县委宣传部

时　　间：2016 年 7 月 16—17 日

地　　点：云南省昆明市

参会人员：70 余人

问题讨论及评述：六位学者作了主题发言，涉及“红军长征时期民族政策的成就及取得成就的原因”“长征及延安时期中共民族理论的发展”等；在分组讨论阶段，与会学者分别围绕红军长征与中国共产党民族政策、民族理论，长征中中国共产党民族政策、民族理论在各民族地区的具体实施与实践，红军长征与宗教政策，红军长征重要历史事件与会议，长征精神研究，长征时期的西南边疆与民族等议题进行了探讨。（摘自《民族研究》2016 年第 5 期）

【中国社会学会 2016 年年会：新发展理念与全面建成小康社会学术研讨会】

主办单位：中国社会学会

时　　间：2016 年 7 月 17—18 日

地　　点：甘肃省兰州市

参会人员：40 余人

收到论文：50 余篇

问题讨论及评述：该届年会共举办了 61 个论坛。主要围绕六个议题进行了讨论：一、民族地区精准扶贫问题研究；二、民族地区社会治理创新研究；三、民族地区社会工作服务与人才培养研究；四、民族地区乡村治理与农民工城市认同研究；五、民族地区女性生态移民研究；六、民族地区农村青年人才成长研究。（摘自《民族研究》2016 年第 5 期）

【“明代的边疆问题与东亚秩序”学术研讨会】

主办单位：东北师范大学历史文化学院、中国社会科学院历史研究所明史研究室

时　　间：2016 年 7 月 22—24 日

地　　点：吉林省长春市

参会人员：20 余人

问题讨论及评述：参会学者围绕明代的边疆观念、政策与实践，明代的辽东经营与东北社会，“倭寇”与东亚秩序等议题，结合中日韩三国史料进行了深入研讨。（摘自《中国史研究动态》2017 年第 1 期）

【“中华礼制变迁与少数民族礼制”学术研讨会】

主办单位：“中国礼制变迁与现代价值”课题组、云南大学历史与档案学院

时　　间：2016 年 7 月 25—28 日

地　　点：云南省昆明市

参会人员：40 余人

问题讨论及评述：会议围绕中华礼制的变迁、少数民族礼仪制度、多元文化下的中华礼制、中华礼制对当今社会的启迪与影响、现代礼制等议题展开了深入讨论。（摘自《中国史研究动态》2016 年第 6 期）

【2016 年中国民族理论学会学术年会】

主办单位：中国民族理论学会

时　　间：2016 年 7 月 26—27 日

地　　点：云南省临沧市

参会人员：100 余人

收到论文：40 余篇

问题讨论及评述：会议主旨报告是《关于民族团结理论研究的几点思考》和《习近平民族工作思想研究》。在主题讨论阶段，20 余位学者围绕民族团结的理论创新、民族团结教育的现状与突破、民族地区的社会发展与民族政策、民族平等与社会援助、民族文

化与民族团结等议题进行了热烈发言。（摘自《民族研究》2016 年第 5 期）

【第四届满族地区新型城镇化建设与发展论坛：民族地区旅游发展与新型城镇化】

主办单位：中央民族大学经济学院、中国社会科学院民族学与人类学研究所《民族研究》编辑部、大连民族大学民族地区可持续发展研究中心

时　　间：2016 年 8 月 18—19 日

地　　点：内蒙古自治区鄂尔多斯市

参会人员：70 余人

问题讨论及评述：在大会主题交流环节，学者们围绕关于民族地区新型城镇化发展、关于民族地区旅游业发展等主题展开了研讨。在论坛交流环节，有 30 余位专家学者，特别是青年学者参与了互动研讨。各位学者结合对鄂尔多斯康巴什新区的考察，提出并讨论了适合鄂尔多斯可持续城镇化发展的路径依赖；并结合自己的研究领域，提出了值得深思的问题。（摘自《民族研究》2016 年第 5 期）

【首届“汉藏语研究方法暑期工作坊”暨首届藏语语言学研讨会】

主办单位：南开大学文学院

时　　间：2016 年 8 月 20 日至 9 月 2 日

地　　点：天津市

参会人员：30 余人

问题讨论及评述：在藏语语言学研讨会上，学者们对古今藏语语音、词汇、语法，以及藏语方言、文献、语言学史、汉藏语历史比较、藏语与周边语言历史关系和语言规划等诸多领域展开了热烈研讨和交流；“汉藏语研究方法暑期工作坊”则以语言调查分析方法为主线，开设历史语言学、汉藏语历史比较、藏缅语研究前沿、田野调查技术、实验语音学技术、国际音标基础、常用语言学软件应用以及语言记录与存档技术等课程，师生一起深入展开讲习研讨和语言调查分析实践活动。（摘自《民族语文》2016 年第 5 期）

【第九届中国民族研究西南论坛“区域社会、民族走廊与国家认同”学术研讨会】

主办单位：中国社会科学院民族学与人类学研究所《民族研究》编辑部、西南民族大学、吉首大学

时　　间：2016 年 9 月 10—11 日

地　　点：湖南省吉首市

参会人员：90 余人

收到论文：60 余篇

问题讨论及评述：大会有六位学者作了主旨发言；在分组讨论阶段，学者们主要围绕学科理论与方法、民族交往交流交融与国家认同、民族文化与民族经济发展等议题展开了热烈研讨。（摘自《民族研究》2016 年第 5 期）

【2016 年中国敦煌吐鲁番学会少数民族语言文字专业委员会学术年会】

主办单位：中国敦煌吐鲁番学会少数民族语言文字专业委员会、西北民族大学西北民族文献研究基地、《中国藏学》杂志社

时　　间：2016 年 9 月 20—21 日

地　　点：甘肃省兰州市

参会人员：50 余人

问题讨论及评述：大会先由 3 位知名学者作了主旨发言。随后 34 位专家按敦煌吐蕃文献、吐蕃历史、西夏学、蒙古和回鹘文献、丝路文化、藏传佛教历史文化等主题单元进行大会发言，发表了他们最新的学术成果。（摘自《中国藏学》2016 年第 4 期）

【第四届中国边疆研究青年学者论坛】

主办单位：中国社会科学院中国边疆研究所、广西民族大学

时　　间：2016 年 9 月 24—25 日

地　　点：广西壮族自治区南宁市

参会人员：10 余家高校及科研机构的专家学者

问题讨论及评述：论坛以“多学科视野下的中国边疆研究”为主题展开研讨。内容包括：一、边疆研究理论与方法的新思考；二、中国历代边疆治理与发展研究；三、边

疆民族、宗教与中国边疆治理研究；四、中国海疆及周边关系等问题研究。专题讨论结束后，论坛专门举办了以“中国边疆研究的路径与方向”为主题的学术沙龙。（摘自《中国边疆史地研究》2016年第4期）

【2016传统村落保护发展论坛】

主办单位：凯里学院、贵州省社会科学院、贵州省人类学学会、吉首大学

时　　间：2016年10月8日

地　　点：贵州省凯里市

参会人员：48人

问题讨论及评述：一、传统村落的认识论，包括文化生态的视野、可持续发展的视野、历史的视野、现代化的视野、旅游的视野；二、传统村落保护与发展的方法论，包括“社区营造”的视角、“协同发展”的视角、“产业化”的视角；三、传统村落的实践与反思，包括实践（“个案检视”）、反思等。（摘自《原生态民族文化学刊》2016年第4期）

【中国民族理论的继承、发展与创新：纪念牙含章先生诞辰100周年学术研讨会】

主办单位：中国社会科学院

时　　间：2016年10月11日

地　　点：北京市

参会人员：100余人

问题讨论及评述：会议设置了牙含章百年诞辰纪念论坛、民族理论论坛和藏学论坛三个分论坛。与会的学者们在三个分论坛中围绕会议主题进行了广泛和深入的交流。（摘自《民族研究》2016年第6期）

【中国民族史学会第十九次学术研讨会：“中华民族共同体的凝聚与发展”】

主办单位：中国民族史学会、西南民族大学

时　　间：2016年10月22—23日

地　　点：四川省成都市

参会人员：100余人

收到论文：109篇

问题讨论及评述：在研讨会的主旨报告阶段，有7位学者作了“族群和边疆视野中的明代松潘‘黑人’‘白人’”“历代边疆民族地区建置对边疆治理的启示”等精彩报告；在分组讨论阶段，参会学者分为五组，分别围绕国家治理与大一统思想、古代民族历史、近现代民族历史、藏区社会历史、南方民族历史与社会等议题进行了深入研讨。（摘自《民族研究》2017年第1期）

【第四届中国民族理论与政治论坛：比较视野下新时期中国民族理论与政治发展学术研讨会】

主办单位：中国社会科学院民族学与人类学研究所《民族研究》编辑部

时　　间：2016年10月29—30日

地　　点：云南省临沧市

参会人员：60余人

问题讨论及评述：会议围绕政治学视野下的多民族国家建构与治理，国家治理与民族理论发展，多民族国家治理理论及实践，民族事务治理现代化及比较研究，民族关系、移民及城市民族权利，中国特色民族理论发展及研究六个议题展开了热烈研讨。（摘自《民族研究》2016年第6期）

【新史料、新视角与中国藏学研究暨首届中国藏学研究青年学者论坛】

主办单位：中国藏学研究中心历史研究所、陕西师范大学中国西部边疆研究院

时　　间：2016年11月5—6日

地　　点：陕西省西安市

参会人员：来自国内高校及科研机构的藏学研究青年学者

问题讨论及评述：参会的青年学者们围绕“新史料、新视角与中国藏学研究”这一主题，从民族学、人类学视野下的藏学研究、藏区的历史与政治、历史上有关西藏的文本书写与认知、西藏的宗教与社会等方面展开了广泛而深入的学术交流。（摘自《中国藏学》2017年第1期）

【首届“一带一路”战略与西部多民族人口、文化和发展研讨会】

主办单位：北京大学中国社会与发展研究中心、新疆师范大学民族学与社会学学院

时　　间：2016 年 12 月 10 日

地　　点：北京市

参会人员：60 余人

问题讨论及评述：一、“新疆的丝路地位和文化底蕴”等；二、“世纪的发现：失落的文明碎片”等；三、“新疆民族文化与民众主体性”等；四、“新疆维吾尔族人口生育水平趋势分析”。（摘自《西北民族研究》2017 年第 1 期）

【“国际政治中的涉藏问题”专题研讨会】

主办单位：浙江大学马克思主义学院

时　　间：2016 年 12 月 13 日

地　　点：浙江省杭州市

参会人员：来自国内高校及科研机构的专家学者

问题讨论及评述：一、境外势力插手中国西藏的历史与现状及我国反分裂斗争面临的形势与任务；二、关于西方涉藏话语的动态研究及我国涉藏外宣工作中的话语建构；三、关于新形势下党的宗教理论与政策及当前藏传佛教面临的新问题；四、关于海外藏胞的研究。（摘自《中国藏学》2017 年第 1 期）

（供稿人：林浩）

2015—2016 年我国学者参加的国际学术会议

2015 年

【“中国与穆斯林世界：文化相遇”（China and the Muslim World：Cultural Encounters）国际学术研讨会】

主办单位：中国社会科学院，伊斯兰合作组织（OIC）所属伊斯兰历史、艺术与文化研究中心（IRCICA）

时　　间：2015 年 2 月 3—4 日

地　　点：土耳其伊斯坦布尔市

参会人员：数十人

问题讨论及评述：会议内容涉及丝绸之路上的中国与伊斯兰世界交往、现代中国与穆斯林国家之间的国际交往、全球化语境中的中国与穆斯林世界等中国与穆斯林世界文明交往的重要理论与现实问题。（摘自《世界宗教研究》2015 年第 3 期）

【全球化时代的田野工作与民族志国际学术工作坊】

主办单位：南京大学社会学院

时　　间：2015 年 7 月 1—2 日

地　　点：中国江苏省南京市

参会人员：来自中国、美国、英国、日本、荷兰、澳大利亚等国和中国香港特别行政区的学者

问题讨论及评述：会议主题涉及全球化的视野、多点民族志、民族志工作者的身体和心灵、宗教研究以及人类学的职业道德。参会的学者讨论了人类学者所面临的情境与问题，以寻找当代民族志的新的方向和方法。（摘自《广西民族大学学报（哲学社会科学版）》2015 年第 6 期）

【环喜马拉雅区域研究新探国际会议】

主办单位：云南民族大学

时　　间：2015 年 7 月 3—5 日

地　　点：中国云南省昆明市

参会人员：30 余人

收到论文：22 篇

问题讨论及评述：此次会议是云南民族大学环喜马拉雅研究中心的始创项目之一，以现代环喜马拉雅区域语境下的“生境位、跨界国家效应和民族生态遗产可持续性”为主题，由一项主旨发言和五个专题发言组成，包括“环喜马拉雅生态文明、共享边疆、政策合作”“重新思考区域互联性、环喜马拉雅族群性和跨界生机”“在现代化和气候变化语境下重新研讨身体、地境与宗教”“纵横交错的边疆、原住民和水政治”等。（摘自《中国藏学》2015 年第 3 期）

【中国首届赫哲族发展高峰论坛】

主办单位：佳木斯大学

时　　间：2015 年 7 月 11—13 日

地　　点：中国黑龙江省佳木斯市

参会人员：120 余人

问题讨论及评述：论坛以“赫哲族文化传承与社会发展”为主题，与会的专家学者从“保护和传承赫哲族历史文化为什么、当下赫哲族面临的问题是什么、我们为赫哲族文化传承与社会发展该做什么”三个层面，进行了广泛、深入的探讨与交流。（摘自《黑

龙江民族丛刊》2015 年第 5 期）

【国际人类学与民族学联合会（IUAES）中期会议】

主办单位：国际人类学与民族学联合会

时　　间：2015 年 7 月 15—17 日

地　　点：泰国曼谷市

参会人员：505 人

问题讨论及评述：该届会议的主题是“对人类学和社会学边界的再思考”，涉及民族和宗教，现代化、发展和流动，性别、家庭及代际关系，政治、冲突、安全和人权，食物、自然资源和农业转变，文化传承、创意旅游、文化产业的前景和展望，工作和休闲娱乐活动对文化和人本身的影响，科学和技术，南半球的人类学和社会学九大方面的议题。上述议题又细分为 73 个不同的专题会议，每个小组报告 4—6 篇论文。（摘自《世界民族》2015 年第 6 期）

【第五届中国土司制度与土司文化国际学术研讨会】

主办单位：中国社会科学院历史研究所、遵义师范学院

时　　间：2015 年 7 月 29 日至 8 月 1 日

地　　点：中国贵州省遵义市

参会人员：来自美国、中国香港、台湾、大陆高校及科研机构的专家学者

收到论文：90 余篇

问题讨论及评述：此次会议是海龙屯申报世界文化遗产后的一次重要的土司文化活动，旨在研究土司学的理论构建与方法、土司制度、土司文化，特别是播州土司文化和海龙屯土司遗址旅游经济开发的研究对推动学校科学文化研究具有重要意义。会议还围绕“土司学理论构建与方法的探讨、土司制度与古代国家认同研究、播州土司历史与价值、土司文化与土司申遗”分四组进行讨论。（摘自《中国史研究动态》2016 年第 1 期；贵州新闻网 www. gz. chinanews. com/content/2015/07—31/55355. shtml）

【“重新连接中国与穆斯林世界”国际学术研讨会】

主办单位：郑和国际和平基金会、马中友好协会

时　　间：2015 年 8 月 11—12 日

地　　点：马来西亚吉隆坡市

参会人员：30 余人

问题讨论及评述：一、郑和、印度洋和穆斯林世界；二、伊斯兰与中国穆斯林：多样经验；三、当代中国的伊斯兰：团结、改革与清真寺；四、穆斯林移民；五、20 世纪早期中国穆斯林与他国穆斯林的交流；六、中国与穆斯林国家之间的关系。（摘自《回族研究》2015 年第 4 期）

【第四届西夏学国际学术论坛暨河西历史文化研讨会】

主办单位：宁夏大学西夏学研究院、中国社会科学院西夏文化研究中心、河西学院

时　　间：2015 年 8 月 16—18 日

地　　点：中国甘肃省张掖市

参会人员：120 余人

问题讨论及评述：与会的专家学者就西夏历史文化、语言文字文献、文物考古、宗教艺术、河西历史文化等方面议题展开了广泛交流。该届论坛还对甘肃河西区域历史研究作了重要研讨，尤其是“河西学”的构建问题。（摘自《中国史研究动态》2016 年第 4 期；中国社会科学网 www. cssn. cn/mzx/mzxr-lxdt/201510/t20151012_2490777. shtml）

【民间文献的理论与实践：清水江文书（锦屏文书）与地方社会国际学术研讨会暨贵州省第二届“汲古黔谭”论坛】

主办单位：中山大学、香港中文大学、贵州省民委、凯里学院、锦屏县人民政府

时　　间：2015 年 10 月 2—4 日

地　　点：中国贵州省锦屏县

参会人员：120 余人

收到论文：60 余篇

问题讨论及评述：大会主题是“清水江文书（锦屏文书）与地方社会”，大会除主

题发言外，还设置了5个分论坛，每个分论坛分设上下场，共举行了10个场次的研讨会。会议为国内外民间文书研究学者提供了很好的学术交流平台，也为学术机构与地方政府合作开展民间文书保护提供对话机会，有力地推进了有中国特色的民间文献学的理论方法创新，进一步拓展了清水江文书研究的深度和广度。（摘自《原生态民族文化学刊》2015年第4期）

【李白与丝绸之路国际学术研讨会】

主办单位：吉尔吉斯斯坦国立民族大学、中国新疆师范大学

时　　间：2015年10月15—18日

地　　点：吉尔吉斯斯坦比什凯克市

参会人员：50人

问题讨论及评述：与会的专家学者围绕李白家世、诗歌研究，碎叶——丝路重镇研究，唐诗与中亚文化研究，丝绸之路考古研究，唐代中亚丝绸之路上的文化交流与贸易来往等议题展开了热烈研讨。（摘自《西域研究》2016年第2期）

【“比较视野中的灾难与激变：感知与应付”国际人类学工作坊工作报告会】

主办单位：中国西南民族大学西南民族研究院、法国国家科学研究院近现代中国研究中心、美国应用人类学危机与灾难研究组

时　　间：2015年10月16—18日

地　　点：中国四川省成都市

参会人员：40人

问题讨论及评述：此次工作报告会设立了“人文视野下的灾难与激变”“有关灾难与激变的理论反思”“在灾难与激变中反思社会—政治关系”“灾后重建中的社区恢复与文化重塑”“关于灾难的记忆、叙述与情感”“灾难的感知与呈现”“关于灾难的艺术呈现”7个研究专题和“灾难历史研究国际项目介绍”“纪录片中的2008年汶川地震”两个特别活动。（摘自《民族学刊》2016年第1期）

【第六届西藏考古与艺术国际学术研讨会】

主办单位：浙江大学汉藏佛教艺术研究中心、亚洲研究中心、西藏自治区文物保护研究所、四川大学中国藏学研究所

时　　间：2015年10月17—19日

地　　点：中国浙江省杭州市

参会人员：88人

问题讨论及评述：与会的专家学者围绕“考古调查与文保科技”“吐蕃时期擦擦、壁画与工艺品”“藏区西部的佛教美术”“辽代、大理国、元朝的佛教信仰与艺术风格”“西夏图像与文献新知”“图像志研究”“唐卡的多角度研究”“新材料的公布与解读”8个议题展开了热烈研讨。（摘自《中国藏学》2016年第3期）

【民族学人类学理论方法创新发展国际论坛暨纪念费孝通先生大瑶山调查80周年学术研讨会】

主办单位：中国社会科学院

时　　间：2015年10月18—19日

地　　点：中国北京市

参会人员：80余人

问题讨论及评述：与会的专家学者围绕“民族学人类学理论方法创新发展”“社会秩序与社会管理”“文化遗产与文化自觉”，以及“纪念大瑶山调查80周年、缅怀费孝通先生”等议题展开了讨论。（摘自《民族研究》2016年第1期）

【第四届东南亚宗教研究高端论坛】

主办单位：中国社会科学院世界宗教研究所、中国宗教学会

时　　间：2015年10月24—25日

地　　点：中国北京市

参会人员：近80人

问题讨论及评述：与会的专家学者分别围绕东南亚宗教的转型与创新，东南亚、南亚地区多元宗教的交融与共处，跨境民族与宗教研究，东南亚华人宗教研究，东南亚地区的宗教艺术，“一带一路”与中国佛教研究等议题进行了热烈研讨。（摘自《世界宗教研

究》2015 年第 6 期）

【丝绸之路出土民族契约研究国际学术论坛】

主办单位：新疆维吾尔自治区文物局、吐鲁番市人民政府、武汉大学

时　　间：2015 年 10 月 29 日

地　　点：中国新疆维吾尔自治区吐鲁番市

参会人员：60 余人

收到论文：40 余篇

问题讨论及评述：与会的专家学者围绕丝绸之路沿线新发现的民族契约、契约的社会功能及其理论、古丝绸之路上各民族契约研究对推进“一带一路”建设的作用和价值等议题展开了热烈讨论。（摘自《西域研究》2016 年第 1 期）

【中国人类学学会 2015 年学术研讨会】

主办单位：中国人类学学会

时　　间：2015 年 12 月 18—19 日

地　　点：中国福建省厦门市

参会人员：100 余人

问题讨论及评述：与会的专家学者围绕“全球化与人类学的时代担当”“文化多样性与民族志撰写”“反思与超越：多学科的对话”“人类学传统与新发展”等主题进行了探讨。（摘自《民族研究》2016 年第 2 期）

（供稿人：林浩）

2016 年

【2016 年“中国家祠文化·天柱论坛”】

主办单位：凯里学院、天柱县人民政府

时　　间：2016 年 7 月 8—9 日

地　　点：中国贵州省天柱县

参会人员：100 余人

收到论文：52 篇

问题讨论及评述：在论坛上，学者们通过大会主题演讲、小组专题讨论等形式，围绕宗祠及其开发与利用、族谱及其宗族教育、宗族组织与地方社会等议题进行了深入探讨。（摘自《原生态民族文化学刊》2017 年第 1 期）

【2016 · 中国社会科学论坛——形象史学与丝路文献国际学术研讨会】

主办单位：中国社会科学院学部主席团

时　　间：2016 年 7 月 9—10 日

地　　点：中国吉林省长春市

参会人员：40 余人

问题讨论及评述：在大会上，学者们围绕文物图像与历史研究、古文献与历史研究、丝绸之路文献的整理与研究等议题进行了深入研讨。（摘自《中国史研究动态》2016 年第 6 期）

【第四届中国中古史前沿论坛国际学术会议】

主办单位：上海师范大学人文与传播学院

时　　间：2016 年 7 月 23—24 日

地　　点：中国上海市

参会人员：30 余人

收到论文：37 篇

问题讨论及评述：该届论坛主题是“中古新政治史研究”。学者们分别从四方面展开热烈研讨：一、政治军事与新政治史，如《“白登之围”匈奴退兵刍议》从游牧民族风俗信仰及白登山地貌等方面剖析冒顿单于出兵时机及退兵原因；二、制度法律与新政治史；三、世家大族与新政治史，如《再论世家大族与北魏政治：以“四姓”集团为中心的考察》；四、宗教文化与新政治史。（摘自《中国史研究动态》2017 年第 2 期）

【第六届北京（国际）藏学研讨会】

主办单位：中国西藏文化保护发展协会、中国藏学研究中心、西藏社会科学院

时　　间：2016 年 8 月 2—4 日

地　　点：中国北京市

参会人员：325 人

收到论文：416 篇

问题讨论及评述：该届研讨会参会人数

超过了历届，内容丰富，涉及面广泛。10余位国内外知名学者围绕“一带一路”建设对西藏可持续发展问题、梵文贝叶经研究、藏传佛教经典研究、活佛转世制度研究、依法治藏研究、藏区生态文明建设等涉及藏学研究与服务社会、藏学发展等重大关切作大会发言。研讨会按藏文文献组、文化组、语言组等19个专题组进行小组研讨。（摘自《中国藏学》2016年第4期）

【第十一届蒙古学国际会议】

主办单位：蒙古国政府、国际蒙古学学会秘书处

时　　间：2016年8月15—18日

地　　点：蒙古国乌兰巴托

参会人员：430余人

提交论文：400余篇

问题讨论及评述：这是蒙古国政府举办的5年一届大型国际会议。此次会议上的300多位学者来自50多个国家和地区，围绕蒙古国政治、经济、历史、社会、文化和语言文学等议题进行了广泛的讨论和交流。（摘自“卫拉特蒙古文献书籍文明网”2017年1月5日）

【“跨越欧亚：从天山到阿尔泰山及其周边地区的青铜时代”国际学术研讨会】

主办单位：中国社会科学院考古研究所、德国考古研究院欧亚考古研究所

时　　间：2016年8月23—25日

地　　点：中国新疆维吾尔自治区博尔塔拉蒙古自治州温泉县

参会人员：近30人

问题讨论及评述：会议共有20位学者介绍了各自的研究成果，根据具体内容可分为以下方面。一、考古新发现。考古新材料的分享主要来自中亚和中国新疆地区，比如《欧亚视野下的西天山地区青铜文化》，阿敦乔鲁文化是迄今为止发现于中国新疆地区最早的青铜时代文化。二、区域专题研究。该专题聚焦于欧亚大陆东部区域的物品流通和技术传播。三、环境及科技考古。该专题覆盖了气候变迁、岩画测年、人种迁徙等多个方面。游牧民族的形成、生活形态及其与农业民族间的交流研究也是此次会议的热点之一。（摘自《西域研究》2016年第4期）

【国学与丝绸之路历史文化研究国际学术讨论会】

主办单位：中国人民大学国学院、江苏省无锡市惠山区人民政府

时　　间：2016年8月25—28日

地　　点：中国江苏省无锡市

参会人员：100余人

问题讨论及评述：此次会议下设“西域出土文献与丝绸之路历史文化研究”“蒙古历史文化研究”“多语种佛教文献与汉藏佛学比较研究”“满文文献研究”四个分会。其中的“西域出土文献与丝绸之路历史文化研讨会”论题主要依托旅顺博物馆、北京大学中国古代史研究中心、中国人民大学国学院合作的“旅顺博物馆藏新疆出土汉文文书的整理与研究”项目而展开，属于项目的阶段性成果。“旅博文书”包括汉文佛教文书、儒家典籍、道教及其他典籍、唐代法律社会文书、丝绸之路相关研究。（摘自《西域研究》2016年第4期）

【第三届“东亚秩序与近代中国”国际学术研讨会】

主办单位：《中国边疆史地研究》编辑部、《抗日战争研究》编辑部、云南大学历史与档案学院

时　　间：2016年8月27—28日

地　　点：中国云南省昆明市

参会人员：40余人

收到论文：36篇

问题讨论及评述：研讨会分为大会主题报告和分组讨论两部分。在分组讨论阶段，学者们围绕东亚秩序之理念与实践、朝贡（藩属）体系与近代亚洲、抗日战争期间的边疆与周边等议题展开了热烈研讨。（摘自《中国边疆史地研究》2016年第4期）

【修行人类学视野下的宗教与社会：第二届宗教人类学工作坊会议】

主办单位：中国社会科学院世界宗教研究所、南京大学人类学研究所、华东师范大学人类学研究所、金坛乾元观茅山书院

时　　间：2016年9月24—25日

地　　点：中国江苏省茅山旅游度假区

参会人员：近40人

问题讨论及评述：与会的专家学者就“修行人类学”的适用范围和分析维度等方面，从“修行作为实践传统：‘化’的过程和方式”“朝向宗教性的修行与朝向日常性的修行”“修行作为身心实践的过程”几个角度进行了热烈研讨。（摘自《世界宗教研究》2016年第5期）

【第三届锦屏文书国际学术研讨会暨锦屏文书与法文化研究高端论坛】

主办单位：贵州省锦屏县人民政府、清华大学法学院

时　　间：2016年9月30日至10月3日

地　　点：中国贵州省锦屏县

参会人员：20余人

问题讨论及评述：论坛的主要议题包括一、锦屏文书的抢救保护与研究利用工作；二、锦屏文书的法文化价值；三、锦屏文书中的纠纷解决；四、锦屏文书与社会秩序；五、锦屏文书中的习惯法；六、锦屏文书的个案专题研究。（摘自《原生态民族文化学刊》2016年第4期）

【第四届中国边疆学论坛】

主办单位：中国社会科学院中国边疆研究所、四川大学中国西部边疆安全与发展协同创新中心

时　　间：2016年10月20—22日

地　　点：中国四川省成都市

参会人员：150余人

问题讨论及评述：在论坛上，学者们围绕“中国现代化与边疆安全发展”、中国崛起与周边关系；反贫困与边疆治理、边疆学理论与方法等议题展开了热烈研讨。（摘自《中国边疆史地研究》2017年第1期）

【中国人类学学会2016年学术年会】

主办单位：中国人类学学会、上海市社会科学界联合会

时　　间：2016年11月4—6日

地　　点：中国上海市

参会人员：320人

收到论文：150余篇

问题讨论及评述：此次学术年会以“多彩共生的人类学”为主题，在大会主题报告中，共有12位学者作了主旨发言。大会共设立了体质人类学、语言人类学、考古人类学、历史人类学、教育人类学、文化人类学6个分会场，共有101位学者踊跃发言。大会期间，上海人类学学会还为孔迈隆、刘庆柱颁发了“人类学终身成就奖”，以表彰他们在相关领域的卓著贡献。（摘自《民族研究》2017年第1期）

（供稿人：林浩）

大事记

2015—2016年民族工作大事记

2015年

1月

7日

•从四川电网迎峰度冬新闻通气会上获悉：被誉为“电力天路”的四川甘孜电力联网工程取得重要进展，四川省甘孜藏族自治州18个县的县域电网已全部接入国家电网主网，彻底改变了这一地区无电、缺电的现状，结束了甘孜藏区电网长期“孤网运行”的历史。（《人民日报》1月8日）

8日

•我国第一本贝叶经研究的专门性刊物《西藏贝叶经研究》（藏、汉文版）日前创刊于西藏社科院西藏贝叶经研究所。该刊物不仅为贝叶经研究者提供了一个学术交流的平台，也为展示和弘扬人类优秀文化开启了一扇新窗户。（《西藏日报》1月9日）

14日

•从日前召开的中国文物学会民族民俗文物专业委员会2014年学术研讨会上了解到，目前在我国56个民族中有28个民族人口不超过30万人，最少的珞巴族仅有2900多人。此次学术会议就较少人口民族地区的文物保护情况、存在的问题进行探讨，研究对策，并决定在今后几年内，对全国28个较少人口民族的文物保护抢救情况，分几批摸清情况，找出存在问题，共同商讨对策，向相关上级主管部门建言献策，为国家制定民族文物政策提供翔实的资料信息，以推动中华优秀文化的传承。（《光明日报》1月14日）

16日

•近日，中央民族大学少数民族语言文学系教授李锦芳主持的“中国西南仡佬语柔勒、阿欧方言记录研究”取得进展，其主要成果之一《中国西南柔勒仡佬语语法》出版发行。（《中国社会科学报》1月6日）

同日，由内蒙古财经大学、内蒙古自治区社科联主办的中蒙经贸合作与草原丝绸之路经济带构建学术论坛在呼和浩特开幕。与会专家认为，此次“中蒙经贸合作与草原丝绸之路经济带构建”学术论坛综合了中、蒙两国的提法，对于深入推进中蒙两国全面战略合作伙伴关系，加快推进我国向北开放有着重大而现实的意义。（《内蒙古日报》1月18日）

18日

•被誉为维吾尔族百科全书的伟大长诗《福乐智慧》在京正式推出汉语诵读版，这意味着各族读者将能“聆听”这部著作。这种轻松便捷的“听书”的方式，将有助于维吾尔族优秀传

统文化的传播，促进各民族间的理解和交流。(《中国民族报》1月20日)

18日

• 广西少数民族语言资源有声数据库试点建设进展顺利，2015年将着手建设毛南语数据库，并有望完成仡佬语多罗方言数据库建设。(中国新闻网，2015年1月18日)

19—21日

• 中共中央总书记、国家主席、中央军委主席习近平到云南省考察。习近平来到昭通、大理、昆明等地，看望鲁甸地震灾区干部群众，深入企业、工地、乡村考察，就灾后恢复重建和经济社会发展情况进行调研。习近平听取了当地扶贫开发工作汇报。他指出，扶贫开发是我们第一个百年奋斗目标的重点工作，是最艰巨的任务。他强调，经济要发展，但不能以破坏生态环境为代价。考察期间，习近平听取了云南省委省政府工作汇报，对云南经济社会发展取得的成绩和各项工作给予肯定。希望云南主动服务和融入国家发展战略，创出一条跨越式发展的路子来，努力成为民族团结进步示范区、生态文明建设排头兵、面向南亚东南亚辐射中心，谱写好中国梦的云南篇章。(《中国民族报》1月23日)

27—28日

• 由中国人口学会民族人口专业委员会举办的“少数民族人口均衡发展与人口政策研讨会”在广东省中山市召开。与会专家认为，当前少数民族人口发展出现两极化情况，受教育程度高的民族，出现低生育状况，受教育程度低的民族，人口增速比较快。在新的人口政策中，需要考虑这些问题。(《中国民族报》1月30日)

2月

6日

• 《中国民族报》报道，日前，中国社会科学院当代中国研究所召开了当代中国民族工作历史经验学术研讨会。来自中国藏学研究中心、中国社会科学院民族学与人类学研究所、中国边疆研究所、国家行政学院应急培训中心、西藏社会科学院、云南社会科学院、中央民族大学管理学院、新疆党史研究室、内蒙古阿拉善盟委和中国社会科学院亚太与全球战略研究院的专家学者与会，并在会上发言。会议学习贯彻中央民族工作会议精神，就当代中国民族工作的成就与经验、当前民族地区发展与稳定的若干重大问题等进行了深入探讨。

9日

• 新疆智库成立大会在京举行。建立“新疆智库”的目的在于，为中央关于新疆工作决策提供建议，为实现新疆社会稳定和长治久安等重大战略任务提供顶层设计和理论支持，为实现少数民族边疆地区治理体系和治理能力现代化提供资政服务，为争夺新疆问题国际话语权做出贡献。“新疆智库”专家委员会常务委员会第一次会议也于当日举行。来自党政部门、科研机构和高校的专家学者60余人出席成立大会。(《中国社会科学报》2月16日)

13—14日

• 中共中央政治局常委、国务院总理李克强到贵州省黔东南州考察。李克强十分关心贵州经济社会发展特别是少数民族地区群众脱贫致富，他慰问大山深处的贫困户，查看了侗乡绣娘坊，详细了解发展旅游文化带动产业扶贫的情况，到贵阳市轨道交通1号线朱家湾站至大寨站区间工程建设工地，看望辛勤奋战的建设者。考察中，李克强强调，贵州要鼓起劲来奋力赶超，弯下腰来坚决拔掉穷根，携起手来唱响民族团结的绚歌。要坚守发展和生态两条底线，从贵州实际出发，走出一条新型工业化、山区新型城镇化和农业现代化的路子，使发展和保护相得益彰，为西部地区、西南地区的发展创造新鲜经验。要加大扶贫攻坚力度，着力解决贫困地区群众住房、交通、医疗、教育等突出问题，积极承接东部产业转移，为群众创造就业机会，在精准扶贫上取得新成绩。要发扬民主团结进步良好传统，促进各民族在团结中奋斗、携手共同奋斗，让各族群众早日过上更好的日子。(《贵州日报》2 月 17 日)

3 月

5 日

• 国务院总理李克强在作政府工作报告时，介绍了今年民族工作方针。他说，要坚持和完善民族区域自治制度，加大对欠发达的民族地区支持力度，扶持人口较少民族发展，推进兴边富民行动，保护和发展少数民族优秀传统文化及特色村镇，促进各民族交往交流交融。组织好西藏自治区成立 50 周年和新疆维吾尔自治区成立 60 周年庆祝活动。(《青海日报》3 月 6 日)

8 日

• 《光明日报》报道，由光明日报编辑部与国家民委人文社科重点研究基地中南民族大学少数民族教育发展研究基地主办的“民族教育学学科建设暨高层次人才培养学术研讨会”在中南民族大学举行。专家学者围绕民族教育学主要范畴和基本规律、民族教育学学科人才培养模式和策略、民族教育学学科人才的校际和国际培养等问题进行了集中研讨。

15 日

• 甘肃政法系统“藏汉双语法律培训系列教材”出版座谈会在北京民族文化宫举行。作为我国政法系统首套藏汉双语法律培训教材，该书首次用藏语文系统精练地对我国现行法律体系进行了准确阐释。该套教材填补了目前藏语地区政法干警还没有“双语”培训教材的空白，将在加强民族法官培训、提高藏族聚居区法院司法水平、保障藏族聚居区群众用本民族语言文字进行诉讼的权利等方面发挥重要作用。(《中国民族报》3 月 17 日)

17 日

• 《光明日报》报道，一种被国内考古界誉为文化奇迹的奇特葬俗——崖洞葬和壁龛葬，日前被新疆考古人员在喀什地区塔什库尔干塔吉克自治县境内的悬崖高山或土台等地发现。这是新疆首次发现崖洞葬和壁龛葬，对研究帕米尔高原地区的古代葬俗文化具有重要意义。

18 日

• 《光明日报》报道，由西藏大学自主研发的“阳光藏汉机器翻译系统”日前取得标志性成果，翻译准确率平均达 75%。该系统为目前国内首个藏汉专业翻译软件系统，将于年内免费向社会提供服务。该软件系统在准确率方面领先国际水平。

23 日

• 西藏自治区气象局举行《大气科学名词》藏汉对照词典首发仪式。该词典填补了大气科学藏文名词术语研究的空白，推动了大气科学藏语言术语的规范化和标准化。这项基础性民族科研工作，实现了大气科学藏语言术语的规范化和标准化，提升了青藏高原气象防灾减灾、应

对气候变化和生态文明科技知识普及能力。（《宁夏日报》3月24日；《西藏日报》3月27日）

23—24日

• 2015年全国民族经济工作暨民族地区经济形势分析现场会在宁夏回族自治区银川市召开，会议总结交流2014年民族经济工作和民族地区经济运行情况，分析当前民族地区经济形势和任务，研究部署2015年民族经济工作。会议强调，要认真贯彻落实中央关于做好民族经济工作的各项决策部署，注重培育民族地区新的经济增长点，加紧谋划民族地区新的大项目，积极研究民族地区新的发展大思路。（《宁夏日报》3月25日）

24日

• 为积极响应《国家新型城镇化规划（2014—2020年）》，分享和见证我国传统建筑文化传承与创新成果，由中国民族建筑研究会主办的“中国民族传统建筑的绿色之路”论坛在北京举行。与会专家介绍了国家民委近年来实施的少数民族特色村寨保护与发展项目，具体包括特色民居保护、特色产业培育、特色文化传承、民族团结进步创建4方面内容。会议指出，以“努力保护绿色生态、尽量节约资源和能量、大力发展绿色产业”为内涵的绿色发展，既是少数民族特色村寨得以保存的成功之路，也是这些村寨今后进一步发展的必由之路。（《中国民族报》3月27日）

25日

• 《贵州省促进民族团结进步条例》经贵州省十二届人大常委会第十四次会议高票表决通过，这使得贵州省在全国开创了省级层面制定出台民族团结进步地方性法规的先河。该《条例》将各级政府及其有关部门帮助和扶持少数民族和民族地区经济社会发展的职责职能进行明确和固化；同时，还结合贵州省民族地区经济社会发展的实际，对自治州政府依法行使地方国家机关的职权进行了规定。（《贵州日报》3月28日）

29日

• “中国人类学民族学研究会新疆发展专业委员会成立大会暨新疆发展论坛”在四川省成都市举行，专委会秘书处设在中国西南边疆安全与发展协同创新中心。新疆专委会的成立，将有助于汇聚研究力量和各方智慧，对于提高新疆问题研究水平，推进新疆社会稳定和长治久安具有重要意义。（《中国民族报》4月3日）

4月

2日

• 一项针对西藏旧石器时代的考古调查工作取得重大突破，我国考古科研人员首次在西藏高海拔地区发现确凿的原生文化层。这将为青藏高原史前研究和藏族族源研究提供重要依据。（《西藏日报》4月3日）

6日

• 《西藏日报》报道，日前，考古学家在西藏阿里地区象泉河南岸一处古象雄时期墓地发现了地层关系清晰、明确年代最早的古天珠，系青藏高原首次出土。天珠居藏密七宝之首，最早起源于藏民族对灵石的原始崇拜，被视为“神佩戴的饰品”。此次发现为考察西藏地区天珠的出现年代、形态纹饰及使用情况提供了重要的第一手资料，证实了古象雄时期天珠的存在和流行。

10 日

• 《光明日报》报道，为有效保护、传承藏戏这一世界非物质文化遗产，西藏自治区日前正式启动全自治区 147 支民间藏戏队相关藏戏资源的数字建档工作，年底完成。

11 日

• 经有关专家和编辑人员历时三年修订而成的《新编藏文字典》修订本首发仪式在青海省西宁市举行。该修订本作为我国第一部成熟、完备的藏语规范型辞书，在收词、释义、词性分类、编纂体例等方面都按照现代辞书的编纂理论和规范原则编写，对促进现代藏语规范化具有实际意义。(《青海日报》4 月 12 日)

14 日

• 《中国民族报》报道，最高人民法院、国家民族事务委员会，近日联合印发《关于进一步加强和改进民族地区民汉双语法官培养及培训工作的意见》，要求进一步加强和改进民族地区民汉双语法官培养及培训工作，着力解决民族地区人民法院双语法官短缺问题，依法保障民族地区公民的基本权利和诉讼权利。

15 日

• 国务院新闻办发表了《西藏发展道路的历史选择》的白皮书。书中明确指出，西藏自古就是中国的一部分，从来不是独立国家；新中国成立后，西藏的四级人大代表中藏族和其他少数民族占 93% 以上；中央财政补助占西藏地方公共财政支出 95%；十四世达赖喇嘛集团煽动民族仇恨提出的“大藏区”纯属虚构，不符合中国历史和国情；所谓的“高度自治”是图谋制造“国中之国”；“中间道路”的实质是分裂中国；中央政府希望十四世达赖喇嘛集团丢掉幻想、正视现实、改正错误。(《中国民族报》4 月 17 日)

22 日

• 《光明日报》报道，近日，经国家民族事务委员会公布，东北大学信息学院计算机软件所朱靖波教授团队与中国民族语文翻译局共同研发的汉文与民族文智能翻译系统正式上线试运行。这是国内首套汉文与民族文双向翻译系统，可实现汉文与蒙古、藏、维吾尔、哈萨克、朝鲜 5 种民族文的智能翻译。

23 日

• 在第 20 个世界读书日到来之际，“西藏书屋书香”全民阅读活动在拉萨市启动，为各界群众提供前所未有的阅读大餐。全国首个藏汉双语数字阅读平台“雪域书猫”，也在当天开始在西藏自治区常年免费开通，上万种图书供随时下载、随时阅读。(《西藏日报》4 月 19 日、4 月 24 日)

5 月

8 日

• 《中国民族报》报道，近日，首届“中国流域人类学工作坊”在西南大学举行。来自中国大陆、台湾多家高校和科研机构的专家学者，围绕“作为方法的流域和流域人类学”“流域与族群”等主题进行了研讨。

10 日

•丽江纳西族东巴文化展在国家博物馆开幕。此次展览分为“纳西族与东巴文化”“东巴教及其仪式”等5个主要板块，展出了云南省丽江市博物馆收藏的250件东巴文化藏品，均由一级文物组成。(《中国民族报》5月12日)

15 日

•《中国社会科学报》报道，近日，国家社科基金重大委托项目“蒙古族源与元朝帝陵综合研究”2015年度学术新成果在北京发布。《呼伦贝尔民族文物考古大系》扎赉诺尔区卷、新巴尔虎左旗卷和《呼伦贝尔民族文物考古研究》第三辑面世首发。由此，追溯蒙古族源的学术研究在内蒙古呼伦贝尔地区取得进一步考古实证。

22 日

•《内蒙古日报》报道，近日，由内蒙古自治区专家主持并联合清华大学、中国科学院共同开展的“草原生态资源资产负债表编制方法的研究”项目，正式通过了国家验收，并将首先在内蒙古范围内付诸草原生态评估实践。该项目研究在国内是一个探索性的研究，没有任何成例可循。

同日，《中国民族报》报道，近日，由中国民族语文翻译局翻译编制的《青川甘滇四省藏区行政自然村名汉藏对照》和《青川甘滇四省藏区寺院山川名汉藏对照》正式出版发行。该书的出版，填补了汉藏语文翻译领域的一项“空白”，对规范汉藏地名翻译将起到积极的推动作用。

24 日

•国家民委扶持人口较少民族发展研讨会在湖北省武汉市中南民族大学举行。与会专家认为，扶持人口较少民族发展是实现民族平等关系的重要举措，是促进“两个共同”的必然要求，是全面实现小康社会的迫切需要，是实现“中国梦”的历史使命。(《中国民族报》5月26日)

6 月

4—7 日

•青海省西宁市的青海民族大学外国语学院承办了第六届中国少数民族地区母语、汉语、英语教育国际学术研讨会。与会的近80名专家就“三语”教育理论、中国“三语”教育现状、地区“三语”教育实施的个案情况等内容进行了热烈研讨。(《青海日报》6月11日)

8 日

•由教育部民族教育发展中心与中国人民大学共同举办的“民族心理与教育重点研究基地揭牌仪式暨首届学术研讨会”在北京市中国人民大学举行。来自心理学、教育学、民族学、人类学研究领域的30余位专家学者与会。(《中国社会科学报》6月12日)

9 日

•《中国民族报》报道，日前，云南省委、省政府出台《关于加强和改进新形势下民族工作的实施意见》。《实施意见》共分为5个部分：一是全面贯彻落实党的民族工作方针政策，切实增强做好云南民族工作的责任感；二是紧紧围绕与全国同步全面建成小康社会目标，加快民族地区经济社会发展步伐；三是深入推进民族团结进步示范创建，弘扬各民族同呼吸、共命运、心连心的优良传统；四是坚持和完善民族区域自治制度，着力推进民族工作法制化；五是加强和改进党对民族工作的领导，确保各项工作任务落实到位。

12日

• 《贵州日报》报道，由台湾省台北故宫博物院、贵州省民族文化宫、台湾省辅仁大学织品服装学系共同主办的“银灿黔彩——贵州少数民族服饰”特展开展，100余件贵州省少数民族服装、织品、银饰首次在台湾省亮相，展示中国西南地区少数民族独特的人文风俗与历史文化。

同日，《中国民族报》报道，近日，由西藏大学文学院教师、藏学研究学者普琼次仁编著的《翻译名义集——藏梵英汉对照词典》出版，这也是全世界首部集4种语言并有标准国际通用拉丁文转写的翻译名义集。此词典遵从了《大藏经》翻译名义集收录的词条顺序以及章节分类，除准确的四语翻译外，重点对各名词进行了藏文拉丁文转写和梵文拉丁文转写。

13日

• 由中南民族大学学报编辑部举办的“民族类学术期刊特色与名栏、名刊建设”座谈会在湖北省武汉市举行。与会的专家学者认为，当前我国民族类学术期刊建设要立足各民族之间日益频繁的交往、交流、交融这个大的时代背景，以2014年中央民族工作会议上提出的关于我国民族工作的一系列新观点、新论点为指导，着重关注民族理论的重要问题和重大实践问题，借此鲜明展现中国特色社会主义解决民族问题的道路、理论和制度。（《中国社会科学报》6月19日）

14日

• 由呼图壁县人民政府主办的呼图壁县岩画保护与研究中心成立大会暨新疆古代岩画测年国际合作研究呼图壁岩画研讨会，在新疆维吾尔自治区昌吉回族自治州呼图壁县举行。与会的30多位中外专家学者，围绕着呼图壁县岩画中著名的康家石门子生殖崇拜岩刻画，进行了热烈研讨。（《新疆日报》6月23日）

18日

• 《西藏日报》报道，日前，内蒙古自治区岩画研究人员在内蒙古自治区北部大兴安岭一处岩石上发现黑色竖排文字，经文字专家初步确认，此处岩画为13至14世纪用回鹘体蒙古文书写的《昭告天地书》。这处在中国比较罕见的古代蒙古文墨书岩画，对研究蒙元早期发祥史、宗教信仰演变、迁徙脉络等都具有重要价值。

同日，中国人类学民族学研究会第二次会员代表大会在北京召开。此次会议，表决通过了《中国人类学民族学研究会章程修订案》；选举产生了中国人类学民族学研究会新一届理事会，选举王正伟为会长，石玉刚为常务副会长，郝时远等10人为副会长，张谋为秘书长。（《中国民族报》6月19日）

23日

• 《中国民族报》报道，近日，云南省昆明市出台了《昆明市少数民族法律援助工作实施办法》，这是昆明市首部针对少数民族群众法律援助工作的《办法》。《办法》从切实增强做好少数民族援助工作的责任感和使命感、拓宽少数民族群众法律援助服务网络、实行少数民族群众法律援助优惠政策等6个方面，对少数民族法律援助工作进行了全面安排。

25日

• 云南·台湾少数民族发展交流座谈会在云南省昆明市召开，为期一周的“七彩云南行，两岸民族情”系列活动由此正式启动。来自中国台湾的120余位少数民族代表将考察中国台湾农民创业园区、苗乡三七种植基地、云南民族博物馆等地，他们还将与云南省的少数民族代表，就经济文化等各方面进行深入交流。(《中国民族报》6月26日)

同日，全国民族自治州依法治理与民族工作实践创新专题研究班在北京中央民族干部学院开班。这是国家民委第5次举办自治州党委或政府负责同志参加的专题培训，除开展专题讲座外，还将举办州长论坛，进行实践教学和影像教学，并围绕提高民族事务治理法治化水平开展研讨。(《中国民族报》6月26日)

同日，全国民族语文工作研讨推进会在北京市中央民族干部学院召开。来自16个省、自治区及新疆生产建设兵团民（宗）委（厅、局）等相关单位的近80人，就民族语文工作取得的成绩、存在的问题，以及未来的发展，展开了研讨与交流。(《中国民族报》6月30日)

同日，“西藏教育重点研究基地”在西藏自治区教育厅举行揭牌仪式。这是教育部今年建立的首批4个教育部民族教育发展中心重点研究基地之一，其目的是加大对全国民族教育科研工作的指导与支持力度，加快民族教育科研事业发展和科研队伍建设。(《西藏日报》6月29日)

26日

• 《中国民族报》报道，近日，国内首家集保护、展示、研究格萨尔文化为主题，兼具教育、文化、旅游等多功能的果洛藏族自治州博物馆展陈项目研讨会在青海省西宁市举办。与会的专家学者分别从史诗传承、文明遗珍、千年传唱格萨尔三个主题进行了研究。

同日，《中国民族报》报道，日前，中国回族学会工作暨会刊研讨会在河南省郑州市召开。来自北京、云南、湖北等16个省市自治区的81名专家学者、企业家、政府工作人员参加了会议。本次会议是中国回族学会1998年成立以来的首次工作会。

7月

3日

• 《中国民族报》报道，近日，陕西师范大学国外藏学研究中心在西安揭牌。该中心的成立，填补了我国高校国外藏学专门研究机构长期缺失的空白。该中心将学术研究与智库服务相结合，当前主要研究任务是对国外藏学研究的经典和重要著述进行广泛的搜集、整理、译释、分析、解读和研究。

4日

• 中国土司遗址（包括贵州播州海龙囤、湖南永顺老司城、湖北唐崖土司城）在第39届联合国教科文组织世界遗产委员会会议（世界遗产大会）上获准列入世界遗产名录，成为中国第48处世界遗产。(《贵州日报》7月5日)

同日，由兰州大学西北少数民族研究中心、内蒙古大学民族学与社会学学院、内蒙古大学蒙古学研究中心共同主办的第四届西北民族学论坛在内蒙古大学举行。来自兰州大学等9个院校的20多位专家学者，分别围绕传承和发展民族文化、搞好“一带一路”建设、保障少数民族权益等主题作了学术报告。（《内蒙古日报》7月6日）

7日

• 《中国民族报》报道，日前，为规范少数民族发展资金的使用与管理，提高资金使用效益，加强绩效考核，黑龙江省民委和省财政厅共同研究制定了《黑龙江省少数民族发展资金和项目管理实施细则》。该细则明确了少数民族发展资金的使用原则，将资金投向以“输血功能”为主改为以“造血功能”为主，提出大力发展特色优势农业产业项目。

9日

• 《贵州日报》报道，贵州省荔波县申报的贵州布依族古文字档案被国家档案局列入了第四批《中国档案文献遗产名录》。

9—12日

• “中国少数民族教育高层论坛”分别在甘肃省的西北师范大学和甘肃民族师范学院举行。来自中国大陆及台湾地区的80多位专家学者，围绕新时期我国民族教育政策新动向、民族团结教育理论与实践、双语教育面临的问题等议题展开了深入研讨。（《中国社会科学报》7月15日）

10日

• 《中国民族报》报道，近日，为庆祝西藏自治区成立50周年，由国家民委西藏社会经济与文化发展研究基地、西藏自治区西藏经济社会发展战略研究基地主办的“西藏社会经济文化发展与和谐社会建设”学术研讨会在西藏民族大学召开。来自中国社会科学院、西北政法大学等高校和研究机构的40多位代表参加了会议。

同日，《中国民族报》报道，近日，纪念高句丽研究院建院20周年学术研讨会在吉林省通化市举行。来自国内十余家高校和科研机构的80余位专家学者分别从制度史、思想史、女性史等多角度介绍了各自有关高句丽和东北民族历史、文化的研究成果。

11—13日

• 由黑龙江省佳木斯大学主办的“2015中国首届赫哲族发展高峰论坛”在佳木斯市召开。来自国家民委、中央民族大学、俄罗斯哈巴罗夫斯克边疆区土著少数民族协会等中俄有关单位、高校、科研机构的120余位专家学者参加了研讨。

14日

• 《内蒙古日报》报道，近日，在北京举行的中国岩画现代保护与研究100周年纪念活动上，公布了首批13个中国岩画遗存地，内蒙古阴山岩刻巴彦淖尔市磴口县格尔敖包沟岩刻区、内蒙古阴山岩刻巴彦淖尔市磴口县默勒赫图沟岩刻区、内蒙古乌海市桌子山召烧沟岩画区位列其中。

同日，《内蒙古日报》报道，日前，长期以来国内外学术界针对蒙古族源各自表述的学术争论有了新进展。从吉林大学边疆考古研究中心实验室传来的研究成果表明：通过体质人类学和分子考古学的多材料综合研究，作为国家社会科学基金重大委托项目的“蒙古族源与元朝帝陵综合研究”取得分子考古学阶段性突破，研究结果支持蒙古族源接近“东胡说”。

同日，《中国民族报》报道，近日，国家宗教事务局公布《藏传佛教学衔授予办法（试行）》，以规范藏传佛教学衔授予工作，促进藏传佛教人才培养。《办法》规定，藏传佛教学衔分初、中、高三级，分别为禅然巴、智然巴、拓然巴。禅然巴、智然巴学衔由省、自治区佛教团体举办的藏传佛教院校授予；拓然巴学衔由中国藏语系高级佛学院授予。

21 日

• 西藏自治区藏文古籍修复中心在拉萨市正式揭牌，成为西藏打造国家级藏文古籍修复基地的又一重大举措，这将极大地提升藏文古籍修复能力，为藏文化保护、传承、发展留下珍贵文献。(《中国民族报》7 月 24 日)

31 日

• 《中国民族报》报道，近日，由中国民族理论学会主办，齐齐哈尔大学、黑龙江省民族研究所承办的“中国民族理论学会 2015 学术年会暨民族理论研究的新课题学术研讨会”在黑龙江省齐齐哈尔大学召开。与会的国家民委、中国社会科学院、中国藏学研究中心等单位、高校、科研机构的 100 余名专家学者，从“共有精神家园培育和制度建设”“族际人口流迁和城市民族工作”等多视角进行了充分研讨。

同日，《中国民族报》报道，近日，我国首部鄂温克语和蒙古语对照词典《鄂蒙词典》由民族出版社出版发行。该词典是我国首部全方位反映鄂温克语特点的鄂温克—蒙古语词典，用拉丁字母拼写鄂温克语词条，并以国际音标注音，用蒙古语释义，共收词 2.5 万余条，收录了鄂温克族姓氏和部分地名。

8 月

1 日

• 贵州省贵阳市的贵州民族大学举行了贵州省彝文古籍文献研究基地暨彝学服务国家战略及地方需求研讨会。这是贵州省继 2014 年被纳入第一个国家层面的文化产业专项区域规划《藏羌彝文化产业走廊总体规划》之后的又一项彝学研究成果。(《贵州日报》8 月 7 日)

3 日

• 由中国社会科学院、全国博士后管委会、贵州省社会科学院等单位共同举办的第三届全国民族学人类学博士后论坛在贵州省贵阳市举行。来自中国社会科学院、中南大学、贵州师范大学等十余家单位的 60 余位专家学者围绕《关于人类学与民族学学术创新的若干问题》《历史与比较视角下的民族法制》等专题进行了学术交流。(《贵州日报》8 月 4 日，《中国民族报》8 月 21 日)

7 日

• 由西藏自治区社会科学界联合会组织的首届哲学社会科学界和藏学界学术年会在拉萨市召开。会议要求，面对新形势新任务，西藏自治区社会科学界和藏学界要开拓进取、锐意创新，大力加强哲学社会科学创新体系和中国特色西藏特点的新型智库建设。(《西藏日报》8 月 8 日)

13 日

• 《贵州日报》报道，近日，第五届中国土司制度与土司文化国际学术研讨会在贵州省遵义市举行。此次研讨会是海龙囤申报世界文化遗产后的一次重要土司文化活动，是业界规格最高、规模最大、影响力最强的盛会。旨在研究土司学的理论构建与方法、土司制度、土司文化，对播州土司文化和海龙囤土司遗址旅游经济开发等具有重要意义。

14 日

• 《中国民族报》报道，日前，由东北师范大学历史文化学院和中国社会科学杂志社《历史研究》编辑部联合主办的“清代多民族统一国家的历史建构”学术研讨会在吉林省长春市的东北师范大学召开。来自中国社会科学院、南开大学等十余所高校与科研机构的 20 余名专家学者，从多民族统一国家历史建构的理论与实践、史料史观与清史研究前沿等方面，展开了讨论与交流。

16—18 日

• 由宁夏大学西夏学研究院、中国社会科学院西夏文化研究中心、河西学院主办的第四届西夏学国际学术论坛在甘肃省张掖市河西学院举行。来自中国、俄罗斯、日本等国的 120 余位专家学者，围绕“西夏文献资料整理研究”“西夏历史文化专题研究”“西夏语言文字研究”“西夏文物遗址研究”“西夏文献数据库建设”“河西历史与文化研究”六个主题展开研讨。（《中国社会科学报》8 月 21 日）

18 日

• 《光明日报》报道，日前，国务院印发《关于加快发展民族教育的决定》，全面部署加快发展民族教育。该文件明确了当前和今后一个时期加快发展民族教育的指导思想、基本原则、目标任务和政策措施，提出到 2020 年，民族地区教育整体发展水平及主要指标接近或达到全国平均水平，逐步实现基本公共教育服务均等化，服务民族地区全面建成小康社会的能力显著增强。

同日，《民族发展蓝皮书：中国民族发展报告 2015》发布会在北京市举行。该书从民族学人类学视角，研究近年来少数民族和民族地区的发展情况，展示民族地区经济、政治、文化、社会和生态文明“五位一体”建设取得的辉煌成就和面临的困难挑战，为深刻理解中央民族工作会议精神、加快民族地区全面建成小康社会进程提供了实证材料。（《中国社会科学报》8 月 28 日）

18—19 日

• 2015 中国新疆发展论坛在乌鲁木齐市举办。来自 30 多个国家和国际组织的近百名专家学者，围绕“建设丝绸之路经济带——新疆的发展机遇与选择”这一主题，依托各自的专业领域，对新疆的历史文化、地缘特点、发展现状、社会稳定等涉及新疆发展的一系列重大理论和现实问题进行了深入研讨。（《新疆日报》8 月 20 日）

21—22 日

• 由内蒙古社会科学院、中国蒙古学学会主办的中国第四届蒙古学国际学术研讨会在内蒙古自治区呼和浩特市举行，主题为“草原丝绸之路与世界文明”。来自联合国有关组织和蒙古国、俄罗斯、法国等多个国家，以及中国社会科学院、中央民族大学等科研院所、高校和有关部门的负责人、专家学者近 200 人参会，多位国内外知名学者作了大会学术报告。（《内蒙古日报》8 月 22 日，《中国社会科学报》8 月 26 日）

21 日

•《中国民族报》报道，近日，内蒙古自治区呼伦贝尔市举行了由中国伦理学会民族伦理学专业委员会、中国人类学民族学研究会民族道德文化专业委员会主办的“民族伦理与优秀传统文化”学术研讨会。来自全国20多个省（区、市）的100余名专家学者，围绕“民族伦理与道德生活的理论与实践”“单一民族伦理文化研究”“单一民族道德生活史研究”三大主题展开了热烈讨论。

同日，《中国民族报》报道，近日，在内蒙古自治区呼伦贝尔市鄂伦春自治旗阿里河镇召开了由内蒙古社会科学院主办的“守好少数民族美好精神家园”学术研讨会。来自国内外的30余名专家学者参加研讨并达成共识：要以守护好美好精神家园为契机，注重塑造工业化时代的民族自信、向上、进取、包容的形象；倡导尊重民族文化的同时，也要学会学习民族文化。

28 日

•《中国民族报》报道，近日，由敦煌研究院、中国敦煌吐鲁番学会主办的“2015 敦煌论坛：敦煌与中外关系国际学术研讨会”在甘肃省敦煌市召开。来自20个国家和地区的190余位敦煌学专家学者，共同研讨了敦煌学国际交流合作、敦煌与中外关系及敦煌文献、石窟新发现和新研究等学术问题。

9 月

1 日

•《中国民族报》报道，近日，中共山东省委、山东省人民政府出台了《关于加强和改进新形势下民族工作的实施意见》，以切实加强和改进新形势下的民族工作，推动全省民族团结进步事业不断发展。该《意见》强调，加大财政支持力度，继续对少数民族和民族聚居区实施差别化的扶持政策。加强少数民族职业教育等。

同日，《中国民族报》报道，日前，贵州省回族学会成立大会在六盘水市召开，来自贵州省各地的回族学会会员400余人参加会议。该学会的成立，将有助于贵州全省19万居住分散的回族人口之间的相互交流，有利于宣传党和国家的民族、宗教政策，促进回族聚居区经济文化的发展，进一步弘扬民族传统文化，激励回族同胞爱国、爱教。

2 日

•《新疆日报》报道，日前，首部新疆历史地图集——《地图上的中国新疆》出版发行。该书忠实辑录了自公元前60年西汉中央政权设置西域都护府至今2000多年来新疆版图变迁状况，不仅见证了中国中央政权对这块土地的行政辖制，更以无可辩驳的史证展示了新疆在中国历朝历代历史疆域中的真实地位，体现新疆自古以来就是中国不可分割的一部分。

6 日

•国务院新闻办公室发表《民族区域自治制度在西藏的成功实践》白皮书，全面介绍了实行民族区域自治制度给西藏带来的翻天覆地的变化。该书全文约2.2万字，以大量数据和事实从八个方面介绍了西藏实行民族区域自治制度前后所发生的重大变化，包括：1. 旧西藏的黑暗与落后；2. 走上发展进步道路；3. 符合国情的政治制度；4. 保障人民当家作主；5. 大力增进人民福祉；6. 保护和弘扬优秀传统文化；7. 尊重和保护宗教信仰自由；8. 推进生态文明建设。（《青海日报》9月7日）

8 日

• 西藏各族干部群众在拉萨市布达拉宫广场隆重集会，热烈庆祝西藏自治区成立 50 周年。中共中央、全国人大常委会、国务院、全国政协、中央军委发来贺电。贺电指出，50 年来，在党中央坚强领导和全国人民大力支持下，西藏自治区党委和政府团结带领全区各族人民艰苦奋斗、开拓进取，各项事业取得了举世瞩目的成就，社会面貌发生了翻天覆地的变化。贺电强调，中央第六次西藏工作座谈会为西藏改革发展稳定描绘了宏伟蓝图、作出了全面部署、指明了前进方向。西藏各族人民要高举中国特色社会主义伟大旗帜，以邓小平理论、“三个代表”重要思想、科学发展观为指导，深入学习贯彻习近平总书记系列重要讲话精神，坚持以“四个全面”战略布局为统领，坚持党的治藏方略，把维护祖国统一、加强民族团结作为西藏工作的着眼点和着力点，坚定不移开展反分裂斗争，坚定不移促进经济社会发展，坚定不移保障和改善民生，坚定不移促进各民族交往交流交融，坚持依法治藏、富民兴藏、长期建藏、凝聚人心、夯实基础，确保国家安全和西藏长治久安，确保经济社会持续健康发展，确保各族人民物质文化生活水平不断提高，确保生态环境良好，为建成安居乐业、保障有力、家园秀美、民族团结、文明和谐的小康社会而努力奋斗。(《西藏日报》9 月 9 日)

11 日

• 《中国民族报》报道，近日，“民族地区经济社会协调发展与全面小康社会调查暨《中国民族地区经济社会调查报告》首批图书出版座谈会”在北京举行。此次会议由中国社会科学院民族学与人类学研究所以及中国社会科学出版社主办。来自中央统战部、中共中央党校、国家民委、中国社会科学院、新疆社会科学院、中央民族大学等单位的领导、专家、学者共 150 余人参会。本次出版的《中国民族地区经济社会调查报告》呈现三大亮点：一是涉及民族地区的政治、经济、社会、文化、生态五大文明建设的内容，全面而具体；二是调查综合采用了民族学、人类学的田野调查方法，社会学问卷调查方法，以及国情调研、社会调查方法，报告所呈现的内容具有多学科的分析与研究手段；三是增添了大量问卷分析的书目和内容。

19—20 日

• 为推动民族生态学的学科建设和成果交流，探索服务中国民族地区可持续发展的理论与方法，由中国生态学学会民族生态专业委员会与中央民族大学等单位共同举办的首届全国民族生态学大会在北京市举行。与会的专家学者认为，民族生态学是生态学与民族学交集的学科，其学科发展应具有独特的理论体系和规范的研究方法，既需要生态学和生物学等自然科学知识，更离不开民族学、人类学、社会学等社会科学知识。(《中国社会科学报》9 月 25 日)

20 日

• 由中国民族精品博览会组委会、中央民族大学苗族研究所、天下贵州人系列活动组委会联合主办的“让世界分享贵州　让蜡染走向世界：非遗苗族蜡染文化论坛”在北京举行。文化部、国家民委、中国文联、中国社会科学院等机构的有关负责人、专家、学者、民间艺术大师共同参加，一起探讨非遗苗族蜡染如何走向世界。(《贵州日报》9 月 21 日)

22 日

• 由新疆人民出版社翻译出版的新疆维吾尔自治区成立 60 周年大型献礼图书《中国大百科全书》(维吾尔文版)在乌鲁木齐市首发。该书以《中国大百科全书》(第二版简明版)为翻译版本，共10卷，是国家新闻出版总署“十二五”重点出版规划和新闻出版改革发展项目库的重大出版项目，是新中国成立以来翻译出版的第一部大型综合性百科全书。(《新疆日报》9月26日)

24日

• 国务院新闻办公室发表《新疆各民族平等团结发展的历史见证》白皮书。该书全文约2万余字，运用了大量翔实数据和具体事例，从实行民族区域自治制度、坚持各民族平等团结、不断夯实发展基础、改善民生造福各族人民、推进文化事业繁荣发展、依法维护社会和谐稳定、尊重和保护宗教信仰自由、发挥兵团特殊作用、国家对新疆的支持与帮助九个方面，全面介绍60年来新疆经济社会发展取得的巨大成就。(《内蒙古日报》9月25日,《中国民族报》9月25日,《新疆日报》9月25日)

29日

• 《中国民族报》报道，近日，为深入贯彻落实中央民族工作会议精神，湖南省结合实际，出台了《中共湖南省委湖南省人民政府关于做好新形势下民族工作的实施意见》。该《意见》分五大部分提出了做好新形势下湖南民族工作的23条政策措施。包括，进一步增强做好新形势下民族工作的责任感；着重从财税倾斜政策、加大金融支持力度、提供用地保障、生态补偿、加强规划编制等方面努力激活民族地区后发赶超的内生动力；通过建立健全民族工作领导体制和工作机制、加强民族地区人才队伍建设、提高依法管理民族事务能力、加大考评和督促检查力度等来加强党对民族工作的领导等。

10月

1日

• 庆祝中华人民共和国成立66周年暨新疆维吾尔自治区成立60周年大会在乌鲁木齐市新疆人民会堂隆重举行，来自新疆各界2200多名各族各界代表参加。中共中央、全国人大常委会、国务院、全国政协、中央军委发来贺电。中共中央政治局常委、全国政协主席、中央代表团团长俞正声出席庆祝大会并讲话。(《新疆日报》10月2日,《内蒙古日报》10月2日)

10—11日

• 以“‘一带一路’与民族文化交融发展”为主题的中国人类学民族学2015年年会在贵州省贵阳市贵州民族大学举行。与会的专家学者围绕会议主题，站在国家战略和学科发展全局高度，对少数民族农牧区减贫与民族经济发展，民族传统文化与现代化建设研究，“一带一路”建设与民族关系发展等问题进行了交流与探讨。(《中国民族报》10月13日)

13日

• 《新疆日报》报道，近日，由中国社会科学院考古研究所主持的在新疆阿勒泰地区青河县三道海子石堆遗址群的考古发掘工作又取得新进展。考古人员发现一个距今约3500年的石棺墓，其特殊的墓葬构成方式在阿勒泰地区乃至新疆境内都没有发现过，属于非常罕见的石棺墓。该墓葬对于研究新疆境内游牧民族文化历史具有十分重要的意义。

15日

• 由中国与格鲁吉亚共同主办的丝绸之路国际论坛在格鲁吉亚首都第比利斯召开，来自30

多个国家和地区、12 个国际组织的 1000 多名代表参会。此次论坛是中国在境外举办的首个以丝绸之路经济带为主题的国际论坛，是新疆首次代表中国在境外主办国际性论坛。（《新疆日报》10 月 16 日）

16 日

• 《中国民族报》报道，日前，贵州省荔波县申报的布依族古文字档案被列入第四批《中国档案文献遗产名录》，荔波县也因此被贵州省民宗委命名为“方块布依字研究基地”。这是黔南布依族苗族自治州近年来在民族古籍整理工作中取得的又一丰硕成果。

18—19 日

• 由中国社会科学院主办、中国社会科学院民族学与人类学研究所、中国社会科学院国际合作局承办的“民族学人类学理论方法创新发展国际论坛暨纪念费孝通先生大瑶山调查 80 周年学术研讨会”在北京市召开。来自国内外的 70 余位专家学者围绕“民族学人类学理论方法创新发展”“纪念大瑶山调查 80 周年、缅怀费孝通先生”“社会秩序与社会管理”“文化遗产与文化自觉”四个分议题展开了讨论。

20 日

• 由中央新疆工作协调小组办公室、中国社会科学院、新疆维吾尔自治区党委共同主办的首届新疆智库论坛在乌鲁木齐市举行，100 余位专家学者参会。论坛主题是围绕社会稳定和长治久安的总目标，畅谈新疆维吾尔自治区成立 60 年来，特别是中央新疆工作座谈会以来各项事业取得的辉煌成就。（《新疆日报》10 月 21 日）

23 日

• 《中国民族报》报道，日前，海南省委、海南省人民政府出台了《关于加强和改进新形势下民族工作的意见》，要求要深刻认识海南多民族聚居的基本省情；准确把握全省民族工作阶段性特征，增强做好新形势下民族工作的责任感；进一步明确全省民族工作的指导思想。

24 日

• 《玛纳斯》与柯尔克孜族民俗文化国际学术研讨会在乌鲁木齐市新疆师范大学举行，多国专家学者共同探讨《玛纳斯》所展现的柯尔克孜族民俗文化，挖掘《玛纳斯》丰富的民俗内容，解析其深刻的民俗文化内涵。（《新疆日报》10 月 25 日）

24—25 日

• 中国边疆学研究中心成立仪式暨第二届中国边疆理论创新与发展论坛在北京市中央民族大学民族学与社会学学院举行。60 位专家学者围绕着“一带一路”民族生态与文明研究这个主题，展开了热烈研讨。（《中国民族报》10 月 30 日）

29 日

• 《光明日报》报道，日前，经过近 6 年的收集、完善和审核，《西藏自治区级非物质文化遗产名录图典》正式出版。该书包含 15 万余字、320 幅图片，客观系统地介绍了 323 个西藏自治区级非物质文化遗产代表作的传承区域、历史渊源、表现形态、文化价值以及濒危状况，兼具学术性、知识性及文献性，为相关研究提供了重要学术资料。

11 月

10 月 31 日—11 月 1 日

• 第六届中国人类学民族学学科负责人联席会议在陕西省咸阳市西藏民族大学召开。与会的专家学者，围绕“人类学民族学在‘一带一路’中的担当与使命，以及人类学民族学学科建设”两个主题，展开了良好的学术沟通及工作交流。(《中国民族报》11 月 6 日)

3 日

• 《中国民族报》报道，日前，湖北省政府下发《关于改善人居环境的实施意见》，提出到 2016 年底，全省民族地区 40% 的行政村人居环境基本改善；到 2018 年底，民族地区 60% 的行政村人居环境基本改善；到 2020 年底，全省民族地区所有行政村人居环境基本得到改善。

20 日

• 由内蒙古鄂尔多斯市成吉思汗陵旅游区管委会和鄂尔多斯市成吉思汗陵基金共同主办的第四届成吉思汗陵文化论坛在呼和浩特市举行。此次论坛共收到论文 36 篇，这些论文紧紧围绕成吉思汗陵文化旅游业今后总体发展规划这一主题，从不同层面，对成吉思汗的历史地位、影响以及现实意义，成吉思汗祭奠中的祭祀场所、祭文、音乐、饮食、仪式器皿及空间的发生与发展、变迁等问题进行了研讨。(《内蒙古日报》11 月 23 日)

21—22 日

• 由中国人类学民族学研究会、中国社会科学院民族学与人类学研究所联合主办的第三届都市人类学会暨“城市社会转型与民族文化”研讨会在北京召开。与会的专家学者围绕“城市转型与流动人口（移民）”“城镇化与社会建设”“城市转型与民族文化”“城市转型与老字号文化”“城市化与教育、非遗、记忆”“城市转型与旅游”“城市转型与宗教文化”“城镇化与价值观变迁”8 个主题，从不同的学科背景和视角出发，展开了充分交流。(《中国民族报》11 月 27 日)

22—24 日

• 由长春师范大学、吉林省民族宗教研究中心、伊通满族自治县主办的“满洲（族）命名 380 年学术研讨会”在吉林省长春市召开。与会的专家学者围绕满族的历史文化、政治经济、语言文学、宗教信仰、民风民俗、边疆发展和区域合作与交流等问题进行了充分讨论与交流。(《中国民族报》11 月 27 日)

24 日

• 《贵州日报》报道，近日，中国著名佛教考古学家温玉成率领的工作团队，在四川省九寨沟县境内发现的岩画“土伯御龙”，是该省发现最早的西戎岩画以及苯教“鲁神”岩画，学术意义十分重大。

同日，《光明日报》报道，日前，河北省定州市文物普查时发现一块元代八思巴文、汉文双语圣旨石碑，碑体、碑文均保存完好。碑文内容为元成宗铁穆耳大德十一年（公元 1307 年）加封孔子的诏旨。据介绍，元代八思巴文、汉文双语圣旨石碑全国罕见，这块石碑的发现，对于研究元代的文字、制度、历史、文化等都具有重要意义。

27 日

•《中国民族报》报道，近日，由甘肃省东乡族文化研究会主办的第二届东乡族文化学术研讨会在甘肃省兰州市召开。与会的专家学者围绕“弘扬、传播优秀民族传统文化”“挖掘、传承和保护东乡族文化遗产”等议题，从东乡族民间文学艺术、东乡族历史、民族教育、民族语言等角度出发，共同探讨了在“一带一路”新形势下的东乡族文化事业及其对策，并针对传承和发扬东乡族文化、坚持民族精神与信念、发展民族文化与经济、促进东乡族社会全面发展等问题提出了诸多建设性意见。

28 日

•由西藏民族大学、光明日报社、中国藏学研究中心联合主办的首届“藏泰月喜马拉雅论坛：丝绸之路与唐蕃古道”在陕西省咸阳市西藏民族大学举行。该届论坛以促进西藏的发展进步为宗旨，重点围绕南亚大通道建设、环喜马拉雅经济合作带建设、孟中印缅经济走廊建设、西藏与周边国家及祖国内地周边省市的经济合作、“丝绸之路”和“唐蕃古道”上的文化传承与发展等进行研讨与交流。(《西藏日报》11 月 30 日)

12 月

3 日

•《光明日报》报道，日前，卡若遗址一期维修保护工程全面竣工，千年古盐田文物保护区一期工程也已启动。卡若遗址是西藏历史上首次科学发掘的古代遗址，也是迄今为止青藏高原保存最完整、最系统、时代标志最明确、遗物和遗迹最丰富的新石器时代遗址，其时代大致距今 5300 年至 4000 年，它是研究中国西南地区古人类迁徙及其与黄河流域文明的联系、探寻藏民族起源之谜的重要平台。

4 日

•德国各界人士来到中国驻柏林大使馆，参加关于西藏过去、现状和未来为主题的研讨会。针对西方存在的误解曲解，与会的中外专家为人们“还原”了一个真实的西藏。(《光明日报》12 月 7 日)

5 日

•由辽宁省民族事务委员会主办、辽宁大学历史学院承办的“满族语言抢救与历史文化保护高层论坛”在辽宁省沈阳市召开。与会的专家学者认为，与浩如烟海的满文文献相比，成熟的满语文翻译人才十分稀缺。(《中国社会科学报》12 月 9 日)

11 日

•《中国民族报》报道，近日，由宁夏大学人文学院教授胡玉冰主编的《宁夏珍稀方志丛刊》首批学术专著，《正统宁夏志》《万历朔方新志》《乾隆宁夏府志》等 8 部由中国社会科学出版社出版。待该《丛刊》全部 18 部专著出齐后，宁夏将在全国率先实现一省传世旧志全部规范整理出版的战略目标。

同日，由北京大学中国社会与发展研究中心主办的中国人类学民族学研讨会民间文化研究专业委员会成立大会暨“经典概念的当代阐释：过渡礼仪的理论与经验研究”学术研讨会在北京召开。与会的近 70 名中外专家学者，围绕“‘过渡礼仪’概念：通古今之变”“田野中的过渡礼仪：究天人之际”“经典概念的拓展：后现代仪式观”等议题，对“过渡礼仪”这一人类学研究中的经典概念进行了多维度的阐释，并就民俗学研究应该侧重“民”还是侧重“俗”、未来民俗学如何跳出经验研究并走向理性目的论意义上的实践研究等学科热点问题进行了充分讨论。(《中国社会科学报》12 月 18 日)

12 日

• 由北京产业经济学会和中央民族大学共同发起设立的中国区域经济学会少数民族地区经济专业委员会成立大会在北京举行。该委员会的设立，将加强对区域经济尤其是少数民族地区经济的研究，推进经济结构战略性调整；同时，为少数民族地区政府和企业提供决策服务。(《中国民族报》12 月 25 日)

同日，由中国社会科学院民族学与人类学研究所、中国社会科学院涉藏问题研究中心共同主办的“西藏及四省藏区稳定与发展学术研讨会”在北京举行。与会的专家学者就藏区“习惯法”、西藏受援及可持续发展的意义、跨喜马拉雅通道建设、南亚大通道建设前景、藏传佛教、西藏农村医疗卫生事业发展、定居牧民就业等问题，进行了广泛深入的研讨。(《中国社会科学报》12 月 18 日)

14 日

• 在上海举办的第二届世界考古论坛公布的 10 项世界田野考古发现奖中，贵州、湖南、湖北三省文物考古研究所共同申报的项目“中国西南土司遗址考古调查和发掘：帝国扩张及其与边疆的动态关系”名列其中。(《贵州日报》12 月 18 日)

15 日

• 《中国民族报》报道，日前，新疆吐鲁番吐峪沟石窟寺西岸中区考古有新收获，大量壁画、塑像残块和纸质文书被发现。其中比较重要的有，回鹘文—汉文双语完整卷轴、书写在桦树皮上的梵文残片、古藏文册页等，内容以佛教经卷为主，鲜有世俗文书。

25 日

• “世界记忆遗产”东巴古籍传承与跨学科数字化创新学术前沿论坛在北京召开。与会的专家学者认为，在老东巴存活已为数不多的现状下，应当加快对数字化古籍的释读、翻译和编目，并对已经释读和翻译的东巴古籍进行较系统的分类与保存，采用现代信息化创新手段构建面向东巴象形文字的数字化国际共享平台，实现濒危状况下的东巴古籍及东巴文化的传承与传播。(《中国社会科学报》12 月 30 日)

(供稿人：林浩)

2016 年

1 月

5—6 日

• 全国城市民族工作会议在北京召开。中共中央政治局常委、全国政协主席俞正声作出批示。俞正声在批示中指出，做好城市民族工作，是加强和改进新形势下民族工作和城市工作的重要内容。中共中央政治局委员、国务院副总理刘延东出席会议并讲话。刘延东强调，要加强党对城市民族工作的领导，完善领导和工作机制，加强城市民族干部队伍建设，广泛动员全社会力量共同参与，努力开创我国城市民族工作新局面。(《光明日报》1月7日)

7日

• 《西藏日报》报道，近日，依托于国家社科基金重大项目的“非物质文化遗产视角下西藏文化保护与发展”学术研讨会在西藏自治区拉萨市举行。与会的专家学者围绕非遗文献整理、传承现状、保护战略等方面建言献策。其中，由西藏大学承担的“西藏非遗数字化及数据库”项目旨在填补西藏自治区非遗领域的空白。

15日

• 《中国民族报》报道，近日，由中央民族大学社会发展研究所、黑龙江省民族研究所、中国民族报社理论周刊共同主办的“‘三少民族’奔小康”学术沙龙活动在北京举行。与会的专家学者围绕东北“三少民族”经济社会发展现状、东北“三少民族”如何加快扶贫攻坚等问题展开了主题探讨。

同日，《中国民族报》报道，日前，内蒙古自治区文物专家初步认定，内蒙古自治区武川县大青山蜈蚣坝坝顶圜丘，地处拓跋鲜卑龙兴之地，应为我国考古史上罕见的北魏皇家祭祀遗存。此遗址的发现，为研究北魏祀天礼仪制度提供了实物证据。

17日

• 《西藏日报》报道，近日，中科院地质与地球物理研究所发布消息称，科学家在西藏阿里地区故如甲木寺遗址发现了1800年前古象雄王国时期的疑似茶叶残渣，经系统鉴定，目前正式确认残渣为茶叶遗存。这一发现，打破了外界一直认为唐代之前茶叶并未进入西藏的论断，将茶叶入藏的历史前推了近500年。

18日

• 藏传佛教活佛查询系统上线发布会在北京广济寺中国佛教协会举行。藏传佛教活佛查询系统第一批公布了870位境内活佛的信息，是国内宗教教职人员身份信息首次实现互联网查询。该系统提供活佛信息查询服务，在中国佛教协会网站、国家宗教事务局网站和中国西藏网同步上线。(《中国民族报》1月19日)

20日

• 内蒙古社会科学院举行内蒙古民族文化数据库平台建成运行暨蒙古语言语料库展示系统开通仪式。这标志着内蒙古民族文化建设研究工程重要项目之一的内蒙古民族文化数据库建设取得重要阶段性成果。

2月

1日

• 《宁夏日报》报道，日前，内蒙古自治区文物考古研究所对化德县境内的裕民遗址进行考古发掘发现，这处距今8400年的遗址为旧石器时代晚期向新石器时代早期过渡的一种全新的考古学文化遗存，也是内蒙古中南部地区目前发现的最早的新石器时代文化。这为研究中国北方草原及草原地带的新石器时代初期文化面貌提供了极为重要的资料。

16 日

• 内蒙古自治区在可移动文物普查中，发现一件全国罕见、史料价值极高的东汉安帝永初元年（公元107年）刻石与拓片。这部东汉刻石现藏于阿拉善博物馆，属于国家一级文物。通过该石刻文可了解到王莽之乱后到东汉时期的防御力量和西北少数民族内迁居延属国的情况。（《内蒙古日报》2月17日）

19 日

• 《内蒙古日报》报道，近日，内蒙古自治区文物考古研究所在集宁路古城遗址进行的考古勘探挖掘中，新发现了46座元代墓葬。此次发现对于深入研究探讨古城的人群构成、葬俗、丧葬制度和经济状况等方面，具有较高的学术价值和研究意义。

24 日

• 《中国社会科学报》报道，近日，甘肃省民委牵头，联合相关单位搜集、整理的《藏传佛教高僧弘法手迹珍典》，由甘肃万华出版社出版。全书120函，所辑文献横跨7—13世纪，是迄今为止最原始、最完整的藏传佛教高僧手迹典籍，也是搜集范围最广，抢救手迹、文献版本最齐全的藏文古籍整理，对于研究藏语文化的变化以及藏传佛教流变、藏族古代历史具有极高价值。

29 日

• 《内蒙古日报》报道，日前，内蒙古博物院文物普查组在文物登记工作中，发现一件国内罕见、史料价值极高的国家一级文物《蒙古农民》创刊号。该刊物，共16页，64开，铅印本，刊印时间为1925年4月28日，封面右上为刊名，以蒙汉两种文字书写，这是我国少数民族革命史上第一份传播马列主义的刊物，具有极为重要的价值。

3 月

1 日

• 《中国民族报》报道，近日，内蒙古自治区人民政府下发《关于加快发展民族教育的意见》，提出将继续实行对蒙古族、鄂伦春族、鄂温克族、达斡尔族考生高考加分优惠政策；允许蒙古语授课高考学生兼报内蒙古自治区内外高等学校汉语授课专业；将国家下达内蒙古的少数民族预科班和民族班招生计划、支援西部地区招生协会计划等，划出一定比例招收蒙古语授课高考学生，进入汉语授课专业学习深造。

4 日

• 《中国民族报》报道，日前，由甘肃省甘南藏族自治州迭部县非物质文化遗产协会编纂的《白龙江流域迭部藏族传统文化》系列丛书光盘画册面世。这套作品历时3年多完成，全面系统地介绍了白龙江流域迭部藏族文化，涉及民俗、宗教、生态等领域，填补了迭部藏族传统文化整理研究的空白，为学术研究提供了珍贵的基础资料。

同日，《中国社会科学报》报道，近日，甘肃省完成了东乡族、保安族和裕固族的语言文化普查，使省内的这三个有语言无文字的少数民族濒临失传的民族语言通过“数字化”记录和保存得以传承和发展。相关部门历时两年采用调查问卷、走访入户、访谈等方式，通过摄像、录音、照相等形式，对东乡族、保安族、裕固族口头传承的民间传说、民间故事、寓言故事、谚语等进行了声像录制。

8 日

• 《中国民族报》报道，近日，甘肃省启动了东乡族古籍千年手抄本《古兰经》的再生保护工作，该手抄本《古兰经》将以仿真版“面世”。该手抄本为国家一级文物，成书年代上限为 9 世纪，下限为 11 世纪，已有 1000 年左右的历史，可能是迄今全世界最古老的手抄本《古兰经》之一。

20 日

• 《内蒙古日报》报道，近日，由国家文物局主办的“2015 年度全国十大考古新发现”初选揭晓，在入围的 25 项考古发现中，内蒙古自治区多伦县小王力沟辽代贵妃墓以第 19 位入围。该墓葬是北方古代契丹考古的重要新发现，对于研究契丹、辽、后族、贵妃系统等，均具有重大意义。

23 日

• 《西藏日报》报道，近日，西藏自治区国家级和自治区级非遗传承人普查建档和数字化保护工作基本完成。截至目前，共有藏戏 114 部，89 个国家级项目和 68 位国家级传承人的资料；224 个自治区级项目和 196 位自治区级传承人；藏族精品歌舞和“嘎尔”等 8 种 27 套非遗出版成果等相关资料导入统一的数据库。

4 月

5 日

• 《内蒙古日报》报道，近日，内蒙古自治区少数民族古籍整理专项资金资助项目《蒙古语言文字研究文献荟萃》正式出版发行。该书共有 6 册，收录近 80 种文献，内容涉及蒙古文字的起源与发展、正字法、正音法、词语解释、语法等诸多领域。

15 日

• 《中国民族报》报道，近日，由民族史学理论专家陈育宁教授主持完成的国家社会科学基金项目《中国民族史学理论新探索》出版座谈会在宁夏大学举行，这一项目是宁夏大学西夏研究院承担的宁夏大学“211 工程”学刊建设项目重点课题。该课题系统综合阐述了民族史学理论的主要问题和观点，围绕中华民族多元一体格局和中华民族凝聚力这个核心问题，努力尝试构建起中国民族史学理论的初步体系，为今天认识和处理民族问题提供理论和历史依据，同时在民族理论范围上也有拓展与创新。

同日，《中国民族报》报道，近日，科学出版社出版了新疆龟兹研究院编纂的《龟兹石窟保护与研究国际学术研讨会论文集》。该论文集集中分析和探讨了龟兹石窟的保存现状及壁画修复技术，从考古学、历史学、语言学等方面，展示了国内外专家学者对龟兹历史文化的学术研究成果，充分体现了龟兹学跨学科合作研究的特点，在龟兹学研究历史上，具有里程碑式的意义。

22 日

• 由新疆文化出版社出版的《丝绸之路西域文献史料辑要》第一辑 391 卷在新疆维吾尔自治区乌鲁木齐市举行首发仪式。该丛书总规模 600 卷，是新疆维吾尔自治区出版的单套出版字数与卷数最多的丛书。该丛书分为古代文献部集、民国文献部集、档案史料部集等7个部集。丛书内容从英国国家博物馆、德国国家博物馆、俄罗斯国立图书馆等世界百余家藏书机构的近千种馆藏西域文献中精选汇编而成，翔实生动地再现了西域历史上的隶属、建置沿革及风俗物产等。（《中国民族报》4月15日、《新疆日报》4月23日）

26日

• 2015年度国家社科基金重大项目——中国蒙古语方言地图在内蒙古大学举行开题仪式。该项目的目标是用地图的形式展示我国蒙古语不同方言土语之间的界线、各方言区域里的相关语言现象的表现形式及其分布情况，是我国第一次用地图的形式研究我国蒙古语言方言土语的一项创新性课题，填补了蒙古语方言研究领域的一个空白。（《内蒙古日报》4月27日）

29日

• 在内蒙古自治区呼和浩特市举行的专家评审会上，《〈元史〉汇注》通过了专家评审。这部约1000万字、历时6年完成的汇注字数3倍于《元史》，是自新中国成立以来，国内第一次对《元史》研究成果进行全面的梳理、汇集和考订，是《元史》研究领域填补空白性的成果。（《内蒙古日报》4月30日）

5月

3日

• 《中国社会科学报》报道，日前，美国马萨诸塞大学安默斯特分校语言文学文化系教授沈钟伟所著《〈蒙古字韵〉集校》由商务印书馆出版。该书依据八思巴字的拼合原理对《蒙古字韵》文本进行了全面的校勘和补缺整理，新校354条，对研究元代北方官话标准音系统有着重要意义。

13日

• 《中国民族报》报道，近日，由复旦大学民族研究中心、呼和浩特市鄂温克族研究会联合成立的中国人口较少民族研究基地，在内蒙古自治区呼和浩特市成立。今后，基地将通过田野调查的形式，对人口较少民族开展调查。调查内容包括经济状况、人口结构、文化教育、传统文化传承及社会信仰等方面，并以纪录片的形式抢救和记录相关资料，撰写相关论文。

18日

• 《西藏日报》报道，截止到2016年5月10日，西藏自治区已圆满完成对包括布达拉宫、罗布林卡、萨迦寺、西藏博物馆等在内的800余处重点文物保护单位可移动文物的数据采集、审核、验收、上报等数字化建档工作。目前，10余万件西藏可移动文物首获“国家级电子身份证”，标志着西藏“国宝大调查”阶段性工作取得丰硕成果。

20日

• 《中国民族报》报道，近日，国家民委、公安部、工信部等12部门联合下发《关于在政府管理和社会公共服务信息系统中统一姓名采集应用规范的通知》，以切实解决长期以来因部分少数民族群众姓名中有间隔符“·”、姓名文字比较多及存在生僻字而无法正常享有社会公共服务的问题。

27 日

• 《中国民族报》报道，日前，在国务院批准颁布的第五批《国家珍贵古籍名录》中收录了131部少数民族民族文字古籍，涵盖藏文、西夏文、蒙古文、察合台文、水文、古壮字、布依文。

6 月

1 日

• 为期4天的第七届语言、文化、思维国际会议在湖南省长沙市开幕。与会的国内外100余位专家学者对湖南省境内少数民族语言的现状和发展问题展开了热烈讨论，研讨过程加深了人们对少数民族语言及文化的理解，对语言和文化的记录、保护甚至复兴有重大意义。（《中国民族报》6月10日）

2 日

• 国务院新闻办公室发表《新疆的宗教信仰自由状况》白皮书并举行新闻发布会，全面介绍新疆宗教信仰自由的真实情况。这是我国首次以新疆宗教事务为主题词发表白皮书。白皮书约8600字，由前言、正文、结束语构成。前言主要对新疆的宗教历史和现状进行了简要概括；正文重点阐述了新疆的宗教历史、保障公民宗教信仰自由权利等七方面的内容；结束语简要总结了新疆的宗教历史发展经验。（《新疆日报》6月3日）

17 日

• 《中国民族报》报道，近日，柔然与中华茹姓文化研讨会在河南省郑州市举行，华夏茹氏宗亲联谊会同时宣告成立。与会的140余位专家学者及茹氏宗亲就魏晋南北朝时期中国社会状况、柔然部族在中国历史上的发展以及茹姓的源流和发展进行了深入探讨。

18 日

• "英国剑桥与鄂温克大地——穿越世纪的回归"影像作品在内蒙古自治区鄂温克族自治旗博物馆展出。此次展出的上百幅老照片是英国剑桥大学考古学与人类学博物馆的馆藏品，是英国学者1931—1932年在索伦旗田野考察期间拍摄的。这些照片记录了当时鄂温克和鄂伦春人的营地，展现了20世纪早期我国北方鄂温克族群众的传统生活、宗教文化及节日庆典等内容，具有历史及民族学的价值。（《内蒙古日报》6月20日）

同日，《西藏日报》报道，日前，西藏自治区已有217部古籍入选《国家珍贵古籍名录》，内容涵盖佛教经典、天文历算、藏医药典籍等。其中，最新入选第五批"国家名录"的17世纪手写本《锡金胜迹指南》，填补了西藏古籍发掘史上的一项空白。（《内蒙古日报》6月20日）

20 日

• 首届中国哈克文化国际研讨会暨哈克文化人文历史纪录片开机仪式在内蒙古自治区呼伦贝尔市海拉尔区举行。与会的40余位国内外专家学者，对诞生于呼伦贝尔草原哈克镇的哈克文化的考古文物及成果进行了深入的学术探讨和研究，提出了许多具有重大学术价值的观点，充实了中国史前文化的资料库。（《内蒙古日报》6月21日）

21 日

• 《光明日报》报道，日前，在经过大量有效的资料收集、专家走访咨询及向社会各界征求意见后，西藏《唐卡分类》地方标准正式出台实施。唐卡，是在松赞干布时期兴起的一种绘画艺术，内容涉及藏族历史、政治、文化和社会生活诸多领域，被誉为藏族“百科全书”。

7月

3—9日

●由国家民委人事司、民族理论政策研究室、中央民族干部学院共同举办的全国民族问题研究优秀中青年专家研修班暨第九期全国民族问题研究中青年骨干培训班在北京市举行。来自全国民委系统、国家宗教事务局、民族高校、民委研究机构的60余位中青年专家参加了培训，其中包括今年3月确定的首批国家民委民族问题研究优秀中青年专家。此次培训班形式多种多样。专题讲座主题涵盖新形势下中央民族工作精神、边疆民族问题与安全、民族地区经济社会发展、我国宗教形势和处理民族事务的世界视野等热点内容，获得了培训班学员的广泛认同和好评。(《中国民族报》7月8日)

8日

●2016·中国西藏发展论坛完成各项议程，在拉萨市圆满闭幕。在为期两天的会议中，与会的专家学者围绕“西藏发展的新阶段——创新、协调、绿色、开放、共享”的主题和“创新发展：机遇与选择”“协调发展：传统与现代化的接轨”“绿色发展：潜力与优势”“开放发展：‘一带一路’的新愿景”“共享发展：精准扶贫与民生改善”五个分议题分别在大会和分组会议上进行了热烈讨论，并最终达成了《拉萨共识》。(《西藏日报》7月9日)

15日

●《中国民族报》报道，近日，为贯彻落实中央民族工作会议、全国城市民族工作会议精神，深入开展少数民族流动人口服务管理工作，切实维护城市少数民族流动人口的合法权益，经相关省级民族事务工作部门推荐，并综合统筹各地工作实际和地域分布因素，国家民委先后确定两批12个城市为“少数民族流动人口服务管理示范城市”，分别是：湖北省武汉市，浙江省宁波市，广东省广州市、深圳市，宁夏回族自治区吴忠市，新疆维吾尔自治区喀什市，辽宁省沈阳市，山东省青岛市，陕西省西安市，江西省南昌市，安徽省芜湖市，西藏自治区昌都市。

同日，在土耳其伊斯坦布尔市举行的第40届联合国教科文组织世界遗产委员会会议上，广西壮族自治区崇左市境内的“左江花山岩画文化景观”被批准列入《世界遗产名录》，成为我国第35处世界文化遗产和第49处世界遗产，也是我国第1处岩画类世界文化遗产。该文化景观展示出独特的景观和岩石艺术，生动地表现出公元前5世纪至公元2世纪，当地古骆越人在左江沿岸一带的精神生活和社会生活，这是目前对该传统的唯一见证。(《光明日报》7月16日)

21—24日

●班禅额尔德尼·确吉杰布在西藏自治区日喀则德庆格桑颇章，举行了坐床以来的首届盛大时轮金刚灌顶法会。前来参加法会的西藏自治区内外各族僧俗信众每天超过10余万人，最高峰时达到11.5万余信众。此次法会是班禅坐床21年来首次举行藏传佛教密宗最高级别的灌顶法会，也是西藏自治区60多年来首届时轮金刚灌顶法会。(《西藏日报》7月25日)

23日

●各族各界同胞怀着喜悦的心情在贵州省凯里市隆重集会，庆祝黔东南苗族侗族自治州成立60周年。全国人大常委会、国务院发来贺电，省委书记、省人大常委会主任陈敏尔出席活动，中央有关部委祝贺团团长、国家民委副主任刘慧致辞，省委副书记、省长孙志刚宣读省委、省人大常委会、省政府、省政协、省军区贺信。贺电指出，60年来，黔东南苗族侗族自治州经济发展、民族团结、社会稳定、人民生活不断改善，各项事业全面推进，取得了重大成就。希望黔东南州紧密团结在以习近平同志为总书记的党中央周围，高举中国特色社会主义伟大旗帜，以邓小平理论、“三个代表”重要思想、科学发展观为指导，深入学习贯彻习近平总书记系列重要讲话精神，深入贯彻落实党中央、国务院支持贵州经济社会又好又快发展的一系列政策措施，坚持各民族共同团结奋斗、共同繁荣发展，以自治州成立60周年为新的起点，解放思想、改革开放、凝聚力量、攻坚克难，为全面建成小康社会、实现中华民族伟大复兴中国梦，作出新的更大贡献。(《贵州日报》7月24日)

26日

• 《中国社会科学报》报道，近日，由滇川黔桂彝文古籍协作组、毕节学院（今名贵州工程学院）彝学研究院组织编写，马立三、陈英任主编的《通用彝文字典》由贵州民族出版社出版。该字典编纂和研究的时间长达11年，参加的专家学者近百人。它以传统彝文（也叫古彝文）为主体兼容规范彝文（也叫当代彝文）进行编纂，是彝文信息化的最新成果，也是彝文开发利用的新突破，推进了传统彝文国际区位码的申报进程。

28日

• 在内蒙古自治区包头市等3个城市举办的第二十六届全国图书交易博览会上，内蒙古展团举办了第二届八省区蒙古文图书展，其中的《蒙古民族哲学及社会思想史》一书，系国家社科规划办“七五”项目，参与全书撰写的专家学者30余位，历经25年，3次修改最终完成。该书从历史发展脉络角度，上起英雄史诗时代，下至1947年内蒙古自治区成立，从哲学、政治、宗教、军事、经济5个领域，对蒙古族哲学形成和发展、不同时代哲学及社会思想史的特点内容进行了全面的梳理和分析、研究、介绍，是目前国际国内相关研究成果中最系统、最全面的著作。(《内蒙古日报》7月28日)

8月

2—4日

• 世界上规模最大的藏学学术盛会之一，第六届北京（国际）藏学研讨会召开。来自国内外的325位专家学者围绕“一带一路”与面向南亚开放重要通道建设、社会转型与变迁等19个专题进行了讨论，内容涵盖经济、社会、历史、宗教、文化、语言、生态等诸多领域，涉及藏学研究的各个方面，亮点纷呈。(《西藏日报》8月5日，《中国民族报》8月9日)

8日

• 各族各界同胞怀着喜悦的心情在贵州省都匀市隆重集会，庆祝黔南布依族苗族自治州成立60周年。全国人大常委会、国务院发来贺电，省委书记、省人大常委会主任陈敏尔出席大会并为黔南州第一任州长韦茂文颁发州庆纪念徽章，中央有关部委祝贺团团长、国家民委副主任罗黎明致辞，省委副书记、省长孙志刚宣读省委、省人大常委会、省政府、省政协、省军区贺信。贺电指出，60年来，黔南布依族苗族自治州经济发展、民族团结、社会稳定、人民生活不断改善，各项事业全面推进，取得了重大成就。希望黔南州紧密团结在以习近平同志为总书记的党中央周围，高举中国特色社会主义伟大旗帜，以邓小平理论、“三个代表”重要思想、科学发展观为指导，深入学习贯彻习近平总书记系列重要讲话精神，进一步贯彻落实党中央、国务院支持贵州经济社会又好又快发展的一系列政策措施，坚持各民族共同团结奋斗、共同繁荣发展，以自治州成立60周年为新的起点，解放思想、改革开放、凝聚力量、攻坚克难、为全面建成小康社会、实现中华民族伟大复兴中国梦，作出新的更大贡献。(《贵州日报》8月9日)

12日

• 《中国民族报》报道，近日，为保护和传承少数民族语言文字，甘肃省临夏回族自治州出版发行了《保安语汉语词典》，使“有语言无文字”的保安族口耳相传的民族文化，有了新的记录工具。该词典的出版，填补了这项学术领域上的空白。它采用《保安语使用记音符号字母表（方案）》标音，收录了2400余个词条。

13日

• 《西藏日报》报道，日前，由西藏人民出版社历时8年编纂而成的《现代藏语词典》出版发行，成为西藏自治区出版的首部综合性现代藏语词典。该词典共收录了8万余词条，除常用词汇外，还收录了较为普遍使用的新词术语、部分梵文词汇以及西藏历史档案中的公文术语等，约240万字，近2300页。

26日

• 《中国民族报》报道，日前，由青海省海南藏族自治州主导实施，西北民族大学、北京线点科技有限公司合作研发，拥有完全自主知识产权的全球首个藏文搜索引擎——“云藏”（域名为www. yongzin. com）正式上线运行。这标志着有1300多年规范使用历史的藏文，进入了“所需即所得”的搜索引擎时代。

9月

1日

• 吉林省松原市前郭尔罗斯蒙古族自治县举行建县60周年大会。全国人大民族委员会、国家民委为大会发来贺电。60年来，前郭地区生产总值比建县之初增长708倍，财政收入增长495倍，城乡居民收入分别增长360倍和320倍，连续多年荣获我国“最具投资潜力”“最具区域劳动力”“中小城市科学发展”3个百强县称号，连续6次被国务院授予“全国民族进步模范集体”荣誉称号。(《中国民族报》9月6日)

2日

• 《中国民族报》报道，近日，由中国社会科学院民族学与人类学研究所、中国人类学民族学研究会丝绸之路文化产业专业委员会、青海省社会科学院主办的丝绸之路经济带建设与民族地区文化产业发展学术研讨会在青海省西宁市举行。与会的专家学者表示，民族地区在融入丝绸之路大局的进程中，文化产业发展十分重要，同时又得天独厚，只有不同学科背景的专家学者通力合作，才能让“一带一路”建设造福全人类，才能让民族地区文化产业获得长足发展。

19日

• 《西藏日报》报道，日前，在“门孜康”（西藏藏医院的前身）建院100周年之际，由西藏自治区藏医院编纂完成的《雪域藏医药历算大典》作为献礼图书正式首发。此书的出版使许多原本收藏于宫殿和寺院的珍本，流散于民间的孤本、善本以及部分译自汉文的珍本古籍得以首次面世，为藏医药和天文历算学研究、藏学研究提供了不可多得的珍贵资料。

27 日

• 《光明日报》报道，近日，由西北大学和乌兹别克斯坦共和国科学院考古研究所联合开展的中乌合作西天山西端区域古代游牧文化考古调查、发掘与研究项目取得重要进展：在苏尔汉河流域周边的山前地带，分布有古代游牧文化遗存，这些遗存可能与古代月氏有关。这为考古界和学术界进一步确认古代月氏的考古学文化遗存和探讨月氏与贵霜的关系提供了重要线索。

28 日

• 聚焦少数民族权利保障的"2016 · 中欧人权研讨会"在重庆市召开。与会的中外专家学者表示，作为统一的多民族国家，中国高度重视人权发展，尤其是在少数民族的人权保障方面有着显著的进步。数据显示，2010 年，中国少数民族人口占总人口的 8.49%，1953 年的比例仅为 6.06%。专家表示，少数民族人口比例提升较快，增速甚至在一定程度上超过汉族，表明中国的民族政策增加了少数民族自身的身份认同，少数民族权利保障得到认可。（《中国民族报》9 月 30 日）

30 日

• 《中国民族报》报道，近日，由中国社会科学院民族学与人类学研究所民族理论室编选，社会科学文献出版社出版的《马克思主义经典作家民族问题文选》一书在北京市召开了新书发布暨专家研讨会。与会的专家学者，对该书在马克思主义民族理论研究和学科建设上具有的价值和意义给予了高度评价。

10 月

9 日

• 由内蒙古师范大学、中国人类学民族学研究会宗教人类学专业委员会共同举办的"人类学视野中的民族与宗教"学术研讨会在内蒙古自治区呼和浩特市举行。与会的 70 余位专家学者，从宗教人类学角度探讨了如何发挥民族地区宗教积极的社会功能和作用，并提出了一些具有人类学意义的观点。（《中国民族报》10 月 11 日）

13—14 日

• 由中国人类学民族学研究会主办、烟台大学承办的中国人类学民族学 2016 年年会在山东省烟台市举行。此次年会主题是新型城镇化背景下的人类学和民族学研究，下设 18 个专题会议，来自全国 90 多所高校和科研机构的 370 多名专家学者参会。年会共收到论文近 400 篇，评选出 53 篇优秀论文。（《中国民族报》10 月 18 日）

15 日

• 《北冥有鱼：人类学家的田野故事》新书发布会在北京市举行。此书由中国社会科学院社会学研究所研究员罗红光创意并发起，郑少雄和李荣荣主编，商务印书馆出版发行。该书遴选了 75 位国内外人类学学者的 98 篇精美短文，涵盖的田野范围遍及亚洲、非洲、欧洲、南美洲、北美洲，乃至北极圈以内。在发布会上，与会的10余位人类学研究者与现场的100多名观众分享了他们各自的研究经历和心得，并交流探讨了人类学田野研究方法、田野研究学术伦理、研究者的自我意识、影视人类学与纪录片的差异等深度话题。(《中国社会科学报》10月21日)

16日

• 甘肃省临夏回族自治州成立60周年庆祝大会在临夏市举行。国家民委副主任李昌平率中央有关部门祝贺团参加庆祝活动并致辞。李昌平在致辞中说，建州60年来，在党的民族政策光辉照耀下，在党中央、国务院的亲切关怀下，历届临夏州领导班子团结带领全州各族人民，艰苦创业，开拓进取，在“五位一体”建设和党的建设上取得了辉煌成就。2015年，全州实现地区生产总值211.41亿元，是1992年统计以来的27倍；财政总收入达16.6亿元，是建州当年的473倍；农民人均纯收入达5245元，是建州当年的113倍。(《中国民族报》10月21日)

21日

• 《中国民族报》报道，日前，国家民委中国民族语文应用研究中心在北京市北京语言大学揭牌。该中心的成立，是国家民委贯彻落实中央民族工作会议精神，进一步发挥专家学者和科研机构智囊参谋作用，谋划推进新形势下民族语文工作的又一举措。

同日，《中国社会科学报》报道，英国牛津大学出版社将于10月31日出版美国斯坦福大学教授H. 萨米·阿利姆（H. Samy Alim）等学者编著的新书《种族语言学：语言如何塑造人们的种族观念》(Raciolinguistic：How Language Shapes Our Ideas about Race)。该书将多位学者的种族、民族前沿研究与细致的语言学分析相结合，旨在向读者展示语言在塑造人们种族观念中的作用，以及种族观念对语言的影响，帮助人们认识在迅速变化的世界中，种族、民族以及语言之间日益复杂的相互关系。

28日

• 《中国民族报》报道，日前，由西南民族大学和加拿大渥太华大学共同主办的2016年世界母系文化研究国际学术会议在成都市举行。与会的中外专家学者围绕会议主题“女性、女权与母系社会”，就“母系社会的结构类型与文化特征”“父系社会中的女性角色与女性文化”“藏羌彝走廊文化发展与摩梭家园建设”等议题进行了研讨。

11月

1日

• 《中国民族报》报道，近日，由中央民族大学少数民族事业发展协同创新中心编撰的我国首部少数民族各项事业发展的年度研究报告——《中国少数民族事业发展报告（2015）》发布。《报告》从少数民族事业发展的重要性出发，从“民族理论与民族政策的研究与实践”“民族地区经济”“民族教育”“民族语言”“民族地区宗教”“社会与文化”“科技进步与民族发展”7个方面，全面梳理了2015年少数民族各项事业发展的成果、发展轨迹、政策导向、存在问题，并在此基础上提出意见和建议。

3日

• 西藏大学·讯飞语音及语言联合实验室产品发布会暨藏语智能语音云平台全球首发仪式在拉萨市举行。在发布会上，发布了全球首款基于蜂巢输入模型的全能藏语输入软件：三位一体藏语输入法，集丰富的情景例句、海量词典、实时语音翻译功能于一体的全新汉藏互译软件：汉藏互译通两款手机应用软件和全球首款达到实用的 PC 端藏语合成系统。这些新语音产品应用的推出，必将积极推进少数民族语言信息化，加强民族交流融合，促进藏文化保护与传承。（《西藏日报》11 月 4 日）

4 日

●《中国民族报》报道，近日，首届全国民族档案学术研讨会在昆明市举行。来自全国高校、档案馆局及研究机构的数十位专家学者共同就民族档案学术研究进行了深入研讨。研讨会以“档案与少数民族社会记忆”为主题，举办了 6 个会议主题报告、3 个分论坛共 14 个学术报告。

5 日

●国家哲学社会科学规划重点项目“骆越方国研究”成果新闻发布会暨骆越文化研究学术研讨会在北京市举行，来自全国高校与科研机构的 80 余位专家学者参会。该项目研究历时 8 年，以翔实的田野调查材料、历史古籍记载以及丰富的考古历史文物遗存为依据，通过《汉书》《史记》《逸周书》的历史文献研究、考古出土文物认定、现存地名研究、开发东西两条海上丝绸之路四个方面，论证了我国“壮侗语族”的共同祖先骆越人建立的中国岭南地方政权“骆越王国”。骆越王国作为中国历史上最早开发岭南、南海的地方政权，为国家南海主权和“海上丝绸之路”建设赋予了历史依据。（《中国民族报》11 月 11 日）

6—7 日

●中国民族学学会 2016 年学术年会暨“‘一带一路’视域中的民族、文化、国家”学术研讨会在云南省临沧市双江县举行。大会共收到论文 122 篇，设 7 个分会场，有 115 位学者分 40 个单元分别就“一带一路”视野下的民族、国家、认同、宗教，文化多样性，文化遗产与旅游开发，民族地区的教育问题等热点问题展开了研讨。（《中国民族报》11 月 11 日）

7 日

●《光明日报》报道，近日，来自新疆文物局、中国社会科学院考古所、中国国家博物馆等单位专家学者组成的科考队，在新疆维吾尔自治区巴音郭楞蒙古自治州巴音布鲁克草原那热德郭勒河谷草地，发现了一处大型土墩遗址。该遗址应该是迄今为止新疆境内规模最大、形制最完整的青铜时代太阳祭坛遗址，距今 3000 年至 2500 年，它的结构是表达亚欧草原大游牧时代草原居民宗教文化内涵最典型的一个象征。

13 日

●中国满学研究院成立大会在东北大学秦皇岛分校举行。来自全国 30 多所院校及科研机构的 130 多位专家学者与会。中国满学研究院是研究东北三省和京津冀地区金、清以来满族文化和风俗以及金、清以来满族发展历史和文学艺术等学问的研究单位，现辖满族语言文学研究所、满语翻译研究所、满族历史文化研究所、满族与其他民族关系研究所，并且创立了中国满学博物馆和中国满学资料馆。（《中国民族报》11 月 18 日）

22 日

●云南省大理白族自治州各族群众集会欢庆大理白族自治州成立 60 周年。当天，大理州被国家民委正式命名为“全国民族团结进步创建活动示范州”。60 年来，大理州历届州委、州政府全面贯彻落实党的民族政策和民族区域自治制度，谱写了各族人民和睦相处、和衷共济，各民族兄弟情同手足、守望相助的光辉篇章。在波澜壮阔的改革发展进程中，各项建设事业取得了令人瞩目的成就。(《光明日报》11 月 23 日)

12 月

9 日

• 《中国民族报》报道，日前，由中央民族大学中国少数民族语言文学学院主办的中央民族大学彝文文献专业创办 35 周年暨纪念果吉·宁哈先生诞辰 80 周年学术研讨会在北京市召开，与会的专家学者总结了我国彝学研究、彝族语言文学建设和彝文文献的抢救等方面的实践经验，并对文献古籍专业领域人才的培养以及彝学学科的发展进行了研讨。

同日，《中国民族报》报道，近日，由中国民族理论学会、中共内蒙古党校、内蒙古社会科学联合会、乌兰夫纪念馆、中国社会科学院蒙古学研究中心联合主办的“乌兰夫民族工作思想与实践”理论研讨会在内蒙古自治区呼和浩特市召开。与会的各领域专家学者对乌兰夫同志的民族工作思想和实践进行了深入学习和研讨。

10 日

• 中俄西夏学联合研究所携手完成的“西夏文献研究丛刊”、《中国藏黑水城文献释录》等一批重要研究成果在宁夏回族自治区银川市举行的“中俄西夏学联合研究成果出版座谈会”上亮相。其中《中国藏黑水城文献释录》被视作西夏学研究的“百科全书”，它的出版将极大方便西夏学专家查阅、使用，深层次研究书中收录的数千件文献。(《中国社会科学报》12 月 19 日)

18 日

• 云南省石林彝族自治县举行成立 60 周年大会。人们身着节日盛装，欢聚于石林县城，载歌载舞，共庆 60 年来石林各项事业取得的巨大成就。国家民委办公厅巡视员、副主任普永生率全国人大民族委员会、国家民委祝贺团参加庆祝活动。60 年来，石林彝族自治县生产总值增长了 400 余倍，地方财政收入增长了 600 余倍，人均可支配收入增长了 200 余倍，人均寿命从新中国成立初期的 32 岁提高到了 76 岁，城市建成区面积从 0.3 平方公里扩大到 15.3 平方公里。石林县 60 年的发展历程，充分证明了党的民族理论与民族政策的英明正确，充分体现了石林彝族自治县各族人民的勤劳、智慧。(《中国民族报》12 月 20 日)

25 日

• 由北京市社会科学界联合会、北京东巴文化艺术发展促进会联合主办的“研究创建东巴古籍数字化国际共享平台”论坛在北京市召开。论坛以“‘世界记忆遗产’东巴古籍传承与跨学科数字化创新”为主题，探讨东巴经典文化遗产抢救与传承的数字化模式。(《中国社会科学报》12 月 30 日)

30 日

• 《中国社会科学报》报道，近日，由中国社会科学院民族学与人类学研究所和社会科学文献出版社联合主办的“《民族发展蓝皮书：中国民族发展报告（2016)》新书发布会暨中国民族发展研讨会”在北京市举行。与会的专家学者总结和分析了 2014—2015 年中国民族工作与民族地区发展的一些重点难点问题，展望了 2016—2017 年中国民族发展的趋势。

（供稿人：林浩）

新书·学术论文索引

2015—2016 年新书目录

［说明：排列顺序为著作、文章名称，编著（译）者，出版单位，著作页码数或册数］

2015 年

一　综合

吉林省少数民族古籍总目提要·满族卷/毕淑梅　张学慧主编，吉林省少数民族古籍整理出版规划办公室编，吉林文史出版社.464

蒙古学百科全书．民俗/扎珠尔册主编，内蒙古人民出版社.404

蒙古学研究年鉴 2014 年卷/格日乐主编，《蒙古学研究年鉴》编辑部.316

《申报》涉藏文献索引：1872—1949/周德仓主编，西藏人民出版社.346

石林彝族文献典籍 1/王向方主编，石林彝族自治县民族宗教事务局编，云南人民出版社.193

云南曲靖彝文古籍提要/李红昌主编，云南省曲靖市民族宗教事务委员会　云南省曲靖市彝学学会编，云南民族出版社.321

云南省社科院馆藏 20 世纪中叶云南少数民族社会历史资料题录/田青编，中国书籍出版社.500

中国各民族创世神话基本母题索引/王宪昭著，民族出版社.641

中国国家图书馆藏西域文书　于阗语卷一/段晴　张志清主编，段晴著，刘波　萨仁高娃摄影，中西书局.170

中国辽夏金研究年鉴 2013/史金波　宋德金主编，中国社会科学出版社.428

中国民族百科全书 10：壮族、黎族、仫佬族、毛南族、京族卷/梁庭望主编，世界图书出版西安有限公司.902

中国民族百科全书 11：布依族、侗族、水族、仡佬族/梁庭望主编，世界图书出版西安有限公司.636

中国民族百科全书 13：白族、傈僳族、纳西族、怒族、独龙族/杨聪主编，世界图书出版西安有限公司.712

中国民族年鉴 2015（总第二十一期）/《中国民族年鉴》编辑部编，中国社会科学出版社.850

中国毛南族研究文献题录/冯涛编著，华中科技大学出版社.129

二　民族理论

变迁中的云南少数民族乡村政治/周俊华等著，云南大学出版社.299

边疆民族地区马克思主义大众化：多视角的研究和解释/杨云主编，新华出版社.182

边疆民族地区人才培养模式创新研究：以云南为例/曾豪杰著，云南民族出版社.247

边疆少数民族村社治理研究：以云南省武定县插甸镇老木坝傈僳族村为个案/张健 鲁建彪著，中国社会科学出版社.176

布依族摩教艺术研究/周国茂著，贵州民族出版社.196

布依族摩经典籍：解绑经/郭正雄 罗洪恩主编，安顺市民族宗教事务委员会 安顺市布依学会编，贵州民族出版社.192

不落夫家：黎族传统亲属习惯法/韩立收著，法律出版社.364

城乡公共服务均等化实现机理与路径研究——基于新疆视角/朱金鹤 崔登峰著，经济管理出版社.151

从传统仪式到建构性节日：镇沅拉祜族苦聪人畲肥节传承研究/林继富 黄雯著，中国社会出版社.200

从毡房到砖房——试论新时期柯尔克孜族社会文化发展与转型/阿曼吐尔·阿不都拉苏尔编著，新疆人民出版社.371

村落·国家：少数民族政治认同研究·以云南为例/王茂美著，中国社会科学出版社.271

当代新疆人口迁移与社会变迁/席霍荣等著，新疆生产建设兵团出版社.301

当代中国马克思主义大众化：边疆民族地区的理论与实证研究/杨云著，中国书籍出版社.205

侗族传统农耕文化与珠江流域水资源安全/崔海洋 李峰著，知识产权出版社.185

对口援藏二十年回顾与研究——援藏工作与西藏发展理论学术研讨会论文集/李海红主编，黑龙江人民出版社.217

多元一体的民族与国家：部分少数民族的国家认同研究/王纪芒著，中央民族大学出版社.214

多元一体与核心价值：西北少数民族地区社会主义核心价值体系建设研究/周银霞著，人民出版社.308

番僧源流考/钟方著，邹敏点校，黑龙江教育出版社.311

分离、同化或融合：少数民族政策比较/［美］特伦斯·E. 库克（Terrence E. Cook）主编，张红梅译，东方出版社.245

佛界：活佛转世与西藏文明/周炜著，中国藏学出版社.429

福建省少数民族古籍丛书·回族卷：家族谱牒/张忠发主编，民族出版社.617

广西民族乡法治状况研究/邓崇专著，中国法制出版社.528

归义军政权与中央关系研究：以入奏活动为中心/杨宝玉 吴丽娱著，中国社会科学出版社.450

贵州民族发展研究报告/杜小书 罗剑主编，河海大学出版社.352

贵州文斗寨苗族契约法律文书汇编：姜启贵等家藏契约文书/陈金全 梁聪主编，人民出版社.466

哈萨克族民间法研究/巴比·托合塔尔著，新疆大学出版社.330

海南少数民族宗教信仰研究/林日举等著，海南出版社.371

海南中部山区生态友好型农村社区发展模式研究：以琼中黎族苗族自治县什运乡番道村（自然村）为例/岳平 张洪溢 王祝年等编著，中国农业出版社.164

何谓民族?：普法战争与厄内斯特·勒南的民族主义思想/黎英亮著，社会科学文献出版社.296

和平解放以来民族政策西藏实践绩效研究/贺新元等著，社会科学文献出版社.530

弘扬现代文化 遏制宗教极端：2015 年新疆社会科学界青年学者论坛论文集/新疆维吾尔自治区社会科学界联合会编，新疆人民出版社 . 353

后金—清朝与朝鲜及明朝关系研究——以华夷衍变与文化转换为视角/陈放著，吉林大学出版社 . 213

回鹘学译文集新编/杨富学编著，甘肃教育出版社 . 381

回族民商事习惯法研究/马旭东著，宁夏人民出版社 . 261

活体文化的在场：类萨满现象人性密码解读/宋抵著，长春出版社、吉林银声音像出版社 . 281

基督教在近代贵州少数民族地区的传播及影响研究/洪云著，贵州大学出版社 . 228

家屋与家先：粤北过山瑶的家观念与实践/何海狮著，社会科学文献出版社 . 295

建设和谐美好社会：民族地区基层社会治理调查研究/党秀云　周晓丽编著，国家行政学院出版社 . 250

金翼：一个中国家族的史记/林耀华著，庄孔韶　方静文译，生活·读书·新知三联书店 . 211

近代中国民族国家建构过程研究：以民族主义诉求为核心/张淑娟著，光明日报出版社 . 240

精神世界里的欢愉——云南边境民族的民间信仰/原源著，云南大学出版社 . 149

《喀尔喀法规》汉译及研究/达力扎布著，中央民族大学出版社 . 381

“肯定性行动”——美国族群政策的沿革与社会影响/王凡妹著，社会科学文献出版社 . 610

跨界民族问题与边疆治理研究/李学保著，中央民族大学出版社 . 242

跨境民族乡村社会安全问题和转变维稳方式研究/张金鹏　保跃平著，中国社会科学出版社 . 293

科举与辽代社会/高福顺著，中国社会科学出版社 . 350

李子贤学术文选——探寻一个尚未崩溃的神话王国/李子贤著，云南人民出版社　云南大学出版社 . 291

凉山社会发展调查与民俗研究/罗布合机著，云南民族出版社 . 198

珞巴妇女性别角色与社会地位变迁：以米林县南伊珞巴民族乡为例/次仁央宗著，社会科学文献出版社 . 102

辽宁民族地区生态文明建设研究/施光磊　杨秋生著，白山出版社 . 316

律例图说影印本上下/（清）万维翰撰，中华书局 . 880

马克思主义民族理论研究/杨虎得著，民族出版社 . 289

马克思主义民族理论中国化问题研究/赵健君著，中国社会科学出版社 . 195

迈向小康社会的中国人口·内蒙古卷/胡敏谦主编，内蒙古自治区第六次全国人口普查办公室编，中国统计出版社 . 354

迈向小康社会的中国人口·西藏卷/张为民主编，西藏自治区第六次全国人口普查办公室编，中国统计出版社 . 299

满与汉：清代民族思想及其实践的历史考察/李世荣著，阳光出版社 . 431

苗族巴岱信仰研究/陆群著，宗教文化出版社 . 328

闽南山河人的社会与文化/余光弘　杨晋涛　杨洁琼主编，厦门大学出版社 . 347

民国时期西部边疆的政权建设与族群关系/菅志翔　马戎主编，社会科学文献出版社 . 222

民国时期西藏地方与中央政府关系/星全成著，青海民族出版社 . 354

民国时期云南边疆地区特殊过渡型政区研究/凌永忠著，中国社会科学出版社 . 275

民国时期云南土司及其边疆治理研究/王明东　李普者　陈乐平著，社会科学文献出版社 . 255

民族地区群体性事件预防与应对/周晓丽等著，中央民族大学出版社 . 206

民族地区社会建设与治理研究/党秀云编著，国家行政学院出版社 . 195

民族地区社会主义核心价值观建设的若干理论与实践问题研究/董军明著，内蒙古大学出版社 . 205

民族地区习惯法与产权制度发展/谷继建　文晓波著，新华出版社 . 188

民族关系研究论集/张立辉　赵野春主编，光明日报出版社 . 407

民族理论与政策研究 . 第二辑/段超主编，华中科技大学出版社 . 262

民族理论政策实践研究 . 2014/穆智　毕跃光主编，云南民族出版社 . 365

民族习惯法在我国刑法体系中合理作用机制研究/方也媛著，吉林大学出版社 . 177

民族人口通论/晏月平　吕昭河著，中国社会科学出版社 . 325

民族政治辑刊 . 第三辑/青觉主编，社会科学文献出版社 . 284

民族主义（第二版）/徐迅著，东方出版社 . 274

民族自治地方发展与社会管理创新/刘光顺　刘强主编，云南人民出版社 . 356

民族自治地方行政区划沿革研究/田烨　解庆艳编著，人民日报出版社 . 373

民族自治地方政府公共服务能力研究/鄂义太　吕中军著，中央民族大学出版社 . 225

《摩考》译注/龙海燕　罗茂泽编注，中央编译出版社 . 287

怒江傈僳族妇女跨省婚姻迁移研究/陈业强著，中国社会科学出版社 . 203

女性社会学视野中的少数民族妇女流动/杨国才著，云南民族出版社 . 187

钦定五军道里表影印本/（清）福隆安等纂，中华书局 . 4 册

钦定学政全书影印本（上中下）/（清）素尔讷等纂，中华书局 . 1628

清朝旗民法律关系研究/高中华著，经济管理出版社 . 235

清朝图理琛使团与《异域录》研究/阿拉腾奥其尔著，广西师范大学出版社 . 525

清朝循化厅藏族聚居区之权力机制/杨红伟著，高等教育出版社 . 309

清初理藩院研究：以顺治朝理藩院满文题本为中心/宋瞳著，上海古籍出版社 . 320

清代阿拉善和硕特旗蒙古文档案选编 . 1—5 影印本/内蒙古自治区阿拉善左旗档案史志局编，国家图书馆出版社 . 3436

清代八旗官制与行政/杜家骥著，中国社会科学出版社 . 293

清代改土归流后汉文化在土家族地区的传播/谭清宣著，光明日报出版社 . 280

清代蒙古各旗札萨克和王公世袭集/斯琴别立格主编，阿拉善盟档案史志局编，宁夏人民出版社 . 381

清代蒙古社会制度（第 2 版）/［日］田山茂著，潘世宪译，内蒙古人民出版社 . 312

清代民族立法研究（修订版）/刘广安著，中国政法大学出版社 . 209

清代“中国”观念研究/陆勇著，陕西人民教育出版社 . 259

清水江流域文化研究（上下）/吴平　龙泽江主编，民族出版社 . 907

萨满文化手记/富育光著，学苑出版社 . 267

少数民族地区基本公共服务均等化问题研究/李丽著，中国经济出版社 . 232

少数民族地区生态移民政策研究——以内蒙古为例/李媛媛　李伟著，经济科学出版社 . 288

少数民族非物质文化遗产法律保护研究——以青海热贡为例/才让塔著，中国政法大学出版社 . 359

少数民族精英人才发现和培养模式探究——中央民族大学附属中学的实践与经验/田琳编著，中央民族大学出版社 . 224

少数民族居民社会心态扫描——以贵州省为例/张翔著，西南交通大学出版社 . 208

少数民族事业发展状况“十一五”评估报告/ 国家民族事务委员会经济发展司编，民族出版社 . 265

社会和谐视阈下少数民族大学生就业趋势研究/刘青广　王政爱主编，新疆生产建设兵团出版社 . 137

社会和谐视域下新疆多元宗教文化研究/秀梅著，新疆生产建设兵团出版社 . 237

社区矫正在彝族聚居区的探索与实践/唐文娟著，中央编译出版社 . 210

神话、历史与西南少数民族关系——《华阳国志》夜郎竹王神话传说研究/林芊著，科学出版社 . 230

13—19 世纪蒙古法制沿革史研究/那仁朝格图著，辽宁民族出版社 . 400

失落经典——东北三江流域古代萨满文化现象/张树东　张树军编著，黑龙江教育出版社 . 102

生态伦理研究的民族视角——以黔东南苗族为例/龙正荣著，光明日报出版社 . 220

丝绸之路的宗教遗存/陈凌　马健著，三秦出版社 . 234

塔里木河流域维吾尔族生态移民生产生活方式的转型研究/张建军著，新疆生产建设兵团出版社 . 226

唐代佛教与族际政治治理/崇化　张锡禄　赵敏主编，云南人民出版社 . 380

田野经历与书斋思考——新疆社会学调研文集 . 2014/李晓霞主编，新疆人民出版社 . 233

吐蕃佛教史研究论文集/德吉卓玛著，中国藏学出版社 . 660

为盘护正名/杨仁里　曾凡忠　刘雄伟著，中国戏剧出版社 . 156

维吾尔族女性的一生——新疆一个绿洲社区的调查/王海霞著，中央民族大学出版社 . 353

维吾尔族契约文书译注（上下）/张世才编著，新疆大学出版社 . 1000

问道土家族哲学/萧洪恩　张文璋著，世界图书出版公司 . 236

汶川地震灾区恢复重建中羌族宗教文化传承问题研究/孔又专　吴丹妮著，湖南师范大学出版社 . 172

汶川地震灾区羌寨重建与羌族文化重构研究/喇明英著，四川民族出版社 . 253

我的凉山兄弟：毒品、艾滋与流动青年/刘绍华著，中央编译出版社 . 309

我国少数民族生态脆弱区域空间冲突及治理机制研究/程进著，经济科学出版社 . 179

西部边疆少数民族对科学发展观的认同感研究/吴洁著，新疆生产建设兵团出版社 . 148

西部民族地区农村法治与和谐社会的构建：以法人类学为视角/何立荣　覃晚萍著，中国法制出版社 . 443

西北民族地区农牧民政治参与研究/杨平著，科学出版社 . 244

西北少数民族地区农村计划生育家庭养老社会保障问题研究/金文俊著，甘肃人民出版社 . 153

西部少数民族地区纠纷解决机制研究/罗大玉　龚晓　魏晓欣等著，中国人民大学出版社 . 251

西部少数民族地区人才培养区域性和谐发展研究——以广西为例/黄勇荣等著，广西人民出版社 . 260

西域敦煌宗教论稿续编/杨富学著，甘肃教育出版社 . 473

西域史族新考/张西曼著，山西人民出版社 . 47

西藏地方摄政制度研究/央珍著，中央民族大学出版社.341

西藏社会可持续发展研究/周润年　狄方耀编著，中央民族大学出版社.292

西藏与历代中央政府来往政务公文选编/侯希文编，社会科学文献出版社.340

西藏藏族人口相关数据分析研究/王娜著，社会科学文献出版社.141

乡村治理新探索——大理州以自然村为基本单元开展村民自治试点工作的实践与探讨/李超主编，云南人民出版社.274

想象西藏：跨文化视野中的和尚、活佛、喇嘛和密教/沈卫荣著，北京师范大学出版社.327

协商民主——新疆治理现代化的制度基础/马黎晖著，中央编译出版社.195

新疆长治久安视阈下防止"东突"势力的文化渗透与文化安全研究/谢贵平著，新疆生产建设兵团出版社.301

新疆南部乡村汉人/李晓霞著，社会科学文献出版社.514

行政法视野下的少数民族语言权保障/乌兰那日苏著，内蒙古人民出版社.305

沿海城市少数民族流动人口与城市社会稳定研究/彭谦主编，中央民族大学出版社.289

瑶族习惯法研究/朱继胜著，中国法制出版社.425

一个当代萨满的生活世界——维吾尔老人阿布拉访问记/陈建宪著，华中师范大学出版社.116

印度教民族主义与独立后印度政治发展研究/陈小萍著，时事出版社.286

余嘉华学术文选：古滇文化思辨录/余嘉华著，云南人民出版社　云南大学出版社.417

元朝制度考影印本/［日］箭内亘著，陈捷　陈清泉译，山西人民出版社.198

元代农民之生活影印本/［日］有高岩著，黄现璠译，山西人民出版社.152

在野的全球化——流动、信任与认同/范可著，知识产权出版社.256

藏传佛教/孙悟湖编著，中国民主法制出版社.142

藏传佛教社会功能研究/阿忠荣编著，青海民族出版社.303

藏区生态移民与生产生活转型研究：西藏日喀则市生态移民案例研究报告/达瓦次仁等著，社会科学文献出版社.203

藏族传统法律研究论辑/喜饶尼玛　周润年　韩觉贤编著，中央民族大学出版社.295

藏族宗教史之实地研究/李安宅著，上海人民出版社.293

中国北方草原民族萨满文化概览/祝贺　徐海晶著，长春出版社、吉林银声音像出版社.224

中国边疆治理通论/马大正著，湖南人民出版社.324

中国北部边疆的治理/宝音朝克图著，湖南人民出版社.242

中国藏黑水城所出元代律令与词讼文书整理与研究/张重艳　杨淑红著，知识产权出版社.356

中国东北边疆的治理/孙喆著，湖南人民出版社.294

中国扶持人口较少民族发展的理论与政策实践研究/朱玉福著，民族出版社.323

中国回教学会月刊/宁夏少数民族古籍整理出版规划领导小组办公室　北京市民族古籍整理出版规划小组办公室整理，宁夏人民出版社.708

中国境界变迁大势考·筹边纪略·筹边刍言（外一种）/于适春　高月主编，黑龙江教育出版社.367

中国民族理论十讲/杨虎得主编，高等教育出版社.210

中国民族区域自治的理论与实践/袁明旭著，云南人民出版社.154

中国民族政治史述论稿：从先秦到隋唐/曹为著，云南大学出版社 . 231
中国普米族宗教研究/熊永翔著，中国社会科学出版社 . 347
中国少数民族传统技能型人才调查/李曦辉等著，中央民族大学出版社 . 213
中国少数民族人口研究/黄荣清主编，民族出版社 . 418
中国少数民族宗教/宝贵贞著，中国民主法制出版社 . 155
中国少数民族宗教与和谐社会研究/罗中著，光明日报出版社 . 148
中国西南边疆的治理/孙宏年著，湖南人民出版社 . 306
中国西藏的治理/许建英著，湖南人民出版社 . 282
中国现代化进程中边疆民族地区和谐政治文化建设研究/任维德等著，内蒙古大学出版社 . 326
中国族际政治和谐治理基本问题/刘光顺　赵金元主编，云南人民出版社 . 261
中国族际政治和谐治理实证分析/刘光顺　王红武主编，云南人民出版社 . 332
中央民族工作会议创新观点面对面/国家民委民族理论政策研究室编，民族出版社 . 164
中央民族工作会议重要文章评论集/国家民委文化宣传司编，民族出版社 . 134
中原散杂居地区少数民族发展研究/田烨著，河南大学出版社 . 303
转型与嬗变：现代化进程中的少数民族价值观/粟迎春　陈帆著，人民日报出版社 . 223

三　民族经济

阿敦高勒嘎查调查：蒙古族/张丽君主编，中国经济出版社 . 384
阿克喀巴克村调查：乌孜别克族/王纪芒主编，中国经济出版社 . 248
班利村调查：拉祜族/高韫芳主编，中国经济出版社 . 346
边疆民族地区城镇化的理论与路径——边疆民族地区城镇化论坛论集/安学斌主编，中国社会科学出版社 . 334
边境贫困地区生态补偿机制研究——基于新疆视角/孔令英著，经济管理出版社 . 230
边疆少数民族地区红色旅游发展模式研究/范力　焦世泰著，中国财政经济出版社 . 225
彩云之梦——云南少数民族脱贫致富的途径研究/周惠仙著，光明日报出版社 . 266
参与与共享：新疆外资扶贫项目中当地少数民族居民共同参与、共同享有研究/周潇著，新疆人民出版社 . 207
侗族传统农耕文化与珠江流域水资源安全/崔海洋　李峰著，知识产权出版社 . 185
多民族聚居地区贫困治理的社会政策视角：以布朗山布朗族为例/张志远著，中国社会科学出版社 . 251
多依树村调查：佤族/高韫芳主编，中国经济出版社 . 378
发达地区对口帮扶西部民族地区的效益评价及政策建议/宋媛著，中国社会科学出版社 . 221
甘肃民族地区发展分析与预测（2015）/沙拜次力　朱智文　马东平主编，甘肃人民出版社 . 241
干旱风险冲击下牧户生计策略研究——基于内蒙古牧区的调研/史俊宏著，中国经济出版社 . 256
汉唐吐鲁番地区农业经济史稿/王晓晖著，民族出版社 . 330
华工、中国制造、农民工——作为身份、道德和人权的劳动力市场竞争与分割/连煦著，知识产权出版社 . 277
回鹘时代：10—13 世纪陆上丝绸之路贸易研究/杨蕤著，中国社会科学出版社 . 354

丽江市和迪庆州旅游与文化互动发展研究/杨福泉主编，中国书籍出版社.541

临翔南美拉祜族反贫困问题研究/李红军著，云南大学出版社.170

旅游开发视角下民族文化的传承与保护/郭艳编著，四川大学出版社.172

“民族村”的实践与理论探索——云南散居民族地区农村经济社会发展研究/王俊著，中国社会科学出版社.411

民族地区企业成长的人力资源战略与公共政策研究/李桂华等著，中央民族大学出版社.207

民族地区生态旅游可持续发展评估体系研究/王力峰等著，经济科学出版社.384

民族旅游与文化认同：以羌族为例/吴其付著，人民出版社.281

民族贫困地区扶贫开发战略创新研究：基于湘西土家族苗族自治州扶贫开发实践的思考/张永亮著，湖南人民出版社.258

民族文化保护与旅游开发/李平凡　颜勇主编，贵州省民族研究院　贵州省民族研究学会编，贵州大学出版社.308

民族文化旅游发展路径与开发模式研究：以大理、丽江为例/毕丽芳著，云南大学出版社.292

内蒙古自治区经济社会发展报告.2014/刘万华主编，远方出版社.437

徘徊在传统与发展之间——民族旅游村寨治理研究/杜思远等编著，四川大学出版社.259

潘老寨村调查：侗族/刘江荣　曾羽主编，中国经济出版社.250

贫困地区自我发展能力研究——以新疆为例/汪海霞著，经济管理出版社.146

区域经济与空间过程：土家族地区历史经济地理规律探索/朱圣钟著，科学出版社.334

三兰巴海村调查：撒拉族/王天津主编，中国经济出版社.393

山区农民专业合作社的探索与实践——来自凉山彝族自治州的实证研究/张千友　蔡光泽著，西南财经大学出版社.186

商人与近代中国西南边疆社会：以丽江等滇西北地区为例/周智生著，民族出版社.284

少数民族村寨社区参与旅游发展研究/陈志永著，中国社会科学出版社.295

少数民族地区金融环境研究/李力著，中央民族大学出版社.178

少数民族社区避灾农业发展研究/向德平　吕方等著，华中科技大学出版社.191

社会主义新农村建设惠及民生研究——以内蒙古为例/付桂军著，经济日报出版社.188

时尚的传统——岭南“香云纱”的民俗志/杜洁莉著，民族出版社.302

石堰坪村调查：土家族/冯彦明主编，中国经济出版社.320

丝绸之路民族货币研究/俄军　杨富学主编，甘肃教育出版社.381

土、哈萨克、东乡、撒拉、保安与裕固族经济史/杨思远主编，中国社会科学出版社.816

我国少数民族生态脆弱区域空间冲突及治理机制研究/程进著，经济科学出版社.179

西北少数民族地区农村计划生育家庭养老社会保障问题研究/金文俊著，甘肃人民出版社.153

西北少数民族聚居地区非正式制度实施与经济社会协调发展研究/杜军林　顾文兵　苏海红著，光明日报出版社.204

西部边疆少数民族对科学发展观的认同感研究/吴洁著，新疆生产建设兵团出版社.148

西南少数民族地区的贫困问题及其政策研究/向玲凛　邓翔著，经济科学出版社.194

西藏特色经济发展问题研究/张志恒　杨西平　尹雯著，厦门大学出版社.197

新月村调查：畲族/李克强　王华主编，中国经济出版社.294

新一轮城市化、工业化、市场化、文化多元化：对全球化和现代化的探讨/张继焦主编，

知识产权出版社 . 341
西北民族地区经济发展研究/陈丽丽　尚雪英著，中国商务出版社 . 187
西藏经济发展与民生改善关系研究/冯彦明著，中央民族大学出版社 . 203
杨廷瑞“游牧论”文集/陈祥军编，社会科学文献出版社 . 261
云南少数民族农村的社会文化变迁：对石林圭山大糯黑村彝族撒尼支系的调查与思考/王玲编著，中国社会科学出版社 . 433
云南特有七个人口较少民族扶贫绩效调查研究/罗明军著，中国社会科学出版社 . 319
藏汉经济文化交流史/王建林　陈崇凯著，社会科学文献出版社 . 238
中国草原牧区可持续发展论/马林　王亮　张扬等著，民族出版社 . 547
中国民族地区经济发展研究/袁建业著，武汉大学出版社 . 194
中国民族地区经济社会调查报告．长白朝鲜族自治县卷/郑信哲本卷主编，中国社会科学出版社 . 286
中国民族地区经济社会调查报告．大理市卷/王锋本卷主编，中国社会科学出版社 . 353
中国民族地区经济社会调查报告 . 2013 年调查问卷分析 · 北方卷/王延中　丁赛本卷主编，中国社会科学出版社 . 379
中国民族地区经济社会调查报告 . 2013 年调查问卷分析 · 南方卷/王延中　丁赛本卷主编，中国社会科学出版社 . 333
中国民族地区经济社会调查报告 . 2013 年调查问卷分析 · 综合卷/王延中　丁赛本卷主编，中国社会科学出版社 . 493
中国民族地区经济社会调查报告．甘肃裕固族聚居区卷/王希恩本卷主编，中国社会科学出版社 . 271
中国民族地区经济社会调查报告．贵州三都水族自治县卷/张昌东　韦学纯本卷主编，中国社会科学出版社 . 409
中国民族地区经济社会调查报告．互助土族自治县卷/秦永章本卷主编，中国社会科学出版社 . 314
中国民族地区经济社会调查报告．金秀瑶族自治县卷/徐平本卷主编，中国社会科学出版社 . 300
中国民族地区经济社会调查报告．景宁畲族自治县卷/陈建樾本卷主编，中国社会科学出版社 . 333
中国民族地区经济社会调查报告．凯里市卷/张继焦本卷主编，中国社会科学出版社 . 367
中国民族地区经济社会调查报告．墨玉县卷/刘正寅本卷主编，中国社会科学出版社 . 395
中国民族地区经济社会调查报告．宁德畲族聚居区卷/马骍　陈建樾本卷主编，中国社会科学出版社 . 315
中国民族地区经济社会调查报告．鄯善县卷/郭泰山本卷主编，中国社会科学出版社 . 259
中国民族地区经济社会调查报告．循化撒拉族自治县卷/马成俊本卷主编，中国社会科学出版社 . 299
中国民族地区经济社会调查报告．元阳县卷/马翀炜本卷主编，中国社会科学出版社 . 384
中国民族地区经济社会调查报告．镇宁布依族苗族自治县卷/方素梅本卷主编，中国社会科学出版社 . 337
中国少数民族贫困地区县域经济发展模式研究/李刚著，中国社会科学出版社 . 200
中国少数民族犯罪及其对策研究——以贵州省世居少数民族为视角/吴大华著，经济管理出版社 . 366

中国少数民族人口经济研究/郑长德著，中国经济出版社.427

四 民族学与人类学

边城黄鹤：渝鄂边境三村土家族生活样态的人类学考察/田阡 王剑编著，知识产权出版社.447

草原生态与人文价值：中国牧区人类学研究三十年/陈祥军主编，社会科学文献出版社.285

重释人的解放——论《1844年经济学哲学手稿》的哲学人类学思想/纪佳妮著，复旦大学出版社.263

从行为到意义：仪式的审美人类学阐释/张良丛著，社会科学文献出版社.234

当代哲学人类学.一至四卷/韩民青著，中国社会科学出版社.4册

地域棱镜：藏羌彝走廊研究新视角/张曦 黄成龙主编，学苑出版社.300

地域认同与社会交往：乌鲁木齐的阿图什人/阿布都哈德著，中央民族大学出版社.193

东山客家身份表述的人类学研究/杨丽娟著，四川大学出版社.252

断裂与延续：毛南族家庭、生计与文化研究/何海狮著，民族出版社.225

21世纪中国人类学的发展/席焕久 刘武 陈昭主编，知识产权出版社.268

法律人类学论丛.第3辑/吴大华主编，社会科学文献出版社.368

冯承钧学术著作集（上中下）/冯承钧撰，邬国义编校，上海古籍出版社.1290

《广西民族研究》刊文精选民族学人类学卷/付广华主编，广西民族出版社.320

贵州省民族研究所50年：1960—2010/陈国安主编，贵州省民族研究所编，贵州民族出版社.244

环境人类学/［韩］全京秀著，崔海洋 杨洋译，科学出版社.236

家族的记忆与认同：一个陕北村落的人类学考察/高萍著，社会科学文献出版社.238

来自田野的民族学报告/郑成军主编，云南民族出版社.319

冷水溪畔：八龙村土家族文化生态的人类学考察/田阡 王欣编著，知识产权出版社.407

龙河桥头：桥头双村生活的人类学考察/田阡 石甜 李胜编著，知识产权出版社.301

媒体世界：人类学的新领域/［美］费·金斯伯格 ［美］里拉·阿布—卢赫德 ［美］布莱恩·拉金编，丁惠民译，商务印书馆.587

媒体世界与媒介人类学/邓启耀主编，中山大学出版社.320

民族交往心理及其影响因素：对南疆维汉民族交往的民族学考察/戴宁宁著，社会科学文献出版社.300

民族伦理学研究的人类学视野：以哈尼族为中心的道德民族志/蒋颖荣著，人民出版社.239

民族学报.第十一辑/汪宁生主编，云南人民出版社.421

民族学评论.第四辑/林超民主编，云南人民出版社.296

民族志：政治学科学化“手术刀”/陶庆主编，上海社会科学院出版社.353

民族发展论坛.第一辑/王延中主编，中国社会科学院民族学与人类学研究所 中国民族研究团体联合会编，社会科学文献出版社.265

南岭走廊民族认同研究/韦浩明著，中南大学出版社.283

潘其风考古人类学文选/潘其风著，科学出版社.384

气候人类学/尹仑著，知识产权出版社.255

羌笛藏歌：陇南宕昌藏族的族群认同与构建/艾菊红 廖旸著，社会科学文献出版社.340

人口迁移与社区变迁：内蒙古赤峰调查·续篇/马戎著，社会科学文献出版社.269
人口迁移与族群交往：内蒙古赤峰调查/马戎著，社会科学文献出版社.507
人类大家庭：长期失去联系的表亲——对灵长类学历史的透视/［澳］科林·格罗夫斯（Colin Groves）著，刘志霄译，科学出版社.200
人类学/民族学与中国西南民族研究（上中下）/和少英著，云南大学出版社.1140
人类学的缺位——关于市场、社会、历史与人类学定位的思考/［英］韩可思（Chris Hann）等著，吴秀杰等译，中央民族大学出版社.260
人类学概论（第二版）/庄孔韶主编，中国人民大学出版社.350
人类学与黄土文明/行龙　徐杰舜主编，黑龙江人民出版社.498
人类学理论视野下的跨文化交流：心灵、想象、田野、家园/罗云锋著，中央编译出版社.243
人类学视野下的蒙古狩猎文化/僧格著，民族出版社.277
人类学视野中的萨满医疗研究/孟慧英　吴凤玲著，社会科学文献出版社.247
人类学研究.第陆卷/庄孔韶主编，浙江大学出版社.234
人类学研究.第柒卷/庄孔韶主编，浙江大学出版社.258
人类学与社会学哲学（上下）/［美］斯蒂芬·特纳（Stephen Turner）　［美］马克·瑞斯乔德（Mark Risjord）主编，尤洋译，北京师范大学出版社.1072
沙漠干旱地区的人类文化适应研究/依丽米古丽·阿不力孜著，中国社会科学出版社.300
沙子关头：沙子镇土家族生计方式变迁的人类学考察/田阡　刘应科编著，知识产权出版社.518
神坛女人：大理白族村落“莲池会”女性研究/张翠霞著，中央民族大学出版社.356
审美人类学：视野与方法/［荷］范丹姆著，李修建　向丽译，中国文联出版社.184
诗意人类学/丁来先著，中国社会科学出版社.355
田野中的洞察：人类学伊斯兰散论/马强著，青海人民出版社.277
万寿山下：三河农民生计与乡村变迁的人类学考察/田阡　张洁编著，知识产权出版社.427
文化复合性：西南地区的仪式、人物与交换/王铭铭　舒瑜编，北京联合出版公司.444
文化人类学调查：正确认识社会的方法/汪宁生著，学苑出版社.270
文化人类学导论（第二版）/石奕龙编著，首都经济贸易大学出版社.374
西南边疆民族研究.第16辑/何明主编，云南大学出版社.225
西南边疆民族研究.第17辑/何明主编，云南大学出版社.199
西南边疆民族研究.第18辑/何明主编，云南大学出版社.214
现代教育技术的嵌入：人类学视域下梭戛长角苗文化多维传承研究/余晓光著，人民出版社.219
乡土书写与乡土意识：黑龙江乡土教材的教育人类学研究/刘卓雯著，民族出版社.314
孝道之网：客家孝道的历史人类学研究/王天鹏著，中国社会科学出版社.298
新型城镇化与文化遗产传承发展/张继焦　黄忠彩主编，中国市场出版社.260
新一轮城市化、工业化、市场化、文化多元化：对全球化和现代化的探讨/张继焦主编，知识产权出版社.341
行旅悟道.第三辑/龚锐主编，旅游教育出版社.338
虚拟社会人类学导论/唐魁玉主编，哈尔滨工业大学出版社.265
雅努斯的拱门——藏边社会研究论文集/张亚辉主编，学苑出版社.351

一个文化资本的生成与运作：山东四县水浒文化的人类学考察/李旭著，山东人民出版社.355
仪式传统与地方文化建构：广西上林师公的历史人类学研究/覃延佳著，社会科学文献出版社.339
饮食人类学：漫话餐桌上的权力和影响力/［美］西敏司（Sidney W. Mintz）著，林为正译，电子工业出版社.110
语言人类学/赵杰　田晓黎著，民族出版社.328
云贵高原的“坝子社会”：历史人类学视野下的西南边疆/赵敏　廖迪生主编，云南大学出版社.186
云南少数民族口述档案开发利用研究/子志月著，云南大学出版社.158
在田野中成长——教育人类学田野日志/滕星主编，民族出版社.363
折翅的山鹰：西南凉山彝区艾滋病研究/周如南著，中国社会科学出版社.400
政治学·人类学的对话与融合/陶庆主编，上海社会科学院出版社.304
中国第四代艺术村：武汉昙华林的都市民俗学研究/张晓瑾著，中国社会科学出版社.237
中国非物质文化遗产保护十年：2003—2013年/汪欣著，知识产权出版社.270
中国人类学.第一辑/周永明主编，商务印书馆.333
中国山地民族研究集刊.第1期（总第3期）/纳日碧力戈　龙宇晓主编，社会科学文献出版社.288
中国社会科学院民族学与人类学研究所青年学术论坛.2012年/中国社会科学院民族学与人类学研究所编，社会科学文献出版社.452
中国文化线路遗产/丁援　宋奕主编，东方出版中心.222
中央民族大学民族学与社会学学院第八届研究生学术研讨会论文集/戴成萍主编，学苑出版社.398
作为自我的稻米：日本人穿越时间的身份认同/［美］大贯惠美子著，石峰译，浙江大学出版社.210
宗教人类学.第六辑/陈进国主编，社会科学文献出版社.499
族群的共生属性及其逻辑结构：一项超越二元对立的族群人类学研究/袁年兴著，社会科学文献出版社.254

五　民族历史

阿拉善和硕特蒙古部（上下）/孛儿只济特·道尔格著，内蒙古文化出版社.864
鞍山市朝鲜族文化/郑海龙主编，辽宁大学出版社.162
坳瑶历史与文化/郝国强　钟少云　梁必达著，民族出版社.237
敖鲁古雅鄂温克人文集/孔繁志著，内蒙古文化出版社.529
8—15世纪中西部西藏的历史、文化与艺术/艾瑞卡·福特等主编，中国藏学出版社.520
白翠琴民族史探微集——以此追忆从事民族研究五十春秋/白翠琴著，中国社会科学出版社.624
白族学研究.第二辑/李缵绪主编，云南省民族学会白族研究委员会编，云南民族出版社.257
百年维西/李世忠编著，云南民族出版社.340
保安族/马少青著，辽宁民族出版社.162
北方民族论稿/波·少布著，黑龙江教育出版社.500

北魏六镇学术研讨会论文集/魏坚　武燕主编，内蒙古人民出版社 . 309
北魏平城分类纪事：公元 386—534 年/宋志强整理编纂，大同古城保护和修复研究会编，山西人民出版社 . 316
“边缘”的“中心”：龙河流域土家族村落的文化变迁与族群建构/田阡著，知识产权出版社 . 312
波斯和中国——帖木儿及其后/俞雨森著，商务印书馆 . 164
渤海靺鞨民族源流研究/郭素美　梁玉多著，社会科学文献出版社 . 223
当代河口布依族/罗洪庆主编，河口瑶族自治县布依学研究会编，云南民族出版社 . 203
布依族/周国炎著，辽宁民族出版社 . 185
不可移动的文物：阿克苏地区 . 卷 1/新疆维吾尔自治区文物局编，新疆美术摄影出版社 . 728
不可移动的文物：阿克苏地区 . 卷 2/新疆维吾尔自治区文物局编，新疆美术摄影出版社 . 739
不可移动的文物：阿勒泰地区 . 卷 1/新疆维吾尔自治区文物局编，新疆美术摄影出版社 . 745
不可移动的文物：阿勒泰地区 . 卷 2/新疆维吾尔自治区文物局编，新疆美术摄影出版社 . 742
不可移动的文物：巴音郭楞蒙古自治州 . 卷 1/新疆维吾尔自治区文物局编，新疆美术摄影出版社 . 742
不可移动的文物：巴音郭楞蒙古自治州 . 卷 2/新疆维吾尔自治区文物局编，新疆美术摄影出版社 . 774
不可移动的文物：博尔塔拉蒙古自治州 . 卷 1/新疆维吾尔自治区文物局编，新疆美术摄影出版社 . 817
不可移动的文物：博尔塔拉蒙古自治州 . 卷 2/新疆维吾尔自治区文物局编，新疆美术摄影出版社 . 611
不可移动的文物：昌吉回族自治州 . 卷 1/新疆维吾尔自治区文物局编，新疆美术摄影出版社 . 766
不可移动的文物：昌吉回族自治州 . 卷 2/新疆维吾尔自治区文物局编，新疆美术摄影出版社 . 706
不可移动的文物：哈密地区 . 卷 1/新疆维吾尔自治区文物局编，新疆美术摄影出版社 . 556
不可移动的文物：哈密地区 . 卷 2/新疆维吾尔自治区文物局编，新疆美术摄影出版社 . 557
不可移动的文物：哈密地区 . 卷 3/新疆维吾尔自治区文物局编，新疆美术摄影出版社 . 644
不可移动的文物：和田地区 . 卷 1/新疆维吾尔自治区文物局编，新疆美术摄影出版社 . 681
不可移动的文物：和田地区 . 卷 2/新疆维吾尔自治区文物局编，新疆美术摄影出版社 . 755
不可移动的文物：喀什地区 . 卷 1/新疆维吾尔自治区文物局编，新疆美术摄影出版社 . 789
不可移动的文物：喀什地区 . 卷 2/新疆维吾尔自治区文物局编，新疆美术摄影出版社 . 703
不可移动的文物：克孜勒苏柯尔克孜自治州卷/新疆维吾尔自治区文物局编，新疆美术摄影出版社 . 686
不可移动的文物：塔城地区 . 卷 1/新疆维吾尔自治区文物局编，新疆美术摄影出版社 . 562
不可移动的文物：塔城地区 . 卷 2/新疆维吾尔自治区文物局编，新疆美术摄影出版社 . 616
不可移动的文物：吐鲁番地区 . 卷 1/新疆维吾尔自治区文物局编，新疆美术摄影出版社 . 732

不可移动的文物：吐鲁番地区．卷2/新疆维吾尔自治区文物局编，新疆美术摄影出版社．733—1485

不可移动的文物：吐鲁番地区．卷3/新疆维吾尔自治区文物局编，新疆美术摄影出版社．570

不可移动的文物：吐鲁番地区．卷4/新疆维吾尔自治区文物局编，新疆美术摄影出版社．571—1155

不可移动的文物：吐鲁番地区．卷5/新疆维吾尔自治区文物局编，新疆美术摄影出版社．652

不可移动的文物：乌鲁木齐市．克拉玛依市．石河子市．阿拉尔市．图木舒克市．五家渠市卷/新疆维吾尔自治区文物局编，新疆美术摄影出版社．910

不可移动的文物：伊犁哈萨克自治州（直属县市）．卷1/新疆维吾尔自治区文物局编，新疆美术摄影出版社．806

不可移动的文物：伊犁哈萨克自治州（直属县市）．卷2/新疆维吾尔自治区文物局编，新疆美术摄影出版社．916

不可移动的文物：伊犁哈萨克自治州（直属县市）．卷3/新疆维吾尔自治区文物局编，新疆美术摄影出版社．746

不可移动的文物：伊犁哈萨克自治州（直属县市）．卷4/新疆维吾尔自治区文物局编，新疆美术摄影出版社．838

草原狼纛：突厥汗国的历史与文化/陈凌著，商务印书馆．164

长安与西域之间丝绸之路走向研究/朱德军　王凤翔著，三秦出版社．500

朝鲜族研究．2014/郑信哲主编，中国朝鲜民族史学会编，民族出版社．315

朝鲜族研究论丛．第七辑/朴今海　崔敏浩主编，延边大学出版社．243

超越大山：浙南培头村钟姓畲族社会经济文化变迁/王逍著，中国社会科学出版社．408

城市化背景下少数民族乡村文化的保护——以云南为例/林庆　李旭著，云南人民出版社．309

传统节日的生命力：广西虎村彝族跳弓节的个案研究/罗树杰著，知识产权出版社．318

重庆市少数民族生命之礼/陈彤　范才成主编，西南师范大学出版社．97

重庆市少数民族饮食文化/袁昌曲主编，西南师范大学出版社．198

从马背到牛背：散杂居蒙古族社会与文化变迁——以重庆彭水向家坝村为考察中心/王希辉著，中国社会科学出版社．272

从武定走进苗族历史文化/杨继渊著，云南民族出版社．156

传承与超越：对少数民族文化的理性之思/索晓霞著，贵州人民出版社．280

撮泰吉根源/李红友主编，贵州民族出版社．574

鞑靼千年史影印本/［英］巴克尔著，向达　黄静渊译，山西人民出版社．282

大理白族传统婚俗文化变迁研究/杨庆毓著，中国社会科学出版社．239

大理市白族村名考/李超主编，云南人民出版社．462

大理彝人/忻德昆主编，云南人民出版社．108

达斡尔族论著提要/景爱著，人民出版社．325

达斡尔族史料专辑（上下）/那顺宝主编，莫力达瓦达斡尔族自治旗达斡尔学会编，中国文史出版社．698

傣族传统灌溉技术的保护与开发/诸锡斌著，中国科学技术出版社．356

傣族传统灌溉制度的现代变迁/秦莹　李伯川编著，中国科学技术出版社．253

德昂族史略/桑耀华著，云南大学出版社　云南人民出版社.94

地域棱镜：藏羌彝走廊研究新视角/张曦　黄成龙主编，学苑出版社.300

滇南边地文化初探/杨桂林　余竹春著，云南民族出版社.350

滇中文化论：武定彝族土司文化研究/楚雄州社会科学界联合会　中共武定县委宣传部编，云南人民出版社.242

东北草原民俗研究/宋彩霞主编，长春出版社　吉林银声音像出版社.226

东北草原契丹捺钵文化研究/孙立梅　汪澎澜著，长春出版社　吉林银声音像出版社.168

东北少数民族文化典籍的英译研究/张志刚　常芳著，吉林大学出版社.208

东北少数民族中国革命贡献实录与研究/曹萌　张凤春编著，辽宁人民出版社.220

东胡民族考影印本（上下）/［日］白鸟库吉著，方壮猷译，山西人民出版社.284

东乡族/马兆熙　马自祥著，辽宁民族出版社.161

侗族/杨筑慧著，辽宁民族出版社.205

杜玉亭学术文选/杜玉亭著，云南大学出版社　云南人民出版社.198

独龙族/李金明著，辽宁民族出版社.169

断裂与延续：毛南族家庭、生计与文化研究/何海狮著，民族出版社.225

敦煌的历史和文化/宁可　郝春文著，国际广播出版社.217

敦煌吐蕃文契约文书研究/侯文昌著，法律出版社.253

敦煌吐鲁番研究．第十五卷：中国敦煌吐鲁番学会成立三十周年国际学术研讨会专号（下）/饶宗颐主编，上海古籍出版社.541

敦煌悬泉置出土文书研究/张俊民著，甘肃教育出版社.508

敦煌学与古代西部文化/齐陈骏著，浙江大学出版社.398

多彩时空的交融——云南边境侨乡文化/陈斌等著，云南大学出版社.190

多维视野中的楚雄彝族文化/杨甫旺主编，云南人民出版社.246

俄罗斯学界的靺鞨女真研究/胡凡　盖莉萍编著，黑龙江人民出版社.1099

俄罗斯族/乃珂热曼·依布拉音著，辽宁民族出版社.174

俄债、垦荒、叛乱：三大事件评乌泰/汪澎澜著，长春出版社　吉林银声音像出版社.209

20世纪50年代西盟佤族社会历史调查/李仰松著，文物出版社.211

法国国家图书馆藏敦煌藏文文献.17：1353—1374/金雅声　郭恩主编，西北民族大学　上海古籍出版社　法国国家图书馆编纂，上海古籍出版社.326

法国国家图书馆藏敦煌藏文文献.18：1375—1404/金雅声　郭恩主编，西北民族大学　上海古籍出版社　法国国家图书馆编纂，上海古籍出版社.344

抚顺朝鲜族志/秋永华主编，《抚顺朝鲜族志》编纂委员会编，民族出版社.428

抚顺满语地名史话/潘怀主编，抚顺市政协文化和文史资料委员会编著，辽宁民族出版社.416

甘肃少数民族文化概论/高小强　铁文英编著，中央民族大学出版社.238

甘肃省少数民族非物质文化遗产保护研究/雒庆娇著，商务印书馆.336

仡佬族地名研究/吴德盛著，中国言实出版社.356

工业化、城镇化与民族文化保护/李平凡　颜勇主编，贵州省民族研究院　贵州省民族研究学会编，贵州大学出版社.424

共和国少数民族科学家传/乔继堂　乔盖乔编著，贵州民族出版社.402

共和国少数民族艺术家传/乔继堂　乔盖乔编著，贵州民族出版社.420

古城纳西人/木丽春著，玉龙县东巴文化史博物馆编，云南民族出版社.394

古代神话与民族/丁山著，商务印书馆.593
广西边事旁记·广西郡邑建置沿革表/王柏中主编，黑龙江教育出版社.320
广西郡邑建置沿革表/黄诚沅撰，王旭　佘漾冬点校，黑龙江教育出版社.320
《广西民族研究》刊文精选·广西世居民族卷/黄润柏主编，广西民族出版社.305
《广西民族研究》刊文精选·民族理论政策卷/陈家柳主编，广西民族出版社.367
《广西民族研究》刊文精选·民族学人类学卷/付广华主编，广西民族出版社.320
《广西民族研究》刊文精选·民族历史文化卷/袁丽红主编，广西民族出版社.335
广西西江流域生态文化研究/申扶民　滕志朋　刘长荣著，中国社会科学出版社.267
贵州世居少数民族传统节庆文化/吴建民主编，贵州民族出版社.246
贵州彝族制度文化研究/王明贵著，民族出版社.462
归义军史研究——唐宋时代敦煌历史考索/荣新江著，上海古籍出版社.424
郭大烈学术文选/郭大烈著，云南大学出版社　云南人民出版社.362
哈密多元交融型文化研究/中共哈密地委宣传部编，河南人民出版社.265
哈密维吾尔历史人物传/艾合买提·艾米都拉著，茹鲜古丽·塔依尔译，河南人民出版社.176
哈尼族传统药物探究/杨久云　诸锡斌编著，中国科学技术出版社.268
哈萨克族风俗与文化遗产/邱建玉主编，新疆人民出版社.261
哈萨克族转场/王敏　周亚成主编，新疆维吾尔自治区文化厅编，新疆美术摄影出版社　新疆电子音像出版社.235
海拉尔达斡尔人抗日斗争史料汇编：纪念中国人民抗日抗争暨世界反法西斯战争胜利70周年/阿力主编，内蒙古文化出版社.463
海南中部山区生态友好型农村社区发展模式研究：以琼中黎族苗族自治县什运乡番道村（自然村）为例/岳平　张洪溢　王祝年等编著，中国农业出版社.164
海上丝绸之路研究：海南黎族与台湾少数民族文化比较/周菁葆　陈水雄著，南海出版公司.233
韩国现存元史相关文献资料的整理与研究/舒健　张建松著，上海大学出版社.236
《翰苑·蕃夷部》校译/张中澍　张建宇校译，吉林文史出版社.342
鹤庆白依文化研究文集/高金和主编，云南民族出版社.321
和而不同：少数民族民俗风情录/莫日根布库主编，内蒙古文化出版社.257
贺圣达学术文选——东南亚研究论集/贺圣达著，云南人民出版社　云南大学出版社.302
贺州瑶族/胡庆生　陶红云著，世界图书出版公司.298
黑龙江鄂温克族简史/汤洋著，黑龙江教育出版社.125
黑龙江古代民族史纲/干志耿　孙秀仁著，黑龙江人民出版社.519
黑龙江古代民族文化/王禹浪　都永浩　戴淮明著，黑龙江教育出版社.384
黑水城元代汉文军政文书研究/杜立晖　陈瑞青　朱建路著，天津古籍出版社.338
火的盛宴——景东彝族自治县成立30周年彝学研究论文集/白兴发主编，云南大学出版社.288
家屋与家先：粤北过山瑶的家观念与实践/何海狮著，社会科学文献出版社.295
江畔烽烟：黑龙江沿岸俄罗斯族的历史变迁/谢春河　潘华　杨正阳编著，黑龙江教育出版社.207
解密哈密/张玉莲主编，哈密地区公安局等编，河南人民出版社.397
金代上京路研究蒲与路论集/孙文政主编，中国文史出版社.455

金代行政区划史/李昌宪著，上海古籍出版社 . 469
中国近时外交史 · 近代中国边疆宰割史/于逢春　高月主编，黑龙江教育出版社 . 440
京族/吕俊彪著，辽宁民族出版社 . 170
京族百年实录/陈荣贵　何丹主编，中国人民政治协商会议广西壮族自治区委员会编，广西民族出版社 . 322
京族社会历史铭刻文书文献汇编/京族字喃文化传承研究中心编，广西人民出版社 . 228
京族文化的生态研究/吕瑞荣　龚丽娟主编，广西人民出版社 . 202
景颇族人物春秋/余麻约　童荣云主编，德宏州景颇族发展进步研究学会编，德宏民族出版社 . 662
景颇族研究 . 第四辑/夺石当主编，云南省民族学会景颇族研究委员会编，云南民族出版社 . 295
抗日战争中的少数民族英豪/王希亮著，四川民族出版社 . 135
康居粟特考影印本/［日］白鸟库吉著，傅勤家译，山西人民出版社 . 100
考古发现与西藏文明史 . 第一卷：史前时代/霍巍　王煜　吕红亮著，科学出版社 . 356
柯尔克孜族/阿地里 · 居玛吐尔地著，辽宁民族出版社 . 177
口北三厅志/金志章纂，黄可润校补，乌云格日勒校注，黑龙江教育出版社 . 496
跨喜马拉雅的文化互动：西藏西部史前考古研究/吕红亮著，科学出版社 . 206
拉祜族/苏翠薇著，辽宁民族出版社 . 190
雷山苗族理经/贵州省民族古籍整理办公室编，杨通华翻译整理，民族出版社 . 397
黎族/罗文雄著，辽宁民族出版社 . 186
黎族古代历史资料（上下）/原中国科学院民族研究所广东少数民族社会历史调查组　原中国科学院广东民族研究所编，海南出版社 . 772
历史记忆与认同重构：土族民族识别的历史人类学研究/祁进玉著，学苑出版社 . 535
历史与文化：卓仓藏族研究/拉格著，青海人民出版社 . 369
丽江田野考古调查与民族文化研究/和庚源著，云南民族出版社 . 278
荔浦县少数民族概况/曾小明主编，荔浦县民族事务管理局编著，漓江出版社 . 252
傈僳学研究 · 四/鲁建彪主编，云南民族出版社 . 212
凉山民族研究 5：2000—2001/马尔子主编，民族出版社 . 541
辽金历史与考古 · 第六辑/辽宁省博物馆辽宁省辽金契丹女真史研究会，辽宁教育出版社 . 400
辽金乣军及金代兵制考影印本/［日］箭内亘著，陈捷　陈清泉译，山西人民出版社 . 129
辽史纪事本末：卷一至卷四十（上下）/（清）李有棠撰，中华书局 . 727
临桂县少数民族概况/临桂县民族事务管理局编著，漓江出版社 . 296
临夏保安族史话/董克义主编，政协临夏回族自治州委员会编，甘肃文化出版社 . 180
临夏东乡族史话/马志勇主编，政协临夏回族自治州委员会编，甘肃文化出版社 . 184
临夏回族史话/高占福主编，政协临夏回族自治州委员会编，甘肃文化出版社 . 186
刘永福历史草/王柏中主编，黑龙江教育出版社 . 248
龙窖山千家峒/李本高主编，民族出版社 . 227
龙胜各族自治县少数民族概况 · 侗族/石凌广　唐旗胜主编，龙胜各族自治县民族事务管理局编著，漓江出版社 . 217
龙西江藏学论文集/龙西江著，西藏人民出版社 . 151
乱世求存：20 世纪 50 年代前川滇边地的历史与社会/李沛容　王海兵著，民族出版社 . 250

珞巴族/陈立明　李锦萍著，辽宁民族出版社．170
满文档案与历史探究/吴元丰著，辽宁民族出版社．525
满文《满洲实录》译编/祁美琴　强光美编译，中国人民大学出版社．399
满学论丛．第五辑/赵志强主编，辽宁民族出版社．306
满洲认同“法典”与部族双重构建——十六世纪以来满洲民族的历史嬗变/徐凯著，中国社会科学出版社．361
满族审美文化研究/阎丽杰著，中国社会科学出版社．258
毛南傩：毛南族傩神面具神话故事传说及其冠帽图纹札记/黄晨子著，广西师范大学出版社．165
毛南族志/谭鹏星　卢伟益主编，毛南族志编纂委员会编著，广西人民出版社．700
门巴族/陈立明　张媛著，辽宁民族出版社．170
门巴族珞巴族非遗保护及旅游开发研究/马宁著，中山大学出版社．202
蒙古史学史：十三世纪—十七世纪（修订译本）/［蒙古］沙·比拉著，陈弘法译，上海古籍出版社．310
蒙古西征研究/［俄］皮库林等著，陈弘法译，内蒙古人民出版社．204
蒙古语族各族史/孙进已　孙海著，长春出版社　吉林银声音像出版社．377
弥勒彝族纳苏濮文化概览/者耀文著，云南民族出版社．347
苗族百年实录（上中下）/杨昌忠主编，全国政协文史和学习委员会　贵州省政协文史与学习委员会编，中国文史出版社．1654
苗族婚姻礼词/罗兴贵　杨亚东译注，贵州省少数民族语言文字办公室编，贵州民族出版社．146
岷江上游半坡寨文书汇编/王田　杨正文编著，民族出版社．255
民国阿拉善纪事/杨钧期等编著，阳光出版社．268
民国时期回族印刷品精品集萃：纪念马魁麟阿訇和毕敬士牧师专辑/王建平　马明良　丁士仁编著，宁夏人民出版社．120
民国时期西藏地方与中央政府关系/星全成著，青海民族出版社．354
民俗学引论/黄龙光主编，云南人民出版社．228
民族民间审美文化消费式传承：以湖北省五峰土家族自治县为例/杨秀芝　孙明福著，中国社会科学出版社．232
民族文化保护与传承/肖青著，云南人民出版社．174
民族文化传承研究文集/张诗亚　杨如安主编，西南师范大学出版社．288
民族文化认同“复合基因”的教育传承机制：以大理白族为个案/田夏彪著，新华出版社．252
明代蒙古史论集（上下）/［日］和田清著，潘世宪译，内蒙古人民出版社．778
明代女真史研究/［日］河内良弘著，赵令志　史可非译，辽宁民族出版社．794
明清赣闽粤边界毗邻区生态、族群与“客家文化”：晚清客家族群认同建构的历史背景/黄志繁　肖文评　周伟华著，中国社会科学出版社．321
仫佬族/黎学锐　黎炼著，辽宁民族出版社．214
牧歌流韵：中国古代游牧民族文化遗珍·党项卷/刘秀文著，甘肃人民出版社．306
牧歌流韵：中国古代游牧民族文化遗珍·回鹘卷/崔星著，甘肃人民出版社．298
牧歌流韵：中国古代游牧民族文化遗珍·蒙古卷/史淑琴著，甘肃人民出版社．314
牧歌流韵：中国古代游牧民族文化遗珍·契丹女真卷/孙建军著，甘肃人民出版社．314

牧歌流韵：中国古代游牧民族文化遗珍·粟特卷/张小元著，甘肃人民出版社.320
牧歌流韵：中国古代游牧民族文化遗珍·突厥卷/王万平著，甘肃人民出版社.324
牧歌流韵：中国古代游牧民族文化遗珍·吐蕃卷/王东著，甘肃人民出版社.310
牧歌流韵：中国古代游牧民族文化遗珍·鲜卑卷/孙海芳　胡杨著，甘肃人民出版社.312
牧歌流韵：中国古代游牧民族文化遗珍·匈奴卷/柯英著，甘肃人民出版社.314
牧歌流韵：中国古代游牧民族文化遗珍·诸戎卷/赵开山著，甘肃人民出版社.320
木门内外的歌声：侗族拦路仪式及其拦路仪礼歌的民俗学阐释/吴文仙著，贵州省少数民族语言文字办公室编，贵州民族出版社.192
慕容鲜卑的汉化与五燕政权——十六国少数民族发展史的个案研究/李海叶著，中国社会科学出版社.195
纳西族山林观念研究：地方性知识的建构与科技文明的袭入/沈云都　杨琼珍著，中国科学技术出版社.234
纳西族史/郭大烈　和志武著，云南大学出版社　云南人民出版社.449
那苏濮毕摩经/李丕良主编，云南民族大学乃苏濮研究中心编，云南人民出版社.444
内蒙古多伦史料与研究/任月海编译，内蒙古大学出版社.902
内蒙古俄罗斯族/张晓兵主编，内蒙古文化出版社.354
内蒙古革命老区史/刘怀北主编，内蒙古革命老区史编委会编著，内蒙古人民出版社.628
“侬峒”天琴：金龙布傣壮族群的信仰与生活/秦红增等著，知识产权出版社.190
怒族/李月英　张芮婕著，辽宁民族出版社.178
器具：技艺与日常生活：贵州六枝梭戛苗族文化研究/孟凡行著，中国文联出版社.263
契丹学概论/杨福瑞主编，内蒙古人民出版社.291
契丹学论集.第一辑/任爱君主编，内蒙古人民出版社.518
契丹学论集.第二辑/任爱君主编，内蒙古人民出版社.510
黔西北濒危彝族钞本文献研究/张学立主编，民族出版社.272
千年哈尼梯田/张艳梅主编，红河哈尼族彝族自治州旅游发展委员会编，云南人民出版社.189
羌笛藏歌——陇南宕昌藏族的族群认同与构建/艾菊红　廖旸著，社会科学文献出版社.340
羌族礼俗/四川省劳务开发暨农民工工作领导小组办公室　阿坝藏族羌族自治州劳务开发暨农民工工作领导小组办公室编著，四川民族出版社.103
羌族特色文化资源体系及其保护与利用研究/徐学书　喇明英著，民族出版社.346
羌族文化/陈蜀玉主编，西南交通大学出版社.390
羌族文化拾零/周巴著，中央民族大学出版社.370
钦定续纂外藩蒙古回部王公表传影印本（全二册）/中华书局.1230
钦定宗室王公功绩表传影印本（全二册）/中华书局.876
青海民族民间文化概览/马桂花著，青海人民出版社.179
青藏人文地理观/南文渊著，西藏人民出版社.439
青藏人文生态观/南文渊著，西藏人民出版社.461
清代改土归流后汉文化在土家族地区的传播/谭清宣著，光明日报出版社.280
清代蒙古各旗札萨克和王公世袭集/阿拉善盟档案史志局编，宁夏人民出版社.381
清代蒙古史论稿/达力扎布著，民族出版社.729
清代藏学历史文献研究/刘凤强著，人民出版社.255

清代驻藏大臣考/丁实存著，黄维忠　季垣垣点校，黑龙江教育出版社.239

清华元史.第三辑/姚大力　刘迎胜主编，商务印书馆.535

清史论文集/周远廉著，社会科学文献出版社.381

清水江流域文化研究（上下）/吴平　龙泽江主编，民族出版社.907

桂北民族丛书·全州县少数民族概况/全州县民族事务管理局编著，漓江出版社.226

普米族/朱凌飞　杨周明著，辽宁民族出版社.186

普米族风物志/和建全著，云南人民出版社.256

奇葩依然吐异馨——西南民族文化调查记录/罗汉田著，世界图书出版广东有限公司.272

日本帝国主义对东北朝鲜族的统治研究/孙春日主编，中国社会科学出版社.385

日本统治时期台湾原住民抗日历史研究——以北台湾泰雅族抗日运动为例/傅琪贻著，团结出版社.334

润方言黎族传统文化/张志群主编，海南出版社.268

撒拉族/马成俊　马建新著，辽宁民族出版社.165

撒拉族百年实录（上下）/惠爱宁主编，全国政协文史和学习委员会　青海省政协学习和文史委员会编，中国文史出版社.838

撒拉族与丝绸之路民族社会文化研究/马成俊　马伟主编，民族出版社.401

塞外史地论文译丛影印本（上下）/［日］白鸟库吉著，王古鲁译，山西人民出版社.349

桑耀华学术文选/桑耀华著，云南大学出版社　云南人民出版社.357

嬗变与重构：新媒体语境下侗族传统文化的现代性变迁研究/龙运荣著，中国社会科学出版社.304

少数民族对外科技文化交流史论/曹茂编著，云南科技出版社.122

少数民族非物质文化遗产研究/祁庆富　史晖主编，中央民族大学出版社.313

少数民族口述历史档案研究/陈子丹著，云南大学出版社.213

少数民族礼仪/舒静庐主编，上海三联书店.349

少数民族与抗日战争/王希亮著，团结出版社.229

畲族伦理的镜像与史话/雷伟红　陈寿灿著，浙江工商大学出版社.195

畲族文化研究论丛.2——2012中国·丽水畲族文化国际学术研讨会论文集/吕立汉　蓝伶俐主编，民族出版社.672

沈阳锡伯族家谱/王俊　李军编著，辽宁民族出版社.240

孰言吾非满族：一项历史人类学研究/刘正爱著，中国社会科学出版社.288

水书·九星卷/陆春译注，贵州省民族古籍整理办公室编，贵州大学出版社.288

四子部落史鉴/满都麦主编，内蒙古文化出版社.417

丝绸之路民族文献与文化研究/樊锦诗　才让　杨富学主编，甘肃教育出版社.643

丝绸之路文物考古研究/俄军 杨富学编著，甘肃教育出版社.379

丝绸之路：西域古今/周龙勤　田卫疆编著，新疆美术摄影出版社.241

丝绸之路：西域通史/田卫疆　伊第利斯·阿不都热苏勒主编，新疆美术摄影出版社.303

丝绸之路：西域文明/岳峰主编，新疆美术摄影出版社.335

丝绸之路与敦煌学/柴剑虹著，浙江大学出版社.393

丝路烽烟——汉与匈奴在西域的较量/石云涛著，商务印书馆.164

宋代自杞国：一个神秘的彝族地方政权/侯德勋　白兴发　张纯德著，云南科技出版社.350

宋明理学在广西的传播及其对少数民族文化的影响/孙先英著，中国社会科学出版社.462

《宋史 · 吐蕃传》笺证/齐德舜著，中国社会科学出版社 . 260

隋唐辽宋金元史论丛 . 第五辑/中国社会科学院历史所隋唐宋辽金元史研究室编，上海古籍出版社 . 343

塔吉克族引水节和播种节/楼望皓主编，新疆维吾尔自治区文化厅编，新疆美术摄影出版社　新疆电子音像出版社 . 139

台湾少数民族/林华著，辽宁民族出版社 . 166

唐代长安与西域文明/向达著，商务印书馆 . 770

腾冲少数民族文化系列丛书 . 傈僳族卷/何马玉涓编著，民族出版社 . 221

田心桃和土家族/罗士松主编，岳麓书社 . 268

投确数/罗世荣　陈宗玉主编，贵州省民族古籍整理办公室编，贵州民族出版社 . 353

《通鉴吐蕃史料》全译/苏晋仁编，李加东知译，甘肃文化出版社 . 258

图像民族志：庄学本摄影集 · 羌族/刘元风　贺阳主编，生活 · 读书 · 新知三联书店 . 181

图像民族志：庄学本摄影集 · 戎族/刘元风　贺阳主编，生活 · 读书 · 新知三联书店 . 225

图像民族志：庄学本摄影集 · 彝族/刘元风　贺阳主编，生活 · 读书 · 新知三联书店 . 483

吐蕃卜辞新探：敦煌 PT 1047 + ITJ 763 号《羊胛骨卜》研究/陈践编著，上海远东出版社 . 255

吐蕃小邦时代历史研究/阿贵著，西藏人民出版社 . 214

吐鲁番出土文书语言研究/陆娟娟著，浙江工商大学出版社 . 218

土家族传统知识的现代利用与保护研究/柏贵喜等著，中国社会科学出版社 . 300

土家族民俗事象与视觉传播研究/商世民著，中国社会科学出版社 . 341

土家族研究 . 10/陈国安编，贵州省土家族研究会编，贵州民族出版社 . 322

土族百年实录（上下）/惠爱宁主编，全国政协文史和学习委员会　青海省政协学习和文史委员会编，中国文史出版社 . 895

佤族/郭锐著，辽宁民族出版社 . 204

晚清人物与史事/马忠文著，北京师范大学出版社 . 365

维西傈僳族自治县攀天阁傈僳族民间传统文化/李琥编著，汉春华译，德宏民族出版社 . 128

维吾尔民俗与文化生态研究/朱贺琴著，光明日报出版社 . 189

维吾尔文化研究点滴：伊布拉音 · 穆提义学术论文集/伊布拉音 · 穆提义著，哈力达 · 穆提义等译，民族出版社 . 441

维吾尔族/艾克拜尔 · 吾拉木　买力克 · 买买提　伊利迪尔著，辽宁民族出版社 . 197

巍山回族饮食文化/马克伟主编，巍山彝族回族自治县回族学会编，云南人民出版社 . 134

文化复合性：西南地区的仪式、人物与交换/王铭铭　舒瑜编，北京联合出版公司 . 444

文化遗产研究 . 第六辑/徐新建主编，四川大学出版社 . 206

乌江流域少数民族传统节日文化传承与保护体系研究/王剑著，人民出版社 . 205

乌撒简史/王继超著，贵州民族出版社 . 218

乌审旗革命历史档案资料选编 . 1929—1949/郝继忠主编，中央民族大学出版社 . 545

兀良哈及鞑靼考影印本/［日］箭内亘著，陈捷　陈清泉译，山西人民出版社 . 55

锡伯族西迁节/佟加 · 庆夫主编，新疆维吾尔自治区文化厅编，新疆美术摄影出版社　新疆电子音像出版社 . 296

吸纳与分异：明至民国时期纳西族文化地理研究/杨林军著，民族出版社 . 435

西北丛编/林竞著，于逢春　阿地力 · 艾尼主编，阿地力 · 艾尼苏奎俊点校，黑龙江教育

出版社 . 420

西北少数民族非物质文化遗产概览/王瑞华　王雪　郑艳编著，中国社会科学出版社 . 417

西辽史影印本/［俄］布莱资须纳德著，梁园东译，山西人民出版社 . 74

西南边疆民族研究 . 第 18 辑/何明主编，云南大学出版社 . 214

西南民族研究 . 第二辑/滕新才　李虎主编，中国文史出版社 . 297

西南彝志 . 第二十三—二十四卷/陈宗玉主编，毕节市彝文文献翻译研究中心　毕节市民族宗教事务局编，贵州民族出版社 . 426

西南彝志 . 第二十五—二十六卷/陈宗玉主编，毕节市彝文文献翻译研究中心毕节市民族宗教事务局编，贵州民族出版社 . 378

西域考古研究——游牧与定居/肖小勇著，中央民族大学出版社 . 203

西域历史语言研究集刊 . 第八辑/沈卫荣主编，中国人民大学国学院西域历史语言研究所编，科学出版社 . 636

西域史地考古论集/黄文弼著，黄烈编，商务印书馆 . 550

西域史族新考/张西曼著，山西人民出版社 . 47

西域文明史概论等五种/［日］羽田亨等著，耿世民　贺昌群　杨炼译，新疆人民出版社 . 514

西域文史 . 第十辑/朱玉麟主编，科学出版社 . 356

西域研究影印本/［日］藤田丰八著，杨炼译，山西人民出版社 . 185

西藏百年史研究（上中下）/白玛朗杰　孙勇　仲布・次仁多杰总主编，喜饶尼玛　陈谦平　许广智主编，社会科学文献出版社 . 1582

西藏历代的边事边政与边吏/张云著，社会科学文献出版社 . 631

西藏 1934：黄慕松奉使西藏实录/崔保新著，社会科学文献出版社 . 386

中国边疆研究文库（初编）：西藏奏疏　驻藏须知　番僧源流考/黄维忠主编，黑龙江教育出版社 . 336

鲜卑部落联盟研究/苗霖霖　杨昕沫著，黑龙江人民出版社 . 235

鲜卑代王拓跋猗卢/尹万和著，延边大学出版社 . 140

现代教育技术的嵌入：人类学视域下梭戛长角苗文化多维传承研究/余晓光著，人民出版社 . 219

湘西祭祖习俗/张子伟著，湖南师范大学出版社 . 214

湘西苗师通书诠释/张子伟　石寿贵著，湖南师范大学出版社 . 418

湘西苗族地区堂根文化研究/麻美垠著，湖南人民出版社 . 254

湘西苗族史俗钩沉/龙庆和著，中央民族大学出版社 . 452

湘西苗族银饰审美文化研究/田爱华著，华南理工大学出版社 . 250

湘西苗族椎牛祭/张子伟　张子元著，湖南师范大学出版社 . 414

湘西土家族还土王愿/张子伟著，湖南师范大学出版社 . 214

象形文里写春秋：纳西族/杨福泉著，民族出版社 . 255

小兴安岭金祖文化探秘/仲维波著，黑龙江人民出版社 . 413

新疆长治久安视阈下防止“东突”势力的文化渗透与文化安全研究/谢贵平著，新疆生产建设兵团出版社 . 301

新疆图志影印本 . 1—6 册/（清）袁大化修，王树枏等纂，新疆人民出版社 . 4324

新疆志略/许崇灏编著，于逢春　阿地力・艾尼主编，阿地力・艾尼点校，黑龙江教育出版社 . 323

匈奴史影印本/［美］帕克著，向达译，山西人民出版社.76
雄踞欧亚——蒙古四大汗国/班布日著，内蒙古人民出版社.295
寻力乡村：民族村寨文化遗产保护与社会发展案例研究/王学文等著，学苑出版社.188
雅努斯的拱门——藏边社会研究论文集/张亚辉主编，学苑出版社.351
延寿县朝鲜族百年史：1903—2003 年/延寿县民族宗教事务局　延寿县朝鲜族经济文化交流协会　金炳镐编著，民族出版社.553
瑶族/玉时阶著，辽宁民族出版社.178
瑶族历史探究/李默著，社会科学文献出版社.230
瑶族石刻研究/郑慧　蓝巧燕　陈妹著，民族出版社.172
瑶族文化之教育传承/韦祖庆著，中国文史出版社.267
彝学研究文集/戈隆阿弘著，红河州彝学学会编，云南民族出版社.263
彝族/陈国光著，辽宁民族出版社.193
彝族婚嫁礼俗经/罗世荣　王应忠主编，贵州省民族古籍整理办公室编，贵州民族出版社.548
彝族先天易学/贵州省民族古籍整理办公室编，龙正清　苏世成　王秀平翻译整理，民族出版社.771
“侬峒”天琴：金龙布傣壮族群的信仰与生活/秦红增　毛淑章　宋秀波等著，知识产权出版社.190
一个蒙古老人的回忆：札奇斯钦口述历史/札奇斯钦著，内蒙古大学出版社.309
伊犁历史与文化（第 2 版）/姜崇仑主编，新疆人民出版社.310
伊玛堪与赫哲人田野调查/黄任远著，黑龙江人民出版社.257
英藏敦煌社会历史文献释录. 第十二卷/郝春文等编著，社会科学文献出版社.516
英藏敦煌社会历史文献释录. 第十三卷/郝春文等编著，社会科学文献出版社.533
永福县少数民族概况/孙玉杰主编，永福县民族事务管理局编著，漓江出版社.220
永顺土司金石录/鲁卫东著，岳麓书社.187
永顺县土家族丧葬习俗/罗士松著，岳麓书社.123
尤中学术文选/尤中著，云南大学出版社　云南人民出版社.243
裕固族/董潇红　王政德著，辽宁民族出版社.158
裕固族仪式研究/贺卫光主编，民族出版社.257
元朝怯薛及斡耳朵考影印本/［日］箭内亘著，陈捷　陈清泉译，山西人民出版社.160
元朝制度考影印本/［日］箭内亘著，陈捷　陈清泉译，山西人民出版社.198
元代大理段氏总管史/张锡禄著，云南人民出版社　云南大学出版社.289
元代回族史稿/杨志玖著，中华书局.485
元代经略东北考影印本/［日］箭内亘著，陈捷　陈清泉译，山西人民出版社.144
元代蒙汉色目待遇考影印本/［日］箭内亘著，陈捷　陈清泉译，山西人民出版社.101
元代畏兀儿历史文化与文献研究/王红梅　杨富学著，甘肃教育出版社.270
元代文献与文化研究. 第三辑/魏崇武主编，中华书局.326
元明历史笔记论丛/姚继荣著，民族出版社.702
元史及民族与边疆研究集刊. 第二十九辑：中国历代涉海碑刻学术研讨会论文专辑/刘迎胜主编，上海古籍出版社.263
元史及民族与边疆研究集刊. 第三十辑：中国历代涉海碑刻学术研讨会论文专辑/刘迎胜主编，上海古籍出版社.216

元史纪事本末/（明）陈邦瞻撰，王树民点校，中华书局 . 245
粤江流域人民史/徐松石撰，王柏中主编，佘漾冬　王旭点校，黑龙江教育出版社 . 280
云南民族发展实践调查研究/李若青　张亚雄著，云南民族出版社 . 159
云南少数民族传统节日文化创新研究/李银兵著，云南大学出版社 . 318
云南少数民族火文化/陈晓林主编，云南民族出版社 . 247
云南少数民族科学技术/闫永军编著，云南大学出版社 . 194
云南少数民族口述档案开发利用研究/子志月著，云南大学出版社 . 158
云南少数民族农村的社会文化变迁：对石林圭山大糯黑村彝族撒尼支系的调查与思考/王玲编著，中国社会科学出版社 . 433
云南少数民族宗教文化/孙浩然编著，云南大学出版社 . 228
云南彝族阿鲁举热文化研究/杨甫旺主编，云南民族出版社 . 278
藏牍劫余/马吉符著，赵云田　黄维忠点校，黑龙江教育出版社 . 172
藏学研究 . 14/央珍主编，民族出版社 . 353
藏语/何藻翔著，黄维忠主编，季垣垣　黄维忠点校，黑龙江教育出版社 . 164
藏族/丹珠昂奔著，辽宁民族出版社 . 218
藏族伦理思想史略/余仕麟著，民族出版社 . 749
藏族网络文化研究/王万宏著，四川民族出版社 . 186
张锡禄学术文选：南诏与白族文化/张锡禄著，云南人民出版社　云南大学出版社 . 345
指路：南诏千古之谜/只廉清著，德宏民族出版社 . 330
中国白族学论丛 . 三/赵济舟主编，大理白族自治州白族学会编，云南民族出版社 . 296
中国北方及蒙古、贝加尔、西伯利亚地区古代文化（上中下）/内蒙古博物院内蒙古自治区文物考古研究所编，科学出版社 . 1397
中国北方渔猎民族发展研究/都永浩主编，黑龙江教育出版社 . 294
中国朝鲜族民俗/许辉勋主编，延边教育出版社 . 165
中国非物质文化遗产榜上的西双版纳/李桂英主编，政协西双版纳傣族自治州委员会编，云南科技出版社 . 319
中国非物质文化遗产保护十年（2003—2013 年）/汪欣著，知识产权出版社 . 270
中国古代东北民族的“中国”认同/赵永春等著，黑龙江人民出版社 . 261
中国古代婚俗文化/向仍旦著，中国书籍出版社 . 168
中国疆域沿革史/顾颉刚　史念海著，商务印书馆 . 278
中国历代边事边政通论 . 1—4/厉声等著，黑龙江教育出版社 . 2042
民俗学：一门伟大的学科　从学术反思到实践科学的历史与逻辑研究/吕微著，中国社会科学出版社 . 596
中国民俗文化发展报告 . 2014/张士闪主编，山东大学出版社 . 349
中国民族生态与文化政策的理论与实践研究/尹仑著，云南民族出版社 . 249
中国契丹族后裔大发现：契丹大辽帝国耶律氏皇家纯正直系血统——丛姓氏族考新证/王占力著，辽宁大学出版社 . 299
中国少数民族法律史纲要/胡兴东著，中国社会科学出版社 . 533
中国少数民族非物质文化遗产发展报告 . 2015/（彝）肖远平　（满）柴立主编，社会科学文献出版社 . 383
中国少数民族非物质文化遗产系列丛书 . 内蒙古、东北分册/民族文化宫展览馆编，辽宁民族出版社 . 373

中国少数民族文化发展报告．2014—2015/武翠英　张晓明　任乌晶主编，国家民族事务委员会文化宣传司　中国社会科学院文化研究中心编，社会科学文献出版社．374
中国少数民族文物图典．海南省民族博物馆卷/海南省民族博物馆编，辽宁民族出版社．289
中国少数民族文物图典．宁夏固原博物馆卷/宁夏固原博物馆编，辽宁民族出版社．311
中国少数民族文物图典．云南省民族博物馆卷/云南省民族博物馆编，辽宁民族出版社．302
中国土家族婚俗考/彭剑秋著，岳麓书社．154
中国敦煌吐鲁番学会丝绸之路专业委员会文集/中国敦煌吐鲁番学会丝绸之路专业委员会　西安大唐西市历史文化研究中心编，陕西师范大学出版总社．204
中国西部民族文化通志．教育卷/黄海涛　王天玉　田莉编著，云南人民出版社．432
中国西部民族文化通志．影视卷/吴秋林　陈学礼著，云南人民出版社．417
中国西部民族文化通志．娱乐卷/万建中编著，云南人民出版社．565
中国西南文化研究．民族调查资料选辑/杨福泉主编，云南人民出版社．294
中华民国专题史．第十三卷边疆与少数民族/王川等著，南京大学出版社．508
忠贞不贰？辽代的越境之举/［英］史怀梅著，曹流译，江苏人民出版社．296
终极仪式：中国西部苗族［解簸箕］仪式研究/吴秋林　杨春艳著，中央民族大学出版社．256
驻藏须知/钟方著，邹敏点校，黑龙江教育出版社．234
壮丽华章：中国共产党与少数民族抗日斗争研究/李资源等著，广西人民出版社．310
壮族布洛陀文化的当代重构及其实践理性：那县的田野表述/刘婷著，中国社会科学出版社．271
壮族风俗史/农学冠主编，广西民族出版社．192

六　民族语言文字

白地波湾村纳西东巴文调查研究/和继全著，民族出版社．461
拨梭语研究/白碧波　许鲜明等著，民族出版社．437
大羊普米语参考语法/蒋颖著，中国社会科学出版社．640
东巴文与水文比较研究/邓章应著，人民出版社．300
东方藏区诸语言研究/［日］铃木博之著，四川民族出版社．419
侗汉常用语手册/邰胜英主编，黔东南州民族宗教事务委员会　黎平县民族宗教事务局编，贵州大学出版社．184
多语背景下新疆哈萨克族语言使用变异研究/曹湘洪著，科学出版社．205
甘洛民族语言使用现状及其演变/木乃热哈主编，商务印书馆．136
甘洛县尔苏藏族语言文化研究/木乃热哈主编，民族出版社．253
古代突厥语词在哈萨克语中的演变/帕提曼·比都拉　阿力肯·阿吾哈力著，民族出版社．170
贵州民族语言学习简本：苗、布依、侗、彝/贵州省少数民族语言文字办公室编，贵州教育出版社．318
哈萨克语情景会话手册/薛谦　毕明主编，世界知识出版社．142
海南赛方言黎族风情/黄福魁编著，南海出版公司．145
汉白新词术语集/和丽峰主编，云南省少数民族语文指导工作委员会办公室编，张霞　杨

继民　张剑珠译，云南民族出版社.158

汉纳西新词术语集/和丽峰主编，云南省少数民族语文指导工作委员会办公室编，赵庆莲译，云南民族出版社.189

汉瑶新词术语集/和丽峰主编，云南省少数民族语文指导工作委员会办公室编，盘金祥　邓才兰译，云南民族出版社.169

汉彝新词术语集/和丽峰主编，云南省少数民族语文指导工作委员会办公室编，自文清　刘剑文译，云南民族出版社.127

汉语的民族变体：云南少数民族汉语概论/杨瑞鲲　李洪平主编，云南人民出版社.342

汉藏语差比句研究/邓凤民著，上海人民出版社.333

汉藏语学报.第8期/戴庆厦　［美］Randy J. LaPolla（罗仁地）主编，商务印书馆.242

跨国背景下的少数民族语言保护/［澳］安妮·鲍威尔斯　［澳］琼安·温特尔　［澳］约瑟夫·娄·比安科编，王君瑞　曹薇等译，黑龙江大学出版社.237

凉山彝语词法学/阿育几坡　毛晓英著，云南民族出版社.244

量范畴的类型学研究：以贵州境内的语言为对象/惠红军著，科学出版社.331

临沧傣语音系探究/龚锦文　南桂香著，临沧市民族宗教事务局编，云南民族出版社.175

苗族语文：中部方言/杨涛　范国祖　熊毅编著，西南交通大学出版社.222

墨江碧约哈尼语参考语法/经典著，中国社会科学出版社.515

纳西语方言研究/姜竹仪著，云南民族出版社.484

内蒙古自治区民族语文工作调研报告选编/特古斯主编，内蒙古人民出版社.144

撒拉语形态研究/马伟著，中国社会科学出版社.300

陕北方言与北方少数民族语言文化接触研究/孟万春著，陕西人民教育出版社.219

图瓦语和图瓦人的多语生活/宋正纯著，中国社会科学出版社.348

突厥语族语言研究/王远新著，中央民族大学出版社.371

土家语言纪实暨歌谣/孟祥福著，岳麓书社.243

湘西州土家族辞典/彭司礼主编，湖南人民出版社.1040

新疆达斡尔族语言现状与发展趋势/丁石庆主编，辽宁民族出版社.1490

新疆语言文字事业发展60年/逯新华主编，新疆维吾尔自治区民族语言文字工作委员会　新疆维吾尔自治区民族语文翻译局编，新疆人民出版社.421

彝语诺苏话词法研究/马辉著，民族出版社.277

语言保持论稿/丁石庆著，辽宁民族出版社.300

语言生活与语言政策：中国少数民族研究/周庆生著，社会科学文献出版社.480

语言田野调查实录.11/王远新主编，中央民族大学出版社.519

《元史》名词术语汉蒙对照词典（上册）/王石庄主编，王石庄　苏格德日扎布　吉日嘎拉编译，内蒙古人民出版社.440

藏文规范音节频率/多拉　扎西加编著，中国社会科学出版社.388

藏语模式识别技术及工程实践/欧珠著，西南交通大学出版社.199

中国朝鲜语发展历史研究/金光洙著，延边大学出版社.270

中国少数民族文字/李学勤　冯克坚主编，中州古籍出版社.128

七　民族教育

白族教育史/杨聪主编，大理白族自治州白族文化研究院编，云南民族出版社.380

边疆少数民族地区农家书屋建设研究/毕东著，光明日报出版社.242

朝鲜族教育史料集.5：中华民国时期/许青善　姜永德主编，延边教育出版社.451
朝鲜族教育史料集.6：日帝强占时期/许青善　姜永德主编，延边教育出版社.427
朝鲜族教育史料集.9：解放战争时期/许青善　姜永德主编，延边教育出版社.384
当代少数民族大学生思想政治教育研究/张国艳著，吉林大学出版社.188
多因视野下的少数民族教育动因分析/龙延平著，中央民族大学出版社.280
甘南藏汉双语教育历史与发展研究/王洪玉著，民族出版社.455
沟通·和谐·发展：少数民族地区新闻传播事业研究/李世举著，人民日报出版社.216
贵州双语教育与双语人才建设文集/罗世荣主编，贵州省少数民族语言文字办公室　贵州省少数民族语言文字学会编，云南民族出版社.360
海腮耄启/龙正清　罗世荣主编，贵州省民族古籍整理办公室编，贵州民族出版社.563
回族历史文化典籍与文献检索研究/陈冬梅著，中国书籍出版社.248
汲古黔谭.1/罗世荣主编，贵州省民族古籍整理办公室编，民族出版社.353
教育人类学理论、方法与应用研究——中国教育人类专业委员会首届年会论文集/滕星苏德主编，中央民族大学出版社.568
开放社会中的民族信息交互教育/王飞等编著，知识产权出版社.179
跨境民族教育研究/钟海青等著，华东师范大学出版社.275
丽江民族文化产业集群式发展研究/晏雄著，经济科学出版社.225
美国当代少数族裔教育理论与政策研究/胡玉萍著，民族出版社.226
美国少数族裔教育的一次变革——“学校一体化”运动研究/甘永涛　李志峰　孟立军著，武汉大学出版社.289
民族地区学校教育价值定位的反思与建构——以瑶山白裤瑶的学校教育价值取向变迁为例/黄胜著，西南财经大学出版社.310
民族汉考（MHK）与教育测量理论应用研究/彭恒利著，北京语言大学出版社.206
民族教育：经验 困境 出路/曲木铁西等著，民族出版社.349
民族教育跨越与利益契合：海南省保亭自治县教育移民研究/谢君君著，武汉大学出版社.265
民族教育信息资源数字化建设与服务/甘健侯　袁凌云　张姝等著，科学出版社.206
民族师范教育的融合发展：科学谋划　内涵发展　谱写民族师范教育新篇章/金永旭　郑其广许文权主编，延边教育出版社.467
民族文化传承研究文集/张诗亚　杨如安主编，西南师范大学出版社.288
黔南民族教育史略/周崇启主编，云南科技出版社.230
青海农牧区藏族教育及宗教需求比较研究/侃本著，青海民族出版社.220
区域文化的互动与发展研究——以贵州为例/张学立　肖远平主编，民族出版社.232
全国中小学朝鲜文教材审查协作探究/全国朝鲜文教材审查委员会办公室编，延边教育出版社.184
少数民族大学生提高自我认知能力的理论与探索/王智勇主编，宁夏人民出版社.247
少数民族儿童汉语发展性阅读障碍研究/刘艳　陶云著，云南科技出版社.209
少数民族科技古籍文献遗存研究/陈海玉著，中国社会科学出版社.279
少数民族学生贫困生个案研究/李金山　乌兰主编，辽宁民族出版社.210
少数民族中学生英语学习动机与学习策略研究：以佤族为例/杨文华著，经济科学出版社.166
社会和谐视阈下少数民族大学生就业趋势研究/刘青广　王政爱主编，新疆生产建设兵团

出版社 . 137

土家族非物质文化遗产的学校教育传承模式研究/郑娅　池永文著，中国社会科学出版社 . 207

同一主体的基本权利冲突：傣族佛寺教育与义务教育关系研究/郑毅著，法律出版社 . 390

维吾尔族、哈萨克族汉语偏误分析教程/田静著，北京语言大学出版社 . 216

维吾尔族学前儿童汉语学习兴趣研究/汤允凤　王阿舒著，北京语言大学出版社 . 204

我国少数民族青少年韧性素质研究/潘运著，九州出版社 . 177

无文字民族文化传承中的教育选择——以鄂伦春族为个案（第 2 版）/陈旭远　杨宏丽著，东北师范大学出版社 . 181

西方民族教育政策研究/王兆璟主编，民族出版社 . 281

西南教育论丛 . 第 2—4 辑/张诗亚　孙振东主编，科学出版社 . 848

西藏妇女教育发展及其对策研究/强俄巴 · 次仁央宗主编，中国藏学出版社 . 572

西藏民族大学新闻传播学院 10 年院庆学术文集——西藏新闻传播与社会发展研究/周德仓主编，西藏人民出版社 . 279

新疆边境地区民族教育发展研究/蔡文伯著，中央民族大学出版社 . 236

新疆高校民族团结教育研究/郑昆亮　玛达尼亚著，新疆科学技术出版社 . 245

新疆少数民族大学生思想政治教育方法研究/刘英著，广西师范大学出版社 . 191

新疆少数民族双语教育政策与规划研究/王莉　连吉娥　张迎治编著，世界图书出版西安有限公司 . 272

新疆少数民族学生国家认同研究/张勇　高岗仓著，民族出版社 . 234

新疆乡土教育资源开发与加强民族团结教育研究/刘刚著，新疆人民出版社 . 393

元代诸帝教育思想研究/谷成杰著，民族出版社 . 222

云南跨境民族三语教育成效与外语教育规划研究/原一川　胡德映　冯智文著，科学出版社 . 201

云南少数民族教育史/徐忠祥主编，陶天麟著，云南民族出版社 . 427

云时代学习与民族教育发展：“云时代学习与民族教育发展”学术论坛论文集/张诗亚主编，科学出版社 . 364

藏汉双语“一类模式”教师队伍建设研究——甘南藏族自治州民族类中学田野工作与理论阐释/虎技能著，民族出版社 . 327

中国不同少数民族高等教育入学机会研究——基于多民族边疆省份云南的调查分析/杨倩著，福建教育出版社 . 238

中国民族教育发展报告 . 2013/吴霓等著，教育科学出版社 . 243

中国少数民族地区信息传播与社会发展论丛 . 2014 年刊/郑保卫主编，经济日报出版社 . 271

中国少数民族审美教育概论/邓佑玲著，中央民族大学出版社 . 216

八　世界民族

澳大利亚华人参政与多元文化/任传功著，吉林大学出版社 . 201

当代韩国民族主义研究/王生著，社会科学文献出版社 . 266

东南亚华人史/李恩涵著，东方出版社 . 659

二战后东南亚华人的海外移民/康晓丽著，厦门大学出版社 . 275

菲律宾殖民当局的对华政策：16—17 世纪/陈丙先著，厦门大学出版社 . 318

俄罗斯民族主义研究/栗献忠著，社会科学文献出版社.223

俄罗斯外来移民现状研究/于晓丽著，黑龙江大学出版社.221

福利服务：华人社会社工范式互构/彭华民　曾洁雯主编，中国社会科学出版社.357

古巴华侨银信：李云宏宗族家书/李柏达编著，暨南大学出版社.300

观文化，看政治：印度后殖民时代的电视、女性和国家/［美］普尔尼马·曼克卡尔著，晋群译，商务印书馆.589

海外华侨华人与中国的公共外交：政策机制、实证分析、全球比较/刘宏编著，暨南大学出版社.136

海外侨情观察.2014—2015/《海外侨情观察》编委会编，暨南大学出版社.407

和合共生：老挝丰沙湾市邦洋村的民族志/郝国强　许欣　姚佳君著，民族出版社.340

华侨华人文献学刊.第一辑/张禹东　庄国土主编，社会科学文献出版社.306

华侨华人研究报告.2013—2014/林勇主编，光明日报出版社.246

华侨华人研究报告.2015/贾益民主编，社会科学文献出版社.338

华侨华人与国际移民研究报告.2015/林勇主编，光明日报出版社.229

华侨华人与西南边疆社会稳定/石维有　张坚著，社会科学文献出版社.265

华侨在俄罗斯——献给中俄建交65周年及反法西斯战争胜利70周年/宁艳红主编，黑龙江教育出版社.114

华人社会学笔记/龚鹏程著，东方出版社.301

加拿大温哥华地区华人企业家中国精神传承/马京京　王一涵等著，北京航空航天大学出版社.223

近代新加坡华人基督教研究：1819—1949/张钟鑫著，福建人民出版社.202

跨越疆界：留学生与新华侨/廖赤阳主编，社会科学文献出版社.401

跨越与转型：国际商务视野下的华侨华人与华商/李其荣等主编，复旦大学出版社.361

龙与鹰的搏斗：美国华人法律史/［美］邱彰著，中国政法大学出版社.219

旅俄华侨史/宁艳红著，人民出版社.364

马来西亚华人史：权威、社群与信仰/宋燕鹏著，上海交通大学出版社.222

美国当代少数族裔教育理论与政策研究/胡玉萍著，民族出版社.226

美国新华侨华人与中国发展/姬虹等著，中国社会科学出版社.206

秘鲁的中国移民研究：考古、历史及社会/［秘］理查德·楚伟（Richard Chuhue）［秘］李静娜（Li Jingna）［秘］安东尼奥·科埃略（Antonio Coello）编，何美兰　王奕茗　季敏等译，天津古籍出版社.553

缅甸与泰国跨国民族研究/赵永胜著，社会科学文献出版社.286

排拒与接纳：旧金山华人教育的历史考察（1848—1943）/李永著，华中科技大学出版社.314

热点事件舆情调查研究.华人华侨篇/朱磊主编，经济日报出版社.323

日本"北满移民"研究/马伟著，中国社会科学出版社.257

日本华侨华人子女文化传承与文化认同研究/鞠玉华著，暨南大学出版社.242

日本温州籍华侨华人社会变迁研究/郑乐静著，科学出版社.209

世界历史上的移民/［美］帕特里克·曼宁（Patrick Manning）著，李腾译，商务印书馆.256

他拼之灵：越南北部边境瑶族社会的形构与型质阅释/谷家荣　马燕坤著，中国社会科学出版社.191

他乡·故乡：拉美华人社会百年演变研究（1847—1970）/刘叶华著，中国人民大学出版社.323

晚清民初南洋华人社群的文化建构：一种文化空间的发现/薛莉清著，生活·读书·新知三联书店.372

文化过渡中的移民青少年——跨国背景下的涵化、认同与适应/［加］约翰·贝理（John W. Berry）等编著，王朝晖　刘真　常永才译，中央民族大学出版社.257

西行之路——对意大利中国移民的观察/［意］瓦伦蒂娜·佩多内著，陈翊　吴海蓉译，浙江大学出版社.116

移民的政治参与：美籍华人与美中关系研究/罗俊翀著，暨南大学出版社.213

移民与融入：伊斯兰移民的融入与欧洲的文化边界/伍慧萍著，上海人民出版社.192

芝加哥的华人：1870年以来的种族、跨国移民和社区/［美］令狐萍著，何家伟　令狐萍　顾玉芳译，世界图书出版公司.306

游牧考古学——在伊朗和土耳其的田野调查/［澳］罗杰·克里布著，李莎　唐仲明　于澎涛译，郑州大学出版社.199

中华文化与华侨华人/黄易宇　蒋学基主编，中华文化学院编，学习出版社.274

中亚吉尔吉斯族语言文化研究——以吉尔吉斯语中的借词为例/海淑英著，民族出版社.300

九　少数民族文学艺术

传承——图说原野中的铜鼓/李桐编著，广西民族出版社.399

当代浙地古琴文化传承的教育人类学研究/邓晴南著，上海三联书店.291

复兴之路上的少数民族地区高考招生改革/朱华山等著，辽宁人民出版社.386

甘肃特有少数民族服饰文化研究/王淑芳著，民族出版社.211

古代东北民族服饰文化研究/贺飞著，吉林人民出版社.156

华侨史概要/赵红英　张春旺主编，中国华侨出版社.717

红河苗族服饰文化/杨咪双著，红河哈尼族彝族自治州苗族学会编，云南民族出版社.114

回归的借鉴——云南少数民族传统服饰元素在现代服饰设计中的运用/曾婉琳著，云南大学出版社.113

基于艺术人类学视角的七十二套路打歌研究/李汶娟编著，知识产权出版社.136

景谷民族民间图案集/张永清主编，云南美术出版社.308

静观艺象：云南少数民族园林特色及其文化研究/李杨著，云南大学出版社.108

客家服饰的艺术人类学研究/周建新　张海华著，中国社会科学出版社.261

黎族织锦图谱/王海昌著，中国文联出版社.338

凉山彝族毕摩绘画的艺术人类学研究/刘冬梅著，云南大学出版社.109

凉山彝族图案设计与应用/幸代远主编，四川大学出版社.216

蒙古族萨满神歌审美研究/陈永春著，长春出版社　吉林银声音像出版社.288

民间仪式·艺术展演·民俗传承：彝族花鼓舞田野民俗志研究/黄龙光著，中国社会科学出版社.314

民族地区危房改造与少数民族传统民居保护研究——以贵州省为例/吴晓萍　康红梅著，人民出版社.313

民族志电影的民族志：重“观”《不再缠足》和《故乡的小脚奶奶》/陈学礼著，民族出版社.260

慕容鲜卑的汉化与五燕政权——十六国少数民族发展史的个案研究/李海叶著，中国社会科学出版社 . 195

飘逸的云朵：羌族服饰/张京主编，邓廷良　陈静撰文，王达军摄影，四川美术出版社 . 283

人类学视野中的萨满医疗研究/孟慧英　吴凤玲著，社会科学文献出版社 . 247

裳舞之南——云南（迪庆）藏族舞蹈与服饰文化研究/白靖毅　徐晓彤著，中国纺织出版社 . 166

畲乡霓裳/蒋昌宁主编，上海三联书店 . 152

视觉人类学论坛 . 第 1 辑/朱靖江主编，知识产权出版社 . 319

文化人类学视野下的西王母神话传说研究/张勤著，学苑出版社 . 303

文化人类学视野下的戏曲生成与演变初探/陈友峰著，人民日报出版社 . 386

文化自觉与艺术人类学研究（上下）/中国艺术人类学学会　北京舞蹈学院编，中国文联出版社 . 959

湘西苗族银饰锻制技艺/田特平等著，湖南师范大学出版社 . 170

湘西土家族毛古斯/张子伟著，湖南师范大学出版社 . 228

湘西土家族织锦技艺/田明等著，湖南师范大学出版社 . 129

新疆柯尔克孜族织绣艺术/王凡编著，中国建筑工业出版社 . 147

瑶族民间神像绘画研究/黄建福著，民族出版社 . 234

移民的政治参与：美籍华人与美中关系研究/罗俊翀著，暨南大学出版社 . 213

音声—社群形态互构：右江流域平果壮族嘹歌及歌圩活动研究/白雪著，人民出版社 . 274

云南科学技术简史（第 2 版）/李晓岑著，科学出版社 . 386

正在消失的维吾尔族土陶：喀什市民间土陶手艺人调查/阿力木江 · 祖农　阿扎提古丽 · 依米提著，华中师范大学出版社 . 216

中国传统服饰清代服装/王金华著，中国纺织出版社 . 399

中国民族社会历史科学纪录片文本汇编/杨光海编，云南人民出版社 . 654

中国南传佛教音乐的人类学研究/黄凌飞著，云南大学出版社 . 440

（供稿人：林浩）

2016 年

一　综合

东巴文古籍艺术/徐丽华编，民族出版社 . 252

河北回族古籍总目提要/吴丕清主编，河北大学出版社 . 326

红河地区彝文古籍文献研究/费晓辉　龙倮贵著，中国商务出版社 . 252

吉林省少数民族古籍总目提要：朝鲜族卷/张学慧　毕淑梅主编，吉林省少数民族古籍整理出版规划办公室编，吉林文史出版社 . 264

吉林省少数民族古籍总目提要：满族卷/张学慧　毕淑梅主编，吉林省少数民族古籍整理出版规划办公室编，吉林文史出版社 . 464

满学研究论文索引（上下）/张成　田青主编，吉林文史出版社 . 324

内蒙古调查年鉴 · 2016（总第 11 期）/国家统计局内蒙古调查总队编，中国统计出版社 . 579

内蒙古经济普查年鉴．第二产业卷（上下）/刘向东主编，内蒙古自治区第三次全国经济普查领导小组办公室编，中国统计出版社．661

内蒙古经济普查年鉴．第三产业卷/张丽珉等主编，内蒙古自治区第三次全国经济普查领导小组办公室编，中国统计出版社．173

内蒙古统计年鉴・2016/胡敏谦主编，内蒙古自治区统计局编，中国统计出版社．777

内蒙古文史研究通览存目．民族卷/张建华主编，内蒙古大学出版社．480

内蒙古文史研究通览存目．历史卷/张建华主编，内蒙古大学出版社 545

内蒙古文史研究通览存目．历史地理卷/张建华主编，内蒙古大学出版社．442

内蒙古文史研究通览存目．民俗卷/张建华主编，内蒙古大学出版社．193

内蒙古文史研究通览存目．人物卷/张建华主编，内蒙古大学出版社．432

内蒙古文史研究通览存目．文化卷/张建华主编，内蒙古大学出版社．248

内蒙古文史研究通览存目．文物考古卷/张建华主编，内蒙古大学出版社．373

内蒙古文史研究通览存目．语言文字卷/张建华主编，内蒙古大学出版社．206

肃南裕固族自治县非物质文化遗产保护名录图典/王秀芸主编，甘肃民族出版社．105

西藏统计年鉴・2016（总第 28 期）/多吉战都主编，西藏自治区统计局　国家统计局西藏调查总队编，中国统计出版社．448

新疆地区古籍文献联合目录/丛冬梅编著，新疆文化出版社．590

新疆统计年鉴・2016/陈虹主编，新疆维吾尔自治区统计局，中国统计出版社．684

新疆维吾尔自治区入选国家珍贵古籍名录图录/国家古籍保护中心　新疆维吾尔自治区古籍保护中心编，中华书局．263

藏文古籍概览/徐丽华著，民族出版社．456

藏族传统文化百科/李旭练等主编，西藏人民出版社．268

藏族典籍翻译研究：雪域文学与高原文化的域内外传播/王治国著，大连海事大学出版社．268

中国黎族研究文献题录/冯涛编著，华中科技大学出版社．428

中国傈僳族研究文献题录/李瑞华编著，华中科技大学出版社．169

中国民族百科全书（15）．傣族、佤族、景颇族、布朗族、阿昌族、德昂族、基诺族卷/胡绍华主编，世界图书出版西安有限公司．644

中国辽夏金研究年鉴・2014/史金波　宋德金主编，中国社会科学出版社．510

中国藏族文化年鉴・2011—2013 编年卷/才让太　安虎生主编，中央民族大学出版社．296

二　民族理论

巴哈伊文献集成・1—5/蔡德贵等主编，山东大学出版社．2388

保山古代移民与社会影响研究/太丽琼著，鲁国超主编，云南人民出版社．273

北京民族宗教史话/佟洵主编，北京市政协民族和宗教委员会　北京联合大学民族与宗教研究所编著，宗教文化出版社．373

边疆多民族地区构建社会主义和谐社会研究——以新疆为例/张先亮等著，经济科学出版社．489

边疆少数民族国家认同的建构：以中越边境哈尼族果角人为中心的讨论/卢鹏著，民族出版社．246

边疆社会非正式控制研究：一种基于民族伦理控制的扩展分析/杨志明等著，中国社会科学出版社．220

城市化进程中的中原回族伊斯兰教研究/马晓军著，甘肃人民出版社.250
傣族土司制度与傣族土司/缐世海著，云南民族出版社.184
单行条例促进民族自治地方经济社会发展研究：以云南省楚雄彝族自治州的实践为例/付明喜著，云南大学出版社.182
当代我国西北地区农村回族社区宗教发展与民生改善调查研究/王锋著，宁夏人民出版社.182
当代中国民族发展的政治分析/任维德等著，内蒙古大学出版社.363
侗族哲学概论/石干成著，中国文联出版社.232
东海海域移民与汉文化的传播：以琉球闽人三十六姓为中心/赖正维著，社会科学文献出版社.385
敦煌吐鲁番出土发病书整理研究/陈于柱著，科学出版社.179
敦煌西域法制文书语言研究/王启涛著，人民出版社.450
敦煌哲学（第三辑）/杨利民　范鹏主编，甘肃人民出版社.333
二人转与萨满研究/杨朴　杨旸著，社会科学文献出版社.379
法社会学视野下的满族法文化活态研究/赫然　刘宇著，知识产权出版社有限责任公司.192
公共治理视野下青藏地区社会文化调查研究/索端智主编，宁夏人民出版社.301
《古兰经》伦理思想研究/顾世群著，宁夏人民出版社.196
后危机时代外国移民政策比较研究/张媛等著，经济日报出版社.237
国家建构与文化认同——以北魏的兴废进行的考查/张宏斌著，人民出版社.259
回鹘文契约断代研究：昆山识玉/刘戈著，中华书局.308
金代女性研究：基于对宫廷女性的考察/王姝著，吉林文史出版社.194
金代宗室研究/李玉君著，科学出版社.294
敬畏：苗族神判中的生命伦理/麻勇恒著，民族出版社.261
雷公山地区苗族习惯法研究/周相卿著，法律出版社.338
傈僳族伦理研究/鲁建彪著，人民出版社.255
傈僳族音节文字文献译注占卜经/浩杰辉　汉刚译注，迪庆藏族自治州非物质文化遗产保护中心编，云南民族出版社.291
理解与服务：民族社会工作实务/储庆　库少雄编著，中国人民大学出版社.233
理性与现代边缘的神祇：以萨满文化为主要特征的民间宗教研究/初景波著，宗教文化出版社.227
凉山彝族哲学研究/赵明著，云南民族出版社.218
流动、调适与融入：城市少数民族流动人口调查/李吉和等著，华中科技大学出版社.197
论积极引导宗教/卓新平著，甘肃民族出版社.280
马克思主义经典作家民族问题文选·马克思恩格斯卷/中国社会科学院民族学与人类学研究所民族理论室，社会科学文献出版社.1161
马克思主义经典作家民族问题文选·列宁卷/中国社会科学院民族学与人类学研究所民族理论室编，社会科学文献出版社.1031
马克思主义经典作家民族问题文选·斯大林卷/中国社会科学院民族学与人类学研究所民族理论室，社会科学文献出版社.500
马克思主义民族平等思想研究/兰青松著，中国社会科学出版社.243
马克思主义民族理论的时代化/马晨著，社会科学文献出版社.201
满族民间萨满神书集成/富育光　张学慧主编，吉林人民出版社.919

满族说部的萨满女神神话研究/张丽红著，中国社会科学出版社.272

满族姓氏与家谱研究论丛/何晓芳 张德玉主编，白山出版社.722

蒙古民族哲学及社会思想史（上下）/蒙和巴图 博·那顺主编，内蒙古人民出版社.1027

苗族审美意识研究/何圣伦著，人民出版社.339

民间文书与清水江地区的社会变迁/吴才茂著，民族出版社.235

民权与民族主义——近代中国民权思想研究/刘宗珍著，中国政法大学出版社.222

民族本质论与跨民族交往的关系/杨晓莉著，科学出版社.248

民族地区当代中国马克思主义大众化研究：以湘西土家族苗族自治州为例/廖金香著，中国商务出版社.182

民族地区权力、文化与社区治理：一个彝族社区的政治人类学研究/罗明军著，中国书籍出版社.330

民族法制文化研究（第二辑）/马驰主编 甘肃省法官学院甘南分院民族法制文化研究所编，民族出版社.197

民族法制文化研究（第三辑）/马驰等主编 甘肃省法官学院甘南分院民族法制文化研究所编，民族出版社.191

民族关系理论视角下的贵州省民族类社会团体功能研究/肖锐著，民族出版社.188

民族理论与民族政策（第3版）/丁龙召 李晶主编，内蒙古大学出版社.241

民族理论与民族政策/孙东波主编，辽宁民族出版社.218

民族理论政策干部读本/中共宁夏区委党校 宁夏行政学院编，民族出版社.247

民族理论探新集：中国民族理论学会学术年会论文选（2015）/王希恩 李海红 都永浩主编，社会科学文献出版社.354

民族问题研究（第四辑）/贾东海等主编，甘肃民族出版社.236

民族政策的实践与发展——以改革开放以来的云南为例/赵新国著，人民出版社.367

民族政策在新疆教育中的实践与发展/祖力亚提·司马义著，社会科学文献出版社.242

民族自治区民生问题研究/付蓓著，广西人民出版社.253

纳西族—摩梭人语言文化心理研究/张积家等著，中国人民大学出版社.332

内蒙古东部地区藏传佛教发展现状及对策研究：基于赤峰市藏传佛教寺院的调查/任丽颖著，内蒙古文化出版社.203

菩提遗珠：敦煌藏文佛教文献的整理与解读/才让著，上海古籍出版社.615

羌族文化认同与心理韧性的实证研究/韩黎著，中国社会科学出版社.315

清朝奏折制度/庄吉发著，故宫出版社.261

清代阿拉善和硕特旗满文档案选编（1—10）/布仁巴依尔主编，内蒙古自治区阿拉善左旗档案史志局编，国家图书馆出版社.6388

清代八旗王公贵族兴衰史/周远廉著，故宫出版社.439

清代北京旗人社会（第2版）（修订本）/刘小萌著，中国社会科学出版社.828

清代布特哈八旗研究/兰延超著，吉林文史出版社.181

清代侗族地区开发研究/吴大旬著，中央民族大学出版社.285

清代藩属体系研究/柳岳武著，人民出版社.377

清代甘青蒙藏地区施政研究/张兴年著，甘肃人民出版社.369

清代满族家谱选辑（上下）/何晓芳主编，辽宁民族出版社.1315

清代清水江流域社会变迁研究/李斌等著，贵州民族出版社.278

清代社会八旗贵族世家势力研究/雷炳炎著，中国社会科学出版社.404

清代习惯法：租佃关系研究/何小平著，法律出版社.335
青海藏族传统价值观研究/孙舒景著，宗教文化出版社.239
三江源藏族生态移民三村/冯雪红著，社会科学文献出版社.276
少数民族典籍“走出去”战略规划研究/魏清光著，中国社会科学出版社.218
畲族习惯法研究——以新农村建设为视野/雷伟红著，浙江大学出版社.396
神话与自然宗教——中国云南省少数民族的精神世界/［日］冈部隆志著，张正军译，上海交通大学出版社.215
适应与构建：田野中的官坝苗族历史移民/谭志满　雷翔著，中国社会科学出版社.194
他者的游弋与自我的构建：西域—新疆居民身份认同的历史流变/闫国疆著，中国社会科学出版社.387
唐代敦煌汉文景教写经研究/王兰平著，民族出版社.357
唐韵胡风：唐墓壁画中的外来文化因素及其反映的民族关系/程旭著，文物出版社.323
田野里的东巴教文化/和力民著，民族出版社.475
土家族审美文化学初论/王新勇　王飞霞著，中国社会科学出版社.236
吐蕃敦煌抄经研究/张延清著，民族出版社.364
吐蕃时期藏译汉传佛典《善恶因果经》对勘与研究/任小波著，中国藏学出版社.302
推拉效应与中间力量：三江源地区藏族人口流动研究/史玉梅　毛雪彦著，青海民族出版社.318
维吾尔族（西域）典籍翻译研究：丝路遗珍的言际旅行/李宁著，大连海事大学出版社.313
文化视域下的社会变革——云南民族关系演进与文化生产/刘涛著，社会科学文献出版社.229
西北民族地区社会创造活力与和谐社会建设研究/岳天明等著，民族出版社.263
西域佛教演变研究/彭无情著，巴蜀书社.530
想象的共同体：民族主义的起源与散布/［美］本尼迪克特·安德森（Benedict Anderson）著，吴叡人译，上海人民出版社.236
西北少数民族道德若干重要问题研究/马进　段宝海　王瑞萍著，民族出版社.338
西藏贝叶经研究/西藏社会科学院贝叶经研究所编，西藏藏文古籍出版社.128
西藏丹萨替寺历史研究/黄春和著，文物出版社.464
西藏佛教寺院事务管理研究：以拉萨三大寺为例/次旦扎西　顿拉著，社会科学文献出版社.293
先秦两汉时期民族观念与国家认同研究/彭丰文著，中国社会科学出版社.384
消解与重构：现代性体验与苗族乡村妇女的家庭生活/李欣欣著，上海三联书店.197
新疆多民族女性对社会性体格焦虑的应对及认知干预研究/马嵘　黄春梅著，北京体育大学出版社.193
新疆社会问题治理与和谐环境建设研究/谢贵平著，社会科学文献出版社.408
彝族习惯法及调解机制研究/张邦铺著，法律出版社.275
云南边疆民族地区社会和谐稳定的经验与现实研究/卢双喜著，云南人民出版社.220
云南多元宗教和谐关系研究：基于社会学的跨学科视角/张桥贵　孙浩然等著，中国社会科学出版社.450
云南民族地区生态移民与山地城镇化发展研究/罗维有著，云南人民出版社.244
云南原始宗教史纲/高志英　苏翠薇著，云南大学出版社.308

藏传佛教大圆满传承史/旦增·龙多尼玛著，热哈·罗珠桑波译，西藏藏文古籍出版社.554

藏传佛教思想史纲/班班多杰著，人民出版社.450

藏族哲学史资料选编/刘俊哲编，民族出版社.5 册

藏族宗教民俗研究通论/魏强著，中央民族大学出版社.322

质子与民族融合问题研究/陈金生著，甘肃文化出版社.196

中国边疆学理论创新与发展报告/吴楚克 赵泽琳主编，经济管理出版社.243

中国的民族识别及其反思：主位视角与客位评述/祁进玉主编，社会科学文献出版社.347

中国东北原始信仰与萨满文化图志/宋抵主编，吉林文史出版社.209

中国共产党在边疆少数民族地区执政方略研究/钟世禄著，云南人民出版社.421

中国近代国家转型与民族关系之建构——民国民族关系史专题研究/彭武麟等著，中央民族大学出版社.362

中国民族区域自治制度下西藏社会的稳定发展/杨军财编，国际文化出版公司.440

中国少数民族事业发展报告（2015）/丁宏主编，知识产权出版社.238

中国少数民族孝文化研究/包朗著，社会科学文献出版社.423

中国特色民族政策与民族发展问题探究/雷振扬著，中国社会科学出版社.502

中国特色社会主义民族理论的体系建构及发展创新/李贽著，中国社会科学出版社.346

中国西南苗族传统宗教研究/周永健著，中央民族大学出版社.321

中国西南少数民族图腾研究/王进著，上海三联书店.400

中国新疆的社会结构：族群分层与流动机制/马忠才著，社会科学文献出版社.220

中国新疆的治理/周卫平著，湖南人民出版社.236

中国新疆历史文化古籍文献资料译编.38 满族（一）/安英新（等）编译，张新泰总纂，贺灵主编，新疆人民出版社.564

中国新疆历史文化古籍文献资料译编.39 满族（二）/安英新（等）编译，张新泰总纂，贺灵主编，新疆人民出版社.1126

中国藏区生态移民问题研究/桑才让著，中国社会科学出版社.226

中西交通史/方豪著，郑阿财编，浙江大学出版社.413

壮族民间信仰的传说学管窥/陈金文著，中国社会科学出版社.224

宗教信仰与民族文化（第八辑）/何星亮主编，中国社会科学出版社.289

宗教信仰与民族文化（第九辑）/何星亮主编，中国社会科学出版社.287

三 民族经济

半农半牧区经济发展模式研究：以内蒙古为例/包凤兰著，中国社会科学出版社.161

禀赋优势、治理能力与民族贫困片区发展：以武陵山片区为例/鲁明勇 李付坤著，中南大学出版社.257

创业视角下民族地区农村经济共享式发展研究——以广西为例/俸晓锦著，合肥工业大学出版社.156

当代我国西北地区农村回族社区宗教发展与民生改善调查研究/王锋著，宁夏人民出版社.182

鄂伦春自治旗的变迁与发展/孟和 何文柱 关红英著，内蒙古文化出版社.401

2016 内蒙古经济形势与展望/杨臣华主编，内蒙古自治区发展研究中心 内蒙古自治区经济信息中心著，人民出版社.366

FDI与沿边民族省区特色外向型产业集群发展研究/刘秀玲等著，民族出版社.401
甘宁青地区的回族经济开发活动与近代化研究/林雅琴著，阳光出版社.198
高原城市的陌生人：三江源生态移民的文化调适和社会资本重建/韦仁忠著，中国社会科学出版社.226
耕地地力评价报告——以甘孜藏族自治州为例/李良　张锡洲主编，西南财经大学出版社.157
贵州侗族村寨调查简报/孙华　王红光主编，巴蜀书社.180
贵州省少数民族人口与经济社会发展问题研究/杨军昌　杨应旭　常岚著，知识产权出版社.261
贵州水族文化旅游发展研究/韦欣仪著，四川民族出版社.278
国家项目的生态理念与地方生态观的碰撞与融合：以鄂温克苏木为例/乌日丽格著，内蒙古大学出版社.130
互补多元共生和谐：青海世居民族经济交往和民族关系相互影响研究/马存孝著，四川大学出版社.333
湖南侗族村寨调查简报（1—2）/孙华　王红光主编，巴蜀书社.540
回族老字号品牌进化研究/杨保军著，经济管理出版社.204
见证西藏跨越发展/冯国荣　马志勇主编，西藏人民出版社.347
近畿五百里——清代畿辅地区的旗地与庄头/定宜庄　邱源媛著，中国社会科学出版社.185
决战贫困：道真仡佬族苗族自治县减贫摘帽纪实/赵剑平主编，光明日报出版社.402
库区移民经济权益问题研究/何思妤著，西南交通大学出版社.182
辽代商业研究/程嘉静著，内蒙古大学出版社.181
临夏回族自治洲特色经济研究——寒旱地区经济发展探索/李占魁著，民族出版社.203
龙陵县傈僳族全面发展成果综述/胡万才编著，德宏民族出版社.245
旅蒙山西商人与内蒙古城市经济近代化（1860—1937）——以归绥、包头为中心的考察/郭娟娟著，经济管理出版社.195
蒙古族经济史/杨思远主编，中国社会科学出版社.890
苗族地区城镇化建设研讨会文集/杨茂锐主编，光明日报出版社.469
民族地区旅游产业与文化产业融合动力机制与模式研究——以青海互助与同仁为例/张俊英著，中国旅游出版社.231
民族地区旅游业发展的民生效应研究：基于甘南的旅游人类学调查/窦开龙著，中国社会科学出版社.307
民族地区生态文明建设与特色产业发展理论与实务/郭景福　张扬编著，民族出版社.333
民族地区特色产业孵化研究/左莉　张晓庆　刘爽编著，民族出版社.319
民族经济研究概论/朱宏伟编著，中山大学出版社.267
民族文化旅游创意产业发展机制研究：以湘西地区为例/张琰飞　朱海英著，中南大学出版社.224
民族文化旅游开发及其案例研究/匡冀云等著，四川大学出版社.187
南海丝绸之路与东南亚民族经济文化交流研究/赵明龙等著，广西人民出版社.530
内蒙古自治区经济社会发展报告.2015/张志华主编，内蒙古自治区社会科学院编，远方出版社.383
宁夏回族聚居限制开发生态区区域发展机理与模式研究/米文宝　杨美玲　米楠等著，宁

夏人民出版社 . 278

宁夏西海固回族聚落营建及发展策略研究/燕宁娜著，中国建筑工业出版社 . 183

宁夏中南部回族聚居区生态保护与重建研究/高桂英等著，经济科学出版社 . 254

农村土地流转与农民养老——基于西部少数民族地区现状的研究/崔瑛　张焱　张怡帆著，立信会计出版社 . 227

黔西南布依族苗族自治州“十二五”经济发展专题研究/戴卫平著，西南交通大学出版社 . 216

社会稳定视角下的新疆南疆地区经济发展研究/喻晓玲　朱叶著，中国农业科学技术出版社 . 304

社会资本视角下的云南跨界民族外出务工者研究/孔建勋　邓云斐著，中国社会科学出版社 . 256

少数民族特色村寨建设评价体系研究/李忠斌等著，湖北科学技术出版社 . 259

少数民族特色村寨建设与区域经济融合发展/李忠斌等著，湖北科学技术出版社 . 272

四川民族山地经济发展问题探索/董洪清　尹梦霞　张千友主编，西南财经大学出版社 . 257

四川省藏族聚居区生态农业产业发展战略研究/林正雨等著，中国农业科学技术出版社 . 352

土地契约文书校释（卷一至卷二）/安尊华　潘志成校释，贵州民族出版社 . 836

我国民族地区环境保护立法与民族传统的融合/孟琦著，人民日报出版社 . 213

武陵山片区生态环境与社会经济协调发展研究——以湖北省恩施土家族苗族自治州为例/卢炎秋　鲁胜平著，中国地质大学出版社 . 115

西北少数民族地区承接产业选择及对策研究/曹颖轶著，中国社会科学出版社 . 234

西部民族地区资源开发受益机制研究：以新疆维吾尔自治区为例/王承武等著，中国大地出版社 . 229

西南少数民族财富观念研究/张兴无著，新华出版社 . 341

西藏城镇化与人口就业/史云峰著，西藏人民出版社 . 188

西藏经济学概论/狄方耀　图登克珠　李宏主编，厦门大学出版社 . 347

西藏农村发展报告（2016）/白玛朗杰主编，西藏藏文古籍出版社 . 205

西藏农牧业发展方式研究/范小建等著，中国农业科学技术出版社 . 133

西藏农牧区反贫困的思路调整与制度安排/刘天平著，中国农业出版社 . 207

西藏农牧区反贫困与乡村建设/李继刚著，厦门大学出版社 . 236

西藏自治区转变经济发展方式研究/王代远　肖小康著，西藏藏文古籍出版社 . 240

新疆塔城草原丝绸之路贸易史/康风琴　仇安鲁著，江苏人民出版社 . 320

新农村建设中农民主体作用研究：以西南少数民族地区为例/刘鸿渊　陈怡男著，中国社会科学出版社 . 202

云南白族村寨调查简报/孙华　王红光主编，巴蜀书社 . 342

云南少数民族地区环境友好型传统生产生活方式可持续发展/康云海　马建宇编著，中国书籍出版社 . 429

藏边变迁：西藏日喀则定结县德吉村调研报告/扎西多布杰著，社会科学文献出版社 . 233

中国民族经济发展报告（2015）“一带一路”战略下的民族地区经济国际化/李曦辉主编，社会科学文献出版社 . 260

中国农民专业合作经济组织的比较研究——以宁夏回族自治区银川市为实证/刘雪梅著，

国家行政学院出版社.252
中国人口较少民族经济社会发展追踪调研报告/杨筑慧主编，学苑出版社.390
中国少数民族地区包容性绿色发展研究/郑长德著，中国经济出版社.351
中国少数民族地区经济发展报告（2016）——“五个发展”理念与民族地区经济发展/郑长德主编，中国经济出版社.442
中国西部民族经济调查（2015）/郑长德　罗晓芹主编，经济科学出版社.172
中国西藏发展报告（2016）/房灵敏　白玛朗杰主编，西藏藏文古籍出版社.408
自然的脱嵌——建国以来一个草原牧区的环境与社会变迁/张雯著，知识产权出版社.251

四　民族学与人类学

安多藏族传统节日文化研究/张福慧著，中国社会科学出版社.165
北京民族宗教史话/北京市政协民族和宗教委员会　北京联合大学民族与宗教研究所编著，宗教文化出版社.373
本溪县满族史/张德玉编著，辽宁民族出版社.476
壁画中的西藏历史/次旺顿珠著，西藏人民出版社.136
滨田德海搜藏敦煌遗书/方广锠编著，国家图书馆出版社.247
布朗族史话/郗春媛主编，社会科学文献出版社.147
场域视野下民族传统文化传承的实践逻辑/姚磊著，人民出版社.341
朝鲜族史话/郑信哲　李文昕编著，社会科学文献出版社.148
朝鲜族研究（上下）/刘彦霞编，吉林人民出版社.618
朝鲜族研究.2015/郑喜淑　朴光星主编，民族出版社.407
城市化进程中的中原回族伊斯兰教研究/马晓军著，甘肃人民出版社.250
城镇化视域下黑龙江人口较少世居民族文化田野调查与研究——以鄂温克族、达斡尔族、锡伯族、柯尔克孜族为例/张广才著，黑龙江大学出版社.225
传统、仪式与精神守望——一个维吾尔村庄的人类学个案/张国云著，中央民族大学出版社.261
大化瑶族自治县志/黄志飞等主编　大化瑶族自治县地方志编纂委员会编，广西人民出版社.1110
大理五千年大事记（上下）/杨镜编著，云南民族出版社.1483
大绳的希冀：走进五十六个民族——苗族·侗族·回族/金顺根主编，浙江人民美术出版社.153
当代视野下的畲族文化/马照南　江小源主编，福建省炎黄文化研究会　宁德师范学院编，海峡出版社.462
地方之上：人类学西南研究的视野拓展与田野实践/张原著，民族出版社.213
德昂族艺术与文化/苏和平编著，中央民族大学出版社.243
滇西北民族聚落建筑的地区性与民族性/吴艳著，清华大学出版社.204
东北与北方青铜时代/刘国祥主编，中国社会科学院边疆考古研究中心编，文物出版社.504
东亚都城和帝陵考古与契丹辽文化国际学术研讨会论文集/董新林　陈永志主编，中国社会科学院考古研究所等编著，科学出版社.522
俄亚、白地东巴文化调查研究/喻遂生等著，中国社会科学出版社.977
鄂伦春族传统游戏的教育人类学研究——民族的文化传承危机与思考/白洁著，中央民族

大学出版社．309
法社会学视野下的满族法文化活态研究/赫然　刘宇著，知识产权出版社．192
梵净山区土家族历史文化研究/高应达等著，华中科技大学出版社．183
费孝通民族研究之路/张巍著，辽宁民族出版社．233
改土归流后湖广土家族社会重构研究：1735—1911/郗玉松著，中央民族大学出版社 324
高立士学术文选/高立士著，云南人民出版社．386
仡佬族“打篾鸡蛋”源承模式研究/罗正琴著，中国原子能出版社．186
仡佬族传统民居与居住文化/聂森著，科学出版社．214
个人、社会与转变：社会文化人类学视野/章立明著，知识产权出版社．297
格鲁派主属寺系统的历史文化研究：以明清时期青海境内的寺院为例/拉先加著，中国藏学出版社．262
贵州回族礼俗文化及其当代价值/马良灿　刘砺著，贵州大学出版社．224
公共治理视野下青藏地区社会文化调查研究/索端智主编，宁夏人民出版社．301
宫廷与寺院：1780 年六世班禅朝觐事件的历史人类学考察/张亚辉著，中国藏学出版社．249
贵州侗族村寨调查简报/孙华　王红光编，巴蜀书社．180
贵州苗族地区教育发展与民族传统文化变迁/罗连祥著，中国书籍出版社．294
国家、族群与基督宗教：西部苗族调查报告/黄宣卫　刘芳主编，刘芳等著，台北：唐山出版社．268
关中回族民俗/李健彪著，西安交通大学出版社．208
汉文藏族文献设计史料汇注/朱和平　邓昶主编，中州古籍出版社．621
汉藏之间的康定土司：清末民初末代明正土司人生史/郑少雄著，生活·读书·新知三联书店．288
海南岛黎族的社会组织和经济组织/［日］冈田谦　［日］尾高邦雄著，金山等译，海南出版社．284
何耀华学术文选：中国西南历史民族学论集/何耀华著，云南出版社．395
河南滑县与广西白马移民/马修乾主编，大象出版社．268
互补多元共生和谐：青海世居民族经济交往和民族关系相互影响研究/马存孝著，四川大学出版社．223
湖南侗族村寨调查简报（1）/孙华　王红光主编，巴蜀书社．278
呼伦贝尔志略．周中丞抚江奏稿/姜维公　刘立强主编，黑龙江教育出版社．828
化边之困：20 世纪上半期川边康区的政治、社会与族群/王娟著，社会科学文献出版社．456
花蓝瑶社会组织/费孝通　王同惠著，民族出版社．147
婚姻、家庭、生育与妇女地位——对一个侗族村寨的人类学研究/刘彩清著，知识产权出版社．217
吉林少数民族风情/吉林省民族宗教研究中心编，辽宁民族出版社．177
解码西藏文明：雪域独有的文明星空/尕藏才旦编著，甘肃民族出版社．301
近代西南边疆民族地区内地化进程研究/陈征平著，人民出版社．439
开封市顺河回族区志：1990—2009/岳薇莎　胡雪光主编　开封市顺河回族区地方史志编纂委员会编，中州古籍出版社．678
跨界民族研究（第二辑）/朴今海　张学慧主编，辽宁民族出版社．287

跨文化交际中的民族文化重塑：民族文化导入与外语学习的辩证关系/刘坤　王雪燕　单玲玲著，吉林文史出版社 . 129
来自田野的叙述/杨昌儒主编，中央民族大学出版社 . 331
雷公山地区苗族习惯法研究/周相卿著，法律出版社 . 338
黎族文化主体性问题研究/詹贤武著，海南出版社 . 322
傈僳族伦理研究/鲁建彪著，人民出版社 . 255
理性与现代边缘的神祇：以萨满文化为主要特征的民间宗教研究/初景波著，宗教文化出版社 . 227
立足田野 躬行探索——冯敏民族学民俗学论集/冯敏著，民族出版社 . 460
历史文化学院民族学院史/黄泽文　黄贤全　苟翠屏主编，西南师范大学出版社 . 378
历史、物质性与遗产：十四个人类学讲座/［英］迈克尔·罗兰（Michael Rowlands）著，汤芸　张原编译，北京联合出版公司 . 225
两汉民族关系史/木芹著，云南大学出版社 . 306
林超民学术文选/林超民著，云南大学出版社 . 304
岭海耕录——陈光良学术研究论文集/韦勇　武耀廷主编，海南省民族研究基地编，云南民族出版社 . 283
流动的客家：客家的族群认同和民族认同/蔡驎著，上海人民出版社 . 311
流动社会的秩序：珠三角彝人的组织与群体行为研究/刘东旭著，中央民族大学出版社 . 359
罗婺彝族礼俗采撷/李自清主编，武定县彝族文化研究学会 武定县民族宗教事务局编，云南民族出版社 . 293
马绍忠学术文库/马绍忠著，云南大学出版社 . 528
仫佬族流动人口与流出地社会变迁研究——基于广西罗城凤梧村的调查/岳雪莲著，经济科学出版社 . 200
南海回村：三亚回族的时空观念与社会实践/张亮著，社会科学文献出版社 . 185
盘村瑶族——从游耕到定居的研究/胡起望　范宏贵著，民族出版社 . 217
清原满族/清原满族自治县民族宗教事务局　清原满族自治县满族联谊会编著，辽宁民族出版社 . 426
青海藏族传统价值观研究/孙舒景著，宗教文化出版社 . 239
人类学与山地文明/陈刚　徐杰舜主编，黑龙江人民出版社 . 468
日本学者西南少数民族研究述评/王晓梅著，贵州大学出版社 . 281
赛仓·罗桑华丹著作选译（第三卷）：藏族历史文化名人传/赛仓·罗桑华丹著，甘肃人民出版社 . 286
社会转型过程中的族群关系/马戎著，社会科学文献出版社 . 330
视觉人类学论坛（第二辑）/朱靖江主编，九州出版社 . 330
探寻纳人古迁徙路/和尚礼著，民族出版社 . 148
田野调查研究/李玉英编，青海人民出版社 . 339
田野调查技术手册/英国皇家人类学会编，何国强等译，复旦大学出版社有限公司 . 271
土风巴韵：土家族传播研究/庹继光　李缨　庹继华著，复旦大学出版社有限公司 . 296
王民同学术文选/王民同著，云南大学出版社 . 171
维西普米族/和丽华　熊智深编著，德宏民族出版社 . 221
文化生态视阈下的黔东南侗族/罗康智　谢景连著，民族出版社 . 248

我是满族人：满族历史文化系列讲座/关纪新著，辽宁民族出版社.171
西北回族话研究/李生信著，社会科学文献出版社.238
西南边疆民族研究（第19辑）/何明主编，云南大学出版社.198
谢远章学术文选/谢远章著，云南大学出版社.254
新疆和田河流域传统村镇聚落形态演化研究/姜丹著，中国建筑工业出版社.141
新疆民族学人类学田野研究（第2辑）/地木拉提·奥迈尔主编，民族出版社.370
新疆人类学民族学书斋与田野/刘明著，新疆人民出版社.314
行动者的空间：甲左村变迁的教育人类学研究/丁月牙著，广西师范大学出版社.415
宜良民族/郑祖荣主编，云南民族出版社.275
一个未知的文化——北方草原史前器物图片资料集/乌热尔图编著，内蒙古大学出版社.277
元宝山西麓的苗族三村——广西融水安太苗族生态博物馆社区调查研究/龚世扬　蒙秋月著，广西民族出版社.151
云南白族村寨调查简报/孙华　王红光主编，巴蜀书社.342
云南民族调查史料钩沉（1950—1965）/申旭　肖依群著，云南人民出版社.841
政策人类学：基于田野洞见的启示与反思/潘天舒　赵德余主编，上海人民出版社.338
政策人类学：新政治人类学与公共政策/陶庆主编，上海社会科学院出版社.325
政治人类学通论/何国强著，云南大学出版社.390
知识与权力：农民环境抗争的人类学研究/司开玲主编，知识产权出版社.211
中国民族学（2016年）（第二期）/赵利生主编，甘肃民族出版社，183
中国人类学民族学研究会优秀论文集.第一辑/黄忠彩主编，知识产权出版社.457
中国少数民族的差异性研究/丁赛等著，社会科学文献出版社.260
中国少数民族图志：西北卷裕固族（西北卷　英汉对照）/王海飞　贺卫光　郎文瑞编著，民族出版社.73
中华民族遗传结构与亲缘关系/李生斌主编，西安交通大学出版社.498
宗教与民族.第十辑/刘成有主编，宗教文化出版社.396
族群性的承变：苗疆边缘秀山苗族的生活/向轼著，人民出版社.265

五　民族历史

阿拉善和硕特蒙古史略/孛儿只济特·道尔格著，内蒙古大学出版社.288
阿拉善简史/孙建军　梅花　汤俊武编著，内蒙古大学出版社.135
阿勒坦汗与土默特/张继龙著，内蒙古人民出版社.382
安多藏族传统节日文化研究/张福慧著，中国社会科学出版社.165
白族文化研究（2015）/和生弟主编，大理白族自治州白族文化研究院编，云南民族出版社.482
北侗婚恋习俗/宋尧平编著，中国文联出版社.204
北魏洛阳城市风貌研究：以《洛阳伽蓝记》为中心/［韩］金大珍著，中国社会科学出版社.239
本溪县满族史/张德玉编著，辽宁民族出版社.476
苯教源流·弘扬明灯/巴·旦嘉桑波著，卡纳尔·格桑嘉措译，青海民族出版社.236
布朗族史话/郗春嫒主编，社会科学文献出版社.147
成吉思汗的后裔：清代的蒙古王公/李治国著，内蒙古人民出版社.201

成吉思汗与蒙古文化/那仁敖其尔　赛音德力根著，岱钦译，内蒙古人民出版社 . 223
成吉思汗子孙的游牧记忆/孛 · 额勒斯著，内蒙古文化出版社 . 493
城市化进程中的中原回族伊斯兰教研究/马晓军著，甘肃人民出版社 . 250
筹海初集 . 靖海纪事/于逢春　冯建勇主编，黑龙江教育出版社 . 410
从桂省到壮乡：现代国家构建中的壮族研究/卢露著，社会科学文献出版社 . 250
从江县民族志/敖家辉主编，从江县民族宗教事务局编，贵州人民出版社 . 560
从土俗学上看蒙古/［日］鸟居君子著，赛音朝格图　娜拉译，内蒙古人民出版社 . 398
大理节庆/赵润琴著，大理州白族文化研究院　大理州白族学会　大理州旅游发展委员会编，云南民族出版社 . 227
傣族土司制度与傣族土司/线世海著，云南民族出版社 . 184
当代视野下的畲族文化/马照南　江小源主编，福建省炎黄文化研究会　宁德师范学院编，海峡文艺出版社 . 462
丁零与匈奴关系研究/周国琴著，吉林大学出版社 . 160
东乡族自治县志：1986—2005/汪佐华主编，东乡族自治县地方史志编纂委员会编，甘肃文化出版社 . 808
东亚都城和帝陵考古与契丹辽文化国际学术研讨会论文集/中国社会科学院考古研究所　内蒙古自治区文物考古研究所　巴林左旗旗委人民政府编著，科学出版社 . 522
独龙族原始习俗与文化/李金明著，德宏民族出版社 . 235
独树一帜的元朝秘史/史海渔夫著，中国铁道出版社 . 232
都匀苗族/贵州省都匀市苗学会编，吉林文史出版社 . 267
敦煌本乌鸣占文献研究/房继荣著，甘肃人民出版社 . 209
敦煌佛教图像研究/王惠民著，浙江大学出版社 . 426
敦煌汉代边塞文化研究/魏锦萍　方健荣主编，李岩云著，甘肃文化出版社 . 380
敦煌汉文文献题记整理与研究/朱瑶著，中国社会科学出版社 . 283
敦煌经学文献论稿/许建平著，浙江大学出版社 . 378
敦煌石窟供养人研究述评/夏生平　卢秀文著，浙江大学出版社 . 344
敦煌史话（修订本）/姜德治著，甘肃文化出版社 . 380
敦煌拾珠/姜德治著，甘肃文化出版社 . 175
敦煌吐鲁番文书研究/朱雷著，浙江大学出版社 . 391
敦煌吐鲁番研究：第十六卷（创刊二十周年纪念专号）/饶宗颐主编，中国敦煌吐鲁番学会等合办，上海古籍出版社 . 468
敦煌吐鲁番文书与中古史研究：朱雷先生八秩荣诞祝寿集/本书编委会主编，上海古籍出版社 . 480
敦煌文化研究（第一辑）/孙占鳌主编，甘肃人民出版社 . 432
敦煌文书与中古社会经济/刘进宝著，浙江大学出版社 . 394
敦煌西域出土的古藏文契约文书/［日］武内绍人著，杨铭　杨公卫译，新疆人民出版社 . 429
敦煌遗书/郝春文著，漓江出版社 . 128
敦煌语言文献研究/黄征著，浙江大学出版社 . 388
多桑蒙古史（影印版）（上下）/［瑞典］多桑（C. d'Ohsson）著，冯承钧译，上海社会科学院出版社 . 2 册
鄂伦春族口述家族史/吴亚芝著，民族出版社 . 784

鄂伦春自治旗的变迁与发展/孟和　何文柱　关红英著，内蒙古文化出版社. 401

鄂温克族濒危语言文化抢救性研究：通古斯鄂温克族社会历史/朝克主编，孛·蒙赫达赉　呼格吉乐玛著，社会科学文献出版社. 469

额济纳土尔扈特蒙古史略/孛儿只济特·道尔格著，额日德木图译，内蒙古大学出版社. 294

峨山彝族掌故/李增华著，峨山县彝学学会编，云南民族出版社. 166

2015 年琼台少数民族文化论坛论文集/韦勇　武耀廷主编，海南省民族研究基地　海南省五指山文化研究会　陵水黎族自治县民族宗教事务委员会编，云南民族出版社. 258

梵净山区土家族历史文化研究/高应达等著，华中科技大学出版社. 183

非传统安全视角下的跨境民族研究——以傈僳族为例/李智环著，民族出版社. 314

阜新契丹史略/赖宝成　张志勇著，辽宁大学出版社. 327

高句丽历史编年/姜维东编著，科学出版社. 531

高句丽与东北民族研究（2015）（七）/李乐营　梁启政　孙炜冉主编，吉林大学出版社. 194

公共治理视野下青藏地区社会文化调查研究/索端智主编，宁夏人民出版社. 301

古代东北民族朝贡制度史/程妮娜著，中华书局. 725

古代蒙古城市/［苏］C. B. 吉谢列夫等著，孙危译，商务印书馆. 474

古西域行记十一种（第 2 版）/杨建新　张毅　周连宽等编注，新疆美术摄影出版社. 507

关中回族民俗/李健彪著，西安交通大学出版社. 208

贵州回族礼俗文化及其当代价值/马良灿　刘砺著，贵州大学出版社. 224

贵州土家族风俗风情文化研究/向笔群著，团结出版社. 179

汉文藏族文献设计史料汇注/朱和平　邓昶主编，中州古籍出版社. 621

汉译蒙古黄金史纲：蒙古族史籍/朱风　贾敬颜译，中国国际广播出版社. 100

河北朝鲜族史/李印林著，民族出版社. 309

和而不同 积极有为——布依族传统文化保护发展研究/颜勇　龙海燕著，中国文史出版社. 337

和志武学术文选/和志武著，云南大学出版社　云南人民出版社. 452

黑龙江柯尔克孜族简史/吴占柱　波·少布著，黑龙江教育出版社. 109

《红楼梦》与满族文化/赵志忠著，民族出版社. 325

红河彝族传统节日文化研究/龙倮贵著，中国社会科学出版社. 327

红史：藏族史籍/蔡巴·贡噶多吉著，东嘎·洛桑赤列校注，陈庆英　周润年译，中国国际广播出版社. 331

呼和浩特回族史料. 第十集/代林主编，政协呼和浩特市回民区委员会《呼和浩特回族史料》编辑委员会编，内蒙古人民出版社. 306

回鹘：草原绿洲识芥/刘戈著，民族出版社. 493

回鹘文契约断代研究：昆山识玉/刘戈著，中华书局. 308

回族研究/马兵等编，吉林人民出版社. 256

吉林朝鲜族/朴今海编著，辽宁民族出版社. 265

吉林回族/刘智文　王德才编著，辽宁民族出版社. 191

吉林满族/许淑杰编著，辽宁民族出版社. 206

吉林蒙古族/赵准胜　包玉文编著，辽宁民族出版社. 222

吉林锡伯族/孙运来　吴克尧编著，辽宁民族出版社. 202

江华瑶族（修订本）/李祥红　任涛主编，民族出版社 . 465

金平苗族史略/金平苗族瑶族傣族自治县苗族学会编著，中国文史出版社 . 332

景东彝族自治县志（修订本）/邓贤刚主编，云南省景东彝族自治县志编纂委员会编纂，云南人民出版社 . 635

喀尔喀车臣汗部研究/姑茹玛著，辽宁民族出版社 . 338

喀喇沙尔地区蒙古风俗文化鉴赏/道·李加拉编著，内蒙古科学技术出版社 . 488

康巴研究（第五辑）/凌立　林俊华主编，光明日报出版社 . 274

柯鲁克蒙古历史与文化/《柯鲁克蒙古历史与文化》编译委员会编译，民族出版社 . 460

可可淖尔蒙古：走向边缘的历史 . 第 2 版（修订版）/南文渊著，辽宁民族出版社 . 590

来自田野的叙述/杨昌儒主编，中央民族大学出版社 . 331

澜沧拉祜族/澜沧拉祜族自治县民族宗教事务局　澜沧拉祜族自治县民族研究所编，云南民族出版社 . 677

李昆声文集（第一卷）/李昆声著，云南人民出版社 . 494

李昆声文集（第二卷）/李昆声著，云南人民出版社 . 562

李昆声文集（第三卷）/李昆声著，云南人民出版社 . 631

李昆声文集（第四卷）/李昆声著，云南人民出版社 . 660

历史的记忆——瑶族传统文化研究/玉时阶著，民族出版社 . 640

黎族·赛方言/黄权主编，南海出版公司 . 570

黎族文化主体性问题研究/詹贤武著，海南出版社 . 322

黎族文身——海南岛黎族的敦煌壁画/王献军著，民族出版社 . 308

黎族现代历史资料选编 . 第一辑/王献军等选编，海南出版社 . 407

两汉民族关系史/木芹著，云南大学出版社　云南人民出版社 . 306

凉山彝族聚落景观中的文化/黄琦著，中国书籍出版社 . 224

辽代墓葬的考古学研究/刘未著，科学出版社 . 146

罗城仫佬族自治县碑刻族谱辑录/罗之勇等主编，广西人民出版社 . 384

罗婺彝族礼俗采撷/李自清主编，武定县彝族文化研究学会　武定县民族宗教事务局编，云南民族出版社 . 293

满族崛起与明清兴亡论稿：孙文良明清史文集/孙文良著，辽宁民族出版社 . 730

满族历史资料集成：民间祭祀卷/何晓芳　张德玉编，辽宁民族出版社 . 594

满族姓氏与家谱研究论丛/何晓芳　张德玉主编，白山出版社 . 722

满洲源流考：满族历史/（清）阿桂等撰，孙文良　陆玉华点校，中国国际广播出版社 . 435

媒介丁村：民族文化的数字景观/阮艳萍　王雯著，科学出版社 . 193

猛硐苗族传统婚俗“魂”“根”与变迁/雷丽著，中国文史出版社 . 295

蒙古帝国中亚征服史/［印］G. D. 古拉提（G. D. Gulati）著，刘瑾玉译，中国社会科学出版社 . 254

《蒙古秘史》的德性与教化思想研究/萨·巴特尔著，华夏出版社 . 199

蒙古女皇满都海/吴德喜著，内蒙古文化出版社 . 493

蒙古史略影印本/［法］格鲁赛（R. Grousset）著，冯承钧译，上海社会科学院出版社 . 101

蒙古文化概论/格·孟和著，辽宁民族出版社 . 562

蒙古源流：蒙古族史籍/（清）萨囊彻辰著，道润梯步译校，中国国际广播出版社 . 454

蒙古族起源发展史记/王生贵主编，天津人民出版社 . 150
蒙古族研究（上下）/胡布和编，吉林人民出版社 . 423
蒙古风俗（上下）/郭雨桥著，远方出版社 . 382
蒙古高原考古研究/［苏联］普·巴·科诺瓦洛夫等著，陈弘法译，内蒙古人民出版社 . 377
民国报刊山东回族资料选辑（1912—1949）/马保全选编，宁夏人民出版社 . 288
民和回族史话/马晓晨主编，青海人民出版社 . 279
民和土族史话/马光星著，青海人民出版社 . 144
民族民间文化论坛（第五辑）/田兆元等主编，上海社会科学院出版社 . 267
明代东北驿路与明代女真商人研究/栾凡著，吉林人民出版社 . 208
明清笔记中的西域资料汇编/姚晓菲编著，学苑出版社 . 304
明清时期回儒研究/冯杰文著，阳光出版社 . 250
明至民国时期纳西族文化地理研究/杨林军著，中国社会科学出版社 . 376
靺鞨女真史研究/王希等编，吉林人民出版社 . 288
内蒙古文史资料（第七十七辑）/黎丽主编，内蒙古政协文史资料委员会编，内蒙古政协文史资料委员会 . 388
奈曼文化史/孛儿只斤·额尔德木图编著，内蒙古文化出版社 . 642
南方丝绸之路沿线古国文明与文明传播/屈小玲著，人民出版社 . 342
南宋全史：政治、军事和民族关系（全二册）/何忠礼著，上海古籍出版社 . 2 册
难忘的草原明珠：阿克塞哈萨克族自治县调研报告/贾东海　虎有泽主编，甘肃民族出版社 . 192
宁夏三马/全国政协文史和学习委员会编，中国文史出版社 . 357
农耕祭祀 感恩自然——探秘中国佤族新米节/赵志强主编，沧源佤族自治县文体广电旅游局编，云南民族出版社 . 86
努尔哈赤/阎崇年著，故宫出版社 . 504
努尔哈赤传：大清帝国的开创者/林树森著，新世界出版社 . 316
努尔哈赤陵及清祖陵历史之谜/徐鑫著，辽宁人民出版社 . 218
怒族秘境/蔡雯主编，王天玉　陶天麟撰稿，云南人民出版社 . 125
欧亚草原东部的金属之路：丝绸之路与匈奴联盟的孕育过程/杨建华　邵会秋　潘玲著，上海古籍出版社 . 556
盘村瑶族：从游耕到定居的研究/胡起望　范宏贵著，民族出版社 . 217
契丹简史/苏伶著，民主与建设出版社 . 254
契丹辽文化论集/孙国军　雷德荣主编，内蒙古大学出版社 . 270
契丹寻踪：我的拓碑之路/刘凤翥著，商务印书馆 . 376
钱币上的契丹字/陈传江著，中国市场出版社 . 325
黔东南黎从榕地区侗族文化研究/周相卿主编，中央民族大学出版社 . 282
黔东南苗族历史文化研究/罗义群等著，民族出版社 . 221
黔湘桂侗族非物质文化遗产跨区域保护和传承研究/曾梦宇　胡艳丽著，民族出版社 . 301
羌族文化认同与心理韧性的实证研究/韩黎著，中国社会科学出版社 . 315
青海民间信仰：以多民族文化为视角/鄂崇荣著，中国社会科学出版社 . 270
青海民族地区社会文化调研报告/马成俊　先巴　乔文良主编，民族出版社 . 622
青藏历史移民与民族文化的变迁/王志强　俞丽娟著，上海大学出版社 . 336

清朝通史（1—4）/蔡美彪等著，人民出版社 . 1197
清代西藏方志研究/赵心愚著，商务印书馆 . 403
清原满族/清原满族自治县民族宗教事务局　清原满族自治县满族联谊会编著，辽宁民族出版社 . 426
清代侗族地区开发研究/吴大旬著，中央民族大学出版社 . 285
清代甘青蒙藏地区施政研究/张兴年著，甘肃民族出版社 . 369
清代满族家谱选辑/何晓芳主编，辽宁民族出版社 . 2 册
清太祖努尔哈赤传/宋璐璐编著，团结出版社 . 376
人观 身份与意义：清江流域土家族“打喜”仪式研究/王丹著，中国社会科学出版社 . 267
萨迦世系史：藏族史籍/阿旺贡噶索南著，陈庆英　高禾夫　周润年译注，中国国际广播出版社 . 498
神秘的河谷：独龙族民族志文献图片集/蔡家麒　王庆玲著，民族出版社 . 224
圣祖成吉思汗/那仁敖其尔　哈达奇 · 刚　额尔敦扎布著，哈达奇 · 刚译，内蒙古人民出版社 . 291
石屏彝族山苏文化习俗调查/李朝旺著，红河州彝学学会　石屏县彝学学会编，云南民族出版社 . 268
石柱土家族自治县民俗图志/蔡玉葵主编，石柱土家族自治县民俗图志编纂委员会编，方志出版社 . 409
10 世纪契丹王朝构建进程的中原因素/郑毅著，东北大学出版社 . 157
世界史的诞生：蒙古帝国的文明意义/［日］冈田英弘著，陈心慧译，北京出版社 . 219
手机与西江苗民的生活：城乡转型发展中的文化传承/费中正著，人民出版社 . 219
水族风俗志/罗春寒著，上海出版社 . 147
朔方论丛（第五辑）/刘蒙林　云广主编，内蒙古社会科学院历史研究所　呼和浩特市塞北文化研究会编，内蒙古大学出版社 . 305
丝绸之路西域文献史料辑要 . 新疆礼俗志等二本影印本/《丝绸之路西域文献史料》编委会编，新疆美术摄影出版社 . 290
丝绸之路西域文献史料辑要 . 新疆志略影印本/《丝绸之路西域文献史料》编委会编，新疆美术摄影出版社 . 320
四川彝学研究/四川省彝学学会　凉山州彝学学会　西南民族大学中国彝学研究中心主编，四川民族出版社 . 441
戍边 · 兴边——新疆塔城锡伯族的历史与现状/高文才等编著，沈阳出版社 . 245
探寻纳人古迁徙路/和尚礼著，民族出版社 . 148
唐宋民族史/林超民著，云南大学出版社 . 463
土家源/彭英子编著，光明日报出版社 . 368
吐蕃敦煌抄经研究/张延清著，民族出版社 . 364
吐谷浑史地探秘/任玉贵　解生才编著，青海民族出版社 . 532
王文光民族史论文自选集/王文光著，云南大学出版社 . 338
文化生态视阈下的黔东南侗族/罗康智　谢景连著，民族出版社 . 248
文化适应与社会变迁：墨江哈尼族西摩洛支系文化实证/敏塔敏吉著，云南美术出版社 . 118
图什业图简史/孛尔只斤 · 额尔德木图主编，内蒙古文化出版社 . 263
维西普米族/和丽华　熊智深编著，德宏民族出版社 . 221

维吾尔古代文献中的文化观/王菲著，国家图书馆出版社.162

我国少数民族文化探索及其民族活动/宗云燕　杨秀玲　陈春芬主编，光明日报出版社.359

我是满族人：满族历史文化系列讲座/关纪新著，辽宁民族出版社.171

乌拉特史稿/高·布和朝鲁编著，内蒙古文化出版社.447

西北历史文化研究论丛/夏春峰主编，甘肃民族出版社.354

西南民族与南方丝绸之路/袁晓文主编，民族出版社.371

西南少数民族历史档案保护/刘强著，中国社会科学出版社.228

西海固通史/徐兴亚著，宁夏人民教育出版社.659

西夏法制的多元文化属性：地理和民族特性影响初探/于熠著，中国政法大学出版社.364

西域历史与文献论丛（第二辑）/施新荣　徐军华主编，学苑出版社.290

西域文物图考/本书编委会编，新疆文化出版社.5册

西藏古文明中的中原文化因素/石硕　邹立波　黄博等著，社会科学文献出版社.313

西藏王臣记：藏族史籍/五世达赖喇嘛著，郭和卿译，中国国际广播出版社.228

西藏王统记：藏族史籍/索南坚赞著，刘立千译注，中国国际广播出版社.283

西藏文明东向发展史/石硕著，四川人民出版社.425

西藏文物考古研究（第2辑）/西藏自治区文物保护研究所编著，科学出版社.260

锡伯族研究/张静　田磊编，吉林人民出版社.156

锡林郭勒珍宝：民族文物卷/付海宙主编，内蒙古人民出版社.197

祥云大波那铜棺研究/祥云县白族学会编，云南民族出版社.305

消逝古国全档案（第2版）（修订）/胡杨著，中国工人出版社.263

小凉山彝族祭祖仪式/卢志发　胡正勇著，云南民族出版社.617

新疆史纲/苗普生　田卫疆主编，新疆人民出版社.411

匈奴简史/水木森著，民主与建设出版社.245

宣威苗族历史与文化/张荣主编，宣威市民族宗教侨务事务局编，云南民族出版社.256

瑶学研究（第10辑）/莫金山主编，广西人民出版社.390

瑶族史/吴永章著，民族出版社.532

英藏敦煌社会历史文献释录（第十四卷）/郝春文主编，郝春文等编著，社会科学文献出版社.529

英国人在中国新疆的探察活动研究：19世纪中叶至20世纪中叶/艾买提江·阿布力米提著，人民出版社.191

元代人名大辞典/余大钧编著，内蒙古人民出版社.925

云南少数民族民俗文化概览/李强总主编，王睿主编，云南民族出版社.336

云南藏族百年实录/李若冰　杨琼执行主编，云南省政协文史委员会编，云南人民出版社.364

云南小凉山诺苏文化/秋么尔布著，云南民族出版社.311

云南彝语地名空间分布与演化/席武俊著，云南人民出版社.142

彝族元文化典论/王秀旺著，贵州省少数民族语言文字办公室编，民族出版社.377

营口朝鲜族简史/金永日主编，辽宁民族出版社.531

永宁摩梭人婚姻家庭变迁研究/陈柳著，民族出版社.207

元朝秘史：蒙古族史籍/佚名著，中国国际广播出版社.98

藏族传统文化百科/李旭练等主编，西藏人民出版社.268

藏族古日历和祭祀图谱研究/徐丽华著，民族出版社.550

藏族文化通论/罗桑开珠著，中国藏学出版社.608

藏族宗教民俗研究通论/魏强著，中央民族大学出版社.322

早期西域底层地名探源："丝绸之路"民族"化石"释读/牛汝辰著，中国社会出版社.269

张家川回族研究（2）/虎有泽主编，民族出版社.259

张家界土家族文化/楚任杰　杨智主编，湖南科学技术出版社.224

紫云苗族布依族自治县志（1986～2010）/熊宗国主编，紫云苗族布依族自治县志编纂委员会编，方志出版社.1138

中国白族/赵济舟主编，大理白族自治州白族学会编，云南民族出版社.258

中国北方草原游牧民族：民间艺术史/宋小飞著，内蒙古人民出版社.238

中国边疆民族研究（第十辑）/达力扎布主编，民族大学出版社.311

中国朝鲜族百年实录（第一卷）移民与农耕文化篇/于晓峰等主编，政协延边朝鲜族自治州委员会编，中国文史出版社.488

中国朝鲜族百年实录（第二卷）反日抗日篇/于晓峰等主编，政协延边朝鲜族自治州委员会编，中国文史出版社，502

中国朝鲜族百年实录（第三卷）解放战争与抗美援朝篇/于晓峰等主编，政协延边朝鲜族自治州委员会编，中国文史出版社，584

中国朝鲜族百年实录（第四卷）民族区域自治篇/于晓峰等主编，政协延边朝鲜族自治州委员会编，中国文史出版社.600

中国朝鲜族百年实录（第五卷）民族风采篇/于晓峰等主编，政协延边朝鲜族自治州委员会编，中国文史出版社，527

中国朝鲜族百年实录（第六卷）改革创业篇/于晓峰等主编，政协延边朝鲜族自治州委员会编，中国文史出版社，552

中国朝鲜族百年实录（第七卷）教育发展篇/于晓峰等主编，政协延边朝鲜族自治州委员会编，中国文史出版社.503

中国朝鲜族百年实录（第八卷）文化艺术篇（上）/于晓峰等主编，政协延边朝鲜族自治州委员会编，中国文史出版社，560

中国朝鲜族百年实录（第九卷）文化艺术篇（下）/于晓峰等主编，政协延边朝鲜族自治州委员会编，中国文史出版社，598

中国朝鲜族百年实录（第十卷）人物英华篇/于晓峰等主编政协延边朝鲜族自治州委员会编，中国文史出版社，487

中国28个人口较少民族文物补充研究/们发延主编　民族文化宫博物馆编，辽宁民族出版社.309

中国监察通鉴（元朝卷）/贺清龙著，人民出版社.313

中国纳西族/木仕华编著，宁夏人民出版社.400

中国山地民族研究集刊（2015年卷第2期）/纳日碧力戈　龙宇晓主编，社会科学文献出版社.320

中国山地民族研究集刊（2016年卷第1期）/纳日碧力戈　龙宇晓主编，社会科学文献出版社.264

中国少数民族图志：保安族（西北卷）/周传斌　马文奎编著，周传斌英文翻译，民族出版社.73

中国少数民族图志：土族（西北卷）/赵利生　鲁顺元编著，苗正民英文翻译，民族出版

社.73

中国少数民族图志：维吾尔族（西北卷）/李洁编著，苗正民英文翻译，民族出版社.73

中国少数民族图志：锡伯族（西北卷）/李静　锋晖编著，苗正民英文翻译，民族出版社.73

中国少数民族图志：裕固族（西北卷）/王海飞　贺卫光　郎文瑞编著，徐艳　苗正民英文翻译，民族出版社.73

中国少数民族孝文化研究/包朗著，社会科学文献出版社.423

中国文明源头新探——道家与彝族虎宇宙观/刘尧汉著，云南人民出版社　云南大学出版社.251

中国新疆历史文化古籍文献资料译编（1—2卷）乌鲁木齐（2）/贺灵主编，新疆民族出版社.1103

中国新疆历史文化古籍文献资料译编（3—6卷）伊犁（4）/贺灵主编，新疆人民出版社　克孜勒苏柯尔克孜文出版社.2899

中国新疆历史文化古籍文献资料译编（7—8卷）喀什（2）/贺灵主编，新疆人民出版社　克孜勒苏柯尔克孜文出版社.1207

中国新疆历史文化古籍文献资料译编（9—10卷）哈密（2）/贺灵主编，新疆人民出版社　克孜勒苏柯尔克孜文出版社.998

中国新疆历史文化古籍文献资料译编（11卷）吐鲁番/贺灵主编，新疆人民出版社　克孜勒苏柯尔克孜文出版社.649

中国新疆历史文化古籍文献资料译编（12—13卷）塔城、阿勒泰（2）/贺灵主编，新疆人民出版社　克孜勒苏柯尔克孜文出版社.1320

中国新疆历史文化古籍文献资料译编（14卷）阿克苏/贺灵主编，新疆人民出版社　克孜勒苏柯尔克孜文出版社.621

中国新疆历史文化古籍文献资料译编（15卷）乌里雅苏台、科布多/贺灵主编，新疆人民出版社　克孜勒苏柯尔克孜文出版社.805

中国新疆历史文化古籍文献资料译编（16卷）巴里坤/贺灵主编，新疆人民出版社　克孜勒苏柯尔克孜文出版社.598

中国新疆历史文化古籍文献资料译编（17卷）和阗、同治动乱/贺灵主编，新疆人民出版社　克孜勒苏柯尔克孜文出版社.598

中国新疆历史文化古籍文献资料译编（18卷）乌什/贺灵主编，新疆人民出版社　克孜勒苏柯尔克孜文出版社.639

中国新疆历史文化古籍文献资料译编（19卷）叶尔羌/贺灵主编，新疆人民出版社　克孜勒苏柯尔克孜文出版社.778

中国新疆历史文化古籍文献资料译编（20卷）库车/贺灵主编，新疆人民出版社　克孜勒苏柯尔克孜文出版社.419

中国新疆历史文化古籍文献资料译编（21卷）焉耆、库尔勒、奇台/贺灵主编，新疆人民出版社　克孜勒苏柯尔克孜文出版社.720

中国新疆历史文化古籍文献资料译编（22卷）呼图壁以西/贺灵主编，新疆人民出版社　克孜勒苏柯尔克孜文出版社.519

中国新疆历史文化古籍文献资料译编（23卷）刘毅斋奏议/贺灵主编，新疆人民出版社　克孜勒苏柯尔克孜文出版社.850

中国新疆历史文化古籍文献资料译编（24卷）俄罗斯/贺灵主编，新疆人民出版社　克孜

勒苏柯尔克孜文出版社 . 848

中国新疆历史文化古籍文献资料译编（25—27 卷）维吾尔族（3）/贺灵主编，新疆民族出版社 . 2147

中国新疆历史文化古籍文献资料译编（28—29 卷）汉族（2）/贺灵主编，新疆人民出版社 . 1325

中国新疆历史文化古籍文献资料译编（30—31 卷）哈萨克族（2）/贺灵主编，新疆人民出版社　克孜勒苏柯尔克孜文出版社 . 1326

中国新疆历史文化古籍文献资料译编（32—35 卷）蒙古族（4）/贺灵主编，新疆民族出版社 . 3573

中国新疆历史文化古籍文献资料译编（36 卷）柯尔克孜族/贺灵主编，新疆人民出版社　克孜勒苏柯尔克孜文出版社 . 900

中国新疆历史文化古籍文献资料译编（37 卷）锡伯族/贺灵主编，新疆人民出版社　克孜勒苏柯尔克孜文出版社 . 785

中国新疆历史文化古籍文献资料译编（38—39 卷）满族（2）/贺灵主编，新疆人民出版社　克孜勒苏柯尔克孜文出版社 . 1126

中国新疆历史文化古籍文献资料译编（40 卷）鄂温克族索伦/贺灵主编，新疆人民出版社　克孜勒苏柯尔克孜文出版社 . 619

中国彝族文物集萃/中国民族博物馆　楚雄彝族自治州博物馆　凉山彝族奴隶社会博物馆，民族出版社 . 212

中国元江哈尼族多塔人文化实录/李凯冬　敏塔敏吉著，云南人民出版社 . 252

中国战争史（第六卷）元朝时期　明朝时期/武国卿著，人民出版社 . 875

壮族传统文化与现代传承/黄桂秋编著，光明日报出版社 . 288

准格尔旗风俗/王拴编著，内蒙古人民出版社 . 334

走向世界的纳西文化：20 世纪纳西文化研究述评/甘雪春著，民族出版社 . 214

六　民族语言文字

敖鲁古雅方言研究/哈斯巴特尔著，民族出版社 . 336

白语语法标注文本/王锋著，社会科学文献出版社 . 274

保安语汉语词典/马沛霆　［日］佐藤畅治编著，民族出版社 . 198

《布依语基础教程》课外读本/周国炎主编，中央民族大学出版社 . 220

达悟语语法概论/何德华　董玛女著，（台湾）原住民族委员会 . 295

傣语语法/巫凌云　杨光远著，云南民族出版社 . 412

东巴文古籍艺术/徐丽华编，民族出版社 . 252

敦煌西域出土的古藏文契约文书/［日］武内绍人著，杨铭　杨公卫译，新疆人民出版社 . 429

敦煌语言文献研究/黄征著，浙江大学出版社 . 388

多姿多彩的中国话：民族语言/班建武编著，广东教育出版社 . 27

鄂温克族濒危语言文化抢救性研究：敖鲁古雅鄂温克语会话/朝克　斯仁巴图著，社会科学文献出版社 . 151

鄂温克族濒危语言文化抢救性研究：敖鲁古雅鄂温克语研究/翁建敏　朝克著，社会科学文献出版社 . 184

鄂温克族濒危语言文化抢救性研究：鄂温克语教程/朝克主编，社会科学文献出版社 . 314

鄂温克族濒危语言文化抢救性研究：鄂温克族民歌歌词/朝克搜集整理，社会科学文献出版社.309

鄂温克族濒危语言文化抢救性研究：索伦鄂温克语基本词汇（十卷本）/朝克著，社会科学文献出版社.195

鄂温克族濒危语言文化抢救性研究：索伦鄂温克语会话/朝克　卡佳著，社会科学文献出版社.175

鄂温克族濒危语言文化抢救性研究：通古斯鄂温克语会话/朝克　卡佳著，社会科学文献出版社.168

鄂温克族濒危语言文化抢救性研究：通古斯鄂温克语研究/朝克　多丽梅著，社会科学文献出版社.253

鄂温克族濒危语言文化抢救性研究：鄂温克族谚语/朝克　卡丽娜著，社会科学文献出版社.191

规范彝文的形成与贡献/姚昌道编著，四川民族出版社.340

哈尼语语法标注文本/白碧波　许鲜明　邵丹著，社会科学文献出版社.343

哈萨克斯坦维吾尔族及其语言/力提甫·托乎提主编，中国社会科学出版社.429

哈萨克语文学研究——2013 哈萨克语文学国际学术研讨会论文集/张定京　包拉什·舍科耶夫主编，中央民族大学出版社.626

汉哈新词语词典/中国民族语文翻译局编著，民族出版社.691

汉哈谚语对比研究/成世勋著，知识产权出版社.278

汉黎字典（陵水）哈方言/杨文平主编，南海出版公司.322

汉黎字典（陵水）杞方言/杨文平主编，南海出版公司.278

汉黎字典（陵水）台方言/杨文平主编，南海出版公司.311

汉藏语复合元音的类型及渊源/田阡子著，科学出版社.180

汉藏语因果类复句研究/范丽君著，民族出版社.394

汉藏语系“的”字结构研究/闻静著，民族出版社.337

汉藏语言学论文集/马进武著，甘肃民族出版社.145

汉藏语言研究新论/瞿霭堂　劲松著，中国藏学出版社.620

湖南绥宁关峡苗族平话研究/胡萍著，湖南师范大学出版社.193

基于语料库的分句语气异类组配研究/万光荣著，中国社会科学出版社.272

嘉戎语卓克基话语法标注文本/林幼菁著，社会科学文献出版社.433

金代女真语/孙伯君著，中国社会科学出版社.262

黎族·赛方言/黄权主编，海南出版社.570

辽宁省少数民族民间文化遗产丛书·满文卷/何晓芳　张德玉编，辽宁民族出版社.843

罗城仫佬族语言使用现状及其演变/张景霓等著，科学出版社.318

蒙古语名词词汇语义网的构建/哈斯著，内蒙古人民出版社.160

蒙古语依存句法自动分析研究/斯·劳格劳著，内蒙古大学出版社.219

苗族语言与文化——李炳泽文集/石茂明主编，民族出版社.474

民族语言媒体研究：功能、效果与受众/赵丽芳著，中央民族大学出版社.289

纳西东巴文字概论/李静生著，云南大学出版社　云南人民出版社.291

纳西族—摩梭人语言文化心理研究/张积家等著，中国人民大学出版社.332

纳木兹语语法标注文本/尹蔚彬著，社会科学文献出版社.272

普米语词集/胡革红主编，云南人民出版社.494

黔西北民族杂居区语言生态与语言保护研究/张永斌著，吉林大学出版社.185
手写藏文字符识别研究/黄鹤鸣　马龙龙　赵维纳著，科学出版社.183
水书：九喷卷（水汉对照）/陆春　石龙妹译注，贵州大学出版社.195
水语语法标注文本/韦学纯著，社会科学文献出版社.276
通用彝文字典/马立三　陈英主编，滇川黔桂彝文协作组　贵州工程应用技术学院彝学研究院编，贵州民族出版社.390
维吾尔语语法标注文本/王海波　阿力木江·托乎提著，社会科学文献出版社.457
《畏兀儿馆译语》汉字音译方式研究/孟达来著，内蒙古人民出版社.235
乌兹别克语教程/古丽巴努木·克拜吐里　［乌兹］古丽巴霍尔·伊斯坎达洛娃编著，中央民族大学出版社.348
西北回族话研究/李生信著，社会科学文献出版社.238
西双版纳边境地区语言文字法规实施状况调查研究/周芸　龙柯廷　张超著，科学出版社.234
现代苗语概论：西部方言/罗兴贵　杨亚东编著，贵州民族出版社.206
新疆东乡语语音研究/金双龙著，内蒙古科学技术出版社.97
雍和宫满文档案译编（上下）/赵令志　鲍洪飞　刘军主编，赵令志等译，北京出版社.1667
语言保持及语言转用研究——基于鄂尔多斯市部分地区蒙古族语言状况进行的社会语言学调查/邬美丽著，中央民族大学出版社.337
语言类型学视野下的泰、缅、越、老、柬语四音格词对比研究/许瑞娟著，云南人民出版社.435
藏文自动分词的理论与方法研究/龙从军　刘汇丹著，知识产权出版社.248
藏语甘孜话语法标注文本/燕海雄　江荻主编，社会科学文献出版社.240
藏语拉萨话语法标注文本/江荻著，社会科学文献出版社.366
藻敏瑶语语音研究/龙国贻著，中西书局.328
中国京族喃字汉字对照手册/何思源著，民族出版社.497
中国少数民族文字互联网资源发展状况/王志娟　闫晓东　孙媛著，中央民族大学出版社.185
中国少数民族语言保护调查研究/罗骥　余金枝主编，科学出版社.352
壮族古籍与古文字/蒙元耀著，广西民族出版社.228
壮语语法标注文本/蓝利国著，社会科学文献出版社.363

七　民族教育

当代高等民族教育探索——李延福作品选/尚玛主编，民族出版社.166
档案学视野下的东巴古籍文献遗产保护研究/胡莹著，中国社会科学出版社.273
地方性知识与民族地区地方课程开发研究——以甘南藏族为例/安富海著，中国社会科学出版社.290
多元文化背景下的新疆双语教育理论研究/张梅著，北京语言大学出版社.352
恩施州民族文化保护与发展研究/田发刚　王大超　陈力主编，武汉出版社.198
甘孜藏区多语生活与多语教育/沈群英著，中国商业出版社.238
广西乡土教材的历史、现状及发展前景研究——兼论国家知识与乡土知识的冲突与整合/冯汝林著，民族出版社.219

贵州苗族地区教育发展与民族传统文化变迁/罗连祥著，中国书籍出版社.294

教育信息化促进少数民族教育的变革与发展/杨改学著，科学出版社.220

民族道德与民族教育研究/郭娅著，民族出版社.401

民族教育 岁月峥嵘——哈经雄的研究与实践/常永才 苏德主编，中央民族大学出版社.581

民族院校学生心理素质发展研究/罗鸣春著，科学出版社.246

民族政策在新疆教育中的实践与发展/祖力亚提·司马义著，社会科学文献出版社.242

明清时期回族教育思想研究/顾玉军著，民族出版社.349

南诏大理国教育史/张颖夫 田冬梅著，中央民族大学出版社.213

内地办学的运行机制与社会效果——内地西藏班、新疆班专题研究/马戎主编，社会科学文献出版社.472

宁夏教育改革与发展史研究/纳建国主编，中共宁夏回族自治区委员会党史研究室 宁夏回族自治区教育厅 宁夏中共党史学会编，宁夏人民出版社.630

黔西南少数民族传统教育习俗研究/梁小丽著，现代教育出版社.146

清初二帝教育思想研究/戴猛强著，民族出版社.303

“石门坎现象”对我国西部民族地区农村基础教育的启示/何嵩昱著，中国社会科学出版社.431

世界民族教育史专题研究.第一辑/吴明海 梁燕玲主编，民族出版社.372

土风巴韵：土家族传播研究/庹继光 李缨册 庹继华著，复旦大学出版社.296

我国高校少数民族学生国家认同教育研究/邓洪波著，人民出版社.216

西南少数民族文化传承与教育研究/普丽春等著，民族出版社.669

教育信息化促进少数民族教育的变革与发展/杨改学著，科学出版社.220

西藏教育优先发展研究/李波等著，西藏人民出版社.304

西藏文化产业发展与创新研究/刘强 沈宏益编著，北京理工大学出版社.103

西藏职业教育发展战略研究/郝峰等著，西藏人民出版社.198

新疆双语教师汉语培训教程/胡春梅 朱俊阳主编，华文出版社.230

新时期少数民族基础教育政策理论与实践/王世忠著，中国社会科学出版社.393

“一带一路”战略下宁夏区域文化研究/邹荣主编，阳光出版社.307

云南边境地区民族教育的发展困境与出路——非传统安全的视角/李孝川著，人民出版社.316

盐源藏族谚语/西波·谷玛 陈淑娴译著，云南民族出版社.274

彝族元文化典论/王秀旺著，贵州省少数民族语言文字办公室编，民族出版社.377

藏区双语教育研究/东主才让著，社会科学文献出版社.349

中国侗族教育史/杨朝富 王先琼主编，《中国侗族教育史》编委会编，云南民族出版社.377

中国民族教育价值体系/李官著，云南美术出版社.190

中国少数民族双语教育价值研究/谷亚华著，中国言实出版社.228

“猪仔”华工访问录/刘玉遵等编，广东人民出版社.217

八 世界民族

澳大利亚移民手记/马仲澳 朱明 姚耀著，人民日报出版社.196

北美华工与近代广东侨乡社会/袁丁主编，广东人民出版社.309

潮汕华侨史/李宏新著，暨南大学出版社.327

琉球久米村人：闽人三十六姓的民族史/吕青华著，花木兰文化出版社.260

当代国外民族分离主义与反分裂研究/刘泓等著，中国社会科学出版社.528

地缘文化及其社会建构：东南亚宗教、民族的政治社会学视野/周娅著，中国社会科学出版社.272

东北亚民族文化评论．第4辑/祁进玉　孙春日主编，学苑出版社.281

菲律宾华侨史/黄滋生　何思兵著，广东高等教育出版社.688

故土与他乡：槟城潮人社会研究/陈景熙等著，生活·读书·新知三联书店.353

广东与离散华人：侨乡景观的嬗变/［马来西亚］游俊豪著，世界图书出版.181

海邦剩馥：侨批档案研究/陈荆淮主编，中国历史文献研究会潮汕历史文化研究中心编，暨南大学出版社.240

海外华侨华人与中国公共外交的拓展研究/赵健　王玲玲等著，中国华侨出版社.200

海外华人文献与中华文化传承：新马德教紫系研究/陈景熙著，社会科学文献出版社.394

荷兰文苏里南粤籍华侨史料编译/徐晓东编译，广东人民出版社.446

华侨华人文献学刊（第二、三辑）/张禹东　庄国土主编，社会科学文献出版社.646

华侨与中外关系史：中国中外关系史学会2015年学术论文集/丘进　万明主编，中国华侨出版社.378

华商淘金莫斯科：一个迁移群体的跨国生存行动/于涛著，社会科学文献出版社.273

看海的日本人：从流行文化看大和民族/佟一著，哈尔滨出版社.298

旅俄华侨史料汇编/宁艳红主编，黑龙江教育出版社.373

美国岁月：华裔移民口述实录/林世钰著，新华出版社.296

美国外来移民的劳动力市场与经济影响：1965—2005/欧阳贞诚著，生活·读书·新知三联书店.317

美国移民教育与社会阶层结构——基于冲突论视角/孙立新著，浙江大学出版社.243

缅甸华侨华人史/范宏伟著，中国华侨出版社.405

民国时期福建华侨史料汇编（共15册）/郑智明主编，福建省图书馆辑，国家图书馆出版社.8281

民国时期南安华侨档案史料/南安市档案馆编，团结出版社.159

南洋华侨通史影印本/温雄飞著，河南人民出版社.300

青田华侨档案汇编．民国第三辑/青田县档案局　浙江大学历史文献与民俗研究中心编，浙江古籍出版社.356

青田华侨档案汇编（民国第四辑）/青田县档案局　浙江大学历史文献与民俗研究中心编，浙江古籍出版社.299

融入与区隔：巴黎华人新移民研究/赵晔琴著，中国社会出版社.239

世界民族．第二卷种族与语言（修订本）/葛公尚　周庆生卷主编，中国社会科学出版社.262

世界民族法制史纲/李鸣著，民族出版社.544

他邦的文明：柬埔寨吴哥的知识、王权与宗教生活/罗杨著，北京联合出版公司.255

他者中的华人：中国近现代移民史/［美］孔飞力著，李明欢译，江苏人民出版社.450

腾冲华侨华人/张志芳主编，中国人民政治协商会议云南省腾冲市委员会《腾冲华侨华人》编纂委员会编，云南民族出版社.443

天下华人/王赓武著，广东人民出版社.275

为了忘却的爱国者：南洋华侨机工研究/夏玉清著，暨南大学出版社.171

乡情绵绵不尽——华侨华人研究文集/沈立新著，中国华侨出版社.582

西伯利亚埃文克人的原始宗教（古代氏族宗教和萨满教）——论原始宗教观念的起源/［苏联］A. Ф. 阿尼西莫夫著，于锦绣译，中国社会科学出版社.273

新加坡马来西亚华侨史/林远辉　张应龙著，广东高等教育出版社.631

亚裔美国人历史与文化百科（上下）/［美］令狐萍主编，余蕊利等译，世界图书出版广东有限公司.884

移民论（影印版）/［英］格勒哥雷（J. W. Gregory）著，缪瑞生　胡珍元译，上海社会科学院出版社.234

印尼华侨史/李学民　黄昆章著，广东高等教育出版社.440

印尼棉兰华侨华人史/杨宏云著，厦门大学出版社.282

越南封建时期华侨华人研究/向大有著，中国社会科学出版社.445

越南华侨史/徐善福　林明华著，广东高等教育出版社.383

浙江华侨史/周望森著，中国华侨出版社.386

中欧关系视角下的新侨研究/谢婷婷著，社会科学文献出版社.182

中文古籍中广东华侨史料汇编/何新华编，广东人民出版社.182

九　少数民族文学艺术

大理白族服饰/大理市非物质文化遗产保护管理所编著，云南美术出版社.86

大理白族民居/王翠兰撰文，陈谋德　王翠兰　于冰摄影，中国建筑工业出版社.95

敦煌石窟中的少数民族服饰研究/谢静著，甘肃教育出版社.495

仡佬族传统民居与居住文化/聂森著，科学出版社.214

格萨尔神秘文化全解/角巴东主著，青海民族出版社.332

亘古图纹：五溪流域少数民族服饰图形纹饰研究/成雪敏　邱大平著，湖南人民出版社.258

关岭布依族服饰/杨晓辉撰文摄影，贵州人民出版社.179

广西少数民族服饰/刘红晓　陈丽编著，东华大学出版社.135

惠水苗族布依族服饰文化/蒋建军主编，贵州人民出版社.89

辽宁省少数民族民间故事大系·蒙古族卷（上下）/齐海英主编，民族出版社.1103

满族说部的萨满女神神话研究/张丽红著，中国社会科学出版社.272

满族说部文本研究/朱立春等著，长春出版社.287

蒙古族服饰/贾双文主编，内蒙古人民出版社.59

蒙元壁画艺术/张可扬　梁瑞编著，内蒙古大学出版社.286

苗族银饰/戴荭　杨光宾编著，中国轻工业出版社.156

民族刀具文化：保安族腰刀与阿昌族户撒刀/李友友　陈金梅编著，中国轻工业出版社.156

内蒙古及东北地区少数民族服饰/少数民族服饰课题组编，中国经济出版社.265

霓裳艳影衣被天下：黎族纺织文化研究/罗文雄著，云南民族出版社.234

欧洲民族服饰概论/吴妍妍编著，中国纺织出版社.100

盘瑶与蓝靛瑶仪式音乐文化研究/杨民康　吴宁华著，民族出版社.293

羌族剪纸/四川省劳务开发暨农民工工作领导小组办公室　阿坝藏族羌族自治州劳务开发暨农民工工作领导小组办公室编著，四川民族出版社.111

巧手编织美丽——嘉绒藏族服饰考察/朱晟利　布穷著，四川民族出版社.78
少数民族服饰/戚嘉富编著，黄山书社.168
武定民族服饰/郑立华主编，政协武定县委员会编，云南民族出版社.175
西域民族纹样艺术/叶尔江·铁流编著，新疆美术摄影出版社.272
新疆穆斯林饮食文化（第2版）/楼望皓著，新疆青少年出版社.308
新疆少数民族服饰及文化研究/徐红　陈龙　瓦力斯·阿布力孜等著，东华大学出版社.156
新疆图瓦人、克里雅人、罗布人民间体育传承与发展研究/王萍著，新疆人民出版社.249
幽冥里的华丽——高句丽壁画服饰的识读、剖析与演绎/郑春颖著，商务印书馆.262
云南大理白族古代建筑文化史/胡人虎著，大理白族自治州土木建筑学会编，云南科技出版社.165
云南民族住屋文化/蒋高宸编著，云南大学出版社.528
藏族传统装饰图案大全/祁正贤著，青海民族出版社.356
藏族剪纸/四川省劳务开发暨农民工工作领导小组办公室　阿坝藏族羌族自治州劳务开发暨农民工工作领导小组办公室编著，四川民族出版社.104
浙闽地区畲族服饰比较研究/陈敬玉著，中国社会科学出版社.221
中国北方草原游牧民族雕塑艺术史/温都苏　李崇辉著，内蒙古人民出版社.470
中世纪服饰（第2版）/谭蝉雪著，华东师范大学出版社.231

（供稿人：李振杰）

2015—2016 年蒙古文学术论文索引

［说明：排列顺序为著作、文章名称，编著（译）者、期刊名、期刊号］

2015 年

一　民族问题理论

从法律角度审视高校少数民族招生政策/刘额尔敦吐　吴宏涛，内蒙古社会科学（蒙古文版）. 1

弘扬中华民族精神与警惕民族虚无主义/韩吉木斯，内蒙古社会科学（蒙古文版）. 1

贯彻民族区域自治法　促进民族团结发展/金阿拉坦苏和，内蒙古社会科学（蒙古文版）. 2

蒙古族聚居区农村合校后出现的问题及对策研究/阿拉坦巴根　刘艳华，内蒙古社会科学（蒙古文版）. 3

论民族自治地方经济自治权的运用/春荣，内蒙古社会科学（蒙古文版）. 5

西方协商民主理论探析/齐瑞　萨日娜，内蒙古社会科学（蒙古文版）. 5

民国北京政府《宪法》有关蒙古的规定及相关史实/乌力吉陶格套，内蒙古社会科学（蒙古文版）. 5

民族区域自治法历史及其发展轨迹管窥/胡玉荣，内蒙古社会科学（蒙古文版）. 5

毛泽东的民族团结观及其当代价值/满都日娃，内蒙古社会科学（蒙古文版）. 6

论加强公务员制度的程序建设/胡其图，内蒙古社会科学（蒙古文版）. 6

简论清代蒙古王公的地方立法/哈斯木仁　布和，中国蒙古学 . 1

论蒙古族古代法中罚畜刑的特征/包朝鲁门，中国蒙古学 . 2

论蒙古族习惯法的渊源/青毕力格，中国蒙古学 . 3

浅论蒙古族古代习惯法渊源及其形成与发展/布和，中国蒙古学 . 6

国内蒙古文发表的蒙古法制史研究成果述评 2000—2013/哈斯图雅　那仁朝格图，西部蒙古论坛（蒙古文版）. 2

论中国特色反腐倡廉理论/白宝成，内蒙古师范大学学报（哲学社会科学蒙古文版）. 1

成吉思汗军事战略战术及所蕴含的哲学思想研究述评/吴美荣，内蒙古民族高等专科学校学报 . 4

浅析我国民族区域自治权及其保障完善/金阿拉坦苏和，内蒙古民族高等专科学校学报 . 4

游牧文明到生态文明时期的牧区权利变化/阿拉腾巴雅尔，赤峰学院学报（蒙古文哲学社会科学版）. 1

论超期羁押的危害及其对策/苏楞，赤峰学院学报（蒙古文哲学社会科学版）. 1

民族地区生态文明交涉中存在的法律问题及其对策/苏亚拉，赤峰学院学报（蒙古文哲学社会科学版）. 1

论党的先进性建设/达布希拉图，赤峰学院学报（蒙古文哲学社会科学版）. 2

农村牧区民主政治建设中存在的问题及解决对策/红丽，赤峰学院学报（蒙古文哲学社会科学版）. 2

二 民族经济

牧区经济管理现状与对策研究/宝全，内蒙古社会科学（蒙古文版）. 1

内蒙古蒙古族餐饮业品牌化研究/清华，内蒙古社会科学（蒙古文版）. 1

牧区旅游开发与文化产业化研究/荷叶，内蒙古社会科学（蒙古文版）. 1

内蒙古蒙东区域经济发展现状探析/何宝祥，内蒙古社会科学（蒙古文版）. 2

内蒙古生态建设中煤炭企业建立社会责任评价体系的必要性/娜仁格日勒，内蒙古社会科学（蒙古文版）. 2

内蒙古矿产开发与牧区经济发展/阿拉坦格日乐 恩和，内蒙古社会科学（蒙古文版）. 2

阿拉善盟生态移民生活现状分析/朝洛蒙，内蒙古社会科学（蒙古文版）. 2

税收征管数据存在的问题及数据清洗与整备方法/孙存一 斯琴塔娜，内蒙古社会科学（蒙古文版）. 3

牧区土地城镇化与人口城镇化的协调度及其区域差异分析/红梅，内蒙古社会科学（蒙古文版）. 3

工业化城镇化进程中牧区主要矛盾及解决对策/杜富林 包青海，内蒙古社会科学（蒙古文版）. 4

托王及其重农学说与实践/王来喜，内蒙古社会科学（蒙古文版）. 4

经济与环保协调发展型四大经济模式比较研究/红光 阿拉坦其木格 夏丽程，内蒙古社会科学（蒙古文版）. 4

内蒙古农区建立合作社的重要性及面临的问题分析/何宝祥，内蒙古社会科学（蒙古文版）. 4

乌桓的复合经济及其历史意义/孟克巴雅尔，内蒙古社会科学（蒙古文版）. 4

生产力发展趋势研究/麦拉苏，内蒙古社会科学（蒙古文版）. 4

浅谈阿尔山森林生态旅游区林俗文化资源的保护措施/哈顺其其格 娜仁格日乐，内蒙古社会科学（蒙古文版）. 5

农户燕麦种植意愿影响因素的实证研究/苏日娜，内蒙古社会科学（蒙古文版）. 6

牧民收入稳定增长问题分析/特格西毕力格，内蒙古社会科学（蒙古文版）. 6

以发展促和谐 加快建设亮丽北疆/陶永慧，内蒙古社会科学（蒙古文版）. 6

在边疆地区发展非公有制经济的思考/朝洛蒙，内蒙古社会科学（蒙古文版）. 6

银行业政府监管体系的形成与变迁探析/红花，内蒙古社会科学（蒙古文版）. 6

生计方式变化及其影响下的生态环境/王桂兰，内蒙古社会科学（蒙古文版）. 6

蒙古族牧业生产协作状况探析/八十三，内蒙古社会科学（蒙古文版）. 6

论陶王的财富观/王来喜，中国蒙古学. 1

我区奶制品市场营销中存在的问题及对策研究/新华，中国蒙古学. 1

论“那达慕大会”与会展市场开发/高晓光，中国蒙古学. 2

简论蒙古族游牧方式的传统知识经验/乌仁其其格，中国蒙古学. 3

梅棹忠夫的蒙古游牧研究/宝音巴特尔，中国蒙古学. 4

全面禁牧以来牧民收入变化特征及趋势/铁柱　韩永梅，中国蒙古学.4

托王对蒙古游牧经济研究的贡献/包玉山，中国蒙古学.5

从欲望无限与资源有限性矛盾视角论托王的思想与行为/敖特根巴雅尔，中国蒙古学.5

论托王游牧经济革新思想/麦拉苏　王来喜，中国蒙古学.5

托王政治观探析/达布希拉图，中国蒙古学.5

内蒙古畜牧业社会主义改造中的“稳、长、宽”原则/庆格勒图，中国蒙古学.5

梅棹忠夫的蒙古游牧研究（续）/宝音巴特尔，中国蒙古学.5

内蒙古半农半牧地区农牧民收入结构特点分析/包凤兰　苏日娜，中国蒙古学.5

游牧经济的可持续发展路径研究/王富强，中国蒙古学.6

适度放牧是保护草原生态环境和促进牧民增收的有效途径/海花　常山，中国蒙古学.6

企业市场细分的分析/新华，内蒙古师范大学学报（哲学社会科学蒙古文版）. 1

论托王的改革创新思想/呼都特，内蒙古师范大学学报（哲学社会科学蒙古文版）. 2

牧区草场承包经营中存在的法律问题探析/特木尔宝力道　苏雅乐　韩图布新，内蒙古师范大学学报（哲学社会科学蒙古文版）. 4

浅谈我国土地管理中存在的法律问题/其乐木格，内蒙古师范大学学报（哲学社会科学蒙古文版）. 3

基于价值链视角的旅游电子商务发展路径研究/王富强，内蒙古师范大学学报（哲学社会科学蒙古文版）. 3

蒙古族绒毛加工生产协作状况探析/八十三，内蒙古师范大学学报（哲学社会科学蒙古文版）. 4

草原生态补偿机制对牧民的影响/花蕊，内蒙古师范大学学报（哲学社会科学蒙古文版）. 4

托王穷人经济学/王来喜　胡小荣，内蒙古大学学报（哲学社会科学蒙古文版）. 3

草原旅游业发展中的社区参与问题研究——以成吉思汗陵周边巴彦昌呼格草滩社会旅游为例/包红霞，内蒙古大学学报（哲学社会科学蒙古文版）. 6

内蒙古草原畜牧业发展研究（一）——《五畜结构》变化与公有经营形成过程/阿拉坦格日乐　恩和，内蒙古大学学报（哲学社会科学蒙古文版）. 6

简论发展内蒙古旅游业的重要性/苏雅拉，内蒙古民族高等专科学校学报.1

略论蒙古族传统体育运动中的旅游资源/陆双林　孟和，内蒙古民族高等专科学校学报.1

简论游牧生计方式/王富强，内蒙古民族高等专科学校学报.2

托王伦理思想初探/斯仁·查干巴日，内蒙古民族高等专科学校学报.3

托王经济论/王来喜　包泉，内蒙古民族高等专科学校学报.3

农村剩余劳动力转移过程中存在的问题及对策研究/包秀琴　石文霞，内蒙古民族高等专科学校学报.4

十九世纪以来蒙古真蒙古人对科尔沁农业的影响/包·那日苏，赤峰学院学报（蒙古文哲学社会科学版）. 1

谈牧区实施舍牧过程中存在的问题及对策/乌云高娃，赤峰学院学报（蒙古文哲学社会科学版）. 2

论现代企业的创新功能/李金玉，赤峰学院学报（蒙古文哲学社会科学版）. 3

明清时期北疆马市情况分析/香莲，赤峰学院学报（蒙古文哲学社会科学版）. 4

论古代蒙古地区贸易/孟和达来，赤峰学院学报（蒙古文哲学社会科学版）. 4

论人口结构变化对民族地区经济发展的影响/胡小荣，赤峰学院学报（蒙古文哲学社会科

学版). 4

论农民地流转中存在的问题及对策/萨日盖　张裕凤，赤峰学院学报（蒙古文哲学社会科学版). 4

元代蒙古族畜牧业经济思想研究/包诺敏，赤峰学院学报（蒙古文哲学社会科学版). 6

乌兰浩特经济开发区土地集约利用评价/呼斯乐，赤峰学院学报（蒙古文哲学社会科学版). 6

蒙语媒介的市场竞争研究/萨仁其木格，赤峰学院学报（蒙古文哲学社会科学版). 6

促进牧区社会资本创造——提升牧民自我发展能力/哈斯其其格，赤峰学院学报（蒙古文哲学社会科学版). 6

三　民族学

昭乌达地区敖包祭祀的文化人类学探索/阿民布和，内蒙古社会科学（蒙古文版). 1

关于哈撒尔研究理论化问题/包赛吉拉夫，内蒙古社会科学（蒙古文版). 1

蒙古族择日习俗初探/今晓，内蒙古社会科学（蒙古文版). 1

中国安代博物馆功能论/萨茹拉，内蒙古社会科学（蒙古文版). 1

对蒙古族思维方式逻辑的思考/莫日根巴图，内蒙古社会科学（蒙古文版). 1

蒙医伦理思想研究/乌格敦其其格　苏都，内蒙古社会科学（蒙古文版). 1

蒙古族谚语与崇尚家园意识研究/萨茹拉，内蒙古社会科学（蒙古文版). 1

《卫拉特法典》之刑罚特征/胡春香，内蒙古社会科学（蒙古文版). 1

马奶酒对蒙古牧民体质的影响/石井智美·小畏谷由纪，内蒙古社会科学（蒙古文版). 1

蒙古族新娘压襟礼俗之由来/萨仁托雅，内蒙古社会科学（蒙古文版). 2

《蒙古纪闻》在蒙古族民俗学史中的地位/达来，内蒙古社会科学（蒙古文版). 2

蒙古族服饰的镶嵌工艺/萨日娜，内蒙古社会科学（蒙古文版). 2

蒙古族传统图案分类与研究/乌斯哈拉，内蒙古社会科学（蒙古文版). 2

科尔沁历史文化对科尔沁短歌的影响/佟占文，内蒙古社会科学（蒙古文版). 2

传统游牧文化对蒙古油画创作的影响/包双梅，内蒙古社会科学（蒙古文版). 2

古代蒙古族原生态博克模型研究/朝克图，内蒙古社会科学（蒙古文版). 2

巴林蒙古黄金家族后裔/斯钦特古斯，内蒙古社会科学（蒙古文版). 3

蒙古族与骆驼相关的谚语文化阐释/特·巴图，内蒙古社会科学（蒙古文版). 3

蒙古族龙崇拜与信仰探析/格日乐，内蒙古社会科学（蒙古文版). 3

中外游记中的“HaraKumis”文化解析/白金龙，内蒙古社会科学（蒙古文版). 3

牧民生活中的时间划分习俗初探/海鹰，内蒙古社会科学（蒙古文版). 4

蒙古族祭火习俗的保护与传承/雪艳，内蒙古社会科学（蒙古文版). 4

茂明安部迁徙原因考述/屈罗木图，内蒙古社会科学（蒙古文版). 5

关于民族认同意识概念研究/套图格　那仁毕力格，内蒙古社会科学（蒙古文版). 5

从社会学视角分析社会结构的重要性/苏金星，内蒙古社会科学（蒙古文版). 5

关于社会工作技能三大概念及名词翻译问题/阿拉坦宝力格，内蒙古社会科学（蒙古文版). 5

论少数民族地区文化遗产的搜集与抢救工作/包萨如拉，内蒙古社会科学（蒙古文版). 5

论蒙古族男子银制用品的审美意蕴/赵志红，内蒙古社会科学（蒙古文版). 5

内蒙古牧区嘎查居民自治现状研究/朝克巴特尔，内蒙古社会科学（蒙古文版). 6

扎鲁特鄂托克与巴嘎孙塔布囊关系考述/敖拉，内蒙古社会科学（蒙古文版). 6

蒙古文蒙医药数据库建立设计方案与方法/白翠兰 乌格敦其其格，内蒙古社会科学（蒙古文版）. 6

前达牟尼关于现代化背景下游牧文化建构思想/敖查赫轮，内蒙古社会科学（蒙古文版）. 6

新巴尔虎葬俗变迁原因分析/宝音德力格尔，内蒙古社会科学（蒙古文版）. 6

《中国蒙古学》的征程与声望/扎格尔，中国蒙古学. 1

追忆往昔寄语未来/包斯钦，中国蒙古学. 1

学术圣地蒙古学的摇篮/纳·巴图吉日嘎拉，中国蒙古学. 1

回顾过去展望未来/莎日娜，中国蒙古学. 1

北方游牧民族服饰及手工艺术探析/道日娜，中国蒙古学. 1

奈曼旗地名的民族文化内涵/荷叶，中国蒙古学. 1

蒙古族服饰款式的变迁/萨日娜，中国蒙古学. 2

蒙古族火葬习俗之探析/张丽华，中国蒙古学. 2

《土改通讯》及其史料价值/红霞，中国蒙古学. 2

蒙古族沙力博尔摔克的发展演变/包格日乐图，中国蒙古学. 2

论电视包装中如何应用蒙古族传统文化元素问题/乌兰，中国蒙古学. 2

巴林蒙医神奇传说的特征/贺·赛音朝克图，中国蒙古学. 3

论古代蒙古人的生态观/斯琴，中国蒙古学. 4

青海蒙古族婚俗及其祝词的象征意义/呼和，中国蒙古学. 4

蒙古人的羊崇拜与羊祭祀习俗及其祝词/达·巴图，中国蒙古学. 4

蒙古文化中的马的崇拜/陶秀珍，中国蒙古学. 4

卫拉特蒙古传统服饰“比西米特”的名称来历及其变迁/萨仁格日勒 敖其尔加甫·台文，中国蒙古学. 4

满都夫教授对阿尔泰学研究的贡献/格·那木吉勒，中国蒙古学. 4

地域文化背景下的启蒙话语——论仁钦浩日劳《苦难中挣扎者》中所体现的启蒙思想/白叶茹，中国蒙古学. 5

“九”的象征意义及蒙古人审美标尺/格日勒，中国蒙古学. 5

论祭祀文化中的古代蒙古人思维方式/嘎拉桑 树林，中国蒙古学. 6

论北方民族栖鹰冠/达·额尔德木图，中国蒙古学. 6

科尔沁婚礼的聘礼习俗/胡晓燕，中国蒙古学. 6

科尔沁地区敖包文化变迁研究/塔娜，中国蒙古学. 7

散居蒙古族研究现状/韩静茹，西部蒙古论坛（蒙古文版）. 1

蒙古族非物质文化遗产档案式保护研究/张玉祥，西部蒙古论坛（蒙古文版）. 1

试论游牧文化的生态和谐规律/南快莫德克，西部蒙古论坛（蒙古文版）. 1

牧区乡村历史文化与蒙古民族精神财富——以额济纳《温图高勒乡风土人情》为例/查·乔旦德尔，西部蒙古论坛（蒙古文版）. 1

历史地名“察罕敖包”/门德别列克，西部蒙古论坛（蒙古文版）. 1

蒙古族翁衮崇拜习俗探析/樊永贞，西部蒙古论坛（蒙古文版）. 2

论“八吉祥”图案在卫拉特蒙古中的应用/蔡仁，西部蒙古论坛（蒙古文版）. 2

鄂尔多斯婚礼祝颂家研究/乌云塔娜，西部蒙古论坛（蒙古文版）. 2

文化引领结硕果 凝心聚力铸辉煌——自治区成立60周年文化事业发展成就综述/新疆维吾尔自治区文化厅，西部蒙古论坛（蒙古文版）. 3

达瓦齐时期准噶尔遣使赴拉达克熬茶考/陈柱，西部蒙古论坛（蒙古文版）．3

简论新疆蒙古族传统饮食文化/普日布达西，西部蒙古论坛（蒙古文版）．3

建国后中国学者的新疆考察研究和新疆考察实录评述/马大正，西部蒙古论坛（蒙古文版）．4

蒙古族传统服饰的传承现状与传承特点——基于内蒙古中西部地区的田野调查资料/于倩，西部蒙古论坛（蒙古文版）．4

精神游牧：民俗学家的情感诉求与民俗志书写——评述邢莉教授的游牧文化研究/陈曲，西部蒙古论坛（蒙古文版）．4

察哈尔土绵的起源与形成/阿拉塔德丹巴，西部蒙古论坛（蒙古文版）．4

文化是灵魂的北极星——关于精神危机以台吉乃尔蒙古人为例/李立新，西部蒙古论坛（蒙古文版）．4

蒙古族服饰习俗略论/萨日娜　斯钦巴图，内蒙古民族大学学报（社会科学蒙古文版）．3

论蒙古族传统文化中的生态保护习俗/萨矗荣贵，内蒙古民族大学学报（社会科学蒙古文版）．4

蒙古“文化饮食”论略/白钢，内蒙古民族大学学报（社会科学蒙古文版）．4

十三世纪中的蒙古族酒羹饮品习俗/白金龙　双金，内蒙古师范大学学报（哲学社会科学蒙古文版）．2

论城市化进程中的蒙餐业及其文化传承与变迁——以呼和浩特蒙餐为例/张丽华，内蒙古师范大学学报（哲学社会科学蒙古文版）．2

民族地区图书馆在非物质文化遗产保护与传承中的作用/包萨茹拉，内蒙古师范大学学报（哲学社会科学蒙古文版）．2

蒙古文献图片库的建设与检索方法/金罡，内蒙古师范大学学报（哲学社会科学蒙古文版）．3

乌拉特部落与乌拉特三旗渊源考/巴·孟和，内蒙古师范大学学报（哲学社会科学蒙古文版）．3

蒙古族人名命名特点/葛根塔娜，内蒙古师范大学学报（哲学社会科学蒙古文版）．3

“阿门奥日”——蒙古人的语言信仰习俗传统与原文化心态/悟哲德·呼日勒巴特尔　扎勒根巴雅尔，内蒙古师范大学学报（哲学社会科学蒙古文版）．4

罗布桑却丹的蒙古手工思想研究/乌日柴呼　王来喜，内蒙古师范大学学报（哲学社会科学蒙古文版）．4

论蒙古族婚礼祝颂词特征/［蒙古］阿穆尔萨娜，内蒙古大学学报（哲学社会科学蒙古文版）．9

当代社会问题及社会学在民族地区的应用/常宝，内蒙古大学学报（哲学社会科学蒙古文版）．11

“腮美娘子——胯好骟马”是“建国称帝”的象征吗——与布仁巴图教授商榷/额尔敦巴特尔，内蒙古大学学报（哲学社会科学蒙古文版）．2

以色列的蒙古学研究概况/［以色列］迈克尔碧冉　德力格尔，内蒙古大学学报（哲学社会科学蒙古文版）．3

蒙古开膛宰羊法及其拓跋鲜卑壁画遗迹/特古斯巴雅尔，内蒙古大学学报（哲学社会科学蒙古文版）．4

关于尼鲁温与乞牙惕相关的若干问题/纳·朝克图，内蒙古大学学报（哲学社会科学蒙古文版）．5

"生态—女性主义"视野下的内蒙古生态环境问题/宝花，内蒙古大学学报（哲学社会科学蒙古文版）. 6

社会结构功能论视角下的布里亚特们古组社会之基础集团——以呼伦贝尔市鄂温克旗蒙古族家庭为例/苏金星，内蒙古大学学报（哲学社会科学蒙古文版）. 6

敖包传说中的包内放置崇拜物礼仪/萨仁高娃，内蒙古民族高等专科学校学报. 1

简论阿拉善民间的驯驼羔习俗/纳荷雅，内蒙古民族高等专科学校学报. 1

蒙古族搏克力量素质训练的生理学之研究/包巴图，内蒙古民族高等专科学校学报. 1

近现代蒙古文化杰出工作者额尔敦陶格陶生平/包萨础拉　札·义兰，内蒙古民族高等专科学校学报. 1

简论维吾尔的起源及维吾尔与蒙古之间的关系/丹巴，内蒙古民族高等专科学校学报. 2

察哈尔的变迁——察哈尔万户及察哈尔蒙古/赛音朝克图，内蒙古民族高等专科学校学报. 2

春季借姑娘回娘家习俗及其社会文化意义/叁萨儿，内蒙古民族高等专科学校学报. 2

简述布里亚特蒙古族社会中的家庭社会功能/金星，内蒙古民族高等专科学校学报. 2

蒙古族与年龄习俗有关的若干问题/巴·孟和，内蒙古民族高等专科学校学报. 3

关于蒙古包结构的文化思想初探/乌日娜，内蒙古民族高等专科学校学报. 3

从五畜烙印探究游牧思维/牧·赛音朝格拉，内蒙古民族高等专科学校学报. 3

试论蒙古族和谐精神及道德价值/晓蓉，内蒙古民族高等专科学校学报. 4

蒙古族野生动物保护习俗研究/哈斯巴特尔，西北民族大学学报（哲学社会科学蒙古文版）. 1

论松巴堪布益西班觉讲经思想/树林，西北民族大学学报（哲学社会科学蒙古文版）. 1

阿勒泰乌梁海蒙古冰上射箭"尕力"之探/那音塔，西北民族大学学报（哲学社会科学蒙古文版）. 2

探究哲里木盟会盟敖包的社会文化功能/呼日勒沙，西北民族大学学报（哲学社会科学蒙古文版）. 2

论蒙古社会结构及其文化与人口之关系/南快莫德格，西北民族大学学报（哲学社会科学蒙古文版）. 2

科尔沁民歌中的手帕的象征意义/陶秀珍，西北民族大学学报（哲学社会科学蒙古文版）. 2

当今蒙古学研究发展状况分析/吴英达，西北民族大学学报（哲学社会科学蒙古文版）. 2

蒙医药三大经典著作研究概况/孟和乌力吉　宝音图，内蒙古民族大学学报（蒙医药学蒙古文版）. 1

蒙医药学学术传承过程中学习经典著作的重要性/王秀梅　海银梅　照日格图，内蒙古民族大学学报（蒙医药学蒙古文版）. 2

论继承和发展蒙药学的有关问题/阿拉坦格日乐，内蒙古民族大学学报（蒙医药学蒙古文版）. 2

论蒙古族传统家教/萨仁格日乐，赤峰学院学报（蒙古文哲学社会科学版）. 1

简述喀喇沁蒙古族婚礼仪式前习俗/齐红日，赤峰学院学报（蒙古文哲学社会科学版）. 1

悟哲德部及其游牧地变迁/温都日娜，赤峰学院学报（蒙古文哲学社会科学版）. 1

蒙古族勒勒车的起源与发展/特木尔布和，赤峰学院学报（蒙古文哲学社会科学版）. 1

乌珠穆沁婚礼词中的佛教影响/阿力玛，赤峰学院学报（蒙古文哲学社会科学版）. 1

巴林蒙古族命名习俗/萨仁胡，赤峰学院学报（蒙古文哲学社会科学版）. 1

巴林蒙古人祭火习俗/朝鲁门，赤峰学院学报（蒙古文哲学社会科学版）. 1
论元朝时期中国与日本的文化交流/恩和，赤峰学院学报（蒙古文哲学社会科学版）. 2
谈关于巴尔虎博克的服饰特征/诺敏，赤峰学院学报（蒙古文哲学社会科学版）. 2
蒙古族的家教习俗/格根图雅，赤峰学院学报（蒙古文哲学社会科学版）. 2
呼伦贝尔宝格德山祭祀/诺敏，赤峰学院学报（蒙古文哲学社会科学版）. 2
蒙古族的行巫习俗/乌日古木拉，赤峰学院学报（蒙古文哲学社会科学版）. 2
汉族移民对科尔沁饮食文化的影响/宝劳日，赤峰学院学报（蒙古文哲学社会科学版）. 2
论科尔沁民歌中的信仰崇拜/陶秀珍，赤峰学院学报（蒙古文哲学社会科学版）. 2
谈数字相关的蒙古地名/蔡桂珍，赤峰学院学报（蒙古文哲学社会科学版）. 2
关于信仰与“自我”的探寻/佟永叶，赤峰学院学报（蒙古文哲学社会科学版）. 3
锡尼河布里业特蒙古人的过年习俗/巴雅尔玛，赤峰学院学报（蒙古文哲学社会科学版）. 3
昭乌达蒙古族的阿颜京习俗/澈格乐，赤峰学院学报（蒙古文哲学社会科学版）. 3
符号互动的社会功能/都达古拉，赤峰学院学报（蒙古文哲学社会科学版）. 3
近现代人地关系理论发展概述/包秀艳，赤峰学院学报（蒙古文哲学社会科学版）. 3
翁牛特统治家族辅国公世袭探究/陈岚，赤峰学院学报（蒙古文哲学社会科学版）. 4
阿鲁科尔沁蒙古族处理灰烬与垃圾习俗/高娃，赤峰学院学报（蒙古文哲学社会科学版）. 4
蒙古族传统习俗的现状与变化/于灵智，赤峰学院学报（蒙古文哲学社会科学版）. 4
蒙古族崇尚碾子习俗探微/参丹，赤峰学院学报（蒙古文哲学社会科学版）. 4
对阿尔山地区林俗文化资源开发的建议/哈顺其其格　娜仁格日乐，赤峰学院学报（蒙古文哲学社会科学版）. 5
民族地区牧民生活方式转变研究/阿拉坦格日乐　图雅　根锁，赤峰学院学报（蒙古文哲学社会科学版）. 5
浅谈一个嘎查的生产方式变迁/特日文巴雅尔，赤峰学院学报（蒙古文哲学社会科学版）. 5
浅谈马头琴的变化发展/少德斯庆，赤峰学院学报（蒙古文哲学社会科学版）. 5
共产国际在蒙古建立社会主义的原因/陶古斯，赤峰学院学报（蒙古文哲学社会科学版）. 6
别力古祭祀文化研究的现状与发展趋势/敖特根苏布德，赤峰学院学报（蒙古文哲学社会科学版）. 6
成吉思汗家庭伦理教化研究/包玉兰，赤峰学院学报（蒙古文哲学社会科学版）. 6
蒙古族额布楚沁氏考/那·吉日嘎拉，赤峰学院学报（蒙古文哲学社会科学版）. 6
浅析婚姻暴力的概念和成因/包照日格图，赤峰学院学报（蒙古文哲学社会科学版）. 6
浅析喀喇沁蒙古人传统婚姻习俗的特点/齐红日　斯琴毕力格，赤峰学院学报（蒙古文哲学社会科学版）. 6
关于新巴尔虎蒙古族的“努图克祭祀”习俗的田野调查/宝音德力格尔，赤峰学院学报（蒙古文哲学社会科学版）. 6
从孩子起名习俗看蒙古族文化思维的变迁/乌亚罕，赤峰学院学报（蒙古文哲学社会科学版）. 6
知识分子·民资主义·构建/乌雅汉，赤峰学院学报（蒙古文哲学社会科学版）. 6
关于科尔沁蒙古族的过年习俗/高·乌云塔娜，赤峰学院学报（蒙古文哲学社会科学

版). 6

简论《蒙古源流》中体现的蒙古族灵魂观/南迪纳，赤峰学院学报（蒙古文哲学社会科学版）. 6

四 民族宗教

浅谈梅力根格根宗教思想/吉仁尼格，内蒙古社会科学（蒙古文版）. 2

《梅力更庙蒙古文诵经集成》与法师伊西帕仁赖扎木苏/巴·孟和，内蒙古社会科学（蒙古文版）. 4

蒙古史诗绕屋而行母题的萨满文化阐释/关金花，内蒙古社会科学（蒙古文版）. 5

从内蒙古档案馆馆藏阿拉善蒙古档案看佛教相关事宜/梅花，内蒙古社会科学（蒙古文版）. 5

关于蒙古萨满教的民俗化过程研究/包龙，内蒙古社会科学（蒙古文版）. 5

俗世欢乐与佛教经义的自由论辩/铁军，内蒙古社会科学（蒙古文版）. 6

察哈尔镶白旗诸寺庙的蒙、藏文诵经研究/郎玉鸽，中国蒙古学 . 1

科尔沁民歌中的萨满教风俗习惯考究/牧兰　那存朝克图，中国蒙古学 . 2

探究蒙古族萨满教的成萨满习俗轨迹/萨茹拉，中国蒙古学 . 2

科尔沁右翼中旗西哲里术镇文根嘎查宗教信仰调查报告/包乌日娜，中国蒙古学 . 5

浅论佛教禅修六种定力法/熙·巴达玛旺朝阁，中国蒙古学 . 6

罗卜藏却丹社会哲学思想研究/斯仁，中国蒙古学 . 6

阿拉善地区佛教及相关研究概述/梅花，中国蒙古学 . 6

蒙古族萨满教的社会功能/斯日古楞，中国蒙古学 . 6

二世章嘉呼图克图及其政治活动述略/全荣，中国蒙古学 . 6

蒙古族腾格里崇拜与英雄崇拜的关系/王海荣，中国蒙古学 . 6

各民族共同团结奋斗　共同繁荣发展——自治区成立 60 周年民族宗教工作成就综述/新疆维吾尔自治区民委，西部蒙古论坛（蒙古文版）. 3

黑龙江伊克明安旗大智寺历世葛根考证/敖佳鹏，西部蒙古论坛（蒙古文版）. 3

朝克图台吉对林丹汗改信萨迦派佛教的支持/樊永贞，西部蒙古论坛（蒙古文版）. 3

第十三世达赖喇嘛出走库伦是否投俄问题探析/乌云其木格，西部蒙古论坛（蒙古文版）. 3

景观转换：蒙古地区喇嘛寺院建筑样式和空间构造/李勤璞，西部蒙古论坛（蒙古文版）. 4

五当召佛教文化资源旅游开发/敖楠　郝志成，内蒙古师范大学学报（哲学社会科学蒙古文版）. 2

五世达赖喇嘛在蒙古地区传播黄教的影响/根泉，内蒙古师范大学学报（哲学社会科学蒙古文版）. 3

印藏佛教文献对蒙古族祭火文学的影响/山花，内蒙古大学学报（哲学社会科学蒙古文版）. 2

试论佛教在蒙古民族认同中的变迁/梅花，内蒙古大学学报（哲学社会科学蒙古文版）. 6

镶黄旗哈音哈瓦大庙的宗教活动述略/高萨如拉，内蒙古民族高等专科学校学报 . 2

论科尔沁萨满教祭天仪式饮食习俗/阿拉腾珠拉，赤峰学院学报（蒙古文哲学社会科学版）. 1

大蒙古国前蒙古地区佛教传播传说及其历史根源/吴双福，赤峰学院学报（蒙古文哲学社

会科学版). 2

十四世纪藏族著名学者布顿仁钦珠及《布顿佛教史》/乌达巴拉，赤峰学院学报（蒙古文哲学社会科学版). 2

科尔沁萨满的入神过程/那布其，赤峰学院学报（蒙古文哲学社会科学版). 3

尹湛纳希著述中的蒙古佛教/特日文巴雅尔，赤峰学院学报（蒙古文哲学社会科学版). 4

佛教圣地——罕庙的前世今生/阿民布和，赤峰学院学报（蒙古文哲学社会科学版). 5

论入学佛教对日本的神道教发展的影响/恩和，赤峰学院学报（蒙古文哲学社会科学版). 5

浅谈《蒙古秘史》中萨满教的社会影响/包洪亮，赤峰学院学报（蒙古文哲学社会科学版). 5

五　民族历史

解放战争时期内蒙古解放区的土改运动/庆格勒图，内蒙古社会科学（蒙古文版). 1

杭锦旗衍慧寺相关历史研究/乌雅汗，内蒙古社会科学（蒙古文版). 1

清中叶“法库之地”外旗蒙古人成分/白梅荣，内蒙古社会科学（蒙古文版). 2

喀尔喀阿巴岱可汗几个历史问题探讨/［蒙古］奥日很其木格，内蒙古社会科学（蒙古文版). 2

卫拉特蒙古部族形成历史轨迹/孟开，内蒙古社会科学（蒙古文版). 3

1913 年战乱中的喀尔喀右翼旗/哈斯，内蒙古社会科学（蒙古文版). 3

论《蒙古秘史》总译中选词译法探析/通力嘎，内蒙古社会科学（蒙古文版). 3

成吉思汗用人艺术探析/吴宝山，内蒙古社会科学（蒙古文版). 4

论《蒙古秘史》之“古温”概念的逻辑关系/牧 · 赛音朝格拉，内蒙古社会科学（蒙古文版). 4

罗卜藏却丹论蒙古地方自然地理概况和历史地理变迁/斯仁，内蒙古社会科学（蒙古文版). 4

日本侵略内蒙古地区时期的南满铁路公司/齐百顺，内蒙古社会科学（蒙古文版). 4

《敦罗布喇什补充法》与《蒙古卫拉特大法典》的内在关系研究/策 · 巴图，内蒙古社会科学（蒙古文版). 4

《恒河之流》蒙古文史料研究/风晓，内蒙古社会科学（蒙古文版). 4

西北边境的富宁安与清朝准噶尔军事较量/包青松，内蒙古社会科学（蒙古文版). 5

蒙古《黄史》作者及其成书年代小考/巴达玛其其格，内蒙古社会科学（蒙古文版). 5

《蒙古秘史》所反映的战马之探析/黄金，内蒙古社会科学（蒙古文版). 5

清初对蒙古的回赏制度在统一蒙古时所起的作用/吉日嘎拉，内蒙古社会科学（蒙古文版). 6

论皇太极对蒙古的精神统治/白初一，内蒙古社会科学（蒙古文版). 6

浅析胡图克台彻辰洪台吉征讨四卫拉特之原因/巴泽尔，内蒙古社会科学（蒙古文版). 6

成吉思汗技术活动组织思想探析/包羽　刘荣臻，内蒙古社会科学（蒙古文版). 6

喀喇沁左翼旗扎萨克之承袭考/香莲，内蒙古社会科学（蒙古文版). 6

青海蒙古族蒙古文历史文献及相关文献综述/古 · 才仁巴力，中国蒙古学 . 1

清朝时期在青海蒙旗中设置的章京官职考述/哈立新，中国蒙古学 . 1

清代雍和宫及从蒙旗派遣的喇嘛/包彩红，中国蒙古学 . 1

清至民国时期茂明安旗的人口与社会阶层/陈岚，中国蒙古学 . 1

清代调遣至新疆的察哈尔蒙古集中启程地考/巴·乌云达来，中国蒙古学.2

蒙古族传统时空观念中崇尚大自然的理念/金黑英　阿拉腾格日勒，中国蒙古学.2

“收继”的来源考/牧仁，中国蒙古学.2

河南蒙古部族及旗扎萨克源流/红峰，中国蒙古学.2

元朝社会生活中的蒙古族女性地位/玉荣，中国蒙古学.2

论成吉思汗的注重科学技术思想/思勤途，中国蒙古学.2

《全宁路新建儒学记》译注/博尔只斤·苏格德日扎布，中国蒙古学.3

与三田渡蒙古文碑文相关的诸问题/道·高娃，中国蒙古学.3

论《蒙古秘史》版本命名问题/扎·呼日乐巴特尔，中国蒙古学.3

论十八世纪蒙古文历史文献的共性/娜日苏，中国蒙古学.3

担任察哈尔省副省长时期的赛春嘎/王海梅，中国蒙古学.3

明治时期日本在喀喇沁右旗的活动及之蒙古地区的计策/套图格，中国蒙古学.3

《史集》所记拙赤·合撒尔及其世袭探究/包·赛吉拉夫，中国蒙古学.3

成吉思汗祭祀的占卜仪式研究/苏日娜，中国蒙古学.3

成吉思汗哈日苏勒德巡游祭中的大小雅木特德名称考/斯琴毕力格，中国蒙古学.3

铁木真的八匹骏马探究/巴布，中国蒙古学.3

成吉思汗“大扎撒”相关问题探讨/金阿拉坦苏和，中国蒙古学.3

巴林淑惠固伦公主/白初一，中国蒙古学.4

论阔端兀鲁思之形成/刚巴图，中国蒙古学.4

清帝退位之际“蒙古王公联合会”承认共和之史事论述/包德强，中国蒙古学.4

论孛儿帖兀真的历史贡献及其思想/赵美兰，中国蒙古学.4

浅论成吉思汗生态管理思想/白图雅，中国蒙古学.4

清朝蒙声地区民族立法特点/胡玉荣，中国蒙古学.4

浅论《蒙古—卫拉特法典》中的盗窃罪/春荣，中国蒙古学.4

北元时期蒙古族生态保护法规及其生成原因/包斯琴　白秀兰，中国蒙古学.4

论吐谷浑鲜卑之西进及其兴旺/那顺乌力吉，中国蒙古学.5

伊苏特部贵族祖源考/玉海，中国蒙古学.5

《蒙古秘史》中“腾汲思客秃勒周”“腾吉思”词考/香莲，中国蒙古学.5

《蒙古秘史》中“答阑脱豁斡”一词分析/吉日嘎拉，中国蒙古学.5

《蒙古秘史》中四字并列结构成语/王玉兰，中国蒙古学.5

论萨冈彻辰《蒙古源流》中的唯物辩证认识论/乌云贺希格，中国蒙古学.6

以近代化的视野论析清末蒙古族王公新政/齐百顺，中国蒙古学.6

论清代外蒙古地区書吏教养所/D. 锡利，中国蒙古学.6

方济各会士出使蒙元帝国，中法关系的肇始/耿昇，西部蒙古论坛（蒙古文版）.1

“耶律大石与萧德妃同抵夹山”考辨/韩钧，西部蒙古论坛（蒙古文版）.1

试述清朝肢解和硕特汗国及其罗卜藏丹津亲王的军事应对/卢本扎西，西部蒙古论坛（蒙古文版）.1

《蒙古—卫拉特法典》中的所有权法律制度研究/王海锋，西部蒙古论坛（蒙古文版）.1

卫拉特大内讧与17—18世纪欧亚中央草原带的政治、民族新格局/马磊，西部蒙古论坛（蒙古文版）.1

海西希《蒙古地图》——以清代西蒙古为主/全荣，西部蒙古论坛（蒙古文版）.1

论《金轮千辐》/金·乌兰，西部蒙古论坛（蒙古文版）.1

从民国汉文档案看《蒙文会》历届会长生平及相关问题/阿江 · 苏尼娅，西部蒙古论坛（蒙古文）. 1

《元史 · 太宗纪》乃马真皇后监国部分笺证/刘迎胜，西部蒙古论坛（蒙古文版）. 2

新疆土尔扈特蒙古史实考释与订误/周学军，西部蒙古论坛（蒙古文版）. 2

孛姓蒙古人的来源与迁徙/任崇岳，西部蒙古论坛（蒙古文版）. 2

论民国时期新疆蒙古文化促进会兴办近代学校教育/左红卫，西部蒙古论坛（蒙古文版）. 2

西域史地学新著——评《西域历代蒙古语地名研究》/宝音朝克图，西部蒙古论坛（蒙古文版）. 2

浅谈有关旧土尔扈特南路满汗王王府历史文化问题/尼 · 依茹 · 都古尔加甫，西部蒙古论坛（蒙古文版）. 2

关于顾实汗传说/呼和，西部蒙古论坛（蒙古文版）. 2

浅析卫拉特蒙古族传统文化中所反映的人与自然和谐内容与形式/特 · 那木吉拉，西部蒙古论坛（蒙古文版）. 2

论拉藏汗重建和硕特汗国秩序/卢本扎西，西部蒙古论坛（蒙古文版）. 3

从“边陲”到“边疆”：乾隆君臣经略西北之观念变迁/宋培军，西部蒙古论坛（蒙古文版）. 3

元代时期都城文化遗址——上都——纪念元上都被列入联合国文化遗产/阿民布和，西部蒙古论坛（蒙古文版）. 3

察合台汗国时期的孛罗城及其周边/党宝海，西部蒙古论坛（蒙古文版）. 4

元代杨琏真伽佛事活动考略/崔红芬，西部蒙古论坛（蒙古文版）. 4

萧启庆《元史 · 兵志》译注一/魏曙光，西部蒙古论坛（蒙古文版）. 4

罗桑丹津《黄金史》文献研究概述/白银莲，内蒙古民族大学学报（社会科学蒙古文版）. 1

清末“新政”时期的徐世昌主政之蒙古事务/德力格尔玛，内蒙古民族大学学报（社会科学蒙古文版）. 1

论郭道甫东北民族教育实践活动/白金花，内蒙古民族大学学报（社会科学蒙古文版）. 1

论宗教信仰对蒙古族家庭教育的影响/包红岗　玉兰，内蒙古民族大学学报（社会科学蒙古文版）. 1

《蒙古秘史》与蒙古人的苍天崇拜意识/斯日古楞，内蒙古民族大学学报（社会科学蒙古文版）. 1

论元代国玺传承始末/鲍音，内蒙古民族大学学报（社会科学蒙古文版）. 2

成吉思汗黄金家族皇权分离的原因论析/宝力巴森，内蒙古民族大学学报（社会科学蒙古文版）. 2

关于蒙古族历史上的“阿寅勒”/牧其尔，内蒙古民族大学学报（社会科学蒙古文版）. 2

《白音花》地名来历探析/乌云达来，内蒙古民族大学学报（社会科学蒙古文版）. 2

关于《蒙古秘史》的叙事模式/孟根那布其，内蒙古民族大学学报（社会科学蒙古文版）. 3

谈元上都地理位置的历史地理学问题/苏雅拉其其格，内蒙古民族大学学报（社会科学蒙古文版）. 4

清代八旗制与蒙古/刘泽明，内蒙古师范大学学报（哲学社会科学蒙古文版）. 2

有关历史学研究/铁柱　乌云塔娜，内蒙古师范大学学报（哲学社会科学蒙古文版）. 2

从《蒙古秘史》探析蒙古人的信仰意识/哈申高娃，内蒙古师范大学学报（哲学社会科学蒙古文版）. 3

试论丰升额的《蒙古族生存三要素》/八宝　怒恩达古拉，内蒙古师范大学学报（哲学社会科学蒙古文版）. 3

蒙汉历史文献所记载帝王传说的共性/领喜，内蒙古师范大学学报（哲学社会科学蒙古文版）. 4

试论喀尔喀一世青苏珠克图诺门汗教政事迹/胡日查，内蒙古师范大学学报（哲学社会科学蒙古文版）. 4

新中国成立前后内蒙古取缔反动会道门的斗争/庆格勒图，内蒙古大学学报（哲学社会科学蒙古文版）. 6

科尔沁右翼后旗镇国公世系考/包金玲　乌力吉图，内蒙古大学学报（哲学社会科学蒙古文版）. 8

外蒙古“政权”对日本的交涉——以1922年的一封信函为线索/乌力吉陶格套，内蒙古大学学报（哲学社会科学蒙古文版）. 2

从昔木土脑儿之战看阿里不哥与斡亦剌惕关系/巴根那，内蒙古大学学报（哲学社会科学蒙古文版）. 2

探析《西盟王公会议》及其相关档案/哈斯，内蒙古大学学报（哲学社会科学蒙古文版）. 2

中国日本史研究概况/恩和，内蒙古大学学报（哲学社会科学蒙古文版）. 2

《北使录》史料价值探微/韩慧玲，内蒙古大学学报（哲学社会科学蒙古文版）. 3

对阿里不哥与忽必烈汗位正统问题的小考/傲日格勒，内蒙古大学学报（哲学社会科学蒙古文版）. 3

车臣汗硕垒诸子不同史料记载比较研究/［蒙古］温都日玛，内蒙古大学学报（哲学社会科学蒙古文版）. 3

敖汉旗北元“万寿白塔”蒙汉文石刻研究（一）——关于庚子年碑刻/宝音得力根　宝音特古斯，内蒙古大学学报（哲学社会科学蒙古文版）. 4

清中叶科尔沁法库等地外旗蒙古人的管理——以闲散扎兰赛保贪污案为中心/白梅荣，内蒙古大学学报（哲学社会科学蒙古文版）. 4

《白史》各种抄本及其特点/萨茹拉，内蒙古大学学报（哲学社会科学蒙古文版）. 5

新中国成立初期内蒙古的整风与整党运动/庆格勒图，内蒙古大学学报（哲学社会科学蒙古文版）. 6

匈奴人信仰民俗的图书资料研究——以司马迁《史记·匈奴列传》中的信仰民俗资料为例/托雅，内蒙古民族高等专科学校学报 . 1

关于挖掘和利用鄂尔多斯文献的几个问题/张银仓　鲍桂芝，内蒙古民族高等专科学校学报 . 1

分析《呼和浩特史蒙古文献资料汇编》之禁止呼和浩特土默特地区喇嘛娶妻的规定一文/额尔敦巴特尔，内蒙古民族高等专科学校学报 . 2

《蒙古秘史》中的力量之说/王海荣，内蒙古民族高等专科学校学报 . 3

从清代“郡王旗地图”看成陵物的分布/胡尔查毕力格，西北民族大学学报（哲学社会科学蒙古文版）. 1

成吉思汗教育思想及其对蒙古汗国发展的作用/海梅，赤峰学院学报（蒙古文哲学社会科学版）. 1

明清时期漠北蒙古与内地的经济关系与物品交流/香莲，赤峰学院学报（蒙古文哲学社会科学版）. 3

明清时期北方边疆的市场交流与文化交融/吉日嘎拉，赤峰学院学报（蒙古文哲学社会科学版）. 3

论日本侵略者在“蒙疆”实行的鸦片政策/齐百顺，赤峰学院学报（蒙古文哲学社会科学版）. 3

澶渊之盟对辽代瓷器制造业的影响/武天佑，赤峰学院学报（蒙古文哲学社会科学版）. 3

《金轮千福》第一卷史料来源探究/乌尼日其其格，赤峰学院学报（蒙古文哲学社会科学版）. 3

漠北喀尔喀蒙古归附清朝原因探考/吉日嘎拉，赤峰学院学报（蒙古文哲学社会科学版）. 4

翁牛特扎萨克多罗杜棱君王喇特那吉哩迪旗台吉世袭及有关问题考/陈岚，赤峰学院学报（蒙古文哲学社会科学版）. 5

探析蒙古西征中的几个问题/巴雅苏勒，赤峰学院学报（蒙古文哲学社会科学版）. 5

清代昭乌达会盟若干问题研究/陈岚，赤峰学院学报（蒙古文哲学社会科学版）. 6

忽必烈东征日本的缘由/恩和，中国蒙古学 . 2

六　民族语言文字

蒙古语网络广告初探/包艳花，内蒙古社会科学（蒙古文版）. 1

关于驼文化词汇数据库的构建/布音其其格　哈斯，内蒙古社会科学（蒙古文版）. 1

论蒙古语与日语中的象声词/哈森托娅，内蒙古社会科学（蒙古文版）. 2

科尔沁部落与科尔沁土语的形成/文化，内蒙古社会科学（蒙古文版）. 2

试论蒙古语和英语中蓝色表述的文化内涵/朝鲁门，内蒙古社会科学（蒙古文版）. 2

蒙古语中由名词转化的量词研究/宝音额木和，内蒙古社会科学（蒙古文版）. 3

蒙古语族语言祈使式第三人称形态探讨/哈申格日乐，内蒙古社会科学（蒙古文版）. 3

基于自然口语语料库的鄂尔多斯方言元音研究/呼日乐吐什　乌日古嘎，内蒙古社会科学（蒙古文版）. 3

简论蒙古语族语音“ayit”与突厥语族语音“aile”二词结构含义及其借用关系/钦德木尼，内蒙古社会科学（蒙古文版）. 3

关于蒙古语重音问题/德力格日呼　沃德力克，内蒙古社会科学（蒙古文版）. 3

蒙古语族语言圆唇元音的演变与发展/姜根兄，内蒙古社会科学（蒙古文版）. 4

蒙古文电子词典现状分析/苏雅丽，内蒙古社会科学（蒙古文版）. 4

纯反义词形成的蒙古谚语分析/苏日古嘎，内蒙古社会科学（蒙古文版）. 4

国外家庭语言政策管窥/阿拉腾宝力高，内蒙古社会科学（蒙古文版）. 4

蒙古文数字资源制作及检索平台设计与实现/孙国英，内蒙古社会科学（蒙古文版）. 4

学习蒙古文书法楷书途径之我见/图布心，内蒙古社会科学（蒙古文版）. 4

新发现的五当召门匾八思巴文释读/乌力吉白乙，内蒙古社会科学（蒙古文版）. 5

《科尔沁民歌》所蕴含的多元文化语义学分析/格 · 海日罕，内蒙古社会科学（蒙古文版）. 5

科尔沁土语语音变化与蒙古书面语比较研究/额尔敦初古拉　海城，内蒙古社会科学（蒙古文版）. 5

日语格助词“に”与蒙古语的对应关系/孟根格日乐，内蒙古社会科学（蒙古文版）. 5

蒙古语网络名称与术语规范化研究/额尔敦塔娜，内蒙古社会科学（蒙古文版）.5

蒙古文同形词与同音词、兼类词、多义词的关系/淑琴，内蒙古社会科学（蒙古文版）.5

从阿鲁科尔沁土语词汇看狩猎文化演变/海燕，内蒙古社会科学（蒙古文版）.5

《西游记》与《孙悟空故事》的语言比较/塔娜 秋喜，内蒙古社会科学（蒙古文版）.5

蒙古文自动校对技术研究现状分析/巴图赛恒，内蒙古社会科学（蒙古文版）.5

现代蒙古语书面语语料库检索统计程序的研制/都仁 呼日乐吐什，内蒙古社会科学（蒙古文版）.5

校对“现代蒙古语语料库”过程中遇到的语言学诸问题/额尔登昭拉，内蒙古社会科学（蒙古文版）.5

从认知语义学视角分析有关死亡的蒙古语词语/金书包 包照日格图，内蒙古社会科学（蒙古文版）.6

蒙英语比喻词比较研究/乌优，内蒙古社会科学（蒙古文版）.6

产品说明中蒙古文使用情况及存在的问题/额·宝音乌力吉，内蒙古社会科学（蒙古文版）.6

蒙古语回指形式的使用及其认知依据/套格敦白乙拉，中国蒙古学.1

《登坛必究》之《北虏译语》题目演变/布日古德，中国蒙古学.1

蒙古语族语言体附加成分/哈申格日勒，中国蒙古学.1

蒙古语及英语句式比较研究/王梅花，中国蒙古学.1

蒙古族本科生的语言习得与外语教学法/阿拉木斯，中国蒙古学.1

蒙古语族非词首短元音的保留、弱化、脱漏原因/包萨仁，中国蒙古学.1

隐喻的语言学研究（二）/德力格尔，中国蒙古学.1

日本语和蒙古语发音单位末音的主要特点与作用/哈申图雅，中国蒙古学.2

蒙古语和英语被动态与功能的比较研究/萨仁格日乐，中国蒙古学.2

现代蒙古语与日本语“被动式”句型比较研究/塔娜，中国蒙古学.2

库伦方言长元音研究/双花，中国蒙古学.2

蒙、汉语语言迁移现象对蒙古族学生学习英语的作用与影响/王牧兰，中国蒙古学.2

前郭尔罗斯东三家子乡黑坨子村蒙古族青少年的母语使用情况/包梅荣，中国蒙古学.2

英语与蒙古谚语特征异同分析/白塔娜，中国蒙古学.2

卫拉特蒙古族亲属称谓的语义特征/文化，中国蒙古学.2

马名“额别舌兄秃兀衲昆察中合安”的研究/金刚，中国蒙古学.3

科尔沁蒙古人亲属称谓特点/阿拉坦格日乐，中国蒙古学.3

识别指名实体研究概况/楠丁，中国蒙古学.3

促成蒙古文书法艺术风格的因素/图布心卜，中国蒙古学.3

蒙古语时间量词研究/宝音额木和，中国蒙古学.4

八思巴字蒙古语文献的长音符号/高莲花，中国蒙古学.4

论科尔沁土语特殊词“Shurhumn”的文化内涵/格根哈斯，中国蒙古学.4

科尔沁方言词首音节短元音的声学分析/王国彬，中国蒙古学.4

日本语助动词“~てもらぅ”与蒙古语中的相应助词/何桂花，中国蒙古学.4

科左后旗阿古拉镇蒙古族口语特殊词汇研究/乌日其其格，中国蒙古学.4

论高等院校蒙生学习英语如何克服母语语音负迁移现象/萨仁格日乐，中国蒙古学.4

蒙古语数词表达日期形态变化特征/钦德木尼，中国蒙古学.4

《黄金史》人称领属语气词研究/孟根，中国蒙古学.4

科木吉勒作品的卫拉特方言特征/包满亮，中国蒙古学.5

蒙英语动词时间范略比较研究/海小　额尔敦初古拉，中国蒙古学.5

蒙汉语复合词理据性对比/赵春明，中国蒙古学.5

蒙古族学生三语习得过程中语际影响特点/吴白音娜，中国蒙古学.5

阿鲁科尔沁土语概述/乌日罕，中国蒙古学.5

托忒文语料库概况/孟克代力格日　那顺乌日图，中国蒙古学.5

福隆阿及其蒙古语者学著作/同嘎，中国蒙古学.5

《蒙古—卫拉特大法典》部分特殊词语的文化学解析/巴图，中国蒙古学.6

卡尔梅克口语被动句分析/秀花，中国蒙古学.6

察哈尔土语元音系统/山丹，中国蒙古学.6

科尔沁土语第一音节短音声学分析/乌吉斯古冷，中国蒙古学.6

呼和浩特市蒙古族农牧民工蒙古语使用中存在的问题/额尔敦尼，中国蒙古学.6

蒙古谚语与蒙古族隐喻文化/胡格吉夫，中国蒙古学.6

青海蒙古民歌的历史记忆性/萨仁格日勒，中国蒙古学.6

科尔沁民歌多元文化元素分析/格·海日罕，中国蒙古学.6

弃老型故事来源之探索/赵峰琴　胜利，中国蒙古学.6

《黄金史纲》中记载的哈撒儿传说研究/索伦高娃，中国蒙古学.6

试论民歌的传播作用/姜淑萍　包青玉，中国蒙古学.6

从蒙古族谚语看尊崇祖先观/萨茹拉，中国蒙古学.6

蒙古族传统思维与蒙古语修辞特点/图雅，中国蒙古学.6

蒙古文比喻词语之人种学研究/苏亚拉，中国蒙古学.6

蒙古语与汉语接触过程中的“有”的消长——元代白话句末“有”字谈起/贾晞儒，西部蒙古论坛（蒙古文版）.1

青海蒙古语地名传说考/呼和，西部蒙古论坛（蒙古文版）.1

新疆巴州农牧区蒙古族语言使用现状/韩建岗，西部蒙古论坛（蒙古文版）.2

蒙古语汉语量词的比较研究/宝音额木和，西部蒙古论坛（蒙古文版）.3

德都蒙古当代母语散文发展概述/萨尔娜，西部蒙古论坛（蒙古文版）.3

关于“mongolnutug—unuridakieceehelegsentolibicig”/阿江·苏妮亚，西部蒙古论坛（蒙古文版）.3

德都蒙古语是德都蒙古历史文化的镜像/贾晞儒，西部蒙古论坛（蒙古文版）.4

借词的蒙古化混合词的惯用——科尔沁民歌语言研究/满都呼，内蒙古民族大学学报（社会科学蒙古文版）.1

蒙古文字的三种样式/恩克，内蒙古民族大学学报（社会科学蒙古文版）.1

《蒙古秘史》的数词及它的作用/宝音额木和，内蒙古民族大学学报（社会科学蒙古文版）.1

库伦旗茫汗苏木蒙古语元音特征/海成，内蒙古民族大学学报（社会科学蒙古文版）.2

《蒙古秘史》中“anda”一词的文化解读/［蒙古］C. 孟和赛汗，内蒙古民族大学学报（社会科学蒙古文版）.3

论保护和使用蒙古语的重要性/M. 萨如拉额尔敦，内蒙古民族大学学报（社会科学蒙古文版）.3

论蒙古语书面语“xiu da”在口语中的情态意义表现形式/齐百灵，内蒙古民族大学学报（社会科学蒙古文版）.3

科左中旗土语中的非词首短元音声学分析/王国彬，内蒙古民族大学学报（社会科学蒙古文版）．3

文学翻译中的创造性叛逆——译介学视角下的汉蒙翻译/额日德木图，内蒙古民族大学学报（社会科学蒙古文版）．4

关于新近发现的阿拉善喇嘛阿格旺丹德尔一部作品/王满特嘎，内蒙古民族大学学报（社会科学蒙古文版）．4

相关宗教比喻语言与蒙古人的思维/嘎拉桑　张丽梅，内蒙古民族大学学报（社会科学蒙古文版）．4

牌匾蒙译中的“信”、“达”、“雅”问题/娜仁图雅，内蒙古民族大学学报（社会科学蒙古文版）．4

呼和浩特蒙古语文政策法规贯彻落实情况/额勒森其其格，内蒙古师范大学学报（哲学社会科学蒙古文版）．1

论蒙古语数量词修辞功能/宝音额木和，内蒙古师范大学学报（哲学社会科学蒙古文版）．1

文字与雕版/萨仁　舍·敖特根巴雅尔，内蒙古师范大学学报（哲学社会科学蒙古文版）．1

《蒙古秘史》中的“阿周”一词经济学释义/王来喜　宝鲁日，内蒙古师范大学学报（哲学社会科学蒙古文版）．1

简论现代蒙古语新词语/莫·巴特尔，内蒙古师范大学学报（哲学社会科学蒙古文版）．2

关于萨迦班智达·贡嘎坚赞的蒙古文字研究/哈斯巴根，内蒙古师范大学学报（哲学社会科学蒙古文版）．4

探析《蒙古语中的外来词词典》中的汉语借词/郭玉琴，内蒙古师范大学学报（哲学社会科学蒙古文版）．4

论蒙古言语中的家庭和谐观/萨茹拉　张荣华，内蒙古师范大学学报（哲学社会科学蒙古文版）．4

简论蒙古文楷书、行书、草书的特征/苏日塔拉图，内蒙古师范大学学报（哲学社会科学蒙古文版）．4

蒙古语标准音在《大学蒙古语》课程教学中的推广应用方法研究/那布其，内蒙古师范大学学报（哲学社会科学蒙古文版）．4

蒙古文编码国际、国家标准形成始末（一）/确精扎布，内蒙古大学学报（哲学社会科学蒙古文版）．1

蒙古书面语中的《VCV》结构在东乡语中的发展/姜根兄，内蒙古大学学报（哲学社会科学蒙古文版）．2

蒙古语语料库语义角色标注研究/斯琴夫　化沙宝，内蒙古大学学报（哲学社会科学蒙古文版）．3

澄清有关《字发表》的几个舛误/斯琴巴特尔，内蒙古大学学报（哲学社会科学蒙古文版）．2

论阿旺丹达尔《语饰》的语文教材特征/正月，内蒙古大学学报（哲学社会科学蒙古文版）．2

蒙古文编码国际、国家标准形成始末（二）/确精扎布，内蒙古大学学报（哲学社会科学蒙古文版）．2

历史语言学视域中的《收继婚》古代蒙古语称谓/牧仁，内蒙古大学学报（哲学社会科学

蒙古文版). 2

"译语"词典中的蒙古语词分类情况比较研究/兀·呼日乐巴特尔，内蒙古大学学报（哲学社会科学蒙古文版）. 3

浅论回鹘式蒙古文词首出现的 h 辅音的写法/希日胡　确精扎布，内蒙古大学学报（哲学社会科学蒙古文版）. 3

蒙古国新闻语料库中的词频研究/［蒙古］忠·恩和巴雅尔，内蒙古大学学报（哲学社会科学蒙古文版）. 3

"也客薛和扎鲁—大的每行地裹"释——《蒙古秘史》语言特征分析/布仁巴图，内蒙古大学学报（哲学社会科学蒙古文版）. 4

词义与词语搭配——以蒙古语族语言同源词为例/其布尔哈斯　马红霞，内蒙古大学学报（哲学社会科学蒙古文版）. 4

蒙古语六词动词短语结构规则探析/晓娟　达胡白乙拉，内蒙古大学学报（哲学社会科学蒙古文版）. 4

哲理木盟蒙古语土话语音特点——根据方言地图语言调查资料分析/钦德木尼，内蒙古大学学报（哲学社会科学蒙古文版）. 4

论蒙古语"兀真"一词/高·照日格图，内蒙古大学学报（哲学社会科学蒙古文版）. 5

关于卡尔梅克语土尔扈特土语程度格/秀花，内蒙古大学学报（哲学社会科学蒙古文版）. 5

试论卫拉特方言的形成与发展/文化，内蒙古大学学报（哲学社会科学蒙古文版）. 5

蒙古贞土语亲属称谓/孟根格日勒，内蒙古大学学报（哲学社会科学蒙古文版）. 5

关于［domog］术语使用的学术规范问题/孟克吉雅，内蒙古大学学报（哲学社会科学蒙古文版）. 5

英语动词一般现在时与蒙古语一般现在时对比研究/巴·孟和，内蒙古大学学报（哲学社会科学蒙古文版）. 6

蒙古语准予苏的功能及其修辞特点/［蒙古］M. 恩和吉日嘎拉，内蒙古大学学报（哲学社会科学蒙古文版）. 6

有关蒙古语播音主持语言艺术的若干问题/阿丽玛，内蒙古大学学报（哲学社会科学蒙古文版）. 6

关于语言变化发展的生态语言学解说/勒·套勒巴亚尔，内蒙古民族高等专科学校学报 . 1

卫拉特方言研究综述/苏荣，内蒙古民族高等专科学校学报 . 1

《蒙古秘史》第 132 节一处汉字标音正误/扎·呼日乐巴特尔，内蒙古民族高等专科学校学报 . 2

关于达斡尔语中的植物名称简探/哈斯其木格，内蒙古民族高等专科学校学报 . 2

河北省承德地区蒙古语元音特征/孟根图娅　阿拉坦图亚，内蒙古民族高等专科学校学报 . 2

浅谈蒙古语授课环境专业实践教学改革/李福全，内蒙古民族高等专科学校学报 . 2

简论蒙古族谚语中的时节象征性/娜仁图雅，内蒙古民族高等专科学校学报 . 3

从蒙古谚语考究蒙古族的农业知识与经验/图雅，内蒙古民族高等专科学校学报 . 3

语言规划及其生态依据/萨仁，内蒙古民族高等专科学校学报 . 3

蒙语和英语人称代词的对比分析/涛歌，内蒙古民族高等专科学校学报 . 3

蒙古族岩画及文字文化的痕迹性/娜仁图雅，内蒙古民族高等专科学校学报 . 3

蒙古文古籍印刷技术之探/包那斯琴，内蒙古民族高等专科学校学报 . 3

从蒙古谚语探究蒙古人的无神论思想/牛亚琴，内蒙古民族高等专科学校学报.4
科尔沁民歌的用语/阿如汗　阿尼斯，内蒙古民族高等专科学校学报.4
《蒙古秘史》中的“barildvga”一词翻译正误/澈博格，内蒙古民族高等专科学校学报.4
土族语音节的组成/韩国军，内蒙古民族高等专科学校学报.4
有关蒙古服饰的谚语审美特征/玛玖，西北民族大学学报（哲学社会科学蒙古文版）.1
保安语单节短元音声学分析/德吉夫，西北民族大学学报（哲学社会科学蒙古文版）.1
论教科书语言的要求/［蒙古］乐·宝力德，赤峰学院学报（蒙古文哲学社会科学版）.1
浅析与野鸡相关的日语言语/马福山，赤峰学院学报（蒙古文哲学社会科学版）.1
论蒙古族谚语的民族性/李书，赤峰学院学报（蒙古文哲学社会科学版）.1
中蒙两国蒙古语言日常用语分析/阿拉坦图雅，赤峰学院学报（蒙古文哲学社会科学版）.1
蒙古语名词延展范畴研究/南丁，赤峰学院学报（蒙古文哲学社会科学版）.1
呼和浩特市蒙古族民工蒙古语言使用情况调查/额尔德尼，赤峰学院学报（蒙古文哲学社会科学版）.2
翻译与语言文化/迎春，赤峰学院学报（蒙古文哲学社会科学版）.2
简析蒙古语邻居后缀错用现象/宝玉，赤峰学院学报（蒙古文哲学社会科学版）.4
杜尔伯特次土语词首节短元音的声学分析/胡红彦，赤峰学院学报（蒙古文哲学社会科学版）.4
蒙古语与日语母音对比及其日语语音教学/包迎春，赤峰学院学报（蒙古文哲学社会科学版）.5
蒙古语与日语福音对比及其日语语音教学（续）/包迎春，赤峰学院学报（蒙古文哲学社会科学版）.6
基于蒙古语语料库地名特点研究/佳琦，赤峰学院学报（蒙古文哲学社会科学版）.6

七　民族文学艺术

哈斯宝生平研究述评/额尔很巴雅尔，内蒙古社会科学（蒙古文版）.1
简析青海蒙古族小说中的史诗传承/哈·马兰巴托，内蒙古社会科学（蒙古文版）.1
《阿尔扎波尔扎罕》故事之鄂尔多斯变体研究/格日乐，内蒙古社会科学（蒙古文版）.1
索德那木拉布坦对文学性质的见解/阿荣，内蒙古社会科学（蒙古文版）.1
从史籍看哈撒儿传说的学术价值/苏龙高娃，内蒙古社会科学（蒙古文版）.1
理想与现实——赛春嘎作品中的爱情、性别观念/内蒙古社会科学（蒙古文版）.2
《江格尔》中的正面形象所反映的生态意识/格根曹布道，内蒙古社会科学（蒙古文版）.2
“文化大革命”时期蒙古族文学研究概述/华玉，内蒙古社会科学（蒙古文版）.2
蒙古族现当代文学性别研究史及现状/包天花，内蒙古社会科学（蒙古文版）.3
《红楼梦》写就之地探究/贺塔娜　莫·陶克陶夫，内蒙古社会科学（蒙古文版）.3
俄罗斯布里亚特民间故事特点以及搜集研究现状/斯琴孟和，内蒙古社会科学（蒙古文版）.4
胡仁乌力格尔对蒙古族中国历史观的影响/乌·额尔很白乙拉，内蒙古社会科学（蒙古文版）.4
满文版《三国演义》研究价值/秀云，内蒙古社会科学（蒙古文版）.4
西方文学中的悲剧形象论/斯琴，内蒙古社会科学（蒙古文版）.4
冉皮勒《江格尔》中的程式运用规律探析/陶·乌力吉仓，内蒙古社会科学（蒙古文

版). 4
蒙古族英雄史诗中的优美观念及其社会历史根源/额尔敦，内蒙古社会科学（蒙古文版). 4
论益西班觉关于文学特征的理论与实践/树林　赵峰琴，内蒙古社会科学（蒙古文版). 5
现代蒙古族文学所反映的生态危机及其环境后果/清华，内蒙古社会科学（蒙古文版). 5
科尔沁当代乡土小说中的胡仁乌力格尔叙事程式/孙高娃，内蒙古社会科学（蒙古文版). 6
蒙古族当代文学的现代性民族性双重追求与文化理想/包英格，内蒙古社会科学（蒙古文版). 6
论神话的史诗化/扎拉嘎夫，内蒙古社会科学（蒙古文版). 6
蒙古语网络文学中存在的问题/亮月，中国蒙古学 . 1
论民歌在现代蒙古文诗歌中的传承/黄金，中国蒙古学 . 1
20 世纪 80、90 年代蒙古语小说中的传说故事意义/彭春梅，中国蒙古学 . 1
新时期科尔沁文学中的悲剧意识/图雅，中国蒙古学 . 1
蒙古文学界中国近代文学作品研究综述（1977—2013）/阚海英，中国蒙古学 . 1
蒙古族谚语中有关羊的论述/牛雅琴，中国蒙古学 . 1
论科尔沁英雄史诗的佛教意识/周双喜，中国蒙古学 . 1
论阿旺丹达“宿命”思想与“无我”意识/额乐博日图　斯日古楞，中国蒙古学 . 1
悔力更葛根洛桑丹毕坚赞诗歌思想研究/吉仁尼格，中国蒙古学 . 1
科尔沁乡土小说中的婚姻习俗/孙高娃，中国蒙古学 . 2
《巴林格斯尔》中的嘎力邦夏日之文化渊源/哈顺图雅　孟金宝，中国蒙古学 . 2
故事本子故事在蒙古族文学史上的地位/达来，中国蒙古学 . 2
元朝宫廷乐器的来源与形成/朝鲁，中国蒙古学 . 2
“文化大革命”时期蒙古文学中的女性形象模式探微/华玉，中国蒙古学 . 2
《小花马事件》文本使用中存在/齐立格尔，中国蒙古学 . 2
蒙古语“改革文学”中对于人的现代性的想象/萨仁高娃，中国蒙古学 . 2
胡仁乌力格尔历史上的几次大改革/包金刚，中国蒙古学 . 2
《格斯尔传》中的“佛指”探秘/斯钦巴图，中国蒙古学 . 3
卫拉特英雄史诗中火与住房的礼俗/额尔登别力格，中国蒙古学 . 3
浩 · 巴岱对卫拉特文化发展做出的贡献/敖敦其木格，中国蒙古学 . 3
胡仁乌力格尔对“故事本子”的影响/乌 · 额尔很白乙拉，中国蒙古学 . 3
《骑黑牛的少年》口传与书面文本比较研究/格日乐，中国蒙古学 . 3
C. 罗布桑旺丹对社会主义现实主义文学的研究/阿力坦斯那嘎，中国蒙古学 . 3
从风俗诗歌到风俗传说/满都夫，中国蒙古学 . 4
阿拉善公米格敖其尔的《游记》特色/马 · 乌尼乌兰，中国蒙古学 . 4
藏蒙十三章《尸语故事》前言故事相关问题/斯琴孟和，中国蒙古学 . 4
《色特尔扎布传》相关文本研究/鲍鲁尔，中国蒙古学 . 4
《江格尔》中的变天鹅母题探析/格根曹布道，中国蒙古学 . 4
蒙古文诗歌鲜花描写传统及赛春嘎作品中的革新/朝鲁门，中国蒙古学 . 5
从语言与思维关系看蒙古文小说/初一，中国蒙古学 . 5
论希 · 阿尤西戏剧作品英雄主义传统/萨仁高娃，中国蒙古学 . 5
“十七年”蒙古族文学研究综述/萨日郎，中国蒙古学 . 5

蒙古文小说审美艺术批评研究/阿拉坦巴根，中国蒙古学.5

东格尔大喇嘛形象特色/辛估乐　韩跟小，中国蒙古学.5

史诗及胡仁乌力格尔母题研究/白玉荣，中国蒙古学.5

青海民间艺人苏和演唱的英雄史诗特点/郃银枝，中国蒙古学.5

黑妖怪母题之探/萨仁托雅，中国蒙古学.5

胡仁马力格尔文本转换/李彩花，中国蒙古学.5

论胡仁乌力格尔叙事节奏的作用/海全，中国蒙古学.5

江格尔与玛纳斯比较研究/哈·阿勒腾，中国蒙古学.5

胡仁乌力格尔与汉族戏曲之关系研究/好比斯嘎拉图，中国蒙古学.5

仁钦道尔古对胡仁乌力格尔研究做出的贡献/朝格图，中国蒙古学.5

《哲里木文艺》杂志对科尔沁文学的传播作用/清华，中国蒙古学.5

梵文诗歌翻译及藻饰词的多样性内涵——以《云使》为例/萨斯仁贵，中国蒙古学.5

蒙古族英雄史诗的汉译过程中重视民族文化要素/乌云其木格，中国蒙古学.5

蒙古语诗歌中农耕文化经验的表述/海日寒，中国蒙古学.6

新时期蒙古文小说中的科技文化思维语言/哈·乌兰巴托，中国蒙古学.6

全球化视野下的蒙古族当代文学适应性研究/包英格，中国蒙古学.6

鲁迅作品在蒙古国的译介概述/包呼格吉勒图，中国蒙古学.6

新发现的蒙古族历史民歌《召请帖木儿歌》/乌恩其　巴苏和，中国蒙古学.6

浅谈《江格尔》史诗体现的社会性质/乌鲁木吉·巴登其其格，西部蒙古论坛（蒙古文版）.1

新发现的手抄本托忒文《格斯尔》与《鄂尔多斯格斯尔》的比较研究/额日邓苏布达，西部蒙古论坛（蒙古文版）.1

跨世纪的散文景观——改革开放30年卫拉特散文创作回顾及展望/巴·乌云巴图，西部蒙古论坛（蒙古文版）.2

关于德都蒙古民间谚语文化内涵/勒·乌苏荣贵，西部蒙古论坛（蒙古文版）.2

简析M.伊达木苏荣《我们的文艺》一诗/高娃，西部蒙古论坛（蒙古文版）.2

简论甘肃《格斯尔》/巴图巴依尔，西部蒙古论坛（蒙古文版）.2

卫拉特神话研究综述/扎拉嘎夫，西部蒙古论坛（蒙古文版）.3

哈斯宝与金圣叹之叙事思想比较——以叙事节奏为例/韩慧芝，西部蒙古论坛（蒙古文版）.3

德都蒙古非物质文化遗产保护与传承研究——以德都蒙古英雄史诗《汗青格勒》为个案/吉乎林，西部蒙古论坛（蒙古文版）.3

《江格尔》的英雄《吃牲口再复活》母题研究/特日格力，西部蒙古论坛（蒙古文版）.3

简论《江格尔》的广播播出情况/阿·敖其尔，西部蒙古论坛（蒙古文版）.3

史诗《江格尔》与《格萨尔》藏族形象比较研究——以江格尔与格萨尔形象为例/齐玉花，西部蒙古论坛（蒙古文版）.4

关于论中国收藏的察哈尔格布希蒙译《萨加格言》各版本/朝鲁，西部蒙古论坛（蒙古文版）.4

蒙古民间山水颂词与蒙古人的自然崇拜意识/巴·苏和，内蒙古民族大学学报（社会科学蒙古文版）.1

《蒙古纪闻》之“蟒古斯故事”比较研究/吴达来，内蒙古民族大学学报（社会科学蒙古文版）.1

蒙古族有关五月初五的传说论析/兴安，内蒙古民族大学学报（社会科学蒙古文版）．1

《列那狐的故事》与《卡里来和笛木乃》/斯琴格日乐，内蒙古民族大学学报（社会科学蒙古文版）．1

文学作品所反映的自然界表现形式/希龙青克利，内蒙古民族大学学报（社会科学蒙古文版）．1

作家的世界观与创作实践/毛艳丽，内蒙古民族大学学报（社会科学蒙古文版）．1

蒙古国《水浒传》及本子故事研究概况/嘎拉巴雅尔，内蒙古民族大学学报（社会科学蒙古文版）．2

评树林的《蒙古族藏文文论体系》/额尔敦白音，内蒙古民族大学学报（社会科学蒙古文版）．2

《乌巴什·洪台吉的故事》之传说性/包玉琼，内蒙古民族大学学报（社会科学蒙古文版）．2

达·那木达嘎戏剧《庄稼》和小说《庄稼》语料库分析与比较研究/王玉龙，内蒙古民族大学学报（社会科学蒙古文版）．2

新世纪科尔沁文学批评中存在的问题/图雅，内蒙古民族大学学报（社会科学蒙古文版）．2

论伊达木苏荣的少女成长主题小说/僧格，内蒙古民族大学学报（社会科学蒙古文版）．2

新世纪蒙古族神话传说研究综述/格·那木吉拉　扎拉嘎呼，内蒙古民族大学学报（社会科学蒙古文版）．3

蒙古族藏文文论：当代的理论阐释与蒙古文论建构——评树林的《蒙古族藏文文论体系研究》/阿如汗　青格勒图，内蒙古民族大学学报（社会科学蒙古文版）．3

叙事民歌《嘎达梅林》人物形象谈/白布和，内蒙古民族大学学报（社会科学蒙古文版）．3

关于科尔沁民歌《洪格尔》与《翠玲》/宝音贺希格，内蒙古民族大学学报（社会科学蒙古文版）．3

说书故事《薛刚叛唐》解析/包萨仁其木格，内蒙古民族大学学报（社会科学蒙古文版）．3

满都呼教授、哈斯额尔敦教授80华诞学术研讨会语言分会综述/金刚，内蒙古民族大学学报（社会科学蒙古文版）．3

蒙古族生态文学研究的系统工程——关于巴·苏和的《蒙古族生态文学研究》/苏尤格，内蒙古民族大学学报（社会科学蒙古文版）．4

文学史上的超越文学研究的力作——读巴·苏和的《蒙古族生态文学研究》/格·孟和，内蒙古民族大学学报（社会科学蒙古文版）．4

蒙古文学理论研究领域的创新佳作——评巴·苏和的《蒙古族生态文学研究》/策·杰尔嘎拉，内蒙古民族大学学报（社会科学蒙古文版）．4

蒙古族生态文学的历史总结和创新探索——巴·苏和教授《蒙古族生态文学研究》出版之际/包·赛吉拉夫，内蒙古民族大学学报（社会科学蒙古文版）．4

评《蒙古族生态文学研究》/阿拉坦格日乐，内蒙古民族大学学报（社会科学蒙古文版）．4

蒙古文小说语言文艺批评的研究/阿拉坦巴根，内蒙古师范大学学报（哲学社会科学蒙古文版）．2

胡仁乌里格尔民俗之探——以胡尔民俗为例/包金刚，内蒙古师范大学学报（哲学社会科

学蒙古文版). 2

试论胡仁乌力格尔开头结尾母体——以《龙虎两山》为例/赵福财　包・阿拉木斯，内蒙古师范大学学报（哲学社会科学蒙古文版). 2

论神话思维结构/索・苏伊拉吗，内蒙古师范大学学报（哲学社会科学蒙古文版). 2

乌拉特文学人物形象特色/阿拉腾嘎达苏，内蒙古师范大学学报（哲学社会科学蒙古文版). 3

体制的现代转型与蒙古诗歌的变迁（上）——体制文学/元成，内蒙古师范大学学报（哲学社会科学蒙古文版). 3

胡仁乌里格尔民俗之探（二）——以说书艺人民俗为例/包金刚，内蒙古师范大学学报（哲学社会科学蒙古文版). 3

传承弘扬纳・赛音朝克图精神/扎格尔，内蒙古师范大学学报（哲学社会科学蒙古文版). 4

内蒙古东部农耕村落的形成及胡仁乌力格尔产生的渊源/宝音陶克陶，内蒙古大学学报（哲学社会科学蒙古文版). 4

《七个秃子一个歪脖子》故事类型解析/格日乐，内蒙古大学学报（哲学社会科学蒙古文版). 2

十三卷本《江格尔》的版本问题/德・塔亚，内蒙古大学学报（哲学社会科学蒙古文版). 3

诗镜"命论"（二）——蒙古族高僧诗镜"命论"中蕴含的文学原理/树林，内蒙古大学学报（哲学社会科学蒙古文版). 3

阿格旺海多布《牛羊山羊的对话》与贡楚格扎木苏《牛羊猪的故事》的比较研究/敖道胡，内蒙古大学学报（哲学社会科学蒙古文版). 3

新世纪以来中国现代文学蒙古语译介综述/阚海英，内蒙古大学学报（哲学社会科学蒙古文版). 3

《珠乃手抄〈江格尔〉》中江格尔奇异诞生母体研究/玉折，内蒙古大学学报（哲学社会科学蒙古文版). 3

蒙古族"文革文学"研究的回顾与思考/王海梅，内蒙古大学学报（哲学社会科学蒙古文版). 4

民国时期的即兴诗研究——资料建设与文本解读/满全　额尔敦格日乐，内蒙古大学学报（哲学社会科学蒙古文版). 4

二十世纪后半叶内蒙古文坛"玛拉沁夫现象"——玛拉沁夫习作成名之"秘"/特古斯巴雅尔，内蒙古大学学报（哲学社会科学蒙古文版). 5

简论将禅学纳入文学理论的原由/熙・巴达玛旺朝阁，内蒙古大学学报（哲学社会科学蒙古文版). 6

胡仁乌力格尔《乌尼钦奥都》中呼格吉格犬之叙事功能/席哈斯巴特尔，内蒙古大学学报（哲学社会科学蒙古文版). 6

《阿拜格斯尔博格多可汗》史诗之两个主题/孟津保　哈顺图雅，内蒙古大学学报（哲学社会科学蒙古文版). 6

蒙古语诗歌中农耕文化诗歌的形成与发展/海日寒，内蒙古大学学报（哲学社会科学蒙古文版). 6

蒙古民间文学研究的发展成熟阶段/满都呼，内蒙古民族高等专科学校学报. 1

《蒙古乌巴什・洪太吉传》口传文本研究/包玉琼，内蒙古民族高等专科学校学报. 1

蒙古族民间故事中的燕子形象分析/道日娜，内蒙古民族高等专科学校学报.1

《孤儿舌战成吉思汗九员大将》的若干哲理特征/格·嘎勒巴亚尔，内蒙古民族高等专科学校学报.1

教授满都呼与蒙古民间文学/胡格吉夫，内蒙古民族高等专科学校学报.2

论学者何·嘎丹对《诗镜论》研究/［蒙古］达·苏米雅，内蒙古民族高等专科学校学报.2

蒙古人《寰椎骨》理念与别里古台《阿门呼柱》祭祀/敖特根苏布达　包·赛吉拉夫，内蒙古民族高等专科学校学报.2

卫拉特神话、传说研究概况/阿云嘎，内蒙古民族高等专科学校学报.2

蒙古族民间文学课程建设及其学术定型/满都呼，内蒙古民族高等专科学校学报.3

乌拉特民间英雄史诗的情节体系/阿拉坦嘎达苏，内蒙古民族高等专科学校学报.3

蒙古文学体例的新分类/常玉梅，内蒙古民族高等专科学校学报.3

关于蒙古文学研究中如何理解“tuguji”一词/宝鹿尔其其格，内蒙古民族高等专科学校学报.3

哈撒儿传说与乌拉特地名关涉考/呼日勒沙，内蒙古民族高等专科学校学报.4

《青史演义》中的《妖婆》传说说起/吴宝山，内蒙古民族高等专科学校学报.4

成吉思汗和哈布图哈撒儿传奇形象比较/特·额尔敦陶克套，内蒙古民族高等专科学校学报.4

论巴尔虎和布里亚特《智者镇压蟒古思》类型故事/白秀峰，内蒙古民族高等专科学校学报.4

在蒙古国西部地区流传的“格斯尔”故事文本比较研究/巴雅斯古楞，西北民族大学学报（哲学社会科学蒙古文版）.1

论史诗“江格尔”中所反映的预兆习俗及其文化背景/那木吉拉，西北民族大学学报（哲学社会科学蒙古文版）.1

论阿旺丹德尔诗作“人论教诫喜宴”的创作特点/巴图，西北民族大学学报（哲学社会科学蒙古文版）.1

探究蒙古史诗的娃娃亲以及耳饰的内在联系/关金花，西北民族大学学报（哲学社会科学蒙古文版）.1

关于蒙古民间文学课教材建设问题/满都呼，西北民族大学学报（哲学社会科学蒙古文版）.1

文化形态与新时期蒙古文学/白嘎力赛汗，西北民族大学学报（哲学社会科学蒙古文版）.1

语言动态性理论简述/乌力吉达来，西北民族大学学报（哲学社会科学蒙古文版）.1

蒙古诗辞中的原始思维特征及文化意识/韩长寿，西北民族大学学报（哲学社会科学蒙古文版）.1

论蒙古民间文学中的熊崇拜现象/阿力玛，西北民族大学学报（哲学社会科学蒙古文版）.1

布里亚特蒙古“猪头卦师”故事的传承与演变/乌日其木格，西北民族大学学报（哲学社会科学蒙古文版）.1

新疆蒙古文小说中的民俗内涵/哈·乌兰巴托，西北民族大学学报（哲学社会科学蒙古文版）.2

蒙古民间文学研究一部新著——浅谈藤井湖子的“传统的丧失与结构分析的趋向”/朝鲁

门，西北民族大学学报（哲学社会科学蒙古文版）. 2

散皮勒登德布院士对蒙古传说研究的贡献/乌日古木勒，西北民族大学学报（哲学社会科学蒙古文版）. 2

蒙古族“追梦”故事的文本比较/巴图，西北民族大学学报（哲学社会科学蒙古文版）. 2

论巴拉根仓故事的哲学特征/白钢，西北民族大学学报（哲学社会科学蒙古文版）. 2

探析胡仁乌力格尔中的限知叙事视角/海全，西北民族大学学报（哲学社会科学蒙古文版）. 2

蒙古族民间文学中的生态意识的形成及其表现/敖敦其木格，西北民族大学学报（哲学社会科学蒙古文版）. 2

关于哈撒儿传说与历史的关联问题/包・赛吉拉夫，西北民族大学学报（哲学社会科学蒙古文版）. 2

蒙古族月亮神话及其文化内涵/李华，西北民族大学学报（哲学社会科学蒙古文版）. 2

“古今柴达木史诗”之探/沙仁高娃，西北民族大学学报（哲学社会科学蒙古文版）. 2

《美文集》（1929）及蒙古近代文学发展/［蒙古］格・嘎拉巴雅尔，赤峰学院学报（蒙古文哲学社会科学版）. 1

论蒙古族格斯尔传说的比喻性/迎春，赤峰学院学报（蒙古文哲学社会科学版）. 1

论胡仁乌力格“纲鉴”的来源/好毕斯嘎拉图，赤峰学院学报（蒙古文哲学社会科学版）. 2

《薛礼东征》蒙汉文本的故事情节比较/赵文林，赤峰学院学报（蒙古文哲学社会科学版）. 2

论蒙古族神话的思维特征/额尔青图，赤峰学院学报（蒙古文哲学社会科学版）. 2

蟒古斯形象的性质与演变/满都呼，赤峰学院学报（蒙古文哲学社会科学版）. 3

蒙古文学体裁分类与实例分析/常玉梅，赤峰学院学报（蒙古文哲学社会科学版）. 3

蒙古英雄史诗《江格尔》中的反面英雄形象分析/葛根曹布道，赤峰学院学报（蒙古文哲学社会科学版）. 3

阿尔泰语言民族民间文学的蟒古斯形象/满都呼，赤峰学院学报（蒙古文哲学社会科学版）. 4

成吉思汗骏马传说浅谈/宝音德力根，赤峰学院学报（蒙古文哲学社会科学版）. 4

国内蒙古族祝赞词搜集整理与研究概述/玉荣，赤峰学院学报（蒙古文哲学社会科学版）. 4

新发现的乌斯夫宝音胡尔奇演唱的好来宝《赞马》之文本分析/包・撒仁其木格，赤峰学院学报（蒙古文哲学社会科学版）. 4

论成吉思汗马桩传说/宝音德力根，赤峰学院学报（蒙古文哲学社会科学版）. 5

察汗浩特传说母体探究/乌仁通拉嘎，赤峰学院学报（蒙古文哲学社会科学版）. 5

关于胡尔齐乌斯夫宝音说唱的乌力格儿好来宝的研究述评/苏日娜，赤峰学院学报（蒙古文哲学社会科学版）. 5

蒙古语修辞审美的民族特色/陶雅，赤峰学院学报（蒙古文哲学社会科学版）. 5

论杜尔伯特部族起源神话的文化涵义/孟根朝格吐，赤峰学院学报（蒙古文哲学社会科学版）. 5

胡仁乌力格尔的保护和传承探析/包玉柱，赤峰学院学报（蒙古文哲学社会科学版）. 5

蒙古族民间文学中的生态意识的形成及其表现形式/敖敦其木格，赤峰学院学报（蒙古文哲学社会科学版）. 6

浅析蒙古族星辰神话流传特点/李华，赤峰学院学报（蒙古文哲学社会科学版）. 6
蒙古族声乐的审美意识探析/乌兰其其格，内蒙古社会科学（蒙古文版）. 1
阿鲁科尔沁民歌《高兴嘎》探析/高娃，内蒙古社会科学（蒙古文版）. 1
关于叙事民歌手抄本的学术价值/赛吉拉胡，内蒙古社会科学（蒙古文版）. 3
说书艺人乌斯夫宝音好来宝中借用汉语的语义与辞源分析/特古斯巴雅尔，内蒙古社会科学（蒙古文版）. 3
《扣肯呼图格图之歌》鄂尔多斯变体研究/浪腾苏都，内蒙古社会科学（蒙古文版）. 3
罗藏丹津之歌及其传承特征/玉梅，内蒙古社会科学（蒙古文版）. 4
布里亚特“哟郭勒舞”原始性及其流传原由/王海荣，内蒙古社会科学（蒙古文版）. 4
哈穆尼堪鄂温克传统音乐的生存状态分析/灵芝，内蒙古社会科学（蒙古文版）. 4
科尔沁民歌语言与人物传承特点/阿茹罕　阿尼苏，内蒙古社会科学（蒙古文版）. 4
蒙古舞蹈渊源之我见/其其格吉日嘎拉，内蒙古社会科学（蒙古文版）. 5
论科尔沁民歌与公益广告的共性/关图雅　沙仁高娃，内蒙古社会科学（蒙古文版）. 6
蒙古族戏剧音乐创作研究/乌兰，中国蒙古学 . 1
内蒙古水彩画的光线形式特征及其作用/长海，中国蒙古学 . 1
画家朝戈美术作品的艺术风格解读/包双梅，中国蒙古学 . 1
民歌的作者考/银凤，中国蒙古学 . 1
科尔沁民歌中饲养驴、猪、鸡的风俗/王高娃，中国蒙古学 . 2
科尔沁民歌的歌词特点/刘胜，中国蒙古学 . 2
阿巴嘎、阿巴哈纳尔部落潮林哆的种类及分类/朝克图，中国蒙古学 . 2
浅论蒙古族长调的调式特点/包金花，中国蒙古学 . 3
科尔沁民歌艺术形象研究/阿如汗阿尼斯，中国蒙古学 . 3
乌珠穆沁宴歌口传文本结构研究/乌兰其其格，中国蒙古学 . 4
浅谈如何保护和传承科尔沁短调民歌/高敏，中国蒙古学 . 4
叙事民歌研究中存在的问题/赛吉拉胡，中国蒙古学 . 4
蒙古族微电影初探/那荷雅　海日寒，中国蒙古学 . 5
科尔沁叙事民歌《扎那巴拉古尼玛》/白布和，中国蒙古学 . 5
内蒙古视觉艺术作品的蒙古元素研究/图布其其格，中国蒙古学 . 6
试论蒙古民歌中马的形象/额尔登乌拉，西部蒙古论坛（蒙古文版）. 3
关于长调歌《佛教的天空》与《红河之水》/巴·巴图巴雅尔，西部蒙古论坛（蒙古文版）. 3
论青海蒙古民歌及演唱传统相关的禁忌习俗/玉梅，西部蒙古论坛（蒙古文版）. 4
探析科尔沁民歌《陶克陶胡》的叙事性/肖萨日娜，内蒙古民族大学学报（社会科学蒙古文版）. 1
杜尔伯特蒙古民歌传承田野调查/乌仁陶迪，内蒙古民族大学学报（社会科学蒙古文版）. 1
以程式与影响理论探析叙事民歌《陶克陶胡》/哈森其其格，内蒙古民族大学学报（社会科学蒙古文版）. 2
关于科尔沁民歌中的诅咒/陶秀珍，内蒙古民族大学学报（社会科学蒙古文版）. 2
蒙古族皮革雕刻艺术及现状/莫日根　包格日乐吐，内蒙古民族大学学报（社会科学蒙古文版）. 2
藏族民歌在青海蒙古地区的传播和影响/玉梅，内蒙古民族大学学报（社会科学蒙古文

版）. 4

蒙古民歌《敖恩吉雅》的经典化之内因述略/萨日娜，内蒙古民族大学学报（社会科学蒙古文版）. 4

试论蒙古叙事民歌之发展/哈斯其木格，内蒙古师范大学学报（哲学社会科学蒙古文版）. 1

蒙古民歌《巴尔虎守夜人》的13种变体比较研究/乌日吉木斯，内蒙古师范大学学报（哲学社会科学蒙古文版）. 1

口头表演中的程式与文本——以科尔沁短调民歌的口头表演为例/通占文，内蒙古师范大学学报（哲学社会科学蒙古文版）. 1

探究“查玛”对蒙古文化艺术的影响/王桂珍，内蒙古师范大学学报（哲学社会科学蒙古文版）. 1

佛教对青海蒙古民歌的影响/玉梅，内蒙古师范大学学报（哲学社会科学蒙古文版）. 2

蒙古族舞台剧的思想倾向/富荣，内蒙古师范大学学报（哲学社会科学蒙古文版）. 3

民歌《主色赉》版本问题/宝音贺喜格，内蒙古师范大学学报（哲学社会科学蒙古文版）. 3

蒙古族戏剧舞美特征研究/乌兰，内蒙古大学学报（哲学社会科学蒙古文版）. 5

论科尔沁叙事民歌中的土地及生态主题/巴·苏和，内蒙古大学学报（哲学社会科学蒙古文版）. 5

《科尔沁民歌》所隐含的多元文化语义学分析/格·海日汗，内蒙古大学学报（哲学社会科学蒙古文版）. 6

从人类学的视角浅述长调艺术/包金花，内蒙古民族高等专科学校学报 . 1

民歌《陶克陶胡》的主角形象分析/哈森其其格，内蒙古民族高等专科学校学报 . 2

古代蒙古人的“terg”及科尔沁民歌中的“harterg”之考察/陶秀珍，内蒙古民族高等专科学校学报 . 2

论歌唱呼吸艺术/刘胜，内蒙古民族高等专科学校学报 . 2

论述蒙古民歌“蓝旗”/宝音贺喜格，西北民族大学学报（哲学社会科学蒙古文版）. 2

论著名说书艺人乌斯夫宝音对胡仁乌力格尔事业的贡献/额尔很巴乙拉，西北民族大学学报（哲学社会科学蒙古文版）. 2

浅谈蒙古族长调的努古拉种类和演唱技巧/宝音贺喜格，赤峰学院学报（蒙古文哲学社会科学版）. 5

浅谈鄂尔多斯民歌《森吉德玛》/双龙，赤峰学院学报（蒙古文哲学社会科学版）. 5

巴林蒙古族民歌艺术研究/色孟和巴雅尔，赤峰学院学报（蒙古文哲学社会科学版）. 6

八　民族教育

中西文化差异对对外汉语教学的影响/李萨如拉，内蒙古社会科学（蒙古文版）. 1

我国民族教育工作中存在的问题与对策/思勤途，内蒙古社会科学（蒙古文版）. 2

美国阿米什人基础教育现状分析/格根塔娜，内蒙古社会科学（蒙古文版）. 3

反映传统少儿教育观的日本谚语浅析/马福山，内蒙古社会科学（蒙古文版）. 4

体育文化学视角下的蒙古搏克教学/孟和宝力格，内蒙古社会科学（蒙古文版）. 4

论生态环境变化对教育的影响/阿拉坦，内蒙古社会科学（蒙古文版）. 5

内蒙古地区蒙古族及其它少数民族体育文化产业发展研究/刘巴图　桂兰，中国蒙古学 . 2

蒙、汉双语学生情感教学目标及其推进策略探讨/额尔敦吐，中国蒙古学 . 2

蒙古族家庭教育现状及促进策略/阿拉坦巴根　刘艳华，中国蒙古学.4

内蒙古及毗邻东部地区喇嘛留学生赴日本留学考述——以1938年为中心/武跃　房建昌，西部蒙古论坛（蒙古文版）.1

新中国成立以来中学语文教科书中的内蒙古题材课文/赵新华，西部蒙古论坛（蒙古文版）.1

财经类人才培养模式研究——以内蒙古财经大学为例/毛佈和，内蒙古师范大学学报（哲学社会科学蒙古文版）.1

呼伦贝尔民族高等教育发展/孛·蒙赫达赉，内蒙古师范大学学报（哲学社会科学蒙古文版）.1

国防教育中存在的问题与对策——以内蒙古普通高校为例/乌恩白乙拉，内蒙古师范大学学报（哲学社会科学蒙古文版）.1

梅力更葛根训言诗中的教育思想/吉仁尼格，内蒙古师范大学学报（哲学社会科学蒙古文版）.3

论别里古台家族教育/王风雷，内蒙古师范大学学报（哲学社会科学蒙古文版）.3

浅谈《西方文论》的教学方法/初一，内蒙古师范大学学报（哲学社会科学蒙古文版）.3

内蒙古民族预科班教育现状及改革浅谈/宝斯琴塔娜，内蒙古师范大学学报（哲学社会科学蒙古文版）.3

简析高校蒙汉双语教学/乌云高娃　娜仁　澈力木格，内蒙古师范大学学报（哲学社会科学蒙古文版）.4

论蒙语授课学校双语教学/萨茹拉，内蒙古师范大学学报（哲学社会科学蒙古文版）.4

教育改革中的MHF及其影响/宝花　哈斯额尔敦，内蒙古大学学报（哲学社会科学蒙古文版）.10

简析呼伦贝尔市鄂温克族自治旗尼河西苏木《诺图格》幼儿园特色教育/苏布达，内蒙古民族高等专科学校学报.2

论郭道甫的民族革命思想与民族教育活动/白金花，赤峰学院学报（蒙古文哲学社会科学版）.5

思想道德教育是素质教育的首要宗旨/宝照日格图，赤峰学院学报（蒙古文哲学社会科学版）.5

（供稿人：乌云格日勒）

2016年

一　民族理论

问题与对策——关于对内蒙古民族理论研究的思考/乌力更，内蒙古社会科学（蒙古文版）.4

北方民族传统价值观与社会主义核心价值观/那仁毕力格，内蒙古社会科学（蒙古文版）.4

草原文化与社会主义核心价值体系的内在联系/雪晴，内蒙古社会科学（蒙古文版）.6

在刑事诉讼中使用少数民族语言文字办案制度之构建/塔娜，内蒙古社会科学（蒙古文版）.6

冤假错案的法律原因探析/倪乌吉斯古楞，内蒙古社会科学（蒙古文版）.6

强化“四个意识”构筑各族群众共有精神家园/巴理嘉，西部蒙古论坛（蒙古文版）. 4

草原文化与社会主义核心价值体系的内在联系/雪晴，内蒙古社会科学（蒙古文版）. 6

论法律文艺的评价标准价值和界限/王永山 额尔敦仓，赤峰学院学报（蒙古文哲学社会科学版）. 2

忽必烈汗的法律思想/布和，内蒙古民族高等专科学校学报 . 1

社会风险管理理念对内蒙古农牧区社会保障体制建设的启示/哈斯其其格，赤峰学院学报（蒙古文哲学社会科学版）. 4

培育理性精神 推进民族复兴/宝音陶格陶夫，赤峰学院学报（蒙古文哲学社会科学版）. 4

蒙古族保护草原生态法律观探析/包斯琴，内蒙古师范大学学报（哲学社会科学蒙古文版）. 2

北元时期的法律思想/布和，中国蒙古学 . 6

二 民族经济

蒙古族女性在转型时期畜牧业生产中的地位与作用/玉荣，内蒙古社会科学（蒙古文版）. 1

牧区合作化组织金融支持模式探析/萨如拉，内蒙古社会科学（蒙古文版）. 2

论呼和浩特地区蒙古族特色餐饮业文化营销/清华，内蒙古社会科学（蒙古文版）. 2

蒙药产业化发展探/宝斯琴塔娜，内蒙古社会科学（蒙古文版）. 2

论内蒙古农村牧区社会主义改造的特殊性/斯琴高娃，内蒙古社会科学（蒙古文版）. 3

完善新一轮草原生态保护奖励补助机制的对策/宝拉宝森 塔娜，内蒙古社会科学（蒙古文版）. 3

牧区生态移民生活方式选择研究/阿拉坦格日勒 恩和，内蒙古社会科学（蒙古文版）. 3

我国中小企业人力资源管理中存在的问题及对策研究/苏德，内蒙古社会科学（蒙古文版）. 3

乌审旗细羊毛产业发展探析/宝音都楞 杨晶晶 马宝音吉日嘎拉，内蒙古社会科学（蒙古文版）. 3

论中蒙两国贸易关系研究/哈斯巴特尔，内蒙古社会科学（蒙古文版）. 4

农牧民经济行为中的文化心理影响/王桂兰，内蒙古社会科学（蒙古文版）. 4

牧区发展中面临的问题及对策研究/杜富 林丽丽，内蒙古社会科学（蒙古文版）. 4

论少数民族地区农村剩余劳动力转移对策/查干巴拉，内蒙古社会科学（蒙古文版）. 4

内蒙古地区牧民收入结构分析/特格西毕力格，内蒙古社会科学（蒙古文版）. 5

完善内蒙古东部地区小城镇功能的几点思考/额尔敦乌日图 乌日乐格，内蒙古社会科学（蒙古文版）. 5

论马克思生态思想在经济发展中的启示和作用/包秀琴，内蒙古社会科学（蒙古文版）. 5

人民币升值对国民经济的影响及其对策/马冬梅，内蒙古社会科学（蒙古文版）. 6

内蒙古草原文化产业的现状及发展路径探析/黄金，内蒙古社会科学（蒙古文版）. 6

论草原文化传承对草原畜牧业发展的影响/明月 塔娜图雅，内蒙古社会科学（蒙古文版）. 6

库布齐沙漠的绿化及其存在的问题/阿拉腾其木格，内蒙古社会科学（蒙古文版）. 6

关于草原生态管理的思考/额尔敦巴雅尔，内蒙古社会科学（蒙古文版）. 6

蒙古族保护水资源的优良传统/乌雅汗 白钢，中国蒙古学 . 5

关于蒙古国耕地退化与水土流失问题/包玉山，中国蒙古学 . 5
蒙古国农业现状及对存在问题的思考/韩柱，中国蒙古学 . 5
社会学视角下的蒙古国农业/常宝，中国蒙古学 . 5
对蒙古国农业的野外调查概述/嘎拉丹 · 大巴西拉图，中国蒙古学 . 5
蒙古国目前面临经济萧条的进程及原因分析/呼格吉勒图，中国蒙古学 . 5
清代归化城土默特地区社会与经济研究/乌仁其其格，中国蒙古学 . 6
“丝绸之路经济带”与“草原之路”对接进程及蒙古国有可能面临的挑战因素/呼格吉勒图，内蒙古大学学报（哲学社会科学蒙古文版）. 4
内蒙古草原畜牧业发展研究（二）——私有制形成过程与矿产开发的影响/阿拉坦格日乐，内蒙古大学学报（哲学社会科学蒙古文版）. 4
经济史研究的“边疆”转向——基于清代蒙古族游牧经济研究的实践与思考/阿鲁贵 · 萨如拉，西部蒙古论坛（蒙古文版）. 3
人民币升值对国民经济的影响及其对策/马冬梅，内蒙古社会科学（蒙古文版）. 6
内蒙古草原文化产业的现状及发展路径探析/黄金，内蒙古社会科学（蒙古文版）. 6
论草原文化传承对草原畜牧业发展的影响/明月塔娜图雅，内蒙古社会科学（蒙古文版）. 6
库布齐沙漠的绿化及其存在的问题/阿拉腾其木格，内蒙古社会科学（蒙古文版）. 6
关于草原生态管理的思考/额尔敦巴雅尔，内蒙古社会科学（蒙古文版）. 6
大蒙古国与花剌子模之间的贸易述略/额斯日格仓，蒙古学研究 . 1
禁牧政策的实施现状及其在文字作品中的反映/巴 · 沙仁高娃，赤峰学院学报（蒙古文哲学社会科学版）. 1
如何搞好文化事业发展中的金融服务/高娃，内蒙古民族高等专科学校学报 . 1
浅析关于托王经济伦理细想/查干巴日，赤峰学院学报（蒙古文哲学社会科学版）. 3
关于清代中后期翁牛特旗游牧考/敖拉，赤峰学院学报（蒙古文哲学社会科学版）. 4
论呼伦贝尔草原对草原畜牧业发展问题/赵萨日娜，赤峰学院学报（蒙古文哲学社会科学版）. 4
论托王经济伦理艺术/王来喜，内蒙古师范大学学报（哲学社会科学蒙古文版）. 1
内蒙古杭锦旗牧民生活及参与旅游业情况研究/长安，内蒙古师范大学学报（哲学社会科学蒙古文版）. 1
全面禁牧以来牧民收入价段性变化调查研究——以达茂旗跃进嘎查为例/乌云塔娜　铁柱，内蒙古师范大学学报（哲学社会科学蒙古文版）. 2
简析日本帝国主义殖民统治“兴安省”经济政策本质特征/齐百顺，内蒙古师范大学学报（哲学社会科学蒙古文版）. 2
幸福经济学关于幸福概念、度量及拓展分析/包海花，内蒙古师范大学学报（哲学社会科学蒙古文版）. 4
内蒙古草原生态恢复与保护研究/包秀琴，内蒙古师范大学学报（哲学社会科学蒙古文版）. 4

三　民族学

鹰纹花押的社会文化背景探析/宝鲁德其劳　扎德娜，内蒙古社会科学（蒙古文版）. 2
农村传统人际关系变迁审视/特尼格尔，内蒙古社会科学（蒙古文版）. 2
蒙古族传统体育项目——骆驼赛/桂兰巴图，内蒙古社会科学（蒙古文版）. 2

论搏克文化的象征思维/兴安，内蒙古社会科学（蒙古文版）. 2

巴尔虎传统服饰图案象征意义/乌云格日勒，内蒙古社会科学（蒙古文版）. 3

巴尔虎传统婚俗及文化内涵/马乌云，内蒙古社会科学（蒙古文版）. 3

我国历史上关于马的文献/徐润华，内蒙古社会科学（蒙古文版）. 3

蒙古族哲学及社会思想史上的创新性著作/其乐木格，内蒙古社会科学（蒙古文版）. 3

贡桑诺尔布的妇女观探/包玉兰，内蒙古社会科学（蒙古文版）. 4

新发现的兴安盟两处岩壁蒙古文题记/白斯古楞　嘎日迪，内蒙古社会科学（蒙古文版）. 4

古代蒙古人骡轿运送灵柩习俗考述/纳·胡尔查毕力格，内蒙古社会科学（蒙古文版）. 4

蒙古族文化视野下的民族风俗探讨/永春　七十三，内蒙古社会科学（蒙古文版）. 4

传统游牧知识经验的积累与传承/乌仁其其格，内蒙古社会科学（蒙古文版）. 4

乌审察哈尔人查干苏力德祭祀文化/苏日高，内蒙古社会科学（蒙古文版）. 4

蒙古族赠礼禁忌习俗略说/乌日罕，内蒙古社会科学（蒙古文版）. 4

古代蒙古族英雄崇拜之特点/王海荣，内蒙古社会科学（蒙古文版）. 5

生肖文化渊源说/今晓，内蒙古社会科学（蒙古文版）. 5

敖鲁古雅驯鹿鄂温克的传统服饰及其保护发展研究/龚宇，内蒙古社会科学（蒙古文版）. 5

张家口驿站蒙古人及后嗣之现状/乌日罕　斯琴巴特尔，内蒙古社会科学（蒙古文版）. 5

中西饮食观念与宴会礼仪差异探微/乌日娜，内蒙古社会科学（蒙古文版）. 5

在我国电影中反映出的蒙古民族精神情景/乌兰，内蒙古社会科学（蒙古文版）. 5

蒙古婚礼祝颂词的文化内涵与特征/敖其，内蒙古社会科学（蒙古文版）. 6

论蒙古族“吃水”习俗/白钢，内蒙古社会科学（蒙古文版）. 6

探析成吉思汗祭祀中的祭马奶习俗/苏日娜，内蒙古社会科学（蒙古文版）. 6

蒙古国民族服饰的传承与创新/海日　苏日娜，内蒙古社会科学（蒙古文版）. 6

牧区环境社会学理论探/敖·查赫轮，内蒙古社会科学（蒙古文版）. 6

大数据时代的信息安全论/丽平，内蒙古社会科学（蒙古文版）. 6

探析科尔沁民歌与公益广告中的有关社会公德内容共性/图雅，内蒙古社会科学（蒙古文版）. 6

科尔沁狩猎文化中的猎狗/博·照日格图　吴蒲英，中国蒙古学 . 1

“江格尔的故乡和布克赛尔”一说考/孟开，中国蒙古学 . 1

蒙古人的禁忌风俗/苏雅拉，中国蒙古学 . 1

论蒙古族“搏克”文化的传承与发展历程/辛利民，中国蒙古学 . 1

科尔沁婚礼的订婚习俗/胡晓燕，中国蒙古学 . 2

蒙古族女性在家庭经济中的地位与作用/玉荣，中国蒙古学 . 2

古代蒙古族房屋种类/包巴雅尔，中国蒙古学 . 2

完善布鲁克赛规则探讨/额布日乐图，中国蒙古学 . 2

河南蒙古人亲属称谓的特点及其文化内涵/李秀兰，中国蒙古学 . 3

英雄崇拜与蒙古人生态意识的关联/哈斯高娃，中国蒙古学 . 3

巴尔虎服饰的构思之美/乌云格日乐，中国蒙古学 . 3

论安代与女性问题关系/萨茹拉，中国蒙古学 . 3

论科尔沁非物质文化的种类/特木其其格，中国蒙古学 . 3

论科尔沁蒙古族民俗文化的特点/庆格乐，中国蒙古学 . 3

运输食盐对察哈尔牧民生活的作用分析/特格西毕力格，中国蒙古学.4
蒙古袍使用禁忌/白晓梅，中国蒙古学.4
蒙古族英雄崇拜观中的“智”与“力”的相谐关系/王海荣，中国蒙古学.4
蒙古族传统生计方式与文化思维的关系/王桂兰，中国蒙古学.4
论蒙古族传统孝敬文化/雪晴，中国蒙古学.4
蒙古族知识分子对市场化的态度及观念变化/斯琴，中国蒙古学.5
论蒙古人游牧生活的衣食住传统/乌仁琪琪格，中国蒙古学.5
“枕头”及其相关习俗/萨楚拉，中国蒙古学.5
著名蒙古学家阿·马·波兹德涅夫及其蒙古民歌研究/额尔敦毕力格，中国蒙古学.5
论蒙古族习惯法与国家法的冲突和调适方式/郝玉荣，中国蒙古学.5
第十一届国际蒙古学学者会议综述/孟根仓，中国蒙古学.6
卫拉特异婚类故事中的“赠送某种奇盒”母题/萨仁托稚，中国蒙古学.6
论蒙古族喜好牛马毛色趋同习俗/格根哈斯，中国蒙古学.6
科尔沁蒙古族传统服饰的变迁/赵志红，中国蒙古学.6
蒙古贞蒙古族姓氏考/其木格，中国蒙古学.6
科尔沁萨满制作《amin zholig》的习俗/图雅，中国蒙古学.6
蒙古族传统文化中的教育理念/胡日查，中国蒙古学.6
雕版古籍与活版现代书籍/舍·奥特格巴亚尔，内蒙古大学学报（哲学社会科学蒙古文版）.1
巴尔虎马种与相马术探析/巴布，内蒙古大学学报（哲学社会科学蒙古文版）.1
阿鲁科尔沁旗蒙古传统勒勒车结构及其名称考/德力格尔　额尔的朝鲁，内蒙古大学学报（哲学社会科学蒙古文版）.5
从古代蒙古人的姓名考察蒙古与其他国家民族的关系/额尔敦巴特尔，内蒙古大学学报（哲学社会科学蒙古文版）.5
感应怀孕母题与生殖崇拜/额尔德木图，内蒙古民族大学学报（社会科学蒙古文版）.1
蒙古人的姓氏解析/涛高，内蒙古民族大学学报（社会科学蒙古文版）.2
论扎鲁特旗阿拉腾昔日古拉山的巍峨壮观之神秘/尼玛，内蒙古民族大学学报（社会科学蒙古文版）.2
试论蒙古族“分享肩胛骨”民俗传说之象征意义/迎春，内蒙古民族大学学报（社会科学蒙古文版）.2
库伦蒙古人的“剪断套绳”民俗之论略/于灵智，内蒙古民族大学学报（社会科学蒙古文版）.2
蒙古人的乳食习俗/白钢，内蒙古民族大学学报（社会科学蒙古文版）.3
蒙古族民间艺术与非物质文化遗产旅游开发模式/呼斯乐，内蒙古民族大学学报（社会科学蒙古文版）.3
关于20世纪内蒙古东部地区寺庙附属艾里——以阿鲁科尔沁旗军苏木的波日和嘎查为例/诺敏高娃，内蒙古民族大学学报（社会科学蒙古文版）.3
科尔沁文化的历史地理根基述论/巴·苏和，内蒙古民族大学学报（社会科学蒙古文版）.4
论科尔沁蒙古人的敖包祭祀/陶·特木尔巴根，内蒙古民族大学学报（社会科学蒙古文版）.4
科尔沁蒙古民歌的形象思维之表现/金黑英，内蒙古民族大学学报（社会科学蒙古文

版）. 4

《僧王之歌》的变异本特征/乌仁通拉嘎，内蒙古民族大学学报（社会科学蒙古文版）. 4

库伦蒙古人的盖房子传统/威威，内蒙古民族大学学报（社会科学蒙古文版）. 4

中亚古尔吉斯斯坦卡拉克尔地区的萨尔特—克尔梅克人/A. 布尔都克夫著　汪高潮等译，西部蒙古论坛（蒙古文版）. 1

浅谈博尔塔拉察哈尔蒙古民间“阿尔扎”奶酒的酿造工艺及蒙医学药用价值/哈青高娃，西部蒙古论坛（蒙古文版）. 1

“一带一路”下的卫拉特蒙古历史文化学术研讨会综述/查·乔旦德尔，西部蒙古论坛（蒙古文版）. 1

北方少数民族殉葬习俗研究——以鲜卑、突厥为中心考察/李兴瑞，西部蒙古论坛（蒙古文版）. 2

民间文学教学中的民俗解说与民俗志建构——以巴拉根仓故事的课堂演述为例/王志清，西部蒙古论坛（蒙古文版）. 2

德都蒙古情歌演唱习俗/布音才其格，西部蒙古论坛（蒙古文版）. 2

试论德都蒙古地名的由来——以都兰县巴隆乡为例/孟根娜布齐，西部蒙古论坛（蒙古文版）. 2

康卡《四臂观音》的保存现状分析/张蕊等，西部蒙古论坛（蒙古文版）. 2

德都蒙古歌谣中的“德”文化探析/贾晞儒，西部蒙古论坛（蒙古文版）. 3

论蒙古族《肩胛骨占卜》的民俗传说/迎春，西部蒙古论坛（蒙古文版）. 3

论阿勒泰乌梁海蒙古射箭习俗中“崇苍天”的意义/那音塔，西部蒙古论坛（蒙古文版）. 3

蒙古族树崇拜习俗蕴涵的生态保护理念/樊永贞，西部蒙古论坛（蒙古文版）. 4

蒙元时期蒙古族服饰中所体现的外来文化/董晓荣，西部蒙古论坛（蒙古文版）. 4

裕固族非物质文化遗产保护与传承研究/余吉玲，西部蒙古论坛（蒙古文版）. 4

论阿勒泰乌梁海部弓箭的崇拜/［蒙古］纳森巴特·叶尔登巴伊尔，西部蒙古论坛（蒙古文版）. 4

新疆图瓦人民族认同两种趋势及其原因/巴叶尔塔，西部蒙古论坛（蒙古文版）. 4

蒙古婚礼祝颂词的文化内涵与特征/敖其，内蒙古社会科学（蒙古文版）. 6

对社会转型时期牧区民俗生活变迁中的蒙古族女性观察/哈斯同力嘎，蒙古学研究. 1

乌珠穆沁蒙古族剪胎发礼仪/格根塔娜，赤峰学院学报（蒙古文哲学社会科学版）. 1

兴安盟蒙古族风物传说的现实意义/哈顺其其格，赤峰学院学报（蒙古文哲学社会科学版）. 1

蒙汉族迁坟习俗比较/宋强，赤峰学院学报（蒙古文哲学社会科学版）. 1

蒙古族禁忌与法律中表现的生态保护思想/乌汉图，赤峰学院学报（蒙古文哲学社会科学版）. 1

巴林帕尔吉棋艺/嘎·宝音图，赤峰学院学报（蒙古文哲学社会科学版）. 1

蒙古族忌讳及它的培养/宝音都冷，赤峰学院学报（蒙古文哲学社会科学版）. 2

浅析锡尼河布里亚特人本命年同龄聚会的社会影响/陶龙　敖其，赤峰学院学报（蒙古文哲学社会科学版）. 2

论科尔沁蒙古族的传统服饰文化/南迪那　乌力吉套格套，赤峰学院学报（蒙古文哲学社会科学版）. 2

蒙古族保护自然环境的传统教育/乌义汗　霍如涛，赤峰学院学报（蒙古文哲学社会科学

版).2

布里亚特妇女袍的缝制技艺/恩和其其格　扎格尔，赤峰学院学报（蒙古文哲学社会科学版).2

《蒙民裕生会》始末/白阿日斯楞　乌力吉套格陶，赤峰学院学报（蒙古文哲学社会科学版).2

关于赛汗乌拉祭祀对社会的意义/苏日娜　乌日图那苏图，赤峰学院学报（蒙古文哲学社会科学版).2

咒骂的传统思维/孙布尔　包文成，赤峰学院学报（蒙古文哲学社会科学版).2

蒙古族搓绳技术/阿拉坦那布其，赤峰学院学报（蒙古文哲学社会科学版).2

浅谈兴安蒙古族原生态饮食/张秀兰　哈申其其格，赤峰学院学报（蒙古文哲学社会科学版).5

浅论鄂温克传统服饰文化功能与变迁/仁庆苏布德　包英花，赤峰学院学报（蒙古文哲学社会科学版).5

对社会转型时期牧区民俗生活变迁中的蒙古族女性观察/哈斯同力嘎，内蒙古民族高等专科学校学报 2016.1

关于牧区中小学布局调整政策特征的社会学研究/哈斯额尔敦　白秀兰，内蒙古大学学报（哲学社会科学蒙古文版).6

禁牧政策下的牧民违规放牧行为分析——以赤峰市 S 旗为例/乌云高娃　斯琴高娃，内蒙古大学学报（哲学社会科学蒙古文版).6

蒙古族和日本社会中存在的圆文化结构分析/关金花，西北民族大学学报（哲学社会科学蒙古文版).1

蒙古民间魔法故事中的古代婚姻习俗/铁安，西北民族大学学报（哲学社会科学蒙古文版).1

传说中的沙德格苏木独特的哈撒儿祭祀之探/包赛吉拉夫，西北民族大学学报（哲学社会科学蒙古文版).2

丰升额论蒙古人齐心协力之重要性/八宝，赤峰学院学报（蒙古文哲学社会科学版).3

浅析游牧民族狩猎文化的外延及思维/萨如拉　特·额尔敦陶克套，赤峰学院学报（蒙古文哲学社会科学版).3

蒙古包艺术/阿木古楞　都荣仓，赤峰学院学报（蒙古文哲学社会科学版).3

论蒙古族崇仰羊骨的习俗/敖登吉如嘎　乌仁琪琪格，赤峰学院学报（蒙古文哲学社会科学版).3

正镶白旗伊和淖尔苏木地方名称的来历/娜仁图雅，赤峰学院学报（蒙古文哲学社会科学版).3

简析阿拉善和硕特部拜年礼物习俗的变迁/王娜仁　敖其，赤峰学院学报（蒙古文哲学社会科学版).3

谈科尔沁右翼前旗满洲屯满族居民的变化/宫金荣　哈申高娃，赤峰学院学报（蒙古文哲学社会科学版).4

浅论佛教对察哈尔科尔沁蒙古族祭祀习俗的影响/合其乐图　图门其其格，赤峰学院学报（蒙古文哲学社会科学版).4

浅谈贡诺尔布及其对蒙古地区的近代改革运动/孟根斯其格　阿荣，赤峰学院学报（蒙古文哲学社会科学版).4

兴安盟岩壁文化初步调研概况/白斯古楞　那民　嘎日迪，赤峰学院学报（蒙古文哲学社

会科学版）. 4

内蒙古生态环境恶化的伦理分析/萨如拉　萨·巴特尔，赤峰学院学报（蒙古文哲学社会科学版）. 4

浅析蒙古地区敖包信仰所表现的象征符号/吉布呼楞　乌日图那斯图，赤峰学院学报（蒙古文哲学社会科学版）. 4

浅论蒙古族茶习俗/特日格乐，赤峰学院学报（蒙古文哲学社会科学版）. 6

简述蒙古族“接羔”习俗/照拉其其格　席哈斯巴特尔，赤峰学院学报（蒙古文哲学社会科学版）. 6

简述苏尼特人家家庭教育禁忌的变化与影响/娜玛　呼日勒巴特尔，赤峰学院学报（蒙古文哲学社会科学版）. 6

乌拉特骆驼印章文化探析/巴雅斯呼楞　何群，赤峰学院学报（蒙古文哲学社会科学版）. 6

博物馆在非物质文化遗产中的作用/特日格勒，赤峰学院学报（蒙古文哲学社会科学版）. 6

蒙古族古代数学文化——以《二十一卷本辞典》中的数学名词术语为例/何玉芝　代钦，内蒙古师范大学学报（哲学社会科学蒙古文版）. 1

蒙古族驯马文化探析/辛利民，内蒙古师范大学学报（哲学社会科学蒙古文版）. 1

探析锡尼河布里亚特人传统本命年习俗/陶戈，内蒙古师范大学学报（哲学社会科学蒙古文版）. 2

探究蒙古谚语中的蒙古人帽子文化/桂兰，内蒙古师范大学学报（哲学社会科学蒙古文版）. 2

蒙古族服饰当代变迁的田野考察之三——以新巴尔虎左旗乌布尔宝力格苏木为考察点/萨日娜，内蒙古师范大学学报（哲学社会科学蒙古文版）. 3

关于建立少数民族影像资源库的思考/阿希塔　陶格图，内蒙古师范大学学报（哲学社会科学蒙古文版）. 3

关于内蒙古民族文化数字影响资源库建设研究/郭喜春　陶格图，内蒙古师范大学学报（哲学社会科学蒙古文版）. 3

从文化人类学视角谈电影《狼图腾》/田扬扬　其丽格尔，内蒙古师范大学学报（哲学社会科学蒙古文版）. 3

简论蒙古族弓箭文化/辛利民，内蒙古师范大学学报（哲学社会科学蒙古文版）. 4

关于企业文化建设与核心竞争力的研究/包秀华，内蒙古社会科学（蒙古文版）. 1

阿拉善骆驼非物质文化遗产保护及其产业化发展/布音其其格，内蒙古社会科学（蒙古文版）. 1

蒙古搏克比赛中存在的问题及解决方法/吉如何，中国蒙古学 . 6

四　民族宗教

藏传佛教唐卡艺术探究/赵志红，内蒙古社会科学（蒙古文版）. 6

贡唐活佛《事故老人箴言》跋文析/乌红梅，内蒙古社会科学（蒙古文版）. 6

原始信仰与蒙古萨满教关系研究/那仁毕力格　特格希都冷，中国蒙古学 . 3

蒙古族博（萨满）文化的传承及保护问题探讨/包玉柱，中国蒙古学 . 3

论蒙古萨满教树崇拜与鸟崇拜关系/阿拉坦格日勒，中国蒙古学 . 5

五世达赖喇嘛洛桑嘉措与藏传佛教宁玛派/根全，中国蒙古学 . 5

蒙古族佛教口传文化中有关“嘎巴拉”传说探析/吴双福，中国蒙古学.6

评北方草原民族在佛教文化东传过程中的历史作用/双宝　那仁毕力格，西部蒙古论坛（蒙古文版）．3

昂嘉恩喇嘛与密教在卡尔梅克蒙古中的发展/［俄］巴图·克惕诺娃，西部蒙古论坛（蒙古文版）．4

藏传佛教唐卡艺术探究/赵志红，内蒙古社会科学（蒙古文版）．6

贡唐活佛《事故老人箴言》跋文析/乌红梅，内蒙古社会科学（蒙古文版）．6

蒙文佛教文化的跨世纪研究/乌·那仁巴图，蒙古学研究.1

谈蒙古地区佛教寺庙人文功能及演变/宝音达来，赤峰学院学报（蒙古文哲学社会科学版）．1

蒙古帝国扩张与对穆斯林世界的影响/南迪娜，赤峰学院学报（蒙古文哲学社会科学版）．1

锡林郭勒寺庙传说研究/萨茹拉汉　巴·孟和，赤峰学院学报（蒙古文哲学社会科学版）．2

简析蒙古族萨满教的自然崇拜/孙布尔　扎格尔，赤峰学院学报（蒙古文哲学社会科学版）．5

蒙古族萨满教文化中的生态意识/乌丹木其尔，赤峰学院学报（蒙古文哲学社会科学版）．5

简论锡尼河庙年间法会/王金荣　陶龙，内蒙古民族高等专科学校学报.1

论蒙古族佛经相关的传说/吴双福，西北民族大学学报（哲学社会科学蒙古文版）．1

哈木尼堪鄂温克萨满教的断裂与复兴/乌日丽格　白俊瑞，赤峰学院学报（蒙古文哲学社会科学版）．6

《般若波罗蜜多经》语言研究/乌·那仁巴图，内蒙古师范大学学报（哲学社会科学蒙古文版）．2

内齐托音与科尔沁蒙古人佛教信仰的独特传统——以腰斯吐“爷爷喇嘛”为例/乌仁其木格，内蒙古师范大学学报（哲学社会科学蒙古文版）．2

试论《白史》的佛教哲学因明缘起/包斯日古楞，内蒙古师范大学学报（哲学社会科学蒙古文版）．2

五　民族历史

对萨冈彻辰先验论的再认识/乌云贺希格，内蒙古社会科学（蒙古文版）．1

论内蒙古生态文明建设/佟帆，内蒙古社会科学（蒙古文版）．1

关于考证哈撒儿世系谱的若干问题/包赛吉拉夫，内蒙古社会科学（蒙古文版）．1

清代杭锦旗债主研究/伊德日克，内蒙古社会科学（蒙古文版）．1

1947 年以来内蒙古行政区划的演变及其特点/包秀艳，内蒙古社会科学（蒙古文版）．1

从清代蒙古历史档案看青藏高原和硕特汗廷使用的蒙古文字/古·才仁巴力，内蒙古社会科学（蒙古文版）．1

民国初期掌管成陵祭祀的两位济农大人/斯琴毕力格，内蒙古社会科学（蒙古文版）．1

苏那木拉布登的功德碑与《白念珠》经比较研究/扎勒根巴雅尔，内蒙古社会科学（蒙古文版）．1

翁牛特部姓氏探源/那木太苏荣，内蒙古社会科学（蒙古文版）．1

哈撒儿祭奠主持“呼和”“孛儿赤”的任务及其世袭/朝格巴特尔，内蒙古社会科学（蒙

古文版). 1

中国卫拉特历史研究面临的问题分析/塔亚，内蒙古社会科学（蒙古文版）. 2

1912 年呼伦贝尔“独立”活动始末/巴泽尔，内蒙古社会科学（蒙古文版）. 2

从“最高位置”到“登皇位”的演变/扎·呼日乐巴特尔，内蒙古社会科学（蒙古文版）. 2

道润梯步译作《蒙古秘史》中的熟语翻译略说/乌雅汉，内蒙古社会科学（蒙古文版）. 2

审判委员会改革问题论/白迎春，内蒙古社会科学（蒙古文版）. 2

罗卜藏却丹民族经济思想之渊源探微/那色楞，内蒙古社会科学（蒙古文版）. 3

六世班禅拜见乾隆皇帝时的历史文化背景分析/王梅花，内蒙古社会科学（蒙古文版）. 3

清朝时期茂明安旗人口变迁问题探/朝鲁木图，内蒙古社会科学（蒙古文版）. 3

《蒙古秘史》写就时的社会文化背景探析/双金，内蒙古社会科学（蒙古文版）. 3

蒙古文献的四大特点论/阿润高娃，内蒙古社会科学（蒙古文版）. 3

成吉思汗社会管理思想探析/白图雅，内蒙古社会科学（蒙古文版）. 4

《十八合宜教训》及其成书年代考/全荣，内蒙古社会科学（蒙古文版）. 4

清延在漠南蒙古设立帮办盟务一职探析/苏日朦，内蒙古社会科学（蒙古文版）. 4

论成吉思汗大扎撒中的法制问题/齐秀华，内蒙古社会科学（蒙古文版）. 4

《圣大解脱经》之解脱思想/宝山，内蒙古社会科学（蒙古文版）. 5

论晚清塔尔巴哈台十苏木蒙古安置事宜/李满喜，内蒙古社会科学（蒙古文版）. 5

清朝对蒙古实施的“捐输”制/香莲，内蒙古社会科学（蒙古文版）. 5

清代至民国时期土默特煤炭租税略说/包银山，内蒙古社会科学（蒙古文版）. 5

清朝时期蒙古法律思想探析/张海峰，内蒙古社会科学（蒙古文版）. 5

清代禁书活动对《北虏译语》版本的影响/布日古德　锡莉，内蒙古社会科学（蒙古文版）. 5

《恒河之流》写作特点研究/风晓，内蒙古社会科学（蒙古文版）. 5

《黄金史纲》中的狩猎业记载/巴布，内蒙古社会科学（蒙古文版）. 5

校注《黄金史纲》注释中的引用《黄金史》部分的原文/阿拉坦苏和，内蒙古社会科学（蒙古文版）. 6

哈撒儿直系月鲁帖木儿与“两都之战”初探/包赛吉拉夫，中国蒙古学 . 1

喀喇车里克部归附爱新国时间考/玉海，中国蒙古学 . 1

再探《满清国军专门地馆藏的满语奏折中有关十八世纪土尔扈特历史的 7 封托忒文信》/斯日金百，中国蒙古学 . 1

图什业图旗蒙荒行局与突泉县的设立/席莲花，中国蒙古学 . 1

《蒙古秘史》中的哈撒儿/巴·孟和，中国蒙古学 . 1

孛端察兀坐骑“断梁疮秃尾马”之考/赛音乌其拉图，中国蒙古学 . 1

成吉思汗“大扎撒”时期自然生态保护法的法律意义探析/苏楞，中国蒙古学 . 1

夏朝时代使用过的蒙古姓名/宝音都仁，中国蒙古学 . 2

清代杭锦旗人口研究/伊德日克，中国蒙古学 . 2

清末“移民实边”政策对内蒙古经济变迁的影响/何宝祥，中国蒙古学 . 2

喀喇沁中旗法轮寺相关历史问题/查苏娜　胡日查，中国蒙古学 . 2

《蒙古秘史》中的《赤出阿》一词考释/扎·呼日乐巴特尔，中国蒙古学 . 2

1945 至 1946 年间外蒙古史料初探/那日苏，中国蒙古学 . 2

乌拉特中旗温更镇札萨克衙门遗址考/屈罗木图，中国蒙古学 . 3

晚清伊犁及塔尔巴哈台地区蒙古人口变化/李满喜，中国蒙古学.3
《蒙古秘史》中的图腾崇拜/王玉红，中国蒙古学.3
在蒙古文文献中所描述的铁木真和哈撒儿之间矛盾的原因/朝鲁蒙格日乐，中国蒙古学.3
蛮支流部/齐达拉图，中国蒙古学.3
清代东归土尔扈特部国家法实施考/平平，中国蒙古学.3
哈日芒乃湖历史追索/巴图青格勒，中国蒙古学.4
清朝初期喀尔喀蒙古社会状况研究/吉日嘎拉，中国蒙古学.4
文献中的固始汗研究综述/红峰，中国蒙古学.4
论古代蒙古人草原保护法制度/其乐木格，中国蒙古学.4
清代蒙古王公台吉袭职案例分析/香莲，中国蒙古学.5
从成吉思汗祭祀看蒙古人的灵魂观/苏日娜，中国蒙古学.5
从《蒙古秘史》几则谚语中看古代蒙古人哲学观雏形/美丽，中国蒙古学.5
清代补放多伦诺尔扎萨克达喇嘛制度及其权限/郎玉阁，中国蒙古学.5
历史人物诺拉嘎尔扎布/纳米亚，中国蒙古学.5
元代经籍管理机构及其功能/通嘎拉嘎，中国蒙古学.5
《四部医典》的托忒文翻泽/叶尔达，中国蒙古学.6
《班禅活佛觐见事宜各盟旗间往来书札抄本》的史料价值/王梅花，中国蒙古学.6
《蒙古秘史》中的纪年方法/今晓，中国蒙古学.6
突厥鲁尼文碑铭所记突厥汗国复兴史事考/包文胜，内蒙古大学学报（哲学社会科学蒙古文版）.1
大议还是贤者协商会/［蒙古］札·格日勒巴都日呼，内蒙古大学学报（哲学社会科学蒙古文版）.1
阴山山阴中端商论及近代小城镇/乌敦，内蒙古大学学报（哲学社会科学蒙古文版）.1
从《蒙古秘史》中某些章节的隐喻描述谈起/［蒙古］巴森道尔吉，内蒙古大学学报（哲学社会科学蒙古文版）.1
《满蒙汉三文合璧教科书》与《初学国文》的关系/敖特根白乙拉，内蒙古大学学报（哲学社会科学蒙古文版）.2
《内蒙国民旬刊》中关于冯玉祥的记述/包金玲，内蒙古大学学报（哲学社会科学蒙古文版）.2
布里亚特人移居蒙古历史研究/［蒙古］苏布达额尔德尼，内蒙古大学学报（哲学社会科学蒙古文版）.2
喀尔喀左翼旗历史演变及札萨克诺颜世系研究/包青松，内蒙古大学学报（哲学社会科学蒙古文版）.2
论准噶尔汗国昂吉制度/特尔巴依尔，内蒙古大学学报（哲学社会科学蒙古文版）.2
蒙古文29品《金光明经》的分布及其分类/哈斯巴特尔，内蒙古大学学报（哲学社会科学蒙古文版）.2
试论清代蒙古文《甘珠尔》《丹珠尔》经刊行/郎玉鸽，内蒙古大学学报（哲学社会科学蒙古文版）.2
如何评价忽必烈薛禅汗/丹巴，内蒙古大学学报（哲学社会科学蒙古文版）.3
关于乌兰哈达火山群的文化历史与经济利用考察/讷木和吉日嘎拉，内蒙古大学学报（哲学社会科学蒙古文版）.3
20世纪上半叶日本关于内蒙古文献资料的形成与价值/文宝，内蒙古大学学报（哲学社会

科学蒙古文版). 3

乌桓“邑落”探析/孟克巴雅尔，内蒙古大学学报（哲学社会科学蒙古文版). 3

论述清朝蒙古台吉塔布囊的袭职制度/香莲，内蒙古大学学报（哲学社会科学蒙古文版). 3

从托忒文档案看嘉木样呼图克图与安建喇嘛的关系/巴·巴图巴雅尔，内蒙古大学学报（哲学社会科学蒙古文版). 4

清代蒙古札萨克旗的协理台吉——以伊克昭盟各旗为例/哈斯巴根，内蒙古大学学报（哲学社会科学蒙古文版). 4

从《蒙译清朝前期理藩院满文题本——顺治康熙》中两份题本来分析察罕达尔汗呼图克图/额尔敦巴特尔，内蒙古大学学报（哲学社会科学蒙古文版). 4

《蒙古秘史》第74节之解读/扎·呼日勒巴特尔，内蒙古大学学报（哲学社会科学蒙古文版). 4

关于高校《蒙古史》教材与教学改革的思考/古·才仁巴力，内蒙古大学学报（哲学社会科学蒙古文版). 5

《白史》的来源之探析/鲍音，内蒙古民族大学学报（社会科学蒙古文版). 1

成吉思汗黄金家族诸可汗世袭表述/宝音德吉夫，内蒙古民族大学学报（社会科学蒙古文版). 1

固师阿旺丹皮勒蒙译《修身论生者养育滴》与新发现的手抄本《修身论生者养育滴》之关系/朝鲁，内蒙古民族大学学报（社会科学蒙古文版). 1

关于萨冈彻辰《蒙古源流》中的佛教印迹/佟乌日汗，内蒙古民族大学学报（社会科学蒙古文版). 2

保加尔人与钦察汗国建立始末/鲍音，内蒙古民族大学学报（社会科学蒙古文版). 4

巴尔虎人的地名与蒙古人文化思维/娜米斯嘎拉桑，内蒙古民族大学学报（社会科学蒙古文版). 4

青海台吉乃尔蒙古族名称来源/乌云斯琴，内蒙古民族大学学报（社会科学蒙古文版). 4

论蒙古帝国时期蒙古人对陆上丝绸之路的贡献/孙秀君，西部蒙古论坛（蒙古文版). 1

黑龙江省富裕县敖姓蒙古人族源考/奥佳鹏，西部蒙古论坛（蒙古文版). 1

论民国时期新文化教育在焉耆蒙古族中的发展及其对传统寺庙教育的影响/达丽，西部蒙古论坛（蒙古文版). 1

乌静彬与土尔扈特蒙古教育/张星月，西部蒙古论坛（蒙古文版). 1

浅谈杜尔伯特部的来历、名称和分布/那仁满都呼，西部蒙古论坛（蒙古文版). 1

20世纪80年代以来中国记者、诸多文化人和行者群体新疆考察实录评述/马大正，西部蒙古论坛（蒙古文版). 1

二十世纪卡尔梅克学者与游人关于新疆卫拉特蒙古的记述/欧其尔加甫·台文，西部蒙古论坛（蒙古文版). 1

论东西蒙古人主青海之缘由及其产生的影响/卢本扎西，西部蒙古论坛（蒙古文版). 2

林丹汗改信藏传佛教萨迦派的政治意义/樊永贞　钢土牧尔，西部蒙古论坛（蒙古文版). 2

蒙古族阿寅勒游牧经济的基本形态特征考察/阿鲁贵·萨如拉，西部蒙古论坛（蒙古文版). 2

外国探险家新疆探险考察的档案文献整理与研究评述/马大正，西部蒙古论坛（蒙古文版). 2

沙漠中的文教：阿拉善方等寺铁锅藏汉铭文和图像/李勤璞，西部蒙古论坛（蒙古文版）．2

苏启庆《元史·兵志》译注（二）/魏曙光译校，西部蒙古论坛（蒙古文版）．2

《克尔梅克蒙古杜尔伯特部巴嘉氏〈西藏游记〉》之文献价值/青格力，西部蒙古论坛（蒙古文版）．2

阿里不哥与忽必烈战争时期的玉龙答失和昔里吉/傲日格勒　乌日古木拉，西部蒙古论坛（蒙古文版）．3

浅析民国时期新疆蒙古族女子教育/郭瑞鹏，西部蒙古论坛（蒙古文版）．3

乌静彬与满楚克札布之联姻/张星月，西部蒙古论坛（蒙古文版）．3

浅析有关哈萨克与土尔扈特赎换人员的满文档案/英卡尔·巴合朱力，西部蒙古论坛（蒙古文版）．3

亦邻真《元朝秘史（畏兀体蒙古文复原）》注释（第1—30节）/白秋　魏曙光，西部蒙古论坛（蒙古文版）．3

奕山新疆满文、汉文奏折综析/锋晖，西部蒙古论坛（蒙古文版）．3

有关青海蒙古历史地理的汉文文献简介/呼和，西部蒙古论坛（蒙古文版）．3

回忆与思考：我的卫拉特蒙古历史研究/马大正，西部蒙古论坛（蒙古文版）．4

晚清与民国时期卫拉特蒙古史实考辨/周学军，西部蒙古论坛（蒙古文版）．4

简析北元各蒙古部落分布情况/金晓，西部蒙古论坛（蒙古文版）．4

从文化视角分析土尔扈特部东归的因素/于洁茹，西部蒙古论坛（蒙古文版）．4

哈撒儿世系谱中也苦移相哥脱忽的名字重复出现之探/包·赛吉拉夫，蒙古学研究．1

科尔沁始祖哈布图哈撒儿的历史功绩述略/斯琴，蒙古学研究．1

《蒙古秘史》中体现的管理道德范畴——从相关必力克箴言谈起/吴宝山，蒙古学研究．1

忽必烈汗的法律思想/布和，蒙古学研究．1

论喀喇沁的博彦毕勒格图启蒙思想/玉海，蒙古学研究．1

探讨有关俺巴孩汗的历史文献中的记载/刘相措，蒙古学研究．1

有关北元时期“公主法战役”历史问题考证/色·娜仁格日乐，蒙古学研究．1

关于民国时期察哈尔右翼四旗“迁移牧地”案研究/苏德毕力格，内蒙古大学学报（哲学社会科学蒙古文版）．6

探析清代至民国时期土默特地租/包银山，内蒙古大学学报（哲学社会科学蒙古文版）．6

敖汉旗境内“万寿白塔”蒙汉文石刻研究（二）——以万历三十一年铭文为例/宝音特古斯　宝音德力根，内蒙古大学学报（哲学社会科学蒙古文版）．6

分析清末蒙古地区政教关系变化——基于阿拉善“三爷活佛”甲拉木禅旺济勒案例/青斯琴，内蒙古大学学报（哲学社会科学蒙古文版）．6

解析藏文“二十一度母赞”之“第一度母赞”的蒙古文翻译/格根塔娜，内蒙古大学学报（哲学社会科学蒙古文版）．6

清代杭锦旗诸札萨克/伊德日克　苏雅拉其其格，内蒙古大学学报（哲学社会科学蒙古文版）．6

浅析《诸汗源流黄金史纲》的叙事特征/佟乌日汗，赤峰学院学报（蒙古文哲学社会科学版）．1

分析《蒙古秘史》中的阿阑豁阿三篇神话/都日娜，赤峰学院学报（蒙古文哲学社会科学版）．1

关于清代旅蒙商的分析/香莲，赤峰学院学报（蒙古文哲学社会科学版）．2

清朝对喀蒙古草场分行政管辖及其原始游牧经济的影响/吉日嘎拉，赤峰学院学报（蒙古文哲学社会科学版）. 2

浅析内蒙古《4.3》会议/梅花，赤峰学院学报（蒙古文哲学社会科学版）. 2

《蒙古秘史》的车文化/正月　哈斯巴根，赤峰学院学报（蒙古文哲学社会科学版）. 2

关于成吉思汗管理国家的方法研究/王淑平　格日乐其其格，赤峰学院学报（蒙古文哲学社会科学版）. 2

论清末《新政》时期扎赉特旗的开垦/韩红光　姑茹玛，赤峰学院学报（蒙古文哲学社会科学版）. 2

明代时期北元马市发展变化研究/白萨础日那　巴泽尔，赤峰学院学报（蒙古文哲学社会科学版）. 2

1912 年卓民索图盟会议以及会上议定之《解决事项》研究/道日娜　那顺乌力吉，赤峰学院学报（蒙古文哲学社会科学版）. 2

试论拉西斯格“水晶珠”论证方式/布仁巴雅尔，赤峰学院学报（蒙古文哲学社会科学版）. 5

托换帖木儿皇帝比喻自己是“红牛”的缘故/达布希拉图，赤峰学院学报（蒙古文哲学社会科学版）. 5

哈撒儿世系谱中也苦移相哥脱忽的名字重复出现之探/包・赛吉拉夫，内蒙古民族高等专科学校学报. 1

科尔沁始祖哈布图哈撒儿的历史功绩述略/斯琴，内蒙古民族高等专科学校学报. 1

《蒙古秘史》中体现的管理道德范畴——从相关必力克箴言谈起/吴宝山，内蒙古民族高等专科学校学报. 1

有关历史文献中对俺巴孩合罕的描述探讨/刘相措，内蒙古民族高等专科学校学报. 1

北元时期公主寨战役的有关史迹考/色・娜仁格日乐，内蒙古民族高等专科学校学报. 1

据岩画与文献考究阿勒泰乌梁海《皮滑雪板》/那音塔，西北民族大学学报（哲学社会科学蒙古文版）. 1

关于喀尔喀绰克图台吉的研究概况/楚力腾苏荣，西北民族大学学报（哲学社会科学蒙古文版）. 2

蒙古族医药学文献《Dom 经》及其内容、原理、价值/青格力，西北民族大学学报（哲学社会科学蒙古文版）. 2

印藏蒙文学关系研究/巴图，西北民族大学学报（哲学社会科学蒙古文版）. 2

《蒙古秘史》所记载的《哈撒儿衣袖拴住去了冠带问的中间》之文化含义/哈斯同力嘎，西北民族大学学报（哲学社会科学蒙古文版）. 2

古代蒙古族婚姻制度的演变/唐吉思，西北民族大学学报（哲学社会科学蒙古文版）. 2

清朝初期翁牛特旗牧场考/敖拉，赤峰学院学报（蒙古文哲学社会科学版）. 3

浅析窝阔台汗对蒙古地区统治政策及其影响/徐乌云　巴泽尔，赤峰学院学报（蒙古文哲学社会科学版）. 3

《蒙古秘史》中的分工思想/宝鲁日　王来喜，赤峰学院学报（蒙古文哲学社会科学版）. 3

论清代内地汉民移到蒙东地区的原因/恩和，赤峰学院学报（蒙古文哲学社会科学版）. 4

《蒙古秘史》之传说叙述研究/刘春喜　哈申高娃，赤峰学院学报（蒙古文哲学社会科学版）. 4

黑龙江蒙古族历史发展变化述略/宝玉，赤峰学院学报（蒙古文哲学社会科学版）. 6

论《蒙古秘史》所记载的“苏力德”与“旗帜”/哈申高娃，内蒙古师范大学学报（哲学

社会科学蒙古文版). 3

清代蒙古社会中的苏木与随丁关系——以喀喇沁中旗为例/布仁苏德，内蒙古师范大学学报（哲学社会科学蒙古文版). 3

从《蒙古秘史》开篇描述谈蒙古氏族社会状况/娜仁高娃，内蒙古师范大学学报（哲学社会科学蒙古文版). 4

关于吉田顺一及其蒙古游牧研究/宝音巴特尔，内蒙古师范大学学报（哲学社会科学蒙古文版). 4

关于清朝嘉庆年间理藩院致札萨克图汗部的一份重要公文/呼格吉勒，内蒙古师范大学学报（哲学社会科学蒙古文版). 4

六　民族语言文字

英文与蒙古文过去式的表现形式比较分析/巴·孟克，内蒙古社会科学（蒙古文版). 1

对土族语复合元音的研究/韩国君，内蒙古社会科学（蒙古文版). 1

蒙古贞土语语音演变轨迹/金双龙，内蒙古社会科学（蒙古文版). 2

蒙古语族语言东乡语元音［a］声学分析/呼司乐土　巴图格日勒，内蒙古社会科学（蒙古文版). 2

蒙古语标准音普及工作中存在的问题/额尔敦陶格套，内蒙古社会科学（蒙古文版). 2

斯瓦迪士二百个核心词在达斡尔语中的使用情况/其布尔哈斯，内蒙古社会科学（蒙古文版). 2

城镇达斡尔族文化变迁/娜仁其木格，内蒙古社会科学（蒙古文版). 2

内蒙古蒙古语言文字立法现状及存在的问题/青毕力格，内蒙古社会科学（蒙古文版). 2

蒙英汉三语句子翻译若干问题辨析/乌云斯日古楞，内蒙古社会科学（蒙古文版). 2

蒙古文文献的收集及相关问题/梅花，内蒙古社会科学（蒙古文版). 2

论蒙古族谚语中人与自然的和谐思想/萨如拉，内蒙古社会科学（蒙古文版). 3

《达·那楚克道尔吉》中名词近义词的使用情况区别性探讨/宝格楚　乌兰，内蒙古社会科学（蒙古文版). 3

CAT平台下西里尔蒙古文—汉文平行语料库的句子对齐方法研究/白恩赐　海银花，内蒙古社会科学（蒙古文版). 3

有关达尔罕旗蒙古族蒙古语言应用意识/高萨日娜，内蒙古社会科学（蒙古文版). 3

有关蒙古文文档识别基础建设问题/包银花，内蒙古社会科学（蒙古文版). 3

关于科尔沁民歌歌词中汉语借词的作用/阿木古郎，内蒙古社会科学（蒙古文版). 3

蒙古敬语特征略说/木兰，内蒙古社会科学（蒙古文版). 3

蒙古语族语言的复元音及其形成发展/姜根兄木其日，内蒙古社会科学（蒙古文版). 5

卡尔梅克语土尔扈特土语语音变化研究/秀花，内蒙古社会科学（蒙古文版). 5

蒙古语“irgen”一词含义变化探究/钦德木尼，内蒙古社会科学（蒙古文版). 5

前郭尔罗斯蒙古族不同年龄段人们的蒙古语使用情况调查/包梅荣，内蒙古社会科学（蒙古文版). 5

《蒙古源流》中出现的数词及其内容搭配研究/宝音额木和，内蒙古社会科学（蒙古文版). 6

佛教的传播及其卫拉特方言中的藏语借词文化/苏乙拉，内蒙古社会科学（蒙古文版). 6

库伦旗蒙古口语词首音节短元音声学分析/那日苏，内蒙古社会科学（蒙古文版). 6

蒙古语“前”和日语“前”的语意用法比较/呼斯乐，内蒙古社会科学（蒙古文版). 6

论熟语的翻译方法/娜仁格日乐，内蒙古社会科学（蒙古文版）. 6
突泉县蒙古族语言文字应用问题研究蒙古文正字法校对系统/王顶柱，中国蒙古学 . 1
蒙古文正字法校对系统/斯·劳格劳，中国蒙古学 . 1
阿旺丹德尔著作《善说蒙古语法语饰》中的“音节元素”/阿拉腾苏布达，中国蒙古学 . 1
东乡语混种词特点探析/金双龙，中国蒙古学 . 1
科尔沁土语区“喀喇沁方言岛”和科尔沁、喀喇沁土语词首短音的声学比较/梅花，中国蒙古学 . 1
论蒙古语的“一字多音原则”和“省略原则”/红梅，中国蒙古学 . 1
基于语料库的蒙古文翻译问题探析/宝乐尔，中国蒙古学 . 1
认知心理在蒙古人言语上的体现/斯·孟和赛汗，中国蒙古学 . 2
斯瓦迪士二百条核心词在保安语中的使用情况/其布尔哈斯，中国蒙古学 . 2
日本语格助词“で”在蒙古文中的对应关系/孟根格日乐，中国蒙古学 . 2
探讨基于蒙古语“sain-magu”反义词构成的谚语/书包，中国蒙古学 . 2
人名写法问题探析/额尔敦塔娜，中国蒙古学 . 2
英蒙单词定语的对照研究/巴·孟克，中国蒙古学 . 2
蒙古文字和英文字母与藏文字造型对比研究/塔拉　毕力格巴图，中国蒙古学 . 2
蒙古族五畜词汇语义数据库构建/宝音其其格　曼杜呼，中国蒙古学 . 2
一种属于蒙古语形容词比较级的语言现象/拉斯格玛，中国蒙古学 . 3
蒙古文文档识别中使用的语音知识总述/包艳华，中国蒙古学 . 3
卫拉特方言词汇中狩猎民俗的影射/文化，中国蒙古学 . 3
蒙古语词典中出现“苹果、老爷、裤衩”等汉语借词和字的缘由/图门吉日嘎拉，中国蒙古学 . 4
日本语与蒙古语格助词的对比研究/高娃，中国蒙古学 . 4
蒙古语语族东乡语双语节词重音特征/呼司乐土　巴图格日乐，中国蒙古学 . 4
基于依存语法的蒙古语施事和当事语义角色特征研究/包晓荣，中国蒙古学 . 4
汉语对前郭尔罗斯蒙古族口语语音的影响/包梅荣，中国蒙古学 . 4
突泉县蒙古语口语特殊词语考察/那日苏，中国蒙古学 . 4
常用俄语身势语及蒙古语身势语的对比研究/包沙茹拉，中国蒙古学 . 4
乌兰察布地区的蒙古语言使用中存在的问题/乌仁图雅，中国蒙古学 . 4
蒙古语中与肢体相关的量词研究/宝音纳木哈，中国蒙古学 . 5
蒙古文字字素变体的认知意义/王桂荣，中国蒙古学 . 5
蒙古族语言的元音和谐律/道仁，中国蒙古学 . 5
论汉语对东乡语语序产生的影响/包萨仁，中国蒙古学 . 5
论通辽地区蒙汉语言接触现象的研究意义/包小花，中国蒙古学 . 5
蒙古语形态变化库构建综述/包金良，中国蒙古学 . 5
语言是文化载体论断的探讨/马银亮　马哈斯巴根，中国蒙古学 . 5
衮布扎布及其语言论著/常红梅，中国蒙古学 . 5
纳·赛音朝克图的翻译观及创作态度/都达古拉，中国蒙古学 . 5
蒙古族婚俗习语研究/格·海日罕，中国蒙古学 . 6
试论现代蒙古语情态范畴/包满亮　齐百灵，中国蒙古学 . 6
卡尔梅克语构词法/秀花，中国蒙古学 . 6
论源于外来语的复合词/特·娜日满都胡，中国蒙古学 . 6

三论音节末辅音/确精扎布，内蒙古大学学报（哲学社会科学蒙古文版）. 1

汉、蒙“译语”门类划分情况比较研究/兀·呼日勒巴特尔，内蒙古大学学报（哲学社会科学蒙古文版）. 1

关于国际标准 ISO/IEC 10646 2016 版 CD2 蒙古文部分的技术评论/确精扎布　陈桩　呼斯乐，内蒙古大学学报（哲学社会科学蒙古文版）. 2

有关阿旺丹达尔著述的一个舛误/斯琴巴特尔，内蒙古大学学报（哲学社会科学蒙古文版）. 2

关于蒙古语言学传统理论的名词术语——基于蒙古语言研究史文献/正月，内蒙古大学学报（哲学社会科学蒙古文版）. 2

从认知语言学视角研究蒙古语畜牧业有关的词组或固定词/［蒙古］苏来雅苏荣，内蒙古大学学报（哲学社会科学蒙古文版）. 2

蒙古语社会语言学课程——以内蒙古大学蒙古语言文字应用研究为例/巴达玛奥斯尔，内蒙古大学学报（哲学社会科学蒙古文版）. 3

蒙古、满洲—通古斯两个语族语言［ə－］和［te－］词根词的类推构词现象研究/图门吉日嘎拉，内蒙古大学学报（哲学社会科学蒙古文版）. 3

围绕《蒙古秘史》中“董中豁惕中忽”一词的言语及非言语传播研究/银花，内蒙古大学学报（哲学社会科学蒙古文版）. 3

斯瓦迪士 200 核心词在土族语和蒙古语中的对应情况/齐布尔哈斯，内蒙古大学学报（哲学社会科学蒙古文版）. 4

锁南柏东乡、积石山保安、民和土族语的复数特征/阿拉腾苏布达，内蒙古大学学报（哲学社会科学蒙古文版）. 4

关于郭尔罗斯次土语方言词/都岚，内蒙古大学学报（哲学社会科学蒙古文版）. 4

针对蒙古语语言资源进行信息检索的方法研究/斯·劳格劳，内蒙古大学学报（哲学社会科学蒙古文版）. 5

关于蒙古语 i 元音的阴阳性问题/姜根兄，内蒙古大学学报（哲学社会科学蒙古文版）. 5

论驿站蒙古族口语元音音位/其木格　通噶，内蒙古大学学报（哲学社会科学蒙古文版）. 5

“兀蘭”一词在中世纪蒙古语中的技术哲学蕴含——兼论成吉思汗与窝阔太可汗的相关技术思想/包羽，内蒙古大学学报（哲学社会科学蒙古文版）. 5

蒙古、突厥民间谚语中的“ohin”解读/［蒙古］T. 巴桑巴图，内蒙古民族大学学报 . 2

“Ey-dur oruhu”一词从自由词组到熟语的演变/扎·呼日勒巴特尔，内蒙古民族大学学报 . 2

关于蒙古语递进方式形成的依据/包佳敏，内蒙古民族大学学报 . 3

乌拉特部落的形成及其游牧生活对其方言的作用/清河，内蒙古民族大学学报 . 4

论蒙古语祝词翻译中的文化因素影响/王丽华，内蒙古民族大学学报 . 4

关于新疆蒙古族人名的规范写法/陶布力格，西部蒙古论坛（蒙古文版）. 1

新疆巴州城市蒙古族语言使用现状及发展趋势/韩建岗，西部蒙古论坛（蒙古文版）. 1

土尔扈特土语擦音的语音分析/别木布加甫·萨仁高娃，西部蒙古论坛（蒙古文版）. 1

论杂居区蒙古族母语基本情况——以辽宁省为例/金秀梅，西部蒙古论坛（蒙古文版）. 4

论《卡尔梅克蒙古杜尔伯特部巴嘉氏〈西藏游记〉》中记录外来词的方法/呼格吉勒图，西部蒙古论坛（蒙古文版）. 4

《蒙古源流》中出现的数词及其内容搭配研究/宝音额木和，内蒙古社会科学（蒙古文

版). 6

佛教的传播及其卫拉特方言中的藏语借词/文化，内蒙古社会科学（蒙古文版）. 6

库伦旗蒙古口语词首音节短元音声学分析/那日苏，内蒙古社会科学（蒙古文版）. 6

蒙古语“前”和日语“前”的语意用法比较/呼斯乐，内蒙古社会科学（蒙古文版）. 6

在刑事诉讼中使用少数民族语言文字办案制度之构建/塔娜，内蒙古社会科学（蒙古文版）. 6

论熟语的翻译方法/娜仁格日乐，内蒙古社会科学（蒙古文版）. 6

科尔沁左翼后旗蒙古族群众蒙古语言文字使用情况/乌日汗，蒙古语文. 1

与《关于蒙古语书面语中是否在双元音的思考》一文作者商榷/札·义兰，蒙古语文. 1

“haoba”一词演变为“haowa”·“oha”之故/齐风阁，蒙古语文. 1

关于蒙古语书面语［s］辅音在巴尔虎土语中的对应关系/苏娅，蒙古语文. 1

关于蒙古语歌词如何汉译问题/斯琴通拉嘎，蒙古语文. 1

《蒙古语词源学原理》一书读后感/贺喜格都仁，蒙古语文. 1

关于蒙古文编码国际标准的名义字符到变形显现字符转换规律的改进意见/晓亮，蒙古语文. 1

外国人名蒙文转写原则及规范化问题探讨/茹勒玛　勒·套格敦白尔拉，蒙古学研究. 1

英语未来时与蒙古语动词未来时对比分析/巴孟克，蒙古学研究. 1

在自治区蒙古语文工作领导小组第三次成员会议上的讲话/吉尔拉·衣沙木丁，语言与翻译. 1

在自治区蒙古语文工作领导小组第三次成员会议结束时讲话/巴代，语言与翻译. 1

以现代文化为引领——推进蒙古语言文字工作科学发展——自治区蒙古语文工作领导小组第三次成员会议的讲话/新华，语言与翻译. 1

与蒙古语文标准相关的几个问题/呼和，语言与翻译. 1

论现代蒙文同音形式的使用位置互补性/乌力吉达来，语言与翻译. 1

东乡语［l］辅音声学分析/呼斯乐土　巴图格日勒，语言与翻译. 1

论蒙古语子辈血缘关系亲属称谓/哈申格日乐，语言与翻译. 1

如何解决蒙古族英雄史诗汉译中存在的蒙汉文化差异/乌云其米格，语言与翻译. 1

科尔沁土语辅音［l］的语音学特征/图雅，内蒙古大学学报（哲学社会科学蒙古文版）. 6

英语与蒙古语语义格综合对比分析/巴·孟克，内蒙古大学学报（哲学社会科学蒙古文版）. 6

蒙古语语音识别的实验性研究/牧仁高娃　白音门德　朱维彬，内蒙古大学学报（哲学社会科学蒙古文版）. 6

巴林口语音位与标准语发音比较/孟根图娅　南迪娜　布和朝格图，赤峰学院学报（蒙古文哲学社会科学版）. 1

现代蒙古语祈使句的特点/白秀梅，赤峰学院学报（蒙古文哲学社会科学版）. 1

蒙古语名词叠加用法分析/金湖，赤峰学院学报（蒙古文哲学社会科学版）. 1

满蒙两种语言借词比较/阿如娜，赤峰学院学报（蒙古文哲学社会科学版）. 1

简评蒙译《马克·波罗》/双花，赤峰学院学报（蒙古文哲学社会科学版）. 1

巴思巴字研究概述/银春，赤峰学院学报（蒙古文哲学社会科学版）. 1

谈加授蒙古语课堂教学现状及教学改革/海霞，赤峰学院学报（蒙古文哲学社会科学版）. 1

论蒙古古代文字教学的五要素/代兴安，赤峰学院学报（蒙古文哲学社会科学版）. 1

试论蒙古谚语中体现的颜色象征意义/娜仁图雅，赤峰学院学报（蒙古文哲学社会科学版）．2

克什克腾口语与蒙古语标准音读音区别之研究/孟根图娅　布和朝克图，赤峰学院学报（蒙古文哲学社会科学版）．2

关于《华夷译语》中的蒙古语《－ba/－be》的汉字译特点之初探/郭丽梅　哈斯巴根，赤峰学院学报（蒙古文哲学社会科学版）．2

科尔沁左翼后旗蒙古语使用现状/德格吉呼　巴图格日勒，赤峰学院学报（蒙古文哲学社会科学版）．2

浅谈兴安盟蒙古族学校教师在蒙古语标准音使用中存在的问题/哈申其其格　娜仁格日乐，赤峰学院学报（蒙古文哲学社会科学版）．2

解决喀喇沁土语中的元音在蒙古语标准音教学中的难点/金双龙　布和朝克图，赤峰学院学报（蒙古文哲学社会科学版）．2

关于蒙古语形容词的空间性/朝鲁门巴图格日勒，赤峰学院学报（蒙古文哲学社会科学版）．5

梅日更召蒙古语诵经音乐研究/哈斯，赤峰学院学报（蒙古文哲学社会科学版）．5

梅日更召佛教法会蒙古语诵经渊源与发展/哈斯，内蒙古民族高等专科学校学报．1

英语与蒙古语动词将来时对比分析/巴孟克，内蒙古民族高等专科学校学报．1

藏文《二十一度母赞》之“第一度母赞”蒙古文翻译解析/格根塔娜，内蒙古大学学报（哲学社会科学蒙古文版）．6

论蒙古语主谓复句/乌力吉达来，西北民族大学学报（哲学社会科学蒙古文版）．1

阿鲁科尔沁方言中的有关游牧文化名词术语/海燕，西北民族大学学报（哲学社会科学蒙古文版）．1

吐鲁番收集中的TIID159号文书/德·策仁苏德那木，西北民族大学学报（哲学社会科学蒙古文版）．2

蒙古语青海方言乌图美仁土语短元音声学分析/韩明明　巴图格日勒，西北民族大学学报（哲学社会科学蒙古文版）．2

论蒙古文字及其功能/阿拉塔，赤峰学院学报（蒙古文哲学社会科学版）．3

东乡语［pph］辅音声学分析/呼司乐土　巴图格日勒，赤峰学院学报（蒙古文哲学社会科学版）．3

近30年蒙古语借词新词术语研究/赛罕胡，赤峰学院学报（蒙古文哲学社会科学版）．3

浅谈蒙语中的汉语借词/阿拉腾苏都，赤峰学院学报（蒙古文哲学社会科学版）．3

论蒙古语形动词汉译/许士娟　唐吉思，赤峰学院学报（蒙古文哲学社会科学版）．3

市面牌匾蒙汉两种文字并用中存在的问题及规范建议/满都拉，赤峰学院学报（蒙古文哲学社会科学版）．3

乌兰察布市蒙古族语言情况调查/乌仁图雅　高·照日格图，赤峰学院学报（蒙古文哲学社会科学版）．3

互文性理论视角研究翻译方法/乌日罕，赤峰学院学报（蒙古文哲学社会科学版）．4

简论蒙古文学思维与蒙汉译文之间的关系/吴燕，赤峰学院学报（蒙古文哲学社会科学版）．4

青海土语中的短元音音位/包丽红，赤峰学院学报（蒙古文哲学社会科学版）．4

基于搭配词词库的蒙古语同形异音词读音识别研究/迎春　斯·劳格劳，赤峰学院学报（蒙古文哲学社会科学版）．4

探析《青史演义》比喻之汉译/吴双福，赤峰学院学报（蒙古文哲学社会科学版）. 6

东乡语音 ω 分析/呼和额日格，赤峰学院学报（蒙古文哲学社会科学版）. 6

论汉蒙翻译中的语言艺术问题/王丽华，赤峰学院学报（蒙古文哲学社会科学版）. 6

基于依存语法的蒙古语宾述系自动识别研究预备工作/楠丁，赤峰学院学报（蒙古文哲学社会科学版）. 6

关于吐鲁番文集中 TII240 号回鹘文残片的一些问题/那民 嘎日迪，赤峰学院学报（蒙古文哲学社会科学版）. 6

论城镇化进程中的蒙古语规划/根柱 萨仁格日乐，内蒙古师范大学学报（哲学社会科学蒙古文版）. 1

阿鲁科尔沁土语词汇与农业化/海燕，内蒙古师范大学学报（哲学社会科学蒙古文版）. 1

英语与蒙古语构词法对比研究/巴・孟克，内蒙古师范大学学报（哲学社会科学蒙古文版）. 1

语言是丰富文化论断的探析——语言人类学课堂教学中以蒙古族误解语言而引发的笑话故事为例/席・哈斯巴尔，内蒙古师范大学学报（哲学社会科学蒙古文版）. 3

英语与蒙古语定语对比/白萨如拉，内蒙古师范大学学报（哲学社会科学蒙古文版）. 3

论词的联想意义/莫・巴特尔，内蒙古师范大学学报（哲学社会科学蒙古文版）. 4

关于蒙古文木刻版印刷技术——宝山苏尼特左旗查干敖包祭祀习俗札记/萨拉青，蒙古语文. 1

七 民族文学艺术

蒙古文编撰的首部蒙古文学简史/王满特嘎，内蒙古社会科学（蒙古文版）. 1

哈斯宝文学功用观探析/吉雅嘎台，内蒙古社会科学（蒙古文版）. 1

“人”与“神”结合形象的个性与共性/齐玉花，内蒙古社会科学（蒙古文版）. 1

论神话与传说的区别/色音套格特，内蒙古社会科学（蒙古文版）. 1

阿拉善英雄故事与英雄史诗《江格尔》的关系/乌云斯琴，内蒙古社会科学（蒙古文版）. 1

对革命历史的重新叙说现象研究/娜弥雅，内蒙古社会科学（蒙古文版）. 2

蒙古国二十世纪六十年代一篇优秀长诗及相关问题谈/勒・哈斯巴特尔，内蒙古社会科学（蒙古文版）. 2

《五卷书》故事在蒙古地区的流传/乌日汗，内蒙古社会科学（蒙古文版）. 2

民间传说中的黑喇嘛丹碧坚赞/大巴图，内蒙古社会科学（蒙古文版）. 3

温都尔王之家庙论说/那日苏，内蒙古社会科学（蒙古文版）. 3

论卫拉特英雄故事中“婚姻考验母体”的文化观念/孟根，内蒙古社会科学（蒙古文版）. 3

论策・贺希格陶格陶的蒙古古代诗歌研究/塔娜，内蒙古社会科学（蒙古文版）. 3

蒙古族生态叙事中的民族认同与女性形象/包天花，内蒙古社会科学（蒙古文版）. 4

中蒙两国文学交流回顾/包呼格吉勒图 代娜仁图雅，内蒙古社会科学（蒙古文版）. 4

达斡尔族民间故事研究概况/斯琴格日乐，内蒙古社会科学（蒙古文版）. 4

蒙古民歌的“莲花”一词探究/额尔敦塔娜，内蒙古社会科学（蒙古文版）. 4

史诗《江格尔》中与农田相关的名词之来源/烛兰其其格，内蒙古社会科学（蒙古文版）. 4

青海《江格尔》传承问题研究/阿拉坦沙其日，内蒙古社会科学（蒙古文版）. 4

《蒙古江格尔》中的有关 uzung aldar han 章节之来源问题/格根塔娜，内蒙古社会科学（蒙古文版）．4
蒙古高僧传记文学功用观探析/树林，内蒙古社会科学（蒙古文版）．5
试论乡土文学作家群属地问题/哈·乌兰巴托，内蒙古社会科学（蒙古文版）．5
蒙古史诗里记载的“围坐”习俗与日本社会的“围坐”习俗之比较/关金花，内蒙古社会科学（蒙古文版）．5
蒙古族当代文学现代性书写中经济文化关照探析/包英格，内蒙古社会科学（蒙古文版）．6
论叙事民歌的叙事时间艺术/斯琴托雅，内蒙古社会科学（蒙古文版）．6
新时期蒙古文学中的马形象研究/高娃，内蒙古社会科学（蒙古文版）．6
金圣叹对哈斯宝《新译〈红楼梦〉》艺术之影响/萨仁高娃，内蒙古社会科学（蒙古文版）．6
乌拉特文学研究概述/阿拉腾嘎达苏，中国蒙古学．1
蒙古族巧媳妇故事产生的历史缘源/哈斯同力嘎　秀英，中国蒙古学．1
蒙古文学中的“身体写作”/韩长寿，中国蒙古学．1
关于新时期蒙古文学开端/包莲花，中国蒙古学．1
民国时期蒙古文学油印本研究/永生，中国蒙古学．1
蒙古文学研究传统及其方法论——以蒙古文学学科史为中心/满全　额尔敦格日乐，中国蒙古学．2
嘎达梅林形象的象征性/兴安，中国蒙古学．2
当代蒙古语诗的不同命名研究/包来英，中国蒙古学．2
《青旗》报与近代蒙古文学/努恩达古拉，中国蒙古学．2
文学作品中连接词使用情况的统计学方法分析/乌英嘎，中国蒙古学．3
蒙古族现代文学经典化途径/宝音陶克陶　巴雅斯古楞，中国蒙古学．3
尹湛纳希长篇小说中的宫廷审美观/吉雅嘎台，中国蒙古学．3
“江格尔”中宝木巴领地的联盟/玉杰，中国蒙古学．3
蒙古族高僧专辑文学创作论探究/树林，中国蒙古学．4
蒙古高僧人《诗镜论》藏文注释及其研究（二）/元成，中国蒙古学．4
与英雄史诗《江格尔》相关的肃北蒙古族口传文本初探/特日格力，中国蒙古学．4
卫拉特英雄故事中灵魂寄存于体外母题研究/孟根，中国蒙古学．5
《格斯尔可汗传》的英雄幻变飞鸟母题研究/佟乌日汗，中国蒙古学．5
蒙古族历代文论整理研究概说/额尔敦哈达，中国蒙古学．6
本土文化小说学的成型/海日寒，中国蒙古学．6
蒙古族《达林台老人》故事比较研究/达·巴图，中国蒙古学．6
论汉文章回小说在蒙古地区传播过程中胡尔奇的再创作/李彩花，中国蒙古学．6
论《红楼梦》对蒙古族文学的影响/齐风华，中国蒙古学．6
“文化大革命”时期蒙古文学中的“破坏者”形象/华玉，中国蒙古学．6
革命文学中蒙汉民族关系书写模式及其内涵研究/包天花，中国蒙古学．6
蒙古族古代文学中颇具影响力的女姓形象/萨仁格日乐，中国蒙古学．6
谚语中体现的人生观/乌日罕，中国蒙古学．6
论源于《格斯尔》的故事谚语/格·那木吉拉，中国蒙古学．6
卡尔梅克《格斯尔》的搜集及相关问题探讨/达·塔亚，中国蒙古学．6

蒙古文书面文学名称术语研究/玛玖，中国蒙古学.6

回纥式蒙古文《江格尔》一词的写法问题/塔亚，内蒙古大学学报（哲学社会科学蒙古文版）. 2

蒙古族传记文学刍议/［蒙古］普日布苏荣，内蒙古大学学报（哲学社会科学蒙古文版）. 2

再论《1974年内蒙古自治区乌兰牧骑蒙古语说书训练班》一事/新巴雅尔，内蒙古大学学报（哲学社会科学蒙古文版）. 3

纳·赛音朝克图《赛春噶我个人的想法》的真实性/却日勒扎布，内蒙古大学学报（哲学社会科学蒙古文版）. 4

赛春噶诗作《四大忠诚歌》的首版文本——同《全集》文本的比较研究/特古斯巴雅尔，内蒙古大学学报（哲学社会科学蒙古文版）. 4

赛春噶创作的《教员训练班之歌》的文本研究/白嘎力，内蒙古大学学报（哲学社会科学蒙古文版）. 4

隐喻之语言学研究（三）——关于婚俗的几种隐喻名称的哲学意义/德力格尔，内蒙古大学学报（哲学社会科学蒙古文版）. 4

灵魂信仰与蒙古族鬼故事/满都呼，内蒙古大学学报（哲学社会科学蒙古文版）. 5

从明处到科学——以蒙古文学学科为中心/满全，内蒙古大学学报（哲学社会科学蒙古文版）. 5

阿·米·波兹德涅耶夫出版的卡尔梅克《格斯尔》研究/德·塔亚，内蒙古大学学报（哲学社会科学蒙古文版）. 5

本土文明与游牧民族民间文学遗产的记忆/［蒙古］C. 恩和巴雅尔，内蒙古民族大学学报（社会科学蒙古文版）.2

试论蒙古文学的审美场/博·照日格图，内蒙古民族大学学报（社会科学蒙古文版）.3

蒙古语报纸所刊文学作品统计分析/吉仁太　道日那腾格里，内蒙古民族大学学报（社会科学蒙古文版）. 3

蒙古语期刊所刊文学作品统计分析/伊如汗　道日那腾格里，内蒙古民族大学学报（社会科学蒙古文版）. 3

苏克演唱的蒙古文《格斯尔》的搜集整理及其研究/布音图，内蒙古民族大学学报（社会科学蒙古文版）. 3

关于蒙古族民间文学对动画影戏的作用和影响/百伦，内蒙古民族大学学报（社会科学蒙古文版）. 3

浅论文学作品中地域语言文化的功能/阿拉坦苏和　吴蒲英，内蒙古民族大学学报（社会科学蒙古文版）. 4

比喻的功能与小说创作中作用/哈·乌兰巴托，内蒙古民族大学学报（社会科学蒙古文版）.4

博·宝音贺希格诗歌简论/阿拉坦巴根，内蒙古民族大学学报（社会科学蒙古文版）.4

喇嘛治病传说简谈/吴双福，内蒙古民族大学学报（社会科学蒙古文版）.4

论英雄史诗《道利精海巴托尔》中体现的象征文化/包珠兰，内蒙古民族大学学报（社会科学蒙古文版）. 4

英雄史诗叙事模式的承续与改造——“十七年”蒙古族文学中的传统文化遗存/包天花，西部蒙古论坛（蒙古文版）. 1

论《古今柴达木史诗》的语言特征及其艺术成就/庆德玛，西部蒙古论坛（蒙古文版）. 1

论苏克《格斯尔》口头程式特征/布音图，西部蒙古论坛（蒙古文版）.1

《罕·哈冉贵》史诗在中国的研究综述/齐立格尔，西部蒙古论坛（蒙古文版）.1

史诗《江格尔》贯穿了祖国观和对和平的赞美/加·巴图纳森，西部蒙古论坛（蒙古文版）.2

阿尔泰乌梁海部族史诗陶兀里奇集体性特征论析/海英，西部蒙古论坛（蒙古文版）.2

扎雅班第达跋诗研究观察/巴力杰尼曼，西部蒙古论坛（蒙古文版）.2

蒙古国卫拉特史诗艺人及对其研究有关问题/鲍鲁尔，西部蒙古论坛（蒙古文版）.2

浅析蒙古语言学文献之文学特点——以《蒙文启蒙诠释苍天如意珠》为例/乌云娜布其，西部蒙古论坛（蒙古文版）.3

口头传统新传承人的自我认同与社会认同——新一代江格尔奇为例/巴特，西部蒙古论坛（蒙古文版）.4

浅谈乌梁海英雄昂史诗中马匹的色泽/文芳，西部蒙古论坛（蒙古文版）.4

卫拉特史诗与科尔沁史诗中莽古作战原因之比较/白金锁，西部蒙古论坛（蒙古文版）.4

新时期蒙古文小说身体书写研究/玉兰，内蒙古社会科学（蒙古文版）.6

蒙古族当代文学现代性书写中经济文化关照探析/包英格，内蒙古社会科学（蒙古文版）.6

论叙事民歌的叙事时间艺术/斯琴托雅，内蒙古社会科学（蒙古文版）.6

新时期蒙古文学中的马形象研究/高娃，内蒙古社会科学（蒙古文版）.6

阿拉善地名传说的历史特征/苏能卓玛，语言与翻译.1

“体力”与“智力”交融的共性之探——以《江格尔》中的洪格尔与《格萨尔》（藏）中的嘉察形象为例/哈斯琪琪格，语言与翻译.1

蒙古当代文艺美学学科回望与建构问题/额尔敦哈达，内蒙古大学学报（哲学社会科学蒙古文版）.6

蒙古族高僧传记文学观探析/树林，内蒙古大学学报（哲学社会科学蒙古文版）.6

田野调查方法在《蒙古民间文学》教学中的重要性/迎春，赤峰学院学报（蒙古文哲学社会科学版）.1

科尔沁乡土文学语言特征/常红梅，赤峰学院学报（蒙古文哲学社会科学版）.2

论扎鲁特胡仁乌里格尔的起源/包玉荣　于权，赤峰学院学报（蒙古文哲学社会科学版）.2

卫拉特史诗和科尔沁史诗的英雄形象初探/包青玉，赤峰学院学报（蒙古文哲学社会科学版）.5

浅谈阿鲁科尔沁长调民歌《喇嘛达尔罕》/格日乐巴图，赤峰学院学报（蒙古文哲学社会科学版）.5

浅析科尔沁民歌中的信仰思维/包晓红，赤峰学院学报（蒙古文哲学社会科学版）.5

额尔敦吉如和所说唱的胡仁乌力格尔《薛刚反唐》中的语言表达艺术/包撒仁其木格，内蒙古民族高等专科学校学报.1

在俄罗斯与欧洲搜集整理的卫拉特民间故事综述/旦布尔加甫，西北民族大学学报（哲学社会科学蒙古文版）.1

新疆卫拉特民间故事中的赠送“某种动物和动物皮”母体之探/萨仁托雅，西北民族大学学报（哲学社会科学蒙古文版）.1

新时期科尔沁小说的胡仁乌力格尔地域性语言修辞/陶·特木尔巴根，西北民族大学学报（哲学社会科学蒙古文版）.1

蒙古史诗研究成果中的又一部新作/额尔敦克陶，西北民族大学学报（哲学社会科学蒙古文版）.1

以传播学的视角透析哈撒儿传说的传播途径与特点/王高娃，西北民族大学学报（哲学社会科学蒙古文版）.1

"驴耳朵皇上故事"变体之探/昭日格图，西北民族大学学报（哲学社会科学蒙古文版）.1

青海三江源地区藏族"格萨尔"传说与柴达木地区蒙古族"格斯尔"传说比较研究/古才仁巴力，西北民族大学学报（哲学社会科学蒙古文版）.2

论古人乌力格尔"乌尼钦奥都"所反映的社会矛盾/席·哈斯巴特尔　策·布和德力格尔，西北民族大学学报（哲学社会科学蒙古文版）.2

说书艺人对英雄史诗的发展所起的作用/包金刚，西北民族大学学报（哲学社会科学蒙古文版）.2

叙事民歌中体现的新婚之俗/鹰鸽，西北民族大学学报（哲学社会科学蒙古文版）.2

论蒙古史诗《古纳罕乌兰巴托尔》之妻子形象/领小，西北民族大学学报（哲学社会科学蒙古文版）.2

论程式理论发展史/哈斯其木格，赤峰学院学报（蒙古文哲学社会科学版）.3

从文化学角度研究科尔沁民歌的重要性/陶秀珍，赤峰学院学报（蒙古文哲学社会科学版）.3

关于《青史演义》中古日贝丽金高娃皇后传说/风兰　吴塔娜，赤峰学院学报（蒙古文哲学社会科学版）.3

简述《青史演义》中的哈撒儿传说/白明艳　吴塔娜，赤峰学院学报（蒙古文哲学社会科学版）.3

浅谈新世纪科尔沁文学悲剧意识的生命力/图雅，赤峰学院学报（蒙古文哲学社会科学版）.6

胡仁乌力格尔民俗之探——以受众民俗为例/包金刚，内蒙古师范大学学报（哲学社会科学蒙古文版）.1

20—21世纪所收集到的哈撒儿传说探析/苏龙高娃，内蒙古师范大学学报（哲学社会科学蒙古文版）.1

新世纪蒙古文学研究概况——统计学分析/吉仁太　伊如汗　白亮亮　满全，内蒙古师范大学学报（哲学社会科学蒙古文版）.2

多元文化视野中的舅权制的社会历史根源/铁木尔胡伊格，内蒙古师范大学学报（哲学社会科学蒙古文版）.2

民歌《达古拉》文本变迁/海山，内蒙古师范大学学报（哲学社会科学蒙古文版）.2

论藏文《丹珠尔》的蒙古文翻译历史背景及其经过/胡日查，内蒙古师范大学学报（哲学社会科学蒙古文版）.4

蒙古文《甘珠尔》内容体系初探/色·斯琴毕力格，内蒙古师范大学学报（哲学社会科学蒙古文版）.4

论蒙古文《甘珠尔》中的《金光明经》声名学/乌力吉套格套，内蒙古师范大学学报（哲学社会科学蒙古文版）.4

鄂尔多斯长调民歌《班禅庙》考述/浪腾苏都，内蒙古社会科学（蒙古文版）.1

元代瓷器工艺美术中蒙古族特色的体现/都仁仓，内蒙古社会科学（蒙古文版）.2

民歌中永生的班智达活佛旺丹尼玛/孟根花，内蒙古社会科学（蒙古文版）.5

陈巴尔虎短调民歌的地域文化特点/灵芝，内蒙古社会科学（蒙古文版）.5

论科尔沁短调民歌艺术特征/胡彩花，内蒙古社会科学（蒙古文版）. 6

论城市语境中传统音乐的传承/图布扎力根，内蒙古社会科学（蒙古文版）. 6

蒙古族民歌收集整理中的语句错误分析/雅茹，内蒙古社会科学（蒙古文版）. 6

现代陶艺的审美特征与功能/南笛，内蒙古社会科学（蒙古文版）. 6

莫·伊达木苏荣文艺观研究/王满特嘎，中国蒙古学.1

集体记忆视野中的青海蒙古宫廷歌手之初探/玉梅，中国蒙古学.1

蒙古族传统乐器——胡笳/宝音贺喜格，中国蒙古学.2

修改叙事民歌的一则例子/赛吉拉胡，中国蒙古学.2

叙事民歌与蒙古族经典艺术形式的关联/额尔德木图，中国蒙古学.3

科尔沁民歌中的空间关系/韩跟小，中国蒙古学.3

民歌“达古拉”起源考/海山，中国蒙古学.3

蒙古族传统弦乐器“抄尔琴”与马头琴的比较研究/那·呼格吉乐图　布特格乐图，中国蒙古学.4

喀喇沁胡尔奇初探/朝克图，中国蒙古学.4

与胡仁乌力格尔相关的外传/乌·额尔很白乙拉，中国蒙古学.4

胡仁乌力格尔首届国际学术会议暨第二届高层论坛综述/布仁巴雅尔，中国蒙古学.4

论蒙古族英雄崇拜文化对现代戏剧的影响/包桂兰，中国蒙古学.5

蒙古萨满教翁古达娱悦仪式音乐的形态特征/包秀兰，中国蒙古学.6

《元世祖出猎图》析考新释/余凡，中国蒙古学.6

民歌《wulemjinqinar》的内容倾向/贺西格苏赫，中国蒙古学.6

科尔沁民歌中的萨满文化痕迹/陶秀珍，中国蒙古学.6

民族艺术现代语境中的科尔沁民歌/韩木兰，中国蒙古学.6

科尔沁叙述民歌《达古拉》的艺术特征/乌稚汗，中国蒙古学.6

论叙事民歌《嘎达梅林》汉译的修辞审美特征/金燕玲，内蒙古大学学报（哲学社会科学蒙古文版）. 4

幽默语言逗笑功能——科尔沁民歌语言研究/满都呼，内蒙古民族大学学报（社会科学蒙古文版）. 1

科尔沁民歌的形象思维特点/金黑英，内蒙古民族大学学报（社会科学蒙古文版）. 1

鄂尔多斯民歌传播效果的影响因素/姜淑萍　包青玉，内蒙古民族大学学报（社会科学蒙古文版）. 1

蒙古贞民歌《岗莱玛》的变异异本论析/查干其其格，内蒙古民族大学学报（社会科学蒙古文版）. 1

科尔沁民歌中的夸张描写与蒙古人的思想情感/杨常梅　嘎拉桑，内蒙古民族大学学报（社会科学蒙古文版）. 2

论库伦蒙古民歌艺术形象的审美性/乌恩其，内蒙古民族大学学报（社会科学蒙古文版）. 2

科尔沁叙事民歌与科尔沁民俗的传承艺人乌斯胡宝音演唱的乌力格尔、好来宝之论析/白哈斯，内蒙古民族大学学报（社会科学蒙古文版）. 3

论额济纳土尔扈特历史题材的歌曲/苏日娜，西部蒙古论坛（蒙古文版）. 3

巩乃斯蒙古长调民歌的传承方式研究/苟重龙，西部蒙古论坛（蒙古文版）. 4

论科尔沁短调民歌艺术特征/胡彩花，内蒙古社会科学（蒙古文版）. 6

论城市语境中传统音乐的传承/图布扎力根，内蒙古社会科学（蒙古文版）. 6

蒙古族民歌收集整理中的语句错误分析/雅茹，内蒙古社会科学（蒙古文版）. 6

蒙古族鹿、黄羊等野兽母爱主题民歌/娜日纳，赤峰学院学报（蒙古文哲学社会科学版）. 1

论乌拉特民歌中的历史歌曲/布和吉雅，赤峰学院学报（蒙古文哲学社会科学版）. 2

鄂尔多斯古如歌（都）/色苏雅拉图，赤峰学院学报（蒙古文哲学社会科学版）. 2

浅谈乌珠穆沁长调特征与习俗/乌吉莫　双金，赤峰学院学报（蒙古文哲学社会科学版）. 2

浅谈油画艺术的民族特点/崔雪平，赤峰学院学报（蒙古文哲学社会科学版）. 5

谈如何正确理解和公正评价涉及佛教教徒私生活的科尔沁言情民歌/巴·孟和，西北民族大学学报（哲学社会科学蒙古文版）. 2

蒙古族宫廷之歌《八狮坛场》相关问题研究/孟根花，西北民族大学学报（哲学社会科学蒙古文版）. 2

浅谈蒙古族舞蹈/都仁苍，赤峰学院学报（蒙古文哲学社会科学版）. 4

论新时期文化视域下民族声乐的民族性与国际性/包玉柱，赤峰学院学报（蒙古文哲学社会科学版）. 4

论科尔沁民歌中体现的悲剧/春梅　额尔敦哈达，赤峰学院学报（蒙古文哲学社会科学版）. 4

民歌《巴拉吉尼玛扎那》之民俗探究/文化　萨·阿拉玛斯，内蒙古师范大学学报（哲学社会科学蒙古文版）. 3

长调歌曲的保存与发展思考/乌云，内蒙古师范大学学报（哲学社会科学蒙古文版）. 3

八　民族教育

古代蒙古族家庭教育内容及母亲的作用/香梅，内蒙古社会科学（蒙古文版）. 3

内蒙古自治区蒙古语授课大学毕业生就业现状及对策/齐银昌，内蒙古社会科学（蒙古文版）. 6

蒙古族大学生语言焦虑与学习态度心理学研究/乌云毕力格，内蒙古社会科学（蒙古文版）. 6

论民族文化与民族教育教学内容/包乌力吉仓，内蒙古社会科学（蒙古文版）. 6

以数学教学提高大学生创新能力的思考/王海清，内蒙古社会科学（蒙古文版）. 6

论民俗学课程教学改革/张丽华，内蒙古社会科学（蒙古文版）. 6

以蒙古语为媒介语的英语教学探讨/海梅，内蒙古社会科学（蒙古文版）. 6

针对学生自身能力的声乐优化教育/苏都娜，内蒙古社会科学（蒙古文版）. 6

加强科尔沁文化文献资源建设　促进图书馆发展/阿拉坦格日乐，内蒙古社会科学（蒙古文版）. 6

喀喇沁王府编写的《初小读本》评介/高娃，中国蒙古学 . 2

下田歌子与内蒙古近代女子教育关系研究/包尔吉台·贺喜格图，中国蒙古学 . 5

赤峰地区民族传统教育资源的利用状况/孟根图雅，中国蒙古学 . 5

民国时期新疆蒙古族疆外求学教育初探/郭瑞鹏　张丽园，西部蒙古论坛（蒙古文版）. 4

青海蒙古族近现代教育概况/呼和，西部蒙古论坛（蒙古文版）. 4

论民族文化与民族教育教学内容/包乌力吉仓，内蒙古社会科学（蒙古文版）. 6

诃额仑兀真家庭教育的当代意义/图亚，蒙古学研究 . 1

关于牧区中小学布局调整政策特征的社会学研究/哈斯额尔敦　白秀兰，内蒙古大学学报

（哲学社会科学蒙古文版）. 6

谈影响民族高校蒙汉双语教学的因素及其改进措施/孟美英，赤峰学院学报（蒙古文哲学社会科学版）. 1

关于蒙汉双语授课的作用与影响/王梅荣，赤峰学院学报（蒙古文哲学社会科学版）. 1

关于培养大学生公民意识的思考/包金花，赤峰学院学报（蒙古文哲学社会科学版）. 5

论喀喇沁的伯彦毕勒格图启蒙思想/玉海，内蒙古民族高等专科学校学报. 1

诃额仑兀真家庭教育的当代意义/图亚，内蒙古民族高等专科学校学报. 1

简论贡桑诺尔布对蒙古族教育的贡献/斯琴高娃，西北民族大学学报（哲学社会科学蒙古文版）. 1

民族教育资源配置效率研究/格更娜　丽燕，赤峰学院学报（蒙古文哲学社会科学版）. 4

试论蒙古族大学生群体中游牧文化的缺失与现代文化的适应/吴永生　尼木哈，赤峰学院学报（蒙古文哲学社会科学版）. 6

民族教育发展过程中存在的问题及解决策略/张格日乐吐，赤峰学院学报（蒙古文哲学社会科学版）. 6

浅谈“中国梦”视角下提高大学生思想政治教育效果的途径/吴乌云格日乐，内蒙古师范大学学报（哲学社会科学蒙古文版）. 3

（供稿人：乌云格日勒）